여러분의 합격을 응원하는

해커스공무원의 특별 혜택

FREE 공무원 국어 **특강**

해커스공무원(gosi.Hackers.com) 접속 후 로그인 ▶ 상단의 [무료강좌] 클릭 ▶ [교재 무료특강] 클릭하여 이용

해커스공무원 온라인 단과강의 **20% 할인쿠폰**

65FC2456855E4J5C

해커스공무원(gosi.Hackers.com) 접속 후 로그인 ▶ 상단의 [나의 강의실] 클릭 ▶
좌측의 [쿠폰등록] 클릭 ▶ 위 쿠폰번호 입력 후 이용

* 등록 후 7일간 사용 가능(ID당 1회에 한해 등록 가능)

해커스 회독증강 콘텐츠 **5만원 할인쿠폰**

ED2EA5C287B2BA82

해커스공무원(gosi.Hackers.com) 접속 후 로그인 ▶ 상단의 [나의 강의실] 클릭 ▶
좌측의 [쿠폰등록] 클릭 ▶ 위 쿠폰번호 입력 후 이용

* 등록 후 7일간 사용 가능(ID당 1회에 한해 등록 가능)
* 특별 할인상품 적용 불가
* 월간 학습지 회독증강 행정학/행정법총론 개별상품은 할인쿠폰 할인대상에서 제외

합격예측 **온라인 모의고사 응시권 + 해설강의 수강권**

9299AD3DF76B88XV

해커스공무원(gosi.Hackers.com) 접속 후 로그인 ▶ 상단의 [나의 강의실] 클릭 ▶
좌측의 [쿠폰등록] 클릭 ▶ 위 쿠폰번호 입력 후 이용

* ID당 1회에 한해 등록 가능

해커스 매일국어 **어플 이용권**

K07M9MMI728SJ1Y3

구글 플레이스토어/애플 앱스토어에서 [해커스 매일국어] 검색 ▶
어플 다운로드 ▶ 어플 이용 시 노출되는 쿠폰 입력란 클릭 ▶ 쿠폰번호 입력 후 이용

▲ 매일국어 어플 바로가기

* 등록 후 30일간 사용 가능
* 해당 자료는 [해커스공무원 국어 기본서] 교재 내용으로 제공되는 자료로, 공무원 시험 대비에 도움이 되는 유용한 자료입니다.

쿠폰 이용 관련 문의 **1588-4055**

해커스공무원

혜원국어 올인원 기본서

해커스

"변화하는 공무원 수험 국어!
그 양날의 검을 '합격'의 기회로!"

2025년부터 '인사혁신처'의 발표 방안에 따라 국가직 9급과 지방직 9급의 시험에는 큰 변화가 예고되어 있습니다. 따라서 수험생은 이러한 변화를 정확하게 인지하고, 그 방향을 잘 따라야만 자신이 원하는 '합격'의 목표에 더 빠르고 정확하게 도달하게 될 것입니다.

'인사혁신처'가 예고한 국가직, 지방직 9급 시험의 변화는 기존 수험의 영역인 '문법, 문학, 어휘 및 한자'를 모두 '독해'의 틀 안에서 문제화하겠다는 것이 핵심입니다. 즉 '독해력'을 잘 갖추고 있는 수험생에게 2025년부터의 수험 국어는 그냥 점수를 가져갈 수 있는 과목이라는 의미이기도 합니다. 그러나 반대로 '구조적 독해력'이 없는 무방비 상태의 수험생에게는 국어 과목 자체가 공무원 수험의 블랙홀이 될 수도 있습니다.

한편, 기존 공무원 수험 문제의 방향을 여전히 따르는 군무원, 법원직, 서울시 단독, 지방직 7급 등의 경우는 여전히 수험 국어 전체의 방대한 분량을 공부해야 함은 물론이고, 지식형 문제에 대한 대비 역시 여전히 필요한 상태입니다. 물론 이러한 시험군들 역시 전체 수험 국어가 변화하고 있는 패러다임의 방향인 독해와 추론의 큰 물결을 추종하겠지만, 지식형 문제에 대한 대비를 소홀히 할 수 없는 직렬들이기도 합니다.

『해커스공무원 혜원국어 올인원 기본서』는 이러한 변하고 있는 수험의 패러다임에 맞서, 이 모든 내용을 최대 효율을 통해 수험생들이 정복할 수 있도록 새롭게 '통합형 교재'로 구성하였습니다.

1. 방대한 중, 고등학교 6년의 과정 중 수험에 반드시 필요한 내용만을 엄선하였습니다.
공부하는 수험생의 부담을 최소화하되, 7급 시험까지 대비할 수 있도록 수험에 꼭 필요한 부분만을 정리하여, 빠른 합격에 이르도록 구성하였습니다.

2. 인사혁신처가 제시한 신유형의 문제 정복을 위한 내용을 완벽 구비하였습니다.
수험생의 '구조적 독해 능력'을 완성하기 위한 내용을 단계별로 수록하여, 독해 능력 신장에 실질적 도움이 될 수 있도록 구성하였습니다.

3. 국가직, 지방직 9급을 비롯하여 다양한 직렬을 동시에 도전할 수 있도록 준비하였습니다.
인사혁신처가 예고한 방향에 따라 독해 및 추론의 필수 내용들을 완벽 구비하였고, 뿐만 아니라 하나의 직렬 이상에 도전하는 수험생들이 다른 직렬을 동시에 준비하여 도전할 수 있도록 기존 수험의 필수 영역도 잘 정리하여 구성하였습니다.

수험의 기간은 힘들고 길게만 느껴집니다. 열심히 공부한다 할지라도 그 방향이 잘못되면 힘든 시간의 노력과 눈물은 허무하게 사라질 수도 있습니다. **"혜원국어"는 사랑하는 수험생 여러분의 힘들고 어려운 수험의 시간에 올바른 방향과, 확실한 국어 정복 전략으로 수험생과 함께할 것을 약속합니다!**

예비 합격생 여러분, 여러분의 합격을 응원합니다!

2024년 7월

고혜원

목차

PART 3 고전 문법

PART 4 고전 문학

목차

PART 5 국어 문법

PART 6 국어 규범

PART 7 올바른 언어생활

이 책의 구성

01 영역별 특징에 따라 구성해 학습에 최적화된 본문 구성

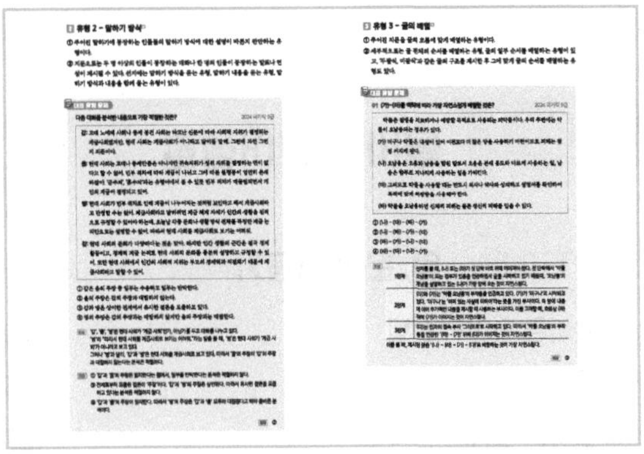

1) 비문학

비문학 파트에서는 비문학 독해의 유형과 원리를 '이론 학습 → 실전 적용'의 학습 순서대로 효과적으로 학습할 수 있도록 구성하였습니다. 독해와 관련된 이론 학습을 선행한 후, 실제 기출지문을 통해 이론을 직접 적용해 볼 수 있어 이해부터 적용까지 유기적인 학습이 가능합니다.

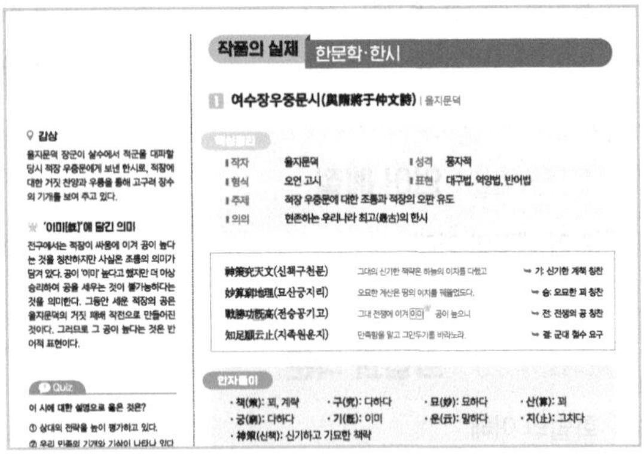

2) 문학

문학 파트에서는 다양한 문학 작품에 대한 해설을 풍부하게 수록하였습니다. [핵심정리]를 통해 작품에 대한 정보를 한눈에 확인할 수 있고, 작품에 대한 해설을 상세하게 수록하여 혼자서도 작품을 쉽게 이해할 수 있고, 스스로 작품을 읽고 해석하는 능력도 함께 키울 수 있습니다.

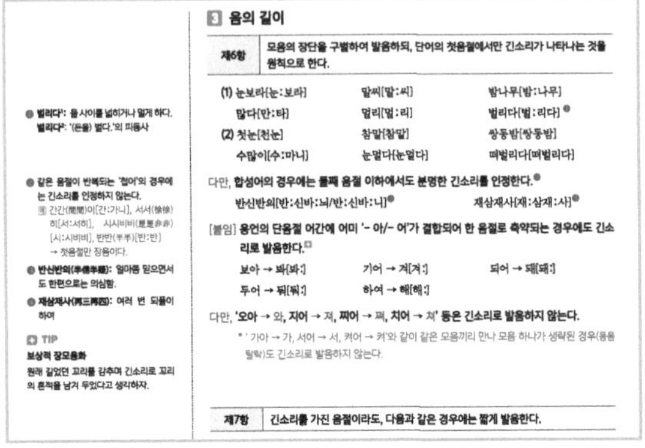

3) 문법

문법 파트에서는 국어 문법에 대한 이론을 다양한 예시와 주석을 통해 학습할 수 있도록 구성하였습니다. 문법과 관련된 다양한 용례로 어려운 이론도 쉽게 이해할 수 있으며 문법 원리를 쉽게 풀어낸 설명을 통해 내용을 효과적으로 학습할 수 있습니다.

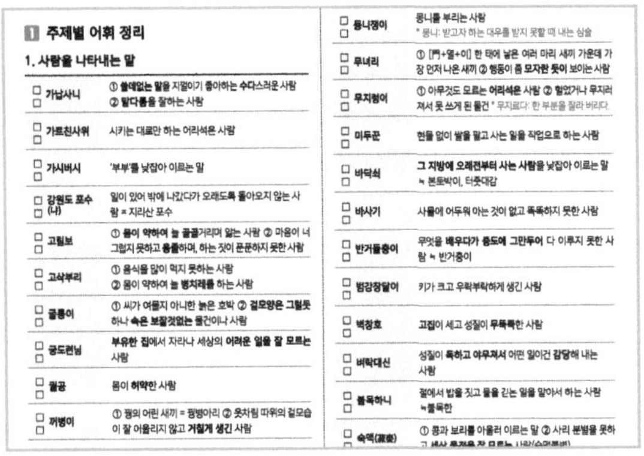

4) 어휘

어휘 파트에서는 글을 읽고 이해하는 데 도움이 되는 중요 어휘 위주로 엄선하여 주제별 어휘부터 한자어, 한자성어까지 풍부한 어휘를 수록하였습니다.

02 핵심 키워드와 출제 포인트를 짚어주는 <출제 경향 한눈에 보기>

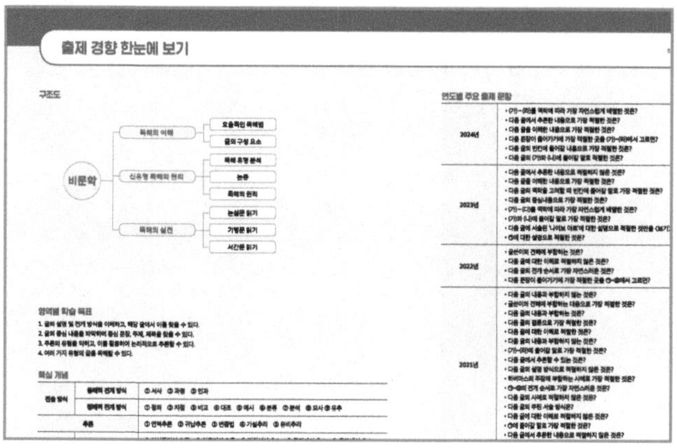

1) 구조도를 활용한 핵심 키워드 확인

공무원 시험을 처음 준비하는 수험생이라면, 중요 키워드를 중심으로 이론 흐름을 한눈에 파악할 수 있는 구조도를 활용하여 이론의 뼈대를 튼튼하게 잡고 학습하는 것을 추천합니다.

2) 학습 목표로 확인하는 출제 포인트

각 파트별로 출제 경향을 분석하여 반드시 학습해야 하는 중요 포인트를 학습 목표로 수록하였습니다. 또한 파트별 중요 핵심 개념과 연도별 출제 문항을 통해 어떤 개념이 시험에 어떻게 출제되었는지를 쉽게 파악할 수 있습니다.

03 이론 학습 후 바로 풀어보는 <기출 확인>, <Quiz>

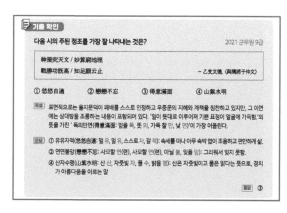

기출 확인

다음 시의 주된 정조를 가장 잘 나타내는 것은? 2021 군무원 9급

神策究天文 / 妙算窮地理
戰勝功旣高 / 知足願云止
– 乙支文德, 〈與隋將于仲文〉

① 悠悠自適 ② 戀戀不忘 ③ 得意滿面 ④ 山紫水明

해설 표면적으로는 을지문덕이 패배를 스스로 인정하고 우중문의 지혜와 계책을 칭찬하고 있지만, 그 이면에는 상대방을 조롱하는 내용이 포함되어 있다. '일이 뜻대로 이루어져 기쁜 표정이 얼굴에 가득함.'의 뜻을 가진 ' 득의만면(得意滿面: 얻을 득, 뜻 의, 가득 찰 만, 낯 면)'이 가장 어울린다.

오답 ① 유유자적(悠悠自適: 멀 유, 멀 유, 스스로 자, 갈 적): 속세를 떠나 아무 속박 없이 조용하고 편안하게 삶.
② 연연불망(戀戀不忘: 사모할 연(련), 사모할 연(련), 아닐 불, 잊을 망): 그리워서 잊지 못함.
④ 산자수명(山紫水明: 산 산, 자줏빛 자, 물 수, 밝을 명): 산은 자줏빛이고 물은 맑다는 뜻으로, 경치가 아름다움을 이르는 말

정답 ③

1) 기출 확인

반드시 풀어봐야 하는 중요한 기출문제를 관련 이론 바로 옆에 수록하였습니다. 이론 학습 후 바로 실제 기출문제를 풀어보며 개념을 점검할 수 있고, 어떤 이론이 출제되었는지 쉽게 확인할 수 있어 단기에 효율적으로 학습할 수 있습니다.

Quiz

다음에서 범하고 있는 논리적 오류의 유형을 밝히시오.

① 내 부탁을 거절하다니, 너는 나를 싫어하는구나.
② 철수야, 너 요즘도 술 자주 마시니?
③ 모든 사람에게 표현의 자유를 무제한 허용하는 것은 언제나 사회 전체에 이익이 된다. 왜냐하면 개개인이 자신의 감정을 표현할 자유를 완전히 누리는 것은 공동체의 이익을 증진하기 때문이다.
④ 그는 시립 도서관 옆에 산다. 그러니 그는 책과 가까이 지내는 사람이다. 그러므로 그는 매우 학식이 풍부한 사람일 것이다.
⑤ OO화장품은 세계 여성이 애용하고 있습니다. 아름다운 여성의 필수품. OO화장품을 소개합니다.
⑥ 그것은 외국의 권위자들이 다 주장하는 것이니 섣불리 의심하지 말라.
⑦ 당신이 계속해서 당신의 주장을 굽히지 않으면 당신은 공산주의자라고 할 수밖에 없다.
⑧ 철수는 오늘 약속 시간을 지키지 못했다. 철수는 신의가 없는 친구이다.
⑨ 저 사람 말은 믿을 수 없어. 그는 전과자이니까.
⑩ 나트륨이나 염소는 유독성 물질이야. 그러니 염화나트륨도 유독성 물질이다.
⑪ 나의 의견은 옳다. 나에게 동의하지 않으면 누구든 잡아넣어 버린다!

2) Quiz

학습한 이론을 효과적으로 점검할 수 있는 데 도움을 주는 다양한 문제를 풍부하게 수록하였습니다. 실제 기출문제와 동일한 형식으로 실전처럼 풀어볼 수 있는 4지선다형 문제뿐만 아니라, OX 문제, 단답형 문제 등을 수록하여 이론을 철저하게 학습할 수 있습니다.

PART 1
비문학

출제 경향 한눈에 보기

구조도

- 비문학
  - 독해의 이해
    - 효율적인 독해법
    - 글의 구성 요소
  - 신유형 독해의 원리
    - 독해 유형 분석
    - 논증
    - 독해의 원리
  - 독해의 실전
    - 논설문 읽기
    - 기행문 읽기
    - 서간문 읽기

영역별 학습 목표

1. 글의 설명 및 전개 방식을 이해하고, 해당 글에서 이를 찾을 수 있다.
2. 글의 중심 내용을 파악하여 중심 문장, 주제, 제목을 찾을 수 있다.
3. 추론의 유형을 익히고, 이를 활용하여 논리적으로 추론할 수 있다.
4. 여러 가지 유형의 글을 독해할 수 있다.

핵심 개념

진술 방식	**동태적 전개 방식**	① 서사 ② 과정 ③ 인과
	정태적 전개 방식	① 정의 ② 지정 ③ 비교 ④ 대조 ⑤ 예시 ⑥ 분류 ⑦ 분석 ⑧ 묘사 ⑨ 유추
추론		① 연역추론 ② 귀납추론 ③ 변증법 ④ 가설추리 ⑤ 유비추리
오류 유형	**심리적 오류**	① 인신공격의 오류 ② 역공격의 오류 ③ 정황에의 호소 ④ 동정에의 호소 ⑤ 공포에의 호소 ⑥ 쾌락·유머에의 호소 ⑦ 사적 관계에의 호소 ⑧ 아첨에의 호소 ⑨ 군중에의 호소 ⑩ 부적합한 권위에의 호소 ⑪ 원천봉쇄의 오류
	자료적 오류	① 우연과 원칙 혼동의 오류 ② 성급한 일반화의 오류 ③ 잘못된 유추의 오류 ④ 무지에의 호소 ⑤ 의도 확대의 오류 ⑥ 잘못된 인과 관계에 의한 오류 ⑦ 발생학적 오류 ⑧ 합성·분할의 오류 ⑨ 흑백 논리의 오류 ⑩ 복합 질문의 오류 ⑪ 순환논증의 오류 ⑫ 논점 이탈의 오류
	언어적 오류	① 애매어의 오류 ② 모호한 문장의 오류 ③ 강조의 오류 ④ 은밀한 재정의의 오류 ⑤ 범주의 오류
	간접 추론에 관한 오류	① 진건 부정의 오류 ② 후건 긍정의 오류 ③ 선언지 긍정의 오류

연도별 주요 출제 문항

2024년	• (가)~(라)를 맥락에 따라 가장 자연스럽게 배열한 것은? • 다음 글에서 추론한 내용으로 가장 적절한 것은? • 다음 글을 이해한 내용으로 가장 적절한 것은? • 다음 문장이 들어가기에 가장 적절한 곳을 (가)~(라)에서 고르면? • 다음 글의 빈칸에 들어갈 내용으로 가장 적절한 것은? • 다음 글의 (가)와 (나)에 들어갈 말로 적절한 것은?
2023년	• 다음 글에서 추론한 내용으로 적절하지 않은 것은? • 다음 글을 이해한 내용으로 가장 적절한 것은? • 다음 글의 맥락을 고려할 때 빈칸에 들어갈 말로 가장 적절한 것은? • 다음 글의 중심내용으로 가장 적절한 것은? • (가)~(다)를 맥락에 따라 가장 자연스럽게 배열한 것은? • (가)와 (나)에 들어갈 말로 가장 적절한 것은? • 다음 글에 서술된 '나이브 아트'에 대한 설명으로 적절한 것만을 <보기>에서 모두 고르면? • ㉠에 대한 설명으로 적절한 것은?
2022년	• 글쓴이의 견해에 부합하는 것은? • 다음 글에 대한 이해로 적절하지 않은 것은? • 다음 글의 전개 순서로 가장 자연스러운 것은? • 다음 문장이 들어가기에 가장 적절한 곳을 ㉠~㉣에서 고르면?
2021년	• 다음 글의 내용과 부합하지 않는 것은? • 글쓴이의 견해에 부합하는 대응으로 가장 적절한 것은? • 다음 글의 내용과 부합하는 것은? • 다음 글의 결론으로 가장 적절한 것은? • 다음 글에 대한 이해로 적절한 것은? • 다음 글의 내용과 부합하지 않는 것은? • (가)~(라)에 들어갈 말로 가장 적절한 것은? • 다음 글에서 추론할 수 있는 것은? • 다음 글의 설명 방식으로 적절하지 않은 것은? • 하버마스의 주장에 부합하는 사례로 가장 적절한 것은? • ㉠~㉤의 전개 순서로 가장 자연스러운 것은? • 다음 글의 사례로 적절하지 않은 것은? • 다음 글의 주된 서술 방식은? • 다음 글에 대한 이해로 적절하지 않은 것은? • ㉠에 들어갈 말로 가장 적절한 것은? • 다음 글에서 추론한 내용으로 적절하지 않은 것은?
2020년	• 다음에서 제시한 글의 전개 방식의 예로 가장 적절한 것은? • ㉠에 들어갈 주장으로 가장 적절한 것은? • 다음 글에 대한 이해로 적절하지 않은 것은? • 다음 글을 바탕으로 ㉠을 이해할 때 가장 적절한 것은?
2019년	• <보기>의 지문은 설명문의 일종이다. 두괄식 설명문으로 구성하고자 할 때 논리적 전개에 가장 부합하게 배열한 것은? • <보기>의 설명에 활용된 방식과 가장 가까운 것은? • <보기>의 내용을 이해한 것으로 가장 옳은 것은? • 다음 글에서 <보기>가 들어가기에 가장 적절한 것은? • (가)와 (나)를 통해서 추정하기 어려운 내용은? • 다음 글의 글쓰기 전략으로 볼 수 없는 것은? • (가)를 바탕으로 (나)에 담긴 글쓴이의 생각을 적절히 추론한 것은? • 윗글의 내용 전개 방식으로 가장 적절한 것은? • <보기>를 읽고 보인 반응으로 적절하지 않은 것은?

CHAPTER
01 독해의 이해

1절 효율적인 독해법

1 첫 문단에 주목하라!

모든 글의 처음과 끝은 대단히 중요하다. 필자가 가장 선호하는 글의 구성 방식이 두괄식 혹은 미괄식이고, 변주된다 하더라도 중괄식보다는 양괄식이 주로 쓰이기 때문이다. 특히 첫 문단에 글 전체의 흐름을 파악할 수 있는 정보가 있는 경우가 많은데, 이를 바탕으로 앞으로의 내용을 예측하며 읽으면 배경 지식이 생기는 것과 같은 효과로 독해가 수월해진다.

첫 문단	예측
개념어를 제시	설명
두 대상을 제시	비교와 대조
통념을 제시	반박
질문을 던짐.	대답
문제점을 제시	원인과 해결책
과학(기술)적 현상	과정과 원리

2 지문을 지도화하라!

공무원 시험의 독해 문제는 비교적 짧은 지문으로 구성된 1문제 유형이다. 그러므로 문제를 풀기 위한 정보를 지문에서 빠르게 찾는 연습을 해야 하는데, 그 연습의 핵심은 지문을 '지도화'하는 것이다. 더불어 이는 지문의 핵심을 눈으로 다시 짚어주는 효과도 있어 여러모로 유용하다.

TIP

지도화

지도화는 개인차가 있지만, 예를 들면 지문에 다음과 같이 표시하는 것이다.

- **글의 핵심**: 동그라미 '○'
  핵심의 꼬리잡기: 화살표 '→'
- **대등**: 플러스 '+', **역접**: 세모 '△'
- **중심 문장**: 물결표 '~~~'
- **인물 이름**: 별표 '☆'
- **물음과 대답**: 'Q → A'
- **과정, 순서, 열거**: 번호 배열 '1. 2. 3.'
- **포함 관계**: 벤다이어그램(교집합, 합집합)

3 접속어를 노려라!

앞서 설명한 대로 글의 처음과 끝에서 핵심을 고를 수 있는데, 다만 처음에서 말한 내용이 그대로 끝까지 가지 않는 경우도 있다. 이때 흐름의 변화를 주는 접속어의 성격을 고려한다면 핵심 요소를 놓치지 않을 수 있다.

TIP

접속어

'그러나', '한편', '그런데' 등 역접이나 전환의 접속어가 등장할 경우에는 뒤의 내용이 대단히 중요해진다.

기능 및 쓰임	접속어
앞뒤의 내용을 나열하거나, 연결할 때	그리고, 또, 또한 → 앞, 뒤 모두 중요
앞뒤 내용이 상반되거나, 대립될 때	그러나, 하지만, 반면, 그렇지만 → 뒤가 중요
앞의 내용이 뒤의 내용의 원인이나 근거, 조건 따위가 될 때	따라서, 그래서, 그러므로 → 뒤가 중요
앞의 내용과 관련시키면서 화제를 다른 방향으로 돌릴 때	한편, 그런데 → 뒤가 중요 '역접'의 의미로도 쓰인다.
뒤의 내용이 앞의 내용의 예시나 원인이 될 때	예를 들어, 가령, 이를테면, 왜냐하면 ~ 때문이다 등

4 유형 분석으로 지문을 정복하라!

앞서 설명한 것들을 바탕으로 아래와 같이 글의 유형을 분석하며 읽으면, 지문이 말하고자 하는 핵심을 빠르게 파악할 수 있다.

혜원通 글의 유형

1. 'A 그리고 B' 유형

화랑도(花郞道)란, 신라 때의 청소년들이 자신의 마음과 몸을 닦고 목숨을 바쳐 나라를 지키려는 우리 고유의 정신적 흐름을 말한다. 그리고 이를 실천하기 위하여 조직된 단체를 화랑도(花郞徒)라 한다. 2018 서울시 9급

2. 'A 그러나 B' 유형 + 'A 따라서(즉) B' 유형

동물들의 행동을 잘 살펴보면 동물들도 우리가 사용하는 말 못지않은 의사소통 수단을 가지고 있는 듯이 보인다. 즉, 동물들도 여러 가지 소리를 내거나 몸짓을 함으로써 자신들의 감정과 기분을 나타낼 뿐 아니라 경우에 따라서는 인간과 다를 바 없이 의사를 교환하고 있는 듯하다. 그러나 그것은 단지 겉모습의 유사성에 지나지 않을 뿐이고 사람의 말과 동물의 소리에는 아주 근본적인 차이가 존재한다는 점을 잊어서는 안 된다. 2017 지방직 9급

3. 'A 예를 들어 B' 유형

동양 고전들은 주로 그 주인공을 책제목으로 삼는다. 예컨대 《맹자》의 주인공은 맹자요, 《장자》의 주인공은 장자다. 한비자가 주인공인 책도 《한비자》요, 순자가 주인공인 책 제목은 《순자》다. 2015 법원직 9급

4. 'A 때문에 B' 혹은 'B인 것은 A 때문이다' 유형

지표면에서 발화되는 열은 대기층에 있는 수증기나 온실 기체에 의해 흡수된다. 흐린 날에는 맑은 날보다 훨씬 무더워 사람들의 밤잠을 설치게 한다. 흐린 날에는 대기 중에 수증기가 많아 지표면에서 방출되는 열이 많이 흡수되기 때문이다. 마찬가지로 탄산가스, 메탄, 프레온, 일산화이질소 등의 기체는 지표면에서 방출되는 열을 흡수하기 때문에 대기 중에 이러한 온실 기체의 양이 늘어나면 지구의 기온이 그만큼 높아지게 된다. 따라서 여름밤에는 열대야 현상이 일어난다. 2016 소방직

5. 'A ~듯이 B' 유형(유추 유형)

진리가 사상의 체계에 있어 제일의 덕이듯이 정의는 사회적 제도에 있어 제일의 덕이다.

6. 'A 물론 B 그러나 C' 유형(미리 반론 반박)

A [인간이 가지는 또 하나의 높은 차원의 특징은 그 사회성(社會性)이라고 할 것이다. 인간은 오랜 옛날부터 이미 집단을 형성하였고, 그 구성원보다는 그 집단 자체가 생존 경쟁(生存競爭)의 단위였다. 이 집단을 유지(維持)하기 위하여 조직(組織)과 제도(制度)가 생겨나고, 다시 이의 통합을 위하여 정치(政治)가 생겨났다. 그래서 사람을 호모 폴리티쿠스(Homo-politicus)라고도 한다.]

집단생활을 하는 것은 물론 B 인간만은 아니다. 유인원, 어류, 조류, 곤충류 등도 일정한 영토를 확보하고 집단생활을 하며, 그 안에는 계층적(階層的) 차이까지 있다. 특히 유인원은 혈연적(血緣的) 유대(紐帶)를 기초로 하는 가족이나 가족 집단이 있고, 성(性)에 의한 분업이 행해지며, 새끼를 위한 공동 작업도 있어, 인간의 가족생활과 유사한 점이 많다. 그러나 C 이것은 다만 본능에 따른 것이므로 창조적인 인간의 그것과는 구별된다. 따라서 이들 집단을 군집이라 하고, 인간의 집단을 사회라고 불러 이들을 구별한다.

7. '(인용) + A + (인용)' 유형

페니실린은 약품으로 정제된 이후 인류의 건강을 위협하는 많은 세균과 질병을 치료하는 데 매우 효과적으로 작용했다. 그런데 문제는 항생제 사용이 잦아지자 세균들이 내성을 갖기 시작했다는 점이다. 항생제는 사람에게는 해를 주지 않으면서 세균만 골라 죽이는 아주 유용한 물질인데, 이 물질을 이겨내는 세균들이 계속 등장했다. 플래밍 또한 뉴욕타임스와의 인터뷰에서 페니실린에 내성인 세균이 등장할 수 있음을 경고했다. 이는 불과 몇 년 지나지 않아 현실화되었다. 페니실린에 내성을 가진 황색 포도상구균이 곧 등장했고 전 세계적으로 확산되었다.

2018 법원직 9급

8. 'A – B' 유형(비교/대조 유형)

동양의 음식 중에는 특별한 의미가 담긴 것들이 있다. A 우리나라 대표적인 명절 음식 중 하나인 송편은 반달의 모습을 본뜬 음식으로 풍년과 발전을 상징한다. 삼국사기에 따르면, 백제 의자왕 때 궁궐 땅속에서 파낸 거북이 등에 쓰이 있는 '백제는 만월(滿月) 신라는 반달'이라는 글귀를 두고 점술사가 백제는 만월이라서 다음 날부터 쇠퇴하고 신라는 앞으로 크게 발전할 징표라고 해석했다고 한다. 결과적으로 점술가의 예언이 적중했다. 이때부터 반달은 더 나은 미래를 기원하는 뜻으로 쓰이며, 그러한 뜻을 담아 송편도 반달 모양의 떡으로 빚었다고 한다.

B 중국에서는 반달이 아닌 보름달 모양의 월병을 빚어 즐겨 먹었다. 옛날에 월병은 송편과 마찬가지로 제수용품이었다. 점차 제례 음식으로서 위상을 잃었지만 모든 가족이 모여 보름달을 바라보면서 함께 나눠 먹는 음식으로 자리 잡았다.

2018 국가직 9급

9. 'A + A' + A''…'유형('주지 + 상술' 유형)

A 예술작품이 그렇게 보여야 하는, 또는 그렇게 존재해야 하는 특별한 방식 같은 것이 존재하지 않는다는 것, 다시 말해, A'간단한 손도구도 예술작품이 될 수 있고, A'' 상품 상자나 쓰레기 더미나 한 줄의 벽돌, 속옷 무더기, 도살된 동물 등도 예술 작품이 될 수 있다는 것을 예술의 역사가 입증하였을 때, 예술의 본성이 철학적 의식에 충분히 다가갈 수 있게 되었다. 20세기 말경이 되어서야 이것이 충분하게 인식되었다. 그리고 이런 일이 벌어졌을 때, 철학적 미술사가 종말에 이르게 되었다.

2018 서울시 7급

10. 'a + A' 유형('전제/도입 + 주지' 유형)

a 우리는 우리가 생각한 것을 말로 나타낸다. 또 다른 사람의 말을 듣고, 그 사람이 무슨 생각을 가지고 있는가를 짐작한다. A 그러므로 생각과 말은 서로 떨어질 수 없는 깊은 관계를 가지고 있다.

그러면 말과 생각이 얼마만큼 깊은 관계를 가지고 있을까? 이 문제를 놓고 사람들은 오랫동안 여러 가지 생각을 하였다. 그 가운데 가장 두드러진 것이 두 가지 있다. 그 하나는 말과 생각이 서로 꼭 달라붙은 쌍둥이인데 한 놈은 생각이 되어 속에 감추어져 있고 다른 한 놈은 말이 되어 사람 귀에 들리는 것이라는 생각이다. 다른 하나는 생각이 큰 그릇이고 말은 생각 속에 들어가는 작은 그릇이어서 생각에는 말 이외에도 다른 것이 더 있다는 생각이다.

2017 국가직 9급

5 문제 유형별 접근법을 활용하라!

1. 내용 일치/불일치

- 제시된 글의 내용과 부합하는 것은?
- 제시된 글의 내용을 통해 알 수 있는 것으로 적절한 것은?
- 제시된 글의 내용과 가장 거리가 먼 것은?

제시문을 바탕으로 선택지의 옳고 그름을 판단해야 하는 유형이다. 가장 쉬운 듯 보이지만 지엽적인 내용들로 선택지를 구성하는 경우가 많으므로 꼼꼼하게 지문을 읽는 연습이 필요하다. 더 나아가 제공된 정보를 바탕으로 글에 드러나지 않는 정보를 추론하는 유형의 문제도 등장한다.

TIP
- **내용 일치:** 옳은 선택지는 1개뿐이므로, 모든 선택지를 '적'으로 여기며 지문을 먼저 읽자.
- **부정 발문:** 정답을 제외하고는 선택지 모두가 지문 내용과 일치하는 설명이므로, 본문을 빠르게 읽는 힌트가 된다. 따라서 선택지를 먼저 확인하며 키워드를 표시해 둔 다음에 지문을 읽자.

2. 내용 전개 방식(서술 방식)

- 다음 설명문의 전개 방식으로 옳은 것은?
- 밑줄 친 부분의 주된 설명 방식은?
- 제시된 글의 글쓰기 전략으로 볼 수 없는 것은?

글의 전개 방식이란 예시, 분류, 비교, 대조, 유추 등과 같이 글의 중심 내용을 효과적으로 표현하기 위해 내용을 이어나가는 방법을 말한다. 지문에서 쓰인 전개 방식을 정확하게 판단하고 선택지를 통해 이를 확인해야 하므로 기본서에서 다루는 내용 전개 방식을 숙지하는 것이 우선이다.

① 정태적 전개 방식

<table>
<tr><td></td><td>정의</td><td colspan="2">어떤 말이나 사물의 뜻을 명백히 밝혀 규정하는 방법</td></tr>
<tr><td></td><td>지정
(확인)</td><td colspan="2">대상이 무엇인지에 대한 질문에 간단하고 직접적으로 답하는 것으로, 손가락으로 한곳을 가리키듯 확실하게 정하는 방법</td></tr>
<tr><td></td><td>예시</td><td colspan="2">예를 들어 보이는 방법으로, 일반적인 원리나 법칙을 구체적으로 제시하는 방법</td></tr>
<tr><td></td><td rowspan="2">분류</td><td>분류 분류</td><td>구분 분류</td></tr>
<tr><td>하위 개념에서 상위 개념으로 묶는 방법</td><td>상위 개념에서 하위 개념으로 나누는 방법</td></tr>
<tr><td></td><td>분석</td><td colspan="2">다소 복잡한 대상이나 현상의 구조, 과정, 원인, 결과를 보다 작거나 단순한 단위로 분해하여 설명하는 방법</td></tr>
<tr><td rowspan="2">같은 범주</td><td>비교</td><td colspan="2">둘 이상의 사물에 대하여 그들이 지닌 '공통점'을 밝혀내는 방법</td></tr>
<tr><td>대조</td><td colspan="2">둘 이상의 사물에 대하여 서로 다른 것을 견주어 '차이점'을 밝혀내는 방법</td></tr>
<tr><td>다른 범주</td><td>유추</td><td colspan="2">두 개의 사물이 비슷함을 근거로 다른 속성도 비슷할 것이라고 추측하는 방법</td></tr>
<tr><td></td><td>묘사</td><td colspan="2">어떤 대상이나 사물, 현상 등을 그림 그리듯 '구체적'으로 또 '감각적'으로 표현하는 방법</td></tr>
<tr><td></td><td>인용</td><td colspan="2">다른 사람의 말이나 글을 가져와서 자신이 설명하고자 하는 것을 뒷받침하는 방법</td></tr>
</table>

TIP

넓은 의미에서 비교는 대조를 포함한다.

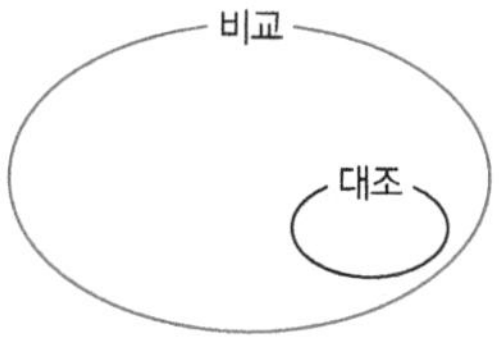

② 동태적 전개 방식

서사	인물이 보이는 일련의 행동이나 사건의 전개 양상에 초점을 두고 서술하는 방법 → 시간+누구
과정	결과를 가져오게 하는 일련의 행동, 변화, 기능, 단계에 초점을 두고 서술하는 방법 → 시간+어떻게
인과	결과의 요인을 밝히거나 그런 요인들에 의해 초래된 현상에 초점을 두고 서술하는 방법 → 시간+왜

기출 확인

01 다음 글의 주된 서술 방식으로 가장 적절한 것은? 2022 지방직 7급

> 배의 돛은 바람의 힘을 이용하여 배를 멀리까지 항해할 수 있게 한다. 별도의 동력에 의지하지 않고도 추진력을 얻는 것이다. 이와 마찬가지로 우주선도 별도의 동력 없이 먼 우주 공간까지 갈 수 있을 것이다. 우주 공간에도 태양에서 방출되는 입자들이 일으키는 바람이 있어서 '햇살 돛'을 만들면 그 태양풍의 힘으로 추진력을 얻을 수 있기 때문이다.

① 정의 ② 분류 ③ 서사 ④ 유추

해설 익숙한 사실인 '배'가 별도의 동력 없이 추진력을 얻는 것에 빗대어 '우주선'이 추진력을 얻을 수 있는 이유를 설명하고 있다. 따라서 제시된 글의 주된 서술 방식은 두 개의 사물이 여러 면에서 비슷하다는 것을 근거로 다른 속성도 유사할 것이라고 추론하는 '유추'이다.

정답 ④

02 다음 글의 설명 방식으로 적절하지 않은 것은? 2021 국가직 9급

> 빛 공해란 인공조명의 과도한 빛이나 조명 영역 밖으로 누출되는 빛이 인간의 건강하고 쾌적한 생활을 방해하거나 환경에 피해를 주는 상태를 말한다. 국제 과학 저널인 《사이언스 어드밴스》의 '전 세계 빛 공해 지도'에 따르면, 우리나라는 빛 공해가 심각한 국가이다. 빛 공해는 멜라토닌 부족을 초래해 인간에게 수면 부족과 면역력 저하 등의 문제를 유발하고, 농작물의 생산량 저하, 생태계 교란 등의 문제를 일으킨다.

① 빛 공해의 정의를 제시하고 있다.
② 빛 공해의 주요 요인인 인공조명의 누출 원인을 제시하고 있다.
③ 자료를 인용하여 빛 공해가 심각한 국가로 우리나라를 제시하고 있다.
④ 사례를 들어 빛 공해의 악영향을 제시하고 있다.

해설 제시된 글에는 빛 공해의 주요 요인인 인공 조명의 누출 원인을 제시하고 있지 않다.

오답 ① "빛 공해란 인공조명의 과도한 빛이나 조명 영역 밖으로 누출되는 빛이 인간의 건강하고 쾌적한 생활을 방해하거나 환경에 피해를 주는 상태를 말한다." 부분에서 빛 공해를 정의하고 있다.
③ "국제 과학 저널인 《사이언스 어드밴스》의 '전 세계 빛 공해 지도'에 따르면, 우리나라는 빛 공해가 심각한 국가이다." 부분에서 자료를 인용하여 빛 공해가 심각한 국가로 우리나라를 제시하고 있다.
④ "빛 공해는 멜라토닌 부족을 초래해 인간에게 수면 부족과 면역력 저하 등의 문제를 유발하고, 농작물의 생산량 저하, 생태계 교란 등의 문제를 일으킨다." 부분에서 사례를 들어 빛 공해의 악영향을 제시하고 있다.

정답 ②

3. 논리적 배열(순서)

- 제시된 글을 논리적 순서에 맞게 나열한 것은?
- 제시된 글의 전개 순서로 가장 자연스러운 것은?
- ㉠~㉣의 전개 순서로 가장 자연스러운 것은?

문장 혹은 문단을 순서대로 배열하는 문제 유형이다. 글의 통일성, 완결성, 긴밀성을 고려하여 각 문장 혹은 문단을 논리적으로 배열해야 한다. 단문부터 장문까지 짧게는 3개에서 많게는 6개까지 나누어진 구문들을 연결해야 하므로, 글의 흐름을 잘 파악하는 것이 중요하다.

4. 빈칸 채우기

- 괄호 속에 들어갈 접속어로 가장 적절한 것은?
- ㉠에 들어갈 말로 가장 적절한 것은?
- (가)~(라)에 들어갈 말로 가장 적절한 것은?

주어진 글의 빈칸에 들어갈 알맞은 말을 묻는 유형이다. 빈칸에 들어갈 접속어를 고르는 문제를 위해서는 '3 접속어를 노려라!'를 참고하여 접속어별로 기능과 쓰임을 미리 공부해 둘 필요가 있다.

흐름에 적절한 문장을 고르는 경우 이때 선택지는 주로 앞의 내용으로부터 도출할 수 있는 결론이거나, 앞의 내용을 적용한 사례가 제시되는 경우가 많다. 따라서 '빈칸 앞뒤의 내용'을 꼼꼼하게 읽은 후에 빈칸에 들어갈 말을 고르면 된다.

2절 글의 구성 요소

1 문단(단락)의 구조

한 편의 글은 여러 개의 문단으로 구성되며, 문단은 주요 내용을 담고 있는 주제문과 이를 뒷받침하는 문장으로 구성된다. 주제문은 일반적인 내용을, 뒷받침 문장은 구체적인 내용을 담고 있다.

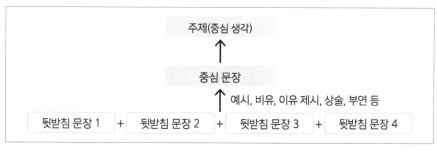

주제(중심 생각)

↑

중심 문장

↑ 예시, 비유, 이유 제시, 상술, 부연 등

뒷받침 문장 1 + 뒷받침 문장 2 + 뒷받침 문장 3 + 뒷받침 문장 4

혜원通 문단의 구조를 파악하는 방법

1. 문단의 구조를 파악하기 위해 점검할 사항
   - 단락의 주제를 파악한다.
   - 단락의 주제에 기대어 중심 문장을 찾고, 뒷받침 문장들의 기능을 파악한다.
   - 각 문장들의 관계가 어떻게 맺어져 있는지 살펴본다. 이때 문장 사이 접속어의 기능을 아는 것이 매우 유용하다.
2. 접속어를 통해 문맥을 파악하는 방법
   - **그러므로, 따라서, 그래서, 요컨대:** 요약이나 결론의 접속어 → 글의 핵심 내용이 온다.
   - **그러나 / 한편, 그런데:** 역접 / 전환의 접속어 → 내용의 흐름이 바뀜. → 중심 내용은 바뀐 부분에서 찾는다.
   - **그리고, 또, 또한:** 앞뒤 내용이 대등하게 연결 → 연결되는 부분을 찾아 중심 내용에 포함시킨다.
   - **즉, 다시 말하면, 예를 들면:** 구체적(보충) 설명 → 중심 내용은 앞 문장에서 찾는다.
     * 'A 즉 B, A 다시 말하면 B'는 '대등'의 내용이므로 앞과 뒤를 함께 보아야 한다.

TIP

1단계 먼저 선택지를 바탕으로 첫 문장 혹은 첫 문단에 대한 힌트를 얻는 것이 좋다. 대다수 선택지에서 2~3개의 시작점을 제시해 주므로 그를 바탕으로 접근하면 훨씬 쉽게 배열 문제를 풀 수 있다.

2단계 접속어와 지시어에 집중하는 것이다. 앞에서 확인하였듯이, 접속어가 글의 흐름을 파악하기 위한 가장 쉬운 도구임을 우리는 이미 알고 있다.

3단계 '꼬리잡기'라고 불리는 기술이다. 핵심어를 바탕으로 이어지는 꼬리를 잡아 내는 것인데, 배열 문제를 풀다 보면 흐름에서 핵심어가 이어짐을 파악할 수 있는 경우가 대부분임을 알 수 있다. 예를 들어 '공무원 시험의 성지는 노량진이다.'라는 문장이 있다면, 뒤를 잇는 문장은 '노량진은 ~'으로 시작할 가능성이 높다는 것이다.

ㄱ. 우리나라에는 유네스코가 인정한 세계 기록 유산들이 있는데, 그중의 하나가 《승정원일기》이다.
ㄴ. 《승정원일기》는 승정원의 업무 일지이다.
ㄷ. 이(=승정원 일기)는 조선 초기부터 작성되기 시작하였으나 화재로 인해 현재는 1623년부터 1910년까지의 기록만 남아 있다.

2 문장 및 문단의 연결 관계

전제	주지	부연
근거가 되는 명제	중심 생각	상술·예시 등

★ 내용 조직 원리

통일성	하나의 글(문단) 안에서 다루어지는 내용(중심 생각)은 하나여야 한다는 것
완결성	중심 내용과 함께 뒷받침 내용이 충분히 제시되어야 한다는 것
일관성	하나의 글(문단)을 이루는 각각의 문단(문장)들이 서로 긴밀하게 결합되어 일관된 질서와 논리에 맞아야 한다는 것

3 문단의 구성 방식

1. 두괄식 구성

글의 첫머리에 중심 내용이 오는 산문 구성 방식을 말한다.

> 건축 양식이란, 원래 풍토 속에서 싹터 풍토 속에서 자란다고 할 수 있다. → 중심 문장
> 곧 건축은 처음 그 지역의 기후와 풍토에 알맞게 고안된 다음 오랜 세월에 걸쳐 거기에 수정과 개량이 가해져 발전하여 내려오면서 하나의 건축 양식으로 정착하게 된다.

2. 미괄식 구성

문단이나 글의 끝 부분에 중심 내용이 오는 산문 구성 방식을 말한다.

> 일상생활에서는 순우리말인 '값, 글, 옷, 생각, 생각하다'만을 사용하더라도 별다른 지장 없이 생활을 할 수가 있겠지만, 여기에 대응하고 있는 한자어들은 저마다 독특한 용법들을 지닌다. 이 경우, 한자어들은 고유어보다 의미가 더 구체적이면서 분화된 의미를 나타낸다. 따라서 이러한 한자어들을 단지 한자어라는 이유만으로 무조건 배척하는 일은 현실적으로 바람직하지 못하다. 어떤 사람이 읽을 글인가에 따라 어휘 선택의 폭이 달라질 수 있으므로, 일반 대중들이 모두 보아야 하는 글에서는 쉬운 우리말을 써도 될 것이고, 더 섬세하고 정확한 표현이 필요한 글에서는 한자어라고 하더라도 정확히 구사할 줄 아는 것이 우리말을 풍부하게 가꾸는 길일 것이다. → 중심 문장

3. 양괄식 구성

글의 중심 내용이 앞부분과 끝 부분에 반복하여 나타나는 문단 구성 방식을 말한다.

4. 무괄식 구성

글의 중심 내용이 전체적으로 나열되어 있는 방식으로, 병렬식 구성이라고도 한다.

기출 확인

01 다음 문장들을 두괄식 문단으로 구성하고자 할 때, 문맥상 가장 먼저 와야 할 문장은?

2017 서울시 9급

> ㉠ 신라의 진평왕 때 눌최는 백제국의 공격을 받았을 때 병졸들에게, "봄날 온화한 기운에는 초목이 모두 번성하지만 겨울의 추위가 닥쳐오면 소나무와 잣나무는 늦도록 잎이 지지 않는다. ㉡ 이제 외로운 성은 원군도 없고 날로 더욱 위태로우니, 이것은 진실로 지사 의부가 절개를 다하고 이름을 드러낼 때이다."라고 훈시하였으며 분전하다가 죽었다. ㉢ 선비 정신은 의리 정신으로 표현되는 데서 그 강인성이 드러난다. ㉣ 죽죽(竹竹)도 대야성에서 백제 군사에 의하여 성이 함락될 때까지 항전하다가 항복을 권유받자, "나의 아버지가 나에게 죽죽이라 이름 지어 준 것은 내가 추운 겨울에도 잎이 지지 않으며 부러질지언정 굽힐 수 없도록 하려는 것이었다. 어찌 죽음을 두려워하여 살아서 항복할 수 있겠는가."라고 결의를 밝혔다.

① ㉠ ② ㉡
③ ㉢ ④ ㉣

해설 '두괄식 문단'으로 구성하려면 글의 중심 내용이 문단의 첫머리에 와야 한다. 따라서 ㉢ '선비 정신은 의리 정신으로 표현되는 데서 그 강인성이 드러난다.'가 가장 앞에 와야 한다.

오답 ㉢을 제외한 나머지는 ㉢을 뒷받침하는 내용이므로, 두괄식 문단으로 구성하고자 할 때 앞에 올 수 없다.

정답 ③

02 〈보기〉의 지문은 설명문의 일종이다. 두괄식 설명문으로 구성하고자 할 때 논리적 전개에 가장 부합하게 배열한 것은?

2019 서울시 9급(2월)

> <보기>
>
> ㉠ 문장을 구성하는 기본적인 언어 단위를 어절이라 한다. 띄어 쓴 문장 성분을 각각 어절이라고 하는데, 하나의 어절이 하나의 문장 성분이 되는 것은 문장 구성의 기본적인 성질이다.
>
> ㉡ 문장은 인간의 생각을 완결된 형태로 담을 수 있는 언어 단위이다. 문장은 일정한 구성 성분으로 이루어지는데, 맥락을 통해서 알 수 있을 경우에는 문장 성분을 생략할 수도 있다.
>
> ㉢ 띄어 쓴 어절이 몇 개 모여서 하나의 문장 성분이 되는 경우가 있다. '그 남자가 아주 멋지다.'라는 문장에서 '그 남자가'와 '아주 멋지다'는 각각 두 어절로 이루어져서 주어와 서술어 역할을 하고 있다.
>
> ㉣ 두 개 이상의 어절이 모여서 하나의 문장 성분을 이룬 것을 구(句)라고 한다. 절은 주어와 서술어를 갖고 있다는 점에서 구와 구별되지만, 독립적으로 사용되지 못한다는 점에서 문장과 구별 된다.

① ㉠ - ㉡ - ㉣ - ㉢
② ㉠ - ㉣ - ㉢ - ㉡
③ ㉡ - ㉠ - ㉢ - ㉣
④ ㉡ - ㉢ - ㉠ - ㉣

해설 두괄식 구성은 문단의 앞부분에 먼저 중심 문장을 제시한 후, 뒤에 이어서 중심 내용을 뒷받침하는 문장들을 전개하는 방식이다. 따라서 〈보기〉의 내용을 모두 포괄하는 내용이 맨 앞부분에 나와야 하므로 문장의 개념을 설명한 ㉡이 제일 먼저 오고, 그 다음에 '어절'의 개념을 설명한 ㉠, 그 어절이 모여 문장 성분을 이룬다고 한 ㉢, 마지막에 ㉣이 오는 것이 자연스럽다.

정답 ③

CHAPTER

02 신유형 독해의 원리

1절 독해 유형 분석

TIP

- '조건에 맞는 표현' 유형의 문제는 조건을 면밀히 검토하는 것이 중요하다. 조건은 크게 '내용 조건'과 '표현 조건'으로 나눌 수 있으므로 둘 중 하나의 조건을 기준으로 잡고 답을 고르면 된다.
- '설의법', '반복법'처럼 눈에 쉽게 띄는 조건이 제시된다면 '표현 조건'부터 살펴보자.

1 유형 1 - 조건에 맞는 표현

1. 세부 유형 1

① 주어진 조건이나 상황에 맞는 표현을 찾는 유형이다.

② 세부적으로는 내용과 형식과 같은 몇 가지 조건을 제시하고 이를 충족하는 표현을 찾는 유형, 글의 일부를 비워 두고 흐름에 맞으면서 조건과 부합하는 표현을 찾는 유형 등이 있다.

대표 유형 문제

'해양 오염'을 주제로 연설을 한다고 할 때, 다음에 제시된 조건을 모두 충족한 것은?

2023 국가직 9급

○ 해양 오염을 줄일 수 있는 생활 속 실천 방법을 포함할 것.
○ 설의적 표현과 비유적 표현을 활용할 것.

① 바다는 쓰레기 없는 푸른 날을 꿈꾸고 있습니다. 미세 플라스틱은 바다를 서서히 죽이는 보이지 않는 독입니다. 우리의 관심만이 다시 바다를 살릴 수 있을 것입니다.

② 우리가 버린 쓰레기는 바다로 흘러갔다가 해양 생물의 몸에 축적이 되어 해산물을 섭취하면 결국 다시 우리에게 돌아오게 됩니다. 분리수거를 철저히 하고 일회용품을 줄이는 것이 바다도 살리고 우리 자신도 살리는 길입니다.

③ 여름만 되면 피서객들이 마구 버린 쓰레기로 바다가 몸살을 앓는다고 합니다. 자기 집이라면 이렇게 함부로 쓰레기를 버렸을까요? 피서객들의 양심이 모래밭 위를 뒹굴고 있습니다. 자기 쓰레기는 자기가 집으로 되가져가도록 합시다.

④ 산업 폐기물이 바다로 흘러가 고래가 죽어 가는 장면을 다큐멘터리에서 본 적이 있습니다. 이대로 가다간 인간도 고통받게 되지 않을까요? 정부에서 산업 폐기물 관리 지침을 만들고 감독을 강화하지 않는다면 바다는 쓰레기 무덤이 되고 말 것입니다.

정답 ③

2. 세부 유형 2

주어진 조건에 따라 개요의 빈칸을 채우거나 개요의 일부 내용을 수정하는 유형이다.

대표 유형 문제

<지침>에 따라 <개요>를 작성할 때 ㉠~㉣에 들어갈 내용으로 적절하지 않은 것은?

국가직 9급 출제 기조 전환 예시 문제

<지침>

○ 서론은 중심 소재의 개념 정의와 문제 제기를 1개의 장으로 작성할 것.

○ 본론은 제목에서 밝힌 내용을 2개의 장으로 구성하되 각 장의 하위 항목끼리 대응되도록 작성할 것.

○ 결론은 기대 효과와 향후 과제를 1개의 장으로 작성할 것.

<개요>

○ 제목: 복지 사각지대의 발생 원인과 해소 방안

Ⅰ. 서론
  1. 복지 사각지대의 정의
  2. ㉠

Ⅱ. 복지 사각지대의 발생 원인
  1. ㉡
  2. 사회복지 담당 공무원의 인력 부족

Ⅲ. 복지 사각지대의 해소 방안
  1. 사회적 변화를 반영하여 기존 복지 제도의 미비점 보완
  2. ㉢

Ⅳ. 결론
  1. ㉣
  2. 복지 사각지대의 근본적이고 지속가능한 해소 방안 마련

① ㉠: 복지 사각지대의 발생에 따른 사회 문제의 증가

② ㉡: 사회적 변화를 반영하지 못한 기존 복지 제도의 한계

③ ㉢: 사회복지 업무 경감을 통한 공무원 직무 만족도 증대

④ ㉣: 복지 혜택의 범위 확장을 통한 사회 안전망 강화

해설 '지침'에서 '각 장의 하위 항목끼리 대응되도록 작성할 것.'이라고 하였다. 따라서 ㉢에는 발생 원인 '2. 사회복지 담당 공무원의 인력 부족'에 대응하는 '해소 방안'이 들어가야 한다. 그런데 ③의 내용은 '복지 사각지대의 해소 방안'도 아니고, 두 번째 발생 원인과 대응되는 내용도 아니다. 따라서 ㉢에 들어갈 내용으로 적절하지 않다.

오답 ① '지침'에서 '서론은 중심 소재의 개념 정의와 문제 제기를 1개의 장으로 작성할 것.'이라고 하였다. '서론 1.'에서 개념을 정의하고 있기 때문에, ㉠에는 '문제 제기'가 들어가는 것이 적절하다. 따라서 ㉠에 '복지 사각지대의 발생에 따른 사회 문제의 증가'가 들어가는 것은 적절하다.

② '지침'에서 '각 장의 하위 항목끼리 대응되도록 작성할 것.'이라고 하였다. 해소 방안 '1. 사회적 변화를 반영하여 기존 복지 제도의 미비점 보완'에 맞춰, ㉡에 '사회적 변화를 반영하지 못한 기존 복지 제도의 한계'가 들어가는 것은 적절하다.

④ '지침'에 '결론은 기대 효과와 향후 과제를 1개의 장으로 작성할 것.'이라고 하였다. '2.'에 향후 과제는 제시하고 있기 때문에 ㉣에는 '기대 효과'가 들어가는 것이 적절하다. 따라서 ㉣에 '복지 혜택의 범위 확장을 통한 사회 안전망 강화'가 들어가는 것은 적절하다.

정답 ③

TIP

- 만약 두 명 이상의 인물이 등장하는 대화라면, 각 인물과 말하기 방식의 연결이 바른지 살피는 것이 중요하다.
- 선지가 'A를 통해 B를 한다'나 'A를 하면서 B를 한다.'라는 식으로 제시될 수 있는데, 이때 A와 B가 모두 나타나는지 살필 필요가 있다.

2 유형 2 - 말하기 방식

① 주어진 말하기에 등장하는 인물들의 말하기 방식에 대한 설명이 바른지 판단하는 유형이다.

② 지문으로는 두 명 이상의 인물이 등장하는 대화나 한 명의 인물이 등장하는 발표나 연설이 제시될 수 있다. 선지에는 말하기 방식을 묻는 유형, 말하기 내용을 묻는 유형, 말하기 방식과 내용을 함께 묻는 유형이 있다.

대표 유형 문제

다음 대화를 분석한 내용으로 가장 적절한 것은? 2024 국가직 9급

> 갑: 고대 노예제 사회나 중세 봉건 사회는 타고난 신분에 따라 사회적 지위가 결정되는 계급사회였지만, 현대 사회는 계급사회가 아니라고 많이들 말해. 그런데 과연 그런지 의문이야.
> 을: 현대 사회는 고대나 중세만큼은 아니지만 귀속지위가 성취 지위를 결정하는 면이 없다고 할 수 없어. 빈부 격차에 따라 계급이 나뉘고 그에 따른 불평등이 엄연히 존재하잖아. '금수저', '흙수저'라는 유행어에서 볼 수 있듯 빈부 격차가 대물림되면서 개인의 계급이 결정되고 있어.
> 병: 현대 사회가 빈부 격차로 인해 계급이 나누어지는 것처럼 보인다고 해서 계급사회라고 단정할 수는 없어. 계급사회라고 말하려면 계급 체계 자체가 인간의 생활을 전적으로 규정할 수 있어야 하는데, 오늘날 각종 문화나 생활 방식 전체를 특정한 계급 논리만으로는 설명할 수 없어. 따라서 현대 사회를 계급사회로 보기는 어려워.
> 갑: 현대 사회의 문화가 다양하다는 것은 맞아. 하지만 인간 생활의 근간은 결국 경제 활동이고, 경제적 계급 논리로 현대 사회의 문화를 충분히 설명하고 규정할 수 있어. 또한 현대 사회에서 인간의 사회적 지위는 부모의 경제력과 직결되기 때문에 계급사회라고 말할 수 있어.

① 갑은 을의 주장 중 일부는 수용하고 일부는 반박한다.
② 을의 주장은 갑의 주장과 대립하지 않는다.
③ 갑과 병은 상이한 전제에서 유사한 결론을 도출하고 있다.
④ 병의 주장은 갑의 주장과는 대립하지 않지만 을의 주장과는 대립한다.

해설 '갑', '을', '병'은 현대 사회가 '계급 사회'인가, 아닌가를 두고 대화를 나누고 있다.
'병'의 "따라서 현대 사회를 계급사회로 보기는 어려워."라는 말을 볼 때, '병'은 현대 사회가 '계급 사회'가 아니라고 보고 있다.
그러나 '병'과 달리, '갑'과 '을'은 현대 사회를 계급사회로 보고 있다. 따라서 '을'의 주장이 '갑'의 주장과 대립하지 않는다는 분석은 적절하다.

오답 ① '갑'과 '을'의 주장은 일치한다는 점에서, 일부를 반박한다는 분석은 적절하지 않다.
③ 전제로부터 도출된 결론이 '주장'이다. '갑'과 '병'의 주장은 상반된다. 따라서 유사한 결론을 도출하고 있다는 분석은 적절하지 않다.
④ '갑'과 '을'의 주장이 일치한다. 따라서 '병'의 주장은 '갑'과 '을' 모두와 대립된다고 해야 올바른 분석이다.

정답 ②

3 유형 3 – 글의 배열

① 주어진 지문을 글의 흐름에 맞게 배열하는 유형이다.

② 세부적으로는 글 전체의 순서를 배열하는 유형, 글의 일부 순서를 배열하는 유형이 있고, '두괄식, 미괄식'과 같은 글의 구조를 제시한 후 그에 맞게 글의 순서를 배열하는 유형도 있다.

TIP

- 선지와 지문에 제시된 힌트를 최대한 활용해 첫 단락을 예측할 수 있다.
- 지시어가 나오면, 그것이 지시하는 내용으로 끝나는 단락을 연결하면 되고, 역접이나 전환의 접속어가 나오면, 서로 상반되는 내용이 나오는 단락을 연결하면 된다.
- 대개의 글은 '시간의 순서'에 따라, '일반-세부' 내용 순으로 전개된다는 것도 기억해 두자!

대표 유형 문제

01 (가)~(라)를 맥락에 따라 가장 자연스럽게 배열한 것은? 2024 국가직 9급

약물은 질병을 치료하거나 예방할 목적으로 사용되는 의약품이다. 우리 주변에는 약물이 오남용되는 경우가 있다.

(가) 더구나 약물은 내성이 있어 이전보다 더 많은 양을 사용하기 마련이므로 피해는 점점 커지게 된다.

(나) 오남용은 오용과 남용을 합친 말로서 오용은 본래 용도와 다르게 사용하는 일, 남용은 함부로 지나치게 사용하는 일을 가리킨다.

(다) 그러므로 약물을 사용할 때는 반드시 의사나 약사와 상의하고 설명서를 확인하여 목적에 맞게 적정량을 사용해야 한다.

(라) 약물을 오남용하면 신체적 피해는 물론 정신적 피해를 입을 수 있다.

① (나) - (다) - (라) - (가)
② (나) - (라) - (가) - (다)
③ (라) - (가) - (나) - (다)
④ (라) - (다) - (나) - (가)

해설

1단계	선지를 볼 때, (나) 또는 (라)가 첫 단락 바로 뒤에 이어져야 한다. 첫 단락에서 '약물 오남용'이 되는 경우가 있음을 언급하면서 글을 시작하고 있기 때문에, '오남용'의 개념을 설명하고 있는 (나)가 가장 앞에 오는 것이 자연스럽다.
2단계	(라)와 (가)는 '약물 오남용'의 부작용을 언급하고 있다. (가)가 '더구나'로 시작되고 있다. '더구나'는 '이미 있는 사실에 더하여'라는 뜻을 가진 부사이다. 즉 앞에 내용에 이어 추가적인 내용을 제시할 때 사용하는 부사이다. 이를 고려할 때, 흐름상 (라) 뒤에 (가)가 이어지는 것이 자연스럽다.
3단계	(다)는 인과의 접속 부사 '그러므로'로 시작하고 있다. 따라서 '약물 오남용'의 부작용을 언급한 '(라) - (가)' 뒤에 (다)가 이어지는 것이 자연스럽다.

이를 볼 때, 제시된 글은 '(나) - (라) - (가) - (다)'로 배열하는 것이 가장 자연스럽다.

정답 ②

대표 유형 문제

02 (가)~(라)를 맥락에 맞추어 가장 적절하게 나열한 것은?

국가직 9급 출제 기조 전환 예시 문제

(가) 다음으로 시청자의 마음을 사로잡을 수 있는 참신한 인물을 창조해야 한다. 특히 주인공은 장애를 만나 새로운 목표를 만들고, 그것을 이루는 과정에서 최종적으로 영웅이 된다. 시청자는 주인공이 목표를 이루는 데 적합한 인물로 변화를 거듭할 때 그에게 매료된다.

(나) 스토리텔링 전략에서 제일 먼저 해야 할 일이 로그라인을 만드는 것이다. 로그라인은 '장애, 목표, 변화, 영웅'이라는 네 가지 요소를 담아야 하며, 3분 이내로 압축적이어야 한다. 이를 통해 스토리의 목적과 방향이 마련된다.

(다) 이 같은 인물 창조의 과정에서 스토리의 주제가 만들어진다. '사랑과 소속감, 안전과 안정, 자유와 자발성, 권력과 책임, 즐거움과 재미, 인식과 이해'는 수천 년 동안 성별, 나이, 문화를 초월하여 두루 통용된 주제이다.

(라) 시청자가 드라마나 영화에 대해 시청 여부를 결정하는 데 걸리는 시간은 8초에 불과하다. 제작자는 이 짧은 시간 안에 시청자를 사로잡을 수 있는 스토리텔링 전략이 필요하다.

① (나) - (가) - (라) - (다)
② (나) - (다) - (가) - (라)
③ (라) - (나) - (가) - (다)
④ (라) - (나) - (다) - (가)

해설

1단계	선지를 통해 시작하는 문단이 (나) 또는 (라)임을 알 수 있다. (나)와 (라) 모두 '스토리텔링 전략'에 대해 언급하고 있는데, (나)에서는 '스토리텔링 전략'에서 가장 먼저 해야 하는 일을, (라)에서는 짧은 시간 안에 시청자를 사로잡기 위해서는 '스토리텔링 전략'이 필요하다는 내용이다. 문맥의 흐름상 구체적인 전략의 내용을 다룬 (나)가 나중에 오는 것이 자연스럽다. 따라서 가장 앞에 와야 하는 문단은 (라)이고, 그 뒤에 (나)가 이어지는 것이 자연스럽다.
2단계	(나)에서 '제일 먼저 해야 할 일'을 다루고 있기 때문에, 그 뒤에는 다음 전략이 제시되어야 한다. 따라서 '다음으로'로 시작하고 있는 (가)가 그 뒤에 이어지는 것이 자연스럽다.
3단계	(가)에서 다룬 '인물 창조'를 다루고 있기 때문에, 그 뒤에는 '이 같은 인물 창조의 과정에서'로 시작하는 (다)가 이어지는 것이 자연스럽다.

따라서 제시된 글을 맥락에 맞추어 '(라) - (나) - (가) - (다)'로 나열해야 한다.

정답 ③

4 유형 4 - 빈칸 채우기

① 주어진 지문의 빈칸에 알맞은 말을 넣는 유형이다.

② 세부적으로는 글의 흐름에 알맞은 접속 부사를 채우는 유형, 내용상 어울리는 단어나 문장을 채우는 유형이 있다. 이때 빈칸에 개수는 접속 부사를 채우는 유형일 때는 두 개 이상, 단어나 문장의 채우는 유형일 때는 두 개 이하가 제시되는 것이 일반적이다.

대표 유형 문제

01 다음 글의 빈칸에 들어갈 내용으로 가장 적절한 것은? 2024 국가직 9급

> 독자는 글을 읽을 때 생소하거나 이해하기 어려운 단어에 주시하는데, 이때 특정 단어에 눈동자를 멈추는 '고정'이 나타나며, 고정과 고정 사이에는 '이동', 단어를 건너뛸 때는 '도약'이 나타난다. 고정이 관찰될 때는 의미를 이해하려는 시도가 이루어지지만, 이동이나 도약이 관찰될 때는 이루어지지 않는다. 이를 바탕으로, K 연구진은 동일한 텍스트를 활용하여 읽기 능력 하위 집단(A)과 읽기 능력 평균 집단(B)의 읽기 특성을 탐색하는 연구를 진행하였다. 독서 횟수는 1회로 제한하되 독서 시간은 제한하지 않았다.
>
> 그 결과, 눈동자의 평균 고정 빈도에서 A집단은 B집단에 비해 약 2배 많은 수치를 보였다. 그런데 총 고정 시간을 총 고정 빈도로 나눈 평균 고정 시간은 B집단이 A집단에 비해 더 높게 나타났다. 읽기 후 독해 검사에서 B집단은 A집단보다 평균 점수가 높았고, 독서 과정에서 눈동자가 이전으로 돌아가거나 이전으로 건너뛰는 현상은 모두 관찰되지 않았다. 연구진은 이를 종합하여 읽기 능력이 부족한 독자는 읽기 능력이 평균인 독자에 비해 난해하다고 느끼는 단어들이 [　　　　] 는 결론을 내렸다.

① 더 많지만 난해하다고 느끼는 각각의 단어를 이해하는 과정에 들이는 평균 시간은 더 적다
② 더 많고 난해하다고 느끼는 각각의 단어를 이해하는 과정에 들이는 평균 시간도 더 많다
③ 더 적지만 난해하다고 느끼는 각각의 단어를 이해하는 과정에 들이는 평균 시간은 더 많다
④ 더 적고 난해하다고 느끼는 각각의 단어를 이해하는 과정에 들이는 평균 시간도 더 적다

해설 A 집단은 '읽기 능력 하위 집단'이고, B 집단은 '읽기 능력 평균 집단'이다.

난해한 단어의 수	1문단의 내용을 볼 때, 눈동자를 고정하는 것은 '의미를 이해하려는 시도'라고 하였다. 2문단에서 눈동자 고정 빈도가 A 집단이 2배라고 하였기 때문에, 읽기 능력이 부족한 독자는 난해하다고 느끼는 단어들이 '더 많음'을 추론할 수 있다.
단어 이해 평균 시간	2문단에서 '총 고정 시간을 총 고정 빈도로 나눈 평균 고정 시간'은 B 집단이 더 높게 나타났다고 하였다. 이를 볼 때, 읽기 능력이 부족한 독자는 단어를 이해하는 데 들이는 시간이 '더 적음'을 추론할 수 있다.

정답 ①

TIP

- '빈칸 채우기' 유형의 문제는 앞뒤 문장을 최대한 활용해야 한다.
- 접속 부사를 채우는 유형을 해결하기 위해서는 접속 부사가 어떤 기능을 하는지도 파악해 두어야 한다.
- '왜냐하면'이 나오면 '~이기 때문이다'가 이어서 나옴도 반드시 기억해 두자!

대표 유형 문제

02 다음 글의 ㉠~㉢에 들어갈 말을 적절하게 나열한 것은?

국가직 9급 출제 기조 전환 예시 문제

> 소설과 현실의 관계를 온당하게 살피기 위해서는 세계의 현실성, 문제의 현실성, 해결의 현실성을 구별해야 한다. 우리가 살고 있는 이 입체적인 시공간에서 특히 의미 있는 한 부분을 도려내어 서사의 무대로 삼을 경우 세계의 현실성이 확보된다. 그 세계 안의 인간이 자신을 둘러싼 세계와 고투하면서 당대의 공론장에서 기꺼이 논의해볼 만한 의제를 산출해낼 때 문제의 현실성이 확보된다. 한 사회가 완강하게 구조화하고 있는 '가능한 것'과 '불가능한 것'의 좌표를 흔들면서 특정한 선택지를 제출할 때 해결의 현실성이 확보된다.
>
> 최인훈의 「광장」은 밀실과 광장 사이에서 고뇌하는 주인공의 모습을 통해 '남(南)이냐 북(北)이냐'라는 민감한 주제를 격화된 이념 대립의 공론장에 던짐으로써 [㉠]을 확보하였다. 작품의 시공간으로 당시 남한과 북한을 소설적 세계로 선택함으로써 동서 냉전 시대의 보편성과 한반도 분단 체제의 특수성을 동시에 포괄할 수 있는 [㉡] 도 확보하였다. 「광장」에서 주인공이 남과 북 모두를 거부하고 자살을 선택하는 결말은 남북으로 상징되는 당대의 이원화된 이데올로기를 근저에서 흔들었다. 이로써 [㉢] 을 확보할 수 있었다.

	㉠	㉡	㉢
①	문제의 현실성	세계의 현실성	해결의 현실성
②	문제의 현실성	해결의 현실성	세계의 현실성
③	세계의 현실성	문제의 현실성	해결의 현실성
④	세계의 현실성	해결의 현실성	문제의 현실성

해설 ㉠ 1문단에서 "그 세계 안의 인간이 자신을 둘러싼 세계와 고투하면서 당대의 공론장에서 기꺼이 논의해볼 만한 의제를 산출해낼 때 문제의 현실성이 확보된다."라고 하였다. 따라서 민감한 주제를 격화된 이념 대립의 공론장에 던짐으로써 '문제의 현실성(㉠)'을 확보한 것이다.

㉡ 1문단에서 "우리가 살고 있는 이 입체적인 시공간에서 특히 의미 있는 한 부분을 도려내어 서사의 무대로 삼을 경우 세계의 현실성이 확보된다."라고 하였다. 따라서 작품의 시공간으로 당시 남한과 북한을 소설적 세계로 선택함으로써 '세계의 현실성(㉡)'도 확보한 것이다.

㉢ 1문단에서 "한 사회가 완강하게 구조화하고 있는 '가능한 것'과 '불가능한 것'의 좌표를 흔들면서 특정한 선택지를 제출할 때 해결의 현실성이 확보된다."라고 하였다. 따라서 「광장」에서 주인공이 남과 북 모두를 거부하고 자살을 선택하는 결말은 '해결의 현실성(㉢)'을 확보한 것이다.

정답 ①

5 유형 5 – 내용 이해 및 추론

지문의 내용을 바탕으로 선지의 내용의 이해 및 추론이 바른지 판단하는 유형이다. 이 유형의 경우, 글의 구조를 통해 세부적으로 살펴보는 것이 문제 풀이에 도움이 된다.

1. 세부 유형 1 : 개념 및 특징을 제시 → 정리하는 문장이나 이유 제시

대표 유형 문제

다음 글에서 추론한 내용으로 적절하지 않은 것은? 2024 국가직 9급

오늘날 인터넷과 디지털 미디어를 통해 '온라인'에서의 '비대면' 접촉에 의한 상호 관계가 급속도로 확장되고 있다. '오프라인'이나 '대면'이라는 용어는 물리적 실체감이 있는 아날로그적 접촉을 가리킨다. 그런데 우리는 온라인과 오프라인을 함께 경험할 수도 있고, 이러한 이분법적인 용어로 명료하게 분리되지 않는 활동들도 많다. 예를 들어 누군가와 만나서 대화하는 중에 문자를 주고받음으로써 대면 상호작용과 온라인 상호작용을 동시에 할 수 있다.

한편 오프라인 대면 상호작용에서보다 온라인 비대면 상호작용에서 만난 사람들에게 더 끈끈한 유대감을 느끼기도 한다. 서로 관계를 형성하고 유지할 때 아날로그 상호작용 수단과 디지털 상호작용 수단을 동시에 활용할 수도 있다. 이처럼 오늘날과 같은 초연결 사회에서 우리의 경험은 비대면 혹은 대면, 온라인 혹은 오프라인 같은 이분법적 범주로 온전히 분리되지 않는다. 상호작용 양식들이 서로 겹치거나 교차하는 현상들을 이해하고자 할 때 이분법적인 범주는 심각한 한계를 지닌다.

① 이분법적 시각으로는 상호작용 양식이 교차하는 양상을 이해하기 어렵다.
② 비대면 온라인 상호작용으로는 사람들 간에 깊은 유대 관계를 형성할 수 없다.
③ 온라인 비대면 활동과 오프라인 대면 활동이 온전히 분리되어 있는 것은 아니다.
④ 오늘날에는 대면 상호작용 중에도 디지털 수단에 의한 상호 관계가 이루어질 수 있다.

해설 2문단에서 "온라인 비대면 작용에서 만난 사람들에게 더 끈끈한 유대감을 느끼기도 한다."라고 하였다. 이를 볼 때, 비대면 온라인 상호작용으로는 사람들 간에 깊은 유대 관계를 형성할 수 없다는 추론은 적절하지 않다.

오답 ① 2문단의 "상호작용 양식들이 서로 겹치거나 교차하는 현상들을 이해하고자 할 때 이분법적인 범주는 심각한 한계를 지닌다." 부분을 통해 추론할 수 있다.
③ 2문단의 "오늘날과 같은 초연결 사회에서 우리의 경험은 비대면 혹은 대면, 온라인 혹은 오프라인 같은 이분법적 범주로 온전히 분리되지 않는다." 부분을 통해 추론할 수 있다.
④ 1문단의 "예를 들어 누군가와 만나서 대화하는 중에 문자를 주고받음으로써 대면 상호작용과 온라인 상호작용을 동시에 할 수 있다." 부분을 통해 추론할 수 있다.

정답 ②

TIP

- 지시어가 의미하는 바를 확인하면서 글을 읽는 것이 중요하다.
- 조금 어렵게 출제될 경우, 명제의 '역'을 활용한 선지가 제시될 수 있다. 따라서 명제 'P→Q'는 그의 대우인 '~Q→~P'와만 진릿값을 같이한다는 점도 기억해 두자!

TIP

- 이런 구조의 글은 선지에서 대개 두 대상의 공통점과 차이점을 묻는다. 따라서 기준에 따른 차이점을 중심으로 글을 읽어 나간다면 도움이 될 것이다.
- 글이 복잡하지 않다면, 여백에 간단한 표를 그려보는 것도 하나의 방법이다.

2. 세부 유형 2 : 두 개의 대상을 제시 → 두 대상을 비교

대표 유형 문제

01 다음 글을 이해한 내용으로 적절하지 않은 것은? 국가직 9급 출제 기조 전환 예시 문제

> 한국 신화에 보이는 신과 인간의 관계는 다른 나라의 신화와 견주어 볼 때 흥미롭다. 한국 신화에서 신은 인간과의 결합을 통해 결핍을 해소함으로써 완전한 존재가 되고, 인간은 신과의 결합을 통해 혼자 할 수 없었던 존재론적 상승을 이룬다.
>
> 한국 건국신화에서 주인공인 신은 지상에 내려와 왕이 되고자 한다. 천상적 존재가 지상적 존재가 되기를 바라는 것인데, 인간들의 왕이 된 신은 인간 여성과의 결합을 통해 자식을 낳음으로써 결핍을 메운다. 무속신화에서는 인간이었던 주인공이 신과의 결합을 통해 신적 존재로 거듭나게 됨으로써 존재론적으로 상승하게 된다. 이처럼 한국 신화에서 신과 인간은 서로의 존재를 필요로 한다는 점에서 상호의존적이고 호혜적이다.
>
> 다른 나라의 신화들은 신과 인간의 관계가 한국 신화와 달리 위계적이고 종속적이다. 히브리 신화에서 피조물인 인간은 자신을 창조한 유일신에 대해 원초적 부채감을 지니고 있으며, 신이 지상의 모든 일을 관장한다는 점에서 언제나 인간의 우위에 있다. 이러한 양상은 북유럽이나 바빌로니아 등에 퍼져 있는 신체 화생 신화에도 유사하게 나타난다. 신체 화생 신화는 신이 죽음을 맞게 된 후 그 신체가 해체되면서 인간 세계가 만들어지게 된다는 것인데, 신의 희생 덕분에 인간 세계가 만들어질 수 있었다는 점에서 인간은 신에게 철저히 종속되어 있다.

① 히브리 신화에서 신과 인간의 관계는 위계적이다.

② 한국 무속신화에서 신은 인간을 위해 지상에 내려와 왕이 된다.

③ 한국 건국신화에서 신은 인간과의 결합을 통해 완전한 존재가 된다.

④ 한국 신화에 보이는 신과 인간의 관계는 신체 화생 신화에 보이는 신과 인간의 관계와 다르다.

해설 2문단에서 "한국 건국신화에서 주인공인 신은 지상에 내려와 왕이 되고자 한다." 부분을 볼 때, 한국 무속신화에서 신이 지상에 내려와 왕이 된다는 이해는 적절하다. 그러나 그 이유가 틀렸다. '인간을 위해서' 내려왔다는 내용은 제시된 글을 통해 알 수 없다.

오답 ① 3문단의 "히브리 신화에서 ~ 신이 지상의 모든 일을 관장한다는 점에서 언제나 인간의 우위에 있다." 부분을 통해 알 수 있다.

③ 2문단의 "인간들의 왕이 된 신은 인간 여성과의 결합을 통해 자식을 낳음으로써 결핍을 메운다." 부분을 통해 알 수 있다.

④ 한국 신화에 보이는 신과 인간의 관계는 '상호의존적이고 호혜적'이다. 한편, '신체 화생 신화'에서는 신이 인간을 위해 희생적이라는 점에서 각각의 관계는 서로 다르다.

정답 ②

대표 유형 문제

02 다음 글을 이해한 내용으로 가장 적절한 것은? 2023 국가직 9급

전 세계를 대표하는 항공기인 보잉과 에어버스의 중요한 차이점은 자동조종시스템의 활용 정도에 있다. 보잉의 경우, 조종사가 대개 항공기를 조종간으로 직접 통제한다. 조종간은 비행기의 날개와 물리적으로 연결되어 있어서 어떤 상황에서도 조종사가 조작한 대로 반응한다. 이와 다르게 에어버스는 조종간 대신 사이드스틱을 설치하여 컴퓨터가 조종사의 행동을 제한하거나 조종에 개입할 수 있게 설계되었다.

보잉에서는 조종사가 항공기를 통제할 수 있는 전권을 가지지만 에어버스에서는 컴퓨터가 조종사의 조작을 감시하고 제한한다. 보잉과 에어버스의 이러한 차이는 기계를 다루는 인간을 바라보는 관점이 서로 다른 데서 비롯된다. 보잉사를 창립한 윌리엄 보잉의 철학은 "비행기를 통제하는 최종 권한은 언제나 조종사에게 있다."이다. 시스템은 불안정하고 완벽하지 않기 때문에 컴퓨터가 조종사의 판단보다 우선시될 수 없다는 것이다. 반면 에어버스의 아버지라고 불리는 베테유는 "인간은 실수할 수 있는 존재"라고 전제한다. 베테유는 이런 자신의 신념을 토대로 에어버스를 설계함으로써 조종사의 모든 조작을 컴퓨터가 모니터링하고 제한하게 만든 것이다.

① 보잉은 시스템의 불완전성을, 에어버스는 인간의 실수 가능성을 고려하여 설계되었다.
② 베테유는 인간이 실수할 수 있는 존재라고 보지만 윌리엄 보잉은 그렇지 않다고 본다.
③ 에어버스의 조종사는 항공기 운항에서 자동조종시스템을 통제하고 조작한다.
④ 보잉의 조종사는 자동조종시스템을 사용하지 않고 항공기를 조종한다.

정답 ①

3. 세부 유형 3 : 혼동되는 두 개의 개념 제시 → 적용 또는 사례 찾기

두 개의 대상을 제시하고, 각 대상의 특징을 제시한다는 점에서 '세부 유형 2'와 글 구조가 유사하다. 그러나 단순 비교가 아닌 적용을 하거나 구체적인 사례를 찾는다는 점에서 차이가 있다.

TIP

'세부 유형 2'와 마찬가지로 각 개념의 특징을 기준에 따라 정리하고, 선지의 주어진 상황에 적용하면 된다.

대표 유형 문제

다음 글에서 추론한 내용으로 가장 적절한 것은? 2023 국가직 9급

공포의 상태와 불안의 상태를 구분하는 것은 쉽지 않다. 왜냐하면 두 감정을 함께 느끼거나 한 감정이 다른 감정을 유발할 때가 많기 때문이다. 가령, 무시무시한 전염병을 목도하고 공포에 빠진 사람은 자신도 언젠가 그 병에 걸릴지 모른다는 불안 상태에 빠지게 된다. 이처럼 두 감정은 서로 밀접하게 얽혀 있다는 점에서 혼동하기 쉽다. 하지만 두 감정을 야기한 원인을 따져 보면 두 감정을 명확하게 구분할 수 있다. 공포는 실재하는 객관적 위협에 의해 야기된 상태를 의미하고, 불안은 현재 발생하지 않았으며 미래에 일어날지 모르는 불명확한 위협에 의해 야기된 상태를 의미한다. 공포와 불안의 감정은 둘 다 자아와 관련되어 있지만 여기에서도 차이를 찾을 수 있다. 공포를 느끼는 것은 '나 자신'이 위험한 상황에 놓여 있다는 사실을 아는 것이고, 불안의 경험은 '나 자신'이 위해를 입을까 봐 걱정하는 것이다.

① 자신이 처한 위험한 상황을 정확히 인식하는 경우에는 공포감에 비해 불안감이 더 크다.
② 전기 · 가스 사고가 날까 두려워 외출하지 못하는 사람은 불안한 상태에 있는 것이다.
③ 시험에 불합격할 수 있다는 생각에 사로잡힌 사람은 공포감에 빠져 있는 것이다.
④ 과거에 큰 교통사고를 경험한 사람은 공포감은 크지만 불안감은 작다.

정답 ②

TIP

'세부 유형 2'처럼 각 유형별 특징 파악뿐만 아니라, 유형을 분류한 기준이 무엇인지까지 파악하면서 글을 읽어야 한다.

4. 세부 유형 4 : 기준에 따라 대상을 분류 → 유형별 특징 제시

어떠한 기준에 따라 대상을 분류하고, 각 유형별 특징을 제시하는 유형이다. 개념과 특징을 제시한다는 점에서 '세부 유형 2'와 유사하기도 하지만, 대상을 명확한 기준에 따라 분류했다는 점에서 차이가 있다.

대표 유형 문제

01 다음 글을 이해한 내용으로 가장 적절한 것은? 2023 국가직 9급

> 루카치는 그리스 세계를 신과 인간의 결합 정도를 가리키는 '총체성' 개념을 기준으로 세 시대로 구분하였다. 첫 번째 시대에서 후대로 갈수록 총체성의 정도는 낮아진다. 첫째는 총체성이 완전히 구현되어 있는 '서사시의 시대'이다. 호메로스의 『일리아드』와 『오디세이아』에서는 신과 인간의 세계가 하나로 얽혀 있다. 인간들이 그리스와 트로이 두 패로 나뉘어 전쟁을 벌일 때 신들도 인간의 모습을 하고 두 패로 나뉘어 전쟁에 참여했다. 둘째는 '비극의 시대'이다. 소포클레스나 에우리피데스의 비극에서는 총체성이 흔들려 신과 인간의 세계가 분리된다. 하지만 두 세계가 완전히 분리되지는 않고 신탁이라는 약한 통로로 이어져 있다. 비극에서 신은 인간의 행위에 직접 개입하지 않고 신탁을 통해서 자신의 뜻을 그저 전달하는 존재로 바뀐다. 셋째는 플라톤으로 대표되는 '철학의 시대'이다. 이 시대는 이미 계몽된 세계여서 신탁 같은 것은 신뢰할 수 없게 되었다. 신과 인간의 세계가 완전히 분리됨으로써 신의 세계는 인격적 성격을 상실하여 '이데아'라는 추상성의 세계로 바뀐다. 신의 세계와 인간의 세계는 그 사이에 어떤 통로도 존재할 수 없는, 절대적으로 분리된 세계가 되었다.

① 계몽사상은 서사시의 시대에서 철학의 시대로의 전환을 이끌었다.
② 플라톤의 이데아는 신탁이 사라진 시대의 비극적 세계를 표현한다.
③ 루카치는 각기 다른 기준에 따라 그리스 세계를 세 시대로 구분하였다.
④ 에우리피데스의 비극에 비해 『오디세이아』에서는 신과 인간의 결합 정도가 높다.

정답 ④

02 다음 글의 내용과 부합하지 않는 것은? 2023 국가직 9급

> 몽유록(夢遊錄)은 '꿈에서 놀다 온 기록'이라는 뜻으로, 어떤 인물이 꿈에서 과거의 역사적 인물을 만나 특정 사건에 대한 견해를 듣고 현실로 돌아온다는 특징이 있다. 이때 꿈을 꾼 인물인 몽유자의 역할에 따라 몽유록을 참여자형과 방관자형으로 구분할 수 있다. 참여자형에서는 몽유자가 꿈에서 만난 인물들의 모임에 초대를 받고 토론과 시연에 직접 참여한다. 방관자형에서는 몽유자가 인물들의 모임을 엿볼 뿐 직접 그 모임에 참여하지는 않는다. 16~17세기에 창작되었던 몽유록에는 참여자형이 많다. 참여자형에서는 몽유자와 꿈속 인물들이 동질적인 이념을 공유하고 현실의 고통스러운 문제에 대해 의견을 나누며 비판적 목소리를 낸다. 그러나 주로 17세기 이후에 창작된 방관자형에서는 몽유자가 꿈속 인물들과 함께 현실을 비판하는 것이 아니라 구경꾼의 위치에 서 있다. 이 시기의 몽유록이 통속적이고 허구적인 성격으로 변모하는 것은 몽유자의 역할 변화와 무관하지 않다.

① 몽유자가 꿈속 인물들의 모임에 직접 참여하는지, 참여하지 않는지에 따라 몽유록의 유형을 나눌 수 있다.
② 17세기보다 나중 시기의 몽유록에서는 몽유자가 현실을 비판하는 경향이 강하게 나타난다.
③ 몽유자가 모임의 구경꾼 역할을 하는 몽유록은 통속적이고 허구적인 성격이 강하다.
④ 몽유자가 꿈속 인물들과 함께 현실을 비판하는 몽유록은 참여자형에 해당한다.

정답 ②

5. 세부 유형 5+ : 시대별 특징 제시

특정 시대별 특징을 제시하는 유형이다. 개념이 시대로 바뀌었다는 점을 제외한다면, '세부 유형 2'와 거의 유사하다. 지문에 특정 연도가 나오거나, '이전'이나 '이후' 같은 시간 개념과 관련된 단어가 등장한다면 90프로 이상은 이 유형에 속한다고 봐도 무방하다.

TIP

이런 구조의 글은 각 시대를 대표하는 인물도 함께 등장하는 것이 일반적이다. 따라서 '그 시대 = 인물'로 생각하고 읽어 나가자!

대표 유형 문제

다음 글의 내용과 부합하지 않는 것은? 2023 국가직 9급

과학 혁명 이전 아리스토텔레스 철학은 로마 가톨릭교의 정통 교리와 결합되어 있었기 때문에 오랜 시간 동안 지배적인 영향력을 발휘하였다. 천문 분야 또한 예외는 아니었다. 아리스토텔레스의 세계관을 따라 우주의 중심은 지구이며, 모든 천체는 원운동을 하면서 지구의 주위를 공전한다는 천동설이 정설로 자리 잡고 있었다. 프톨레마이오스가 천체들의 공전 궤도를 관찰하던 도중, 행성들이 주기적으로 종전의 운동과는 반대 방향으로 움직인다는 관찰 결과를 얻었을 때도 그는 이를 행성의 역행 운동을 허용하지 않는 천동설로 설명하고자 하였다. 그래서 지구를 중심으로 공전하는 원 궤도에 중심을 두고 있는 원, 즉 주전원(周轉圓)을 따라 공전 궤도를 그리면서 행성들이 운동한다고 주장하였다.

과학과 아리스토텔레스 철학의 결별은 서서히 일어났다. 그 과정에서 일어난 가장 중요한 사건은 1543년 코페르니쿠스가 행성들의 운동 이론에 관한 책을 발간한 일이다. 코페르니쿠스는 천체의 중심에 지구 대신 태양을 놓고 지구가 태양의 주위를 공전한다고 주장하였다. 태양을 우주의 중심에 둔 코페르니쿠스의 지동설은 행성들의 운동에 대해 프톨레마이오스보다 수학적으로 단순하게 설명하였다.

① 과학 혁명 이전 시기에는 천동설이 정설로 받아들여졌다.
② 프톨레마이오스의 주전원은 지동설을 지지하고자 만든 개념이다.
③ 천동설과 지동설은 우주의 중심을 어디에 두느냐에 따라 구분된다.
④ 행성의 공전에 대한 프톨레마이오스의 설명은 코페르니쿠스의 설명보다 수학적으로 복잡하였다.

정답 ②

TIP

생소한 작가나 작품보다는 익숙한 작가나 작품이 등장할 가능성이 높다. 배경 지식이 있다면 글이 더욱 쉽게 읽힌다. 따라서 빈출 작가나 작품 위주로 준비해 두자.

6. 세부 유형 6 : 문학 작품과 융합하여 제시

문학 작품을 제재로 한 글을 지문으로 제시하는 유형이다. 제재가 문학 작품 또는 작가라는 점을 제외한다면 '세부 유형 1'과 거의 유사하다. 문학 작품이 직접 제시되지 않기 때문에 최대한 지문에 주어진 정보를 활용하는 것이 중요하다.

대표 유형 문제

다음 글을 이해한 내용으로 가장 적절한 것은? 국가직 9급 출제 기조 전환 예시 문제

이육사의 시에는 시인의 길과 투사의 길을 동시에 걸었던 작가의 면모가 고스란히 담겨 있다. 가령, 「절정」은 크게 두 부분으로 나누어지는데, 투사가 처한 냉엄한 현실적 조건이 3개의 연에 걸쳐 먼저 제시된 후, 시인이 품고 있는 인간과 역사에 대한 희망이 마지막 연에 제시된다.

우선, 투사 이육사가 처한 상황은 대단히 위태로워 보인다. 그는 "매운 계절의 채찍에 갈겨 / 마침내 북방으로 휩쓸려" 왔고, "서릿발 칼날진 그 위에 서" 바라본 세상은 "하늘도 그만 지쳐 끝난 고원"이어서 가냘픈 희망을 품는 것조차 불가능해 보인다. 이러한 상황은 "한발 제겨디딜 곳조차 없다"는 데에 이르러 극한에 도달하게 된다. 여기서 그는 더 이상 피할 수 없는 존재의 위기를 깨닫게 되는데, 이때 시인 이육사가 나서면서 시는 반전의 계기를 마련한다.

마지막 4연에서 시인은 3연까지 치달아 온 극한의 위기를 담담히 대면한 채, "이러매 눈감아 생각해" 보면서 현실을 새롭게 규정한다. 여기서 눈을 감는 행위는 외면이나 도피가 아니라 피할 수 없는 현실적 조건을 새롭게 반성함으로써 현실의 진정한 면모와 마주하려는 적극적인 행위로 읽힌다. 이는 다음 행, "겨울은 강철로 된 무지갠가보다"라는 시구로 이어지면서 현실에 대한 새로운 성찰로 마무리된다. 이 마지막 구절은 인간과 역사에 대한 희망을 놓지 않으려는 시인의 안간힘으로 보인다.

① 「절정」에는 투사가 처한 극한의 상황이 뚜렷한 계절의 변화로 드러난다.
② 「절정」에서 시인은 투사가 처한 현실적 조건을 외면하지 않고 새롭게 인식한다.
③ 「절정」은 시의 구성이 두 부분으로 나누어지면서 투사와 시인이 반목과 화해를 거듭한다.
④ 「절정」에는 냉엄한 현실에 절망하는 시인의 면모와 인간과 역사에 대한 희망을 놓지 않으려는 투사의 면모가 동시에 담겨 있다.

해설 3문단의 "마지막 4연에서 시인은 3연까지 치달아 온 극한의 위기를 담담히 대면한 채, "이러매 눈감아 생각해" 보면서 현실을 새롭게 규정한다." 부분을 볼 때, 적절한 이해이다.

오답 ① '겨울'이라는 하나의 계절만 제시된다는 점에서, 계절의 변화가 뚜렷하다는 이해는 적절하지 않다.
③ 1문단의 "「절정」은 크게 두 부분으로 나누어지는데" 부분을 볼 때, 시의 구성이 두 부분으로 나누어진다는 이해는 옳다. 그러나 투사와 시인이 반목과 화해를 거듭한다는 이해는 적절하지 않다.
④ 냉엄한 현실은 등장하지만, 그 현실에 절망하는 모습은 드러나지 않는다.

정답 ②

2절 논증

1 추론의 유형

1. 연역 추론

일반적인 원리를 전제로 하여 특수한 사실들을 결론으로 이끌어 내는 사고의 과정이다.

① **정언적 삼단 논법:** 두 개의 정언 명제(어떤 대상 또는 사태에 대하여 단언적으로 말하는 명제)를 전제로 해서 제3의 정언 명제를 결론으로 이끌어 내는 방법이다.

- **대전제:** 모든 사람은 죽는다. (일반적 법칙, 전제가 되는 명제)
- **소전제:** 소크라테스는 사람이다. (구체적 사실)
- **결론:** 그러므로 소크라테스는 죽는다. (구체적인 결론)

위의 논증은 'A이면 B이다. C는 A이다. 그러므로 C는 B이다.'의 형식을 가진다.

② **가언적 삼단 논법:** 가언적 판단을 전제로 한다. 대전제만이 가언 판단이고 소전제와 결론은 정언 판단으로 구성된 삼단 논법이다. 소전제는 대전제의 전건 혹은 후건을 긍정 또는 부정하는 것으로 전건 긍정, 후건 부정, 전건 부정, 후건 긍정의 네 가지 경우가 있다.

참인 경우	· **전건 긍정:** 'A이면 B이다. A이다. 그러므로 B이다.'의 형식으로 그 전제가 참이면 그 결론 또한 거짓일 수는 없어서 참이다. 따라서 타당한 논증이다. 예 봄이 오면 제비가 날아온다. → 봄이 왔다. → 그러므로 제비가 날아왔다. · **후건 부정:** 'A이면 B이다. B가 아니다. 그러므로 A가 아니다.'의 형식으로서, 후건 부정이 참인 경우 대전제 전건 부정의 결론은 참이 된다. 따라서 타당한 논증이다. 예 교육이 보급되면 문맹이 타파된다. → 문맹이 타파되지 않았다. → 그러므로 교육이 보급되지 않았다.
오류가 발생하는 경우	· **전건 부정:** 'A이면 B이다. A가 아니다. 그러므로 B가 아니다.'의 형식으로서, 전건을 부정하여 후건의 부정을 결론으로 이끌어 냄으로써 생기는 오류이다. 예 컴퓨터 게임에 몰두하면 눈이 나빠진다. → 철수는 게임에 몰두하지 않는다. → 그러므로 철수는 눈이 나빠지지 않는다. · **후건 긍정:** 'A이면 B이다. B이다. 그러므로 A이다.'의 형식으로서, 후건을 긍정하여 전건을 결론으로 이끌어 냄으로써 생기는 오류이다. 예 그것이 고양이라면 죽는다. → 그것은 죽는다. → 그러니까 그것은 고양이이다.

③ **선언적 삼단 논법:** 'A이거나 B이다. B가 아니다. A이다.'의 형식으로, 두 판단 가운데 하나를 고르도록 한 추리를 말한다. A와 B 사이에 서로 공통점이 없어야 한다.

- 철수는 미술반 학생이거나 축구반 학생이다. → 철수는 축구반 학생이 아니다.
  → 그러므로 철수는 미술반 학생이다.

TIP

연역 추론
추상적 진술인 대전제를 바탕으로 구체적 사실을 판단하는 추리
(everybody → special)

전제와 결론
- 전제: '~이니까, ~이므로'의 의미를 갖는 부분이다.
- 결론: '따라서, 그러므로'의 의미를 지니는 부분이다.

추론의 과정
- 전제와 결론을 구별한다.
- 결론에 이르기까지의 과정에서 근거를 제시하는 방법을 파악한다.
- 제시된 근거와 결론의 관계가 논리적 타당성을 지니는지 판단한다.

'p → q(p이면 q이다.)'가 참일 때
- 대우 '~q → ~p': 참
- 역 'q → p': 참·거짓을 알 수 없다
- 역의 대우 '~p → ~q': 참·거짓을 알 수 없다

논증의 방법
- 귀납: 여러 가지 구체적인 사실을 통해 일반적인 주장을 펴는 방법으로, 인과 관계를 확정하는 데 많이 사용된다.
- 연역: 일반적인 사실이나 원리를 전제로 하여 개별적인 사실을 결론으로 이끌어 내는 방법으로, '대전제 - 소전제 - 결론'의 논리 전개 구조를 갖는다.
- 유추: 두 개의 사물이 여러 면에서 비슷하다는 것을 근거로 다른 속성도 유사할 것이라고 추론하는 방법이다.

2. 귀납 추론

충분한 수효의 특수한 사실들을 검토하여 일반적인 사실을 그 결론으로서 이끌어 내는 방법이다.

> • 지금까지 관찰된 모든 말들은 심장이 있었다. (개개의 특수 사실)
> → 그러므로 모든 말들은 심장이 있다. (일반적 결론)
> • 무엇이 들었는지 알 수 없는 자루에서 한 주먹 꺼내 보았더니 콩이었다. 이번에는 깊숙이 손을 집어넣어 다시 꺼내 보았더니 역시 콩이었다.
> → 그러므로 이 자루는 콩 자루다.

3. 변증법

두 개의 대립되는 개념인 정(正)과 반(反)으로부터 이를 지양하여 제3의 개념인 합(合)을 도출하는 방법이다. 현실을 동적으로 파악하고, 모순·대립되는 둘 이상의 논점을 지양하며, 통합하여 좀 더 높은 차원의 결론을 유도한다.

4. 가설 추리

어떤 현상을 설명할 수 있는 원인을 잠정적으로 판단하고, 현상을 검토하여 그 판단의 정당성을 밝히는 추리이다.

> 우리는 자신이 다니고 있는 학교의 운동선수들이 경기에 나가 좋은 성적을 거두면 자신의 일처럼 기뻐한다. 우리나라 사람이 국제적으로 국위를 선양하면 우리는 매우 기뻐한다. 반대로, 나의 가족이나 내가 다니는 학교의 학생이 잘못을 저질러 다른 사람의 지탄을 받게 되면, 내가 잘못한 것처럼 부끄럽게 느껴진다. 이것은 공동체 의식이 있기 때문이다.

5. 유비 추리(=유추)

범주가 다른 대상 사이에 유사성을 바탕으로 하나의 대상을 다른 대상의 특성에 비추어 설명하는 추리 방식으로 일종의 간접 추리이다. 즉 유사한 특성을 바탕으로 하여 다른 특성도 비슷할 거라 추론하는 것이다.

혜원通 유추

어렵고 복잡한 개념을 설명하고자 할 경우, 보다 친숙하고 단순한 개념과 비교해 나감으로써 좀 더 쉽게 이해할 수 있도록 하는 방법이다.

> 험난한 사막의 어딘가에 오아시스가 있는 것처럼, 힘든 인생에 있어서도 어딘가에는 소중한 친구가 있는 법이다.

> 우리나라에도 몇몇 도입종들이 활개를 치고 있다. 예전엔 참개구리가 울던 연못에 요즘은 미국에서 건너온 황소개구리가 들어앉아 이것저것 닥치는 대로 삼키고 있다. 어찌나 먹성이 좋은지 심지어는 우리 토종 개구리들을 먹고 살던 뱀까지 잡아먹는다. 토종 물고기들 역시 미국에서 들여온 블루길에게 물길을 빼앗기고 있다. 이들이 어떻게 자기 나라보다 남의 나라에서 더 잘살게 된 것일까?
> 영어만 잘하면 성공한다는 믿음에 온 나라가 야단법석이다. 한술 더 떠 일본을 따라 영어를 공용어로 하자는 주장이 심심찮게 들리고 있다. 영어는 배워서 나쁠 것 없고 국제 경쟁력을 키우는 차원에서 반드시 배워야 한다. 하지만 영어보다 더 중요한 것은 우리말이다.
> 우리말을 제대로 세우지 않고 영어를 들여오는 일은 우리 개구리들을 돌보지 않은 채 황소개구리를 들여온 우를 또다시 범하는 것이다. 영어를 자유롭게 구사하는 일은 새 시대를 살아가는 필수 조건이다. 하지만 우리말을 바로 세우는 일에도 소홀해서는 절대 안 된다. 황소개구리의 황소 울음 같은 소리에 익숙해져 참개구리의 소리를 잊어서는 안 되는 것처럼.

TIP

귀납 추론

여러 가지 구체적 사례를 일반화시켜 보편적 원리를 이끌어 내는 추리
(special → everybody)

기출 확인

<보기>의 논리와 같은 방식이 사용된 문장은?
2019 기상직 9급

> <보기>
> 내가 당신에게서 넥타이를 빌렸을 때, 그때 내가 당신 물건을 어떻게 다뤘었소? 소중하게 다루었소. 빌렸던 것이니까 소중하게 아꼈다가 되돌려 드렸지요. 이처럼 내가 이 세상에서 그대를 빌리는 동안에 아끼고 사랑하고 그랬다가 언젠가 이별의 시간이 되면 소중하게 되돌려 줄 것이오.

① 공부는 등산과는 다른 것이다. 공부는 머리로 하는 행위이고 등산은 몸으로 하는 행위이기 때문이다.
② '원숭이 엉덩이는 빨개, 빨가면 사과'라는 노랫말은 원숭이와 사과의 유사한 점을 바탕으로 한 것이다.
③ 우리말을 제대로 세우지 않고 영어를 들여오는 일은 우리 토종 물고기를 돌보지 않은 채 외래종 물고기를 들여온 우(愚)를 또다시 범하는 것이다.
④ 오늘날 고리타분한 전통에만 집착하는 것은 현대 문명의 편리하고 신속한 생활을 무시하는 것이나 마찬가지이다.

해설
익숙하고 친숙한 '넥타이'를 빌렸다가 돌려줬던 일에 빗대어 '나'가 생각하는 '사랑'의 개념을 표현하고 있다. 따라서 <보기>에는 '유추(유비 추리)'의 방식이 쓰였다. 이처럼 '유추'의 방식이 쓰인 것은 ③이다. 외래종 물고기가 우리 토종 물고기를 몰아냈던 것에 빗대어, 외래어가 우리말을 몰아낼 수 있음을 표현하고 있다.

정답 ③

TIP

'유추'는 '귀납적 추론'과 '비유'에 속한다.

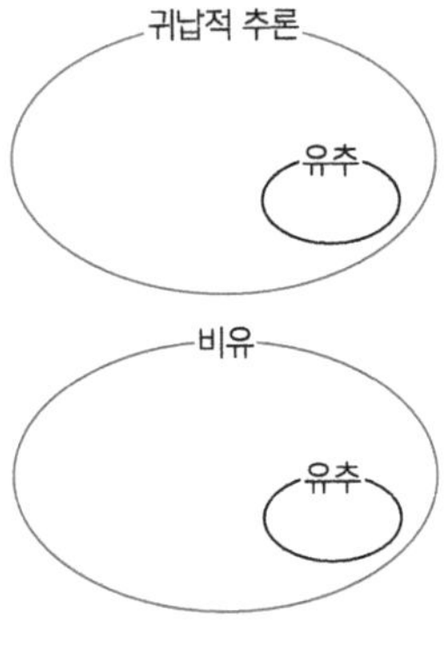

★ 비교 vs 대조 vs 유추

비교	대조	유추
같은 범주		다른 범주
공통점	차이점	공통점
1:1		

기출 확인

01 다음 글과 논증 방식이 가장 가까운 것은? 2017 국가직 7급 추가

> 기존의 틀을 벗어나려면 새로운 가치가 필요하다. 운동선수가 뜀틀을 넘으려면 도약대가 있어야 하듯, 낡은 사고, 인습, 그리고 변화에 저항하는 틀을 뛰어넘기 위해서는 믿고 따를 분명한 디딤판이 필요하다. 또한, 기존의 틀을 벗어나려면 운동선수가 뜀틀을 향해 달려가는 것처럼 변화하고자 하는 의지도 필요하다. 도전하려는 의지가 수반될 때에 뜀틀 너머의 새로운 사회를 만날 수 있다.

① 미국 헌법은 미국 시민의 투표권을 보장한다. 미국 여성은 미국 시민이다. 그러므로 미국 헌법은 미국 여성의 투표권을 보장한다.

② 나는 유해한 모든 일을 피하려고 한다. 전자파가 유해하다는 것은 널리 알려진 사실이다. 전자레인지는 전자파를 방출하는 대표적인 기기이다. 따라서 나는 전자레인지 사용을 자제하려고 한다.

③ 전선을 통한 전기의 흐름은 도관을 통한 물의 흐름과 유사하다. 지름이 큰 도관은 지름이 작은 도관에 비해 많은 양의 물을 전달할 수 있다. 따라서 큰 지름의 전선은 작은 지름의 전선보다 많은 양의 전기를 전달할 수 있을 것이다.

④ 주말이면 동네에서 크고 작은 문화 행사를 한다. 박물관에는 다양한 문화재들이 항상 전시되어 있으며, 대학로의 소극장이나 예술의 전당 같은 문화 공간에서는 다양한 공연이 열리고 있다. 문화는 우리 생활 구석구석에 스며들어 있다.

02 다음 글의 주된 설명 방식이 적용된 것으로 가장 적절한 것은? 2018 국가직 9급

> 문학이 구축하는 세계는 실제 생활과 다르다. 즉 실제 생활은 허구의 세계를 구축하는 데 필요한 재료가 되지만 이 재료들이 일단 한 구조의 구성 분자가 되면 그 본래의 재료로서의 성질과 모습은 확연히 달라진다. 건축가가 집을 짓는 것을 떠올려 보자. 건축가는 어떤 완성된 구조를 생각하고 거기에 필요한 재료를 모아서 적절하게 집을 짓게 되는데, 이때 건물이라고 하는 하나의 구조를 완성하게 되면 이 완성된 구조의 구성 분자가 된 재료들은 본래의 재료와 전혀 다른 것이 된다.

① 르네상스 시대의 화가들은 원근법을 사용하여 세상을 향한 창과 같은 사실적인 그림을 그렸다. 현대 회화를 출발시켰다고 평가되는 인상주의자들이 의식적으로 추구한 것도 이러한 사실성이었다.

② 소설을 구성하는 요소는 물론 많지만 그중에서도 인물, 배경, 사건을 들 수 있다. 인물은 사건의 주체, 배경은 인물이 행동을 벌이는 시간과 공간, 분위기 등이고, 사건은 인물이 배경 속에서 벌이는 행동의 세계이다.

③ 목적을 지닌 인생은 의미 있다. 목적 없이 살아가는 사람은 험난한 인생의 노정을 완주하지 못한다. 목적을 갖고 뛰어야 마라톤에서 완주가 가능한 것처럼 우리의 인생에서도 목표를 가지고 꾸준히 노력하는 사람이 성공한다.

④ 신라의 육두품 출신 가운데 학문적으로 출중한 자들이 많았다. 가령, 강수, 설총, 녹진, 최치원 같은 사람들은 육두품 출신이었다. 이들은 신분적 한계 때문에 정계보다는 예술과 학문 분야에 일찌감치 몰두하게 되었다.

해설 '문학'이 구축하는 세계는 실제 생활과 다르다는 것을 설명하기 위해, '건축가'가 재료를 이용해 건물을 짓는 것에 빗대어 설명하고 있다.
[문학 : 실제 생활 = 건축(건물) : 재료]
[인생 = 마라톤]
즉 제시된 글은 다른 범주의 두 개의 비슷한 사물이나 사실에서, 한쪽이 어떤 성질이나 관계를 가질 경우, 다른 사물도 그와 같은 성질이나 관계를 가질 것이라고 추리하는 방법인 '유추'의 전개 방식이 적용되었다. 이처럼 '유추'의 전개 방식이 적용된 것은 ③이다. ③은 '인생'에 목적을 가지고 살아야 하는 이유를 설명하기 위해, 비슷한 속성의 '마라톤'을 가져와 설명하고 있다.

정답 ③

TIP
문두의 '논증 방식'이라는 낱말에 주의해야 한다.

해설
'운동선수가 뜀틀을 향해 달려가는 것'이라 는 익숙한 현상에 빗대어, '기존의 틀을 벗어나려면 변화하고자 하는 의지도 필요하다는 것'을 설명하고 있다. 즉 제시된 글에 사용된 논증의 방식은 '1:1, 공통점, 다른 범주'의 '유추'다.
③은 '도관을 통한 물의 흐름'이라는 익숙한 현상에 빗대어, (눈에 보이지 않는) 전선을 통한 전기의 흐름을 설명하고 있다.

오답
①, ② 일반적 사실이나 원리를 전제로 하여 개별적인 특수한 사실이나 원리를 결론으로 이끌어 내고 있기 때문에 논증 방식은 '연역법'이다.
④ 개별적 사실들을 바탕으로 '문화는 우리 생활 구석구석에 스며들어 있다.'란 결론을 내리고 있기 때문에 논증 방식은 '귀납법'이다.

정답 ③

2 추론의 오류 - 심리적 오류, 자료적 오류, 언어적 오류

1. 심리적 오류

어떤 논지에 대하여 논리적으로 타당한 근거를 들지 않고 상대방을 심리적으로 설득시키려 할 경우 범하게 되는 오류이다.

① **인신공격의 오류:** 주장하는 사람의 인품, 직업, 과거 정황의 비난받을 만한 점을 트집 잡아 주장 자체를 비판하는 것

- 얘, 너는 그 아이의 말을 믿니? 그 아이는 며칠 전에 교무실에 가서 혼났잖아.
- 그는 훌륭한 선생님이라고 할 수 없어. 왜냐하면 그가 중학교 때 가출한 적이 있기 때문이야.

② **역공격의 오류(피장파장의 오류):** 자신이 비판받는 바가 상대방에게도 역시 적용될 수 있음을 내세워 공격함으로써 범하는 오류

- 내가 뭘 잘못했다고 그래! 내가 보니까 오빠는 더하더라 뭐.

③ **정황에 호소하는 오류:** 어떤 사람이 처한 정황을 비난하거나 논리의 근거로 내세움으로써 자신의 주장이 타당하다고 믿게 하려는 오류

- 얘, 빨리 일어나. 고등학생이 되어 가지고 일요일이라고 이렇게 늦잠을 자도 되는 거니?

④ **동정에 호소하는 오류:** 상대방의 동정심이나 연민의 정을 유발하여 자신의 주장을 정당화하려는 오류

- 선생님, 딱 한 번만 봐주세요. 제가 벌 받느라 집에 늦게 가면 부모님들께서 걱정하세요.

⑤ **공포(위력)에 호소하는 오류:** 상대방을 윽박지르거나 증오심을 표현하여 자신의 주장을 받아들이게 하여 범하는 오류

- 떠들지 마! 시끄럽게 떠들면 죽어!
- 우리의 요구를 받아들이지 않으면, 불행한 사태가 발생해도 책임질 수 없소.

⑥ **쾌락, 유머에 호소하는 오류:** 사람의 감정이나 쾌락, 재미 등을 내세워 논지를 받아들이게 하여 범하는 오류

- 인류가 원숭이로부터 진화해왔다고 하시는데, 그렇다면 당신네 조상은 원숭이입니까? (깔깔깔)

⑦ **사적 관계에 호소하는 오류:** 개인적인 친분 관계를 내세워 자신의 논지를 받아들이게 하여 범하는 오류

- 내가 그렇게 야단 맞는데도 보고만 있니? 그러고도 네가 친한 친구야?

⑧ **아첨에의 호소:** 아첨에 의하여 논지를 받아들이게 하여 범하는 오류

- 야, 네가 나가서 항의해 봐. 너만큼 똑똑한 사람이 아니면 누가 그걸 항의하니?

⑨ **군중에 호소하는 오류:** 타당한 근거를 제시하지 않으면서, 많은 사람이 그렇게 행동하거나 생각한다고 내세워 군중 심리를 자극하여 범하는 오류

- 야, 영화 〈베테랑〉 보러 가자. 아직까지 〈베테랑〉 못 본 사람은 거의 없다더라.

⑩ **부적합한 권위에 호소하는 오류:** 논지와 직접적인 관련이 없는 권위자의 견해를 근거로 들거나 논리적인 타당성과는 무관하게 권위자의 견해라는 것을 내세워 주장의 타당성을 입증하려는 오류

- 현재의 양자 역학의 불확정성 이론에는 문제가 있어요. 왜냐하면 아인슈타인도 신이 이 우주와 함께 주사위 놀이를 하리라고는 믿을 수 없다고 하면서 그것에 반대했기 때문이오.
- 교황이 천동설이 옳다고 했다. 따라서 천체들이 지구를 돌고 있음에 틀림없다.

⑪ **원천 봉쇄의 오류(우물에 독 뿌리기):** 자신의 주장에 반론의 가능성이 있는 요소를 비난하여 반론 자체를 원천적으로 봉쇄하는 오류

- 혜원아, 이제 가 자라. 일찍 자야 착한 어린이지.
- 산타클로스 할아버지는 분명 있어. 하지만 그걸 믿지 않는 아이에겐 선물을 안 주신대.

⑫ **거짓 원인의 오류:** 어떤 사건이나 사물의 원인이 아닌 것을 그것의 원인으로 여김으로써 발생하는 오류

- 시험에 붙은 것은 아침에 미역국을 먹지 않았기 때문이야.

2. 자료적 오류

논거로 든 어떤 자료에 대해 잘못 판단하여 결론을 이끌어 내거나, 원래 적합하지 못한 것임을 알면서도 의도적으로 논거로 삼아 범하게 되는 오류이다.

① **우연과 원칙 혼동의 오류:** 일반적으로 적용되므로 특수한 경우에도 적용될 수 있다고 생각해서 빚어지는 오류. 상황에 따라 적용되어야 할 원칙이 다른데도 이를 혼동해서 생기는 오류

- 거짓말은 죄악이다. 의사는 환자를 안심시키려고 거짓말을 하였다.
  그러므로 의사는 죄악을 범했다.
- 본능대로 산다. 사람은 동물이다.
  그러므로 사람은 본능대로 산다.

② **성급한 일반화의 오류(= 귀납의 오류):** 제한된 정보, 부적합한 증거, 대표성을 결여한 사례 등을 근거로 이를 성급하게 일반화한 오류

- 아버님은 커피를 아주 즐기셨는데, 백 살까지 사셨어. 그러니 커피는 장수의 비결임에 틀림없어.
- 하나를 보면 열을 안다고, 너 지금 행동하는 것을 보니 형편없는 애로구나.

③ **잘못된 유추의 오류:** 일부분이 비슷하다고 해서 나머지도 비슷할 것이라고 생각하는, 즉 유추를 잘못해서 생기는 오류

- 컴퓨터와 사람은 유사한 점이 많아. 그러니 컴퓨터도 사람처럼 감정이 있을 거야.
- 법률가는 일을 할 때 마음대로 법률 서적을 참고할 수 있다. 누구에게나 책을 참고할 권리가 있다. 따라서 학생이 시험 볼 때 책을 마음대로 참고할 수 있어야 한다.

④ **무지에 호소하는 오류:** 어떤 사실을 증명할 수 없거나 알 수 없다는 것을 근거로 그것이 참 혹은 거짓이라고 주장하는 오류

- 백 년 뒤에 이 지구가 멸망할 것이라는 제 말이 거짓이라고요? 그렇지 않다면 어디 그렇지 않다 는 증거를 대 보세요.

⑤ **의도 확대의 오류:** 의도하지 않은 결과에 대하여 원래는 의도를 갖고 있기 때문에 책임이 있다고 판단하여 생기는 오류

- 그 사람이 무단 횡단하는 바람에 그 사람을 피하려던 차가 교통사고를 내서 두 사람이 죽었다. 그 사람은 살인자이다.

⑥ **잘못된 인과 관계의 오류:** 전혀 인과 관계가 없는 것을 인과 관계가 있는 것으로 잘못 판단하여 범하는 오류

- 넌 경기장에 오지 마라. 네가 경기를 관전하면 우리 팀이 꼭 지잖아.

⑦ **발생학적 오류:** 어떤 사실의 기원이 갖는 속성을 그 사실도 그대로 지니고 있다고 잘못 생각하는 오류

- 부전자전이라는 말도 몰라. 그 친구는 직장마다 말썽을 부렸어. 그런 친구의 아들을 채용하다니. 분명히 그 아들도 말썽을 부릴 거야.

⑧ **합성의 오류(결합의 오류):** 개체로서 진실인 것이 다만 그 이유만으로 개체의 집합인 전체에서도 진실이라고 봄으로써 발생하는 오류

- 연수는 국어를 잘한다. 준하도 국어를 잘한다. 연수와 준하로 구성된 모둠은 국어를 잘할 것이다.

⑨ **분할의 오류(분해의 오류):** 어떤 대상에 대하여 집단적으로 진실인 것을 그 부분이나 구성 요소에 대해 그대로 적용함으로써 발생하는 오류

- 일류 대학으로 알려져 있는 S대학에 입학했으니, 영희도 공부 잘하는 훌륭한 학생이다.

⑩ **흑백 사고의 오류:** 어떤 집합의 원소가 두 개밖에 없다고 생각하여 이것 아니면 저것이라고 단정적으로 추론하는 오류로 중간 항을 허용하지 않아 생기는 오류

- 그동안 왜 한 번도 전화를 안 한 거야? 내가 싫어진 거지?
- 남을 위해 자신을 희생하면서 살아 봐야 고생스럽기만 해. 난 이제부터 나만을 위해 살겠어.

⑪ **복합 질문의 오류:** 둘 이상으로 나누어야 할 것을 하나로 묶어 질문함으로써, 대답 여하에 관계없이 수긍하고 싶지 않은 사실도 수긍할 수밖에 없는 오류

- 너 요즘은 담배 안 피우지?

⑫ **순환 논증의 오류(선결 문제 요구의 오류):** 주장에 대한 근거가 충분하지 못하여 발생하며, 같은 내용을 되풀이하게 되어 범하는 오류. 즉 결론에서 주장하는 바를 논거로 제시하는 경우가 해당됨.

- 그가 하는 말은 도무지 믿을 수가 없어. 왜냐하면, 그는 믿을 수 없는 말만 하기 때문이야.

⑬ **논점 일탈의 오류:** 주장을 뒷받침하기 위해 관계없는 논거를 가져와 제시해서 생기는 오류

- 이번 시험은 틀림없이 어려울 거야. 왜냐하면 선생님이 항상 수학은 어렵다고 말했기 때문이야.

⑭ **공통 원인의 오류:** 발생한 두 사건의 공통 원인이 따로 있는데도 어느 한 사건이 다른 사건의 원인이라고 생각하는 오류

- 아기가 홍역을 앓더니 열이 나고 몸에 반점이 생겼다. 반점이 생기는 것은 열이 났기 때문이니 해열제를 먹여야 겠다.
- 숯이 타서 붉게 변하면 고기가 익는다. 따라서 숯의 붉은색은 고기를 익게 한다.

기출 확인

<보기>에서 보이는 오류의 유형과 같은 오류가 있는 것은? 2015 서울시 7급

<보기>
"그놈은 나쁜 놈이니 사형을 당해야 해. 사형을 당하는 걸 보면 나쁜 놈이야."

① 분열은 화합으로 극복할 수 있다. 그러므로 우리는 분열을 치유하기 위해 모두가 하나 되는 사회를 만들어야 한다.
② 국민의 67%가 사형 제도에 찬성했다. 그러므로 사형 제도는 정당하다.
③ 하나를 보면 열을 안다고, 국어 성적이 좋은 걸 보니 혜림이는 공부를 잘하는 학생이구나.
④ 이번 학생 회장 선거에서 나를 뽑지 않은 것으로 보아 너는 나를 아주 싫어하는구나.

해설
결론에서 주장하는 바를 근거로 들고 있기 때문에 '순환논증'의 오류를 범했다.

오답
② 대중(다수)에 호소하는 오류
③ 성급한 일반화의 오류
④ 흑백 사고의 오류

정답 ①

3. 언어적오류

어떤 개념에 대해서 잘못 이해하는 데서 발생하는 오류이다.

① **애매어의 오류:** 두 가지 이상의 의미를 가진 말을 동일한 의미의 말인 것처럼 애매하게 사용하여 발생하는 오류

> • 모든 죄인은 감옥에 가야 돼. 그러므로 우리 모두는 감옥에 가야 돼. 목사님께서 인간은 모두 죄인이라고 하셨거든.

② **모호한 문장의 오류:** 문법 구조 때문에 뜻이 모호해짐으로써 발생하는 오류

> • 예쁜 순이의 옷을 보았다. ('예쁜'이 수식하는 것이 '순이'인지, '옷'인지 모호)

③ **강조의 오류:** 문장의 어느 한 부분을 강조함으로써 발생하는 오류

> • 원수를 사랑하라고 했는데, 너는 원수가 아니니 나는 너를 사랑할 수가 없다.
> • "법정에서 위증하지 마시오."
> "법정 밖에서는 위증해도 되나요?"
> "위증만 안 하고 소란을 피워도 되지요?"

④ **은밀한 재정의의 오류:** 용어의 의미를 자의적으로 재정의하여 사용함으로써 생기는 오류

> • 정신이 나가지 않고서야 어떻게 교장 선생님께 말대꾸를 할 수 있니? 그런 녀석은 정신병자니까 정신병원으로 보내야 돼.

⑤ **범주의 오류:** 단어의 범주를 혼동하는 데서 생기는 오류

> • 교실도 봤고, 운동장도 봤는데, 왜 학교는 안 보여 주니?
> • 엄마, 나는 교사보다는 초등학교 선생님이 되고 싶어.

4. 간접 추론에 관한 오류

연역법이나 귀납법의 규칙을 위반할 때 생기는 오류이다.

① **전건 부정의 오류:** 가언적 삼단 논법에서 대전제의 전건을 부정하는 소전제를 바탕으로 결론을 내려 범하는 오류. 명제 'p → q(p이면 q이다.)'의 이(裏)인 '~p → ~q'에 해당

> • 근면하면 성공한다.
> 그는 근면하지 못하다.
> 그는 성공하지 못할 것이다.

② **후건 긍정의 오류:** 가언적 삼단 논법에서 대전제의 후건을 긍정하는 소전제를 바탕으로 결론을 내려 범하는 오류. 명제 'p → q'의 역(逆)인 'q → p'에 해당

> • 비가 오면 땅이 젖는다.
> 땅이 젖었다.
> 그렇다면 비가 왔음이 틀림없다.

③ **선언지 긍정의 오류:** 선언적 삼단 논법에서 선언지가 서로 배타적이지 않거나 선언지가 불완전한데 어느 한 선언지를 긍정했다는 이유로 나머지를 부정하는 결론을 내려 범하는 오류. 선언적 삼단 논법의 전제가 이미 중복되어 오류가 됨.

> • 그녀는 얼굴이 예쁘거나 두뇌가 우수할 것이다.
> 그녀는 얼굴이 예쁘다.
> 그녀는 두뇌가 우수하지 못할 것이다.

기출 확인

논증의 과정에서 범할 수 있는 오류와 그 예를 연결한 것으로 적절하지 않은 것은?

2017 기상직 9급

① 정선, 김홍도, 신윤복, 강희안, 장승업 등은 모두 탁월한 화가들이다. 그러므로 한민족은 세계에서 가장 뛰어난 미술적 재능을 지닌 민족이다.
→ 성급한 일반화의 오류

② 지난 학기에 학사 경고를 받은 학생은 모두 26명이다. 그중 남학생이 18명이고 여학생이 8명이다. 그러므로 남학생들이 여학생들보다 학업에 소홀했다.
→ 원천 봉쇄의 오류

③ 참된 능력은 언제나 드러나기 마련이다. 능력 있는 자는 자신이 내세우지 않아도 그 재능을 인정받는다. 그러므로 능력 있는 자는 자신의 재능을 알리려고 애쓸 필요가 없다.
→ 순환 논증의 오류

④ 우리 사회 특히 산업 현장에서는 대학이 유능한 전문 기능인을 길러 주기를 원한다. 다시 말해 전인 교육보다 기능 교육이 중시되기를 사회는 대학에게 요청하고 있다. 그러나 대학이 기능 교육만을 담당할 수는 없다. 대학은 학문을 하는 곳이며, 학문이란 진리를 탐구하는 일이다. 대학이 진리 탐구를 포기하고 권력의 시녀가 되었을 때 상아탑의 이념은 없어지고 만다.
→ 논점 일탈의 오류

해설

②는 '성급한 일반화의 오류'를 범한 사례이다.

정답 ②

Quiz

다음에서 범하고 있는 논리적 오류의 유형을 밝히시오.

① 내 부탁을 거절하다니, 너는 나를 싫어하는구나.
② 철수야, 너 요즘도 술 자주 마시니?
③ 모든 사람에게 표현의 자유를 무제한 허용하는 것은 언제나 사회 전체에 이익이 된다. 왜냐하면 개개인이 자신의 감정을 표현할 자유를 완전히 누리는 것은 공동체의 이익을 증진하기 때문이다.
④ 그는 시립 도서관 옆에 산다. 그러니 그는 책과 가까이 지내는 사람이다. 그러므로 그는 매우 학식이 풍부한 사람일 것이다.
⑤ ○○화장품은 세계 여성이 애용하고 있습니다. 아름다운 여성의 필수품. ○○화장품을 소개합니다.
⑥ 그것은 외국의 권위자들이 다 주장하는 것이니 섣불리 의심하지 말라.
⑦ 당신이 계속해서 당신의 주장을 굽히지 않으면 당신은 공산주의자라고 할 수밖에 없다.
⑧ 철수는 오늘 약속 시간을 지키지 못했다. 철수는 신의가 없는 친구이다.
⑨ 저 사람 말은 믿을 수 없어. 그는 전과자이니까.
⑩ 나트륨이나 염소는 유독성 물질이야. 그러니 염화나트륨도 유독성 물질이다.
⑪ 나의 의견은 옳다. 나에게 동의하지 않으면 누구든 잡아넣어 버린다!
⑫ 우리 업소 관할 구청장이 우리학교 선배야. 그러므로 우리가 심야 영업을 해도 별 탈이 없을 것이다.
⑬ "선생님을 험담하면 안 돼요." "그러면 부모님을 험담해도 되나요?"
⑭ 귀신은 분명히 있어. 지금까지 귀신이 없다는 것을 증명한 사람이 없으니까.
⑮ 그 야구팀이 올해 우승을 차지했으니 그 팀 선수들은 모두 야구를 잘하는 선수들일 거야.
⑯ 사장님, 제가 해고를 당하면 저희 식구들은 굶어 죽습니다.

정답 ① 흑백 사고의 오류 ② 복합 질문의 오류 ③ 순환 논증의 오류 ④ 애매어의 오류 ⑤ 군중에 호소하는 오류 ⑥ 부적합한 권위에 호소하는 오류 ⑦ 원천 봉쇄의 오류 ⑧ 성급한 일반화의 오류 ⑨ 인신공격의 오류 ⑩ 합성의 오류 ⑪ 공포(위력)에 호소하는 오류 ⑫ 사적 관계에 호소하는 오류 ⑬ 강조의 오류 ⑭ 무지에 호소하는 오류 ⑮ 분할의 오류 ⑯ 동정에 호소하는 오류

3절 독해의 원리

1 명제를 활용한 추론

1. 명제와 논증

(1) 명제: '참', '거짓'이 판별이 가능한 문장으로, 'p이면 q이다.'로 표현된다.

명제의 타당성을 판별하기 위해 'A ○ → B ○' 또는 ' p → q'와 같이 명제를 단순화하여 정리하면, 문제를 푸는 데 용이하다. 자신이 알아볼 수 있는 단어나 기호를 사용해도 되지만, 일반적으로 명제를 기호화하는 데 사용하는 다섯 가지 기호의 의미는 다음과 같다.

기호	의미	표현
→	조건	p이면 q이다. (p → q)
~	부정	p가 아니다(거짓이다). (~p)
∧	연언(그리고)	p 그리고 q (p∧q)
∨	선언(또는)	p 또는 q (p∨q)
↔	필요충분조건	p일 때, 그리고 오직 그때만 q이다. (p ↔ q)

★ **명제가 아닌 것**
- 감탄문, 의문문
  → 명제는 평서문
- 개인적인 생각
  예 나는 신이 없다고 생각한다.

(2) 논증: 전제와 결론으로 구성된 명제의 집합이다.

예 ㉠ 사과는 건강에 좋다.
㉡ 바나나는 건강에 좋다.
㉢ 과일은 건강에 좋다.
⇨ '㉠과 ㉡'은 '㉢'을 뒷받침한다. 즉 '㉠과 ㉡'으로부터 '㉢'을 추론할 수 있다. 따라서 '㉠과 ㉡'은 '전제', '㉢'은 '결론'이다.

(3) 역·이·대우: 명제가 참이라면, 그 명제의 '대우'도 항상 참이 된다.
한편, 명제가 참이더라도, 그 명제의 '역', '이'의 참과 거짓은 확신할 수 없다.

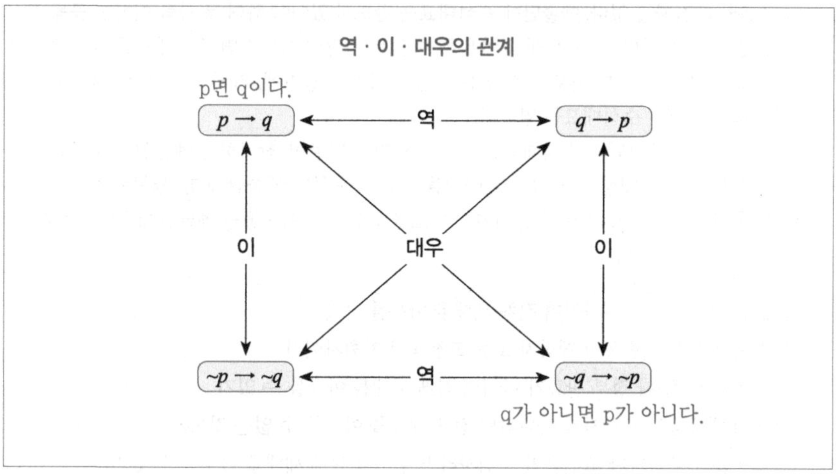

(4) 논리적 동치 관계: 한 명제가 참이면 반드시 참이고, 한 명제가 거짓이면 반드시 거짓인 관계, 즉 논리값이 같은 관계를 서로 동치 관계라고 한다. 대표적인 것이 (3)에서 설명한 '대우'이다.

① 대우

$$P \rightarrow Q \equiv \sim Q \rightarrow \sim P$$

예 '만약 내가 학생이라면 너는 선생이다.'의 대우인 '네가 선생이 아니면 나는 학생이 아니다.'는 논리적 동치이다.

② 이중 부정: 한 명제를 부정한 것의 부정은 원래 명제와 진릿값이 같다.

$$P \equiv \sim(\sim P)$$

예 '나는 학생이다.'의 이중 부정인 '나는 학생이 아닌 것이 아니다.'는 논리적 동치이다.

③ 드모르간(De Morgan) 법칙

$$\sim(P \lor Q) \equiv \sim P \land \sim Q$$

예 '1등이거나 꼴찌이다.'의 부정은 '1등도 아니고 꼴찌도 아니다.'와 논리적 동치이다.

$$\sim(P \land Q) \equiv \sim P \lor \sim Q$$

예 '예쁘고 친절하다.'의 부정은 '예쁘지 않거나 친절하지 않다.'와 논리적 동치이다.

(5) 관계 추론: 수학의 함수 개념을 도입한 것으로, 주어진 관계를 통해 새로운 관계를 추론하는 것이다.

① 동등 관계 추론: 동등 관계를 반영하는 판단으로 구성된 추론

A = B	A와 B는 같다.
B = C	B와 C는 같다.
∴ A = C	∴ A와 C는 같다.

② 정도 관계 추론: 정도 관계를 반영하는 판단으로 구성된 추론

A > B	A는 B보다 크다.
B > C	B는 C보다 크다.
∴ A > C	∴ A는 C보다 크다.

★ 전제와 결론을 판단할 때는 접속 조사를 잘 살피자. '따라서, 그러므로' 이후의 문장이 '결론'이고, 그 앞의 문장들은 '전제'이다.

★ 논리적 추론과 관련된 문제들을 해결하는 데 '논리적 동치 관계'를 활용하는 것은 아주 유용하다.

기출 확인

01 다음 글의 빈칸에 들어갈 내용으로 가장 적절한 것은? 2021 국가직 9급

> 민간 문화 교류 증진을 목적으로 열리는 국제 예술 공연의 개최가 확정되었다. 이번 공연이 민간 문화 교류 증진을 목적으로 열린다면, 공연 예술단의 수석대표는 정부 관료가 맡아서는 안 된다. 만일 공연이 민간 문화 교류 증진을 목적으로 열리고 공연 예술단의 수석대표는 정부 관료가 맡아서는 안 된다면, 공연 예술단의 수석대표는 고전음악 지휘자나 대중음악 제작자가 맡아야 한다. 현재 정부 관료 가운데 고전음악 지휘자나 대중음악 제작자는 없다. 예술단에 수석대표는 반드시 있어야 하며 두 사람 이상이 공동으로 맡을 수도 있다. 전체 세대를 아우를 수 있는 사람이 아니라면 수석대표를 맡아서는 안 된다. 전체 세대를 아우를 수 있는 사람이 극히 드물기에, 위에 나열된 조건을 다 갖춘 사람은 모두 수석대표를 맡는다.
>
> 누가 공연 예술단의 수석대표를 맡을 것인가와 더불어, 참가하는 예술인이 누구인가도 많은 관심의 대상이다. 그런데 아이돌 그룹 A가 공연 예술단에 참가하는 것은 분명하다. 왜냐하면 만일 갑이나 을이 수석대표를 맡는다면 A가 공연 예술단에 참가하는데, [　　　] 때문이다.

① 갑은 고전음악 지휘자이며 전체 세대를 아우를 수 있기
② 갑이나 을은 대중음악 제작자 또는 고전음악 지휘자이기
③ 갑과 을은 둘 다 정부 관료가 아니며 전체 세대를 아우를 수 있기
④ 을이 대중음악 제작자가 아니라면 전체 세대를 아우를 수 없을 것이기
⑤ 대중음악 제작자나 고전음악 지휘자라면 누구나 전체 세대를 아우를 수 있기

해설 제시문을 명제 형식으로 정리하면 다음과 같다.

> ㉠ 수석대표 → ~정부관료(≡ 정부관료 → ~수석대표)
> ㉡ 수석대표 → 고전음악 지휘자∨대중음악 제작자
> ㉢ 수석대표 → 전체 세대(≡ ~전체 세대 → ~수석대표)

즉 '수석대표 → ㉡∧㉢'이어야 한다. 따라서 빈칸에는 ①이 들어가는 것이 가장 적절하다.

정답 ①

02 다음 글에서 추론한 내용으로 가장 적절한 것은? 2022 지방직 9급

> 논리실증주의자들에 따르면, 만약 어떤 것이 과학일 경우 거기에서 사용되는 문장은 유의미하다. 그들은 유의미한 문장의 기준으로 소위 '검증 원리'라고 불리는 것을 제안했다. 검증 원리란, 경험을 통해 참이나 거짓을 검증할 수 있는 문장은 유의미하고 그렇지 않은 문장은 유의미하지 않다는 것이다. 다음 두 문장을 예로 생각해 보자.
>
> (가) 달의 다른 쪽 표면에 산이 있다.
> (나) 절대자는 진화와 진보에 관계하지만, 그 자체는 진화하거나 진보하지 않는다.
>
> 위 두 문장 중 경험을 통해 검증할 수 있는 것은 무엇인가? 비록 현실적으로 큰 비용이 들기는 하지만 (가)는 분명히 경험을 통해 진위를 밝힐 수 있다. 즉 우리는 (가)의 진위를 확정하기 위해서 무엇을 경험해야 하는지 알고 있다는 것이다. 이런 점에 근거하여 논리실증주의자들은 (가)는 검증할 수 있고, 유의미한 문장이라고 판단한다. 그럼 (나)는 어떠한가? 우리는 무엇을 경험해야 (나)의 진위를 확정할 수 있는가? 논리실증주의자들은 그런 것은 없다고 주장하고, 이에 (나)는 검증할 수 없고 과학에서 사용될 수 없는 무의미한 문장이라고 말한다.

① 논리실증주의자들에 따르면 무의미한 문장을 사용하는 것은 과학이 아니다.
② 논리실증주의자들에 따르면 과학의 문장들만이 유의미하다.
③ 검증 원리에 따르면 아직까지 경험되지 않은 것을 언급한 문장은 무의미하다.
④ 검증 원리에 따르면 거짓인 문장은 무의미하다.

해설 1문단에서 "논리실증주의자들에 따르면, 만약 어떤 것이 과학일 경우 거기에서 사용되는 문장은 유의미하다."라고 하였다. 여기에서 '어떤 것이 과학이라면(p) 거기에 사용되는 문장은 유의미하다(q).'라는 명제를 확인할 수 있다. 명제와 그 명제의 '대우'는 참, 거짓을 함께한다. 해당 명제의 '대우'는 '문장이 유의미하지 않다면(~q), 과학이 아니다(~p).'이다. 문장이 유의미하지 않다는 것은 결국 무의미하다는 것이다. 따라서 ①의 내용을 추론할 수 있다.

오답 ② 제시된 글을 통해 '과학의 문장'이 유의미하다는 것은 확인할 수 있다. 그러나 오직 '과학의 문장'만 이 유의미한지는 추론할 수 없다.

③ '달의 다른 쪽 표면에 산이 있다.'는 문장은 아직 경험하지 않은 것임에도 '유의미한 문장'이라고 판단하고 있다. 따라서 무의미하다는 추론은 적절하지 않다.

④ 1문단에서 "검증 원리란, 경험을 통해 참이나 거짓을 검증할 수 있는 문장은 유의미하고 그렇지 않은 문장은 유의미하지 않다는 것이다."라고 하였다. 따라서 '거짓'을 검증할 수 있는 문장은 유의미하다고 봐야 한다.

정답 ①

03 <보기>의 내용에 대한 이해로 가장 옳지 않은 것은? 2022 서울시 9급(2월)

<보기>

참, 거짓을 판단할 수 있는 문장을 명제라고 한다. 문장이 나타내는 명제가 실제 세계의 사실과 일치하면 참이고 그렇지 않으면 거짓이다. 가령, '사과는 과일이다.'는 실제 세계의 사실과 일치하므로 참인 명제지만 '새는 무생물이다.'는 실제 세계의 사실과 일치하지 않으므로 거짓인 명제이다. 이와 같이 명제가 지닌 진리치가 무엇인지 밝혀주는 조건을 진리 조건이라고 한다. 명제 논리의 진리 조건을 간략하게 살펴보면 다음과 같다. 모든 명제는 참이든지 거짓이든지 둘 중 하나여야 하며 참도 아니고 거짓도 아니거나 참이면서 거짓인 경우는 없다. 명제 P가 참이면 그 부정 명제 ~P는 거짓이고 ~P가 참이면 P는 거짓이다. 명제 P와 Q는 AND로 연결되는 P∧Q는 P와 Q가 모두 참일 때에만 참이다. 명제 P와 Q가 OR로 연결되는 P∨Q는 P와 Q 둘 중 적어도 하나가 참이기만 하면 참이 된다. 명제 P와 Q가 IF … THEN으로 연결되는 P→Q는 P가 참이고 Q가 거짓이면 거짓이고 나머지 경우에는 모두 참이 된다.

① 명제 논리에서 '모기는 생물이면서 무생물이다.'는 성립하지 않는다.
② 명제 논리에서 '파리가 새라면 지구는 둥글다.'는 거짓이다.
③ 명제 논리에서 '개가 동물이거나 컴퓨터가 동물이다.'는 참이다.
④ 명제 논리에서 '늑대는 새가 아니고 파리는 곤충이다.'는 참이다.

해설 '파리가 새라면 지구는 둥글다.'는 'A라면 B이다'의 구조이므로, <보기>의 "P→Q는 P가 참이고 Q가 거짓이면 거짓이고 나머지 경우에는 모두 참이 된다."와 관련이 있다. '파리'는 '새'가 아니므로, '파리는 새이다.'는 거짓이다. 한편, '지구는 둥글다.'는 참이다. 즉 P는 거짓이고 Q는 참이다. <보기>에서 "P→Q는 P가 참이고 Q가 거짓이면 거짓이고 나머지 경우에는 모두 참이 된다."라고 하였기 때문에, '거짓'이 아니라 '참'이라고 해야 옳은 이해이다.

오답 ① <보기>에서 "모든 명제는 참이든지 거짓이든지 둘 중 하나여야 하며 ~ 참이면서 거짓인 경우는 없다."라고 하였다. '모기는 생물이다.'를 참으로 봤을 때, '모기는 무생물이다.'는 거짓이 된다. 따라서 '모기는 생물이면서 무생물이다.'는 성립하지 않는다는 이해는 옳다.

③ 'A거나 B이다'의 구조이므로, <보기>의 "명제 P와 Q가 OR로 연결되는 P∨Q는 P와 Q 둘 중 적어도 하나가 참이기만 하면 참이 된다."와 관련이 있다. P를 '개가 동물이다.'로, Q를 '컴퓨터가 동물이다.'로 놓았을 때, 둘 중 하나만 참이면 참이라고 하였다. '개가 동물이다.'는 참이기 때문에, '개가 동물이거나 컴퓨터가 동물이다.'가 참이라는 이해는 옳다.

④ 'A 아니고 B이다.'의 구조이므로, <보기>의 "명제 P와 Q는 AND로 연결되는 P∧Q는 P와 Q가 모두 참일 때에만 참이다."와 관련이 있다. P를 '늑대는 새가 아니다.'로, Q를 '파리는 곤충이다.'로 놓았을 때, 둘 모두가 참이어야 참이라고 하였다. '늑대는 새가 아니다.'와 '파리는 곤충이다.'는 모두 참이기 때문에, '늑대는 새가 아니고 파리는 곤충이다.'는 참이라는 이해는 옳다.

정답 ②

기출 확인

04 다음 글의 (가)와 (나)에 들어갈 말로 적절한 것은? 2024 국가직 9급

> 채식주의자는 고기, 생선, 유제품, 달걀 섭취 여부에 따라 다섯 가지로 나뉜다. 완전 채식주의자는 이들 모두를 섭취하지 않으며, 페스코 채식주의자는 고기는 섭취하지 않지만 생선은 먹으며, 유제품과 달걀은 개인적 선호에 따라 선택적으로 섭취한다. 남은 세 가지 채식주의자는 고기와 생선 모두를 먹지 않되 유제품과 달걀 중 어떤 것을 먹느냐의 여부로 결정된다. 이들의 명칭은 라틴어의 '우유'를 의미하는 '락토(lacto)'와 '달걀'을 의미하는 '오보(ovo)'를 사용해 정해졌는데, 예를 들어, 락토오보 채식주의자는 고기와 생선은 먹지 않으나 유제품과 달걀은 먹는다. 락토 채식주의자는 ((가)) 먹지 않으며, 오보 채식주의자는 ((나)) 먹지 않는다.

① (가): 달걀은 먹지만 고기와 생선과 유제품은
(나): 고기와 생선과 달걀은 먹지만 유제품은

② (가): 달걀은 먹지만 고기와 생선과 유제품은
(나): 유제품은 먹지만 고기와 생선과 달걀은

③ (가): 유제품은 먹지만 고기와 생선과 달걀은
(나): 고기와 생선과 유제품은 먹지만 달걀은

④ (가): 유제품은 먹지만 고기와 생선과 달걀은
(나): 달걀은 먹지만 고기와 생선과 유제품은

해설

<table>
<tr><td>1단계</td><td colspan="2">남은 세 가지 채식주의자는 고기와 생선 모두를 먹지 않는 것을 전제한다고 하였다. 따라서 '고기'와 '생선'을 먹지 않는 건 포함이 되어야 한다.
(~고기∧~생선)</td></tr>
<tr><td rowspan="3">2단계</td><td colspan="2">'락토'는 '우유'를 먹는 경우, '오보'는 '달걀'을 먹는 경우이다. 바꿔 말하면 '락토'는 '달걀'을 먹지 않고, '오보'는 '우유'를 먹지 않는다.</td></tr>
<tr><td>(가)</td><td>'락토'는 '우유'이므로, '유제품을 먹고 나머지는 먹지 않는 경우이다. 따라서 (가)에는 '유제품은 먹지만 고기와 생선과 달걀은' 먹지 않는 경우이다.
= 우유∧~달걀∧(~고기∧~생선)</td></tr>
<tr><td>(나)</td><td>'오보'는 '달걀'이므로, '달걀'을 먹고 나머지는 먹지 않는 경우이다. 따라서 (나)에는 '달걀은 먹지만 고기와 생선과 유제품'은 먹지 않는 경우이다.
= 달걀∧~우유∧(~고기∧~생선)</td></tr>
</table>

정답 ④

05 다음 진술이 모두 참일 때 반드시 참인 것은? 국가직 9급 출제 기조 전환 예시 문제

> ○ 오 주무관이 회의에 참석하면, 박 주무관도 참석한다.
> ○ 박 주무관이 회의에 참석하면, 홍 주무관도 참석한다.
> ○ 홍 주무관이 회의에 참석하지 않으면, 공 주무관도 참석하지 않는다.

① 공 주무관이 회의에 참석하면, 박 주무관도 참석한다.
② 오 주무관이 회의에 참석하면, 홍 주무관은 참석하지 않는다.
③ 박 주무관이 회의에 참석하지 않으면, 공 주무관은 참석한다.
④ 홍 주무관이 회의에 참석하지 않으면, 오 주무관도 참석하지 않는다.

해설 제시된 진술을 ㄱ~ㄷ으로 두고 기호화한다면 다음과 같다.

	명제	대우
ㄱ	오 O → 박 O	~박 O → ~오 O
ㄴ	박 O → 홍 O	~홍 O → ~박 O
ㄷ	~홍O → ~공O	공O → 홍 O

이를 통해 다음의 내용을 이끌어낼 수 있다.

~홍 O → ~박 O → ~오 O

즉 ㄴ의 대우, ㄱ의 대우를 연결하면 ④의 진술이 참임을 알 수 있다.

정답 ④

06 ㉠을 평가한 내용으로 적절한 것만을 <보기>에서 모두 고르면?

국가직 9급 출제 기조 전환 예시 문제

흔히 '일곱 빛깔 무지개'라는 말을 한다. 서로 다른 빛깔의 띠 일곱 개가 무지개를 이루고 있다는 뜻이다. 영어나 프랑스어를 비롯해 다른 자연언어들에도 이와 똑같은 표현이 있는데, 이는 해당 자연언어가 무지개의 색상에 대응하는 색채 어휘를 일곱 개씩 지녔기 때문이라고 할 수 있다.

언어학자 사피어와 그의 제자 워프는 여기서 어떤 영감을 얻었다. 그들은 서로 다른 언어를 쓰는 아메리카 원주민들에게 무지개의 띠가 몇 개냐고 물었다. 대답은 제각각 달랐다. 사피어와 워프는 이 설문 결과에 기대어, 사람들은 자신의 언어에 얽매인 채 세계를 경험한다고 판단했다. 이 판단으로부터, "우리는 모국어가 그어놓은 선에 따라 자연 세계를 분단한다."라는 유명한 발언이 나왔다. 이에 따르면 특정 현상과 관련한 단어가 많을수록 해당 언어권의 화자들은 그 현상에 대해 심도 있게 경험하는 것이다. 언어가 의식을, 사고와 세계관을 결정한다는 이 견해는 ㉠ 사피어-워프 가설이라 불리며 언어학과 인지과학의 논란거리가 되어왔다.

<보기>

ㄱ. 눈[雪]을 가리키는 단어를 4개 지니고 있는 이누이트족이 1개 지니고 있는 영어 화자들보다 눈을 넓고 섬세하게 경험한다는 것은 ㉠을 강화한다.

ㄴ. 수를 세는 단어가 '하나', '둘', '많다' 3개뿐인 피라하족의 사람들이 세 개 이상의 대상을 모두 '많다'고 인식하는 것은 ㉠을 강화한다.

ㄷ. 색채 어휘가 적은 자연언어 화자들이 색채 어휘가 많은 자연언어 화자들에 비해 색채를 구별하는 능력이 뛰어나다는 것은 ㉠을 약화한다.

① ㄱ

② ㄱ, ㄴ

③ ㄴ, ㄷ

④ ㄱ, ㄴ, ㄷ

해설 ㉠은 '언어'가 '의식, 사고'에 영향을 준다는 견해이다. 따라서 언어가 사고에 영향을 주는 사례는 ㉠을 강화할 것이고, 그렇지 않은 사례는 ㉠을 약화할 것이다.

ㄱ. '눈'을 가리키는 단어를 더 많이 지니고 있는 쪽이 눈을 더 넓고 섬세하게 경험한다는 내용이다. 언어가 사고에 영향을 주는 것을 보여준 사례라는 점에서 ㉠을 강화할 것이다.

ㄴ. 수를 세는 단어가 3개뿐인 부족 사람들은 3개 이상의 대상을 모두 '많다'고 인식하다는 내용이다. 언어가 사고에 영향을 준 사례이므로 ㉠을 강화할 것이다.

ㄷ. 색채 어휘가 적은 화자들이 그 반대인 경우보다 색채를 구별하는 능력이 뛰어나다는 내용이다. 이는 언어가 사고에 영향을 준다는 견해와는 상반된 사례이기 때문에, ㉠을 약화할 것이다.

정답 ④

2. 필요조건과 충분조건

① 필요조건, 충분조건, 필요충분조건

충분조건	p라는 조건(원인)하에서 q라는 결과(현상)가 반드시 발생한다면, 이때의 p를 충분조건이라 한다.
필요조건	p라는 조건(원인)하에서 q라는 결과(현상)가 발생할 필연성이 아니라 가능성만 있거나, p라는 조건(원인)이 없으면 저래도 q라는 결과(현상)가 발생할 수 없을 때, 이러한 p를 필요조건이라 한다. ※ p가 q의 충분조건일 경우, 'p → q'로 나타낼 수 있다. 즉 p는 충분조건이고, q는 필요조건이다.
필요충분조건	p와 q가 동치를 이루는 경우, 필요충분조건이라 한다. 이 경우 p는 q에 대해 필요하고도 충분한 조건이 되고, q는 p에 대해 충분하고도 필요한 조건이 된다. ※ 필요충분조건일 경우, 'p ↔ q'로 나타낼 수 있다.

p: 충분조건, q: 필요조건

$$p \rightarrow q \equiv \sim q \rightarrow \sim p$$

② 'p: 충분조건, q: 필요조건'을 나타내는 표현법

p일 때 q이다.	(오직) q일 때만 p이다.
p가 성립하면 q가 성립한다.	q가 성립하지 않으면 p가 성립하지 않는다.
p인 한 q이다.	q에 한하여 p이다.
p는 q이기 위해 충분한 조건이다.	q는 p이기 위해 필요한 조건이다.

※ '(오직) A일 때만 B한다.'는 'B가 아니라면 A하지 않는다.'와 같은 표현이다.

기출 확인

07 다음 글에서 추론할 수 있는 것만을 <보기>에서 모두 고르면? 2022 지방직 9급

컴퓨터에는 자유의지가 있을까? 나아가 컴퓨터에 도덕적 의무를 귀속시킬 수 있을까? 컴퓨터는 다양한 전기회로로 구성되어 있고, 물리법칙, 프로그래밍 방식, 하드웨어의 속성 등에 따라 필연적으로 특정한 초기 상태로부터 다음 상태로 넘어간다. 마찬가지로 두 번째 상태에서 세 번째 상태로 이동하고, 이러한 과정이 계속해서 이어진다. 즉 컴퓨터는 결정론적 법칙의 지배를 받는 시스템이라는 것이다. 그럼 이러한 시스템에는 자유의지가 있을까?

결정론적 법칙의 지배를 받는 시스템의 중요한 특징은 주어진 조건에 따라 결과가 하나로 고정된다는 점이다. 다시 말해, 이러한 시스템에는 항상 하나의 선택지만 있을 뿐이다. 그런 뜻에서 결정론적 지배를 받는다는 것과 자유의지를 가진다는 것은 양립할 수 없음이 분명하다. 어떤 선택을 할 때 그것과 다른 선택을 할 수도 있다는 것은 자유의지의 필요조건이기 때문이다. 결국 결정론적 법칙의 지배를 받는 시스템은 자유의지를 가지지 않는다. 또한 자유의지를 가지지 않는 시스템에 도덕적 의무를 귀속시킬 수 없음은 당연하다.

<보기>

ㄱ. 컴퓨터는 자유의지를 가지지 않으며 도덕적 의무의 귀속 대상일 수도 없다.
ㄴ. 도덕적 의무를 귀속시킬 수 있는 시스템은 결정론적 법칙의 지배를 받지 않는다.
ㄷ. 어떤 선택을 할 때 그것과 다른 선택을 할 수 없는 시스템은 자유의지를 가지지 않는다.

① ㄱ, ㄴ ② ㄱ, ㄷ ③ ㄴ, ㄷ ④ ㄱ, ㄴ, ㄷ

해설

ㄱ. 2문단의 "자유의지를 가지지 않는 시스템에 도덕적 의무를 귀속시킬 수 없음은 당연하다."를 볼 때, 적절한 추론이다.

ㄴ. ㄴ이 옳은 추론이라면, 그 '대우'도 옳다. ㄴ '도덕적 의무를 귀속시킬 수 있는 시스템은(p) 결정론적 법칙의 지배를 받지 않는다(q).'의 '대우'는 '결정론적 법칙의 지배를 받으면(~q) 도덕적 의무를 귀속시킬 수 없다(~q).'가 된다. 2문단에서 "결정론적 법칙의 지배를 받는 시스템은 자유의지를 가지지 않는다. 또한 자유의지를 가지지 않는 시스템은 도덕적 의무를 귀속시킬 수 없음은 당연하다."라고 하였다. 이는 ㄴ의 '대우'와 부합하는 내용이므로, ㄴ은 옳은 추론이다.

ㄷ. p→q가 참일 때, p는 q이기 위한 충분조건이라 하고 q는 p이기 위한 필요조건이라 한다. 2문단에서 "어떤 선택을 할 때 그것과 다른 선택을 할 수도 있다는 것은 자유의지의 필요조건이기 때문이다."라고 하였다. 즉 '자유의지가 있으면(p), 어떤 선택을 할 때 그것과 다른 선택을 할 수 있다(q).'는 명제가 성립된다. 명제가 참이면, 그 명제의 '대우'도 참이 된다. 즉 '어떤 선택을 할 때 그것과 다른 선택을 할 수 없으면(~q), 자유의지가 없다(~p).'도 참이 된다. 따라서 ㄷ은 적절한 추론이다.

정답 ④

08 다음 글에 대한 이해로 적절하지 않은 것은? 2022 국회직 8급

정신에 대한 전통적인 설명에 따르면, 인간의 육체는 비물질적 실체인 영혼으로 가득 차 있으며 그 영혼이 때때로 유령이나 귀신의 모습으로 나타난다. 그러나 이 이론은 극복할 수 없는 문제에 부딪힌다. 그 유령이 어떻게 유형의 물질과 상호 작용하는가? 무형의 비실체가 어떻게 번쩍이고 쿡 찌르고 삑 소리를 내는 외부 세계에 반응하고 팔다리를 움직이게 만드는가? 그뿐 아니라 정신은 곧 뇌의 활동임을 보여 주는 엄청난 증거들도 극복할 수 없는 문제다. 오늘날 밝혀진 바에 따르면, 비물질적이라 생각했던 영혼도 칼로 해부되고, 화학물질로 변질되고, 전기로 나타나거나 사라지고, 강한 타격이나 산소 부족으로 인해 소멸되곤 한다. 현미경으로 보면 뇌는 풍부한 정신과 완전히 일치하는 대단히 복잡한 물리적 구조를 갖고 있다.

정신을 어떤 특별한 형태의 물질에서 발생하는 것으로 보는 견해도 있다. 피노키오는 목수 제페토가 발견한, 말하고 웃고 움직이는 마법의 나무에서 생명력을 얻는다. 그러나 애석한 일이지만 그런 신비의 물질은 어디에서도 발견되지 않았다. 우선 뇌 조직이 그 신비의 물질이 아닌가 생각해 볼 수 있다. 다윈은 뇌가 정신을 '분비한다'고 적었고, 최근에 철학자 존 설은 유방의 세포조직이 젖을 만들고 식물의 세포 조직이 당분을 만드는 것처럼, 뇌 조직의 물리화학적 특성들이 정신을 만들어 낸다고 주장했다. 그러나 뇌종양 조직이나 접시 안의 배양 조직은 물론이고 모든 동물의 뇌 조직에도 똑같은 종류의 세포막, 기공, 화학물질들이 존재한다는 사실을 생각해 보라. 그 모든 신경세포 조직이 동일한 물리화학적 특성들을 갖고 있지만, 그것들 모두가 인간과 같은 지능을 보이진 않는다. 물론 인간 뇌를 구성하는 세포 조직의 어떤 측면이 우리의 지능에 필수적인 것은 사실이지만, 그 물리적 특성들로는 충분하지 않다. 벽돌의 물리적 특성으로는 음악을 설명하기에 불충분한 것과 같다. 중요한 것은 신경세포 조직의 '패턴' 속에 존재하는 어떤 것이다.

① 다윈과 존 설은 뇌 조직이 인간 정신의 근원이라고 주장했다.
② 인간의 뇌를 구성하는 세포 조직의 물리적 특성은 인간 지능의 필요충분조건이다.
③ 지능에 대한 전통적 설명 방식은 내적 모순으로부터 자유롭지 않다.
④ 뇌의 물리적 특성보다 신경세포 조직의 '패턴' 속에 존재하는 어떤 것이 중요하다.
⑤ 뇌와 정신이 밀접하게 연결되어 있음을 시각적으로 확인할 수 있는 물리적 증거가 있다.

해설
2문단에서 "물론 인간 뇌를 구성하는 세포 조직의 어떤 측면이 우리의 지능에 필수적인 것은 사실이지만, 그 물리적 특성들로는 충분하지 않다."라고 하였다. 따라서 뇌를 구성하는 세포 조직의 물리적 특성은 인간 지능의 필요충분조건이라는 이해는 적절하지 않다.

오답
① 2문단의 "다윈은 뇌가 정신을 '분비한다'고 적었고, 최근에 철학자 존 설은 ~ 뇌 조직의 물리화학적 특성들이 정신을 만들어 낸다고 주장했다." 부분을 통해 알 수 있다.
③ 1문단의 "정신에 대한 전통적인 설명에 따르면, 인간의 육체는 비물질적 실체인 영혼으로 가득 차 있으며 그 영혼이 때때로 유령이나 귀신의 모습으로 나타난다. 그러나 이 이론은 극복할 수 없는 문제에 부딪힌다." 부분을 통해 알 수 있다.
④ 2문단의 "중요한 것은 신경세포 조직의 '패턴' 속에 존재하는 어떤 것이다." 부분을 통해 알 수 있다.
⑤ 1문단의 "현미경으로 보면 뇌는 풍부한 정신과 완전히 일치하는 대단히 복잡한 물리적 구조를 갖고 있다." 부분을 통해 알 수 있다.

정답 ②

3. 논증의 강화와 약화(반박)

(1) 논증의 강화: 자신의 논지, 즉 결론을 보다 그럴듯하게 만드는 것이다.

논증의 강화 방법으로는 ① 전제가 참이라는 것을 입증시키거나, ② 그 전제와 결론의 관련성을 강조하거나, ③ 전제가 사실적 참임을 보충하는 추가적인 근거를 제시하면 된다.

(2) 논증의 약화(반박): 논증의 근거나 전제가 틀렸음을 밝히거나 반대로 논증의 전제나 근거가 참이라고 할 때 그 전제나 근거에서 결론이 도출되지 않거나 틀렸다는 것을 입증하는 것을 말한다.

논증의 약화 방법으로는 ① 논증의 전제를 공격하는 방법, ② 논거를 반박하는 방법, ③ 논증 방식을 반박하는 방법이 있다.

★ 선지가 논지와 방향성이 같다면 '강화', 다르다면 '약화'이다.

CHAPTER
03 독해의 실전

1절 논설문 읽기

1 기미 독립 선언서(己未獨立宣言書)

최남선(1890~1957)

《조선 역사》, 《조선 상식 문답》, 《백팔번뇌》, 《시조유취》, 《백두산 근참기》, 《금강예찬》, 《심춘순례》를 썼다. 1910년대 이광수와 더불어 2인 문단(文壇) 시대를 주도했고 후에 친일 행각을 하였다. 민중 계몽과 신문화 건설에 공헌했고 근대 문학의 선구자로 신체시의 창작과 신문장 운동을 전개했다. 시조 부흥과 근대 수필의 개척에 힘썼으며, 고문헌의 보존과 국사의 대중화에 공헌했다.

핵심정리

- **갈래** 실용문, 의식문, 식사문, 논설문, 선언문
- **성격** 논리적, 의지적, 선동적
- **문체** 의고문체(擬古文體), 국한문 혼용체(國漢文混用體), 한주국종체(漢主國從體), 문어체, 강건체, 만연체
- **표현** ① 객관적 사실에 근거하여 서술함.
  ② 장엄하며 웅변적임.
  ③ 영탄법, 대구법, 열거법, 점층법, 비유 등의 수사법이 적절히 쓰임.
  ④ 장중(莊重), 고아(高雅)하며 설득력이 있고 웅변조임.
  ⑤ 한문체에서 탈피하여 국문체를 지향하는 언문일치(言文一致) 운동의 과도기에 나온 글이므로 국한문 혼용체임.
  ⑥ 1933년 한글 맞춤법 통일안 이전의 표기임.
- **요지** 조선 독립을 만방에 선언하고, 독립 선언의 정당성과 필연성을 밝혔으며, 우리 민족의 결의와 각오를 촉구, 호소했다.
- **주제** ① 조선 독립의 선언과 민족의 결의 촉구
  ② 조선 독립의 정당성과 그 의의 및 독립 운동의 행동 규범
- **구성** 기·승·전·결의 4단 구성. 끝에 부칙(공약 삼장) 행동 강령
- **특징** 온건하고 비유적 표현. 과감한 표현을 하지 못함.

참고 자료 기미 독립 선언서

배경	제1차 세계 대전의 종결을 앞두고 미국 대통령 윌슨이 민족 자결주의를 제창하자, 이러한 사조에 호응하여 독립을 쟁취하겠다는 결의가 무르익어 가다가 1919년 3월 1일을 기하여 온 민족이 일어서기에 이름.
작성	본문은 최남선이 기초하고 공약 3장은 한용운이 기초
낭독	1919년 3월 1일 14시 인사동 태화관 민족 대표 33인 이름으로 한용운이 낭독

가 吾等(오등)은 玆(자)에 我(아) 朝鮮(조선)의 獨立國(독립국)임과 朝鮮人(조선인)의 自主民(자주민)임을 宣言(선언)하노라. 此(차)로써 世界萬邦(세계 만방)에 告(고)하야 人類平等(인류 평등)의 大義(대의)를 克明(극명)하며, 此(차)로써 子孫萬代(자손 만대)에 誥(고)하야 民族自存(민족 자존)의 正權(정권)을 永有(영유)케 하노라.

(복수 접미사 / 우리는 / 이러한 상황에서 – 배경: 세계 개조의 대기운, 상황: 일제 강점 / 의미상의 주격 / (선언문 전체 주어) / 독립 선언 / 알리어 / 의미상 동격 / 속속들이 잘 밝히며 / 가르쳐, 깨우쳐 / 의미상 동격 / 바른 권리 / 오래도록 누리게, 주체: 자손)

▶ (주지+부연) 독립 선언의 내용과 취지

현대어 우리는 이에 조선이 독립한 나라임과 조선 사람이 자주적인 민족임을 선언한다. 이로써 세계 만국에 알리어 인류 평등의 큰 뜻을 분명히 하는 바이며, 이로써 자손 만대에 깨우쳐 민족의 독자적 생존의 정당한 권리를 영원히 누려 가지게 하는 바이다.

나 ① 半萬年(반만 년) 歷史(역사)의 權威(권위)를 仗(장)하야 此(차)를 宣言(선언)함이며, ② 二千萬(이천만) 民衆(민중)의 誠忠(성충)을 合(합)하야 此(차)를 佈明(포명)함이며, ③ 民族(민족)의 恒久如一(항구여일)한 自由發展(자유 발전)을 爲(위)하야 此(차)를 主張(주장)함이며, ④ 人類的(인류적) 良心(양심)의 發露(발로)에 基因(기인)한 世界改造(세계 개조)의 大機運(대기운)에 順應幷進(순응 병진)하기 爲(위)하야 此(차)를 提起(제기)함이니,

(독립, 자주, 문화 민족의 긍지 / 의지하여 / 충성, 조국애 / 널리 펴서 두루 밝힘. / 변함없는, 한결 같은 / 겉으로 드러남. / 근거한, 바탕을 둔 / 민족 자결주의, 약소 민족의 해방 추세 / 맞추어 함께 나아감.)

是(시)ㅣ 天(천)의 明命(명명)이며, 時代(시대)의 大勢(대세)ㅣ며, 全人類(전 인류) 共存 同生權(공존동생권)의 正當(정당)한 發動(발동)이라, 天下何物(천하 하물)이던지 此(차)를 沮止抑制(저지 억제)치 못할지니라.

(독립의 선언 / ㄴ 하늘의 명령, 천명 – 독립의 절대성 강조 / ㄴ 세계 개조의 대기운, 민족 자결주의 / 세상의 어떤 사물이나 세력(일제))

▶ (전제+주지) 독립 선언의 배경과 정당성

현대어 5천 년 역사의 권위를 의지하여 이를 선언함이며, 2천만 민중의 충성을 합하여 이를 두루 펴서 밝힘이며, 영원히 한결같은 민족의 자유 발전을 위하여 이를 주장함이며, 인류가 가진 양심의 발로에 뿌리박은 세계 개조의 큰 기회와 시운에 맞추어 함께 나아가기 위하여 이 문제를 내세워 일으킴이니, 이는 하늘의 지시이며 시대의 큰 추세이며, 전 인류 공동 생존권의 정당한 발동이기에, 천하의 어떤 힘이라도 이를 막고 억누르지 못할 것이다.

다 舊時代(구시대)의 遺物(유물)인 侵略主義(침략주의), 强權主義(강권주의)의 犧牲(희생)을 作(작)하야 有史以來(유사 이래) 累千年(누천 년)에 처음으로 異民族(이민족) 箝制(겸제)의 痛苦(통고)를 嘗(상)한 지 今(금)에 十年(십 년)을 過(과)한지라, ① 我(아) 生存權(생존권)의 剝喪(박상)됨이 무릇 幾何(기하)ㅣ며, ② 心靈上(심령상) 發展(발전)의 障碍(장애)됨이 무릇 幾何(기하)ㅣ며, ③ 民族的(민족적) 尊榮(존영)의 毁損(훼손)됨이 무릇 幾何(기하)ㅣ며, ④ 新銳(신예)와 獨創(독창)으로써 世界文化(세계 문화)의 大潮流(대조류)에 寄與補裨(기여 보비)할 機緣(기연)을 遺失(유실)함이 무릇 幾何(기하)ㅣ뇨.

(제1차 세계 대전 이전 / 낡은 사상 / 제국주의, 식민주의 / 희생이 되어서 / 일제의 무단 통치하의 고통 / 당한 지, 맛본 지 / 통고의 내용 ① / 박탈당함, 빼앗김. / 통고의 내용 ② / 가로막힘 / 통고의 내용 ③ / 새롭고 기세나 힘이 뛰어남. / 통고의 내용 ④ / 기회와 인연 / 설의법)

▶ (주지+예시) 일제 강점하의 민족적 피해

현대어 낡은 시대의 유물인 침략주의, 강권주의에 희생되어, 역사가 있은 지 몇 천 년 만에 처음으로 다른 민족의 압제에 뼈아픈 괴로움을 당한 지 이미 10년이 지났으니, 그동안 우리의 생존권을 빼앗겨 잃은 것이 그 얼마이며, 정신상 발전에 장애를 받은 것이 그 얼마이며, 민족의 존엄과 영예에 손상을 입은 것이 그 얼마이며, 새롭고 날카로운 기운과 독창력으로 세계 문화에 이바지하고 보탤 기회를 잃은 것이 그 얼마나 될 것이냐?

TIP

- **독립 선언의 내용(주지)**
  - 조선은 독립국임.
  - 조선인은 자주민임.
- **독립 선언의 취지(부연)**
  - 대외적: 인류 평등의 대의 극명
  - 대내적: 민족 자존의 정권 영유

TIP

- **독립 선언의 배경(전제)**
  - 역사적: 반만 년 역사의 권위
  - 사회적: 이천만 민중의 성충
  - 대내적: 민족의 항구 여일한 자유 발전
  - 대외적: 세계 개조의 대기운에 순응병진
- **독립 선언의 정당성(주지)**
  - 천의 명명
  - 시대의 대세
  - 공존 동생권의 발동

TIP

설의법, 열거법, 반복법, 점층법을 사용해 일제 강점하의 민족의 피해를 드러냄.

- 일반적 진술 → 구체적 진술

Quiz

가의 요지는?

① 독립 선언의 취지
② 독립 선언의 배경과 정당성
③ 독립 선언의 필요성과 신념
④ 독립 선언의 내용과 취지

해설

(가)의 전반부에서는 독립 선언의 내용을 제시하고 후반부에서는 독립 선언의 취지를 말하고 있다.

정답 ④

라 噫(희)라, ① 〈舊來(구래)의 抑鬱(억울)을 宣暢(선창)〉하려 하면, ② 〈時下(시하)의 苦
슬프도다 / 〈 〉: 독립의 필요성 ① / 떨쳐 해소함. / 이때, 요즈음
痛(고통)을 擺脫(파탈)〉하려 하면, ③ 〈장래의 脅威(협위)를 芟除(삼제)〉하려 하면, ④
〈 〉: 독립의 필요성 ② / 〈 〉: 독립의 필요성 ③ / 없애려(=발본색원(拔本塞源))
〈民族的(민족적) 良心(양심)과 國家的(국가적) 廉義(염의)의 壓縮銷殘(압축 소잔)을 興
〈 〉: 독립의 필요성 ④ / 체모와 도리 / 눌려서 사그라짐.
奮伸張(흥분 신장)〉하려 하면, ⑤ 〈各個(각개) 人格(인격)의 正當(정당)한 發達(발달)을
〈 〉: 독립의 필요성 ⑤
遂(수)〉하려 하면, ⑥ 〈可憐(가련)한 子弟(자제)에게 苦恥的(고치적) 財産(재산)을 遺與
〈 〉: 독립의 필요성 ⑥ / 괴롭고 부끄러운 재산
(유여)치 안이하려〉 하면, ⑦ 〈子子孫孫(자자손손)의 永久完全(영구 완전)한 慶福(경복)
〈 〉: 독립의 필요성 ⑦ / 경사와 행복
을 導迎(도영)〉하려 하면, 最大急務(최대 급무)가 民族的(민족적) 獨立(독립)을 確實(확
맞이하려
실)케 함이니, 二千萬(이천만) 各個(각개)가 人(인)마다 方寸(방촌)의 刃(인)을 懷(회)하
마음의 칼날을 품고
고, 人類通性(인류 통성)과 時代良心(시대 양심)이 正義(정의)의 軍(군)과 人道(인도)의
자유와 평화를 사랑하는 보편적 성질 / 민족 자결주의
干戈(간과)로써 護援(호원)하는 今日(금일), 吾人(오인)은 『進(진)하야 取(취)하매 何强
창과 방패 – 무기(대유법) / 행동을 취함에 / 일제
(하강)을 挫(좌)치 못하랴. 退(퇴)하야 作(작)하매 何志(하지)를 展(전)치 못하랴.』
꺾지 / 일을 꾀함에 / 독립의 의지 / 『 』: 대구법, 설의법

▶ (전제+주지+부연) 독립 쟁취의 필요성과 신념

현대어 슬프다! 오래 전부터의 억울을 떨쳐 펴려면, 눈앞의 고통을 헤쳐 벗어나려면, 장래의 위협을 없애려면, 눌러 오그라들고 사그라진 민족의 장대한 마음과 국가의 체모와 도리를 떨치고 뻗치려면, 각자의 인격을 정당하게 발전시키려면, 가엾은 아들 · 딸들에게 부끄러운 현실을 물려주지 않으려면, 자자손손에게 영구하고 완전한 경사와 행복을 맞이하게 하려면 가장 크고 급한 일이 민족의 독립을 확실하게 하는 것이니, 2천만의 사람마다 마음의 칼날을 품어 굳게 결심하고, 인류 공통의 옳은 성품과 이 시대를 지배하는 양심이 정의라는 군사와 인도라는 무기로써 도와주고 있는 오늘날, 우리는 나아가 취하매 어느 강자를 꺾지 못하며, 물러가서 일을 꾀함에 무슨 뜻인들 펴지 못하랴!

마 丙子修好條規(병자수호조규) 以來(이래) 時時種種(시시종종)의 金石盟約(금석맹약)
1876년 강화도 조약 / 때때로 있었던 여러 가지 / 약속
을 食(식)하얏다 하야 日本(일본)의 無信(무신)을 罪(죄)하려 안이 하노라. 學者(학자)는
지키지 않다 / 일제의 속성① – 신의 없음.
講壇(강단)에서, 政治家(정치가)는 實際(실제)에서, 我(아) 祖宗世業(조종 세업)을 植民
이론적으로 / 현실적으로 / 조상 대대로 이어 내려온 업적
地視(식민지시)하고, 我(아) 文化民族(문화 민족)을 土昧人遇(토매인우)하야, 한갓 征服
미개하고 어리석은 야만인으로 대우함.
者(정복자)의 快(쾌)를 貪(탐)할 뿐이오, 『我(아)의 久遠(구원)한 社會基礎(사회 기초)와
역사와 전통
卓犖(탁락)한 民族心理(민족심리)를 無視(무시)한다 하야 日本(일본)의 少義(소의)함을
문화적 탁월함 / 일제의 속성 ② – 의리가 없음.
責(책)하려 안이 하노라.
꾸짖으려
自己(자기)를 策勵(책려)하기에 急(급)한 吾人(오인)은 他(타)의 怨尤(원우)를 暇(가)치 못하
채찍질하고 격려 / 원망하고 탓할 / 겨를을 가지지
노라. 現在(현재)를 綢繆(주무)하기에 急(급)한 吾人(오인)은 宿昔(숙석)의 懲辨(징변)
수습하기에 / 멀지 않은 옛날 / 죄를 다스리고 잘못을 밝힘.
을 暇(가)치 못하노라.』
『 』: 관용적, 소극적 태도

▶ (전제+주지+전제+주지+전제+주지) 우리의 자세와 입장

현대어 병자수호조약 이후 때때로 굳게 맺은 갖가지 약속을 배반하였다 하여 일본의 신의 없음을 단죄하려는 것이 아니다. 그들의 학자는 강단에서, 정치가는 실제에서, 우리 옛 왕조 대대로 닦아 온 업적을 식민지의 것으로 보고, 문화 민족인 우리를 야만족같이 대우하며 다만 정복자의 쾌감을 탐할 뿐이요, 우리의 오랜 사회 기초와 뛰어난 민족의 성품을 무시한다 해서 일본의 의리 없음을 꾸짖으려는 것도 아니다. 스스로를 채찍질하고 격려하기에 바쁜 우리는 남을 원망할 겨를이 없다. 현 사태를 수습하기에 급한 우리는 묵은 옛일을 응징하고 잘못을 가릴 겨를이 없다.

바 今日(금일) 吾人(오인)의 所任(소임)은 다만 自己(자기)의 建設(건설)이 有(유)할 뿐이
맡은 바 임무 / 자기를 책려, 현재를 주무 → 조선 독립
오, 決(결)코 他(타)의 破壞(파괴)에 在(재)치 안이하도다. 嚴肅(엄숙)한 良心(양심)의 命
타의 원우, 숙석의 징변
令(명령)으로써 自家(자가)의 新運命(신운명)을 開拓(개척)함이오, 決(결)코 舊怨(구원)
자주 독립 국가의 건설 / 묵은 원한
과 一時的(일시적) 感情(감정)으로써 他(타)를 嫉逐排斥(질축 배척)함이 안이로다.
남을 시기하고 미워하며 물리침.
舊思想(구사상), 舊勢力(구세력)에 羈縻(기미)된 日本(일본) 爲政家(위정가)의 功名
제국주의, 식민주의, 강권주의, 침략주의 / 얽매인
的(공명적) 犧牲(희생)이 된 不自然(부자연), 又(우) 不合理(불합리)한 錯誤狀態(착오 상
일본에 의한 국권 침탈의 상태
태)를 改善匡正(개선 광정)하야, 自然(자연), 又(우) 合理(합리)한 正經大原(정경대원)으
잘못을 바로잡음. / 올바른 길과 정대한 원칙
로 歸還(귀환)케 함이로다.

▶ [주지] 우리의 소임

TIP

- 독립의 필요성(이유 제시)
- 독립 쟁취를 위한 신념(결의)
  → 표현법: 대구법, 설의법

논지 전개 방법

상황 제시 → 이유

TIP

- **우리의 자세**
  일본의 무신과 소의를 책하려 아니함.
- **우리의 입장**
  자기 책려와 현재의 주무에 급함.

Quiz

01 **나**에 나타난 독립 선언의 배경을 순서대로 바르게 나열한 것은?

① 민족사적 배경 → 사회적 배경 → 역사적 배경 → 세계사적 배경
② 역사적 배경 → 사회적 배경 → 민족사적 배경 → 세계사적 배경
③ 민족사적 배경 → 역사적 배경 → 세계사적 배경 → 사회적 배경
④ 역사적 배경 → 세계사적 배경 → 민족사적 배경 → 사회적 배경

해설
독립 선언의 배경과 정당성을 점층적인 구성으로 나타낸 부분이다.

정답 ②

02 밑줄 친 부분의 의미를 유지하면서 이해하기 쉽게 가장 잘 다듬은 것은?

> ㉠ 반만 년 역사의 권위를 장하야 차를 선언함이며, ㉡ 이천만 민중의 성충을 합하야 차를 포명함이며, ㉢ 민족의 항구여일한 자유 발전을 위하야 차를 주장함이며, ㉣ 인류적 양심의 발로에 기인한 세계 개조의 대기운에 순응 병진하기 위하야 차를 제기함이니, (중략) 천하 하물이던지 차를 저지 억제치 못할지니라. – 〈기미 독립 선언서〉

① ㉠: 5천 년 역사의 권위를 훌륭하게 생각하여 이를 선언함이며
② ㉡: 2천만 민중의 충성을 합하여 이를 널리 펴서 두루 밝힘이며
③ ㉢: 변함없는 민족의 자유 발전을 위하여 이를 늘 주장함이며
④ ㉣: 인류적 양심의 억눌림이 원인이 된 세계 개조의 큰 기운에 부합하기 위하여 이를 제기함이니

정답 ②

현대어 오늘 우리에게 주어진 임무는 오직 자기 건설에 있을 뿐이요, 그것은 결코 남을 파괴하는 데 있는 것이 아니다. 엄숙한 양심의 명령으로써 자기의 새 운명을 개척함일 뿐이요, 결코 묵은 원한과 일시적 감정으로써 남을 시기하여 쫓고 물리치려는 것이 아니로다. 낡은 사상과 묵은 세력에 얽매여 있는 일본 정치가들의 공명에 희생된, 불합리하고 부자연에 빠진 이 어그러진 상태를 바로잡아 고쳐서, 자연스럽고 합리적인, 올바르고 떳떳한, 큰 근본이 되는 길로 돌아오게 하고자 함이로다.

사 當初(당초)에 民族的(민족적) 要求(요구)로서 出(출)치 안이한 兩國併合(양국 병합)의
처음, 애초 / 로부터, 에서부터 / 착오 상태
結果(결과)가, 畢竟(필경) 姑息的(고식적) 威壓(위압)과 差別的(차별적) 不平(불평)과 統
마침내, 끝내 / 임시방편의, 미봉책, 언 발에 오줌 누기, 하석상대
計數字上(통계 숫자상) 虛飾(허식)의 下(하)에서 利害相反(이해상반)한 兩(양) 民族間
한일 합방 이후 조선이 경제적 · 문화적으로 향상되었다는 일본의 거짓 발표
(민족 간)에 永遠(영원)히 和同(화동)할 수 없는 怨溝(원구)를 去益深造(거익심조)하는
화합하여 함께할 / 갈수록 깊게 만드는
今來實績(금래 실적)을 觀(관)하라. 勇明果敢(용명과감)으로써 舊誤(구오)를 廓正(확정)
합병의 결과 / 직시하라. / 용기와 지혜 / 지난날의 잘못 / (=개선 광정), 바로잡고
하고, 眞正(진정)한 理解(이해)와 同情(동정)에 基本(기본)한 友好的(우호적) 新局面(신
조선의 자주독립
국면)을 打開(타개)함이 彼此間(피차간) 遠禍召福(원화소복)하는 捷徑(첩경)임을 明知
조선과 일본 사이 / 지름길
(명지)할 것 안인가.
똑똑히 알아야 함.

▶ (전제+주지) 양국 병합의 문제점과 그 해결책

현대어 당초에 민족적 요구로부터 나온 것이 아니었던 두 나라 합방이었으므로, 그 결과가 필경 위압으로 유지하려는 일시적 방편과 민족 차별의 불평등과 거짓 꾸민 통계 숫자에 의하여 서로 이해가 다른 두 민족 사이에 영원히 함께 화합할 수 없는 원한의 구덩이를 더욱 깊게 만드는 오늘의 실정을 보라! 날래고 밝은 과단성으로 묵은 잘못을 고치고, 참된 이해와 동정에 그 기초를 둔 우호적인 새로운 판국을 타개하는 것이 피차간에 화를 쫓고 복을 불러들이는 빠른 길인 줄을 분명히 알아야 할 것이 아닌가!

아 또, 二千萬(이천만) 含憤蓄怨(함분축원)의 民(민)을 威力(위력)으로써 拘束(구속)함
분한 마음을 품고 원한을 쌓음. / 무력에 의한 식민 통치
은 다만 東洋(동양)의 永久(영구)한 平和(평화)를 保障(보장)하는 所以(소이)가 안일 뿐
행위, 소행
안이라, 此(차)로 因(인)하야 東洋安危(동양 안위)의 主軸(주축)인 四億萬(사억만) 支那
이천만 함분축원의 민을 위력으로 구속하는 것 / 중국인
人(지나인)의 日本(일본)에 對(대)한 危懼(위구)와 猜疑(시의)를 갈수록 濃厚(농후)케 하
두려움 / 시기와 의심
야, 그 結果(결과)로 東洋(동양) 全局(전국)이 共倒同亡(공도동망)의 悲運(비운)을 招致
지나인의 일본에 대한 위구와 시의 / 같이 쓰러지고 함께 망함. / 초래할, 불러들일
(초치)할 것이 明(명)하니, 今日(금일) 吾人(오인)의 『朝鮮獨立(조선 독립)은 朝鮮人(조
선인)으로 하여금 정당한 生榮(생영)을 遂(수)케 하는 동시에 日本(일본)으로 하여금 邪
路(사로)로서 出(출)하야 東洋(동양) 支持者(지지자)인 重責(중책)을 全(전)케 하는 것이
그릇된 길 – 일제의 침략주의 정책
며, 支那(지나)로 하여금 夢寐(몽매)에도 免(면)하지 못하는 不安(불안), 恐怖(공포)로서
오매불망(寤寐不忘)
脫出(탈출)케 하는 것이며, 東洋平和(동양 평화)로 重要(중요)한 一部(일부)를 삼는 世界
平和(세계 평화), 人類幸福(인류 행복)에 必要(필요)한 階段(계단)이 되게 하는 것이라.』
조선 독립은 세계 평화, 인류 행복의 절대적 요소임. / 『 』: 점층법, 열거법, 대구법
이 엇지 區區(구구)한 感情上(감정상) 問題(문제) ㅣ 리오.
자질구레한, 사소한

▶ (전제+주지) 조선 독립의 의의

현대어 또, 분함과 원한이 쌓인 우리 2천만 민족을 위압적인 힘으로써 구속하는 것은 오직 동양의 영원한 평화를 보장하는 길이 아닐 뿐 아니라, 이로 말미암아 동양의 안정과 위험의 주축이 되는 4억 중국인의 일본에 대한 두려움과 시기와 의심을 갈수록 두텁게 하여, 그 결과로 동양의 온 판국이 함께 망해 버리는 비참한 운명을 가져올 것이 분명하다. 오늘날 우리 조선의 독립은 조선인으로 하여금 정당한 생존과 번영을 이루게 하며, 아울러 일본으로 하여금 정당한 생존과 번영을 이루게 하며 더불어 일본으로 하여금 침략자의 그릇된 길에서 나와 동양을 떠받치는 자로서의 중요한 책임을 다하게 하는 것이며, 중국으로 하여금 자나 깨나 떨어 버리지 못하는 불안과 공포로부터 벗어나게 하는 것이며, 또 동양의 평화가 중요한 일부를 이루는 세계 평화와 인류 행복에 필요한 과정이 되게 하는 것이니, 이 어찌 사소한 감정상의 문제이겠는가?

Quiz

[01-02] 다음 글을 읽고 물음에 답하시오.

> 丙子修好條規(병자수호조규) 以來(이래) 時時種種(시시종종)의 金石盟約(금석맹약)을 食(식)하얏다 하야 日本(일본)의 無信(무신)을 罪(죄)하려 안이 하노라. 學者(학자)는 講壇(강단)에서, 政治家(정치가)는 實際(실제)에서, 我(아) 祖宗世業(조종세업)을 植民地視(식민지시)하고, 我(아) 文化民族(문화민족)을 土昧人遇(토매인우)하야, 한갓 征服者(정복자)의 快(쾌)를 貪(탐)할 뿐이오, 我(아)의 久遠(구원)한 社會基礎(사회기초)와 卓犖(㉠)한 民族心理(민족심리)를 無視(무시)한다 하야 日本(일본)의 少義(소의)함을 責(책)하려 안이 하노라. 自己(자기)를 策勵(㉡)하기에 急(급)한 吾人(오인)은 他(타)의 怨尤(원우)를 暇(가)치 못하노라. 現在(현재)를 綢繆(㉢)하기에 急(급)한 吾人(오인)은 宿昔(㉣)의 懲辨(징변)을 暇(가)치 못하노라. 今日(금일) 吾人(오인)의 所任(소임)은 다만 自己(자기)의 建設(건설)이 有(유)할 뿐이오, 決(결)코 他(타)의 破壞(파괴)에 在(재)치 안이 하도다. 嚴肅(엄숙)한 良心(양심)의 命令(명령)으로써 自家(자가)의 新運命(신운명)을 開拓(개척)함이오, 決(결)코 舊怨(구원)과 一時的(일시적) 感情(감정)으로써 他(타)를 嫉逐排斥(질축배척)함이 안이로다.

01 이 글을 대표할 수 있는 제목을 붙인다면, 가장 알맞은 것은?

① 日本(일본)의 無信(무신)
② 征服者(정복자)의 快(쾌)
③ 吾人(오인)의 所任(소임)
④ 良心(양심)의 命令(명령)

정답 ③

02 ㉠~㉣에 들어갈 한자의 독음으로 알맞지 않은 것은?

① ㉠ 탁월 ② ㉡ 책려
③ ㉢ 주무 ④ ㉣ 숙석

해설
① 卓犖(높을 탁, 뛰어날 락): 남보다 두드러지게 뛰어남. = 卓越(높을 탁, 넘을 월)
* '犖'의 독음은 '월'이 아닌 '락'이다.

오답
② 策勵(채찍 책, 힘쓸 려): 채찍질을 하듯 격려함.
③ 綢繆(얽을 주, 얽을 무): 미리 빈틈없이 꼼꼼하게 준비함.
④ 宿昔(잘 숙, 옛 석): 그리 멀지 아니한 옛날.

정답 ①

기출 확인

01 다음 글은 '기미 독립 선언서'의 공약 3장 중 첫 장이다. 밑줄 친 단어 중 한자가 바르지 않은 것은? 2013 지방직 9급

> 今日(금일) 吾人(오인)의 此擧(차거)는 正義(정의), ㉠ 人道(인도), 生存(생존), ㉡ 尊榮(존영)을 爲(위)하는 民族的(민족적) 要求(요구) ㅣ니, 오즉 自由的(자유적) 精神(정신)을 ㉢ 發揮(발휘)할 것이오, 決(결)코 排他的(배타적) 感情(감정)으로 ㉣ 一走(일주)하지 말라.

① ㉠　② ㉡
③ ㉢　④ ㉣

해설

㉣ 일주(一走: 한 일, 달릴 주): 조선 시대 무관을 뽑는 시험에서, 달음질의 첫째 등급을 이르는 말 → 문맥과 어울리지 않는다.

· 일주(逸走: 달아날 일, 달릴 주): 도망쳐 달아남. → 주어진 본문의 내용상 '배타적 감정'을 향해 나아가라는 것이 아니라, 그것으로부터 벗어나라는 의미가 와야 하므로 '일주(逸走)'가 적절하다.

오답

㉠ 인도(人道: 사람 인, 길 도): 사람으로서 마땅히 지켜야 할 도리

㉡ 존영(尊榮: 높을 존, 영화 영): 지위가 높고 영화로움.

㉢ 발휘(發揮: 필 발, 휘두를 휘): 재능, 능력 따위를 떨쳐 나타냄.

정답 ④

02 다음 밑줄 친 부분을 한자로 표기할 때 적절한 것은? 2016 경찰 2차

> 1. 오늘 우리의 이번 거사는 정의, 인도와 생존과 영광을 갈망하는 민족 전체의 요구이니, 오직 자유의 정신을 ㉠ 발휘할 것이요, 결코 ㉡ 배타적인 감정으로 정도에서 벗어난 잘못을 저지르지 마라.
> 1. 최후의 한 사람까지, 최후의 ㉢ 일각까지 민족의 정당한 의사를 시원하게 발표하라.
> 1. 모든 행동은 질서를 가장 존중하며, 우리의 주장과 태도를 어디까지나 떳떳하고 정당하게 하라.

	㉠	㉡	㉢
①	發揮	排他的	一刻
②	撥揮	排他的	一覺
③	發揮	俳他的	一刻
④	撥揮	俳他的	一覺

해설

㉠ 발휘(發揮: 필 발, 휘두를 휘): '재능, 능력 따위를 떨치어 나타냄.'이란 뜻을 가진 '발휘'는 '發揮'로 표기한다.

㉡ 배타적(排他的: 밀칠 배, 다를 타, 과녁 적): '다른 것을 밀침, 배척함.'이란 의미이므로, '排(밀칠 배)'를 쓴 '排他的'의 표기가 옳다.

㉢ 일각(一刻: 하나 일, 새길 각): 문맥상 '최후의 순간까지'란 의미이므로, '시간'을 나타내는 '一刻'을 써야 한다.

오답

㉠ 撥(다스릴 발)

㉡ 俳(배우 배)

㉢ 一覺(하나 일, 깨달을 각): 한 번 잠에서 깸. / 한 번 깨달음.

정답 ①

자 아아, 新天地(신천지)가 眼前(안전)에 展開(전개)되도다. 威力(위력)의 時代(시대)가 去(거)하고 道義(도의)의 時代(시대)가 來(내)하도다. 過去(과거) 全世紀(전 세기)에 鍊磨長養(연마 장양)된 人道的(인도적) 精神(정신)이 바야흐로 新文明(신문명)의 曙光(서광)을 人類(인류)의 歷史(역사)에 投射(투사)하기 始(시)하도다. 新春(신춘)이 世界(세계)에 來(내)하야 萬物(만물)의 回蘇(회소)를 催促(최촉)하는도다. 凍氷寒雪(동빙한설)에 呼吸(호흡)을 閉蟄(폐칩)한 것이 彼一時(피일시)의 勢(세)ㅣ라 하면 和風暖陽(화풍난양)에 氣脈(기맥)을 振舒(진서)함은 此一時(차일시)의 勢(세)ㅣ니, 天地(천지)의 復運(복운)에 際(제)하고 世界(세계)의 變潮(변조)를 乘(승)한 吾人(오인)은 아모 躊躇(주저)할 것 업스며, 아모 忌憚(기탄)할 것 업도다. 我(아)의 固有(고유)한 自由權(자유권)을 護全(호전)하야 生旺(생왕)의 樂(낙)을 飽享(포향)할 것이며, 我(아)의 自足(자족)한 獨創力(독창력)을 發揮(발휘)하야 春滿(춘만)한 大界(대계)에 民族的(민족적) 精華(정화)를 結紐(결뉴)할지로다.

(新天地: 도의의 시대, 조국 광복의 날 / 威力의 時代: 침략, 강권, 제국주의와 무단 정치의 시대 / 道義: 인도주의, 민족 자결주의 / 鍊磨長養: 갈고 닦아 키우고 기른 / 曙光: 동틀 무렵의 빛 – 희망 / 回蘇: 다시 살아남, 회생 / 催促: 재촉 / 凍氷寒雪: 얼음 얼고 눈 내리는 겨울의 추위 / 閉蟄: 갇혀서 꼼짝 못함. / 和風暖陽: 화창한 바람과 따뜻한 햇볕 / 振舒: 만물의 회소 / 復運: 도의의 시대로 회복되는 운수 / 乘: 기회를 탄 / 生旺의 樂: 생명의 왕성한 즐거움 / 飽享: 마음껏 누림. / 春滿한 大界: 신천지(독립된 나라) / 民族的 精華: 민족 문화 / 結紐: 관계를 맺음.)

▶ (전제+주지) 독립 기운의 도래와 우리의 결의

현대어　아! 새로운 세계가 눈앞에 펼쳐졌도다. 위력의 시대가 가고 도의의 시대가 왔도다. 과거 한 세기 갈고 닦아 키우고 기른 인도적 정신이 이제 막 새 문명의 밝아 오는 빛을 인류 역사에 쏘아 비추기 시작하였도다. 새봄이 온 세계에 돌아와 만물의 소생을 재촉하는구나. 혹심한 추위가 사람의 숨을 막아 꼼짝 못하게 한 것이 저 지난 한때의 형세라 하면, 화창한 봄바람과 따뜻한 햇볕에 원기와 혈맥을 떨쳐 펴는 것은 이 한때의 형세이니, 천지의 돌아온 운수에 접하고 세계의 새로 바뀐 조류를 탄 우리는 아무 주저할 것도 없으며, 아무 거리낄 것도 없도다. 우리의 본디부터 지녀 온 권리를 지켜 온전히 하여 생명의 왕성한 번영을 실컷 누릴 것이며, 우리의 풍부한 독창력을 발휘하여 봄기운 가득한 천지에 순수하고 빛나는 민족 문화를 맺게 할 것이로다.

차 吾等(오등)이 玆(자)에 奮起(분기)하도다. 良心(양심)이 我(아)와 同存(동존)하며 眞理(진리)가 我(아)와 幷進(병진)하는도다. 男女老少(남녀노소) 업시 陰鬱(음울)한 古巢(고소)로서 活潑(활발)히 起來(기래)하야 萬彙群象(만휘군상)으로 더부러 欣快(흔쾌)한 復活(부활)을 成遂(성수)하게 되도다. 千百世(천백 세) 祖靈(조령)이 吾等(오등)을 陰佑(음우)하며 全世界(전세계) 氣運(기운)이 吾等(오등)을 外護(외호)하나니, 着手(착수)가 곳 成功(성공)이라. 다만, 前頭(전두)의 光明(광명)으로 驀進(맥진)할 싸름인뎌.

(玆: 새로운 시대가 도래한 이 시점에서 / 陰鬱한 古巢: 일제의 강점 상태(은유) / 萬彙群象: 세상의 온갖 사물, 삼라만상 / 復活: 광복, 독립 / 陰佑: 남몰래 도움. / 全世界 氣運: 민족 자결주의라는 기운 / 外護: 밖에서 보호 / 着手가 곳 成功: 시작이 반이다. / 前頭의 光明: 앞길의 독립 / 驀進: 곧장 나아감.)

▶ 우리 민족의 결의

현대어　우리는 이에 떨쳐 일어나도다. 양심이 우리와 함께 있으며, 진리가 우리와 함께 나아가는도다. 남녀노소 없이 어둡고 답답한 옛 보금자리로부터 활발히 일어나 삼라만상과 함께 기쁘고 유쾌한 부활을 이루어 내게 되도다. 먼 조상의 신령이 보이지 않는 가운데 우리를 돕고, 온 세계의 새 형세가 우리를 밖에서 보호하고 있으니 시작이 곧 성공이다. 다만, 앞길의 광명을 향하여 힘차게 곧장 나아갈 뿐이로다.

公約三章(공약 삼 장)

카 一. 今日(금일) 吾人(오인)의 此擧(차거)는 正義(정의), 人道(인도), 生存(생존), 尊榮(존영)을 爲(위)하는 民族的(민족적) 要求(요구)ㅣ니, 오즉 〈自由的(자유적) 精神(정신)을 發揮(발휘)할 것이오, 決(결)코 排他的(배타적) 感情(감정)으로 逸走(일주)하지 말라.〉

一. 最後(최후)의 一人(일인)까지, 最後(최후)의 一刻(일각)까지 民族(민족)의 正當(정당)한 意思(의사)를 快(쾌)히 發表(발표)하라.

一. 一切(일체)의 行動(행동)은 가장 秩序(질서)를 尊重(존중)하야, 吾人(오인)의 主張(주장)과 態度(태도)로 하여금 어대까지던지 光明正大(광명정대)하게 하라.

(此擧: 이번 거사 – 독립 선언 / 正義 ~ 要求: 독립 선언의 정당성 / 〈 〉: 우리의 요구는 정당하므로 적극적, 긍정적으로 행동할 것, 비폭력 평화주의 / 逸走하지 말라: 정도에서 벗어나지 마라. / 吾人의 主張: 조선 독립 / 光明正大: 3·1 운동의 근본 정신)

현대어　一. 오늘 우리의 이번 거사는 정의, 인도와 생존과 영광을 갈망하는 민족 전체의 요구이니, 오직 자유의 정신을 발휘할 것이요, 결코 배타적인 감정으로 정도에서 벗어나는 잘못을 저지르지 말라.
一. 최후의 한 사람까지 최후의 일각까지 민족의 정당한 의사를 시원하게 발표하라.
一. 모든 행동은 가장 질서를 존중하여, 우리의 주장과 태도를 어디까지나 떳떳하고 정당하게 하라.

혜원通 <기미독립선언서> 한자 읽기

가 吾等(　　)은 玆(　)에 我(　) 朝鮮(　)의 獨立國(　　　)임과 朝鮮人(　　　)의 自主民(　　　)임을 宣言(　　)하노라. 此(　)로써 世界萬邦(　　　)에 告(　)하야 人類平等(　　　　)의 大義(　　)를 克明(　　)하며, 此(　)로써 子孫萬代(　　　　)에 誥(　)하야 民族自存(　　)의 正權(　　)을 永有(　　)케 하노라.

현대어　우리는 이에 우리 조선이 독립한 나라임과 조선 사람이 자주적인 민족임을 선언한다. 이로써 세계 만국에 알리어 인류 평등의 큰 뜻을 분명히 하는 바이며, 이로써 자손 만대에 깨우쳐 민족의 독자적 생존의 정당한 권리를 영원히 누려 가지게 하는 바이다.

나 半萬年(　　　) 歷史(　　)의 權威(　　)를 仗(　)하야 此(　)를 宣言(　　)함이며, 二千萬(　　　) 民衆(　　)의 誠忠(　　)을 合(　)하야 此(　)를 佈明(　)함이며, 民族(　)의 恒久如一(　　)한 自由發展(　　　　)을 爲(　)하야 此(　)를 主張(　　)함이며, 人類的(　　　) 良心(　　)의 發露(　　)에 基因(　)한 世界改造(　　　　)의 大機運(　　　)에 順應并進(　　　　)하기 爲(　)하야 此(　)를 提起(　　)함이니, 是(　)ㅣ 天(　)의 明命(　　)이며, 時代(　　)의 大勢(　　)ㅣ며, 全人類(　　　) 共存同生權(　　　　　)의 正當(　　)한 發動(　　)이라, 天下何物(　　　　)이던지 此(　)를 沮止抑制(　　　　)치 못할 지니라.

현대어　5천 년 역사의 권위를 의지하여 이를 선언함이며, 2천만 민중의 충성을 합하여 이를 두루 펴서 밝힘이며, 영원히 한결같은 민족의 자유 발전을 위하여 이를 주장함이며, 인류가 가진 양심의 발로에 뿌리 박은 세계 개조의 큰 기회와 시운에 맞추어 함께 나아가기 위하여 이 문제를 내세워 일으킴이니, 이는 하늘의 지시이며 시대의 큰 추세이며, 전 인류 공동 생존권의 정당한 발동이기에, 천하의 어떤 힘이라도 이를 막고 억누르지 못할 것이다.

다 舊時代(　　　)의 遺物(　　)인 侵略主義(　　　　), 强權主義(　　　　)의 犧牲(　　)을 作(　)하야 有史以來(　　　　) 累千年(　　　)에 처음으로 異民族(　　　) 箝制(　　)의 痛苦(　　)를 嘗(　)한지 今(　)에 十年(　　)을 過(　)한지라, 我(　) 生存權(　　　)의 剝喪(　　)됨이 무릇 幾何(　　)ㅣ며, 心靈上(　　　) 發展(　　)의 障礙(　　)됨이 무릇 幾何(　　)ㅣ며, 民族的(　　　) 尊榮(　　)의 毁損(　　)됨이 무릇 幾何(　　)ㅣ며, 新銳(　)와 獨創(　　)으로써 世界文化(　　　　)의 大潮流(　　　)에 寄與補裨(　　　　)할 機緣(　　)을 遺失(　　) 함이 무릇 幾何(　　)ㅣ뇨.

현대어　낡은 시대의 유물인 침략주의, 강권주의에 희생되어, 역사가 있은 지 몇 천 년 만에 처음으로 다른 민족의 압제에 뼈아픈 괴로움을 당한 지 이미 10년이 지났으니, 그동안 우리의 생존권을 빼앗겨 잃은 것이 그 얼마이며, 정신상 발전에 장애를 받은 것이 그 얼마이며, 민족의 존엄과 영예에 손상을 입은 것이 그 얼마이며, 새롭고 날카로운 기운과 독창력으로 세계 문화에 이바지하고 보탤 기회를 잃은 것이 그 얼마나 될 것이냐?

주요 한자 학습

주요 한자	독음 적어 보기
克明	
佈明	
沮止	
抑制	
遺物	
侵略	
犧牲	
箝制	
剝喪	
障礙	
毁損	
獨創	

독음 확인하기

克明(극명)	이길 극, 밝을 명
佈明(포명)	펼 포, 밝을 명
沮止(저지)	막을 저, 그칠 지
抑制(억제)	누를 억, 제압할 제
遺物(유물)	전할 유, 만물 물
侵略(침략)	침노할 침, 빼앗을 략
犧牲(희생)	희생할 희, 희생할 생
箝制(겸제)	재갈 먹일 겸, 제압할 제
剝喪(박상)	벗길 박, 잃을 상
障礙(장애)	막을 장, 거리낄 애
毁損(훼손)	헐 훼, 덜 손
獨創(독창)	홀로 독, 비롯할 창

주요 한자 학습

주요 한자	독음 적어 보기
抑鬱	
擺脫	
芟除	
壓縮	
銷殘	
導迎	
確實	
講壇	
卓犖	
策勵	
宿昔	

독음 확인하기

抑鬱(억울)	누를 억, 막힐 울
擺脫(파탈)	열릴 파, 벗을 탈
芟除(삼제)	벨 삼, 덜 제
壓縮(압축)	누를 압, 줄일 축
銷殘(소잔)	녹일 소, 해칠 잔
導迎(도영)	이끌 도, 맞이할 영
確實(확실)	굳을 확, 열매 실
講壇(강단)	익힐 강, 단 단
卓犖(탁락)	높을 탁, 뛰어날 락
策勵(책려)	채찍 책, 힘쓸 려
宿昔(숙석)	묵을 숙, 예 석

라 噫( )라, 舊來( )의 抑鬱( )을 宣暢( )하려 하면, 時下( )의 苦痛( )을 擺脫( )하려 하면, 將來( )의 脅威( )를 芟除( )하려 하면, 民族的( ) 良心( )과 國家的( ) 廉義( )의 壓縮銷殘( )을 興奮伸張( )하려 하면, 各個( ) 人格( )의 正當( )한 發達( )을 遂( )하려 하면, 可憐( )한 子弟( )에게 苦恥的( ) 財産( )을 遺與( )치 안이하려 하면, 子子孫孫( )의 永久完全( )한 慶福( )을 導迎( )하려 하면, 最大急務( )가 民族的( ) 獨立( )을 確實( )케 함이니, 二千萬( ) 各個( )가 人( )마다 方寸( )의 刃( )을 懷( )하고, 人類通性( )과 時代良心( )이 正義( )의 軍( )과 人道( )의 干戈( )로써 護援( )하는 今日( ), 吾人( )은 進( )하야 取( )하매 何强( )을 挫( )치 못하랴. 退( )하야 作( )하매 何志( )를 展( )치 못하랴.

현대어 　슬프다! 오래 전부터의 억울을 떨쳐 펴려면, 눈앞의 고통을 헤쳐 벗어나려면, 장래의 위협을 없애려면, 눌러 오그라들고 사그라진 민족의 장대한 마음과 국가의 체모와 도리를 떨치고 뻗치려면, 각자의 인격을 정당하게 발전시키려면, 가엾은 아들 · 딸들에게 부끄러운 현실을 물려주지 않으려면, 자자손손에게 영구하고 완전한 경사와 행복을 맞이하게 하려면 가장 크고 급한 일이 민족의 독립을 확실하게 하는 것이니, 2천만의 사람마다 마음의 칼날을 품어 굳게 결심하고, 인류 공통의 옳은 성품과 이 시대를 지배하는 양심이 정의라는 군사와 인도라는 무기로써 도와주고 있는 오늘날, 우리는 나아가 취하매 어느 강자를 꺾지 못하며, 물러가서 일을 꾀함에 무슨 뜻인들 펴지 못하랴!

마 丙子修好條規( ) 以來( ) 時時種種( )의 金石盟約( )을 食( )하얏다 하야 日本( )의 無信( )을 罪( )하려 안이 하노라. 學者( )는 講壇( )에서, 政治家( )는 實際( )에서, 我( ) 祖宗世業( )을 植民地視( )하고, 我( ) 文化民族( )을 土昧人遇( )하야, 한갓 征服者( )의 快( )를 貪( )할 뿐이오, 我( )의 久遠( )한 社會基礎( )와 卓犖( )한 民族心理( )를 無視( ) 한다 하야 日本( )의 少義( )함을 責( ) 하려 안이 하노라. 自己( )를 策勵( )하기에 急( )한 吾人( )은 他( )의 怨尤( )를 暇( )치 못하노라. 現在( )를 綢繆( )하기에 急( )한 吾人( )은 宿昔( )의 懲辨( )을 暇( )치 못하노라.

현대어 　병자수호조약 이후 때때로 굳게 맺은 갖가지 약속을 배반하였다 하여 일본의 신의 없음을 단죄하려는 것이 아니다. 그들의 학자는 강단에서, 정치가는 실제에서, 우리 옛 왕조 대대로 닦아 온 업적을 식민지의 것으로 보고, 문화 민족인 우리를 야만족같이 대우하며 다만 정복자의 쾌감을 탐할 뿐이요, 우리의 오랜 사회 기초와 뛰어난 민족의 성품을 무시한다 해서 일본의 의리 없음을 꾸짖으려는 것도 아니다. 스스로를 채찍질하고 격려하기에 바쁜 우리는 남을 원망할 겨를이 없다. 현 사태를 수습하기에 급한 우리는 묵은 옛일을 응징하고 잘못을 가릴 겨를이 없다.

바 今日(　　) 吾人(　　)의 所任(　　)은 다만 自己(　　)의 建設(　　)이 有(　)할 뿐이오, 決(　)코 他(　)의 破壞(　　)에 在(　)치 안이하도다. 嚴肅(　　)한 良心(　　)의 命令(　　)으로써 自家(　　)의 新運命(　　)을 開拓(　　)함이오, 決(　)코 舊怨(　　)과 一時的(　　) 感情(　　)으로써 他(　)를 嫉逐排斥(　　)함이 안이로다. 舊思想(　　), 舊勢力(　　)에 羈縻(　　)된 日本(　　) 爲政家(　　)의 功名的(　　) 犧牲(　　)이 된 不自然(　　), 又(　) 不合理(　　)한 錯誤狀態(　　)를 改善匡正(　　)하야, 自然(　　), 又(　) 合理(　　)한 正經大原(　　)으로 歸還(　　)케 함이로다.

현대어　오늘 우리에게 주어진 임무는 오직 자기 건설에 있을 뿐이요, 그것은 결코 남을 파괴하는 데 있는 것이 아니다. 엄숙한 양심의 명령으로써 자기의 새 운명을 개척함일 뿐이요, 결코 묵은 원한과 일시적 감정으로써 남을 시기하여 쫓고 물리치려는 것이 아니로다. 낡은 사상과 묵은 세력에 얽매여 있는 일본 정치가들의 공명에 희생된, 불합리하고 부자연에 빠진 이 어그러진 상태를 바로잡아 고쳐서, 자연스럽고 합리적인, 올바르고 떳떳한, 큰 근본이 되는 길로 돌아오게 하고자 함이로다.

사 當初(　　)에 民族的(　　) 要求(　　)로서 出(　)치 안이한 兩國倂合(　　)의 結果(　　)가, 畢竟(　　) 姑息的(　　) 威壓(　　)과 差別的(　　) 不平(　　)과 統計數字上(　　) 虛飾(　　)의 下(　)에서 利害相反(　　)한 兩(　) 民族間(　　)에 永遠(　　)히 和同(　　)할 수 업는 怨溝(　　)를 去益深造(　　)하는 今來實績(　　)을 觀(　)하라. 勇明果敢(　　)으로써 舊誤(　　)를 廓正(　　)하고, 眞正(　　)한 理解(　　)와 同情(　　)에 基本(　　)한 友好的(　　) 新局面(　　)을 打開(　　)함이 彼此間(　　) 遠禍召福(　　)하는 捷徑(　　)임을 明知(　　)할 것 안인가.

현대어　당초에 민족적 요구로부터 나온 것이 아니었던 두 나라 합방이었으므로, 그 결과가 필경 위압으로 유지하려는 일시적 방편과 민족 차별의 불평등과 거짓 꾸민 통계 숫자에 의하여 서로 이해가 다른 두 민족 사이에 영원히 함께 화합할 수 없는 원한의 구덩이를 더욱 깊게 만드는 오늘의 실정을 보라! 날래고 밝은 과단성으로 묵은 잘못을 고치고, 참된 이해와 동정에 그 기초를 둔 우호적인 새로운 판국을 타개하는 것이 피차간에 화를 쫓고 복을 불러들이는 빠른 길인 줄을 분명히 알아야 할 것이 아닌가!

아 또, 二千萬(　　) 含憤蓄怨(　　)의 民(　)을 威力(　　)으로써 拘束(　　)함은 다만 東洋(　　)의 永久(　　)한 平和(　　)를 保障(　　)하는 所以(　　)가 안일 뿐 안이라, 此(　)로 因(　)하야 東洋安危(　　)의 主軸(　　)인 四億萬(　　) 支那人(　　)의 日本(　　)에 對(　)한 危懼(　　)와 猜疑(　　)를 갈수록 濃厚(　　)케 하야, 그 結果(　　)로 東洋(　　) 全局(　　)이 共倒同亡(　　)의 悲運(　　)을 招致(　　)할 것이 明(　)하니, 今日(　　) 吾人(　　)의 朝鮮獨立(　　)은 朝鮮人(　　)으로 하여금 正當(　　)한 生榮(　　)을 遂(　)케 하는 同時(　　)에, 日本(　　)으로 하여금 邪路(　　)로서 出(　)하야 東洋(　　) 支持者(　　)인 重責(　　)을 全(　)케 하는 것이며, 支那(　　)로 하여금 夢寐(　　)에도 免(　)하지 못하는 不安(　　), 恐怖(　　)로서 脫出(　　)케 하는 것이며, 또 東洋平和(　　)로 重要(　　)한 一部(　　)를 삼는 世界平和(　　), 人類幸福(　　)에 必要(　　)한 階段(　　)이 되게 하는 것이라. 이 엇지 區區(　　)한 感情上(　　) 問題(　　)ㅣ리오.

주요 한자 학습

주요 한자	독음 적어 보기
破壞	
開拓	
嫉逐	
排斥	
羈縻	
錯誤	
狀態	
歸還	
姑息的	
統計	
實績	
廓正	
捷徑	

독음 확인하기

破壞(파괴)	깨뜨릴 파, 무너질 괴
開拓(개척)	열 개, 넓힐 척
嫉逐(질축)	미워할 질, 쫓을 축
排斥(배척)	밀칠 배, 물리칠 척
羈縻(기미)	굴레 기, 고삐 미
錯誤(착오)	섞일 착, 그르칠 오
狀態(상태)	형상 상, 모양 태
歸還(귀환)	돌아갈 귀, 돌아올 환
姑息的(고식적)	잠깐 고, 숨쉴 식, 과녁 적
統計(통계)	거느릴 통, 셀 계
實績(실적)	열매 실, 쌓을 적
廓正(확정)	클 확, 바를 정
捷徑(첩경)	빠를 첩, 지름길 경

주요 한자 학습

주요 한자	독음 적어 보기
鍊磨	
投射	
回蘇	
催促	
振舒	
躊躇	
忌憚	
飽享	
發揮	
精華	
結紐	
陰鬱	
古巢	
欣快	
陰佑	
着手	
驀進	

독음 확인하기

鍊磨(연마)	불릴 연(련), 갈 마
投射(투사)	던질 투, 궁술 사
回蘇(회소)	돌 회, 소생할 소
催促(최촉)	재촉할 최, 재촉할 촉
振舒(진서)	떨칠 진, 펼 서
躊躇(주저)	머뭇거릴 주, 머뭇거릴 저
忌憚(기탄)	꺼릴 기, 꺼릴 탄
飽享(포향)	배부를 포, 누릴 향
發揮(발휘)	쏠 발, 휘두를 휘
精華(정화)	정할 정, 빛날 화
結紐(결뉴)	맺을 결, 끈 뉴
陰鬱(음울)	그늘 음, 막힐 울
古巢(고소)	옛 고, 보금자리 소
欣快(흔쾌)	기뻐할 흔, 쾌할 쾌
陰佑(음우)	그늘 음, 도울 우
着手(착수)	붙을 착, 손 수
驀進(맥진)	말 탈 맥, 나아갈 진

현대어 또, 분함과 원한이 쌓인 우리 2천만 민족을 위압적인 힘으로써 구속하는 것은 오직 동양의 영원한 평화를 보장하는 길이 아닐 뿐 아니라, 이로 말미암아 동양의 안정과 위험의 주축이 되는 4억 중국인의 일본에 대한 두려움과 시기와 의심을 갈수록 두텁게 하여, 그 결과로 동양의 온 판국이 함께 망해 버리는 비참한 운명을 가져올 것이 분명하다. 오늘날 우리 조선의 독립은 조선인으로 하여금 정당한 생존과 번영을 이루게 하며, 아울러 일본으로 하여금 정당한 생존과 번영을 이루게 하며 더불어 일본으로 하여금 침략자의 그릇된 길에서 나와 동양을 떠받치는 자로서의 중요한 책임을 다하게 하는 것이며, 중국으로 하여금 자나 깨나 떨어 버리지 못하는 불안과 공포로부터 벗어나게 하는 것이며, 또 동양의 평화가 중요한 일부를 이루는 세계 평화와 인류 행복에 필요한 과정이 되게 하는 것이니, 이 어찌 사소한 감정상의 문제이겠는가?

자 아아, 新天地(　　)가 眼前(　　)에 展開(　　)되도다. 威力(　　)의 時代(　　)가 去(　)하고 道義(　　)의 時代(　　)가 來(　)하도다. 過去(　　) 全世紀(　　)에 鍊磨長養(　　)된 人道的(　　) 精神(　　)이 바야흐로 新文明(　　)의 曙光(　　)을 人類(　　)의 歷史(　　)에 投射(　　)하기 始(　)하도다. 新春(　　)이 世界(　　)에 來(　)하야 萬物(　　)의 回蘇(　　)를 催促(　　)하는도다. 凍氷寒雪(　　)에 呼吸(　　)을 閉蟄(　　)한 것이 彼一時(　　)의 勢(　)ㅣ라 하면, 和風暖陽(　　)에 氣脈(　　)을 振舒(　　)함은 此一時(　　)의 勢(　)ㅣ니, 天地(　　)의 復運(　　)에 際(　)하고 世界(　　)의 變潮(　　)를 乘(　)한 吾人(　　)은 아모 躊躇(　　)할 것 업스며, 아모 忌憚(　　) 할 것 업도다. 我(　)의 固有(　　)한 自由權(　　)을 護全(　　)하야 生旺(　　)의 樂(　)을 飽享(　　)할 것이며, 我(　)의 自足(　　)한 獨創力(　　)을 發揮(　　)하야 春滿(　　)한 大界(　　)에 民族的(　　) 精華(　　)를 結紐(　　)할지로다.

현대어 아! 새로운 세계가 눈앞에 펼쳐졌도다. 위력의 시대가 가고 도의의 시대가 왔도다. 과거 한 세기 갈고 닦아 키우고 기른 인도적 정신이 이제 막 새 문명의 밝아 오는 빛을 인류 역사에 쏘아 비추기 시작하였도다. 새봄이 온 세계에 돌아와 만물의 소생을 재촉하는구나. 혹심한 추위가 사람의 숨을 막아 꼼짝 못하게 한 것이 저 지난 한때의 형세라 하면, 화창한 봄바람과 따뜻한 햇볕에 원기와 혈맥을 떨쳐 펴는 것은 이 한때의 형세이니, 천지의 돌아온 운수에 접하고 세계의 새로 바뀐 조류를 탄 우리는 아무 주저할 것도 없으며, 아무 거리낄 것도 없도다. 우리의 본디부터 지녀 온 권리를 지켜 온전히 하여 생명의 왕성한 번영을 실컷 누릴 것이며, 우리의 풍부한 독창력을 발휘하여 봄기운 가득한 천지에 순수하고 빛나는 민족 문화를 맺게 할 것이로다.

차 吾等(　　)이 玆(　)에 奮起(　　)하도다. 良心(　　)이 我(　)와 同存(　　)하며 眞理(　　)가 我(　)와 并進(　　)하는도다. 男女老少(　　) 업시 陰鬱(　　)한 古巢(　　)로서 活潑(　　)히 起來(　　)하야 萬彙群象(　　)으로 더부러 欣快(　　)한 復活(　　)을 成遂(　　)하게 되도다. 千百世(　　) 祖靈(　　)이 吾等(　　)을 陰佑(　　)하며 全世界(　　) 氣運(　　)이 吾等(　　)을 外護(　　)하나니, 着手(　　)가 곳 成功(　　)이라. 다만, 前頭(　　)의 光明(　　)으로 驀進(　　)할 짜름인뎌.

현대어 우리는 이에 떨쳐 일어나도다. 양심이 우리와 함께 있으며, 진리가 우리와 함께 나아가는도다. 남녀노소 없이 어둡고 답답한 옛 보금자리로부터 활발히 일어나 삼라만상과 함께 기쁘고 유쾌한 부활을 이루어 내게 되도다. 먼 조상의 신령이 보이지 않는 가운데 우리를 돕고, 온 세계의 새 형세가 우리를 밖에서 보호하고 있으니 시작이 곧 성공이다. 다만, 앞길의 광명을 향하여 힘차게 곧장 나아갈 뿐이로다.

2 유재론(遺材論) | 허균(許筠)

핵심정리

연대	조선 중기	갈래	고전 수필, 논(論)
출전	성소부부고	성격	비판적·설득적
구성	'기서결'의 3단 구성 ① 기: 올바른 인재 등용 방법 ② 서: 인재 등용의 현실과 모순 비판 ③ 결: 올바른 인재 등용 추구		
주제	차별 없는 인재 등용의 중요성 / 국가의 모순된 제도에 의한 인간 차별 비판		

나라를 경영하는 자와 임금은 인재(人才)가 아니면 안 된다. 하늘이 인재를 내는 것은 원래 한 시대의 쓰임을 위한 것이다. 하늘이 사람을 낼 때에 귀한 집 자식이라고 하여 재주를 넉넉하게 주고, 천한 집 자식이라고 해서 인색하게 주지는 않았다. (천부 인권 사상, 만민 평등 사상) 그래서 옛날의 어진 임금은 이런 것을 알고 인재를 더러 초야에서 구했으며, 낮은 병졸 가운데서도 뽑았다. 더러는 싸움에 패하여 항복해 온 적장 가운데서도 뽑았으며, 도둑 무리를 들어올리고, 혹은 창고지기를 등용하기도 하였다. 쓴 것이 다 알맞았고, (적재적소(適材適所)) 쓰임을 받은 자도 또한 자기의 재주를 각기 폈쳤다. 나라가 복을 받고 치적이 날로 융성케 된 것은 이러한 방법을 썼기 때문이다. 그러므로 〈중국같이 큰 나라도 인재를 혹 빠뜨릴까 오히려 염려하였다. 근심되어 옆으로 앉아 생각하고, 밥 먹을 때에도 탄식하였다.〉 (〈 〉: 중국의 사례 – 조선의 실정과 대조)

▶ 인재 등용의 바른 자세

그런데 어찌하여 산림(山林)과 연못가에 살면서 보배를 품고도 팔지 못하는 자가 그토록 많고, 영걸한 인재로서 낮은 벼슬아치 속에 파묻혀서 그 포부를 펴지 못하는 자가 또한 그토록 많은가. 참으로 인재를 모두 얻기도 어렵거니와, 그들을 다 쓰기도 또한 어렵다.

▶ 잘못된 인재 등용에 대한 개탄

우리나라는 땅덩이가 좁고 인재가 드물게 나서, 예로부터 그것을 걱정하였다. 그리고 우리 왕조에 들어와서는 인재 등용의 길이 더욱 좁아졌다. 대대로 명망 있는 집 자식이 아니면 높은 벼슬자리에는 통할 수 없었고, 바위 구멍이나 초가집에 사는 선비는 비록 뛰어난 재주가 있다 하더라도 억울하게 등용되지 못했다. 과거에 급제하지 못하면 높은 자리에 오르지 못하니, 비록 덕이 훌륭한 자라도 끝내 재상 자리에 오르지 못했다. 하늘이 재주를 고르게 주었는데 이것을 문벌과 과거로써 제한하니, 인재가 모자라 늘 걱정하는 것은 당연하다. 예로부터 지금까지 이 넓은 세상에서, 첩이 낳은 아들이라고 해서 그 어진 이를 버리고, 개가했다고 해서 그 아들의 재주를 쓰지 않았다는 말을 듣지 못했다. (적서 차별 제도에 대한 비판과 조선 인재 등용 현실의 문제점)

우리나라는 그렇지 않다. 어미가 천하거나 개가했으면 그 자손은 모두 벼슬길에 끼지 못했다. 변변치 않은 나라인데다 양쪽 오랑캐 사이에 끼어 있으니, 인재들이 모두 나라를 위해 쓰이지 못할까 두려워해도 오히려 나라 일이 제대로 될지 점칠 수 없다. 그런데도 도리어 그 길을 막고는, "인재가 없다. 인재가 없어."라고 탄식만 한다. 이것은 수레를 북쪽으로 돌리면서 남쪽을 향하는 것과 (연목구어(緣木求魚), 자가당착(自家撞着), 이율배반(二律背反)) 무엇이 다르겠는가. 이웃 나라가 알게 해서는 안 될 것이다. 한 아낙네가 원한을 품어도 하늘이 슬퍼해 주는데 하물며 원망을 품은 사내와 홀어미가 나라의 반을 차지했으니 화평한 기운을 이루기란 참으로 어려운 일이다.

▶ 우리나라 인재 등용의 현실

하늘이 낳아 준 것을 사람이 버리니, 이는 하늘을 거스르는 것이다. 하늘을 거스르면서 하늘에 기도하여 명을 길게 누린 자는 아직까지 없었다. 나라를 다스리는 자가 하늘의 순리를 받들어 행한다면, 크나큰 명을 또한 맞을 수도 있을 것이다.

▶ 올바른 인재 등용의 자세 촉구

감상

- '유재(遺材)'는 '인재를 버린다.'라는 의미로 저자는 이 글에서 우리나라처럼 좁은 나라에서는 인재 자체가 적게 나는 데다가 신분 제도에 의해 그것마저 제한되어 인재가 없음을 비판하고 있다. 인재를 등용하는 데 있어서의 신분 차별에 대해서도 신랄하게 비판하고 있다.
- 상층이건 하층이건 그 재능에 있어서 사람은 평등하다는 생각을 바탕으로 조선의 인재 등용 방식에 대해 비판하고 있는 글이다. 특히, 첩과 개가한 여자의 자식은 과거조차 응시할 수 없는 모순을 신랄하게 비판하고 있다. 중국의 사례와 대비해서 우리나라에서 인재를 버리는 것은 하늘을 거스르는 것임을 밝혀, 인재를 버리지 말 것을 강한 어조로 촉구하고 있다.

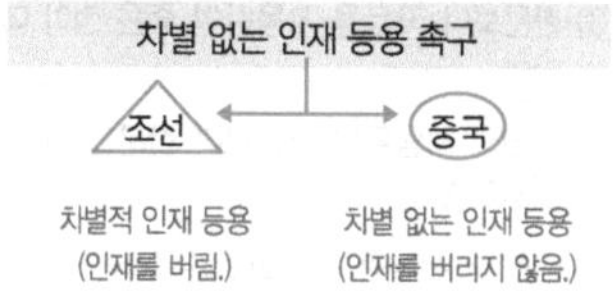

Quiz

필자의 주장을 뒷받침하는 직접적인 논거로 적절하지 않은 것은?

① 우리나라에는 인재가 드물게 난다.

② 오랑캐 출신의 인재를 활용해야 한다.

③ 이름 없이 살다 가는 인재가 많이 있다.

④ 하늘은 인재를 빈부귀천에 관계없이 고루 내린다.

해설

오랑캐 출신이라도 인재라면 출신을 가리지 말고 등용하자는 주장을 하고 있다. 단순히 오랑캐 출신을 등용해야 한다는 주장과는 거리가 멀다.

정답 ②

3 독립신문 창간사 | 서재필

핵심정리

- **갈래** 신문 사설
- **출전** 《독립신문》 창간호 제1면(1896)
- **성격** 논설적, 비판적
- **주제** 독립신문 창간의 취지와 의의
- **특징** ① 언문일치의 문체가 나타나고 있음.
  ② 주장을 제시하고 그에 대한 근거를 제시함.
- **의의** ① 우리나라 최초의 한글 신문임.
  ② 한글 운동 내지 한글 보급에 공이 큼.

우리신문이 한문은 아니 쓰고 다만 국문으로만 쓰ᄂᆞᆫ거슨 샹하 귀쳔이 다 보게 ᄒᆞᆷ이라
(띄어쓰기 어색 / 한문 그대로 번역 투 / 국문 표기의 목적)
또 국문을 이러케 귀졀을 ᄯᅦ여 쓴즉 아모라도 이신문 보기가 쉽고 신문속에 잇ᄂᆞᆫ말을 자
세이 알어 보게 ᄒᆞᆷ이라

▶ 국문을 사용하고 띄어 쓴 의의

각국에셔ᄂᆞᆫ 사ᄅᆞᆷ들이 남녀 무론ᄒᆞ고 본국 국문을 몬저 ᄇᆡ화 능통ᄒᆞᆫ 후에야 외국 글을
(자기 나라 말)
ᄇᆡ오ᄂᆞᆫ 법인ᄃᆡ 죠션셔ᄂᆞᆫ 죠션 국문은 아니 ᄇᆡ오드ᄅᆡ도 한문만 공부 ᄒᆞᄂᆞᆫ ᄭᆞᄃᆞᆰ에 국문을
잘아ᄂᆞᆫ 사ᄅᆞᆷ이 드물미라 죠션 국문ᄒᆞ고 한문ᄒᆞ고 비교ᄒᆞ여 보면 죠션국문이 한문 보다 얼
마가 나흔거시 무어신고 ᄒᆞ니 쳣재ᄂᆞᆫ ᄇᆡ호기가 쉬흔이 됴흔 글이요, 둘재ᄂᆞᆫ 이글이 죠션
(의문형 종결 어미(－ㄴ고) / 장점 ① 배우기가 쉬움.)
글이니 죠션 인민 들이 알어셔 ᄇᆡᆨ사을 한문 ᄃᆡ신 국문으로 써야 샹하 귀쳔이 모도 보고 알
(모든 일 – ᄇᆡᆨᄉᆞ를: 목적격 조사의 혼란 / 장점 ② 알아보기 쉬움.)
어보기가 쉬흘 터이라 〈한문만 늘 써 버릇ᄒᆞ고 국문은 폐ᄒᆞᆫ ᄭᆞ닭에 국문만 쓴 글을 죠션
(〈 〉: 주객전도(主客顚倒))
인민이 도로혀 잘 아러보지 못ᄒᆞ고 한문을 잘 알아보니〉 그게 엇지 한심치 아니ᄒᆞ리요.

▶ 국문의 우월성과 국문 미사용 개탄

또 국문을 알아보기가 어려운 건 다름이 아니라 쳣재ᄂᆞᆫ 말마ᄃᆡ을 ᄯᅦ이지 아니ᄒᆞ고 그
져 줄줄 ᄂᆡ려 쓰ᄂᆞᆫ ᄭᆞᄃᆞᆰ에 글ᄌᆞ가 우희 부터ᄂᆞᆫ지 아ᄅᆡ 부터ᄂᆞᆫ지 몰나셔 몃 번 일거 본후에
(단점 ① 띄어쓰기가 안 됨. → 세로쓰기)
야 글ᄌᆞ가 어ᄃᆡ 부터ᄂᆞᆫ지 비로소 알고 일그니 국문으로 쓴 편지 ᄒᆞᆫ 장을 보자 ᄒᆞ면 한문으
(이어적기(연철))
로 쓴 것보다 더듸 보고 또 그나마 국문을 자조 아니 쓴ᄂᆞᆫ 고로 셔툴어셔 잘못봄이라 그런
(단점 ② 자주 쓰지 않아 서툶.)
고로 졍부에셔 ᄂᆡ리ᄂᆞᆫ 명녕과 국가 문젹을 한문으로만 쓴즉 한문 못ᄒᆞᄂᆞᆫ 인민은 나모 말만
(문서와 서적)
듯고 무슴 명녕인 줄 알고 이편이 친이 그 글을 못 보니 그 사ᄅᆞᆷ은 무단이 병신이 됨이라.
(자신)

▶ 국문 사용의 어려움과 국문 미사용의 폐해

한문 못 ᄒᆞᆫ다고 그 사ᄅᆞᆷ이 무식ᄒᆞᆫ 사ᄅᆞᆷ이 아니라 국문만 잘ᄒᆞ고 다른 물졍과 학문이 잇
스면 그 사ᄅᆞᆷ은 한문만 ᄒᆞ고 다른 물졍과 학문이 업ᄂᆞᆫ 사ᄅᆞᆷ보다 유식ᄒᆞ고 놉흔 사ᄅᆞᆷ이 되
ᄂᆞᆫ 법이라 죠션 부인네도 국문을 잘ᄒᆞ고 각식 물졍과 학문을 ᄇᆡ화 소견이 놉고 ᄒᆡᆼ실이 졍
직ᄒᆞ면 무론 빈부 귀쳔 간에 그 부인이 한문은 잘ᄒᆞ고도 다른것 몰으ᄂᆞᆫ 귀족 남ᄌᆞ 보다 놉
(남녀대등 – 근대적 사고방식)
흔 사ᄅᆞᆷ이 되ᄂᆞᆫ 법이라 〈우리 신문은 빈부 귀쳔을 다름업시 이신문을 보고 외국 물졍과 ᄂᆡ
(〈 〉: 독립신문 발간 취지 – 국내·외 소식 전함.)
지 ᄉᆞ졍을 알게 ᄒᆞ랴ᄂᆞᆫ 뜻시니〉 남녀 노소 샹하 귀쳔 간에 우리 신문을 ᄒᆞ로 걸너 몃 ᄃᆞᆯ간
(뜯+이니 → 뜻시니: 거듭적기, 7종성법)
보면 새 지각과 새 학문이 ᄉᆡᆼ길 걸 미리 아노라.
(구독의 의의 – 새 지각, 새 학문 습득)

▶ 독립신문 구독의 의의

기출 확인

01 다음 중 이 글에서 확인할 수 있는 내용이 아닌 것은? 2014 기상직 9급

① 한문보다 국문을 사용하여 좋은 점이 더 많다.
② 조선의 사람들은 국문보다 한문을 더 중요시하였다.
③ 국문을 사용하는 사람을 대상으로 인재를 뽑아야 한다.
④ 국문을 쓸 때 띄어쓰기를 하면 글을 더 쉽게 이해할 수 있다.

해설 인재 등용과 관련된 내용은 찾아볼 수 없다.

정답 ③

02 이 글을 읽고 알 수 있는 사실로 옳지 않은 것은? 2017 국회직 8급

① 한글의 띄어쓰기를 본격적으로 제시하고 있다.
② 한글을 통해 여성의 지위 향상을 주장하고 있다.
③ 한글을 통해 빈부 귀천의 차이를 없앨 수 있음을 말하고 있다.
④ 한문에 비해 한글(국문)이 나은 점을 나열하고 있다.
⑤ 띄어쓰기를 하는 이유는 신문을 보기 쉽고 그 내용을 자세히 알아보게 하기 위한 것이다.

해설
"국문으로만 쓰ᄂᆞᆫ거슨 상하 귀천이 다 보게 ᄒᆞᆷ이라" 부분에서 국문으로 신문을 쓰는 이유를 '상하 귀천이 다 보게 하기 위함'이라고 밝히긴 했다. 그러나 이것이 빈부귀천의 차이를 없앨 수 있다는 의미는 아니기 때문에 ③은 이 글을 통해 알 수 있는 내용이 아니다.

오답
①, ⑤ "국문을 이러케 귀졀을 ᄯᅦ여 쓴즉 아모라도 이신문 보기가 쉽고 신문 속에 잇ᄂᆞᆫ 말을 자세이 알어 보게 ᄒᆞᆷ이라" 부분을 통해 알 수 있다.
② "죠션 부인네도 국문을 잘ᄒᆞ고 각식 물졍과 학문을 ᄇᆡ화 소견이 놉고 ᄒᆡᆼ실이 졍직ᄒᆞ면 무론 빈부귀천 간에 그 부인이 한문은 잘ᄒᆞ고도 다른것 몰으ᄂᆞᆫ 귀족 남ᄌᆞ보다 놉흔 사ᄅᆞᆷ이 되ᄂᆞᆫ 법이라" 부분을 통해 알 수 있다.
④ "죠션 국문ᄒᆞ고 한문ᄒᆞ고 비교ᄒᆞ여 보면 죠션국문이 한문 보다 얼마가 나흔거시 무어신고ᄒᆞ니 쳣재ᄂᆞᆫ ᄇᆡ호기가 쉬흔이 됴흔 글이요, 둘재ᄂᆞᆫ 이글이 죠션글이니~" 부분을 통해 알 수 있다.

정답 ③

현대어　우리 신문이 한문을 안 쓰고 한글로만 쓰는 이유는 전 국민이 다 보게 함이라. 또 국문을 이렇게 구절을 띄어 쓰는 것은 누구라도 이 신문을 보기가 쉽고 신문 속에 있는 말을 자세히 알아보게 함이다. 각국에서는 사람들이 남녀를 막론하고 자국어를 먼저 배워 능숙히 구사할 수 있게 된 다음에 외국 글을 배우는 법인데 조선에서는 조선 국문은 안 배우더라도 한문만 공부하는 까닭에 한글을 잘 아는 사람이 드물다. 한글과 한문을 비교해 보면 한글이 한문보다 무엇이 낫냐 하면 첫째는 배우기가 쉬우니 좋은 글이요, 둘째는 이 글이 조선 글이니 조선 인민들이 알아서 온갖 일을 한문 대신 한글로 써서 전 국민이 모두 보고 알아보기가 쉽다. 한문만 늘 써 버릇하고 한글은 폐한 까닭에 한글만 쓴 글을 조선 인민이 도리어 잘 알아보지 못하고 한문을 잘 알아보니 그게 어찌 한심치 아니하리오. / 또 국문을 알아보기가 어려운건 다름이 아니라 첫째는 말마디를 띄지 않고 그저 줄줄 내려 쓰는 까닭에 글자가 위에 붙었는지 아래 붙었는지 몰라서 몇 번 읽어 본 후에야 글자가 어디 붙었는지 비로소 알고 읽으니 국문으로 쓴 편지 한 장을 보자면 한문으로 쓴 것보다 오래 걸리고 또 그나마 한글을 자주 안 쓰니 서툴러서 잘 보지 못한다. 그러므로 정부에서 내리는 명령과 국가 문서를 한문으로만 쓴 까닭에 한문 못하는 인민은 남의 말만 듣고 무슨 명령인 줄 알고 자신이 직접 그 글을 못 보니 그 사람은 이유 없이 병신이 된다. / 한문 못한다고 그 사람이 무식한 사람이 아니라 국문만 잘하고 다른 지식과 학문이 있으면 그 사람은 한문만 하고 다른 물정과 학문이 없는 사람보다 유식하고 높은 사람이 되는 법이다. 조선 부녀자들도 한글을 잘하고 각종 물정과 학문을 배워 소견이 높고 행실이 정직하면 빈부귀천을 막론하고 그 부인이 한문은 잘하고도 다른 것 모르는 귀족 남자보다 높은 사람이 되는 법이다. 우리 신문은 빈부귀천에 관계없이 이 신문을 보고 외국 물정과 국내 사정을 알게 하자는 뜻이니 남녀노소 상하 귀천 간에 우리 신문을 하루걸러 몇 달간 보면 새 지각과 새 학문이 생길 것을 미리 안다.

4 민족 문화의 전통과 계승 | 이기백

핵심정리

- **갈래** 논설문
- **성격** 설득적, 비판적, 논리적, 예증적
- **주제** 전통의 본질에 대한 이해와 민족 문화 전통 계승의 의미

가 우리는 대체로 머리끝에서 발끝까지를 서양식(西洋式)으로 꾸미고 있다. "목은 잘라도 머리털은 못 자른다." 고 하던 구한말(舊韓末)의 비분 강개(悲憤慷慨)를 잊은 지 오래다. 외양(外樣)뿐 아니라, 우리가 신봉(信奉)하는 종교(宗敎), 우리가 따르는 사상(思想), 우리가 즐기는 예술(藝術), 이 모든 것이 대체로 서양적(西洋的)인 것이다. 우리가 연구하는 학문(學問) 또한 예외가 아니다. 피와 뼈와 살을 조상(祖上)에게서 물려받았을 뿐, 문화(文化)라고 일컬을 수 있는 거의 모든 것이 서양(西洋)에서 받아들인 것들인 듯싶다. 이러한 현실(現實)을 앞에 놓고서 민족 문화의 전통(傳統)을 찾고 이를 계승(繼承)하자고 한다면, 이것은 편협(偏狹)한 배타주의(排他主義)나 국수주의(國粹主義)로 오인(誤認)되기에 알맞은 이야기가 될 것 같다.

- 머리끝에서 발끝까지: 외양(外樣) – 과장법
- "목은 잘라도 머리털은 못 자른다.": 부모에게서 물려받은 머리털을 자르는 것은 불효가 된다는 생각. 유교 사상에서 비롯 → 서구화된 현실 비판, 주체성을 상실한 현재 상황 비판
- 피와 뼈와 살: 육체 – 대유법
- 민족 문화의 전통(傳統)을 찾고 이를 계승(繼承)하자: 글 전체의 주제, 글쓴이가 논의하고자 하는 핵심 주장
- 국수주의(國粹主義): 자기 나라의 국민적 특수성만을 가장 우수한 것으로 믿고 남의 나라의 것은 배척하는 이데올로기

▶ [도입] 서구화된 우리 문화의 현실

그러면 민족 문화의 전통을 말하는 것은 반드시 보수적(保守的)이라는 멍에를 메어야만 하는 것일까? 이 문제(問題)에 대한 올바른 해답(解答)을 얻기 위해서는, 전통이란 어떤 것이며, 또 그것은 어떻게 계승되어 왔는가를 살펴보아야 할 것이다.

- 멍에를 메어야만: 비난을 받아야만
- 전통이란 어떤 것이며: 논제 ① 전통의 개념
- 그것은 어떻게 계승되어 왔는가: 논제 ② 전통의 계승 과정

▶ [논제 제시] 전통의 본질과 계승 문제
[서론] 전통 계승 방식에 대한 고찰의 필요성

표현상 특징

- **구체적인 예를 통해 논지를 뒷받침(예증)**: 연암의 작품, 훈민정음, 원효의 불교 신앙, 조선 시대의 풍속화
- **비교, 대조 등의 수사법을 사용하여 주장**: 연암의 문학과 고문파, 전통과 인습과 유물
- **주장에 대한 반론과 재반론을 적절한 예시를 통해 타당성 있게 전개**: 민족 문화 전통의 계승이 배타주의나 국수주의가 아님.

TIP

북학파

조선 영조 ·정조 때에 북학을 주장한 실학의 한 파. 청나라의 앞선 문물·제도 및 생활 양식을 받아들일 것을 주장함.

나 연암(燕巖) 박지원(朴趾源)은 너무도 유명한 영 · 정조 시대(英正祖時代) 북학파(北學派)[+]의 대표적 인물 중의 한 사람이다. 그가 지은 《열하일기(熱河日記)》나 《방경각외전(放璚閣外傳)》에 실려 있는 소설이, 몰락하는 양반 사회(兩班社會)에 대한 신랄(辛辣)한 풍자(諷刺)를 가지고 있을 뿐 아니라, 문장(文章)이 또한 기발(奇拔)하여, 그는 당대(當代)의 허다한 문사(文士)들 중에서도 최고봉(最高峰)을 이루고 있는 것으로 추앙(推仰)되고 있다. (연암 문학에 대한 현재의 평가: 긍정적, 수용적) 그러나 그의 문학(文學)은 패관 기서(稗官奇書)를 따르고 고문(古文)을 본받지 않았다 하여, (연암 문학에 대한 조선 후기 성리학자들의 평가 → 부정적, 비판적) 하마터면 《열하일기》가 촛불의 재로 화할 뻔한 아슬아슬한 장면이 있었다. 말하자면, 연암은 고문파(古文派)에 대한 반항(反抗)을 통하여 그의 문학을 건설(建設)한 것이다. 그러나 〈오늘날, 우리는 민족 문화의 전통을 연암에게서 찾으려고는 할지언정, 고문파에서 찾으려고 하지는 않는다.〉 (〈 〉 이유: 연암 문학의 창조적 정신, 비판적 정신이 전통의 본질과 상통하기 때문에) 이 사실은, 우리에게 민족 문화의 전통에 관한 해명(解明)의 열쇠(실마리, 단서)를 제시(提示)하여 주는 것은 아닐까?

▶ [도입] 연암 문학의 전통성

전통은 물론 과거로부터 이어 온 것을 말한다. 이 전통은 대체로 그 사회 및 그 사회의 구성원(構成員)인 개인(個人)의 몸에 배어 있는 것이다. 그러므로 스스로 깨닫지 못하는 사이에 전통은 우리의 현실에 작용(作用)하는 경우(境遇)가 있다. 그러나 과거에서 이어 온 것을 무턱대고 모두 전통이라고 한다면, 인습(因襲)이라는 것과의 구별(區別)이 서지 않을 것이다. 우리는 인습을 버려야 할 것이라고는 생각하지만, 계승(繼承)해야 할 것이라고는 생각하지 않는다.

▶ [전개] 전통과 인습의 구별(대조)

여기서 우리는, 과거에서 이어 온 것을 객관화(客觀化)하고, 이를 비판(批判)하는 입장에 서야 할 필요를 느끼게 된다. 그 비판을 통해서 현재(現在)의 문화 창조(文化創造)에 이바지할 수 있다고 생각되는 것만을 우리는 전통이라고 불러야 할 것이다. (전통의 개념 – 주제문(정의)) 이같이, 전통은 인습과 구별될 뿐더러, 또 단순한 유물(遺物)과도 구별되어야 한다. 〈현재에 문화 창조와 관계가 없는 것을 우리는 문화적 전통이라고 부를 수가 없기 때문이다.〉

(〈 〉: 전통과 인습의 차이 – 현재성, 창조성의 유무)

▶ [주지] 전통의 본질

그러므로 어느 의미에서는 고정 불변(固定不變)의 신비(神秘)로운 전통이라는 것이 존재(存在)한다기보다 오히려 우리 자신이 전통을 찾아내고 창조(創造)한다고도 할 수가 있다. (전통의 발굴과 창조(전통을 계승하는 자세) = 온고지신(溫故知新)) 따라서, 과거에는 훌륭한 문화적 전통의 소산(所産)으로 생각되던 것이, 후대(後代)에는 버림을 받게 되는 예도 또한 허다하다. 한편, 과거에는 돌보아지지 않던 것이 후대에 높이 평가(評價)되는 일도 (참된 전통: 아래 〈 〉의 ① – ⑦) 또한 한두 가지가 아니다. 〈연암의 문학은 바로 그러한 예인 것이다. 비단, 연암의 문학①만이 아니다. 우리가 현재 민족 문화의 전통과 명맥(命脈)을 이어 준 것이라고 생각하는 거의 모두가 그러한 것이다. 신라(新羅)의 향가(鄕歌)②, 고려(高麗)의 가요(歌謠)③, 조선 시대(朝鮮時代)④의 사설시조(辭說詩調)⑤, 백자(白瓷)⑥, 풍속화(風俗畵)⑦ 같은 것이 다 그러한 것이다.〉

▶ [부연] 전통의 발굴과 창조

[본론] 전통의 계승

다 이러한 의미에서, 민족 문화의 전통을 무시(無視)한다는 것은 지나친 자기학대(自己虐待)에서 나오는 편견(偏見)에 지나지 않을 것이다. 따라서, 첫머리에서 제기(提起)한 것과 같이, 민족 문화의 전통을 계승하자는 것이 국수주의(國粹主義)나 배타주의(排他主義)가 될 수는 없다. 〈오히려, 왕성(旺盛)한 창조적 정신은 선진 문화(先進文化) 섭취(攝取)에 인색하지 않을 것이다.〉

자기학대: 자격지심(自激之心)

〈 〉: 창조적 정신은 외국의 선진 문화를 능동적 · 주체적으로 받아들일 것이다.

▶ [주지] 전통 계승의 정당성

다만, 새로운 민족 문화의 창조(創造)가 단순한 과거의 묵수(墨守)가 아닌 것과 마찬가지로, 또 단순한 외래문화(外來文化)의 모방(模倣)도 아닐 것임은 스스로 명백한 일이다. 외래문화도 새로운 문화의 창조에 이바지함으로써 뜻이 있는 것이고, 그러함으로써 비로소 민족 문화의 전통을 더욱 빛낼 수가 있는 것이다.

다만: 부연 / 묵수: 자신의 의견이나 생각, 옛날 습관을 굳게 지킴. / 이바지: 공헌 / 뜻: 의미, 가치

▶ [부연] 외래문화의 수용 자세
[결론] 전통 계승의 정당성

Quiz

다에 나타난 필자의 태도와 거리가 먼 것은?

① 민족 주체성을 지키기 위해 국수주의나 배타주의는 결코 잘못된 것이 아니다.
② 거의 모든 문화가 서구화된 현실 속에서 전통 문제를 철저히 고찰할 필요가 있다.
③ 새로운 민족 문화 창조에 도움이 된다면 외래문화도 적극적으로 수용해야 한다.
④ 과거의 인습을 타파하고 새로운 것을 창조하려는 전통을 이어받아야 한다.

해설 결론에서 필자는 '민족 문화의 전통을 계승하자는 것이 국수주의나 배타주의가 될 수는 없다.'라고 언급하고 있다. 따라서 ①은 잘못된 진술이다.

정답 ①

2절 기행문 읽기

1 산정무한 | 정비석

핵심정리

- 갈래: 경수필, 기행문
- 문체: 화려체, 만연체
- 성격: 낭만적, 회고적, 주관적, 주정적, 서경적, 기교적, 묘사적, 애상적
- 구성: 노정(路程)에 따른 추보식 구성
- 제재: 금강산 기행
- 주제: 금강산 기행에서 느낀 무한한 산정(山情), 금강산의 장관과 탐승의 정취

가 복잡한 것은 색(色)만이 아니었다. 산의 용모는 더욱 다기(多岐)하다. 〈혹은 깎은 듯이 준초(峻峭)하고, 혹은 그린 듯이 온후(溫厚)하고, 혹은 막 잡아 빚은 듯이 험상궂고, 혹은 틀에 박은 듯이 단정하고……〉, 용모, 풍취(風趣)가 형형색색인 품이 이미 범속(凡俗)이 아니다. 산의 품평회를 연다면, 여기서 더 호화로울 수 있을까? 문자 그대로 무궁무진(無窮無盡)이다. 〈장안사 맞은편 산에 울울창창(鬱鬱蒼蒼) 우거진 것은 모두 잣나무뿐인데, 모두 이등변 삼각형으로 가지를 늘어뜨리고 섰는 품이, 한 그루 한 그루의 나무가 흡사히 괴어 놓은 차례탑(茶禮塔) 같다. 부처님은 예불상(禮佛床)만으로는 미흡해서, 이렇게 자연의 진수성찬을 베풀어 놓으신 것일까?〉 〈얼른 듣기에 부처님이 무엇을 탐낸다는 것이 천만부당한 말 같지만, 탐내는 그것이 물욕 저편의 존재인 자연이고 보면, 자연을 맘껏 탐낸다는 것이 이미 불심(佛心)이 아니고 무엇이랴.〉

〈 〉: 산의 다양한 모습 → 의인법, 열거법, 직유법, 반복법, 생략법, 대조법
〈 〉: 잣나무 → 이등변 삼각형 → 차례탑 → 자연의 진수성찬, 연상 작용에 의한 전개
잣나무: 원관념 / 이등변 삼각형: 보조 관념 ① / 차례탑: 보조 관념 ② / 자연의 진수성찬: 보조 관념 ③
〈 〉: 자연을 탐내는 것은 물욕을 초월한 것, 그러므로 자연을 탐낸다는 것(즐긴다는 것)은 물욕을 초월하는 부처님 마음과 같다는 뜻 → 역설법, 설의법

나 장안사 앞으로 흐르는 계류(溪流)를 끼고 돌며 몇 굽이의 협곡(峽谷)을 거슬러 올라가니, 산과 물이 어울리는 지점에 조그마한 찻집이 있다. 다리도 쉴 겸, 스탬프 북을 한 권 사서, 옆에 구비된 기념인장을 찍으니, 그림과 함께 지면에 나타나는 세 글자가 명경대(明鏡臺)! 〈부앙(俯仰)하여 천지에 참괴(慙愧)함이 없는〉 공명한 심경을 명경지수(明鏡止水)라고 이르나니, 명경 흐르는 물조차 머무르게 하는 곳이란 말인가! 아니면, 지니고 온 악심(惡心)을 여기서만은 정(淨)하게 하지 아니치 못하는 곳이 바로 명경대란 말인가! 아무러나 아름다운 이름이라고 생각하며 찻집을 나와 수십 보를 바위로 올라가니, 깊고 푸른 황천담(黃泉潭)을 발밑에 굽어보며 반공(半空)에 외연(巍然)히 솟은 층암절벽(層巖絕壁)이 우뚝 마주 선다. 명경대였다. 틀림없는 화장경(化粧鏡) 그대로였다. 〈옛날에 죄의 유무를 이 명경(明鏡)에 비추면, 그 밑에 흐르는 황천담에 죄의 영자(影子)가 반영되었다고 길잡이는 말한다.〉 〈 〉: 명경대의 전설(견문)

〈 〉: 맹자의 〈군자삼락〉에서 인용, '죽는 날까지 하늘을 우러러 한 점 부끄럼 없기를'(윤동주의 〈서시〉)와 관련
부앙(俯仰)하여: 세상을 굽어보고 하늘을 우러러 보는 것 / 참괴(慙愧): 부끄러워하는 것

다 산은 언제 어디다 이렇게 많은 색소를 간직해 두었다가, 일시에 지천으로 내뿜는 것일까? 단풍이 이렇게까지 고운 줄은 몰랐다. 김 형은 몇 번이고 탄복하면서, 흡사히 동양화의 화폭 속을 거니는 감흥을 그대로 맛본다는 것이다. 정말 우리도 한 떨기 단풍에 지나지 않아 보인다. 〈다리는 줄기요, 팔은 가지인 채, 피부는 단풍으로 물들어 버린 것 같다.〉 옷을 훨훨 벗어 꽉 쥐어 짜면, 물에 헹궈 낸 빨래처럼 진주홍 물이 주르르 흘러내릴 것만 같다.

흡사히 동양화의 화폭 속을 거니는 감흥: 단풍의 아름다움에 동화된 감흥
〈 〉: 여행하는 일행을 나무에 비유, 단풍과 하나가 된 물아일체(物我一體)의 경지 표현 → 물심일여(物心一如), 주객일체(主客一體), 참신한 표현
물에 헹궈 낸 빨래처럼 진주홍 물이 주르르 흘러내릴 것만 같다: 옷까지도 단풍에 붉게 물들어 버린 듯한 느낌, 감각적 · 유동적 이미지

특징

- 서경(敍景)과 서정(抒情)이 조화를 이루고 있다. → 선경 후정(先景後情)식의 표현
- 낭만적인 정감, 회고적 감회 등을 신선한 감각으로 섬세하게 표현하였다.
- 아름답고 섬세한 언어와 다양한 표현 기교를 구사하여 화려체의 묘미를 느끼게 해 준다.
- 여정에 따른 견문과 감상으로 구성되어 기행문의 요소를 두루 갖추고 있다.
- 주로 현재 시제를 사용하여 생생한 현장감을 더해 준다.

여정

내금강 역 → 문선교 → 장안사 → 명경대 → 황천 계곡 → 망군대 → 마하연 → 비로봉 → 마의 태자 묘

Quiz

01 이 글을 바르게 감상한 사람은?

① 영수: 대단히 객관적, 사실적 표현으로 대상을 직접적으로 느끼게 해 주는군.
② 철수: 글쓴이의 주장을 매우 직설적으로 표현했군.
③ 정수: 비유와 화려한 표현으로 매우 아름답게 묘사하였군.
④ 경수: 대상을 설명하는 데 치중했군.

해설
이 글은 금강산을 기행하면서 만난 풍경들을 다양한 수사법, 특히 비유를 사용하여 표현하고 있다.

정답 ③

02 이 글의 소통 구조와 표현에 관해 토론한 내용으로 적절하지 않은 것은?

① 설의적 표현으로 화자의 감정을 표현하고 있다.
② 이 글의 산은 속세와 대립되는 공간으로 이해된다.
③ 화자가 산에서 느끼는 감정을 점층화하여 희열감을 드러냈다.
④ 세련된 비유와 묘사로 대상을 시각적 이미지로 구체화했다.

해설
이 글은 산의 아름다운 경치를 감상하면서 화려하고 섬세한 문제로 묘사하고 있으나, 산을 속세와 대립된 공간으로 보고 있지는 않다.

정답 ②

라 〈비로봉 최고점이라는 암상(巖上)에 올라 사방을 조망했으나, 보이는 것은 그저 뭉게뭉게 피어오르는 운해(雲海)뿐, — 운해는 태평양보다도 깊으리라 싶었다. 내 · 외 · 해(內外 海) 삼금강(三金剛)을 일망지하(一望之下)에 굽어살필 수 있다는 한 지점에서 허무
한눈에 내려다보는 아래
한 운해밖에 볼 수 없는 것이 가석(可惜)하나, 돌이켜 생각건대 해발(海拔) 육천 척에 다시
안타까움
신 장(身長) 오척을 가하고 오연(傲然)히 저립(佇立)해서, 만학천봉을 발밑에 꿇어 엎드
태도가 거만스럽게 　 우두커니 서서
리게 하였으면 그만이지, 더 바랄 것이 무엇이랴.〉 마음은 천군만마(千軍萬馬)에 군림
산 정상에서의 호연지기(浩然之氣)
하는 쾌승(快勝) 장군보다도 교만해진다.

마 비로봉 동쪽은 아낙네의 살결보다도 흰 자작나무의 수해(樹海)였다. 설 자리를 삼가, 구중심처(九重深處)가 아니면 살지 않는 자작나무는 무슨 수중(樹中) 공주이던가! 길이
깊은 산속(은유법) 　 자작나무(의인법), 영탄법
저물어, 〈지친 다리를 끌며 찾아든 곳이 애화(哀話) 맺혀 있는 용마석(龍馬石) — 마의
〈 〉: 세월의 무상감과 그로 인해 초라한 마의 태자 무덤의 쓸쓸한 분위기, 감정 이입(의인법)
태자[+]의 무덤이 황혼에 고독했다. 능(陵)이라기에는 너무 초라한 무덤 — 철책(鐵柵)도 상석(床石)도 없고, 풍림(楓霖)에 시달려 비문조차 읽을 수 없는 화강암 비석이 오히려 처량하다.〉 무덤가 비에 젖은 두어 평 잔디밭 테두리에는 잡초가 우거지고, 〈석양이 저무는 서녘 하늘에 화석(化石)된 태자의 애기(愛騎) 용마의 고영(孤影)이 슬프다. 무심히
매우 아끼는 말 　 외롭고 쓸쓸한 그림자
떠도는 구름도 여기서는 잠시 머무르는 듯, 소복(素服)한 백화(白樺)는 한결같이 슬프게
흰옷 입은 자작나무(의인법)
서 있고, 눈물 머금은 초저녁 달이 중천(中天)에 서럽다.〉 태자의 몸으로 마의를 걸치고
〈 〉: 마의 태자 무덤에서 느끼는 애상감과 추모의 정을 자연물에 이입하여 제시 → 감정 이입, 의인법
스스로 험산(險山)에 들어온 것은, 천 년 사직(社稷)을 망쳐 버린 비통을 한 몸에 짊어지려는 고행(苦行)이었으리라. 울며 소맷귀 부여잡는 〈낙랑 공주의 섬섬옥수(纖纖玉手)를
가날프고 고운 여자의 손
뿌리치고 돌아서 입산(入山)할 때에 대장부의 흉리(胸裡)가 어떠했을까?〉
마음 　 〈 〉: 허구적 상상력의 반영(역사적 사실과 무관)

흥망(興亡)이 재천(在天)이라, 천운(天運)을 슬퍼한들 무엇하랴만, 사람에게는 스스로
운명론적 인식
신의가 있으니, 태자가 고행으로 창맹(蒼氓)에게 베푸신 도타운 자혜(慈惠)가 천 년 후
창생
에 따습다.

바 천 년 사직이 남가일몽(南柯一夢)이었고, 태자 가신 지 또다시 천 년이 지났으니, 〈유
천 년 동안 누려온 신라 왕조가 한바탕의 꿈에 불과, 인생무상(=남가일몽, 일장춘몽, 한단지몽, 일취지몽)
구(悠久)한 영겁(永劫)으로 보면 천 년도 수유(須臾)던가!〉 〈 〉: 영원한 세월에 견주어 보면 천 년이라는
영원한 세월 ◀——▶ 짧은 시간 　 시간도 짧은 시간에 불과하다.

〈고작 칠십 생애에 희로애락(喜怒哀樂)을 싣고 각축하다가 한 움큼 부토(腐土)로 돌아가는 것이 인생이라 생각하니, 의지(依支) 없는 나그네의 마음은 암연(暗然)히 수수
마음 어둡고 서글프며 산란하다.
(愁愁)롭다.〉
〈 〉: 기껏 칠십 년 안팎의 한평생에 온갖 감정 속에서 다투다가 한 줌의 흙으로 돌아가는 인생의 허무함. → 나그네의 마음인 객창감(客窓感) 제시

금강산의 명칭

- 봄: 금강산
- 여름: 봉래산
- 가을: 풍악산
- 겨울: 개골산

TIP

마의 태자

마의 태자는 신라의 왕자로 고국이 고려에 귀부하자 개골산에 들어가 초근목피로 여생을 마쳤다고 함.

'인생무상'과 관련된 구절

- 궁왕 대궐 터희 오작이 지지괴니 / 천고 흥망을 아ᄂᆞᆫ다 몰ᄋᆞᄂᆞᆫ다. - 〈관동별곡〉
- 호화도 거짓 것이오 부귀도 꿈이온대 / 북망산 언덕에 요령(搖鈴) 소리 그쳐지면 / 아무리 뉘우치고 애다라도 미칠 길이 없나니. - 김수장
- 흥망이 유수ᄒᆞ니 滿月臺(만월대)도 추초(秋草)로다. / 五百年(오백 년) 王業(왕업)이 牧笛(목적)에 부쳐시니 / 夕陽(석양)에 지나ᄂᆞᆫ 客(객)이 눈물계워 ᄒᆞ드라. - 원천석
- 오백 년 都邑地(도읍지)를 匹馬(필마)로 돌아드니 / 山川(산천)은 依舊(의구)ᄒᆞ되 人傑(인걸)은 간 듸 업다. / 어즈버 太平烟月(태평연월)이 꿈이런가 ᄒᆞ노라. - 길재
- 仙人橋(선인교) 나린 물이 紫霞洞(자하동)에 흘너드러, / 半千年(반천 년) 王業(왕업)이 물소릐 뿐이로다. / 아희야, 故國興亡(고국 흥망)을 무러 무슴ᄒᆞ리요. - 정도전
- 사해(四海)로 집을 삼고 억조(億兆, 많은 백성)로 신첩을 삼아 / 호화 부귀 백 년을 짧게 여기더니 이제 다 어디 있나뇨? - 구운몽

3절 서간문 읽기

1 유배지에서 보낸 편지 | 정약용

핵심정리

갈래	서간문(편지글)	성격	교훈적, 설득적, 예증적
문체	산문체, 번역체	출전	《여유당전서(與猶堂全書)》
제재	가 과수원과 남새밭 가꾸는 일 나 근검의 생활 자세		
주제	가 겉으로 보이는 화려함보다 실생활에 도움이 되도록 삶을 살아가자. 나 가난을 벗어나기 위한 근(勤)과 검(儉)의 생활 태도를 갖자.		

가 과일 · 채소 · 약초를 재배하도록

시골에 살면서 과원(果園)이나 남새밭을 가꾸지 않는다면 세상에서 버림받는 일이 될 것이다. 〈나는 지난번 국상(國喪)이 난 바쁜 가운데도 넝쿨소나무 열 그루와 향나무 한 두 그루를 심어 둔 적이 있다.〉 내가 지금까지 집에 있었다면 뽕나무는 수백 주가 됐을 거고 배도 몇 나무, 옮겨 심은 능금나무 몇 주와 감나무들이 지금쯤 밭에 가득 찼을 것이다. 옻나무도 남의 담장을 넘을 정도로 뻗어 나갔을 것이고, 석류도 여러 나무, 포도도 많이 가꾸었을 거고 파초도 대여섯 주는 심었을 거고, 유산(酉山)의 소나무도 이미 여러 자쯤 자랐을 거다. 너희는 이런 일을 하나라도 했는지 모르겠구나. 〈너희들이 국화를 심었다고 들었는데 국화 한 이랑은 가난한 선비에게 몇 달 동안의 식량을 지탱해 주게 할 수도 있는 것이니 한낱 꽃구경에만 그치는 것이 아니다.〉

〈 〉: 자신의 체험(경험)을 바탕으로 한 편지글. 편지글의 일반적 형식(호칭 – 인사 – 용건 – 맺음말 – 날짜/서명) 중에서 '용건'만 제시

〈 〉: 국화를 심는 것에서도 실용적 가치(식량)와 정신 수양, 심미적 가치(꽃구경)를 동시에 추구(일석이조)

나 근(勤)과 검(儉)을 유산으로

〈내가 벼슬살이를 못 하여 밭뙈기 얼마만큼도 너희들에게 물려주지 못했으니, 오늘은 오직 글자 두 자를 정신적인 부적으로 마음에 지니어 잘 살고, 가난을 벗어날 수 있도록 너희들에게 물려주겠다. 너희들은 너무 야박하다고 하지 마라. 한 글자는 근(勤)이고 또 한 글자는 검(儉)이다.〉 이 두 글자는 좋은 밭이나 기름진 땅보다도 나은 것이니 일생 동안 쓰고도 다 쓰지 못할거다. 음식이란 생명만 연장시키면 되는 것이다. 아무리 맛있는 생선이라도 입술 안으로만 들어가면 이미 더러운 물건이 되어 버린다. 인간이 이 세상에서 귀하다고 함은 참됨 때문이니, 전혀 속임이 있어서는 안 된다. 하늘을 속이면 제일 나쁜 일이고, 임금이나 어버이를 속이거나 농부가 동료를 속이고 상인이 동업자를 속이면 모두 죄를 짓게 되는 것이다. 단 한 가지 속일 수 있는 일이 있다면 그건 자기의 입과 입술이다. 〈아무리 맛없는 음식도 맛있게 생각하여 입과 입술을 속여서 잠깐 동안만 지내고 보면 배고픔은 가셔서 주림을 면할 수 있을 것이니, 이러해야만 가난을 이기는 방법이 된다.〉 금년 여름에 내가 다산에서 지내며 상추로 밥을 싸서 주먹덩이를 삼키고 있을 때 옆 사람이 구경하고는 "상추로 싸 먹는 것과 김치 담가 먹는 것은 차이가 있는 겁니까?"라고 묻기에, 내가 말하길 ⓐ"그건 사람이 자기 입을 속여 먹는 법입니다."라고 말하여, 적은 음식을 배부르게 먹는 방법에 대하여 이야기해 준 적이 있다. 어떤 음식을 먹을 때마다 이러한 생각을 지니고 있어야 하며, 맛있고 기름진 음식만을 먹으려고 애써서는 결국 변소에 가서 대변 보는 일에 정력을 소비할 뿐이다. 그러한 생각은 당장의 어려운 생활 처지를 극복하는 방편만이 아니라 귀하고 부한 사람 및 복이 많은 사람이나 선비들의 집안을 다스리고 몸을 유지해 가는 방법도 된다. 〈근과 검, 이 두 자 아니고는 손을 움직일 수 없는 것이니 너희들은 절대로 명심하도록 하라〉.

〈 〉: 검소한 생활을 하라는 글쓴이의 충고는 물질 만능주의에 물든 현대인에게 반성의 계기가 됨.

정신적인 부적: (무형적, 정신적 가치) ↔ 좋은 밭이나 기름진 땅 (유형적, 물질적 가치)

〈 〉: 옷이나 음식은 실용적 목적에 충실하면 그만이지, 탐욕을 부려서는 안 됨.

예시, 상추로 싸 먹는 것(맛없는 것, 음식의 실용성) ⇔ 김치 담가 먹는 것(맛있는 것, 음식의 사치)

가난 극복(실용성)+정신 수양 → 일석이조(一石二鳥), 근과 검의 의의

〈 〉: 주제문

특징

- 실용성을 중시한 실학자의 태도가 나타난다.
- 자식들에 대한 아버지의 간곡한 당부를 담고 있다.
- 글쓴이의 경험과 일상생활의 사례로써 논지를 구체화하고 있다.
- 곡진하면서도 강건한 사대부의 기풍을 느낄 수 있는 어조와 문체를 사용하였다.
- 당시 선비들이 주로 충, 효, 의 등과 같은 정신적인 가치를 중시한 데 반하여, 필자는 농사를 지을 것, 근검한 생활을 할 것 등의 현실적 고난을 이겨낼 수 있는 실질적인 방법을 일러 주고 있다.

감상

이 글은 다산(茶山) 정약용이 유배지에서 두 아들에게 보낸 편지글이다. 정약용은 전라남도 강진에 있는 다산 기슭에서 18년간 유배 생활을 했다. 이 기간 동안 정약용은 다방면에 걸쳐 500여 권의 책을 저술하였고, 아울러 두 아들(학연과 학유), 형, 제자 등에게 보내는 편지를 통해 자기의 사상과 신념을 밝혔다. 여기 실린 것은 두 아들에게 보내는 편지글로 아버지가 없는 가운데 어려운 가계를 꾸려가야 했던 두 아들에게 실생활에 도움이 되는 사항과 생활신조, 가치관 등의 정신적 유산을 구체적으로 알려 주고 있다.

Quiz

01 나 가 주는 교훈으로 알맞은 것은?

① 학문에 전념하라.
② 논밭을 잘 가꾸어라.
③ 부지런하고 절약하라.
④ 유산을 물려주지 말라.
⑤ 벼슬살이를 하지 말라.

해설
이 글은 정신적 재산으로서의 근검을 강조하고 있다.

정답 ③

02 나 의 밑줄 친 ⓐ가 궁극적으로 의미하는 것은?

① 가난한 생활 처지를 극복하는 방법
② 맛없는 것을 맛있게 먹는 방법
③ 음식을 배부르게 먹는 방법
④ 정성을 들여 음식을 먹는 방법

정답 ①

PART 2
현대 문학

출제 경향 한눈에 보기

구조도

- 현대 문학
  - 문학 일반론
  - 문학의 주요 갈래
    - 시
    - 소설
    - 희곡·시나리오
    - 수필

영역별 학습 목표

1. 문학 일반론을 토대로 갈래별 작품을 올바르게 해설할 수 있다.
2. 작품을 감상하는 방법을 익히고, 관점에 따라 작품을 감상할 수 있다.

핵심 개념

비평 방법	내재적 관점	작품 내적 요소(시어, 운율, 상징 등)
	외재적 관점	① 반영론(시대) ② 표현론(작가) ③ 효용론(독자)
문예 사조	① 고전주의 ② 낭만주의 ③ 사실주의 ④ 자연주의 ⑤ 유미주의 ⑥ 실존주의 등	
발상법	① 감정 이입 ② 주객전도 ③ 패러디 ④ 추상적 관념의 사물화	
표현법	비유법	① 직유법 ② 은유법 ③ 의인법 ④ 활유법 ⑤ 대유법 ⑥ 풍유법 ⑦ 중의법
	변화법	① 도치법 ② 설의법 ③ 문답법 ④ 생략법 ⑤ 돈호법 ⑥ 역설법 ⑦ 반어법
	강조법	① 과장법 ② 영탄법 ③ 반복법 ④ 점층법 ⑤ 연쇄법 ⑥ 대조법 ⑦ 비교법 ⑧ 미화법
소설의 구성	구성 3요소	① 인물 ② 사건 ③ 배경
인물 제시 방법	① 직접적 제시 ② 간접적 제시	
소설의 시점	1인칭	① 1인칭 주인공 시점 ② 1인칭 관찰자 시점
	3인칭	③ 3인칭 관찰자 시점 ④ 전지적 작가 시점
희곡의 요소	형식 요소	① 해설 ② 대사 ③ 지문
	내용 요소	① 인물 ② 사건 ③ 배경
시나리오의 요소	① 장면 ② 대사 ③ 지시문 ④ 해설(내레이션)	

연도별 주요 출제 문항

2024년	• 다음 시를 감상한 내용으로 적절하지 않은 것은? • 다음 글을 이해한 내용으로 가장 적절한 것은? • 다음 시에 대한 설명으로 적절하지 않은 것은?
2023년	• ㉠을 이해한 내용으로 적절하지 않은 것은? • 다음 글을 감상한 내용으로 적절하지 않은 것은? • ㉠과 같은 표현 기법이 활용된 것은? • 다음 시에 대한 이해로 적절하지 않은 것은? • ⓐ~ⓔ에 대한 설명으로 가장 적절한 것은? • 밑줄 친 단어 중 문맥상 의미가 맞지 않는 것은?
2022년	• 〈보기〉는 국어 단모음 체계의 변화를 보여 주고 있다. • 〈보기〉에 대한 설명으로 적절하지 않은 것은? • 다음 글에 대한 이해로 적절하지 않은 것은? • (가)~(라)의 ㉠~㉣에 대한 설명으로 적절하지 않은 것은? • 다음 시에 대한 이해로 적절하지 않은 것은? • 〈보기〉의 밑줄 친 부분에 사용된 표현법과 가장 유사한 것은? • 〈보기〉의 밑줄 친 부분과 표현 방식이 가장 유사한 것은? • 〈보기〉를 고려할 때 윗글에 대한 감상으로 적절하지 않은 것은?
2021년	• ㉠~㉣의 의미로 적절하지 않은 것은? • ㉠~㉣에 대한 설명으로 옳지 않은 것은? • 〈보기 1〉을 바탕으로 〈보기 2〉의 ㉠~㉣을 이해한 것으로 가장 적절하지 않은 것은? • 다음 글의 밑줄 친 부분이 지시하는 대상이 다른 것은? • 다음 글에 대한 이해로 가장 적절한 것은? • 다음 글의 특징으로 가장 적절한 것은? • 다음 시에 대한 독자의 반응으로 적절한 것은? • 이 작품에 대한 설명으로 적절하지 않은 것은? • 〈보기〉의 수사법이 가장 잘 나타난 것은?
2020년	• 다음 글에 대한 이해로 적절하지 않은 것은? • 다음 글의 공간에 대한 설명으로 적절하지 않은 것은? • ㉠과 가장 유사한 정서가 드러나는 것은? • 다음 시에 대한 감상으로 적절하지 않은 것은? • ㉠과 같은 표현 방법에 해당하지 않는 것은?
2019년	• 다음 글에서 '소리'에 대한 이해로 적절하지 않은 것은? • (가)의 관점에서 (나)를 감상할 때 가장 적절한 것은? • 〈보기〉의 소설에 대한 설명으로 가장 적절하지 않은 것은? • 〈보기〉의 밑줄 친 시어를 현대어로 옮길 때 가장 적절하지 않은 것은? • 〈보기〉의 밑줄 친 시어 가운데 내적 연관성이 가장 적은 것은?

최신 4개년 기출 작품 목록

구분	현대 시	현대 소설
2024년	박용래의 〈울타리 밖〉, 장만영의 〈달·포도(葡萄)·잎사귀〉	박태원의 〈소설가 구보 씨의 일일〉, 오정희의 〈불의 강〉
2023년	박재삼의 〈매미의 울음 끝에〉, 함민복의 〈광고의 나라〉, 김선우의 〈단단한 고요〉, 이병연의 〈조발〉, 이육사의 〈절정〉, 윤동주의 〈쉽게 씌어진 시〉, 김소월의 〈진달래꽃〉, 천양희의 〈그 사람의 손을 보면〉, 김수영의 〈어느 날 고궁을 나오면서〉, 김기택의 〈풀벌레들의 작은 귀를 생각함〉	김승옥의 〈무진기행〉, 현진건의 〈운수 좋은 날〉, 오정희의 〈소음공해〉, 전혜린의 〈먼 곳에의 그리움〉, 채만식의 〈논 이야기〉, 이상의 〈날개〉, 이호철의 〈나상〉
2022년	신동엽의 〈봄은〉, 장만영의 〈달, 포도, 잎사귀〉, 신경림의 〈가난한 사랑 노래〉, 김광균의 〈데생〉, 변영로의 〈논개〉, 한용운의 〈님의 침묵〉, 이상의 〈지비〉, 함형수의 〈해바라기의 비명〉, 김소월의 〈산유화〉	채만식의 〈태평천하〉, 이규보의 〈이옥설〉, 이태준의 〈패강랭〉, 최인훈의 〈광장〉, 최명희의 〈혼불〉, 이강백의 〈파수꾼〉
2021년	조병화의 〈나무의 철학〉, 나희덕의 〈그 복숭아나무 곁으로〉	강신재의 〈젊은 느티나무〉, 박경리의 〈토지〉, 김훈의 〈수박〉, 이상의 〈권태〉, 김정한의 〈산거족〉, 채만식의 〈미스터 방〉, 현진건의 〈운수 좋은 날〉 ※ 극: 이강백의 〈느낌, 극락 같은〉
2020년	이육사의 〈절정〉, 정현종의 〈들판이 적막하다〉, 함민복의 〈그 샘〉	박완서의 〈사랑의 입김〉, 이청준의 〈흰 철쭉〉, 오정희의 〈중국인 거리〉, 양귀자의 〈비 오는 날이면 가리봉동에 가야 한다〉, 조세희의 〈난쟁이가 쏘아 올린 작은 공〉

CHAPTER
01 문학 일반론

	있어야 할 것(이상)		
융합	숭고미	비장미	상반(갈등)
	우아미	골계미	
	있는 것(현실)		

미의식	지향	결합 방식	결과	표현의 예
숭고미	이상 추구	이상과 현실의 조화	이상이 현실 극복	충, 진리 추구
우아미	현실 추구		이상과 현실의 일체	자연 친화
비장미	이상 추구	이상과 현실의 갈등	이상과 현실의 갈등	현실에 불만, 억압
골계미	현실 추구		이상 파괴, 부정적 현실 수용	풍자, 해학

1절 문학의 이해

1 한국 문학의 미적 범주

숭고미

* '있어야 할 것(이상)'을 중심으로 '있는 것(현실)'을 융합시키면서 나타나는 미의식

화자가 경건한 분위기 속에서 높은 이상을 추구할 때 느껴지는 아름다움

> 까만 눈동자 살포시 들어
> 먼 하늘 한 개 별빛에 모두오고 //
> 복사꽃 고운 뺨에 아롱질 듯 두 방울이야
> 세사에 시달려도 번뇌는 별빛이라. — 조지훈, 〈승무〉
>
> → 속세의 괴로움을 종교적으로 승화하고자 하는 화자의 모습에서 숭고미가 느껴진다.

우아미

* '있는 것(현실)'을 중심으로 '있어야 할 것(이상)'이 융합된 상태에서 나타나는 미의식

조화롭고 질서가 있는 분위기 속에서 아름다운 모습을 그리거나 화자가 자연에 동화되었을 때 느껴지는 아름다움

> 말 업슨 청산(靑山)이오 태(態) 업슨 유수(流水)로다
> 갑 업슨 청풍(淸風)이오 님ᄌᆞ 업슨 명월(明月)이로다
> 이 즁에 병(病) 업슨 이 몸이 분별(分別) 업시 늘그리라. — 성혼
>
> → '청산, 유수, 청풍, 명월'의 자연과 더불어 살아가려는 화자의 모습에서 우아미가 느껴진다.

비장미

* '있어야 할 것(이상)'이 '있는 것(현실)'의 벽에 부딪혀 좌절되면서 느껴지는 미의식

슬프거나 한이 느껴지는 비극적인 분위기 속에서 화자가 외부 세계에 의해서 좌절할 때 느껴지는 아름다움

> 임이여 물을 건너지 마오
> 임은 그예 물을 건너시네.
> 물에 빠져 돌아가시니
> 가신 임을 어이할꼬. — 〈공무도하가〉
>
> → 화자는 임과의 이별을 거부하며, 물을 건너지 말라고 만류한다. 그럼에도 화자의 만류를 뿌리친 채 물에 빠져 죽은 임을 잃은 슬픔이 드러나기 때문에 비장미가 느껴진다.

골계미

* '있는 것(변화된 현실)'의 입장에서 '있어야 할 것(기존의 질서)'을 거부하는 데서 생기는 웃음의 미의식

풍자나 해학 등을 통해서 우스꽝스러운 모습이 나타날 때 느껴지는 아름다움

> 시아버니 호랑새요 시어머니 꾸중새요,
> 동세 하나 할림새요 시누 하나 뾰죽새요,
> 시아지비 뾰중새요 남편 하나 미련새요,
> 자식 하난 우는 새요 나 하나만 썩는 샐세. — 작자 미상, 〈시집살이 노래〉
>
> → 여러 시댁 식구와 자신을 새에 비유하며 해학적으로 표현하여 골계미가 느껴진다.

혜원通 작품의 분류와 접근 방법

1. 작품과 세계의 개입 정도에 따라(4분법)

서정(시)	· 작품 외적 세계의 개입 없이 이루어지는 **세계의 자아화** · **종류**: 시조, 현대시
서사(소설)	· 작품 외적 자아의 개입으로 이루어지는 **자아와 세계의 대결** · **종류**: 설화, 고전 소설, 현대 소설
극(희곡)	· 작품 외적 자아의 개입 없이 이루어지는 **자아와 세계의 대결** · **종류**: 희곡, 시나리오
교술(수필)	· 작품 외적 세계의 개입으로 이루어지는 **자아의 세계화** · **종류**: 수필, 경기체가, 가사 등

2. 문학 작품 접근 방법

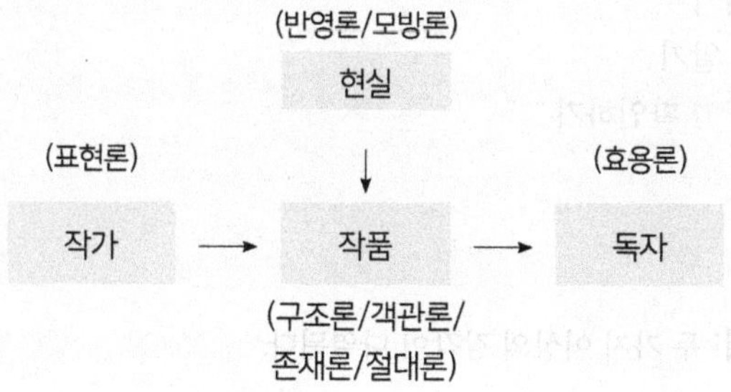

기출 확인

〈보기〉에 나타난 작품 감상의 관점으로 가장 옳은 것은? 2018 서울시 9급

〈보기〉

나는 지금도 이광수의 〈무정〉 작품을 읽으면 가슴이 뜨거워지는 것을 느껴. 특히 결말 부분에서 주인공 이형식이 "옳습니다. 우리가 해야지요! 우리가 공부하러 가는 뜻이 여기 있습니다. 우리가 지금 차를 타고 가는 돈이며 가서 공부할 학비를 누가 주나요? 조선이 주는 것입니다. 왜? 가서 힘을 얻어 오라고, 지식을 얻어 오라고, 문명을 얻어 오라고 …… 그리해서 새로운 문명 위에 튼튼한 생활의 기초를 세워 달라고 …… 이러한 뜻이 아닙니까?"라고 부르짖는 부분에 가면 금방 내 가슴도 울렁거려 나도 모르게 "네, 네, 네" 라고 대답하고 싶단 말이야. 이 작품은 이 소설이 나왔던 1910년대 독자들의 가슴만이 아니라 아직 강대국에 싸여 있는 21세기 우리 시대 독자들에게도 조국을 생각하는 마음에 큰 감동을 주고 있다고 생각해.

① 반영론적 관점
② 효용론적 관점
③ 표현론적 관점
④ 객관론적 관점

해설 〈보기〉는 이광수의 〈무정〉을 읽은 독자(나, 1910년대 독자들, 21세기 독자들)의 감동에 초점을 두고 쓴 글이다. 따라서 문학 작품을 통해 독자가 얻게 되는 즐거움과 교훈에 대해 쓴 글로, ②의 '효용론적 관점'을 취하고 있다.

정답 ②

CHAPTER
02 문학의 주요 갈래

1절 시의 이해

1 시의 분석

1. 방법

① 시적 화자 찾기
② 화자의 처지(정서) 이해하기
③ 시적 대상 찾기
④ 화자의 태도 알기
⑤ 시의 표현 방법 확인하기

2 이미지

1. 복합적 이미지: 두 가지 이상의 감각이 나열된다. 예 빨간 쟁반에 담긴 향긋한 사과

2. 공감각적 이미지: 하나의 감각이 다른 감각으로 전이된다.

① 이것은 소리 없는 아우성 (시각의 청각화)	– 유치환, 〈깃발〉
② 분수처럼 흩어지는 푸른 종소리 (청각의 시각화)	– 김광균, 〈외인촌〉
③ 금으로 타는 태양의 즐거운 울림 (시각의 청각화)	– 박남수, 〈아침 이미지〉

3 발상 및 표현

1. 발상

① 감정 이입[+]: 자신의 감정을 대상 속에 이입시켜 마치 대상이 그렇게 느끼고 생각하는 것처럼 표현하는 방법

> 붉은 해는 서산 마루에 걸리었다. / 사슴의 무리도 슬피 운다.
> 떨어져 나가 앉은 산 위에서 / 나는 그대의 이름을 부르노라. – 김소월, 〈초혼(招魂)〉

② 추상적 관념의 사물화: 추상적인 관념을 감각적으로 사물화(구체화)하여 표현하는 기법

> 동짓달 기나긴 밤을 한 허리를 베어 내어
> 춘풍 이불 안에 서리서리 넣었다가
> 어론 님 오신 날 밤이어든 굽이굽이 펴리라. – 황진이 시조

★ 이미지의 종류

- **시각적 이미지:** 모양, 색깔, 형태 등으로 표현된다. 예 빨간 사과
- **청각적 이미지:** 구체적인 소리나 의성어 등으로 표현된다. 예 아삭아삭한 사과
- **후각적 이미지:** 냄새, 향기 등으로 표현된다. 예 향긋한 사과
- **촉각적 이미지:** 피부에 닿는 느낌으로 표현된다. 예 부드러운 사과
- **미각적 이미지:** 혀로 느끼는 감각으로 표현된다. 예 달콤한 사과

★ 복합적 이미지와 공감각적 이미지

복합적 이미지는 표현하려는 대상이 둘 이상으로, 단순하게 두 이미지를 나열한 것뿐이다. 반면 공감각적 이미지는 표현하려는 대상이 하나인데, 대상이 본래 지니고 있는 이미지가 아닌 다른 이미지로 전이하여 나타낸 것이다.

★ 정서 vs 정조 vs 태도

정서(情緖)	시적 상황을 매개로 형성되는 감정, 분위기, 기분 등
정조(情調)	어떠한 대상에서 풍기는 독특한 분위기·감각에 따라 일어나는 단순한 감정
태도(態度)	화자가 자신이 처해 있는 상황을 대하는 마음가짐 또는 대응 양식

+ TIP

감정 이입을 통해 시적 화자의 정서나 사상을 나타내 주는 역할을 하는 대상물을 '객관적 상관물'이라 한다.

객관적 상관물 ⊇ 감정 이입

★ 시적 허용(비문법적 진술)

- 일상 언어의 규범에 어긋난 방식으로 진술 = 시적 자유, 시적 파격
  예 문법이나 맞춤법에 어긋난 표현, 옛말을 사용하거나 아무도 쓰지 않는 말을 만들어 사용
- **시적 허용의 기능:** 다양한 정서와 미묘한 사상을 표현한다.

> 어머니,
> 당신은 그 먼 나라를 알으십니까?
> –신석정, <먼 나라를 알으십니까>
> → '알으십니까'는 '아십니까'의 시적 허용이다.

2. 표현

(1) 비유법: 표현하고자 하는 대상을 다른 사물에 빗대어 표현하는 수사법. 이때 원관념과 보조 관념 사이의 유사성을 전제로 한다.

① **직유법:** '~ 처럼', '~ 같이', '~듯이' 등의 연결어를 써서 원관념과 보조 관념을 직접 연결

> 길은 한 줄기 넥타이처럼 풀어져
> 일광(日光)의 폭포 속으로 사라지고 — 김광균, 〈추일서정〉

② **은유법**: 연결어를 통해 직접 연결하지 않고 두 대상이 마치 동일한 것처럼 간접적으로 연결. 원관념이 표면적으로 드러나지 않는 경우도 있다.

> 사랑하는 나의 하나님, 당신은
> 늙은 비애다. 푸줏간에 걸린 커다란 살점이다. — 김춘수, 〈나의 하느님〉

*사은유(死隱喩): 이미 굳어져 발생 당시의 신선감이나 생명감을 상실한 은유

예 '꿈'(희망)·'소'(우직한 사람)·'찬거머리'(들러붙어 괴롭히는 사람)

③ **의인법**: 사물이나 관념에 인격을 부여해서 인간적인 요소를 지니게 하는 표현 방법

> 조국을 언제 떠났노. / 파초의 꿈은 가련하다. — 김동명, 〈파초〉

④ **활유법**: 무생물에 생물적 특성을 부여하여 살아 있는 생물처럼 나타내는 표현 방법

> 어둠은 새를 낳고, 돌을 / 낳고, 꽃을 낳는다. — 박남수, 〈아침 이미지〉

⑤ **대유법:** 대상의 어느 한 부분이나 속성만으로 전체를 대신하는 표현 방법. 제유법과 환유법이 있다.

> 껍데기는 가라 한라에서 백두까지
> 'Ō리나라'의 대유
> 향그러운 흙가슴만 남고 그, 모오든 쇠붙이는 가라. — 신동엽, 〈껍데기는 가라〉

⑥ **풍유법:** 원관념은 숨긴 채 특정 대상을 은근히 비꼬아 속뜻을 짐작하여 깨닫도록 하는 표현 방법

예 속담, 격언 등을 이용

> 야, 이놈아, / 뿌리가 없으면 썩는겨
> 귀신 씨나락 까먹는 소리 허지두 말어. — 김진경, 〈뿌리가 없으면 썩는겨〉
> 속담

⑦ **중의법:** 한 단어나 문장에 두 가지 뜻을 포함시키는 표현 방법

> 청산리 벽계수야 수이감을 자랑 마라. — 황진이 시조

기출 확인

다음 글에서 비유법이 사용되지 않은 문장은? 2015 지방직 7급

> ㉠ 말은 생각을 담는 그릇으로 생각이 맑고 고요하면 말도 맑고 고요하게 나온다. ㉡ 청산유수처럼 거침없이 쏟아 놓는 말에는 선뜻 믿음이 가지 않는다. ㉢ 우리는 말을 안 해서 후회하는 일보다 말을 쏟아 버렸기 때문에 후회하는 일이 더 많다. ㉣ 때론 말이 사람을 죽일 수도 있다는 것을 생각하면 말은 두려워해야 할 존재임이 틀림없다.

① ㉠ ② ㉡
③ ㉢ ④ ㉣

TIP

은유의 형태
- A는 B다.
- A의 B
- B

의인법 vs. 활유법

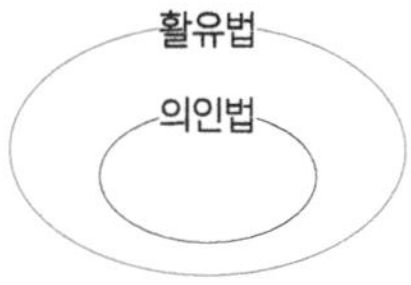

TIP

제유법·환유법

제유법	대상의 일부를 통해 전체를 나타내는 방법 예 사람은 빵만으로 살 수 없다. (빵 → 식량)
환유법	대상과 밀접하게 관련된 다른 사물이나 속성을 대신 들어 나타내는 방법 예 펜은 칼보다 강하다. [펜 → 문(文), 칼 → 무(武)]

해설

㉠ '말은 생각을 담는 그릇'에 'A는 B' 꼴의 은유법이 쓰였다.

㉡ '청산유수처럼 거침없이 쏟아 놓는 말'에 'A처럼/같은' 꼴의 직유법이 쓰였다.

㉣ '말이 사람을 죽일 수도 있다'에서, 무생물인 '말'이 생물에게만 쓰이는 동사 '죽이다'를 취하고 있기 때문에 '활유법(넓은 범주의 의인법)'이 쓰였다. 더불어 '말은 두려워해야 할 존재'에서는 'A는 B' 꼴의 은유법이 쓰였다.

정답 ③

기출 확인

다음 중 밑줄 친 부분과 같은 수사법이 쓰인 것은? 2022 군무원 9급

> 흰 수건이 검은 머리를 두르고
> 흰 고무신이 거친 발에 걸리우다.
>
> 흰 저고리 치마가 슬픈 몸집을 가리고
> 흰 띠가 가는 허리를 질끈 동이다.
>
> – 윤동주, 〈슬픈 족속〉

① 내 누님같이 생긴 꽃이여
② 나의 마음은 고요한 물결
③ 파도가 아가리를 쳐들고 달려드는 곳
④ 의(義) 있는 사람은 옳은 일을 위하여는 칼날을 밟습니다

해설 '흰 수건', '흰 고무신', '흰 저고리 치마, 흰 띠' 모두 '흰색'이라는 공통점이 있다. '흰색'은 우리 민족과 깊은 관련이 있는 것으로, '우리 민족'을 의미한다. 제시된 작품의 밑줄 친 부분에서는 어떤 사물을, 그것의 속성과 밀접한 관계가 있는 다른 낱말을 빌려서 표현하는 수사법인 '환유법'이 쓰였다. 이처럼 환유법이 쓰인 것은 ④이다. ④에서 '칼날'은 '자기희생', '고통'을 의미한다.
※ '환유법'과 '제유법'을 묶어 '대유법'이라 한다.

오답 ① '내 누님같이'에서 'A같이'라는 표현을 볼 때, '직유법'이 쓰였다.
② '마음은 고요한 물결'은 'A는 B'의 구조이므로 '은유법'이 쓰였다.
③ 무생물인 '파도'가 생물처럼 '아가리를 쳐들고 달려든다'고 표현하고 있다는 점에서, '활유법'이 쓰였다.

정답 ④

(2) 변화법: 문장에 변화를 주어서 독자의 주의를 불러일으키고, 지루한 느낌을 없애는 수사법

① **도치법:** 정상적인 문장 성분의 배열 순서나 문장 자체의 순서를 바꾸어 놓는 표현 방법
* 강조의 초점은 주로 뒤에 있다.

> 나는 아직 기다리고 있을 테요, 찬란한 슬픔의 봄을. – 김영랑, 〈모란이 피기까지는〉
> 문장 순서를 뒤바꾸어 강한 인상을 주고 강조함.

② **설의법:** 의문문의 형식으로서, 내용상으로는 의문이 아니고 반어적(反語的)인 표현으로써 상대방을 납득시키는 방법. 읽는 이가 분명히 알 수 있는 결론을 의문형 종결어미로 표현함으로써 주장하는 바를 강력하게 전달한다.

> 어디 닭 우는 소리 들렸으랴. – 이육사, 〈광야〉
> '아무 소리도 없었다.'는 의미

③ **문답법:** 스스로 묻고, 답하는 형식을 빌려 문장을 전개해 나가는 표현 방법

> 아희야 무릉이 어디오. 나는 옌가 하노라. – 조식
> 문 답

④ **대구법:** 문장 구조가 서로 같거나 비슷한 두 문장을 짝을 지어 나란히 배열하는 표현 방법
* 의미가 서로 조응되면서 상호 보완되거나 두 구절 사이의 구문상의 묘미나 운율상의 가락을 조화 있게 나타내는 표현 방법

> 봄이 오면 꽃이 피고, 여름이 오면 새가 운다.

⑤ **생략법:** 글의 간결성, 압축성, 긴밀성 등을 위하여 일부를 생략하는 표현 방법 → '여운'을 주어 표현의 효과를 높인다.

> 학, 학 나무를, 학 나무를……. – 이범선, 〈학마을 사람들〉

기출 확인

㉠과 같은 표현 방법에 해당하지 않는 것은? 2020 소방직

> 매운 계절(季節)의 채찍에 갈겨
> 마침내 북방(北方)으로 휩쓸려오다.
>
> 하늘도 그만 지쳐 끝난 고원(高原)
> 서릿발 칼날진 그 위에 서다
>
> 어데다 무릎을 꿇어야 하나?
> 한 발 재겨 디딜 곳조차 없다.
>
> 이러매 눈 감아 생각해 볼밖에
> ㉠ 겨울은 강철로 된 무지갠가 보다.
>
> – 이육사, 〈절정〉

① 두 볼에 흐르는 빛이 / 정작으로 고와서 서러워라 – 조지훈, 〈승무〉
② 아아 님은 갔지만 나는 님을 보내지 아니하였습니다 – 한용운, 〈님의 침묵〉
③ 나는 아직 기다리고 있을 테요 찬란한 슬픔의 봄을 – 김영랑, 〈모란이 피기까지는〉
④ 나 보기가 역겨워 / 가실 때에는 / 죽어도 아니 눈물 흘리우리다 – 김소월, 〈진달래꽃〉

해설
화자는 극한 상황에서 참된 삶을 추구하는 의지와 희망을 회복하는 화자의 현실 인식을 '겨울은 강철로 된 무지개'로 표현하고 있다.
이처럼 '역설적인 표현'이 쓰이지 않은 것은 ④이다. ④에는 실제로는 울고 있지만 "죽어도 아니 눈물 흘리우리다"라고 말하고 있으므로 겉뜻과 속뜻이 반대인 '반어적 표현'이 나타난다.

정답 ④

⑥ **돈호법**: 갑자기 사람이나 사물의 이름을 불러 읽는 이의 주의를 환기시키는 표현 방법

> 아이야, 우리 식탁엔 은쟁반에
> 하이얀 모시 수건을 마련해 두렴. – 이육사, 〈청포도〉

⑦ **역설법**: 표면적으로는 현실의 논리에 어긋나 모순되어 보이는 진술이지만 내면적으로는 진리와 진실을 담고 있는 표현 방법

> • 아아, 님은 갔지마는 나는 님을 보내지 아니하였습니다. – 한용운, 〈님의 침묵〉
> • 괴로웠던 사나이 / 행복한 예수 그리스도에게 / 처럼. – 윤동주, 〈십자가〉

⑧ **반어법**[+]: 진술된 것과 진술의 의도가 상반되는 표현 방법. '속뜻'이 자주 생략된다.

> 죽어도 아니 눈물 흘리우리다(겉뜻: 울지 않겠음. ↔ 속뜻: 이미 울고 있음.) – 김소월, 〈진달래꽃〉

⑨ **인용법**: 자기의 이론을 증명하거나 주장을 강조하기 위하여 남의 말이나 글을 따오는 표현 방법

> • 갈릴레이는 "그래도 지구는 돈다."라고 말했다. → 직접 인용(명인법)
> • 갈릴레이는 그래도 지구는 돈다고 말했다. → 간접 인용(암인법)

TIP

반어법의 기능

반어는 '말한 것'과 '의미하는 것' 사이의 긴장, 대조 혹은 갈등을 이루므로 결과적으로 표현의 의도를 강화한다(겉뜻 ↔ 속뜻).

기출 확인

㉠과 같은 표현 기법이 활용된 것은? 2023 국회직 8급

> 아아 ㉠ 광고의 나라에 살고 싶다
> 사랑하는 여자와 더불어
> 행복과 희망만 가득찬
> 절망이 꽃피는, 광고의 나라 – 함민복, 〈광고의 나라〉

① 나 보기가 역겨워 가실 때에는 / 죽어도 아니 눈물 흘리오리다
② 이 마을 전설이 주저리주저리 열리고
③ 내 마음은 나그네요 / 그대 피리를 불어주오
④ 구름에 달 가듯이 / 가는 나그네
⑤ 어둠은 새를 낳고, 돌을 / 낳고, 꽃을 낳는다

해설 '절망이 꽃피는, 광고의 나라'라는 시구를 볼 때, ㉠의 '광고의 나라'는 화자가 진정으로 살고 싶은 나라가 아니다. 즉 화자의 의도를 반어적으로 표현한 것이다. 이처럼 반어법이 활용된 것은 ①이다. ①의 화자도 임이 떠날 때 정말로 슬퍼하지 않겠다고 말한 것이 아니다. 임이 떠나지 않았으면 하는 화자의 의도를 반어적으로 표현한 것이다.

오답 ② 추상적 개념인 '전설'을 구체적인 대상인 열매처럼 '열린다'고 표현하고 있다. 따라서 추상적 개념의 구체화가 사용되었다. 또 '주저리주저리'라는 의태어를 사용하고 있다는 점에서 '의태법'으로도 볼 수 있다.
③ 'A는 B'라는 구조로, 은유법이 사용되었다.
④ '구름이 달 가듯이'의 '-듯이'를 볼 때, 직유법이 사용되었다.
⑤ 무생물인 '어둠'에게 '낳다'라는 표현을 사용했다는 점에서, 활유법이 사용되었다.

정답 ①

(3) 강조법: 내용을 더욱 뚜렷이 전달하고자 강렬한 느낌을 주는 수사법

① **과장법:** 실제보다 더 확대(향대 과장)하거나 축소(향소 과장)하여서 의미를 강조하는 표현 방법

> 모란이 지고 말면 그뿐, 내 한 해는 가고 말아,
> 삼백 예순날 하냥 섭섭해 우옵내다. – 김영랑, 〈모란이 피기까지는〉

② **영탄법:** 감정을 강조하여 나타내는 표현 방법. 감탄사, 감탄형 어미, 수사 의문문 형식 등으로 표현한다.

> 아! 바람 소리와 함께 부서지고 싶어라, 죽고 싶어라…….
> (아!: 감탄사 / 싶어라, 싶어라: 감탄형 어미)

③ **반복법:** 같거나 비슷한 단어나 어절, 또는 구·절·문장을 되풀이함으로써 뜻의 강조가 이루어지게 하는 표현 방법

> 가시리 가시리잇고, 바리고 가시리잇고.

④ **점층법:** 사상, 감정, 사물을 짧고 작고 낮고 약한 것부터 시작해서 길고 크고 높고 강한 것으로 점차 고조시키는 표현 방법

> 주인도 취하고 나그네도 취하고 산도 하늘도 모두 취했다.

⑤ **연쇄법:** 앞 구절의 끝 부분을 다음 구절의 머리에서 다시 되풀이하는 표현 방법

> 닭아, 닭아, 우지 마라. 네가 울면 날이 새고, 날이 새면 나 죽는다.
> (울다 / 날이 새다)

⑥ **대조법:** 대립되는 의미, 또는 정도가 다른 단어나 어절을 사용하는 표현 방법

> 인생은 짧고, 예술은 길다. [짧다 ↔ 길다]

* 의미의 대조 외에도 '단어, 색상, 감각'의 대조도 포함된다.

⑦ **비교법:** 두 가지의 사물이나 내용을 서로 비교하여 그 차이로써 어느 한 쪽을 강조하는 표현 방법

> 강낭콩꽃보다도 더 푸른 / 그 물결 위에
> 양귀비꽃보다도 더 붉은 / 그 마음 흘러라. – 변영로, 〈논개〉

⑧ **미화법:** 대상을 실제보다 아름답게 나타내는 표현 방법. 일반적이거나 추한 대상을 아름답고 좋게 표현한다.

> • 양상군자(梁上君子) → '도둑'을 '대들보 위에 있는 군자'로 표현

⑨ **억양법:** 우선 누르고 후에 올리거나, 우선 올리고 후에 누르는 방식으로 문세(文勢)에 기복을 두어 효과를 노리는 표현 방법

> 그는 모자라지만 착실한 사람이다.
> (누르고 올림)

⑩ **현재법:** 과거나 미래의 사실, 또는 눈앞에 없는 사실을 마치 눈앞에 있는 것처럼 나타내는 표현 방법

> 이 도령은 춘향 앞에 섰다. 춘향은 얼굴을 붉히고 돌아선다.

(4) 언어유희: 문자나 말의 음성적 유사성을 이용하여 해학적으로 나타내는 표현 방법

> "너의 서방인지 남방인지 걸인 하나가 내려왔다." – 〈춘향전〉

기출 확인

다음 글에 사용된 표현 기법이 아닌 것은?

2020 경찰 1차

> 당신 같으면 어느 쪽을 선택할 것인가. 나의 선택은 마을의 불빛들이다. 불빛들은 갓 핀 달리아 꽃송이이다. 세 칸 집 안에 사는 사람들의, 꿈과 노동과 상처와 고통의 시간들의 은유이기도 하다. 아름다움보다는 쓸쓸함이, 기쁨보다는 아쉬움의 시간들이 훨씬 많았을 텐데도 그들은 말없이 불을 켜고 지상의 시간들을 지킨다. 어떤 불빛들은 밤을 새우기도 한다.

① 문답법 ② 점층법
③ 은유법 ④ 의인법

해설

'점층법'은 문장의 뜻을 점점 강하게 하거나, 크게 하거나, 높게 하여 마침내 절정에 이르도록 하는 수사법이다. 제시된 글에서는 '점층법'은 쓰이지 않았다.
* "아름다움보다는 쓸쓸함이, 기쁨보다는 아쉬움의 시간들이 훨씬 많았을 텐데도" 부분은 각각 앞과 뒤의 비교일 뿐 점층법으로 보기 어렵다.

오답

① "당신 같으면 어느 쪽을 선택할 것인가. 나의 선택은 마을의 불빛들이다."에서 문답법을 확인할 수 있다.
③ "불빛들은 갓 핀 달리아 꽃송이이다."가 'A는 B이이다.'의 형식인 것을 보아, 은유법이 쓰인 것을 확인할 수 있다.
④ "그들(불빛들)은 말없이 불을 켜고 지상의 시간들을 지킨다. 어떤 불빛들은 밤을 새우기도 한다." 부분에서 '불빛'을 마치 사람처럼 표현하고 있는 것을 보아, 의인법이 쓰인 것을 확인할 수 있다.

정답 ②

언어유희의 방법

· 동음이의어 활용
  예 개잘량이라는 '양'자에 개다리소반이라는 '반' 자를 쓰는 양반이 나오신단 말이오. – 〈봉산탈춤〉
· 비슷한 음운 활용
  예 아, 이 양반이 허리 꺾어 절반인지, 개다리소반인지, 꾸레미전에 백반인지. – 〈봉산탈춤〉
· 말의 배치를 바꿔서 활용
  예 어 추워라. 문 들어온다, 바람 닫아라. 물마르다, 목 들여라. – 〈춘향전〉
· 발음의 유사성 활용
  예 술 먹고 수란(水卵) 먹고, 갓 쓰고 갓모(갓 위에 쓰는 덮개) 쓰네. – 〈춘향전〉

4 시상 전개 방식

1. 종류

① **기승전결(起承轉結)**: 한시(漢詩)에서 시구를 구성하는 방식. '시상의 제시[起: 일어날 기] → 시상의 반복·심화[承: 이을 승] → 시적 전환[轉: 구를 전] → 중심 생각·정서의 제시[結: 맺을 결]'로 이루어져 완결성과 안정감을 준다.

② **선경후정(先景後情)** : 한시(漢詩)의 전형적인 전개 방식으로 앞에서는 풍경을 그리듯이 보여 주고, 뒤에서는 시적 화자의 정서를 표현하는 방식

③ **수미상관(首尾相關)**: 시의 처음(머리)과 끝(꼬리)을 유사하거나 동일한 시구로 구성하는 방법. 균형미와 안정감을 주고 강조의 효과도 있다.

혜원通 대표적인 관습적·원형적 상징의 예

단어	상징 의미	단어	상징 의미
소나무	절개, 지조	겨울	신비, 죽음, 시련, 우울
대나무	절개, 지조, 곧음	구름	허망, 떠돎
등대	지향, 구원	강물	세월, 변화, 무상, 불변
풀	끈질김, 민중, 소시민	눈	순수, 순결, 정화(淨化)
봄	약동, 부활, 소생, 동적 이미지	새벽, 아침	희망, 새 출발, 생동감

기출 확인

(가)와 (나) 모두 선경후정의 기법을 사용하고 있다. (O, ×) 2021 지방직 9급

(가) 오백 년 도읍지를 필마로 돌아드니
산천은 의구하되 인걸은 간 데 없네.
어즈버 태평연월이 꿈이런가 하노라.

(나) 벌레먹은 두리기둥 빛 낡은 단청(丹靑)
풍경 소리 날러간 추녀 끝에는
산새도 비둘기도 둥주리를 마구쳤다.
큰나라 섬기다 거미줄 친 옥좌(玉座) 위엔
여의주(如意珠) 희롱하는 쌍룡(雙龍) 대신에
두 마리 봉황(鳳凰)새를 틀어 올렸다.
어느땐들 봉황이 울었으랴만 푸르른 하늘 밑 추석을
밟고 가는 나의 그림자.
패옥(佩玉) 소리도 없었다.
품석(品石) 옆에서 정일품(正一品) 종구품(從九品)
어느 줄에도 나의 몸둘 곳은 바이 없었다.
눈물이 속된 줄을 모를 양이면
봉황새야 구천(九泉)에 호곡(呼哭)하리라.

정답 O

운율의 종류

- **두운**: 시행의 첫머리나 어절의 첫소리 위치에서 특정한 말소리가 반복되는 압운
- **요운**: 시행의 가운데에서 일정한 말소리가 규칙적으로 반복되는 압운
- **각운**: 시행의 끝에서 일정한 말소리가 규칙적으로 반복되는 압운

운율 형성의 방법

- 동일 음운의 반복
- 동일 음절의 반복
- 동일 시어의 반복
- 일정한 음수와 음보의 반복
- 동일한 통사 구조의 반복
- 음성 상징어(의성어, 의태어)의 반복
- 연과 행의 규칙적 배열 및 배열 모습의 규칙적 반복

이상에 다가가고 싶지만 갈 수 없는 인간의 슬픔

1 깃발 | 유치환

핵심정리

- 성격: 역동적(力動的), 의지적, 상징적
- 제재: 깃발의 역동적 표상
- 주제: 영원의 세계에 대한 끝없는 염원과 그 비애
- 특징: ① 남성적 목소리. 강건하고 장중한 어조로 나가다가 비장감에 찬 목소리로 반전됨.
  ② 이상향을 향한 의지를 푸른색으로, 이상향에 이르지 못하는 비애를 흰색으로 형상화(색채에 의한 시각적 심상)
  ③ 역설, 은유와 직유, 영탄과 도치 등의 기법이 주로 사용됨.
- 출전: 《조선 문단》(1936. 1.)

이것은 소리 없는 아우성 : 깃발의 은유
(이것은: 깃발 / 소리 없는 아우성: 모순 형용 – 깃발의 펄럭임(은유, 역설, 공감각), 이상향을 향한 염원)
저 푸른 ㉠ 해원을 향하여 흔드는
(푸른 해원: 바다, 생명의 본향, 영원의 세계 / 흔드는: 나부끼는(의인))
영원한 노스탤지어의 ㉡ 손수건. ➥ 영원의 세계에의 동경(기)
(노스탤지어: 생명의 본향을 위한 향수 / 손수건: 깃발의 보조 관념(은유))
순정은 물결같이 바람에 나부끼고
(순정: 깃발 / 물결같이: 순정의 설렘 – 깃발의 펄럭임(직유))
오로지 맑고 곧은 이념의 푯대 끝에
(맑고 곧은: 동경하는 영원의 세계에로의 맑고 곧은 지향(志向) / 이념의 푯대: 구상적 내용 → 깃대 끝, 비유적 내용 → 본향을 그리는 마음)
㉢ 애수는 백로처럼 날개를 펴다. ➥ 영원의 세계에의 의지(서)
(애수: 깃발의 보조 관념 / 백로: '백로'의 원관념 / 날개를 펴다: ㄴ 깃발의 펄럭임. '애수'의 색조적 형상화(백색), '푸른 해원'과 대조적인 시각적 심상)
〈아! 누구인가?
(깃발을 처음 고안하여 단 사람(영탄, 설의, 도치))
이렇게 슬프고도 애달픈 ㉣ 마음을
('깃발'의 내용적 보조 관념, 도달할 길 없는 영원의 세계를 향한 염원과 그 좌절의 비애)
맨 처음 공중에 달 줄을 안 그는.〉 〈 〉: 도치 ➥ 영원의 세계에의 좌절(주제 행 – 결)
(그: 절대자, 이상 세계를 동경하는 사람)

표현

· 은유, 직유

구분	원관념	보조 관념
은유	깃발	아우성, 손수건, 순정, 애수, 마음
직유	순정	물결
	애수	백로 (푸른 해원과 대조)

· 영탄, 도치

아! 누구인가? → 영탄
이렇게 슬프고도 애닯은 마음을 맨 처음 공중에 달 줄을 안 그는 → 도치

이념의 푯대

이상향에 도달할 수 없는 인간의 근원적 한계를 상징함.

기출 확인

㉠~㉣ 중 내포적 의미가 다른 하나는?
2019 서울시 7급 변형

① ㉠　② ㉡
③ ㉢　④ ㉣

해설
㉠은 '지향하는 곳', 즉 '이상향'을 의미한다. 나머지는 모두 '깃발'을 의미하는 말이므로, 내포적 의미가 다른 하나는 ㉠이다.

정답 ①

2 바다와 나비 | 김기림

핵심정리

- **성격** 감각적, 묘사적
- **제재** 바다, 나비
- **주제** 새로운 세계에 대한 동경과 좌절감
- **특징** ① 강렬한 색채의 대비(흰 나비[白] ↔ 청무우밭[靑])
  ② 시각적 심상이 돋보임.
  ③ 상징적 시어(바다, 나비)의 사용
- **어조** 절제되고 냉정한 어조
- **출전** 《바다와 나비》(1946)

아무도 그에게 수심(水深)을 일러 준 일이 없기에
(그: 나비(의인화) / 수심: 현대 문명의 실체, 냉혹함 / 일러 준 일이 없기에: 알지 못하므로)

흰나비는 도무지 바다가 무섭지 않다. ➥ 바다의 무서움을 모르는 나비
(흰나비: 동경으로 떠나는 지식인의 모습, 꿈을 가지고 여행하는 순진하고 가냘픈 존재의 이미지, 순수한 존재 / 바다: 우리 앞에 놓인 모험과 시련, 동경, 탐색의 공간. 꿈을 거부하고 꿈의 날갯짓을 꺾어 버리는 존재)

청(靑)무우밭인가 해서 내려갔다가는
(청무우밭: 바다, 나비가 동경한 세계 / 내려갔다가는: 현실을 모르는 낭만적 감정의 소유자)
어린 날개가 물결에 절어서
(물결에 절어서: 현실의 냉혹함, 시련)
공주처럼 지쳐서 돌아온다. ➥ 바다에 도달하지 못하고 돌아오는 나비의 시련
(공주처럼: 꿈을 지니고 있으나 그것을 실현하기에는 연약한 존재)

3월달 바다가 꽃이 피지 않아서 서글픈
(바다가 꽃이 피지 않아서: 불모의 공간, 냉혹한 현실, 냉랭하고 차가운 이미지 → 비생명성 / 서글픈: 시적 자아의 감정)
나비 허리에 새파란 초생달이 시리다. ➥ 냉혹한 현실 속에 지친 나비의 모습
(새파란 초생달이 시리다: 공감각(시각의 촉각화) → 냉혹한 현실과 좌절된 나비의 꿈을 표현함.)

기출 확인

이 작품에 대한 감상으로 적절하지 않은 것은? 2017 국가직 9급

① '청(靑)무우밭'은 '바다'와 대립되는 이미지로 쓰였다.
② '흰나비'는 '바다'의 실체에 대해 정확하게 모르고 있었다.
③ 화자는 '공주처럼' 나약한 나비의 의지 부족과 방관적 태도를 비판한다.
④ '삼월(三月)달 바다'와 '새파란 초생달'은 모두 차가운 이미지로 사용되었다.

[해설] '공주'에 빗댄 것은 나비의 의지 부족과 방관적 태도를 비판하기 위해서가 아니라, 현실 세계의 어려움을 모르는 순진하고 연약한 흰나비의 모습을 드러내기 위해서이다. 따라서 ③의 감상은 적절하지 않다.

[오답] ① 흰나비가 '바다'를 무서워하지 않았던 것은 '청(靑)무우밭'으로 생각했기 때문이다. 즉 '청무우밭'을 긍정적으로 본 것이다. '청무우밭'은 흰나비가 생각하는 긍정의 공간, '바다'는 흰나비에게 시련의 공간으로 대조적이다.

② 흰나비가 '바다'를 '청무우밭'이라 생각한 것을 볼 때, '바다'의 실체에 대해 정확히 몰랐음을 알 수 있다.

④ '삼월 바다'는 나비가 동경하는 '생명의 공간(청무우밭)'과 대비되는 '꽃이 피지 않는 생명력 상실의 공간'이며, 차가운 이미지로 형상화되고 있다. 또한 '나비 허리에 새파란 초생달이 시리다' 부분 역시 '새파란 초생달(시각)'이 '시리다(촉각)'라는 공감각(시각의 촉각화) 이미지로 형상화되었으며, '푸름'을 통해 그 '냉혹함'을 강조하고 있다.

[정답] ③

'바다 vs. 나비'의 상징적 의미

나비	바다
생명체	생명체와 동화될 수 없는 단절의 관계
새로운 세계를 찾아 나선 주체	새로운 세계
삶의 의미를 탐구하는 주체	삶의 영역 전체
젊은 지식인	실체를 파악할 수 없었던 근대 문명의 위력

감상

현해탄을 건너 동경으로 떠난 이 땅의 지식인들의 동경과 좌절을 통해 현실의 냉혹함을 보여 주고 있다.

사랑하는 사람의 죽음과 한

1 초혼 | 김소월

핵심정리

- 성격: 전통적, 민요적, 격정적, 애상적
- 제재: 임의 죽음
- 주제: 임을 잃은 처절한 슬픔
- 특징: ① 3음보(7·5조)의 전통적 민요조의 리듬
  ② 반복, 영탄을 동반한 강렬한 어조와 직선적 감정의 표출
  ③ 연쇄적 형식을 통한 시상의 유기적 연결(2연과 3연 사이 제외)
  ④ 설화(망부석)의 차용
- 출전: 《진달래꽃》(1925. 12.)

산산이 부서진 이름이여!
허공 중에 헤어진 이름이여!
불러도 주인 없는 이름이여!
모순된 진술: 이름(주인이 있어야 함.) → 임의 부재(죽음의 상황을 강하게 암시)
부르다가 내가 죽을 이름이여!
임을 잃은 슬픔의 크기가 드러남.

(임을 잃은 화자의 슬픔을 영탄과 반복을 통해 형상화)

➥ 죽은 임을 부르는 처절함

심중에 / 남아 있는 / 말 한마디는 →'사랑한다'는 한마디 – 애절함
끝끝내 / 마저 하지 / 못하였구나.
더욱 서러운 이유 – 뜻밖의 죽음(월명사의 〈제망매가〉: '나는 가느다 말ㅅ도 몯다닏고 가느닛고')
사랑하던 그 사람이여!
사랑하던 그 사람이여!
(반복을 통해 그리움을 강조함.)

➥ 사랑을 고백하지 못한 애절함

붉은 해는 서산 마루에 걸리었다.
↱ 초자연적 존재 / 허탈함을 강조하는 배경
사슴의 무리도 슬피 운다.
감정 이입 → 임과 사별한 화자의 슬픔을 비장미로 승화시킴.
떨어져 나가 앉은 산 위에서
임과의 거리감, 고립감
나는 그대의 이름을 부르노라.

객관적 상관물: 붉은 해, 사슴의 무리, 떨어져 나가 앉은 산

➥ 삶의 의미를 잃어버린 허탈함

설움에 겹도록 부르노라.
설움에 겹도록 부르노라.
(반복 → 감정 고조, 리듬감 확보, 낭송의 호흡과 시의 어조 일치 / 앞 연의 시상을 이어 받음.)
부르는 소리는 비껴가지만
하늘과 땅 사이가 너무 넓구나.
서정적 자아와 임과의 거리, 삶과 죽음과의 거리

➥ 이어질 수 없는 거리에서 오는 절망감

선 채로 이 자리에 돌이 되어도
망부석(望夫石)의 전통에 연결, '돌'은 임에 대한 그리움과 한(恨)의 응결체
부르다가 내가 죽을 이름이여!
임을 부르는 비원(임의 죽음을 부정하는 의지) → 극단적 표현을 통한 애통함 강조
사랑하던 그 사람이여!
사랑하던 그 사람이여!
(반복을 통해 그리움을 강조함.)

➥ 설움의 극한과 죽어서라도 임을 찾겠다는 의지

TIP

초혼 의식(招魂 儀式)

사람이 죽는다는 것은 혼이 몸을 떠나는 것이라는 믿음에 의거하여 이미 떠난 혼을 불러들여 죽은 사람을 다시 살려 내려는 의식이 고복 의식(皐復儀式), 즉 '초혼'이다. 그 의식 절차는 사람이 죽은 직후 북쪽을 향해 그 이름을 세 번 부르는 행위가 중심이 되는 '부름의 의식'이다. 이 시는 '이름이여', '그 사람이여', '부르노라' 등의 호칭적 진술을 반복하는 부름의 형식을 취하여 고복 의식을 시에 수용하고 있다.

망부석 모티브

〈정읍사〉, 《삼국사기》에 나오는 박제상 이야기, 옛날 전설 등에서 흔히 발견된다. 이 시에서 서정적 자아의 슬픔의 극한은 '돌'로 응축되어 나타난다. 돌아오지 않는 임을 기다리다 죽어 돌이 되었다는 망부석의 전통이 작용하고 있는 것이다. '돌'은 임이 죽은 것을 절대로 인정할 수 없다는 의지의 표현이자, 한편 임이 끝내 돌아와야 한다는 비원을 품은 한의 응결체이다.

Quiz

이 시에서 보이는 가장 두드러진 심미적 가치는?

① 숭고미(崇高美)
② 해학미(諧謔美)
③ 우아미(優雅美)
④ 비장미(悲壯美)

해설
김소월의 작품 중 〈초혼〉은 비장미가 극에 치닫는 시이다.

정답 ④

자식을 잃은 슬픔

1 유리창 | 정지용

핵심정리

- **성격** 상징적, 회화적
- **제재** 유리창에 서린 입김
- **주제** 죽은 아이에 대한 그리움과 슬픔
- **특징** ① 감정의 대위법에 의한 감정 절제
  ② 선명한 이미지와 감각적 시어 사용
- **출전** 《조선지광》 89호(1930)

유리에 차고 슬픈 것이 어린거린다.
(입김 자국 → 죽은 아이의 영상 ①)
열없이 붙어 서서 입김을 흐리우니
(열없이: 기운 없이, 자식을 잃은 상실감)
길들은 양 언 날개를 파다거린다. → 사라져 가는 입김과 새의 모습을 동일시하여, 연약한 자식의 모습을 형상화하고 있다.
(길들은 양: 길들인 새처럼 / 언 날개: 죽은 아이의 영상 ②)
➥ 유리창에 서린 영상

지우고 보고 지우고 보아도
(안타까움)
새까만 밤이 밀려나가고 밀려와 부딪치고,
(새까만 밤: 죽음의 세계)
물 먹은 별이, 반짝, 보석처럼 백힌다.
(쉼표 두 개: 슬픈 감정의 극대화(눈물 박힘, 별이 박힘.))
(물 먹은 별: 눈물 암시, 시적 자아의 슬픔 집약 → 죽은 아이의 영상 ③)
➥ 창 밖의 밤 풍경

밤에 홀로 유리를 닦는 것은
(죽은 아이의 모습을 보려고 노력하는 아버지의 안타까운 모습)
외로운 황홀한 심사이어니,
(유리를 닦음으로써 죽은 자식을 만남. → 모순 형용, 역설)
(상실의 외로움)
➥ 외롭고 황홀한 마음

고운 폐혈관이 찢어진 채로
(죽음의 구체적 상황)
아아, 늬는 산(山)ㅅ새처럼 날아갔구나!
(늬는 산(山)ㅅ새처럼: 죽은 아이의 영상 ④ └ 잠시 머물다가 허망하게 떠난 아이 / 날아갔구나!: 절제된 비탄의 감정)
(상실의 비애)
➥ 서정적 자아의 상실감

혜원通 대위법(對位法)

1. 개념: 문학에서 감정의 절제를 위해 상호 모순되거나 대립되는 시어를 결합하여 감정을 객관화시키는 방법

2. 방법 및 특징
- 두 가지의 상대적인 분위기나 정경(情景), 주제 등을 병치하여 구성
- 감정의 대위법이 나타난 시어는 대부분 역설에도 해당
  *단, 역설이 반드시 감정의 대위법인 것은 아님. 대위법 ∈ 역설
  예 '차고 슬픈 것', '외로운 황홀한 심사' → 감정의 대위법, 역설
  cf '소리 없는 아우성', '님은 갔지만 나는 님을 보내지 아니하였습니다'. → 역설
  *감정이 드러나지 않았기 때문에 대위법으로 볼 수 없다.

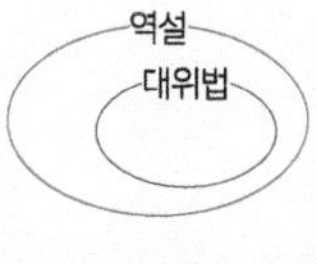

TIP

유리창
소통과 단절의 이중성을 가진다. 창 안과 밖, 삶과 죽음을 단절시키는 동시에 연결해 주기도 하는 매개체 역할을 한다.

★ 죽은 아이의 영상을 나타내는 시어
- 차고 슬픈 것
- 언 날개
- 물 먹은 별
- 산새

★ 감정의 대위법
- 차고 슬픈 것
- 외로운 황홀한 심사

Quiz

01 이 시에 관한 설명으로 알맞은 것은?

① 감각적 언어 사용
② 향토적 언어 사용
③ 객관적 정서 표출
④ 직설적 어조 표현
⑤ 거울에 비친 영상 소재

해설
이 시는 감각적이고 선명한 이미지를 느끼게 하는 시어를 사용하고 있다.

정답 ①

02 이 시의 시어 가운데 내적 연관성이 가장 적은 것은?

① 차고 슬픈 것
② 새까만 밤
③ 물 먹은 별
④ 늬

해설
② '새까만 밤'은 죽음의 세계를 나타내는 시어이고, '① 차고 슬픈 것', '③ 물 먹은 별', '④ 늬'는 죽은 아이를 나타내는 시어이다.

정답 ②

2 눈물 | 김현승

핵심정리

성격	종교적, 상징적, 고백적, 명상적	제재	눈물
주제	순결한 생명의 심화	창작 동기	아들의 죽음
특징	① 경어체로 경건한 신앙심의 표현 ② 상징적 시어와 선명한 이미지 사용 ③ 기독교적 세계관에 근거하여 대상에 새로운 의미 부여		
출전	《김현승 시초》(1957), 《옹호자의 노래》(1963)		

더러는
(절대자의 진실한 뜻을 깨우치는 삶의 공간 / 소망의 어조)
옥토(沃土)에 떨어지는 작은 생명이고저……. // ➥ 순결한 생명의 기원 – 자아의 소망
(풍요 / 눈물, 새 생명 탄생의 씨앗)
흠도 티도, / 금가지 않은
(온전, 순결)
나의 전체는 오직 이뿐! // ➥ 순수 결정으로서의 눈물
(절대 순결 → 눈물)
더욱 값진 것으로
(절대자를 향한 경건한 어조(예스러운 표현))
드리라 하올 제, //
(눈물의 절대적 가치를 강조)
나의 가장 나아종 지닌 것도 오직 이뿐! // ➥ 절대적 존재로서의 눈물
(절대적 아름다움과 가치 / 가장 근원적으로 순수한 것 → 눈물)
('오직 이뿐': 단정적 어조를 통해 시적 화자의 다짐을 드러냄.)
(□: 나아종: 마지막, 시적 허용)
아름다운 나무의 꽃이 시듦을 보시고
(삶의 기쁨 – 찰나적, 일시적)
열매를 맺게 하신 당신은 //
(삶의 열매, 궁극적 경지 / 절대자)
나의 웃음을 만드신 후에
(삶의 기쁨 – 찰나적, 일시적)
새로이 나의 눈물을 지어 주시다. ➥ 순결한 생명으로의 부활
(궁극적 경지 → • 아들의 죽음에 대한 슬픔의 종교적 승화 • 시련을 통한 본질적 가치 • 눈물을 주신 절대자에 대한 감사함.)

감상

이 시는 시인이 사랑하는 어린 아들의 죽음을 겪은 후, 그 아픔과 슬픔을 종교적으로 견디며 쓴 작품으로 알려져 있다. 시인은 인간은 기쁨보다 슬픔 속에서 성숙한다는 인간의 삶에 내재된 역설을 깨닫고 이를 표현한 것이다.

대립적 시어

본질적 존재		순간적 존재
열매, 눈물 (궁극적 경지, 내면)	↔	꽃, 웃음 (찰나적 존재, 표면)

존재의 본질에 다가서고 싶은 소망

1 꽃 | 김춘수

핵심정리

- **성격** 상징적, 철학적, 주지적
- **제재** 꽃
- **주제** 존재의 참된 관계 소망
- **특징** ① 점층적 확대, 심화
  ② 소망적 어조, 간절한 어조
- **출전** 《현대 문학》(1952)

내가 그의 이름을 불러 주기 전에는
(내가: 인식의 주체 / 그의: 인식의 객체 / 이름을 불러: 이름 부름: 의미를 부여하는 행위)
그는 다만
하나의 몸짓에 지나지 않았다. ➥ 대상의 본질을 인식하기 이전의 무의미한 존재
(몸짓: 의미 없는 존재)

(A) 내가 그의 이름을 불러 주었을 때
(이름을 불러 주었을 때: 명명(命名) 의미 부여 - 사물의 존재를 인식하는 행위)
그는 나에게로 와서
꽃이 되었다. ➥ 명명에 의해 의미를 부여받은 존재
(꽃: 의미 있는 존재)

△: 인식 이전의 단계
↓
□: 인식 이후의 단계

내가 그의 이름을 불러 준 것처럼
나의 이 빛깔과 향기에 알맞은
(빛깔과 향기: 진정한 가치(존재의 본질))
누가 나의 이름을 불러 다오.
(이름을 불러 다오: 존재의 인식을 갈망함.)
그에게로 가서 나도
그의 꽃이 되고 싶다. ➥ 의미 있는 존재가 되고 싶은 소망
(꽃: 의미 있는 존재)

우리는 모두
무엇이 되고 싶다.
(무엇: 상호 의미 있는 존재 - 의미 있는 타자와의 관계)
(되고 싶다: 소망의 어조)
너는 나에게 나는 너에게
잊혀지지 않는 하나의 눈짓이 되고 싶다. ➥ 존재의 의미를 인정받고 싶은 '우리'의 소망
(눈짓: 상호 의미 있는 존재)

점층적 확대의 시상 전개

몸짓 (의미 없는 존재)	→	꽃 (의미 있는 존재)	→	눈짓 (상호 의미 있는 존재)
나		너(그)		우리 = 나와 너

Quiz

〈보기〉를 바탕으로 (A)를 이해한 내용으로 가장 적절한 것은?

〈보기〉
꽃을 소재로 하는 시와 그에 대한 시인의 태도는 대체로 둘로 나누어 볼 수 있다. 꽃을 가장 아름다운 존재로 인지하여 그것을 찬미의 대상으로 보는 경향과 꽃을 자신의 생각이나 감정을 효과적으로 실어 나르는 도구로 여기는 경향이 그것이다. 우리 한국 시에도 꽃을 노래한 작품들이 많이 있다. 김소월은 '진달래꽃'에다 이별의 정한을 이입시켰고, 김영랑은 '모란꽃'을 찬미하면서 지고지순한 세계와 대상 사이의 일체감을 형성하고 있다. 김영랑이 꽃을 대상 자체로 보았다면, 김소월은 자기 정서를 형상화하는 도구로 본 셈이다.

① '내가 그의 이름을' 부르는 행위는 그를 향한 화자의 간절한 그리움의 표현이라고 할 수 있어.
② '그의 이름'에서 임을 찬미의 대상으로 바라보는 화자의 예찬적 태도를 엿볼 수 있어.
③ '그는 나에게로 와서'에는 부재하는 임의 회귀를 바라는 화자의 소망이 담겨 있는 것 같아.
④ 부름의 행위를 기준으로 무의미한 존재가 의미 있는 존재로서의 '꽃'으로 바뀌고 있어.

해설
〈보기〉에서는 '꽃'에 대한 작가의 관점을 두 가지로 구분하고 있다. 찬미의 대상으로서의 '꽃'과 생각이나 감정을 전달하는 도구로서의 '꽃'이다. 김춘수의 '꽃'은 후자에 해당한다. 서로에게 무의미한 존재였던 관계가 이름을 불러주는 행위를 통해 의미 있는 관계로 전환되고, 의미 있는 존재로서 하나하나의 '꽃'으로 인식된다는 것이다. 즉 김춘수에게 있어 '꽃'은 인간의 존재를 탐구하게 하는 도구로서 작용하고 있다.

정답 ④

현대인의 분열적인 내면세계

1 거울 | 이상

특징
- 초현실주의 영향
- 자의식 세계의 표출
- 자동기술법(초현실주의 시의 자의식의 세계 표출 방법)
- 기존의 질서 거부(띄어쓰기를 하지 않음.)
- 의식의 연속적 흐름 추구

핵심정리

성격	주지적, 자의식적, 고백적, 심리적
어조	냉소적, 자조적 어조
제재	거울(분열된 자아 인식의 매개체)
주제	① 자아의 분열과 갈등 ② 현대인이 겪고 있는 자아의 분열 현상
출전	《카톨릭 청년》(1933)

(거울: 성찰의 매개체)
거울속에는소리가없소
(단절된 세계)
저렇게까지조용한세상은참없을것이오
(거울 밖의 세계와 속의 세계가 단절됨, 이질감, 소외감) ➥ 거울 속의 세계 – 침묵의 세계

거울속에도내게귀가있소 ○: 내면적, 본질적 자아
(귀: 의사소통 수단)
내말을못알아듣는딱한귀가두개나있소 △: 현실적, 일상적 자아
(의사소통 불능(역설) → 단절의 심화) ➥ 자아 분열의 시작

거울속의나는왼손잡이오
(자아 소외 → 분열된 자아와의 대립)
내악수를받을줄모르는 — 악수를모르는왼손잡이오
(두 자아의 화해 시도 / 단절의 심화 → 지식인의 시대적 고민) ➥ 분열된 자아

거울때문에나는거울속의나를만져보지를못하는구료마는
(차단의 기능)
거울이아니었던들내가어찌거울속의나를만나보기만이라도했겠소
(만남의 기능 / 거울에 대한 자아의 인식(역설) → 이중성) ➥ 거울의 순기능과 역기능

나는지금거울을안가졌소마는거울속에는늘거울속의내가있소
(자아 분열의 심화)
잘은모르지만외로된사업에골몰할게요
(홀로만 하는 사업, 현대인의 소외와 단절 → 분열의 극한) ➥ 분열된 자아 인정

〈거울속의나는참나와는반대요마는 / 또꽤닮았소〉 〈 〉: 역설
(본질적 자아 ↔ 현실적 자아)
나는거울속의나를근심하고진찰할수없으니퍽섭섭하오.
(본연의 자아를 이해하려는 노력 / 화자의 심리, 안타까움) ➥ 거울 밖 '나'의 고뇌와 갈등

혜원通 자의식과 거울

1. 자의식: 현실적·일상적 자아와 본질적·이상적 자아가 일으키는 갈등

거울 밖의 나(현실적·일상적 자아) — 거울(자의식의 세계) — 거울 속의 나(본질적·이상적 자아)

2. '거울'의 의미: 매개와 단절이라는 이중성

매개	거울은 현실 속의 자아인 '나'가 현실을 초월한 또 하나의 자아인 '나'를 만나게 해 주는 매개체이다.
단절	두 개의 '나'는 거울로 인하여 서로 만나지 못한다. 이러한 대립 현상은 인간성의 교류가 차단된 현대인의 분열된 내면 의식을 상징한다고 볼 수 있다.

설화적 모티브의 노래

1 접동새 | 김소월

핵심정리

- **성격** 전통적, 애상적, 민요적, 향토적
- **표현** 의성어를 통해 육친의 정을 표출
- **제재** 접동새 설화(서북 지방)
- **주제** 현실의 비극적 삶을 초극하려는 애절한 혈육의 정(1920년대 시대 상황을 고려한다면, 식민지 지식인의 허무 의식)
- **특징** ① 3음보의 민요조
  ② 한(恨)의 정서
  ③ 설화의 차용(借用) – 민담을 모티프로 차용한 시
- **표현** ① 의성어를 통해 육친애의 정을 표출
  ② 통사적 구조의 유사
  ③ 동음이나 유사음의 반복
- **출전** 《진달래꽃》(1925)

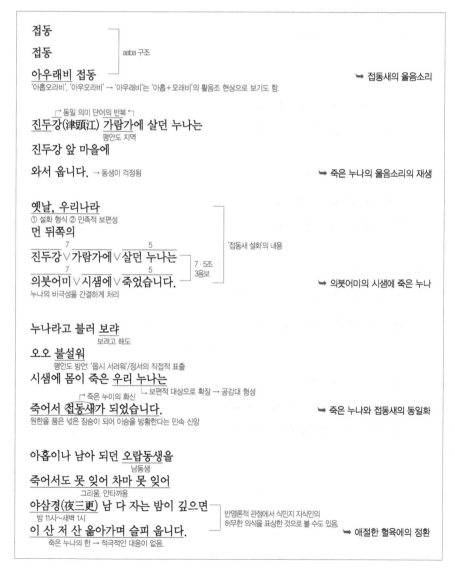

접동
접동
아우래비 접동 (aaba 구조) ➥ 접동새의 울음소리
'아홉오라비', '아우오라비' → '아우래비'는 '아홉+오래비'의 활음조 현상으로 보기도 함.

(동일 의미 단어의 반복)
진두강(津頭江) 가람가에 살던 누나는 (가람가: 평안도 지역)
진두강 앞 마을에
와서 웁니다. → 동생이 걱정됨 ➥ 죽은 누나의 울음소리의 재생

옛날, 우리나라 (① 설화 형식 ② 민족적 보편성)
먼 뒤쪽의
진두강∨가람가에∨살던 누나는 (7 / 5)
의붓어미∨시샘에∨죽었습니다. (7 / 5) (7·5조 3음보) ('접동새 설화'의 내용) ➥ 의붓어미의 시샘에 죽은 누나
누나의 비극성을 간결하게 처리

누나라고 불러 보랴 (보려고 해도)
오오 불설워 (평안도 방언: '몹시 서러워'/정서의 직접적 표출)
시샘에 몸이 죽은 우리 누나는 (└ 보편적 대상으로 확장 → 공감대 형성)
죽어서 접동새가 되었습니다. (죽은 누이의 화신) ➥ 죽은 누나와 접동새의 동일화
원한을 품은 넋은 짐승이 되어 이승을 방황한다는 민속 신앙

아홉이나 남아 되던 오랍동생을 (남동생)
죽어서도 못 잊어 차마 못 잊어 (그리움, 안타까움)
야삼경(夜三更) 남 다 자는 밤이 깊으면 (밤 11시~새벽 1시)
이 산 저 산 옮아가며 슬피 웁니다. (반영론적 관점에서 식민지 지식인의 허무한 의식을 표상한 것으로 볼 수도 있음.) ➥ 애절한 혈육에의 정환
죽은 누나의 한 → 적극적인 대응이 없음.

접동새 설화

10남매를 둔 아버지가 부인을 잃은 후 재혼을 했는데, 계모가 매우 포악하여 전실 소생들을 학대했다. 그러다 맏이인 소녀가 어느 도령과 혼약을 맺었는데, 그 집이 부자라 소녀에게 많은 예물을 보냈다. 이를 시기한 계모는 소녀를 장롱 속에 가두고 장롱에 불을 질러 버렸다. 결국 소녀는 죽어 재속에서 한 마리 접동새가 되어 날아 올랐다. 접동새가 된 소녀는 계모가 무서워 남들이 다 자는 야삼경에만 아홉 동생이 자는 창가에 와서 슬피 울었다.

접동새

→ '한'의 표상

기출 확인

이 작품에 대한 설명으로 바른 것은?

2012 서울시 9급

① 시의 저자는 윤동주이다.
② 창작 연대는 1930년대이다.
③ 사별한 임을 그리는 노래이다.
④ 이 시의 제재는 서북 지방 접동새 설화이다.
⑤ 계모에 대한 의붓딸의 원한을 그렸다.

오답

① 이 시의 저자는 '김소월'이다.
② 창작 연대는 1920년대이다.
③ 의붓어머니의 시샘 때문에 죽은 누이의 한을 그린 작품이다.
⑤ 의붓딸이 아닌 남동생이 누이의 원한을 그렸다.

정답 ④

일제 강점기의 저항 의지

1 광야 | 이육사

핵심정리

- 갈래: 서정시, 자유시, 저항시
- 성격: 상징적, 남성적, 의지적, 예언자적, 미래 지향적
- 제재: 광야
- 주제: 역사의식에 바탕을 둔 현실 극복 의지(조국의 밝은 미래에 대한 소망)
- 특징: ① 시간적 흐름에 따른 시상 전개
  ② 한시(漢詩)의 구성 방식(1·2연 – 기, 3연 – 승, 4연 – 전, 5연 – 결)
  ③ 비유적·상징적 이미지 사용
  ④ 남성적·의지적 어조
- 출전: 《육사 시집》(1946)

기
까마득한 날에 (태초에)
하늘이 처음 열리고 (천지개벽(天地開闢) → 천지 창조의 광경을 시각화)
어디 닭 우는 소리 들렸으랴. (닭 우는 소리: 생명체의 대유 / 들렸으랴: 들리지 않았다.) ➥ 광야의 원시성 · 신성성(과거)

모든 산맥들이
바다를 연모(戀慕)해 휘달릴 때도 (활유법 – 광야의 광활함, 장엄함, 역동감)
차마 이곳을 범(犯)하던 못하였으리라. (범(犯)하던: 침범하진 / 신성 불가침의 땅임을 보여줌.) ➥ 광야의 광활성(과거)

승
끊임없는 광음(光陰)을 (세월)
부지런한 계절이 피어선 지고 (시간 → 시각적 이미지화(세월의 흐름), 추상적 관념의 구체화)
큰 강물이 비로소 길을 열었다. (역사, 인류 문명) ➥ 민족사의 태동과 개척(과거)

전
지금 눈 내리고 (일제치하의 현실, 고난과 시련의 상황)
매화(梅花) 향기(香氣) 홀로 아득하니 (광복의 기운(눈 → 매화 향기) 고고하고 고독한 모습)
내 여기 가난한 노래의 씨를 뿌려라. (씨: 자기 희생적 의지 → 미래에 대한 확신과 의지(속죄양 모티프)★ / 뿌려라: 명령형 종결 어미로 표현하여 화자의 단호한 의지 표명) ➥ 민족의 현실 인식과 선구자 의식(현재)

결
다시 천고(千古)의 뒤에 (민족사에서 절대적 의미를 가지는 순간)
백마(白馬) 타고 오는 초인(超人)이 있어 (민족사를 꽃피울 민족 지사)
이 광야(曠野)에서 목놓아 부르게 하리라. (역사의 현장, 우리 민족의 삶의 터전) ➥ 예언자적 역사 의식(미래)

★ **속죄양 모티프**

기독교에서 자신의 죄를 사함받기 위해 흠 없는 양을 희생물로 바치는 속죄 의식에서 비롯된 말이다. 의미 있고 숭고한 가치를 실현하기 위해 자신을 희생하는 상황을 일컫는다. 이 시에서는 자신의 몸을 희생하는 것을 '씨앗'으로 표현하여 조국 광복을 위해 희생하고자 하는 의지를 나타내고 있다.

Quiz

이 시의 특징으로 바르지 못한 것은?

① 시간적 흐름에 따라 시상이 전개되었다.
② 각 연의 행마다 일정한 규칙에 따라 쓰였다.
③ 역동적인 심상 표현으로 산맥들이 형상화되었다.
④ 시인의 현실 극복 의지가 자신에 차 있다.

해설
시인의 현실 극복 의지가 나타나 있기는 하지만(지금 ~ 뿌려라), 그것은 미래에 대한 강력한 희구(希求)로 나타나 있을 뿐 자신에 차 있는 것은 아니다.

정답 ④

2 쉽게 씌어진 시 | 윤동주

핵심정리

- **갈래** 자유시, 서정시
- **성격** 저항적, 반성적, 미래 지향적
- **제재** 현실 속의 자신의 삶(시가 쉽게 씌어지는 것에 대한 부끄러움)
- **주제** 어두운 시대 현실에서 비롯된 고뇌와 자기 성찰
- **특징** ① 상징적 시어를 대비하여 시적 의미를 강화함.
  ② 두 자아의 대립과 화해를 통해 시상을 전개함.
- **출전** 《하늘과 바람과 별과 시》(1948)

창(窓)밖에 밤비가 속살거려
(일제 치하의 암담한 시대 현실)
육첩방(六疊房)은 남의 나라,
(작은 다다미방 – 자아를 억압하는 공간)

시인이란 슬픈 천명(天命)인 줄 알면서도
(적극적으로 대응하기에는 너무 연약함. 현실적인 한계)
한 줄 시를 적어 볼까, ➥ 슬픈 현실 상황에 대한 인식

땀내와 사랑내 포근히 품긴
보내 주신 학비 봉투를 받아 (부모님의 사랑과 헌신)

대학 노트를 끼고
늙은 교수의 강의 들으러 간다.
(젊은 지식인의 고뇌와 거리가 먼 지식, 무기력한 지식인, 현실 안주)

생각해 보면 어린 때 동무들
하나, 둘, 죄다 잃어버리고
(일제의 탄압으로 인한 상실)

나는 무얼 바라
나는 다만, 홀로 침전(沈澱)하는 것일까? ➥ 무기력한 현재의 삶에 대한 회의
(자아 성찰 – 적극성이 결여된 삶)

인생은 살기 어렵다는데
시가 이렇게 쉽게 씌어지는 것은
부끄러운 일이다. ➥ 부끄러움에 대한 반성적 자기 성찰
(자괴감 – 도덕적 순결성 추구)

육첩방은 남의 나라
창밖에 밤비가 속살거리는데,
(시대적 상황 – 1연과 달리 내면의 각성을 가져오는 매개체)

등불을 밝혀 어둠을 조금 내몰고,
(등불: 저항 의지 / 어둠: 암담한 현실)
시대처럼 올 아침을 기다리는 최후의 나.
(시대처럼 올: 반드시 올 / 아침: 광복 / 최후의 나: 성찰로 성숙해진 자아)

(A)
(적극적으로 저항하지 못하는 현실적 자아)
나는 나에게 작은 손을 내밀어
(조국 광복의 믿음을 가진 내면적 자아)
눈물과 위안(慰安)으로 잡는 최초의 악수(握手). ➥ 현실 재인식과 극복 의지
(두 자아의 화해와 위안)

'육첩방은 남의 나라'의 의미

이 구절은 표면적으로는 자신이 일본에서 공부하고 있다는 상황을 보여 줄 뿐만 아니라 식민지 지배국 일본에서 오히려 민족의식을 자각한 시인의 단호한 육성으로 이해된다. 화자는 자신이 언어로 무엇을 이야기할 뿐 행동으로 나아가지 못하는 시인이라는 사실을 부끄러워하지만, 종국에는 그 나약함을 극복하고 시대의 어둠과 맞서려는 결의를 표현하고 있다. 특히, 결말 부분에서 갈등과 방황 속에 보내던 두 자아가 눈물과 위안 속에 합일(合一)하는 것은 현실 극복의 의지를 부각한 것으로 볼 수 있다.

기출 확인

01 (A)에 나타난 정서와 가장 유사한 것은? 2010 국가직 9급

① 진종일 / 나룻가에 서성거리다
행인의 손을 쥐면 따뜻하리라.

② 나의 사랑, 나의 결별
샘터에 물 고이듯 성숙하는
내 영혼의 슬픈 눈

③ 내가 그의 이름을 불러 주었을 때 / 그는
나에게로 와서 꽃이 되었다.

④ 그리운 그의 모습 다시 찾을 수 없어도 /
울고 간 그의 영혼
들에 언덕에 피어날지어이.

해설
(A) 부분은 현실적 자아와 내면적 자아가 악수를 통해 화해하는 순간을 보여 주고 있다. 즉 부끄러운 현실의 극복과 밝은 미래에 대한 확신을 보여 준다. ② 또한 부정적 상황의 극복을 통한 밝은 미래의 획득이라는 공통점을 보여 준다.

정답 ②

02 이 시를 읽고 이해한 내용으로 가장 옳지 않은 것은? 2020 법원직 9급

① 시선의 이동에 따라 시상을 전개해 시적 안정감을 부여한다.
② 시간적, 공간적 배경을 통해 화자의 현재 상황을 드러낸다.
③ 상징적 의미를 지닌 시어의 대립을 통해 시적 의미를 구체화한다.
④ 반성적이고 미래지향적인 어조를 통해 주제의식을 효과적으로 제시한다.

해설
암울한 시대 현실 속에서 부끄럽지 않은 삶을 살아가고자 하는 지식인의 고뇌와 자기 성찰이 독백적 어조로 전개되고 있다. '시선의 이동'은 찾아 볼 수 없다.

정답 ①

기출 확인

[01~02] 다음 글을 읽고 물음에 답하시오. 2023 군무원 9급

> 창밖에 밤비가 속살거려
> ㉠ 육첩방(六疊房)은 남의 나라,
>
> 시인이란 슬픈 천명인 줄 알면서도
> ㉡ 한 줄 시를 적어 볼까,
>
> 땀내와 사랑내 포근히 품긴
> 보내주신 학비 봉투를 받아
>
> 대학 노트를 끼고
> 늙은 교수의 강의 들으러 간다.
>
> 생각해 보면 어린 때 동무를
> 하나, 둘, 죄다 잃어버리고
>
> ⓐ 나는 무얼 바라
> ⓑ 나는 다만, 홀로 침전하는 것일까?
> 인생은 살기 어렵다는데
> 시가 이렇게 쉽게 씌어지는 것은
> ㉢ 부끄러운 일이다.
>
> 육첩방은 남의 나라
> 창밖에 밤비가 속살거리는데,
>
> 등불을 밝혀 어둠을 조금 내몰고,
> 시대처럼 올 아침을 기다리는 최후의 ⓒ 나,
>
> ⓓ 나는 ⓔ 나에게 작은 손을 내밀어
> 눈물과 위안으로 잡는 ㉣ 최초의 악수.
>
> – 윤동주, 〈쉽게 씌어진 시〉

01 ㉠ ~ ㉣에 대한 설명으로 가장 적절하지 않은 것은?

① ㉠은 조선인으로서의 정체성에 대한 인식을 드러낸다.
② ㉡은 식민지 지식인으로서의 소명 의식을 드러낸다.
③ ㉢은 친일파 지식인에 대한 비판 정신을 보여준다.
④ ㉣은 어두운 현실을 극복하려는 화자의 의지이다.

해설 부끄러움을 느끼는 주체는 '나'이다. 따라서 부끄러움의 대상을 '친일파 지식인'으로 본다는 설명은 적절하지 않다.

오답 ① '육첩방'은 익숙지 않은 일본식 생활공간으로, 화자를 구속하고 억압하는 시대 상황을 가리킨다. 따라서 '일본'을 '남의 나라'로 직접적으로 드러냈다는 점에서 조선인으로서의 정체성에 대한 인식을 드러낸다고 할 수 있다.

② 시인은 현실에 직접 참여해서 싸우는 이가 아니라 언어를 다루는 사람이다. 즉 암담한 현실에 힘을 발휘하지 못하는 사람이 시인이라는 것을 인식하면서도 시를 쓸 수밖에 없는 괴로움을 '슬픈 천명'으로 표현하고 있다.

④ 이상과 현실의 괴리로 인한 내면적 자아와 현실적 자아의 갈등을 경험해야 했던 화자가, 처음으로 '눈물과 위안'을 통해 화해에 도달하는 과정을 보여 줌으로써, 미래에 대한 희망이 나타나 있다.

정답 ③

02 ⓐ~ⓔ에 대한 설명으로 가장 적절한 것은? 2023 군무원 9급

① ⓐ, ⓑ, ⓔ는 현실적 자아이고, ⓒ, ⓓ는 성찰적 자아이다.
② ⓐ, ⓑ는 현실적 자아이고, ⓒ, ⓓ, ⓔ는 성찰적 자아이다.
③ ⓐ, ⓑ, ⓔ는 이상적 자아이고, ⓒ, ⓓ는 현실적 자아이다.
④ ⓐ, ⓑ는 이상적 자아이고, ⓒ, ⓓ, ⓔ는 현실적 자아이다.

해설

1단계	'ⓐ, ⓑ'는 현재 삶에서의 상실감과 회의를 드러낸다는 점에서 '시대처럼 올 아침을 기다리는 최후의'라는 수식을 받는 'ⓒ'와 성격이 다르다는 것을 알 수 있다.
2단계	ⓒ 바로 뒤에 '나'가 '나'에게 손을 내민다는 것을 볼 때, 앞의 '나(ⓓ)'는 'ⓒ'와 성격이 유사하다. 한편, 'ⓔ'은 'ⓐ, ⓑ'와 의미가 유사하다.

따라서 'ⓐ, ⓑ, ⓔ'는 현실적 자아이고, 'ⓒ, ⓓ'는 성찰적 자아이다.

정답 ①

참고자료 시[詩] 더 보기

1 진달래꽃 | 김소월

핵심정리

- **성격** 전통적, 애상적, 민요적, 향토적
- **특징** ① 수미 상관의 구조
  ② 3음보의 전통적 율격
  ③ 이별의 상황을 가정하는 형식
- **어조** 여성적 어조, 간결한 어조
- **제재** 임과의 이별
- **주제** 승화된 이별의 정한(情恨)
- **출전** 《개벽》(1922)

(수미 상관)

나 보기가 역겨워 / 가실 때에는
(이별의 상황을 가정)
말없이 고이 보내 드리우리다. ➥ 이별의 상황에 대한 체념
(□: '-우리다'의 반복으로 운율 형성. 각운 임과의 이별을 묵묵히 받아들이는 체념의 자세를 나타냄(전통적 유교 사회의 여성상).)

(영변: 평안북도의 지명 / 약산: 진달래꽃이 아름답기로 유명한 산)
〈영변(寧邊)에 약산(藥山) / 진달래꽃
(진달래꽃: 임에 대한 사랑과 정성)
(아름: 임에 대한 사랑과 정성을 시각화)
아름 따다 가실 길에 뿌리우리다.〉 ➥ 떠나는 임에 대한 축복
(〈 〉: 산화공덕(散花功德) – 불교의 전통 의식. 부처님이 지나가시는 길에 꽃을 뿌려 영화롭게 한다는 축복의 의미)

가시는 걸음 걸음 / 놓인 그 꽃을
사뿐히 즈려 밟고 가시옵소서. ➥ 희생을 통한 사랑의 승화
(자기희생을 통한 이별의 승화. 이별 거부의 우회적 표현)

나 보기가 역겨워 / 가실 때에는
죽어도 아니 눈물 흘리우리다. ➥ 절제와 극기로 이별의 정한 극복
(애이불비(哀而不悲), 반어법)

기출 확인

명서 처의 대사 ㉠과 표현이나 발상이 가장 유사한 것은? 2010 법원직 9급

> 명서 처: (흩어진 백골을 주우며) 명수야, 내 자식아! 이 토막에서 자란 너는 백골이나마 우리를 찾아 왔다. ㉠ 인제는 나는 너를 기다려서 애태울 것두 없구, 동지 섣달 기나긴 밤을 울어 새우지 않아두 좋다! 명수야, 이제 너는 내 품 안에 돌아왔다.

① 나 보기가 역겨워 / 가실 때에는 / 죽어도 아니 눈물 흘리오리다.
② 그리운 그의 얼굴 다시 찾을 수 없어도 / 화사한 그의 꽃 / 산에 언덕에 피어날지어이.
③ 낙엽은 폴란드 망명 정부의 지폐 / 포화(砲火)에 이지러진 / 도룬 시의 가을 하늘을 생각케 한다.
④ 아아, 님은 갔지마는 나는 님을 보내지 아니하였습니다. / 제 곡조를 못 이기는 사랑의 노래는 님의 침묵을 휩싸고 돕니다.

해설 ㉠은 겉뜻과 속뜻이 반대인 '반어법'이 쓰였다.

정답 ①

2 나룻배와 행인 | 한용운

핵심정리

- **성격** 여성적, 명상적, 상징적, 불교적
- **특징** ① 수미 상관
  ② 경어체 사용으로 경건한 분위기 연출
- **어조** 여성적 어조
- **제재** 나룻배
- **주제** 희생과 인내(기다림)를 통한 사랑의 실천
- **태도** 인고, 자비, 신뢰, 희생
- **출전** 《님의 침묵》(1926)

나는 나룻배, / 당신은 행인. ➥ 나와 당신의 관계(기)
(나: 화자 / 당신: 시적 대상)

당신은 흙발로 나를 짓밟습니다. / 나는 당신을 안고 물을 건너갑니다.
('나'에 대한 당신의 무심함 / 당신에 대한 '나'의 희생)

나는 당신을 안으면 깊으나 옅으나 급한 여울이나 건너갑니다. → 헌신적, 조국 광복을 위해 겪는 시련
➥ 당신의 무심함과 '나'의 희생적 자세(승)

만일 당신이 아니 오시면 나는 바람을 쐬고 눈비를 맞으며 밤에서 낮까지 당신을 기다립니다.
(나는 바람을 쐬고 눈비를 맞으며: 인고(忍苦)의 자세)

당신은 물만 건너면 나를 돌아보지도 않고 가십니다그려.
(돌아보지도 않고: 무심함)

그러나 당신이 언제든지 오실 줄만은 알아요.
(거자필반(去者必返), '당신'에 대한 절대적 믿음)

나는 당신을 기다리면서 날마다 날마다 낡아 갑니다. ➥ 헌신적 기다림의 자세(전)

나는 나룻배, / 당신은 행인. ➥ 나룻배와 행인의 관계 강조(결)
(수미 상관)

기출 확인

이 시에 대한 설명으로 적절하지 않은 것은? 2013 서울시 7급

① 운문적 호흡으로 절제된 정서를 잘 표현해 내고 있다.
② 비유적 표현을 통해 주제 형상화에 이바지하고 있다.
③ 높임법을 활용하여 대상에 대한 태도를 분명히 드러내었다.
④ 일상적 시어를 통해서도 시적 화자의 심정이 잘 드러나고 있다.
⑤ 수미 상관식 구성을 통해 구조적 안정성을 획득하고 있다.

해설 이 시는 '산문적 호흡'을 지니고 있는 자유 시이다.

정답 ①

3 님의 침묵 | 한용운

핵심정리

- **성격** 낭만적, 상징적, 의지적, 역설적
- **갈래** 자유시, 서정시
- **어조** 여성적 어조
- **제재** 임과의 이별
- **주제** 이별의 슬픔 극복과 임에 대한 영원한 사랑
- **특징** ① 역설적 표현
  ② 경어체를 사용함.
  ③ 변증법적 원리에 따른 시상 전개
  ④ 불교적 비유와 고도의 상징이 돋보임.
- **출전** 《님의 침묵》(1926)

님은 갔습니다. 아아, 사랑하는 나의 님은 갔습니다. (임이 떠난 것에 대한 절망과 충격)
푸른 산빛을 깨치고 단풍나무 숲을 향하여 난 작은 길을 걸어서, 차마 떨치고 갔습니다. (그리움의 대상(연인, 조국, 민족, 부처) / '- ㅂ니다'의 반복을 통해 운율 형성)
황금(黃金)의 꽃같이 굳고 빛나던 옛 맹서(盟誓)는 차디찬 티끌이 되어서 한숨의 미풍(微風)에 날아갔습니다. (미래에 대한 희망 ↔ 절망(대조법) / 영원한 사랑의 약속 ↔ 보잘것없는 존재(대조법))
날카로운 첫 키스의 추억(追憶)은 나의 운명(運命)의 지침(指針)을 돌려 놓고, 뒷걸음쳐서 사라졌습니다. (참된 사랑(진리)을 깨달은 순간 / 삶의 방향을 바꿔 놓음 - 임의 절대성) ➥ 이별의 상황(기)

나는 향기로운 님의 말소리에 귀먹고, 꽃다운 님의 얼굴에 눈멀었습니다. (공감각적 심상(청각의 후각화) / 역설법, 대구법)
사랑도 사람의 일이라, 만날 때에 미리 떠날 것을 염려하고 경계하지 아니한 것은 아니지만, 이별은 뜻밖의 일이 되고, 놀란 가슴은 새로운 슬픔에 터집니다. (추상적 감정을 시각적으로 형상화) ➥ 이별 후의 슬픔(승)

그러나 이별을 쓸데없는 눈물의 원천(源泉)을 만들고 마는 것은 스스로 사랑을 깨치는 것인 줄 아는 까닭에, 걷잡을 수 없는 슬픔의 힘을 옮겨서 새 희망의 정수박이에 들어부었습니다. (시상의 전환 / 태도 변화의 이유 / 슬픔 → 희망)
우리는 만날 때에 떠날 것을 염려하는 것과 같이, 떠날 때에 다시 만날 것을 믿습니다. (회자정리(會者定離) / 거자필반(去者必返)) ➥ 슬픔에서 희망으로의 전환(전)

아아, 님은 갔지마는 나는 님을 보내지 아니하였습니다. (깨달음 / 역설적 표현)
제 곡조를 못 이기는 사랑의 노래는 님의 침묵(沈默)을 휩싸고 돕니다. (• 임이 부재하는 현실 • 이별에 대한 화자의 주관적 해석) ➥ 임을 향한 영원한 사랑(결)
→ 임은 반드시 돌아올 사람이기에 화자는 현재의 이별 상황을 임이 '침묵'하는 것 뿐이라고 인식

예원通 문학 감상 관점에 따른 '임'의 의미

감상 관점	내용	'임'의 의미
내재적(절대적) 관점	이별의 슬픔을 노래함.	연인
반영론적 관점	일제강점기에 창작됨.	빼앗긴 조국, 광복
표현론적 관점	작가인 한용운은 승려임.	부처, 절대적 진리
효용론적 관점		독자의 상황에 따라 다양하게 해석

시상의 전환-역전구조

이별 → 슬픔 → 희망 → 만남
(7연 '그러나')

기출 확인

가와 나에 공통으로 사용된 '이별' 모티브에 대한 설명으로 가장 적절한 것은?
2010 법원직 9급

가 〈님의 침묵〉 전문

나 그립다 / 말을 할까하니 / 그리워
그냥 갈까 / 그래도 / 다시 더 한 번 …

저 산(山)에도 가마귀, 들에 가마귀
서산(西山)에는 해 진다고
지저귑니다.

앞 강물 뒷 강물
흐르는 물은
어서 따라 오라고 따라 가자고
흘러도 연달아 흐릅디다려.
– 김소월, 〈가는 길〉

① (가)와 (나)의 '이별'은 모두 강요된 것으로 시적 자아를 무력하게 만든다.
② (가)와 (나) 모두 이별로 인한 비애와 절망을 안으로 삭이는 한의 정서가 강조되었다.
③ (가)의 이별은 (나)와 달리 불교의 윤회 사상을 바탕으로 한 방법적 계기의 역할을 하고 있다.
④ (가)의 이별은 (나)와 달리 과거의 존재, '나'와 근원적으로 합일될 수 없는 존재로 설정되었다.

해설
(가)의 '이별'은 언젠가 다시 만나리라는 불교적 확신으로 끝을 맺고 있지만, (나)의 '이별'은 이러한 재회의 확신이 나타나지 않는다.

정답 ③

4 서시 | 윤동주

핵심정리

- 성격 성찰적, 고백적, 의지적, 상징적
- 주제 부끄러움이 없는 삶에 대한 간절한 소망과 의지
- 어조 고백적 어조, 의지적 어조
- 특징 ① 시간의 변화에 따른 시상 전개
  ② 이미지의 대립을 통한 시적 상황의 제시
- 제재 별
- 출전 《하늘과 바람과 별과 시》(1948)

죽는 날까지 하늘을 우러러
(하늘: 윤리적 삶의 절대적 기준)
한 점 부끄럼이 없기를,
(순수한 삶에 대한 강한 의지/치열한 윤리 의식)
잎새에 이는 바람에도
(바람: 화자의 심리적 갈등, 동요)
나는 괴로워했다.
(이상과 현실 사이의 갈등에서 고뇌)
➥ 부끄러움 없는 삶에 대한 다짐과 삶의 괴로움(과거)

별을 노래하는 마음으로
(별: 희망, 이상, 순수)
모든 죽어 가는 것을 사랑해야지.
(죽어 가는 것: 생명, 유한한 존재)
그리고 나한테 주어진 길을 / 걸어가야겠다.
(나한테 주어진 길: 부끄럼 없는 삶, 천명(天命) / 걸어가야겠다: 결의의 다짐)
➥ 미래의 삶에 대한 결의(미래)

오늘 밤에도 별이 바람에 스치운다.
(밤: 어두운 현실 / 바람: 시련, 고난)
➥ 현실적 어려움에 시달림을 당하는 자아의 양심(현재)

'바람'의 서로 다른 의미

- 3행의 바람: 화자의 내면적 갈등, 양심의 가책
- 9행의 바람: 식민지 상황과 같은 외부에서 오는 시련, 고난

기출 확인

이 시에 대한 해석으로 적절하지 않은 것은?
2013 서울시 9급

① 1 ~4행은 지금까지 살아온 생활의 고백이다.
② 5~8행은 미래의 삶에 대한 신념의 표명이다.
③ 1 ~8행과 9행 사이에는 '주관 : 객관'의 대립이 드러난다.
④ '잎새에 이는 바람'은 아주 작은 잘못조차 허락하지 않는 결벽증을 부각시킨다.
⑤ 9행은 어두운 시대 상황과 극복할 수 없는 시련을 비관적으로 표현하고 있다.

해설
이 시는 1~4행이 과거, 5~8행이 미래, 9행이 현재로 구성되어, 비록 현재가 어둡지만(9행) 자신에게 주어진 길을 걸어가겠다는(7~8행) 의지를 표현하고 있다.

정답 ⑤

5 별 헤는 밤 | 윤동주

이해와 감상

이 시는 시대의 아픔 속에서 밤하늘의 '별'을 보며 지난날을 그리워하던 화자가 부끄러운 자신의 모습을 성찰하면서 새로운 희망과 의지를 다짐하게 되는 과정을 서정적 분위기로 그려내고 있는 작품이다. 전 10연으로 크게 네 부분으로 나눌 수 있다.

- **1~3연:** 쓸쓸한 가을 밤하늘을 배경으로 상념에 빠져든 화자의 모습이 제시되고 있다.
- **4~7연:** '별'을 매개로 아름다운 어린 시절에 대한 애틋한 그리움을 구체적으로 형상화하고 있다. 특히 4연과 5연은 어조와 리듬의 변화를 통해 간절한 그리움을 인상적으로 전달하고 있다.
- **8~9연:** 시적 화자의 자기 성찰의 모습을 보여 준다. 자신의 이름을 '별'이 내려다보이는 '언덕' 위에 써 보고 흙으로 덮어 버리는 시적 화자의 행위는, 외롭고 고통스러운 현재의 시대 상황 속에서 자신의 부끄러운 모습을 확인하고 그것을 이겨내려는 갈등을 암시한다.
- **10연:** 주제 연으로, 고뇌를 거듭했던 시적 화자가 새로운 미래에 대한 희망과 의지를 다짐하는 모습을 보여 주고 있다.

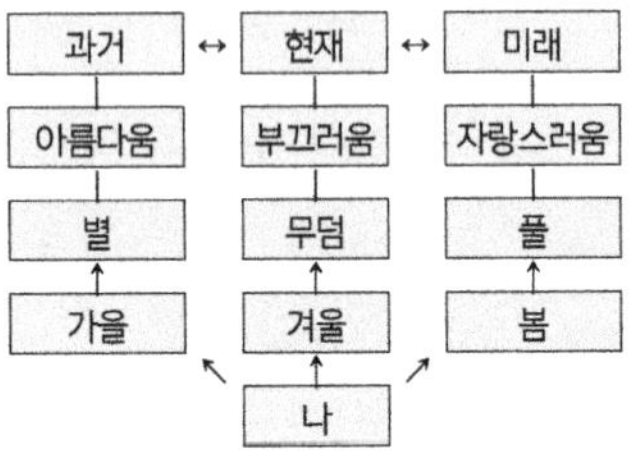

기출 확인

이 시에 대한 감상으로 가장 적절한 것은?

2017 서울시 9급

① 화자는 어린 시절 친구들을 청자로 설정하여 내면을 고백하고 있다.

② 화자의 내면과 갈등관계에 있는 현실에 비판적 시각을 드러내고 있다.

③ 별은 시적 화자가 지향하는 내적 세계를 나타낸다.

④ 별은 현실 상황의 변화를 바라는 화자의 현실적 욕망을 상징한다.

해설

"별"은 '추억, 사랑, 쓸쓸함, 동경, 시' 등 화자가 지향하는 내적 세계를 나타낸다.

오답

① 화자가 청자로 설정한 대상은 '어린 시절 친구들'이 아니라 '어머니'이다.

② 화자는 자신에 대한 부끄러움을 드러내고 있을 뿐, 현실에 대한 비판적 의식을 드러내고 있지는 않다.

④ '별'은 화자의 지향을 상징할 뿐이지, 화자의 현실적 욕망을 상징하지는 않는다.

정답 ③

핵심정리

갈래	자유시, 서정시
성격	고백적, 회상적, 성찰적, 의지적, 사색적, 상징적
주제	아름다운 과거에 대한 추억과 자기 성찰
특징	① 산문율을 삽입하여 운율의 변화를 보여 줌. ② 감정이입을 통해 화자의 태도가 드러남. ③ 경어체를 통해 차분한 성찰의 태도를 보여 줌. ④ 계절의 변화로 나타난 '과거(그리움) → 현재(반성) → 미래(희망)'로 이어지는 시상 전개 방식이 전개됨.
출전	《하늘과 바람과 별과 시》(1948)

계절이 지나가는 하늘에는 / 가을로 가득 차 있습니다. ➥ 배경 제시
'과거–현재–미래'의 시간을 포괄하는 시적 공간 쓸쓸함, 소멸의 이미지

나는 아무 걱정도 없이 / 가을 속의 별들을 다 헬 듯합니다. ➥ 별을 바라보는 시적 화자
추억을 환기하는 매개물, 아름다움, 순수와 이상, 구원의 대상

가슴 속에 하나 둘 새겨지는 별을 / 이제 다 못 헤는 것은
하늘의 별을 보고 떠올린 상념이나 추억의 대상들 상념과 추억에만 빠져 있지 않는 것은
쉬이 아침이 오는 까닭이요, / 내일 밤이 남은 까닭이요,
현실적 제약 마음의 여유
아직 나의 청춘이 다하지 않은 까닭입니다. ➥ 별을 다 세지 못하는 이유
미래에 대한 희망과 청춘의 열정

[별 하나에 추억과/별 하나에 사랑과 / 별 하나에 쓸쓸함과/별 하나에 동경과
[ ]: 별을 하나씩 세며 그리움의 대상들을 하나씩 떠올림. (반복법, 열거법) → 운율감 형성
별 하나에 시와/별 하나에 어머니, 어머니,] ➥ 별을 보며 떠올리는 것들
그리움의 강조(감정 고조), 다음 연과의 시상 연결

[어머님, 나는 별 하나에 아름다운 말 한마디씩 불러 봅니다. 소학교 때 책상을 같이 했던 아이들의 이름과, 패, 경, 옥, 이런 이국 소녀들의 이름과, 벌써 아기 어머니 된 계집애들의 이름과, 가난한 이웃 사람들의 이름과, 비둘기, 강아지, 토끼, 노새, 노루, '프랑시스 잠', '라이너 마리아 릴케' 이런 시인의 이름을 불러 봅니다.] ➥ 아름다운 과거에 대한 그리움
(소학교: 시대적 배경을 나타냄. / 패, 경, 옥: 어린 시절 북간도에서 만난 중국 소녀들 / 프랑시스 잠: 프랑스 시인 / 라이너 마리아 릴케: 독일 시인)
[ ]: 빠른 호흡이 느껴지는 산문시 형태로 바뀜.
4연의 내용을 구체화시킨 부분으로, 운율이 산문율로 바뀌어 빠른 호흡을 통해 그리움의 정서가 고조되고 있다.
특히 이 부분에 나타나 있는 대상들은 시 · 공간적으로 현재의 화자와는 거리가 너무도 먼 추구할 수 없는 존재들이다.

이네들은 너무나 멀리 있습니다. / 별이 아스라이 멀듯이. ➥ 너무나 멀리 있는 추억 속의 대상들
이상과 현실의 심리적 거리감 – 그리움의 간절함

어머님, / 그리고 당신은 멀리 북간도에 계십니다. ➥ 어머니에 대한 그리움
간절한 호소의 대상 과거 회상의 구체적 공간

나는 무엇인지 그리워
시적 화자가 지향하는 이상적 가치, 아름다움, 순수(구체적으로 어머니, 고향, 친구 또는 잃어버린 조국 등)
이 많은 별빛이 내린 언덕 위에 / 내 이름자를 써 보고
아름다움, 순수 자아 성찰의 행위
흙으로 덮어 버리었습니다. ➥ 꿈과 현실의 괴리
아름답지 못하기 때문 → 자신의 삶에 대한 반성(자책감)

딴은 밤을 새워 우는 벌레는
감정이입의 대상물, 화자의 분신
부끄러운 이름을 슬퍼하는 까닭입니다. ➥ 현재의 삶에 대한 부끄러움(자아 성찰)
삶에 대한 서글픈 반성

△: 부정적 이미지, 어두운 현실
□: 자기희생 - 속죄양 모티브
○: 생명, 희망, 부활(소생) 의지

[그러나 겨울이 지나고 나의 별에도 봄이 오면 / 무덤 위에 파란 잔디가 피어나듯이
시상의 전환 / 고난과 시련 / 시적 화자가 지향하는 내면적 공간 / 희망 / 죽음, 절망 ↔ 부활과 재생
내 이름자 묻힌 언덕 위에도 / 자랑처럼 풀이 무성할 거외다.]
부활과 재생의 이미지 → 조국 광복에 대한 신념과 염원
[ ]: 희망의 미래에 대한 신념과 의지를 다짐하는 주제 연으로, '봄(조국 광복)'에 대한 기대와 희망을 통해 '겨울(일제 치하의 암담한 현실)'의 냉혹한 현실 상황을 극복하고 있다. 여기서 '그러나'는 부정적 인식과 상황에서 희망의 미래로 시상을 극적으로 전환시키는 역할을 한다.

6 절정 | 이육사

핵심정리

갈래	자유시, 서정시
성격	의지적, 지사적, 역설적, 초월적, 상징적
어조	남성적 어조, 비장하고 절제된 의지적 어조
주제	극한적 상황을 초극하려는 의지
특징	① 역설적 표현으로 주제를 효과적으로 형상화함. ② '기승전결'의 한시 구성 방식과 유사한 형식을 취함. ③ 현재형 시제의 사용으로 긴박감을 더하고 대결 의식을 형상화함. ④ 강렬한 시어와 남성적 어조로 강인한 의지를 표출함.
출전	《문장》(1940)

탄압, 시련 – 일제의 탄압
매운 계절의 채찍에 갈겨
냉혹한 현실, 일제강점기(감각적 표현)
마침내 북방으로 휩쓸려 오다. □: 극한 상황의 점층적 전개 ➥ 냉혹한 현실의 한계 상황(수평적)(기)
극한적 공간(수평적) – 우리 민족이 유랑하던 만주나 북간도 등지(일제강점하로 북방으로 쫓겨난 우리 민족)

하늘도 그만 지쳐 끝난 고원(高原)
극한적 공간(수직적)
서릿발 칼날진 그 위에 서다. ➥ 극한적 현실의 한계 상황(수직적)(승)
극한의 상황, 생존의 극한으로 절정의 상황임.

[어데다 무릎을 꿇어야 하나
[ ]: 절대적 존재에게 구원을 바랄 수도 없는 극한의 상황에 직면한 화자가 그것을 타개할 방법이 없음을 인식하고 있음.
한 발 재겨 디딜 곳조차 없다.] ➥ 절망적이며 극한적 상황에 대한 인식(전)
절망적 현실 인식

이러매 눈 감아 생각해 볼밖에
시상의 전환
겨울은 강철로 된 무지갠가 보다. ➥ 극한 상황에 대한 초극적 의지(결)
역설법, '겨울'로 상징되는 차가운 현실, 절망을 생명과 희망을 상징하는 '무지개'로 역전시켜 자신의 상황을 초극하고자 하는 의지를 드러내고 있다.

기출 확인

다음 시구 중 함축하고 있는 의미가 가장 다른 것은? 2023 군무원 7급

> (가) 매운 계절의 챗죽에 갈겨
> 마츰내 北方으로 휩쓸려오다
>
> 하늘도 그만 (나) 지쳐 끝난 고원(高原)
> (다) 서리빨 칼날진 그우에 서다
>
> 어데다 무릎을 꾸러야 하나
> (라) 한발 재겨 디딜 곳조차 없다
>
> 이러매 눈깜아 생각해볼밖에
> 겨울은 강철로 된 무지갠가 보다.
> – 이육사 〈절정(絕頂)〉
>
> *챗죽: 채찍, *재겨: 비집고 들어

① (가) ② (나) ③ (다) ④ (라)

해설 (가)~(다)는 화자가 처한 '현실적 한계 상황'을 보여 준 것이다. 즉 가혹한 추위가 지배하는 시간인 일제 강점하의 고통스러운 시련의 시대 상황을 의미한다. 한편, (라)는 화자의 '내면 심리'를 의미한다. 즉 패배를 인정할 수도, 절대적인 존재에게 구원을 빌 수도 없는 극한의 상황에서 화자가 느끼는 심리를 상징한다.

정답 ④

이해와 감상

이 작품은 일제 강점기의 대표적 저항시로, 일제 강점기라는 억압된 현실 속에서도 좌절하지 않는 화자의 강인한 의지를 노래하고 있다. 화자는 '북방'–'고원'–'서릿발 칼날진 그 위'에 '한 발 재겨디딜(발끝으로 땅을 디딜) 곳조차' 없는 상황에 처해 있다. 그러나 화자는 현재의 이러한 극한 상황 속에서 오히려 강철과 같은 의지와 신념을 확인하고 초극적 의지와 신념을 드러내고 있다.

또한 이 작품은 '매운, 채찍, 갈겨, 칼날진'과 같은 강렬한 이미지를 가진 시어들을 사용하여 화자의 극한 상황을 표현하고 있으며, 남성적 어조, 의지적 어조를 통해 그 상황을 극복하려는 강인한 지사적 의지와 신념을 드러내고 있다.

기출 확인

<보기>의 밑줄 친 시어를 현대어로 옮길 때 가장 적절하지 않은 것은? 2019 서울시 9급

> <보기>
> 매운 계절의 ㉠ 챗죽에 갈겨
> ㉡ 마츰내 북방으로 휩쓸려오다
>
> 하늘도 그만 지쳐 끝난 고원
> 서리빨 칼날진 ㉢ 그우에서다
>
> 어데다 무릎을 꾸러야하나?
> 한발 ㉣ 재겨디딜 곳조차 없다
>
> 이러매 눈깜아 생각해볼밖에
> 겨울은 강철로된 무지갠가보다
> – 이육사, 〈절정〉

① ㉠: 채찍
② ㉡: 마침내
③ ㉢: 그 위
④ ㉣: 재껴 디딜

해설
'재겨디딜'에서 '재겨'는 표준어가 아니고 '제기다'가 표준어이다. 따라서 '발끝이나 뒤꿈치로 겨우 땅을 디뎌'라는 의미로 '제겨'로 써야 한다. 즉 "한발 재겨디딜 곳조차 없다"는 화자가 처한 극한 상황을 표현한 것이므로, '일을 솜씨 있게 쉽게 처리하거나 빨리 해 버림'을 뜻하는 '재끼다'를 사용한 ④의 '재껴 디딜'과는 의미상 거리가 멀다.

정답 ④

2절 소설의 이해

1 소설의 구성

1. 구성의 단계

발단 (發端, exposition)	· 작품의 도입 단계 · 등장인물의 소개, 배경의 제시, 사건의 실마리 제시, 독자의 흥미 유발
전개 (展開, development)	· 사건이 본격적으로 전개되는 단계 · 사건이 복잡하게 얽히고 갈등과 분규가 일어남. · 인물의 성격이 변화·발전됨. · 복선(伏線), 암시(暗示), 생략, 서스펜스(Suspense) 등의 기교가 요구되는 단계
위기 (危機, crisis)	· 사건이 절정에 이르는 계기가 되는 단계 · 사건의 극적 반전을 가져오는 계기가 나타나는 부분
절정 (絶頂, climax)	· 갈등과 분규가 가장 격렬해지고 사건이 최고조에 이르는 단계인 동시에 사건 해결의 분기점이 되는 단계 · 작품 전체의 의미가 제시되며 위기가 반전됨.
결말 (結末, resolution)	· 사건이 마무리되며, 모든 갈등과 분규가 해결되고 주인공의 운명이 결정되는 단계

2. 구성의 유형

(1) 사건의 진행 방식에 따른 분류

평면적 구성	사건이 과거, 현재, 미래의 시간적 흐름에 따라 진행되는 구성 = 순행적 구성, 진행적(進行的) 구성, 일대기적(一代記的) 구성★ 예 고전 소설
입체적 구성	사건의 전개를 시간적 순서에 따라 전개하지 않고, 순서를 바꾸어 진행하는 구성 = 역순행적 구성, 분석적(分析的) 구성 예 현대 소설(특히 심리주의 소설에서 주로 나타남.)

★ **일대기적 구성**

태어나면서부터 죽을 때까지의 전 생애를 시간 순서대로 기록하는 방식

혜원通 피카레스크식 구성(picaresque plot) vs. 옴니버스식 구성(omnibus plot)

구분	피카레스크식 구성	옴니버스식 구성
개념	각각의 독립된 이야기가 동일한 주제 아래 사건이 연속적으로 전개되는 구성	서로 다른 인물들이 등장하여 각각 독립된 이야기를 전개하나 동일한 주제를 표현하는 구성
유래	17c 스페인에서 성행한 악당 소설에 등장하는 유명한 악당의 이름 '피카레스크'에서 유래	'옴니버스'는 '합승 마차'의 뜻으로 승객과 목적지는 각각 다르지만 같은 방향을 향해 달린다는 점에서 유래
특징	① 개별적 이야기는 전체적으로는 하나의 이야기 틀에 속함. ② 등장인물과 배경의 변화가 없음.	① 개별적 이야기는 인물과 사건이 별개로 구성되어 서로 아무런 상관이 없음. ② 등장인물과 배경이 각각 다름.
작품	조세희의 〈난쟁이가 쏘아 올린 작은 공〉, 박태원의 〈천변풍경〉	〈봉산 탈춤〉

(2) **액자식(額子式) 구성 :** 한 작품이 '내부 이야기'와 '외부 이야기'로 이루어지는 구성 방식

예원通 액자식 구성

1. 액자식 구성의 특징
- '내부 이야기'가 핵심 내용인 경우가 많다.
- 내·외부 이야기의 시점이 바뀌는 경우가 많고, 특히 내부 이야기는 신빙성을 위해 서술자와의 거리를 유지하고 사건 자체를 객관화한다.

2. 액자식 구성의 유형

순환적 액자 구성	하나의 액자 속에 여러 내부 이야기가 있는 것 예 〈데카메론〉, 〈천일 야화〉 등
단일 액자 구성	하나의 액자 속에 하나의 내부 이야기가 있는 것 예 김동인의 〈배따라기〉, 김동리의 〈무녀도〉, 〈등신불〉 등

2 소설의 인물

1. 인물의 제시 방법 = 성격화(characterization)

(1) 직접적 방법(말하기, telling)

개념	서술자가 인물의 성격을 직접 요약적으로 제시하는 방법 = 분석적 방법, 해설적 방법, 설명적 방법, 편집자적 방법
장점	· 서술자가 직접 인물의 성격을 제시하기 때문에 독자는 이해하기 쉬움. · 서술자는 인물의 성격이나 심리를 상세하고 정확하게 제시할 수 있음.
단점	인물의 제시가 추상적일 경우 사건의 진행을 방해함.

- 나이는 스물다섯에서 사십까지 임의로 볼 수 있으며, 그 몸이나 얼굴 생김이 어디로 보든 남에게 미움을 사고 근접지 못할 놈이라는 느낌을 갖게 한다. – 김동인, 〈붉은 산〉
- 허 생원은 계집과는 연분이 멀었다. 얼금뱅이 상판을 쳐들고 대어 설 숫기도 없었으나, 계집 편에서 정을 보낸 적도 없었고, 쓸쓸하고 뒤틀린 반생이었다. – 이효석, 〈메밀꽃 필 무렵〉
- 복녀는, 원래 가난은 하나마 정직한 농가에서 규칙 있게 자라난 처녀였다. 이전 선비의 엄한 규율은 농민으로 떨어지자부터 없어졌다. 하나, 그러나 어딘지는 모르지만 딴 농민보다는 좀 똑똑하고 엄한 가율이 그의 집에 그냥 남아 있었다. – 김동인, 〈감자〉
- 친구가 누구냐고 물으면, 이참봉, 윤승지, 무슨 참판, 어디 남작하고 모조리 서울서도 유수한 대가와 부자들의 이름만 꼽지만, 거리에서 그가 어울려 다니는 것을 보나 가끔 친구라고 데리고 오는 것을 보면, 그의 말과는 딴판이었다. – 김동리, 〈화랑의 후예〉

(2) 간접적 방법(보여주기, showing)

개념	서술자가 인물의 행동이나 대화로 인물의 성격을 간접적으로 제시하는 방법 = 극적(劇的) 방법
장점	인물을 생생하게 묘사하고 독자의 상상적인 참여가 가능함.
단점	① 표현에 한계가 존재하기 때문에, 서술자의 견해가 분명하지 않을 수 있음. ② 서술자가 직접 인물의 성격을 제시하지 않기 때문에 독자는 대화와 행동을 통해 유추해야 함.

TIP

초보적인 성격화 방법
- 명명(命名, 이름 짓기)
  예 장빛나 → 잘나가는 주인공
  무정한 → 냉정한 상사
- 외양 묘사
  예 〈B 사감과 러브레터〉의 B 사감의 외양 → 엄격하고 괴팍한 성격 제시

직접 제시와 간접 제시

직접적 방법	간접적 방법
말하기(telling)	보여 주기(showing)
설명 위주	묘사 위주
서사, 서술	행동, 대화, 장면 묘사
성격, 심리의 직접적 분석 방법	성격, 심리의 간접적 분석 방법
작가의 견해를 나타내는 데 알맞음.	작가의 견해를 나타내는 데 불편함.
추상적으로 흐르기 쉬움.	구체적, 감각적으로 제시함.

기출 확인

외모와 말투를 통해서 등장인물의 성격이 드러나고 있다. (O, ×) 2014 국가직 9급

> 그 녀석은 박 씨 앞에 삿대질을 하듯이 또 거친 소리를 질렀다. 검초록색 잠바에 통이 좁은 깜장색 바지 차림의 서른 남짓 되어 보이는 사내였다. 짧게 깎은 앞머리가 가지런히 일어서 있고 손에는 올이 굵은 깜장 모자를 들었다. 칼칼하게 야윈 몸매지만 서슬이 선 눈매를 지녔고, 하관이 빠르고 얼굴색도 까무잡잡하다. 앞니에 금니 두 개를 해 박았다. 구두가 인상적으로 써늘하게 생겼다. 구둣방에 진열되어 있는 구두는 구두에 불과하지만 일단 사람의 발에 신기면 구두도 그 주인의 위인과 더불어 주인을 닮아 가게 마련이다. 끝이 뾰족하고 반들반들 윤기를 내고 있다.
>
> 헤프고, 사근사근하고, 무르고, 게다가 병역 기피자인 박 씨는 대번에 꺼칠한 얼굴이 되었다. 처음부터 나오는 것이 예사손님 같지는 않다.
>
> "글쎄, 앉으십쇼. 빨리 해 드릴 테니."
>
> "얼마나 빨리 되어? 몇 분에 될 수 있소?"
>
> "허어, 이 양반이 참 급하기도."
>
> "뭐? 이 양반? 얻다 대구 반말이야? 말조심해."
>
> 앉았던 손님 두엇이 거울 속에서 힐끗 쳐다보았다. 그리고 거울 속에서 눈길이 부딪힐 듯하자 급하게 외면을 하였다. 세발대의 두 소년도 우르르 머리들을 이편으로 내밀고 구경을 하고 손이 빈 민 씨와 김 씨도 구석 쪽 빈 이발 의자에 앉아 묵은 신문을 보다가 말고 몸체만을 엉거주춤히 돌렸다.
>
> – 이호철, 〈1965년, 어느 이발소에서〉

해설 제시된 부분은 '외양묘사, 대화, 행동'을 통해 등장인물을 소개하는 '간접적 방법'으로 인물의 성격을 드러내고 있다.

정답 O

3 소설의 시점(視點)

1. 시점(視點, point of view)의 개념

소설에서 대상·사건을 바라보는 서술자의 시각이나 관점

TIP
서술자
서술자는 작가가 작품의 이야기를 독자에게 중개해 주기 위해 창조한 허구적 대리인
작가 ≠ 서술자

2. 시점의 종류

서술자의 태도 / 서술자의 위치	사건을 주관적으로 분석 (서술자가 인물의 내부에 주목)	사건을 객관적으로 관찰 (서술자가 인물의 외부에서 관찰)
이야기 속의 등장인물	1인칭 주인공 시점	1인칭 관찰자 시점
이야기 속의 등장인물 ×	전지적 작가 시점	3인칭 관찰자 시점

(1) 1인칭 주인공 시점

개념	주인공이 자신의 이야기를 하는 서술 시점
장점	· 주인공의 내면 심리를 효과적으로 제시함. · 서술자가 자신에 대해 이야기하므로, 독자와의 신뢰감·친근감을 형성함.

> 김 군! 그러나 나의 이상은 물거품에 돌아갔다. 간도에 들어서서 한 달이 못 되어서부터 거친 물결은 우리 세 생령 앞에 기탄없이 몰려왔다. 나는 농사를 지으려고 밭을 구하였다. 빈 땅은 없었다.
>
> – 최서해, 〈탈출기〉

TIP
1인칭 주인공 시점
'1인칭 주인공 시점'은 주인공이나 사건을 객관적으로 서술할 때 제약을 받는다.
→ 객관적 서술이 어렵다.

(2) 1인칭 관찰자 시점

개념	1인칭 서술자가 서술자 자신의 시각으로 주인공의 이야기를 하는 서술 시점 = 주도적 시점
특징	인물의 성격이나 심리에 개입할 수 없고 해설이나 평가 없이 그대로 제시됨.
장점	· 관찰하는 인물에 따라 소설의 효과가 달라질 수 있음. · 주인공의 내면이 드러나지 않기 때문에 긴장감을 조성함.
단점	관찰된 내용만 제시되므로, 주인공과 세계에 대한 깊이 있는 이해가 어려움.

하루는 밤에 아저씨 방에서 놀다가 졸려서 안방으로 들어오려고 일어서니까 아저씨가 하아얀 봉투를 서랍에서 꺼내어 내게 주었습니다.

"옥희, 이거 갖다가 엄마 드리고 지나간 달 밥값이라구, 응?"

나는 그 봉투를 갖다가 어머니에게 드렸습니다. 어머니는 그 봉투를 받아 들자 갑자기 얼굴이 파랗게 질렸습니다. 그 전날 달밤에 마루에 앉았을 때보다도 더 새하얗다고 생각되었습니다. 어머니는 그 봉투를 들고 어쩔 줄을 모르는 듯이 초조한 빛이 나타났습니다.

– 주요섭, 〈사랑 손님과 어머니〉

(3) 작가 관찰자 시점

개념	작가가 외부의 관찰자의 위치에서 이야기하는 서술 시점
특징	서술자와 인물의 거리가 가장 멂.
장점	대화, 행동 등을 관찰하며 진행되므로 극적인 효과를 줌.
단점	· 작가가 자신의 사상, 인생관 등을 덧붙일 수 없으므로 주제는 암시적으로 제시됨. · 인물들의 사상, 감정, 심리 등을 직접 표현하지 않기 때문에 파악에 어려움이 있음.

복녀는 열심으로 송충이를 잡았다. 소나무에 사다리를 놓고 올라가서는, 송충이를 집게로 집어서 약물에 잡아 넣고, 그의 통은 잠깐 새에 차고 하였다. 하루에 삼십이 전씩의 공전이 그의 손에 들어왔다.

그러나 대엿새 하는 동안에 그는 이상한 현상을 하나 발견하였다. 그것은 다른 것이 아니라, 젊은 여인부 한 여남은 사람은 언제나 송충이는 안 잡고 아래서 지절거리며 웃고 날뛰기만 하고 있는 것이었다. 뿐만 아니라, 그 놀고 있는 인부의 공전은 일하는 사람의 공전보다 팔 전이나 더 많이 내어 주는 것이다.

– 김동인, 〈감자〉

(4) 전지적 작가 시점

개념	전지적, 분석적인 작가가 전지전능한 위치에서 이야기하는 서술 시점
특징	· 서술자가 등장인물의 행동과 심리까지 분석, 설명함. · 서술자의 위치를 자유롭게 이동시켜 인생의 모습을 다각적으로 그림. · 작가가 작품 속에 직접 개입하여 사건을 진행시키고 인물을 논평함.
단점	· 서술자가 지나치게 논평을 할 경우 객관성의 확보가 어려워짐. · 서술자가 모든 것을 해설하기 때문에 독자의 역할이 수동적으로 됨.

"그것을 누가 하나요?"

하고 세 처녀를 골고루 본다. 세 처녀는 아직도 경험하여 보지 못한 듯 말할 수 없는 정신의 감동을 깨달았다. 그리고 일시에 소름이 쭉 끼쳤다. 형식은 한 번 더,

"그것을 누가 하나요?" / 하였다.

"우리가 하지요!"

하는 대답이 기약하지 아니하고 세 처녀의 입에서 떨어진다. 네 사람의 눈앞에는 불길이 번쩍하는 듯하였다. 마치 큰 지진이 있어서 온 땅이 떨리는 듯하였다.

– 이광수, 〈무정〉

혜원通 거리와 시점

거리감 / 기준	먼 느낌	가까운 느낌
서술 방법	'telling(말하기)'에 의해 사건이 요약됨.	'showing(보여 주기)'에 의해 장면이 제시됨.
서술 시점	· 1인칭 주인공 시점 · 전지적 작가 시점	· 1인칭 관찰자 시점 · 작가 관찰자 시점(3인칭 관찰자 시점)
거리	가깝다 가깝다 인물 - 서술자 - 독자 멀다	멀다 인물 서술자 가깝다 멀다 독자

TIP

1인칭 주인공 시점은 인물과 서술자가 일치한다.
→ 인물과 서술자의 거리가 가장 가깝다.
인물 = 서술자 - 독자

작품의 실제 소설

1 혈(血)의 누(淚) | 이인직

핵심정리

- **작자** 이인직
- **형식** 신소설
- **성격** 교훈적, 계몽적
- **시점** 전지적 작가 시점
- **주제** 신교육 사상과 개화 의식의 고취
- **의의** 최초의 신소설
- **구성** 어려서 부모를 잃고 고생하다가 조력자의 도움으로 행복에 이르게 되는 희극적 구성
  ① 발단: 청일 전쟁 중에 옥련은 부모와 헤어짐.
  ② 전개: 일본인 군의관의 도움으로 옥련은 구출되어 성장함.
  ③ 위기: 군의관이 전사하자 옥련은 집에서 나와 자살을 기도함.
  ④ 절정: 유학생 구완서를 따라 미국으로 건너감.
  ⑤ 결말: 문명개화한 신학문을 배운 후, 나라를 위해 봉사할 것을 다짐함.
- **표현** 묘사체, 산문체(언문일치에 접근했으나, 종결 어미에는 문어체의 자취가 있음.)
- **출전** 《만세보(萬歲報)》(1906)
  * 상편은 《만세보》 연재로 끝나고 하편에 해당하는 〈모란봉(牡丹峰)〉은 1913년 《매일신보(每日申報)》에 연재되다가 미완성으로 끝났다.

가 〈일청 전쟁(日淸戰爭)의 총소리는 평양 일경이 떠나가는 듯하더니, 그 총소리가 그치매 사람의 자취는 끊어지고 산과 들에 비린 티끌뿐이라.〉

〈 〉: 시간적, 공간적 배경, 청일전쟁의 주요 격전지인 평양을 배경으로 하여 전쟁의 참상을 그려냄. 고전 소설의 시작과는 다른 면모를 보여줌. 또 '청일전쟁'을 '일청 전쟁'으로 표현한 것으로 보아 작자의 친일 성향을 확인할 수 있음.

〈평양성 외 모란봉에 떨어지는 저녁 볕은 뉘엿뉘엿 넘어가는데, 저 햇빛을 붙들어 매고 싶은 마음에 붙들어 매지는 못하고, 숨이 턱에 닿은 듯이 갈팡질팡하는 한 부인이 나이 삼십이 될락말락하고, 얼굴은 분을 따고 넣은 듯이 흰 얼굴이나 인정 없이 뜨겁게 내리쪼이는 가을 볕에 얼굴이 익어서 선앵두빛이 되고, 걸음걸이는 허둥지둥하는데 옷은 흘러내려서 젖가슴이 다 드러나고, 치맛자락은 땅에 질질 끌려서 걸음을 걷는 대로 치마가 밟히니, 그 부인은 아무리 급한 걸음걸이를 하더라도 멀리 가지도 못하고 허둥거리기만 한다.〉

〈 〉: 인물의 생생한 묘사
얼굴은 분을 따고 넣은 듯이 흰 얼굴: 평민이 아님을 묘사

나 옥련이는 아무리 조선 계집아이이나 학문도 있고, 개명한 생각도 있고, 동서양으로 다니면서 문견(聞見)이 높은지라. 서슴지 아니하고 혼인 언론 대답을 하는데, 구 씨의 소청이 있으니, 그 소청인즉 옥련이가 구 씨와 같이 몇 해든지 공부를 더 힘써 하여 학문이 유여한 후에 고국에 돌아가서 결혼하고, 옥련이는 조선 부인 교육을 맡아 하기를 청하는 유지(有志)한 말이라. 옥련이가 구 씨의 권하는 말을 듣고 조선 부인 교육할 마음이 간절하여 구 씨와 혼인 언약을 맺으니, 『구 씨의 목적은 공부를 힘써 하여 귀국한 뒤에 우리나라를 독일국(獨逸國)같이 연방도를 삼되, 일본과 만주를 한데 합하여 문명한 강국을 만들고자 하는 비사맥 같은 마음이요, 〈옥련이는 공부를 힘써 하여 귀국한 뒤에 우리나라 부인의 지식을 넓혀서 남자에게 압제받지 말고 남자와 동등 권리를 찾게 하며, 또 부인도 나라에 유익한 백성이 되고 사회상에 명예 있는 사람이 되도록 교육할 마음이라.〉』

개명한 생각도 있고: 서구와 신사상을 받아들임.
소청: 청하는 바
〈 〉: 당시 개화되지 않은 근대적 사회였음. → 옥련이의 근대적이고 신여성다운 면모
『 』: 편집자적 논평. 인물의 속마음을 해설하면서 주제 의식을 드러내는 부분

줄거리

1894년 청·일 전쟁이 평양 일대를 휩쓸었을 때 일곱 살 난 옥련(玉蓮)은 피난길에서 부모를 잃고 부상을 당하나 일본군에 의해 구출되고 이노우에[井上] 군의관의 도움으로 일본에 건너가 소학교를 다니게 된다. 그러나 이노우에 군의관이 전사하고 그 부인한테 구박을 당하게 된 옥련은 갈 곳을 찾지 못하고 방황하던 중 구완서를 만나 함께 미국으로 건너간다. 워싱턴에서 공부하던 옥련은 극적으로 아버지를 만나게 되고 구완서와 약혼한다. 한편 평양에서는 죽은 줄만 알았던 딸의 편지를 받은 어머니가 꿈만 같이 기뻐한다.

〈혈의 누〉의 신소설적 성격

- 언문일치(言文一致)에 거의 근접
- 서술 시간이 역순적으로 배치
- 표현에서 묘사체 문장이 시도
- 개화사상
- 배경이 현실적(고대 소설과의 차이점)

작품에 나타난 개화사상

- 남녀평등
- 자유연애사상
- 민족계몽사상

기출 확인

이 소설을 고대 소설과 구별할 수 있게 하는 구성상의 특징은? 2009 국가직 7급

① 사건 전개의 논리성
② 배경의 현실성
③ 인물의 간접 제시
④ 내면 묘사의 충실성

해설
고대 소설의 배경은 대부분 막연하고 비현실적이다.

정답 ②

의의

- 당시의 사회와 정치 및 인간의 부도덕성을 신랄하게 비판한 개화기 우화 소설의 대표적 작품
- **최초의 판금 소설**: 일제 치하에서 치안을 방해했다는 이유로 판매 금지된 사실이 있음.

구성

8마리의 동물이 차례로 인간의 문제점을 성토하는 회의 광경을 '나'가 관찰

- 사회자의 선언
- **제1석**: 까마귀 → 반포지효(反哺之孝) – 부모에 대한 효도 강조
- **제2석**: 여우 → 호가호위(狐假虎威) – 간사한 행동 경계
- **제3석**: 개구리 → 정와어해(井蛙語海) – 분수를 지킬 줄 모르는 행동 경계
- **제4석**: 벌 → 구밀복검(口蜜腹劍) – 정직함 강조
- **제5석**: 게 → 무장공자(無腸公子) – 지조와 절개 강조
- **제6석**: 파리 → 영영지극(營營之極) – 형제, 동포 간의 우애 강조
- **제7석**: 호랑이 → 가정맹어호(苛政猛於虎) – 가혹한 정치는 호랑이보다 무서움 강조
- **제8석**: 원앙 → 쌍거쌍래(雙去雙來) – 부부의 금실 강조

〈금수회의록〉의 근대 소설로서의 성격

- **주제**: '권선징악'에서 탈피, 인간의 본질을 통하여 인생을 보려는 태도가 보임.
- **인물**: 성격과 심리에서 비교적 '사실성'을 획득
- **사건과 배경**: 취재의 현실성과 사건의 현장성
- **구성**: 단일 스토리의 연대기적 전개. 한 시기를 집중적으로 다룸. 복수의 사건의 병행적 전개
- **문체**: 언문일치에 접근. 산문체, 묘사 위주

이 글의 비판 대상인 인간의 반응으로 적절한 표현 → 입이 광주리만 해도 말 못한다.

Quiz

이 작품에 대한 설명으로 가장 적절한 것은?

① 연설을 서사의 방법으로 채용하여 계몽적 의도를 효과적으로 숨기고 있다.
② 해방 직후에 나타난 정치 소설의 한 변형으로서, 우화적 풍자 형식을 채택하고 있다.
③ 문제를 해결하기 위해 개인적인 회개를 강조하기보다는 구조적이고 근본적인 해결책을 제시하고자 한다.
④ 표면적으로 동물들이 인류의 부패와 타락을 논박하는 형식으로 되어 있으나 실은 이 시기 사회의 비판과 풍자에 초점을 맞추고 있다.

해설
우화적 기법을 통해 동물들이 인간을 비판하는 내용인 듯하지만 이를 바라보는 주인공 '나'를 통해 개화기의 사회를 비판 풍자하는 데 목적이 있다.

오답
① 계몽적 의도를 숨기고 않고 직설적으로 드러낸다.
② 해방 직후 작품이 아니라 개화기 신소설이다.
③ 인간을 비판했으나 해결책은 제시하지 못했다.

정답 ④

2 금수회의록 | 안국선

핵심정리

작가	안국선
갈래	신소설, 우화 소설, 정치 소설
성격	우화적, 풍자적, 교훈적
시점	[외화] 1인칭 주인공 시점 [내화] 1인칭 관찰자 시점
문체	산문체, 연설문체, 토론체 양식
특징	액자 소설(전체 내용) – [외화] '나'가 어지러운 세상을 개탄함 → [내화] (꿈속) '금수회의소'에 가서 동물들의 연설을 들음. → [외화] '나'가 인간 세상의 타락을 한탄하고 인간의 반성과 회개를 촉구함.
주제	인간 세계의 모순과 비리와 타락상 풍자. 개화기의 혼란한 세태를 비판한 우화
출전	《금수회의록》(1908)

가 별안간 뒤에서 무엇이 와락 떠다밀며 "어서 들어갑시다, 시간 되었소." 하고 바삐 들어가는 서슬에 나도 따라 들어가서 방청석에 앉아 보니 각색 길짐승, 날짐승, 모든 버러지, 물고기 등물이 꾸역꾸역 들어와서 그 안에 빽빽하게 서고 앉았는데, 모인 물건은 형형색색이나 좌석은 제제창창(濟濟蹌蹌)한데, 장차 개회하려는지 규칙 방망이 소리가 똑똑 나더니, 회장인 듯한 한 물건이 머리에는 금색이 찬란한 큰 관을 쓰고, 몸에는 오색이 영롱한 의복을 입은 이상한 태도로 회장석에 올라서서 한번 읍(揖)하고, 위의(威儀)가 엄숙하고 형용이 단정하게 딱 서서 여러 회원을 대하여 하는 말이, "여러분이여, 내가 지금 여러분을 청하여 만고에 없던 일대 회의를 열 때에 한 마디 말씀으로 개최 취지를 베풀려 하오니 재미있게 들어 주시기를 바라오."

(나도: 이 글에서 '나'의 역할: 동물들의 회의에 참석하여 그들의 주장을 보고 들은 후 전달해 주는 사람)
(제제창창: 위의가 엄숙한 모습)
(읍: 예의를 갖추고 = 제제창창: 몸가짐이 위엄이 있고 질서가 정연함.)

나 우리는 그 법을 지키고 어기지 아니하거늘, 지금 세상 사람들은 말하는 것을 보면 낱낱이 효자 같으되, 실상 하는 행동을 보면 주색잡기(酒色雜技)에 침혹하여 부모의 뜻을 어기며, 형제간에 재물로 다투어 부모의 마음을 상케 하며, 제 한 몸만 생각하고 부모가 주리되 돌아보지 아니하고, 여편네는 학식이라고 조금 있으면 주제넘은 마음이 생겨서 온화, 유순한 부덕을 잊어버리고 시집가서는 시부모 보기를 아무것도 모르는 어리석은 물건같이 대접하고, 심하면 원수같이 미워하기도 하니, 인류 사회에 효도 없어짐이 지금 세상보다 더 심함이 없도다. 사람들이 일백 행실의 근본 되는 효도를 아지 못하니 다른 것은 더 말할 것 무엇 있소.

(말하는 것을 보면 ~ 효자 같으되: 표리부동(表裏不同))
(여편네는 ~ 생겨서: 여성의 교육을 부정적으로 판단함. 남성 우월적 사고방식이 드러남.(작가 의식의 한계 – 전근대적))
(인류 사회에 ~ 없도다: 도덕적 가치인 '효'가 무너진 인간 세계 비판함.)
(까마귀의 연설: 반포지효(反哺之孝) → 까마귀가 부모를 정성껏 먹여 살리는 일을 일컬음.)

다 "여러분 하시는 말씀을 들으니 다 옳으신 말씀이오. 대저 사람이라 하는 동물은 세상에 제일 귀하다 신령하다 하지만은 나는, 말하자면 제일 어리석고 제일 더럽고 제일 괴악하다 하오. 그 행위를 들어 말하자면 한정이 없고, 또 시간이 지났으니 그만 폐회하오." 하더니 그 안에 모였던 짐승이 일시에 나는 자는 날고 기는 자는 기고 뛰는 자는 뛰고 우는 자도 있고 짖는 자도 있고 춤추는 자도 있어, 다 각각 돌아가더라.

(사람이라 하는 동물은 ~ 신령하다: 만물의 영장)
(나는 자 + 기는 자 = 금수(禽獸))

라 까마귀처럼 효도할 줄도 모르고, 개구리처럼 분수 지킬 줄도 모르고 여우보다도 간사한, 호랑이보다도 포악한, 벌과 같이 정직하지도 못하고 파리같이 동포 사랑할 줄도 모르고 창자 없는 일은 게보다 심하고, 부정한 행실은 원앙새가 부끄럽도다. 여러 짐승이 연설할 때 나는 사람을 위하여 변명 연설을 하리라 하고 몇 번 생각하여 본즉 무슨 말로 변명할 수가 없고 반대를 하려 하나 현하지변(懸河之辯)을 가지고도 쓸 데가 없도다. 사람이 떨어져서 짐승의 아래가 되고, 짐승이 도리어 사람보다 상등(上等)이 되었으니 어찌하면 좋을꼬.

(나는 사람을 위하여 ~ 하리라 하고: 사건 관찰)
(현하지변: 세차게 흐르는 강물처럼 거침없이 잘하는 말 = 청산유수(靑山流水), 달변(達辯))
(어찌하면 좋을꼬: 한탄(恨歎))

3 무정(無情) | 이광수

핵심정리

갈래	장편 소설, 계몽 소설
배경	① 시간: 1910년대 개화기 ② 공간: 경성, 평양, 삼랑진
성격	계몽적, 민족주의적
시점	전지적 작가 시점
문체	구어체(언문일치), 산문적 묘사체
제재	남녀의 애정
주제	자유연애 사상과 민족의식의 고취
출전	《매일신보》(1917)

가 "그렇지요, 불쌍하지요! 그러면 그 원인이 어디 있을까요?"

"물론 문명이 없는 데 있겠지요 — 생활하여 갈 힘이 없는 데 있겠지요."

"그러면 어떻게 해야 저들을…… 저들이 아니라 우리들이외다.…… 저들을 구제할까요?"

(형식의 심리 – 일체감)

하고 형식은 병욱을 본다. 영채와 선형은 형식과 병욱의 얼굴을 번갈아 본다.

병욱은 자신 있는 듯이,

"힘을 주어야지요? 문명을 주어야지요?"

"그리하려면?" / "가르쳐야지요? 인도해야지요!" / "어떻게요?"

"교육으로, 실행으로."

(주제 의식을 인물의 말을 통해 직접 제시, 민중을 구제할 수 있는 방법)

영채와 선형은 이 문답의 뜻을 자세히는 모른다. 물론 자기네가 아는 줄 믿지마는 형식이와 병욱이가 아는 이만큼 절실(切實)하게 단단하게 알지는 못한다. 그러나 방금 눈에 보는 사실이 그네에게 산 교육을 주었다. 그것은 학교에서도 배우지 못할 것이요, 대웅변에서도 배우지 못할 것이다.

(민족이 처한 실상을 직접 목격함으로써 민족의식을 깨닫게 됨.)

나 일동의 정신은 긴장(緊張)하였다. 더구나 영채는 아직도 이러한 큰 문제를 논란하는 것을 듣지 못하였다. '어떻게 하면 저들을 구제하나?' 함은 참 큰 문제였다. 이러한 큰 문제를 논란하는 형식과 병욱은 매우 큰 사람같이 보였다. 영채는 두자미(杜子美)며, 소동파(蘇東坡)의 세상을 근심하는 시구를 생각하고, 또 오 년 전 월화와 함께 대성 학교장의 연설을 듣던 것을 생각하였다. 그때에는 아직 나이 어려서 분명히 알아듣지는 못하였거니와, "여러분의 조상은 결코 여러분과 같이 못생기지는 아니하였습니다." 할 때에 과연 지금 날마다 만나는 사람은 못생긴 사람들이다 하던 생각이 난다. 영채는 그 말과 형식의 말에 공통한 점이 있는 듯이 생각하였다. 그리고 한 번 더 형식을 보았다. 형식은,

(영채의 민족 계몽 의식이 상대적으로 낮음을 알 수 있음. / 영채가 전통적 유교 교육을 받았음을 알 수 있음. / 안창호의 '준비론'의 영향 받음. / 조상처럼 훌륭한 사람이 되기 위해 노력하자는 연설자의 취지를 제대로 이해하지 못함.)

"옳습니다. 〈교육으로, 실행으로 저들을 가르쳐야지요, 인도해야지요.〉 그러나 그것은 누가하나요?" 〈 〉: 신학문 교육은 절박한 조선의 현실을 극복하기 위한 수단으로 작용하고 있음.

하고 형식은 입을 꼭 다문다. 세 처녀는 몸에 소름이 끼친다. 형식은 한 번 더 힘있게,

(민족의 운명을 책임져야 한다는 자각과 감동)

"그것을 누가 하나요?"

하고 세 처녀를 골고루 본다. 세 처녀는 아직도 경험하여 보지 못한 듯 말할 수 없는 정신의 감동을 깨달았다. 그리고 일시에 소름이 쪽 끼쳤다. 형식은 한 번 더,

"그것을 누가 하나요?" / 하였다.

(그것: 조선 사람들을 계몽시키는 것)

"우리가 하지요!"

(공유의식)

하는 대답이 기약하지 아니하고 세 처녀의 입에서 떨어진다. 네 사람의 눈앞에는 불길이 번쩍하는 듯하였다. 마치 큰 지진이 있어서 온 땅이 떨리는 듯하였다.

특징

- 박영채라는 입체적 인물을 통해 새로운 근대적 인간형을 제시함.
- 운문체를 탈피하고 산문 정신을 구현함.
- 현재 시제의 서술어를 사용하여 사건의 진행을 현재화함.
- 최초의 근대적 장편 소설임.
- 한글 전용의 구어체로 문어체와 서술체를 탈피하여 거의 완전한 산문적 묘사체를 사용함.
- 유교적 구질서를 탈피하여 서구 지향적 가치관과 과학 문명의 수용에 대한 의지가 엿보임.
- 분석적 구성 방식으로 전개됨.
- 최초로 사실적 표현 기법을 시도, 성과를 거둠.
- 자아 각성에 바탕을 둔 자유연애 및 민족주의 등 근대적 사상을 나타냄.
- '나'보다 '우리', '개인'보다는 '공동체'가 우선시되는 의식의 지향은 개인이 우선시되는 자연주의적 사실주의 소설의 표적이 되어 문학적으로 부정적 위치에 놓이게 됨.
- 근대적 리얼리즘 작품의 효시를 이룸.
- 신소설을 발전적으로 계승하여 근대 소설의 새로운 장을 엶.
- 주제를 이루는 두 기둥인 민족주의 이념과 자유연애 사상은, 그 후 이광수 소설에서 계속 반복되는 정신적 연대성을 갖고 있음.
- 3인칭 대명사와 과거 시제를 사용함.

〈무정〉의 한계

- **우연적 요소에 의한 사건 전개:** 우연적 요소가 강함.
- **민중에 대한 시혜 의식:** 민중을 미개인으로 보고 그들을 깨우쳐야 된다는 지식인의 시혜적 의식과 태도가 자주 보임.
- **교육을 통한 점진적 개화 의식:** 오로지 교육을 시켜서 민족을 점진적으로 개화시키겠다는 생각을 나타내고 있음.
- **서술자의 개입:** 서술자의 지나친 개입으로 인해 고전 소설에서 완전히 탈피하지 못한 과도기적 양상을 보이고 있음.

4 운수 좋은 날 | 현진건

핵심정리

갈래	단편 소설, 사실주의 소설(현실 고발적)
시점	전지적 작가 시점
배경	일제 시대 어느 비오는 겨울날의 서울 ＊ 하루 종일 내리는 '비'는 인물의 비극적 결말을 암시하는 상징적 배경임.
갈등 구조	김 첨지의 심리 내부에서 반복되고 심화되는 갈등(돈 vs. 아내)
구성	시간의 순서에 따라 직선적으로 연결된 단순 구성
주제	일제 치하 하층민의 비참한 생활상
출전	《개벽》(1924)

가 새침하게 흐린 품이 눈이 올 듯하더니 눈은(기대하던 바) 아니 오고, 얼다가 만 비가 추적추적 내리는(기대가 어긋남.) 날이었다.

이 날이야말로 동소문(東小門) 안에서 인력거꾼 노릇을 하는 김 첨지(당시 하층민들의 고난과 역경을 상징하는 전형적 인물)에게는 오래간만에도 닥친 운수 좋은(반어적 표현) 날이었다.

나 이슥고 끄는 이의 다리는 무거워졌다. 자기 집 가까이 다다른 까닭이다. 새삼스러운 염려가 그의 가슴을 눌렀다.

"오늘은 나가지 말아요. 내가 이렇게 아픈데!"(소설의 결말을 암시하는 복선)

이런 말이 잉잉 그의 귀에 울렸다. 그리고 병자의 움쑥 들어간 눈이 원망하는 듯이 자기를 노리는 듯하였다. 그러자, [엉엉]하고 우는 개똥의 곡성을 들은 듯싶다. [딸꾹딸꾹] 하고 숨 모으는 소리도 나는 듯싶다. (□: 의성어의 효과적 사용)

"왜 이러우, 기차 놓치겠구먼."

하고, 탄 이의 초조한 부르짖음이 간신히 그의 귀에 들어왔다.

다 "삼십 원을 벌었어, 삼십 원을! 이런 젠장맞을, 술을 왜 안 부어…. 괜찮다, 괜찮아. 막 먹어도 상관이 없어. 오늘 돈 산더미같이 벌었는데."

"어, 이 사람 취했군. 고만두세." / "이놈아. 그걸 먹고 취할 내냐. 어서 더 먹어."

하고는 치삼(주인공의 심리 상태를 더욱 두드러지게 하는 역할)의 귀를 잡아치며 취한 이는 부르짖었다.

라 "이년아, 말을 해, 말을! 입이 붙었어, 이 오라질 년!" / "…."

"으응, 이것 봐, 아무 말이 없네." / "…."

"이 년아, 죽었단 말이냐. 왜 말이 없어?" / "…."

"으응, 또 대답이 없네. 정말 죽었나 버이."

이러다가, 누운 이의 흰 창이 검은 창을 덮은, 위로 치뜬 눈을 알아보자마자,

"이 눈깔! 이 눈깔! 왜 나를 바루 보지 못하고 천정만 보느냐, 응?" (➥ 보여 주기, 비극의 심화)

하는 말끝엔 목이 메었다. 그러자, 산 사람의 눈에서 떨어진 닭의 똥 같은 눈물이 죽은 이의 뻣뻣한 얼굴을 어룽어룽 적신다. 문득 김 첨지는 미친 듯이 제 얼굴을 죽은 이의 얼굴에 한데 비비대며 중얼거렸다.

"[설렁탕](돈의 대용물. 당대 민중의 가난한 현실을 극적으로 보여 주는 객관적 상관물)을 사다 놓았는데 왜 먹지를 못하니, 왜 먹지를 못하니…? 괴상하게도 오늘은 운수가 좋더니만…."(도시 하층민의 비극적인 삶의 극적 제시)

특징

- 대화의 기법을 적절히 활용하여 작중 인물을 구체적이고 현실감 있게 제시함.
- 대화 속에 비속어나 욕설을 삽입하여 하층 노동 계급의 삶을 사실적으로 그려 냄.
  → 현장감, 사실감 획득

TIP

반어(아이러니, irony)

직선적인 표현만으로는 현실을 도저히 드러낼 수 없을 때 비틀린 상황을 역설적으로 표현함으로써 더욱 큰 전달 효과를 노린 표현 기법

- **언어적 반어:** 표현된 언어와 의미하는 언어가 불일치하는 경우
  예 〈봉산 탈춤〉에서 말뚝이가 표면적으로 양반을 높이지만, 이미 양반을 욕한 사실을 알고 있는 관객과 한편이 되어 양반을 놀리고 있는 경우
- **구조적 반어:** 이중적인 의미를 지니는 구조가 작품 전체에 걸쳐지는 경우
  예 주요한의 〈사랑손님과 어머니〉에서 옥희가 남녀관계나 애정에 관한 문제를 잘 알지 못하기 때문에 엉뚱한 행동과 말을 하는 경우
- **상황적 반어:** 기대되는 것과 실제가 불일치하는 경우
  예 현진건의 〈운수 좋은 날〉에서 인력거꾼 김 첨지가 비 오는 날 의외로 돈을 많이 벌게 되어 행복을 기대하지만 실제로는 아내가 죽어 가장 불행해진 경우

TIP

'운수 좋은 날'의 반어적 성격

- **표면적 의미:** 여느 날과 달리 돈을 많이 번 날
- **심층적 의미:** 병든 아내가 세상을 떠난 날

김 첨지가 아내의 죽음을 확인하기까지의 심리적 변화 과정

취중에 아내를 위해 설렁탕을 사들고 오면서도 불길한 침묵에서 오는 두려움과 공포를 쫓아 버리려고 허장성세의 고함을 지른다. → 방 안의 추기를 느끼며 아내의 다리를 치지만 딱딱한 느낌에 불길한 예감을 확인한다. → 아내의 머리를 쳐들어 흔들며 욕설을 퍼부으나 살아 있기를 바라는 기대감은 무너지고 아내의 죽음에 고통어린 통곡을 한다.

기출 확인

다음 글에 대한 이해로 옳지 않은 것은? 2022 국회직 9급

> 이때에 빽빽 소리가 응아 소리로 변하였다. 개똥이가 물었던 젖을 빼어 놓고 운다. 운대도 온 얼굴을 찡그려 붙여서 운다는 표정을 할 뿐이다. 응아 소리도 입에서 나는 게 아니고 마치 뱃속에서 나는 듯하였다. 울다가 울다가 목도 잠겼고 또 울 기운조차 시진한 것 같다.
>
> 발로 차도 그 보람이 없는 걸 보자 남편은 아내의 머리맡으로 달려들어 그야말로 까치집 같은 환자의 머리를 꺼들어 흔들며,
>
> "이년아, 말을 해, 말을! 입이 붙었어, 이 오라질 년!"
>
> "……."
>
> "으응, 이것 봐, 아무 말이 없네."
>
> "……."
>
> "이년아, 죽었단 말이냐, 왜 말이 없어."
>
> "……."
>
> "으응, 또 대답이 없네. 정말 죽었나버이."
>
> 이러다가 누운 이의 흰 창을 덮은, 위로 치뜬 눈을 알아보자마자,
>
> "이 눈깔! 이 눈깔! 왜 나를 바라보지 못하고 천장만 보느냐, 응."
>
> 하는 말끝엔 목이 메었다. 그러자 산 사람의 눈에서 떨어진 닭의 똥 같은 눈물이 죽은 이의 뻣뻣한 얼굴을 어룽어룽 적시었다. 문득 김 첨지는 미친 듯이 제 얼굴을 죽은 이의 얼굴에 한데 비비대며 중얼거렸다.
>
> "설렁탕을 사다 놓았는데 왜 먹지를 못하니, 왜 먹지를 못하니……. 괴상하게도 오늘은! 운수가, 좋더니만……."
>
> – 현진건, 〈운수 좋은 날〉

① 반어적 기법이 나타난다.
② 대화를 통해 등장인물 간의 갈등이 해소되고 있다.
③ 비속어를 사용하여 인물의 삶을 사실적으로 그리고 있다.
④ 음성 상징어를 사용하여 표현의 효과를 높이고 있다.
⑤ '설렁탕'은 비극적 상황을 강조하는 소재이다.

해설 '김 첨지'가 '아내'를 향해 말을 하고는 있지만, '아내'는 대답이 없다. 사실상 독백이나 다름없다. 더구나 갈등이 해소되고 있지도 않다.

오답 ① 아내가 죽은 날이기 때문에, "오늘은! 운수가, 좋더니만……."에서 '운수가 좋은 날'은 반어적인 표현이다.

③ "이년아, 말을 해, 말을! 입이 붙었어, 이 오라질 년!"에서 비속어를 사용하여 당시 도시 하층민의 삶을 사실적으로 그리고 있다.

④ '이때에 빽빽 소리가 응아 소리로 변하였다.'의 '빽빽', '눈물이 죽은 이의 뻣뻣한 얼굴을 어룽어룽 적시었다'의 '어룽어룽'에서 음성 상징어를 사용하여 표현의 효과를 높이고 있다.

⑤ 중병을 앓고 있던 아내는 '설렁탕'을 먹어 보는 것이 소원이었다. '설렁탕'을 김 첨지가 사 온 날 아내는 죽음을 맞이한다는 점에서, '설렁탕'은 비극적 상황을 강조하는 소재이다.

정답 ②

5 고향 | 현진건

핵심정리

갈래	단편 소설, 액자 소설
배경	① 시간: 일제 강점기 ② 공간: 대구에서 서울로 가는 열차 안
성격	사실적, 현실 고발적
시점	[외화] 1인칭 관찰자 시점 [내화] 전지적 작가 시점
문체	객관적이고 사실적인 문체
구성	① 발단: 서울로 향하는 기차 안에서 보게 된 일본인, 중국인, 한국인이 뒤섞인 기이한 차림새 ② 전개: '나'와 '그'의 대화. '그'의 사람됨과 대강의 사정 ③ 위기: 농토를 잃고 고향을 떠나 파란 많던 유랑 생활을 하던 '그'의 과거 이야기 ④ 절정: 옛 연인과의 불행한 해후(邂逅) 이야기 ⑤ 결말: 술에 취하여 부르는 노래
특징	① 치밀한 묘사 ② 액자식 구성 ③ 사투리의 적절한 사용
주제	일제 강점기 우리 농민(민중)의 참혹한 생활상의 폭로
출전	① 1926년 《조선일보》에 〈그의 얼굴〉이란 제목으로 발표 ② 단편집 《조선의 얼굴》에 재발표할 때, 〈고향〉으로 제목을 수정

가 대구에서 서울로 올라오는 차중에서 생긴 일이다. 나는 나와 마주 앉은 그를 매우 흥미 있게 바라보고 또 바라보았다. 〈두루마기 격으로 기모노를 둘렀고, 그 안에서 옥양목 저고리가 내어 보이며, 아랫도리엔 중국식 바지를 입었다. 그것은 그네들이 흔히 입는 유지 모양으로 번질번질한 암갈색 피륙으로 지은 것이었다. 그리고 발은 감발을 하였는데 짚신을 신었고, 고부가리로 깎은 머리엔 모자도 쓰지 않았다.〉
〈 〉: '그'가 3국을 유랑했음을 알 수 있음.

우연히 이따금 기묘한 모임을 꾸미는 것이다. 우리가 자리를 잡은 찻간에는 공교롭게 세 나라 사람이 다 모였으니, 내 옆에는 중국 사람이 기대었다. 그의 옆에는 일본 사람이 앉아 있었다.
(찻간: 공간적 배경)

그는 동양 삼국 옷을 한 몸에 감은 보람이 있어 일본 말로 곧잘 철철대이거니와 중국 말에도 그리 서툴지 않은 모양이었다. ➥ 서울로 향하는 기차 안에서 보게 된 기이한 차림의 '그'

나 궐녀도 자기와 같이 10년 동안이나 그리던 고향에 찾아오니까 거기에는 집도 없고, 부모도 없고 쓸쓸한 돌무더기만 눈물을 자아낼 뿐이었다. 하루해를 울어 보내고 읍내로 들어와서 돌아다니다가, 10년 동안에 한 마디 두 마디 배워 두었던 일본말 덕택으로 그 일본 집에 있게 되었던 것이다.
(궐녀: 말하는 이와 듣는 이가 아닌 여자를 이르는 3인칭 대명사)

"암만 사람이 변하기로 어째 그렇게도 변하는기오? 그 숱 많던머리가 훌렁 다 벗을졌두마. 눈을 푹 들어가고 그 이들이들하던 얼굴빛도 마치 유산을 끼얹은 듯하더마."
(그녀의 외모를 통해 그와 다를 바 없이 비참한 삶을 살아왔음을 알 수 있음. 그 '여자' 역시 '그'와 같은 조선의 얼굴(당시 조선의 여성의 삶 대변)을 상징함.)

"서로 붙잡고 많이 우셨겠지요." → 외화의 시작(현재)

"눈물도 안 나오더마. 일본 우동집에 들어가서 둘이서 정종만 열병 때려뉘고 헤어졌구마." 하고 가슴을 짜는 듯한 괴로운 한숨을 쉬더니만 〈그는 지난 슬픔을 새록새록 자아내어 마음을 새기기에 지쳤음이더라.〉 〈 〉: 작가의 개입

"이야기를 다하면 뭐하는기오." 하고 쓸쓸하게 입을 다문다.

나 또한 너무도 참혹한 사람살이를 듣기에 쓴물이 났다.
(그에 대한 슬픔, 연민)

"자, 우리 술이나 마자 먹읍시다."/ 하고 우리는 주거니받거니 한되 병을 다 말리고 말았다. 그는 취흥에 겨워서 우리가 어릴 때 멋모르고 부르던 노래를 읊조렸다.

'기차'의 상징

시간과 공간의 개념을 이전 시대와는 다르게 뒤바꿔 놓은 것으로, 근대의 새로운 삶의 양식을 상징한다.

줄거리

'나'는 대구에서 서울로 오는 기차 안에서 동석하게 된 기묘한 사나이와 대화를 나누게 된다. '나'는 '그'라는 사나이에 대하여 처음에는 남다른 흥미를 느끼고 바라보다가 이내 싫증을 느껴 애써 그를 외면하려 하였지만, 그의 딱한 신세타령을 듣게 되자 차차 연민의 정을 느끼게 된다. 마침내 술까지 함께 마시게 되고, '나'는 '그'의 얼굴에서 '조선의 얼굴★'을 발견한다.
'그'는 고향에서 남부럽지 않게 살았으나 일제의 착취로 농토를 빼앗기고, 일제의 핍박과 수탈에 못 이겨서 간도로 갔다. 그러나 거기에서도 '그'는 비참한 생활 끝에 부모를 잃었다. 여러 곳을 떠돌다가 귀국하여 고향에 들렀지만 고향은 이미 폐농이 되어 있었다. 고향을 둘러보고 나오던 '그'는 14세 때 자기와 혼담이 오가던 여자를 만나지만 여자의 기구한 인생살이를 듣고는 슬픔과 울분에 싸여 술만 마시다 헤어진다. '나'는 더 이상 그런 이야기를 듣기가 싫어서 술을 마시고, '그'는 어릴 때 부르던 아픔의 노래를 읊조리기 시작한다.

★ 조선의 얼굴

표면적으로는 고향을 잃고 눈물 흘리는 '그'의 얼굴을 의미하고, 내면적으로는 주권을 상실한 조선의 모습, 일제 강점하 민중의 비참한 생활을 상징함.

기출 확인

가는 인물의 행적을 요약하기의 방법으로 서술하여 긴장감을 고조시키고 있다. (○, ×)
2012 법원직 9급

해설
(가)는 기차 안에서 만난 기이한 차림의 한 인물에 대한 묘사를 통해 독자의 관심을 불러일으키고 있다. 그렇지만 행적의 요약이나 긴장감을 고조시키고 있다고 보기는 힘들다.

정답 ×

작품 속 마지막 '그'의 노래

"볏섬이나 나는 전토는 신작로가 되고요
→ 폐농과 수탈
말마디나 하는 친구는 감옥소로 가고요
→ 지식인 탄압
담뱃대나 떠는 노인은 공동묘지 가고요
→ 한 많은 죽음
인물 좋은 계집은 유곽으로 가고요."
→ 조선 여인들의 수난과 비참함

★ 노래의 기능

- 당시 사회상을 집약적으로 제시함.
- 작품에 현실감을 더함.

6 봄·봄 | 김유정

핵심정리

갈래	단편 소설, 순수 소설, 농촌 소설
배경	① 시간: 1930년대 ② 공간: 강원도 어느 산골 마을
성격	해학적, 토속적
시점	1인칭 주인공 시점 * 주인공의 심리 묘사를 친근감 있게 표현하는 1인칭 주인공 시점의 기법을 이용하여 '나'의 우직하고 순박한 성 품과 행동을 생생하게 드러낸다.
문체	토착어를 사용한 간결한 문체
구성	단순 구성, 역순행적 구성('나'의 회상에 의해 진행됨.)
제재	나와 장인 사이의 3년 7개월간 지속되어 온 혼인 문제
주제	순박한 시골 남녀의 사랑. 교활하고 잇속 빠른 마름(장인)과 우직한 머슴(데릴사위) 사이의 해학적 갈등과 대립
출전	《조광》(1935)

가 "장인님! 인제 저……" / 내가 이렇게 뒤통수를 긁고, 나이가 찼으니 성례를 시켜 줘야 하지 않겠느냐고 하면 대답이 늘, / "이 자식아! 성례구 뭐구 미처 자라야지!" / 하고 만다.

이 자라야 한다는 것은 내가 아니라 내 아내가 될 점순이의 키 말이다.

내가 여기에 와서 돈 한 푼 안 받고 일하기를 삼 년하고 꼬박 일곱 달 동안을 했다. 그런데도 미처 못 자랐다니까 이 키는 언제야 자라는 겐지 짜장(데릴사위 / 과연 정말로) 영문 모른다. 일을 좀 더 잘해야 한다든지, 혹은 밥을 (많이 먹는다고 노상 걱정이니까) 좀 덜 먹어야 한다든지 하면 나도 얼마든지 할 말이 많다. 허지만 점순이가 아직 어리니까 더 자라야 한다는 여기에는 어째 볼 수 없이 고만 빙빙하고 만다.

나 "아이구 배야!" / 난 몰 붓다 말고 배를 쓰다듬으면서도 그대루 논둑으로 기어올랐다. 그리고 겨드랑에 꼈던 벼 담긴 키를 그냥 땅바닥에 털썩 떨어 치며 나도 털썩 주저앉았다. 일이 암만 바빠도 나 배 아프면 고만이니까. 아픈 사람이 누가 일을 하느냐. 파릇파릇 돋아 오른 풀 한 숲을 뜯어 들고 다리의 거머리를 쑥쑥 문대며 장인님의 얼굴을 쳐다보았다.

논 가운데서 장인님도 이상한 눈을 해 가지고 한참 날 노려보더니,

"너 이 자식, 왜 또 이래 응?"(장인 영감에 대한 반감으로 이전에도 여러 차례 일을 하다가 그만둔 적이 있었음.)

"배가 좀 아파서유!" / 하고 풀 위에 슬며시 쓰러지니까 장인님은 약이 올랐다.

다 내가 머리가 터지도록 매를 얻어맞은 것이 이 때문이다. 그러나 여기가 또한 우리 장인님이 유달리 착한 곳이다('나'의 어수룩함). 여느 사람이면 사경을 주어서라도 당장 내어쫓았지, 터진 머리를 볼 솜으로 손수 지져 주고, 호주머니에 희연 한 봉을 넣어 주고 그리고, "올 갈엔 꼭 성례를 시켜 주마. 암만 말구 가서 뒷골의 콩밭이나 얼른 갈아라." / 하고 등을 뚜덕여 줄 사람이 누구냐.

(사경: 주인이 머슴에게 주는 한 해 농사일의 대가(곡물, 현금으로 계산) = 새경, 사경돈(×) / 'ㄴ'를 회유하기 위한 장인의 계책들 / 희연: 일제 시대 담배 이름)

나는 장인님이 너무나 고마워서 어느덧 눈물까지 났다(우직하고 순박함.). 점순이를 남기고 인젠 내쫓기려니 하다 뜻밖의 말을 듣고, / "빙장님! 인제 다시는 안그러겠어유!" / 이렇게 맹세를 하며 부랴부랴 지게를 지고 일터로 갔다. / 그러나 이때는 그걸 모르고 장인님을 원수로만 여겨서 잔뜩 잡아당겼다.(역순행적 구성)

"아! 아! 이놈아! 놔라, 놔." / 장인님은 헛손질을 하며 솔개미에 챈 닭의 소리를 연해 질렀다. 놓긴 왜, 이왕이면 호되게 혼을 내주리라 생각하고 짓궂이 더 댕겼다. 나는 장인님이 땅에 쓰러져서 눈에 눈물이 피잉 도는 것을 알고 좀 겁도 났다.

"할아버지! 놔라, 놔, 놔, 놔라."(다급한 심정에 '나'에게 할아버지라는 높임의 호칭을 씀. 해학의 최고조)

감상

혼인을 핑계로 일만 시키는 교활한 장인과 그런 장인에게 반발하면서도 끝내 이용당하는 순박하고 어수룩한 머슴 '나'의 갈등을 해학적으로 그린 소설로 토속적 언어 사용이 뛰어나다. 소설의 중심에는 농촌 젊은이들의 순박한 사랑이 그려지고 있다.

→ '나'와 장인 간의 갈등은 계층적 갈등이 아니라 딸을 매개로 잇속을 챙기려는 장인의 욕심과 하루빨리 아내를 얻으려는 '나'의 욕구의 갈등일 뿐이다.

절정과 결말의 순서를 바꿔 배치한 이유

해학성을 높이고 여운의 효과를 살리기 위해

기출 확인

다음 글에 대한 이해로 적절하지 않은 것은?

2018 국가직 9급

> 우리 장인님은 약이 오르면 이렇게 손버릇이 아주 못됐다. 또 사위에게 이 자식 저 자식 하는 이놈의 장인님은 어디 있느냐. 오죽해야 우리 동리에서 누굴 물론하고 그에게 욕을 안 먹는 사람은 명이 짜르다 한다. 조그만 아이들까지도 그를 돌아세 놓고 욕필이(본 이름이 봉필이니까), 욕필이, 하고 손가락질을 할 만치 두루 인심을 잃었다. 하나 인심을 정말 잃었다면 욕보다 읍의 배참봉 댁 마름으로 더 잃었다. 번이 마름이란 욕 잘하고 사람 잘 치고 그리고 생김 생기길 호박개 같아야 쓰는 거지만 장인님은 외양에 똑됐다. 장인께 닭 마리나 좀 보내지 않는다든가 애벌논 때 품을 좀 안 준다든가 하면 그해 가을에는 영락없이 땅이 뚝뚝 떨어진다. 그러면 미리부터 돈도 먹이고 술도 먹이고 안달재신으로 돌아치던 놈이 그 땅을 슬쩍 돌아앉는다.
> — 김유정, 〈봄·봄〉

① 마름의 특성을 동물의 외양에 빗대어 낮잡아 표현했다.

② 비속어와 존칭어를 혼용하여 해학적 표현을 구사했다.

③ 여러 정황을 거론하며 장인의 됨됨이가 마땅치 않음을 드러냈다.

④ 장인과 소작인들 사이의 뒷거래 장면을 생생하게 묘사하여 제시했다.

해설

'마름'인 장인이 미리부터 돈도 먹이고 술도 먹이고 하던 사람에게 소작을 준다는 내용(장인과 소작인들 사이의 뒷거래)이 "미리부터 돈도 먹이고 술도 먹이고 안달재신으로 돌아치던 놈이 그 땅을 슬쩍 돌아앉는다."라는 나의 서술에 간략하게 제시(말하기, telling)되어 있을 뿐, 이를 생생하게 묘사(보여주기, showing)하여 제시하고 있지는 않다.

오답

① "번이 마름이란 욕 잘하고 사람 잘 치고 그리고 생김 생기길 호박개 같아야 쓰는 거지만 장인님은 외양에 똑 됐다." 부분에서 '마름'의 특성을 '호박개'에 빗대어 낮잡아 표현하고 있다.

② "이놈의 장인님" 부분에서 '놈'이라는 비속어와 '님'이라는 존칭어를 혼용하여 사용하고 있다. 이 부분에서 해학이 발생한다.

③ 손버릇이 못된 점, 욕을 하는 점, 마름이라는 지위를 이용하여 재물을 착취하는 점 등의 여러 정황을 거론하며 장인의 됨됨이가 마땅치 않음을 드러내고 있다.

정답 ④

7 메밀꽃 필 무렵 | 이효석

핵심정리

갈래	단편 소설, 낭만주의 소설, 순수 소설
성격	낭만적, 서정적, 묘사적, 유미적(서정적 소설 → 시적 소설)
시점	전지적 작가 시점
제재	장돌뱅이의 삶
주제	장돌뱅이 생활의 애환을 통한 인간 본연 속성의 애정
출전	《조광》 12호(1936. 10.)

가 그렇다고는 하여도 꼭 한 번의 첫 일을 잊을 수는 없었다. 뒤에도 처음에도 없는 단 한 번의 괴이한 인연! 봉평에 다니기 시작한 젊은 시절의 일이었으나 그것을 생각할 적만은 그도 산 보람을 느꼈다.

여자와는 인연이 없었던 허 생원이 물레방앗간에서 성 서방네 처녀와 만났던 인연을 떠올리고 있음. 허 생원에게 여자와의 인연은 그것이 처음이자 마지막이므로 그 간절함, 그리움이 배가 됨.

"달밤이었으나 어떻게 해서 그렇게 됐는지 지금 생각해두 도무지 알 수 없어."

회상의 시작

허 생원은 오늘 밤도 또 그 이야기를 끄집어 내려는 것이다. 조 선달은 친구가 된 이래 귀에 못이 박히도록 들어 왔다. 그렇다고 싫증을 낼 수도 없었으나, 허 생원은 시침을 떼고 되풀이할 대로는 되풀이하고야 말았다.

"달밤에는 그런 이야기가 격에 맞거든."

과거 회상의 매개체 / 허 생원과 성 서방네 처녀와의 만남 이야기

조 선달 편을 바라는 보았으나, 물론 미안해서가 아니라 달빛에 감동하여서였다. 이지러는 졌으나 보름을 갓 지난 달은 부드러운 빛을 흐뭇이 흘리고 있다. 대화까지는 칠십 리의 밤길, 고개를 둘이나 넘고 개울을 하나 건너고 벌판과 산길을 걸어야 된다. 〈길은 지금 긴 산허리에 걸려 있다. 밤중을 지난 무렵인지 죽은 듯이 고요한 속에서 짐승 같은 달의 숨소리가 손에 잡힐 듯이 들리며, 콩포기와 옥수수 잎새가 한층 달에 푸르게 젖었다. 산허리는 온통 메밀밭이어서 피기 시작한 꽃이 소금을 뿌린 듯이 흐뭇한 달빛에 숨이 막힐 지경이다. 붉은 대궁이 향기같이 애잔하고, 나귀들의 걸음도 시원하다. 길이 좁은 까닭에 세 사람은 나귀를 타고 외줄로 늘어섰다. 방울 소리가 시원스럽게 딸랑딸랑 메밀밭께로 흘러간다.〉

이름다운 달의 모습을 서정적으로 묘사한 구절. 허 생원이 추억을 떠올리게 하는 시간적 배경으로 작용함.

〈 〉: 묘사 – '달밤'(자연과 인간의 조화). 허 생원이 옛 이야기를 꺼내는 데 효과적. 주제를 '애수에 찬 그리움'으로 이끌어 감.

나 동이의 탐탁한 등어리가 뼈에 사무쳐 따뜻하다. 물을 다 건넜을 때에는 도리어 서글픈 생각에 좀 더 업혔으면도 하였다.

"진종일 실수만 하니 웬일이오? 생원."

조 선달은 바라보며 기어코 웃음이 터졌다.

"나귀야. 나귀 생각하다 실족을 했어. 말 안 했던가. 저 꼴에 제법 새끼를 얻었단 말이지. 읍내 강릉집 피마에게 말일세. 귀를 쫑긋 세우고 달랑달랑 뛰는 것이 나귀 새끼같이 귀여운 것이 있을까. 그것 보러 나는 일부러 읍내를 도는 때가 있다네."

글 전체에서 허 생원과 정서적으로 융합하는 동물로 등장 / 다 자란 암말

"사람을 물에 빠치울 젠 딴은 대단한 나귀 새끼군."

허 생원은 젖은 옷을 웬만큼 짜서 입었다. 이가 덜덜 갈리고 가슴이 떨리며 몹시 추웠으나 마음은 알 수 없이 둥실둥실 가벼웠다.

"주막까지 부지런히들 가세나. 뜰에 불을 피우고 훗훗이 쉬어. 나귀에겐 더운 물을 끓여 주고. 내일 대화 장 보고는 제천이다."

행선지: 봉평 → 대화 → 제천

"생원도 제천으로?"

"오래간만에 가 보고 싶어. 동행하려나, 동이?"

나귀가 걷기 시작하였을 때 동이의 채찍은 왼손에 있었다. 오랫동안 아둑시니 같이 눈이 어둡던 허 생원도 요번만은 동이의 왼손잡이가 눈에 띄지않을 수 없었다.

똑똑하지 못하고 분별력이 없는 사람을 속되게 이르는 말 / 부자 관계임을 암시 → 복선

걸음도 해깝고 방울 소리가 밤 벌판에 한층 청청하게 울렸다.

달이 어지간히 기울어졌다.

배경

- **시간**: 1920년대 어느 여름날 낮부터 밤까지
- **공간**: 강원도 봉평 장터와 봉평에서 대화에 이르는 메밀꽃이 흐드러진 밤길. 특히 공간적 배경은 과거 회상의 계기, 낭만적인 분위기 조성, 자연의 신비감을 환기시키는 요소가 된다.

이중적 구조

현재: 혈육에 대한 애정
↕ 달빛 (매개체)
과거: 젊은 날의 사랑과 유랑의 길

'허 생원'과 '나귀'의 관계(정서적 동일체)

- 과거 내력, 외모, 행동의 유사성
  - 나귀의 눈곱 낀 눈 = 허 생원의 늙고 초라한 모습
  - 암나귀를 보고 발광하는 나귀의 행동 = 충주 댁과 수작하는 동이에게 따귀를 때린 허 생원의 행동
  - 강릉집 피마에게서 새끼를 얻은 나귀 = 성 서방네 처녀와의 인연에서 동이를 얻은 허 생원
- 자연과 인간의 합일이라는 작가 의식 반영

TIP

복선

인물의 직접적 행위나 대화 및 여러 방법을 통해 앞으로 전개될 사건을 미리 짐작하게 하는 작가의 의도적 장치. 앞으로 일어날 사건이 우발적, 돌발적 사건이 아님을 보여 주고, 그 사건에 필연성을 부여하기 위해 미리 그 사건의 발생 가능성을 암시적으로 표현하는 소설 구성상의 장치 → 암시가 우연적이라는 것과 대비

8 미스터 방 | 채만식

핵심정리

- **갈래** 단편 소설, 풍자 소설, 세태 소설
- **배경** ① 시간: 해방 직후
  ② 공간: 서울
- **구성** 시간의 역전적 구성(역순행적 구성)
- **성격** 풍자적, 비판적, 해학적, 희화적
- **시점** 전지적 작가 시점
- **특징** ① 풍자적 수법
  ② 인물의 희화적(익살맞고 우스꽝스러운) 묘사
  ③ 해학적 통속적 문체
- **제재** 해방 직후의 사회 변화에 발 빠르게 적응해 가는 인물의 삶
- **주제** ① 기회주의적인 인물의 행태에 대한 풍자
  ② 해방 직후 새롭게 진주한 외세에 기대어 출세를 지향하는 세태와 인간상에 대한 비판
- **출전** 《대조》(1946)

가 노예도 노예 이전이면 상전을 선택할 자유를 가지는 수도 있다고.

〈삼복은 종로서 전차를 내려 동쪽으로 천천히 걸으면서 물색을 하였다.

생김새가 맘씨 좋아 보이고, 여느 병정이 아니라 장교쯤 가는 이라야 할 것이었다.

청년 회관 앞에서 담뱃대를 사고 있는 하나가, 몸집이 부대하고, 여느 병정은 아닌 듯하고, 얼굴이 사뭇 선량하여 보이는 게 선뜻 마음에 들었다. 구경하는 체하고 넌지시 그 옆으로 가 섰다.〉 미국 장교는 담뱃대를 집어들고 기물스러하면서(신기한 물건이나 되는 듯 여기면서) 연방 들여다보다가 값이 얼마냐고,

"하우 머치? 하우 머치?" 〈 〉: 미군의 통역사가 되기 위해 의도적으로 접근하는 삼복

하고 묻는다. 담뱃대 장수 영감은, 삼십 원이라고 소래기(ʻ소리ʼ를 속되게 이르는 말)만 지른다.

알아들을 턱이 없어 고개를 깨웃거리면서 다시금 하우 머치만 찾는 것을, 기회 좋을씨고라고, 삼복이가 나직이,

"더티 원." / 하여 주었다. 홱 돌려다보더니,

"오, 캔 유 스피크?" / 하면서 사뭇 끌어안을 듯이 반가워하는 양이라니.

아스러지도록 손을 잡고 흔드는 데는 질색할 뻔하였다. 〈직업이 있느냐고 물었다. 방금 실직하였노라고 대답하였다. 그럼, 내 통역이 되어 주겠느냐고 물었다. 그러겠노라 대답하였다.〉 〈 〉: 간접화법 사용–판소리 사설의 특징. 청자가 인물들의 말을 전함.

이 자리에서 신기료장수 코삐뚤이 삼복이 미스터 방으로 승차를 하여, S라는 미국 주둔군 소위의 통역이 되었다.(미군 장교의 통역으로 취직함.) 주급 십오 불(이백사십 원) 가량의. 거진 매일같이 미스터 방은 S 소위를, 낮에는 거리의 구경으로, 밤이면 계집 있는 술집으로 인도하였다.

나 한번은 탑골 공원의 사리탑을 구경하면서, 얼마나 오랜 것이냐고 S 소위가 물었다. 미스터 방은 언젠가, 수천 년 된 것이란 말을 들었기 때문에, 투사우전드 이얼스라고 대답하였다.(방삼복이 자신의 부정확하고 얕은 지식으로 대충대충 대답해 주는 장면으로 작가는 이를 통해 방삼복의 무지를 풍자)

또 한번은, 경회루를 구경하면서 무엇 하던 건물이냐고 물었다. 미스터 방은 서슴지 않고,

"킹 드링크 와인 앤드 댄스 앤드 싱, 위드 댄서."(방삼복의 무지를 비판)

라고 대답하였다. 임금이 기생 데리고 술 마시고, 춤추고 노래 부르고 하던 집이란 뜻이었었다.(잘 알지 못하는 사실을 전달하고 있음. ㊋ 선무당이 사람 잡는다.)

내가 보기엔, 조선 여자의 옷이 퍽 아름답고 점잖스럽던데, 어째서 양장들을 하는지 모르겠다고 S 소위가 물었다. 미스터 방은, 여자들이 서양 사람한테로 시집을 가고파서 그런다고 대답하였다. 서울 역을 비롯하여 거리에 분뇨가 범람한 것을 보고, 혹시 조선 가옥에는 변소가 없느냐고 S 소위가 물었다. 미스터 방은, 있기야 집집마다 다 있느니라고 대답하였다.

감상

이 작품에서 풍자의 대상이 되는 인물은 주인공 미스터 방(방삼복)과 그에게 개인적인 복수를 청탁하기 위해 찾아온 백 주사 두 사람이다. 방삼복은 일제 강점기에 신기료장수(헌 신을 꿰매어 고치는 일을 직업으로 하는 사람)를 하던 인물로, 영어를 조금 할 줄 아는 것에 힘입어 해방 직후 미군 장교의 통역으로 취직 출세길에 오른다. 백 주사는 전형적 친일파로 해방이 되어 군중들에게 봉변을 당하고 재산을 빼앗긴 뒤 피신해 있다가 방삼복을 찾아와 복수를 도모하고 일제 강점기에 누렸던 부를 회복하고자 한다. 작가는 이 두 인물을 통해 외세(미국)에 빌붙어 출세를 도모하는 주인공과 같은 모리배들과, 친일로 치부했다가 다시 새로운 외세를 이용하여 그 부를 유지하고자 하는 백주사와 같은 친일파들을 비판하고 있다. 나아가 주인공에게 찾아와 뇌물로 청탁을 하는 상류층들, 그러한 부조리를 묵인하는 미군정 등이 이 작품의 풍자 및 비판의 대상이 된다.

기출 확인

라의 ㉠과 상반되는 뜻을 가진 한자 성어는?

2021 소방직

① 四面楚歌　② 刻骨難忘
③ 九死一生　④ 背恩忘德

해설

'白骨難忘(백골난망: 흰 백, 뼈 골, 어려울 난, 잊을 망)'은 죽어서 백골이 되어도 잊을 수 없다는 뜻으로, 남에게 큰 은덕을 입었을 때 고마움의 뜻으로 이르는 말이다. 따라서 "남에게 입은 은덕을 저버리고 배신하는 태도가 있음."이라는 의미를 가진 '背恩忘德(배은망덕: 등 배, 은혜 은, 잊을 망, 덕 덕)'과 뜻이 상반된다.

오답

① 四面楚歌(사면초가: 넉 사, 낯 면, 초나라 초, 노래 가): 아무에게도 도움을 받지 못하는, 외롭고 곤란한 지경에 빠진 형편을 이르는 말

② 刻骨難忘(각골난망: 새길 각, 뼈 골, 어려울 난, 잊을 망): 남에게 입은 은혜가 뼈에 새길 만큼 커서 잊히지 아니함.

③ 九死一生(구사일생: 아홉 구, 죽을 사, 하나 일, 날 생): 아홉 번 죽을 뻔하다 한 번 살아난다는 뜻으로, 죽을 고비를 여러 차례 넘기고 겨우 살아남을 이르는 말

정답 ④

다 〈처음엔 식모를 두었다. 그 다음엔 침모를 두었다. 그 다음엔 손심부름할 계집아이를 두었다. 하루에도 방 선생을 찾는 이가 여러 패씩 있었다. 그들의 대개는 자동차를 타고 오고, 인력거짜리도 흔치 않았다. 그렇게 찾아오는 그들은 결단코 빈손으로 오는 법이 드물었다. 좋은

(당시 경제적인 부유층이 방삼복을 찾아옴.)

양과자 상자 밑바닥에는 으레 따로이 뿌듯한 봉투가 들었곤 하였다. 미스터 방의, 신기료장수 코 삐뚤이 삼복이로부터의 발신 경로란 이렇듯 심히 간단하고 순조로운 것이었었다.〉

(〈 〉: 냉소적 어투. 사실의 단순한 객관적 전달만이 아닌 그 불합리성에 대한 풍자적 의미)

라 백 주사는 복수하여지는 광경을 선히 연상하면서, 미스터 방의 손목을 덥석 잡는다.

"㉠ 백골난망이겠네." / "놈들을 깡그리 죽여 놀 테니, 보슈." / "자네라면야 어련하겠나."

"흰말이 아니라 참 이승만 박사도 내 말 한마디면 고만 다 제바리유."

(흰말: 허풍)

〈미스터 방은 그러고는 냉수 그릇을 집어 한 모금 물어 꿀쩍꿀쩍 양치를 한다. 웬 버릇인지, 하여간 그는 미스터 방이 된 뒤로, 술을 먹으면서 양치하는 버릇이 생겼다.〉

(〈 〉: 방삼복의 양치하는 습관은 자신이 대단히 세련된 사람이 된 듯한 유난스러운 태도를 드러내는 기능을 할 뿐만 아니라, 해학적 결말을 이끌어 내기 위한 작가의 의도적 장치로 기능하고 있다.)

양치한 물을 처치하려고 휘휘 둘러보다, 일어서서 노대로 성큼성큼 나간다. 〈중략〉

"에구머니!" / 놀라 질겁을 하였으나 이미 배앝아진 양칫물은 퀴퀴한 냄새와 더불어 백절폭포로 내리 쏟아져, 웃으면서 쳐드는 S 소위의 얼굴 정통에 가 좌르르.

"유 데블" / 이 기급할 자식이라고, S 소위는 주먹질을 하면서 고함을 질렀고, 그 주먹이 쳐든 채 그대로 있다가, 일변 허둥지둥 버선발로 뛰쳐나가 손바닥을 싹싹 비비는 미스터 방의

(미군 앞에서 꼼짝 못하는 방삼복의 이중적 태도)

턱을 / "상놈의 자식" / 하면서 철컥, 어퍼컷으로 한 대 갈겼더라고.

(방삼복의 위선적 삶이 끝났음을 암시함.)

Quiz

다음 중 ( ) 안에 가장 알맞은 것은?

> 이 글은 해방 직후의 혼탁한 사회에서 발빠르게 적응해 가는 인물의 삶을 ( )으로 그리고 있다. 방향성을 잃고 그때그때 세력가만을 좇는 기회주의적 인물의 행태를 통해 당시의 시대적 분위기를 파악하며 읽어야 한다.

① 동정적(同情的)
② 희화적(戲畫的)
③ 긍정적(肯定的)
④ 순종적(順從的)

해설

주인공인 방삼복(미스터 방)은 신기료장수를 하는 보잘것없는 처지였으나 영어를 조금 할 줄안다는 것에 힘입어 광복 직후 진주한 미군 장교의 통역으로 취직해 출셋길에 오르는, 광복 직후의 사회 변화에 빠르게 적응하는 인물이다. 이 소설은 광복 직후 새롭게 진주한 외세에 기대어 출세를 지향하는 세태에 대한 비판이 해학적·풍자적으로 그려지고 있다. '희화적(戲畫的)'이란 부정적 인물을 풍자의 의도로 익살맞고 우스꽝스럽게 그리는 표현 방식이다.

정답 ②

해원通 〈미스터 방〉의 서술상 특징

1. 과장과 해학적 어조로 인물을 희화화함.
2. 인물의 사실적 접근을 위하여 대화와 설명을 모두 사용함.
3. 풍자적인 기법으로 특정 인물에 대하여 비판의 목소리를 드러냄.
4. 전지적 작가 시점으로 작중 인물이 아니라 서술자가 직접 등장인물의 심리를 전달하며 자신의 목소리로 인물을 풍자하고 비판함.
5. 판소리 사설과 같은 문체를 사용하여 음악적 효과를 거둠.

* 판소리 사설의 문체
1. 감칠맛 나는 사설로 상황을 요약적으로 제시
2. 언어유희 표현
3. 구어체적 표현

9 복덕방 | 이태준

핵심정리

▮갈래	단편 소설
▮성격	현실 비판적, 사실적
▮시점	전지적 작가 시점
▮주제	은퇴한 노인들의 비애, 불투명한 미래에 대한 꿈과 좌절
▮배경	① 시간: 1930년대 ② 공간: 서울의 한 복덕방
▮의의	① 현실에서 소외된 노인들의 삶을 통해 부동산 투기라는 허황된 꿈의 문제를 다루었다. ② 이기적인 딸과 소심한 아버지를 통해 무너져 가는 가족 관계를 폭로하고 있다.
▮구성	① 발단: 안 초시의 일상사 ② 전개: 복덕방 주인 서 참의의 과거와 현재 ③ 위기: 박희완 영감의 소개로 딸에게 돈을 빌려 부동산에 투자하는 안 초시 ④ 절정: 사기극으로 밝혀진 땅 투기 ⑤ 결말: 안 초시의 자살과 그의 장례식에 참석한 두 노인의 푸념
▮출전	《조광》(1937)

가 "관청에 어서 알려야지?"

"아스세요." 하고 그 딸은 펄쩍 뛰었다.
안경화는 자신의 명예를 무엇보다도 중요시함.

"아스라니?" "제 명예도 좀……." 하고 그는 애원하였다.

"안 될 말이지. 명옐 생각하는 사람이 애빌 저 모양으루 세상 떠나게 해?" / "……."
안경화의 불효에 대한 꾸짖음과 위선적 태도에 대한 비판

안경화는 엎디어 다시 울었다. 그러다가 나가려는 서 참의의 다리를 끌어안고 놓지 않았다. 그리고 / "절 살려 주세요." / 소리를 몇 번이나 거듭하였다.

"그럼, 비밀은 내가 지킬 테니 나 하자는 대루 할까?"
안경화의 명예를 지켜주는 대가로 안 초시의 장례를 제대로 치르기로 거래를 하는 서 참의

"네." / 서 참의는 다시 앉았다.

나 〈영결식장에는 제법 반반한 조객들이 모여들었다. 예복을 차리고 온 사람도 두엇 있었다. 모두 고인을 알아 온 것이 아니요 무용가 안경화를 보아 온 사람들 같았다. 그중에는, 고인의 슬픔을 알아 우는 사람인지, 덩달아 기분으로 우는 사람인지 울음을 삼키노라고 끅끅 하는 사람도 있었다. 안경화도 제법 눈이 젖어 가지고 신식 상복이라나 공단 같은 새까만 양복으로 관 앞에 나와 향불을 놓고 절하였다.〉
〈 〉: '안경화'를 바라보는 서술자의 관점 → 부정적

그 뒤를 따라 한 이십 명 관 앞에 와 꿉벅거렸다. 그리고 무어라고 지껄이고 나가는 사람도 있었다. 그들의 분향이 거의 끝난 듯하였을 때 "에헴." 하고 얼굴이 시뻘건 서 참의도 나섰다. 향을 한 움큼이나 집어 놓아 연기가 시커멓게 올려 솟더니 불이 일어났다. 후- 후- 불어 불을 끄고, 수염을 한 번 쓰다듬고 절을 했다. 그리고 다시,
① 슬픔 ② 분노

"헴……." / 하더니 조사(弔辭)를 하였다.

〈"나 서 참의일세, 알겠나? 흥…… 자네 참 호살세 호사야…… 잘 죽었느니. 자네 살았으문 ㉠ 이런 호사를 해보겠나? 인전 안경다리 고칠 걱정두 없구…… 아무튼지……."〉 하는데 박희완 영감이 들어서더니,
① 살아 생전에는 딸의 눈치를 보면서 안경다리 하나 제대로 못 고치고 살다가 죽어 비단옷을 입게 된 상황을 반어적으로 표현하여 삶의 근본적인 부조리와 모순을 표현함.
② 마치 효녀처럼 행동하고 있는 안경화의 위선적 행동에 대한 비판

"이 사람 취했네그려." / 하며 서 참의를 밀어냈다.

박희완 영감도 가슴이 답답하였다. 분향을 하고 무슨 소리를 한마디 했으면 속이 후련히 트일 것 같아서 잠깐 멈칫하고 서 있어 보았으나,

"으흐흙……." / 하고 울음이 먼저 터져 그만 나오고 말았다.

서 참의와 박희완 영감도 묘지까지 나갈 작정이었으나 거기 모인 사람들이 하나도 마음에 들지 않아 도로 술집으로 내려오고 말았다.
① 조문객에 대한 이질감, 위선적 행동에 대한 분노 ② 자신들의 초라함에 대한 서글픔

〈복덕방〉의 배경과 주제

이 작품의 배경은 분명 일제 강점기이지만, 안 초시의 궁핍함은 일제의 수탈과는 거리가 멀다. 이 궁핍함은 우선 '초시'라는 호칭에서 온다. 초시는 과거에 첫 시험에 합격한 사람을 지칭하는 말이다. 안 초시는 과거로 대표되는 근대화 이전의 인물이었는데, 근대화된 경성에서의 생활에 적응하지 못하고 벌이는 사업마다 번번이 실패한다. 이 실패는 마지막에는 딸 안경화의 재산을 탕진하는 부동산 투기에 이르고 절망한 안 초시는 스스로 목숨을 끊게 된다. 안 초시의 자살은 사라져 가는 세대의 절망적인 상황을 극적으로 잘 나타내고 있다. 한편 아버지의 죽음을 보고도 자신의 명성만을 생각하는 딸의 모습은 근대화에 잘 적응하고 있는 세대의 허세에 가득 찬 이기적 특징을 상징한다.

〈복덕방(福德房)〉의 반어적(反語的) 의미

'복덕방'은 '복과 덕이 있는 방'이라는 문자적 의미를 지니지만 작품 속의 '복덕방'은 고통 받고 소외된 채로 살아가는 세 노인을 이어 놓는 부정적 공간이자 꿈이 좌절된 공간이기도 하다. 또한 이곳을 무대로 펼쳐지는 세 노인의 생활은 구한말과 일제 강점기에 욕망을 이룰 수 없었던 민족의 아픔과 슬픔이기도 하다.

세대 간의 대립

- **구세대:** 전통적 가치관, 근대 사회 적응 ×, 소외됨.
- **신세대:** 근대화의 흐름에 적응

기출 확인

나의 밑줄 친 ㉠ '이런 호사'에 해당하지 않는 것은? 2009 국가직 7급

① 제법 반반한 조객들이 모여들었다.
② 조객들 가운데 울음을 삼키노라고 끅끅 하는 사람도 있었다.
③ 안경화의 뒤를 따라 한 이십 명이 관 앞에 와 꾸벅거렸다.
④ 서 참의(參議)가 조사(弔辭)를 하였다.

해설
'호사'라는 말은 반어적 표현으로 사용된 것이다. 여기서는 위선적인 행동을 하는 사람들을 비판적으로 말하는 것이다. 서 참의의 조사는 친구의 진정이 담긴 것이다.

정답 ④

10 치숙(痴叔) | 채만식

핵심정리

갈래	단편 소설, 풍자 소설	문체	반어적인 대화체, 경어체
배경	① 시간: 일제 시대 ② 공간: 서울	시점	1인칭 관찰자 시점
		어조	풍자적 어조
주제	일제 시대 무능한 인텔리의 비극을 통해 현실 적응적 생활관과 사회주의 사상적 삶의 방식 간의 갈등		

가 〈우리 아저씨 말이지요, 아따 저 거시기, 한참 당년에 무엇이냐 그놈의 것, 사회주의라더냐, 막걸리라더냐 그걸 하다, 징역 살고 나와서 폐병으로 시방 앓고 누웠는 우리 오촌 고모부 그 양반……. 머, 말두 마시오. 대체 사람이 어쩌면 글세…… 내 원! / 신세 간데없지요.

(오촌 고모부: 당숙 · 종숙. 아버지의 사촌 형제)

(〈 〉: 설상가상(雪上加霜))

〈자, 십 년 적공, 대학교까지 공부한 것 풀어먹지도 못했지요, 좋은 청춘 어영부영 다 보냈지요, 신분에는 전과자라는 붉은 도장 찍혔지요, 몸에는 몹쓸 병까지 들었지요. 이 신세를 해가지굴랑은 굴속 같은 오두막집 단간 셋방 구석에서 사시장철 밤이나 낮이나 눈 따악 감고 드러누웠군요.〉 / 재산이 어디 집 터전인들 있을 턱이 있나요. 서 발 막대 내저어야 짚검불 하나 걸리는 것 없는 철빈(鐵貧)인데.〉

(서 발 막대 내저어야 짚검불 하나 걸리는 것 없는: 속 서 발 막대 거칠 것 없다. 매우 가난함.)

➥ 가 : 비판받아야 할 인물을 오히려 비판하는 입장에 세움으로써, 왜곡된 현실 구조를 더욱 극명하게 드러냄.

나 "너, 그런 경제학, 그런 사회주의 어디서 배웠니?"

"배우나마나, 경제라는 것은 돈 많이 벌어서 아껴 쓰고 나머지 모아 두는 게 경제 아니오?"

"그건 보통, 경제한다는 뜻으로 쓰는 경제고, 경제학이니 경제적이니 하는 건 또 다르다."

"다른게 무어요? 경제는, 돈 모으는 것이고 그러니까 경제학이면 돈 모으는 학문이지요."

"아니란다. 혹시 이재학(理財學)이라면 돈 모으는 학문이라고 해도 근리(近理)할지 모르지만 경제학은 그런게 아니란다."

〈"아아니 그렇다면 아저씨 대학교 잘못 다녔소. 경제 못하는 경제학 공부를 오 년이나 했으니 그거 무어란 말이요? 아저씨가 대학교까지 다니면서 경제 공부를 하구두 왜 돈을 못 모으나 했더니 인제 보니깐 공부를 잘못해서 그랬군요!"〉

(〈 〉: 작가가 보여 주는 일제 시대의 인텔리─무기력하고 비극적인 지식인, 미성숙하고 무지한 '나'가 아저씨의 공부를 평하고 있음.)

"공부를 잘못했다? 허허. 그랬을는지도 모르겠다. 옳다. 네 말이 옳아!"

(옳다. 네 말이 옳아!: 무기력한 자기 자신에 대한 자조적 표현)

이거 봐요 글쎄. 담박 꼼짝 못하잖나. 암만 대학교를 다니고, 속에는 육조를 배포했어도 그렇다니깐 글쎄……. / "아저씨?" / "왜 그러니?"

(자아비판한 아저씨의 말을 곧이곧대로 믿는 '나')

"그러면 아저씨는 대학교를 다니면서 돈 모아 부자되는 경제 공부를 한게 아니라 모아 둔 부자 사람네 돈 뺏아 쓰는 사회주의 공부를 했으니 말이지요……."

(사회주의를 공산주의의 폭력적인 면에서만 이해하고 있는 '나'(비판의 대상))

"너는 사회주의가 무얼루 알구서 그러냐?" / "내가 그까짓 걸 몰라요?"

한바탕 주욱 설명을 했지요. / 내 얼굴만 물끄러미 올려다보고 누웠더니 피쓱 한번 웃어요. / 그리고는 그 양반이 하는 소리겠다요.

"그게 사회주의냐? 불한당이지." / "아아니, 그럼 아저씨도 사회주의가 불한당인 줄은 아시는구려?" / "내가 어째 사회주의가 불한당이랬니?" / "방금 그러잖았어요?" / "글쎄, 그건 사회주의가 아니라 불한당이란 그 말이다."

('나'가 가진 사회주의의 개념)

"거 보시우! 사회주의란 것은 그렇게 날불한당이어요. 아저씨도 그렇다구 하면서 아니시래요?"

(무지한 조카의 사회주의 비판을 통해 사회주의에 대한 긍정적 · 부정적 측면을 함께 드러내고 있음.)

"이 애가 시방 입심 겨룸을 하재나!" / 이거 봐요. 또 꼼짝 못하지요. 다 이래요 글쎄…….

➥ 나 : 전체 → 보여 주기(showing) 방식

인물

- **나**: 보통학교 4학년을 마치고 일본인 밑에서 사환으로 있는 소년. 일제(日帝)에 의한 식민지 상황을 전적으로 긍정하고 기꺼이 일제에 동화되어 가겠다는 인물. 일본 여자와 결혼하길 희망
- **아저씨**: 대학을 나온 뒤 사회주의 운동을 하다가 감옥살이를 하고, 이제는 병이 들어서 폐인이 되다시피 한 지식인. 조선 여자와 결혼하나, 신식 후실 얻음.

TIP

풍자(諷刺) 소설 〈치숙〉

이 글은 표면적으로는 서술자인 '나'가 '아저씨'를 비판하는 내용이지만, 실제로 독자들은 '아저씨'가 아닌 '나'를 비판적으로 인식하게 된다. 그 이유는 서술자 자신이 독자들의 신뢰를 얻지 못하는 인물로 우스꽝스럽게 그려지기 때문인데, 이와 같이 인물의 희화화를 통해 그 인물을 비판하는 내용의 소설을 '풍자(諷刺)소설'이라고 한다.

기출 확인

다음 글에 나타난 서술자에 대한 설명으로 가장 옳은 것은? 2017 서울시 9급

> 내 이상과 계획은 이렇거든요. / 우리집 다이쇼(주인)가 나를 자별히 귀애하고 신용을 하니까 인제 한 십 년만 더 있으면 한 밑천 들여서 따로 장사를 시켜 줄 그런 눈치거든요. 그러거들랑 그것을 언덕 삼아가지고 나는 삼십 년 동안 예순 살 환갑까지만 장사를 해서 꼭 십만 원을 모을 작정이지요. 십만 원이면 죄선(조선) 부자로 쳐도 천석꾼이니, 뭐 떵떵거리고 살 게 아니라구요? / 그리고 우리 다이쇼도 한 말이 있고 하니까, 나는 내지인(일본인) 규수한테로 장가를 들래요. 다이쇼가 다 알아서 얌전한 자리를 골라 중매까지 서준다고 그랬어요. 내지 여자가 참 좋지요. / 나는 죄선 여자는 거저 주어도 싫어요. / 구식 여자는 얌전은 해도 무식해서 내지인하고 교제하는 데 안 됐고, 신식 여자는 식자나 들었다는 게 건방져서 못 쓰고, 도무지 그래서 죄선 여자는 신식이고 구식이고 다 제바리여요. 〈중략〉 이렇게 다 생활법식부터도 내지인처럼 해야만 돈도 내지인처럼 잘 모으게 되거든요.

① 서술자가 내지인을 비판함으로써 자기 주장을 강화하고 있다.

② 서술자가 전지적 존재로서 인물과 사건을 모두 조망할 수있다.

③ 서술자가 작품 속에 등장하는 다른 인물의 내면을 추리하고 있다.

④ 서술자가 신뢰할 수 없는 존재로서, 독자로 하여금 서술자를 비판적으로 바라보게 한다.

해설

서술자 '나'는 내지인 여자와 결혼하여 내지인처럼 살고 싶어 한다. 당시 시대상을 비춰봤을 때 '나'는 역사의식이라곤 조금도 없는 인물로 비판을 받아 마땅한 인물이다. 즉 '나'가 자신의 주장을 내세울수록 독자는 '나'를 더욱 신뢰할 수 없는 인물로 단정하게 되고, 그 희화성도 더 강화된다. 그러므로 ④의 진술은 적절하다.

정답 ④

11 논 이야기 | 채만식

핵심정리

갈래	단편 소설, 풍자 소설, 농민 소설, 사회 소설
배경	① 시간: 8·15 광복 직후 ② 공간: 전라도 옥구의 어느 농촌
시점	전지적 작가 시점
구성	역순행적 구성 방식(입체적 구성)
어조	냉소적 어조, 풍자적 어조
특징	생동감 있는 사투리가 풍자의 효과를 더해 줌.
주제	① 국가 농업 정책에 대한 비판 의식과 농민의 현실에 대한 비판 ② 엉뚱한 기대와 절망의 아이러니를 통해 이기적 개인과 현실에 대한 풍자
출전	《해방 문학 선집》(1946)

가 조선이 독립이 되었다는 팔 월 십오 일 그때는 한 생원은 섬뻑 만세를 부르고 싶은 생각이 나지 않았어도 이번에는 저절로 만세 소리가 나와지려고 하였다.

➥ 일인에게 판 땅을 되찾을 것을 기대하며 들뜬 한 생원

나 팔 월 십오 일 적에 마을에서는 젊은 사람들이 설도를 하여 태극기를 만들고 닭을 추렴하고 술을 사고 하여 놓고 조촐히 만세를 불렀다.

한 생원은 그 자리에 참례를 하지 아니하였다. 남들이 가서 같이 만세를 부르자고 하였으나 한 생원은 조선이 독립이 되었다는 것이 벼랑 반가운 줄을 모르겠었다. 그저 덤덤할 뿐이었었다.

➥ 독립이 되어도 덤덤했던 한 생원

다 한 생원은 분이 나서 두 주먹을 쥐고 구장에게로 쫓아갔다.

"그래 일인들이 죄다 내놓구 가는 것을, 백성들더러 돈을 내구 사라구 마련을 했다면서?" / "아직 자세힌 모르겠어두, 아마 그렇게 되기가 쉬우리라구들 하드군요."

해방 후에 새로 난 구장의 대답이었다.

"그런 놈의 법이 어딨단 말인가? 그래, 누가 그렇게 마련을 했는구?"

"나라에서 그랬을 테죠." / "나라?" / "우리 조선 나라요."

〈"나라가 다 무어 말라비틀어진 거야? 나라 명색이 내게 무얼 해준 게 있길래, 이번엔 일인이 내놓구 가는 내 땅을 저이가 팔아먹으려구 들어? 그게 나라야?"〉

〈 〉: ① 일인들이 남겨 놓고 간 토지를 유상 분배하는 토지 정책에 대한 비판 ② 동시에 자신이 판 땅을 되찾자면 돈을 치르고 사야 하는 것이 옳은데도 일본만 망하면 당연히 자기 땅이 되리라고 굳게 믿고 있는 한 생원의 어리석고 허황된 면모가 나타남.

"일인의 재산이 우리 조선 나라 재산이 되는 거야 당연한 일이죠."

"당연?" / "그렇죠." / "흥, 가만 둬두면 저절루 백성의 것이 될 걸 나라 명색은 가만히 앉었다 어디서 툭 튀어나와 가지구, 걸 뺏어서 팔아먹어? 그따위 행사가 어딨다든가?"

분노

"한 생원은, 그 논이랑 멧갓이랑 길천이한테 돈을 받구 파셨으니깐 임자로 말하면 길천이지 한 생원인가요?" / "암만 팔았어두, 길천이가 내놓구 쫓겨 갔은깐, 도루 내 것이 돼야 옳지, 무슨 말야. 걸, 무슨 탁에 나라가 뺏을 영으루 들어?" / "한 생원한테 뺏는 게 아니라, 길천이한테 뺏는 거랍니다." 〈중략〉 "일없네. 난 오늘버틈 도루 나라 없는 백성이네. 제길, 삼십육 년두 나라 없이 살아왔을려드냐. 아—니 글쎄, 나라가 있으면 백성한테 무얼 좀 고마운 노릇을 해주어야 백성두 나라를 믿구, 나라에다 마음을 붙이구 살지. 독립이 됐다면서 고작 그래, 백성이 차지할 땅 뺏어서 팔아먹는 게 나라 명색야?"

그리고는 털고 일어서면서 혼자말로, / "독립됐다구 했을 제, 내, 만세 안 부르기, 잘했지."

냉소적, 한 생원의 현실주의적 면모

줄거리

- **발단:** 일인(日人)들이 온갖 재산을 그대로 내놓고 달아나게 되었다는 이야기를 들은 한 생원은 어깨가 우쭐한다.
- **전개:** 일제 침략 이전 한 생원네 논을 고을 수령이 동학(東學)의 잔당에 가담하였다는 누명을 씌워 빼앗아 간다.
- **위기:** 일제 강점 바로 이듬해, 한 생원은 나머지 논 일곱 마지기도 술과 노름, 그리고 살림에 진 빚을 갚기 위해 일본인 요시카와에게 팔아넘긴다.
- **절정:** 해방이 되자 한 생원은 요시카와에게 팔아넘긴 일곱 마지기 논을 보러 나서지만 그 논은 이미 농장 관리인 강태식을 거쳐 다른 사람에게 소유권이 넘어간 뒤이다.
- **결말:** 자기 땅을 찾을 수 없게 된 한 생원은, "독립됐다구 했을 제, 내 만세 안 부르기 잘 했지."라고 중얼거린다.

'논'의 상징적 의미

농민에게 '논'은 '삶' 자체이다. 광복으로 논의 소유를 회복할 수 있을 줄 알았으나, 일본이 앗아 간 논은 해방이 되어서도 원래 주인에게 돌아가기는커녕, 친일파들을 중심으로 한 지주 세력의 소유로 남는다. '논 이야기'는 농민들의 '논' 문제를 통해, 광복 이후에도 그들의 '삶'의 문제가 여전히 해결되지 않았음을 보여 준다.

이중적 풍자

표면적 풍자의 대상	허황된 인물인 '한 생원'의 행태에 대한 비판
심층적 풍자의 대상	백성의 아픔과 무관한 당대 권력에 대한 비판

상황의 변화와 한 생원 심리의 변화

상황의 변화	한 생원의 심리 변화
· 땅(농토)을 빼앗던 국가의 멸망 · 일본인 요시카와에게 땅을 팖. · 해방 때 망한 일본인들이 땅을 두고 쫓겨 감. · 국가가 다른 사람에게 땅을 되팖.	· 잘 망했다고 생각함. · 조선 때와 동일하다고 생각함. · 덤덤함. · 땅을 되찾을 수도 있다고 생각함. · 기대가 무너짐.

기출 확인

다에 대한 설명으로 적절한 것은?

2015 사회복지직 9급 변형

① 독백과 대화를 혼용하여 이야기를 이끌어가고 있다.

② 서술자가 인물의 성격을 직접적으로 평가하고 있다.

③ 특정한 단어를 활용하여 시대적 배경을 나타내고 있다.

④ 작가는 국민의 도덕성과 국가의 비도덕성을 대조하여 보여준다.

해설

'일인, 해방, 조선' 등의 특정 단어를 사용하여 시대적 배경을 드러냈다.

정답 ③

12 요한 시집 | 장용학

핵심정리

갈래	단편 소설, 실존주의적 경향의 소설
배경	① 시간: 6·25 전후 ② 공간: 거제도 포로 수용소
성격	실존주의적, 우화적, 잠언적, 사변적
구성	① 서(序): 토끼의 우화(寓話)를 통해 전체의 내용을 암시 ② 상(上): 누혜의 친구인 동호가 내적 독백을 통해 6·25의 체험을 드러낸다. ③ 중(中): 누혜의 죽음의 동기를 동호가 상상적으로 인식한다. ④ 하(下): 누혜의 유서 내용이 소개되면서 그의 실존적 고통이 밝혀진다.
표현	① 우화(寓話)의 삽입 ② 사변적(思辨的), 잠언적(箴言的) 문체 ③ 인물의 내적 독백
시점	'상', '하'는 1인칭 주인공 시점. '중'은 3인칭 서술자 시점을 보이며, 사건 진술에 따라 시점이 이동됨.
주제	① 전쟁에 대한 철학적 성찰 ② 인간의 삶과 자유의 본질적 의미 추구
출전	《현대 문학》(1955)

얼마나 그렇게 기었는지 자기도 모릅니다. 그는 움직임을 멈추었습니다. 귀가 간지러워진 것입니다. 소리를 들은 것입니다. 밀려오는 환희와 함께 낡은 껍질이 벗겨져 나가는 몸 떨림을 느꼈습니다. 피곤과 절망에서 온 둔화(鈍化)는 뒤로 물러서고 새 피가 혈관을 흐르기 시작했습니다.

마음은 그렇게 뛰는데 그의 발은 앞으로 움직여지지 않아 합니다. 바깥 세계는 이때까지 생각한 것처럼 그저 좋기만 한 곳같지 않아지게도 생각되는 것이었습니다. 뒷날, 그때 도로 돌아갔더라면 얼마나 좋았을까 하고 얼마나 후회를 했는지 모릅니다마는, 그러나 그때 누가 있어 '도로 돌아가라.' 했다면 그는 본능적으로 '진리가 너희를 자유케 하리라.'라는 감상적 포즈를 해 보였을 것입니다. 마지막 코스를 기어 나갔습니다. 드디어 마지막 관문에 다다랐습니다.

이제 저 바위 틈으로 얼굴을 내밀면 그 일곱 가지 색 속에 소리의 리듬이 춤추는 홍겨운 바깥 세계는 그에게 현란한 파노라마를 펼쳐 보이는 것입니다. 전율하는 생명의 고동에 온몸을 맡기면서 그는 가다듬었던 목을 바위 틈 사이로 쑥 내밀며 최초의 일별을 바깥 세계로 던졌습니다.

그 순간이었습니다. / 쿡! / 십 년을 두고 벼르고 기다리고 있었다는 것처럼 홍두깨가 눈알을 찌르는 것 같은 충격이었습니다. 그만 그 자리에 쓰러지고 말았습니다.

〈얼마 후, 정신을 돌린 그 토끼의 눈망울에는 이미 아무 것도 비쳐 드는 것이 없었습니다. 소경이 되어 버린 것입니다. 일곱 가지 색으로 살아온 그의 눈은 자연의 태양 광선을 감당해 낼 수가 없었던 것입니다.〉 〈 〉: 토끼의 처지: 진퇴양난(進退兩難)

그 토끼는 죽을 때까지 그 자리를 떠나지 않겠다고 합니다. 고향에 돌아가는 길이 되는 그 구멍을 그러다가 영영 잃어버릴 것만 같아서였습니다. 고향에 돌아갈까 하는 생각을 거죽에 나타내 본 적이 한 번도 없으면서 말입니다.

〈그가 죽은 후 그 자리에 버섯이 하나 났는데 그의 후예(後裔)들은 무슨 까닭으로인지 그것을 '자유의 버섯'이라고 일컬었습니다. 조금 어려운 일이 생기면 그 버섯 앞에 가서 제사를 올렸습니다. 토끼뿐 아니라 나중에 다람쥐라든지 노루, 여우, 심지어는 곰, 호랑이 같은 것들도 덩달아 그 앞에 가서 절을 했다고 합니다. 효험이 있을 때도 있고 없을 때도 있고 그러니 제사를 드리나 마나였지만, 하여간 그 버섯 앞에 가서 절을 한 번 꾸벅 하면 그것만으로 마음이 후련해지더라는 것입니다. 그 버섯이 없어지면 아주 세상이 꺼져 버리기나 할 것같이 생각하고 있는 것 같았습니다.〉 〈 〉: 자유란 목적이라기보다 하나의 과정임을 전달하고자 함.

인물

- **동호**: 자의식이 강한 청년. 이 작품 전체의 서술자. 의용군으로 참전했다가 포로가 됨. 수용소에서 풀려 나온 후 친구 '누혜' 모친의 임종을 지킴.
- **누혜**: '동호'가 수용소에서 만난 인물. 이북에서 내려온 인민군으로 공산주의 신봉자. 수용소 내부의 처절한 살상 행위에 환멸을 느끼고 자유를 추구하다가 절망 상태에서 자살함. 그 무엇이 나타나기 위해서 죽어야 했던 '요한'적(的) 존재로 부각되어 있음.

감상

토끼의 우화, 동호의 눈을 통해 본 누혜의 비극적 삶 및 누혜의 유서, 동호의 세계 인식이라는 세 부분을 통하여 1950년대의 본질적 모순 중의 하나인 이데올로기의 문제를 탐구하고 그것의 기만성을 폭로한다. 그러나 이데올로기의 기만성을 플라톤주의적 이원성의 초역사적 진리로 규정한 후, 그러한 보편적 인식으로써 한국적 특수성을 재구성하고 있는 결함을 보여 준다. 또한 역사적 허무주의를 보여 주기도 하는바, 그것은 누혜의 자살을 통하여 극단적으로 나타난다. 즉, 누혜에게 역사는 무의미한 것으로, 그가 자살을 택하는 것은 그러한 역사적 허무주의의 필연적 결과이다. 그러한 역사적 허무주의는 즉자적 총체성에 대한 갈망을 수반하고 있다.

〈요한 시집〉의 특징

- **우화가 소설의 중심 역할**
  빛에 이끌린 토끼가 눈이 멀게 됨. = 이데올로기에 눈 멀었던 주인공 '누혜' = '자유'를 얻기 위해 버려진 인간의 삶
- **'토끼 우화'의 의미**: '자유'란 소중한 가치이며 그 획득은 매우 힘듦. → 대가가 필요
- **실존주의적 경향**
  - 사르트르의 〈구토〉와 같은 실존주의의 영향을 받음.
  - 시간의 착종, 스토리 개념의 상실, 관념 덩어리의 단편적 나열
    → 전쟁으로 인한 실존적 위기에 대한 항의

13 광장 | 최인훈

핵심정리

- 갈래: 중(장)편 소설, 사회 소설, 관념 소설, 분단 소설
- 배경: ① 시간: 8·15 해방에서 6·25 종전 사이
  ② 공간: 남한과 북한 ─ 현재의 공간적 배경: 인도로 가는 타고르호(號) 선상(船上) / 회상 속의 배경: 6·25 전쟁 당시의 남한과 북한
- 문체: 과거 회상의 독백체와 관념적 문체
- 주제: 분단 이데올로기 속의 바람직한 삶과 사회의 추구 / 분단 이데올로기 속의 존재에 대한 근원적 의미 추구
- 성격: 관념적, 철학적
- 시점: 전지적 작가 시점
- 구성: 복합 구성, 분석적 구성
- 표현: ① 전체적으로 회상 형식
  ② 철학, 사회학 용어의 빈번한 사용
  ③ 부분적으로 의식의 흐름 기법 사용
- 출전: 《새벽》(1960)

가 〈…… 펼쳐진 부채가 있다(삶의 자취). 부채의 끝 넓은 테두리 쪽을, 철학과 학생 이명준이 걸어간다(과거 회상 ①: 남한에서의 대학생 시절). 가을이다. 겨드랑이에 낀 대학 신문을 꺼내 들여다본다. 약간 자랑스러운 듯이. 여자를 깔보지는 않아도, 알 수 없는 동물이라고 여기고 있다. / 책을 모으고, 미라를 구경하러 다닌다.

정치는 경멸하고 있다. 그 경멸이 실은 강한 관심과 아버지 일 때문에 그런 모양으로 나타난 것인 줄은 알고 있다(해방 직후 남한의 혼란스럽고 부패한 정치에 대한 비판 의식과 월북한 아버지). 다음에, 부채의 안쪽 좀 더 좁은 너비에(과거 회상 ②: 월북했던 때), 바다가 보이는 분지가 있다. 거기서 보면 갈매기가 날고 있다. 윤애에게 말하고 있다. 윤애(남한에서의 연인) 날 믿어 줘. 알몸으로 날 믿어 줘. 고기 썩는 냄새가 역한 배 안에서 물결에 흔들리다가 깜빡 잠든 사이에, 유토피아의 꿈을(월북의 이유) 꾸고 있는 그 자신이 있다. 조선인 콜호스 숙소의 창에서 불타는 저녁놀의 힘을 부러운 듯이 바라보고 있는 그도 있다(과거 회상 ③: 북한에서의 삶). 구겨진 바바리코트 속에 시래기처럼 바랜 심장(절망)을 하고 은혜(북한에서의 연인)가 기다리는 하숙으로 돌아가고 있는 9월의 어느 저녁이 있다. 도어에 뒤통수를 부딪히면서 악마도 되지 못한 자기를 언제까지나 웃고 있는 그가 있다(북한에서의 삶에 적응하지 못한 자신에 대한 조소).〉

〈 〉: 의식의 흐름 기법. 현실에 적극적으로 대응하지 못하는 자신을 비웃음. → 자조(自嘲)

나 그의 삶의 터는 부채꼴, 넓은 데서 점점 안으로 오므라들고 있었다. 마지막으로 은혜와 둘이 안고 뒹굴던 동굴이 그 부채꼴 위에 있다(과거 회상 ④: 전쟁 와중에 은혜와 재회하는 장면). 사람이 안고 뒹구는 목숨이 꿈이 다르지 않느니. 어디선가 그런 소리도 들렸다. 그는 지금, ㉠ 부채의 사북 자리(부채의 접히는 부분 → 더 이상 갈등을 피할 수 없는 곳)에 서 있다. 삶의 광장은 좁아지다 못해 끝내 그의 두 발바닥이 차지하는 넓이가 되고 말았다(이상 세계를 찾지 못한 결과, 자신이 존재할 공간이 없음을 인식). 자 이제는? 모르는 나라, 아무도 자기를 알 리 없는 먼 나라로 가서, 전혀 새사람이 되기 위해 이 배를 탔다(자문자답. 중립국을 선택한 이유. 소극적 성격. 과거의 부정). 사람은, 모르는 사람들 사이에서는, 자기 성격까지도 마음대로 골라잡을 수도 있다고 믿는다. 성격을 골라잡다니! 모든 일이 잘 될 터이었다. 다만 한 가지만 없었다면. 그는 두 마리 새들(은혜와 딸)을 방금까지 알아보지 못한 것이었다. 무덤 속에서 몸을 푼 한 여자의 용기를, 방금 태어난 아기를 한 팔로 보듬고 다른 팔로 무덤을 깨뜨리고 하늘 높이 치솟는 여자를, 그리고 마침내 그를 찾아내고야 만 그들의 사랑을.

〈광장〉의 문학사적 의의

- **남북 분단의 문제를 정면에서 다룬 최초의 작품:** 〈광장〉은 최초로 남북한 양쪽의 이데올로기를 비판적으로 고찰한 작품으로, 이는 주인공 이명준이 남도 북도 아닌 제3의 중립국을, 그리고 종국에는 죽음을 택하는 결론을 통해 드러남.
- **남북한의 문제를 '밀실'과 '광장'이라는 인간의 본래적 존재의 문제와 연결함.:** 인간에게는 누구나 자기 고유의 '밀실'과 타인과 교섭하며 공동체적 삶을 누릴 '광장' 모두가 필요함을 주장

부채의 기능 → '명준의 삶' 상징

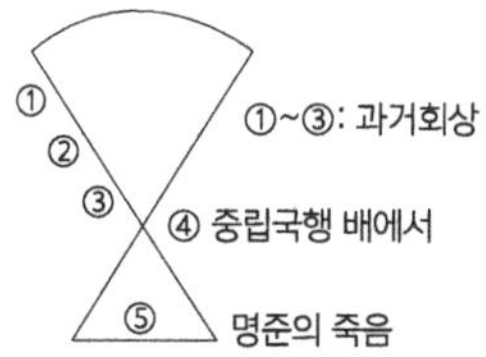

Quiz

이 글 가~다의 서술상 특징과 효과로 적절하지 않은 것은?

① 주인공의 회상을 통하여 과거와 현재가 연결되고 있다.
② 상징적 기법을 통해 인물의 고뇌를 형상화하였다.
③ '의식의 흐름' 기법을 통해 주인공의 내면세계를 서술하였다.
④ 풍자적인 언어 사용이 작품의 비극성을 약화시키고 있다.

해설
이 글은 분단 이데올로기 속에서 바람직한 삶과 사회를 추구하는 한 지식인의 갈등을 다룬, 최인훈의 소설 〈광장(廣場)〉의 일부이다. 이 글에 부정적 인물을 비판하는 풍자적 어조는 나타나지 않으며 비극성이 약화되고 있지도 않으므로, ④는 잘못된 서술이다. '부채'를 매개로 과거를 회상하며 과거와 현재를 연결하고 있으며, '부채꼴 사북자리', '갈매기', '푸른 광장' 등에서 상징적 기법이 나타나 있다. 또한 인물의 생각과 감정, 기억 그리고 비논리적이고 예측할 수 없는 연상이 추상적이고 단편적인 사고와 뒤섞여 서술되고 있으므로 '의식의 흐름' 기법이 나타나 있다. 따라서 ①, ②, ③의 해석은 적절하다고 할 수 있다.

정답 ④

다 돌아서서 마스트를 올려다본다. 그들은 보이지 않는다. 바다를 본다. 큰 새와 꼬마 새는 바다를 향하여 미끄러지듯 내려오고 있다. 바다. 그녀들이 마음껏 날아다니는 광장을 명준은 처음 알아본다. 부채꼴 사북까지 뒷걸음질 친 그는 지금 핑그르르 뒤로 돌아선다. ㉡ 제정신이 든 눈에 비친 푸른 광장이 거기 있다.

(큰 새: 은혜 / 꼬마 새: 딸)

(부채꼴 사북까지 ~ 돌아선다: 삶의 전환점, 즉 삶에 대한 인식의 변화)

(□: 바다 → ⓐ 죽음, 삶의 광장과 대척점, 현실에서의 패배를 의미, ⓑ 영준이 찾고자 했던 이상 세계)

자기가 무엇에 홀려 있음을 깨닫는다. 그 넉넉한 뱃길에 여태껏 알아보지 못하고, 숨바꼭질을 하고, 피하려 하고 총으로 쏘려고까지 한 일을 생각하면, 무엇에 씌었던 게 틀림없다. 큰 새 작은 새는 좋아서 미칠 듯이, 물속에 가라앉을 듯, 탁 스치고 지나가는가 하면, 되돌아오면서, 그렇다고 한다.

(그 넉넉한 뱃길에 ~ 틀림없다: 유토피아를 찾다가 끝내는 남과 북 모두에 환멸을 느끼고, 중립국을 선택했던 자신에 대한 뉘우침.)

무덤을 이기고 온, 못 잊을 고운 각시들이, 손짓해 본다. 내 딸아.

(무덤을 이기고 온 ~ 손짓해 본다: 주인공의 죽음 암시)

비로소 마음이 놓인다. 옛날, 어느 벌판에서 겪은 신내림이, 문득 떠오른다. 그러자, 언젠가 전에, 이렇게 이 배를 타고 가다가, 그 벌판을 지금처럼 떠올린 일이, 그리고 딸을 부르던 일이, 이렇게 마음이 놓이던 일이 떠올랐다. 거울 속에 비친 남자는 활짝 웃고 있다.

(거울 속에 비친 남자는 활짝 웃고 있다: 비로소 자신이 추구하던 '사랑과 자유가 충만한 광장'을 발견한 데에서 오는 기쁨의 웃음)

라 밤중.

선장은 문을 두드리는 소리에 잠자리에서 몸을 일으켰다. 얼른 손목에 찬 야광 시계를 보았다. 마카오에 닿자면 아직 일렀다.

"무슨 일이야?" / "석방자가 한 사람 행방불명이 됐습니다."

"응?" / "지금 같은 방에 있는 사람이 신고해 와서, 인원을 파악해 봤습니다만, 배 안에는 보이지 않습니다."

선장은 계단을 내려가면서 물었다.

"누구야 없다는 게?" / "미스터 리 말입니다."

이튿날.

타고르호는, 흰 페인트로 말쑥하게 칠한 삼천 톤의 몸을 떨면서, 한 사람의 손님을 잃어버린 채 물체처럼 빼곡이 들이찬 남지나 바다의 훈김을 헤치며 미끄러져 간다.

흰 바다새들의 그림자는 보이지 않는다. 마스트에도, 그 언저리 바다에도.

Quiz

밑줄 친 ㉠, ㉡의 의미로 바르지 않은 것은?

① ㉠-진정한 광장을 찾아 나섰던 주인공의 삶의 과정을 고려해 볼 때, 부채는 '주인공의 삶 자체'를 의미한다.

② ㉠-'사북 자리'는 '더 이상 물러설 수 없어 선택의 여지가 없는 곳'을 의미한다.

③ ㉡-주인공의 적극적 선택의 결과로 얻어진 공간을 의미한다.

④ ㉡-이념의 대립과 사상의 갈등이 없는 평안한 휴식처를 의미한다.

해설

'사북'은 본래 접었다 폈다 하는 부채의 아랫머리나 가위다리의 교차된 곳에 박아 돌쩌귀처럼 쓰이는 물건을 가리킨다. 주인공은 자신의 삶을 부채의 모양에 비유하면서, 삶의 터전이 점점 오므라들어 결국은 '두 발바닥이 차지하는 넓이'에 불과한 사북 자리에 이른 상황이라고 말함으로써 위기감을 표현하고 있다. 또한, 위기감이 고조된 현재의 삶의 광장에서 고뇌하던 중, 바다를 은혜와 딸이라고 여기는 두 마리의 새가 뛰어노는 푸른 광장이라고 여기고 있다. 따라서 '푸른 광장'은 이념의 갈등에서 벗어난 평안한 휴식처이며, 자유와 사랑이 실현되는 참다운 광장이라고 볼 수 있다. 그러나 그것은 막다른 곳에 몰려 있는 주인공의 불가피한 선택이자 현실 도피처인 중립국으로 가는 과정에서 얻게 된 공간이지 주인공의 적극적인 선택의 결과로 얻어진 공간이 아니므로 ③의 해석은 바르지 않다.

정답 ③

해원通 〈광장〉에 등장하는 공간들의 상징적 의미

광장	개인과 공동체가 함께하는 공간	명준이 추구한 이상적 공간
밀실	공동체는 없고 개인만 존재하는 개인주의적, 물질주의적 공간	명준의 눈에 비친 남한 사회
텅 빈 광장	공동체의 이념만 남아있고 개인은 사라져 버린 전체주의적 공간	명준이 파악한 북한 사회
동굴	부활의 공간. 이상적 공간이 좌절된 사회의 피난처	명준과 은혜가 함께 도피한 공간
중립국	극한의 상황에서 체념적으로 선택한 제3의 공간. 도피처	남도 북도 선택하지 않은 명준 → 남과 북 모두에 대한 비판 인식
푸른 광장	바다. 이상적 공간의 상실로 결국 '죽음'에 이르게 됨.	명준의 현실에 대한 패배 → 현실 비판

* 자살은 중립국의 선택이 적극적 의미의 선택(이상의 실현을 위한 실천)이라기보다는 소극적, 부정적 의미의 선택(절망 속의 체념)이었음을 의미

14 삼포 가는 길 | 황석영

핵심정리

- **갈래** 단편 소설, 여로(旅路)형 소설
- **성격** 사실적, 비판적
- **시점** 전지적 작가 시점
- **배경** ① 시간: 70년대 초반 ② 공간: 감천역을 향하는 시골길, 감천역
- **표현** 간결한 문장과 대화, 생략법, 극적 제시 방법
- **주제** ① 급속한 산업화의 과정으로 정신적 고향을 상실한 현대인들의 애환 ② 산업화로 인한 민중들의 궁핍한 삶, 따뜻한 인정과 연대(連帶) 의식
- **출전** 《신동아》(1973. 9.)

가 영달이는 표를 사고 삼립빵 두 개와 찐 달걀을 샀다. 백화에게 그는 말했다.
(떠나는 백화를 위해 비상금으로 산 것. 영달의 따뜻한 인정이 나타남.)

"우린 뒤차를 탈 텐데…… 잘 가슈."

영달이가 내민 것들을 받아 쥔 백화의 눈이 붉게 충혈되었다. / 그 여자는 더듬거리며 물었다. "아무도…… 안 가나요." / "우린 삼포루 갑니다. 거긴 내 고향이오."

영달이 대신 정 씨가 말했다. 사람들이 개찰구로 나가고 있었다. 백화가 보퉁이를 들고 일어섰다. / "정말, 잊어버리지 않을께요."

백화는 개찰구로 가다가 다시 돌아왔다. 돌아온 백화는 눈이 젖은 채 웃고 있었다. "내 이름 백화가 아니예요. 본명은요…… 이점례예요."
(자신의 본질을 밝힘. → 인간성 회복과 연대감의 형성)

여자는 개찰구로 뛰어나갔다. 잠시 후에 기차가 떠났다.

그들은 나무 의자에 기대어 한 시간쯤 잤다. 깨어 보니 대합실 바깥에 다시 눈발이 흩날리고 있었다.
(소산한 배경, 암울함.)

나 정 씨 옆에 앉았던 노인이 두 사람의 행색과 무릎 위의 배낭을 눈여겨 살피더니 말을 걸어왔다. / "어디 일들 가슈?" / "아뇨, 고향에 갑니다." / "고향이 어딘데……." / "삼포라구 아십니까?" / "어 알지, 우리 아들놈이 거기서 도자를 끄는데……."
(불도저 → 근대화, 산업화)

"삼포에서요? 거 어디 공사 벌릴 데나 됩니까. 고작해야 ㉠ 고기잡이나 하구 ㉡ 감자나 매는데요."
(근대화 이전의 원형 공간의 모습)

"어허! 몇 년 만에 가는 거요?" / "십 년." / 노인은 그렇겠다며 고개를 끄덕였다.

"말두 말우 거긴 지금 육지야. 바다에 방둑을 쌓아 놓구, 추럭이 수십 대씩 돌을 실어 나른다구." / "뭣 땜에요?" / "낸들 아나, 뭐 관광호텔을 여러 채 짓는담서 복잡하기가 말할 수 없대." / "동네는 그대루 있을까요?" / "그대루가 뭐요, 맨 천지에 공사판 사람들에다 장까지 들어섰는 걸." / "그럼 ㉢ 나룻배두 없어졌겠네요." → 실망감
(현재의 삼포 모습으로 정 씨의 고향인 삼포마저도 근대화로 인해 파괴되었음을 알 수 있음.)
(↔ 도자)

"바다 위로 ㉣ 신작로가 났는데, 나룻배는 뭐에 쓰오. 허허 사람이 많아지니 변고지, 사람이 많아지면 하늘을 잊는 법이거든."

작정하고 벼르다가 찾아가는 고향이었으나, 정 씨에게는 풍문마저 낯설었다. 옆에서 잠자코 듣고 있던 영달이가 말했다. / "잘됐군. 우리 거기서 공사판 일이나 잡읍시다."

그때에 기차가 도착했다. 정 씨는 발걸음이 내키질 않았다. 그는 마음의 정처를 잃어버렸던 때문이었다. 어느 결에 정 씨는 영달이와 똑같은 입장이 되어 버렸다.
(원형적 고향 상실)

기차는 눈발이 날리는 어두운 들판을 향해서 달려갔다.
(배경으로 결말 처리 → 앞으로 등장인물의 삶이 평탄치 않을 것임을 암시, 여운의 효과)

기출 확인

[01-02] 나를 읽고 물음에 답하시오. 2021 군무원 9급

01 문맥적 성격이 다른 하나는?

① ㉠ ② ㉡ ③ ㉢ ④ ㉣

02 이 글의 주제를 표현한 시구로 가장 적절한 것은? 2021 군무원 9급

① 빼앗긴 들에도 봄은 오는가.
② 죽어도 아니 눈물 흘리우리다.
③ 내가 사랑했던 자리마다 모두 폐허다.
④ 님은 갔지마는 나는 님을 보내지 아니하였습니다.

감상

이 작품은 '삼포'라는 가공의 지명을 설정해 산업화가 초래한 고향 상실의 아픔을 그리고 있다. 1970년대 산업화의 과정에서 많은 사람들이 뿌리를 잃고 도시의 밑바닥 생활을 하며 정처 없이 떠돌아다니게 된다. 이 작품에서는 상황의 황폐함과 궁핍함이 영달과 정 씨 같은 떠돌이 일용 노동자, 백화 같은 술집 작부의 모습으로 형상화되면서 시대적 전형성을 획득하고 있다. 삼포는 정 씨에게 있어 오랜 부랑 생활을 끝내고 안주할 수 있는 곳, 즉 정신의 안식처이다. 그러나 옛날의 아름다운 삼포는 이제 존재하지 않는다. 삼포가 산업화의 물결에 휩쓸려 그가 떠나고자 했던 도시와 전혀 다를 바가 없는 공간으로 전락해 버린 것을 알게 된 순간 정 씨는 영달과 같은 입장이 되고 만다.

당시의 사회적 배경과 등장인물의 연대 의식

1970년대 산업 사회는 경제적 발달을 가져왔지만, 농어촌의 해체(공동체적 삶의 파괴)와 그로 인한 떠돌이 생활, 도시·농촌 간의 심한 격차 등 여러 문제점도 유발되었다. 이 작품은 산업화로 인한 우리 사회의 어두운 면을 보여 주고 있다. 일터를 찾아 떠도는 막노동자 노영달, 감옥에서 갓 나와 귀향하는 정 씨, 돈을 훔쳐 달아나는 술집 작부(酌婦) 백화, 이 세 사람은 근대화에 떠밀려 고향을 등진 채 이곳 저곳을 유랑하는 사람들이며, 미래에 대한 희망이 없다는 점에서 공통된다. 그중 정 씨만은 아름다운 어촌 고향 마을이 마음속에 남아 있지만 귀향 기차를 타기 전 관광지 개발로 옛 모습을 깡그리 잃어버렸다는 소식을 풍문으로 듣고 나머지 두 사람과 같은 처지가 되고 만다.

→ 작품의 결말부에서 등장인물들은 순수한 애정을 통해 서로를 이해하는 처지가 된다. 이것은 산업 사회를 이끌어 가는 중요한 '민중의 연대 의식'이라 할 수 있다.

01

해설

㉠의 '고기잡이', ㉡의 '감자', ㉢의 '나룻배'는 모두 정 씨가 그리던 '과거 고향'의 모습이다. 즉 '정 씨' 입장에서는 긍정적인 의미이다. 그러나 ㉣의 '신작로'는 '변해버린 고향'의 모습이라는 점에서, '정 씨' 입장에서는 부정적인 의미이다. 따라서 문맥적 성격이 다른 하나는 ④이다.

정답 ④

02

해설

정 씨는 그토록 가고 싶었던 고향에 가기를 망설여 하고 있다. 마음의 안식처로 삼고 있는 고향이 이제는 예전 모습이 아니기 때문에 망설이고 있는 것이다. 제시된 글의 주제를 가장 잘 표현한 것은 '고향 상실의 아픔'을 노래한 시구인 ③이다.

정답 ③

15 꺼삐딴 리 | 전광용

핵심정리

갈래	단편 소설, 인물 소설, 풍자 소설
성격	비판적, 풍자적, 냉소적
배경	① 시간: 1940~1950년대 ② 공간: 북한과 남한
시점	전지적 작가 시점
주제	시류와 타협하면서 자신의 안녕만을 위해 변절을 일삼는 기회주의자의 삶에 대한 비판
특징	① 역순행적 구성을 취함. ② 몽타주 기법을 사용함.
출전	《사상계》(1962)

※ 작품 구성

이 글은 시대적으로 구분된 여러 이야기들을 모아서 엮은 '시간의 몽타주 기법'을 사용하고 있다. 작품의 서두와 결말은 현재의 이야기이고, 나머지 부분들은 일제 강점기부터 해방기를 거친 주인공의 삶의 과정의 단편들로 구성된다. 즉 전체적으로 볼 때 현재의 시점에서 과거와 현재가 교차하면서 서술되는 구조라고 할 수 있다. 따라서 독자는 몽타주로 구성된 일련의 일화들을 바탕으로 박사의 과거와 현재를 연결 지어 생각해 볼 수 있다.

※ 전체 줄거리

[발단] 종합 병원을 운영하는 외과 전문의 이인국은 철저히 부를 추구하는 삶을 살고 있다. 어느 날, 미국으로 가기 위해 미 대사관의 브라운과 만날 시간을 맞추려고 회중시계를 꺼냈다가 과거를 회상한다.

[전개] 일제 강점기에 이인국은 잠꼬대까지 일본어로 할 정도로 철저한 친일파로 행세하며 부귀영화를 누리며 산다.

[위기] 이인국은 해방 후의 격변 속에서 친일파로 연행되지만, 소련군 스텐코프 장군의 뺨에 붙은 혹을 제거하는 수술에 성공하여 위기에서 벗어난다. 그 후 스텐코프 장군의 추천으로 아들 원식이를 모스크바로 유학 보내며 친소파로 다시 영화를 누리게 된다.

[절정] 1·4 후퇴 때 월남한 이인국은 특유의 처세술과 의술로 친미 행위를 하고, 미국인의 도움으로 딸까지 미국으로 유학을 보내게 된다.

[결말] 대사관에서 브라운을 만난 이인국은 고려청자를 그에게 선물하고, 국무성 초청장을 받고자 하는 목적을 달성하게 된다. 이인국은 미국에 가서도 반드시 성공을 거두리라 생각하며 도미하기에 이른다.

※ 제목의 의미

'꺼삐딴'은 영어 '캡틴'에 해당하는 러시아어로, 소련군이 북한에 주둔하면서 '까삐딴'이 '우두머리 또는 최고'라는 뜻으로 사용되었는데, 그 발음이 와전되어 '꺼삐딴'이 통용된 것이다. 작가는 '꺼삐딴 리'라는 제목을 통해 주인공이 출세와 영달에 눈먼 기회주의자이면서 동시에 한국 사회의 지도층 인사임을 암시하고 있다.

※ '회중시계'의 의미

회중시계는 대학 졸업 때 받은 것으로, 이인국이 가장 아끼는 물건이다. 그 이유는 삶의 전환기(일제 강점기, 소련 점령하의 감옥 생활, 6·25 전쟁, 미군 부대 등)마다 그와 생사고락(生死苦樂)을 함께해 왔기 때문이다. 즉 이 작품에 서 '회중시계'는 주인공의 분신으로 그가 걸어온 인생의 역경을 보여 주는 역할을 하며, 일왕(日王)에게 받았다는 점에서 그의 반민족적 사고를 단적으로 드러내 주는 소재에 해당한다. 또한 소설의 내적 기능 면에서도 과거 회상을 할 때마다 매개체 역할을 담당하고 있다.

※ 이해와 감상

이 작품은 시대와 상황에 따라 재빠르게 변신하는 '이인국 박사'라는 기회주의적 인물을 주인공으로 내세워, 민족의 수난사를 개인의 처세 수단으로 활용했던 사회 지도층을 풍자적으로 비판하고 있는 글이다. 또한 이인국 박사의 기 회주의적 삶의 방식을 소설 전체에 걸쳐 해부하면서 그를 민족사적 비극과 역경을 정신으로 이겨 낸 승자가 아니라 자신을 위한 처세술로써 개인적 위기를 넘겨 온 도덕적 파탄자로 그려내고 있다. 이로써 개인적 출세를 중요시했던 사회 지도층의 기회주의적 처세술을 비판하고 있는 작품으로 볼 수 있다.

Quiz

〈보기〉는 이 작품에 대한 감상문의 일부이다. 빈칸에 들어갈 내용으로 적절하지 않은 것은?

〈보기〉

소설 작품을 읽음으로써 얻을 수 있는 즐거움에는 새로운 사실을 알게 되는 즐거움, 형상화된 세계에 자신을 비추어 봄으로써 자기 자신을 깨닫는 즐거움이 있을 것이다. 전광용의 〈꺼삐딴 리〉의 경우에는 등장인물을 중심으로 접근해 가면서 이 두 가지 즐거움을 맛볼 수 있었다.

우선 당시의 현실과 관련된 새로운 사실들을 알 수 있었다. 이 작품을 알기 전에는 일제 강점기를 살아 온 소위 사회지도층 인사들 중에서 자기 한 몸을 위해 대의를 저버리고 살아가는 사람들이 있었다고 막연히 생각했었다. 그러나 이 작품을 읽으면서 시류에 영합해 자신의 이익만을 추구하고 그것을 만끽하며 살아가는 이인국 박사와 같은 인물들이 엄연히 존재하고 있었으며 해방 후에도 계속해서 그들의 기득권을 유지하고 있었음을 실감할 수 있었다.

다음으로는 이 작품에 내 자신을 비추어 봄으로써 몇 가지 깨달음을 얻을 수 있었다. 그 깨달음은 이런 것들이다.

① 이인국 박사의 끝없는 욕망을 보면서, 새삼스럽게 인간이 추구하는 욕망의 끝은 어디일까 생각해 보았다.

② 이인국 박사의 소위 '처세론'을 접하면서 역사의식이란 피상적인 이해만으로는 형성될 수 없는 것임을 인식하게 되었다.

③ 지금의 내가 당대에 이인국 박사와 같은 위치에 있었다면 이인국 박사와 같은 선택을 하게 되지는 않았을까 생각해 보았다.

④ 이인국 박사와 같이 사익을 위해 문화재를 외국으로 반출했던 사람들이 상당수 있었음을 다른 자료를 통해 확인할 수 있었다.

해설

〈보기〉의 내용은 이 작품을 내 자신에 비추어 봄으로써 깨달음을 얻을 수 있었다(효용론)는 것이다. 그러한 깨달음에 해당되지 않는 것을 찾으면 ④가 된다. 이 내용은 문화재를 외국으로 반출했던 사람들이 다른 자료에도 있었다는 사실을 확인하는 것뿐이지 이를 통해서 어떤 깨달음을 얻었음을 보여 주는 것은 아니다. 따라서 사실을 확인하는 정도의 내용을 가지고 작품을 통한 깨달음을 얻었다고 보는 것은 적절하지 않다.

정답 ④

3절 희곡과 시나리오의 이해

1 희곡

1. 희곡의 개념

①무대 상연을 전제로 한 연극의 대본

② 배우들의 말과 행동을 통해 직접적으로 관객에게 보여 주기 위해 작가가 꾸며 낸 이야기

2. 희곡의 제약 * 희곡이 무대 상연을 전제하고 있다는 점에서 비롯됨.

① 시간과 공간의 제약: 장면의 전환이 어렵다.

② 서술자 개입의 제약: 서술자의 묘사나 해설이 아닌, 등장인물의 말과 행동을 통해 진행된다.

③ 심리 표현의 제약: 대사만으로 이루어지기 때문에 내면 심리나 정신세계를 표현하기 어렵다.

④ 등장인물 수의 제약: 무대라는 공간의 크기가 한정적이다.

혜원通 희곡(연극)과 시나리오(영화)

구분	희곡	시나리오
차이점	연극의 대본(연극 공연)	영화의 대본(영화 상영)
	시간·공간의 제한을 받음.	시간·공간의 제한을 덜 받음.
	등장인물의 수에 제한	등장인물의 수에 제한 없음.
	막과 장이 단위	시퀀스(sequence)와 신(scene)이 단위
	집약미(集約美)를 추구	유동미(流動美)를 추구
	입체적	평면적
공통점	· 문학 작품(극 갈래) · 작품의 길이에 제한을 받음. · 음성 언어에 의한 예술 → 세련된 대사 · 직접적인 심리 묘사가 불가능 → 간접적 묘사 · 종합 예술	· 드라마의 대본 · 흥행성을 가짐. · 행동과 대사가 중시 · 갈등의 문학

희곡과 소설

· 공통점
- 허구적 사건을 다룸.
- 산문 문학

· 차이점: 소설처럼 사건을 묘사하거나 서술하지 않고 대화와 행동을 통해서만 제시됨.

대사의 종류

· 대화: 등장인물끼리 주고받는 말
· 독백: 상대방 없이 한 사람 혼자 하는 말
· 방백: 관객에게는 들리나 무대 위의 상대방에게는 들리지 않는 것으로 약속하고 하는 말

기출 확인

다음 글을 잘못 이해한 것은?

2021 지방직 9급

> **서연:** 이보게, 동연이.
> **동연:** 왜?
> **서연:** 자네가 본뜨려는 부처님 형상은 누가 언제 그렸는지 몰라도 흔히 있는 것을 베껴 놓은 걸세. 그런데 자네는 그 형상을 또 다시 베껴 만들 작정이군. 자넨 의심도 없는가? 심사숙고해 보게. 그런 형상이 진짜 부처님은 아닐세.
> **동연:** 나에겐 전혀 의심이 없네.
> **서연:** 의심이 없다니……?
> **동연:** 무엇 때문에 의심해서 아까운 시간을 낭비해야 하는가?
> **서연:** 음…….
> **동연:** 공부를 하게, 괜히 의심 말고! (허공에 걸려 있는 탱화를 가리키며) 자넨 얼마나 형상 공부를 했는가? 이십일면관세음보살의 머리 위에는 열한 개의 얼굴들이 있는데, 그 얼굴 하나하나를 살펴나 봤었는가? 귀고리, 목걸이, 손에 든 보병과 기현화란 꽃의 형태를 꼼꼼히 연구했었는가? 자네처럼 게으른자들은 공부는 안 하고, 아무 의미 없다 의심만 하지!
> **서연:** 자넨 정말 열심히 공부했네. 그렇다면 그 형태 속에 부처님 마음은 어디 있는지 가르쳐 주게.
>
> - 이강백, 〈느낌, 극락 같은〉

① 불상 제작에 대한 동연과 서연의 입장은 다르다.

② 서연은 전해지는 부처님 형상을 의심하는 인물이다.

③ 동연은 부처님 형상을 독창적으로 제작하는 인물이다.

④ 동연과 서연의 대화는 예술에 있어서 형식과 내용의 논쟁을 연상시킨다.

해설

서연은 불상을 만드는 동연에게 "자네가 본뜨려는 부처님 형상은 누가 언제 그렸는지 몰라도 흔히 있는 것을 베껴 놓은 걸세. 그런데 자네는 그 형상을 또 다시 베껴 만들 작정이군."라고 말하고 있다. 이 말을 통해 동연은 남이 만든 부처님 형상을 그대로 본뜨고 있음을 알 수 있다. 따라서 동연이 부처의 형상을 '독창적'으로 제작하는 인물이라는 이해는 적절하지 않다.

정답 ③

작품의 실제 희곡·시나리오

1 토막(土幕) | 유치진

감상

〈토막〉은 우리 현대 희곡사에서 본격적인 희곡으로서는 첫 작품이며, 사실주의 희곡의 첫 작품이다. 1930년대는 '신파극'의 전성기로 예술적 감동을 주지 못하는 상업주의 대중 연극에 반기를 든 극작가들이 '극예술 연구회'를 조직하여 서구의 리얼리즘 연극을 수용하였다. 〈토막〉은 '극예술 연구회'의 일원이던 유치진이 리얼리즘을 시도한 초기의 작품으로, 리얼리즘 희곡의 한 전형(典型)으로서 한국 현대극의 본격적인 출발점이자, 식민지 시대의 현실을 강렬하게 고발한 작품이라는 문학사적 의의를 갖는다.

특징

- **배경의 암시성**: 퇴락하고 음습하고 어두운 분위기와 철저하게 가난하고 병들어 있는 식민지 조선인의 모습을 생생하게 보여 준다.
  → 가난한 농촌을 배경으로 하고 있다는 사실부터가 식민지 정책의 구조적인 모순에 대한 작가의 비판 의식을 드러낸다고 볼 수 있다.

토막(土幕)

땅을 파고 거적으로 위를 덮어 비바람을 막게 지은 집. 움막으로 빈곤한 농촌 현실이면서 동시에 일제의 식민지로 전락한 당시 조선 사회 현실을 상징하는 배경이다.

기출 확인

이 글에 대한 설명으로 알맞지 않은 것은?

2010 법원직 8급

① 이 글은 대사와 행동이 중심이 되는 희곡에 해당한다.

② 실제로 무대에 등장하지 않는, 부재적(不在的) 주인공(명수)의 백골을 통해 주제를 상징하고 있다.

③ 등장인물 중 금녀는 미래 지향적이고 의지적인 성향을 보이고 있다.

④ 결말부에 제시된 바람 소리는 갈등의 해소를 암시하는 효과음이다.

해설

'바람 소리'는 갈등 해소를 암시하는 효과음이 아니라, 비극적 정황을 더욱 강조하고 환기하는 장치라고 할 수 있다.

정답 ④

핵심정리

갈래	사회 문제극, 비극, 장막극, 사실극
제재	① 시간: 1920년대 ② 공간: 빈곤한 농촌 마을
경향	민족의식 고취
구성	전 2막, 4단 구성
주제	일제의 악랄한 수탈 속에서 황폐해 가는 한국의 참담한 현실
의의	한국 현대 희곡의 본격적 출발기의 작품으로 사실주의 희곡의 전형
출전	《문예 월간》(1931. 12.~1932. 2.)
내용	〈토막〉은 두 농가, 즉 명서 일가와 경선 일가의 몰락 과정을 비극적으로 그리고 있다. 경선네는 소작농으로 근근이 지내다가 땅마저 빼앗기고 장리 쌀 몇 가마 얻어먹은 것을 못 갚아 토막마저 차압당해 유랑 걸식과 행상으로 끼니를 잇다가 견디지 못하고 결국 고향을 떠난다. 명서 일가의 삶 역시 경선 일가보다 별로 나을 것이 없다. 그런데 명서 일가는 장남이 일본으로 돈벌이를 간 것과 그를 기다린다는 희망이 있었다. 그러나 그들의 유일한 희망마저 무산된다. 아들은 일본에서 해방 운동을 하다가 옥사하고 유골만 돌아오게 되자 명서 일가의 비극은 절정에 달한다.

명서 처: (자기의 눈을 의심하듯이) 대체 이게…… 이게? 에그머니, 맙소사! 이게 웬일이냐?

명　서: (되려 멍청해지며, 궤짝에 쓰인 글자를 읽으며) 최명수의 백골.
영수의 죽음, 대사로 처리, 희곡의 제약

금　녀: 오빠의?

명서 처: 그럼, 신문에 난 게 역시! 아아, 이 일이 웬일이냐? 명수야! 네가 왜 이 모양으로 돌아왔느냐! (백골 상자를 꽉 안는다.)

금　녀: 오빠!

명　서: 〈나는 여태 개돼지같이 살아 오문서, 한 마디 불평두 입 밖에 내지 않구 꾸벅꾸벅 일만 해 준 사람이여. 무엇 때문에, 무엇 때문에 내 자식을 이 지경을 맨들어 보내느냐? 응, 이 육실헐 눔들! (일어서려고 애쓴다.)〉 〈 〉: 일제에 대한 적개심 표출
(개돼지같이: 하라는 대로 고분고분하게)

금　녀: (눈물을 씻으며) 아버지! (하고 붙든다.)

명　서: 놓아라! 명수는 어디루 갔니? 다 기울어진 이 집을 뉘게 맽겨 두구 이눔은 어딜?
(다 기울어진 이 집: ① 가세가 기운 가정, 가문 ② 일제로 인해 파괴된 조국)

금　녀: 아버지! 아버지!

명　서: (궤짝을 들구 비틀거리며) 〈이놈들아, 왜 뼉다구만 내게 갖다 맽기느냐? 내 자식을 죽인 눔이 이걸 마저 처치해라!〉 (기진하여 쓰러진다. 궤짝에서 백골이 쏟아진다. 밭은 기침 한동안.)
〈 〉: 일제에 대한 분노 폭발=우리 민족 전체의 분노

명서 처: (흩어진 백골을 주우며) 명수야, 내 자식아! 이 토막에서 자란 너는 백골이나마 우리를 찾아왔다. 〈인제는 나는 너를 기다려서 애태울 것두 없구, 동지 섣달 기나긴 밤을 울어 새우지 않아두 좋다! 명수야, 이제 너는 내 품안에 돌아왔다.〉
〈 〉: 자식을 잃은 극도의 슬픔(반어)

명　서: …… 아아, 보기 싫다! 도루 가져 가래라!
아들의 죽음을 인정할 수 없음.

금　녀: 〈아버지, 서러 마세유. 서러워 마시구 이대루 꾹 참구 살아가세유. 네, 아버지! 결코 오빠는 우릴 저버리진 않을 거예유. 죽은 혼이라두 살아 있어, 우릴 꼭 돌봐 줄 거예유. 그때까지 우린 꾹 참구 살아가유. 예, 아버지!〉 〈 〉: 일제의 지배에 대한 저항 의지, 작품의 주제
(죽은 혼이라두 살아 있어, 우릴 꼭 돌봐 줄 거예유: 조국의 해방이 오도록 도와줄 것이다. 죽어서나마 가족들이 토막에서 벗어나게 도와줄 것이다.)

명　서: …… 아아, 보기 싫다! 도루 가지고 가래라!

(금녀의 어머니는 백골을 안치하여 놓고, 열심히 무어라고 중얼거리며 합장한다. 바람소리, 적막을 찢는다.)

— 막 —

2 파수꾼 | 이강백

핵심정리

갈래	단막극, 풍자극
성격	현실 풍자적, 교훈적, 상징적, 우화적
배경	어느 마을의 황야에 있는 망루
제재	촌장과 파수꾼(노인)의 위선
주제	진실을 향한 열망. 진실이 통하지 않는 사회의 비극
특징	① 널리 알려진 이야기를 바탕으로 하여, 현실을 우화적으로 그림. → 정의와 진실이 은폐되고 왜곡되던 1970년대 유신 체제 시절 출판에 대한 검열을 피하기 위해 사실적 묘사를 배제하고 우회적 수법으로 억압적이었던 당대 현실을 비판함. ② 상징성이 강한 인물과 소재 사용
출전	《현대 문학》(1973)
작가	이강백(李康白, 1947~) 극작가. 1971년 희곡 〈다섯〉이 《동아일보》 신춘 문예에 당선되어 등단하였다. 주로 현대 사회의 모순을 비판하는 우화적인 희곡을 많이 썼다. 대표작에 〈파수꾼〉, 〈말〉, 〈칠산리〉, 〈북어 대가리〉, 〈느낌, 극락 같은〉 등이 있다.

등장인물

- 촌장: 이리 떼가 존재한다는 진실 왜곡으로 마을 사람들의 공포심을 조장하여 권력을 유지하려는 위선적 인물로, 진실을 밝히려는 파수꾼 '다'를 굴복시키는 과정에서 교묘하고 논리적인 면을 보여 준다.
- 파수꾼 '가', '나': 촌장의 독재 권력의 지배 질서를 합리화하고 이에 정당성을 부여해 주는 권력의 하수인
- 파수꾼 '다': 이리 떼가 존재하지 않는다는 사실을 알고 진실을 밝히려 하지만, 결국 촌장의 계략에 속아 그의 뜻에 따르는 인물

가 다 : 촌장님은 이리가 무섭지 않으세요?
(이리: 위선적인 독재 권력이 체제 유지를 위해 도구로 삼은 가상의 적)

촌 장: 없는 걸 왜 무서워하겠니?

다 : 촌장님도 아시는군요?

촌 장: 난 알고 있지.

다 : 아셨으면서 왜 숨기셨죠? 모든 사람들에게, 저 덫을 보러 간 파수꾼에게, 왜 말하지 않는 거예요? – 파수꾼 소년이 알게 된 '진실'

촌 장: 말해 주지 않는 것이 더 좋기 때문이다. – 이리 떼가 없음을 시인하는 촌장

나 다 : 거짓말 마세요, 촌장님! 일생을 이 쓸쓸한 곳에서 보내는 것이 더 좋아요? 사람들도 그렇죠! '이리 떼가 몰려온다.' 이 헛된 두려움에 시달리는데 그게 더 좋아요?

촌 장: 〈얘야, 이리 떼는 처음부터 없었다. 없는 걸 좀 두려워한다는 것이 뭐가 그렇게 나쁘다는 거냐? 지금까지 단 한 사람도 이리에게 물리지 않았단다. 마을은 늘 안전했어. 그리고 사람들은 이리 떼에 대항하기 위해서 단결했다. 그들은 질서를 만든 거야. 질서, 그게 뭔지 넌 알기나 하니? 모를 거야, 너는. 그건 마을을 지켜 주는 거란다. 물론 저 충직(忠直)한 파수꾼에겐 미안해. 수천 개의 쓸모없는 덫들을 보살피고 양철북을 요란하게 두들겼다. 허나 말이다, 그의 일생이 그저 헛되다고만 할 순 없어. 그는 모든 사람들을 위해 고귀(高貴)하게 희생한 거야. 난 네가 이러한 것들을 이해해 주기 바란다. 만약 네가 새벽에 보았다는 구름만을 고집한다면, 이런 것들은 모두 허사(虛事)가 된다. 저 파수꾼은 늙도록 헛북이나 친 것이 되구, 마을의 질서는 무너져 버린다. 얘야, 넌 이렇게 모든 걸 헛되게 하고 싶진 않겠지?〉 〈 〉: 잘못된 논리로 '다'를 굴복시키려 함.
(없는 걸 좀 두려워한다는 것이 뭐가 그렇게 나쁘다는 거냐: 진실을 속인 자신의 행위를 정당화)
(사람들은 이리 떼에 대항하기 위해서 단결했다. 그들은 질서를 만든 거야: 촌장은 이리떼에 대한 경계심이 오히려 마을의 질서를 유지하는 힘이었다는 억지 주장을 펴고 있음. 이는 공포를 조장하여 정권을 유지하려는 권력의 속성이 반영된 것)

다: 왜 제가 헛된 짓을 해요? 제가 본 흰 구름은 아름답고 평화로웠어요. 저는 그걸 보여 주려는 겁니다. 이제 곧 마을 사람들이 온다죠? 잘 됐어요. 저는 망루 위에 올라가서 외치겠어요.

★ 〈파수꾼〉의 주제 의식

1970년대의 우리 정치 현실을 풍자한 작품으로, 이 작품에 등장하는 인물들은 당시의 권력과의 관계 속에서 특정한 유형을 대표하는 것으로 볼 수 있다. 또한 작품의 배경이나 소재 등도 당시의 사회 모습과 연관, 해석할 수 있다. 그런데 이 작품은 우화적이고 간접적으로 대상을 풍자하는 '우화'의 방식을 사용하고 있다. 그 이유는 권력에 대한 비판이 금기시되고 작품에 대한 검열이 심했던 당시의 사회상과 관련지어 생각해 볼 수 있다.

→ 우화(양치기 소년과 이리)라는 상징적 장치를 통해 1970년대를 배경으로 체제 유지를 위해 거짓말을 일삼는 지배 권력의 안보 정책을 비난하고 있으며, 우화를 빌려 진실의 왜곡이 가져올 수 있는 문제에 대해 탐구하고 있다.

기출 확인

다음 글에 대한 설명으로 옳지 않은 것은?
2019 국가직 9급

> 해설자: (관객들에게 무대와 등장인물을 설명한다.) 이곳은 황야입니다. 이리 떼의 내습을 알리는 망루가 세워져 있죠. 드높이 솟은 이 망루는 하늘로 둘러싸여 있습니다. 하늘은 연극의 진행에 따라 황혼, 초승달이 뜬 밤, 그리고 아침으로 변할 겁니다. 저기 위를 바라보십시오. 파수꾼이 앉아 있습니다. 높은 곳에서 하늘을 등지고 있기 때문에 그는 언제나 시커먼 그림자로만 보입니다. 그는 내가 태어나기 전부터 파수꾼이었습니다. 나의 늙으신 아버지께서도 어린 시절에 저 유명한 파수꾼의 이야기를 들으셨다 합니다.
> – 이강백, 〈파수꾼〉

① 공간적 배경은 망루가 세워져 있는 황야이다.
② 시간적 배경은 연극의 진행에 따라 변한다.
③ 해설자는 무대 위의 아버지를 소개한다.
④ 파수꾼의 얼굴은 분명하게 알 수 없다.

해설
자신의 아버지 역시 '파수꾼'의 이야기를 들었다고 서술한 부분에서 '아버지'에 대해 언급을 하기는 하지만, 해설자가 '아버지'를 소개한 내용은 없다. "저기 위를 바라보십시오. 파수꾼이 앉아 있습니다."부터 해설자는 무대 위의 '파수꾼'을 소개하고 있다.

정답 ③

4절 수필의 이해

1 수필의 개념 및 특징

1. 수필의 개념

인생에 대한 관조와 체험을 개성적인 문체로 표현하여 붓 가는 대로 자연스럽게 쓴 글

2. 수필의 특징

① **개성의 문학**: 수필은 허구가 아닌 '나'를 드러내어 작가가 직접 독자에게 자신의 이야기를 전달하는 자기 고백의 문학임.

② **무형식의 문학**: 수필은 다른 어느 문학의 갈래보다 형식의 구애를 받지 않는 자유로운 형식의 문학 → '무형식'의 형식을 가진다.

③ **비전문적인 문학**: 대중적인 문학 갈래

기출 확인

다음 글의 밑줄 친 부분이 지시하는 대상이 다른 것은? 2021 지방직 9급

> 수박을 먹는 기쁨은 우선 식칼을 들고 이 검푸른 ㉠ 구형의 과일을 두 쪽으로 가르는 데 있다. 잘 익은 수박은 터질 듯이 팽팽해서, 식칼을 반쯤만 밀어 넣어도 나머지는 저절로 열린다. 수박은 천지개벽하듯이 갈라진다. 수박이 두 쪽으로 벌어지는 순간, '앗!' 소리를 지를 여유도 없이 초록은 ㉡ 빨강으로 바뀐다. 한 번의 칼질로 이처럼 선명하게도 세계를 전환시키는 사물은 이 세상에 오직 수박뿐이다. 초록의 껍질 속에서, ㉢ 새까만 씨앗들이 별처럼 박힌 선홍색의 바다가 펼쳐지고, 이 세상에 처음 퍼져나가는 비린 향기가 마루에 가득 찬다. 지금까지 존재하지 않던, ㉣ 한바탕의 완연한 아름다움의 세계가 칼 지나간 자리에서 홀연 나타나고, 나타나서 먹히기를 기다리고 있다. 돈과 밥이 나오지 않았다 하더라도, 이것은 필시 흥부의 박이다.
>
> – 김훈, 〈수박〉

① ㉠ ② ㉡
③ ㉢ ④ ㉣

해설 '구형'의 과일은 '수박'의 겉모양을 의미한다. 한편, ㉠을 제외한 나머지는 수박을 갈랐을 때 나오는 '수박'의 붉은 속살을 의미한다. 따라서 지시하는 대상이 다른 하나는 ㉠이다.

오답 ② "초록은 빨강으로 바뀐다."에서 '초록'은 수박의 겉모양(껍질)을, '빨강'은 수박의 속살을 의미한다.
③ 선홍색의 바다에 씨앗이 박혔다는 표현을 볼 때, ㉢은 수박의 속살을 의미한다.
④ 이어지는 "칼 지나간 자리에서 홀연 나타나고"라는 표현을 볼 때, ㉣은 수박의 속살을 의미한다.

정답 ①

작품의 실제 수필

1 그믐달 | 나도향

핵심정리

종류	경수필(서정적 성격)
성격	낭만적, 감상적
문체	우유체, 화려체
주제	외롭고 한스러워 보이는 그믐달을 사랑하는 마음
표현	① 직유, 은유의 비유적 표현과 대조의 방법으로 그믐달의 특성을 드러냄. ② 필자의 감정을 적절히 이입(감정 이입)
제재	그믐달(음력 매달 26~27일경 새벽에서 해 뜨기 직전까지 뜨는 눈썹 모양의 달) * 그믐달 ↔ 초승[初生]달(음력 3~4일경 저녁에 서쪽 하늘에 낮게 뜨는 눈썹 모양의 달) 달: 초승 → 상현 → 보름 → 하현 → 그믐
출전	《조선문단》(1925)

가 나는 그믐달을 몹시 사랑한다. → 그믐달에 대한 애정

나 그믐달은 요염(妖艶)하여 감히 손을 댈 수도 없고, 말을 붙일 수도 없이 깜찍하게 예쁜 계집 같은 달인 동시에 가슴이 저리고 쓰리도록 가련한 달이다.

(요염(妖艶): 사람의 마음을 홀릴 만큼 아름다움. / 가련한: 불쌍한)

서산 위에 잠깐 나타났다 숨어 버리는 초승달은 세상을 후려 삼키려는 독부(毒婦)가 아니면 철모르는 처녀 같은 달이지마는, 그믐달은 세상의 갖은 풍상(風霜)을 다 겪고, 나중에는 그 무슨 원한을 품고서 애처롭게 쓰러지는 원부(怨婦)와 같이 애절하고 애절한 맛이 있다. 보름에 둥근 달은 모든 영화와 끝없는 숭배를 받는 여왕과 같은 달이지마는, 그믐달은 애인을 잃고 쫓겨남을 당한 공주와 같은 달이다.

(독부(毒婦): 성행이 악독한 여자. 초승달의 이미지 / 풍상(風霜): 세상의 온갖 고난과 고통 / 원부(怨婦): 원한을 품은 여자. 그믐달의 이미지)

다 초승달이나 보름달은 보는 이가 많지마는, 〈그믐달은 보는 이가 적어 그만큼 외로운 달이다. 객창한등(客窓寒燈)에 정든 임 그리워 잠 못 들어 하는 분이나, 못 견디게 쓰린 가슴을 움켜잡은 무슨 한(恨) 있는 사람이 아니면, 그 달을 보아 주는 이가 별로 없을 것이다.〉

(객창한등(客窓寒燈): 나그네가 묵는 방의 창에서 비치는 쓸쓸한 등불 / 잠 못 들어 하는: ↳ 오매불망(寤寐不忘): 자나 깨나 잊지 못함.)

〈 〉: 그믐달을 원부(怨婦), 쫓겨난 공주, 청상(靑孀) 등에 비유. 객창한 잠 못 들어 하는 분이나, 못 견디게 쓰린 가슴을 움켜잡은 무슨 한(恨)이 있는 사람이 주로 봄. → 따라서 그믐달을 보아 주는 사람들은 한 많고 소외된 사람들

그는 고요한 꿈나라에서 평화롭게 잠들은 세상을 저주하며, 홀로이 머리를 풀어 뜨리고 우는 청상(靑孀) 같은 달이다. 내 눈에는 초승달 빛은 따뜻한 황금빛에 날카로운 쇳소리가 나는 듯하고, 보름달은 치어다보면 하얀 얼굴이 언제든지 웃는 듯하지마는, 그믐달은 공중에서 번듯하는 날카로운 비수와 같이 푸른 빛이 있어 보인다. 내가 한(恨) 있는 사람이 되어서 그러한지는 모르지마는, 내가 그 달을 많이 보고 또 보기를 원하지만, 그 달은 한(恨) 있는 사람만 보아 주는 것이 아니라, 늦게 돌아가는 술주정꾼과 노름하다 오줌 누러 나온 사람도 보고, 어떤 때는 도둑놈도 보는 것이다.

(청상(靑孀): 청상과부. 젊은 나이에 남편을 잃은 여자 / 늦게 돌아가는 술주정꾼 ~ 도둑놈도 보는 것이다: 사회에서 소외된 사람들이 보는 달)

라 어떻든지, 그믐달은 가장 정(情) 있는 사람이 보는 중에, 또는 가장 한(恨) 있는 사람이 보아 주고, 또 가장 무정한 사람이 보는 동시에 가장 무서운 사람들이 많이 보아 준다. 사람들은 각자의 처지에 따라서 그믐달이 풍기는 정감을 제 나름으로 받아들인다.

(정 있는 사람은 그믐달을 다정다감한 존재로 보고, 한 있는 사람은 그믐달을 한이 서린 존재로 보며, 무정한 사람은 그믐달을 아무 감정이 없는 존재로 봄.)

내가 만일 여자로 태어날 수 있다 하면, 그믐달 같은 여자로 태어나고 싶다.

(한(恨)의 정조를 사랑하기 때문에 작가는 그믐달이 자신과 너무나 흡사하다고 생각하고 있음.
→ 그믐달에 대한 지극한 사랑도 실상은 곧 자기 자신에 대한 사랑임. 이 작품은 낭만주의자의 내면 고백에 해당하는 글이라고 할 수 있음.)

특징

- 대상에 대한 작자의 애정이 직접적으로 드러나 있다.
- 대상에 대한 독특한 시각과 개성적 관찰을 보여 준다.
- 다양한 표현 방식을 동원하여 대상의 속성을 적절하게 전달하고 있다.
- 대상에 대한 느낌을 절실하게 드러내기 위해 다양한 소재를 끌어들이고 있다.

문학 작품에 등장한 '달'의 역할

'달'의 역할	주요 작품
기원의 대상	백제 가요 〈정읍사〉
애상의 대상	이조년의 시조 〈이화에 월백하고 ~〉
우러름의 대상	충담사의 향가 〈찬기파랑가〉
서정적 분위기 조성	이효석의 소설 〈메밀꽃 필 무렵〉

TIP

〈권태〉가 보여 주는 '이상'의 삶에 대한 견해

"삶은 습관적으로 반복되는 무의미한 일상에 불과하다."

이 작품의 기본적인 문제는 상황과 의식의 갈등에 있다. 모든 것이 일상적인 관습으로 둘러싸인 세계 안에서 작가는 자신을 둘러싼 여러 사물과 행위의 의미를 묻는다. 그러나 그가 확인하게 되는 것은 상황의 변화를 위한 어떤 시도에도 불구하고 삶은 여전히 습관적으로 반복되는 무의미한 일상에 불과하다는 사실이다. 이 무의미한 일상의 반복이 '권태'라는 자의식을 초래하고 있다.

권태: 인생의 이치 자각

- 목표와 가치 의식이 없는 데서 오는 권태
- 일제 강점기 지식인의 고민을 반영하고 있는 권태

TIP

이 글에 나타나는 세 가지 권태

- **극권태(極倦怠):** 세상과 완전히 단절된 채 무기력하고 답답한 삶을 살아가고 있는 자기 자신에 대한 인식
- **흉악(凶惡)한 권태:** 당시의 농민들이 자신들의 가난과 불행이 일제 때문임을 알지 못하고 무의미한 노력을 하며 살아가는 것에 대한 인식
- **절대 권태(絶對倦怠):** 위대한 대자연 앞에서 어떠한 감흥도 느낄 수 없는 자신에 대한 인식

'소'와 '나'

구분	소	나
과거	뿔	폐병
현재	반추	사색의 반추

기출 확인

(A)에 대한 이해로 가장 적절한 것은?

2021 국가직 9급

① 대상의 행위를 통해 글쓴이의 심리가 투사되고 있다.

② 과거의 삶을 회상하며 글쓴이의 처지를 후회하고 있다.

③ 공간의 이동을 통해 글쓴이의 무료함을 표현하고 있다.

④ 현실에 대한 글쓴이의 불만이 반성적 어조로 표출되고 있다.

해설

되새김질하는 '소'에 권태로운 '나'의 심리를 투사하고 있다. 따라서 대상의 행위를 통해 글쓴이의 심리가 투사되고 있다는 설명은 옳다.

정답 ①

2 권태 | 이상

핵심정리

갈래	경수필
경향	초현실주의적 경향
제재	여름날 벽촌에서의 생활
주제	무의미한 생활의 반복에서 오는 권태, 일제 치하의 현실에 대한 권태
감상	소가 반추(反芻)를 계속하는 것은 작가에게 권태를 느끼게 한다. 그것은 소의 행위가 어떤 가치 지향도 삶의 목표도 없는 무의미한 일상적 반복에 지나지 않기 때문이다. 이러한 일상적 생활의 단조로움에서 오는 권태라는 것은 결국 삶의 목표와 적극적 가치 의식이 없는 데서 오는 권태이며 이는 일제 강점하의 혹독한 상황 속에서 그 상황을 대면한 지식인의 고민을 반영하고 있는 권태라 할 수 있다.
출전	《조선일보》(1937)

가 어서, 차라리 어둬 버리기나 했으면 좋겠는데 — 벽촌(僻村)의 여름날은 지리해서 죽겠을 만치 길다.

동(東)에 팔봉산. 곡선은 왜 저리도 굴곡이 없이 단조로운고? 서를 보아도 벌판, 남을 보아도 벌판, 북을 보아도 벌판, 아 — 이 벌판은 어쩌라고 이렇게 한이 없이 늘어 놓였을고? 어쩌자고 저렇게까지 똑같이 초록색 하나로 되어 먹었노?

농가(農家)가 가운데 길 하나를 두고 좌우로 한 십여 호씩 있다. 〈휘청거린 소나무 기둥, 흙을 주물러 바른 벽, 강낭대로 둘러싼 울타리, 울타리를 덮은 호박 넝쿨, 모두가 그게 그것같이 똑같다. 어제 보던 댑싸리나무, 오늘도 보는 김 서방, 내일도 보아야 할 흰둥이, 검둥이.〉

(ㄴ 단조로움, 권태 / 〈 〉: ___은 권태를 느끼게 하는 대상들)

해는 100도(百度) 가까운 볕을 지붕에도, 벌판에도, 뽕나무에도, 암탉 꼬랑지에도 내려쪼인다. 아침이나 저녁이나 뜨거워서 견딜 수가 없는 염서(炎暑) 계속이다.

(더위를 강조하기 위한 소재)

나 나는 그 자리에서 일어나서 풀밭으로 가 보기로 했다. 풀밭에는 암소 한 마리가 있다. 그 웅덩이 속에 고런 맹랑한 현상이 잠복해 있을 수 있다니……. 하고 나는 적잖이 흥분했다.

(송사리 떼의 모습에서 일상적인 단조로움을 벗어난 것 같은 '흥분'을 느끼고 있음.)

그러나 그 현상도 소낙비처럼 지나가고 말았으니 잊어버리고 그만두는 수밖에. 소의 뿔은 벌써 소의 무기는 아니다. 소의 뿔은 오직 안경의 재료일 따름이다. 소는 사람에게 얻어맞기가 위주니까 소에게는 무기가 필요 없다. 소의 뿔은 오직 동물학자를 위한 표지이다. 야우 시대(野牛時代)에는 이것으로 적을 돌격한 일도 있습니다 — 하는 마치 폐병(肺病)의 가슴에 달린 훈장처럼 그 추억성이 애상적이다.

(일회성, 가변성, 순간성)

(A) 암소의 뿔은 수소의 그것보다도 더 한층 겸허하다. 이 애상적인 뿔이 나를 받을 리 없으니, 나는 마음 놓고 그 곁 풀밭에 가 누워도 좋다. 나는 누워서 우선 소를 본다.

소는 잠시 반추를 그치고 나를 응시한다.

'이 사람의 얼굴이 왜 이리 창백하냐? 아마 병인(病人)인가 보다. 내 생명에 위해(危害)를 가하려는 거나 아닌지 나는 조심해야 되지.'

이렇게 소는 속으로 나를 심리(審理)하였으리라. 그러나 5분 후에는 소는 다시 반추(反芻)를 계속하였다. 소보다도 내가 마음을 놓는다.

(일상적 반복)

소는 식욕의 즐거움조차를 냉대할 수 있는 지상 최대의 권태자(倦怠者)이다. 얼마나 권태에 질렸길래 이미 위에 들어간 식물(食物)을 다시 게워 그 시금털털한 반소화물(半消化物)의 미각을 역설적으로 향락하는 체해 보임이리요?

소의 체구가 크면 클수록 그의 권태도 크고 슬프다. 나는 소 앞에 누워 내 세균같이 사소한 고독을 겸손하면서, 나도 사색의 반추는 가능할는지 불가능할는지 몰래 좀 생각해 본다.

3 딸깍발이 | 이희승

핵심정리

▮갈래	경수필, 서사적 수필, 교훈적 수필
▮성격	교훈적, 비판적, 해학적, 사회적
▮제재	남산골 샌님(딸깍발이)
▮주제	딸깍발이 정신의 현대적 계승

가 '딸깍발이'란 것은 '남산(南山)골 샌님'의 별명이다. 왜 그런 별호(別號)가 생겼느냐 하면, 남산골 샌님은 지나 마르나 나막신을 신고 다녔으며, 마른 날은 나막신 굽이 굳은 땅에 부딪쳐서 딸깍딸깍 소리가 유난하였기 때문이다. 요새 청년들은 아마 그런 광경을 못 구경하였을 것이니, 좀 상상하기에 곤란할지는 알 수 없다. 그러나 일제 시대에 일인들이 '게다'를 끌고 콘크리트 길바닥을 걸어다니던 꼴을 기억하고 있다면, '딸깍발이'라는 명칭이 붙게 된 까닭도 이해할 수 있을 것이다.

(남산골 샌님: 고지식한 사람 → '샌님'이란 '보수적이고 고루하여 융통성이 없는 사람'을 일컫는 말)

나 인생으로서 한 고비가 겨워서 머리가 희끗희끗할 지경에 이르기까지 변변하지 못한 벼슬이나마 한 자리 얻어 하지 못하고, 다른 일 특히 생업에는 아주 손방이어서 아예 손을 댈 생각조차도 아니하였기 때문에, 경제적으로는 극도로 궁핍한 구렁텅이에 빠져서 글자 그대로 삼순구식(三旬九食)의 비참한 생활을 해 가는 것이다. 그 꼬락서니라든지 차림차림이야 여간 장관(壯觀)이 아니다.

(변변하지 못한 벼슬이나마 한 자리 얻어 하지 못하고: 양반으로서 벼슬 하나 얻어 하는 것이 유일한 욕망이고 목적임.)
(손방: 문외한(門外漢). 아무것도 할 줄 모르는 사람)
(삼순구식(三旬九食): 서른 날에 아홉 끼니밖에 못 먹었다는 뜻. 가난하여 끼니를 많이 거름.)

다 겨울이 오니 땔나무가 있을 리 만무하다. 동지 설상(雪上) 삼척 냉돌에 변변치도 못한 이부자리를 깔고 누웠으니, 사뭇 뼈가 저려 올라오고 다리 팔 마디에서 오도독 소리가 나도록 온몸이 곧아 오는 판에, 사지를 웅크릴 대로 웅크리고 안간힘을 꽁꽁 쓰면서 이를 악물다 못해 박박 갈면서 하는 말이, "요놈, 요 괘씸한 추위란 놈 같으니, 네가 지금은 이렇게 기승을 부리지마는, 어디 내년 봄에 두고 보자." 하고 벼르더라는 이야기가 전하지마는, 이것이 옛날 남산골 '딸깍발이'의 성격을 단적(端的)으로 가장 잘 표현한 이야기다. 사실로는 졌지마는 마음으로는 안 졌다는 앙큼한 자존심, 꼬장꼬장한 고지식, 양반은 얼어 죽어도 겻불을 안 쬔다는 지조(志操), 이 몇 가지가 그들의 생활신조였다. 실상, 그들은 가명인(假明人)이 아니었다. 우리나라를 소중화(小中華)로 만든 것은 어쭙지않은 관료들의 죄요, 그들의 허물이 아니었다. 그들은 너무 강직하였다. 목이 부러져도 굴하지 않는 기개(氣槪), 사육신(死六臣)도 이 샌님의 부류요, 삼학사(三學士)도 '딸깍발이'의 전형(典型)인 것이다. 올라가서는 포은(圃隱) 선생도 그요, 근세로는 민충정(閔忠正)도 그다.

("요놈, ~ 두고 보자.": 딸깍발이의 자존심을 엿볼 수 있는 말)
(양반은 얼어 죽어도 겻불을 안 쬔다: 속 양반은 물에 빠져도 개헤엄은 안 친다.)
(삼학사(三學士): 병자호란 때 청나라에 항복하는 것을 반대한 홍익한 · 윤집 · 오달제)
(포은(圃隱): 정몽주)
(민충정(閔忠正): 민영환)

라 현대인은 너무 약다. 전체를 위하여 약은 것이 아니라, 자기중심, 자기 본위로만 약다. 백년대계(百年大計)를 위하여 영리한 것이 아니라, 당장 눈앞의 일, 코앞의 일에만 아름아름하는 고식지계(姑息之計)에 현명하다. 염결(廉潔)에 밝은 것이 아니라, 극단의 이기주의에 밝다. 이것은 실상은 현명한 것이 아니요, 우매(愚昧)하기 짝이 없는 일이다. 제 꾀에 제가 빠져서 속아 넘어갈 현명이라고나 할까.

(백년대계(百年大計): 먼 앞날까지 미리 내다보고 세우는 크고 중요한 계획)
(고식지계(姑息之計): 임시방편 ↔ 백년대계)
(염결(廉潔): 청렴하고 결백함.)

마 〈우리 현대인도 '딸깍발이'의 정신을 좀 배우자. 첫째, 그 의기(義氣)를 배울 것이요, 둘째 그 강직(剛直)을 배우자. 그 지나치게 청렴한 미덕은 오히려 분간을 하여 가며 배워야 할 것이다.〉

(〈 〉: 이 글의 주제 의식이 드러난 부분 → 딸깍발이의 의기, 강직, 청렴한 미덕 등을 강조하면서 그러한 정신들을 현대적으로 계승할 필요성이 있음을 강조)

감상

남산골 샌님은 '딸깍발이'라는 별칭으로 표현될 만큼 궁핍한 생활을 하면서도, 오로지 청렴결백과 지조, '앙큼한 자존심'과 '꼬장꼬장한 고지식'을 생활신조로 삼았다. 그 의기와 기개는 자기 본위로만 사는, 극단의 이기주의에만 밝은 현대인에게, 어떻게 사는 것이 바르고 참된 삶인가 시사하는 바가 크다.

기출 확인

다에서 묘사하고 있는 '딸깍발이'의 생활신조와 가장 거리가 먼 것은? 2008 지방직 7급

① 자존(自尊)
② 지조(志操)
③ 청빈(淸貧)
④ 강직(剛直)

해설

궁핍한 생활을 하고 있다는 것을 예상할 수 있으나, '청빈(淸貧)'이 생활신조라고 보기는 어렵다.
청빈(淸貧: 맑을 청, 가난할 빈): 성품이 깨끗하고 재물에 대한 욕심이 없어 가난함.

오답

① 자존(自尊: 스스로 자, 높을 존): 자기의 품위를 스스로 지킴.
② 지조(志操: 뜻 지, 잡을 조): 원칙과 신념을 굽히지 아니하고 끝까지 지켜 나가는 꿋꿋한 의지. 또는 그런 기개.
④ 강직(剛直: 굳셀 강, 곧을 직): 마음이 꼿꼿하고 곧다.

정답 ③

4 특급품 | 김소운

핵심정리

형식	경수필
성격	유추적, 교훈적
제재	삶에 대한 이해와 애정
주제	유연성이 있는 삶
표현	사실과 생각을 적절히 섞어서 독자의 이해를 도움.
구성	① 기(起): 그 유연성에 의해 최고의 바둑판으로 인정받는 비자반(榧子盤)의 예 ② 서(敍): 비자의 유연성과 인생의 과실을 결부시킴. ③ 결(結): 유연성으로 과실을 다스릴 수 있음.

가 '일어(日語)로 '가야'라고 하는 나무 ― 자전에는 '비(榧)'라고 했으니 우리말로 비자목이라는 것이 아닐까. 이 비자목으로 두께 여섯 치, 게다가 연륜이 고르기만 하면 바둑판으로는 그만이다. 오동으로 사방을 짜고 속이 빈 ― 돌을 놓을 때마다 떵떵 하고 울리는 우리네 바둑판이 아니라, 이건 일본식 통나무 기반(碁盤)을 두고 하는 말이다. / 비자는 연하고 탄력이 있어 두세 판국을 두고 나면 반면(盤面)이 얽어서 곰보같이 된다. 얼마 동안을 그냥 내버려 두면 반면은 다시 본디대로 평평해진다. 이것이 비자반의 특징이다. / 비자를 반재(盤材)로 진중(珍重)하는 소이(所以)는, 오로지 유연성을 취함이다. 반면(盤面)에 돌이 닿을 때의 연한 감촉 ―, 비자반이면 여느 바둑판보다 어깨가 마치지 않는다는 것이다. 아무리 흑단(黑檀)이나 자단(紫檀)이 귀목(貴木)이라 해도 이런 것으로 바둑판을 만들지는 않는다. / 비자반 일등품 위에 또 한층 뛰어 특급품이란 것이 있다. 반재며, 치수며, 연륜이며 어느 점이 일급과 다르다는 것이 아니나, 반면에 머리카락 같은 가느다란 흉터가 보이면 이게 특급품이다. 알기 쉽게 값으로 따지자면, 전전(戰前) 시세로 일급이 2천원(돌은 따로 하고) 전후인데, 특급은 2천 4, 5백원, 상처가 있어서 값이 내리키는커녕 오히려 비싸진다는 데 진진(津津)한 묘미가 있다. / 반면이 갈라진다는 것은 기약치 않은 불측(不測)의 사고다. 사고란 어느 때 어느 경우에도 별로 환영할 것이 못 된다. 그 균열의 성질 여하에 따라서는 일급품 바둑판이 목침(木枕)감으로 전락해 버릴 수도 있다. 그러나 그렇게 큰 균열이 아니고 회생할 여지가 있을 정도라면 헝겊으로 싸고 뚜껑을 덮어서 조심스럽게 간수해 둔다. (갈라진 균열 사이로 먼지나 티가 들어가지 않도록 하는 단속이다.) / 1년, 이태, 때로는 3년까지 그냥 내버려 둔다. 계절이 바뀌고 추위, 더위가 여러 차례 순환한다. 그동안에 상처 났던 바둑판은 제 힘으로 제 상처를 고쳐서 본디대로 유착(癒着)해 버리고, 균열진 자리에 머리카락 같은 희미한 흔적만이 남긴다.

(중심 소재: 특급품 / 유연성의 증거: 반면에 머리카락 같은 가느다란 흉터가 보이면 이게 특급품이다 / 유착(癒着): 떨어지지 않게 결합됨.)

비자의 생명은 유연성이란 특질에 있다. 한번 균열이 생겼다가 제 힘으로 도로 유착, 결합했다는 것은 그 유연성이란 특질을 실지로 증명해 보인, 이를테면 졸업 증서이다. 하마터면 목침감이 될 뻔했던 불구 병신이, 그 치명적인 시련을 이겨 내면 되레 한 급이 올라 특급품이 되어 버린다. 재미가 깨를 볶는 이야기다.

나 더 부연할 필요도 없거니와, 나는 이것을 인생의 과실과 결부시켜서 생각해 본다. ★언제나, 어디서나 과실을 범할 수 있다는 가능성, 그 가능성을 매양 꽁무니에 달고 다니는 것이, 그것이 인간이다. 과실에 대해서 관대해야 할 까닭은 없다. 과실은 예찬하거나 장려할 것이 못된다. 그러나 어느 누구가 '나는 절대로 과실을 범치 않는다'고 양언(揚言)할 것이냐? 공인된 어느 인격, 어떤 학식, 지위에서도 그것을 보장할 근거는 찾아내지 못한다.

(양언(揚言): 사실이 아닌 것을 사실처럼 꾸며 말함. 거리낌없이 말함.)

어느 의미로는 인간의 일생을 과실의 연속이라고도 볼 수 있으리라. 접시 하나, 화분 하나를 깨뜨리는 작은 과실에서 일생을 진창에 파묻어 버리는 큰 과실에 이르기까지 여기에도 천차만별의 구별이 있다. 직책상의 과실이나 명리(名利)에 관련된 과실은 보상할 방법과 기회가 있을지나, 인간 세상에는 그렇지 못한 과실도 있다. 교통사고로 해서 육체를 훼손하거나, 잘못으로 인명을 손상했다거나 ―.

감상

이 작품은 비자반의 유연성을 통하여 인생의 삶도 그러한 유연성을 가져야 한다는 교훈을 주고 있다. 어쩔 수 없는 상황에서 정조를 잃게 된 부인이 죽음으로 자신의 과실을 심판한 것을 최선의 선택이 아니었다고 평가하며, 전 남편에 대한 지조를 지키지 못한 채 고통스럽게 살아가는 친구의 미망인에게 고통을 감내하면서 살아가는 것이야말로 최선의 삶이라고, 비자반의 유연성을 예로 들려 주고 있다.

★ 비자반 vs. 인생(유추의 방식)

- 비자반 – 균열
  - 유연성 / 유착 → 특급품
  - 회생 × → 목침
- 인생 – 과실, 시련
  - 극복 → 특급 인생
  - 극복 × → 목침 인생

기출 확인

가에 대한 설명으로 가장 적절한 것은?

2010 지방직 9급

① 비교와 대조의 방법을 주로 사용하여 논의를 심화·확대하고 있다.
② 반어적 표현을 사용하여 대상에 대한 통찰을 이끌어 내고 있다.
③ 대상에 대한 관찰을 통해 인생의 교훈을 이끌어 내고 있다.
④ 자신의 경험을 허구화시켜 표현하고 있다.

해설

"더 부연할 필요도 없거니와, 나는 이것을 인생의 과실과 결부시켜서 생각해 본다."를 봤을 때 '바둑판'에 대한 관찰을 통해 인생의 교훈을 이끌어 내고 있다는 것을 알 수 있다.

정답 ③

PART 3
고전 문법

출제 경향 한눈에 보기

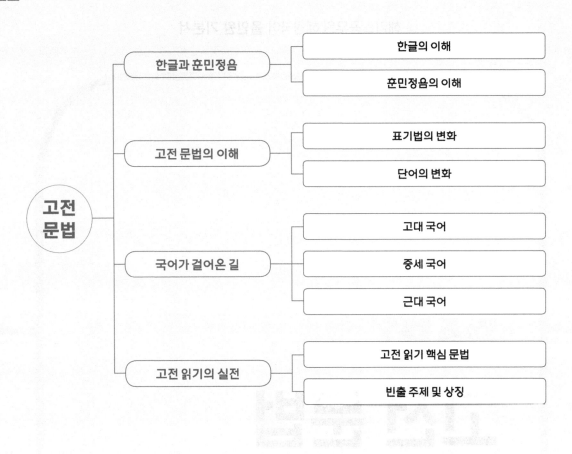

구조도

- **고전 문법**
  - 한글과 훈민정음
    - 한글의 이해
    - 훈민정음의 이해
  - 고전 문법의 이해
    - 표기법의 변화
    - 단어의 변화
  - 국어가 걸어온 길
    - 고대 국어
    - 중세 국어
    - 근대 국어
  - 고전 읽기의 실전
    - 고전 읽기 핵심 문법
    - 빈출 주제 및 상징

영역별 학습 목표

1. 고전 문법을 익혀 현대어로 해석할 수 있다.
2. 시대의 흐름에 따른 국어의 특징을 이해할 수 있다.
3. 훈민정음의 제자 원리, 표기법 등을 이해한다.

핵심 개념

제자 원리	초성	① 상형 ② 가획 ③ 체
	중성	① 상형 ② 합성(합용)
	종성	종성부용초성
운용법	① 연서(連書) ② 병서(竝書) ③ 부서(附書) ④ 성음법(成音法) ⑤ 사성(四聲)	

연도별 주요 출제 문항

2024년	-
2023년	• 다음 글의 (가)에 들어갈 단어는? • 다음 작품의 언어에 대한 설명으로 옳은 것은? • 밑줄 친 ㉠~㉣에 대한 설명으로 가장 적절한 것은? • 〈보기 1〉을 바탕으로 〈보기 2〉를 탐구한 내용으로 가장 적절하지 않은 것은?
2022년	• ㉠~㉣의 뜻풀이로 적절하지 않은 것은? • 작품의 내용으로 볼 때 (가) 부분의 역할로 가장 적절한 것은? • (나)를 통해 볼 때 (가)의 빈칸에 들어갈 말로 가장 적절한 것은?
2021년	• ㉠~㉣의 의미로 적절하지 않은 것은? • ㉠~㉣에 대한 설명으로 옳지 않은 것은? • 〈보기 1〉을 바탕으로 〈보기 2〉의 ㉠~㉣을 이해한 것으로 가장 적절하지 않은 것은?
2020년	• 다음 글에서 알 수 있는 중세 국어의 특징으로 적절하지 않은 것은?
2019년	• 〈보기〉의 밑줄 친 부분에 대한 현대어 해석으로 가장 옳지 않은 것은? • 〈보기〉는 〈훈민정음 언해〉의 한 부분이다. 이에 대한 설명으로 가장 옳은 것은?
2018년	• 밑줄 친 부분에 대한 설명으로 적절한 것은? • 발음 기관에 따라 '아음(牙音)', '설음(舌音)', '순음(脣音)', '치음(齒音)', '후음(喉音)'으로 구별하고 있는 훈민정음의 자음 체계를 참조할 때, 다음 휴대 전화의 자판에 대한 설명으로 옳지 않은 것은? • 〈보기〉는 중세 국어의 표기법에 대한 설명이다. 이에 따른 표기로 가장 옳지 않은 것은? • 중세 국어 표기법에 대한 설명 중 옳은 것을 모두 고른 것은?

CHAPTER

01 한글과 훈민정음

1절 한글의 이해

1 한글 자모의 명칭과 순서

한글 자모의 명칭이 처음 제시된 것은 중종 22년(1527) 최세진의 《훈몽자회(訓蒙字會)》[+]로 현재의 명칭과 순서는 1933년 〈한글 맞춤법 통일안〉 제정 때 정해졌다.

1. 한글 자모의 명칭(현재)

자음	ㄱ (기역)	ㄴ (니은)	ㄷ (디귿)	ㄹ (리을)	ㅁ (미음)	ㅂ (비읍)	ㅅ (시옷)	* 자음의 명칭은 단독으로 쓰일 경우, 첫음절에 'ㅣ', 두 번째 음절에 '으'를 붙여 발음함.
	ㅇ (이응)	ㅈ (지읒)	ㅊ (치읓)	ㅋ (키읔)	ㅌ (티읕)	ㅍ (피읖)	ㅎ (히읗)	예 니은 리을 cf 기역, 디귿, 시옷 → 최세진의 《훈몽자회》에서 시작

2. 사전에 등재된 한글 자모의 순서

초성자	ㄱ ㄲ ㄴ ㄷ ㄸ ㄹ ㅁ ㅂ ㅃ ㅅ ㅆ ㅇ ㅈ ㅉ ㅊ ㅋ ㅌ ㅍ ㅎ
중성자	ㅏ ㅐ ㅑ ㅒ ㅓ ㅔ ㅕ ㅖ ㅗ ㅘ ㅙ ㅚ ㅛ ㅜ ㅝ ㅞ ㅟ ㅠ ㅡ ㅢ ㅣ
종성자	ㄱ ㄲ ㄳ ㄴ ㄵ ㄶ ㄷ ㄹ ㄺ ㄻ ㄼ ㄽ ㄾ ㄿ ㅀ ㅁ ㅂ ㅄ ㅅ ㅆ ㅇ ㅈ ㅊ ㅋ ㅌ ㅍ ㅎ

2절 훈민정음의 이해

1 훈민정음(訓民正音)

1. 훈민정음의 의미

'백성을 가르치는 바른 소리'라는 뜻이다.

2. 창제 연대: 세종 25(1443년)

3. 반포 연대: 세종 28(1446년)

4. 창제자: 세종대왕

5. 자주정신, 애민 정신, 실용 정신을 바탕으로 만들었다.

TIP

《훈몽자회》

· 《훈몽자회》의 자음·모음 배열 순서:

초성		
ㄱ ㄴ ㄷ ㄹ ㅁ ㅂ ㅅ ㆁ ㅋ ㅌ ㅍ ㅈ ㅊ ㅿ ㅇ ㅎ (16자)		
아음(牙音)	ㄱ	ㅋ
설음(舌音)	ㄴ ㄷ ㄹ	ㅌ
순음(脣音)	ㅁ ㅂ	ㅍ
치음(齒音)	ㅅ	ㅈ ㅊ ㅿ
후음(喉音)	ㆁ	ㅇ ㅎ

▒: 초성종성통용8자 □: 초성독용8자

중성
ㅏ ㅑ ㅓ ㅕ ㅗ ㅛ ㅜ ㅠ ㅡ ㅣ ㆍ

· 《훈몽자회》의 자음(초성) 명칭(16세기):

ㄱ	ㄴ	ㄷ	ㄹ
기역 其役	니은 尼隱	디귿 池㊟末	리을 梨乙
ㅁ	ㅂ	ㅅ	ㆁ
미음 眉音	비읍 非邑	시옷 時㊟衣	이응 異凝
ㅋ	ㅌ	ㅍ	ㅈ
키 箕	티 治	피 皮	지 之
ㅊ	ㅿ	ㅇ	ㅎ
치 齒	ᅀᅵ 而	이 伊	히 屎

* 'ㄷ'과 'ㅅ'은 '음차 + 훈차'하여 읽는다.

★ 한글 명칭의 변화

훈민정음(訓民正音), 정음(正音) → 언문(諺文), 언자(諺字) → 반절(反切) → 암글, 중글(한글을 낮추어 부른 표현) → 국문 → 한글

2 훈민정음의 제자 원리

1. 자음(= 초성자, 첫소리) 17자

상형(象形)의 원리	기본자인 'ㄱ, ㄴ, ㅁ, ㅅ, ㅇ'은 발음 기관의 모양을 본떠서 만듦.
가획(加劃)의 원리	기본자인 'ㄱ, ㄴ, ㅁ, ㅅ, ㅇ'에 소리의 세기가 강해짐에 따라 획을 더해 'ㅋ, ㄷ, ㅌ, ㅂ, ㅍ, ㅈ, ㅊ, ㆆ, ㅎ'을 만듦.
이체자(異體字)	'ㆁ, ㄹ, ㅿ'은 소리의 세기와 상관없이 만들어짐.

《훈민정음해례본》에 나타난 자음 기본자의 원리		**오음(五音)**	**기본자**	**가획자**	**이체자**
象舌根閉喉之形 상설근폐후지형	혀뿌리가 목구멍을 막은 모양	아음(牙音)	ㄱ	ㅋ	ㆁ
象舌附上齶之形 상설부상악지형	혀가 윗잇몸에 닿는 모양	설음(舌音)	ㄴ	ㄷ, ㅌ	ㄹ
象口形 상구형	입의 모양	순음(脣音)	ㅁ	ㅂ, ㅍ	
象齒形 상치형	이의 모양	치음(齒音)	ㅅ	ㅈ, ㅊ	ㅿ
象喉形 상후형	목구멍의 모양	후음(喉音)	ㅇ	ㆆ, ㅎ	

▶ **예의 규정에 따른 배치** *순수 국어를 위한 자음은 'ㆆ, ㆁ'을 제외하고 'ㅸ'을 사용하였다.

조음 방법 위치	**전청(全淸) 예사소리**	**차청(次淸) 거센소리**	**불청불탁(不淸不濁) 울림소리**	**전탁(全濁) 된소리**
아음(牙音)	ㄱ	ㅋ	ㆁ	ㄲ
설음(舌音)	ㄷ	ㅌ	ㄴ	ㄸ
순음(脣音)	ㅂ	ㅍ	ㅁ	ㅃ
치음(齒音)	ㅈ ㅅ	ㅊ		ㅉ ㅆ
후음(喉音)	ㆆ	ㅎ	ㅇ	ㆅ
반설음(半舌音)			ㄹ	
반치음(半齒音)			ㅿ	

2. 모음(= 중성자, 가운뎃소리) 11자

상형(象形)의 원리	삼재(三才), 즉 하늘, 땅, 사람의 모양을 본떠 모음 기본자인 'ㆍ, ㅡ, ㅣ'를 만듦.	
합용(合用)의 원리	**초출자**	'ㆍ'를 한 번 써서 만든 글자로, 'ㅗ, ㅏ, ㅜ, ㅓ'
	재출자	'ㆍ'를 두 번 써서 만든 글자로, 'ㅛ, ㅑ, ㅠ, ㅕ'

단모음 7 (기본자, 초출자) / 이중 모음 4 (재출자)

구분	**기본자**	**초출자**	**재출자**
하늘[天]을 본뜬 자	ㆍ	ㅗ, ㅏ	ㅛ, ㅑ
사람[人]을 본뜬 자	ㅣ		
땅[地]을 본뜬 자	ㅡ	ㅜ, ㅓ	ㅠ, ㅕ

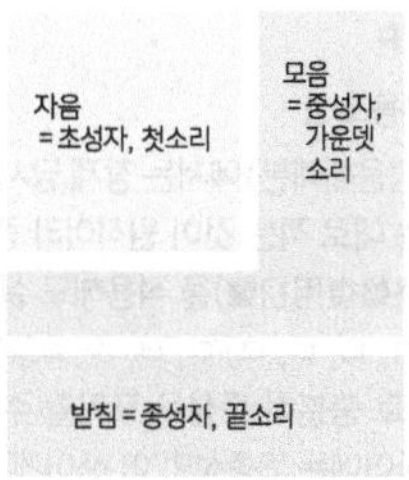

훈민정음의 초성 체계는 중국 원음에 맞추려고 한 '동국정운'의 체계를 그대로 나타낸 것이다. 따라서 당시 국어 현실과는 맞지 않는다.

자음, 모음 28자 중 소실된 자모

ㆆ(여린히읗) ······ 15세기
↓
ㅿ(반치음) ······ 16세기
↓
ㆁ(꼭지이응/옛이응) ······ 17세기
↓
ㆍ(아래아) ······ 18세기
(개략적 소실 시기)

한글 모음에는 '음양오행'의 원리가 들어 있다.

현대 국어의 단모음 체계

중세 때 있던 'ㆍ'가 사라진 후, 이중 모음이던 'ㅐ, ㅔ, ㅚ, ㅟ'가 단모음으로 편입되어 현대 국어의 단모음 체계는 다음과 같다.

구분	전설모음		후설모음	
	평순 모음	원순 모음	평순 모음	원순 모음
고모음 (폐모음)	ㅣ	ㅟ	ㅡ	ㅜ
중모음 (반개모음/반폐모음)	ㅔ	ㅚ	ㅓ	ㅗ
저모음 (개모음)	ㅐ		ㅏ	

기출 확인

다음 중 한글 창제 당시 초성 17자에 포함되지 않는 글자가 쓰인 것은? 2017 서울시 9급

① 님금 ② 늣거ᅀᅡ
③ 바ᄫᅵ올 ④ 가ᄫᅵ야ᄫᆞᆫ

해설
한글 창제 당시 초성 17자에는 'ㅸ(순경음비읍)'은 포함되지 않았다.

정답 ④

3. 종성부용초성(終聲復用初聲)

종성(=받침, 끝소리)의 글자는 별도로 만들지 않고 초성에 쓰인 글자를 재사용한다는 뜻이다.

예원通 제자 원리의 특징

1. 우리말의 소리를 초성, 중성, 종성으로 나누었다.
   * 중국어가 '성모(초성), 운모(중성, 종성)'로 나눈 것과는 대비된다.
2. 기본자를 만든 후, 기본자를 이용하여 나머지 글자를 만들었다. → 글자로 음성적 관련성 확인 가능
   * 알파벳도 음소 문자이지만, 모두 별개의 문자이다.
3. 기본자에 모두 '상형의 원리'가 쓰였다. → 초성은 '발음 기관'을, 중성은 '삼재(三才)'를 상형

3 자모의 운용

1. 연서(이어 쓰기, 니ᅀᅥ쓰기): 초성자 두 개를 밑으로 이어 쓰기

① 순음(ㅁ, ㅂ, ㅍ, ㅃ) 아래에 ㅇ을 이어 쓴다.

*순경음(脣輕音: 입시울 가ᄇᆡ야ᄫᆞᆫ 소리, 'ᄝ, ᄫ, ᅗ, ᄬ') 만드는 법

② 'ᄫ'은 순우리말에서만 쓰이고, 'ᄝ, ᅗ, ᄬ'은 한자음 표기에만 쓰인다.

③ 세조 때부터 소멸(15C)되었다.

2. 병서(나란히 쓰기, ᄀᆞᆯᄫᅡ쓰기)

(1) 각자 병서

① 같은 자음을 나란히 쓰는 것: ㄲ ㄸ ㅃ ㅆ ㅉ ㆅ → 각 한 개의 음운

② 고유어: 된소리 표지

한자음: 유성음 표지

(2) 합용 병서: 서로 다른 자음을 나란히 쓰는 것

ㅅ계	ㅺ ㅼ ㅽ ㅾ	처음부터 된소리로 읽음. (15C ~)	15C ᄭᅮᆷ [꿈]
ㅂ계	ㅲ ㅄ ㅶ ㅷ	중자음 → 17C 된소리로 됨(ㅂ → ㅅ)	15C ᄠᅳᆮ [브듣] → 17C [뜯]
ㅴ계	ㅴ ㅵ	중자음 → 16C ㅅ계 된소리로 변함.	

3. 부서(붙여쓰기, ᄇᆞ텨쓰기)

① 밑에 붙여쓰기(하서법, 下附書): 초성은 위에, 중성은 밑에 쓴다. 예 ᄀᆞᄅᆞᆷ

② 오른쪽에 붙여쓰기(우서법, 右附書): 초성은 왼쪽에, 중성은 오른쪽에 쓴다. 예 나라

4. 성음법(음절 이루기)

① 초, 중, 종성이 모두 갖춰져야 음절을 이룰 수 있다.

② 고유어는 종성이 없어도 성음이 된다. 즉 '초성 + 중성'의 구성으로도 음절을 구성할 수 있다.

③ 동국정운식 표기: 한자음 표기 시에 초, 중, 종성을 갖추어 표기해야 한다는 규정이다. 'ㅇ, ㆆ'은 이러한 형식을 갖추기 위하여 쓰인 형식 자음으로 음가가 없다. 예 世솅, 音ᅙᅳᆷ

TIP

종성부용초성

《훈민정음해례본》에서는 창제 당시에는 소리 나는 대로 적는 것이 원칙이라 종성부용초성(終聲復用初聲)을 적용해도 실제 발음되는 'ㄱ, ㄴ, ㄷ, ㄹ, ㅁ, ㅂ, ㅅ, ㆁ' 8개의 자음만으로 충분히 종성을 표기할 수 있어서 중세 국어에는 '8종성법'이 쓰이게 되었다.

★ 현대와 달리 15세기에는 어두 자음군이 쓰였다. 예 ᄭᅮᆷ, ᄡᆞᆯ

TIP

'붙여 쓰기'는 자음과 모음을 적는 방법으로, '음절 이루기(성음법)'와 관련이 깊다.

★ **밑에 붙여 쓰는 모음**

ㅗ, ㅜ, ㅛ, ㅠ, ㆍ, ㅡ 등

★ **오른쪽에 붙여 쓰는 모음**

ㅏ, ㅓ, ㅑ, ㅕ, ㅣ 등

5. 사성(四聲): 점찍기(가점 加點, 좌가점 左加點, 방점 傍點)

① 점은 음절의 발음상의 높낮이를 나타낸다.

구분	방점	성질	예	17C 이후
평성	0	안이화(安而和): 가장 낮은 소리	활(弓)	단음
거성	1	거이장(擧而壯): 가장 높은 소리	·갈(刀)	
상성	2	화이거(和而擧): 낮은 음에서 높은 음으로 올라가는 소리	:돌(石)/ :말ᄊᆞ미	장음
입성	무관	촉이급(促而急): 빨리 끝 닫는 소리 ① 종성이 ㅂ, ㄷ, ㄱ, ㅅ인 음절의 소리 ② 이영보래 (ㅭ 받침 한자어)		

② 성조는 16세기 말엽에 완전히 소멸되었다.

③ 상성 중 일부는 현대 국어의 장음을 가진 단어가 되었다.

예 상성을 가졌던 '돌(石)'은 현대 국어에서 [돌:]로 발음된다.

사성(四聲)

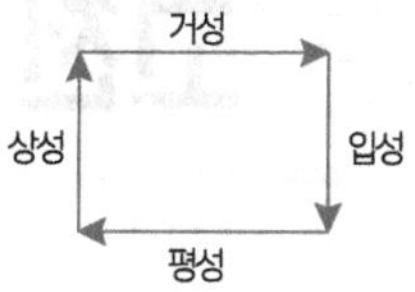

《훈민정음해례본》에 나타난 운용법

연서
ㅇ連書脣輕音之下則 爲脣輕音(ㅇ 연서 순경음지하즉 위순경음) ㅇ·를입시·울쏘·리 아·래 니·ᅀᅥ·쓰·면, 입시·울가·ᄫᅧᄫᆞᆫ 소·리 ᄃᆞ외ᄂᆞ·니·라. 풀이 ㅇ을 입술소리 아래 이어 쓰면 입술 가벼운 소리가 된다.
병서
初聲合用 則竝書 終聲同(초성합용 즉병서종성동) 첫소·리·를 어·울·워·ᄡᅳᇙ·디·면 ᄀᆞᆯ·ᄫᅡ·쓰·라. 냉:즁ㄱ소·리·도 ᄒᆞᆫ가·지·라. 풀이 초성을 어울러 쓰려면 나란히 써야 하니 종성도 이와 마찬가지다.
부서
·ㅡㅗㅜㅛㅠ 附書初聲之下(부서초성지하) ㅣㅏㅓㅑㅕ 附書於右(부서어우)·와 ㅡ·와 ㅗ·와 ㅜ·와 ㅛ·와 ㅠ·와·란·첫소·리 아래 브·텨·쓰·고, ㅣ·와 ㅏ·와 ㅓ·와 ㅑ와·ㅕ와·란·올ᄒᆞᆫ녀·긔 브·텨·쓰·라. 풀이 ·ㅡ ㅗ ㅜ ㅛ ㅠ는 초성 아래다가 붙여 쓰고, ㅣ ㅏ ㅓ ㅑ ㅕ는 오른쪽에 붙여서 쓴다.
성음법
〈예의 규정〉 凡字必合而成音(범자필합이성음) 믈읫字ᄍᆞㅣ 모·로·매 어·우러ᅀᅡ 소리 이ᄂᆞ니 풀이 무릇 글자는 반드시 합해서 소리를 이루는 것이다. 〈해례 규정〉 初中終三合而成字
사성
左加一點 則去聲 二則上聲 無則平聲 入聲加點同而促急(좌가일점 즉거성 이즉상성 무즉평성 입성가점동이촉급) :왼녀·긔 ᄒᆞᆫ點:뎜·을 더으·면 ᄆᆞᆺ노·ᄑᆞᆫ 소·리·오, 點:뎜·이: 둘히·면 上:샹聲셩·이·오, 點:뎜·이: 업스·면 平뼝聲셩·이·오, 入·십聲셩·은 點:뎜더·우·믄 ᄒᆞᆫ가·지로·ᄃᆡ ᄲᅡᄅᆞ·니·라. 풀이 왼쪽에 점이 하나면 높은 소리, 즉 거성이고, 점이 둘이면 상성이고, 점이 없으면 평성이고, 입성은 점을 찍는 것은 같은데 빠르고 급하다.

CHAPTER

02 고전 문법의 이해

1절 표기법의 변화

1 종성 표기

구분	특징	보기	시기
종성부용초성	〈용비어천가〉, 〈월인천강지곡〉에서만 나타남. 예외적 표기	곶(花)	15C
8종성가족용	ㄱ, ㄴ, ㄷ, ㄹ, ㅁ, ㅂ, ㅅ, ㆁ / 원칙적 표기, 표음적 표기	곳/벋	
8종성법			16C
7종성법	ㄱ, ㄴ, ㄹ, ㅁ, ㅂ, ㅅ, ㆁ	곳/벗	17C
형태음소적 표기	글자 본래의 형태를 밝혀 적음. 음소적 표기	꽃	1933년 이후

1. 종성부용초성(終聲復用初聲)

① 훈민정음 초성 17자를 모두 종성으로 사용할 수 있다는 원칙이다.

② 표의주의 표기법(어원 또는 형태소의 기본형을 밝혀 적는 표기법) = 형태음소적 표기법

예 곶(꽃), 닢(잎), 빛

③ 〈용비어천가〉, 〈월인천강지곡〉에 나타난다.

④ 계승: 세종(〈월인천강지곡〉, 〈용비어천가〉) → 주시경 → 한글 맞춤법 통일안

2. 8종성가족용(八終聲可足用)

① 훈민정음 해례에 있는 규정이다.

② ㄱ, ㄴ, ㄷ, ㄹ, ㅁ, ㅂ, ㅅ, ㆁ의 8자만 종성으로 사용해도 좋다는 편의주의적 규정이나.

③ 형태를 밝혀 적지 않는 표음주의 표기법(소리 나는 대로 적는 표기법) = 음소적 표기

3. 7종성법

17세기 말에 이르러 'ㄷ'과 'ㅅ'을 구별하지 않고 'ㅅ'으로 통일한다.

→ ㄱ, ㄴ, ㄹ, ㅁ, ㅂ, ㅅ, ㆁ의 7자만 받침에 사용

4. 종성 + 형태소의 경우

구분	정의	보기	특징	시기
이어 적기 (연철, 連綴)	앞말의 종성(끝소리)을 뒤 음절의 첫소리로 옮겨 적는 방식. 소리 나는 대로 내려 적는 방식	사ᄅᆞᆷ + 이 → 사ᄅᆞ미 깊 + 은 → 기픈	표음	15~16C
거듭 적기 (중철, 重綴)	앞말의 종성을 적고 뒷말의 초성에도 내려 적는 방식	사ᄅᆞᆷ + 이 → 사ᄅᆞᆷ미 깊 + 은 → 깁픈	과도기	17~19C
끊어 적기 (분철, 分綴)	앞말에 붙은 조사나 어미의 원형을 밝혀 적는 방식	사람 + 이 → 사람이 깊 + 은 → 깊은	표의	20C

★ **소실 문자와 소실 순서**

ㆆ, ㅸ, ㆅ, ㆀ → ㅿ, ㆁ → ㆍ

15세기 중엽 → 16세기 말 → 18세기 초

★ **표음주의, 표의주의**

	표음주의	표의주의
개념	소리 나는 대로 적는 표기법	형태를 밝혀 적는 표기법
특징	·표기가 용이함. ·중세의 주된 표기법	·표기가 어려움. ·현대의 주된 표기법

2절 단어(單語)의 변화

1 조사

1. 주격 조사

종류	조건		예	특징
이	일반	자음 아래	쉼 +이 → 싀미, 六龍이	주격 조사 '가'는 17세기에 대거 등장함. 부톄 木蓮이ᄃᆞ려 니ᄅᆞ샤ᄃᆡ → '이'는 접미사
ㅣ		모음 아래	부텨 + ㅣ → 부톄, 兵戈ㅣ	'ㅣ'는 한글로 표기할 때는 한글과 합쳐 쓰고 한자와 표기할 때는 따로 씀.
∅		ㅣ모음 아래	비 + ∅ → 비, ᄇᆡ + ∅ → ᄇᆡ	길게 발음됨. → ᄃᆞ리(橋) + ㅣ[다리이]
가	모음 아래		부텨가	17세기 이후 근대 국어에서 나타남.

2. 목적격 조사('ᄋᆞᆯ/을, ᄅᆞᆯ/를')

ᄋᆞᆯ	자음 아래	양성 모음	예 ᄆᆞᅀᆞᆷ + ᄋᆞᆯ → ᄆᆞᅀᆞᄆᆞᆯ → ᄆᆞᅀᆞ몰	
을		음성 모음	예 뜯 + 을 → 뜯을 → ᄠᅳ들	
ᄅᆞᆯ	모음 아래	양성 모음	예 한쇼ᄅᆞᆯ 두 소내 자ᄇᆞ시며	중성 모음 ㅣ뒤에는 ᄅᆞᆯ/를 모두 가능
를		음성 모음	예 너를 보노니	

3. 관형격 조사('ㅅ/ㅿ/ᄋᆡ/의')

ᄋᆡ	유정 명사	양성 모음 뒤	예 ᄆᆞᆯ + ᄋᆡ → ᄆᆞᄅᆡ	모음 + ᄋᆡ/의 → 체언의 끝소리인 ㅣ모음 탈락 (그려기 + 의 → 그려긔)
의		음성 모음 뒤	예 崔九의 집 * 밝(外), ᄢᅢ(時)는 양성 모음임에도 예외적으로 '의'를 취함.	
ㅅ	단체 무정 명사 높임 유정 명사 뒤		예 나랏말ᄊᆞᆷ 王ㅅ집, 브텃모미	ㅅ은 사잇소리와 관형격 조사로 쓰임. 언제나 표기
ㅿ	울림 소리와 울림 소리 사이		예 나랈일훔	ㅿ가 사라진 뒤에는 ㅅ이 그 자리에 쓰임.

4. 호격 조사

하	높임 명사 뒤	예 님금하(님금이시여), 世尊하(세존이시여)
아, 야	일반 명사 뒤	예 아난아, 장자야
(이) 여	감탄의 의미	예 관세음이여

*높임 명사에 붙는 '하'가 따로 있는 점이 특징이다.

TIP

15세기 주격 조사에는 '가'가 없고 '이'만 있었는데 '이'가 조건에 따라 '이/ ㅣ / ∅(표기하지 않음)'로 사용되었다.

비교 부사격 조사의 예

- 나랏 말ᄊᆞ미 中國에 달아(나라의 말이 중국과 달라) - 〈훈민정음〉
- 호박도곤 더 곱더라(호박보다 더 곱더라) - 〈동명일기〉
- 古聖이 同符 ᄒᆞ시니(고성과 일치하시니) - 〈용비어천가〉
- 널라와 시름 한 나도(너보다 걱정이 많은 나도) - 〈청산별곡〉
- 자식(子息)에게 지나고(자식보다 낫고) - 〈조침문〉

기출 확인

〈보기〉를 참고하여 ㉠~㉢에 들어갈 격조사로 적절한 것은? 2016 기상직 9급

> 孟子ᄌᆞ(㉠) ᄀᆞᄅᆞ샤ᄃᆡ, 사ᄅᆞᆷ(㉡) 道도(㉢) 이시매
> 먹기를 ᄇᆡᄇᆞᄅᆞ ᄒᆞ며 오술 덥게 ᄒᆞ야 편안히 있고, ᄀᆞᄅᆞ치미 업스면 곧 즘승에 갓가오릴식,…

〈보기〉
중세 국어의 주격 조사는 '이'가 사용되었는데, 환경에 따라 다음과 같이 세 가지 경우로 나타난다. 자음 아래에서는 '이', 모음 아래에서는 'ㅣ', 그리고 'ㅣ'모음 아래에서는 생략되었다.

	㉠	㉡	㉢
①	이	ㅣ	생략
②	이	이	생략
③	ㅣ	ㅣ	이
④	ㅣ	이	ㅣ

해설
㉠은 모음 '아래아(·)' 뒤에 오므로 'ㅣ', ㉡은 자음 'ㅁ' 뒤에 오므로 '이', ㉢은 모음 'ㅗ' 뒤에 오므로 'ㅣ'이다.

정답 ④

2 체언

1. 'ㅎ' 받침 체언

갈ㅎ(칼), 고ㅎ(코), 긴ㅎ(끈), 나ㅎ(나이), 나조ㅎ(저녁), 내ㅎ[川], 네ㅎ[四], 노ㅎ(끈), ᄯᅡㅎ(땅), 뒤ㅎ[後], ᄆᆡㅎ[野], 뫼ㅎ[山], 바다ㅎ[海], 세ㅎ[三], 수ㅎ[雄], 암ㅎ[雌], 시내ㅎ[溪], 안ㅎ[內], ᄀᆞᅀᆞᆯㅎ(가을),겨ᅀᅳᆯㅎ(겨울), 돌ㅎ[石], 둘ㅎ[二], ᄇᆞᆯㅎ(팔), 스믈ㅎ[二十], 알ㅎ[卵], 열ㅎ[十], 하ᄂᆞᆯㅎ[天], 머리ㅎ[頭], 살ㅎ[肉] 등

2. 'ㄱ' 덧생김 체언(ㄱ이 덧생기는 체언)

'-모/무, ᄂᆞ'로 끝나는 체언이 모음의 조사와 결합하면 끝 모음이 떨어지고 'ㄱ'이 덧생긴다. 다만 조사 '와'와 결합할 때는 단독형으로 쓰인다.

예 나모(나무 木), 구무(구멍 穴), 불무(풀무 冶), 녀느(남 他), 밧(밖 外)

3 용언

1. 중세 국어의 높임 선어말 어미

① 주체 높임

-(으)시-	자음 어미 앞	가시고, 니르시니	현대까지 남아 있음.
-(으)샤-	모음 어미 앞 (생략된 모음 어미도)	가샤(아), 가샴(가 + 샤 + 옴)	15~16C 존재 → 17C 이후 사라짐. -(으)시/(으)샤- → -(으)시-

② 객체 높임: 현대 국어에 비해 중세의 객체 높임이 발달

-ᅀᆞᆸ/ᅀᆞᄫ-	ㄱ, ㅂ, ㅅ, ㅎ 뒤	막ᅀᆞᆸ거늘	15~16C 모두 존재 → 17C 소실 17C 공손법 등장 · 직접 연관 없음. 객체 높임 어형이 고려됨. · **공손 선어말 어미:** 옵, 사옵, 사오, 자오 · 현대 문어(청첩장), 구어(기도문)에 잔재
-ᄌᆞᆸ/ᄌᆞᄫ-	ㄷ, ㅌ, ㅈ, ㅊ 뒤	듣ᄌᆞᆸ게	
-ᅀᆞᆸ/ᅀᆞᄫ-	울림소리 뒤 (모음 + ㄴ, ㅁ, ㄹ)	보ᅀᆞᆸ게, 기리ᅀᆞᆸ디	

③ 상대 높임: -이/잇-(ᅌᅵ > 이)

혜원通 15C 의문문의 종류

1. 1·3인칭: -오/-고, -아/-어(여)/-가

설명 의문문	'-오/-고' 형 예 얻는 약(藥)이 므스것고?(얻는 약이 무엇인가?) 므슴 글을 강ᄒᆞᄂᆞ뇨.(무슨 글을 강하는가?) = 니오
판정 의문문	'-아/-어(여)/-가' 형 예 앗가ᄫᆞᆫ ᄠᅳ디 잇ᄂᆞ니여.(아까운 뜻이 있는가?) 못 한가?(못 하는가?)

2. 2인칭: -ㄴ다

예 네 모ᄅᆞ던다.(너는 몰랐던가?), 네 엇뎌 아는다.(네가 어찌 아는가?)
   모ᄅᆞ더ㄴ다

CHAPTER
03 국어가 걸어온 길

혜원通 시대 구분 및 자료

구분	고대 국어	전기 중세 국어	후기 중세 국어	근대 국어	현대 국어
시기	~ 고려 건국(918년)	고려 건국 ~ 조선 건국 (1392년)	조선 건국 ~ 임진왜란 (1592년)	임진왜란 ~ 갑오개혁 (1894년)	갑오개혁 ~

1절 고대 국어(古代國語)

1 고대 국어의 표기

1. 종합적인 표기 체계 - 향찰(鄕札)

① 향찰은 한자의 음(소리)과 새김(뜻, 훈)을 이용하여 한국어를 적었다. 구결과는 달리, 향찰은 그 자체로 한국어 문장을 완벽하게 표기할 수 있다는 특성을 지녔다.

② 표기에 사용되는 한자는 훈독자(뜻을 빌려 읽는 한자)와 음독자(한자음을 빌려 읽는 한자)가 있다. 일반적으로 체언, 용언 어간과 같이 단어의 실질적 부분은 훈독자가 사용되며 조사나 어미 등 단어의 문법적 의미를 맡는 부분은 음독자가 사용된다.

예 '吾衣'(나의) - '吾'가 훈독자, '衣'가 음독자
東 京 明 期 月 良(동경명기월량): 식 벌 볼 기 ᄃᆞ 래 〈처용가〉
훈 훈 훈 음 훈 음

③ 일반적으로 향가의 표기에 사용된 것을 가리킨다.

〈서동요(薯童謠)〉
善化公 ㉠ 主 ㉡ 主 ㉢ 隱(선화공주주은) 선화 공주님은
他密 ㉣ 只嫁良置古(타밀지가량치고) 남 몰래 결혼하고
薯童房 ㉤ 乙(서동방을) 맛둥서방을 : 훈차
夜矣卯乙抱遣去如(야의묘을포견거여) 밤에 몰래 안고 가다. : 음차

혜원通 이두·서기체·구결 표기

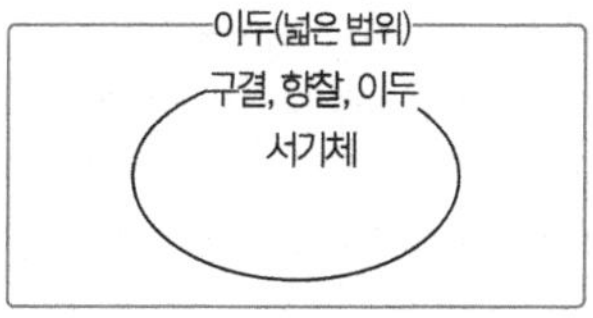

1. **서기체 표기:** 1934년에 발견된 '임신서기석'에서 유래한 표기법으로, 문장을 지을 때 한자를 우리말의 순서대로 배열하던 한자 차용 표기법이다. 조사나 어미 따위의 표기는 없었으며, 뒤에 이두(吏讀)로 발전하였다.

2. **이두(吏讀) 표기:** 넓은 의미로는 한자 차용 표기법 전체를 가리키는 말로 쓰이나, 좁은 의미로는한자를 국어의 문장 구성법에 따라 고치고 이에 토를 붙인 것만을 가리켜 향찰·구결 등과는 다른 의미로 사용된다. 공문서에 주로 사용되었으며, 조선 시대까지 사용된 것이 특징이다.
→ 乙(을), 矣(의), 乙良(으란), 必于(비록), 爲去乃(하거나), 是良置(이라두), 亦(이), 爲昆(하곤)
예 必于七出乙 犯爲去乃 三不出有去乙
비록 을 하거나 잇거늘

3. **구결(口訣) 표기:** 한문을 읽을 때 그 뜻이나 독송(讀誦)을 위하여 각 구절 아래에 달아 쓰던 문법적 요소를 통틀어 이르는 말. '隱(은, 는)', '伊(이)' 따위와 같이 한자를 쓰기도 하였지만, '亻(伊의 한 부)', '厂(厓의 한 부)' 따위와 같이 한자의 일부를 떼어 쓰기도 하였다.

Quiz

〈보기〉를 참고할 때 ㉠~㉤ 중 표기의 방식이 나머지와 다른 하나는?

> <보기>
>
> 향찰은 차자 표기법 중 가장 발달한 것이다. 개념을 나타내는 부분은 한자의 본뜻을 살려서 표기하고, 조사나 어미와 같이 문법 관계를 나타내는 부분은 한자의 음을 이용하여 표기하였다. 또한 향찰은 완전한 국어의 어순으로 배열하였고 조사나 어미를 거의 완벽하게 표기하고 있다.

① ㉠ ② ㉡ ③ ㉢ ④ ㉣ ⑤ ㉤

해설 ㉡은 한자의 훈(뜻)을 빌려 표기한 것이고 나머지는 한자의 음을 빌려 표기한 방식이다.

정답 ②

2절 중세 국어

1 중세 국어의 특징

① 모음 조화 현상이 엄격하게 지켜졌다.

② 성조(방점으로 표기)가 있었다.

③ 순수한 우리말 어휘가 많았다.

예 뫼: 山, 녀름짓다: 농사짓다, 머흐다: 험하다, 상녜: 항상, 잣: 성(城), 온: 백(百), 즈믄: 천(千) 등

④ 문법이 복잡했다.

⑤ 된소리(ㄲ, ㄸ, ㅃ, ㅆ, ㅉ, ㆅ)가 등장했다.

⑥ 몽고, 여진 등 이웃나라와의 접촉으로 인해 차용어가 유입되었다.

⑦ 8종성가족용, 이어 쓰기(연철)를 했다.

⑧ 구개음이 없었다. 따라서 'ㅈ, ㅊ'은 구개음이 아닌 치음이었다.

⑨ 구개음화(티> 치), 원순 모음화(믈> 물)가 일어나지 않았다.

⑩ 동국정운식 한자음 표기를 하였다.

⑪ 주체 높임법, 객체 높임법, 상대 높임법이 현대보다 다양했다.

2 16세기 과도기 국어의 특징

① 모음 조화가 문란해지기 시작했다.

② 방점과 성조가 소멸했다.

③ 문법의 변화가 극심해졌다.

기출 확인

다음 글에서 알 수 있는 중세 국어의 특징으로 적절하지 않은 것은? 2020 소방직

> 【중세 국어 문헌】
> 불·휘기·픈남·ᄀᆞᆫ ᄇᆞᄅᆞ·매아·니 :뮐·ᄊᆡ / 곶:됴·코여·름·하ᄂᆞ·니
> :ᄉᆡ·미기·픈·므·른·ᄀᆞᄆᆞ·래아·니그·츨·ᄊᆡ
> :내·히이·러바·ᄅᆞ·래·가ᄂᆞ·니
> 【현대 국어 풀이】
> 뿌리 깊은 나무는 바람에 움직이지 아니하므로, / 꽃 좋고 열매 많습니다.
> 샘이 깊은 물은 가뭄에 그치지 아니하므로, 내[川]가 이루어져 바다에 갑니다.

① 이어 적기가 적용되었다.

② 모음 조화가 잘 지켜지지 않았다.

③ 주격 조사 '가'는 사용되지 않았다.

④ 소리의 높낮이를 나타내는 방점이 쓰였다.

해설

현대 국어와 비교했을 때 중세 국어 시기에는 '모음 조화'가 더 철저히 지켜졌다.

제시된 글의 '남ᄀᆞᆫ(나모ㄱ+ᄋᆞᆫ)', '므른(믈+은)', 'ᄀᆞᄆᆞ래(ᄀᆞᄆᆞᆯ+애)' 등을 볼 때도, '모음 조화'가 잘 지켜졌음을 알 수 있다.

오답

① '깊은'이 아니라 '기픈'으로, '좋고'가 아니라 '됴코'가 쓰인 것을 볼 때, 이어 적기(연철)가 적용되었음을 알 수 있다.

③ '불휘', '식미', '내히' 등을 볼 때, 주격 조사 '가'는 사용되지 않았음을 알 수 있다.

- 15C에는 주격 조사 '이'만 존재했고, 주격 조사 '가'는 17C 근대 국어 시기에 등장했다.

④ 글자 왼쪽의 '·', ':' 등을 볼 때, 방점(좌가점=4성조)이 쓰였음을 알 수 있다.

정답 ②

3절 근대 국어

1 근대 국어의 특징

① 현대 국어의 체계가 형성된 시기이다.

② 'ㆆ, ㅿ, ㆁ, ㆍ'이 소실되었다.

③ 주격 조사 '가'가 모음으로 끝난 체언 뒤에 사용되기 시작했다.

④ 상성이 현대의 긴소리로 변화되기 시작했다.

⑤ 'ㆍ'음의 소실에 따라 모음 조화가 파괴되었다.

⑥ 중세 국어의 객체 높임법이 상대 높임법의 형태로 변화되었다.

⑦ 많은 서구 외래어가 유입되었다.

⑧ 구개음이 생겨남에 따라 구개음화(티> 치)가 일어났다.

⑨ 원순 모음화(믈> 물)가 일어났다.

⑩ 어두 자음군은 표기만 될 뿐, 된소리로 발음되었다.

⑪ 명사형 어미 '기'가 나타났다.

⑫ 연철과 분철의 표기가 혼용됨에 따라 겹쳐 쓰는 중철 표기가 나타났다.

⑬ 한글 사용의 폭이 확대되었다.

⑭ 서수 '첫째'가 등장했다.

⑮ 'ㅐ, ㅔ, ㅚ, ㅟ'가 단모음화되었다.

⑯ 서양에서 외래어가 들어오기 시작했다.

⑰ 일부 객체 높임 표현이 상대 높임 표현으로 바뀌었다.

CHAPTER
04 고전 읽기의 실전

1절 고전 읽기 핵심 문법

1 핵심 문법

① 'ㄷ, ㅌ' → 'ㅈ, ㅊ'로 읽자. (구개음화)

② 'ㄹ, ㄴ' → 'ㄴ, ㅇ'으로 읽자. (두음법칙)

③ ᄠᅳᆮ → [뜯](두음법칙-합용병서)
초성의 뒤 자음의 된소리로 읽자.

④ '므, 브, 프' → '무, 부, 푸' 로 읽자. (원순모음화)

⑤ 'ㅡ' → 'ㅜ, ㅣ' 로 읽자. (원순모음화, 전설모음화)

⑥ 'ㅑ, ㅕ, ㅛ, ㅠ' → 'ㅏ, ㅓ, ㅗ, ㅜ' 로 읽자. (단모음화)

혜원通 ᆞ(아래아) 읽기

1. ᆞ(아래아)는 첫째 음절에서는 'ㅏ', 둘째 음절 이하에서는 'ㅡ'로 바뀌는 현상이 나타난다.
   예 ᄀᆞᄂᆞᆫ> 가는, ᄀᆞᄐᆞ니> 같으니
2. 한자어, 복합어 계열은 첫째, 둘째 상관없이 모두 'ㅏ'로 읽는다.
   예 무ᄉᆞ(無事)ᄒᆞ다> 무사하다, 첫ᄌᆞᆷ> 첫잠
3. 'ᆡ'는 'ㅐ, ㅔ'로 읽는다.
   예 ᄇᆡᆨ발(白髮)> 백발, ᄀᆡ심ᄃᆡ(開心臺)> 개심대

2절 빈출 주제 및 상징

1 자연 친화

① 안빈낙도(安貧樂道), 안분지족(安分知足), 단사표음(簞食瓢飮), 단표누항(簞瓢陋巷)
→ 가난 속에서도 자신의 분수에 만족하며 소박하게 살고자 하는 태도

② 유유자적(悠悠自適), 강호한정(江湖閑情), 물외한인(物外閒人), 음풍농월(吟風弄月)
→ 자연 속에서 한가롭게 유유자적하는 태도

③ 물아일체(物我一體), 물심일여(物心一如), 주객일체(主客一體)
→ 인간도 자연의 일부로 인간과 자연이 하나가 되는 경지

④ 천석고황(泉石膏肓), 연하고질(煙霞痼疾)
→ 자연을 사랑하는 마음이 병이 되는 경지

⑤ 무릉도원(武陵桃源), 연명오류(淵明五柳), 기산영수(箕山穎水)
→ 아름다운 자연(동양적 이상향)

⑥ 풍류적 태도 → 술, 음악(가야금, 거문고)

⑦ 자연의 아름다움 예찬:
→ 산림(山林), 강호(江湖), 물외(物外), 청풍명월(淸風明月)
예 칼로 몰아 낸가, 붓으로 그려 낸가, 造化神功(조화신공)이 물물(物物)마다 헌수롭다.
→ 아름다운 경치 예찬

2 절개와 충의

1. 사군자(四君子)

매화	· 아치고절(雅致高節): 고상하게 운치가 높은 절조 · 빙자옥질(氷姿玉質): 얼음같은 자태와 옥같은 바탕
난초	외유내강(外柔內剛): 겉으로는 부드럽게 보이나 속은 곧고 굳셈.
국화	오상고절(傲霜孤節): 서릿발이 심한 가운데서도 굴하지 않는 절개
대나무	세한고절(歲寒孤節): 겨울철에도 홀로 푸른 대나무의 절개

2. 충군, 연군 사상

임금	해, 달, 북극	사해(四海)	온 세상, 온 나라
간신	구름	억조창생(億兆蒼生)	모든 백성
궁궐	백옥루, 광한전, 옥루	사대부의 이중성	자연 속 은거를 높이 평가하면서도 임금이 부르면 언제나 달려감.
건곤(乾坤)	온 세상		

기타 고전 읽기 표현

- 백 년(百年): 한평생
- 희황(羲皇), 요순시대(堯舜時代): 태평성대(太平聖代)
- 단위 숫자가 연속적으로 나오면 곱하기
  예 · 삼오이팔(三五二八) 겨오 지나: (3×5, 2×8) 15, 16세 겨우 지나
  · 육육(六六)에 둘이 없네: (6×6-2) 34
- 죽장망혜(竹杖芒鞋): 대나무 지팡이와 미투리 → 간단한 복장(服裝)

작품의 실제 고전 문헌

1 훈민정음(訓民正音) 어지

감상

1446년(세종 28년)에 창제하신 글자를 반포하기 위하여 만든 한문본 《훈민정음(訓民正音)》을 세종 사후에 언해(諺解)하여 〈세종 어제 훈민정음〉이라 하였다. 전자를 '해례본', 후자를 '언해본'이라 한다.

체제: 예의 + 해례 + 정인지 서

- **예의**: 개론적 설명 부분, 언해된 부분
  - **어지(御旨)**: 창제의 취지, 세종대왕의 서문
  - **글자와 소리값**: 초성, 중성, 종성 글자의 소리값을 설명
  - **글자의 운용**: 나란히 쓰기, 이어 쓰기, 붙여쓰기, 음절 이루기, 점 찍기의 용법을 설명
- **해례**: 구체적 해설 부분, 언해되지 않은 부분(제자해, 초성해, 중성해, 종성해, 합자해, 용자례의 5해 1례)
- **정인지 서**: 훈민정음을 제작한 경위 설명

핵심정리

- **작자** 세종대왕과 정인지를 비롯한 집현전 학사
- **제작 연대** '예의'는 세종 25년(1443), '해례'와 '정인지 서'는 세종 28년(1446)에 제작
  ① 창제: 세종 25년(1443) 12월에 '예의' 완성
  ② 반포: 세종 28년(1446) 9월에 '훈민정음 해례본' 간행
- **제작 동기** 백성들의 문자 생활을 편리하게 하기 위해 한자음 개정과 함께 이루어짐.
- **취지** ① 어지(御旨)에서 밝힌 자주(自主), 애민(愛民), 실용(實用) 정신의 구현
  ② 우리나라 한자음의 정리와 우리말의 표기법 통일
- **표기상 특징** ① 표음적 표기법, 이어 적기(연철)
  ② 모음 조화 엄격히 적용
  ③ 성조가 엄격히 적용됨.
  ④ 동국정운식 한자음 표기
  ⑤ 8종성법 적용
  ⑥ 'ㆁ, ㆆ'와 어두 자음군이 사용됨.

《훈민정음 언해본》

世솅 宗종 御·엉 製·졩 訓·훈民민正·졍 音흠
국정운식 한자음 표기. '世세宗종' → 세종 사후임을 보여 주는 표현

나랏: 말ᄊᆞ·미 中듕國·귁·에 달·아
비교 부사격

文문字·ᄍᆞᆼ·와로 서르 ᄉᆞᄆᆞᆺ·디 아니ᄒᆞᆯ·씨, ➥ 자주(自主) 정신
공동 부사격 / 통하지, 通(8종성법 표기), 기본형 – ᄉᆞᄆᆞᆾ다

·이런 젼·ᄎᆞ·로 어·린百·ᄇᆡᆨ姓·셩·이
이유, 까닭 [故] / 어리석은 [愚]

니르·고·져·ᄒᆞᇙ·배이·셔·도
하는 바가: ᄒᆞ(어간) + 오 + ㅭ(관형사형 어미) + 바 + ㅣ(주격 조사)

ᄆᆞ·ᄎᆞᆷ:내 제·ᄠᅳ·들 시·러 펴·디
능히 [得]

:몯 ᄒᆞᇙ·노·미 하니·라.★
사람이: 놈+이 / 많으니라 [多]

·내·이·ᄅᆞᆯ 爲·윙·ᄒᆞ·야: 어엿·비 너·겨
불쌍히[憫]

·새·로·스·믈 여·듧 字·ᄍᆞᆼ·ᄅᆞᆯ ᄆᆡᇰ·ᄀᆞ노·니 ➥ 애민(愛民) 정신
ᄆᆡᇰᄀᆞᆯ(어간) + ᄂᆞ(현재 시제) + 오(1인칭 주체 표시) + 니, 기본형 – ᄆᆡᇰᄀᆞᆯ다 [制]

:사ᄅᆞᆷ:마·다 : ᄒᆡ·ᅇᅧ: 수·ᄫᅵ 니·겨·날·로·ᄡᅮ·메★
하여금 [使] / 사용함에 [用]

便뼌安ᅙᅡᆫ·킈 ᄒᆞ·고·져 ᄒᆞᇙ ᄯᆞᄅᆞ·미니·라. ➥ 실용(實用) 정신
ᄯᆞᄅᆞᆷ + 이니라 [耳]

(우리)나라 말이 중국과 달라 / 한자와는 서로 통하지 아니하여서(않기 때문에)
이런 까닭으로 어리석은 백성이 말하고자 하는 바가 있어도 / 마침내 제 뜻을 능히 펴지 못하는 사람이 많다.
내가 이것을 가엾게 생각하여 새로 스물여덟 글자를 만들었으니,
모든 사람들로 하여금 쉽게 익혀서 날마다 쓰는 데 편하게 하고자 할 따름이다.

《훈민정음 해례본》

원자	國	之	語	音	異	乎	中	國
훈음	나라 **국**	갈 **지**	말 **어**	소리 **음**	다를 **이**	어조사 **호**	가운데 **중**	나라 **국**
의미	나라	의	말이		다르다	~와/과 (비교)	중국	

원자	與	文	字	不	相	流	通
훈음	더불 **여**	글월 **문**	글자 **자**	아닐 **불**	서로 **상**	흐를 **류**	통할 **통**
의미	와로 (공동)	(중국의) 문자		않다	서로	통하지	

★ **하다 vs. ᄒᆞ다**
하다: 多(많다)
↔ ᄒᆞ다: 行(행위를 하다)

★ **쓰다 vs. ᄡᅳ다**
쓰다: 用(사용하다), 苦(맛이 쓰다), 冠(머리에 쓰다)
↔ ᄡᅳ다: 書(글을 쓰다)

원자	故	愚	民	有	所	欲	言
훈음	원인 **고**	어리석을 **우**	백성 **민**	있을 **유**	바 **소**	하고자할 **욕**	말씀 **언**
의미	그러므로 (때문에)	어리석은	백성이	있어도	바가	말하고자 하는	

원자	而	終	不	得	伸	其	情	者	多	矣
훈음	말이을 **이**	마칠 **종**	아닐 **부**	얻을 **득**	펼 **신**	그 **기**	뜻 **정**	사람 **자**	많을 **다**	어조사 **의**
의미	(그래서)	마침내	못하는	능히	펴지	그	뜻을	사람이	많	다(종결)

원자	予	爲	此	憫	然	新	制	二	十	八	字
훈음	나 **여**	(위)할 **위**	이 **차**	불쌍할 **민**	그럴 **연**	새 **신**	만들 **제**	두 **이**	열 **십**	여덟 **팔**	글자 **자**
의미	내가	위하여	이를	불쌍히		새로	만드노니	스물여덟 자를			

원자	欲	使	人	人	易	習	便	於	日	用	耳
훈음	하고자 할 **욕**	하여금 **사**	사람 **인**	사람 **인**	쉬울 **이**	익힐 **습**	편할 **편**	어조사 **어**	날 **일**	쓸 **용**	귀 **이**
의미	하고자	하여금	사람마다		쉽게	익혀서	편안케	~에	매일	사용함	(~할) 따름이다.

혜원通 세종 어제 훈민정음

1. 훈민정음의 창제 정신

자주 정신	우리말과 중국의 말이 달라 의사소통이 어려움. → 나랏말ᄊᆞ미 中듕國귁에 달아 文문字ᄍᆞᆼ와로 서르 ᄉᆞᄆᆞᆺ디 아니ᄒᆞᆯᄊᆡ,
애민 정신	백성들이 말하고자 하는 바를 제대로 표현하지 못하는 것을 가엾게 여김. → 내 이ᄅᆞᆯ 爲윙ᄒᆞ야 어엿비 너겨
창조 정신	새로운 문자(자음 17자, 모음 11자)를 창조함. → 새로 스믈여듧 字ᄍᆞᆼ ᄅᆞᆯ ᄆᆡᇰᄀᆞ노니
실용 정신	모든 사람들이 사용하기 쉽게 제작함. → 사ᄅᆞᆷ마다 ᄒᆡᅇᅧ 수ᄫᅵ 니겨 날로 ᄡᅮ메 便뼌安ᅙᅡᆫ킈 ᄒᆞ고져 ᄒᆞᇙ ᄯᆞᄅᆞ미니라.

2. 중세 국어와 현대 국어의 차이점

구분	중세 국어	현대 국어	차이점
음운	니르고져	이르고자	두음 법칙에 의해 두음의 'ㄴ'이 탈락 어미의 양성화 경향에 따라 '-고져'가 '-고자'로 바뀜.
	ᄠᅳ들	뜻을	어두 자음군 소실. 대개 된소리로 바뀜.
	펴디	펴지	근대 국어 시기에 구개음화가 이루어짐에 따라 '-디'가 '-지' 로 바뀜.
	스믈	스물	'ㅁ'의 원순성을 닮아 'ㅡ'가 'ㅜ'로 바뀌는 원순 모음화가 이루어짐.
문법	듕귁에	중국과	비교나 기준을 나타내는 부사격 조사가 '애/에' 에서 '와/과' 로 바뀜.
어휘	어린(어리석은)	나이가 어린	의미 이동
	노미(보통 사람)	놈이('사내'의 낮춤)	의미 축소
	어엿비(불쌍히)	어여쁘게	의미 이동

훈민정음의 표기상 특징

- 현대에는 사용하지 않는 'ㅸ, ㅿ, ㆁ, ㆆ'를 사용
  예 수ᄫᅵ, ᄲᅵᆨ셩, 뼌ᅙᅡᆫ킈
- 방점을 사용하여 성조를 표시
  예 사ᄅᆞᆷ:마다, 나·랏말ᄊᆞ미
- 이어 적기(연철) 위주로 표기
  예 나랏말ᄊᆞ미
  cf **분철**: 나랏말ᄊᆞᆷ이
- 종성의 표기는 여덟 글자로 충분(8종성가족용)
  예 ᄉᆞᄆᆞᆽ디 → ᄉᆞᄆᆞᆺ디
  * 8종성가족용: 종성 표기는 'ㄱ, ㄴ, ㄷ, ㄹ, ㅁ, ㅂ, ㅅ, ㆁ'만으로 충분하다.
- 동국정운식 한자 표기
  예 御ᅌᅥᆼ製졩
- 어두 자음군의 사용
  예 ᄠᅳ·들,·ᄡᅮ·메

'한글' 명칭의 변천

- **훈민정음(訓民正音)**: 창제 당시에 세종이 붙인 정식 이름, '백성을 가르치는 바른 소리'
- **정음(正音)**: 훈민정음을 줄여서 부른 이름
- **언문(諺文)**: 훈민정음을 낮추어 부른 이름
- **반절(反切)**: 최세진(崔世珍)의 《훈몽자회(訓蒙字會)》 범례(凡例)에 "언문자모는 세속에서 일컫는 바의 반절(反切) 27자다"라고 한데서 비롯된 이름
- **국문(國文)**: 갑오개혁 이후 국어의 존엄성을 자각하게 된 뒤부터 생긴 이름
- **한글**: 주시경이 붙인 이름 '하나의 글', '바른 글', '위대한 글'이라는 뜻

〈훈민정음 어지〉에 나타난 사어[死語]

→ ᄉᆞᄆᆞᆽ다, 젼차

2 용비어천가(龍飛御天歌)

핵심정리

- **연대** 조선 세종 27년(1445)에 정인지, 안지, 권제 등이 지어 세종 29년(1447)에 간행
- **내용** 악장의 하나로 조선을 세우기까지 목조·익조·도조·환조·태조·태종의 사적(史跡)을 중국 고사(古事)에 비유하여 그 공덕을 기리어 지은 노래
- **특징** ① 표의적 표기, 예외적 표기
  ② 모음 조화를 철저하게 지킴.
  ③ 사잇소리에 'ㄱ, ㄷ, ㅂ, ㆆ, ㅅ, ㅿ'을 사용
  ④ 종성부용초성 적용
- **의의** 훈민정음으로 쓴 최초의 작품

가 〈제1장〉

海東(해동) 六龍(육룡)이 ᄂᆞᄅᆞ샤 일마다 天福(천복)이시니.

古聖(고셩)이 同符(동부)ᄒᆞ시니.

우리나라에 여섯 성인이 웅비(雄飛)하시어, (하시는) 일마다 모두 하늘이 내린 복이시니,
(이것은) 중국 고대의 여러 성군(聖君)이 하신 일과 부절을 맞춘 것처럼 일치하십니다.

· **형식**: 1절 3구(형식상 파괴)	· **성격**: 송축가, 개국송(開國頌)
· **주제**: 조선 창업의 정당성	· **명칭**: 해동장(海東章)

나 〈제2장〉

불휘 기픈 남ᄀᆞᆫ ᄇᆞᄅᆞ매 아니 뮐씨 곶 됴코 여름 하ᄂᆞ니.

ᄉᆡ미 기픈 므른 ᄀᆞᄆᆞ래 아니 그츨씨 내히 이러 바ᄅᆞ래 가ᄂᆞ니.

뿌리가 깊은 나무는 바람에 흔들리지 아니하므로, 꽃이 찬란하게 피고 열매가 많습니다.
원천이 깊은 물은 가뭄에도 끊이지 아니하므로 내를 이루어 바다로 흘러갑니다.

· **형식**: 2절 4구, 대구	· **성격**: 송축가, 개국송(開國頌)
· **주제**: 조선 왕조의 운명	· **명칭**: 근심장(根深章)

다 〈제4장〉

狄人(적인)ㅅ 서리예 가샤 狄人(적인)이 ᄀᆞᆯ외어늘, 岐山(기산) 올ᄆᆞ샴도 하ᄂᆞᇙ ᄠᅳ디시니.

野人(야인)ㅅ 서리예 가샤 野人(야인)이 ᄀᆞᆯ외어늘, 德源(덕원) 올ᄆᆞ샴도 하ᄂᆞᇙ ᄠᅳ디시니.

(주나라 태왕 고공단보가) 북쪽 오랑캐 사이에 사시는데, 오랑캐가 침범하므로 기산으로 옮기심도 하늘의 뜻입니다.
(익조가 목조 때부터 살던) 여진족 사이에 사시는데, 여진족이 침범하므로 덕원으로 옮기심도 하늘의 뜻입니다.

· **형식**: 2절 4구, 대구	· **성격**: 송축가, 사적찬(事蹟讚)
· **주제**: 조상 때부터 천명이 내림.	

혜원通 〈용비어천가〉 제2장

1. **뛰어난 비유**: 조선 창업의 정당성과 왕조의 운명이 영원할 것임을 대구와 비유법을 통해 밝힘.
   - 불휘 기픈 남ᄀᆞᆫ → 국기(國基)가 튼튼함.
   - 곶 됴코 여름 하ᄂᆞ니 → 문화가 융성함.
   - ᄉᆡ미 기픈 므른 → 유서가 깊음.
   - 내히 이러 바ᄅᆞ래 가ᄂᆞ니 → 무궁한 발전
2. 〈용비어천가〉 125장 중 가장 문학성이 뛰어나다는 평가를 받음.
   * 중국 고사가 쓰이지 않았고, 고유어만으로 지음.

감상

세종(世宗) 27년(1445)에 왕명(王命)을 받은 정인지, 권제, 안지 등이 편찬한 악장으로 국조 창업(國祖創業)의 정당성과 천명성(天命性)을 강조한 총 125장으로 된 장편 서사시이다. 대체로 2절 4구의 대구 형식을 취하고 있고 6조의 위업을 담았다. 훈민정음으로 기록된 최초의 국문 서사시이며, 악장 문학의 대표작이라는 점에서 문학적 가치가 높다.

제3장~제109장의 두 줄 형식

전절: 중국 역대 제왕의 위대한 사적
후절: 조선 6조의 위대한 업적
→ 중국과 대등함 강조
→ 조선 건국의 정당성

제4장

주나라 태왕 고공단보의 고사에 견주어 익조의 고사를 대비시킨 것으로, 후손 이성계가 나라를 세울 것이므로 그 조상 때부터 천심이 내리고 인심이 모이고 있다는 것을 강조했다.

기출 확인

나에 대한 설명으로 바르지 못한 것은?
2006 서울시 9급

① 고유어의 사용이 매우 뛰어나다.
② 왕조의 번성을 위해 후대 왕들에게 경각심(警覺心)을 불러일으키고 있다.
③ 고도의 비유와 상징성을 띠고 있다.
④ 대구와 반복을 통해 내용을 강조하고 있다.

해설
〈용비어천가〉 제2장은 새 왕조의 운명이 밝다고 주장하고 이를 백성들에게 확신시킴으로써 그들의 마음을 조정에 귀순하게 하려는 의도를 담고 있다. 후대 왕들에게 경각심을 갖도록 유도하고 있다는 설명은 적절치 않다.

오답
글 전체가 순수한 고유어로 되어 있고, 적절한 비유와 상징에 의한 표현을 구사하여 참신성과 함축성을 높이고 있다. 아울러 전후절 대구와 '기픈', '아니 ~ㄹ씨', '~ᄂᆞ니' 등의 반복 구조를 통해 내용을 강조하고 정제미와 운율감을 살리고 있다.

정답 ②

라 〈제48장〉

굴허에 ᄆᆞᄅᆞᆯ 디내샤 도ᄌᆞ기 다 도라가니, 半(반) 길 노ᄑᆞᆫᄃᆞᆯ 년기 디나리잇가.
구렁, 골[谷], 골목

石壁(석벽)에 ᄆᆞᄅᆞᆯ 올이샤 도ᄌᆞᄀᆞᆯ 다 자ᄇᆞ시니, 현 번 ᄠᅱ운ᄃᆞᆯ ᄂᆞ미 오ᄅᆞ리잇가.
몇(관형사)

(금 태조가) 구렁에 말을 지나게 하시어 도둑이 다 돌아가니, 반 길의 높이인들 다른 사람이 지나가겠습니까?
(이 태조가) 석벽에 말을 올리시어 도적을 다 잡으시니, 몇 번 뛰어오르게 한들 남이 오르겠습니까?

· **형식:** 2절 4구, 대구	· **성격:** 송축가, 사적찬(事蹟讚)
· **주제:** 태조의 초인간적 용맹	· **핵심어:** 石壁(석벽)에 ᄆᆞᄅᆞᆯ 올이샤

마 〈제67장〉

ᄀᆞᄅᆞᇝ ᄀᆞᇫ애 자거늘 밀므리 사ᄋᆞ리로ᄃᆡ 나거ᅀᅡ ᄌᆞᄆᆞ니이다.

셤 안해 자싫 제 한비 사ᄋᆞ리로ᄃᆡ 뷔어ᅀᅡ ᄌᆞᄆᆞ니이다.

(원나라 백안(伯顔)의 군사가 송나라를 치려고) 전당강 가에 진을 치고 자는데, 밀물이 사흘이나 이르지 않다가 떠난 뒤에야 그 자리가 물속에 잠기었습니다.
(이 태조가) 위화도에서 묵으실 때, 큰 비가 사흘이나 계속되다가, (이 태조가) 회군한 뒤에야 온 섬이 물속에 잠기었습니다.

· **형식:** 2절 4구	· **성격:** 송축가, 사적찬(事蹟讚)
· **주제:** 천우신조(天佑神助)	· **핵심어:** 뷔어ᅀᅡ ᄌᆞᄆᆞ니이다

바 〈제125장〉

千世(천세) 우희 미리 定(정)ᄒᆞ샨 漢水(한수) 北(북)에 累仁開國(누인개국)ᄒᆞ샤

卜年(복년) 이 ᄀᆞᇫ업스시니,
점쳐서 정한 왕조의 운수

聖神(성신)이 니ᅀᆞ샤도 敬天勤民(경천근민)ᄒᆞ샤ᅀᅡ 더욱 구드시리이다.
위대한 후대 왕들

님금하, 아ᄅᆞ쇼셔. 落水(낙수)예 山行(산행)가 이셔 하나빌 미드니잇가.

천 세 전부터 미리 정하신 한양에, 어진 덕을 쌓아 나라를 여시어, 나라의 운명이 끝이 없으시니,
성스러운 임금이 이으시어도 하늘을 공경하고 백성을 부지런히 돌보셔야 더욱 굳으실 것입니다.
임금이시여, 아소서. 낙수에 사냥 가 있으며 할아버지를(조상의 공덕만을) 믿었습니까(믿겠습니까)?

· **형식:** 내용상 3절 9구(형식상 파괴)	· **성격:** 송축가, 계왕훈(戒王訓)
· **주제:** 후왕(後王)에 대한 경계	· **핵심어:** 경천근민(敬天勤民)

혜원通 **〈용비어천가〉 제125장**

1. 내용적 특징
   - **총결사(總結詞):** 조상의 어진 덕으로 개국한 나라의 운명은 영원하리라는 국운(國運)의 송축과 전체의 내용을 함축
   - 왕조의 무궁한 발전을 위해서 후대 왕들은 하늘을 공경하고 백성을 다스리는 데 게을리하지 말아야 한다는 것을 하(夏)나라 태강왕(太康王)의 고사를 인용, 타산지석(他山之石)으로 삼도록 권계(勸戒)

2. 형식적 특징
   - 다른 장과 달리 중국 고사가 후절에 인용됨.
   - 형식의 파격을 보임. 형식상으로는 절의 구분이 없음.
   - '여민락(與民樂), 치화평(致和平), 취풍형(醉豊亨)' 등 궁중 음악에도 활용됨.

Quiz

바에 사용된 의사소통 방법에 대한 설명으로 가장 적절한 것은?

① 화자의 정서를 구체적인 자연물에 이입하여 전달 효과를 높이고 있다.
② 대상이 지닌 속성이나 부분을 이용하여 의미를 드러내고 있다.
③ 겉으로 모순인 표현을 사용하여 함축적 의미를 강조하고 있다.
④ 대비적 상황을 바탕으로 반문하여 전달하려는 의미를 강화하고 있다.

해설

(바)에서는 '옛 사람이 행한 잘못을 되풀이할 것인가'라고 반문하여 의미를 강화하고 있다. 즉, 말하고자 하는 바와 대비되는 설의적 표현을 사용하여, 태강왕의 전철을 밟지 않아야 한다는 당부의 의미를 강조하고 있다.

정답 ④

예원通 〈용비어천가〉

1. '용비어천가'의 명칭

- '용비어천(龍飛御天)'은 '용이 날아서 하늘을 제어(制御 = 통제하여 바른 길로 나아가게 함.)하였다.'라는 의미이다.
- '용'은 힘과 권력의 상징으로 제왕을 의미한다.
- 〈용비어천가〉는 '왕들이 태어난 나라(조선)를 세운 이야기를 담은 노래'라는 뜻이다.

2. 창작 동기

내적 동기	**조선 건국의 합리화(合理化):** 역성혁명(易姓革命)이 하늘의 뜻임을 알려 이반된 민심(民心) 조정 **후대 왕에 대한 권계:** 왕통(王統)의 확립, 경천근민(敬天勤民)의 정신 자세 권계
외적 동기	**훈민정음의 시험:** 훈민정음의 실용성 여부 시험 **국자(國字)의 권위 부여:** 국가의 존엄한 문헌을 한글로 기록함으로써 존엄성을 확보하고자 하는 의도

3. 전편의 체재(體裁)

- 전 10권 5책 125장
- 각 장은 2절, 각 절은 4구체의 대구(對句) 형식(제1장, 제125장 등 10여 장은 제외)

전절	중국 역대 성왕의 사적	사적 대비
후절	조선 왕조의 사적	

* 본문은 국문에 한자를 섞어 쓰고, 그 뒤에 한시(漢詩)와 배경 설화를 한문으로 적어 주해하여 국주 한종의 원칙을 따름.

4. 내용 구성: 조선 왕조의 역대 조종인 목조, 익조, 도조, 환조, 태조, 태종 등의 창업 사적을 찬양하고, 후대의 왕(王)에게 왕업의 수호를 권계한다.

서사(序辭)	제1장, 제2장 - 개국송(開國頌) **제1장:** 조선조 창업의 천명성과 당위성 강조 **제2장:** 조선조 창업의 근원(根源)의 심원성과 국기의 튼튼함과 번영(繁榮)의 영원성, 송축(頌祝)
본사(本辭)	제3장~제109장 - 사적찬(事籍讚)
결사(結辭)	제110장 ~ 제125장 - 계왕훈(戒王訓) 후왕에 대한 권계 물망장(勿忘章) 또는 무망기(無忘記)

5. 〈용비어천가〉의 가치

문학(文學)적 가치	훈민정음으로 된 최초의 악장 문학이자 악장 문학의 대표작 우리나라의 장편 영웅 서사시
어학(語學)적 가치	훈민정음으로 기록된 최초의 문헌 사용된 옛말이 풍부하여 중세 국어 연구에 귀중한 자료 표기법이 엄정하여 음운 등 고어(古語) 연구에 귀중한 문헌
사학(史學)적 가치	여말 선초의 여진족과의 관계를 밝혀 주는 사료(史料) 당시의 지리 연구에 귀중한 자료

기출 확인

다음 중 〈용비어천가〉에 대한 설명으로 잘못된 것은? 2006 서울시 9급

① 최초의 국문 악장이다.
② 훈민정음으로 기록된 최초의 작품이다.
③ 전체의 구성은 서사, 본사, 결사 125장으로 이루어져 있다.
④ 한문으로 된 본가에 국역시를 덧붙이고, 국문의 주해를 단 체제이다.
⑤ 세종 27년인 1445년에 완성되었고, 주해와 간행은 세종 29년인 1447년에 이루어졌다.

해설

훈민정음으로 쓴 최초의 작품 〈용비어천가〉는 조선 6조의 사적을 중국 고사에 비유하여 공덕을 송축하는 노래로, 먼저 우리말 노래를 싣고 그에 대한 한역시를 뒤에 붙였다.

정답 ④

PART 4
고전 문학

출제 경향 한눈에 보기

구조도

영역별 학습 목표

1. 시대별 다양한 고전 작품을 이해할 수 있다.
2. 현대어로 풀이하여 작품을 이해할 수 있다

핵심 개념

고대 가요	개념	국민학사 최초의 서정시가
향가	개념	최초의 정형화된 서정시가
	종류	① 4구체 ② 8구체 ③ 10구체(4-4-2)
고려 가요	특징	① 3음보 ② 후렴구 ③ 분절체 ※ 경기체가와 동일
경기체가	특징	① 문학성 결여 ② 향가 이후 우리 정서를 표현한 새로운 시형
시조	개념	3장 6구 45자 내외의 정형시
	종류	① 평시조 ② 엇시조 ③ 사설시조 ④ 연시조
가사	특징	4음보 연속체
	기원설	① 고려 속요 기원설 ② 경기체가 기원설 ③ 시조 기원설 등
민요	특징	비전문적 노래
	종류	비기능요
		기능요 ① 노동요 ② 의식요 ③ 유희요
설화	종류	① 신화 ② 전설 ③ 민담

고대 소설	특징	① 편집자적 논평 ② 문어체 ③ 운문체
판소리계 소설	특징	① 문체의 이중성 ② 주제의 양면성
민속극	종류	① 가면극 ② 인형극 ③ 무극

연도별 주요 출제 문항

2024년	• 다음 글을 이해한 내용으로 가장 적절한 것은? • 다음 글을 감상한 내용으로 적절하지 않은 것은?
2023년	• 다음 글을 감상한 내용으로 가장 적절한 것은? • 다음 시조 중 주된 정조가 가장 다른 것은? • 다음 한시의 시적 자아의 심정으로 가장 적절한 것은? • 위 글에 대한 설명으로 가장 적절하지 않은 것은? • 밑줄 친 ㉠~㉣에 대한 설명으로 가장 적절한 것은? • ㉠~㉣ 중 가리키는 대상이 나머지 셋과 다른 것은?
2022년	• 다음 글에 대한 설명으로 적절하지 않은 것은? • (가)~(라)의 ㉠~㉣에 대한 설명으로 적절하지 않은 것은? • 〈보기〉의 밑줄 친 부분과 표현 방식이 가장 유사한 것은?
2021년	• ㉠~㉣에 대한 설명으로 옳지 않은 것은? • (가)와 (나)에 대한 설명으로 적절하지 않은 것은? • (가)~(라)에 대한 이해로 적절하지 않은 것은? • ㉠~㉣에 대한 의미로 옳지 않은 것은? • (가)와 (나)에 대한 설명으로 옳은 것은?
2020년	• 다음 글에 대한 이해로 가장 적절한 것은? • 다음 글에 대한 이해로 적절하지 않은 것은? • 다음 글에서 의인화하고 있는 사물은? • 〈보기〉는 다음 한시에 대한 감상이다. • ㉠~㉣ 중 적절하지 않은 것은?

최근 4개년 기출 목록

구분	운문	산문
2024년	정서의 <정과정>	작자 미상의 <장화홍련전>
2023년	작자 미상의 〈어이 못 오던가〉, 이조년의 〈이화에 월백하고~〉, 원천석의 〈흥망이 유수하니~〉, 길재의 〈오백 년 도읍지를~〉, 정몽주의 〈이 몸이 죽고죽어~〉, 이제현의 〈오관산〉, 정철의 〈사미인곡〉, 한림제유의 〈한림별곡〉, 작자 미상의 〈가시리〉, 작자 미상의 〈댁들에 동난지이 사오~〉	작자 미상의 〈춘향전〉
2022년	유응부의 〈간밤의 부던 ᄇᆞ람에~〉, 이항복의 〈철령 노픈 봉에~〉, 계랑의 〈이 화우(梨花雨) 흣ᄲᅮ릴 제~〉, 조식의 〈삼동에 뵈옷 닙고~〉, 이황의 〈도산십이곡발〉, 황진이의 〈동짓달 기나긴 밤을~〉	이덕무의 〈선귤당농소〉
2021년	길재의 〈오백 년(五百年) 도읍지를~〉, 작자 미상의 〈動動〉, 작자 미상의 〈정읍사(井邑詞)〉, 작자 미상의 〈가시리〉	작자 미상의 〈춘향전〉
2020년	원천석의 〈눈 마ᄌᆞ 휘여진~〉, 황진이의 〈동지(冬至)ㅅ돌 기나긴 밤을~〉, 작자 미상의 〈두터비 파리를 물고~〉, 정철의 〈속미인곡〉, 이달의 〈제총요(祭塚謠)〉	작자 미상의 〈주몽 신화〉, 작자 미상의 〈춘향전〉, 작자 미상의 〈봉산탈춤〉, 일연의 《삼국유사》, 이첨의 〈저생전〉

CHAPTER
01 고대의 문학

해원通 문학의 흐름

시대	고대	신라	고려	조선	
				전기	후기
운문	고대 가요	향가	향가계 여요 - 고려 가요 - 시조(고려 중엽)		사설시조
교술			경기체가(13C)	악장 - 가사	내방 가사
산문	설화 ─ 신화 / 전설 / 민담	설총, 〈화왕계〉	패관 문학 - 가전체 문학	고전 소설	

1절 고대 가요

1 개관

1. 개념과 특징

① 고려 이전의 노래 중 향가, 한시를 제외한 시가 문학이다.

② 원시 종합 예술에서 분화된 개인적이고 서정적인 내용의 시가 문학이다.

③ 노래와 배경 설화가 함께 구비 전승되다가 후대에 한자로 기록되었다.

2 주요 작품

1. 현전 가요

작품명	작자	연대	내용	출전
〈구지가(龜旨歌)〉	구간(九干) 등	신라 유리왕 19(A.D. 42)	주술적인 노래. 노동요. 일명 '영신군가(迎神君歌)'로 김수로왕 강림 신화 속에 삽입된 가요임.	《삼국유사》
〈해가(사)(海歌(詞))〉	강릉의 백성들	신라 성덕왕	수로 부인(水路夫人)을 구하기 위한 주술적인 노래. 〈구지가(龜旨歌)〉의 아류	《삼국유사》
〈공무도하가(公無渡河歌)〉	백수광부의 처	고조선	물에 빠져 죽은 남편의 죽음을 애도함.	《해동역사》, 《고금주》
〈황조가(黃鳥歌)〉	유리왕	고구려 유리 왕(B.C. 17)	실연(失戀)의 아픔을 노래한 것으로, 꾀꼬리와 대조되는 유리왕의 슬픔을 담음.	《삼국사기》
〈정읍사(井邑詞)〉	미상	백제	행상 나간 남편을 근심하여 부른 노래. 국문으로 정착된 가장 오래된 노래	《악학궤범》

표기 방법과 고대 시가

한문	우리말을 표기할 수 있는 문자가 없었기 때문에 한자로 번역되어 표기됨. 예 〈황조가〉, 〈구지가〉, 〈공무도하가〉 * 이들 세 작품은 역사서에 배경 설화와 함께 기록되어 있다.
한글	우리말 노래가 계속 구비 전승되다가 세종 때 훈민정음이 창제된 후 우리글로 표기됨. 예 〈정읍사〉
향찰	신라 시대에 한자의 음과 뜻을 차용하여 우리말 노래를 표기함. 예 〈서동요〉, 〈도솔가〉, 〈제망매가〉 등의 신라 시대 향가

작품의 실제 고대 가요

1 구지가(龜旨歌)

핵심정리

연대	신라 유리왕 19년(A.D. 42)
작자	구간 등 200~300명의 사람
갈래	고대 가요, 집단 무가, 노동요, 주술가, 서사시
성격	주술적, 집단적, 의식적, 명령적
형식	4언 4구의 한역시
제재	거북
표현	주술적, 직설적 어법, 명령 어법, '호명 - 명령 - 가정 - 위협'의 구조
별칭	영신군가(迎神君歌), 영군가, 가락국가, 구하가, 구지곡
주제	새로운 생명(신령스런 임금)의 강림 기원
의의	① 유리왕의 〈황조가〉(기원전 17년)보다 문헌 기록상 후대에 속하지만 문학의 일반적 발전 단계로 볼 때에는 문학사의 앞머리에 놓임. ② 현전하는 최고(最古)의 집단 무요이자 주술성을 지닌 노동요

龜何龜何(구하구하)	↱ 반복법: 간절한 기원(주술적인 노래의 기본적 구조) 거북아, 거북아	➥ 부름
首其現也(수기현야)	신령스러운 존재 머리를 내어 놓아라.	➥ 명령/요구
若不現也(약불현야)	우두머리, 군주 만약 내놓지 않으면	➥ 가정법
燔灼而喫也(번작이끽야)	구워서 먹으리. 주술성이 잘 드러난 구절	➥ 위협적 서술/주술성

– 《삼국유사》 권2 '가락국기'

참고 자료 해가(海歌)

龜乎龜乎出水路(구호구호출수로)	거북아 거북아 수로를 내놓아라. 동해 용왕 수로부인	➥ 부름과 명령
掠人婦女罪何極(약인부녀죄하극)	남의 아내를 앗은 죄 얼마나 큰가. 위협의 구체적인 이유	➥ 위협의 이유
汝若悖逆不出獻(여약패역불출헌)	네 만약 어기어 내놓지 않으면 가정(부정)의 구조	➥ 가정
入網捕掠燔之喫(입망포략번지끽)	그물을 넣어 잡아 구워 먹으리.	➥ 위협

– 《삼국유사》

혜원通 〈구지가〉와 〈해가〉의 공통점과 차이점

구분	〈구지가〉	〈해가〉
공통점	· 한역시로 배경 설화 속에 삽입되어 있음. · 주술적 집단 무요. 거북을 신성한 존재로 보는 동물숭배 사상이 바탕이 됨. · '호명-명령-가정-위협'의 구조를 지님.	
차이점	· 왕의 강림을 기원함. · 위협의 구체적 이유가 드러나지 않음. · 거북은 외경의 대상임['구 ㊍']. (· 거북은 외경의 대상임['구(하)'].)	· 재액의 극복을 원함. · 위협의 구체적 이유가 드러남. · 거북은 공격의 대상임['구(호)'].

특징

· 요구와 위협을 통하여 목적한 바를 얻기 위한 주술성을 띤 시가이다.

· 군왕 출현을 기대하는 집단적인 서사시(노동요)이다.

· 명령 어법으로 바라는 바를 점층적·직설적으로 표현했다.

· 소재, 주술성, 집단적이라는 측면에서 〈해가(海歌)〉와 공통점이 있다.

감상

구간(九干)을 포함한 수백 명의 군중이 구지봉 산꼭대기에 모여 임금을 맞이하기 위해 흙을 파헤치며 목청껏 불렀던 노래이다. 신화 속의 이야기이지만 당시의 사람들은 이와 같이 군중의 합창에는 주술력이 있다고 믿었고, 과연 하늘로부터 임금을 맞았다.

따라서 이 노래는 '거북'을 신령스러운 존재로 간주한 영신군가(迎神君歌)로서의 주술요(呪術謠)이며, 마을 사람들이 흙을 파면서 불렀다는 점에 주목해 노동의 괴로움을 덜고자 하는 노동요(勞動謠)의 성격도 지닌다고 본다.

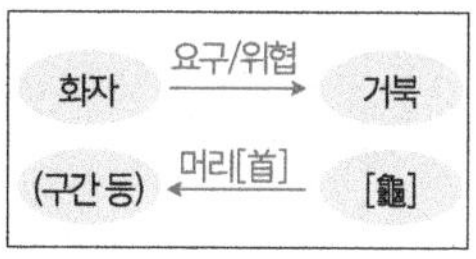

〈해가〉

· **연대:** 신라 성덕왕 때(〈구지가〉로부터 700여 년 후)

· **갈래:** 고대 가요, 한역가

· **성격:** 주술적, 집단적

· **형식:** 7언 4구체

· **별칭:** 해가사

· **주제:** 수로 부인의 귀환을 기원함.

· **의의:** 〈구지가〉가 후대에 전승되었음을 알려 주는 시가

기출 확인

〈구지가〉의 전개 방식으로 옳은 것은?

2017 국가직 9급

① 요구 - 위협 - 환기 - 조건

② 환기 - 요구 - 조건 - 위협

③ 위협 - 조건 - 환기 - 요구

④ 조건 - 요구 - 위협 - 환기

해설

제시된 〈구지가〉는 '거북'의 이름을 부르고 ('환기') 난 후에, 머리를 내놓으라고 '요구'를 하고 있다. 그러면서 '내놓지 않으면'이란 '조건'을 내걸면서, '구워 먹겠다'라고 '위협'을 하고 있다.

정답 ②

2 공무도하가(公無渡河歌)

핵심정리

연대	고조선
작자	백수광부의 아내(혹은 곽리자고의 아내 여옥)
갈래	개인 서정시, 한역가
성격	애상적, 체념적
형식	4언 4구체의 한역가(漢譯歌)
표현	직서법, 직정적(直情的)이고 절박한 표현
별칭	공후인(箜篌引)
제재	물을 건너는 임
주제	임을 잃은 슬픔
의의	① 집단 가요에서 개인적 서정시로 넘어가는 과도기의 작품 ② 현전하는 가장 오래된 개인 서정시 ③ 우리 민족의 전통적 정서인 한(恨)을 바탕으로 함.
구성	① 기(1구): 임이 물을 건너는 것을 만류함. ② 승(2구): 임이 물을 건넘. ③ 전(3구): 임이 물에 빠져 죽음. ④ 결(4구): 임을 잃은 화자의 슬픔과 체념을 노래

公無渡河(공무도하)　　임이여 물을 건너지 마오. (시적 대상: 임 / 물: 화자의 충만한 사랑)　→ (애원) 임에 대한 만류

公竟渡河(공경도하)　　임은 그예 물을 건너시네. (물: 삶과 죽음의 경계 – 단절의 공간적 형상화, 이별)　→ (초조) 물을 건너는 임

墮河而死(타하이사)　　물에 빠져 돌아가시니 (물: 죽음)　→ (비애) 물에 빠져 죽은 임

當奈公何(당내공하)　　가신 임을 어이할꼬. (어이할꼬: 시적 화자의 심정 집약 – 슬픔과 탄식)　→ (탄식) 임에 대한 체념

– 《해동역사》

혜원通 〈공무도하가〉의 표현상 특징

1. 물의 다양한 이미지
   - 작품 속에 나타난 '물'의 이미지: 단절, 죽음
     - 1행: 화자의 충만한 사랑
     - 2행: 피안과 차안의 경계[사랑의 종언(終焉)과 함께 임의 부재]
     - 3행: 이별과 죽음(사랑 곧 죽음이란 새로운 이미지)
   - 배경 설화 속에 나타난 물의 이미지: 연결, 재회
2. 화려한 수식 없이 시적 화자의 절박한 심정을 직접적으로 표출
3. 물을 경계로 한 이원적 대립 구조

피안(彼岸)	← 물(경계) →	차안(此岸)
죽음(물속)	↔	삶(물 밖)
이별	↔	만남

감상

이 노래는 고조선 때 백수광부(흰 머리의 미친 노인)의 아내가 강물에 빠져 죽은 남편을 애도하며 불렀다는 고대 가요로, 《해동역사》에 한시로 전한다. 이 노래의 악곡명은 〈공후인(箜篌引)〉으로, 공후라는 악기를 연주하며 이 노래를 불렀다고 하여 붙여진 이름이다. 이 노래에는 이별과 죽음에서 비롯된 한의 정서가 표현되어 있으며, 우리나라에서 가장 오래된 서정시로서의 의미가 크다. 남편을 따라 죽은 아내의 모습에서 기다림과 인내 속에 살아온 전통적인 여인상을 발견할 수 있다.

이와 같은 한의 정서는 우리 문학의 전통이 되어 후대의 많은 서정 시가(〈서경별곡〉 → 〈송인〉 → 〈진달래꽃〉)로 계승되었다.

★ '물'이 지닌 이미지의 변화

사랑 → 이별 → 죽음

기출 확인

〈공무도하가〉에 대한 설명으로 가장 옳은 것은?

2019 서울시 9급(2월)

① 황조가와 더불어 현존하는 우리나라 최고(最古)의 서사시다.

② 한시와 함께 번역한 시가가 따로 전한다.

③ '물'의 상징적 의미를 따라 시상을 전개하고 있다.

④ 몇 번을 죽어도 충성의 마음이 변치 않음을 노래하고 있다.

해설

물의 의미가 '사랑 → 이별 → 죽음'으로 변하면서 시상이 전개된다.

오답

① 〈공무도하가〉는 〈황조가〉와 더불어 현존하는 우리나라 최고(最古)의 서정시이다.

② 번역한 시가 전하지 않고, 《고금주》와 《해동역사》에 한시로 수록되어 있다.

④ 충성이 아닌 임에 대한 사랑과 임을 잃은 슬픔을 노래하고 있다.

정답 ③

기출 확인

밑줄 친 ㉠과 가장 유사한 정서가 드러나는 것은? 2023 법원직 9급

임이여 강을 건너지 마오	公無渡河
임은 마침내 강을 건너는구료	公竟渡河
물에 빠져 죽으니	墮河而死
㉠ 이 내 임을 어이할꼬	當奈公何

– 작자 미상, 〈공무도하가〉

① 혹시나 하고 나는 밖을 기웃거린다/나는 풀이 죽는다/빗발은 한 치 앞을 못 보게 한다/왠지 느닷없이 그렇게 퍼붓는다/지금은 어쩔 수가 없다고

– 김춘수, 〈강우〉

② 겨울 되자 온 세상 수북이 눈은 내려/저마다 하얗게 하얗게 분장하지만/나는/빈 가지 끝에 홀로 앉아/말없이/먼 지평선을 응시하는 한 마리/검은 까마귀가 되리라

– 오세영, 〈자화상 2〉

③ 그런 사람들이/이 세상에서 알파이고/고귀한 인류이고/영원한 광명이고 다름 아닌 시인이라고

– 김종삼, 〈누군가 나에게 물었다〉

④ 동방은 하늘도 다 끝나고/비 한 방울 내리잖는 그때에도/오히려 꽃은 빨갛게 피지 않는가/내 목숨을 꾸며 쉬임 없는 날이여

– 이육사, 〈꽃〉

해설 '이 내 임을 어찌할꼬'에는 '체념'의 정서가 드러난다. ①의 '지금은 어쩔 수가 없다고'에서도 화자의 '체념'의 정서를 확인할 수 있다.

정답 ①

3 황조가(黃鳥歌)

핵심정리

- **연대** 유리왕 3년(B.C. 17년)
- **갈래** 고대 가요, 4언 4구체 한역가(漢譯歌), 서정시
- **작자** 고구려 제2대 유리왕
- **성격** 연정적, 애상적, 우의적
- **표현** ① 자연물을 통해 화자의 정서를 우의적(寓意的)으로 드러냄.
  * 우의적(寓意的): 다른 사물에 '빗대어' 비유적인 뜻을 나타내거나 풍자함. 또는 그런 의미
  ② 자연과 인간의 대조되는 꾀꼬리를 객관적 상관물로 내세워 슬픔을 심화함.
  ③ 선경후정(先景後情)
  ④ 의태법, 대조법
- **제재** 꾀꼬리 * 꾀꼬리의 상징: 화자의 고독한 처지를 부각시키는 객관적 상관물
- **주제** 짝 잃은 외로움
- **의의** ① 현전하는 고구려 최고(最古)의 서정시
  ② 집단 가요에서 개인적 서정시로 넘어가는 단계의 노래

翩翩黃鳥(편편황조) / 雌雄相依(자웅상의)

念我之獨(염아지독) / 誰其與歸(수기여귀)

펄펄 나는 저 꾀꼬리 (화자의 처지와 대조되는 존재) → 가볍게 나는 저 꾀꼬리

암수 서로 정답구나. (시적 화자의 슬픈 정서를 불러 일으킴.) → 꾀꼬리의 정다운 모습

(선경) 외적 상황: 암수 꾀꼬리의 정다운 모습

외로울사 이 내 몸은 (정서의 직접적 표현) → 임을 잃은 외로움

뉘와 함께 돌아갈꼬. (함께 돌아갈 사람이 없음을 탄식함.(설의법)) → 실연의 슬픔

(후정) 내적 상황: 짝을 잃은 나의 외로움

- 《삼국사기》 권13 〈고구려 본기〉

감상

왕비를 잃은 유리왕은 화희와 치희라는 두 계비를 맞아들였는데, 어느 날 사냥을 나갔다가 돌아와 보니 두 계비가 싸우다 결국 치희가 멀리 도망가 버렸음을 알고 뒤쫓아 갔으나 찾지 못하고 돌아오는 길에 정답게 지저귀고 있는 한 쌍의 꾀꼬리를 보고 짝을 잃은 슬픔을 표현했다.

〈황조가〉에 대한 해석의 다양성

- **'서사시'로 보는 견해:** 화희와 치희의 쟁투를 종족 간의 투쟁으로 보고, 황조가를 종족 간의 투쟁을 화해시키려다 실패한 지도자의 탄식을 읊은 노래로 봄(여기서 화희와 치희는 토템족을 의미).
- **'민요'로 보는 견해:** 오래 전부터 전승되어 오던 민요로서 유리왕 설화에 삽입된 것으로 봄.
- **'신화'의 투영으로 보는 견해:** '벼'를 의미하는 화희와, '꿩'을 의미하는 치희의 투쟁을 통해 수렵 경제 체제에서 농경 경제 체제로 발전된 역사적 사실을 신화적으로 투영한 것으로 봄.

전통적 정서

- 이별에 따른 정한을 여성 화자의 목소리로 노래함.
- 한국의 보편적 정서인 '이별의 정한'은 고구려의 〈황조가〉에서 고려 속요인 〈서경별곡〉, 〈가시리〉, 한시인 정지상의 〈송인〉, 황진이의 시조, 민요의 〈아리랑〉, 김소월의 〈진달래꽃〉과 같은 작품에 면면히 이어져 옴.

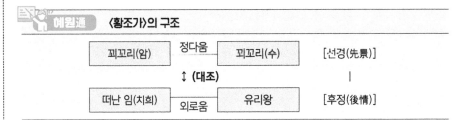

혜원通 〈황조가〉의 구조

꾀꼬리(암)	정다움	꾀꼬리(수)	[선경(先景)]
	↕ (대조)		|
떠난 임(치희)	외로움	유리왕	[후정(後情)]

기출 확인

〈보기〉의 작품들을 시대순으로 바르게 나열한 것은? 2019 서울시 7급(2월)

<보기>

(가) 雨歇長堤草色多 / 送君南浦動悲歌 / 大同江水何時盡 / 別淚年年添綠波

(나) 생사의 길은 / 여기 있으니 두려워하고 / 나는 간다는 말도 / 못다 이르고 가느냐
어느 가을 이른 바람에 / 여기 저기 떨어지는 나뭇잎처럼
한 가지에 나고서도 / 가는 곳을 모르는구나
아으, 미타찰(彌陀刹)에 만날 나 / 도(道) 닦아 기다리리.

(다) 翩翩黃鳥 / 雌雄相依 / 念我之獨 / 誰其與歸

(라) 이화우(梨花雨) 흣뿌릴 제
울며 잡고 이별(離別)ᄒᆞᆫ 님
추풍(秋風) 낙엽(落葉)에 저도 날 생각ᄂᆞᆫ가
천리(千里)에 외로운 꿈만 오락가락 ᄒᆞ노매

① (가) - (다) - (나) - (라)　② (가) - (다) - (라) - (나)
③ (다) - (가) - (나) - (라)　④ (다) - (나) - (가) - (라)

해설

고대가요 – 향가 – 한시 – 시조
(다) 고대가요, 〈황조가〉 – 유리왕 3년
(나) 향가, 월명사 〈제망매가〉 – 신라 경덕왕(8세기)
(가) 한시, 정지상 〈송인〉 – 고려 인종(12세기)
(라) 기녀 시조, 계랑 〈이화우 흣뿌릴 제〉 – 조선(16세기)

정답 ④

4 정읍사(井邑詞)

핵심정리

- **연대** 백제. 《고려사 악지》에 백제의 노래라고 전할 뿐 자세한 연대는 알 수 없음.
- **작자** 미상[어느 행상인(行商人)의 아내]
- **갈래** 백제 가요, 서정 시가
- **성격** 서정적, 기원적, 민요적, 직서적
- **형식** 3장 6구(여음구 제외)
- **표현** 상징적 비유와 대구를 이용함.
- **제재** 달, 남편에 대한 염려
- **주제** 행상 나간 남편의 안전을 기원함.
- **의의** ① 훈민정음으로 표기된 최고(最古)의 노래
  ② 시조 형식의 연원(3장 6구 – 여음구 제외)
- **표현상 특징** 여음구(어긔야 어강됴리/아으 다롱디리)는 특별한 의미를 갖지 않고, 음악적인 효과만 지님.

前 腔　[ᄃᆞᆯ]하 노피곰 도ᄃᆞ샤
① 천지신명 ② 광명과 안녕 ③ 기원의 대상
어긔야 ㉠ 머리곰 비취오시라.

어긔야 어강됴리.

小 葉 아으 다롱디리　➥ [기] 달에 남편의 무사를 기원

시장에 → 남편의 신분(행상인)
後腔全　져재 녀러신고요.
↱ ① 도둑의 위협 ② 남편을 유혹하는 여인들이 있는 곳 ③ 화자가 경계하는 모든 세계
어긔야 즌 ᄃᆡ를 드ᄃᆡ욜셰라.
진 데　디딜까 두렵습니다(ㄹ셰라: 의구형 어미)
*이수지오(泥水之汚): 진흙물에 더러워짐, 야행침해(夜行侵害): 밤길에 해를 입음.

어긔야 어강됴리　➥ [서] 남편의 야행 침해에 대한 염려

過 篇　어느이다 노코시라.
짐을 어느 곳에나 놓으십시오.
金善調　어긔야 내 가논 ᄃᆡ ㉡ 졈그ᄅᆞᆯ셰라.
① 나의 마중길 ② 남편의 귀가길 ③ 나와 남편의 인생길
어긔야 어강됴리

小 葉　아으 다롱디리　➥ [결] 남편의 무사 귀환 기원

– 《악학궤범(樂學軌範)》

달님이시여, 높이 높이 돋으시어 / 멀리 멀리 비춰 주소서.
시장에 가 계신가요? / 진 데(위험한 곳)를 디딜까 두렵습니다.
어느 곳에나 놓으십시오. / 내가 가는 곳이 저물까 두렵습니다.

혜원通 〈숙세가〉의 발견

2000년 11월부터 2001년 8월까지 부여 능산리 고분 옆 절터에서 23개의 목간이 발굴되었다. 대부분 사찰 이름, 관직명, 인명, 행정 구역명, 삼림과 전답 관리에 관련된 문구가 기록되어 있다. 그중 하나가 '숙세'라 쓰여 있는 백제 가요 목간으로 A.D. 6세기~7세기 초 백제인이 이두로 쓴 최고의 백제 시가라는 것이 밝혀졌다.

宿世結業(숙세결업)	전생에서 맺은 인연으로
同生一處(동생일처)	이 세상에 함께 태어났으니
是非相問(시비상문)	시비를 가릴 양이면 서로에게 물어서
上拜白來(상배백래)	공경하고 절한 후에 사뢰러 오십시오.

형식	4언 4구 → 〈구지가〉·〈황조가〉·〈공무도하가〉·〈인삼찬(人蔘讚)〉 등과 동일
내용	신라 향가 초기의 형태와 동일하게, 공식 문서가 아닌 정서적인 내용을 담고 있으며 불교 연기론에 그 바탕을 두고 있음.
의의	· 백제의 현존 시가로는 《악학궤범》에 한글로 기록된 〈정읍사〉가 유일했으나, 한 작품이 더 등장함. · 백제가 이두를 사용하지 않았다는 정설이 잘못되었음을 증명 · 목간에 '당대에 기록'된 것으로 보아 '당대의 노래'라는 점이 가장 큰 의의

감상

- 이 작품은 한글로 표기된 가장 오래된 노래이다. 여음구를 제외하면 3장 6구의 형식을 지녀 시조의 원형을 발견할 수 있다.
- 남편이 무사히 귀가하기를 기원하는 아내의 애정은 한국의 전통적 여인상으로 〈가시리〉 → 황진이의 시조 → 〈진달래꽃〉으로 이어진다.
- 이 노래에서 '달'에는 남편의 안전을 기원하는 아내의 따뜻한 사랑이 담겨 있다. 남편의 귀갓길과 아내의 마중길, 나아가 그들의 인생행로의 어둠을 물리치는 광명을 상징하기도 한다. 또한 '달'과 '즌 ᄃᆡ'는 '광명 – 암흑'으로 대칭을 이루며, '내 가논 ᄃᆡ 졈그ᄅᆞᆯ셰라'와도 연결된다. 또 존칭형 종결 어미(비취오시라, 녀러신고요, 드ᄃᆡ욜셰라, 노코시라)에서는 남편의 안전을 기원하는 아내의 간절한 목소리를 느낄 수 있다.
- '달'은 남편의 안전을 도와주는 '절대자'를 의미하여 민속 신앙과 연결된다고 볼 수 있다.

기출 확인

㉠과 ㉡에 대한 설명이 바르면 ○, 바르지 않으면 ×에 표시 하시오. 2016 경찰 1차 변형

1. ㉠은 '멀리멀리'의 의미로서 시적 화자의 간절한 마음을 강조하고 있다. (○, ×)
2. ㉡은 '저물까 두렵다'의 의미로서 야간에 남편이 해를 입을까 걱정하는 시적 화자의 심리가 나타난다. (○, ×)

정답 1. ○ 2. ○

Quiz

이 작품에 대한 설명으로 바르지 못한 것은?

① '달'과 '져재'는 의미상 '광명'과 '어둠'의 대비적 개념이다.
② 후렴구를 제외하면 시조와 유사하다.
③ 백제의 현전 가요이다.
④ 님의 안위에 대한 걱정이 주제이다.

해설
'ᄃᆞᆯ(광명)'과 의미상 대립 관계에 있는 시어는 '즌 ᄃᆡ(어둠)'이다.
이 작품은 행상인의 아내가 '달'에 의탁하여 남편이 무사히 귀가하기를 바라며 읊은 망부가로, 현재 전하는 백제 가요이며 한글로 전하는 가장 오래된 노래이다. 시조와 형식이 유사하다(3장 6구).

정답 ①

2절 설화

1 개관

1. 개념

일정한 구조를 가지고 꾸며낸 이야기로, 신화(神話), 전설(傳說), 민담(民譚)[+]을 포함한다.

TIP

설화 문학의 종류(신화, 전설, 민담의 차이점)

구분	신화	전설	민담
전승자의 태도	신성성	진실성	흥미성
미의식	숭고미	비장미	골계미
증거물	포괄적 예 국가, 자연물	특정 지역, 구체적 사물 예 특정 지역의 바위, 나무 등	추상적
주인공과 그 행위	신이나 영웅, 초인적 능력 발휘	비범한 인간, 비극적 결말	일상적 인간

2. 특징과 의의

① **특징**

㉠ 민중성

㉡ 산문성

㉢ 구전성

㉣ 서사성

㉤ 비현실성

㉥ 집단 창작

② **의의**: 고전 소설, 판소리의 기원이 된다.

③ **설화의 계승 과정**

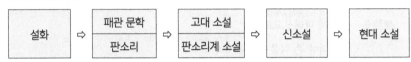

설화	⇨	패관 문학 / 판소리	⇨	고대 소설 / 판소리계 소설	⇨	신소설	⇨	현대 소설

혜원通 설화의 계승

1. 설화에 영향을 받은 소설
   - 조신 설화 → 김만중의 〈구운몽〉
   - 장자못 설화 → 〈옹고집전〉
   - 효녀 지은 설화 → 〈심청전〉, 이해조의 〈강상련〉
   - 방이 설화 → 〈흥부전〉

2. 소설과 설화(신화, 전설, 민담)의 공통점
   - 흥미 있는 이야기 형식을 추구함.
   - 허구적 이야기
   - 인물, 사건, 배경이 제시되어 있음.
     → 특히 민담은 허구적 성격이 강하고 구조화된 이야기로 소설과 가장 비슷하다.

작품의 실제 설화

1 단근 신화

핵심정리

- **형식 및 성격** 건국 신화
- **주제** ① 단군의 탄생 및 조선의 건국
  ② 조선의 개국 및 건국 이념의 신성함.
- **사상** 광명 사상, 숭천(崇天) 사상, 동물숭배 사상
- **표현** 간결, 소박함.
- **구조** ① 3대에 걸친 이야기 구조(주몽 신화 → 〈삼대〉 → 〈태평천하〉)
  ② 여성의 수난 구조(주몽 신화 → 바리데기 → 〈무정〉)

고기(古記)에 이렇게 전한다.
(단군의 일을 기록한 가장 오래된 책 《단군고기(檀君古記)》)

옛날에 환인(桓因)의 서자(庶子) 환웅(桓雄)이 항상 천하에 뜻을 두고 인간 세상을 몹시 바랐다.
(환인: 제석(帝釋)을 이름 / 서자: 맏아들이 아닌 둘째아들 이하를 가리키는 말)

아버지는 아들의 뜻을 알고 삼위 태백(三危太白)을 내려다 보매 인간 세계를 널리 이롭게 할 만한지라 이에 천부인(天符印) 세 개를 주어 내려가서 세상을 다스리게 하였다.
(천부인: 신의 영험한 힘을 표상)

환웅은 그 무리 3천 명을 거느리고 태백산(太白山) 꼭대기의 신단수(神檀樹) 아래에 내려와서 이곳을 신시(神市)라 불렀다. 이분을 환웅천왕이라 한다. 그는 풍백(風伯)·우사(雨師)·운사(雲師)를 거느리고 곡식·수명(壽命)·질병(疾病)·형벌(刑罰)·선악(善惡) 등을 주관하고, 인간의 삼백예순 가지나 되는 일을 주관하여 인간 세계를 다스려 교화시켰다. 이때, 곰 한 마리와 범 한 마리가 같은 굴에서 살았는데, 늘 신웅(神雄, 곧 환웅)에게 사람되기를 빌었다. 때마침 신(神, 환웅)이 신령한 쑥 한 심지와 마늘 스무 개를 주면서 말했다.
(풍백·우사·운사: 농경과 관계된 바람, 비, 구름을 다스리는 주술신 / 쑥 한 심지와 마늘 스무 개를 주면서 말했다: 통과의례)

"너희들이 이것을 먹고 백 일 동안 햇빛을 보지 않는다면 곧 사람이 될 것이다."
(시련과 고통)

곰과 범은 이것을 받아서 먹었다. 곰은 몸을 기(忌)한 지 21일(삼칠일) 만에 여자의 몸이 되었으나, 범은 능히 삼가지 못했으므로 사람이 되지 못했다. 웅녀(熊女)는 그와 혼인할 상대가 없었으므로 항상 단수(壇樹) 아래에서 아이 배기를 축원했다. 환웅은 이에 임시로 변하여 그와 결혼해 주었더니, 그는 임신하여 아들을 낳았다. 이름을 단군 왕검이라 하였다.

단군(檀君)은 요(堯) 임금이 왕위에 오른 지 50년인 경인년(요 임금의 즉위 원년은 무진이니 50년은 정사이지 경인은 아니다. 아마 그것이 사실이 아닌 것 같다)에 평양성(지금의 서경)에 도읍을 정하고 비로소 조선(朝鮮)이라 불렀다. 또다시 도읍을 백악산(白岳山) 아사달(阿斯達)로 옮겼다. 그곳을 궁(弓) — 혹은 방자(方字)로도 되어 있다. — 홀산(忽山) 또는 금미달(今彌達)이라 한다. 그는 1천5백 년 동안 여기에서 나라를 다스렸다.

주(周)의 무왕(武王)이 왕위에 오른 기묘년에 기자(箕子)를 조선에 봉하매, 단군은 장당경으로 옮겼다가 후에 아사달에 돌아와 숨어 산신(山神)이 되었는데 그때 나이가 1천9백8세였다.
(산신(山神)이 되었는데 그때 나이가 1천9백8: 제정일치 시대에는 군장이 신격화되었음을 보여 줌. 단군의 신성성 강조)

– 《삼국유사》 권1 기이(紀異), 고조선

의의

- 천손이라는 민족적 긍지와 민족문학으로서의 가치를 지닌다.
- 개국의 이념과 우리 민족의 유구한 역사와 단일성을 말해 준다.
- 한국 신화의 원형으로 존재한다.
- 농경 사회의 제의적 성격을 반영한다.
- 후대 문학에 영향을 주었다.

내용 전개

- **환웅의 강림**(하강)
  - 천상 → 지상, 신 → 인간
  - **천부인**: 신의 영험한 힘 표상 → 제정일치 사회의 통치자 권능 상징
  - **풍백(風伯)·우사(雨師)·운사(雲師)** → 농경 생활 중시
- **웅녀와 혼인 및 단군 왕검의 탄생** → 제의적 성격
  - **곰·범**: 토템의 대상
  - **쑥·마늘**: 금기, 주술적 효능(독기 → 수성 제거)
  - **곰 → 인간**: 인본주의적 성격
  - **환웅과 웅녀의 결혼**: 신과 인간의 결합
- **단군 조선[古朝鮮]의 건국**
  - 건국 신화적 면모
  - 신화적 시간관
- **단군의 산신화(山神化)** → 제정일치 시대 군장의 신격화

토템

미개 사회에서, 부족 또는 씨족과 특별한 혈연관계가 있다고 믿어 신성하게 여기는 특정한 동식물 또는 자연물, 각 부족 및 씨족 사회 집단의 상징물

참고 자료 **주몽 신화**

주제 주몽의 탄생과 고구려의 건국 내력

출전 이규보, 〈동명왕편〉 (현전하지 않는 《구삼국사》에 수록되었는데 이규보가 부분을 옮겨 수록함.)
＊영웅 서사시 〈동명왕편〉 → 동명왕 신화(東明王神話)

특징 ① '천제 - 해모수 - 주몽'이라는 삼대기(三代記)의 구조★
② 난생(卵生) 설화 중 유일하게 사람이 낳은 알에 대한 이야기
③ 영웅의 일대기 구조를 지니고 있는 작품으로, 후대 영웅 서사 문학의 기본 틀이 됨.

〈주몽 신화〉의 신화소

〈주몽 신화〉는 천손 강림, 동물숭배, 난생, 동물 양육, 기아 등 풍부한 신화소(神話素)를 갖춘 신화로, 영웅적 일대기 형식의 서사 구조를 지니며 광활한 작품 배경과 다채로운 갈등 양상 등이 돋보이는 우리 고대 신화의 대표작이다.

이 신화에서 주몽의 어머니 유화는 수신(水神) 하백의 딸이고 아버지 해모수는 천신(天神)인 천제의 아들이다. 즉 동명왕(주몽)의 부계는 '천제-해모수-동명왕'이고 모계는 '하백-유화-동명왕'으로, 모계가 지신(地神)인 웅녀에서 수신인 하백의 딸로 바뀌었다는 점에서 단군 신화와 차이가 있다.

감상

이 글은 5언(五言)으로 이루어진 운문체(韻文體)로 서문과 상세한 주(註)가 포함되어 있다. 이것은 동명왕의 탄생 이전의 계보를 밝힌 서장(序章)과, 동명왕의 출생으로부터 건국의 성업을 묘사한 본장(本章), 그의 후계자 유리왕의 경력과 작자의 소감을 붙인 종장(終章)의 세 부분으로 되어 있다.
이규보(李奎報)는 이 영웅 서사시 〈동명왕〉을 창작하게 된 동기가 믿기 어려운 건국의 위업과 건국 영웅의 신기한 사실을 후대에 전하려는 신앙에 가까운 사명감과, 더욱이 김부식이 《삼국사기》에서 이 사실을 너무나 간단히 처리했기 때문에 안타까운 심정에서였다고 적었다. 물론 그 밑바탕에는 당시 민중들에게 구전되어 오던 이 신화를 취재하여 우리의 민족적 우월성을 드높이고, 고려가 위대한 고구려를 계승하고 있다는 고려인의 자부심을 나타내려는 뜻도 깔려 있었을 것이다.

★ 삼대기의 구조

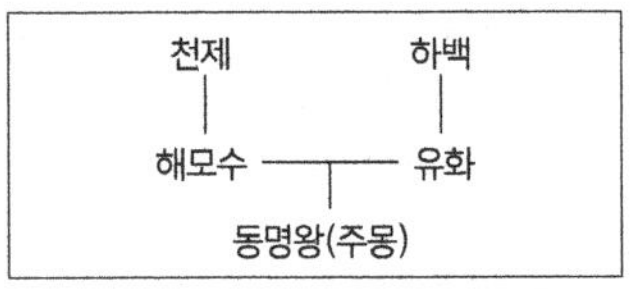

기출 확인

01 밑줄 친 부분에서 행위의 주체가 같은 것으로만 묶인 것은? 2020 지방직 9급

> 금와왕이 이상히 여겨 유화를 방 안에 가두어 두었더니 햇빛이 방 안을 비추는데 ㉠ <u>몸을 피하면</u> 다시 쫓아와서 비추었다. 이로 해서 태기가 있어 알[卵] 하나를 낳으니, 크기가 닷 되들이만 했다. 왕이 그것을 버려서 개와 돼지에게 주게 했으나 모두 먹지 않았다. 다시 길에 ㉡ <u>내다 버리게 했더니</u> 소와 말이 피해서 가고 들에 내다 버리니 새와 짐승들이 덮어 주었다. 왕이 쪼개 보려고 했으나 아무리 해도 쪼개지지 않아 그 어미에게 돌려주었다. 어미가 이 알을 천으로 싸서 따뜻한 곳에 놓아두었더니 한 아이가 ㉢ <u>껍질을 깨고 나왔는데</u>, 골격과 외모가 영특하고 기이했다. 겨우 일곱 살이 되었을 때, 이미 기골이 뛰어나서 범인(凡人)과 달랐다. 스스로 활과 화살을 만들어 쏘았는데 백발백중이었다. 나라 풍속에 ㉣ <u>활 잘 쏘는</u> 사람을 주몽이라고 하므로 그 아이를 '주몽'이라 했다.
> 금와왕에게는 일곱 아들이 있어 항상 주몽과 함께 놀았는데, 재주가 주몽을 따르지 못했다. 맏아들 대소가 왕에게 말했다. "주몽은 사람의 자식이 아닙니다. 일찍 ㉤ <u>없애지 않는다면</u> 후환이 있을까 두렵습니다." 왕이 듣지 않고 주몽을 시켜 말을 기르게 하니 주몽은 좋은 말을 알아보고 적게 먹여서 여위게 기르고, 둔한 말을 ㉥ <u>잘 먹여서 살찌게 했다</u>.

① ㉠, ㉡ ② ㉡, ㉣
③ ㉢, ㉥ ④ ㉣, ㉤

02 〈단군신화〉에 대한 설명 중 가장 적절하지 않은 것은? 2017 경찰 2차

① 홍익인간이라는 건국이념을 찾을 수 있다.
② 이 신화를 통해 우리 신화의 원형과 당시 사회의 성격을 살펴 볼 수 있다.
③ 이 신화는 우리 민족이 세운 최초의 국가인 고조선의 천지 창조 신화이다.
④ 환웅과 웅녀가 결합하여 시조인 단군이 탄생하였다는 점에서 우리나라가 천손에 의해 건국되었음을 밝히고 있다.

01

해설
㉠ 몸을 피한 주체는 '유화'이다.
㉡ 내다버리게 한 주체는 '금와'이다.
㉢ 껍질을 깨고 나온 주체는 '주몽'이다.
㉣ 활 잘 쏘는 주체는 '(어떤) 사람'이다.
㉤ 없애자고 말한 주체는 '대소'이고 '없애는' 주체는 '금와'이다. ＊ 없앨 대상은 '주몽'이다.
㉥ 말을 잘 먹여 살찌게 한 주체는 '주몽'이다. 따라서 행위의 주체가 같은 것만 묶은 것은 ③이다.

정답 ③

02

해설
이 신화는 우리 민족이 세운 최초의 국가인 고조선의 건국 신화이다.

오답
① 〈단군신화〉는 '널리 인간을 이롭게 하라'라는 단군의 건국 이념인 홍익인간의 정신을 담고 있다.
② 환웅은 바람, 비, 구름을 주관하는 주술사인 '풍백, 우사, 운사'를 거느리고 땅 위에 내려왔다. 인간을 이롭게 하기 위해 환웅은 농사짓는 인간에게 가장 중요한 날씨를 주관하는 주술사를 데리고 인간 세상에 온 것이다. 이러한 내용을 통해 당시 사회가 농업 경제를 기반으로 했음을 알 수 있다.
④ 환인-환웅-단군으로 이어지는 3대기를 통해 천손의 혈통이라는 민족적 긍지를 반영하고 있는 전형적인 천신 하강 설화이다.

정답 ③

2 조신지몽

핵심정리

- 갈래 설화 - 전설
  - * '명주 날리군, 해현 고개' 등의 구체적 지명이 사용된 점, 결말의 단계에서 정토사라는 사찰의 유래와 관련되어 있는 점 등을 고려할 때, '전설'의 유형에 속하며 사찰의 건립 내력과 관련되어 있으므로 사찰 연기 설화에도 해당된다.
- 구성 3단 구성, 환몽 설화[+]의 전형적 양식, 액자 형태의 환몽 구조
- 문체 역어체, 설화체
- 주제 세속적 욕망이 고뇌의 근원이라는 자각. 인생무상(人生無常)
- 내용 인생의 세속적 욕망은 한순간의 꿈이요 고통의 근원이니 집착을 버려야 한다.
- 의의 환몽 소설의 연원이 되는 설화로, 후에 김만중의 〈구운몽〉 및 이광수의 〈꿈〉이라는 소설에 영향을 주었다. → 동일 모티프에 의한 다양한 변이 과정을 확인해 볼 수 있는 작품
- 성격 환몽 설화(幻夢說話)
  '인생의 욕망과 어리석은 집착은 한순간의 꿈이요, 고통의 근원'이라는 불교적 주제가 담긴 설화로, '현실 - 꿈 - 현실'의 전형적 환몽 구조(幻夢構造)를 취하고 있어 조선 시대에 쓰인 〈구운몽〉 등 많은 몽자류 소설의 모티프가 되었다. 세규사와 정토사라는 구체적 증거물과 구체적 시대가 제시된 전설이다.
- 출전 《삼국유사》 권3

가 옛날 신라(新羅)가 서울이었을 때 세규사(世逵寺)의 장원(莊園)이 명주(溟洲) 날리군(捺李郡)에 있었는데, 본사(本寺)에서 중 조신(調信)을 보내서 장원(莊園)을 맡아 관리하게 했다. 조신이 장원에 와서 태수 김흔(金昕)의 딸을 좋아하고 아주 반했다.

(구체적 지명의 등장)

여러 번 낙산사(洛山寺) 관음보살(觀音菩薩) 앞에 가서 남몰래 그 여인과 살게 해 달라고 빌었다. 이로부터 몇 해 동안에 그 여인에게는 이미 배필이 생겼다. 그는 또 불당(佛堂) 앞에 가서, 관음보살이 자기의 소원을 들어 주지 않는다고 원망하며 날이 저물도록 슬피 울다가 생각하는 마음에 지쳐서 잠시 잠이 들었다.

꿈속에 갑자기 김 씨 낭자(娘子)가 기쁜 낯빛을 하고 문으로 들어와 활짝 웃으면서,

"저는 일찍부터 스님을 잠깐 뵙고 알게 되어 마음속으로 사랑해서 잠시도 잊지 못했으나 부모의 명령에 못 이겨 억지로 딴 사람에게로 시집갔었습니다. 지금 내외(內外)가 되기를 원해서 온 것입니다."

이에 조신은 매우 기뻐하며 그녀와 함께 고향으로 돌아갔다.

나 부인이 눈물을 씻더니 갑자기,

"내가 처음 그대를 만났을 때는 얼굴도 아름답고 나이도 젊었으며 입은 옷도 깨끗했었습니다. 〈중략〉 이제 그대는 내가 있어서 누(累)가 되고 나는 그대 때문에 더 근심이 됩니다. 가만히 옛날 기쁘던 일을 생각해 보니, 그것이 바로 근심의 시작이었습니다. 그대와 내가 어찌해서 이런 지경에 이르렀습니까? 뭇 새가 다 함께 굶어죽는 것보다는 차라리 짝 잃은 난조(鸞鳥)가 거울을 향하여 짝을 부르는 것만 못할 것입니다. 추우면 버리고 더우면 친하는 것은 인정(人情)에 차마 할 수 없는 일입니다. 하지만 행하고 그치는 것은 인력(人力)으로 되는 것이 아니고, 헤어지고 만나는 것도 운수가 있는 것입니다. 원컨대 이 말을 따라 헤어지기로 합시다."

(난조: 중국 전설에 나오는 상상의 새. 모양은 닭과 비슷함.) (추우면 버리고 더우면 친하는 것: 염량세태(炎凉世態))

조신이 이 말을 듣고 크게 기뻐하여 각각 아이 둘씩 나누어 데리고 장차 떠나려 하니 여인이,

"나는 고향으로 갈 테니 그대는 남쪽으로 가십시오."

이리하여 서로 작별하고 길을 떠나려 하는데 꿈에서 깨었다.

(환몽(幻夢)형 구조)

다 타다 남은 등잔불은 깜박거리고 밤도 이제 새려고 한다. 아침이 되었다. 수염과 머리털은 모두 희어졌고 망연(惘然)히 세상일에 뜻이 없었다. 괴롭게 살아가는 것도 이미 싫어졌고 마치 한평생의 고생을 다 겪고 난 것과 같아 재물을 탐하는 마음도 얼음 녹듯이 깨끗이 없어졌다. 이에 관음보살의 상(像)을 대하기가 부끄러워지고 잘못을 뉘우치는 마음을 참을 길이 없었다. 그는 돌아와서 해현에 묻은 아이를 파보니 그것은 바로 돌미륵[石彌勒]이었다. 물로 씻어서 근처에 있는 절에 모시고 서울로 돌아가 장원을 맡은 책임을 내놓고 사재(私財)를 내서 정토사(淨土寺)를 세워 부지런히 착한 일을 했다. 〈그 후에 어디서 세상을 마쳤는지 알 수가 없다.〉 〈 〉: 설화형 구조

(정토사(淨土寺)를 세워: 사찰 연기 설화)

TIP

환몽 설화

조신 설화는 몽자류 소설의 근원 설화로서의 의의가 매우 크다. 평소의 어떤 생각 때문에 꿈속에서 일련의 사건을 체험하고 꿈에서 깨어나 참다운 이치를 깨닫게 된다는 구조를 가진 설화를 환몽 설화라고 하는데, 조신 설화는 후에 몽자류 소설(〈구운몽〉, 〈옥루몽〉, 〈원생몽유록〉) 형성에 큰 영향을 미친다. 또한 현대에 이르러서는 이광수의 소설 〈꿈〉으로 개작되기도 했다.

Quiz

가, **나**의 '조신'에 대한 설명으로 적절한 것은?

① 꿈에서 깨어난 후 자신의 처지를 비관하고 있다.

② 자신의 힘만으로 소망을 이루고자 노력하고 있다.

③ 소망을 성취하기 위하여 다양한 시도를 하고 있다.

④ 관음보살을 원망했으나 잘못을 뉘우치고 부끄러워하고 있다.

해설

제시된 지문의 내용을 보면 조신은 관음보살에게 빌어 꿈속에서 소원을 이루지만 고통과 시련의 삶에 회의를 느끼고 부인과 헤어진다. 그리고 꿈에서 깨어나 자신의 생각이 그릇됨을 깨닫고 관음보살 앞에서 부끄러워한다.

정답 ④

3절 향가(鄕歌)

1 개관

1. 개념 및 특징

① 향찰로 기록한 신라 때의 노래이다.

*현재 《삼국유사》에 14수, 《균여전》에 11수로 모두 25수가 전한다.

② 형식

4구체	초기의 향가로, 구전되던 민요의 형식이다. 예 〈풍요〉, 〈서동요〉, 〈헌화가〉 등
8구체	4구체와 10구체를 잇는 과도기적 형식이다. 예 〈모죽지랑가〉, 〈처용가〉
10구체	· '4+4+2'의 구성으로, 가장 완성된 형식이다. · 낙구의 감탄사가 있는 것이 특징이다. *낙구의 감탄사는 시조 종장의 첫 구에 영향을 미쳤다. · 10구체 향가만 따로 '사뇌가'라 부르기도 했다. 예 〈혜성가〉, 〈안민가〉, 〈찬기파랑가〉 등

*《균여전》에서는 향가를 '삼구육명(三句六名)'의 형식으로 설명함.

③ 우리 문학사 최초의 정형화된 노래이다.

④ 10구체 향가의 3단 구성은 시조의 3단 구성과 유사하므로, 국문학 연속성의 증거이다.

2 주요 작품

형식	작품	작가	연대	내용
4구체	〈서동요〉	서동 (백제 무왕)	진평왕 (6C)	서동이 선화공주를 얻기 위하여 신라 서라벌의 아이들에게 부르게 한 노래. 참요
	〈풍요〉	백성들	선덕여왕 (7C)	양지가 영묘사의 장육존상을 만들 때 부역을 왔던 백성들에게 부르게 한 노래. 노동요
	〈헌화가〉	어느 실명 노인	성덕왕 (8C)	소를 몰고 가던 노인이 수로부인에게 꽃을 꺾어 바치며 부른 노래
	〈도솔가〉	월명사	경덕왕 (760)	해가 둘이 나타나자 하나의 해를 없애기 위해 부른 노래. 산화공덕의 노래
8구체	〈모죽지랑가〉	득오	효소왕 (7C 말)	화랑 죽지랑의 고매한 인품을 따르던 낭도가 추모하여 부른 노래. 추모가
	〈처용가〉	처용	헌강왕 (879)	처용이 헌강왕을 따라 경주에 와서 벼슬을 하는데 어느 날 밤 자기 아내를 범한 역신(疫神)에게 이 노래를 지어 불렀더니 역신이 물러갔다는 노래. 주술가

★ 내용에 따른 분류

- 주술적 성격: 〈처용가〉, 〈혜성가〉, 〈원가〉, 〈도솔가〉
- 유교적 성격: 〈안민가〉
- 노동적 성격: 〈풍요〉
- 추모적 성격: 〈찬기파랑가〉, 〈모죽지랑가〉

10구체	〈혜성가〉	융천사	진평왕 (6~7C)	심대성(心大星)을 침범한 혜성을 물리치기 위해 부른 노래. 주술가
	〈원왕생가〉	광덕	문무왕 (7C)	극락왕생하기를 바라는 광덕의 불교적인 신앙심을 읊은 노래
	〈원가〉	신충	효성왕 1년 (737)	효성왕이 나중에 다시 부르겠다는 약속을 지키지 않자 신충이 지어 잣나무에 붙였다는 노래. 주술가
	〈제망매가〉	월명사	경덕왕 (8C)	일찍 죽은 누이의 명복을 빌며 부른 노래. 추도가
	〈안민가〉	충담사	경덕왕 24년 (8C)	경덕왕의 요청에 의해 임금과 신하와 백성의 도리를 노래한 치국안민의 노래
	〈찬기파랑가〉	충담사	경덕왕 (8C)	충담사가 화랑인 기파랑의 높은 인품을 추모하여 부른 노래. 추모가
	〈천수대비가〉	희명	경덕왕 (8C)	희명이 눈 먼 자식의 눈을 뜨게 하기 위해 부른 불교적 신앙의 노래
	〈우적가〉	영재	원성왕 (8C)	화랑 영재가 도적의 무리를 만나 이 노래를 지어 부르자 도둑들이 감동하여 승려가 되었다는 설도(說道)의 노래

작품의 실제 향가

1 서동요

핵심정리

- **연대** 신라 진평왕 때(599년 이전)
- **작자** 백제 제30대 무왕
- **갈래** 4구체 향가
- **성격** 참요(예언, 암시하는 노래), 동요, 민요
- **표현** 풍자
- **주제** 선화 공주의 은밀한 사랑, 선화 공주에 대한 연모의 정
- **의의** ① 현전(現傳)하는 가장 오랜 향가
  ② 4구체 향가가 동요로 정착한 유일한 노래
  ③ 배경 설화에 신화적 요소가 있음.

TIP

〈구지가〉와 〈서동요〉

구분	〈구지가〉	〈서동요〉
공통점	일정한 의도를 담고 있는 주술요	
차이점	대화체 직설적	서사체 우회적

TIP

서동은 백제 무왕(武王)의 아명(兒名)이다. 이 노래는 선화 공주의 비행을 발설하여 공주가 왕궁에서 쫓겨나게 함으로써 마침내 자기의 아내로 맞을 수 있게 한 일종의 참요(讖謠)이다. 정교한 10구체 향가와는 달리, 4구체의 민요 형식에 의한 직설적인 표현으로 초보적인 표현 단계를 벗어나지 못한다.

선화 공주(善化公主)니믄	善化公主主隱(선화공주주은)	
ᄂᆞᆷ 그ᅀᅳ지 얼어 두고,	他密只嫁良置古(타밀지가량치고)	➥ 1–2행: 시상의 발단(원인)
맛둥바ᄋᆞᆯ	薯童房乙(서동방을)	
바ᄆᆡ 몰 안고 가다.	夜矣卯乙抱遣去如(야의묘을포견거여)	➥ 3–4행: 서동과의 밀애(결과)

선화공주님은 / 남 몰래(은밀히, 그윽히) 정을 통해 두고 / 맛동(서동)을 / 밤에 몰래 안고 간다.

예원通 〈서동요〉의 향찰 표기

구분	善	化	公	主	主	隱
글자 훈음	착할 선	될 화	공인 공	주인 주	주인 주	숨을 은
훈차					님	
음차	선	화	공	주		은
해석	선화공주님은					

구분	他	密	只	嫁	良	置	古
글자 훈음	남 타	몰래 밀	다만 지	시집갈 가	좋을 량	둘 치	옛 고
훈차	남	그ᅀᅳ		얼		두	
음차			지		러(어)		고
해석	남 그ᅀᅳ지 얼어 두고(남 몰래/그윽히 정을 통해 두고)						

구분	薯	童	房	乙
글자 훈음	마 서	아이 동	방 방	새 을
훈차	마			
음차		동	방	을
해석	맛동방을(맛둥 도련님을)			

구분	夜	矣	卯	乙	抱	遣	去	如
글자 훈음	밤 야	어조사 의	토끼 묘	새 을	안을 포	갈 견	갈 거	같을 여
훈차	밤				안		가	다*
음차		의	묘	을		고		
해석	밤에 몰 안고 간다(밤에 몰래 안고 간다).							

2 도솔가

핵심정리

- **연대** 경덕왕 19년 (760)
- **작자** 월명사
- **성격** 불교적, 주술적
- **형식** 4구체
- **표현** 명령법을 사용하여 자신의 소망 제시
- **의의** 미륵불에 대한 신앙심이 나타나 있음.
- **내용** 해가 둘이 나타나는 변괴에 대해 미륵불을 맞아 물리치고자 부른 노래
- **주제** 산화공덕(散花功德) – 지나는 길에 꽃을 뿌려 발길을 영화롭게 함.
  국태민안(國泰民安) – 미륵보살의 하강을 기원

오ᄂᆞᆯ 이에 散花(산화) 블어	오늘 이에 '산화'의 노래 불러	오늘 이에 산화가를 부르며
ᄇᆡᄉᆞᆲᄫᆞᆫ 고자 너는	뿌리온 꽃아, 너는	솟아나게 한 꽃아 너는,
고ᄃᆞᆫ ᄆᆞᅀᆞ미 命ㅅ 브리옵디	곧은 마음의 명을 심부름하옵기에	곧은 마음의 명에 부리워져
미륵 좌주(彌勒座主) 뫼셔롸.	미륵좌주를 모셔라!	미륵 좌주 나립하라(벌려 늘어서라)
	➥ 양주동 역	➥ 김완진 역

감상

불교 의식이 담긴 노래로, 배경 설화에 따르면 경덕왕 19년에 경주에 해가 둘이 가지런히 나타나 월명사가 이 노래를 부르니 변고가 사라졌다고 한다. 이 노래에는 제의에 사용된 기원문의 짜임과 미륵보살의 공덕으로 나라의 천재지변을 극복하고자 한 신라 사람의 모습이 잘 나타나 있다. 두 해가 함께 나타난 것을 경덕왕의 왕권에 대한 새로운 도전으로 해석하기도 한다.

향가 〈도솔가〉 & 부전 가요〈도솔가〉

명칭은 같으나 신라 유리왕 때의 고대 가요 〈도솔가〉는 가사가 전하지 않는 '부전 가요'이다.

3 모죽지랑가

핵심정리

- **연대** 효소왕(692~702) 때
- **작가** 신라 효소왕 때 화랑 득오곡(득오라고도 함.)
- **갈래** 8구체 향가
- **성격** 찬양적, 흠모적, 순수 서정시
- **주제** 죽지랑에 대한 흠모의 정
- **특징** ① 개인의 감정이 주를 이루었다는 점에서 순수 서정시의 단계로 나아간 시
  ② 여성적인 감정 표현을 보여 주는 순수 서정시

간 봄 그리매	(그대가 계셨던) 지나간 봄이 그리워서	
모ᄃᆞᆫ 것ᅀᅡ 우리 시름.	모든 것이 울며 시름에 잠기는구나.	➥ 사별에 대한 슬픔
아ᄅᆞᆷ 나타샤온	아름다움을 나타내신	
즈ᅀᅵ 샬쯈 디니져.	(그대의) 얼굴이 주름살을 지니려 하는구나.	➥ 살아생전의 임의 모습 회상
눈 돌칠 ᄉᆞ이예	눈 돌이킬(깜짝할) 사이에나마	
맛보ᄋᆞᆸ디 지ᅀᅩ리.	만나 뵙도록 (기회를) 지으리이다.	➥ 재회에 대한 전망
낭이여, 그릴 ᄆᆞᅀᆞ미 녀올 길	죽지랑이여, 그리운 마음이 가는 길	
다봊 굴허헤 잘 밤 이시리.	다북쑥이 우거진 마을(저세상)에서 함께 잘 밤이 있으리다.	➥ 재회의 확신

감상

화랑 죽지랑의 무리인 득오곡이 자기가 모시던 죽지랑이 죽자 그를 그리워하며 읊은 노래로 고매한 인품의 소유자인 죽지랑을 찬양하면서 저세상 어느 곳에서라도 다시 만날 수 있으리라는 확신적 소망을 드러내고 있다.

즛

즛(모습, 행위)> 짓(좋지 않은 행위)
→ 의미 축소, 전설 모음화

Quiz

이 작품의 주제를 바르게 나타낸 것은?

① 남편을 기다리는 아내의 정성이 잘 나타나 있다.
② 애인에 대한 그리움을 표현하였다.
③ 죽은 사람을 추모한 작품이다.
④ 여인과의 사랑의 기쁨을 노래하였다.

해설
자신이 모셨던 화랑을 추모하는 시로, 임을 만날 수 없는 그리움과 탄식을 나타내고 있다.

정답 ③

감상

동해 용왕의 아들인 처용이 신라에 와서 벼슬을 하던 어느 날, 그가 늦게까지 놀고 있는 사이에, 역신이 매우 아름다운 그의 아내를 흠모하여 몰래 동침했다. 집에 돌아 와 상황을 알게 된 처용이 이 노래를 부르자 역신은 크게 감복하여 용서를 빌고 이후로는 공의 형상을 그린 것만 보아도 그 문에 들어가지 않겠다고 하였다. 이후로 사람들은 처용의 형상을 문에 붙여 귀신을 막았다. 이런 배경 설화를 가진 이 노래에 대한 해석에 여러 가지 견해가 있으나 축사(逐邪) 및 벽사진경(辟邪進慶)의 노래로 이해하는 것이 통설이다. 역신이 처용의 태도에 감복하여 자신의 본체를 자백하고 퇴각한 내용을 통해 무속에서는 아무리 악신(惡神)이라도 즐겁게 하여 보낸다는 풍속과 한국인의 여유에 찬 생활의 예지를 볼 수 있다.

Quiz

01 이 노래에 대한 설명으로 알맞지 않은 것은?

① 민요에서 형성된 노래임.
② 신라 향가의 마지막 작품임.
③ 무속적 설화가 불교적으로 전승됨.
④ 고려 처용가에는 7~8구가 없어짐.
⑤ 벽사진경(辟邪進慶)의 무가(巫歌)

해설

<처용가>는 불교적 바탕의 설화가 무속적으로 전승된 것이다.

정답 ③

02 이 노래에 대한 설명으로 옳지 않은 것은?

① 무가의 성격을 띠고 무속적으로 전승됨.
② 민요에서 정착하여 향가의 정제된 형식을 보여 줌.
③ 의식무 또는 연희로 고려, 조선조에 계승됨.
④ 관탈민녀형(官奪民女型) 설화와 내용이 상통함.

해설

향가의 가장 정제된 형식은 10구체이다.

오답

① 처용 설화는 불교에 바탕을 두고 있으나, 그 전승 과정은 무속적이고 무가적 성격을 지닌다.
④ 강한 자에게 자신의 권리를 침해당하는 약한 자의 의식을 반영하고 있다.

정답 ②

4 처용가

핵심정리

연대	신라 헌강왕 때
갈래	8구체 향가
작자	처용(處容)
표현	풍자, 제유법
성격	축사(逐邪, 사악함을 쫓음.)의 노래, 주술적, 벽사진경(辟邪進慶)
주제	축신(逐神, 귀신을 쫓음.)
의의	① 벽사진경(辟邪進慶, 사악한 것을 물리치고 경사로운 것을 맞이함.)의 민속에서 형성된 무가 ② 고려와 조선조에 걸쳐 의식무 또는 연희로 계승됨. ③ 고려 가요 <처용가>가 한글로 기록되어 있기 때문에, 향찰 해독의 열쇠 역할을 함. ④ 두 편밖에 전하지 않은 8구체 향가 중 하나임. ⑤ 현전하는 신라 마지막 향가
특징	① 벽사진경의 민속에서 형성된 무가(巫歌)이며, 고려와 조선 시대에 걸쳐 의식(儀式)에 사용되는 무용 또는 연희로 계승됨. ② 불교적 설화의 무속적 전승 ③ 체념과 관용을 바탕으로 한 축사(逐邪)의 노래임. ④ 영탄을 통해 분노와 슬픔, 체념과 관용의 감정을 동시에 드러냄.

ᄉᆡᄫᆞᆯ 불긔 ᄃᆞ래	서울 밝은 달밤에	
밤 드리 노니다가	밤 늦도록 놀고 지내다가	
드러ᅀᅡ 자리 보곤	들어와 자리를 보니	
가ᄅᆞ리 네히어라.	다리가 넷이로구나.	➥ 1–4행: 역신의 침범
둘흔 내해엇고	둘은 내 것이지만	
둘흔 뉘해언고.	둘은 누구의 것인고?	
본ᄃᆡ 내해다마ᄅᆞᄂᆞᆫ	본디 내 것(아내)이다만	
아ᅀᅡᄂᆞᆯ 엇디ᄒᆞ릿고.	빼앗긴 것을 어찌하리.	➥ 5–8행: 처용의 관용

東京明期月良(동경명기월량) / 夜入伊遊行如可(야입이유행여가)
入良沙寢矣見昆(입량사침의견곤) / 脚烏伊四是良羅(각오이사시량라)
二兮隱吾下於叱古(이혜은오하어질고) / 二兮隱誰支下焉古(이혜은수지하언고)
本矣吾下是如馬於隱(본의오하시여마어은) / 奪叱良乙何如爲理古(탈질량을하여위리고)

예림通 향가의 <처용가>와 고려가요의 <처용가>

1. **공통점**: 처용이 역신을 몰아내는 내용을 근거로 함.
2. **고려의 <처용가>에 두드러지는 특징**
   - 처용이 역신을 몰아내는 과정에서 대립이 격화되어 있음.
   - 처용의 모습이 상세히 묘사되어 있음.
   - 역신에 대한 처용의 분노가 절실하게 드러남.
   - 연극적 요소가 두드러짐.
3. **문학사적 의의**: 향가 <처용가>의 일부를 인용한 고려 가요 <처용가>는 한글로 표기되어 전해진다. 이런 점에서 향찰로 표기된 신라 <처용가> 해독의 중요한 열쇠가 된다.

5 찬기파랑가

핵심정리

- **연대** 신라 경덕왕 때
- **작자** 충담사(忠談師), 신라의 승려
- **갈래** 10구체 향가
- **성격** 추모가, 서정적
- **표현** 은유법, 상징법, 문답법
- **주제** 기파랑의 고매한 인품을 추모함.
- **의의** 〈제망매가〉와 함께 표현 기교 및 서정성이 돋보이는 향가의 백미. '사뇌가(詞腦歌)'라는 명칭이 붙어 '찬기파랑 사뇌가'라고도 불림.

열치매	(구름 장막을) 열어 젖히며	
나토얀 ᄃᆞ리	나타난 달이	
ᄒᆡᆫ구룸 조초 떠가ᄂᆞᆫ 안디하	흰 구름 좇아 (서쪽으로) 떠가는 것 아니냐?	
새파ᄅᆞᆫ 나리여ᄒᆡ	새파란 냇물에	
기랑ᄋᆡ 즈ᅀᅵ 이슈라.	기파랑의 모습이 있구나.	➥ 1~5행: 인물의 모습
일로 나리ㅅ ᄌᆡ벽ᄒᆡ	이로부터 냇가 조약돌에	
낭(郞)ᄋᆡ 디니다샤온	기파랑이 지니시던	
ᄆᆞᅀᆞ미 ᄀᆞᇫ홀 좇누아져.	마음의 끝을 따르고자.	➥ 6~8행: 인품의 추모
아으★ 잣ㅅ가지 노파	아아, 잣나무 가지 높아	
서리 몯누올 화반이여.	서리를 모를 화랑의 우두머리여.	➥ 9~10행: 인품의 찬양 – 양주동 해독

〈찬기파랑가〉 김완진 해독

열치매 / 나타난 달이
흰구름 좇아 떠간 언저리에
새파란 가람물에 / 기랑의 얼굴이 비쳐 있어라.
일오내 자갈 벌에서 / 낭이 지니시던 마음의 끝을 좇고 있노라.
아아, 잣가지 높아 / 눈조차 덮지 못할 화랑이시여.

혜원通 해독에 따른 〈찬기파랑가〉의 의미 차이

향가는 한자의 음과 뜻을 빌려 국어의 어순에 따라 표기한 차자 문학인데, 오늘날의 우리가 신라 시대의 언어 실태를 정확히 알 수 없기 때문에 학자에 따라 향가에 대한 해독이 다르다.

구분	양주동(화자와 달의 문답으로 파악)	김완진(화자 한 사람의 독백으로 파악)
달	흰구름을 좇아 현재 움직이고 있으므로 시적 화자가 직접 볼 수 있는 대상	상상을 통해 접근할 수 있는 대상. 높이 우러러보는 광명의 존재, 기파랑의 고매한 인품
물	새파란 물: 푸르고 맑은 정신세계를 비추는 대상	시적 화자가 존재하는 공간, 맑고 깨끗한 모습
돌	'조약돌'로 의미화됨. 원만하고 강직한 인품 상징	시적 화자가 있는 공간인 '자갈벌'로 의미화됨.

* 양주동 번역본에서는 '달, 시냇물, 조약돌, 잣나무 가지'가 '기파랑'을 상징하고, 김완진 번역본에서는 '달, 냇물, (수풀), 잣나무 가지' 등이 기파랑을 상징한다.

감상

다양한 자연물을 통해 대상(화랑 기파랑)의 모습을 비유적으로 제시했다.
'달', '시냇물', '조약돌', '잣가지' 등은 영원과 생명을 표상하는 사물로 이러한 자연물을 통해 기파랑의 뛰어난 인품을 감각적으로 형상화했다.

★ 감탄사 '아으'의 역할

10구체 향가에서는 대개 9행의 첫머리에 '아아', '아으' 등의 감탄사를 내세우면서 시상을 집약한다. 〈찬기파랑가〉에서도 '아으'라는 감탄사를 통해 시상이 전환되어, 기파랑의 인품을 예찬하는 내용으로 시가 마무리됨을 볼 수 있다. 시조 종장의 첫 부분에 주로 등장하는 영탄구의 연원이 향가의 이런 감탄사라고 일컫기도 하는데 이는 향가가 시조 형식의 기원이라는 학설의 근거가 된다.

기출 확인

[01~02] 다음을 읽고 물음에 답하시오.

> 흐느끼며 바라보매
> ㉠ 이슬 밝힌 달이
> 흰 구름 따라 떠간 언저리에
> 모래 가른 물가에
> 기랑(耆郎)의 모습이올시 수풀이여.
> 일오(逸烏)내 자갈 벌에서
> 낭(郎)이 지니시던
> 마음의 갓을 좇고 있노라.
> ㉡ 아아, 잣나무 가지가 높아
> 눈이라도 덮지 못할 고깔이여.
>
> – 충담사, 〈찬기파랑가〉

01 제시된 작품에 대한 이해로 적절하지 않은 것은? 2022 지역 인재 9급

① 기파랑의 부재로 인한 화자의 신세를 한탄하고 있다.
② 10구체 향가로서 내용상 세 부분으로 구성되어 있다.
③ 기파랑의 고매한 인품을 구체적인 자연물에 비유하고 있다.
④ 낙구의 감탄사를 통해 감정을 집약하면서 시상을 마무리하고 있다.

해설 '기파랑'이 부재하는 상황이기는 하다. 그러나 그로 인해 화자의 신세를 한탄하고 있지는 않다. 제시된 작품은 '기파랑'의 고매한 인품을 찬양한 것이다.

오답 ② 10구체 향가로, 내용상 세 부분으로 나뉘어 있다.

1구~5구	기파랑의 부재에 대한 안타까움
6구~8구	기파랑의 고매한 인품을 따르고 싶은 마음
9구~10구	기파랑의 고고한 절개 예찬

③ 기파랑의 고매한 인품을 '달', '잣나무' 등의 자연물에 비유하고 있다.
④ 낙구에서 '아아'라는 감탄사를 통해 화자의 감정을 집약하면서 시상을 마무리하고 있다.

정답 ①

02 제시된 작품에 대한 설명으로 가장 적절하지 않은 것은? 2017 경찰 1차

① 표현 기교가 뛰어난 작품으로 〈제망매가〉와 함께 향가 문학의 백미로 꼽힌다.
② 기파랑이라는 화랑을 추모하면서 그의 높은 덕을 기리고 있는 작품이다.
③ ㉠에서 화자는 지금은 없는 기파랑의 자취를 찾으며 슬퍼하고 있다.
④ ㉡에서 화자는 기파랑의 높은 인품을 잣나무 가지와 눈에 비유하고 있다.

해설 ㉡에서 화자는 '눈'을 이겨내는 '잣나무 가지'에 기파랑을 비유하여 그의 높은 인품을 예찬하고 있다. 따라서 기파랑의 높은 인품을 비유한 것은 '잣나무 가지'뿐이다. '눈'은 '시련, 고난, 역경'을 의미한다.

정답 ④

6 제망매가

핵심정리

연대	신라 경덕왕 때
작자	월명사(月明師)(신라의 승려) * 경주 사천왕사에 있었으며, 달 밝은 밤에 피리를 불면 달이 그의 길을 밝혀 주어 이름을 '월명사'라 불렀다고 한다. 향가를 잘 지어 작품으로 〈제망매가〉가 전해지며 〈산화가(散花歌)〉를 지었다고도 함.
갈래	10구체 향가
성격	추도가, 의식적
표현	비유법, 상징법
주제	죽은 누이의 명복을 빎.
사상 배경	불교 아미타 사상
의의	뛰어난 비유를 통해 인간고(人間苦)의 종교적 승화를 노래함.

生死 길흔	삶과 죽음의 길은
이에 이샤매 머뭇그리고	이(이승)에 있음에 머뭇거리고
나는 가ᄂᆞ다 말ㅅ도	나(죽은 누이)는 간다는 말도
몯다 니르고 가ᄂᆞ닛고.	못 다 이르고 갔는가?

➥ 1~4행: 죽음에 대한 두려움과 죽은 누이에 대한 혈육의 정

어느 ᄀᆞᄉᆞᆯ 이른 ᄇᆞᄅᆞ매	어느 가을 이른 바람에
이에 뎌에 ᄠᅥ러딜 닙곤	여기저기에 떨어진 나뭇잎처럼
ᄒᆞᄃᆞᆫ 가지라 나고	같은 나뭇가지(같은 부모)에 나고서도
가는 곧 모ᄃᆞ론뎌.	(네가) 가는 곳을 모르겠구나.

➥ 5~8행: 인생의 허무에 대한 불교적 무상감

㉠ 아으 彌陀刹아 맛보올 나 (향가 낙구의 감탄사)	아아, 극락 세계에서 만나 볼 나는
道 닷가 기드리고다.	불도를 닦으며 기다리겠노라.

➥ 9~10행: 불교에의 귀의심(승화)

혜원通 〈제망매가〉의 구성과 비유

1. 구성
   - 1~4구: 누이의 죽음을 직면한 현재 상황을 드러내는데 생사의 갈림길에서 느끼는 두려움과 안타까움을 표출했다.
   - 5~8구: 생사의 문제를 나무와 낙엽에 견주어 비유했으며, 죽음의 불가해성을 드러냈다.
   - 9~10구: 죽음의 불가해성을 불교적으로 승화하여 내세에서 재회할 것을 염원했다.

2. 표현상의 특징: 비유

시어	시어의 비유적 의미	
이른 ᄇᆞᄅᆞᆷ	· 이른: 일찍 찾아온 · 바람: 시련, 가혹한 운명	젊은 나이에 죽음(요절).
ᄠᅥ러딜 닙	· 떨어진: 죽음 · 잎: 한 부모에게서 태어난 존재	죽은 누이
ᄒᆞᄃᆞᆫ 가지	· 한 가지	한 부모, 같은 핏줄

감상

월명사가 어린 나이에 죽은 누이를 추모하며 지은 10구체 향가로 《삼국유사》의 기록에 따르면 월명사가 제사를 올리며 이 노래를 불렀더니 갑자기 회오리바람이 일어나 지전(紙錢)이 서쪽으로 날아갔다고 한다. 이런 면에서 주술성을 지닌 노래로 볼 수 있지만 이 노래의 근본은 혈육의 죽음으로 인한 정서의 표출이기 때문에 순수 서정시의 단계에 이른 작품으로 볼 수 있다. 이 시는 삶과 죽음의 문제를 깊이 있게 성찰하여 뛰어난 비유를 통해 표현한 작품으로 향가 중에서도 특히 문학성이 뛰어나며 고도의 서정성을 지녔다는 평을 받는다.

Quiz

01 이 시에 대한 설명으로 적절하지 않은 것은?

① 자연의 섭리와 인생을 연결하여 주제를 형상화하고 있다.
② 화자는 혈육의 죽음을 통해 인생의 무상감을 느끼고 있다.
③ 불교의 윤회 사상을 바탕으로 시상(詩想)을 전개하고 있다.
④ '인간의 유한성'을 깨닫고 삶에 대한 체념적인 태도를 보이고 있다.

해설
이 시의 화자는 죽은 누이를 '미타찰'에서 다시 만날 수 있다고 보고 있으므로 '삶에 대한 체념적인 태도'를 나타낸다고 볼 수는 없다.

정답 ④

02 ㉠에 대한 설명으로 적절하지 않은 것은?

① 낙구의 첫 어절로 4구체, 8구체 향가에도 두루 나타나는 향가의 특징이다.
② 화자의 감정이 집약적으로 표출되기 시작하는 부분이다.
③ 감탄사를 통해 시상의 전환을 알리는 역할을 하고 있다.
④ 작품의 전체적인 마무리를 시도하는 표지와 같은 기능을 한다.

해설
㉠은 낙구의 첫 어절로 10구체 향가에 나타나는 특징이다.

정답 ①

감상

이 작품은 승려가 지었음에도 불구하고, 그 내용이 유교적인 이상 정치에 대해 노래했다는 점이 독특하다고 할 수 있다. 이 작품이 쓰일 당시에는 각종 천재지변이 민생(民生)을 위협했을 뿐만 아니라, 신하의 도전으로 왕권이 위협받는 등 정치적으로도 위기 상황이었다. 그래서 경덕왕은 충담사로 하여금 향가를 짓도록 하여 위기에서 벗어나고자 하였다. 따라서 예술성보다는 교훈성이 강한 작품이 되었다.

표현상 특징

〈안민가〉를 포함하여 10구체 향가는 보통 1~4구, 5~8구, 9~10구의 4·4·2구로 나눌 수 있다. 〈안민가〉의 특징 중 하나는 이 세 부분에 유사한 통사 구조가 반복되고 있다는 것이다. 세 부분 모두 가정법을 사용하여 '~하면 ~할 것이다'라는 구조를 띠고 있다. 이런 구조를 통해 임금, 신하, 백성의 본분이 무엇인지를 강조한다.

기출 확인

〈안민가〉와 같은 형식의 향가 작품이 아닌 것은? 2018 서울시 7급

① 원왕생가 ② 처용가
③ 찬기파랑가 ④ 혜성가

해설

충담사의 〈안민가(安民歌)〉는 소박한 비유를 통해 치국안민(治國安民)의 도(道)와 이상을 읊은 유교적 성격의 10구체 향가이다. ①, ③, ④는 모두 10구체 향가로 이 시가와 형식이 같지만, ② 처용의 〈처용가〉는 8구체 향가라는 점에서 다르다.

정답 ②

7 안민가

핵심정리

연대	신라 경덕왕 때	작자	충담사(忠談師). 신라의 승려
갈래	10구체 향가	성격	교훈적, 유교적, 설득적
표현	① 임금, 신하, 백성을 가족 관계에 비유함. ② 논리적이며 직설적인 어법을 써서 주제를 직설적으로 제시함.		
주제	나라를 다스리는 올바른 방책. 치국안민(治國安民)		
사상	충의(忠義)와 애민(愛民) 사상[유교적]		
의의	향가로서는 유일하게 유교적인 성격을 띰. 목적성과 교훈성이 강함.		

군(君)은 어비여	'임금은 아버지요
신(臣)은 ᄃᆞᅀᆞ샬 어ᅀᅵ여	신하는 사랑하시는 어머니요
민(民)ᄋᆞᆫ 얼ᄒᆞᆫ 아ᄒᆡ고 ᄒᆞ샬디	백성은 어린 아이로다!' 하신다면
민(民)이 ᄃᆞᅀᆞᆯ 알고다.	백성이 사랑을 알 것입니다.
	➥ 1~4행(기): 가족 관계에 비유된 군, 신, 민의 관계
구믈ㅅ다히 살손 물생	꾸물거리며 사는 중생들
이흘 머기 다ᄉᆞ라	이들을 먹여서 다스려라.
이 ᄯᅡᄒᆞᆯ ᄇᆞ리곡 어듸 갈뎌 ᄒᆞᆯ디	'이 땅을 버리고 어디로 갈까?' 한다면
나라악 디니디 알고다.	나라 안이 유지될 줄 알 것입니다.
	➥ 5~8행(서): 민본주의를 실천하는 근본 원리
아으, 군다이 신다이 민다이 ᄒᆞᄂᆞᆯ둔	아, 임금답게, 신하답게, 백성답게 한다면
나라악 태평(太平)ᄒᆞ니잇다. 주제의 직접적 제시	나라 안이 태평할 것입니다.
	➥ 9~10행(결): 군, 신, 민의 바른 자세

감상

이 노래에서 서정적 자아가 그리는 대상은 아미타불이다. 차안(此岸)에서 피안(彼岸)의 서방정토의 아미타불을 희구하고 있다. 그런데 달은 차안과 피안을 오고 갈 수 있는 불법(佛法)의 사자이다. 그리하여 시적 자아는 가슴 깊은 신앙심이 아미타불에게 전하여지기를 달에게 빌고 있다. 즉 달을 통해 서정적 자아의 불교적 신앙심을 형상화한 것이다.

★ 극락왕생[極樂往生]

'왕생'이란 불교에서 사람이 죽은 뒤 다른 세상에서 태어나는 것을 말한다. 이는 서방 극락세계에서 다시 태어날 것을 바라는 극락왕생, 시방세계의 불국토에 태어나기를 바라는 시방왕생[十方往生], 미륵보살이 있는 도솔천에서 태어나기를 바라는 도솔(兜率)왕생으로 나뉜다. 극락왕생은 아미타불의 서방 정토에 태어날 것을 추구하는 정토 사상을 제시하는데 대승 불교에서는 중생의 구제 수단으로 이 사상을 널리 설법했다.

8 원왕생가

핵심정리

연대	문무왕 때(661~681)	작가	광덕
갈래	10구체 향가	성격	기원가(祈願歌), 불교 신앙의 노래
표현	비유법, 상징법, 설의법	주제	아미타불에게 귀의하고자 하는 간절한 소망
의의	① 아미타 신앙을 바탕으로 하여 서방 정토에의 왕생을 염원한 서정 가요 ② 의식적인 격식을 갖추고 있는 기원가(祈願歌)		

ᄃᆞᆯ하 이데 / 西方(서방)ᄭᆞ장 가샤리고.	달님이시여, 이제 / 서방 정토까지 가시려는가.
無量壽佛(무량수불) 前(전)에	(가시거든) 무량수불 앞에
닏곰다가 ᄉᆞᆲ고샤셔.	일러 사뢰옵소서. ➥ 1~4구: 달님에게 기원(간접 청원)
다딤 기프샨 尊(존)어히 울워러	맹세 깊으신 부처님께 우러러
두 손 모도호ᄉᆞᆯᄫᅡ	두 손을 모아
願往生(원왕생) 願往生(원왕생)★	왕생을 원하여 왕생을 원하여
그릴 사ᄅᆞᆷ 잇다 ᄉᆞᆲ고샤셔.	그리워하는 사람 있다고 사뢰옵소서.
	➥ 5~8구: 극락왕생에 대한 염원(직접 청원)
아으 이몸 기텨 두고	아, 이 몸 남겨 두고
四十八大願(사십팔대원) 일고샬까.	마흔 여덟 가지 큰 소원을 이루실까.
	➥ 9~10구: 소원 미성취에 대한 염려

4절 한문학·한시(漢詩)

1 삼국 시대의 한시

1. 작품

제목	작자	성격	형식	주제	비고
〈여수장우중문시〉	을지문덕	풍자적	5언 고시	적장에 대한 조롱, 적장의 오판 유도	현전하는 우리나라 최고(最古)의 한시 ※ 출전: 《삼국사기》
〈제가야산독서당〉	최치원	상징적	7언 절구	산 속에 은둔하고 싶은 심경	최치원의 대표적 한시 ※ 출전: 《동문선》
〈추야우중〉	최치원	애상적	5언 절구	뜻을 펴지 못한 지성인의 고뇌와 고국에 대한 그리움	※ 출전: 《동문선》
〈야청도의성〉	양태사	서정적	7언 배율	타국에서 가을 달밤에 고국을 그리워함.	발해국 문왕 23년(759) 발해의 시인이 남긴 작품 중에서 가장 장편이고 정감이 특히 풍부함.
〈치당태평송〉	진덕 여왕	외교적	5언 절구	당 태종에게 바친 외교시	

작품의 실제 한문학·한시

1 여수장우중문시(與隋將于仲文詩) | 을지문덕

핵심정리

▮작자	을지문덕	▮성격	풍자적
▮형식	오언 고시	▮표현	대구법, 억양법, 반어법
▮주제	적장 우중문에 대한 조롱과 적장의 오판 유도		
▮의의	현존하는 우리나라 최고(最古)의 한시		

神策究天文(신책구천문)	그대의 신기한 책략은 하늘의 이치를 다했고	➥ 기: 신기한 계책 칭찬
妙算窮地理(묘산궁지리)	오묘한 계산은 땅의 이치를 꿰뚫었도다.	➥ 승: 오묘한 꾀 칭찬
戰勝功既高(전승공기고)	그대 전쟁에 이겨 이미★ 공이 높으니	➥ 전: 전쟁의 공 칭찬
知足願云止(지족원운지)	만족함을 알고 그만두기를 바라노라.	➥ 결: 군대 철수 요구

한자풀이

- 책(策): 꾀, 계략
- 구(究): 다하다
- 묘(妙): 묘하다
- 산(算): 꾀
- 궁(窮): 다하다
- 기(既): 이미
- 운(云): 말하다
- 지(止): 그치다
- 神策(신책): 신기하고 기묘한 책략
- 究天文(구천문): 천문을 궁구함. 하늘의 운수를 꿰뚫어 앎.
- 妙算(묘산): 기묘한 헤아림과 꾀
- 窮地理(궁지리): 지리를 통달함.
- 功既高(공기고): 공이 이미 높음.
- 知足(지족): 만족함을 앎.
- 願云止(원운지): 그친다고 말하기를 원함.

감상

을지문덕 장군이 살수에서 적군을 대파할 당시 적장 우중문에게 보낸 한시로, 적장에 대한 거짓 찬양과 우롱을 통해 고구려 장수의 기개를 보여 주고 있다.

★ '이미[既]'에 담긴 의미

전구에서는 적장이 싸움에 이겨 공이 높다는 것을 칭찬하지만 사실은 조롱의 의미가 담겨 있다. 공이 '이미' 높다고 했지만 더 이상 승리하여 공을 세우는 것이 불가능하다는 것을 의미한다. 그동안 세운 적장의 공은 을지문덕의 거짓 패배 작전으로 만들어진 것이다. 그러므로 그 공이 높다는 것은 반어적 표현이다.

Quiz

이 시에 대한 설명으로 옳은 것은?

① 상대의 전략을 높이 평가하고 있다.
② 우리 민족의 기개와 기상이 나타나 있다.
③ 서사에서 서정 시가로 넘어가는 과도기적 형태다.
④ 역설적 기교로 높은 문학성을 얻고 있다.

정답 ②

2 추야우중(秋夜雨中) | 최치원

핵심정리

▮연대	신라 말	▮작자	최치원
▮갈래	한시, 오언 절구	▮성격	독백적, 애상적, 서정적

- ▮형식(압운) 음(吟), 음(音), 심(心)
- ▮표현 대조, 대구법['가을 바람'과 '세상', '삼경(三更)'과 '만리(萬里)'], 의인법
- ▮제재 가을, 밤비
- ▮주제 자신의 뜻을 펴지 못하는 고뇌와 외로움, 고향에 대한 그리움
- ▮특징 ① 객관적 상관물을 통해 감정을 형상화
  ② 대구의 구조로 이루어짐.
- ▮구성 ① 기: 외로움을 달래기 위해 시를 읊음, 시적 동기를 밝힘.
  ② 승: 자신을 알아주지 않는 세상에 대한 탄식과 고뇌
  ③ 전: 빗소리에 깊어지는 고독한 심회
  ④ 결: 등불 앞에 잠 못 이루며 느끼는 고독과 비애

秋風唯苦吟(추풍유고음)	가을 바람에 오직 괴로이 읊조리나니,
世路少知音(세로소지음)	세상에 나를 알아주는 이가 없구나.
窓外三更雨(창외삼경우)	창밖에는 밤 깊도록 비가 내리는데,
燈前萬里心(등전만리심)	등불 앞의 마음은 만 리 밖을 달리네. 세상과 등졌으나 세상일에 초연할 수 없는 번민

감상

당나라에서 유학 중이던 화자가 고향(고국)에 대한 그리움과 지식인으로서의 고뇌를 자연물(바람, 비)을 통해 읊은 한시이다.

Quiz

이 시를 읽고 나올 수 있는 반응으로 적절하지 않은 것은?

① 난세에 대한 지식인의 고뇌가 반영되어 있다.
② 현실적 고뇌를 자연을 통해 극복하고자 하고 있다.
③ 이 시에는 시인의 고통이 깃들어 있다.
④ 자신을 알아주는 사람이 없을 때는 비애를 느낄 수 있다.

해설
자연은 오히려 현실적 고뇌를 심화시켜 주는 대상으로 제시되어 있다.

정답 ②

3 제가야산독서당(題伽倻山讀書堂) | 최치원

핵심정리

- 연대: 신라 말기
- 작자: 최치원
- 갈래: 칠언 절구
- 성격: 서정시
- 주제: 산중에 은둔하고 싶은 심정
- 출전: 《동문선》 제 19권
- 특징: ① '물'의 이미지를 사용하여 시상을 전개함.
  ② 자연의 물소리와 세상의 소리를 대조하여 주제를 형상화함.
- 구성: 기승전결의 4단 구성
  ① 기: 산골을 흐르는 시냇물의 소리를 강도 높게 표현함.
  ② 승: 물소리가 인간의 소리를 막는다고 함.
  ③ 전: 시비를 일삼는 세상의 소리를 멀리 하려는 심적 태도를 표현
  ④ 결: 세상과 단절하고자 함이 자신의 의지임을 밝힘.

狂奔疊石吼重巒(광분첩석후중만)	첩첩 바위 사이를 미친 듯 달려 겹겹 봉우리 울리니,
人語難分咫尺間(인어난분지척간)	지척에서 하는 말소리도 분간키 어려워라.
常恐是非聲到耳(상공시비성도이)	늘 시비하는 소리 귀에 들릴세라.
故敎流水盡籠山(고교류수진롱산)	짐짓 흐르는 물로 온 산을 둘러버렸다네. 세상과 격리되어 은둔하고자 함.

한자풀이

- 奔(분): 달리다
- 疊(첩): 포개다
- 吼(후): 울다
- 巒(만): 산봉우리
- 咫(지): 짧은 거리
- 恐(공): 두렵다
- 盡(진): 다하다. 온
- 籠(롱): 감싸다
- 狂奔疊石(광분첩석): 첩첩의 바위를 미친 듯이 달림.
- 吼重巒(후중만): 겹겹의 봉우리를 울림.
- 人語難分(인어난분): 사람의 말소리를 분간하기 어려움.
- 咫尺間(지척간): 매우 가까운 거리
- 常恐(상공): 항상 두려워함. 행여 ~할까 늘 마음을 씀.
- 是非聲到耳(시비성도이): 시비를 따지는 소리가 귀에 들리다.
- 故(고): 짐짓(일부러)
- 敎流水(교류수): 흐르는 물로 하여금 ~하게 하다.
- 盡籠山(진롱산): 온 산을 감싸다.

감상

거센 물소리가 계곡에 가득 차 있어 아무것도 들리지 않는 세속과 떨어진 은둔의 장소에서 시적 화자는 혹시라도 세상의 소식을 접할까 걱정을 하여 온 산을 흐르는 물로 덮게 하겠다고 한다. 세상과 담을 쌓아 버림으로써 당시 급박하게 전개되었던 신라 사회의 현실을 외면하고 은둔하고자 했던 화자의 마음을 노래하고 있다.

기출 확인

다음 시의 주된 정조를 가장 잘 나타내는 것은? 2021 군무원 9급

> 神策究天文 / 妙算窮地理
> 戰勝功旣高 / 知足願云止
> — 乙支文德, 〈與隋將于仲文〉

① 悠悠自適 ② 戀戀不忘 ③ 得意滿面 ④ 山紫水明

해설 표면적으로는 을지문덕이 패배를 스스로 인정하고 우중문의 지혜와 계책을 칭찬하고 있지만, 그 이면에는 상대방을 조롱하는 내용이 포함되어 있다. '일이 뜻대로 이루어져 기쁜 표정이 얼굴에 가득함.'의 뜻을 가진 ' 득의만면(得意滿面: 얻을 득, 뜻 의, 가득 찰 만, 낯 면)'이 가장 어울린다.

오답 ① 유유자적(悠悠自適: 멀 유, 멀 유, 스스로 자, 갈 적): 속세를 떠나 아무 속박 없이 조용하고 편안하게 삶.
② 연연불망(戀戀不忘: 사모할 연(련), 사모할 연(련), 아닐 불, 잊을 망): 그리워서 잊지 못함.
④ 산자수명(山紫水明: 산 산, 자줏빛 자, 물 수, 밝을 명): 산은 자줏빛이고 물은 맑다는 뜻으로, 경치가 아름다움을 이르는 말

정답 ③

4 화왕계(花王戒) | 설총

핵심정리

- **연대** 신라 신문왕(神文王: 681~693) 때
- **작자** 설총(薛聰)
- **성격** 우언적(寓言的 - 인격화한 동식물이나 기타 사물을 주인공으로 하여 그들의 행동 속에 풍자와 교훈의 뜻을 나타낸 이야기), 풍자적(諷刺的)
- **제재** 꽃
- **주제** 임금에 대한 경계(또는 간언)
- **내용** 꽃을 의인화하여 임금에게 충고한 풍자적 이야기
- **구성** '도입 - 전개 - 절정 - 결말'의 소설적 구성
  ① 도입: 화왕의 내력, 탐스러운 영기와 오묘한 향기를 풍겨 온갖 꽃들이 따름.
  ② 전개: 장미와 백두옹의 간청, 충신 백두옹과 간신 장미의 간청 → 두 신하의 대조
  ③ 위기: 화왕의 갈등(화왕의 망설임)
  ④ 절정·결말: 화왕의 깨우침, 임금에 대한 우의(寓意)적 경계
- **특징** ① 인물의 갈등 상황을 설정하여 흥미를 유발함.
  ② 고사(古事)를 인용하여 교훈적 의도를 효과적으로 드러냄.
- **출전** 《삼국사기(三國史記)》 〈열전(列傳)〉

화왕(花王)께서 처음 이 세상에 나왔을 때, 향기로운 동산에 심고, 푸른 휘장으로 둘러싸 보호하였는데, 삼춘가절(三春佳節)을 맞아 예쁜 꽃을 피우니, 온갖 꽃보다 빼어나게 아름다웠다. 멀고 가까운 곳에서 여러 꽃들이 다투어 화왕(花王)을 뵈러 왔다. 깊고 그윽한 골짜기의 맑은 정기를 타고 난 탐스러운 꽃들이 다투어 모여 왔다.

- 화왕(花王): 꽃 중의 왕이라 하여 모란을 이르는 말
- 삼춘가절(三春佳節): 봄 석 달 중의 가장 좋은 때, 즉 음력 3월

문득 한 가인(佳人)이 앞으로 나왔다. 붉은 얼굴에 옥 같은 이와 신선하고 탐스러운 감색 나들이옷을 입고 아장거리는 무희(舞姬)처럼 얌전하게 화왕에게 아뢰었다.

- 가인(佳人): 아름다운 여인
- 무희(舞姬): 춤추는 여인

"〈이 몸은 백설의 모래사장을 밟고, 거울같이 맑은 바다를 바라보며 자라났습니다. 봄비가 내릴 때는 목욕하여 몸의 먼지를 씻었고, 상쾌하고 맑은 바람 속에 유유자적(悠悠自適)하면서 지냈습니다.〉

- 〈 〉: 세파에 물들지 않고 곱게 자랐음. 뒤의 '백두옹'과 대조되는 속성
- 유유자적(悠悠自適): 속세를 떠나 아무것에도 속박되지 않고 자기 하고 싶은 대로 조용하고 편안히 생활함.

이름은 ㉠ 장미라 합니다. 임금님의 높으신 덕을 듣고, 꽃다운 침소에 그윽한 향기를 더하여 모시고자 찾아왔습니다. 임금님께서 이 몸을 받아 주실는지요?"

이때 〈베옷을 입고, 허리에는 가죽띠를 두르고, 손에는 지팡이, 머리는 흰 백발을 한 장부 하나가 둔중한 걸음〉으로 나와 공손히 허리를 굽히며 말했다.

- 〈 〉: 검소한 옷차림, 연륜을 쌓은 원숙한 나이, 인품의 우회적 표현 → 임금에게 충간할 만한 인물임.

"이 몸은 서울 밖 한길 옆에 사는 ㉡ 백두옹(白頭翁)입니다. 아래로는 창망한 들판을 내려다보고, 위로는 우뚝 솟은 산 경지에 의지하고 있습니다. 가만히 보옵건대, 좌우에서 보살피는 신하는 고량(膏粱)과 향기로운 차와 술로 수라상을 받들어 임금님의 식성을 흡족하게 하고, 정신을 맑게 해드리고 있사옵니다. 또, 고리짝에 저장해 둔 양약으로 임금님의 원기를 돕고, 금석의 극약으로써 임금님의 몸에 있는 독(毒)을 제거해 줄 것입니다. 그래서 이르기를 〈'비록 사마(絲麻)가 있어도 군자 된 자는 관괴(菅蒯)라고 해서 버리는 일이 없고, 부족에 대비하지 않음이 없다.'〉고 하였습니다. 임금님께서도 이러한 뜻을 가지고 계신지 모르겠습니다."

- 백두옹(白頭翁): 할미꽃, 머리가 센 노인
- 고량(膏粱): 고량진미(膏粱珍味). 기름진 고기와 맛있는 음식
- 양약: 매우 효험이 있는 약
- 사마(絲麻): 명주실과 삼실. 아름답고 부드러운 것
- 관괴(菅蒯): 띠풀과 왕골. 거친 것
- 〈 〉: 유비무환(有備無患)

감상

꽃의 나라를 다스리는 화왕 모란은 자기를 찾아오는 많은 꽃 중에서 아첨하는 장미를 사랑하였다가 뒤에 할미꽃 백두옹(白頭翁)의 충직한 모습에 갈등을 일으키고 결국 간곡한 충언에 감동하여 정직한 도리(道理)를 숭상하게 된다는 내용이다.

의의

- 설총의 유일한 유문(遺文)으로 우리나라 최초의 창작 설화
- 이 설화의 가전적(假傳的) 요소가 고려 시대 가전체에 영향을 주었고, 조선 중기 화사(花史)와 같은 작품의 선구적 역할을 함.
- 구토 설화(龜兎說話)와 함께 의인체 설화의 효시
- 목적 문학

줄거리

옛날 화왕(花王)께서 이 세상에 나와 온갖 꽃을 피웠는데 다른 어떤 꽃보다 아름다웠다. 이를 본 많은 꽃들이 화왕을 보러 오고 장미와 할미꽃[白頭翁]이 찾아와 각기 자신을 써 달라고 청했다. 장미는 미모와 요염함을 내세워 임금을 곁에서 모시겠다고 청했고, 할미꽃은 서울 밖의 큰 길 옆에 살면서 호연지기를 키워 왔음을 내세웠다. 할미꽃은 화왕이 비록 부족한 것이 없으나 좋은 약으로 원기를 보충하고 극약으로 독을 제거하는 것도 필요함을 역설하여, 자신의 역할이 바로 약과 같은 것임을 암시했다. 그럼에도 화왕이 장미에게 기울어지자, 할미꽃은 고래로 왕이 정직한 사람을 가까이하고 요망한 무리를 멀리한 예가 드물다고 항변하니 결국 화왕이 잘못을 시인하고 할미꽃을 받아들인다.

Quiz

이 글의 성격으로 보기에 적절하지 않은 것은?

① 인물의 행동을 풍자하고 있다.
② 전기적(傳奇的) 특징을 지닌다.
③ 대상을 의인화(擬人化)하고 있다.
④ 삶의 태도에 대한 교훈성을 우의적으로 보여 준다.

해설

신이한 현상과 연관된 전기적 특성이 드러나고 있지는 않다.
* 전기적(傳奇的): 기이하여 세상에 전할 만한. 또는 그런 것

정답 ②

한 신하가 화왕께 아뢰기를,

"두 사람이 왔는데, 임금님께서는 누구를 취하고 누구를 버리시겠습니까?"
양자택일(兩者擇一), 이자선일(二者選一)

화왕께서는 이렇게 대답하였다.

"장부의 말도 도리가 있기는 하나, 그러나 가인(佳人)을 얻기 어려우니 이를 어찌할꼬?"

그러자 장부가 앞으로 나와 말하였다.

"제가 온 것은 임금님의 총명이 모든 사리를 잘 판단한다고 들었기 때문입니다. 그러나 지금 뵈오니 그렇지 않으십니다. 무릇 임금 된 자로서 간사하고 아첨하는 자를 가까이 하지 않고, 정직한 자를 멀리 하지 않는 이는 드뭅니다. 그래서 ㉢ 맹자(孟子)는 불우한 가운데 일생을 마쳤고, ㉣ 풍당(馮唐)은 낭관(郎官)으로 파묻혀 머리가 백발이 되었습니다. 예로부터 이러하오니 저인들 어찌하겠습니까?"

교언영색(巧言令色)

어진 인재였으나 벼슬이 낭관에 그친 한(漢)나라 안릉 사람

화왕은 마침내 다음의 말을 되풀이하였다.

"내가 잘못했다. 잘못했다."
화왕(花王)이 외관에 눈이 어두워 본질을 보지 못하고 충신을 몰라본 자신의 행동을 뉘우침.

이에 왕이 심각한 표정을 지으며 이르기를,
신문왕

"그대의 우언(寓言)에 정말 깊은 의미가 있으니 글로 써서 왕자(王者)의 계감(戒鑑)으로 삼게 하기 바라오."
우화 / 경계

하고, 총을 발탁(拔擢)하여 높은 관직에 임명하였다.
설총 / 여러 사람 가운데서 쓸 사람을 가려 뽑음.

Quiz

01 이 작품을 읽고 난 반응으로 가장 적절한 것은?

① 결자해지(結者解之)
② 등고자비(登高自卑)
③ 타산지석(他山之石)
④ 양약고구(良藥苦口)

02 '장미'의 태도에 대한 설명으로 가장 적절한 것은?

① 주위 사람들 아랑곳하지 않고 자기 멋대로 행동해.
② 듣기 좋은 말로 임금의 관심을 끌려 하고 있어.
③ 이런저런 이유를 들어 자기 합리화를 하고 있어.
④ 상대의 감정에 인간적으로 호소하여 선처를 구하고 있어.

03 ㉠~㉣ 중, 의미하는 바가 다른 하나는?

① ㉠ ② ㉡ ③ ㉢ ④ ㉣

01

해설

이 글은 외관에 눈이 어두워 본질을 보지 못하는 왕에게 충고하는 내용이다. 즉 아첨하는 사람보다는 바른 말을 하는 충신을 가까이하라는 교훈을 담고 있다.

양약고구(良藥苦口: 어질 양(량), 약 약, 괴로울 고, 입 구): 좋은 약은 입에 쓰다는 뜻으로, 충언은 귀에 거슬리나 자신에게 이로움을 이르는 말

오답

① 결자해지(結者解之: 맺을 결, 놈 자, 풀 해, 갈 지): 맺은 사람이 풀어야 한다는 뜻으로, 자기가 저지른 일은 자기가 해결하여야 함을 이르는 말
② 등고자비(登高自卑: 오를 등, 높을 고, 스스로 자, 낮을 비): 1) 높은 곳에 오르려면 낮은 곳에서 부터 오른다는 뜻으로, 일을 순서대로 하여야 함을 이르는 말. 2) 지위가 높아질수록 자신을 낮춤을 이르는 말
③ 타산지석(他山之石: 다를 타, 뫼 산, 갈 지, 돌 석): 다른 산의 나쁜 돌이라도 자신의 산의 옥돌을 가는 데에 쓸 수 있다는 뜻으로, 본이 되지 않은 남의 말이나 행동도 자신의 지식과 인격을 수양하는 데에 도움이 될 수 있음을 비유적으로 이르는 말

정답 ④

02

해설

장미는 말을 듣기 좋게 꾸미고 얼굴빛을 좋게 만듦으로써 임금의 환심을 사려 하고 있다.

정답 ②

03

해설

㉡~㉣은 임금이 등용해야 될, 임금에게 충언하기를 서슴지 않는 정직한 충신 혹은 인재들을 나타낸다. 이에 반해 ㉠은 임금 앞에서 아첨하는 간신의 표본으로 임금이 경계해야 할 대상이다.

정답 ①

CHAPTER

02 고려 시대의 문학

1절 고려 가요(속요)

1 개관

1. 개념 및 특징

① 민간에서 구비 전승되다가 고려 말기에 궁중으로 유입되어 불린 노래이다.

② 3음보, 분연체, 후렴구

③ 민간의 노래가 속악정재를 거쳐 궁중에 유입된 것이다.

2 주요 작품

작품명	형식	내용	비고
〈동동(動動)〉	전 13연, 분절체	남녀 간의 애정	월령체(달거리) 문학의 효시 가사가 〈농가월령가〉에 이어짐.
〈처용가(處容歌)〉	비연시	향가 〈처용가〉 부연, 축사(逐邪)	희곡적으로 구성됨.
〈청산별곡(靑山別曲)〉	전 8연, 분절체	삶의 고뇌와 비애	《시용향악보》에 1연만 수록
〈가시리(歸乎曲)〉	전 4연, 분절체	연인과의 이별에 대한 안타까움	**악곡명**: '귀호곡(歸乎曲)' → 《시용향악보》
〈서경별곡(西京別曲)〉	전 3연, 분절체	남녀 간 이별의 정한 (대동강 배경)	이별을 직설적으로 표현
〈정석가(鄭石歌)〉	전 6연, 분절체	임의 만수무강 축원	불가능한 상황 설정 부전가요 〈오관산곡〉과 관련됨.
〈사모곡(思母曲)〉	비연시	부모의 사랑(낫과 호미에 비유)	**곡조명**: '엇노리' → 《시용향악보》
〈쌍화점(雙花店)〉	전 4연	유녀(遊女)의 노래	남녀상열지사
〈이상곡(履霜曲)〉	전 5연	인간의 유한성을 전제로 한 남녀 간의 애정	남녀상열지사
〈만전춘(滿殿春)〉	전 5연	남녀 간의 애정	남녀상열지사
〈유구곡(維鳩曲)〉	비연시	비둘기보다 뻐꾸기를 더 좋아함. 신하들의 올바른 소리(충언) 희구(希求)	〈벌곡조〉와 관련됨.
〈상저가(相杵歌)〉	비연시	방아를 찧으면서 부르는 노동요	백결 선생의 〈대악(碓樂)〉의 후신
〈정과정곡(鄭瓜亭曲)〉	비연시	오랫동안 귀양살이에서 풀려나지 못하는 억울한 심정과 연군의 정	10구체 향가의 잔영 고려 의종 때 정서가 지음.
〈도이장가(悼二將歌)〉	8구체, 2연	개국 공신 김낙과 신숭겸 두 장군의 공덕에 대한 예종의 찬양	향찰 표기 8구체 향가의 잔영

★ 고려 가요의 내용과 주제

내용과 주제	작품
이별(離別)	〈서경별곡〉, 〈가시리〉
연모(戀慕)	〈동동〉, 〈정과정〉
사친(事親)	〈사모곡〉, 〈상저가〉
지조(志操)	〈정석가〉
주술(呪術)	〈처용가〉 (고려 시대)
무상감 (無常感)	〈청산별곡〉 (현실 도피로 볼 때)
남녀상열지사 (男女相悅之詞)	〈쌍화점〉, 〈만전춘〉, 〈이상곡〉

작품의 실제 고려 가요

1 정과정(鄭瓜亭) | 정서

핵심정리

갈래	향가계 여요
성격	연군가, 유배 문학
형식	3단 구성
주제	충절, 연군지정(戀君之情)
작자	정서(鄭敍, 생존 연대 미상). 호는 과정(瓜亭) - 인종의 매제로 벼슬은 내시낭중에 이르렀으나 참소로 귀양, 의종으로부터 곧 소명을 내리겠다는 약속을 받고 20년을 기다렸으나 소식이 없었음.
출전	《악학궤범》

前腔 내 님믈 그리ᅀᆞ와 우니다니	내가 임(임금)을 그리워하여 울고 지내니
中腔 山(산) 졉동새 난 이슷ᄒᆞ요이다.	산에서 우는 소쩍새와 나는 비슷합니다.
後腔 아니시며 거츠르신 ᄃᆞᆯ 아으	(저에 대한 혐의가 사실이) 아니며 거짓인 줄을
附葉 殘月曉星(잔월효성)이 아ᄅᆞ시리이다.	새벽녘의 달과 별(천지신명)이 알 것입니다. ➥ 자연물에 빗댄 자신의 처지와 결백(기)
大葉 넉시라도 님은 ᄒᆞᆫᄃᆡ 녀져라 아으	넋이라도 임과 함께 살아가고 싶어라.
附葉 벼기더시니 뉘러시니잇가.	(저를) 헐뜯은 사람이 누구였습니까?
二葉 過(과)도 허믈도 千萬(천만) 업소이다.	저는 결코 아무런 잘못도 없습니다.
三葉 ᄆᆞᆯ힛마리신뎌	그것은 뭇사람의 참언이었습니다.
四葉 ᄉᆞᆯ웃븐뎌 아으	슬프도다
附葉 니미 나ᄅᆞᆯ ᄒᆞ마 니ᄌᆞ시니잇가.	임께서 저를 벌써 잊으셨습니까? ➥ 결백의 직접적 진술(서)
五葉 아소 님하, 도람 드르샤 괴오쇼셔.	마소서 임이시여, 마음을 돌이켜 다시 사랑해 주소서. ➥ 임에 대한 간절한 애원(결)

감상

여성 화자를 설정해 임금에 대한 충절을 임과 이별한 여성의 사랑에 빗대어 노래하고 있다. 이는 정철의 〈사미인곡〉, 〈속미인곡〉에 계승되었다.

의의

- 10구체 향가의 전통을 잇고 있는 3단 구성의 가요
- 충신연주지사의 원류
- 유배 문학의 원류(정철의 가사 작품에 영향을 줌.)
- 신충의 〈원가(怨歌)〉와 내용 면에서 통함.

형식상 특징

이 작품은 향찰로 표기되어 전해지는 '향가'는 아니지만 형식 면에서 볼 때, 10구체 향가의 전통을 잇고 있으며, 3단 구성이나 '아소 님하'와 같은 여음구는 모두 향가의 영향을 입은 것이다. 그렇지만 형식에서 감탄사의 위치가 바뀌고, 내용상 다소 격조가 떨어지는 등 향가의 형식이 흐트러진 모습을 보인다.

기출 확인

다음 글을 감상한 내용으로 적절하지 않은 것은? 2024 국가직 9급

① 자연물을 통해 화자의 처지를 드러내고 있다.

② 천상의 존재를 통해 화자의 결백함을 나타내고 있다.

③ 설의적 표현을 활용하여 화자의 정서를 부각하고 있다.

④ 큰 숫자를 활용하여 임을 향한 화자의 그리움을 강조하고 있다.

해설

큰 숫자인 '천만(千萬: 일천 천, 일만 만)'을 활용하고 있다고 볼 수는 있다. 그러나 이는 임을 향한 화자의 '그리움'보다는 자신의 '결백'을 강조하기 위한 것이다.

오답

① 자연물 '접동새'를 통해 화자의 처지를 드러내고 있다.
※ '접동새'는 고전 시가에서 흔히 자규, 소쩍새, 귀촉도, 두견새 등과 비슷한 의미를 지닌 것으로, 밤새 우는 소리로 인해 한(恨)과 고독함의 정서를 드러내는 상징물로 쓰인다.

② 천상의 존재인 '잔월효성(殘月曉星)'을 통해 화자의 결백함을 나타내고 있다.
※ 잔월효성(殘月曉星: 쇠잔할 잔, 달 월, 새벽 효, 별 성): 새벽녘의 달과 별

③ '벼기더시니 뉘러시니잇가(우기던 이가 누구입니까)'라는 설의적 표현을 활용하여, 자신의 결백함을 부각하고 있다.

정답 ④

2 도이장가(悼二將歌) | 예종

감상

신숭겸과 김락은 태조 왕건이 견훤과 싸우다가 궁지에 몰렸을 때 왕건을 대신해 죽은 공신이다. 예종이 1120년(예종15) 서경(西京. 오늘날의 평양)에 행차하여 팔관회(八關會)가 열렸을 때, 개국 공신 김락(金樂)과 신숭겸(申崇謙)의 가상희(假像戲, 가면극)를 보고, 두 장군에 대한 추모의 정을 이기지 못하여 지은 노래이다.

핵심정리

- **연대** 1120년(예종 15년)
- **갈래** 향가계 여요
- **작가** 예종(睿宗 1105~1122 재위) - 고려 16대 임금. 유학과 예술을 크게 부흥시켰음. 예종이 지은 국문학 작품으로 〈도이장가(悼二將歌)〉 외에 현전하는 〈유구곡(維鳩曲)〉의 일부라는 견해가 있는 〈벌곡조(伐谷鳥)〉가 있음.
- **주제** 두 장군을 추모(애도)하는 노래
- **의의** 향찰로 표기된 마지막 작품(8구체 향가 형식)

니믈 오ᄋᆞᆯ오ᅀᆞᆯᄫᆞᆫ	임을(돌아가실 고비에서) 완전하게 하신
ᄆᆞᅀᆞᄆᆞᆫ ᄀᆞᆺ하ᄂᆞᆯ 믯곤	(정성스러운) 마음은 하늘 끝까지 미치고
넉시 가샤ᄃᆡ	넋은 가셨으되
사ᄆᆞ샨 벼슬마 또 ᄒᆞ져.	임께서 삼으신(내려주신) 벼슬은 또한 대단하구나.
	➥ 두 공신의 충성심 찬양(서사)
ᄇᆞ라며 아리라.	(지금 팔관회에서의 두 장군의 가면극을) 바라보며 알겠구나.
그 ᄢᅴ 두 功臣(공신)여	그때(역전 고투할 때) 두 공신이여
오라나 고ᄃᆞᆫ	오랜 옛날의 일이나 곧은 자취(충성심)는
자최ᄂᆞᆫ 나토샨뎌.	(오늘까지도) 나타나는구나.
	➥ 두 공신의 충성심 추모(본사)

3 상저가(相杵歌)

특징

- 노동요라는 성격으로 비연시가 아닌 연시(聯詩)일 가능성이 큼. 《시용향악보》에는 모든 노래가 1연만 전함.
- 신라, 백결선생(百結先生)의 〈대악(碓樂)〉과 관련 → 방아 타령의 일종
- '상저'(相杵)는 '여자들이 절구에 둘러 서서 방아를 찧는다.'라는 뜻
- 'ㅿ, ㆁ'의 사용을 통해 임진왜란 이전에 기재되었음을 알 수 있음.
- 낙천적 생활상, 촌부의 소박성, 소박한 정서, 가난 속의 현실, 곤궁한 생활상을 암시

★ 민요적 성격

- 여음구
- 3음보
- 작자 미상
- 서민들의 생활 감정을 진솔하게 표현함.

핵심정리

- **갈래** 고려 속요, 4행의 비연시(非聯詩)
- **성격** 노동요, 민요★, 방아 타령
- **구성** 전후 2단 구성
- **표현** 영탄법, 반복법('히얘, 히야해'의 여음 → 경쾌한 느낌)
- **주제** 촌부의 소박한 효심, 부모를 위하는 촌부의 생활 감정
- **내용** 유교적 효(孝)의 사상을 바탕으로 한 방아 타령
- **의의** ① 구전 가요가 정착한 민간 속요
  ② 촌부의 소박한 생활 감정이 그대로 유로(流露)된 노동요
  ③ 속요 중 유일한 노동요
  ④ 백결의 〈대악〉의 맥을 잇는 방아 노래
- **출전** 《시용향악보》

듥기동 방해나 디히 히얘,	덜커덩 방아나 찧세 히야,
게우즌 바비나 지ᅀᅥ 히얘,	거친 밥이나 지어서 히야,
아바님 어머님ᄭᅴ 받ᄌᆞᆸ고 히야해,	아버님 어머님께 드리옵고 히야해,
남거시든 내 머고리 히야해 히야해.	남거든 내가 먹으리, 히야해 히야해.

4 가시리

핵심정리

- **갈래** 고려 속요
- **운율** 외재율, 3·3·2조 3음보
- **형식** 4연 각 2구의 분연체(分聯體), 한시의 기승전결
- **표현** 반복법의 사용
- **주제** 이별의 정한(情恨)
- **의의** 이별가의 전통

고대 가요 - 〈황조가〉
고려 가요 - 〈가시리〉, 〈서경별곡〉
한시 - 〈송인〉
시조 - 황진이의 시조
현대시 - 〈진달래꽃〉

- **특징** ① 국문학에서 여성 정조의 원류
  ② 〈공무도하가〉와 〈진달래꽃〉을 잇는 작품으로 여성의 한을 노래
- **출전** 《악장가사》, 《시용향악보》에 '귀호곡(歸乎曲)'으로 전함.

가시리 가시리잇고 ㉠<u>나ᄂᆞᆫ</u>	가시렵니까, 가시렵니까
ᄇᆞ리고 가시리잇고 나ᄂᆞᆫ	나를 버리고 가시렵니까?
위 증즐가 大平盛代(대평셩ᄃᆡ)	▶ 원망에 찬 하소연(기)
날러ᄂᆞᆫ 엇디 살라 ᄒᆞ고	나는 어찌 살라고
ᄇᆞ리고 가시리잇고 나ᄂᆞᆫ	버리고 가시렵니까?
위 증즐가 大平盛代(대평셩ᄃᆡ)	▶ 원망의 고조(승)
㉡<u>잡ᄉᆞ와 두어리마ᄂᆞᄂᆞᆫ</u>	(생각 같아서는) 붙잡아 두고 싶지만
㉢<u>선ᄒᆞ면 아니 올셰라</u>	(행여) 서운하면 (다시는) 오지 않을까 두려워
위 증즐가 大平盛代(대평셩ᄃᆡ)	▶ 절제와 체념(전)
㉣<u>셜온 님 보내ᄋᆞᆸ노니</u> 나ᄂᆞᆫ	서러운 임 보내오니
가시ᄂᆞᆫ ᄃᆞᆺ 도셔 오쇼셔 나ᄂᆞᆫ	가자마자 곧 다시 오십시오.
위 증즐가 大平盛代(대평셩ᄃᆡ)	▶ 간절한 소망과 기원(결)

혜원通 이별을 대하는 서정적 자아의 태도 비교

구분	〈가시리〉	〈서경별곡〉	김소월의 〈진달래꽃〉
공통점	· 여성 화자 · 이별의 정한을 노래		
차이점	· 자기희생, 감정의 절제 · 임과의 재회를 기약	· 임과의 이별을 적극적으로 거부 · 임과 함께 있는 행복 강조	· 감정의 절제와 희생 · 사랑을 역설, 반어적으로 표현

감상

간결하고 소박한 함축적 시어로 이별의 감정을 절묘하게 표현하였으며, 자기희생적이고 미래 지향적이다.

기출 확인

01 다음 글에 대한 설명으로 가장 적절하지 않은 것은? 2023 군무원 9급

① 고려 시대에 불리던 노래이다.
② 제목은 〈가시리〉이다.
③ 고려 시대에 누군가 기록해 놓은 것을 찾아내어 다시 한글로 기록하였다.
④ 후렴구는 궁중악으로 불리면서 발생한 것으로 추정된다.

해설
제시된 작품은 고려가요 <가시리>이다. 고려가요는 고려 시대 때는 우리 글자가 없었기 때문에 기록되지 못하고 구전되었다. 조선 시대 때 훈민정음 창제 이후 문자로 정착되기 시작하였다. 따라서 고려 시대에 기록해 둔 것은 다시 한글로 기록하였다는 설명은 적절하지 않다.

정답 ③

02 밑줄 친 ㉠~㉣에 대한 설명으로 가장 적절한 것은? 2023 군무원 9급

① ㉠: '나ᄂᆞᆫ'은 '나는'의 예전 표기이다.
② ㉡: '잡ᄉᆞ아 두어리마ᄂᆞᄂᆞᆫ'의 뜻은 '(음식을) 잡수시고 가게 하고 싶다'는 의미이다.
③ ㉢: '선ᄒᆞ면 아니 올셰라'의 뜻은 '선하게 살면 올 것이다'라는 믿음을 표현한 말이다.
④ ㉣: '셜온 님 보내ᄋᆞᆸ노니'의 뜻은 '서러운 님을 보내드린다'는 의미이다.

해설
'셜온'은 '서러운'이라는 의미이다. 따라서 '서러운 님을 보내드린다'의 의미라는 설명은 적절하다.

오답
① '나ᄂᆞᆫ'은 특별한 의미가 없이 악률을 맞추기 위한 여음이다. 따라서 '나는'의 예전 표기라는 설명은 적절하지 않다.
② '잡ᄉᆞ아'는 '잡다'라는 의미이다. 따라서 '잡수다'로 풀이한 것은 적절하지 않다.
③ '선ᄒᆞ면'은 '서운하면'의 의미이다. 또 '-ㄹ셰라'는 '-할까 두렵다'는 의미이다. 따라서 '서럽게 하면 아니 올까봐 두렵다'로 풀이해야 한다.

정답 ④

Quiz

이 노래의 화자에 대한 설명으로 가장 적절한 것은?

① 이별을 긍정적으로 수용함.
② 자신을 희생하며 감정을 절제함.
③ 자신을 비리고 가는 임을 원망함.
④ 비관적 상황에서 어찌 줄 몰라함.
⑤ 이별을 절망적으로 받아들임.

해설
여성적 화자가 떠나는 임을 잡고 싶지만 자신의 감정을 참고 임을 떠나 보낸다. 감정을 절제하면서 자기희생으로 임을 떠나 보내고 있다.

정답 ②

5 청산별곡

핵심정리

- **갈래** 고려 속요, 고려 가요, 장가
- **형식** ① 전 8연의 분장체. 매 연 4구 3·3·2조의 3음보
  ② '기 – 승 – 전 – 결'의 4단 구성. 혹은 '산 – 바다'의 대칭적 2단 구성
- **표현** ① 'ㄹ' 음의 반복과 'ㅇ' 음의 어울림에서 빚어내는 음악성이 대비되었다.
  ② 반복법과 상징성이 두드러진다.
  ③ 비유적 표현이 돋보인다.
- **주제** 고려 후기 유랑민의 삶의 고뇌와 비애. 지식인의 고뇌와 방황 또는 실연의 애상(哀傷)
- **출전** 《악장가사》, 《악학편고》, 《시용향악보(1연만 전함.)》

원문	현대어 풀이
살어리 살어리랏다. 靑山(청산)애 살어리랏다. 멀위랑 ᄃᆞ래랑 먹고, 靑山(청산)애 살어리랏다. (멀위랑 ᄃᆞ래랑: 쌀과 보리 등의 세속적인 것과 반대되는 개념 ①) 얄리얄리 얄랑셩 얄라리 얄라 (여음구: 아무런 의미 없이 악률을 맞추기 위해 사용한 조흥구)	살겠노라, 살겠노라. 청산에 살겠노라. 머루랑 다래랑 먹고, 청산에 살겠노라. ➥ 청산에의 귀의
우러라 우러라 새여, 자고 니러 우러라 새여. 널라와 시름 한 나도 자고 니러 우니노라. 얄리얄리 얄랑셩 얄라리 얄라	우는구나, 우는구나 새여, 자고 일어나서 우는구나 새여. / 너보다 근심이 많은 나도 자고 일어나서 울고 있노라. ➥ 고독과 비애
가던 새 가던 새 본다. 믈 아래 가던 새 본다. 잉무든 장글란 가지고, 믈 아래 가던 새 본다. 얄리얄리 얄랑셩 얄라리 얄라	날아가던 새(*갈던 사이) 날아가던 새를 본다. 물 아래로 날아가던 새를 본다. 이끼 묻은 쟁기(농기구)를 가지고, 평원 지대로 날아가던 새 보았느냐? ➥ 속세에의 미련과 번민
이링공 뎌링공 ᄒᆞ야 나즈란 디내와손뎌. 오리도 가리도 업슨 바므란 쏘 엇디 호리라. 얄리얄리 얄랑셩 얄라리 얄라	이럭저럭 하여 낮은 지내왔건만을 사람도 갈 사람도 없는 밤은 또 어찌할 것인가. ➥ 고독과 몸부림
어듸라 더디던 돌코, 누리라 마치던 돌코. 믜리도 괴리도 업시 마자셔 우니노라. 얄리얄리 얄랑셩 얄라리 얄라	어디에다 던지던 돌인가? 누구를 맞히려던 돌인가? 미워할 사람도 사랑할 사람도 없이 (그 돌에) 맞아서 울고 있노라. ➥ 생의 체념
살어리 살어리랏다. 바ᄅᆞ래 살어리랏다. ᄂᆞᄆᆞ자기 구조개랑 먹고 바ᄅᆞ래 살어리랏다. (ᄂᆞᄆᆞ자기 구조개랑: 쌀과 보리 등의 세속적인 것과 반대되는 개념 ②) 얄리얄리 얄랑셩 얄라리 얄라	살겠노라, 살겠노라. 바다에 살겠노라. 나문재랑 굴과 조개랑 먹고 바다에 살겠노라. ➥ 새로운 세계 모색(동경)
가다가 가다가 드로라, 에정지 가다가 드로라. 사ᄉᆞ미 짒대예 올아셔 奚琴(히금)을 혀거를 드로라. 얄리얄리 얄랑셩 얄라리 얄라	가다가 가다가 듣노라, 외딴 부엌을 지나다가 듣노라. 사슴이 장대에 올라가서 해금을 켜는 것을 듣노라. ➥ 생의 절박함
가다니 비브른 도긔 설진 강수를 비조라. 조롱곳 누로기 미와 잡ᄉᆞ와니, 내 엇디 ᄒᆞ리잇고. 얄리얄리 얄랑셩 얄라리 얄라	가더니 불룩한 술독에 진한 술을 빚는구나 조롱박꽃 모양의 누룩 냄새가 매워 (나를) 붙잡으니 나는 어찌하리오. ➥ 구원의 길(고뇌의 해소)

감상

오랫동안 구전되다가 훈민정음 창제 이후에 문자로 정착된 이 노래는, 고려 속요 중 〈서경별곡〉, 〈가시리〉와 함께 비유성과 문학성이 뛰어난 작품으로 손꼽혀 왔다. 각 장(연)마다 반복되는 여음구가 음악적인 효과를 거두고 있으며, 시구의 반복을 통한 의미의 강조가 수사적인 장치로 활용되고 있다.

리듬감을 형성하는 요소

- 문장 구조에서 발견되는 리듬감: 'AABA' 구조(민요의 구성 방식)
- 율격에서 발견되는 리듬감: 3·3·2조의 3음보
- 후렴구와 그 외 시구에서 'ㄹ'과 'ㅇ' 음의 지속적인 반복

〈청산별곡〉의 서정적인 자아

- 유랑민(流浪民)

주제	삶의 터전을 잃은 유랑민의 슬픔
성격	몽골의 침략, 척신의 횡포, 무신의 난 등 내우외환에 시달려 청산에 들어가 머루나 다래를 먹고 살아야 했던 민중의 노래

- 실연(失戀)한 사람

주제	실연의 슬픔
성격	실연의 슬픔을 잊기 위해 청산으로 도피하고 싶어 하는 실연한 사람의 노래

- 지식인(知識人)

주제	삶의 고뇌와 비애
성격	무신의 난 이후 무신들을 피해 청산을 찾아 위안을 구하면서도 삶을 집요하게 추구했던 지식인의 노래

후렴구의 기능

- 노래의 흥을 돋우고 운율을 형성한다.
- ㄹ, ㅇ 음의 반복으로 경쾌한 리듬감을 형성한다.
- 각 연마다 반복되어 구조적 안정감과 통일성을 준다.
- 내용과는 상반되지만 고려인의 낙천성을 드러낸다.

6 서경별곡

핵심정리

- **갈래** 고려 속요, 고려 가요
- **성격** 이별의 노래. 직설적, 적극적, 진솔(眞率)
- **형식** 전 3연. 3·3·3조의 정형률
- **표현** 반복법, 설의법, 시적 화자(여인)가 떠나는 임(남자)에게 말을 건네는 회곡적 구조
- **주제** 이별의 정한(情恨)
- **의의** ① 〈청산별곡〉과 함께 창작성과 문학성이 뛰어남.
  ② 〈공무도하가〉, 〈송인〉과 함께 강을 이별의 배경으로 설정

서경(西京)이 아즐가 서경(西京)이 셔울히 마르는	서경이 서경이 서울이지마는
위 두어렁셩 두어렁셩 다링디리	
닷곤ᄃᆡ 아즐가 닷곤ᄃᆡ 쇼셩경 고외마른 (쇼셩경: 소성경(小城京). 서경의 다른 이름)	중수(重修)한 곳인 소성경을 사랑합니다만,
위 두어렁셩 두어렁셩 다링디리	
㉠ 여히므론 아즐가 여히므론 질삼뵈 ᄇᆞ리시고	임과 이별하기보다는 차라리 길쌈하던 베를 버리고서라도
위 두어렁셩 두어렁셩 다링디리	
㉡ 괴시란ᄃᆡ 아즐가 괴시란ᄃᆡ 우러곰 좃니노이다.	저를 사랑해 주신다면 울면서 따라가겠습니다.
위 두어렁셩 두어렁셩 다링디리	➥ 이별의 거부와 연모의 정
구스리 아즐가 구스리 바회예 디신ᄃᆞᆯ	구슬이 바위에 떨어진들
위 두어렁셩 두어렁셩 다링디리	
긴히ᄯᆞᆫ 아즐가 긴히ᄯᆞᆫ ㉢ 그츠리잇가 나ᄂᆞᆫ	끈이야 끊어지겠습니까?
위 두어렁셩 두어렁셩 다링디리	
즈믄 ᄒᆡ를 아즐가 즈믄 ᄒᆡ를 외오곰 녀신ᄃᆞᆯ	임과 떨어져 홀로 천 년을 살아간들
위 두어렁셩 두어렁셩 다링디리	
신(信)잇ᄃᆞᆫ 아즐가 신(信)잇ᄃᆞᆫ 그츠리잇가 나ᄂᆞᆫ	(사랑하는 임을) 믿는 마음이야 끊어지겠습니까?
위 두어렁셩 두어렁셩 다링디리	➥ 변함없는 사랑과 맹세
대동강(大同江) 아즐가 대동강(大同江) 너븐디 몰라셔	대동강이 넓은 줄을 몰라서
위 두어렁셩 두어렁셩 다링디리	
ᄇᆡ 내여 아즐가 ᄇᆡ 내여 노ᄒᆞᆫ다 샤공아	배를 내어 놓았느냐? 사공아.
위 두어렁셩 두어렁셩 다링디리	
네 가시 아즐가 네 가시 럼난디 몰라셔	네 아내가 음탕한 짓을 하는 줄도 모르고
위 두어렁셩 두어렁셩 다링디리	
녈 ᄇᆡ예 아즐가 녈 ᄇᆡ예 ㉣ 연즌다 샤공아	떠나는 배에 내 임을 태웠느냐? 사공아.
위 두어렁셩 두어렁셩 다링디리	
대동강(大同江) 아즐가 대동강(大同江) 건넌편 고즐여 (고즐: (=곶+을) 임이 새로이 좋아하게 될 여인을 비유)	(나의 임은) 대동강 건너편 꽃을
위 두어렁셩 두어렁셩 다링디리	
ᄇᆡ 타 들면 아즐가 ᄇᆡ 타 들면 것고리이다 나ᄂᆞᆫ	배를 타면 꺾을 것입니다.
위 두어렁셩 두어렁셩 다링디리	➥ 사랑에 대한 원망과 임을 믿지 못하는 마음

감상

자기희생과 감정의 절제를 통해서 다시 만날 기약을 하고 있는 〈가시리〉와는 달리 이 작품은 이별을 적극적으로 거부하고 함께 하는 행복과 애정을 강조하고 있다. 특히 제3연에 나타나는 사공과 그의 아내를 노래하는 부분에서는 떠나는 임이 대동강을 건너기만 하면 곧 다른 여인에게 정을 주리라는 것을 알고 있다는 서정적 자아의 목소리를 통해 골계(滑稽)적인 미를 발견할 수 있다.

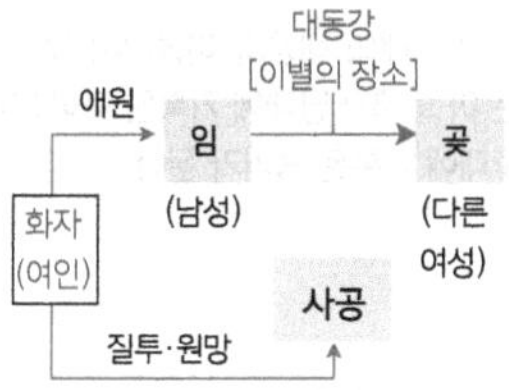

Quiz

01 이 시의 표현상 특징으로 가장 적절한 것은?

① 자연과 인간의 모습을 대비하여 변치 않는 삶의 자세를 강조하고 있다.
② 비현실적인 상황을 나열하여 작품의 환상적인 분위기를 조성하고 있다.
③ 특정 대상에 말을 건네는 방식을 활용하여 시적 화자의 정서를 표출하고 있다.
④ 시적 화자의 의도와 상반된 표현을 활용하여 정서를 제시하고 있다.

해설
이 작품의 17행부터 사공을 대상으로 하여 시적 화자가 말을 건네는 표현 방식을 활용하여 떠나는 임에 대한 원망과 자신을 떠나면 임의 마음이 변할지 모른다는 불안감을 드러내고 있다.

정답 ③

02 ㉠~㉣을 현대어로 잘못 풀이한 것은?

① ㉠: 여의기보다는
② ㉡: 괴로워하신다면
③ ㉢: 끊어지겠습니까
④ ㉣: 태웠느냐

해설
'괴시란ᄃᆡ'는 '사랑하신다면'의 의미를 지닌다.

정답 ②

7 정석가

핵심정리

갈래	고려 가요, 고려 속요, 장가
형식	전 6연. 1연은 3구, 2~6연은 6구, 3음보
표현	과장법, 역설법, 반어법, 열거법, 반복법
내용	태평성대를 구가하고, 남녀 간의 사랑이 무한함을 표현한 노래
주제	① 임에 대한 영원한 연모의 정 ② 영원한 해로를 축원하는 사랑의 충정 ③ 임금의 만수무강 축원
출전	《악장가사》, 《악학편고》, 《시용향악보》

	원문	풀이
가	딩아 돌하 당금(當今)에 계샹이다.	징이여 돌이여 (임금님이) 지금에 계십니다.
	딩아 돌하 당금(當今)에 계샹이다.	태평성대에 노닐고 싶습니다.
	션왕셩디(先王聖代)예 노니ᄋᆞ와지이다.	➥ 태평성대 희구
나	삭삭기 셰몰애 별헤 나ᄂᆞᆫ / 삭삭기 셰몰애 별헤 나ᄂᆞᆫ	바삭바삭 소리가 나는 가는 모래로 된 벼랑에
	구은 밤 닷 되를 심고이다.	구운 밤 다섯 되를 심습니다.
	그 바미 우미 도다 삭나거시아	그 밤이 움이 돋아 싹이 나야만
	그 바미 우미 도다 삭나거시아	덕행이 있으신 우리 임과 이별하고 싶습니다.
	유덕(有德)ᄒᆞ신 님 믈 여히ᄋᆞ와지이다.	➥ 임과의 이별에 대한 거부
다	옥(玉)으로 련(蓮)ㅅ고즐 사교이다.	옥돌로 연꽃을 새깁니다.
	옥(玉)으로 련(蓮)ㅅ고즐 사교이다.	그것을 바위 위에 갖다 붙입니다
	바회 우희 졉듀(接柱)ᄒᆞ요이다.	(접을 붙입니다).
	그 고지 삼동(三同)이 퓌거시아	그 꽃이 세 묶음이 피어야만
	그 고지 삼동(三同)이 퓌거시아	(혹은 한겨울에 피어야만)
	유덕(有德)ᄒᆞ신 님 여히ᄋᆞ와지이다.	덕행이 있으신 우리 임과 이별하고 싶습니다. ➥ 임과의 이별에 대한 거부
라	므쇠로 텰릭을 ᄆᆞᆯ아 나ᄂᆞᆫ / 므쇠로 텰릭을 ᄆᆞᆯ아 나ᄂᆞᆫ	무쇠로 융복(옛 군복의 한 가지)을 재단하여
	텰ᄉᆞ(鐵絲)로 주롬 바고이다.	철사로 주름을 박습니다.
	그 오시 다 헐어시아 / 그 오시 다 헐어시아	그 옷이 완전히 해진 뒤라야만
	유덕(有德)ᄒᆞ신 님 여히ᄋᆞ와지이다.	덕행이 있으신 우리 임과 이별하고 싶습니다. ➥ 임과의 이별에 대한 거부
마	므쇠로 한쇼를 디여다가 / 므쇠로 한쇼를 디여다가	무쇠로 큰 소를 만들어서
	텰슈산(鐵樹山)애 노호이다.	쇠로 된 나무가 있는 산에 갖다 놓습니다.
	그 쇼 텰초(鐵草)를 머거아 / 그 쇼 텰초(鐵草)를 머거아	그 소가 쇠로 된 풀을 먹어야만
	유덕(有德)ᄒᆞ신 님 여히ᄋᆞ와지이다.	덕행이 있으신 우리 임과 이별하고 싶습니다. ➥ 임과의 이별에 대한 거부
바	구스리 바회예 디신ᄃᆞᆯ / 구스리 바회예 디신ᄃᆞᆯ	구슬이 바위에 떨어진들
	긴힛ᄃᆞᆫ 그츠리잇가	(그것을 꿴) 끈이야 끊어지겠습니까?
	즈믄 ᄒᆡ를 외오곰 녀신ᄃᆞᆯ	(마찬가지로 제가 임과 떨어져)
	즈믄 ᄒᆡ를 외오곰 녀신ᄃᆞᆯ	천 년을 산다 한들
	신(信)잇ᄃᆞᆫ 그츠리잇가.	(임에 대한 제) 믿음이야 끊어지겠습니까? ➥ 영원한 사랑의 다짐

감상

작자·연대 미상의 고려 속요인 이 노래의 제목인 '정석(鄭石)'은 이 노래 첫머리에 나오는 '딩아 돌하'의 '딩[鄭]'과 '돌[石]'을 차자(借字)한 것으로서 타악기를 의인화한 것으로 보인다. 서사에서는 태평성대를, 제2연에서 5연까지는 소재만 달리할 뿐 불가능한 것을 가능으로 설정해 놓고 영원한 사랑을 구가하고 있다. 즉 불가능의 전제 조건으로 나에서는 구운 밤, 다에서는 옥련꽃, 라에서는 무쇠 옷, 마는 무쇠 소라는 소재를 등장시켜 놓고 영원히 임과는 헤어질 수 없음을 노래하고 있다.

의의

- 영원무궁한 사랑을 노래한 작품으로 가장 뛰어나다고 평가되며 불가능한 사실을 전제로 한 완곡(婉曲)한 표현법을 살린 작품이다.
- 전체 노래의 내용과 어울리지 않는 1연은 이 노래가 당대에 기록된 것이 아니라 후대에 기록된 증거가 된다.

★ '임'의 의미

이 작품에 등장하는 '임'은 '임금'과 '연인'의 두 가지 해석이 가능하다. '임금'이 임이라면 태평성대를 바라는 백성들이 임금에게 바치는 축수의 송축가가 되고, '연인'이라면 사랑하는 사람과 백년해로를 기원하는 연정가가 된다.

Quiz

나의 표현상 특징은?

① 불가능한 상황을 통하여 영원한 사랑을 다짐하고 있다.

② 이상향에의 동경을 비유적으로 표현하고 있다.

③ 현실 도피적 정서를 직설적으로 드러내고 있다.

④ 이별의 정한을 감정 이입에 의해 표현하고 있다.

해설

불가능한 상황 설정을 통해 임에 대한 사랑의 절실함을 표현하고 있다.

정답 ①

8 동동

핵심정리

▮갈래	고려 속요
▮성격	이별의 노래, 민요풍, 송도가(頌禱歌)
▮형식	전 13연의 달거리 노래
▮표현	영탄법, 직유법, 은유법, 여음구 '동동'은 북소리를, '다리'는 악기 소리 흉내
▮짜임	서사와 본사인 1월에서 12월까지의 달거리로 구성
▮특징	① 계절의 변화에 따른 사랑의 감정을 읊음. ② 영탄법, 직유법, 은유법 등이 사용됨. ③ 임에 대한 송축과 연모의 정이 어우러짐.
▮주제	송도(頌禱)와 애련(愛憐)
▮의의	고려 속요 중에서 유일한, 우리 문학 최초의 달거리 노래
▮출전	《악학궤범》

德(덕)으란 곰비예 받줍고, 福(복)으란 림비예 받줍고,
德이여 福이라 호ᄂᆞᆯ 나ᅀᆞ라 오소이다.
아으 動動(동동)다리. → 이하 정월~12월까지 후렴구 생략

덕은 뒤에(뒷잔에) 바치옵고 복은 앞에(앞잔에) 바치옵고,
덕이라 복이라 하는 것을 진상하러 오십시오.
➥ 송도(頌禱) – 덕과 복을 빎

正月(정월)ㅅ 나릿므른 아으 어져 녹져 ᄒᆞ논ᄃᆡ,
누릿 가온ᄃᆡ 나곤 몸하 ᄒᆞ올로 녈셔.

정월의 시냇물이 아아 얼려 녹으려 하면서 (봄이 다가오는데)
세상 가운데 태어나서 이 몸이여 홀로 살아가는구나.
➥ 고독 – 홀로 사는 외로움

二月(이월)ㅅ 보로매, 아으 노피 ㉠ <u>현</u> 燈(등)ㅅ블 다호라.
萬人(만인) 비취실 즈ᅀᅵ샷다.

이월 보름에 아아 높이 켜 놓은 연등 등불과 같은 임이여,
만인을 비추실 모습이시도다.
➥ 송축 – 빼어난 임의 모습

三月(삼월) 나며 開(개)ᄒᆞᆫ 아으 滿春(만춘) ᄃᆞᆯ욋고지여.
ᄂᆞ미 브롤 ㉡ <u>즈ᅀᅳᆯ</u> 디녀 나샷다.

삼월이 지나며 피어난 아아 늦봄의 진달래꽃 같은 임이여,
남이 부러워할 모습을 지니고 태어나셨도다.
➥ 송축 – 아름다운 임의 모습

四月(사월) 아니 ㉢ <u>니저</u> 아으 오실셔 곳고리새여.
㉣ <u>므슴다</u> 錄事(녹사)니ᄆᆞᆫ 녯 나ᄅᆞᆯ 닛고신뎌.

사월을 잊지 않고 아아 오는구나 꾀꼬리새여,
무엇 때문에 녹사(벼슬 이름)님은 옛날을(또는, 옛날의 나를) 잊고 계신가.
➥ 애련 – 오지 않는 임에 대한 원망

五月(오월) 五日(오일)애, 아으 수릿날 아ᄎᆞᆷ 藥(약)은,
즈믄 ᄒᆡᆯ 長存(장존)ᄒᆞ샬 藥(약)이라 받줍노이다.

오월 오일은 아아 단옷날 아침 약은
천 년을 사시게 할 약이기에 바칩니다.
➥ 기원 – 임에 대한 축수(祝壽)

六月(유월)ㅅ 보로매 아으 별해 ᄇᆞ룐 빗 다호라.
도라보실 니믈 적곰 좃니노이다.

유월 보름(유두)에 아아 벼랑에 버린 빗과 같은 내 신세여,
돌아보실 임을 잠시나마 좇아가옵니다(따르겠습니다).
➥ 애련 – 버린 임을 사모함

감상

우리 문학 최초의 월령체인 이 노래는 분연체 형식과 후렴구 사용 등 형태적인 면에서 속요의 일반적인 특성을 보여 준다. 〈동동〉은 일 년 열두 달에 맞춰 한 여인의 정감을 노래하고 있는 연가풍인 반면, 서사(1연)는 공적인 임(임금)에 대한 송도(頌禱)의 성격 짙어 이 노래가 궁중에서 불렸던 의식가(儀式歌)였음을 보여 준다.

세시 풍속

- 등ㅅ불(이월): 2월 보름(연등 행사)
- 약(오월): 5월 5일 수릿날
- 빗(유월): 6월 보름 유두절(流頭節)
- 백종(칠월): 7월 보름 백중
  → 백중(百中): 이때쯤 과일과 채소가 많이 나와 100가지 곡식의 씨앗을 갖추어 놓은 데서 유래
- 가배(팔월): 8월 보름 한가위, 추석, 중추절
- 황화(구월): 9월 9일 중양절(重陽節)

주요 소재

- 화자와 대조
  - 나릿믈〈정월〉
  - 곳고리새〈사월〉
- 화자의 모습
  - 빗〈유월〉
  - ᄇᆞᄅᆞᆺ〈시월〉
  - 져〈십이월〉
- 임의 모습
  - 등ㅅ불〈이월〉
  - ᄃᆞᆯ욋곶〈삼월〉
- 화자의 처지
  - 봉당
  - 한삼

기출 확인

㉠~㉣의 의미로 적절하지 않은 것은?
2021 국가직 9급

① ㉠은 '켠'을 의미한다.
② ㉡은 '모습을'을 의미한다.
③ ㉢은 '잊어'를 의미한다.
④ ㉣은 '무심하구나'를 의미한다.

해설
㉣의 '므슴다'는 '무엇 때문에(어찌하여)'의 의미이다. 따라서 '무심하구나'를 의미한다는 설명은 옳지 않다.

정답 ④

세시 풍속

· 유두(流頭)

음력 유월 보름날. 신라 때부터 유래한 것으로, 나쁜 일을 떨어 버리기 위하여 동쪽으로 흐르는 물에 머리를 감는 풍속이 있었다.

· 백중(百中/百衆)

음력 칠월 보름. 승려들이 재(齋)를 설(設)하여 부처를 공양하는 날로, 큰 명절을 삼았다. 불교가 융성했던 신라 · 고려 시대에는 이날 일반인까지 참석하여 우란분회를 열었으나 조선 시대 이후로 사찰에서만 행하여진다. 근래 민간에서는 여러 과실과 음식을 마련하여 먹고 논다.

· 한가위

음력 팔월 보름날이다. 신라의 가배(嘉俳)에서 유래하였다고 하며, 햅쌀로 송편을 빚고 햇과일 따위의 음식을 장만하여 차례를 지낸다.=추석(秋夕)

· 중양절(重陽節)

음력 9월 9일. 이날 남자들은 시를 짓고 각 가정에서는 국화전을 만들어 먹고 놀았다.

기출 확인

〈동동〉에 대한 설명으로 옳지 않은 것은?

2021 군무원 7급

① 궁중에서 연주된 가사로 국가의 번영을 찬양하는 내용이다.

② 월령체(月令體) 형식으로 각 달의 소재에 따라 다른 내용을 노래했다.

③ '동동(動動)'이라는 제목은 "아으 동동다리" 라는 후렴구에서 따온 것이다.

④ 고려 시대 구전되던 것을 조선 시대에 한글로 기록했다.

해설

궁중에서 연주된 가사는 맞다. 그러나 제시된 작품의 내용에는 '우리나라 대단하다.'와 같은 국가의 번영을 찬양한 내용을 찾을 수 없다. '궁중에서 연주된 가사로 국가의 번영을 찬양하는 내용'은 '악장'에 대한 설명이다.

정답 ①

七月(칠월)ㅅ 보로매 아으 百種(백종) 排(배)ᄒᆞ야 두고,
니믈 ᄒᆞᆫ ᄃᆡ 녀가져 願(원)을 비ᅀᆞᆸ노이다.

칠월 보름(백종)에 아아 여러 가지 제물을 벌여 놓고
임과 함께 살고자 소원을 비옵니다.

➥ 연정 – 임과 함께 하고 싶은 욕망

八月(팔월)ㅅ 보로ᄆᆞᆫ 아으 嘉排(가배) 나리마ᄅᆞᆫ,
니믈 뫼셔 녀곤 오ᄂᆞᆯ날 嘉俳샷다.

팔월 보름은 아아 한가윗날이지마는
임을 모시고 지내야만 오늘이 뜻있는 한가윗날입니다.

➥ 연모 – 임에 대한 절실한 그리움

九月(구월) 九日(구일)애 아으 藥이라 먹논 黃花(황화)
고지 안해 드니 새셔 가만ᄒᆞ애라.

구월 구일 중양절에 아아 약이라고 먹는 노란 국화
꽃이 집안에 피니 초가집이 고요하구나.

➥ 적요(寂寥) – 임이 없는 쓸쓸함

十月(시월)애 아으 져미연 ᄇᆞᄅᆞᆺ 다호라.
것거 ᄇᆞ리신 後(후)에 디니실 ᄒᆞᆫ 부니 업스샷다.

시월에 아아 잘게 썬 보리수나무 같은 내 신세여,
꺾어 버리신 후에 지니실 한 분이 없으시도다.

➥ 애련 – 버림을 받은 슬픔

十一月(십일월)ㅅ 봉당 자리예 아으 汗衫(한삼) 두퍼 누워
슬ᄒᆞᆯᄉᆞ라온뎌 고우닐 스싀옴 녈셔.

십일월 봉당 자리에 아아 홑적삼을 덮고 누우니
슬프도다 사랑하는 사람과 떨어져 홀로 살아가는구나.

➥ 애련 – 외로이 살아가는 슬픔

十二月(십이월)ㅅ 분디남ᄀᆞ로 갓곤 아으 나ᄋᆞᆯ 盤(반)잇 져 다호라.
니믜 알ᄑᆡ 드러 얼이노니 소니 가재다 므ᄅᆞᅀᆞᆸ노이다.

십이월 분지나무로 깎은 아아 소반의 젓가락 같은 내 신세여,
임의 앞에다가 가지런히 놓았는데 엉뚱하게 손님이 가져다가 입에 뭅니다.

➥ 애련 – 임과 인연을 맺지 못한 한(恨)

9 처용가(處容歌)

핵심정리

▮작가	미상
▮갈래	고려 가요, 속악 가사
▮성격	무가(巫歌), 축사(逐邪)의 노래
▮형식	비연시(非聯詩), 희곡적 구성
▮구성	전체를 4개의 단락으로 나눌 수 있음. ① 첫째 단락: 서사(序詞) ② 둘째 단락: 처용의 위압적인 모습을 그림 ③ 셋째 단락: 처용의 가면을 제작하는 과정을 이야기 ④ 넷째 단락: 역신에 대한 처용의 위용을 말함으로써 역신을 물리치고 접근을 방지하고자 함.
▮주제	축사(逐邪)의 노래
▮특징	향가 〈처용가〉의 일부가 들어 있음(향가 해석의 열쇠가 됨).

〈전략〉	
(中葉) 東京 ᄇᆞᆯᄀᆞᆫ ᄃᆞ래 새도록 노니다가	(중엽) 신라 서울 밝은 달 아래 밤새도록 노닐다가
(附葉) 드러 내 자리ᄅᆞᆯ 보니 가ᄅᆞ리 네히로섀라.	(부엽) 들어와 내 자리를 보니 가랑이가 넷이로구나.
(小葉) 아으 둘흔 내해어니와 둘흔 뉘해어니오.	(소엽) 아아, 둘은 내 것인데 둘은 뉘 것이뇨.
	➥ 향가 〈처용가〉 해석의 열쇠가 된 부분
(大葉) 이런 저긔 處容아비옷 보시면	(대엽) 이럴 적에 처용 아비만 본다면
熱病神(大神)이사 膾ㅅ가시로다.	열병 신(熱病神)이야 횟감이로다.
千金을 주리여 處容아바	천금(千金)을 주랴 처용 아비야
七寶를 주리여 處容아바	칠보(七寶)를 주랴 처용 아비야 ➥ 제3자의 말
(附葉) 千金 七寶도 말오.	(부엽) 천금 칠보도 말고
熱病神를 날자바 주쇼셔.	열병신 잡아 날 주소서. ➥ 처용의 말
(中葉) 山이여 ᄆᆡ히여 千里外예	(중엽) 산이나 들이나 천 리 밖으로
(附葉) 處容아비ᄅᆞᆯ 어여려거져.	(부엽) 처용 아비를 비켜 갈지어다. ➥ 역신의 말
(小葉) 아으 熱病大神의 發願이샷다.	(소엽) 아아, 열병대신(熱病大神)의 발원(發願)이로다.
	➥ 다같이
	→ 희곡적 구성

예원通 신라 향가 〈처용가〉 vs. 고려 가요 〈처용가〉

구분	향가 〈처용가〉	고려 가요 〈처용가〉
처용의 역할	처용의 역할이 큼. (처용의 1인 독백체)	처용의 역할이 상대적으로 축소 (서술자와 역신의 목소리도 등장) *여러 등장인물이 등장함에 따라 연극적 성격이 강해짐.
벽사의 기능	작품 자체로는 알 수 없고 배경 설화를 통해 확인됨.	작품 자체를 통해서도 드러남.
인물의 성격	관용과 체념, 초월의 미덕을 지닌 비극적 인물	단죄와 대결적 면모를 지닌 인물로 희극적 인물

* 신라 〈처용가〉의 전승 과정에서 무속과 불교가 습합된 작품이 고려 〈처용가〉이다.

감상

서정성이 짙은 향가 〈처용가〉와 달리 고려 속요 〈처용가〉는 처용이 역신을 몰아내는 축사(逐邪)의 내용을 강하게 지닌 무가(巫歌)로 신라 향가 〈처용가〉의 가사를 대부분 내포하여 부연 확대한 노래이다. 처용의 모습이 자세히 묘사되고, 역신에 대한 처용의 분노와 강인함이 강조되어 나타나 있으며 희곡적 분위기가 강하다.

전승 과정

신라의 향가인 〈처용가〉는 고려에 와서 궁중의 나례(儺禮, 잡귀를 쫓기 위한 의식)와 결부되어 '처용희(處容戲)', '처용무(處容舞)'로 발전되었다. 조선 시대에 들어와서는 제야(除夜)에 구나례(驅儺禮)를 행한 뒤 두 번 처용무를 연주하여, 그 가무(歌舞)와 노래가 질병을 몰아내는 주술적(呪術的) 양식으로 바뀌었다. 즉, 간사한 귀신을 물리쳐 경사를 맞이하기 위한 이른바 벽사진경(僻邪進慶)을 위한 처용희(處容戲)의 일부로서 궁중 무악으로 가창되었다.

Quiz

다음은 각각 신라 시대 〈처용가(處容歌)〉와 고려 시대 〈처용가〉의 한 대목이다. 이 두 구절의 밑줄 친 부분에서 나타나는 의미의 차이를 잘못 설명한 것은?

> 가 둘은 내 해였고, 둘은 누구 핸고.
> ㉠ 본디 내 해다마는 빼앗은 것을 어찌 하리오.
>
> 나 아으 둘흔 내해어니와 둘흔 뉘해어니오.
> ㉡ 이런저귀 處容아비옷 보시면
> 熱病大神(열병대신)이아 膾(회)ㅅ가시로다
> 〈중략〉
> 山이여 ᄆᆡ히여 千里外예
> 處容아비를 어여려거져*
> 아으 熱病大神의 發願(발원)이샷다.
> * 어여려거져: 비켜가고저

	㉠	㉡
①	체념(諦念)	단죄(斷罪)
②	비극(悲劇)	희극(喜劇)
③	초월(超越)	대결(對決)
④	외유(外柔)	내강(內剛)

해설

〈처용가〉에서 역신(疫神)을 관용과 체념의 대상으로 그려냈다면, 고려 가요 〈처용가〉에서의 역신은 희화화되어 분노의 대상으로 묘사되어 있다. '외유'와 '내강'으로 양자의 차이점을 확인하기 어렵다.

정답 ④

10 만전춘(만전춘별사, 滿殿春別詞)

감상

이 작품은 고려 시대 유녀(遊女) 생활의 일면을 노래한 것으로 그 내용이 직설적이고 속된 표현이 많으나 오히려 이런 점이 솔직한 자기 소망의 표현일 뿐만 아니라 남녀 사이의 강렬한 사랑을 비유와 상징, 반어와 역설, 감각적인 언어로 적절히 구사하고 있다는 점에서 문학성을 지녔다고 평가된다. 대개 이런 종류의 작품은 조선 시대에 들어와서 남녀상열지사로 지탄을 받으며 우리의 문학적 기록에서 많이 사라졌다. 정사(情事)를 노래한 점에서 〈쌍화점〉과 상통하는 면이 있다.

특징

- 남녀 간의 애정을 가식 없이 진솔하고도 적나라하게 표현했다.
- 비유와 상징, 반어와 역설, 감각적인 언어로 감정의 표현이 진솔하여 문학성이 높은 편이다.
- 민요와 시조, 경기체가 등 여러 형식의 영향이 나타난다.

★ 각 연은 형식상으로 불균형을 보이고 있고, 시어도 이질적이며 의미론적으로도 통일성을 결여하고 있어서, 이 작품은 여러 이질적이고 독립적인 당대의 유행 노래를 궁중의 속악 가사로 합성, 편사함으로써 성립된 것으로 본다.

핵심정리

- **성격** 향락적, 퇴폐적
- **형식** 전 6연의 분연체
- **주제** 변치 않는 사랑에 대한 소망
- **별칭** 만전춘별사(滿殿春別詞)
- **표현** ① 비유, 상징, 역설, 감각적인 언어로 감정의 표현이 진솔하여 문학성이 높은 편임.
  ② 시간적 깊이를 더해 주는 대립적 시어가 많음.
- **의의** ① 시조 장르의 기원을 찾는 자료로도 주목되며, 민요와 경기체가의 형식에도 영향을 끼쳤다고 봄.
  ② 정감적·관능적인 연가의 전형성을 보임.
- **출전** 《악장가사》, 《시용향악보》

원문	현대어 풀이
어름 우희 댓닙자리 보와 님과 나와 어러 주글만뎡 (역설적 상황 – 죽을망정 얼음 위에 잠자리를 폄. / 혹은 차가움과 뜨거움의 교차) 어름 우희 댓닙자리 보와 님과 나와 어러 주글만뎡 정(情) 둔 오눐밤 더듸 새오시라 더듸 새오시라.	얼음 위에 댓닢 자리 펴서 임과 나와 얼어죽을망정, 얼음 위에 댓닢 자리 펴서 임과 나와 얼어죽을망정, 정 둔 오늘 밤 더디 새소서, 더디 새소서. ➥ 임과의 짧은 밤에 대한 아쉬움
경경(耿耿) 고침상(孤枕上)애 어느 ᄌᆞ미 오리오. (전전반측(輾轉反側)) 서창(西窓)을 여러ᄒᆞ니 도화(桃花)ㅣ 발(發)ᄒᆞ도다 도화ᄂᆞᆫ 시름업서 소춘풍(笑春風)ᄒᆞᄂᆞ다 소춘풍ᄒᆞᄂᆞ다.	근심 어린 외로운 잠자리에 어찌 잠이 오리오. 서쪽 창문을 열어 젖히니 복숭아꽃이 피어나는구나. 복숭아꽃이 근심 없이 봄바람에 웃는구나, 봄바람에 웃는구나. ➥ 임 생각에 잠 못 이루는 밤
넉시라도 님을 ᄒᆞᆫᄃᆡ 녀닛 경(景) 너기다니 넉시라도 님을 ᄒᆞᆫᄃᆡ 녀닛 경(景) 너기다니 벼기더시니 뉘러시니잇가 뉘러시니잇가. (님에 대한 원망)	넋이라도 임과 (함께) 한곳에 남의 일로만 알았더니, 넋이라도 임과 (함께) 한곳에 남의 일로만 알았더니, (우리의 사랑을) 어기던(우기던) 이가 누구였습니까? 누구였습니까? ➥ 임에 대한 서운함
〈올하 올하 아련 비올하 (오리: '어리석은 임'을 상징 / 연못: '다른 여자, 후처' 상징) 여흘란 어듸 두고 소해 자라 온다.〉 (〈 〉: 뛰어난 비유) (여울: '화자 자신, 본처' 상징) 소콧 얼면 여흘도 됴ᄒᆞ니 여흘도 됴ᄒᆞ니.	오리야, 오리야, 연약한 비오리야, 여울은 어디 두고 연못에 자러 오느냐? 연못이 곧 얼면 여울도 좋으니, 여울도 좋으니. ➥ 탕자의 분방한 생각(임에 대한 풍자)
남산(南山)애 자리 보와 옥산(玉山)을 버여 누어 금수산(錦繡山) 니블 안해 사향(麝香)각시를 아나 누어 남산(南山)애 자리 보와 옥산을 버여 누어 금수산(錦繡山) 니블 안해 사향(麝香)각시를 아나 누어 약(藥)든 가삼을 맛초압사이다 맛초압사이다.	남산에 잠자리를 보아 옥산을 베고 누워, 금수산 이불 안에서 사향각시를 안고 누워, 남산에 잠자리를 보아 옥산을 베고 누워, 금수산 이불 안에서 사향각시를 안고 누워, 사향이 든(향기로운) 가슴을 맞추십시다. 맞추십시다. ➥ 사향각시와의 동침(임에 대한 욕망과 상상)
아소 님하, 원대평생(遠代平生)애 여힐 살 모라압새.	알아 주소서, 임이시여. 원대평생에 이별할 줄 모르고 지냅시다. ➥ 이별 없는 재회를 꿈꾸는 새로운 소망

예원通 〈만전춘〉과 시조

〈만전춘〉의 2연과 5연은 시조 형식에 접근한 형태를 보여 주어 시조의 기원을 찾는 중요한 자료가 된다.

2연	① 음보 수가 시조와 유사 (전체 음절 수는 시조 형식에서 벗어남.) ② 종장 첫 구의 음절 수가 시조와 같음.
5연	반복되는 두 구절을 제외하면 전체 구조나 음보가 시조와 유사

★ 시조 형식 기원설

- 〈정읍사〉 기원설
- 향가 기원설: 3단 구성, 낙구의 감탄사(종장의 감탄사)
- 〈만전춘(만전춘별사)〉 기원설

2절 경기체가*

1 개관

1. 개념 및 특징

① 무신의 난 이후 등장한 신흥 사대부들이 자신들의 득의에 찬 삶과 유흥적, 향락적인 생활을 드러내기 위해 즐기던 노래이다. * 귀족층에 의한 귀족 문학

② 몇 개의 연이 중첩된 연장 형식이다(분연체, 연장체).

③ '景 긔 엇더ᄒᆞ니잇고' 혹은 '경기하여(景幾何如)'의 후렴구를 사용했다.
* 3음보, 분연체, 후렴구는 고려 가요와 그 형식이 유사하다.

④ 교술 문학으로, 가사 문학의 기원이 된다.

2 주요 작품

1. 고려 시대

작품명	작자	연대	내용	출전
〈한림별곡〉	한림제유	고려 고종	시부, 서적, 명필, 명주(名酒), 화훼, 음악, 누각, 추천의 8장. 현실 도피적·향락적 성격. 한문과 국어로 표기	《악학궤범》 《악장가사》
〈관동별곡〉	안축	고려 충숙왕	강원도 순찰사로 갔다 돌아오는 길에 관동의 절경을 읊음. 전 8연. 이두문으로 표기	《근재집》
〈죽계별곡〉	안축	고려 충숙·충목왕	작가의 고향 풍기 땅 순흥(죽계)의 경치를 읊음. 전 5장. 이두문으로 표기	《근재집》

2. 조선 시대

작품명	작자	연대	내용	출전
〈상대별곡〉	권근	조선 태종	조선의 문물제도의 왕성함을 칭송. 전 5장. 국문으로 표기	《악장가사》
〈독락팔곡〉	권호문	조선 선조	강호 자연에 파묻혀 한가로이 지내는 즐거움을 노래하고 한 일민(逸民)으로 자연을 사랑하며 유유히 살아가는 삶을 노래. 마지막 경기체가 작품. 전 7장	《송암별집》

TIP
경기체가
13세기 초에 〈한림별곡〉을 시작으로 출현하여 조선 시대까지 명맥이 유지된 시가 양식이다.

작품의 실제 경기체가

1 한림별곡 | 한림제유

핵심정리

연대	고려 고종 때
작자	한림의 제유(翰林諸儒)(한림원의 유생들)
성격	과시적, 풍류적, 향락적, 귀족문학
표현	열거법, 영탄법, 설의법, 반복법
특징	① 나열과 집약의 방식으로 시상 전개 ② 많은 한자어의 사용
구성	전 8장의 분절체(각 장에서 1 - 4행은 전대절, 5 - 6행은 후소절이라 함.)
주제	귀족들의 사치스런 생활상과 향락적이고 퇴영적인 기풍. 신진사류(新進士類)들의 의욕적 기개 영탄(詠嘆)
의의	① 최초의 경기체가로 현전하는 최고(最古)의 작품 ② 귀족의 생활 감정을 표현 ③ 가사 문학에 영향 ④ 한자어를 우리말 운율 3음보에 맞춰 노래 ⑤ 일반적으로 의(意)만을 중시하던 이전 시기의 관념에서 벗어나 새롭게 물(物)을 소재로 삼았다는 점에서 획기적
출전	《악장가사》

〈제1장〉

元淳文(원슌문) 仁老詩(인노시) 公老四六(공노ᄉᆞ륙)
李正言(니정언) 陳翰林(딘한림) 雙韻走筆(솽운주필)
冲基對策(튱긔ᄃᆡᄎᆡᆨ) 光鈞經義(광균경의) 良鏡詩賦(량경시부)
위 試場(시댱)ㅅ 景(경) 긔 엇더ᄒᆞ니잇고.
[葉(엽)] 琴學士(금ᄒᆞᆨᄉᆞ)의 玉笋門生(옥슌문ᄉᆡᆼ) 琴學士(금ᄒᆞᆨᄉᆞ)의 玉笋門生(옥슌문ᄉᆡᆼ)
위 날조차 몃 부니잇고.

유원순의 문장, 이인로의 시, 이공로의 사륙변려문, / 이규보와 진화의 쌍운을 맞추어 써 내려간 글,
유충기의 대책문, 민광균의 경서 해의(解義), 김양경의 시와 부(賦)
아, 과거 시험장의 광경, 그것이 어떠합니까?(참으로 굉장합니다.)
금의가 배출한 죽순처럼 많은 제자들. 금의가 배출한 죽순처럼 많은 제자들 / 아, 나까지 몇 분입니까?

〈제2장〉

唐漢書(당한셔) 莊老子(장로ᄌᆞ) 韓柳文集(한류문집)
李杜集(니두집) 蘭臺集(난ᄃᆡ집) 白樂天集(ᄇᆡᆨ락텬집)
毛試尙書(모시샹셔) 周易春秋(쥬역츈츄) 周戴禮記(주ᄃᆡ례긔)
위 註(주)조쳐 내 외옰 景(경) 긔 엇더ᄒᆞ니잇고.
[葉(엽)] 大平廣記(대평광기) 四百餘卷(ᄉᆞᄇᆡᆨ여권) 大平廣記(대평광기) 四百餘卷(ᄉᆞᄇᆡᆨ여권)
위 歷覽(력남)ㅅ 景(경) 긔 엇더ᄒᆞ니잇고.

당서와 한서, 장자와 노자, 한유와 유종원의 문집 / 이백과 두보의 시집, 난대영사(令使)들의 시문집, 백낙천의 문집
시경과 서경, 주역과 춘추, 대대례와 소대례 / 아, 이러한 책들을 주석까지 포함하여 내쳐 외는 광경이 그 어떠합니까?
대평광기 사백여 권을 대평광기 사백여 권을 / 아, 열람하는 광경이 그 어떠합니까?(참으로 훌륭합니다.)

〈제8장〉

唐唐唐(당당당) 唐楸子(당츄ᄌᆞ) 조협(皁莢) 남긔 / 紅(홍)실로 紅(홍)글위 ᄆᆡ요이다.
혀고시라 밀오시라 鄭少年(뎡소년)하. / 위 내 가논 ᄃᆡ 놈 갈셰라.
[葉(엽)] 削玉纖纖(샥옥셤셤) 雙手(솽슈)ㅅ길헤 削玉纖纖(샥옥셤셤) 雙手(솽슈)ㅅ길헤
위 携手同遊(휴슈동유)ㅅ景(경) 긔 엇더ᄒᆞ니잇고.

당당당 당추자(호도나무) 쥐엄나무에 / 붉은 실로 붉은 그네를 맵니다.
당기시라 미시라 정소년이여. / 아, 내가 가는 곳에 남이 갈까 두렵습니다.
옥을 깎은 듯 고운 손길에, 옥을 깎은 듯 고운 손길에 / 아, 마주 손잡고 노니는 정경, 그 광경이 어떠합니까?(참으로 좋습니다.)

감상

이 노래는 경기체가의 전형적인 작품이자 현전(現傳)하는 최고(最古)의 작품으로 제1장은 문장가, 시인 등의 시부(詩賦)를 나타낸 것으로 명문장을 찬양하고 있고, 제2장은 신진 사대부들의 독서에의 긍지, 즉 학문에의 자부심을 나타내고 있다. 제8장은 이 노래의 제일 마지막 장으로 남녀가 다정하게 어울려 그네를 뛰는 정겨운 광경과 그 흥을 노래한 것이다.

소재 및 내용

소재	내용
1장 시부(詩賦)	문장가, 시인 등의 시부를 찬양
2장 서적(書籍)	지식 수련과 독서의 자긍심 노래
3장 명필(名筆)	유명 서체와 필기구
4장 명주(名酒)	상류 계급의 주흥(酒興)
5장 화훼(花卉)	화원의 서경
6장 음악(音樂)	흥겨운 주악
7장 누각(樓閣)	후원의 서경
8장 추천(鞦韆)	당시 귀족 사회의 풍류 생활

- 1~3장: 문사들이 수양하는 학문에 대한 의욕적 기개와 의식 세계 영탄
- 4~8장: 극단적인 향락의 생활상과 풍류 과시

기출 확인

〈제1장〉에 대한 설명으로 거리가 먼 것은?
2015 기상직 7급 변형

① 사람의 이름과 그들의 장기(長技)를 열거하고 있다.
② 《악장가사》에서 고려 시대 고종 때 한림 학사가 지었다고 전한다.
③ 고려 신진사대부들의 득의에 찬 기상이 나타나 있다.
④ 화자는 시문보다 도학을 즐기며 강호가도(江湖歌道) 구현을 지향한다.

해설
이 작품은 고려 신진사대부의 득의에 찬 기상이 잘 드러난 작품으로 과시적, 향락적이라는 점이 특징이다. 따라서 '현실을 도피하여 자연을 벗삼아 지내면서 일으킨 시가 창작의 한 경향'의 뜻을 가진 '강호가도(江湖歌道)'와는 어울리지 않는다.

정답 ④

2 관동별곡 | 안축

핵심정리

- **연대** 1330년(충숙왕 17년)
- **작자** 안축(安軸: 1287~1348). 고려 말 문신
- **갈래** 경기체가
- **주제** 관동의 아름다움을 노래함.
- **구성** 9장으로 구성
  - 1장: 서사(序詞)로서 순찰경(巡察景)
  - 2장: 학성(鶴城)
  - 3장: 총석정(叢石亭)
  - 4장: 삼일포(三日浦)
  - 5장: 영랑호(永郎湖)
  - 6장: 양양(襄陽)
  - 7장: 임영(臨瀛)
  - 8장: 죽서루(竹西樓)
  - 9장: 정선(旌善)의 절경

〈제3장〉

叢石亭 金幱窟 奇岩怪石 (총석정 금란굴 기암괴석)
顚倒巖 四仙峯 蒼苔古碣 (전도암 사선봉 창태고갈)
我也足 石巖回 殊形異狀 (아야족 석암회 수형이상)
爲 四海天下 無豆舍叱多 (위 사해천하 무두사질다)
玉簪珠履 三千徒客 (옥잠주리 삼천도객)
爲 又來悉 何奴日是古 (위 우래실 하노일시고)

총석정과 금란굴들의 기이한 바위와 괴상한 돌들
거꾸로 선 바위들, 사선봉에 푸른 이끼 낀 묵은 돌비석
아야차! 돌바위들, 다른 이상한 모양들은
아! 천하 어디에도 없는 광경이구려.
구슬 비녀 꽂은 귀한 손님들처럼, 구슬로 꾸민 신발을 신은 호화로운 많은 나그네들처럼
아! 또 놀러 오실 때가 그 어느 날이 되겠습니까?

➥ 총석정의 절경

〈제9장〉

江十里 壁千層 屛圍鏡澈 (강십리 벽천층 병위경철)
倚風巖 臨水穴 飛龍頂上 (의풍암 임수혈 비룡정상)
傾綠蟻 聳氷峯 六月淸風 (경록의 용빙봉 육월청풍)
爲 避暑景 幾何如 (위 피서경 기하여)
朱陳家世 武陵風物 (주진가세 무릉풍물)
爲 傳子傳孫景 幾何如 (위 전자전손경 기하여)

십 리로 뻗은 대음강 따라 절벽은 천 층에 병풍같이 에워싸고 물은 거울처럼 맑은데
풍암을 의지하고 수혈에 다다라 비룡산을 올라서
좋은 술 기울이고 용빙봉으로부터 시원한 바람이 불어오면
아! 더위를 피하는 광경 그것이야말로 어떻습니까?
중국의 주씨와 진씨가 한 마을 이루고 혈통을 이으니 마치 무릉도원 같은 풍경
아! (이러한 좋은 풍속을) 자손들에게 전하여 주는 광경 그것이야말로 어떻습니까?

➥ 정선의 절경

감상

작자인 안축(安軸)이 강릉도(江陵道)를 존무(存撫)하고 돌아오는 길에 관동의 아름다운 경치를 보고 읊은 노래이다. 전체 9장으로 이루어져 있으며, 안변, 통천, 고성, 간성, 양양, 강릉, 삼척, 정선의 고을들, 즉 관동팔경(關東八景)을 묘사한 경기체가(景幾體歌)이다.

예원通 안축의 〈관동별곡〉과 〈죽계별곡〉

의의	아름다운 자연 풍치에 대한 긍지와 사랑의 감정을 노래
한계	· 양반들의 한가한 생활 풍경과 현실 도피적 경향을 반영 · 당대 현실을 민중의 현실 등은 찾아 볼 수 없음. ＊ 경기체가라는 장르의 양식에 따른 제약으로 볼 수 있음.

3절 한시(漢詩)

1 주요 작품

제목	작자	성격	형식	주제	특징/출전
〈부벽루〉	이색	회고적	5언 율시	지난 역사의 회고와 고려 국운 회복의 소망	**출전:** 《목은집》
〈절화행〉	이규보	사실적 해학적	5언 율시	신혼부부의 사랑 노래	신혼부부의 사랑싸움을 사실적으로 묘사
〈사리화〉	이제현	풍자적 상징적	7언 절구	가혹한 수탈에 대한 원망	**출전:** 《익재난고》
〈송인〉	정지상	서정적	7언 절구	이별의 슬픔	당나라 왕유의 시 〈송원이사안서〉와 함께 이별시의 압권이라 칭송받음. **출전:** 《파한집》
〈동명왕편〉	이규보	서사적 진취적	5언 연속체 전 282구	고구려 개국 및 개국 이념의 신성성	고구려의 건국 신화인 〈주몽신화〉를 노래함. **출전:** 《동국이상국집》
〈첩박명〉	이곡	자조적	악부	버림받은 여인의 비극적인 삶	한나라 성제의 비였던 허 황후의 비극을 소재로 함.

작품의 실제 한시

1 송인(送人) | 정지상

핵심정리

- **작자** 정지상(鄭知常, ?~1135)
- **갈래** 한시, 7언 절구
- **압운** 多, 歌, 波
- **성격** 서정적, 송별시(送別詩)
- **표현** 대조법, 도치법, 과장법
- **구성** 각 행은 도치되어 있으며 이를 바로잡으면 '1행 - 2행 - 4행 - 3행'이 됨.
  [기] 강변의 서경: 희망의 봄빛
  [승] 이별의 전경: 이별의 슬픔
  [전] 이별의 한: 대동강 물의 원망
  [결] 이별의 정한: 이별의 눈물
- **제재** 임(벗)과의 이별
- **특징** ① 도치법과 과장법으로 화자의 정서가 더욱 효과적으로 부각됨.
  ② 서경과 서정의 세계를 함께 보여 줌.
  ③ 도치와 과장을 통해 이별의 한을 극대화함.
- **주제** 임을 보내는 정한, 이별의 슬픔
- **의의** ① 별리(別離)를 주제로 한 한시의 걸작
  ② 당나라의 왕유(王維)의 시 〈송원이사안서(送元二使安西)〉와 함께 이별시의 압권(壓卷)
- **출전** 《파한집(破閑集)》

雨歇長堤草色多(우헐장제초색다)	비 갠 긴 둑에 풀빛이 진한데,
送君南浦動悲歌(송군남포동비가)	남포에 임 보내니 노랫가락 구슬프다.
大同江水何時盡(대동강수하시진)	대동강 물은 어느 때나 마를 건가?
別淚年年添綠波(별루년년첨록파)	해마다 이별의 눈물만 푸른 물결 더하는구나.

예원通 〈송인〉의 '물'

1. '大同江水何時盡(대동강 물은 어느 때나 마를 건가?)'의 의미
   - 해마다 보내고 떠나는 이들의 애절한 정한의 눈물로 강물 마를 날이 없을 것이란 의미를 담은 설의적 표현
     * 과장법이 과장을 넘어 슬픔의 깊이를 느끼게 함.
   - 강물이 마르지 않을 것인 만큼 이별의 슬픔이 깊음을 의미하는 표현
2. '물'의 의미
   - '한'으로 충만된 이별의 슬픔을 의미
   - '물'은 이별의 아픔으로 인해 흘리는 '눈물'을 의미하고 물과 눈물이 결합하여 한(恨)으로 가득한 이별의 정서를 고조시킴

감상

고려 시대의 대표적인 한시로서, 표현 기교가 우수하고 격조 높은 가락으로 말미암아 오랜 세월 동안 민족의 보편적 정서를 절절하게 담은 이별시의 백미로 평가받고 있다.

기출 확인

〈송인〉의 정서로 가장 적절한 것은?
2015 경찰 3차 변형

① 戀戀不忘 ② 麥秀之嘆
③ 風樹之嘆 ④ 叩頭謝恩

해설
이별의 정서와 연맥이 닿는 한자성어로 '그리워서 잊지 못함'의 뜻을 가진 연연불망[戀戀不忘: 사모할 연(련), 사모할 연(련), 아닐 불, 잊을 망]이 가장 어울린다.

오답
② 맥수지탄(麥秀之嘆: 보리 맥, 빼어날 수, 갈 지, 탄식할 탄): 고국의 멸망을 한탄함을 이르는 말
③ 풍수지탄(風樹之嘆: 바람 풍, 나무 수, 갈 지, 탄식할 탄): 효도를 다하지 못한 채 어버이를 여읜 자식의 슬픔을 이르는 말
④ 고두사은(叩頭謝恩: 조아릴 고, 머리 두, 사례할 사, 은혜 은): 머리를 조아리며 은혜에 감사함.

정답 ①

왕유, 〈송원이사안서(送元二使安西)〉

渭城朝雨浥輕塵(위성조우읍경진)
위성 땅, 아침 비가 흙먼지를 적시니
: 위성의 아침 정경
→ 이별의 슬픔을 억제하기 위해 산뜻한 정경을 제시
客舍靑靑柳色新(객사청청유색신)
여관 뜰 푸른 버들 빛이 더욱 산뜻해라.
: 객사 주변의 풍경
→ 이별을 상징하는 '버들잎'의 묘사를 통해 선명한 색조의 밝은 분위기를 조성하여 오히려 이별의 슬픔을 부각 ▶ [1-2] 선경
勸君更進一杯酒(권군경진일배주)
그대에게 권하노니 다시 한 잔 들게나.
: 친구와의 이별을 달램.
→ 이별의 슬픔을 눈물이 아닌 '한 잔의 술'에 빗대어 표현. '술'은 이별의 감정을 달래는 매개물
西出陽關無故人(서출양관무고인)
서쪽 양관에 가면 어느 고인(故人, 오래 전부터 사귀어 온 친구)이 있으랴.
: 친구와의 장도 격려
→ 멀리 변방으로 떠나는 벗에게 술을 권하는 담담한 말투에서 시적 화자의 깊은 관심과 진정한 우정을 엿볼 수 있음.
▶ [3-4] 후정

- **갈래:** 칠언절구의 한시, 서정시
- **성격:** 서정적, 관조적, 송별시(送別詩), 이별시(離別詩)
- **어조:** 소박하고 관조적인 목소리
- **제재:** 이별
- **주제:** 친구와의 송별(送別)의 아쉬움.

2 부벽루(浮碧樓) | 이색

감상

고려 말의 문신 이색이 고구려의 유적지인 평양성을 지나다가 지은 오언율시(五言律詩)로 찬란했던 고구려의 모습은 사라지고, 지난날을 되돌아보게 하는 퇴색한 자취만이 남아 있는 모습을 바라보며 인간 역사의 유한함과 자연의 영원함을 대비해 쓸쓸히 노래하고 있다.

핵심정리

- **작자** 이색(李穡, 1328~1396). 고려 말의 문인. 학자. 호는 목은(牧隱). 이제현의 제자. 문집으로 《목은집》이 전함.
- **갈래** 한시, 오언 율시
- **압운** 樓, 秋, 遊, 流
- **성격** 회고적
- **표현** 선경 후정, 대조법
- **제재** 옛 성터에서의 풍경과 감상
  * 저자가 이 시를 쓸 당시 고려는 원의 오랜 침략을 겪고 난 후 국력이 극도로 쇠약해져 있는 상태였음. 시인은 이러한 시대 상황 속에서 국운 회복을 소망하며 고구려의 웅혼한 역사를 일으킨 동명왕의 위업을 생각함.
- **특징** ① 자연의 영원함과 인생의 유한함을 대비(구름, 바위 ↔ 텅 빈 성)
  ② 시간의 흐름을 시각적 이미지로 형상화 → '천 년의 구름 아래 바위는 늙었네.'
  ③ 선경 후정(先景後情)의 시상 전개 방식
- **주제** 지난 역사의 회고와 고려의 국운(國運) 회복의 소망과 인생무상(人生無常)
- **내용** 지난날의 찬연한 역사를 회고하며 그와 대비되는 현재의 모습에서 무상감에 젖음.
- **출전** 《목은집(牧隱集)》

昨過永明寺(작과영명사)	어제 영명사를 지나다가
暫登浮碧樓(잠등부벽루)	잠시 부벽루에 올랐네.
城空月一片(성공월일편)	성은 텅 빈 채로 달 한 조각 떠 있고 퇴락한 평양성의 모습. 맥수지탄(麥秀之嘆)
石老雲千秋(석로운천추)	천 년의 구름아래 바위는 늙었네. ➥ 선경(先景) '세월의 흐름'을 시각적 이미지로 형상화 → 오랜 세월/성(인간) ↔ 구름, 바위(자연)
麟馬去不返(인마거불반)	기린마는 떠나간 뒤 돌아오지 않는데 동명왕이 타고 하늘로 올라갔다는 상상의 말
天孫何處遊(천손하처유)	천손은 지금 어느 곳에 노니는가? 고구려의 시조인 동명왕 → 천손 같은 영웅의 등장을 소망함(국운 회복 소망).
長嘯倚風磴(장소의풍등)	돌다리에 기대어 휘파람 부노라니
山靑江自流(산청강자류)	산은 오늘도 푸르고 강은 절로 흐르네. ➥ 후정(後情)

Quiz

〈부벽루〉에 대한 설명과 거리가 먼 것은?

① 시상을 전개해 나가는 시각이 웅대하다.
② 시간의 흐름을 감각적으로 표현했다.
③ 대자연의 무한함과 인간의 유한성을 대비하여 표현했다.
④ 소재의 특성 면에서 민족 문학적 성격이 드러난다.
⑤ 선정후경의 시상 전개 방식을 사용했다.

해설
'선정후경'이 아니라 '선경후정'의 시상 전개 방식을 사용했다.

정답 ⑤

3 사리화(沙里花) | 이제현

핵심정리

- **작자** 이제현(李齊賢, 1286~1367). 고려 말엽의 문신. 호는 익재(益齋). 문집으로 《익재난고(益齋亂藁)》(당시 민요를 한역한 '소악부'도 여기에 실려 있음.)가 있고, 비평집으로 《역옹패설(櫟翁稗說)》이 있음.
- **갈래** 한시, 칠언 절구
- **압운** 飛, 知, 爲
- **성격** 현실 고발적, 풍자적, 상징적
- **구성** 기·승·전·결의 4단 구성
- **표현** 상징법(참새 → 탐관오리, 수탈자 / 환옹 → 농민, 백성), 우의법, 풍자(諷刺)
- **어조** 부당한 현실을 비유적으로 고발하여 원망하는 어조
- **주제** 권력자의 수탈과 횡포의 고발 → 가렴주구(苛斂誅求)의 횡포 고발
- **출전** 《익재난고(益齋亂藁)》

黃雀何方來去飛(황작하방래거비)	참새야 어디서 오가며 나느냐,. (참새: 탐관오리, 수탈자)
一年農事不曾知(일년농사부증지) (不曾知: 거들 알지 못하고, 전혀 모른 채)	일 년 농사는 아랑곳하지 않고,
鰥翁獨自耕耘了(환옹독자경운료) (耕耘了: 논밭을 갈고[耕], 김을 매고[耘], 마치다[了])	늙은 홀아비 홀로 갈고 맸는데, (늙은 홀아비: 농민, 백성)
耗盡田中禾黍爲(모진전중화서위) (耗盡: 해지거나 닳아서 다 없어짐.)	밭의 벼며 기장을 다 없애다니.

한자풀이

- 鰥翁(환옹): 늙은 홀아비. 사궁지수(四窮之首, 사궁의 첫째)
- 四窮(사궁): 4가지 궁핍한 백성. 곧 환과고독(鰥寡孤獨)
  - ① 환(鰥): 아내가 없는 늙은 홀아비
  - ② 과(寡): 지아비 없는 늙은 홀어미
  - ③ 고(孤): 부모 없는 아이
  - ④ 독(獨): 늙어서 자식이 없는 노인들

혜원通 〈사리화〉의 표현과 '사리화'의 의미

1. 비유의 의미

참새 → 탐관오리	권력자의 수탈과 횡포 고발
늙은 홀아비 → 불쌍한 백성(자신들)	
벼, 기장을 다 없앰. → 농민들이 애써 지은 농작물은 탐관오리들이 다 수탈해 감.	

2. 풍자(諷刺)

'풍자'란 현실 세계에 대한 비판 정신을 바탕으로 현실의 모순점을 다른 것에 빗대어 우의적으로 공격하는 표현 방법이다. 이 시에서는 당시 '백성'을 의미하는 '늙은 홀아비'가 홀로 갈고 맨 벼와 기장을 빼앗는 '참새'를 백성을 수탈하는 '탐관오리'에 빗대어 풍자하고 있다.

3. '사리화(沙里花)'의 의미

'풀' 이름이라는 견해	기장과 비슷한 풀 또는 꽃 → 이견이 다수 존재
한자의 뜻으로 해석하는 견해	'사리화(沙里花)'의 '사(沙)'는 목이 쉰다는 의미, '리(里)'는 근심하다는 의미로, 결국 농부들이 목이 쉬고, 근심 걱정하여 얻는 꽃, 즉 '곡식'을 의미한다고 보는 견해

감상

고려 시대의 민요를 이제현이 7언 절구의 한시로 번역한 작품으로 〈사리화(沙里花)〉는 세금이 무겁고 권력 있는 자들의 수탈이 심한 것을 곡식을 쪼아 먹는 참새에 비유하여 원망한 노래이다.

Quiz

이 작품에서 느낄 수 있는 정서로 가장 적절한 것은?

① 좌절과 울분
② 원망과 저주
③ 애상과 비탄
④ 후회와 자탄

정답 ①

4절 패관 문학(稗官文學)

1 개관

1. 개념 및 특징

① 오늘날 수필과 유사한 성격을 지닌 갈래로, 패관에 의해 채록된 이야기이다. 채록하는 과정에서 흥미를 부여하기 위해 채록자의 창의가 가미되었다.

② 떠돌던 이야기를 패관이 수집한 것이므로, 개인 창작이 아니다.

③ 고려 후기 가전체 작품에 영향을 주었다. * 가전체 작품은 소설의 기원이 된다.

2 주요 작품

1. 고려의 설화집

작품	작자	연대	내용
《수이전》	박인량	고려 문종	부전(不傳), 최초의 순수 설화집. 그 가운데 연오랑 세오녀, 호원 등 10여 편이 《삼국유사》와 《해동고승전》에 전함.
《백운소설》	이규보	고려 고종	시화, 문담, 시평, 시작 이론 등 28편이 홍만종의 《시화 총림》에 전함. '소설'이라는 명칭을 처음 사용함.
《파한집》	이인로	고려 명종	선현들의 명문장이나 명구를 채록하고, 시화, 문담, 기사(紀事), 자작(自作), 고사, 풍물 등을 기록함.
《보한집》	최 자	고려 고종	《파한집》을 보충한 수필 시화집. 시평, 거리에 떠도는 이야기, 흥미 있는 사실 등을 기록함.
《역옹패설》	이제현	고려 말	《익재난고》의 권말에 수록됨. '소악부'에 고려 속요가 한역되어 있음. 이문(異聞), 기사(奇事), 시문(詩文), 서화, 인물에 관한 이야기

2. 조선의 설화집

작품	작자	연대	내용
《동인시화》	서거정	조선 성종	역대 시문에 대한 일화, 수필, 시화 등을 모아 엮은 비평서
《필원잡기》	서거정	조선 성종	임금 및 학자들의 일화, 한담(閑談) 등을 모아 엮은 책
《패관잡기》	어숙권	조선 명종	각종 설화, 시화 등을 편집한 것

작품의 실제 패관 문학

1 경설(鏡說) | 이규보

핵심정리

- **작자** 이규보(李奎報, 1168~1241), 고려 말의 문인. 호는 백운거사(白雲居士). 저서로는 《동국이상국집》, 《백운소설》 등
- **갈래** 고대 한문 수필(패관 문학)
- **성격** 관조적(인간의 결점을 이해한다는 차원에서), 교훈적(유연한 처세의 자세가 필요함.)
- **표현** 문답법
- **특징** 대화체, 번역체의 문체. 격이 높고 심오한 철학과 경륜을 담고 있음.
- **줄거리** 거사가 먼지 낀 거울로 매일 얼굴을 가다듬어 손이 물었다. '거울은 현상을 비추는 것인데 흐릿한 것은 형상을 비출 수 없고 맑음을 취하지 못하는데 무엇 하러 흐린 거울을 봅니까?' 거사는 '맑음은 잘생긴 사람은 좋아하지만 못생긴 사람은 싫어하는 것이다. 근데 잘생긴 사람은 적고, 못생긴 사람은 많으니 못생긴 자가 거울을 보면 깨뜨릴 테니 흐려진 것만 못하다. 잘생긴 사람을 만난 뒤에 갈고 닦아도 맑은 바는 없어지지 않으니 늦지 않을 것'이라고 답했다. 그리고선 '옛사람들은 맑음을 취했지만 자신은 흐림을 취하는 것'이라고 겸손하게 말했다.
- **주제** ① 사물의 심층을 이해하는 통찰력.
  ② 삶에 대한 관조적 자세.
  ③ 처세훈적(處世訓的) 의식과 현실에 대한 풍자.

거사에게 거울★ 하나가 있는데, 먼지가 끼어서 마치 구름에 가려진 달빛처럼 희미하였다. 그러나 조석으로 들여다보고 마치 얼굴을 단장하는 사람처럼 하였더니, 어떤 손이 보고 묻기를,

(어떤 손: 고정 관념에 의해 깨달음을 얻지 못하는 사람)

"〈거울이란 얼굴을 비치는 것이요, 그렇지 않으면 군자가 그것을 대하여 그 맑은 것을 취하는 것인데〉, 〈지금 그대의 거울은 마치 안개 낀 것처럼 희미하니, 이미 얼굴을 비칠 수가 없고 또 그 맑은 것을 취할 수도 없네. 그런데 그대는 오히려 얼굴을 비추어 보고 있으니, 그것은 무슨 까닭인가?"〉

(〈 〉: 거울은 반성(反省)의 기능을 갖거나 아니면 명경지수(明鏡止水) 같은 기품을 즐기는 기능을 갖음. → 거울의 기능을 고정적으로 생각하는 나그네의 관점이 투영된 표현)

하였다.

➥ 손의 질문

(A)

거사가 말하기를,

(〈 〉: 거사가 흐린 거울을 택하는 의미는, 세상에는 결점 가진 사람이 더 많으므로 지나친 결벽과 청명만을 추구하는 것보다는, 그 결점을 이해해 주는 태도를 취한다는 것으로 해석할 수 있음.)

"거울이 밝으면 잘생긴 사람은 기뻐하지만 못생긴 사람은 꺼려하네. 그러나 〈잘생긴 사람은 수효가 적고, 못생긴 사람은 수효가 많네. 만일 못생긴 사람이 한번 들여다보게 된다면 반드시 깨뜨리고야 말 것이네. 그러니 먼지가 끼어서 희미한 것만 못하네.〉 〈먼지가 흐리게 한 것은 그 겉만을 흐리게 할지언정 그 맑은 것은 상하게 하지 못하니〉, 만일 잘생긴 사람을 만난 뒤에 닦여져도 시기가 역시 늦지 않네. 아, 〈옛날 거울을 대한 사람은 그 맑은 것을 취하기 위한 것이었지만 내가 거울을 대하는 것은 그 희미한 것을 취하기 위함인데, 그대는 무엇을 괴이하게 여기는가?〉"

(〈 〉: 거울의 본성은 맑은 것이나 먼지가 끼면 흐려진다는 현상을 말하면서 인간에 있어서도 본성이 흐린 사람은 없다는 통찰의 자세를 보이고 있음.)

(〈 〉: 인간의 결점에 대한 애정 어린 시선과 열린 마음을 드러내는 진술)

하였더니 손은 대답이 없었다.

➥ 거사의 답변: 옛날 사람들은 거울의 맑은 면보다 흐린 것을 더 좋아함(풍자).

감상

고려 무신 정권기의 문인 이규보의 한문 수필이다. 작품의 제목 '경설'이란 '거울에 관한 이야기'라는 뜻으로, 이 글에서 작자는 "옛 사람들은 거울의 밝음을 본받기 위해 거울을 본다. 그러나 나는 희미한 것을 취하기 위해 본다."라고 말하며 처세훈적 의식을 드러내고 있고 부수적으로 현실에 대한 풍자적 의미까지 띠는 교훈적 수필이다.

★ '거울'의 의미

거울은 일반적으로 자신의 외양을 비추어 보는 도구를 의미하는데, 이 작품의 필자는 거울에 새로운 의미를 부여하고 있다. 즉 거울을 통해 사물과 삶의 보다 근원적인 의미를 발견하려 하고 있다. '거사'는 맑은 거울을 취하기보다 희미한 것을 취하는데 그 이유는 세상에 잘난 사람보다 못난 사람이 많고, 못난 모습을 그대로 드러내는 맑은 거울은 용납되지 못하기 때문이라고 말한다. 세상에 흠과 티끌이 있는 사람이 더 많은 것이 당연한데도 지나치게 결백하고 청명한 태도로만 일관하는 사람에 대한 비판의식이며, 작자 자신의 시대 상황에 따른 처세술임과 동시에 세상사에 대해 개성적인 시각이 존재함을 깨닫게 한다.

기출 확인

(A)에 대한 설명으로 옳지 않은 것은?

2016 국가직 9급

① 잘생긴 사람이 적고 못생긴 사람이 많다는 말에서 거사의 현실 인식을 알 수 있다.
② 용모에 대한 거사의 논의는 도덕성, 지혜, 안목 등을 비유한 것으로 볼 수 있다.
③ 잘생기고 예쁜 사람을 만난 후 거울을 닦겠다는 말에서 거사가 지닌 처세관을 엿볼 수 있다.
④ 이상주의적이고 결백한 자세로 현실에 맞서고자 하는 거사의 높은 의지가 드러나 있다.

해설

'거사'는 '거울'이라는 도구의 흐린 것을 취하겠다고 하여 '자신의 처세관'이 '지나치게 청렴한 태도로만 일관'하지 않겠다는 것을 밝혀, 오히려 이러한 태도를 취하는 이를 결과적으로 비판하고 있고, '잘생기고 예쁜 사람을 만난 뒤에' 거울을 갈고 닦겠다고 하여 '정결한 시대를 만난 후에 본인의 결백함'을 드러나게 하겠다는 자신의 견해를 밝히고 있다. 따라서 '결백한 자세로 현실에 맞서고자' 한다는 ④의 설명은 적절하지 않다.

정답 ④

2 슬견설(虱犬說) | 이규보

핵심정리

- **작자** 이규보(李奎報, 1168~1241)
- **갈래** 고전 한문 수필(패관 문학)
- **성격** 극적, 관조적, 풍자적, 교훈적
- **제재** 개와 이의 죽음에 관한 이야기
- **주제** ① 선입견을 버리고 사물의 본질을 올바로 보자.
  ② 편견을 버리고 사물의 본질을 올바로 파악하자.
  ③ 생명이 있는 것은 모두 소중하다.
- **표현** ① 변증법적 대화에 의해 상황을 극적으로 전개
  ② 일반적인 대상에서 교훈적인 의미를 끌어 냄.
  ③ 대조적 예시를 통해 주제를 부각
  ④ 표면적 사실을 이야기하면서 이면적 진실을 밝히는 관조적인 내용을 풍자의 수법으로 표현
- **구성** '기 - 승 - 전 - 결'의 극적 구성, 변증법적 구성
  ① 1단락(기): 어떤 손[客]의 이야기 → 개를 죽이는 것은 참혹한 일임.
  ② 2단락(승): 나의 대꾸 → 이를 죽이는 것도 가슴 아픈 일임.
  ③ 3단락(전): 손[客]의 대듦 → 개는 큰 짐승이나 이[虱(슬)]는 미물에 불과함.
  ④ 4단락(결): 나의 구체적 설명 → 이나 개나 죽기를 싫어함. 선입견과 편견을 버릴 것(주제)

어떤 손[客]이 나에게 이런 말을 했다.

"어제 저녁엔 아주 처참한 광경을 보았습니다. 어떤 불량한 사람이 큰 몽둥이로 돌아다니는 개를 쳐서 죽이는데, 보기에도 너무 참혹하여 실로 마음이 아파서 견딜 수가 없었습니다. 그래서 이제부터는 맹세코 개나 돼지의 고기를 먹지 않기로 했습니다."

이 말을 듣고, 나는 이렇게 대답했다.

"어떤 사람이 불이 이글이글하는 화로를 끼고 앉아서, 이를 잡아서 그 불 속에 넣어 태워 죽이는 것을 보고, 나는 마음이 아파서 다시는 이를 잡지 않기로 맹세했습니다."

손이 실망하는 듯한 표정으로,

"이는 미물이 아닙니까? 나는 덩그렇게 크고 육중한 짐승이 죽는 것을 보고 불쌍히 여겨서 하는 말인데, 당신은 구태여 이를 예로 들어서 대꾸하니, 이는 필연코 나를 놀리는 것이 아닙니까?" / 하고 대들었다. 나는 좀 구체적으로 설명할 필요를 느꼈다.

(미물: 벌레나 짐승 등 하찮은 존재)

"무릇 피[血]와 기운[氣]이 있는 것은 사람으로부터 소, 말, 돼지, 양, 벌레, 개미에 이르기까지 모두가 한결같이 살기를 원하고 죽기를 싫어하는 것입니다. 어찌 큰 놈만 죽기를 싫어하고, 작은 놈만 죽기를 좋아하겠습니까? 그런즉, 개와 이의 죽음은 같은 것입니다. 그래서 예를 들어서 큰 놈과 작은 놈을 적절히 대조한 것이지, 당신을 놀리기 위해서 한 말은 아닙니다. 당신이 내 말을 믿지 못하겠으면 당신의 열 손가락을 깨물어 보십시오. 엄지손가락만이 아프고 그 나머지는 아프지 않습니까? 한 몸에 붙어 있는 큰 지절(支節)과 작은 부분이 골고루 피와 고기가 있으니, 그 아픔은 같은 것이 아니겠습니까? 하물며, 각기 기운과 숨을 받은 자로서 어찌 저놈은 죽음을 싫어하고 이놈은 좋아할 턱이 있겠습니까? 당신은 물러가서 눈 감고 고요히 생각해 보십시오. 그리하여 〈달팽이의 뿔을 쇠뿔과 같이 보고, 메추리를 대붕(大鵬)과 동일시하도록 해 보십시오〉. 연후에 나는 당신과 함께 도를 이야기하겠습니다." / 라고 했다.

(지절: 팔다리의 뼈마디)
(대붕: 하루에 구만 리를 날아간다는 상상의 큰 새)
(〈 〉: 주제, 관조적으로 보면, 사물은 크기에 관계없이 쓰임에 따라, 또는 근본적 성질에 따라 같을 수도 있음. → 풍자(다른 사물에 의탁하여 재치 있게 경계하거나 비판함))

감상

개[犬(견)]를 죽이는 것은 참혹하며 이[虱(슬)]를 죽이는 것은 아무렇지도 않다고 생각하는 손[客(객)]에게 작자는 생명을 가진 존재가 죽기 싫어하는 것은 마찬가지라며 선입견을 버리고 사물의 본질을 올바로 바라보라는 교훈을 주고 있다. 기법상의 특징은 풍자라 할 수 있다.

줄거리

'나'의 집에 손님이 찾아오는데, 이 손님은 어떤 불량배가 몽둥이로 개를 때려죽이는 것을 보고 가슴이 아팠다고 그에게 전하며 다시는 고기를 먹지 않기로 맹세했다고 말하였다. '나'는 어떤 사람이 이[蝨]를 잡아 화로에 태우는 것을 보고 가슴이 아파 다시는 이를 잡지 않기로 맹세했다고 말하였다. 이에 손님이 자신을 조롱하는 것으로 생각해 화를 내자, '나'는 개와 이가 비록 크기는 다르나 같은 생명체임을 들어 비유적으로 달팽이의 뿔을 소의 뿔과 같이 보고, 메추리를 붕새[鵬]와 같게 보라고 전했다.

'어떤 사람'의 관점

- 큰 동물이 죽는 것은 불쌍하다.
- '이'의 죽음은 큰 동물의 죽음이 아니다.
- 그러므로 '이'의 죽음은 불쌍하지 않다.
  → 사물을 겉모습으로 판단

'나'의 관점

- 크기와 관계없이 모든 생물의 죽음은 불쌍하다.
- '이'는 큰 동물은 아니지만 생명을 가진 것이다.
- 그러므로 이의 죽음은 불쌍하다.
  → 사물을 본질로 판단

대조적인 소재

- **큰 것:** 개, 소, 말, 돼지, 양, 엄지손가락, 소의 뿔, 붕새
- **작은 것:** 이, 곤충, 개미, 나머지 손가락, 달팽이의 뿔, 메추리

Quiz

밑줄 친 소재 중 관계가 다른 하나는?

① 개 : 이
② 벌레 : 개미
③ 달팽이의 뿔 : 쇠뿔
④ 메추리 : 대붕(大鵬)

해설

표면적인 차이

〈크다〉		〈작다〉
개, 소, 말, 돼지, 양, 엄지손가락, 쇠뿔, 대붕	⇔	이, 벌레, 개미, 나머지 손가락, 달팽이의 뿔, 메추리

* 본질적인 진실: 크기에 관계없이 죽음을 싫어한다(본질은 동일하다).

정답 ②

3 이옥설(理屋說) | 이규보

핵심정리

- **갈래** 고전 한문 수필(패관 문학)
- **성격** 교훈적, 예시적, 경험적
- **구성** 미괄식 구성
- **표현** ① 일상적 체험을 바탕으로 깨달음을 도출함.
  ② 유추의 방식으로 글을 전개함.
- **제재** 퇴락(頹落)한 행랑채
- **주제** 잘못을 미리 알고 그것을 고쳐 나가는 자세의 중요성

행랑채가 퇴락하여 지탱할 수 없게끔 된 것이 세 칸이었다. 나는 마지못하여 이를 모두 수리하였다. 그런데 그중의 두 칸은 앞서 장마에 비가 샌 지가 오래 되었으나, 나는 그것을 알면서도 이럴까 저럴까 망설이다가 손을 대지 못했던 것이고, 나머지 한 칸은 비를 한 번 맞고 샜던 것이라 서둘러 기와를 갈았던 것이다. 이번에 수리하려고 본즉 비가 샌 지 오래 된 것은 그 서까래, 추녀, 기둥, 들보(→ 사람의 몸, 나라의 정치로 확장(유추))가 모두 썩어서 못쓰게 되었던 까닭으로 수리비가 엄청나게 들었고, 한 번밖에 비를 맞지 않았던 한 칸의 재목들은 완전하여 다시 쓸 수 있었던 까닭으로 그 비용이 많지 않았다.

나는 이에 느낀 것이 있었다. 사람의 몸에 있어서도 마찬가지라는 사실을(몸은 굳이 '인체'라는 것에 한정되지 않고, 人間事(인간사)의 의미로 확대되어 쓰이고 있음.). 잘못을 알고서도 바로 고치지 않으면 곧 그 자신이 나빠게 되는 것이 마치 나무가 썩어서 못 쓰게 되는 것과 같으며, 잘못을 알고 고치기를 꺼리지 않으면 해(害)를 받지 않고 다시 착한 사람이 될 수 있으니, 저 집의 재목처럼 말끔하게 다시 쓸 수 있는 것이다. 뿐만 아니라 나라의 정치도 이와 같다(때에 맞는 개선이 필요하다.). 백성을 좀먹는 무리들을 내버려두었다가는 백성들이 도탄(생활이 몹시 곤궁하거나 비참한 경지)에 빠지고 나라가 위태롭게 된다. 그런 연후에 〈급히 바로 잡으려 하면 이미 썩어버린 재목처럼 때는 늦은 것이다. 어찌 삼가지 않겠는가.〉

〈 〉: 주제가 암시되어 있는 부분. 백성을 좀먹는 무리들을 바로잡아야 정치가 바로 선다는 교훈 → 설의법

기출 확인

윗글의 중심 내용으로 가장 적절한 것은? 2013 국가직 9급

① 모든 일에 기초를 튼튼히 해야 한다.
② 청렴한 인재 선발을 통해 정치를 개혁해야 한다.
③ 잘못을 알게 되면 바로 고쳐 나가는 자세가 중요하다.
④ 훌륭한 위정자가 되기 위해서는 매사 삼가는 태도를 지녀야 한다.

정답 ③

감상

집수리를 예로 작은 잘못이라도 미리 고치지 않으면, 더 큰 문제를 만들게 되고, 그것으로 인하여 크게 낭패를 볼 수 있다는 교훈이 담겨 있다.

Quiz

01 이 글의 주제를 나타내기 위하여 사용한 방법은?

① 역설의 논리
② 사물의 본질 분석
③ 현실의 모순 비유
④ 실생활의 체험 예시

정답 ④

02 이 글의 구성상 특성을 바르게 설명한 것은?

① 현상 뒤에 숨은 본질을 파헤치고 있다.
② 논리적 인과 관계로 결론을 맺고 있다.
③ 구체적 경험을 토대로 주장을 펼치고 있다.
④ 다양한 비유를 통해 의견을 종합하고 있다.
⑤ 자신의 견해를 구체적 사례로 증명하고 있다.

정답 ③

감상

말을 빌려 탄 개인의 체험을 상상과 유추(범주가 다른 두 대상을 견주는 방법)를 통해 인간의 보편적인 일로 일반화하며 그에 대한 심리 변화를 치밀하고 분석적으로 제시하고, 더 나아가 인간의 소유 문제와 이에 따른 깨달음을 내용으로 한 수필적 모습을 지니고 있는 글이다.

〈차마설〉이 주는 교훈

남의 것을 빌려 사용하는 것처럼 조심해서 자신의 소유를 다루어야 할 것이고, 자신의 소유에 집착하지 말고 자신의 소유는 남으로부터 빌린 것이기 때문에 되돌려 준다는 의미에서 베풀면서 더불어 살아가는 삶을 살아가야 한다.

구성: 사실 + 의견

- 전반부(경험, 사실)
  - 빌린 말의 좋고 나쁨에 따라 마음 상태가 다름.
  - 외물과 소유에 따른 심리 변화
- 후반부(일반화, 의견)
  - 모든 소유는 남에게 빌린 것임. → 소유에 대한 근원적 성찰
  - 소유 관념과 태도 비판
  - 그릇된 소유 관념에 근거한 심리의 허망함.
  - 맹자의 말 인용(소유관에 대한 소견 논거 제시)
  - 글을 쓴 취지 → 인간에게 진정한 자기 소유란 없다는 것을 타인에게 전함.(무소유의 제시)

4 차마설(借馬說) | 이곡

핵심정리

작자	이곡(李穀, 1298~1351) - 고려 말의 학자. 호는 가정(稼亭). 충숙왕 때 과거에 급제하였고, 원나라에 건너가서도 과거에 급제하여 그곳의 문우들과 교류. 가전체 소설인 《죽부인전(竹夫人傳)》을 남김. 고려 말 삼은(三隱)의 한 사람인 목은(牧隱) 이색(李穡)의 아버지. 문집으로는 《가정집(稼亭集)》이 전해짐.
갈래	설(說), 고대 한문 수필(패관 문학), 중수필
성격	우의적, 예시적, 교훈적
주제	올바른 삶의 자세. 무소유(無所有)
문체	만연체, 강건체
표현	① 체험을 내용으로 일화로 들어 우의적으로 표현 ② 설의법을 적절히 사용하여 주지하는 내용 강조 ③ 구체적·사실적 묘사와 직설적 제시를 적절히 혼용 ④ 열거법과 영탄법을 통해 내용을 강조 ⑤ 결론 부분에서 성현의 명구 인용을 통해 자신의 주장을 뒷받침
특징	① 사물과 상황에 따라 수시로 변화하는 얄팍한 인간의 마음을 경계, 비판함. ② 생활에서 항상심(恒常心)을 가질 것과 무소유(無所有)의 참뜻을 강조함.

내가 집이 가난해서 말이 없으므로 혹 빌려서 타는데, 여위고 둔하여 걸음이 느린 말이면 비록 급한 일이 있어도 감히 채찍질을 가하지 못하고 조심조심하여 곧 넘어질 것같이 여기다가, 개울이나 구렁을 만나면 곧 내려 걸어가므로 후회하는 일이 적었다. 발이 높고 귀가 날카로운 준마로서 잘 달리는 말에 올라타면 의기양양하게 마음대로 채찍질하여 고삐를 놓으면 언덕과 골짜기가 평지처럼 보이니 심히 장쾌하였다. 그러나 어떤 때에는 위태로워서 떨어지는 근심을 면치 못하였다.
(말을 빌려 타게 된 계기)

➥ 남의 말을 탈 때의 기분(기)

아! 사람의 마음이 옮겨지고 바뀌는 것이 이와 같을까? 남의 물건을 빌려서 하루 아침 소용에 대비하는 것도 이와 같거든, 하물며 참으로 자기가 가지고 있는 것이랴.
(영탄법, 설의법)

➥ 자기 소유일 때의 기분(승)

그러나 사람이 가지고 있는 것이 어느 것이나 빌리지 아니한 것이 없다. 임금은 백성으로부터 힘을 빌려서 높고 부귀한 자리를 가졌고, 신하는 임금으로부터 권세를 빌려 은총과 귀함을 누리며, 아들은 아비로부터, 지어미는 지아비로부터, 비복(婢僕)은 상전으로부터 힘과 권세를 빌려서 가지고 있다.
(소유의 본질에 대한 깨달음(주제문))

그 빌린 바가 깊고 많아서 대개는 자기 소유로 하고 끝내 반성할 줄 모르고 있으니, 어찌 미혹(迷惑)한 일이 아니겠는가?
('매우 미혹한 일이다.' 즉 '매우 어리석다.'는 의미)

그러다가도 혹 잠깐 사이에 그 빌린 것이 도로 돌아가게 되면, 만방(萬邦)의 임금도 외톨이가 되고, 백승(百乘)을 가졌던 집도 외로운 신하가 되니, 하물며 그보다 더 미약한 자야 말할 것이 있겠는가?
(말할 것 없이 소유의 허망함을 깨달을 것이다(설의). 소유와 관계된 인간 세상의 본질)

맹자가 일컫기를 "남의 것을 오랫동안 빌려 쓰고 있으면서 돌려주지 아니하면, 어찌 그것이 자기의 소유가 아닌 줄 알겠는가?" 하였다.

➥ 남으로부터 빌린 것을 인식하지 못하는 사람들의 어리석음(전)

내가 여기에 느낀 바가 있어서 차마설을 지어 그 뜻을 넓히노라.
(다른 사람에게도 널리 알리고 싶다. 겸허한 자세 강조(무소유))

➥ 글을 쓴 취지(결)

Quiz

마지막 단락에서 느낀 바의 의미는?

① 무념무상 ② 견물생심
③ 무소유 ④ 자가당착
⑤ 자업자득

해설

'느낀 바'의 내용은 크게 두 가지로 요약된다. 하나는 전반부의 '항상심(恒常心)이 없는 것'과 다른 하나는 후반부의 '무소유(無所有)의 참뜻을 모르는 것'이다.

정답 ③

5절 가전체 문학

1 개관

1. 개념 및 특징

① 계세징인(戒世懲人)을 목적으로 사물을 의인화하여 '전(傳)'의 형식으로 나타낸 문학이다.

* 전(傳): 교훈을 목적으로 사람의 일생을 압축·서술한 교술 문학

② '일대기적 구성'에 '사관의 평'을 덧붙이는 '전'의 구성을 따른다.

③ 우화적 수법을 통해 인간 세상을 다룬다는 점에서 풍자성이 강하다.

혜원通 설화 문학의 발달

설화 문학	→	패관 문학	→	가전체 문학	→	고대 소설
구비 전승		· 기록 문학 · 구비 전승된 것을 기록 · 기록자의 창의성이 가미(윤색)		· 기록 문학 · 개인 창작물 · 주인공이 사물		· 기록 문학 · 개인 창작물 · 주인공이 인간

2 주요 작품

작품	연대	작자	내용
〈국선생전(麴先生傳)〉	고종	이규보(李奎報)	'술'을 의인화하여 군자의 처신을 경계함.
〈청강사자현부전(淸江使者玄夫傳)〉	고종	이규보(李奎報)	'거북'을 의인화하여 어진 사람의 행적을 표현함.
〈국순전(麴醇傳)〉	인종	임춘(林椿)	'술'을 의인화하여 술이 사람에게 미치는 영향을 밝힘. *가전체 소설의 효시
〈공방전(孔方傳)〉	고종	임춘(林椿)	'돈'을 의인화하여 탐재(貪財)를 경계함.
〈죽부인전(竹夫人傳)〉	공민왕	이곡(李穀)	'대나무'를 의인화하여 여자의 절개를 나타냄.
〈정시자전(丁侍者傳)〉	고려 말	석식영암(釋息影庵)	'지팡이'를 의인화하여 인세(人世)의 덕을 경계함.
〈저생전(楮生傳)〉	고려 말	이첨(李詹)	'종이'를 의인화하여 위정자들에게 올바른 정치를 구함.

가전체 문학의 성격
- 교훈적
- 서사성
- 우의성

기출 확인

다음 중 가전체 문학에 대한 설명으로 가장 적절하지 않은 것은? 2018 경찰 3차

① 사물을 의인화하여 전기(傳記) 형식으로 기록한 문학 작품이다.

② 고려 중기 이후 크게 유행하였으며, 조선 시대에도 꾸준히 창작되었다.

③ 고려 신흥 사대부들의 집단 창작물로, 설화와 소설을 잇는 교량적 역할을 하였다.

④ 주요 작품으로 공방전, 죽부인전, 저생전 등이 있다.

해설

가전체 문학이 설화와 소설을 잇는 교량적 역할을 한다는 설명은 맞지만, 집단 창작물이라는 설명은 적절하지 않다. 가전체 문학은 개인의 창작물이다.

정답 ③

기출 확인

다음 글에서 의인화하고 있는 사물은? 2020 지방직 9급

> 姓은 楮이요, 이름은 白이요, 字는 無玷이다. 회계 사람이고, 한나라 중상시 상방령 채륜의 후손이다. 태어날 때 난초탕에 목욕하여 흰 구슬을 희롱하고 흰 띠로 꾸렸으므로 빛이 새하얗다. …(중략)… 성질이 본시 정결하며 武人을 좋아하지 않고 文士와 더불어 노니는데 毛學士가 그 벗으로 매양 친하게 어울려서 비록 그 얼굴에 점을 찍어 더럽혀도 씻지 않았다.

① 대나무 ② 백옥
③ 엽전 ④ 종이

해설 "姓은 楮이요"에서 '楮(종이 저)'가 쓰인 것을 보아, 제시된 글에서 의인화하는 사물은 '종이'임을 짐작할 수 있다. 또 "毛學士가 그 벗으로 매양 친하게 어울려서 비록 그 얼굴에 점을 찍어 더럽혀도 씻지 않았다."를 통해 '붓'으로 '종이'에 글을 쓴다는 내용을 짐작할 수 있다. 이를 통해 제시된 글에서 의인화하는 사물은 '종이'임을 짐작할 수 있다.

정답 ④

작품 정리 〈저생전〉

갈래	가전
성격	계세적, 교훈적, 의인적
주제	문신(文臣)으로서의 올바른 삶

작품의 실제 가전체 문학

1 공방전(孔方傳) | 임춘

핵심정리

- 작자: 임춘(林椿, 1147~1197)★
- 갈래: 가전(假傳)
- 성격: 풍자적, 교훈적, 우의적, 전기적
- 구성: 공방의 가계에 대한 약전(略傳), 도입 → 전개 → 비평
- 제재: 돈
- 주제: 경세에 대한 비판, 재물욕에 대한 경계
- 개관: 인간의 삶에서 돈이 요구되어 만들어져 쓰이지만, 그 때문에 생긴 인간의 타락상을 역사적으로 살피고 있는 작품
- 의의: ① 〈국순전〉과 함께 우리나라 문헌상 최초의 가전체 작품
  ② 〈공방전〉은 돈을 의인화한 작품으로 현대의 삶과도 밀접하게 관련
  ③ '돈'이 낳은 사회적 폐단과 사람들의 생활도 지배를 받게 될 것에 대한 경계
- 출전: 《동문선》

가 공방(孔方)의 자(字)는 관지(貫之)다. 공방이란 구멍이 모가 나게 뚫린 돈, 관지는 돈의 꿰미를 뜻한다. 그의 조상은 일찍이 수양산 속에 숨어 살면서 아직 한 번도 세상에 나와서 쓰여진 일이 없었다. 그는 처음 황제(黃帝) 시절에 조금 조정에 쓰였으나 워낙 성질이 굳세어 원래 세상일에는 그다지 세련되지 못했다. 어느 날 황제가 상공(相工)을 불러 그를 보았다. 상공은 한참 들여다보고 나서 말한다.

(공방(孔方): 밖은 둥글고 안에는 네모난 구멍이 있는 엽전, 돈의 모양을 보고 공방이라고 이름 붙임.(의인화))
(아직 한 번도 세상에 나와서 쓰여진 일이 없었다: 돈이 필요한 사회가 아님. → 화폐 경제 시대가 아니었음.)
(상공(相工): 대장장이를 벼슬아치에 비유)

"이는 산야(山野)의 성질을 가져서 쓸 만한 것이 못 됩니다. 그러하오나 폐하께서 만일 〈만물을 조화하는 풀무나 망치를 써서 그 때를 긁어 빛이 나게 한다면, 그 본래의 바탕이 차차 드러나게 될 것입니다.〉 원래 왕자(王者)란 모든 사람으로 하여금 올바른 그릇이 되게 해야 하는 것입니다. 원컨대 폐하께서는 이 사람을 저 쓸모없는 완고한 구리쇠와 함께 내버리지 마시옵소서."

(〈 〉: 돈을 주조하여 만드는 과정 암급)
(이 사람을 저 쓸모없는 완고한 구리쇠와 함께 내버리지 마시옵소서: 돈을 주조하여 유통시키면 유용함이 있을 것이라는 말)

이리하여 공방은 차츰 그 이름이 세상에 나타나기 시작했다.

(화폐 경제의 시작)

그 뒤에 일시 난리를 피하여 강가에 있는 숯 굽는 거리로 옮겨져서 거기에서 오래 살게 되었다. 그의 아버지 천(泉)은 주나라의 대재(大宰)로서 나라의 세금에 관한 일을 맡아 처리하고 있었다. 천(泉)이란 화천(貨泉)을 말한다. 〈중략〉

(강가에 있는 숯 굽는 거리로 옮겨져서 거기에서 오래 살게 되었다: 돈의 속성은 쇠이기에 숯 등의 열을 가해 광석에서 만들어짐.)
(화천(貨泉): 중국 신나라 때 왕망이 주조한 동전)

➥ 공방의 가계와 출현 배경

나 〈사신(史臣)은 말한다.〉 (〈 〉: 가전의 특징 → 사신의 평이 붙어 있음.)

(사신(史臣): 작가의 목소리를 대변하는 인물)

남의 신하가 된 몸으로서 두 마음을 품고 큰 이익만을 좇는 자를 어찌 충성된 사람이라고 하랴. 방이 올바른 법과 좋은 주인을 만나서, 정신을 집중시켜 자기를 알아 주어서 나라의 은혜를 적지 않게 입었었다. 그러면 의당 국가를 위하여 이익을 일으켜 주고, 해를 덜어 주어서 임금의 은혜로운 대우에 보답했어야 했다. 그런데도 도리어 비를 도와서 나라의 권세를 한몸에 독차지해 가지고, 심지어 사사로이 당을 만들기까지 했으니, 이것은 충신이 경계 밖의 사귐이 없어야 한다는 말에 어긋나는 것이다. / 방이 죽자 그 남은 무리들은 다시 남송에 쓰여졌다. 집정한 권신(權臣)들에게 붙어서 그들은 도리어 정당한 사람을 모함하는 것이었다. 비록 길고 짧은 이치는 저 명명(冥冥)한 가운데 있는 것이지만, 만일 원제(元帝)가 일찍부터 공우(貢禹)가 한 말을 받아들여서 이들을 일조에 모두 없애 버렸던들 이 같은 후환은 없었을 것이다. 그런데 다만 이들을 억제하기만 해서 마침내 후세에 폐단을 남기고 말았다. 그러나 대체 실행보다 말이 앞서는 자는 언제나 미덥지 못한 것을 걱정하지 않을 수가 없다.

(명명(冥冥): 겉으로 나타남이 없이 아득하고 그윽한)
(그런데 다만 이들을 억제하기만 해서 마침내 후세에 폐단을 남기고 말았다: 이와 같은 표현을 통해 작가가 살고 있는 당시에까지 돈으로 인한 폐해가 남아 있음을 암시)

감상

돈(엽전)을 의인화하여 돈을 탐하는 세태에 대하여 비판하고 있는 가전 소설이다.

★ 임춘

고려 중기의 문인, 호는 서하(西河). 정중부(鄭仲夫)의 무신란 때에 일가가 피해를 입고, 겨우 목숨을 보전하였다. 문명(文名)은 크게 떨쳤으나 과거에 번번이 낙방하여 불행한 인생을 보내면서도, 이인로 등과 죽림고회(竹林高會)를 이루어 시주(詩酒)로 생활하며 많은 시문(詩文)을 남겼다.

특징

- 동전을 의인화하여 돈의 내력과 그 흥망성쇠를 이야기함으로써 돈이나 재물에 대한 집착과 탐욕을 경계하고 있는 가전 작품
- 돈이 생겨난 유래와 인간 생활에 미치는 이득과 폐해를 보여 주면서 돈을 바르게 사용해야 함을 역설적으로 드러냄.

줄거리

공방은 엽전의 둥근 모양에서 공(孔)을, 구멍의 모난 모양에서 방(方)을 따서 붙인 이름이다. 공방의 조상은 수양산 굴 속에 숨어 살았고, 세상에 나와 쓰인 적이 없었는데, 황제 때 처음 채용되었다. 천(泉)은 주나라의 재상으로 나라의 세금을 담당했다. 공방은 그 생김이 밖은 둥글고 안은 모나며, 때에 따라 응변을 잘하여 한나라의 홍로경이 되었다. 그러나 공방의 성질이 욕심 많고 더러워 돈을 중하게 여기고 곡식을 천하게 여기므로 백성들로 하여금 근본(농사)을 버리고 장사 잇속만을 따르게 했다. 또 인물을 대함에도 어질고 불초함을 묻지 않고 재물만 많이 가진 자면 가까이 사귀었다. 그것을 미워하는 이의 탄핵을 받고 드디어 쫓겨나게 되었다. 당나라, 송나라 때 다시 채용되었으나 배척을 받기도 했다.

Quiz

이 글에 대한 설명으로 가장 적절하지 않은 것은?

① 우의(寓意)의 표현 방식을 통해 세상사의 문제를 비판하고 풍자하고 있다.
② 세상을 살아가는 임기응변의 지혜와 부정부패 척결을 일깨워주는 교훈적 성격의 글이다.
③ 사물을 의인화하여 사물의 가계와 생애 및 성품 등을 전기(傳記) 형식으로 기록한 가전체 문학이다.
④ 구체적 사물과 경험을 중시하면서 그것들을 해석한다는 점에서 교술적 성격이 있고 사물과 경험을 어떤 인물의 구체적인 생애로 서술한다는 점에서 서사적 성격도 있다.

해설
'세상을 살아가는 임기응변의 지혜'는 이 작품의 설명으로 적절하지 않다.

정답 ②

특징

- 바람직한 신하와 이상적인 인간의 모습을 제기한 가전체
- 때를 보아 물러날 줄도 알아야 하는 것이 신하의 도리임을 제시

의의

- 임춘의 〈국순전〉의 영향을 받음.
- 〈국순전〉이 풍자적인 데 반해 권선적(勸善的)이며 교회적(敎誨的, 잘 가르치고 타일러 잘못을 뉘우치게 하는 것)임.

줄거리

국성은 주천 사람으로 그의 조상은 농사를 짓고 살았다. 아버지 인차(흰술)가 곡씨(곡식)의 딸과 결혼하여 성을 낳았는데, 국성은 도량이 넓어 임금의 총애를 받아 벼슬도 높아졌다. 하지만 임금의 총애를 받게 되자 함부로 행동하게 되었으며 그의 아들들도 방자하게 굴었다. 결국 모영(붓)의 탄핵을 받자 아들들은 자살하고 국성은 서인으로 떨어진다.
그 뒤에 국성은 다시 기용되어 도둑을 토벌하는 공을 세우고, 스스로 벼슬자리에서 물러나 고향에 돌아가 여생을 마친다. 이에 사신은 국성이 자신의 품행을 삼가고 순리에 따라 행동하는 인물이었다고 평가한다.

Quiz

01 이 글에서 의인화된 대상을 알게 해 주는 방법은?

① 비유적 표현
② 대상의 속성을 표현한 말
③ 서술자의 요약
④ 상징적 매개물의 사용

해설
'누룩'과 관계 있는 어휘가 사용되었다.

정답 ②

02 이런 갈래에 속한 작품과 그 의인화 대상이 잘못 연결된 것은?

① 〈공방전〉 – 돈
② 〈국순전〉 – 대나무
③ 〈저생전〉 – 종이
④ 〈청강사자현부전〉 – 거북

해설
〈국순전〉 - '술'을 의인화한 작품

정답 ②

2 국선생전(麴先生傳) | 이규보

핵심정리

- 연대: 고려 중엽
- 작자: 이규보(李奎報 1168~1241)
- 갈래: 가전(假傳)
- 성격: 풍자적, 교훈적
- 구성: 전기적(傳記的) 구성
- 제재: 누룩
- 주제: 위국충절의 사회적 교훈 강조. 군자의 처신 경계

국성(麴聖)의 자(字)는 중지(中之)이니, 주천(酒泉)고을 사람이다. 어려서 서막(徐邈)에게 사
('맑은 술'을 의인화 / 곤드레 / 춘추전국 주나라 지명. 처음 술이 유래한 곳 / 이름난 애주가)
랑을 받아, 막(邈)이 이름과 자를 지어 주었다. 먼 조상은 본시 온(溫)땅 사람으로 항상 힘써 농사지어 자급(自給)하더니, 정(鄭)나라가 주(周)나라를 칠 때에 잡아 데려 왔으므로, 그 자손이 혹 정나라에 널려 있기도 하다. 증조(曾祖)는 역사에 그 이름을 잃었고, 조부 모(牟)가 주천(酒泉)으로 이
(보리를 의인화한 명칭)
사하여 거기서 눌러 살아 드디어 주천 고을 사람이 되었다. 아비 차(醝)에 이르러 비로소 벼슬하여
(제사에 쓰이는 미곡(米穀)과 적전(籍田) 일을 맡아 보던 고려의 관아 / 흰 술을 의인화)
평원독우(平原督郵)가 되고, 사농경(司農卿) 곡(穀)씨의 딸과 결혼하여 성(聖)을 낳았다. 〈중략〉
(맛이 좋지 않은 술(↔ 청주종사))

➥ 국성의 출생과 집안 내력(전기적 내용)

〈사신(史臣)은 이렇게 평한다.〉 (〈 〉: 가전의 특징 → 사신의 평이 붙어 있음.)
(작가의 목소리를 대변하는 인물)
"국씨는 대대로 농가 태생이며, 성은 순덕과 청재로 임금의 심복이 되어 국정을 돕고 임금의 마음을 흐뭇하게 하여 거의 태평을 이루었으니, 그 공이 성대하도다. 그 총애를 극도로 받음에
(〈국순전(麴醇傳)〉과 달리 긍정적 평가)
미쳐서는 거의 나라의 기강을 어지럽혔으니, 그 화가 비록 자손에 미쳤더라도 유감될 것이 없었다.
그러나 만년에 분수에 족함을 알고 스스로 물러가 능히 천명으로 세상을 마쳤다. 《주역》에 이르기를 '기미를 보아 떠난다.' 하였으니, 성이 거의 그에 가깝도다."
(견기이작(見機而作): 순리를 알고 처신함.)

➥ 국성의 처신에 대한 사신의 평가(논평) → 긍정적

예원通 〈국순전(麴醇傳)〉 vs. 〈국선생전(麴先生傳)〉

1. 공통점
   - '술(누룩)'을 의인화한 작품
   - 관련 인물 및 지명, 서술 방식 등이 유사
2. 차이점

구분	〈국순전〉	〈국선생전〉
술의 기능	술의 역기능을 강조	술의 순기능을 강조
주제	아부하는 간신배들과 방탕한 군주를 풍자, 비판함.	처음에 총애를 받다가 방종하여 물러나 반성하고 근신할 줄 아는 인물로, 후에 백의종군하는 충절의 대표적 인간상으로 사회적 교훈을 드러냄.
영향 받은 작품	'서막 설화'의 영향	〈국순전〉의 영향

CHAPTER

03 조선 시대의 문학

1절 악장

1 개관

1. 개념 및 특징

① 조선 초 궁중에서 잔치를 하거나 종묘에서 제사를 지낼 때 연주하던 노래의 가사이다.

② 왕권이 점차 안정됨에 따라, 악장의 주된 목적인 '건국의 정당성 확보'가 이루어짐에 따라 창작되는 작품의 수는 점차 감소하였다.

③ 조선 건국의 정당성, 문물제도의 찬양, 임금의 업적과 만수무강의 기원, 왕조의 번창 축원, 후왕에 대한 권계 등을 내용으로 한다.

④ 다양한 형식(신체, 한시체, 속요체, 경기체가체)으로 창작되었다.

2 주요 작품

작품명	작자	연대	형식	내용
〈신도가〉	정도전	태조 3	속요체	새 도읍지인 한양의 형승과 태조의 성덕을 송축함.
〈용비어천가〉	정인지, 권제, 안지	세종 27	신 체	6조의 위업 찬양과 후대 왕에 대한 권계. 악장의 대표작. 서사시
〈월인천강지곡〉	세종	세종 31	신 체	석가모니를 찬송함.

작품의 실제 악장

1 월인천강지곡(月印千江之曲)[+] | 세종

핵심정리

- **연대** 창작(세종 29년, 1447년). 간행(세종 31년, 1449년)
- **작자** 세종대왕(1397~1450, 재위 1418~1450)
- **형식** 악장(樂章), 서사시
- **구성** 전문 580여 장의 장편 서사시. 각 장 2절 4구체
- **주제** 석가의 공덕 찬양과 아름다운 자연 경관의 실체
- **출전** 《월인천강지곡(月印千江之曲)》
- **표기** ① 당시의 표기법인 연철(連綴)을 원칙으로 삼고 있으나 분철(分綴)도 많이 나타남.
  ② 당시의 문헌들이 한자 밑에 국문으로 음을 달았으나 국문 밑에 한자를 사용
  예 셰世존尊
  ③ 종성부용초성(終聲復用初聲)의 받침 규정을 따름. → 〈용비어천가〉와 공통적

〈끠其 힗一〉

외巍외巍 셕釋가迦뿛佛 무無량量무無변邊 공功득德을 겁劫겁劫에 어느 다 ᄉᆞᆲᄫᆞ리.

높고 큰 석가모니 부처의 끝없는 공덕을 이 세상 다하도록 어찌 다 말할 수 있겠습니까?

· **구성**: 서사	· **형식**: 1절 2구(파격)
· **핵심어**: 공功득德	· **주제**: 석가불의 공덕 찬양
· **요지**: 석가불의 공덕은 이 세상 다하도록 말해도 다 못할 만큼 높고 크다.	

〈끠其 ᅀᅵ二〉

셰世존尊ㅅ 일 ᄉᆞᆯᄫᆞ리니 만萬리里외外ㅅ 일이시나 눈에 보논가 너기ᅀᆞᄫᆞ쇼셔.

셰世존尊ㅅ 말 ᄉᆞᆯᄫᆞ리니 쳔千재載썅上ㅅ 말이시나 귀예 듣논가 너기ᅀᆞᄫᆞ쇼셔.

부처님이 하신 일을 말씀드릴 것이니, 만 리나 떨어진 곳의 일이지만 눈으로 보는 듯이 여기십시오.
부처님의 하신 말씀을 아뢸 것이니, 천 년 전의 말씀이시나 귀로 듣는 듯이 여기십시오.

· **구성**: 서사	· **형식**: 2절 4구체
· **핵심어**: 셰世존尊ㅅ 일, 셰世존尊ㅅ 말	· **주제**: 시공을 초월한 세존의 언행 찬양
· **요지**: 세존은 공간적으로 인도에서 태어났고, 시간적으로도 옛날 분이지만, 공덕이 크므로 현세에서 직접 보고 듣는 것처럼 경건히 여기라.	

감상

수양대군이 지은 〈석보상절〉을 보고 세종이 감명을 받아 직접 지은 작품으로 석가의 공덕을 찬양한 대서사시다. 〈용비어천가〉와 함께 조선 초의 2대 서사시로 불린다. '月印千江(월인천강)'의 뜻은 〈월인석보〉 제1장 첫머리에 보이듯 '부처가 수많은 세상에 몸을 바꾸어 태어나 중생을 교화하심이 마치 달이 천 개가 넘는 수많은 강에 비치는 것과 같으니라.'의 의미이다.

TIP

〈월인천강지곡〉의 문학사적 의의

- 〈용비어천가〉와 쌍벽을 이루는 대표적 악장 문학. 최대의 서사시
- 15세기 국어의 모습과 당시 표기법의 특이성을 보여 주는 귀중한 자료
- 훈민정음 문학 최고(最古) 자료의 하나로 한글 자형의 변천 과정을 알려 주는 문헌
- 불교 문학의 정화(精華)

표현

제목에서 '달(月)'은 석가를, '천강(千江)'은 중생을 비유한 것으로, 이 노래는 석가모니의 교화가 모든 중생에게 미침을 칭송한 찬불가(讚佛歌)이다. 그런데 조선의 치국(治國) 이념은 척불 숭유(斥佛崇儒)이어서, 이 노래는 악장이면서도 궁중 음악으로 불리지 않았다.

간행 순서

- 〈용비어천가〉(1445)
- 〈석보상절〉(1447)
  - 훈민정음 최초의 산문
  - 석가 일대기(전기)
- 〈월인천강지곡〉(1449) – 악장
- 〈월인석보〉(1459, 세조)
  - 훈민정음 〈언해본〉 수록

2절 시조

1 개관

1. 개념 및 특징

① 고려 중엽에 발생하여 고려 말에 형식이 완성된, 3장 6구 45자 내외의 정형시이다.

② 4음보의 율격 예 이 몸이 / 죽고죽어 / 일 백번 / 고쳐죽어

*후기로 갈수록 형식의 파괴가 나타난다.

③ 종류

평시조	3장 형식으로 이루어진 가장 기본적인 시조
연시조	평시조를 한 연으로 하여 2연 이상 중첩되는 시조 예 맹사성의 〈강호사시가〉
엇시조	종장의 첫 구절을 제외한, 어느 한 구절이 길어진 시조
사설시조	종장의 첫 구절을 제외한, 두 구절 이상이 길어진 시조 * 최초의 사설시조는 정철의 〈장진주사〉이다.

*시조 종장의 첫 구절은 '3글자'여야 하고, 종장 전체는 '3·5·4·3'의 글자 수를 지키는 형식적 제약이 있다.

④ 주로 사대부가 창작에 참여했던 조선 전기와 달리, 후기로 오면서 여성, 일반 평민에 이르기까지 작자층이 다양해졌다.

* 평민이 가세하여 창작층이 확대된 것으로, 창작층이 '이동'한 것은 아니다.

기출 확인

(가)와 (나)의 형식적 특징에 대한 설명으로 가장 적절하지 않은 것은? 2023 법원직 9급

(가) 고인(古人)도 날 못 보고 나도 고인 못 뵈
고인을 못 봐도 녀ᄃᆞᆫ 길 알픠 잇너
녀ᄃᆞᆫ 길 알픠 잇거든 아니 녀고 엇절고

– 이황, 〈도산십이곡〉

(나) 한숨아 셰 한숨아 네 어닉 틈으로 드러온다
고모장ᄌᆞ 셰살장ᄌᆞ 가로다지 여다지에 암돌져귀 수돌져귀 비목걸새 쑥닥 박고
용(龍) 거북 ᄌᆞ물쇠로 수기수기 ᄎᆞ엿ᄂᆞᆫᄃᆡ 병풍(屛風)이라 덜걱 져븐 족자(簇子)
ㅣ라 ᄃᆡᄃᆡ글 ᄆᆞᆫ다네 어닉 틈으로 드러온다
어인지 너 온 날 밤이면 좀 못 드러 ᄒᆞ노라

– 작자 미상

① (가)는 각 장이 4음보의 전통적인 율격으로 되어 있다.
② (나)는 중장이 다른 장에 비해 현저히 길어진 구성을 취하고 있다.
③ (가)와 (나)는 모두 초장, 중장, 종장의 3장 구성으로 되어 있다.
④ (나)는 (가)와 달리 종장의 첫 음보 음절 수가 지켜지지 않고 있다.

해설 (가)는 평시조(연시조)이고 (나)는 사설시조이다. 사설시조도 평시조처럼 종장의 첫 음보 음절 수는 3음절로 동일하다.

오답 ① (가)는 평시조(연시조)로 각 장이 4음보의 전통적인 율격으로 되어 있다.
② (나)는 사설시조로, 사설시조는 중장이 다른 장에 비해 현저히 길어진 구성을 취하고 있는 것이 특징이다.
③ (가)와 (나)는 모두 시조이다. 시조는 초장, 중장, 종장의 3장 구성으로 되어 있다.

정답 ④

시조의 형식

3	4	3	4	초장
3	4	3	4	중장
③	5	4	3	종장

- 3장(초장, 중장, 종장)
- 6구(각 장을 2구로)
- 45자 내외(글자 수가 일정한 형식, 특히 종장의 첫 3글자를 엄격히 지킴. ∴ 정형시)

최초의 사설시조

정철, <장진주사>

최초의 연시조

맹사성, <강호사시가>

작품의 실제 시조

1. 고려 말 시조

1 이화에 월백ᄒᆞ고 | 이조년

핵심정리

연대	고려 말엽
작자	이조년(1269~1343)
갈래	평시조, 단시조
성격	다정가(多情歌)
표현	상징법, 의인법. 시각적 심상과 청각적 심상이 잘 어우러져 봄밤의 애상적 정조를 심화시키고 있다.
주제	봄날의 애상적인 정감
출전	《청구영언》, 《병와가곡집》

이화(梨花)에 월백(月白)ᄒᆞ고 은한(銀漢)이 삼경(三更)인 제
일지춘심(一枝春心)을 자규(子規)ㅣ야 아랴마ᄂᆞᆫ,
다정(多情)도 병인 냥ᄒᆞ여 좀 못 드러 ᄒᆞ노라.
전전반측(輾轉反側), 전전불침(輾轉不寢), 오매불망(寤寐不忘)

배꽃 위에 밝은 달이 비칠 때 하늘을 보니 은하수는 한밤중임을 알리고 있구나.
배나무 가지에 봄이 와 있음을 소쩍새가 알고서 저리 우는 것일까마는
정이 많은 것도 병인 듯하여 잠이 오지 않는구나.

기출 확인

다음 시조 중 주된 정조(情調)가 가장 다른 것은? 2023 군무원 7급

(가) 이화에 월백하고 은한(銀漢)이 삼경인제
일지춘심(一枝春心)을 자규야 아랴마는
다정도 병인양 하여 잠 못 들어 하노라
(나) 흥망이 유수하니 만월대도 추초(秋草)로다
오백 년 왕업이 목적(牧笛)에 부쳤으니
석양에 지나는 객이 눈물계워 하노라
(다) 오백 년 도읍지를 필마로 돌아드니
산천은 의구하되 인걸은 간 데 없다
어즈버 태평연월이 꿈이런가 하노라
(라) 이 몸이 죽고 죽어 일백 번 고쳐 죽어
백골이 진토 되어 넋이라도 있든 없든
임 향한 일편단심이야 가실 줄 있으랴

① (가) ② (나) ③ (다) ④ (라)

해설 (나)~(라)는 '망해 가는' 또는 '망해 버린' 나라에 대한 화자의 마음이 드러나 있다. 그런데 (가)는 봄밤의 애상과 우수에 잠겨 잠을 못 이루는 한 개인의 심정을 담고 있다. 따라서 정조가 가장 이질적인 것은 (가)이다.

정답 ①

감상

봄밤의 애상적 정서를 달, 배꽃, 소쩍새의 이미지를 통해 밀도 있게 형상화한 작품이다. '다정가(多情歌)'라고도 불리는 이 노래는 고려 시대의 시조 가운데 가장 문학성이 뛰어나다는 평가를 받는 작품으로 배꽃과 달빛의 시각적 심상과 소쩍새 울음의 청각적 심상이 조화를 이루어 애상적 정조를 심화시키고 있다.

Quiz

이 시의 바탕이 되는 정서는?

① 애상 ② 좌절
③ 희열 ④ 탄식

해설
이 시의 주제는 '봄날의 애상적인 정감'이라고 할 수 있다.

정답 ①

기출 확인

다음 시조에 대한 설명으로 옳지 않은 것은? 2022 국회직 9급

① '이화'는 배나무 꽃을 말한다.
② '은한'은 은하수를 말한다.
③ '삼경'은 해 질 무렵의 시간을 말한다.
④ '일지'는 한 나뭇가지를 말한다.
⑤ '자규'는 소쩍새를 말한다.

해설
'삼경(三更)'은 하룻밤을 오경(五更)으로 나눈 셋째 부분으로, 밤 열한 시에서 새벽 한 시 사이를 의미한다. 따라서 해 질 무렵이 아닌, 야심한 밤의 시간을 의미한다.

오답
① '이화(梨花: 배나무 이(리), 꽃 화)'는 배나무 꽃을 의미한다.
② '은한(銀漢: 은 은, 한수 한)'은 '은하수'를 일상적으로 이르는 말이다.
④ '일지(一枝: 하나 일, 가지 지)'는 '하나의 나뭇가지'를 의미한다.
⑤ '자규(子規: 아들 자, 법 규)'는 소쩍새(귀촉도, 두견새, 불여귀)'를 의미한다.

정답 ③

2 백설이 ᄌᆞ자진 골에 | 이색

핵심정리

- 연대　고려 말엽
- 작자　이색(1328~1396)
- 갈래　평시조, 단시조
- 성격　우국적(憂國的), 우의적(友誼的)
- 표현　은유법, 풍유법
- 주제　우국충정(憂國衷情), 봄을 기다리는 마음
- 출전　《청구영언》

백설(白雪)이 ᄌᆞ자진 골에 구루미 머흐레라. (백설(白雪): 고려 유신 / 구루미: 신흥 세력(이성계 일파), 간신의 무리들)	흰 눈이 잦아진(녹아 없어진) 골짜기에 구름이 험하구나.
반가온 매화(梅花)ᄂᆞᆫ 어니 곳에 픠엿ᄂᆞᆫ고. (매화(梅花): 구국, 우국지사)	(나를) 반겨 줄 매화는 어느 곳에 피어 있는가?
석양(夕陽)에 홀로 셔 이셔 갈 곳 몰라 ᄒᆞ노라.	날이 저물어 가는 석양에 홀로 서 있어 갈 곳 몰라 하노라.

Quiz

시조에 대한 설명으로 알맞지 않은 것은?

① 가창(歌唱)된 문학 양식
② 속요의 후렴구가 분장(分章)하여 형성
③ 4음보의 율격
④ 전통적 정형시

해설 속요의 후렴구를 제외한 본문이 분장하여 형성된 것으로 볼 수 있다.

정답 ②

감상

조선 건국을 위한 신흥 세력은 날로 팽창하고, 고려 왕조는 점점 기울어져 가는 상황에서 왕조를 다시 일으킬 우국지사(憂國之士)를 기다리는 안타까운 심정이 잘 나타나 있다. 기울어 가는 고려의 운명을 바라보면서 품은 우국충정(憂國衷情)을 자연물에 빗대어 형상화한 작품이다.

2. 평시조

회고(懷古)

1 흥망이 유수ᄒᆞ니 | 원천석

핵심정리

연대	고려 말~조선 초	작자	원천석(1330~?)
갈래	평시조, 단시조	성격	회고적, 비유적, 감상적
표현	선경후정(先景後情)	주제	고려의 멸망을 슬퍼함.
출전	《청구영언》		

흥망이 유수ᄒᆞ니 만월대도 추초(秋草)ㅣ로다.
오백 년 왕업이 목적(牧笛)에 부쳐시니,
석양에 지나는 객(客)이 눈물계워 ᄒᆞ노라.

(고려 왕조의) 성하고 쇠함이 운수가 정해져 있는 법이니(하늘의 뜻에 달렸으니), (망해 버린 고려 왕조의 궁궐 터인) 만월대도 (이제는 임자 없이) 가을 풀처럼 황폐해졌구나.
(고려 왕조의) 5백 년이나 이어오던 왕업이 목동의 피리 소리에만 남아 있으니,
해 질 녘(나라가 망해 버린 때, 역사의 전환기)에 지나가는 나그네(화자 자신)가 슬픔을 이기지 못하는구나.

감상

고려의 충신이었던 작자가 옛 도읍지였던 개성의 궁궐터를 돌아보면서, 지난날을 회고하고 세월의 덧없음을 노래한 '회고가(懷古歌)'이다. → 맥수지탄(麥秀之嘆)

Quiz

이 시조의 주제를 나타내기에 가장 적합한 한자 성어는?

① 망양지탄(望洋之嘆)
② 맥수지탄(麥秀之嘆)
③ 만시지탄(晩時之歎)
④ 풍수지탄(風樹之嘆)

해설
초장을 보면 '기자(箕子)'가 은(殷)나라가 망한 뒤에도 보리만은 잘 자라는 것을 보고 한탄하였다는 데서 유래하는 '맥수지탄(麥秀之嘆)'이 어울린다.

오답
① 큰 바다를 바라보며 하는 한탄. 어떤 일에 자기 자신의 힘이 미치지 못할 때에 하는 탄식
③ 시기에 늦어 기회를 놓쳤음을 안타까워 하는 탄식
④ 부모님이 돌아가셔서 효도를 다하지 못한 것에 대한 탄식

정답 ②

자연친화(自然親和)

1 말 업슨 청산이요 | 성혼

핵심정리

작자	성혼(1535~1598)	제재	청산, 유수, 청풍, 명월
갈래	평시조	주제	자연을 벗 삼는 즐거움
성격	풍류적, 전원적, 달관적	출전	《화원악보》

말 업슨 청산(靑山)이요, 태(態) 업슨 유수(流水)ㅣ로다.
갑 업슨 청풍(淸風)이요, 님ᄌᆞ 업슨 명월(明月)이라.
이 중(中)에 병(病) 업슨 이 몸이 분별(分別) 업시 늙으리라.

아무 말이 없이 묵묵히 솟아 있는 청산이요, 일정한 모양을 짓지 않고 흐르는 물이로다.
값 없는 맑은 바람이요, 임자가 없이 아무나 가질 수 없는 밝은 달이다.
이 대자연 가운데에 병 없이 지내는 이 몸이 아무 걱정 없이 늙어 가리라.

감상

산수 자연 속에 묻혀서 어디에도 얽매이지 않고 유유자적(悠悠自適)하게 살고 싶은 마음을 소탈하게 읊고 있는 작품으로, 전부 여섯 번이나 반복되는 '업슨'이라는 시어는 율동감과 더불어 자연에 동화되어 물아일체(物我一體)의 경지를 보여 주고 있다.

기출 확인

대구와 반복을 통해 자연에 귀의하려는 의지를 표현하고 있다. (○, ×) 2021 국가직 9급

정답 ○

2 십 년을 경영ᄒᆞ여 | 송순

핵심정리

작자	송순(1493~1583)	갈래	평시조, 단시조
성격	전원적, 관조적, 풍류적, 한정가	제재	전원 생활
주제	자연애, 자연 귀의	출전	《병와가곡집》, 《면앙정잡가》

십 년을 경영(經營)ᄒᆞ여 초려삼간 지여 내니,
나 ᄒᆞᆫ 간, 달 ᄒᆞᆫ 간에 청풍(淸風) ᄒᆞᆫ 간 맛져 두고,
강산(江山)은 들일 듸 업스니 둘러 두고 보리라

(벼슬살이 십 년 동안) 계획을 하여 보잘것없는 초가집을 지어내니,
나 한 칸, 달 한 칸 맑은 바람도 한 칸을 맡겨두고,
청산과 맑은 강은 들여놓을 곳이 없으니 주위에다 둘러 두고 보리라.

감상

자연에서의 삶을 노래한 이 작품은 초장에서 자연에 은거하는 청빈한 생활을, 중장에서 나와 달과 청풍(淸風)이 이루는 물아일체(物我一體)의 경지를 보여 준다. 중장은 근경(近景)을, 종장은 원경(遠景)으로 표현의 묘미를 더한다.

기출 확인

01 선경후정의 방식을 통해 자연에 대한 사랑을 보여주고 있다. (○, ×) 2014 법원직 9급

정답 ×

02 이 작품에 드러나는 주제 의식과 관련된 사자성어로 적절한 것은? 2019 소방직

정답 안빈낙도(安貧樂道)

3 추강에 밤이 드니 | 월산대군

핵심정리

작자	월산대군(1454~1488)	갈래	평시조
성격	낭만적, 풍류적, 전원적, 한정가	제재	가을 달밤
주제	가을 달밤의 풍류의 정취		
정서	유유자적, 한가로움, 물아일체(物我一體)		
출전	《청구영언》		

추강(秋江)에 밤이 드니 물결이 차노매라. — 가을 강물에 밤이 깊어 가니 물결이 차갑다.
낚시 드리치니 고기 아니 무노매라. — 낚시를 드리우니 고기가 물지 않는구나.
무심(無心)한 달빛만 싣고 빈 배 저어 오노매라. — 무심한 달빛만 가득 싣고 빈 배로 돌아온다.
(빈 배: 세속적 욕망을 초월한 자아)

감상

가을 강의 밤경치와 달빛 아래에서 작자가 즐기는 한가롭고 유유자적한 삶의 모습을 한 폭의 동양화처럼 선명히 제시하여 자연을 즐기는 무욕의 심정을 표현한 작품이다.

연정(戀情)

1 ᄆᆞ음이 어린 후ㅣ니 | 서경덕

핵심정리

작자	서경덕(1489~1546) – 호는 화담. 조선 성종~명종 때의 성리학자. 벼슬에 뜻을 두지 않고 개성의 화담에 묻혀 살면서 학문 연구와 수양으로 보냈다.		
갈래	평시조, 단시조, 정형시	제재	임
성격	연정가, 낭만적, 감상적	주제	임에 대한 그리움과 사랑
특징	① 도치법의 사용 ② 연역적 방식으로 시상을 전개함.	출전	《해동가요》

ᄆᆞ음이 어린 후(後)ㅣ니 ᄒᆞ는 일이 다 어리다. — 마음이 어리석다 보니 하는 일이 다 어리석기만 하다.
만중 운산(萬重雲山)에 어늬 님 오리마ᄂᆞᆫ, — 깊은 산속까지 어느 임이 찾아오랴마는
지ᄂᆞᆫ 닙 부ᄂᆞᆫ ᄇᆞ람에 힝여 긘가 ᄒᆞ노라. — 지는 잎과 바람 부는 소리에 행여나 그인가 하노라.

감상

이 시조는 서경덕이 당시 자신에게 글을 배우러 오던 황진이를 생각하며 지은 노래라고 전한다. 임에 대한 그리움이 간절하게 표현되어 있다. 지은이 서경덕은 '황진이, 박연폭포'와 함께 송도삼절(松都三絶)이라 불리며 성리학의 독창적 연구와 높은 학식으로 많은 이들의 존경을 받았다.

2 이화우 흣ᄲᅮ릴 제 | 계랑

핵심정리

작자	계랑(1573~1610) – 호는 매창(梅窓). 조선 선조 때의 기녀		
정서	슬픔과 외로움	종류	평시조
제재	이별과 그리움	성격	연정가, 애상적, 감상적
주제	이별 후의 고독과 그리움	특징	시간적, 공간적 거리감의 적절한 표현
출전	《진본 청구영언》		

이화우(梨花雨) 흣ᄲᅮ릴 제 울며 잡고 이별(離別)한 님,
추풍낙엽(秋風落葉)에 [저]도 날 싱각ᄂᆞᆫ가.
천 리(千里)에 외로운 ᄭᅮᆷ만 오락가락 ᄒᆞ노매.

배꽃(봄)이 가랑비 내리듯 흩날리던 무렵에 손잡고 울며불며 (하다가) 헤어진 임이건만,
가을바람(가을)에 낙엽 지는 계절이 돌아왔는데 그 임이 아직도 나를 생각하여 주실까?
천 리 길 머나먼 곳에 (가 계시다고 하니) 외로운 꿈자리에서 잠깐씩 뵙곤 할 뿐이구나.

감상

봄의 '이화우(梨花雨)'와 가을의 '추풍낙엽(秋風落葉)'이 시간의 변화 그리고 계절의 대조와 함께 작자의 쓸쓸한 심정을 형상화한다. 그리고 이러한 시간적 이별이 순간 천 리 공간을 뛰어넘어 그리운 임에게 향하고 있다. 종장의 '꿈'은 그리움의 표상으로 이 시는 반상(班常)의 구별이 엄격했던 당시 기생 신분의 지은이가 양반인 유희경(劉希慶)과 이별하고 지은 이별가이다.

기출 확인

[저]는 헤어진 연인을 가리킨다. (O, X)
2022 국가직 9급

정답 O

3 묏버들 갈히 것거 | 홍랑

핵심정리

작자	홍랑(?~?). 조선 선조 때의 명기(名妓)	표현	상징법, 도치법
시대	선조 때	제재	이별과 그리움
갈래	평시조, 정형시, 단시조, 서정시	주제	임에게 보내는 사랑
성격	연정가, 이별가, 애상적, 감상적	출전	《청구영언》

묏버들: 산버들. 순정(純情)의 상징 → 시적 자아의 분신, 사랑의 마음 / 갈히: 가리어, 골라 / 님의손ᄃᆡ: 님에게 / 새닙곳: 새 잎만 / 너기쇼셔: 여기소서, 여기십시오.

묏버들 갈히 것거 보내노라 님의손ᄃᆡ,
자시ᄂᆞᆫ 窓(창) 밧긔 심거 두고 보쇼셔.
밤비예 새닙곳 나거든 날인가도 너기쇼셔.

산에 있는 버들가지 중 아름다운 것을 골라 꺾어 임에게 보내오니,
주무시는 방의 창문가에 심어 두고 살펴 주십시오.
행여 밤비에 새 잎이라도 나면 (마치) 나를 본 것처럼 여겨 주십시오.

감상

이 시조는 임에게 바치는 지순한 사랑을 묏버들로 구상화하여, 몸은 천 리만큼 멀리 떨어져 있어도 임을 향한 마음은 항상 임의 곁에 있겠다고 다짐한 연모가이다. 홍랑은 삼당시인(三唐詩人)의 한 사람인 최경창(崔慶昌)과 깊이 사귀었는데, 북도평사(北道評事)로 와 있던 최경창이 서울로 돌아 가게 되자 그를 배웅하고 돌아오던 길에, 그리는 마음을 시조로 달래고 버들가지와 함께 그에게 보내주었다는 이야기가 전한다.

기출 확인

'갈히 것거'에는 '님'을 향한 화자의 정성이 담겨있다. (○, ×) 2015 교육행정직 9급

정답 ○

4 동지ㅅ돌 기나긴 밤을 | 황진이

핵심정리

작자	황진이(1506?~1567?) – 조선 중종~선조 때의 시인. 명기(名妓). 본명이 진(眞) 혹은 진랑(眞娘). 기명(妓名)은 명월(明月). 많은 문인들과 교유(交遊), 새로운 발상으로 인간 본성인 사랑의 정서를 노래한 시조를 지어 관습화되어 가던 시조에 새로운 활력을 불어 넣었다는 평가를 받았다.
특징	① 추상적 '시간(밤)'을 '베어' 내는 사물처럼 구체화(추상적 대상의 구체화) ② '밤(시간)'을 '이불 안(공간)'으로 변환(시간의 공간화)
연대	선조 때 / 제재: 연모(戀慕)의 정
갈래	평시조 / 주제: 임을 기다리는 절실한 그리움
성격	연정가, 애련(愛戀)의 노래, 감상적, 낭만적
출전	《청구영언》

동지(冬至)ㅅ돌 기나긴 밤을 한 (㉠)를 버혀 내여,
(㉡) 니불 아레 서리서리 너헛다가,
어론 님 오신 밤이여든 구뷔구뷔 펴리라.

동짓달 긴긴 밤의 한가운데를 베어 내어,
봄바람처럼 따뜻한 이불 속에 서리서리 넣어 두었다가,
정든 임이 오신 밤이면 굽이굽이 펼쳐 내어 그 밤이 오래도록 이으리라.

감상

동짓달 긴 밤에 임을 기다리는 여성의 마음을 표현한 시조로, 절실하고 간절한 기다림을 시간에 관한 독특한 시상과 기이한 발상으로 표현한 작품이다. 특히 시간의 사물화를 통해 그리움과 기다림을 훨씬 구체화시켜 생생한 인상을 준다.

기출 확인

㉠, ㉡의 괄호 안에 들어갈 알맞은 낱말끼리 짝지은 것은? 2019 서울시 9급

	㉠	㉡		㉠	㉡
①	허리	春風	②	허리	秋風
③	머리	春風	④	머리	秋風

해설

㉠ 기나긴 밤의 '한 부분'을 떼어 낸다는 의미이므로 ㉠에는 '사물의 가운데 부분'이라는 의미를 가진 '허리'가 들어가는 것이 알맞다.

㉡ '동짓달'은 음력으로 열한 번째 달로, '차가운 한 겨울의 이미지'를 가지고 있다. 문맥상 ㉡에는 이와 대비되는 '따뜻한 계절적 이미지'가 어울린다. 따라서 '봄바람'이라는 의미의 '춘풍(春風)'이 들어가는 것이 알맞다

정답 ①

5 청산리 벽계수ㅣ야 | 황진이

핵심정리

작자	황진이(1506?~1567?)		
갈래	평시조	제재	벽계수와 명월
성격	감상적, 낭만적	주제	인생의 덧없음과 향락의 권유
표현	의인법, 중의법, 설의법, 대조법	출전	《청구영언》

청산리(青山裏) 벽계수(碧溪水)ㅣ야 수이 감을 자랑 마라.
일도 창해(一到滄海)ᄒᆞ면 도라오기 어려오니,
명월(明月)이 만공산(滿空山)ᄒᆞ니 수여 간들 엇더리.

청산 속에 흐르는 푸른 시냇물아, 빨리 흘러간다고 자랑 마라.
한 번 넓은 바다에 다다르면 다시 청산으로 돌아오기 어려우니,
밝은 달이 산에 가득 차 있는, (이 좋은 밤에 나와 같이) 쉬어 감이 어떠냐?

감상

세월은 빠르고 인생은 덧없는 것이니 인생을 즐겁게 살아가자고, 기녀다운 호소력을 보여 주는 시조이다. 중의법으로 쓰인 '벽계수'는 '흐르는 물'과 왕족인 '벽계수(碧溪水)'를, '명월'은 '달'과 '황진이 자신'을 동시에 의미한다.

6 어져 내 일이야 | 황진이

핵심정리

작자	황진이(1506?~1567?)	표현	중의법, 영탄법, 도치법
연대	조선 중종~선조 무렵	제재	이별과 그리움
갈래	평시조, 단시조	주제	이별의 정한, 임을 그리는 마음
성격	연정가, 이별가, 감상적, 낭만적	출전	《청구영언》

▮특징 ① 독특한 어구 배열로 심리 상태 표현
② 고도로 세련된 표현 기교를 구사함.
③ 임을 떠나보낸 여인의 쓸쓸한 마음을 형상화함.

어져 내 일이야 그릴 줄을 모로두냐. / 이시랴 ᄒᆞ더면 가랴마는 제 구ᄐᆞ여
('임이 구태여', '내가 구태여' 두 가지 모두 해석이 가능한 중의적 의미의 시구 → 이별이 어쩔 수 없는 일이며 누구에게든 책임을 따져 보았자 소용없다는 의미를 함축)
보내고 그리는 정(情)은 나도 몰라 ᄒᆞ노라.

아아, 내가 한 일이야, (막상 보내 놓고) 이렇게도 사무치게 그리울 줄을 미처 몰랐더냐? (가지 말고 내 곁에) 있으라 했더라면 임이 굳이 떠나시려 했겠느냐마는 (내가, 임이) 굳이 보내 놓고는 이제 와서 새삼 그리워하는 마음을 나 자신도 모르겠구나.

충절(忠節)

1 삼동에 뵈옷 닙고 | 조식

핵심정리

작자	조식(1501~1572)	종류	평시조
성격	유교적, 군신유의(君臣有義)	제재	중종의 승하(昇遐)
주제	왕의 승하를 애도함.	출전	《병와가곡집》

삼동(三冬)에 ㉠ 뵈옷 닙고 암혈(巖穴)에 ㉡ 눈비 마자
구름 낀 볃뉘도 쬔 적이 업건마는
㉢ 서산(西山)에 히해지다 ᄒᆞ니 ㉣ 눈물겨워 ᄒᆞ노라.

한겨울에 베옷 입고, 바위굴에서 눈과 비를 맞으며 [야인(野人)으로 살아,] / 구름 사이에 비치는 조그만 햇볕도 쬔 적 없지만 (임금의 은택을 받은 바 없다.) / 서산에 해가 졌다[왕의 붕어(崩御)]는 소식을 들으니 눈물이 나오는구나.

2 가노라 삼각산아 | 김상헌

핵심정리

▮작자 김상헌(1570~1652) - 조선 선조~효종 때의 사람. 자는 숙도(叔度). 호는 청음(淸陰). 인조 때에 예조, 이조 판서를 지냈고, 병자호란 때에는 척화파의 우두머리로 청나라에 잡혀 갔다가 돌아옴. 저서에 《야인담록(野人談錄)》, 《남한절략(南漢絶略)》, 《청음집(淸陰集)》 등이 있고 시조 4수가 전한다.
▮갈래 평시조 ▮성격 우국가(憂國歌), 비분가(悲憤歌)
▮표현 영탄법, 의인법, 돈호법을 통해 착잡한 심정과 우국지정 표현
▮배경 병자호란의 주전론자(主戰論者)로 청나라에 끌려가는 치욕적 상황
▮제재 고국을 떠나가는 비장감
▮주제 우국충절(憂國忠節). 적국에 잡혀 가는 우국지사의 비분강개
▮출전 《청구영언》

가노라 삼각산아, 다시 보자 한강수야.
고국산천(古國山川)을 떠나고쟈 하랴마는
시절(時節)이 하 수상하니 올동 말동 ᄒᆞ여라.

(나는 이제 오랑캐에게 끌려) 가노라, 삼각산('북한산'의 다른 이름)아, 다시 한 번 보자꾸나 한강물아. (할 수 없이) 조국 강산을 등지려 한다마는 시국이 하도 뒤숭숭하고 이상하게 돌아가니 (고국에) 다시 돌아오게 될지 어떨지를 모르겠구나.

감상

자존심과 경솔함으로 임을 보내 놓고 그리워하는 안타까운 심정을 노래하고 있다. 이러한 심리적 갈등이 우리말의 절묘한 구사를 통해 섬세하게 표현되었다.

기출 확인

〈어져 내 일이야〉에는 화자의 회한의 심정이 담겨있다. (o, ×) 2015 교육행정직 9급

정답 o

감상

작자는 벼슬하지 않고 산중에서 은거하는 몸이라 국록을 먹거나 군은(君恩)을 입은 바 없지만, 임금의 승하 소식을 듣고 애도하는 마음을 표현한 시조이다.

기출 확인

㉠~㉣에 대한 설명으로 적절하지 않은 것은? 2015 국가직 9급

① ㉠: 화자의 처지나 생활을 추측할 수 있게 한다.
② ㉡: 화자와 중심 대상 사이를 연결하는 매개체이다.
③ ㉢: 화자가 머물고 있는 공간과 구별되는 공간이다.
④ ㉣: 상황에 대한 화자의 감정이 직접 표출되고 있다.

해설
'베옷'과 '눈비'는 모두 '화자'가 벼슬하지 않고 자연 속에 은거하고 있는 자신의 처지를 나타내는 소재일 뿐 '화자와 대상을 연결하는 매개체'로 보기 어렵다.

오답
① ㉠: 화자가 추운 겨울에도 '베옷'으로 겨우 몸을 가리고 있는 것으로 보아 가난한 그의 생활 처지를 추측할 수 있다.
③ ㉢: '서산'은 '해' 즉 '임금님'이 계신 곳으로 화자가 머물고 있는 공간과 대비되는 공간이다.
* 고전 문학에서의 '서(西)'는 관용적으로 '저승, 부처님이 계신 서역(西域)'을 암시하기도 한다.
④ ㉣: '눈물겨워'하는 행위를 통해 화자의 감정을 직접적으로 표현하고 있다.

정답 ②

감상

병자호란 때, 예조 판서로서 척화항전(斥和抗戰)을 주장하던 작자가, 패전 후 청(淸)으로 끌려가며 지은 작품으로 고국산천에 대한 사랑과 비통한 우국충정 그리고 귀국에 대한 불안 의식 등 복잡한 작자의 심정을 노래한 시조이다.

3. 연시조

1 강호사시가(江湖四時歌) | 맹사성

감상

강호의 생활에서 누리는 나날의 여유로움과 아름다움에서 누리는 기쁨을 '흥'이라는 단어에 압축하여 나타내고 있다. 이 작품에서 '흥'은 조선 전기 현실 정치로부터 벗어나 자연의 아름다움을 누리고자 했던 작가의 가치관이 반영된 것으로 구체적인 생활모습과 화자의 행동 그리고 자연의 묘사로 나타나 있다.

핵심정리

- **작자** 맹사성(1360~1438) – 조선 세종 때의 명재상. 《태종실록》 감수, 《팔도지리지》 편찬. 시문에 능하고 음률에도 밝아 향악을 정리하고, 악기도 만들었다.
- **연대** 조선 초 세종 때(15세기)
- **갈래** 시조, 연시조(聯詩調)
- **성격** 강호가, 풍류적, 전원적, 낭만적, 연군가
- **율격** 3·4(4·4)조, 4음보
- **특징** ① 계절에 따라 한 수씩 노래함.
  ② 각 수마다 '강호(江湖)'로 시작하여 '역군은(亦君恩)이샷다'로 끝맺음을 하여 반복 구성
- **제재** 사계절에 따른 강호 생활
- **주제** ① 강호에서 자연을 즐기는 멋과 풍류
  ② 임금의 은혜에 대한 감사
- **의의** ① 강호가도의 선구적 작품
  ② 최초의 연시조로 이황의 〈도산십이곡〉, 이이의 〈고산구곡가〉 등에 영향을 줌.
- **출전** 《청구영언》, 《병와가곡집》

〈춘사(春詞)〉

江湖(강호)에 봄이 드니 미친 興(흥)이 절로 난다.
濁醪溪邊(탁료계변)에 錦鱗魚(금린어) 安酒(안주)로다.
이 몸이 閑暇(한가)히옴도 亦君恩(역군은)이샷다. ➥ 강호에서 느끼는 봄의 흥겨움

강호에 봄이 찾아드니 참을 수 없는 흥겨움이 솟구친다. / 탁주를 마시며 노는 시냇가에 싱싱한 물고기(쏘가리)가 안주로 제격이구나. / 다 늙은 이 몸이 이렇듯 한가롭게 지냄도 역시 임금의 은혜이시도다.

〈하사(夏詞)〉

江湖(강호)에 녀름이 드니 草堂(초당)에 일이 업다.
有信(유신)한 江波(강파)는 보내는니 바람이다.
이 몸이 서늘히옴도 亦君恩(역군은)이샷다. ➥ 초당에서 보내는 한가로운 여름

강호에 여름이 찾아오니 초당에 있는 (늙은 몸은) 할 일이 별로 없다. / 신의 있는 강 물결은 보내는 것이 시원한 강바람이다. 이 몸이 이렇듯 서늘하게 보내는 것도 역시 임금의 은혜이시다.

〈추사(秋詞)〉

江湖(강호)에 ᄀᆞ을이 드니 고기마다 솔져 잇다.
小艇(소정)에 그물 시러 흘리 띄여 더뎌 두고,
이 몸이 消日(소일)히옴도 亦君恩(역군은)이샷다. ➥ 고기잡이로 소일하는 가을의 여유로움

강호에 가을이 찾아드니 물고기마다 살이 올라 있다. / 작은 배에 그물을 싣고서, 물결 따라 흘러가게 배를 띄워 던져 놓고, (다 늙은) 이 몸이 이렇듯 고기잡이로 세월을 보내는 것도 역시 임금의 은혜이시도다.

〈동사(冬詞)〉

江湖(강호)에 겨월이 드니 눈 기픠 자히 남다.
삿갓 빗기 쓰고 누역으로 오슬 삼아,
이 몸이 칩지 아니히옴도 亦君恩(역군은)이샷다. ➥ 눈 속에서 안분지족하는 삶

강호에 겨울이 찾아오니 쌓인 눈의 깊이가 한 자가 넘는다. / 삿갓을 비스듬히 쓰고 도롱이를 둘러 입어 덧옷을 삼으니, (늙은) 이 몸이 이렇듯 추위를 모르고 지내는 것도 역시 임금의 은혜이시도다.

기출 확인

〈춘사〉는 화자가 자연을 즐기면서도 그것이 궁극적으로 임금의 은혜라고 여기는 태도로 볼 때, 유교적 가치관이 반영되었다. (○, ×)

2014 법원직 9급

정답 ○

2 도산십이곡(陶山十二曲) | 이황

핵심정리

작자	이황(1501~1570)
연대	명종 20년(1565)
성격	도학가(道學歌), 교훈적, 회고적
형식	평시조, 연시조(모두 12수)
표현	설의법, 대구법
주제	전6곡: 자연에 동화된 생활, 후6곡: 학문 수양 및 학문애(學問愛)
내용	전6곡: 사물에 접하는 감흥을 노래[言志], 후6곡: 학문 수양에 임하는 심경을 노래[言學]

〈후6곡(後六曲) 3〉

고인(古人)도 날 몯 보고 나도 고인(古人) 몯 뵈.
(고인: 옛 성현)
고인(古人)을 몯 뵈도 녀던 길 알ᄑᆡ 잇ᄂᆡ.
(녀던 길: 행하던 길, 학문 수양에 힘쓰던 길)
녀던 길 알ᄑᆡ 잇거든 아니 녀고 엇뎔고. → 옛 어른의 행적을 따름.
(알ᄑᆡ: 앞에)

옛 훌륭한 어른이 지금의 나를 못 보고 나도 고인을 뵙지 못하네 / 고인을 뵙지 못해도 그분들이 행하시던 길이 앞에 놓여 있으니, 그 가던 길(진리의 길)이 앞에 있으니 나 또한 아니 가고 어떻게 하겠는가?(연쇄법)

〈후6곡(後六曲) 5〉

청산(靑山)ᄋᆞᆫ 엇뎨ᄒᆞ야 만고(萬古)애 프르르며 – 청산의 영원성 ┐
유수(流水)ᄂᆞᆫ 엇뎨ᄒᆞ야 주야(晝夜)애 긋디 아니ᄂᆞᆫ고. – 유수의 영원성 ┘ 대구
우리도 그치디 마라 만고상청(萬古常靑) ᄒᆞ리라. – 만고상청할 결의 → 학문 수양의 의지
(만고상청: 영원히 변함없이 푸름)

청산은 어찌하여 항상 푸르며, / 흐르는 물은 어찌하여 밤낮으로 그칠 줄을 모르는가?
우리도 그치지 말아서 오래도록 높고 푸르게 살아가리라.

기출 확인

(가)와 (나)를 이해한 내용으로 적절하지 않은 것은? 2023 지방직 9급

(가) 청산(靑山)은 내 ᄯᅳᆺ이오 녹수(綠水)ᄂᆞᆫ 님의 정(情)이
녹수(綠水)ㅣ 흘너간들 청산(靑山)이야 변(變)ᄒᆞᆯ손가
녹수(綠水)도 청산(靑山)을 못 니저 우러 녜여 가ᄂᆞᆫ고.

(나) 청산(靑山)ᄂᆞᆫ 엇뎨ᄒᆞ야 만고(萬古)애 프르르며
유수(流水)ᄂᆞᆫ 엇뎨ᄒᆞ야 주야(晝夜)애 긋디 아니ᄂᆞᆫ고
우리도 그치디 마라 만고상청(萬古常靑)ᄒᆞ리라.

① (가)는 '청산'과 '녹수'의 대조를 활용하여 화자가 처한 상황을 제시하고 있다.
② (나)는 시각적 심상과 청각적 심상을 활용하여 주제를 강조하고 있다.
③ (가)와 (나) 모두 대구를 활용하여 시상을 전개하고 있다.
④ (가)와 (나) 모두 설의적 표현을 활용하여 화자의 정서를 드러내고 있다.

해설 푸른 산과 흐르는 물 모두 '시각적 심상'으로, (나)에서 '청각적 심상'을 활용하고 있지는 않다.

오답 ① (가)의 초장에서 변치 않는 존재인 '청산'은 화자의 보조 관념으로, 임에 대한 화자의 영원한 사랑을 상징하며, 변화하는 존재인 '녹수'는 임의 보조 관념으로 순간적이고 유동적인 존재, 변해 버린 임의 정을 상징한다. 중장에서는 '녹수'에 대해 부연하면서 '녹수(임)'가 흘러가도 '청산(화자)'은 변하지 않을 것임을 노래하였다.
③, ④ (가)는 중장, (나)는 초장과 중장에서 확인할 수 있다. 정답 ②

감상

문학적 관점에서 중국 문학을 차용한 것이 많고, 생경한 한자어 남용으로 높이 평가할 수는 없으나 성리학 대가의 작품이라는 데서 시조의 출발이 유가(儒家)의 손에 있었고 그 성장 발전 역시 그들에 의하여 이루어졌음을 짐작할 수 있다.
전반부 6수는 자연의 감흥을 내용으로 하는 '언지(言志)'이고 후반부 6수는 학문 수양의 자세를 노래한 '언학(言學)'이라 불린다.

3 훈민가(訓民歌) | 정철

감상

제목 '훈민(訓民)'에서도 알 수 있듯, 유교적 덕목과 도리를 권장하고 백성들을 교화할 목적으로 창작된 송강 정철의 연시조이다. 이러한 교화적 의도는 청유형과 명령형 어미에 잘 표현되어 있다.

핵심정리

작자	정철(1536~1593)
갈래	평시조, 연시조(16수)
율격	3·4조 4음보
표현	설의법, 청유법
제재	유교의 윤리 도덕
주제	올바른 삶의 도리 교육을 통한 백성 교화
특징	① 유교적 윤리관에 근거한 올바른 도리를 주제로 삼음. ② 정감 어린 어휘를 사용하여 강한 설득력을 지님.

〈제4수〉

어버이 사라신 제 셤길 일란 다ᄒᆞ여라.
디나간 후면 애돏다 엇디ᄒᆞ리.
평생(平生)애 고텨 못ᄒᆞᆯ 일이 이ᄲᅮᆫ인가 ᄒᆞ노라.

부모님께서 살아 계실 동안에 섬기는 일을 다하여라.
돌아가신 후면 아무리 애달파 해도 어찌할 도리가 없는 것이다.
평생에 다시 할 수 없는 일은 부모 섬기는 일인가 하노라.

➥ 자효(子孝)
– 살아 계실 동안에 부모 공경을 열심히 해야 함을 강조

〈제8수〉

마을 사람들아 올한 일 하쟈스라.
사람이 되어나셔 올치옷 못하면
마쇼를 갓 곳갈 씌워 밥머기가 다르랴.

마을 사람들아 옳은 일을 하자꾸나.
사람으로 태어나서 옳지 못하면
말과 소에게 갓이나 고깔을 씌워 놓고 밥 먹이는 것과 무엇이 다르랴.

➥ 향려유례(鄕閭有禮)
– 사람이 마땅히 지켜야 할 선행(善行)과 도리

〈제13수〉

오ᄂᆞᆯ도 다 새거다, 호믜 메고 가쟈ᄉᆞ랴.
내 논 다 ᄆᆡ여든 네 논 졈 ᄆᆡ여 주마.
올 길헤 ᄲᅩᆼ ᄯᅡ다가 누에 머겨 보쟈ᄉᆞ라.

오늘도 날이 다 밝았다. 호미 메고 들로 가자꾸나.
내 논을 다 매거든 네 논도 좀 매어 주마.
(일을 끝내고) 돌아오는 길에 뽕을 따다가 누에도 먹여 보자꾸나.

➥ 무타농상(無惰農桑)
– 농번기 농민의 근면성과 상부상조(相扶相助) 정신을 강조

기출 확인

01 이 작품은 백성들을 교화하고 계몽하기 위해 지은 작품으로 계몽적·교훈적 노래이다. (O, X) 2012 서울시 9급

정답 O

02 〈제4수〉와 관련된 한자성어는?

정답
풍목지비(風木之悲: 바람 풍, 나무 목, 갈 지, 슬플 비): 효도를 다하지 못한 채 어버이를 여읜 자식의 슬픔을 이르는 말 = 풍수지탄(風樹之歎)

4 어부사시사(漁父四時詞) | 윤선도

핵심정리

▮작자	윤선도(1587~1671)
▮갈래	평시조, 연시조(40수)
▮성격	한정가(閑情歌), 어부가(漁父歌)
▮표현	대구법, 반복법, 의성법
▮제재	어촌의 자연과 늙은 어부의 삶
▮주제	자연 속에서 한가롭게 살아가는 여유와 즐거움
▮출전	《고산유고》

〈춘사(春詞) – 3〉

東동風풍이 건듣 부니 믉결이 고이 닌다. / 돋 ᄃᆞ라라 돋 ᄃᆞ라라.
東동湖호ᄅᆞᆯ 도라보며 西서湖호로 가쟈스라.
至지匊국悤총 至지匊국悤총 於어思사臥와
압뫼히 디나 가고 뒫뫼히 나아온다. ➥ 돛을 달고 출항하는 흥취

봄바람이 문득 부니, 물결이 곱게 일어난다. / 돛을 달아라, 돛을 달아라.
동호(東湖)를 바라보며 서호(西湖)로 가자꾸나.
찌거덩 찌거덩 어야차! / 앞산이 지나가고 뒷산이 나타난다.

〈하사(夏詞) – 2〉

년닙희 밥 싸 두고 반찬으란 쟝만 마라. / 닫 드러라 닫 드러라
靑청蒻약笠립은 써 잇노라, 綠녹蓑사衣의 가져오냐.
至지匊국悤총 至지匊국悤총 於어思사臥와
無무心심ᄒᆞᆫ 白빅鷗구ᄂᆞᆫ 내 좃ᄂᆞᆫ가, 제 좃ᄂᆞᆫ가. ➥ 물아일체적 삶의 흥겨움
(물아일체(物我一體))

연 잎에 밥을 싸 두고 반찬은 장만하지 마라. / 닻을 들어라, 닻을 들어라
대삿갓을 쓰고 있다. 도롱이를 가져 왔느냐?
찌거덩 찌거덩 어야차! / 무심한 갈매기는 내가 저를 따르는가? 제가 나를 따르는가?

〈추사(秋詞) – 2〉

水슈國국의 ᄀᆞ올히 드니 고기마다 ᄉᆞᆯ져 읻다. / 닫 드러라 닫 드러라.
萬만頃경 澄딩波파의 슬ᄏᆞ지 容용與여ᄒᆞ쟈.
至지匊국悤총 至지匊국悤총 於어思사臥와
人인間간을 도라보니 머도록 더옥 됴타. ➥ 추강에서 느끼는 흥취

바다에 둘러싸인 곳에 가을이 찾아드니 고기마다 살져 있다. / 닻을 들어라, 닻을 들어라.
아득히 넓고 맑은 바닷물결에 맘껏 흡족하게 노닐자꾸나.
찌거덩 찌거덩 어야차! / 아, 속세를 뒤돌아보니 멀리 떨어질수록 더욱 좋다.

〈동사(冬詞) – 4〉

간밤의 눈 갠 後후에 景경物물이 달랃고야. / 이어라 이어라
압희ᄂᆞᆫ 萬만頃경琉류璃리 뒤희ᄂᆞᆫ 千쳔疊텁玉옥山산.
至지匊국悤총 至지匊국悤총 於어思사臥와
仙션界계ㄴ가 佛불界계ㄴ가, 人인間간이 아니로다. ➥ 눈 덮인 자연의 아름다움 예찬

간밤에 눈 갠 뒤에 경치가 달라졌구나! / 배 저어라, 배 저어라.
앞에는 유리처럼 잔잔한 넓은 바다, 뒤에는 겹겹이 둘러싸인 백옥 같은 산이로다.
찌그덩 찌그덩 어야차! / 아, 여기는 (신선이 사는) 선경인가? (부처가 사는) 정토인가? 인간 속세는 아니로다.

감상

1651년에 윤선도가 부용동에서 은거할 때 보길도를 배경으로 읊은 40수의 연시조로, 춘하추동 각 10수씩 계절에 따른 경물의 변화와 어부의 생활을 보여 주고 있다. 이 작품은 특히 우리말의 아름다움을 잘 나타내고 있으며, 어부의 생활이 사실적으로 그려져 있어 현실감이 뛰어나다.
혼탁한 현실 정치에서 벗어나 자연의 아름다움과 넉넉한 삶을 누릴 수 있는 심미적 흥취의 공간을 노래하고 있는 시조로, 중장과 종장 사이에 있는 후렴구인 '지국총 지국총 어사와'는 시적 흥취를 돋우는 한편 작품의 정서와 의미를 강화하고 있다.

특징

- 초장과 중장 사이, 중장과 종장 사이에 감탄사와 의성어를 이용한 여음구를 배치함.
- 자연 속에서의 삶을 구체적으로 묘사함.

? Quiz

이 작품에 대한 설명으로 적절하지 못한 것은?

① 시간의 추이에 따라 시상이 전개된다.
② 계절에 따라 달라지는 자연 경관이 나타난다.
③ 강호에서 느끼는 여유로움과 흥취가 나타난다.
④ 세속과 자연 사이에서 갈등하는 심정이 나타난다.

해설

〈어부사시사(漁父四時詞)〉는 춘하추동 네 계절을 각각 10수씩으로 읊은, 40수로 된 연시조이다(①,②). 〈어부사시사〉는 강호에서 누리는 아름다움과 흥취에 집중되어 그 기쁨과 충족감이 '흥(興)'으로 나타난다(③). 따라서 혼탁한 현실과 청정한 자연이라는 대립적 공간 구도를 전제로 하고 있으며, 작자는 강호의 공간 속에서 자연의 아름다움을 즐기고 있다. 세속과 자연 사이에서 갈등하는 모습은 볼 수 없다.

정답 ④

4. 사설시조

1 두터비 ᄑᆞ리를 물고 | 미상

핵심정리

작자	미상
표현	대조, 의인, 상징법
성격	풍자적, 희화적(戱畵的), 우화적 * 우화(寓話): 인격화한 동식물이나 기타 사물을 주인공으로 하여 그들의 행동 속에 풍자와 교훈의 뜻을 나타내는 이야기
주제	관리 혹은 양반들의 허장성세(虛張聲勢) 풍자, 약육강식의 험난한 세태 풍자
특징	① 권력 구조의 비리를 우회적으로 비판 ② 종장에서 화자를 바꾸어 풍자의 효과 강화 ③ 서민적인 일상어 구사
출전	《진본 청구영언》

두터비 ᄑᆞ리를 물고 두험 우희 치ᄃᆞ라 안자

건넛 산(山) ᄇᆞ라보니 백송골(白松骨)이 ᄯᅥ 잇거ᄂᆞᆯ 가슴이 금즉ᄒᆞ여 풀덕 ᄯᅱ여 내ᄃᆞᆺ다가 두험 아래 쟈ᄲᅡ지거고.

모쳐라 ᄂᆞᆯ낸 낼싀만졍 에헐질 번ᄒᆞ괘라.

두꺼비가 파리를 물고 두엄 위에 뛰어 올라가 앉아
건너편 산을 바라보니 흰 송골매가 떠 있기에 가슴이 섬뜩하여 펄쩍 뛰어 내닫다가 두엄 아래 자빠졌구나.
마침 날랜 나였기에 망정이지 하마터면 다쳐서 멍들 뻔했구나.

감상

시조에 등장하는 '두꺼비'는 '양반 계층'을, '파리'는 '힘없고 나약한 평민 계층'을, 그리고 '백송골'은 양반 계층을 억압하는 '중간 이상의 상층 지배층'을 상징한다. 약육강식(弱肉强食)의 인간 사회를 빗대어 특권층인 두꺼비가 힘없는 민중들을 괴롭히다가 강한 세력층 앞에서 비굴해지는 세태를 익살로 풍자하고 있다.

Quiz

이 시의 성격은?

① 풍자적 ② 반어적
③ 유교적 ④ 교훈적

해설 '두터비, 파리, 백송골' 등을 의인화하여 양반들의 약육강식(弱肉强食)과 허장성세를 신랄하게 풍자한 작품으로, 백성을 못 살게 구는 양반의 허세와 자기보다 강한 세력에는 여지없이 굴복하는 양반의 비굴성을 폭로하고 있다.

정답 ①

2 귓도리 져 귓도리 | 미상

핵심정리

표현	의인법, 반복법, 반어법, 감정 이입
주제	독수공방(獨守空房)의 외로움, 전전반측(輾轉反側)

귓도리 져 귓도리 에엿브다 져 귓도리,

어인 귓도리 지ᄂᆞᆫ ᄃᆞᆯ 새ᄂᆞᆫ 밤의 긴 소릐 쟈른 소릐 절절(節節)이 슬픈 소릐 제 혼자 우러 녜어 사창(紗窓) 여윈 잠을 ᄉᆞᆯ드리도 ᄭᆡ오ᄂᆞᆫ고야.

두어라, 제 비록 미물(微物)이나 무인동방(無人洞房)에 내 ᄠᅳᆺ 알리ᄂᆞᆫ 너ᄲᅮᆫ인가 ᄒᆞ노라.

귀뚜라미, 저 귀뚜라미, 불쌍하다 저 귀뚜라미,
어찌 된 귀뚜라미가 지는 달 새는 밤에, 긴 소리 짧은 소리, 마디마디 슬픈 소리로 저 혼자 계속 울어, 비단 창문 안에 설핏 든 잠을 잘도(알뜰히도, 얄밉게도, 반어법) 깨우는구나.
두어라, 제가 비록 작은 벌레지만, 독수공방에 (외로워 잠 못 이루는) 내 마음을 알 이는 너(귀뚜라미)뿐인가 하노라.

감상

슬프게 우는 귀뚜라미 소리의 청각적 심상을 이용해 깊은 밤 홀로 잠 못 드는 여인의 외로움을 애절하게 그려내고 있다. 감정 이입과 반어적 표현을 통해 전전반측(輾轉反側)하는 여인의 심정을 형상화하였다.

3 나모도 바히돌도 | 미상

핵심정리

- 성격: 별한가(別恨歌), 이별가(離別歌)
- 표현: 열거법, 비교법, 점층법, 과장법
- 주제: 사랑하는 임을 여읜 걷잡을 수 없이 절절한 심정

> 나모도 ㉠바히돌도 업슨 뫼헤 매게 쪼친 가토릐 안과,
>
> 대천(大川) 바다 한가온대 일천 석 시른 빅에 노도 일코 닷도 일코 ㉡뇽총도 근코 돗대도 것고 치도 싸지고 바람 부러 물결 치고 안개 뒤섯계 ㉢즈자진 날에 갈 길은 천리 만리 나믄듸 사면(四面)이 거머으득 져뭇 천지 적막 ㉣가치노을 쎳눈듸 수적(水賊) 만난 도사공(都沙工)의 안과
>
> 엊그제 님 여흰 내 안히야 엇다가 ㉤그을ᄒᆞ리오.
>
> 나무도 바윗돌도 없는 산에 매에게 쫓긴 까투리 안(마음)과
> 대천 바다 한가운데 일천 석 실은 배에 노도 잃고 닻도 잃고 용총도 끊어지고 돛대도 꺾이고 키도 빠지고 바람 불어 물결치고 안개 뒤섞여 잦아진 날에 갈 길은 천 리 만 리 남았는데 사면이 검어 어둑하고 천지 적막 사나운 파도 치는데 해적 만난 도사공의 안과
> 엊그제 님 여읜 내 안이야 어디다가 견주리오.

시구 풀이

- 노(櫓): 물을 헤쳐 배를 나아가게 하는 기구
- 닷 > 닻: 배를 한 곳에 멈추어 있게 하기 위해 줄에 매어 물 밑바닥으로 가라앉히는 갈고리가 달린 기구
- 뇽총 > 용총(용총줄): 돛대에 매어 놓은 줄
- 돗대: 돛을 달기 위해 배에 세운 기둥
  돛: 올리고 내리는 천으로 바람을 받아 배를 가게 함.
- 치 > 키: 배의 방향 조종 장치
- 가치노을 > 까치노을: 사나운 파도

감상

매에게 쫓겨 절체절명(絶體絶命)의 위기에 빠진 까투리, 모든 것을 다 잃어 사면초가(四面楚歌)에 빠진 도사공의 암담한 심정보다 임을 여읜 자신의 마음이 더 절절함을 노래하고 있는 시조이다. 중장이 점층적으로 구성되어 긴장감과 절박감을 조성하고 있다. 표현은 해학적(諧謔的)이지만 그 가운데 내용은 긴박감과 비장감이 담겨 있다.

'도사공'의 처지를 나타내는 한자 성어

설상가상(雪上加霜), 전호후랑(前虎後狼)

기출 확인

다음 작품에 등장하는 ㉠~㉤이 의미하는 바로 옳은 것은? 2014 국회직 8급

① ㉠: 보이는 것이
② ㉡: 닻을 매달아 놓은 줄
③ ㉢: 잔잔해진
④ ㉣: 사나운 파도
⑤ ㉤: 원망을 하리오

정답 ④

3절 가사

1 개관

1. 개념 및 특징

① 4음보 연속체의 교술 문학이다.

② 마지막 구절이 시조의 종장과 유사하다.

* ③·5·4·3

③ 형식은 운문이고, 내용은 산문, 갈래는 교술이다.
→ 여러 갈래의 특징이 섞인 혼합 갈래이다.

④ 종류

정격(正格) 가사	시조의 종장처럼 마지막 행이 '3·5·4·3'의 형태를 갖춘 것
변격(變格) 가사 = 파격(破格) 가사	정격 가사와 달리 마지막 행의 형태가 다른 것

⑤ 내용

초기	양반 가사, 충신연주지사
후기	내방 가사 등 다양화

2 주요 작품

1. 조선 전기

작품명	작가	연대	내용
〈상춘곡(賞春曲)〉	정극인	성종	전라도 태인에 은거하면서 봄 경치를 읊음. 가사의 효시
〈만분가(萬憤歌)〉	조위	연산군	무오사화(1498) 때 순천에서 지은 유배 가사
〈면앙정가(俛仰亭歌)〉	송순	중종 19	면앙정 주위의 산수의 아름다움과 정취
〈관서별곡(關西別曲)〉	백광홍	명종 11	관서 지방의 아름다운 경치를 노래
〈자경별곡(自警別曲)〉	이이	선조	향풍(鄕風)을 바로 잡기 위한 교훈가
〈성산별곡(星山別曲)〉	정철	명종 15	김성원의 풍류와 성산의 풍물을 노래
〈관동별곡(關東別曲)〉	정철	선조 13	관동 지방의 산수미와 감회를 섞은 기행 가사
〈사미인곡(思美人曲)〉	정철	선조 18	충신연주(忠臣戀主)의 뜻을 노래
〈속미인곡(續美人曲)〉	정철	선조	두 여인의 문답으로 된 연군가. 〈사미인곡〉의 속편
〈강촌별곡(江村別曲)〉	차천로	선조	벼슬을 버리고 자연에 묻혀 생활하는 정경을 노래
〈규원가(閨怨歌)〉	허난설헌	선조	남편의 사랑을 받지 못하고 규방에서 눈물과 한숨으로 늙어 가는 여인의 정한(情恨)을 노래
〈서호별곡(西湖別曲)〉	허강	중종	한강의 풍치를 노래

2. 조선 후기

작품명	작가	연대	내용
〈고공가(雇工歌)〉	허전	중종	나라 일을 농사에 빗대어 관리들의 부패를 비판
〈태평사(太平詞)〉	박인로	선조 31	임란이 끝나고 태평성대가 다시 돌아왔음을 노래
〈선상탄(船上嘆)〉	박인로	선조 38	전쟁의 비애와 평화를 갈망하는 뜻을 노래
〈누항사(陋巷詞)〉	박인로	광해군 3	두메 살림에도 빈이무원(貧而無怨)하는 생활을 노래
〈농가월령가(農家月令歌)〉	정학유	광해군 8	농촌의 연중행사와 풍경을 월령체로 노래
〈일동장유가(日東壯遊歌)〉	김인겸	영조	일본 사신으로 가는 조엄 정사의 서기로 따라갔다 와서 견문을 적은 장편 기행 가사
〈만언사(萬言詞)〉	안조환	정조	남해에 귀양 가서 겪은 심회를 적은 유배 가사
〈봉선화가(鳳仙花歌)〉	정일당 남씨	헌종	봉선화를 매개로 섬세한 여성의 생활 감정을 노래
〈한양가(漢陽歌)〉	한산거사	헌종 10	한양의 문물제도를 노래한 장편 가사
〈북천가(北遷歌)〉	김진형	철종 4	함경도 명천에 귀양 갔다가 오기까지의 생활과 견문을 쓴 유배 가사
〈연행가(燕行歌)〉	홍순학	고종 3	청나라에 가는 사신의 서기가 되어 북경에 다녀온 4개월 동안의 견문을 적은 기행 가사

작품의 실제 가사

1 면앙정가(俛仰亭歌) | 송순

핵심정리

- **연대** 중종 28년(1533)
- **작자** 송순(1493~1583)
- **갈래** 서정 가사, 양반 가사, 은일 가사
- **문체** 운문체, 가사체
- **어조** 풍류를 즐기는 호방한 어조
- **형식** 가사(歌辭). 4·4(3·4)조를 기조로 한 4음보 연속체
- **짜임** 서사, 본사, 결사의 3단 구성[기승전결(起承轉結)의 4단 구성]
- **표현** 활유, 의인, 직유, 은유, 대구, 열거, 과장, 대조, 반복, 생략 등 다양한 수법 동원
- **제재** 면앙정(俛仰亭)의 승경(勝景)
- **주제** 대자연 속에서의 풍류와 군은(君恩)
- **특징** ① 경치를 원경(遠景)에서 근경(近景)의 순서로 묘사
② 사계(四季)의 계절 변화에 따른 시상의 전개

〈서사〉

무등산(无等山) ᄒᆞᆫ 활기 뫼히 동다히로 버더 이셔
멀리 ᄠᅦ쳐 와 제월봉(霽月峯)의 되여거ᄂᆞᆯ
무변대야(無邊大野)의 므ᄉᆞᆷ 짐쟉 ᄒᆞ노라
일곱 구비 ᄒᆞᆷᄃᆡ 움쳐 므득므득 버럿ᄂᆞᆫ ᄃᆞᆺ.
가온대 구비ᄂᆞᆫ 굼긔 든 늘근 뇽이
선ᄌᆞᆷ을 ᄀᆞᆺ ᄭᆡ야 머리ᄅᆞᆯ 언쳐시니 ➥ 제월봉의 형세

무등산 한 지맥이 동쪽으로 뻗어 있어 / 멀리 떨치고 와 제월봉이 되었거늘 / 끝없이 넓은 벌판에 무슨 생각을 하느라고 / 일곱 굽이가 한 곳에 움츠려 무더기무더기 벌여 놓은 듯하고 / 가운데 굽이는 구멍에 든 늙은 용이 / 선잠을 막 깨어 머리를 얹혀 놓은 듯하니

너ᄅᆞ바회 우히 송죽(松竹)을 헤혀고 정자(亭子)ᄅᆞᆯ 언쳐시니
구름 ᄐᆞᆫ 청학(靑鶴)이 천 리(千里)를 가리라 두 ᄂᆞ래 버렷ᄂᆞᆫ ᄃᆞᆺ. ➥ 면앙정의 모습

너럭바위 위에 소나무와 대나무를 헤치고 정자를 앉혔으니 / 구름을 탄 청학이 천 리를 가려고 두 날개를 벌리고 있는 듯.

〈본사〉

흰구름 브흰 연하(煙霞) 프르니ᄂᆞᆫ 산람(山嵐)이라.
천암(千巖) 만학(萬壑)을 제 집으로 삼아 두고
나명셩 들명셩 일히도 구ᄂᆞᆫ지고.
오르거니 ᄂᆞ리거니 장공(長空)의 ᄯᅥ나거니
광야(廣野)로 거너거니 프르락 블그락 여트락 디트락
사양(斜陽)과 섯거디어 세우(細雨)조차 ᄲᅳ리ᄂᆞᆫ다. ➥ 면앙정의 봄 경치

흰 구름, 뿌연 안개와 놀, 푸른 것은 산아지랑이로구나. / 수많은 바위와 골짜기를 제 집으로 삼아 두고 / 나면서 들면서 아양도 떠는구나. / 날아오르다가, 내려앉다가, 공중으로 떠났다가, / 넓은 들로 건너갔다가 푸르기도 하고 붉기도 하고, 옅기도 하고 짙기도 하고 / 석양과 섞여 가랑비조차 뿌린다.

〈결사〉

인간(人間)을 ᄯᅥ나와도 내 몸이 겨를 업다.
이것도 보려 ᄒᆞ고 져것도 드르려코
ᄇᆞᄅᆞᆷ도 혀려 ᄒᆞ고 ᄃᆞᆯ도 마즈려코
밤으란 언제 줍고 고기란 언제 낙고

감상

〈면앙정가〉는 송순이 관직에서 잠시 물러나 그의 고향인 전라도 담양의 기촌에 머물러 있을 때, 제월봉 아래에 면앙정을 짓고 주변의 산수와 계절의 변화에 따른 아름다운 모습을 감상하며 즐긴 서정 가사로 자연에 몰입해 풍류 생활을 하면서도 임금의 은혜를 생각하는 유학자의 자세(역군은이샷다)를 나타냄으로써 자연적 친화와 유교의 충 사상을 결합한 강호가도의 전형을 만들어냈다.

의의

- 조선 전기 강호가도(江湖歌道)를 확립한 노래
- 정극인의 〈상춘곡〉의 계통을 잇고, 정철의 〈성산별곡(星山別曲)〉에 영향을 주었다.

★ 〈면앙정가〉에 나타난 계절

- **봄:** 산람(산 아지랑이)
- **여름:** 양풍(서늘한 바람)
- **가을:** 금수(수를 놓은 비단)
- **겨울:** 빙설(얼음과 눈)

*출처: 국가문화유산포털

Quiz

서정적 자아가 추구하는 다음 글의 전개 순서로 가장 알맞은 것은?

> 가 무등산(无等山) ᄒᆞᆫ 활기 뫼히 동 다히로 버더 이셔 멀리 ᄠᅦ쳐 와 제월봉(霽月峯)이 되여거ᄂᆞᆯ 무변대야(無邊大野)의 므ᄉᆞᆷ 짐쟉 ᄒᆞ노라 닐곱 구비 ᄒᆞᆷᄃᆡ 움쳐 므득므득 버럿ᄂᆞᆫ ᄃᆞᆺ. 가온대 구비ᄂᆞᆫ 굼긔 든 늘근 뇽이 선ᄌᆞᆷ을 ᄀᆞᆺ ᄭᆡ야 머리ᄅᆞᆯ 언쳐시니
> 나 너ᄅᆞ바회 우희 송죽(松竹)을 헤혀고 정자(亭子)ᄅᆞᆯ 언쳐시니 구름 ᄐᆞᆫ 청학(靑鶴)이 천 리(千里)를 가리라 두 ᄂᆞ래 버렷ᄂᆞᆫ ᄃᆞᆺ.
> 다 옥천산(玉泉山) 용천산(龍泉山) ᄂᆞ린 믈이 정자(亭子) 앞 너븐 들히 올올히 펴진 ᄃᆞ시 넙써든 기노라 프르거든 희디마나 썅룡(雙龍)이 뒤트ᄂᆞᆫ ᄃᆞᆺ 긴깁을 ᄎᆡ폇ᄂᆞᆫ ᄃᆞᆺ 어드러로 가노라 므ᄉᆞᆷ 일 ᄇᆡ얏바 ᄃᆞᆮᄂᆞᆫ ᄃᆞᆺ ᄯᆞ로ᄂᆞᆫ ᄃᆞᆺ 밤ᄂᆞᆽ즈로 흐르ᄂᆞᆫ ᄃᆞᆺ.

① 여행의 노정(路程)에 따라
② 소재(素材)의 이동(移動)에 따라
③ 원경(遠景)에서 근경(近景)으로
④ 동적(動的)인 데서 정적(靜的)인 데로

해설
묘사 위주의 글로, 먼 무등산에서부터 가까운 너럭바위, 정자, 그 앞의 시내로 시선이 옮겨지고 있다.

정답 ③

시비(柴扉)란 뉘 다드며 딘 곳츠란 뉘 쓸려뇨.
아ᄎᆞᆷ이 낫브거니 나조ᄒᆡ라 슬흘소냐.
오ᄂᆞᆯ리 부족(不足)커니 내일(來日)리라 유여(有餘)ᄒᆞ랴.
이 뫼ᄒᆡ 안자 보고 뎌 뫼ᄒᆡ 거러 보니
번로(煩勞)ᄒᆞᆫ ᄆᆞ음의 ᄇᆞ릴 일이 아조 업다.
쉴 사이 업거든 길히나 젼ᄒᆞ리야.
다만 ᄒᆞᆫ 청려장(青藜杖)이 다 므듸여 가노미라. ➥ 자연애(自然愛)와 풍류 생활

인간 세상을 떠나와도 내 몸이 한가로울 겨를이 없다. / 이것도 보려 하고 저것도 들으려 하고 / 바람도 끌어당기려 하고, 달도 맞으려 하고 / 밤은 언제 줍고 고기란 언제 낚고 / 사립문은 누가 닫으며 떨어진 꽃은 누가 쓸 것인가. / 아침이 모자라거니 저녁이라고 싫을쏘냐. / 오늘도 부족한데 내일이라고 넉넉하랴. / 이 산에 앉아 보고 저 산에 걸어 보니 / 번거로운 마음이지만 버릴 일이 전혀 없다. / 쉴 사이도 없는데 길이나마 전할 틈이 있으랴. / 다만 하나의 푸른 명아주 지팡이가 다 무디어져 가는구나.

술이 닉어거니 벗지라 업슬소냐.
블니며 ᄐᆞ이며 혀이며 이아며
온가지 소릐로 취흥(醉興)을 ᄇᆡ야거니
근심이라 이시며 시ᄅᆞᆷ이라 브트시랴.
누으락 안즈락 구브락 져츠락
을프락 ᄑᆞ람ᄒᆞ락 노혜로 놀거니
천지(天地)도 넙고넙고 일월(日月)도 ᄒᆞᆫ가ᄒᆞ다.
희황(羲皇)을 모ᄅᆞᆯ러니 이 적이야 긔로고야
신선(神仙)이 엇더턴지 이 몸이야 긔로고야. ➥ 풍류 생활과 만족감

술이 익어 가니 벗이 없을 것인가. / 부르게 하며, 타게 하며, 켜게 하며, 흔들며 / 온갖 소리로 취흥을 재촉하니 / 근심이라 있으며 시름이라 붙었으랴. / 누웠다가 앉았다가 구부렸다가 젖혔다가 / 읊다가 휘파람을 불었다가 마음 놓고 노니 / 천지도 넓고 넓으며 세월도 한가하다. / 복희씨의 태평성대를 모르고 지냈더니 / 지금이야말로 그때로구나. / 신선이 어떤 것인지, 이 몸이야말로 신선이로구나.

강산풍월(江山風月) 거ᄂᆞᆯ리고 내 백 년(百年)을 다 누리면
악양루(岳陽樓) 샹의 이태백(李太白)이 사라오다
호탕(浩蕩) 정회(情懷)야 이에서 더ᄒᆞᆯ소냐. ➥ 자연 속에서의 풍류와 호탕정회

아름다운 자연을 거느리고 내 평생을 다 누리면 / 악양루 위의 이태백이 살아온다 한들 / 넓고 끝없는 정다운 회포는 이보다 더 할쏘냐.

이 몸이 이렁 굼도 역군은(亦君恩)이샷다. ➥ 임금의 은혜에 대한 감사

이 몸이 이렇게 지내는 것도 역시 임금의 은혜이시도다.

기출 확인

다음 글에 나타난 시적 화자의 정서와 가장 유사한 것은? 2018 지방직 7급

> 흰 구름 뿌연 연하(煙霞) 푸른 것은 산람(山嵐)이라
> 천암만학(千巖萬壑)을 제 집으로 삼아 두고 / 나명셩 들명셩 이래도 구는지고
> 오르거니 내리거니 장공(長空)에 떠나거니 광야(廣野)로 건너거니
> 푸르락 붉으락 열으락 짙으락 / 사양(斜陽)과 섞어지어 세우(細雨)조차 뿌리는가.
> 〈중략〉
> 초목 다 진 후의 강산(江山)이 매몰커늘 / 조물(造物)이 헌사하여 빙설(氷雪)로 꾸며 내니
> 경궁요대(瓊宮瑤臺)와 옥해은산(玉海銀山)이 안저(眼底)의 벌렸구나.
> 건곤(乾坤)도 가암열사* 간 데마다 경이로다. – 송순, 〈면앙정가〉
>
> * 가암열사: 풍성하다는 뜻

① 수간모옥(數間茅屋)을 벽계수(碧溪水) 앞에 두고 송죽(松竹) 울울리(鬱鬱裏)에 풍월주인(風月主人) 되어셔라.
② 이 술 가져다가 사해(四海)에 고루 나누어 억만창생(億萬蒼生)을 다 취(醉)케 만든 후에 그제야 고쳐 만나 또 한 잔 하잤고야.
③ 모첨(茅簷) 찬 자리에 밤중만 돌아오니 반벽청등(半壁青燈)은 눌 위하여 밝았는고.
④ 종조추창(終朝惆悵)하며 먼 들을 바라보니 즐기는 농가(農歌)도 흥(興) 없어 들리나다.

해설

제시된 부분의 화자는 자연의 풍류를 즐기고 있다. ①은 정극인의 〈상춘곡〉으로, 몇 칸 안 되는 작은 초가집을 시냇물 앞에 지어 두고 빽빽한 소나무 우거진 속에서 자연의 주인이 되었다며 자연의 풍류를 즐기고 있다. 따라서 제시문과 시적 화자의 정서가 가장 유사한 것은 ①이다.

오답

② 정철의 〈관동별곡〉의 일부로, 백성을 돌보는 일을 먼저 한 후에 개인적인 즐거움을 누리겠다는 '선공후사(先公後私)'의 자세가 드러나 있다.
③ 정철의 〈속미인곡〉의 일부로, 밤중에 집에 돌아와 혼자 외로움을 느끼고 있는 내용이다.
④ 박인로의 〈누항사〉의 일부로, 아침이 끝날 때까지 슬퍼하며 먼 들을 바라보고 있자니 즐거워 부르는 농부들의 노래도 흥이 없게 들린다고 하면서 슬픔으로 인해 흥겨움을 느끼지 못하고 있는 내용이다.

정답 ①

2 관동별곡(關東別曲) | 정철

핵심정리

- **연대** 1580년(선조 13년), 정철이 45세 때
- **작자** 정철(1536~1593)
- **갈래** 가사(歌辭) – 기행 가사, 양반 가사, 정격 가사
- **성격** 서정적, 유교적, 도교적
- **주제** 관동 지방의 절경과 연군, 선정의 포부
- **영향** 안축 〈관동별곡〉(경기체가), 백광홍 〈관서별곡〉(가사), 송순 〈면앙정가〉(가사) 등에서 영향을 받음.

〈서사〉

(깊어 / 대나무숲에 누워 있었더니)
강호(江湖)애 병(病)이 깁펴 듁님(竹林)의 누엇더니,
(자연 / 천석고황(泉石膏肓), 연하고질(煙霞痼疾) / 말기시니)
관동(關東) 팔ᄇᆡᆨ(八百) 니(里)에 방면(方面)을 맛디시니,
(대관령의 동쪽, 강원도 / 관찰사로서의 소임)
어와 셩은(聖恩)이야 가디록 망극(罔極)ᄒᆞ다.
(임금의 은혜 / 갈수록)

자연을 그리워하는 마음이 병이 되어서 대나무숲속(전남 창평)에 누워 있었더니,
(임금께서) 강원도 지방의 관찰사의 소임을 맡기시니,
아아! 임금의 은혜야 갈수록 망극하구나.

➥ 서사 (1): 강원도 관찰사로 임명 받은 감격

연츄문(延秋門) 드리ᄃᆞ라 경회(慶會) 남문(南門) ᄇᆞ라보며,
(경복궁의 서쪽문. 영추문 / 경회루 / 앞에)
하직(下直)고 믈너나니 옥졀(玉節)이 알ᄑᆡ 셧다. → 출발 준비
(옥으로 된 신표. 관찰사의 상징물)
평구역(平丘驛) ᄆᆞᆯ을 ᄀᆞ라 흑슈(黑水)로 도라드니,
(경기도 춘천과 원주의 경계 / 갈아타고 / 경기도 여주)
셤강(蟾江)은 어듸메오, 티악(雉岳)이 여긔로다.
(강원도 원주 / 치악산)

(경복궁 서문인) 연추문으로 달려 들어가 경회루 남쪽 문을 바라보며
임금님께 하직하고 물러나니, (관찰사의 신표인) 옥절이 앞에 서 있다.
평구(양주)역에서 말을 갈아타고 흑수(여주)로 돌아드니,
섬강(원주)은 어디인가? 치악산이 여기로구나.

➥ 서사 (2): 관찰사 부임 여정

쇼양강(昭陽江) ᄂᆞ린 믈이 어드러로 든단 말고.
(소양강 – 한양 – 임금 / 흘러내린 / 흘러들어 간단)
고신(孤臣) 거국(去國)에 ᄇᆡᆨ발(白髮)도 하도 할샤. ← 우국지정(憂國之情)
(임금에게서 멀리 떨어진 신하가 나라를 떠나 근심 걱정이 많기도 많구나.)
동쥐(東洲) 밤 계오 새와 븍관뎡(北寬亭)의 올나ᄒᆞ니,
(철원 지역 / 겨우)
삼각산(三角山) 뎨일봉(第一峰)이 ᄒᆞ마면 뵈리로다. ← 연군지정(戀君之情)
(북한산(임금이 계신 곳) / 웬만하면)
궁왕(弓王) 대궐(大闕) 터희 오쟉(烏鵲)이 지지괴니,
(궁예왕 / 까마귀와 까치)
쳔고(千古) 흥망(興亡)을 아ᄂᆞᆫ다 몰ᄋᆞᄂᆞᆫ다. → 인생무상(人生無常), 맥수지탄(麥秀之嘆)
(아는가 모르는가.)
회양(淮陽) 네 일홈이 마초아 ᄀᆞᄐᆞᆯ시고.
(부임지 / 이름 / 마침 / 같을시고.)
급댱유(汲長孺) 풍ᄎᆡ(風彩)를 고텨 아니 볼 게이고. → 선정에의 포부
(모습 / 다시)

소양강 흘러내리는 물이 어디로 흘러들어간단 말인가?
외로운 신하가 서울을 떠나니 나라에 대한 걱정(흰머리)이 많기도 많구나.
동주(철원)에서 밤을 겨우 새우고 북관정에 오르니,
임금이 계신 서울의 삼각산 제일 높은 봉우리가 웬만하면 보일 것 같구나.
옛날 궁예왕이 살던 대궐 터에 까마귀, 까치만 지저귀고 있으니,
나라의 흥망을 너희들이 아느냐 모르느냐?
회양이라는 네 이름이 옛 중국의 지명과 마침 같구나.
여기서 급장유의 모습을 다시 볼 수 있지 않겠는가?

➥ 서사 (3): 선정을 베풀겠다는 다짐

〈본사 1〉★

영듕(營中)이 무ᄉᆞ(無事)ᄒᆞ고 시졀(時節)이 삼월(三月)인 제,
(선정의 은근한 과시 / 계절)
화쳔(花川) 시내길히 풍악(楓岳)으로 버더 잇다.
(회양 동쪽의 고을 / 금강산 / 뻗어)
ᄒᆡᆼ장(行裝)을 다 ᄯᅥᆯ티고 셕경(石逕)의 막대 디퍼, → 간편한 차림
(여행에 필요한 채비 / 떨치고 / 돌길 / 짚어)
ᄇᆡᆨ쳔동(百川洞) 겨ᄐᆡ 두고 만폭동(萬瀑洞) 드러가니,
(결을 지나 / 금강산에 있는 폭포)
㉠ 〈은(銀) ᄀᆞᄐᆞᆫ 무지게 옥(玉) ᄀᆞᄐᆞᆫ 룡(龍)의 초리,〉
(순수함, 고결함 / 같은 / 역동성, 강렬함 / 꼬리)
섯돌며 뿜ᄂᆞᆫ 소리 십리(十里)의 ᄌᆞ자시니,
(섞어 돌며 내뿜는 / 퍼졌으니)
들을 제ᄂᆞᆫ 우레러니 보니ᄂᆞᆫ 눈이로다.
(천둥)

(회양의) 감영안이 별일이 없고, 시절은 마침 3월인 때,
화천 시냇길이 금강산으로 뻗어 있다.
행장을 다 떨쳐 버리고 돌길에 지팡이를 짚고
백천동 옆을 지나 만폭동 계곡으로 들어가니,
은 같은 무지개, 옥 같은 용의 꼬리(처럼 생긴 폭포가)
섞어 돌며 내뿜는 소리가 십 리 밖까지 퍼졌으니,
멀리서 들을 때는 우레(천둥)의 소리더니 가까이서 보니 눈이 날리는 것 같구나.

➥ 본사 1(금강산 1): 만폭동 폭포의 장관

금강ᄃᆡ(金剛臺) ᄆᆡᆫ 우층(層)의 션학(仙鶴)이 삿기 치니,
(금강산 표훈사 북쪽의 깎아 세운 듯한 석벽 / 선잠 / 새끼)
츈풍(春風) 옥뎍셩(玉笛聲)의 첫ᄌᆞᆷ을 ᄭᆡ돗던디,
(옥피리 소리 → 산속의 바람소리(미화) / 깨었던지)

금강대 맨 꼭대기에 (신선이 타고 논다는) 학이 새끼를 치니,
봄바람에 들려오는 옥피리 소리에 (학이) 선잠을 깨었던지

감상

이 작품은 글쓴이가 강원도 관찰사로 부임하여 내금강·외금강·해금강 및 관동팔경을 유람한 여정과 자연 경치·옛 이야기·풍속 등을 읊은 작품으로, 충의(忠義) 사상, 애민(愛民) 사상, 신선(神仙) 사상이 담겨 있다.

특징

- 내용상
  - 여정, 산수, 풍경, 고사, 풍속 등 다양한 내용을 담고 있음.
  - 화자의 정서적 추이와 갈등이 함축적으로 드러남.
- 표현상
  - 3·4조의 4음보 율격
  - 우리말의 묘미를 살리는 표현이 많음.
  - 영탄, 대구, 은유, 직유 등의 다양한 표현방법을 사용
- **구성상**: 시간과 여정에 따른(추보식) 구성

TIP

금강산의 계절별 명칭

- **봄**: 금강산
- **여름**: 봉래산
- **가을**: 풍악산
- **겨울**: 개골산

★ 〈본사 1〉의 여정

여정	금강산 [만폭동] → [금강대] → [진헐대] → [개심대] → [원통골] → [화룡소] → [불정대] → [산영루]

Quiz

다음 중 ㉠ 〈 〉 부분이 묘사한 대상은?

① 은하수 ② 폭포
③ 옷고름 ④ 파도

해설

㉠ 부분은 '만폭동 폭포'의 장관을 대구에 의해 인상적으로 묘사하고 있는 부분이다. '무지개'와 '용의 초리'의 원관념은 '폭포'이며, '우레'의 원관념은 '폭포의 소리'다.

정답 ②

호의현샹(縞衣玄裳)이 반공(半空)의 소소 ᄯᅳ니,
허공에 솟아
셔호(西湖) 녯 쥬인(主人)을 반겨셔 넘노ᄂᆞᆫ ᄃᆞᆺ.
중국 송나라의 임포 → 정철 스스로를 신선에 빗댄 표현
인간 세계를 떠나 신선처럼 자연과 조화로운 삶을 즐기려는 우아미가 드러남.

흰 저고리 검은 치마로 단장한 학이 공중에 솟아 뜨니,
서호의 옛 주인(임포)을 반기는 듯이 나를 반기어 넘나들며 노는구나.

➥ 본사 1(금강산 2): 금강대의 선학

쇼향노(小香爐) 대향노(大香爐) 눈 아래 구버보고,
만폭동에 있는 향로처럼 생긴 크고 작은 두 봉우리
졍양ᄉᆞ(正陽寺) 진헐ᄃᆡ(眞歇臺) 고텨 올나 안ᄌᆞᆫ마리,
표훈사 북쪽에 있는 절 / 정양사 뒤쪽의 높은 대 / 다시 올라 앉으니
녀산(廬山) 진면목(眞面目)이 여긔야 다 뵈ᄂᆞ다.
중국의 명산 → 금강산 비유 / 여기에서야
어와, 조화옹(造化翁)이 헌ᄉᆞ토 헌ᄉᆞᄒᆞᆯ샤.
조물주 / 야단스럽기도 야단스럽구나
ᄂᆞᆯ거든 ᄯᅱ디 마나 셧거든 솟디 마나. → 역동적 이미지
날거든 뛰지를 말거나, 서 있거든 솟아오르지를 말거나

소향로봉과 대향로봉은 눈 아래 굽어보고,
정양사 뒤 진헐대에 다시 올라 앉으니,
여산같이 아름다운 금강산의 참모습이 여기에서 다 보인다.
아아, 조물주의 솜씨가 야단스럽기도 야단스럽구나.
(수많은 봉우리들은) 날려거든 뛰지 말거나 서 있으려거든 솟지 말거나 할 것이지,

부용(芙蓉)을 고잣ᄂᆞᆫ ᄃᆞᆺ ᄇᆡᆨ옥(白玉)을 뭇것ᄂᆞᆫ ᄃᆞᆺ, → 정적 이미지
연꽃(산봉우리 비유) / 꽂았는 듯 / 희고 아름다운 옥(산봉우리) / 묶었는
동명(東溟)을 박ᄎᆞᄂᆞᆫ ᄃᆞᆺ 북극(北極)을 괴왓ᄂᆞᆫ ᄃᆞᆺ. → 동적 + 정적
동해 / 북극성(임금 비유) / 떠받치는(웅장 + 높은 봉우리)
놉흘시고 망고ᄃᆡ(望高臺), 외로올샤 혈망봉(穴望峰)이 — 자신이 추구하는 모습
망고대, 혈망봉 → 강직하고 지조 있는 신하
〈하ᄂᆞᆯ의 추미러 므ᄉᆞ 일을 ᄉᆞ로리라,
임금 / 치밀어 / 아뢰려고
쳔만겁(千萬劫) 디나ᄃᆞ록 구필 줄 모ᄅᆞᄂᆞᆫ다.
영원의 시간 / 지나도록
어와 너여이고, 너 ᄀᆞᄐᆞ니 ᄯᅩ 잇ᄂᆞᆫ가.〉 → 숭고미
너로구나 / 너 같은 이
〈 〉: 의연한 산의 모습에서 직간신(直諫臣)으로서의 굳은 의지와 절개를 새삼 느껴 자신의 절의를 다짐함.

부용(연꽃)을 꽂았는 듯,
백옥을 묶었는 듯, 동해를 박차고 오르는 듯, 북극성을 떠받치는 듯하구나.
높기도 하구나 망고대여, 외롭기도 하구나 혈망봉이
하늘에 치밀어 무슨 일을 아뢰려고
오랜 세월이 지나도록 굽힐 줄 모르는구나.
아아, 바로 너(망고대, 혈망봉)로구나. 너 같은 이(지조가 높은 충신)가 또 있겠는가?

➥ 본사 1(금강산 3): 진헐대에서 보는 금강산

ᄀᆡ심ᄃᆡ(開心臺) 고텨 올나 듕향셩(衆香城) ᄇᆞ라보며,
개심대. 정양사 위에 있는 대 / 중향성. 금강산의 봉우리
만이쳔봉(萬二千峰)을 녁녁히(歷歷) 혀여ᄒᆞ니,
금강산(대유법) / 분명히 / 세어 보니
봉(峰)마다 ᄆᆡᆺ쳐 잇고 긋마다 서린 긔운,
맺혀 / (금강산의) 맑고 깨끗한 정기
ᄆᆞᆰ거든 조티 마나, 조커든 ᄆᆞᆰ디 마나.
맑거든 깨끗하지 말거나, 깨끗하거든 맑지나 말던가(맑고 깨끗함.)
뎌 긔운 흐터 내야 인걸(人傑)을 ᄆᆞᆫᄃᆞᆯ고쟈.
흩어 내어 / 우국충정
형용(形容)도 그지업고 톄셰(體勢)도 하도 할샤.
생김새 → 정적 / 끝이 없고, 다양하고 / 자세 → 동적 모습 / 많기도 많구나
텬디(天地) 삼기실 제 ᄌᆞ연(自然)이 되연마ᄂᆞᆫ,
천지. 온 세상 / 생겨날 때 / 저절로, 자연스럽게 되었지마는
이제 와 보게 되니 유졍(有情)도 유졍(有情)ᄒᆞᆯ샤.
정답기도 정답구나(조물주의 깊은 뜻이 담겨 있구나).
비로봉(毗盧峰) 샹샹두(上上頭)의 올라 보니 긔 뉘신고.
맨 꼭대기 / 본 사람
동산(東山) 태산(泰山)이 어ᄂᆞ야 놉돗던고.
중국에 있는 두 산 / 어느 것이 높다던가 → 비로봉보다 낮다.
노국(魯國) 조븐 줄도 우리ᄂᆞᆫ 모ᄅᆞ거든,
공자가 살았던 노나라
넙거나 넙은 텬하(天下) 엇찌ᄒᆞ야 젹닷 말고. → 호연지기(浩然之氣)
넓거나 넓은 / 천하를 / (공자는) 좁다고 말했던가.
어와, 뎌 디위를 어이ᄒᆞ면 알 거이고.
경지
오ᄅᆞ디 못ᄒᆞ거니 ᄂᆞ려가미 고이ᄒᆞᆯ가.
이상하겠느냐(당연하다).

개심대에 다시 올라 중향성을 바라보며
만 이천 봉을 똑똑히 헤아리니,
봉마다 맺혀 있고 산 끝마다 서린 기운,
맑거든 깨끗하지 말거나 깨끗하거든 맑지나 말 것이지,
저 기운을 흩어 내어 인재를 만들고 싶구나.
생긴 모양도 끝없이 다양하고 자세도 많기도 많구나.
천지가 생겨날 때 저절로 이루어진 것이지만
이제 와서 보게 되니 조물주의 깊은 뜻이 담겨 있구나.
비로봉 꼭대기에 올라 본 사람이 누구인가?
동산과 태산이 어느 것이 높던가?
노나라 좁은 줄도 우리는 모르거든,
넓거나 넓은 천하를 (공자는) 어찌하여 작다고 말했는가?
아! 저 지위(공자와 같은 경지)를 어찌하면 알 수 있겠는가?
(비로봉 꼭대기까지) 오르지 못하니 내려감이 이상하겠느냐.

➥ 본사 1(금강산 4): 개심대에서의 조망

원통(圓通)골 ᄀᆞᄂᆞᆫ 길로 ᄉᆞᄌᆞ봉(獅子峰)을 ᄎᆞ자가니,
표훈사 북쪽 골짜기 / 좁은 / 화룡소 북쪽에 있는 사자 모양의 봉우리
그 알ᄑᆡ 너러바회 화룡(化龍)쇠 되여셰라.
앞에 / 넓고 평평한 바위
쳔년(千年) 노룡(老龍)이 구비구비 서려 이셔,
물. '화자 자신' 비유 → 중의적 표현(오랜 경륜과 포부를 지닌 늙은이)
듀야(晝夜)의 흘녀 내여 창ᄒᆡ(滄海)예 니어시니,
주야로, 밤낮으로 / 넓은 바다 / 이어졌으니 / 내리려 하는가
〈풍운(風雲)을 언제 어더 삼일우(三日雨)를 디련ᄂᆞᆫ다.
가뭄을 풀어 줄 수 있도록 시원하게 3일 동안 내리는 비
음애(陰崖)예 이온 플을 다 살와 내여ᄉᆞ라.〉☆
그늘진 벼랑 / 굶주린 백성을 의미 / 선정에 대한 포부

원통골 좁은 길을 따라 사자봉을 찾아가니,
그 앞에 넓은 바위가 화룡소(化龍沼)가 되었구나.
마치 천 년 묵은 늙은 용이 굽이굽이 서려 있어
밤낮으로(물을) 흘러 내어 넓은 바다에 이어졌으니,
(저 용은) 바람과 구름을 언제 얻어 시원한 비를 내리려느냐?
그늘진 땅에 시든 풀을 다 살려내어라.

➥ 본사 1(금강산 5): 화룡소에서의 감회와 선정의 포부

☆ 〈 〉: 화자의 선정의 포부가 담긴 부분. "풍운(→ 좋은 때)을 만나 삼일우를 내려서(→ 훌륭한 정치를 베풀어) 음애(→ 임금의 은혜가 미치지 못하는 산간벽지)에 이온 풀(→ 헐벗고 굶주린 백성들)을 다 살려 내어라(→ 다 잘살게 하리라)."라는 말로, 결국 자신의 [목민관으로서의 포부]를 드러내고 있다. → 숭고미

↱ 마하연 동쪽 바위에 새겨 놓은 불상 / ↱ 넘어 내려가
마하연(磨訶衍) 묘길샹(妙吉祥) 안문(雁門)재 너머 디여,
만폭동 상류 가장 깊은 곳 / 마하연과 유점사 사이에 있는 고개
마하연, 묘길상, 안문재를 넘어 내려가

외나모 뻐근 ᄃᆞ리 블뎡ᄃᆡ(佛頂臺) 올라ᄒᆞ니,
썩은 / 고성군 서쪽에 있는 바위 / 오르니
외나무 썩은 다리를 건너 불정대에 오르니

쳔심졀벽(千尋絶壁)을 반공(半空)애 셰여 두고,
높이가 천 길이나 되는 절벽 / 허공 / 세워
(조물주가) 천 길이나 되는 절벽을 공중에 세워 두고,

〈은하슈(銀河水) 한 구비를 촌촌이 버혀 내여,〉
폭포 비유 / 굽이를 / 마디마디 / 베어
은하수 큰 굽이를 마디마디 베어 내어

〈실ᄀᆞ티 플텨이셔 뵈ᄀᆞ티 거러시니,〉
폭포 비유 / 풀어서 / 베같이 / 걸었으니.
실처럼 풀어서 베처럼 걸었으니

실같이 풀어서 베같이 걸었으니. '실', '베' → 폭포 (직유법)

〈 〉: 십이 폭포의 장관을 표현한 부분 은하수 – 폭포의 열두 굽이가 은하수를 베어 놓은 듯하다. (은유법)

도경(圖經) 열두 구비, 내 보매는 여러히라.
산의 그림 설명책에는 십이 폭포라지만 보기에는 그보다 여럿으로 보인다(화려하고 아름답다).
도경에는 열두 굽이라 하였으니 내가 보기에는 그보다 여럿으로 보인다.

니뎍션(李謫仙) 이제 이셔 고텨 의논ᄒᆞ게 되면,
당나라의 시인 이백 / 다시
만일 이백이 있어 다시 논의한다면

녀산(廬山)이 여긔도곤 낫단 말 못ᄒᆞ려니.
~보다(비교격)
여산 폭포가 여기(십이 폭포)보다 낫다는 말은 못할 것이다.

➥ 본사 1(금강산 6): 불정대에서 본 십이 폭포의 장관

산듕(山中)을 ᄆᆡ양 보랴, 동ᄒᆡ(東海)로 가쟈ᄉᆞ라.
금강산만 / 늘, 항상
산중만 늘 보겠는가? 이제 동해로 가자꾸나.

↱ 천천히 나아감
남여(籃輿) 완보(緩步)ᄒᆞ야 산영누(山映樓)의 올나ᄒᆞ니,
뚜껑이 없는 작은 가마 타고 / 유점사 앞에 세운 누각 / 올라가니
덮개 없는 가마를 타고 천천히 걸어 산영루에 올라가니,

녕농(玲瓏) 벽계(碧溪)와 수셩(數聲) 뎨됴(啼鳥)ᄂᆞᆫ
맑고 눈부시게 아름다운 시냇물 / 아름다운 소리로 우는 새 → 감정 이입
영롱한 푸른 시냇물과 여러 소리로 우짖는 산새는

니별(離別)을 원(怨)ᄒᆞᄂᆞᆫ 듯, → 금강산을 떠나는 아쉬운 마음
원망 / ↱ 휘날리니
나와의 이별을 원망하는 듯하고,

졍긔(旌旗)를 쩔티니 오ᄉᆡᆨ(五色)이 넘노ᄂᆞᆫ 듯,
관찰사의 행렬을 상징하는 깃발 / 여러 가지 빛깔이 넘나드는 듯하며
깃발을 휘날리니 오색이 넘나드는 듯하며

고각(鼓角)을 섯부니 ᄒᆡ운(海雲)이 다 것ᄂᆞᆫ 듯.
북과 피리 / 섞어 부니 / 바다의 구름 / 걷히는 듯(화려한 행장)
북과 나팔을 섞어 부니 바다 구름이 다 걷히는 듯하구나.

명사(鳴沙)길 니근 ᄆᆞᆯ이 취션(醉仙)을 빗기 시러,
우는 소리가 나는 모래길 / 취한 신선 → 정철 / 비스듬하게 실어
모랫길에 익숙한 말이 취한 신선(정철 자신)을 비스듬히 태우고

바다ᄒᆞᆯ 겻틔 두고 ᄒᆡ당화(海棠花)로 드러가니,
곁에 / 해당화가 핀 곳
바다를 곁에 두고 해당화 핀 곳으로 들어가니

↱ 어찌 아느냐
ᄇᆡᆨ구(白鷗)야 ᄂᆞ디 마라, 네 버딘 줄 엇디 아ᄂᆞᆫ.
흰 갈매기 / 물아일체의 경지 표현 (자연 친화의 감정 표출)
흰 갈매기야 날지 마라, 내가 네 벗일 수도 있지 않느냐?

➥ 본사 1(해금강 1): 산영루에서의 회포, 내금강에서 해금강으로

★ 〈본사 2〉의 여정

여정	관동팔경 [총석정] → [삼일포] → [청간정] → [낙산사] → [경포대] → [죽서루] → [망양정]

〈본사 2〉★

금난굴(金蘭窟) 도라드러 총셕뎡(叢石亭) 올라ᄒᆞ니,
통천 바닷가 높은 벼랑에 있는 동굴 / 금란굴 북쪽 바닷가에 있는 정자
금란굴 돌아들어 총석정에 올라가니,

ᄇᆡᆨ옥누(白玉樓) 남은 기동 다만 네히 셔 잇고야.
옥황 상제가 거처한다는 누각 / 넷이(사선봉을 가리킴)
백옥루의 남은 기둥 네 개가 서 있구나.

사선봉의 절묘하고 신기한 모습 표현

공슈(工倕)의 셩녕인가 귀부(鬼斧)로 다ᄃᆞ문가.
중국 고대의 솜씨 좋은 장인의 이름 / 신비한 연장 / 다듬었는가(예찬)
공수가 만든 것인가 귀신의 도끼로 다듬었는가?

구ᄐᆞ야 뉵면(六面)은 므어슬 샹(象)톳던고. → 사선봉을 신기한 모습으로 만든 조물주의 의도를 헤아림
육합(천지 사방의 우주 공간)을 상징 / 본떴는가.
구태여 여섯 모(면)로 된 것은 무엇을 본뜬 것인가?

➥ 본사 2(관동팔경 1): 총석정에서의 장관

고셩(高城)을란 뎌만 두고 삼일포(三日浦)를 ᄎᆞ자가니,
저만큼 / (네 명의 신선과 관련된 곳)
고성을 저만큼 두고 삼일포를 찾아가니,

인생무상(人生無常)

단셔(丹書)ᄂᆞᆫ 완연(宛然)ᄒᆞ되 ᄉᆞ션(四仙)은 어ᄃᆡ 가니.
붉은 글씨 / 뚜렷하되
(남쪽 벼랑에) 붉은 글씨가 뚜렷이 남아 있으나 (그 글을 쓴) 네 명의 신선은 어디로 갔는가?

예 사흘 머믄 후(後)의 어ᄃᆡ 가 또 머믈고.
지명 관련 유래
여기서 사흘 동안 머무른 뒤에 어디 가서 또 머물렀던고?

↱ 속초에 있는, 신라 화랑 '영랑'이 발견하고 놀았다는 호수
션유담(仙遊潭) 영낭호(永郎湖) 거긔나 가 잇ᄂᆞᆫ가.
사선이 놀았다는 간성 남쪽에 있는 못
선유담, 영랑호 거기에 가 있는가?

쳥간뎡(淸澗亭) 만경ᄃᆡ(萬景臺) 몃 고ᄃᆡ 안돗던고.
간성 바닷가에 있는 정자 청간정 동쪽에 있는 돌봉우리로 된 대
청간정, 만경대 몇 군데서 앉아 놀았는가?

➥ 본사 2(관동팔경 2): 삼일포에서 사선 추모

니화(梨花)ᄂᆞᆫ ᄇᆞᆯ셔 디고 졉동새 슬피 울 제,
배꽃 / 애상감 조성(3월에 시작한 여행이 늦봄까지 이어짐.)
배꽃은 벌써 지고 소쩍새 슬피 울 때,

낙산(洛山) 동반(東畔)으로 의샹ᄃᆡ(義相臺)예 올라 안자,
낙산사 동쪽 언덕에 있는 의상대에 올라 앉아

일츌(日出)을 보리라 밤듕만 니러ᄒᆞ니,
보려고 / 밤중에 / 일어나니
해돋이를 보려고 한밤중에 일어나니,

해가 막 솟아오르는 모습

샹운(祥雲)이 집픠ᄂᆞᆫ 동, 뉵뇽(六龍)이 바퇴ᄂᆞᆫ 동,
상서로운 구름 / 피어나는 듯 / 충신 / 떠받치는 듯
상서로운 구름이 뭉게뭉게 피어나는 듯, 여러 마리 용이 해를 떠받치는 듯,

해가 수평선 위로 솟는 모습

바다ᄒᆡ 떠날 제ᄂᆞᆫ 만국(萬國)이 일위더니,
바다에서 솟아 오를 때는 / 온세상이 / 일렁거리더니
(해가) 바다에서 솟아오를 때는 온 세상이 흔들리는 듯하더니,

해가 완전히 떠오른 모습

텬듕(天中)의 티ᄯᅳ니 호발(毫髮)을 혜리로다.
하늘 가운데 / 가느다란 터럭 / 셀 만큼 밝구나.(임금의 총명과 예지)
하늘에 치솟아 뜨니 가는 터럭(작은 털)도 헤아릴 만큼 밝구나.

아마도 녈구름 근쳐의 머믈셰라. → 우국지정(憂國之情)
뜬구름 → 간신 배 / ↳ 해(임금) 근처에 머물까 두렵구나.
혹시나 지나가는 구름이 해 근처에 머무를까 두렵구나.

가래와 참: 훌륭한 사람의 입에서 나온 말이나 글(이백의 시가 세상의 이치를 꿰뚫고 있음을 표현)

시션(詩仙)은 어ᄃᆡ 가고 ᄒᆡ타(咳唾)만 나맛ᄂᆞ니.
이백

텬디간(天地間) 장(壯)ᄒᆞᆫ 긔별 ᄌᆞ셔히도 ᄒᆞᆯ셔이고.
굉장한 소식 / 자세히도 표현되어 있구나.

이백은 어디 가고 시구만 남았느냐?
천지간의 굉장한 소식이 자세히도 표현되어 있구나.

➥ 본사 2(관동팔경 3): 의상대에서 바라본 일출의 장관

샤양(斜陽) 현산(峴山)의 텩튝(躑躅)을 므니ᄇᆞᆯ와
해 질 녘 / 양양 북쪽의 산 / 철쭉 / 잇달아 밟아

우개지륜(羽蓋芝輪)이 경포(鏡浦)로 ᄂᆞ려가니,
깃을 단 신선의 수레 → 화자 자신을 신선에 비유

십리(十里) 빙환(氷紈)을 다리고 고텨 다려, → 경포호의 원경
얼음과 같이 희고 깨끗한 비단 → 경포대의 잔잔한 수면 비유

댱숑(長松) 울흔 소개 슬ᄏᆞ장 펴뎌시니,
큰 소나무 숲 둘러싼 속에 한껏 펼쳐져 있으니

믈결도 자도 잘샤 모래ᄅᆞᆯ 혜리로다. → 경포호의 근경
잔잔하기도 잔잔하구나 / 셀 수 있겠구나.

고쥬히람(孤舟解纜)ᄒᆞ야 뎡ᄌᆞ(亭子) 우희 올나가니,
닻줄을 풀어 배 한 척을 띄움.

강문교(江門橋) 너믄 겨틔 대양(大洋)이 거긔로다.
경포 동쪽 입구에 있는 다리 / 동해가

둉용(從容)ᄒᆞᆫ댜 이 긔샹(氣像) 활원(闊遠)ᄒᆞᆫ댜 뎌 경계(境界),
조용하구나 / 넓고 멀구나

이도곤 ᄀᆞᄌᆞᆫ ᄃᆡ ᄯᅩ 어듸 잇닷 말고.
이(동해)보다 / ㄴ, (아름다움을) 갖춘

홍장(紅粧) 고ᄉᆞ(古事)ᄅᆞᆯ 헌ᄉᆞ타 ᄒᆞ리로다.
홍장의 옛 이야기 / 야단스럽다

저녁 햇빛이 비껴드는 현산의 철쭉꽃을 이어 밟아
수레를 타고 경포로 내려가니,
십 리나 뻗쳐 있는 얼음같이 흰 비단을 다리고 다시 다린 것 같은
(맑고 잔잔한 호숫물이) 큰 소나무 숲이 둘러싼 곳에 한껏 펼쳐져 있으니,
물결도 잔잔하여 모래알을 헤아릴 정도로구나.
한 척의 배를 띄워 (호수를 건너) 정자 위에 올라가니
강문교 넘어 그 곁이 동해로구나.
조용하다 이(경포의) 기상이여, 넓고 아득하구나 저(동해의) 경계여,
이보다 아름다운 경치를 갖춘 곳이 또 어디 있단 말인가?
홍장의 옛 이야기를 야단스럽다고 할 만하구나.

→ 경포의 정밀미와 동해의 광활미

➥ 본사 2(관동팔경 4): 경포 호수와 동해의 아름다움

강능(江陵) 대도호(大都護) 풍쇽(風俗)이 됴흘시고.
조선 시대 행정 구역의 이름 / 좋기도 하구나

졀효졍문(節孝旌門)이 골골이 버러시니,
충신, 효자, 열녀 등을 표창하는 뜻으로 세운 붉은 빛깔의 문

비옥가봉(比屋可封)★이 이제도 잇다 ᄒᆞᆯ다. → 태평성대(太平聖代)

강릉 대도호부의 풍속이 좋기도 하구나.
충신과 효자, 열녀를 표창하기 위한 정문이 동네마다 널렸으니,
집집마다 모두 벼슬을 줄 만하다는 시절이 이제도 있다고 하겠다.

➥ 본사 2(관동팔경 5): 강릉의 미풍양속

진쥬관(眞珠館) 듁셔루(竹西樓) 오십쳔(五十川) ᄂᆞ린 믈이
공무상 숙박 시설 / 삼척에 있는 누각 / 흘러 내린 물이

태ᄇᆡᆨ산(太白山) 그림재ᄅᆞᆯ 동ᄒᆡ(東海)로 다마 가니,
옮겨

ᄎᆞᆯ하리 한강(漢江)의 목멱(木覓)의 다히고져.
차라리 / 서울 남산의 옛 이름, 임금이 계신 곳

〈왕뎡(王程)이 유ᄒᆞᆫ(有限)ᄒᆞ고 풍경(風景)이 못 슬믜니,〉
관원의 여정이 / 싫증나지 않으니

유회(幽懷)도 하도 할샤 ᄀᆡᆨ수(客愁)도 둘 듸 업다.
마음속 깊이 품은 생각 / 나그네의 근심 / ┌ 향할까

션사(仙槎)ᄅᆞᆯ ᄯᅴ워 내여 두우(斗牛)로 향(向)ᄒᆞ살가,
신선이 탄다는 뗏목 / '두(斗)'는 북두성, '우(牛)'는 견우성

션인(仙人)을 ᄎᆞᄌᆞ려 단혈(丹穴)의 머므살가.
고성 남쪽에 있는 동굴. 신라 때 사선이 놀았다는 곳

→ 초월적 세계로 나아가고자 하는 소망 표현

진주관 죽서루 아래 오십천의 흘러내리는 물이,
(그 물에 비친) 태백산 그림자를 동해로 담아 가니,
차라리 (그 물줄기를) 한강으로 돌려 남산에 닿게 하고 싶구나.
관원의 여정은 정해진 기한이 있고 풍경은 볼수록 싫증나지 않으니
그윽한 회포가 많기도 많고 나그네 시름도 달랠 길 없구나.
신선이 타는 뗏목을 띄워 내어 북두성과 견우성으로 향할까?
사선을 찾으러 단혈에 머무를까?

→ 연군지정(戀君之情)

→ 계속 여행하고 싶은 마음과 관찰사로서의 책임 때문에 갈등하는 화자의 심리 표현

➥ 본사 2(관동팔경 6): 죽서루에서의 객수(客愁)

텬근(天根)을 못내 보와 망양뎡(望洋亭)의 올은말이,
하늘의 끝 / 끝내 못 보아 / 올랐더니

바다 밧근 하ᄂᆞᆯ이니 하ᄂᆞᆯ 밧근 므서신고.
바다의 끝없음 표현 → 일망무제(一望無際): 연쇄적, 점층적 표현

ᄀᆞ득 노ᄒᆞᆫ 고래 뉘라셔 놀내관ᄃᆡ,
가뜩이나 파도가 출렁거리는 모습을 고래에 비유 → [은유]

블거니 ᄲᅳᆷ거니 어즈러이 구ᄂᆞᆫ디고.
파도 치는 모습을 고래가 물을 뿜는 것에 비유 → [활유]

은산(銀山)을 것거 내여 뉵합(六合)의 ᄂᆞ리ᄂᆞᆫ ᄃᆞᆺ,
높이 솟은 파도의 물결을 비유 → [은유] / 온 세상에 흩뿌려 내리는 듯

오월(五月) 댱텬(長天)의 ᄇᆡᆨ셜(白雪)은 므ᄉᆞ 일고.
넓고 넓은 하늘 / 물보라를 비유 → [은유]

하늘의 맨 끝을 끝내 보지 못하여 망양정에 올랐더니,
바다 밖(수평선 너머)은 하늘인데 하늘 밖은 무엇인가?
가뜩이나 성난 고래를 누가 놀라게 하기에
(물을) 불거니 뿜거니 하며 어지럽게 구는 것인가?
은산을 꺾어 내어 온 세상에 흩뿌려 내리는 듯,
오월 드높은 하늘에 흰눈은 무슨 일인가?

➥ 본사 2(관동팔경 7): 망양정에서의 파도 조망

〈결사〉

져근덧 밤이 드러 풍낭(風浪)이 뎡(定)ᄒᆞ거ᄂᆞᆯ,
잠깐 사이에 / 되어 / 바람과 물결 / 잔잔하거늘

부상(扶桑) 지쳑(咫尺)의 명월(明月)을 기ᄃᆞ리니,
해 뜨는 곳

셔광(瑞光) 쳔댱(千丈)이 뵈ᄂᆞᆫ ᄃᆞᆺ 숨ᄂᆞᆫ고야.
천 길만큼 뻗은 상서로운 빛 / 보이는 듯 하다가 숨는구나

잠깐 사이에 밤이 되어 바람과 물결이 가라앉거늘
부상 가까운 동해에서 밝은 달을 기다리니,
천 길이나 뻗은 상서로운 빛이 보이는 듯하다가 숨는구나.

★ **비옥가봉**

집집마다 모두 상을 내릴 만큼 백성들이 훌륭하다는 말로 중국 고대의 요순 임금 시절에 백성들이 임금의 덕을 입어 모두 효자, 열녀였음을 이르는 말이다. 화자의 선정 과시
→ 태평성대(太平聖代), 태평연월(太平烟月)

쥬렴(珠簾)을 고텨 것고 옥계(玉階)를 다시 쓸며,
구슬로 만든 발 / 다시 / 옥으로 만든 계단

계명셩(啓明星) 돗도록 곳초 안자 ᄇᆞ라보니,
샛별 / 꼿꼿하게

ᄇᆡᆨ년화(白蓮花) ᄒᆞᆫ 가지ᄅᆞᆯ 뉘라셔 보내신고.
흰 연꽃 한 가지 → 달(임금의 은총)

이렇게 좋은 경치를 모든 사람에게 보여 주고 싶다는 말로, 목민관으로서의 '애민 정신'과 '선정'에의 포부를 드러냄.

〈일이 됴흔 셰계(世界) ᄂᆞᆷ대되 다 뵈고져.〉
이렇게 좋은 / 남들에게

뉴하쥬(流霞酒) ᄀᆞ득 부어 ᄃᆞᆯᄃᆞ려 무론 말이,
신선이 마신다는 술 / 달에게 / 묻는 / 말이

지은이가 '신선'을 동경하는 모습이 드러남. → 도교 사상

〈영웅(英雄)은 어ᄃᆡ 가며, ᄉᆞ션(四仙)은 긔 뉘러니,〉
이태백 / 신라의 네 화랑

아ᄆᆡ나 맛나 보아 녯 긔별 뭇쟈 ᄒᆞ니,
아무나 / 만나 / 소식

션산(仙山) 동ᄒᆡ(東海)예 갈 길히 머도 멀샤.
동해로

구슬로 만든 발을 다시 걷어 올리고 옥계단을 다시 쓸며,
샛별이 돋을 때까지 꼿꼿이 앉아 바라보니,
흰 연꽃 한 가지(→ 달)를 어느 누가 보내셨는가?
이렇게 좋은 세상을 남에게 모두 보여 주고 싶구나.
신선주를 가득 부어 손에 들고 달에게 묻는 말이
"영웅은 어디로 갔으며 사선은 누구더냐?"
아무나 만나 보아 옛 소식을 묻고자 하니,
선산이 있다는 동해로 갈 길이 멀기도 멀구나.

➥ 결사 (1): 망양정에서의 달맞이와 꿈

숑근(松根)을 볘여 누어 픗ᄌᆞᆷ을 얼픗 드니,
소나무 뿌리 / 베고 / 선잠 / 얼핏

ᄭᅮᆷ애 ᄒᆞᆫ 사ᄅᆞᆷ이 날ᄃᆞ려 닐온 말이,
꿈에 / 신선이 / 나에게 / 이르는

신선의 풍모를 지니고 싶은 화자의 마음 표현

그ᄃᆡᄅᆞᆯ 내 모ᄅᆞ랴 샹계(上界)예 진션(眞仙)이라
하늘나라 (선계) / 진짜 신선

황뎡경(黃庭經) 일ᄌᆞ(一字)ᄅᆞᆯ 엇디 그ᄅᆞᆺ 닐거 두고,
신선들이 읽는 책 / 한 글자 / 잘못 / 읽어

인간(人間)의 내려와셔 우리ᄅᆞᆯ ᄯᆞᆯ오ᄂᆞᆫ다.
인간 세상 / 따르는가

져근덧 가디 마오. 이 술 ᄒᆞᆫ 잔 머거 보오. → 신선의 말
잠시만

븍두셩(北斗星) 기우려 챵ᄒᆡ슈(滄海水) 부어 내여,
북두칠성 → '국자'를 비유 / 푸른 바닷물 → '술'을 비유

저 먹고 날 머겨ᄂᆞᆯ 서너 잔 거후로니, → 호연지기(浩然之氣)
먹이거늘 / 기울이니

소나무 뿌리를 베고 누워 선잠이 잠깐 드니,
꿈에 한 사람이 나에게 이르기를,
"그대를 내가 모르랴? 그대는 하늘 나라의 진짜 신선이라.
황정경 한 글자를 어찌 잘못 읽고
인간 세상에 내려와서 우리를 따르는가?
잠시 가지 말고 이 술 한 잔 먹어 보오."
북두칠성 같은 국자를 기울여 동해 물 같은 술을 부어
저 먹고 나에게도 먹이거늘 서너 잔을 기울이니,

〈 〉: 소동파의 '우화등선(羽化登仙)'에서 연상 → 신선이 된 기분 표현

〈화풍(和風)이 습습(習習)ᄒᆞ야 냥익(兩腋)을 추혀 드니,〉
부드러운 바람 / 산들산들 불어 / 양쪽 겨드랑이 / 추켜

구만리(九萬里) 댱공(長空)애 져기면 ᄂᆞᆯ리로다.
아득히 높고 먼 하늘 / 웬만하면 날아갈 것 같구나.

이 술 가져다가 ᄉᆞᄒᆡ(四海)예 고로 ᄂᆞᆫ화,
온 세상 / 골고루 나누어

선우후락(先憂後樂): 백성들과 즐거움을 함께 나누고자 하는 목민관으로서의 애민 정신이 솟는 모습

억만(億萬) 창ᄉᆡᆼ(蒼生)을 다 취(醉)케 ᄆᆡᆼ근 후(後)의,
수많은 백성 / 만든

그제야 고텨 맛나 또 ᄒᆞᆫ 잔 ᄒᆞ쟈고야. → 작가의 말
그때에야 / 다시 / 하자꾸나

말 디쟈 학(鶴)을 ᄐᆞ고 구공(九空)의 올나가니,
끝나자 / 구만 리 장공에

공듕(空中) 옥쇼(玉簫) 소릐 어제런가 그제런가.
옥피리 소리(신선이 분다는 피리 소리)

나도 ᄌᆞᆷ을 ᄭᆡ여 바다ᄒᆞᆯ 구버보니,
깨어

기픠ᄅᆞᆯ 모ᄅᆞ거니 ᄀᆞ인들 엇디 알리.
깊이 / 끝

임금의 은혜가 온 누리에 퍼지고 있음을 암시. 시조의 종장과 같은 3, 5, 4, 3의 음수율을 지님. → 조선 전기 정격 가사의 특징

〈명월(明月)이 쳔산(千山) 만낙(萬落)의 아니 비췬 ᄃᆡ 업다.〉
임금의 은혜 / 온 세상

온화한 봄바람이 산들산들 불어서 양쪽 겨드랑이를 추켜올리니,
아득한 하늘도 웬만하면 날아갈 것 같구나.
"이 술을 가져다가 온 세상에 고루 나누어
온 백성을 다 취하게 만든 후에,
그때에야 다시 만나 또 한 잔 하자꾸나."
말이 끝나자 신선은 학을 타고 높은 하늘로 올라가니,
공중의 옥피리 소리가 어제던가 그제던가.
나도 잠을 깨어 바다를 굽어보니,
깊이를 모르는데 끝이야 어떻게 알겠는가?
밝은 달이 온 세상에 아니 비친 곳이 없다.

➥ 결사 (2): 꿈속에서 신선을 만남.

해설

③은 〈사미인곡〉에 해당하는 설명이다.

정답 ③

★ 서포(西浦) 김만중, 〈관동별곡〉 평가

서포(西浦) 김만중은 《서포만필(西浦漫筆)》에서 "〈관동별곡〉을, 〈속미인곡〉, 〈사미인곡〉과 더불어 우리나라의 훌륭한 문장은 이 세 편뿐이다(左海眞文章只此三篇: 좌해진문장지차삼편)."라고 극찬하였고, 초나라 굴원(屈原)의 〈이소경(離騷經)〉에 비겨 '동방의 이소(東方之離騷)'라고 하였다.
→ 〈속미인곡〉을 가장 뛰어나다고 생각했는데, 그 이유는 〈관동별곡〉, 〈사미인곡〉과 달리 한자음을 빌려 가사를 꾸미지 않았기 때문이다.

Quiz

다음 글에 대한 설명으로 옳지 않은 것은?

> 松根을 볘여 누어 픗ᄌᆞᆷ을 얼픗 드니, / ᄭᅮᆷ애 ᄒᆞᆫ 사ᄅᆞᆷ이 날ᄃᆞ려 닐온 말이,
> 그ᄃᆡᄅᆞᆯ 내 모ᄅᆞ랴, 上界예 眞仙이라, / 黃庭經 一字ᄅᆞᆯ 엇디 그ᄅᆞᆺ 닐거 두고,
> 人間의 내려와셔 우리ᄅᆞᆯ ᄯᆞᆯ오ᄂᆞᆫ다. / 져근덧 가디 마오. 이 술 ᄒᆞᆫ 잔 머거 보오.

① 이 글은 가사로서 전형적인 4음 4보격을 주축으로 하고 있다.
② 작가 정철이 금강산과 관동 팔경을 유람하면서 지은 글이다.
③ 홍만종이 '순오지'에서 초(楚)의 '백설곡(白雪曲)'에 빗댄 작품이다.
④ 김만중이 동방의 이소(離騷)라 칭송한 작품이다.

3 사미인곡★(思美人曲) | 정철

핵심정리

- 연대 　선조 18년~22년(1585~1589)
- 작자 　정철(鄭澈: 1536~1593)
- 갈래 　서정 가사, 양반 가사, 정격 가사
- 어조 　여성 화자의 애절한 목소리
- 율격 　3(4)·4조의 4음보
- 문체 　운문체, 가사체
- 주제 　연군의 정[충신 연군지사(忠臣戀君之詞)]
- 표현 　① 비유법, 변화법
　② 중국의 한시를 작품 속에 용해시키는 능력
　③ 시상의 급격한 반전
　④ 자연의 변화에 즉응(卽應)하는 정서의 흐름

가 이 몸 삼기실 제 님을 조차 삼기시니
ᄒᆞᆫᄉᆡᆼ 연분(緣分)이며 하ᄂᆞᆯ 모ᄅᆞᆯ 일이런가.
나 ᄒᆞ나 졈어 잇고 님 ᄒᆞ나 날 괴시니
이 ᄆᆞ음 이 ᄉᆞ랑 견ᄌᆞᆯ ᄃᆡ 노여 업다.

이 몸이 태어날 때에 임(임금)을 따라 태어나니 / 한평생 함께 살아갈 인연이며, 하늘이 모를 일이던가? / 나는 오직 젊어 있고 임은 오로지 나만을 사랑하시니 / 이 마음과 이 사랑을 비교할 곳이 다시없다.

평생(平生)애 원(願)ᄒᆞ요ᄃᆡ ᄒᆞᆫᄃᆡ 녜쟈 ᄒᆞ얏더니
늙기야 므ᄉᆞ 일로 외오 두고 글이ᄂᆞᆫ고.
엇그제 님을 뫼셔 광한뎐(廣寒殿)의 올낫더니
그 더ᄃᆡ 엇디ᄒᆞ야 하계(下界)예 ᄂᆞ려오니
올 적의 비슨 머리 얼킈연디 삼 년(三年)이라.
연지분(臙脂粉) 잇ᄂᆡ마ᄂᆞᆫ 눌 위ᄒᆞ야 고이 ᄒᆞᆯ고.
ᄆᆞ음의 ᄆᆡ친 실음 텹텹(疊疊)이 ᄡᅡ혀 이셔
짓ᄂᆞ니 한숨이오 디ᄂᆞ니 눈믈이라.
인ᄉᆡᆼ(人生)은 유한(有限)ᄒᆞᆫᄃᆡ 시ᄅᆞᆷ도 그지업다.

평생에 원하되 임과 함께 살아가려고 하였더니, / 늙어서야 무슨 일로 외따로 두고 그리워하는고? / 엊그제(얼마 전에)는 임을 모시고 광한전(궁중)에 올라 있었더니, / 그동안에 어찌하여 속세에 내려왔느냐? / 내려올 때에 빗은 머리가 헝클어 진 지 3년일세. / 연지와 분이 있네마는 누구를 위하여 곱게 단장할꼬? / 마음에 맺힌 근심이 겹겹으로 쌓여 있어서 / 짓는 것이 한숨이요, 흐르는 것이 눈물이라. / 인생은 한정이 있는데, 근심은 한이 없다.

무심(無心)ᄒᆞᆫ 셰월(歲月)은 믈 흐ᄅᆞ듯 ᄒᆞᄂᆞᆫ고야.
염냥(炎凉)이 ᄣᅢᄅᆞᆯ 아라 가ᄂᆞᆫ ᄃᆞᆺ 고텨 오니
ᄃᆞᆺ거니 보거니 ᄂᆞᆺ길 일도 하도 할샤. 　➥ 서사(序詞): 임과의 인연 및 이별과 세월의 무상함.

무심한 세월은 물 흐르듯 흘러가는구나. / 더웠다 서늘해졌다 하는 계절의 바뀜이 때를 알아 지나갔다가는 이내 다시 돌아오니, / 듣거니 보거니 하는 가운데 느낄 일도 많기도 많구나.

★ 사미인(思美人)

〈사미인곡〉의 제목 '사미인(思美人)'은 중국 초나라 굴원(屈原)의 '이소(離騷)' 제9장의 '사미인'과 같다. 즉 임금께 제 뜻을 얻지 못하더라도 충성심만은 변함이 없어 죽어서도 스스로를 지킨다는 이소의 충군적 내용에, 송강 자신의 처지를 맞추어 노래한 것이라고 보기도 한다.

- 미인(의미 축소): 남녀 모두(15C) → '여자'에게만 사용하게 됨.

감상

송강이 관직에서 물러나 전남 창평에서 불우한 생활을 하고 있을 때에 자신의 처지를 노래한 작품으로, 뛰어난 우리말 구사와 세련된 표현으로 속편인 〈속미인곡〉과 함께 가사 문학 최고의 걸작으로 꼽히고 있다. 임금을 연모하는 연군지사(戀君之詞)로 서정적 자아의 목소리를 여성으로 택하여 더욱 절절한 마음을 수놓고 있다. 임금을 임으로 설정하고 있는 〈사미인곡〉은 멀리 고려 속요인 〈정과정〉과 맥을 같이하고 있으며, 우리 시가의 전통인 부재(不在)하는 임에 대한 자기희생적 사랑을 보이고 있다는 점에서는 〈가시리〉, 〈동동〉 등에 이어져 있다고 본다.

의의

- 가사 문학 난숙기의 대표작으로 〈속미인곡〉과 더불어 가사 문학의 절정을 이룬 작품이다.
- 〈정과정(鄭瓜亭)〉을 원류(源流)로 하는 충신 연군지사(忠臣戀君之詞)다.
- 뛰어난 우리말 구사와 세련된 표현의 극치를 보여 준 작품이다.
- 우리 문학 연가풍의 노래에 전형적으로 등장하는 여성 화자를 택하고 있다.
- 우리 시가의 전통인 부재(不在)하는 임에 대한 자기희생적 사랑을 보여 주고 있다.

나 동풍(東風)이 건듯 부러 젹셜(積雪)을 헤텨 내니
창(窓) 밧긔 심근 ᄆᆡ화(梅花) 두세 가지 픠여셰라.
ᄀᆞᆺ득 ᄂᆡᆼ담(冷淡)ᄒᆞᆫᄃᆡ 암향(暗香)은 므ᄉᆞ 일고.
황혼(黃昏)의 ᄃᆞᆯ이 조차 벼마틔 빗최니
늣기ᄂᆞᆫ ᄃᆞᆺ 반기ᄂᆞᆫ ᄃᆞᆺ 님이신가 아니신가.
뎌 ᄆᆡ화(梅花) 것거 내여 님 겨신 ᄃᆡ 보내오져.
화자의 정성과 사랑을 타나내는 소재 ①
님이 너ᄅᆞᆯ 보고 엇더타 너기실고.

➥ 춘원(春怨): 매화를 꺾어 임에게 보내 드리고 싶음.

봄바람이 문득 불어 쌓인 눈을 헤쳐 내어, / 창 밖에 심은 매화가 두세 가지 피었구나. / 가뜩이나 쌀쌀하고 담담한데, 그윽이 풍겨오는 향기는 무슨 일인고? / 황혼에 달이 따라와 베갯머리에 비치니 / 느껴 우는 듯 반가워하는 듯하니, (이 달이 바로) 임이신가 아니신가? / 저 매화를 꺾어 내어 임 계신 곳에 보내고 싶다. / 그러면 임이 너를 보고 어떻다 생각하실꼬?

다 ᄭᅩᆺ디고 새 닙 나니 녹음(綠陰)이 ᄭᆞᆯ렷ᄂᆞᆫᄃᆡ,
계절: 여름
나위(羅幃) 젹막(寂寞)ᄒᆞ고, 슈막(繡幕)이 뷔여 잇다.
부용(芙蓉)을 거더 노코, 공쟉(孔雀)을 둘러 두니,
ᄀᆞᆺ득 시ᄅᆞᆷ 한ᄃᆡ 날은 엇디 기돗던고.
원앙금(鴛鴦錦) 버혀 노코 오ᄉᆡᆨ션(五色線) 플텨 내여
금자히 견화 이셔 님의 옷 지어 내니
화자의 정성과 사랑을 나타내는 소재 ②
슈품(手品)은ᄏᆞ니와 졔도(制度)도 ᄀᆞᄌᆞᆯ시고.
산호슈(珊瑚樹) 지게 우희 ᄇᆡᆨ옥함(白玉函)의 다마 두고
님의게 보내오려 님 겨신 ᄃᆡ ᄇᆞ라보니
산(山)인가 구롬인가 머흐도 머흘시고.
□: 화자와 임 사이의 장애물 → 간신
쳔 리(千里) 만 리(萬里) 길흘 뉘라셔 ᄎᆞ자갈고.
니거든 여러 두고 날인가 반기실가.

➥ 하원(夏怨): 임에 대한 알뜰한 정성

꽃잎이 지고 새 잎이 나니 녹음이 우거져 나무 그늘이 깔렸는데, / (임이 없어) 비단 포장은 쓸쓸히 걸렸고, 수놓은 장막만이 드리워져 텅 비어 있다. / 부용꽃 무늬가 있는 방장을 걷어 놓고, 공작을 수놓은 병풍을 둘러 두니, / 가뜩이나 근심 걱정이 많은데, 날은 어찌 (그리도 지루하게) 길던고? / 원앙새 무늬가 든 비단을 베어 놓고 오색실을 풀어내어 / 금으로 만든 자로 재어서 임의 옷을 만들어 내니, / 솜씨는 말할 것도 없거니와 격식도 갖추었구나. / 산호수로 만든 지게 위에 백옥으로 만든 함에 (그 옷을) 담아 얹혀 두고 / 임에게 보내려고 임 계신 곳을 바라보니, / 산인지 구름인지 험하기도 험하구나. / 천만 리나 되는 머나먼 길을 누가 찾아갈꼬? / 가거든 (이 함을) 열어 두고 나를 보신 듯이 반가워하실까?

라 ᄒᆞᄅᆞ밤 서리김의 기러기 우러 녤 제
계절: 가을 감정 이입
위루(危樓)에 혼자 올나 슈졍념(水晶簾) 거든말이
동산(東山)의 ᄃᆞᆯ이 나고, 븍극(北極)의 별이 뵈니
님이신가 반기니 눈믈이 절로 난다.
청광(淸光)을 쥐어 내여 봉황누(鳳凰樓)의 븟티고져.
화자의 정성과 사랑을 나타내는 소재 ③
누(樓) 우희 거러 두고, 팔황(八荒)의 다 비최여
심산궁곡(深山窮谷) 졈낫ᄀᆞ티 ᄆᆡᆼ그쇼셔.

➥ 추원(秋怨): 선정을 갈망함.

하룻밤 사이의 서리 내릴 무렵에 기러기가 울며 날아갈 때, / 높다란 누각에 혼자 올라서 수정알로 만든 발을 걷으니, / 동산에 달이 떠오르고 북극성이 보이므로, / 임이신가 하여 반가워하니 눈물이 절로 난다. / 저 맑은 달빛을 일으켜 내어 임이 계신 궁궐에 부쳐 보내고 싶다. / (그러면, 임께서는 그것을) 누각 위에 걸어 두고 온 세상을 다 비추어 / 깊은 산골짜기도 대낮같이 환하게 만드소서.

기출 확인

다음 중 아래의 작품(사미인곡)과 내용 및 주제가 가장 비슷한 것은? 2022 군무원 9급

① 고인도 날 몯 보고 나도 고인 몯 뵈
고인을 몯 뵈도 녀던 길 알ᄑᆡ 잇ᄂᆡ
녀던 길 알ᄑᆡ 잇거든 아니 녀고 엇뎔고

② 삼동에 베옷 입고 암혈(巖穴)에 눈비 맞아
구름 낀 볕뉘도 쬔 적이 없건마는
서산에 해 지다 하니 눈물 겨워 하노라

③ 묏버들 갈ᄒᆡ 것거 보내노라 님의손ᄃᆡ
자시ᄂᆞᆫ 창 밧긔 심거두고 보쇼셔
밤비예 새 닙 곳 나거든 날인가도 너기쇼셔

④ 반중(盤中) 조홍(早紅) 감이 고아도 보이ᄂᆞ다
유자 안이라도 품엄즉도 ᄒᆞ다마ᄂᆞᆫ
품어 가 반기 리 업슬시 글노 설워ᄒᆞᄂᆞ이다

해설

제시된 작품은 왕에 대한 자신의 충정을 하소연할 목적으로 지어졌으나 왕과 자신의 관계를 직접적으로 드러내지 않고 자신을 임의 사랑을 받지 못하는 여자로, 임금을 임으로 설정한 후, 사계절의 풍경과 함께 이별한 임을 그리워하는 형식으로 우의적으로 표현한 가사이다. 두 작품 모두 임에게 '꽃(매화, 묏버들)'을 꺾어 보내고 싶다는 내용이 있다. 물론, 전체적으로 '임과의 이별'이라는 내용을 다루고 있다는 점에서 공통되기도 한다. 또 두 작품 모두 '임에 대한 사랑'이라는 주제를 드러내고 있다는 점에서, 가장 유사한 작품은 ③이다.

오답

① 이황의 <도산십이곡>의 일부로, 주제는 '학문 수양에의 정진'이다.

② 조식의 시조로, 주제는 '임금(중종)의 승하를 애도함'이다.

④ 박인로의 시조로, 주제는 '돌아가신 부모님에 대한 그리움, 풍수지탄(風樹之嘆)'이다.

정답 ③

마 건곤(乾坤)이 폐ᄉᆡᆨ(閉塞)ᄒᆞ야 ᄇᆡᆨ셜(白雪)이 ᄒᆞᆫ 빗친 제

사ᄅᆞᆷ은 ᄏᆞ니와 ᄂᆞᆯ새도 그쳐 잇다.

쇼샹남반(瀟湘南畔)도 치오미 이러커든

옥누고쳐(玉樓高處)야 더옥 닐러 므ᄉᆞᆷᄒᆞ리.

㉠ 〈양츈(陽春)을 부쳐 내여 님 겨신 ᄃᆡ 쏘이고져.〉

양츈(陽春): 화자의 정성과 사랑을 나타내는 소재 ④

모쳠(茅簷) 비쵠 ᄒᆡ를 옥누(玉樓)의 올리고져.

홍샹(紅裳)을 니믜ᄎᆞ고, 취슈(翠袖)ᄅᆞᆯ 반(半)만 거더

일모슈듁(日暮脩竹)의 혬가림도 하도 할샤.

댜ᄅᆞᆫ ᄒᆡ 수이 디여 긴 밤을 고초 안자

청등(靑燈) 거른 겻ᄐᆡ 뎐공후(鈿空篌) 노하 두고

ᄭᅮᆷ의나 님을 보려 ᄐᆞᆨ 밧고 비겨시니

앙금(鴦錦)도 ᄎᆞ도 ᄎᆞᆯ샤 이 밤은 언제 샐고.

➥ 동원(冬怨): 임에 대한 염려

천지가 겨울의 추위에 얼어 생기가 막혀, 흰 눈이 일색으로 덮여 있을 때 / 사람은 말할 것도 없거니와 날짐승의 날아다님도 끊어져 있다. / (따뜻한 지방이라 일컬어지는 중국에 있는) 소상강 남쪽 둔덕(전남 창평을 이름)도 이와 같거늘, / 하물며 북쪽의 임 계신 곳이야 더욱 말해 무엇하랴? / 따뜻한 봄 기운을 (부채로) 부치어 내어 임 계신 곳에 쐬게 하고 싶다. / 초가집 처마에 비친 따뜻한 햇볕을 임 계신 궁궐에 올리고 싶다. / 붉은 치마를 여미어 입고 푸른 소매를 반쯤 걷어 올려, / 해는 저물었는데 밋밋하고 길게 자란 대나무에 기대어서 이것저것 생각함이 많기도 많구나. / 짧은 겨울 해가 이내 넘어가고, 긴 밤을 꼿꼿이 앉아, / 청사초롱을 걸어 둔 옆에 자개로 수놓은 공후를 놓아 두고, / 꿈에나 임을 보려고 턱을 받치고 기대어 있으니, / 원앙새를 수놓은 이불이 차기도 차구나. / (아, 이렇게 홀로 외로이 지내는) 이 밤은 언제나 샐꼬?

➥ 본사(本詞): (나)~(마) – 춘하추동 각 계절에 느끼는 사모의 정

바 ᄒᆞᄅᆞ도 열 두 ᄣᆡ ᄒᆞᆫ ᄃᆞᆯ도 셜흔 날

져근덧 ᄉᆡᆼ각마라, 이 시ᄅᆞᆷ 닛쟈 ᄒᆞ니

ᄆᆞ음의 ᄆᆡ쳐 이셔 골슈(骨髓)의 ᄢᅦ텨시니

편작(扁鵲)이 열히 오나 이 병을 엇디 ᄒᆞ리.

어와 내 병이야 이 님의 타시로다.

하루도 열두 때, 한 달도 서른 날, / 잠시라도 임 생각을 말아 가지고 이 시름을 잊으려 하여도 / 마음속에 맺혀 있어 뼛속까지 사무쳤으니, / 편작과 같은 명의가 열 명이 오더라도 이 병을 어떻게 하랴. / 아, 내 병이야 이 임의 탓이로다.

〈ᄎᆞᆯ하리 싀어디여 범나븨 되오리라.〉 〈 〉: 임을 가까이 할 수 없어 얻은 병이기에 만날 수 없다면 차라리 죽어서 영혼으로나마 임을 만나겠다는 강렬한 염원을 표현

범나븨: 화자의 분신

곳나모 가지마다 간ᄃᆡ 죡죡 안니다가

향므든 ᄂᆞᆯ애로 님의 오ᄉᆡ 올므리라.

〈님이야 날인 줄 모ᄅᆞ셔도 내 님 조ᄎᆞ려 ᄒᆞ노라.〉 〈 〉: 임을 향한 화자의 일편단심

차라리 사라져(죽어져서) 범나비(호랑나비)가 되리라. / 꽃나무 가지마다 간 데 족족 앉고 다니다가 / 향기가 묻은 날개로 임의 옷에 옮으리라. / 임께서야 (그 범나비가) 나인 줄 모르셔도 나는 임을 따르려 하노라.

➥ 결사(結詞): 임에 대한 충성심

Quiz

㉠과 정조가 유사한 것은?

① 어져 내 일이야 그릴 줄을 모로ᄃᆞ냐.
이시라 하더면 가랴마ᄂᆞᆫ 제 구ᄐᆡ여
보내고 그리ᄂᆞᆫ 정은 나도 몰라 ᄒᆞ노라.

② 가던 새 가던 새 본다 믈 아래 가던 새 본다.
잉무든 장글란 가지고 믈 아래 가던 새 본다.
얄리 얄리 얄라셩 얄라리 얄라

③ 오월 수릿날 아ᄎᆞᆷ약은
즈믄 ᄒᆡ를 장존ᄒᆞᆯ 약이라 받ᄌᆞᆸ노이다.

④ 누어 ᄉᆡᆼ각ᄒᆞ고 니러 안자 혜여ᄒᆞ니
내 몸의 지은 죄 뫼ᄀᆞ티 ᄡᅡ혀시니
하ᄂᆞᆯ히라 원망ᄒᆞ며 사ᄅᆞᆷ이라 허믈하랴.
설워 플텨 혜니 조믈의 타시로다.

해설

〈사미인곡〉에서 화자는 계절별로 임에 대한 정성을 '봄 → 매화, 여름 → 옷, 가을 → 맑은 달빛, 겨울 → 따뜻한 봄기운(봄볕)'으로 나타내고 있다. 이 부분은 '겨울에는 따뜻한 봄기운을 임에게 보내고 싶다.'라는 화자의 정성이 드러난 부분이다.

③ (고려 속요, 〈동동〉)에서도 임에 대한 정성을 '약'을 통해 나타내고 있다.

오답

① 황진이의 시조: 임을 떠나보낸 뒤의 회한

② 고려 속요 〈청산별곡〉 제3연: 속세에 대한 미련

④ 정철의 가사〈속미인곡〉: 임과의 이별에 대한 자책과 체념

정답 ③

감상

정철이 〈사미인곡〉을 짓고 나서 미진한 것을 이어서 지은 가사로, 〈사미인곡〉과는 달리 스스로 잘못을 뉘우치고 임을 그리워하며 임의 소식을 몰라 높은 산과 강가를 방황하는 서정적 자아의 모습을 두 여인의 대화체로 노래하였다. 우리말 구사가 곡진하며 내용이 '충신 연주지사'의 성격으로 되어 있지만, 표현 자체는 일반 백성의 순박한 마음씨에 근거를 둔 노래로, 김만중은 《서포만필》에서 우리나라의 참된 문장으로 〈관동별곡〉, 〈사미인곡〉, 〈속미인곡〉을 꼽은 바 있으며 그 가운데 〈속미인곡〉을 백미라고 언급한 바 있다.

구성

- 서사: 임과 이별하게 된 사연
  - 甲女의 질문: 백옥경을 떠난 이유
  - 乙女의 대답: 조물주의 탓(자책과 체념)
- 본사: 乙女의 사연
- 결사: 임에 대한 사모의 정

의의

- 〈사미인곡〉과 더불어 가사 문학의 극치를 이룬 작품
- 우리말의 구사가 절묘하여 문학성이 높음.
- 대화 형식으로 된 작품

기출 확인

01 ㉠~㉣의 뜻풀이로 옳지 않은 것은? 2017 국가직 7급

① ㉠: 사랑받음직　② ㉡: 다른 생각이
③ ㉢: 아양이야　④ ㉣: 반드시

해설
'번드시'는 '환하게'라는 의미이다.

정답 ④

02 라~바의 표현상 특징으로 가장 적절한 것은? 2020 소방직

① 인물과의 대화를 통해 임에 대한 원망을 드러내고 있다.
② 여성 화자의 목소리를 통해 애절한 마음을 드러내고 있다.
③ 특정한 시어를 반복해 안빈낙도의 염원을 드러내고 있다.
④ 자연과 속세의 대비를 통해 시적 화자의 처지에 대한 만족감을 드러내고 있다.

해설
임금을 그리워하는 정을 두 여인의 대화 형식으로 읊은 연군가사 작품으로 임과 이별한 '여인'을 화자로 설정하여 '임'을 그리워하는 애절한 마음을 드러내고 있다.

오답
① 인물과의 대화 형식은 나타나나, 임에 대한 원망의 목소리는 찾아볼 수 없다.
③ 특정한 시어를 반복하지 않았고, 안빈낙도(安貧樂道)의 염원을 노래한 작품도 아니다. 제시된 작품은 '안빈낙도(安貧樂道)'보다는 '연군지정(戀君之情)'을 노래한 것이다.
④ 자연과 속세의 대비는 나타나지 않는다. 또한 화자는 임을 그리워하는 상황이므로 자신의 처지에 대한 만족감을 드러내고 있다는 설명도 옳지 않다.

정답 ②

4 속미인곡(續美人曲) | 정철

핵심정리

연대	선조 18~22년(1585~1589)	작자	정철(1536~1593)
갈래	서정 가사, 양반 가사, 정격 가사	성격	연군지사(戀君之詞)
문체	운문체, 가사체	표현	대화체, 은유, 미화법 등
형식	3·4조 내지 4·4조를 기조로 한 대화체의 서정 가사. 4음보 1행으로 따져 48행, 기본 율조는 3·4조가 우세		
주제	연군(戀君)의 정(情)		

가 〈갑녀(甲女)〉

뎨 가는 뎌 각시 본 듯도 훈뎌이고.
텬샹(天上) 빅옥경(白玉京)을 엇디ᄒ야 니별(離別)ᄒ고,
ᄒ 다 뎌 져믄 날의 눌을 보라 가시는고. ➥ 갑녀의 질문: 백옥경을 떠난 이유

저기 가는 저 부인, 본 듯도 하구나. / 임금이 계시는 대궐을 어찌하여 이별하고, / 해가 저문 날에 누구를 만나러 가시는고?

나 〈을녀(乙女)〉

어와 네여이고 내 ᄉ셜 드러 보오.
내 얼굴 이 거동이 님 ㉠ 괴얌즉 ᄒ가마는
엇딘디 날 보시고 네로다 녀기실시
나도 님을 미더 ㉡ 군ᄠ디 전혀 업서,
㉢ 이릐야 교틔야 어ᄌ러이 구돗썬디
반기시는 ᄂᆾ비치 녜와 엇디 다ᄅ신고.
누어 싱각ᄒ고 니러 안자 혜여ᄒ니
내 몸의 지은 죄 뫼ᄀ티 빠혀시니
하ᄂᆯ히라 원망ᄒ며 사ᄅᆷ이라 허믈ᄒ랴.
셜워 플뎌 혜니 조믈(造物)의 타시로다. ➥ 을녀의 대답: 자책과 한탄

아, 너로구나. 내 사정 들어 보오. / 내 얼굴과 이 나의 태도는 임께서 사랑함직 한가마는 / 어쩐지 나를 보시고 너로구나 하고 특별히 여기시기에 / 나도 임을 믿어 딴 생각이 전혀 없어, / 응석과 아양을 부리며 지나치게 굴었던지 / 반기는 낯빛이 옛날과 어찌 다르신고? / 누워 생각하고 일어나 앉아 헤아려 보니 / 내 몸 지은 죄가 산같이 쌓였으니 / 하늘을 원망하며 사람을 탓하랴. / 서러워 여러 가지 일을 풀어 내여 헤아려 보니, 조물주의 탓이로다.

〈서사(序詞)〉: 자신의 처지 한탄 (임과 이별한 사연)

다 〈갑녀(甲女)〉

글란 싱각 마오.

〈을녀(乙女)〉

미친 일이 이셔이다. / 님을 뫼셔 이셔 님의 일을 내 알거니
믈 ᄀᄐᆫ 얼굴이 편ᄒ실 적 몃 날일고.
츈한(春寒) 고열(苦熱)은 엇디ᄒ야 디내시며
추일동천(秋日冬天)은 뉘라셔 뫼셧는고.
쥭조반(粥早飯) 죠셕(朝夕) 뫼 녜와 ᄀᆞ티 셰시는가.
기나긴 밤의 ᄌᆷ은 엇디 자시는고. ➥ 을녀의 임에 대한 충정

그렇게는 생각 마오. / 마음속에 맺힌 일이 있습니다. / 예전에 임을 모시어서 임의 일을 내가 알거니, / 물같이 연약한 몸이 편하실 때가 몇 날일꼬? / 이른 봄날의 추위와 여름철의 무더위는 어떻게 지내시며 / 가을날 겨울날은 누가 모셨는고? / 자릿조반(아침밥 전에 먹는 죽)과 아침, 저녁 진지는 예전과 같이 잘 잡수시는가? / 기나긴 밤에 잠은 어떻게 주무시는가?

라 님 다히 쇼식(消息)을 아므려나 아쟈 ᄒᆞ니
오ᄂᆞᆯ도 거의로다. ᄂᆡ일이나 사ᄅᆞᆷ 올가.
내 ᄆᆞ음 둘 ᄃᆡ 업다. 어드러로 가쟛 말고.
잡거니 밀거니 놉픈 뫼히 올라가니
구롬은 ᄏᆞ니와 안개ᄂᆞᆫ 므ᄉᆞ일고. □: 조정을 어지럽히는 간신 혹은 장애물을 비유
산쳔(山川)이 어둡거니 일월(日月)을 엇디 보며 (일월(日月): '임금'을 상징)
지쳑(咫尺)을 모ᄅᆞ거든 쳔리(千里)ᄅᆞᆯ ᄇᆞ라보랴.

임 계신 곳의 소식을 어떻게 해서라도 알려고 하니, / 오늘도 거의 저물었구나. 내일이나 임의 소식을 전해줄 사람이 있을까? / 내 마음 둘 곳이 없다. 어디로 가자는 말인고? / 잡기도 하고 밀기도 하면서 높은 산에 올라가니, / 구름은 물론이고 안개는 무슨 일로 저리 끼어 있는고? / 산천이 어두운데 일월을 어떻게 바라보며, / 눈앞의 가까운 곳도 모르는데, 천 리나 되는 먼 곳을 바라볼 수 있으랴?

ᄎᆞᆯ하리 믈ᄀᆞ의 가 ᄇᆡ 길히나 보쟈 ᄒᆞ니
ᄇᆞ람이야 믈결이야 어둥졍 된뎌이고. □: 조정을 어지럽히는 간신 혹은 장애물을 비유
샤공은 어ᄃᆡ 가고 빈 ᄇᆡ만 걸렷ᄂᆞ니.
강텬(江天)의 혼쟈 셔서 디ᄂᆞᆫ ᄒᆡᄅᆞᆯ 구버보니
님다히 쇼식(消息)이 더옥 아득 ᄒᆞᆫ뎌이고. ➥ 임의 소식을 알고 싶어하는 을녀의 마음

차라리 물가에 가서 뱃길이나 보려고 하니 / 바람과 물결로 어수선하게 되었구나. / 뱃사공은 어디 가고 빈 배만 걸렸는고? / 강가에 혼자 서서 저무는 해를 굽어보니 / 임 계신 곳의 소식이 더욱 아득하구나.

마 모쳠(茅簷) ᄎᆞᆫ자리의 밤듕만 도라오니
반벽쳥등(半壁靑燈)은 눌 위ᄒᆞ야 ᄇᆞᆰ갓ᄂᆞᆫ고. / 오ᄅᆞ며 ᄂᆞ리며 헤ᄯᅳ며 바니니

초가집 찬 잠자리에 한밤중에 돌아오니, / 벽 가운데 걸려 있는 등불은 누구를 위하여 밝은고? / 산을 오르내리며 강가를 헤매며 시름없이 오락가락하니

져근덧 녁진(力盡)ᄒᆞ야 픗ᄌᆞᆷ을 잠간 드니
졍셩(精誠)이 지극ᄒᆞ야 ᄭᅮᆷ의 님을 보니
옥(玉) ᄀᆞᄐᆞᆫ 얼굴이 반(半)이나마 늘거셰라.
ᄆᆞ음의 머근 말ᄉᆞᆷ 슬ᄏᆞ장 ᄉᆞᆲ쟈 ᄒᆞ니 / 눈믈이 바라 나니 말인들 어이ᄒᆞ며
졍(情)을 못다ᄒᆞ야 목이조차 몌여ᄒᆞ니
오뎐된 계셩(鷄聲)의 ᄌᆞᆷ은 엇디 ᄭᆡ돗던고. ➥ 을녀의 독수공방의 애달픔

잠깐 사이에 힘이 지쳐 풋잠을 잠깐 드니, / 정성이 지극하여 꿈에 임을 보니 / 옥과 같이 곱던 얼굴이 반 넘어 늙었구나. / 마음속에 품은 생각을 실컷 사뢰려고 하였더니 / 눈물이 쏟아지니 말인들 어찌 하며, / 정회도 다 못 이겨 목마저 메니, / 방정맞은 닭소리에 잠은 어찌 깨었던고? 〈본사(本詞)〉: 임에 대한 사랑과 그리움

바 〈을녀(乙女)〉
어와, 허ᄉᆞ(虛事)로다. 이 님이 어ᄃᆡ 간고.
결의 니러 안자 창(窓)을 열고 ᄇᆞ라보니
어엿븐 그림재 날 조ᄎᆞᆯ 뿐이로다. / ᄎᆞᆯ하리 싀여디여 낙월(落月)이나 되야이셔
님 겨신 창(窓) 안ᄒᆡ ㉣ 번드시 비최리라. ➥ 임금을 그리워하는 마음
〈갑녀(甲女)〉
각시님 ᄃᆞᆯ이야ᄏᆞ니와 구ᄌᆞᆫ 비나 되쇼셔. ➥ 〈결사(結詞)〉: 죽어서도 이루려는 간절한 사랑

아 허황한 일이로다. 이 임이 어디 갔는고? / 즉시 일어나 앉아 창문을 열고 밖을 바라보니 / 가엾은 그림자만이 나를 따를 뿐이로다. / 차라리 사라져서(죽어서) 지는 달이나 되어서 / 임이 계신 창문 앞에 환하게 비치리라. / 각시님, 달은커녕 궂은비나 되십시오.

〈속미인곡〉 vs. 〈사미인곡〉

· 공통점
- 화자가 천상에서 하계로 내려와 임과 이별한 여성으로 설정됨.
- 죽은 뒤 자연물이 되어 임을 따르고자 함.

· 차이점

구분	〈속미인곡〉	〈사미인곡〉
표현	한자, 전고(典故)는 없음. → 순우리말을 효과적으로 사용	한자, 전고(典故)의 사용
내용 전개	대화체	독백체
태도	적극적: '낙월' → '궂은 비'	소극적: '범나비'
특징	장소의 변화가 나타남.	계절의 변화가 나타남.

'돌' vs. '구존 비'

구분	돌	구존 비
적극성 정도	소극적(멀리서 바라봄.)	적극적
정서적·공간적 거리	멂.	밀착됨.
분위기	밝음.	침울함(버림받은 여인의 심정).
감각	시각	청각(어둠 속에서도 느낌)

5 규원가(閨怨歌) | 허난설헌

핵심정리

- 연대: 선조 때
- 작자: 허난설헌(1563~1589)
- 갈래: 내방 가사(규방 가사)★, 서정 가사
- 성격: 원망적, 한탄적
- 율격: 3·4조 4·4조 4음보
- 문체: 운문체, 가사체
- 주제: ① 규방(閨房) 부인(婦人)의 원정(怨情)
  ② 봉건 제도하에서의 부녀자의 한(恨) 또는 원정(怨情)
- 의의: ① 내방 가사의 대표적 작품
  ② 현전하는 최고의 내방 가사로 일명 원부사(怨夫詞)

가 엇그제 저멋더니 ᄒᆞ마 어이 다 늘거니. / 소년행락(少年行樂) 생각ᄒᆞ니 일러도 속절업다.
늘거야 서른 말ᄉᆞᆷ ᄒᆞ자니 목이 멘다.
부생모육(父生母育) 신고(辛苦)ᄒᆞ야 이 내 몸 길러 낼 제,
공후배필(公候配匹)은 못 바라도 군자호구(君子好逑) 원(願)ᄒᆞ더니,
삼생(三生)의 원업(怨業)이오 월하(月下)의 연분(緣分)ᄋᆞ로
장안유협(長安遊俠) 경박자(輕薄子)를 ᄭᅮᆷᄀᆞᆺ치 만나 잇서,
당시(當時)의 용심(用心)ᄒᆞ기 살어름 디듸는 듯,
삼오(三五) 이팔(二八) 겨오 지나 천연여질(天然麗質) 절로 이니,
이 얼골 이 태도(態度)로 백년기약(百年期約) ᄒᆞ얏더니,
연광(年光)이 훌훌ᄒᆞ고 조물(造物)이 다시(多猜)ᄒᆞ야,
봄바람 가을 믈이 뵈오리 북 지나듯.
설빈화안(雪鬢花顔) 어ᄃᆡ 두고 면목가증(面目可憎) 되거고나.
내 얼골 내 보거니 어느 임이 날 괼소냐.
스스로 참괴(慚愧)ᄒᆞ니 누구를 원망(怨望)ᄒᆞ리. ➥ 늙고 초라한 신세를 한탄함.

엊그제 젊었더니 어찌 벌써 이렇게 다 늙어 버렸는가? / 어릴 적 즐겁게 지내던 일을 생각하니 말해야 헛되구나. / 이렇게 늙은 뒤에 서러운 사연 말하자니 목이 멘다. / 부모님이 낳아 기르며 몹시 고생하여 이 내 몸 길러낼 때, / 높은 벼슬아치의 배필을 바라지 못할지라도 군자의 좋은 짝이 되기를 바랐더니, / 전생에 지은 원망스러운 업보요, 부부의 인연으로 / 장안의 호탕하면서도 경박한 사람을 꿈같이 만나, / 시집간 뒤에 남편 시중하면서 조심하기를 마치 살얼음 디디는 듯하였다. / 열다섯 열여섯 살을 겨우 지나 타고난 아름다운 모습 저절로 나타나니, / 이 얼굴 이 태도로 평생을 약속하였더니, / 세월이 빨리 지나고 조물주마저 시기하여 / 봄바람 가을 물, 곧 세월이 베틀의 베올 사이에 북이 지나가듯 빨리 지나가 / 꽃같이 아름다운 얼굴 어디 두고 모습이 밉게도 되었구나. / 내 얼굴을 내가 보고 알거니와 어느 임이 나를 사랑할 것인가? / 스스로 부끄러워하니 누구를 원망할 것인가?

나 ᄎᆞᆯ하리 잠을 드러 ᄭᅮᆷ의나 보려 ᄒᆞ니, / 바람의 디ᄂᆞᆫ 닙과 풀 속에 우는 즘생,
무스 일 원수로서 잠조차 ᄭᆡ오ᄂᆞᆫ다.
천상(天上)의 견우직녀(牽牛織女) 은하수(銀河水) 막혀서도,
칠월 칠석(七月 七夕) 일년일도(一年一度) 실기(失期)치 아니거든,
우리 님 가신 후는 무슨 약수(弱水) 가렷관ᄃᆡ,
오거나 가거나 소식(消息)조차 ᄭᅳ쳣는고.
난간(欄干)의 비겨 셔서 님 가신 ᄃᆡ 바라보니,
초로(草露)ᄂᆞᆫ 맷쳐 잇고 모운(暮雲)이 디나갈 제,
죽림(竹林) 푸른 고ᄃᆡ 새 소리 더욱 설다. / 세상의 서른 사람 수업다 ᄒᆞ려니와,
박명(薄命)ᄒᆞᆫ 홍안(紅顔)이야 날 가ᄐᆞ니 또 이실가.
아마도 이 님의 지위로 살동말동 ᄒᆞ여라. ➥ 임을 기다리는 기구한 운명을 한탄함.

차라리 잠이 들어 꿈에서나 임을 보려 하니 / 바람에 지는 잎과 풀 속에서 우는 벌레는 / 무슨 일이 원수가 되어 잠마저 깨우는고? / 하늘의 견우성과 직녀성은 은하수가 막혔어도 / 칠월 칠석날 일 년에 한 번씩 때를 어기지 않고 만나는데, / 우리 임 가신 뒤에는 무슨 장애물이 가리었기에 / 오고 가는 소식마저 그쳤는고? / 난간에 기대어 서서 임 가신 데를 바라보니, / 풀 이슬은 맺혀 있고 저녁 구름이 지나갈 때 / 대수풀 우거진 곳에 새소리가 더욱 서럽다. / 세상에 서러운 사람 많다고 하지만 / 운명이 기박한 여자야 나 같은 이가 또 있을까? / 아마도 이 임의 탓으로 살 듯 말 듯하여라.

감상

이 작품은 일명 '원부사(怨夫詞)'라고도 한다. 이 작품을 통해 당시 여성의 사회적 지위와 가부장적이고 전근대적인 조선 사회의 모습을 짐작해 볼 수 있다. 춘하추동 사계절을 겨울과 여름, 봄과 가을로 대구법을 사용하여 외로움을 간절히 표현하였고, 꿈에서조차 만날 수 없는 기약 없고 무정한임을 언제나 기다리며 살아갈 수밖에 없는 기구한 여인의 운명을 슬픈 탄식으로 나타냈다.

표현

- 설의법, 의인법, 대구법, 직유법 등의 여러 표현 기교 사용
- 고사를 많이 인용하면서 작품 전체를 유려하게 이끎.

★ 내방 가사(內房歌辭)

내방 가사란 일명 규방 가사(閨房歌詞)라고도 하며 넓은 의미로는 양반집 부녀들이 지은 가사를 뜻하고, 좁은 의미로는 영남 지방에서 유행하던 것만을 지칭한다. 조선조 양반 부녀자들이 주로 향유했던 갈래로서 속박된 여성 생활의 고민과 정서를 호소하는 내용으로 이루어져 있어서 신분상 양반 문학이나, 내용은 평민 가사와 근접한 것이 많다.

Quiz

이 글의 화자에 대한 설명으로 알맞지 않은 것은?

① 가부장제 사회를 살아가는 여인의 외로움과 한스러움을 드러내고 있다.
② 과거의 아름다운 모습과 현재의 추한 모습을 대비하며 자신의 신세를 한탄하고 있다.
③ 남편으로부터 버림받은 자신에 대한 심한 자괴감을 드러내고 있다.
④ 원망스런 남편을 잊고 체념하면서 덧없는 세월을 보내고 있다.

정답 ④

6 누항사(陋巷詞) | 박인로

핵심정리

- **연대** 선조
- **작자** 박인로(1561~1642)
- **갈래** 가사 율격: 3(4)·4조 4음보 연속체
- **형식** 4·4조, 4음보
- **성격** 전원적, 사색적, 한정가(閑情歌)
- **표현** 대구법, 설의법, 과장법, 열거법
- **제재** 빈이무원(貧而無怨)의 삶(가난한 삶)
- **주제** 빈이무원(貧而無怨) 또는 안빈낙도(安貧樂道)의 경지
- **특징** ① 임진왜란 이후에 작자의 현실이 잘 나타남.
  ② 사대부와 농민, 양쪽에서 소외되어 있는 괴로움을 절실하게 그림.

가 어리고 우활(迂闊)ᄒᆞᆯ산 이 ᄂᆡ 우히 더니 업다.
길흉화복(吉凶禍福)을 하날긔 부쳐 두고,
누항(陋巷) 깁픈 곳의 초막(草幕)을 지어두고,
풍조우석(風朝雨夕)에 석은 딥히 셥히 되야,
셔 홉 밥 닷 홉 죽(粥)에 연기(煙氣)도 하도 할샤.
설 데인 숙냉(熟冷)애 뷘 ᄇᆡ 쇡일 쁜이로다.
생애(生涯) 이러ᄒᆞ다, 장부(丈夫) 뜻을 옴길넌가.
안빈일념(安貧一念)을 젹을망졍 품고 이셔,
수의(隨宜)로 살려 ᄒᆞ니 날로조차 저어(齟齬)ᄒᆞ다.

➥ 서사: 안빈일념으로 살려 하나 날이 갈수록 생활이 어긋남.

어리석고 세상 물정에 어두운 것은 나보다 더한 이가 없다. / 길흉화복(운명)을 하늘에 맡겨 두고, / 누추한 깊은 곳에 초가집을 지어 두고, / 아침 저녁 비바람에 썩은 짚이 섶이 되어, / 서 홉 밥, 닷 홉 죽에 연기도 많기도 많구나. / 설 데운 숭늉에 빈 배 속일 뿐이로다. / 생활이 이러하다고 장부가 품은 뜻을 바꿀 것인가. / 가난하지만 근심하지 않는 한결같은 마음을 적을망정 품고 있어, / 옳은 일을 좇아 살려 하니 날이 갈수록 뜻대로 되지 않는다.

나 ᄀᆞ올히 부족(不足)커든 봄이라 유여(有餘)ᄒᆞ며
주머니 뷔엿거든 병(甁)이라 담겨시랴.
빈곤(貧困)ᄒᆞᆫ 인생(人生)이 천지간(天地間)의 나쁜이라.
기한(飢寒)이 절신(切身)ᄒᆞ다 일단심(一丹心)을 이질ᄂᆞᆫ가.
분의망신(奮義忘身)ᄒᆞ야 죽어야 말녀 너겨,
우탁(于橐) 우랑(于囊)의 줌줌이 모와 녀코,
병과(兵戈) 오재(五載)예 감ᄉᆞ심(敢死心)을 가져 이셔,
이시섭혈(履尸涉血)ᄒᆞ야 몃 백전(百戰)을 지ᄂᆡ연고.

➥ 본사: 전쟁을 회상함.

가을이 부족하거든 봄이라고 넉넉하며, / 주머니가 비었거든 술병이라고 (술이 담겨) 있겠느냐. / 가난한 인생이 이 세상에 나뿐이랴. / 굶주리고 헐벗음이 절실하다고 한 가닥 굳은 마음을 잊을 것인가. / 의에 분발하여 제 몸을 잊고 죽어야 그만두리라 여기고 / 전대와 망태에 줌줌이(한 줌 한 줌) 모아 넣고, / 임진왜란 5년 동안에 죽고야 말리라는 마음을 가지고 있어, 주검을 밟고 피를 건너는 혈전을 몇 백전이나 지내었는가.

다 공ᄒᆞ니나 갑시나 주엄 즉도 ᄒᆞ다마ᄂᆞᆫ,
다만 어제 밤의 거넨 집 져 사ᄅᆞᆷ이,
목 불근 수기치(稚)를 옥지읍(玉脂泣)게 ᄡᅮ어 ᄂᆡ고,
간이근 삼해주(三亥酒)를 취(醉)토록 권(勸)ᄒᆞ거든
이러한 은혜(恩惠)를 어이 아니 갑흘넌고.
내일(來日)로 주마 ᄒᆞ고 큰 언약(言約) ᄒᆞ야거든,
실약(失約)이 미편(未便)ᄒᆞ니 사셜이 어려왜라.
실위(實爲) 그러ᄒᆞ면 혈마 어이ᄒᆞᆯ고.
헌 먼덕 수기 스고 측 업슨 집신에 설피설피 물너오니.
풍채(風彩) 저근 형용(形容)애 ᄀᆡ 즈칠 쁜이로다.

➥ 본사: 농우를 빌리러 갔다가 수모를 당하고 돌아옴.

감상

전기 사대부 시가에서 후기 서민 가사로 옮아가는 과도기적 상태에 놓여 있는 작품. 사대부가 자연 속에 숨어 살며 도를 찾는 '江湖歌道(강호가도)'가 주를 이루고 있다. 그러나 이 작품은 자연에 은일하면서도 현실 생활의 어려움(임란 이후의 어려운 현실)을 직시하고 그것을 사실적으로 묘사하고 있다는 점에서 전기 가사와 다른 점을 보여 주고 있다.
이 작품에는 임진왜란 이후 작가가 당면한 현실이 잘 나타나 있다. 내용은 누추한 곳에 초막을 지어 가난한 생활을 할 때, 굶주림과 추위가 닥치고 수모가 심하지만 가난을 원망하지 않겠다는 것이다. 자연을 벗 삼아 충성과 효도, 형제간의 화목, 친구 간의 신의를 결의하고 안빈낙도를 지향하고 있다.

기출 확인

㉠과 ㉡에 대한 설명으로 적절한 것은?
2019 국가직 9급

> 헌 먼덕[1] 숙여 쓰고 축 없는 짚신에 설피 설피 물러오니
> 풍채 적은 형용에 ㉠ 개 짖을 뿐이로다
> 와실(蝸室)에 들어간들 잠이 와서 누었으랴
> 북창(北窓)을 비겨 앉아 새벽을 기다리니
> 무정한 ㉡ 대승(戴勝)[2]은 이내 한을 돋우도다
> 종조(終朝) 추창(惆悵)[3]하며 먼 들을 바라보니
> 즐기는 농가(農歌)도 흥 없이 들리나다
> 세정(世情) 모르는 한숨은 그칠 줄을 모르도다
> – 박인로, 〈누항사(陋巷詞)〉
>
> ※ 1) 먼덕: 짚으로 만든 모자
> 2) 대승(戴勝): 오디새
> 3) 추창(惆悵): 슬퍼하는 모습

① ㉠은 실재하는 존재물이고, ㉡은 상상적 허구물이다.
② ㉠은 화자의 절망을 나타내고, ㉡은 화자의 희망을 나타낸다.
③ ㉠은 화자의 내면을 상징하고, ㉡은 화자의 외양을 상징한다.
④ ㉠은 화자의 초라함을 부각시키고, ㉡은 화자의 수심을 깊게 한다.

해설

㉠ 화자의 초라한 모습에 '개'가 짖는다고 했기 때문에 '개'는 화자의 초라함을 부각시키는 존재이다.
㉡ '대승(戴勝)'은 화자의 '한(恨)'을 돋운다고 했기 때문에 '대승(戴勝)'은 화자의 수심을 깊게 한다.

정답 ④

"공짜로나 값을 치르거나 해서 줌만도 하다마는, / 다만 어젯밤에 건넛집 저 사람이 / 목 붉은 수꿩을 구슬같은 기름이 끓어오르게 구워 내고, / 갓 익은 삼해주를 취하도록 권하였거든, / 이러한 고마움을 어찌 아니 갚겠는가? / 내일 소를 빌려주마 하고 큰 언약을 하였거든, / 약속을 어김이 미안하니 말씀하기 어렵다."고 한다. / 사실이 그렇다면 설마 어찌할까? / 헌 갓을 숙여 쓰고, 축이 없는 짚신에 맥없이 물러나오니 / 풍채 작은 모습에 개가 짖을 뿐이로다.

라 강호(江湖) ᄒᆞᆫ 꿈을 ᄭᅮ언지도 오리러니,

구복(口腹)이 위루(爲累)ᄒᆞ야 어지버 이져ᄡᅥ다.

첨피기욱(瞻彼淇澳)혼ᄃᆡ 녹죽(綠竹)도 하도 할샤.

유비군자(有斐君子)들아 낙ᄃᆡ ᄒᆞ나 빌려ᄉᆞ라.

노화(蘆花) 깁픈 곳애 명월청풍(明月淸風) 벗이 되야,

님ᄌᆡ 업ᄉᆞᆫ 풍월강산(風月江山)애 절로절로 늘그리라.

무심(無心)ᄒᆞᆫ 백구(白鷗)야 오라 ᄒᆞ며 말라 ᄒᆞ랴.

다토리 업슬ᄉᆞᆫ 다문 인가 너기로라.

➥ 본사: 달·바람을 벗 삼아 임자 없는 자연 속에서 절로 늙겠다고 다짐함.

자연을 벗 삼아 살겠다는 한 꿈을 꾼 지도 오래더니, / 먹고 마시는 것이 거리낌이 되어, 아아! 슬프게도 잊었다. / 저 기수의 물가를 보건대 푸른 대나무도 많기도 많구나! / 교양 있는 선비들아, 낚싯대 하나 빌려 다오. / 갈대꽃 깊은 곳에 밝은 달과 맑은 바람이 벗이 되어, / 임자 없는 자연 속 풍월강산에 절로절로 늙으리라. / 무심한 갈매기야 나더러 오라고 하며 말라고 하겠느냐? / 다툴 이가 없는 것은 다만 이것뿐인가 여기노라.

마 무상(無狀)ᄒᆞᆫ 이 몸애 무ᄉᆞᆫ 지취(志趣) 이스리마ᄂᆞᆫ

두세 이렁 밧논을 다 무겨 더뎌 두고,

이시면 죽(粥)이오 업시면 굴물망정,

남의 집 남의 거ᄉᆞᆫ 전혀 부러 말렷스라.

ᄂᆡ 빈천(貧賤)을 슬히 너겨 손을 헤다 물너가며,

남으 부귀(富貴)를 불리 너겨 손을 치다 나아오랴.

인간(人間) 어ᄂᆡ 일이 명(命) 밧긔 삼겨시리.

빈이무원(貧而無怨)을 어렵다 ᄒᆞ건마ᄂᆞᆫ

ᄂᆡ 생애(生涯) 이러호ᄃᆡ 설온 뜻은 업노왜라.

단사표음(簞食瓢飮)을 이도 족(足)히 너기로라.

㉠ 평생(平生) ᄒᆞᆫ 뜻이 온포(溫飽)애ᄂᆞᆫ 업노왜라.

태평천하(太平天下)애 충효(忠孝)를 일을 삼아

화형제(和兄弟) 신붕우(信朋友) 외다 ᄒᆞ리 뉘 이시리.

그 밧긔 남은 일이야 삼긴 ᄃᆡ로 살렷노라.

➥ 결사: 빈이무원하고 충효·화형제·신붕우를 중히 여기며 살겠다고 다짐함.

보잘것없는 이 몸이 무슨 소원이 있을까마는 / 두세 이랑 되는 밭과 논을 다 묵혀 던져 두고, / 있으면 죽이요 없으면 굶을 망정 / 남의 집, 남의 것은 전혀 부러워하지 않겠노라. / 나의 빈천함을 싫게 여겨 손을 헤친다고 물러가며, / 남의 부귀를 부럽게 여겨 손을 친다고 나아오랴? / 인간 세상의 어느 일이 운명 밖에 생겼겠느냐? / 가난하여도 원망하지 않음을 어렵다고 하건마는 / 내 생활이 이러하되 서러운 뜻은 없다. / 한 도시락의 밥과 한 표주박의 물을 먹고 마시는 어려운 생활도 만족하게 여긴다. / 평생의 한 뜻이 따뜻이 입고, 배불리 먹는 데에는 없다. / 태평스러운 세상에 충성과 효도를 일로 삼아, / 형제간에 화목하고 벗끼리 신의 있게 사귀는 일을 그르다고 할 사람이 누가 있겠느냐? / 그 밖에 나머지 일이야 태어난 대로 살아가겠노라.

Quiz

㉠을 볼 때, 서정적 자아가 추구하는 생활과 가장 관계 깊은 것은?

① 가난한 생활

② 도덕적인 생활

③ 은자(隱者)의 생활

④ 유유자적(悠悠自適)한 생활

정답 ②

혜원通 정철의 가사 vs. 박인로의 가사

송강 정철	노계 박인로
· 서정적 · 섬세한 우리말 구사 · 현실과 거리감 있게 아름답게 표현함.	· 서사적, 사실적 묘사 · 관념적 한문어구 구사 · 현실을 실감나게 표현함. · 일상 언어를 가사에 대폭 반영함.

4절 민요

1 개관

1. 개념 및 특징

① 예로부터 민중 사이에 불리던 전통적인 노래를 통틀어 이르는 말이다.

② 누구나 부를 수 있는 비전문적인 노래이다.

③ 종류

종류	내용
노동요	일을 즐겁게 하고 공동체 의식을 높여서 일의 능률을 높이기 위하여 부르는 노래
의식요	여러 가지 의식을 거행하면서 부르는 민요 예 장례식 노래, 지신밟기 노래 등
유희요	놀이를 하면서 부르는 노래

2 주요 작품

구분	내용	작품
노동요(勞動謠)	농업, 어업, 길쌈, 잡역 등의 노동	논매기 노래, 타작 노래, 해녀 노래 등
의식요(儀式謠)	세시, 장례, 신앙 등 의식	상여 노래, 달구질 노래, 지신밟기 노래 등
유희요(遊戲謠)	놀이	강강술래, 널뛰기 노래, 줄다리기 노래 등
비기능요(非機能謠)	유흥이 목적	아리랑, 정선 아리랑, 강원 아리랑 등

작품의 실제 민요

1 논매기 노래 | 미상

핵심정리

갈래	민요, 노동요
채록지	충북 영동 지방
특징	선후창요(先後唱謠), 돌림 노래, 농업 노동요
성격	낙천적, 낙관적
표현	반복법, 열거법
운율	3·4조의 4음보
제재	김매기
주제	농사일의 기쁨과 보람

㉠ 잘하고 자로 하네 에히요 산이가 자로 하네. ➥ (후렴구)
① 일정한 리듬감, 김매는 동작에 규칙성을 형성하여 노동의 능률성과 효율성을 높임.
② 흥을 돋우어 노동에서 오는 피로와 긴장을 풀어줌. ③ 다 함께 일정한 가사를 반복한다는 주술적 효과를 통해 공동체 의식 형성
이봐라 농부야 내 말 듣소 이봐라 일꾼들 내 말 듣소.
잘하고 자로 하네 에히요 산이가 자로 하네. ➥ 기(1~3행): 일꾼들의 관심 유도

㉡ 하늘님이 주신 보배 편편옥토(片片沃土)가 이 아닌가.
하늘이 준 땅을 경작한다는 농부들의 자부심이 드러남.(=낙천적인 태도) → 비옥한 토지에 대한 예찬
잘하고 자로 하네 에히요 산이가 자로 하네. ➥ 서(4~5행): 기름진 농토에 대한 예찬

물꼬 찰랑 돋아 놓고 쥔네 영감 어디 갔나.
해학을 유발하는 표현
잘하고 자로 하네 에히요 산이가 자로 하네.
잘한다 소리를 퍽 잘하면 질 가던 행인이 질 못 간다.
(질: 길)
잘하고 자로 하네 에히요 산이가 자로 하네.
잘하고 자로 하네 우리야 일꾼들 자로 한다.
잘하고 자로 하네 에히요 산이가 자로 하네. ➥ 서(6~11행): 일꾼들에 대한 격려

이 논배미를 얼른 매고 저 논배미로 건너가세.
상부상조(相扶相助)
잘하고 자로 하네 에히요 산이가 자로 하네.
담송담송 닷 마지기 반달만치만 남았구나.
성기거나 드문드문한 모양(언어 유희적인 표현)
잘하고 자로 하네 에히요 산이가 자로 하네.
일락서산(日落西山)에 해는 지고 월출동령(月出東嶺)에 달 돋는다.
잘하고 자로 하네 에히요 산이가 자로 하네. ➥ 서(12~17행): 일꾼들에 대한 격려

잘하고 자로 하네 에히요 산이가 자로 한다.
잘하고 자로 하네 에히요 산이가 자로 하네.
잘하고 못하는 건 우리야 일꾼들 솜씨로다. ➥ 결(18~20행): 결과에 대한 만족감

잘하고 잘하네, 에히요 산이가 잘하네. ➥ (후렴구)

이봐라 농부야 내 말 듣소, 이봐라 일꾼들 내 말 듣소 / 하느님이 주신 보배, 기름진 땅 바로 이것이 아닌가? / 물꼬를 터서 논에 물을 찰랑 실어 놓고 주인 영감은 어디 갔나? / 잘한다, 노래를 퍽 잘하면 길 가던 행인이 길을 못 간다. / 잘하고 잘하네, 우리 일꾼들 잘한다. / 이 논배미를 얼른 매고 저 논배미로 건너가세. / 듬성듬성한 다섯 마지기가 반달만큼만 남았구나 /. 해는 서산으로 넘어가고, 달이 동쪽 고개로 솟아오른다. / 잘하고 잘하네, 에히요 산이가 잘한다. / 잘하고 못하는 건 우리 일꾼들의 솜씨로다.

감상

논의 김을 매면서 부르는 민요로 논매기 노래에는 낙관적이고, 농사일을 천직(天職)으로 생각하는 민중들의 정서가 잘 나타나 있다. 선후창(先後唱)의 노동요로 낙천적, 낙관적 성격이 보인다.

특징

- 힘들고 고된 농사일을 즐거움으로 승화시킨다.
- 민중의 생활 감정을 소박하게 반영하고 있다.
- 단순하고 낙천적인 성격을 보여 준다.
- 농사일을 천직으로 생각하는 농부들의 자부심이 드러나 있다.
- 흥을 돋우기 위해 단순한 내용의 후렴구를 반복적으로 사용하고 있다.
- 4음보 율격을 사용하여 리듬감을 조성한다.
- 선창자가 2장단이나 4장단의 앞소리를 부르고 나면 나머지 다른 사람들이 뒷소리를 하는 선후창 방식이다.

Quiz

이 작품에 대한 설명으로 적절하지 않은 것은?

① 4음보를 기본으로 3·4조 또는 4·4조의 음수율이 구사되었다.
② 논에 모를 내면서 노동의 능률을 높이기 위해 부른 민요이다.
③ ㉠은 모든 사람들이 함께 부르는 부분으로 흥을 돋우어 피로를 잊게 한다.
④ ㉡은 농부들의 자부심이 가장 잘 드러나 있는 부분으로 낙천성을 잘 드러낸다.

해설
이 노래는 모내기를 할 때 부른 노래가 아니고 김매기를 할 때 부른 노동요이다. 나머지는 모두 적절한 서술이다.

정답 ②

2 시집살이 노래 | 미상

핵심정리

연대	미상
갈래	민요(경북 경산 지방)
율격	4·4조 4음보
성격	부요(婦謠), 제창요 또는 독창요
제재	시집살이
주제	시집살이의 한(恨)과 체념
표현	대화 형식, 반복, 대구, 열거, 대조 등 다양한 기법에 해학적이며 풍자적 표현
의의	① 전형적인 부요(婦謠)의 하나로 시집살이의 어려움과 한이 절실하게 표현된 민요 ② 서민들의 소박한 삶의 애환이 드러난 민중 문학

가 형님 온다 / 형님 온다 / 분고개로 / 형님 온다. [aaba 구조]

형님 마중 누가 갈까 형님 동생 내가 가지.
형님 형님 사촌 형님 시집살이 어떱뎁까? ➥ 형님에 대한 반가움과 시집살이에 대한 호기심

나 이애 이애 그 말 마라 시집살이 개집살이. (개집살이: 해학적 표현)
〈앞밭에는 당추 심고 뒷밭에는 고추 심어
고추 당추 맵다 해도 시집살이 더 맵더라.〉 〈 〉: 대구와 연쇄의 기법
〈둥글둥글 수박 식기 밥 담기도 어렵더라.
도리도리 도리 소반 수저 놓기 더 어렵더라.〉 〈 〉: 운율적 효과
〈오 리 물을 길어다가 십 리 방아 찧어다가
아홉 솥에 불을 때고 열두 방에 자리 걷고〉 〈 〉: 가사의 어려움
외나무 다리 어렵대야 시아버니같이 어려우랴?
나뭇잎이 푸르대야 시어머니보다 더 푸르랴?
〈시아버니 호랑새요 시어머니 꾸중새요
동세 하나 할림새요 시누 하나 뾰족새요
시아지비 뾰중새요 남편 하나 미련새요
자식 하난 우는 새요 나 하나만 썩는 샐세.〉 〈 〉: 시집 식구들과 화자 자신을 새에 해학적으로 비유 → 탁월한 우리말 구사 능력
(동세: 동서 / 할림새요: 동서 남의 허물을 잘 고해 바침. / 뾰족새요: 성을 잘 냄. / 뾰중새요: 무뚝뚝하여 어려운 사람을 비유 / 미련새요: 남편의 모자람 / 썩는 샐세: 속이 썩는다는 말)
귀먹어서 삼 년이요 눈 어두워 삼 년이요
말 못해서 삼 년이요 석삼 년을 살고 나니
배꽃 같던 요 내 얼굴 호박꽃이 다 되었네.
삼단 같던 요 내 머리 비사리춤이 다 되었네.
(삼단: 삼의 묶음. 숱이 많고 긴 물건 / 비사리춤: 싸리의 껍질같이 거칠어진 모양)
백옥 같던 요 내 손길 오리발이 다 되었네.
(백옥 같던 요 내 손길: 섬섬옥수(纖纖玉手))
열새 무명 반물 치마 눈물 씻기 다 젖었네.
두 폭 붙이 행주치마 콧물 받기 다 젖었네. ➥ 고된 시집살이에 대한 괴로움
울었던가 말았던가 베개 머리 소(沼) 이겼네.
(베개 머리 소(沼) 이겼네: 눈물이 연못을 이루었네.)
그것도 소이라고 거위 한 쌍 오리 한 쌍
(거위 한 쌍 오리 한 쌍: 자식들을 빗댄 말)
쌍쌍이 때 들어오네. ➥ 해학적인 체념
(해학적인 체념, 자식들로부터 받는 마음의 위안으로 시집살이의 고통 극복)

감상

여성들이 부르던 민요[부요(婦謠)]로, 봉건적 가족 관계 속에서 여성이 겪는 한스러운 삶의 모습을 해학적인 표현으로 감내하고 초월하려는 모습을 보여 주고 있다. 각 행마다 대구와 대조, 반복과 열거 등의 기법이 다양하게 사용되어 리듬감을 살렸고, 시집 식구들을 여러 새에다, 자식들을 오리·거위에 비유하여 표현의 묘미를 더하였다.

표현상 특징

- 대화 형식
- 일정 음보의 반복에 의한 리듬감 형성
- 한을 해학적으로 표현
  → 〈흥보가〉에서 절망적 상황을 해학적으로 표현한 것과 유사
- 반복과 대구, 과장 등 다양한 표현법 구사
- 갈등 대상(며느리 ↔ 시집 식구)의 대비를 통한 주제의 표출
- 발상과 표현: 언어 유희

Quiz

01 이 노래에 대한 설명으로 가장 적절하지 않은 것은?

① 후렴이 없는 4음보 연속체 민요이다.
② 고된 시집살이를 익살과 해학으로 표현했다.
③ 과장, 대구, 은유, 언어유희의 표현 기법이 쓰였다.
④ 상황을 풍자적으로 그려 자기 반성적 태도가 나타난다.

정답 ④

02 이 노래를 연극으로 각색할 때 가장 적절하지 않은 것은?

① 시집간 형님을 반갑게 맞이하는 동생의 모습
② 둥글게 생긴 작은 밥상에 어렵게 상차림을 하는 모습
③ 울고 있는 여인 뒤에서 몰래 다독여 주는 남편의 모습
④ 뻣뻣한 머리칼을 만지며 결혼 전 자신을 상상하는 모습

정답 ③

5절 잡가

1 개관

1. 개념 및 특징

① 조선 후기 하층 계급의 전문 소리꾼이 부르던 긴 노래이다.

② 내용과 형식은 일정하지 않은 편이다.

③ 조선 후기(18~19세기)에 발생하여 개화기까지 민중에서 불렸다.

④ 내용과 형식

내용	풍류, 자연의 아름다움, 남녀 간의 사랑, 해학과 익살 등 다양하다.
형식	· **가사와 유사:** 가사의 4음보, 4·4조의 율격을 기본으로 하지만, 파격이 심하다. * 가사보다는 통속적이고, 민요보다는 창법이 세련되었다. · **이중적 문체:** 상층 문화에 대한 모방 심리의 발로로 문체가 이중적이다(혼재). → 상층 언어(한자 어구, 고사성어) + 하층 언어(판소리 문체)

작품의 실제 잡가

1 유산가(遊山歌) | 미상

핵심정리

- **연대** 조선 후기(18세기로 추정)
- **작자** 미상
- **갈래** 잡가, 교술 시가, 가창(歌唱) 가사, 평민 가사 계통의 잡가
- **운율** 4·4조 위주 음수율
- **성격** 묘사적, 심미적, 감각적, 서경적, 유흥적, 영탄적
- **전승** 전문 가객에 의해 전승됨.
- **제재** 봄의 아름다운 정경
- **주제** 봄 경치의 완상과 예찬
- **의의** ① 가사의 정형이 무너지고 새로운 시가 형식을 모색하는 과정을 보여 줌.
  ② 조선 후기 유행한 잡가(雜歌) 중 대표작임.

가 〈화란춘성(花爛春城)하고 만화방창(萬化方暢)이라.〉
〈 〉: 상투적 한문 어투 → '잡가'가 하층 문학이면서 상층 문학을 지향한 증거
때 좋다 벗님네야 산천(山川) 경개(景槪)를 구경을 가세.

봄이 오자 성안에 꽃이 만발하여 화려하고, 따뜻한 봄날에 만물은 바야흐로 한창 기를 펴고 자라난다.
때가 좋구나. 친구들아 산천 경치를 구경 가세.
➥ 서사: 봄의 경치 구경 권유

나 죽장망혜(竹杖芒鞋) 단표자(單瓢子)로 천리강산 들어를 가니,
만산홍록(滿山紅綠)들은 일년일도(一年一度) 다시 피어
춘색을 자랑노라 색색이 붉었는데,
창송취죽(蒼松翠竹)은 창창울울(蒼蒼鬱鬱)한데,
기화요초(琪花瑤草) 난만중(爛漫中)에 꽃 속에 잠든 나비 자취 없이 날아난다.

대나무 지팡이에 짚신을 신고 표주박 하나를 들고 머나먼 강산에 들어가니,
온 산에 가득한 붉은 꽃과 푸른 초목은 일 년에 한 번씩 다시 피어
봄빛을 자랑하느라 색색이 붉어 있는데, / 푸른 소나무와 푸른 대나무는 울창하고,
아름다운 꽃과 풀은 화려한 가운데, 꽃 속에서 자던 나비는 사뿐하게 날아오른다.

다 〈유상앵비(柳上鶯飛)는 편편금(片片金)이요, 화간접무(花間蝶舞)는 분분설(紛紛雪)이라.〉 〈 〉: 대구법
삼춘가절(三春佳節)이 좋을씨고 도화만발 점점홍(桃花滿發點點紅)이로구나.
어주축수 애산춘(漁舟逐水愛山春)이라던 무릉도원(武陵桃源)이 예 아니냐.
한문 어구의 혼용
양류세지 사사록(楊柳細枝絲絲綠)하니 황산곡리 당춘절(黃山谷裏當春節)에 연명 오류(淵明五柳)가 예 아니냐.

버드나무 위에서 나는 꾀꼬리는 여러 개의 금 조각 같이 아름답고,
꽃 사이에서 춤추는 나비들은 날리는 눈송이 같구나.
아름다운 이 봄이 참으로 좋구나. 복숭아꽃이 만발하여 꽃송이마다 붉었구나.
고깃배를 타고 물을 따라 올라가서 산 속의 봄 경치를 사랑하게 되니 무릉도원이 여기가 아니냐?
버드나무 가는 가지들이 실처럼 늘어져 푸르고 황산 골짜기 안에 봄을 맞았으니 도연명의 오류촌이 여기가 아니냐?
➥ 본사 1: 봄의 화려한 경치의 아름다움

감상

봉건적 세계관이 무너지는 과정에서, 가사의 정형이 무너지며 나타난 새로운 시가 장르인 잡가로, 조선 후기에 형성되어 개화기까지 서울을 중심으로 널리 불리던 12잡가 중 가장 대표적 작품이다. 화창한 봄날의 아름다운 경치를 노래하고 있는데, 자연에 대한 유흥적 삶의 태도가 담겨 있고 국어의 아름다움을 느낄 수 있다는 점에 큰 의미가 있다.

표현

- 의성어와 의태어를 적절히 구사하여 생동감 넘치는 표현
- 화창함, 현란함, 약동감과 생동감이 넘쳐 즐거운 리듬감을 느끼게 함.
- 우리말 묘사 두드러짐. 시각과 청각적 심상어를 통해 감각적으로 표현함.
- 중국의 고사, 한자 어구, 한시 구절을 많이 써서 참신한 느낌이 없음.
- 대구, 열거, 비유의 방법이 사용됨.

Quiz

이 글에 대한 설명으로 옳지 않은 것은?

① 조선 후기에 유흥의 자리에서 주로 직업적 소리꾼들에 의해 가창된 노래이다.
② 4·4조 4음보가 기본 율조를 이루고 있다.
③ 좋은 절기에 경승(景勝)을 찾는 산놀이의 노래이다.
④ 경상, 전라 등 남도 12잡가 중 대표적 노래이다.

해설
조선 후기 유행한 잡가인 〈유산가〉는 경기 12잡가의 하나이다.

정답 ④

6절 고대 소설

1 개관

1. 개념: 설화를 근간으로 조선 시대에 형성된 갑오개혁(1894) 이전의 서사 문학

2. 특징

일대기적 구성	주인공의 출생~죽음에 이르기까지의 사건이 시간의 흐름에 따라 전개됨. cf 현대 소설은 역순행적 구성 등 다양한 구성 방식을 취함.
우연적인 사건 전개	예 길을 가던 화주승이 우연히 개천에서 허우적대는 심 봉사를 만나서 구출하고, 눈을 뜰 수 있는 방법을 알려 줌.
비현실적인 사건 전개	예 아버지를 위해 인당수에 뛰어든 심청은 '용궁'이라는 비현실적 공간에서 하루를 지내고 다시 인간 세상으로 돌아옴.
전형적, 평면적 인물	· 한 계층을 대표하는 전형적 인물을 내세움. · 등장인물은 처음부터 끝까지 성격이 변하지 않는 평면적 인물임. 예 심청이는 끝까지 착하고, '뺑덕 어멈'은 끝까지 악함.
행복한 결말, 권선징악의 주제	예 심 봉사는 결국 눈을 뜨게 되고, 심청과 함께 행복하게 잘 살게 됨.
운문체, 문어체 사용	· 말의 가락이 느껴지는 운문체가 나타남. ＊ 보통 3·4조 내지 4·4조를 기본으로 함. · 문장에서만 쓰이는 말투인 '문어체'를 사용함. 예 ~하더라, ~하소서, ~하나이다 등

★ **고전 소설과 현대 소설의 차이점**

구분	고전 소설	현대 소설
주제	권선징악, 교훈적	새로운 인간형 탐구
사건	비현실적, 우연적	현실적, 필연적
인물	전형적, 평면적	개성적, 입체적
문체	운문체, 낭송체, 문어체	산문체, 구어체
구성	일대기적 구성	복합 구성
결말	행복한 결말	다양한 결말
형성 과정	설화를 바탕으로 한 집단 창작, 개인 창작	개인 창작

2 조선 전기의 소설

1. 발달

창작물로서의 한문 소설(漢文小說)이 발생하였다.

2. 작품

금오신화	· 세조 때 김시습이 지은 우리나라 최초의 고대 소설로, 명(明)나라 구우의 <전등신화>의 영향을 받음. · 배경과 등장인물을 우리나라에서 취한 점에 의의가 있음
한문 소설	· **<화사(花史)>**: 군신의 관계를 꽃에 비유. 작가가 임제, 노긍이라는 설이 있음. · **임제의 <수성지>**: 마음의 세계를 의인화한 작품 · **<원생몽유록>**: 세조의 왕위 찬탈을 소재로 정치권력의 모습을 폭로. 작가 불분명

3 조선 후기의 소설

1. 형성

① 군담 소설, 몽자류 소설이 크게 유행하였다.

② 조선 전기에는 한문 소설이 주로 창작되었지만, 후기에는 한글로 쓴 한글 소설이 등장했다.

★ 조선 후기에 소설이 수적으로 증가하면서 소설을 읽어 주고 일정한 보수를 받던 직업적인 낭독가인 전기수와 부녀자들을 상대로 소설책을 빌려주고 돈을 받는 세책가가 성행하였다.

2. 작품

사회 소설	허균의 〈홍길동전〉, 〈전우치전〉 등
몽자류 소설	김만중의 〈구운몽〉, 남영로의 〈옥루몽〉 등
군담 소설	〈임진록〉, 〈박씨전〉 등
판소리계 소설	〈춘향전〉, 〈흥부전〉, 〈심청전〉 등
박지원의 한문 소설	〈양반전〉, 〈호질〉, 〈허생전〉 등(⇐ 실학의 영향)
풍자 소설	〈배비장전〉, 〈이춘풍전〉 등
염정 소설	〈춘향전〉, 〈숙향전〉, 〈옥단춘전〉, 〈구운몽〉, 〈채봉감별곡〉 등
우화 소설(의인 소설)	〈토끼전〉, 〈장끼전〉, 〈두껍전〉, 박지원의 〈호질〉 등
가문 소설	〈명주보월빙(明紬寶月聘)〉과 속편 〈윤하정삼문취록(尹河鄭三門聚錄)〉 등

4 박지원의 한문 소설

1. 박지원 소설의 특징

① 풍자적

② 사실적

③ 작품을 통해 질문을 던지고 거기에 대한 해답을 찾는 형식을 취한다.

2. 대표 작품

작품	줄거리
〈호질〉	정지읍에 사는 도학자 북곽 선생은 열녀 표창까지 받은 이웃의 동리자라는 청상과부 집에서 그녀와 밀회하고 있었다. 과부에게는 성이 각각 다른 아들이 다섯이나 있었는데, 아들이 엿들으니 북곽 선생의 정담이라, 필시 이는 여우의 둔갑이라 믿고 몽둥이를 휘둘러 뛰어드니 북곽 선생은 황급히 도망치다 똥구덩이에 빠졌다. 겨우 기어 나오니 그 자리에 대호 한 마리가 입을 벌리고 있어 머리를 땅에 붙이고 목숨을 비니 대호는 그의 위선을 크게 꾸짖고 가 버렸다. → **도학자의 위선적인 생활상에 대한 폭로와 풍자**
〈허생전〉	허생은 10년 계획을 세우고 글공부에 몰두하다가 7년째 되는 어느 날 글공부를 중단하고 장안의 갑부인 변 씨에게 1만 냥의 돈을 빌린다. 허생은 1만 냥으로 시장에 나가서 매점매석으로 큰돈을 벌면서 무역이 잘 되지 않는 조선 땅의 현실을 한탄한다. 허생은 섬나라를 세우고 그곳에서 난 작물들을 흉년이 든 일본의 한 지방에 팔아 큰돈을 벌고는 혼자서 다시 조선 땅으로 돌아온다. 조선에 돌아와서 가난한 사람들을 도와주고 남은 10만 냥은 변 씨에게 갚는다. → **허생의 상행위를 통한 이용후생의 실학사상을 반영 / 양반의 무능력에 대한 비판과 자아 각성 고취**
〈양반전〉	양반은 너무 가난하여 관가에서 내 주는 환자를 타 먹고살며 여러 해를 보내는 동안 빚은 산더미처럼 쌓여 천 석이나 되었다. 이때 이웃의 상민 부자가 이 기회에 양반을 사서 양반 노릇을 해 보겠다 작정하고 양반을 찾아가 양반 신분을 팔라고 한다. 양반은 기꺼이 승낙하고 천부는 관곡을 갚아 준다. 처음에 양반이 취할 형식적인 행동거지를 하나하나 열거하고 뒤이어 양반의 횡포를 하나하나 나열하니까 동네 상민 부자는 '그런 양반은 도둑이나 다를 바 없다'면서 도망치고 만다. → **양반 사회의 허례허식 및 그 부패상에 대한 폭로**
〈광문자전〉	광문은 종루(鐘樓)를 떠돌아다니는 비렁뱅이다. 어느 날 많은 걸인들이 그를 두목으로 추대하여 소굴을 지키게 하였다. 그런데 어느 겨울밤 걸인 하나가 병이 들게 되자, 이를 광문이 죽인 것으로 의심하여 쫓아낸다. 이후 광문은 약방에 추천받아 일자리를 갖게 된다. 그러나 약방에서 돈이 없어지는 사건이 벌어지자, 광문은 또 다시 도둑으로 의심을 받게 된다. 며칠 뒤 진범이 알려지고 광문의 무고함이 밝혀진다. 주인이 광문의 사람됨을 널리 알려 장안 사람 모두가 광문을 존경하게 된다. → **기만과 교만에 찬 양반 생활에 대한 풍자**

〈예덕 선생전〉	대체로 엄행수의 사는 모양은 어리석은 듯이 보이고, 하는 일은 비천한 것(똥거름을 져 나름.)이지만 그는 남이 알아주기를 구함이 없다. 남에게서 욕먹는 일이 없으며, 볼 만한 글이 있어도 보지 않고 아름다운 음악에도 귀 기울이지 않는 사람이다. 이처럼 타고난 분수대로 즐겁게 살아가는 그야말로 더러움 속에 덕행을 파묻고 세상을 떠나 숨은 사람이다. → **직업 차별 타파와 천인의 성실성 예찬**
〈민옹전〉	작자가 18세에 병으로 누웠는데 우울한 증세는 풀 길이 없었다. 마침 민옹을 천거하는 이가 있어서 그를 초대했고, 민옹은 기발한 방법으로 환자의 입맛을 돋우어 주고 잠을 잘 수 있게 해 주었다. 민옹은 어느 날 밤 함께 자리한 사람들을 마구 골려대고 있었다. 그들은 민옹을 궁지에 몰아넣으려고 딴은 어려운 질문을 퍼부었으나 민옹은 끄떡도 않고 대답하였다. 그의 대답은 쉽고 막힘이 없었다. 어느 날 민옹이 찾아오자 작자는 파자(破字)로 그를 놀렸다. 그러나 민옹은 놀리는 말을 칭찬하는 말로 바꾸어 버렸다. → **무위도식하는 유생에 대한 풍자와 미신 타파**
〈김신선전〉	김홍기는 결혼하여 아들 하나를 낳고는 아내에게 다시 접근하지 않고 수년 동안 신선과 같은 행동을 하여 김 신선이라는 별명을 얻게 된다. 생김새도 특이하며 신선과 같은 행세를 하는 모습 속에서 신선 사상의 허구성을 보여 준다. → **신선 사상의 허무맹랑성 풍자**
〈우상전〉	우상은 역관의 자격으로 일본에서 임무를 수행하면서 문장으로 격찬을 받게 되었다. 일본인들은 우상에게 난제와 강운으로 우상을 궁지에 몰아넣고자 했으나 그는 미리 지어 놓은 듯이 즉시 응대를 하여 그들을 놀라게 하였다. 우상의 문장이 이와 같이 뛰어났음에도 신분이 역관이기 때문에 새삼 사람들이 그의 문장을 인정해 주지 않았다. → **인재 등용의 맹점 비판**
〈마장전〉	양반들의 사교는 겉으로는 고결하고 군자스러운 것 같지만, 실제로는 권세와 명예와 이익을 추구하는 것으로 그 사귀는 방법도 자연스러운 것이라기보다는 작위적인 술수를 동원할 뿐이라는 것을 풍자하는 내용이다. → **유생들의 위선적 교우 풍자**
〈열녀함양 박씨전〉	과부 이야기 두 편으로, 첫 번째 이야기는 이 과부가 젊은 날 자신의 정욕을 참기 위해 동전을 굴린 이야기를 아들에게 들려주며, 정절과 관련된 풍문으로 관리의 등용을 꺼리는 아들에게 교훈을 준다. 두 번째 이야기는 함양의 박 씨라는 과부에 대한 이야기로, 병든 남편과 결혼한 박 씨가 남편이 죽자 상을 치르고, 시부모를 봉양한 뒤 소상, 대상을 치르고 나서 자결하였다는 내용이다. → **개가 금지에 대한 반대**

5 판소리계 소설

판소리 사설의 영향을 받아 소설로 정착된 작품

＊ 판소리는 '근원 설화 → 판소리 → 판소리계 소설 → 신소설'의 과정을 거쳐 발전했다.

근원 설화	판소리 사설	판소리계 소설	이해조의 신소설
연권녀(효녀지은) 설화	〈심청가〉	〈심청전〉	〈강상련〉
열녀 설화	〈춘향가〉	〈춘향전〉	〈옥중화〉
방이 설화	〈흥부가〉	〈흥부전〉	〈연의 각〉
구토지설	〈수궁가〉	〈토끼전〉	〈토의 간〉

1. 판소리계 소설의 특징

① 운문체와 산문체의 혼합

② 주제의 양면성: 표면적 주제와 이면적 주제가 따로 존재한다.

예 〈춘향전〉 표면적 주제: 춘향의 절개, 신분을 초월한 사랑
이면적 주제: 신분 상승의 욕구, 탐관오리 비판

③ 문체의 이중성: 한문투(양반)와 비속어와 재담(평민)의 혼재된다.

④ 주로 인물 간의 대화를 통해 내용이 전개된다.

2. 판소리계 소설

작품	표면적 주제	이면적 주제 (사회 현실 반영)	내용
〈춘향전〉	정절	신분 해방의 의지	신분 상승에 대한 욕망과 신분에 부과된 봉건적 제약과 구속으로부터 해방에 대한 욕망을 담고 있다. 춘향의 수청 거부는 '열'이 아니라 한 인격체로서의 존엄성을 지키기 위한 것이다. 즉 천민인 기생도 하나의 인격체로서 살아가야 한다는 신분 해방의 의지가 현실화된 것이라 볼 수 있다.
〈흥부전〉	권선징악	빈부의 모순에 대한 비판	대단한 부자인 놀부는 이기적인 탐욕만 존재하는 반윤리적 존재로, 결국 탐욕으로 인해 패배한다. 이는 반윤리적 이윤 추구와 탐욕스러운 이기주의의 패배로 자본의 성장 과정에 따르는 윤리 의식의 문제가 놀부를 통해서 제기된 것이다.
〈토끼전〉	충(忠) 지혜	봉건 이념의 모순	봉건 체제의 절대적 권위를 상징하는 용왕이 병들어 있고, 용왕의 추악한 행실(남을 희생시켜 자기가 살고자 함.)은 썩은 봉건 체제의 모습을 나타내고 있다.
〈심청전〉	효(孝)	현실에 대한 민중의 의식	심청이는 아버지를 위해 공양미 삼백 석을 받고 인당수 제물로 팔려 가지만 천상의 선녀였던 심청은 용왕의 구출로 인하여 인간 세계로 나아가며, 효성이 지극하기에 후에 복을 받게 된다.

혜원通 서술자의 개입

1. 개념: 작품 밖에 위치한 서술자가 사건이나 인물이 처한 상황에 대해 직접 이야기하는 것

2. 종류
- **편집자적 논평**: 서술자가 작품 속 인물이나 사건에 대해 직접 '평가'하는 것
  - 예 · 사람이 슬픔이 극진하면 도리어 가슴이 막히는 법이라. 심 봉사가 하도 기가 막혀 울음도 아니 나오고 실성을 하는데,
  - · 어이 인생이 덧없지 아니리오? - 김만중, 〈구운몽〉
- **감정의 노출**: 서술자가 작품 속 인물의 '감정을 직접 전달'해 주는 것
  - 예 · 녹의홍상(綠衣紅裳) 기생들은 백수나삼(白手羅衫) 높이 들어 춤을 추고, 지야자 두덩실 하는 소리 어사또 마음이 심란하구나.
  - · 길동이 집을 나섬에 어찌 가련치 않으리오 - 허균, 〈홍길동전〉
- **독자에게 말 걸기**: 서술자가 독자에게 직접 말을 걸어 옴.
  - 예 이 도령의 거동 보소. 마음이 바쁘고 뜻이 근심이 되고 가슴도 답답하여 저녁상도 허둥지둥 방자 불러 분부하되, "너나 먹고 어서 가자."
  - * '-보소, -리오/-리/-냐!/-이로다' 등의 어미가 등장할 때 주의
- **이야기(서사)의 흐름 끊기**: '차설(= 각설)하고, 한편' 등을 사용
  - * 차설(且說): 주로 글 따위에서, 화제를 돌려 다른 이야기를 꺼낼 때, 앞서 이야기하던 내용을 그만둔다는 뜻으로 다음 이야기의 첫머리
- **앞, 뒤 줄거리 요약하기**

작품의 실제 고대 소설

1 금오신화(金鰲新話) | 김시습

감상

《금오신화》는 조선 세조 때 김시습이 금오산에서 창작한 최초의 한문 소설로 창작 당시 몇 편이었는지 알 수 없으나 〈만복사저포기〉, 〈이생규장전〉, 〈취유부벽정기〉, 〈남염부주지〉, 〈용궁부연록〉 5편만 현재 전해지는 전기(傳奇)적 한문 소설집이다.

혜원通 《금오신화(金鰲新話)》의 특징 및 의의

1. 주인공들이 한결같이 뛰어난 재능과 감성을 가진 재자가인(才子佳人)
   → 전기적 인물이나 현실에서 뜻을 펼치지 못함.
2. 문장 표현이 한문 문어체로서 사물을 미화시켜 표현함.
3. 일상의 현실적인 것과 거리가 먼 신비한 내용
4. 전기적 특성 + 인간성 긍정 + 제도, 인습, 전쟁, 운명 등과 대결하는 인간 의지 표현
   → 현실주의적 지향이 엿보이는 소설로 평가됨.
5. 구우의 《전등신화》의 영향
   - 그러나 모방은 아니며, 우리 설화 문학의 전통 속에서 탄생된 독창적 소설
   - 등장인물이나 배경·풍속 등이 모두 한국적, 작품 속에 작가의 민족의식 역사관 반영
6. 《금오신화》의 출현 → 소설 문학 발흥의 획기적 계기
7. 설화에서 소설로 이어지는 발전 단계를 보여 주는 자료
8. 개인이 창작한 최초의 한문 소설

《금오신화》 작품 개관

1 〈만복사저포기(萬福寺樗蒲記)〉 – 만복사의 저포(백제 때부터 유래한 윷놀이 종류) 놀이

줄거리

주인공 양생(梁生)은 일찍이 부모를 여읜 노총각으로 아름다운 배필을 부처에게 구한다. 양생은 저포(樗蒲)로 부처와 내기를 하는데, 양생이 이긴다. 약속대로 부처는 한 여인을 양생과 만나게 해 주었는데 그 상대는 3년 전에 죽은 여인의 환신이다. 양생은 그녀와 곧 사랑하게 되지만 3일 후 그 여인이 저승으로 돌아감으로써 인연이 끝난다. 그 후 양생은 지리산으로 들어가 약초를 캐며 살았다.

- **주제:** 남녀 간의 사랑과 세속적 삶의 초월
- **특징:** 현실주의적, 사실적, 불교적, 도교적
- **감상:** 한국을 배경으로 한국인을 등장시킴으로써 자주적인 성격을 보여 주며, 생인(生人)과 사자(死者), 즉 이승과 저승의 사랑을 다룬 것은 현실의 남녀 간의 사랑보다 더욱 강렬한 의지를 표현하고 그 의지를 좌절시키려 드는 외부적 세계를 고발하는 데 더욱 큰 효과를 거둔다. 불교의 발원(發願) 사상으로 시작해서 윤회(輪廻) 사상으로 끝을 맺는다.

2 〈이생규장전(李生窺墻傳)〉 – 이생이 담장을 엿보다.

줄거리

송도에서 사는 이생(李生)이라는 총각이 학당에 다니다가 노변에 있는 양반집의 딸인 최랑을 알게 되어 밤마다 그 집 담을 넘어 다니며 애정을 키워 갔다. 이생 부모의 반대로 어려움을 겪지만 최랑의 굳은 의지와 노력으로 양가 부모의 허락 아래 혼인을 하였다. 이생이 과거에 급제함으로 행복이 절정에 달하였으나 홍건적의 난으로 양가 가족이 죽고 이생만 살아 남아 슬픔에 잠겨 있는데 죽은 최랑이 나타났다. 이생은 그녀가 이미 죽은 여자인 줄 알면서도 반갑게 맞아 수년간 행복하게 살았다. 3년 후 여인은 자신을 장사 지내 줄 것을 부탁하며 이생과 이별한다. 이생은 하루같이 아내를 그리워하다가 병으로 죽었다.

- **주제:** 여인의 정절과 생사를 초월한 영원한 사랑
- **특징:** 사실주의적, 현실적
- **감상:** 우리나라를 배경으로 우리나라 사람을 등장시켰다는 점에서 자주적인 성격을 보여 주는 작품으로 전반부는 주인공이 효라는 도덕규범을 파괴해 가면서까지 힘겹게 사랑을 성취해 가는 과정을, 후반부는 강렬한 사랑의 의지에도 불구하고 사랑이 좌절되어 가는 과정을 그린 소설이다.

Quiz

이 작품의 갈래는?

> "낭군의 수명은 아직 남아 있지만, 저는 이미 귀신의 명부(名簿)에 실려 있답니다. 그래서 더 오래 볼 수가 없지요. 제가 굳이 인간 세상을 그리워하며 미련을 가진다면 명부(冥府)의 법도를 어기게 되니, 저에게만 죄가 미치는 게 아니라 당신에게도 또한 누(累)가 미치게 된 답니다. 저의 유골이 어느 곳에 흩어져 있으니, 만약 은혜를 베풀어 주시려면 그 유골이나 거두어 비바람을 맞지 않게 해주세요."
> 두 사람은 서로 바라보며 눈물만 줄줄 흘렸다. 미구(未久)에 여인은 말했다.
> "낭군님, 부디 안녕히 계십시오."
> 말이 끝나자 차츰 사라지더니 마침내 자취가 없어졌다.
> – 김시습, 〈이생규장전〉

① 판소리계 소설
② 영웅(英雄) 소설
③ 전기(傳奇) 소설
④ 군담(軍談) 소설

해설

여인의 말을 살펴볼 때, 여인은 인간이 아닌 귀신임을 알 수 있다. 귀신과 인간의 사랑은 일반적이지 않은 기이한 이야기인데, 이러한 기이한 이야기를 담고 있는 소설은 '전기(傳奇) 소설'이다.

오답

① 판소리계 소설: 조선 후기에 등장한 판소리의 사설을 바탕으로 한 고전 소설
② 영웅(英雄) 소설: 영웅적인 주인공의 일대기를 그린 고전 소설
④ 군담(軍談) 소설: 주인공이 전쟁을 통하여 영웅적 활약을 전개하는 이야기를 흥미의 중심으로 하는 고전 소설

정답 ③

3 〈취유부벽정기(醉遊浮碧亭記)〉 - 부벽정에서 술에 취해 놀다.

줄거리

개성의 상인 홍생이 평양으로 가서 친구들과 같이 대동강에서 놀다가 술이 취한 후 부벽정(루)에 올랐다가 기자(箕子)의 딸을 만나 밤이 새도록 시를 주고받으며 즐거움을 나누었다. 그런데 날이 새자 그 딸은 시를 남겨 두고 홀연히 하늘로 올라가 버렸고, 시(詩)마저 회오리 바람에 날아가 버렸다. 그 이후 홍생은 상사병을 얻어 죽게 된다. 그의 시체는 며칠이 지나도 얼굴빛이 변하지 않았는데, 이는 기자왕의 딸을 만났기 때문이라고 한다.

- **주제:** 도교적 신선 사상
- **특징:** 도교적
- **감상:** 평양을 배경으로 하고 역사적 인물을 등장시킴으로써 토속적인 성격 및 역사의식을 보여 주는 작품이다. 남녀 간의 사랑을 제재로 하고 있다는 점에서는 〈만복사저포기〉나 〈이생규장전〉과 동일하나 정신적 사랑을 다루었다는 점에서 구별된다.

4 〈남염부주지(南炎浮洲志)〉 - 염부주에서 염왕과 담론을 벌이다.

줄거리

경주에 사는 박생은 유학으로 대성하겠다고 포부를 지니고 열심히 공부하였으나 과거에는 실패하였다. 그러나 뜻이 높고 강직한 데다 인품이 훌륭하여 주위의 칭찬을 받았다. 어느 날 꿈에 저승사자에게 인도되어 염부주라는 별세계에 이르러 염왕과 사상적인 담론을 벌였다. 유교, 불교, 미신, 우주, 정치 등 다방면에 걸친 문답을 통하여 염왕과 의견 일치에 이르고, 자신의 지식이 타당한 것임을 재확인하였다. 염왕은 박생의 참된 지식을 칭찬하고 그 능력을 인정하여 왕위를 물려주겠다고 선위문(禪位文)을 하사하고 세상에 잠시 다녀오라고 하였다. 꿈을 깬 박생은 가사를 정리하고 지내다가 얼마 뒤 병이 들었는데, 의원과 무당을 물리치고 조용히 죽었다.

- **주제:** 패도의 비판과 왕도의 추구
- **감상:** 작자의 사상을 박생의 입을 통해 집약적으로 반영하고 있으며 당대의 현실을 은연중 비판하고 있다.(→ 세조의 왕위 찬탈 비판)

5 〈용궁부연록(龍宮赴宴錄)〉 - 용궁의 잔치에 나아가다.

줄거리

글에 능하여 그 재주가 조정에까지 알려진 한생이 어느 날 꿈속에서 용궁으로 초대되어 갔다. 한생이 새로 지은 누각의 상량문을 지어 주었더니, 용왕은 그 재주를 크게 칭찬하고 잔치를 베풀어 대접하였다. 잔치가 끝난 뒤 용왕의 호의로 한생은 세상에서 볼 수 없는 진귀한 물건들을 골고루 구경하였다. 하직할 때 용왕은 구슬과 비단을 선물로 주었다. 꿈에서 깬 한생은 이 세상의 명리를 구하지 않고 명산으로 들어가 자취를 감추었다.

- **주제:** 세상의 명리와 그것의 덧없음.
- **감상:** 작자는 어릴 때 탁월한 글재주를 인정받아 조정에 초대되어 가서 세종으로부터 칭찬을 받은 일이 있었는데, 이런 점에서 이 작품은 작자의 전기적 사실과 밀접한 관련을 지닌 것으로 흔히 해석된다.

혜원通 주제에 따른 《금오신화》 작품 분류

주제	작품
남녀 간의 자유로운 사랑을 통해 유교적 속박에 저항함.	〈만복사저포기〉, 〈이생규장전〉, 〈취유부벽정기〉
작가 자신의 철학적·정치적 이상을 구현함.	〈남염부주지〉, 〈용궁부연록〉

2 홍길동전(洪吉童傳) | 허균

핵심정리

- **작자** 허균(1569~1618) – 조선 광해군 때의 문인. 호는 교산(蛟山).
- **갈래** 국문 소설 **성격** 영웅 소설, 사회 소설, 도술 소설
- **사상** ① 적서 차별의 철폐와 인간 평등 사상 → 봉건적 사회 제도의 개혁
  ② 탐관오리의 부정부패 일소와 빈민 구제 사상 → 탐관오리 규탄
  ③ 율도국의 정벌·지배 → 해외 진출과 이상국 건설
- **표현** 도술적 요소, 사실적 묘사 미흡
- **문체** 국문체, 산문체, 문어체
- **시점** 전지적 작가 시점
- **주제** 사회 제도 개혁(봉건적 계급 타파), 탐관오리 규탄과 빈민 구제, 해외 진출 사상
- **기타** 중국 소설 〈수호지〉 및 《삼국지연의》 등의 영향을 받음. 아류작으로 〈전우치전(田禹治傳)〉이 있음.

가 길동이 자라 다섯 살이 되자 생각하는 것이 더욱 총명하고 하는 짓도 제법 의젓해졌다. 이런 길동을 보며 하루는 홍 판서가 길동의 손을 잡고 부인을 원망하였다.

"이 아이가 남달리 영특하나 첩의 자식이니 무엇에 쓰겠소? 그때 부인이 고집을 부린 것이 원통할 뿐이오." / "무슨 말씀이옵니까?" / 영문을 모르는 부인이 그 까닭을 물으니 홍 판서가 아쉬운 표정으로 비로소 꿈 이야기를 들려주었다.
(첩의 자식이니 무엇에 쓰겠소: 뛰어난 인재일지라도 신분이 천하면 차별을 받았음.)

"그때 부인이 내 말을 들었던들 부인이 이 아이를 낳았을 것이오. 그러면 이 아이가 어찌 천한 신분이 되었겠소?"
(그러면 ~ 되었겠소?: 길동에 대한 홍 판서의 안타까움과 아쉬움)

길동이 천한 신분으로 태어난 것에 홍판서의 꿈 이야기를 듣고 부인도 한숨을 쉬었다.

"그 또한 하늘이 정한 일이온데 사람의 힘으로 어찌하오리까?"
(현실을 수긍하고 순응적으로 받아들이는 태도)

➥ 홍 판서는 총명한 길동이 첩의 아들로 태어난 것을 안타까워함.

나 세월은 물같이 흘렀다. 길동은 열 살이 넘도록 아버지를 아버지라 부르지 못하고 형을 형이라 하지 못하는 처지였다. 그러니 집안의 종들마저 손가락질하며 수군거리기 일쑤였다.
(세월은 물같이 흘렀다: 시간의 흐름)
(아버지를 ~ 처지였다: 호부호형(呼父呼兄)하지 못함.)

다 그해 구월 보름 무렵이었다. 달빛이 처량하고 가을바람은 소슬하여 마음이 더욱 울적하였다. / 방에서 글을 읽던 길동은 문득 책상을 밀치고 긴 한숨을 쉬었다.
(달빛이 ~ 소슬하여: 길동의 갈등을 심화시키는 분위기)
(방에서 ~ 쉬었다: 길동의 내적 갈등이 드러난 행동)

"사내가 〈공자와 맹자를 본받지 못할 바에야 차라리 병법이라도 익혀 장수라도 되어야겠다.〉 이 천군만마를 호령하며 나라 밖에 나가 동서를 정벌하고 큰 공을 세우면 얼마나 통쾌하랴! 그리하여 위로는 한 임금을 섬기고 아래로는 만백성의 으뜸이 되어 이름을 후세에 전하는 것이 마땅하다. 〈옛사람도 '왕후장상의 씨가 따로 없다.'고 하지 않았는가?〉 슬프다. 세상 사람이 다 아비와 형이 있어 스스럼없이 부르거늘 나는 왜 그렇게 하지 못하는가?"
(〈 〉: 당시의 사회상 ① – 유교적 출세주의)
(〈 〉: 당시의 사회상 ② – 적서 차별과 같은 신분 제도가 있었음. (비판 의식))

예원通 〈홍길동전〉의 설화적 영웅 구조

주몽이나 탈해 등 영웅의 일생을 다룬 신화와 동일한 구조가 〈홍길동전〉에 나타난다.

영웅 설화의 구조	〈홍길동전〉에 나타난 구조
고귀한 혈통을 지닌 인물	이조판서의 아들
비정상적 출생	시비 춘섬에게 태어난 서자
비범한 능력을 지님.	총명이 과인, 도술에 능함.
어려서 기아가 되어 죽을 고비에 이름.	계모가 자객을 시켜 죽이려 함.
양육자를 만나서 죽을 고비에서 벗어남.	길동이 자객을 죽이고 살아남.
자라서 다시 위기에 부딪힘.	나라에서 길동을 잡아들이려 함.
위기를 투쟁으로 극복해 승리자가 됨.	율도국의 왕이 됨.

허균은 서얼차대(庶孼差待)의 벽에 부딪쳐 불우한 일생을 보내던 스승 이달을 통해 사회 모순을 발견하였고 이것을 계기로 사대부 계통의 문인보다는 서얼 출신 문인들과 어울렸다. 그 후 사회 제도의 모순을 과감히 비판하였고, 불교의 중생 제도 사상, 서학과 양명 좌파 사상 등을 받아들여 급진적 개혁 사상을 갖게 되었다.

줄거리

홍 판서의 서자로 태어난 홍길동은 어려서부터 뛰어난 능력을 발휘한다. 그러나 적서 차별이라는 사회적인 모순 때문에 자신의 운명에 대해 비관한다. 이러한 때에 홍 판서의 또 다른 첩인 곡산어미의 간계로 위기에 빠지지만 이를 이겨내고 집을 나오게 된다. 집을 나온 길동은 도적의 무리를 규합하여 활빈당이라는 조직을 만들고, 이를 근간으로 탐관오리를 응징하여 어려운 백성들을 도와준다. 조정에서는 도둑의 괴수로 몰아 길동을 잡아들이게 되고, 길동은 병조 판서를 제수받는 조건으로 조선을 떠나게 된다. 조선을 떠나온 길동은 율도국을 세운다. 율도국의 왕이 된 길동은 유교적인 왕도 정치(王道政治)를 실현하여 율도국을 태평성대로 만든다.

의의

- 국문 소설의 효시(최초의 한글 소설)
- 영웅의 일생이라는 서사 전통이 최초로 소설화된 작품 → 소설다운 형태 갖춤.
- 가전(假傳)·전기(傳奇)에서 탈피(완전히 탈피한 것은 아님.)
- 사회 제도의 불합리성을 문제 삼은 사회 소설의 선구적 작품
- 내용상 저항 정신이 반영된 평민 문학

3 구운몽(九雲夢) | 김만중

핵심정리

- **작자** 김만중(1637~1692)
- **갈래** 고전 소설, 국문 소설, 몽자류(夢子類) 소설, 염정(艶情) 소설
- **성격** 구도적, 유교적, 불교적, 도교적(전체적으로는 불교적)
- **문체** 산문체, 문어체, 만연체
- **시점** 전지적 작가 시점
- **배경** ① 시간: 당나라 때
  ② 공간: 중국 남악 형산의 연화봉, 용궁, 여러 지방
  ③ 사상: 유(儒), 불(佛), 선(仙)을 종합 → 불교의 윤회 사상, 공(空) 사상이 중심
- **창작 동기** ① 개인적 동기: 노모(老母)를 위로하기 위해 창작
  ② 문학적 동기: 한국인은 한국어로 작품을 써야 한다는 '국민 문학론' 바탕으로 창작
- **의의** ① 환몽 설화인 《삼국유사》의 〈조신(調信) 설화〉로부터 영향을 받았다.
  ② 조선 중기 전형적인 양반 사회의 이상을 반영한 양반 소설의 대표작이다.
  ③ 꿈의 구조를 완벽하게 소설의 구조로 정착시킨 몽자류(夢字類) 소설의 효시이다.
  ④ 〈옥루몽(玉樓夢)〉, 〈옥련몽(玉蓮夢)〉과 같은 몽자류 소설에 영향을 미쳤다.
  ⑤ 김만중의 국문 의식이 반영되었다.
  ⑥ 유교적 윤리관과 불교적 세계관이 결합되어 있다.
- **주제** ① 인생무상(人生無常)
  ② 불교적 인생관에 대한 각성
- **특징** ① 현실인 선계(仙界)와 꿈인 인간계가 교차하는 복합 구조 및 환몽 구조
  ② 불교적 사고방식인 윤회가 소설 구성상 중요한 요소

줄거리

중국 당나라 때 육관대사의 제자들 중 성진(性眞)이라는 뛰어난 제자가 있었는데, 어느 날 육관대사는 성진을 용궁으로 심부름 보낸다. 용궁에 간 성진은 돌아오는 길에 팔선녀(八仙女)와 다리 위에서 만나 서로 희롱한다. 인간 부귀와 남녀 정욕에 갈등하던 성진은 불법의 계율을 어긴 죄로 지옥에 떨어지게 되고, 인간 세상에 양소유(楊少遊)로 환생하게 된다.
양소유는 조정에 나아가, 하북의 삼진과 토번을 정벌하고 승상이 되어 위국공에 봉해지고, 팔선녀의 환생인 8명의 여자를 2처와 6첩으로 맞이하여 온갖 부귀영화를 누리며 조정에서 물러난다. 조정에서 물러난 양소유는 등고(登高)날 산에 올라 주변 풍광을 내려다보다 자신이 이루어 놓은 부귀영화가 허망한 것임을 깨닫고 불도에 귀의하고자 결심하는데, 이때 꿈에서 깨어난다. 꿈에서 깬 성진은 인간 세상에 환생했던 팔선녀와 함께 육관대사의 가르침을 받고 불법의 심오한 진리를 크게 깨닫는다.

가 이럭저럭 잠을 이루지 못하여 밤이 이미 깊었다. 눈을 감으면 팔선녀가 앞에 앉았고 눈을 떠보면 문득 간 데가 없었다. 성진이 크게 뉘우쳐 말하였다.
(전전반측(輾轉反側) / 오매불망(寤寐不忘))

"불법(佛法) 공부는 마음을 정하는 것이 제일인데 이 사사로운 마음이 이렇듯 일어나니 어찌 앞날을 바라겠는가?" 〈중략〉

성진이 머리를 두드리고 울며 말하였다.

"소자가 죄 있어 아뢸 말씀이 없지만, 용궁에서 술을 먹은 것은 주인이 힘써 권하였기 때문이요, 돌다리에서 수작한 것은 길을 빌리기 위함이었고, 방에 들어가 망령된 생각이 있었지만 즉시 잘못인 줄을 알아 다시 마음을 정하였으니 무슨 죄가 있습니까? 설사 죄가 있다면 종아리나 때리셔 경계하실 것이지 박절하게 내치십니까? 소자가 십이 세에 부모를 버리고 친척을 떠나 사부님께 의탁하여 머리를 깎아 중이 되었으니, 그 뜻을 말한다면 부자의 은혜가 깊고 사제의 분별이 중하니, 사부를 떠나 연화도량을 버리고 어디로 가라 하십니까?"
(성진은 사태가 이러한 지경에까지 이를 줄 모름. 마른 하늘에 날벼락)

대사가 말하였다.

"네 마음이 크게 변하여 산중에 있어도 공부를 이루지 못할 것이니 사양치 말고 가거라. 연화봉을 다시 생각한다면 찾을 날이 있을 것이다."

하고, 이어서 크게 소리쳐 황건역사(黃巾力士)를 불러 분부하여 말하였다.

"이 죄인을 압송하여 풍도(酆都)에 가 염라대왕께 부쳐라." ➥ 인간 세상으로 쫓겨나는 성진
(풍도옥, (도가의 지옥))

PART 4 고전 문학 해커스공무원 혜원국어 올인원 기본서

나 "성진아, 인간 세상의 재미가 어떠하더냐?"

성진이 머리를 땅에 두드리며 눈물을 흘려 말하였다.

"이제야 깨달았습니다. 성진이 함부로 굴어 도심(道心)이 바르지 못하니 마땅히 괴로운 세계에 있어 길이 앙화(殃禍)를 받을 것을 사부께서 한 꿈을 불러 일으켜 성진의 마음을 깨닫게 하시니, 사부의 은덕은 천만 년이라도 갚지 못하겠습니다."

대사가 말하였다.

"네 흥을 띠어 갔다가 흥이 다하여 왔으니 내가 무슨 간섭하겠느냐? 또 네가 세상과 꿈을 다르게 아니, 네 꿈을 오히려 깨지 못하였구나."

성진이 두 번 절해 사죄하고, 설법(說法)하여 꿈 깸을 청하였다.

이때 팔 선녀가 들어와 사례하며 말하였다.

"제자 등이 위부인을 모셔 배운 것이 없기에 정욕을 금치 못해 중한 책망을 입었는데, 사부께서 구제하심을 입어 한 꿈을 깨었으니, 원컨대 제자되어 길이 같기를 바랍니다."

대사가 크게 웃으며 말하였다.

"너희들이 진실로 꿈을 알았으니 다시는 망령된 생각을 하지 말라."

하고, 즉시 대경법(大經法)을 베풀어 성진과 팔 선녀를 가르치니 인간 세상의 모든 변화는 다 꿈 밖의 꿈이요, 한마음으로 불법에 나아가니 극락세계의 만만세 무궁한 즐거움이었다. ➥ 세속의 부귀영화가 덧없음을 깨닫고 득도함.

혜원通 〈구운몽〉의 특징

1. 〈구운몽〉의 배경 사상

유교	· 유교적 현세주의 · 입신출세와 부귀영달하는 과정을 통해 드러남.
불교	세속의 부귀영화가 덧없고 무상함을 깨닫고 득도·성불하는 모습
도교	· 신선 사상과 부귀영화의 허무감 · 위부인과 8선녀의 등장, 양소유 부친이 신선이 되는 것 등을 통해 드러남.
봉건사상	양소유가 2처 6첩의 순종 속에 가정을 다스려 가는 모습

2. 제목 '구운몽'과 주인공 이름의 상징적 의미

· 제목 '구운몽'(아홉 구름의 꿈)

구(九) → 등장인물	성진과 팔선녀
운(雲) → 주제	인생이란 덧없는 꿈과 같음. 주제 인생무상(人生無常)과 연결
몽(夢) → 작품의 구조	아홉 사람이 꾼 꿈. 환몽(幻夢) 구조와 연결

· 주인공 이름: 인간계에서의 삶을 선계에서의 삶과 대비하여 상징적으로 표현한 명칭

소유(인간계 이름)	마음껏 노닐고 떠도는 삶
성진	진정한 진리(眞理)로 되돌아감.

3. 〈구운몽〉의 구조

선계(현실 - 꿈 이전)		인간계(꿈)		선계(현실 - 꿈 이후)
수도 생활에 회의하는 성진		세속적 욕망을 성취하는 양소유		깨달음을 얻은 성진
불변의 세계	→	가변의 세계	→	불변의 세계
성(聖), 영원		속(俗), 찰나		성(聖), 영원
형이상학적 세계		형이하학적 세계		형이상학적 세계

기출 확인

다음 글에 대한 이해로 적절하지 않은 것은?

2022 국가직 9급

> 승상이 말을 마치기도 전에 구름이 걷히더니 노승은 간 곳이 없고 좌우를 돌아보니 팔낭자도 간 곳이 없었다. 승상이 놀라 어찌할 바를 모르는 중에 높은 대와 많은 집들이 한순간에 사라지고 자기의 몸은 작은 암자의 포단 위에 앉아 있었는데, 향로의 불은 이미 꺼져 있었고 지는 달이 창가에 비치고 있었다.
>
> 자신의 몸을 보니 백팔염주가 걸려 있고 머리를 손으로 만져보니 갓 깎은 머리털이 까칠까칠하더라. 완연한 소화상의 몸이요, 전혀 대승상의 위의가 아니었으니, 이에 제 몸이 인간 세상의 승상 양소유가 아니라 연화도량의 행자 성진임을 비로소 깨달았다.
>
> 그리고 생각하기를, '처음에 스승에게 책망을 듣고 풍도옥으로 가서 인간 세상에 환도하여 양가의 아들이 되었지. 그리고 장원급제를 하여 한림학사가 된 후 출장입상하고 공명신퇴하여 두 공주와 여섯 낭자로 더불어 즐기던 것이 다 하룻밤 꿈이었구나. 이는 필시 사부가 나의 생각이 그릇됨을 알고 나로 하여금 이런 꿈을 꾸게 하시어 인간 부귀와 남녀 정욕이 다 허무한 일임을 알게 하신 것이로다.'
>
> – 김만중, 〈구운몽〉

① '양소유'는 장원급제를 하여 한림학사가 되었다.

② '양소유'는 인간 세상에 환멸을 느껴 스스로 '성진'의 모습으로 되돌아왔다.

③ '성진'이 있는 곳은 인간 세상이 아니다.

④ '성진'은 자신의 외양을 통해 꿈에서 돌아왔음을 인식한다.

해설

꿈속의 양소유가 스스로 현실의 성진의 모습으로 돌아온 것은 아니다. 성진은 꿈에서 깨어난 이후에야 자신이 인간 세상에서 양소유가 되어 부귀영화를 누린 것이 하룻밤 꿈에 지나지 않음을 깨닫고 있다.

정답 ②

기출 확인

[01-02] 다음 글을 읽고 물음에 답하시오.

> 잔을 씻어 다시 술을 부으려 하는데 ㉠ 갑자기 석양에 막대기 던지는 소리가 나거늘 괴이하게 여겨 생각하되, '어떤 사람이 올라오는고.' 하였다. 이윽고 한 중이 오는데 눈썹이 길고 눈이 맑고 얼굴이 특이하더라. 엄숙하게 자리에 이르러 승상을 보고 예하여 왈,
>
> "산야(山野) 사람이 대승상께 인사를 드리나이다."
>
> 승상이 이인(異人)인 줄 알고 황망히 답례하여 왈, / "사부는 어디에서 오신고?"
>
> 중이 웃으며 왈, /
>
> "평생의 낯익은 사람을 몰라보시니 귀인이 잘 잊는다는 말이 옳도소이다."
>
> 승상이 자세히 보니 과연 낯이 익은 듯하거늘 문득 깨달아 능파 낭자를 돌아보며 왈,
>
> "소유가 전에 토번을 정벌할 때 꿈에 동정 용궁에 가서 잔치하고 돌아오는 길에 남악에 가서 놀 았는데 한 화상이 법좌에 앉아서 불경을 강론하더니 노부께서 바로 그 노화상이냐?"
>
> 중이 박장대소하고 말하되,
>
> "옳다. 옳다. 비록 옳지만 ㉡ 꿈속에서 잠깐 만나본 일은 생각하고 ㉢ 십 년을 같이 살던 일은 알지 못하니 누가 양 장원을 총명하다 하더뇨?" / 승상이 어리둥절하여 말하되,
>
> "소유가 ㉣ 열대여섯 살 전에는 부모 슬하를 떠나지 않았고, 열여섯에 급제하여 줄곧 벼슬을 하였으니 동으로 연국에 사신을 갔고 서로 토번을 정벌한 것 외에는 일찍이 서울을 떠나지 않았으니 언제 사부와 십 년을 함께 살았으리오?" / 중이 웃으며 왈,
>
> "상공이 아직 춘몽에서 깨어나지 못하였도소이다." / 승상이 왈,
>
> "사부는 어떻게 하면 소유를 춘몽에게 깨게 하리오?" / 중이 왈, / "어렵지 않으니이다."
>
> 하고 손 가운데 돌 지팡이를 들어 난간을 두어 번 치니 갑자기 사방 산골짜기에서 구름이 일어나 누대 위에 쌓여 지척을 분변하지 못했다. 승상이 정신이 아득하여 마치 꿈에 취한 듯하더니 한참 만에 소리 질러 말하되,
>
> "사부는 어찌 소유를 정도로 인도하지 않고 환술(幻術)로 희롱하나뇨?"
>
> 대답을 듣기도 전에 구름이 날아가니 중은 간 곳이 없고 좌우를 돌아보니 여덟 낭자 또한 간 곳이 없는지라.
>
> – 김만중, 〈구운몽〉

01 ㉠~㉣을 시간적 순서대로 바르게 연결한 것은? 2018 국가직 9급

① ㉠→ ㉢→ ㉣→ ㉡ ② ㉠→ ㉣→ ㉢→ ㉡
③ ㉢→ ㉣→ ㉡→ ㉠ ④ ㉣→ ㉢→ ㉡→ ㉠

해설 ㉢이 가장 먼저 일어난 사건이고, ㉠이 가장 마지막 사건이다.
㉠ 양소유로서 '현재(꿈)' 일어난 일이다.
㉡ 양소유로서 '과거(꿈)' 벼슬에 나아간 후 토번을 정벌할 때 꾼 꿈에서 만났던 일이다.
㉢ 10년을 같이 살던 일은 '성진'으로서 현실(천상계)에서의 일(꿈꾸기 이전)이다.
㉣ 양소유로서 '과거(꿈)' 벼슬에 나아가기 전의 일이다.
㉠~㉣의 내용을 정리해 볼 때, 시간 순서상 가장 앞서는 것은 ㉢이다.
이후 벼슬에 나아가기 전의 ㉣, 토번을 정벌하던 때의 ㉡, 현재인 ㉠의 순서로 이어지는 것이 자연스럽다.

정답 ③

02 윗글에 대한 이해로 가장 적절한 것은? 2018 국가직 9급

① '승상'은 꿈에 남악에서 '중'을 보았던 기억을 떠올리며 낯이 익은 듯하다고 여기기 시작한다.
② '승상'은 본디 남악에서 '중'의 문하생으로 불도를 닦던 승려였음을 인정한 뒤 꿈에서 깨게 된다.
③ '승상'은 '중'이 여덟 낭자를 사라지게 한 환술을 부렸음을 확인하고서 그의 진의를 의심한다.
④ '승상'은 능파 낭자와 어울려 놀던 죄를 징벌한 이가 '중'임을 깨닫고서 '중'과의 관계를 부정하게 된다.

해설 소유의 "소유가 전에 토번을 정벌할 때 꿈에 동정 용궁에 가서 잔치하고 돌아오는 길에 남악에 가서 놀았는데 ~ 노부께서 바로 그 노화상이냐?"의 말을 통해 확인할 수 있다.

정답 ①

PART 4 고전 문학 해커스공무원 혜원국어 올인원 기본서

4 허생전(許生傳) | 박지원

핵심정리

작자	박지원(1737~1805). 호는 연암, 실학자
갈래	고전 소설, 풍자 소설, 단편 소설
문체	역어체, 산문체
배경	① 시간: 17세기 후반 북벌 정책을 내세우던 효종 때 ② 공간: 서울 중심의 한반도 전역
시점	전지적 작가 시점
사상	이용후생의 실학사상, 낙원 추구 사상
표현	① 비현실적이고 무능한 위정자들에 대한 통렬한 풍자 ② 인물 간의 대화와 서술자의 요약적 서술에 의한 사건 전개 ③ 주인공과 보조적 인물 간의 대화를 통해 작품의 주제 제시 ④ 해피엔딩으로 끝나는 전형적인 고전 소설과는 다른 미완의 결말 구조
의의	① 조선 시대 사실주의 소설의 전형 ② 실학적 안목으로 사회를 비판하고, 근대적 자각 의식이 뛰어남.
줄거리	허생은 서울 남산 묵적골에서 사는 가난한 선비이다. 그는 생활고를 견디다 못한 아내의 질책에 집을 나선다. 변 씨를 찾아가 만 냥을 꾸어 과일을 매점하고, 10배의 이익을 본다. 그는 또 도적들을 설득하여 각기 여자와 소 한 마리씩을 데리고 오게 하여 그들을 데리고 무인도로 들어가 그들을 정착시키고 농사를 짓게 한다. 3년 후에는 일본에 흉년이 들자 일본에 들어가 양곡을 팔아 백만 냥을 벌어 돌아온다. 그러나 허생은 돈이 너무 많아 쓸모없다고 하며 그중 오십만 냥을 바다에 버린다. 변 씨로부터 허생의 이야기를 들은 대장 이완이 허생을 찾아가고, 허생은 북벌을 위한 세 가지 계책을 이야기한다. 이완이 이를 듣고 불가능다고 말하자, 허생은 그를 크게 꾸짖고는 다음날 자취를 감춰 버린다.
주제	무능한 양반 계층에 대한 풍자와 선비의 자아 각성 촉구

가 허생은 묵적골[墨積洞]에 살았다. 곧장 남산(南山) 밑에 닿으면, 우물 위에 오래 된 은행나무가 서 있고, 은행나무를 향하여 사립문이 열렸는데, 두어 칸 초가는 비바람을 막지 못할 정도였다. 그러나 허생은 글 읽기만 좋아하고, 그의 처★ 가 남의 바느질 품을 팔아서 입에 풀칠을 했다.★

- 묵적골[墨積洞]: 공간적 배경: 관직이 없는 옛날 선비들이 많이 살았던 남산 아래 마을, 남산골 샌님, 딸깍발이, 책상물림
- 사립문: 시비(柴扉)
- 남의 바느질 품을 팔아서 입에 풀칠을 했다: 호구지책(糊口之策), 구식지계(口食之計)

➥ 허생과 아내의 가난한 삶 제시(인물과 배경 제시)

나 하루는 그의 처가 몹시 배가 고파서 울음섞인 목소리로 말했다.

"당신은 평생 과거(科擧)를 보지 않으니 글을 읽어 무엇합니까?"

- 과거(科擧): 아내가 남편 글 읽기의 목표로 생각한 것 → 입신양명(立身揚名)
- 글을 읽어 무엇합니까?: 공리 공론 비판, 냉소적 어조

허생은 웃으며 대답했다.

"나는 아직 독서를 익숙히 하지 못하였소."

- 독서: 학문 수양: 도(道)를 깨우침.

"그럼 장인바치 일이라도 못하시나요?"

- 장인바치: 물품을 만드는 일을 직업으로 삼는 사람

"장인바치 일은 본래 배우지 않았는 걸 어떻게 하겠소?"

"그럼 장사는 못 하시나요?"

"장사는 밑천이 없는 걸 어떻게 하겠소?"

처는 왈칵 성을 내며 소리쳤다.

"밤낮으로 글을 읽더니 기껏 '어떻게 하겠소?' 소리만 배웠단 말씀이요? 장인바치 일도 못 한다, 장사도 못 한다면, 도둑질이라도 못 하시나요?"

- 도둑질: 경제적 무능력을 비판 → 비난의 최고조

허생은 읽던 책을 덮어놓고 일어나면서,

"아깝다. 내가 당초 글 읽기로 십 년을 기약했는데, 인제 칠 년인 걸……."

- 내가 당초 글 읽기로 십 년을 기약했는데: 번역체 문장 – 십 년 동안 글을 읽기로 했는데

하고 휙 문밖으로 나가 버렸다.

➥ 허생과 아내와의 갈등(비판적 현실 인식)

★ '처'의 역할

서술자의 입장 대변, 현실주의적 사고방식.

적극적인 성격의 소유자, 허생 대신 생계를 꾸려옴.

→ 수염이 석자라도 먹어야 양반이지.

★ 상황에 적절한 한자 성어

- 호구지책(糊口之策)
- 구식지계(口食之計)
- 삼순구식(三旬九食)
- 상루하습(上漏下濕)
- 가도벽립(家徒壁立)

다 허생은 크게 꾸짖어 말했다.

"소위 사대부들이 무엇이란 말이냐? 오랑캐 땅에서 태어나 자칭 사대부라 뽐내다니, 이런 어리석을 데가 있느냐? 의복은 흰옷을 입으니 그것이야말로 상인(喪人)이나 입는 것이고, 머리털을 한데 묶어 송곳같이 만드는 것은 남쪽 오랑캐의 습속에 지나지 못한데, 대체 무엇을 가지고 예법이라 한단 말인가? (흰옷과 상투의 비실용성 – 허례허식)

〈번오기(중국 진나라 장수 조나라 왕)는 원수를 갚기 위해서 자신의 머리를 아끼지 않았고, 무령왕은 나라를 강성하게 만들기 위해서 되놈의 옷을 부끄럽게 여기지 않았다.〉(〈 〉: 사대부들의 관념적 허위와 고착된 인습 비판) 이제 대명(大明)을 위해 원수를 갚겠다(북벌, 사대주의 발상)하면서, 그까짓 머리털 하나를 아끼고, 또 장차 말을 달리고 칼을 쓰고 창을 던지며, 활을 당기고 돌을 던져야 할 판국에 넓은 소매의 옷을 고쳐 입지 않고(비실용적인 생활) 딴에 예법이라고 한단 말이냐? 내가 세 가지(시사삼책: 인재 등용, 권신 척결, 부국강병)를 들어 말하였는데, 너는 한 가지도 행하지 못 한다면서 그래도 신임 받는 신하라 하겠는가?

신임 받는 신하라는 게 참으로 이렇단 말이냐? 너 같은 자는 칼로 목을 잘라야 할 것이다."

하고 좌우를 돌아보며 칼을 찾아서 찌르려 했다. 이 대장은 놀라서 일어나 급히 뒷문으로 뛰쳐나가 도망쳐서 돌아갔다.

➥ 사대부 계층의 비실용성 비판

라 이튿날, 다시 찾아가 보았더니, 집이 텅 비어 있고, 허생은 간 곳이 없었다.

➥ (허생의 잠적) 미완적 결말

혜원通 〈허생전〉에 드러난 사회·문화적 상황

아내와의 대화 속에서	양반들의 권위가 추락되기 시작함. 존경의 대상이었던 양반 사대부가 야유와 풍자의 대상이 됨.
매점매석 행위를 통해	자본주의 경제 구조의 형성 시작
군도의 출현을 볼 때	경제적인 문제 해결이 중요 과제로 대두됨. 국가 기강이 문란하던 시기
이완과의 대면을 통해	사대부들의 허위의식과 북벌론 비판 서민들의 의식 성장

5 호질(虎叱) | 박지원

핵심정리

- **연대** 조선 영조 때
- **갈래** 한문 소설, 단편 소설, 풍자 소설
- **시점** 전지적 작가 시점
- **감상** 박지원이 지은 《열하일기(熱河日記)》에 수록되어 있는 이 작품은 위선적 인물을 대표하는 북곽과 동리자를 내세워 당시의 양반 계급의 부패한 도덕관념을 풍자하여 비판한 작품으로, 끝까지 위선과 허세를 부리는 이중적인 인간임을 고발하고 있다. 유학자의 위선과 아첨, 인간의 탐욕스러움을 호랑이라는 동물의 입을 빌려 질책하고 있다는 점이 특징이다.
- **성격** 풍자적
- **주제** 양반 계급의 허위적이고, 이중적인 도덕관을 통렬하게 풍자적으로 비판
- **특징** ① 인간의 부정적 모습을 희화화
  ② 등장인물의 대화를 통해 주제를 전달
  ③ 서술자의 개입을 통해 등장인물을 소개
  ④ 가상의 존재를 등장시키는 환상적 수법 사용

기출 확인

다음 글에서 이완의 처지를 반영한 사자성어로 적절한 것은? 2012 국가직 7급

> 변 씨는 이완을 문 밖에 서서 기다리게 하고 혼자 먼저 들어가서, 허생을 보고 이완이 몸소 찾아온 연유를 이야기했다. 허생은 못들은 체하고, "당신 차고 온 술병이나 어서 이리 내놓으시오." 했다.
> 그리하여 즐겁게 술을 들이켜는 것이었다. 변 씨는 이완을 밖에 오래 서 있게 하는 것이 민망해서 자주 말하였으나, 허생은 대꾸도 않다가 야심해서 비로소 손을 부르게 하는 것이었다. 이완이 방에 들어 와도 허생은 자리에서 일어서지도 않았다. 이완이 몸 둘 곳을 몰라 하며 나라에서 어진 인재를 구하는 뜻을 설명하자, 허생은 손을 저으며 막았다.

① 門前薄待, 坐不安席
② 狐假虎威, 威風堂堂
③ 優柔不斷, 騎虎之勢
④ 虎視眈眈, 威風堂堂

해설
- 문전박대(門前薄待): 문 앞에서 아무렇게나 대접함. 즉, 인정(人情) 없이 몹시 모질게 대(待)함.
- 좌불안석(坐不安席): 앉아도 자리가 편안하지 않다는 뜻으로, 마음이 불안하거나 걱정스러워서 한군데에 가만히 앉아 있지 못하고 안절부절못하는 모양

오답

② · 호가호위(狐假虎威): 여우가 호랑이의 위세를 빌려 호기를 부린다는 뜻으로, 남의 권세를 빌려 위세를 부림.
 · 위풍당당(威風堂堂): 풍채나 기세가 위엄 있고 떳떳함.

③ · 우유부단(優柔不斷): 어물어물 망설이기만 하고 결단성이 없음.
 · 기호지세(騎虎之勢): 호랑이를 타고 달리는 형세라는 뜻으로, 이미 시작한 일을 중도에서 그만둘 수 없는 경우를 비유적으로 이르는 말

④ 호시탐탐(虎視眈眈): 범이 눈을 부릅뜨고 먹이를 노려본다는 뜻으로, 남의 것을 빼앗기 위하여 형세를 살피며 가만히 기회를 엿봄. 또는 그런 모양

정답 ①

줄거리

어느 날 밤, 산중에서 큰 범이 부하들과 저녁거리를 의논하다가 맛 좋은 선비의 고기를 먹기로 하여 범들이 마을로 내려온다. 북곽 선생은 과부 동리자와 밀회를 즐기고 있었는데, 동리자에게는 성(姓)이 다른 아들 다섯이 있었다. 아들들이 북곽 선생과 동리자의 말을 엿듣다가, 북곽 선생의 목소리가 들리는 것을 의심하고, 그를 여우로 오해한다. 아들들에게 쫓겨 달아나던 북곽 선생은 똥구덩이에 빠지고, 기어 나오던 차에 큰 범 한 마리를 만난다. 범은 목숨을 비는 북곽 선생을 꾸짖고는 가버린다.

[앞부분의 줄거리] 북곽 선생(北郭先生)이라는 명망이 높은 선비가 열녀로 칭송받는 젊은 과부인 동리자의 방에서 정을 통하려 했다. 이때 과부의 다섯 아들이 북곽 선생을 여우로 의심하여 몽둥이를 들고 방 안으로 들이닥쳤다.

이에 다섯 아들이 함께 어미의 방을 에워싸고는 안으로 들이닥쳤다. 북곽 선생은 깜짝 놀라 부리나케 내빼면서 그 와중에도 행여 남들이 자신을 알아볼까 겁이 나 한 다리를 들어 목에다 얹고는 귀신처럼 춤추고 웃으며 문을 빠져나왔다. 그러고는 그렇게 달아나다가 벌판에 파 놓은 똥구덩이에 빠지고 말았다. 똥이 가득 찬 구덩이 속에서 버둥거리며 무언가를 붙잡고 간신히 올라가 목을 내밀어 살펴보니, 범 한 마리가 길을 막고 있었다. 범이 이맛살을 찌푸리고 구역질을 하며 코를 막은 채 얼굴을 외면하고 말한다.

㉠ "아이구! 그 선비, 냄새가 참 구리기도 하구나."

북곽 선생이 머리를 조아리며 앞으로 엉금엉금 기어 나와 세번 절하고, 다시 꿇어앉아서 아뢴다.

"범님의 덕이야말로 참 지극합니다. 대인(大人)은 그 변화를 본받습니다. 제왕(帝王) 된 자는 그 걸음걸이를 배웁니다. 남의 아들 되는 이는 그 효성을 본받고, 장수는 그 위엄을 취합니다. 그 명성은 신룡(神龍)과 나란하여 한 분은 바람을 일으키고, 다른 한 분은 구름을 만드십니다. 이 몸은 천한 신하로, 감히 범님의 다스림을 받고자 합니다."

범이 꾸짖으며 답한다.

"에잇! 가까이 다가오지 말렸다. 전에 내 듣기로 유(儒)❶란 유(諛)❷라 하더니 과연 그렇구나. 네가 평소에는 세상의 온갖 나쁜 이름을 끌어모아 제멋대로 내게 갖다 붙이더니만, 지금은 서둘러 면전에서 아첨을 늘어놓으니 그 따위 말을 대체 누가 믿겠느냐? 천하의 이치는 하나일 따름이니, 범이 정말 악하다면 인간의 본성 또한 악할 것이요, 사람의 본성이 착하다면 범의 본성 또한 착한 것이다. 네놈들이 하는 말은 모두 오상(五常)❸을 벗어나지 않고, 경계하고 권장하는 것은 늘 사강(四綱)❹에 있다. 그렇지만 사람 사는 동네에 코가 베이거나 발이 잘리거나 얼굴에 문신이 새겨진 채 다니는 자들은 모두 오륜(五倫)을 어긴 자들이다. 이들을 잡아들이고 벌하기 위해 제아무리 오랏줄이나 도끼, 톱 등을 써 대도 인간의 악행은 당최 그칠 줄을 모른다. 밧줄이나 먹바늘, 도끼나 톱 따위가 횡행하니, 악행이 그칠 리가 없다. ㉡ 범의 세상에는 본래 이런 형벌이 없는데, 이로써 보면 범의 본성이 인간보다 더 어질다는 뜻이 아니겠느냐?"

〈중략〉

북곽 선생은 자리를 옮겨 부복(俯伏)해서 머리를 새삼 조아리고 아뢰었다.

"맹자(孟子)에 일렀으되 '비록 악인(惡人)이라도 목욕재계하면 상제(上帝)를 섬길 수 있다' 하였습니다. 하토의 천신은 감히 아랫바람에 서옵니다."

북곽 선생이 숨을 죽이고 명령을 기다렸으나 오랫동안 아무 동정이 없기에 참으로 황공해서 절하고 조아리다가 머리를 들어 우러러보니, 이미 먼동이 터 주위가 밝아 오는데 범은 간 곳이 없었다. 그때 새벽 일찍 밭 갈러 나온 농부가 있었다.

㉢ "선생님, 이른 새벽에 들판에서 무슨 기도를 드리고 계십니까?"

북곽 선생은 엄숙히 말했다.

㉣ "성현(聖賢)의 말씀에 '하늘이 높다 해도 머리를 아니 굽힐 수 없고, 땅이 두텁다 해도 조심스럽게 딛지 않을 수 없다.' 하셨느니라."

★ '범'의 성격

〈호질〉의 범은 단순히 의인화된 동물이 아니라, 인격화되고 성화된 존재이다. 선비로 대표되는 인간을 비판하고 풍자하는 주동적 인물이며, 한국인들의 의식 속에 자리잡고 있는 영적 동물로서 연암을 대변하고 있다.

❶ **유(儒):** 선비
❷ **유(諛):** 아첨함
❸ **오상(五常):** 인(仁), 의(義), 예(禮), 지(智), 신(信)의 오행[오교(五敎)나 오륜(五倫)을 가리키기도 함.]
❹ **사강(四綱):** 사람을 규제하는 네 가지 도덕인 예(禮), 의(義), 염(廉), 치(恥)

기출 확인

다음 글의 서술상 특징으로 가장 옳지 않은 것은? 2020 법원직 9급

① 범은 인간이 말로는 선을 권하지만 악을 일삼는 자가 많다고 주장한다.
② 북곽 선생은 남들이 자신을 알아볼까 두려워 괴이한 모습으로 도망쳤다.
③ 범은 평소와 다르게 아첨하는 북곽 선생의 말을 믿을 수 없다고 생각한다.
④ 북곽 선생은 인간의 본성과 범의 본성을 비교하며 범에게 목숨을 구걸했다.

해설

'인간의 본성과 범의 본성을 비교'한 것이 아니라, 북곽 선생은 '범' 앞에서 비굴하게 머리를 조아리며 '범'을 예찬하면서 목숨을 구걸하고 있다.

정답 ④

Quiz

01 '북곽 선생'에 대한 평가로 가장 옳은 것은?

① 사람들의 칭송처럼 높은 학식과 고매한 인품을 가진 동량지재(棟梁之材)한 인물이군.
② 위기 상황에서도 동리자와의 사랑을 지키고자 하는 천의무봉(天衣無縫)한 인물이군.
③ 평판과 다르게 실상은 부도덕하며 위선적인 것을 보니 양두구육(羊頭狗肉)한 인물이군.
④ 범의 꾸짖음에 양반 계급의 허위와 부도덕성을 반성하며 개과천선(改過遷善)한 인물이군.

해설

'북곽 선생'은 평소에는 위엄 있는 척하다가 위기 상황에서는 비굴함을 보이는 이중적인 인물이다. '양 머리를 걸어 놓고 개고기를 판다.'는 뜻을 가진 '양두구육(羊頭狗肉)'이 가장 어울린다.

정답 ③

02 ㉠~㉣에 대한 설명으로 가장 옳은 것은?

① ㉠: 본심을 숨기고자 상대에게 거부감을 드러내고 있다.
② ㉡: 자랑거리를 내세우며 상대가 따르도록 강요하고 있다.
③ ㉢: 자신을 낮추며 상대를 흠모하는 마음을 드러내고 있다.
④ ㉣: 상황이 바뀌자 비굴함을 숨기기 위해 허세를 부리고 있다.

정답 ④

7절 고대 수필

1 개관

1. 개념

고려 시대 초기부터 갑오개혁 이전까지 창작된 수필★ 이다.

2. 특징

수필의 형태는 일기, 기행, 수기, 회고록, 궁정 수상, 내간, 창작 수필 등 다양한 형태를 보인다.

★ **조선 3대 여류 수필**
〈조침문〉, 〈동명일기〉, 〈규중칠우쟁론기〉

2 주요 작품

분류	작품명	작가	연대	내용
궁정 수상	〈계축일기(癸丑日記)〉	궁녀	광해군 5	광해군이 선조의 계비인 인목 대비의 아들 영창 대군을 죽이고 대비를 폐하여 서궁에 감금했던 사실을 일기체로 기록
	〈한중록(閑中錄)〉	혜경궁 홍씨	정조 20 ~ 순조 4	남편 사도세자의 비극과 궁중의 음모, 당쟁, 자신의 기구한 생애를 회고하여 적은 자서전적 회고록
	〈인현왕후전(仁顯王后傳)〉	궁녀	숙종 ~ 정조	인현왕후 폐비 사건과 숙종과 장희빈의 관계를 그림. 〈사씨남정기〉는 같은 내용을 비유적으로 소설화한 작품
일기	〈의유당일기(意幽堂日記)〉	연안 김씨	영조 48	순조 29년 함흥 판관에 부임하는 남편 이회찬을 따라가, 그 부근의 명승고적을 찾아다니며 보고 듣고 느낀 바를 적은 글
전기	〈윤씨행장(尹氏行狀)〉	김만중	숙종 16	김만중이 돌아가신 자기 어머니를 추념하여 생전의 행장(行狀)을 지어 여자 조카들에게 나누어 준 글
제문	〈제문(祭文)〉	숙종	숙종 46	숙종이 막내아들 연령군의 죽음을 애통해 하며 그 심회를 적은 글
	〈조침문(弔針文)〉	유씨	순조 4	자식 없는 미망인으로서 바느질로 생계를 이어 오다가, 바늘이 부러지자 그 섭섭한 심회를 적은 글
기타	〈요로원야화기(要路院夜話記)〉	박두세	숙종 4	당시 선비 사회의 병폐를 대화체로 풍자한 글
	〈규중칠우쟁론기(閨中七友爭論記)〉	미상	미상	규중 부인들의 손에서 떨어지지 않는 바늘·자·가위·인두·다리미·실·골무 등의 쟁공(爭功)을 쓴 글

작품의 실제 고대 수필

1 서포만필 | 김만중

TIP

김만중과 송강 가사

김만중은 한문학을 숭상하던 시대에 살았으면서도 우리말의 가치를 높이 인식하였다. 그는 송강의 〈관동별곡〉이나 〈전·후미인가〉의 뛰어난 가치를 그 언어적 조건에서 찾았다. 우리의 생각과 감정을 잘 나타낼 수 있는 훌륭한 우리말이 있는데, 그것을 버리고 중국의 말을 쓰는 것은 마치 앵무새가 사람의 말을 흉내 내는 것과 같고, 학사대부의 시부보다 초동급부의 노래 소리가 훨씬 더 진실하다고 평가하였다. 송강가사 중 〈속미인곡〉이 가장 아름답다고 평가한 것 역시 우리말 구사가 훌륭하기 때문이다.

핵심정리

작자	김만중(1637~1692)
갈래	교술, 수필, 문학 비평
성격	비판적, 주관적, 단정적
표현	비유법, 인용법
특징	① 인도의 불교 시가가 한문으로 번역되었으나 표현의 묘미를 얻지 못했다는 예화를 인용함. ② 중국의 한자로 우리나라의 시문을 짓는 것을 앵무새의 말 흉내에 비유하여, 우리말의 사용을 주창함.
제재	송강 가사에 대한 평
주제	진정한 국문 문학의 가치

송강(松江)의 〈관동별곡(關東別曲)〉, 〈전후사미인가(前後思美人歌)〉는 우리나라의 이소(離騷)이나, 그것은 문자(文字)로써는 쓸 수가 없기 때문에 오직 악인(樂人)들이 구전(口傳)하여 서로 이어받아 전해지고 혹은 한글로 써서 전해질 뿐이다. 어떤 사람이 칠언시(七言詩)로써 〈관동별곡〉을 번역하였지만, 아름답게 될 수가 없었다. 혹은 택당(澤堂)이 소시(少時)에 지은 작품이라고 하지만, 옳지 않다.

택당(澤堂): 이식(李植): 조선 4대 문장가 중 한 사람

➥ 송강 가사에 대한 평

구마라습이 말하기를,

"천축인(天竺人)의 풍속은 가장 문채(文彩)를 숭상하여 그들의 찬불사(讚佛詞)는 극히 아름답다.

천축인: 인도인

이제 이를 중국어로 번역하면 단지 그 뜻만 알 수 있지, 그 말씨는 알 수 없다."

하였다. 이치가 정녕 그럴 것이다.

➥ 번역으로 손상되는 문체

사람의 마음이 입으로 표현된 것이 말이요, 말의 가락에 있는 것이 시가문부(詩歌文賦)이다. 사방(四方)의 말이 비록 같지는 않더라도 진실로 말할 수 있는 사람이 각각 그 말에 따라 가락을 맞춘다면, 다같이 천지를 감동시키고 귀신을 통할 수가 있는 것은 유독 중국만이 그런 것은 아니다. 지금 우리나라의 시문(詩文)은 자기 말을 버려두고 다른 나라말을 배워서 표현한 것이니, 설사 아주 비슷하다 하더라도 이는 단지 앵무새가 사람의 말을 하는 것과 같다. 여염집 골목길에서 나무꾼이나 물 긷는 아낙네들이 에야디야 하며 서로 주고받는 노래가 비록 저속하다 하여도 그 진가(眞價)를 따진다면, 정녕 학사대부(學士大夫)들의 이른바 시부(詩賦)라고 하는 것과 같은 입장에서 논할 수는 없다.

➥ 국어로 쓴 시문(詩文)의 참됨.

하물며 이 삼별곡(三別曲)은 천기(天機)의 자발(自發)함이 있고, 이속(夷俗)의 비리(鄙俚)함도 없으니, 자고로 좌해(左海)의 진문장(眞文章)은 이 세 편뿐이다. 그러나 세 편을 가지고 논한다면, 〈후미인곡〉이 가장 높고 〈관동별곡〉과 〈전미인곡〉은 그래도 한자어를 빌려서 수식(修飾)을 했다.

➥ 송강 가사에 대한 찬사

Quiz

이 글을 통해 알 수 있는 작가의 견해와 거리가 먼 것은?

① 서민들의 진솔한 감정이 들어 있어야 진정한 문학이다.

② 언어가 가진 나름의 색조를 잘 살리면 좋은 시가 된다.

③ 참다운 우리 문학 작품을 위해서는 주체성이 필요하다.

④ 문학이 가지는 힘은 사람들에게 감동을 준다는 것이다.

해설

초동급부의 노래를 사대부의 시부와 비교한 것은 전자가 우리말로 되어 있다는 점에서 더 가치가 있음을 말하기 위한 것이다.

정답 ①

2 동명일기 | 의유당

핵심정리

작자	의유당(1727~1823)
갈래	고대 수필, 기행문
문체	묘사, 서사, 대화를 이용한 사실적 문체, 산문체
성격	묘사적, 사실적, 주관적
주제	귀경대에서 본 일출의 장관
출전	《의유당관북유람일기》

가 행여 일출(日出)을 못 볼까 노심초사(勞心焦思)하여, 새도록 자지 못하고, 가끔 영재(하인)를 불러 사공다려(사공에게) 물으라 하니, / ㉠ "내일은 일출을 쾌히 보시리라 한다." / 하되, 마음에 미쁘지 아니하여 초조하더니, 먼 데 닭이 울며 연(連)하여 자초니(계속하여 날이 새기를 재촉하니), 기생과 비복(婢僕)을 혼동하여(꾸짖어) 어서 일어나라 하니, 밖에 급창(及唱)이 와,

"관청 감관(官廳監官)(음식을 담당하는 관리)이 다 아직 너모 일찍 하니 못 떠나시리라 한다."

하되 곧이 듣고, 발발이(매우 강하게) 재촉하여, 떡국을 쑤었으되 아니 먹고, 바삐 귀경대(龜景臺)에 오르니 달빛이 사면에 조요(照耀)하니, 바다이 어제 밤도곤(밤보다(비교격)) 희기 더하고, 광풍이 대작(大作)하여 사람의 뼈를 사뭇고(사무치고), 물결치는 소래산악이 움직이며, 별빛이 말곳말곳하여(말똥말똥하여) 동편에 차례로 있어 새기는 멀었고, 자는 아해를 급히 깨와 왔기 치워 날치며 기생과 비복이 다 이를 두드려 떠니, 사군(使君)(남편)이 소래하여 혼동 왈, / "상(常)없이(분별없이) 일찌기 와 아해와 실내(室內) 다 큰 병이 나게 하였다." / 하고 소래하여 걱정하니, 내 마음이 불안하여 한 소래를 못 하고, 감히 치워하는 눈치를 못하고 죽은 듯이 앉았으되, 날이 샐 가망이 없으니 연하여 영재를 불러,

나 "동이 트느냐?" / 물으니, 아직 멀기도 연하여 대답하고, 물 치는 소래 천지 진동하여 한풍(寒風) 끼치기 더욱 심하고, 좌우시인(左右侍人)(시중 드는 사람)이 고개를 기울여 입을 가슴에 박고 치워하더니, 마이(매우) 이윽한 후, 동편의 성쉬(星宿ㅣ) 드물며, 월색(月色)이 차차 열워지며 홍색(紅色)이 분명하니, 소래하여 시원함을 부르고 가마 밖에 나서니, 좌우 비복(左右婢僕)과 기생들이 옹위(擁衛)하여 보기를 죄더니(마음을 졸이더니), 〈이윽고 날이 밝으며 붉은 만경창패(萬頃蒼波ㅣ)(한없이 넓고 넓은 바다) 일시에 붉어 하늘에 자욱하고, 노하는 물결 소래 더욱 장하며, 홍전(紅氈) 같은 물빛이 황홀하여 수색(水色)이 조요(照耀)하니, 차마 끔찍하더라(놀랍고 대단하더라).〉 〈 〉: 동이 트는 장관 묘사

다 그 붉은 우흐로 훌훌 움직여 도는데, 처음 났던 붉은 기운이 백지(白紙) 반 장 넓이만치 반듯이 비치며, 밤 같던 기운이 해 되어 차차 커 가며, 큰 쟁반만 하여 불긋불긋 번듯번듯 뛰놀며, 적색(赤色)이 온 바다에 끼치며, 몬저 붉은 기운이 차차 가새며(없어지며), 해 흔들며 뛰놀기 더욱 자로 하며, 항(항아리) 같고 독 같은 것이 좌우로 뛰놀며, 황홀(恍惚)히 번득여 양목(兩目)이 어즐하며, 붉은 기운이 명랑하여 첫 홍색을 헤앗고, 천중(天中)에 쟁반 같은 것이 수레바퀴 같하야 물속으로서 치밀어 받치듯이 올라붙으며, 항, 독 같은 기운이 스러지고, 처음 붉어 겉을 비추던 것은 모여 소 혀처로(혀처럼, '처로'는 비교격 조사, 직유법) 드리워 물 속에 풍덩 빠지는 듯싶으더라. 일색(日色)이 조요(照耀)하며 물결에 붉은 기운이 차차 가새며, 일광(日光)이 청랑(淸朗)하니, 만고천하(萬古天下)에 그런 장관은 대두(對頭)(맞대어 견줌)할 데 없을 듯하더라(문어체적 요소). ➥ 장엄한 일출 장면 묘사

라 짐작에 처음 백지 반 장만치 붉은 기운은 그 속에서 해 장차 나려고 우리어(내비치어) 그리 붉고, 그 회오리밤 같은 것은 진짓 일색을 빠혀(뽑아) 내니 우리온 기운이 차차 가새며, 독 같고 항 같은 것은 일색이 모딜이 고온고로 보는 사람의 안력(眼力)이 황홀(恍惚)하여, 도모지 헛기운인 듯싶은지라(환상).

감상

조선 후기 의유당(意幽堂)이 지은 순 한글로 된 기행 수필로 해돋이를 보기 위해 귀경대에 오르는 일행의 바쁜 움직임과 해돋이를 보지 못할까 염려하는 화자의 조급하고 초조한 마음이 매우 사실적으로 그려져 있다. 특히 해가 솟아오르는 장면을 여성다운 섬세한 필치와 순수한 우리말을 사용하여 생동감 있고 다채롭게 묘사하였다.

표현상 특징

- 시간의 흐름에 따른 내용 전개
- 순수 우리말과 색채어의 사용
- 주관적 감정 표현
- 섬세한 사실적 묘사와 비유적 표현 → 직유법을 통한 시각적 이미지 부각. 표현의 참신성 획득

〈동명일기〉의 비유적 표현

- 해: 회오리밤 → 큰 쟁반 → 수레바퀴
- 붉은 기운: 홍전 → 백지 반 장 넓이만치 → 독 같고 항 같은 것 → 소 혀

Quiz

01 이 글의 서술상의 특징으로 적절하지 않은 것은?

① 시간의 흐름에 따라 서술하고 있다.
② 여성의 세밀한 관찰로 경관을 사실적으로 묘사하고 있다.
③ 대상의 아름다움을 우의적으로 진술하고 있다.
④ 우리말의 아름다움을 잘 살려 표현하고 있다.

해설
이 글은 일출의 아름다움을 비유와 묘사를 통해 사실적으로 제시하고 있기 때문에 우의적(사물이나 동물에 빗대어 풍자하는 방법)으로 진술하고 있다는 설명은 적절하지 않다.

정답 ③

02 ㉠에 나타난 대화의 주체와 화자를 밝힌 것이다. 적절하지 않은 것은?

① '보시리라'의 발화 주체는 사공이다.
② '한다'의 행위 주체는 사공이다.
③ '하되'의 행위 주체는 영재이다.
④ '하되'의 발화 주체는 사공이다.

해설
'하되'의 발화 주체는 글쓴이 의유당이다. 따라서 '하되'의 발화 주체가 사공이라는 설명은 적절하지 않다.

정답 ④

3 조침문 | 유씨 부인

핵심정리

작자	유씨 부인(兪氏夫人) [조선 순조(純祖 1800~1834) 때]
갈래	고전 수필, 여류 수필
문체	내간체, 국한문 혼용체, 부분적으로 가사체가 보임.
성격	제문 형식, 고백적
표현	의인화, 과장법
제재	바늘
주제	부러뜨린 바늘에 대한 애도, 사별(死別)의 슬픔
의의	① 〈의유당 관북 유람일기〉, 〈규중칠우쟁론기〉와 더불어 여류 수필의 백미 ② 사물을 의인화하여 표현 → 고려 시대의 가전체 문학과 연결 ③ 여성 특유의 섬세한 감정 표현

가 유세차(維歲次) 모년(某年) 모월(某月) 모일(某日)에, 미망인(未亡人) 모씨(某氏)는 두어 자 글로써 침자(針子)에게 고(告)하노니, 인간 부녀(人間婦女)의 손 가운데 종요로운 것이 바늘이로되, 세상 사람이 귀히 아니 여기는 것은 도처(到處)에 흔한 바이로다. 이 바늘은 한낱 작은 물건(物件)이나, 이렇듯이 슬퍼함은 나의 정회(情懷)가 남과 다름이라. 오호 통재(嗚呼痛哉)라, 아깝고 불쌍하다.

유세차(維歲次): 제문(祭文)의 첫머리에 쓰는 말
오호 통재(嗚呼痛哉): 아아, 슬프고 원통하도다

너를 얻어 손 가운데 지닌 지 우금(于今) 이십 칠 년이라. 어이 인정(人情)이 그렇지 아니하리요. 슬프다. 눈물을 잠깐 거두고 심신(心神)을 겨우 진정(鎭定)하여, 너의 행장(行狀)과 나의 회포(懷抱)를 총총(悤悤)히 적어 영결(永訣)하노라.

총총(悤悤): 매우 급하게, 바쁘게

나 연전(年前)에 우리 시삼촌(媤三寸)께옵서 동지상사(冬至上使) 낙점(落點)을 무르와, 북경(北京)을 다녀오신 후에, 바늘 여러 쌈을 주시거늘, 친정(親庭)과 원근 일가(遠近一家)에게 보내고, 비복(婢僕)들도 쌈쌈이 낱낱이 나눠 주고, 그중에 너를 택(擇)하여 손에 익히고 익히어 지금까지 해포되었더니, 슬프다, 연분(緣分)이 비상(非常)하여, 너희를 무수(無數)히 잃고 부러뜨렸으되, 오직 너 하나를 연구(年久)히 보전(保全)하니, 비록 무심(無心)한 물건(物件)이나 어찌 사랑스럽고 미혹(迷惑)지 아니하리요. 아깝고 불쌍하며, 또한 섭섭하도다.

동지상사(冬至上使): 해마다 동짓달에 중국에 보내던 사신(使臣)의 우두머리
무르와: 받아와
비복(婢僕): 계집종과 사내종

다 나의 신세(身世) 박명(薄命)하여 슬하(膝下)에 한 자녀(子女)도 없고, 인명(人命)이 흉완(凶頑)하여 일찍 죽지 못하고, 가산(家産)이 빈궁(貧窮)하여 침선(針線)에 마음을 붙여, 널로 하여 시름을 잊고 생애(生涯)를 도움이 적지 아니하더니, 오늘날 너를 영결(永訣)하니, 오호 통재(嗚呼痛哉)라, 이는 귀신(鬼神)이 시기(猜忌)하고 하늘이 미워하심이로다.

흉완(凶頑): 흉악하고 모짊.
생애(生涯): ① 살아온 한평생 동안 ② 생계(生計)

라 아깝다 바늘이여, 어여쁘다 바늘이여, 너는 미묘(微妙)한 품질(品質)과 특별(特別)한 재치(才致)를 가졌으니, 물중(物中)의 명물(名物)이요, 철중(鐵中)의 쟁쟁(錚錚)이라. 민첩(敏捷)하고 날래기는 백대(百代)의 협객이요, 굳세고 곧기는 만고(萬古)의 충절(忠節)이라. 추호(秋毫)같은 부리는 말하는 듯하고, 두렷한 귀는 소리를 듣는 듯한지라. 능라(綾羅)와 비단(緋緞)에 난봉(鸞鳳)과 공작(孔雀)을 수놓을 제, 그 민첩하고 신기(神奇)함은 귀신(鬼神)이 돕는 듯하니, 어찌 인력(人力)이 미칠 바리요.

철중(鐵中)의 쟁쟁(錚錚): 여럿 가운데에서 매우 뛰어남.
능라(綾羅)와 비단(緋緞): 무늬가 있는 두꺼운 비단과 얇은 비단

감상

조선 순조 때 유씨 부인이 27년 동안 함께 한 부러진 바늘을 사람에게 하듯 추도의 마음을 담아 제문(祭文) 형식을 빌려 쓴 한글 수필이다. 부러진 바늘의 외모, 재능, 자책감, 추모의 정 등이 단락별로 갖추어져 있는데 전체적으로는 바늘에 대한 추모의 정이 중심 내용을 이루고 있다. 화자에게 바늘은 생계에 큰 도움을 주고, 특별한 정회(情懷)가 있는 대상이기에 '오호 통재라'와 같은 영탄법의 반복으로 글 전체에 애절함을 더하였다.

Quiz

이 글의 성격으로 적절하지 않은 것은?

① 글의 소재와 형식이 자유롭다.
② 다양한 구성법을 활용할 수 있다.
③ 행동이나 사건이 구조의 중심을 이룬다.
④ 관조적인 자세로 자아와 사물을 관찰하는 글이다.
⑤ 긴밀한 내적 통일성을 갖추고 있다.

해설
유씨 부인의 〈조침문〉은 여성 특유의 섬세한 감각과 정서로 대상을 의인화하고 대상을 잃은 슬픔을 다소 과장적으로 표현하고 있다.

정답 ④

4 규중칠우쟁론기(閨中七友爭論記) | 미상

핵심정리

- **연대** 미상(未詳)
- **작자** 어느 규중 부인
- **종류** 고대 수필, 한글 수필
- **성격** 풍자적, 우화적, 교훈적
- **문체** 내간체
- **특성** ① 바느질 도구를 의인화하여 표현
  ② 사물을 의인화하여 인간 세태 풍자
- **제재** 바늘, 자, 가위, 인두, 다리미, 실, 골무
- **주제** ① 자신의 처지를 망각하고 교만하거나 불평·원망하지 말며 사리에 순응하고 성실해야 함.
  ② 자신들의 공치사만 일삼는 세태에 대한 풍자
  ③ 직분에 따른 성실한 삶의 추구 권장
- **특징** ① 대화체: 의인화된 사물들이 직접 자신의 심정을 표현하는 방법을 취하여 주제를 효과적으로 드러냄.
  ② 극적 구성: 규중 부인이 등장하여 내용을 전환시키는 역할을 함. 보여 주기 기법
- **표현** ① 의인화: 바느질 도구들에 대한 조선조 부녀자들의 애정을 표현함.
  ② 풍자: 당시의 인간 세태를 은근히 비판함.
- **출전** 《망로각수기(忘老却愁記)》

가 이른바 규중 칠우(閨中七友)는 부인내 방 가온대 일곱 벗이니 글하는 선배는 필묵(筆墨)과 조희 벼루로 문방사우(文房四友)를 삼았나니 규중 녀잰들 홀로 어찌 벗이 없으리오.

이러므로 침선(針線) 돕는 유를 각각 명호를 정하여 벗을 삼을새, 바늘로 세요각시(細腰閣氏)라 하고, 척을 척 부인(戚夫人)이라 하고, 가위로 교두 각시(交頭閣氏)라 하고 인두로 인화 부인(引火夫人)이라 하고, 달우리로 울 랑자라 하고, 실로 청홍흑백 각시(靑紅黑白閣氏)라 하며, 골모로 감토 할미라 하여, 칠우를 삼아 규중 부인내 아츰 소세를 마치매 칠위 일제히 모혀 종시하기를 한가지로 의논하여 각각 소임을 일워 내는지라.

나 일일(一日)은 칠위 모혀 침선의 공을 의논하더니 (   )이 긴 허리를 자히며 이르되,

"제우(諸友)들은 들으라. 나는 세명지 굵은 명지 백저포(白紵布) 세승포(細升布)와, 청홍녹라(靑紅綠羅) 자라(紫羅) 홍단(紅緞)을 다 내여 펼쳐 놓고 남녀의(男女衣)를 마련할 새, 장단 광협(長短廣狹)이며 수품 제도(手品制度)를 나 곧 아니면 어찌 일으리오. 이러므로 의지공(衣之功)이 내 으뜸되리라."

다 교두 각시(가위) 양각(兩脚)을 빨리 놀려 내다라 이르되,

"척 부인아, 그대 아모리 마련을 잘 한들 버혀 내지 아니하면 모양 제되 되겠느냐. 내 공과 내 덕이니 네 공만 자랑 마라."

라 세요 각시(바늘) 가는 허리 구붓기며 날랜 부리 두루혀 이르되,

"양우(兩友)의 말이 불가하다. 진주(眞珠) 열 그릇이나 껜 후에 구슬이라 할 것이니, 재단에 능소 능대하다 하나 나 곧 아니면 작의(作衣)를 어찌 하리오. 세누비 미누비 저른 솔 긴 옷을 이루미 나의 날내고 빠름이 아니면 잘게 뜨며 굵게 박아 마음대로 하리오. 척 부인의 자혀 내고 교두 각시 버혀 내다 하나 내 아니면 공이 없으려든 두 벗이 무삼 공이라 자랑하나뇨."

감상

규중(閨中) 부인들의 바느질에 필요한 일곱 가지 기구를 의인화하여 인간 세정(世情)을 풍자한 작품으로, 〈조침문〉과 함께 내간체 수필의 백미로 꼽히는 작품이다. 자신의 처지를 망각하고 교만하거나 불평하지 말고 직분에 따라 성실한 삶을 추구할 것을 종용하고, 사람들이 자신의 공치사만 일삼는 세태를 풍자하고 있다. 사물을 의인화한 점에서 가전체의 기법과 통하며, 인간들의 삶의 모습을 익살스럽게 풍자하여 해학성, 비판성, 교훈성을 획득하였다.

줄거리

규중 부인이 칠우와 더불어 일해 오던 중, 주인이 잠이 든 사이에 칠우는 서로 제 공을 늘어놓으며 다툰다. 그러다가 부인에게 꾸중을 듣고, 부인이 다시 잠들자 이번에는 자신들의 신세타령과 부인에 대한 원망과 불평을 늘어놓았다. 잠에서 다시 깬 부인에게 꾸중을 듣고 쫓겨나게 되었는데, 이때 감투 할미가 나서서 사죄함으로써 용서를 받고, 이 감투 할미를 가장 귀하게 여긴다.

기출 확인

01 나 글의 ( ) 안에 들어갈 말은?
2003 서울시 9급

① 세요 각시 ② 척 부인
③ 교두 각시 ④ 울 낭자
⑤ 인화 낭자

해설
'자'가 말하는 대목이다.

정답 ②

02 라의 글에 대한 설명으로 가장 옳은 것은?
2019 서울시 7급(2월)

① 서술자는 '세요 각시', 즉 '바늘'이다.
② 자기 자랑을 하기에 앞서 타인의 공을 인정하고 있다.
③ '능소능대(能小能大)'는 몸의 크기가 자유자재로 변화하는 것을 말한다.
④ '척 부인'과 '교두 각시'는 각각 '자'와 '인두'를 가리킨다.

해설
서술자는 '세요 각시'이고, '바늘'을 의인화한 것이다.

정답 ①

마 청홍 각시 얼골이 븕으락프르락 하야 노왈,

"세요(실)야, 네 공이 내 공이라. 자랑마라. 네 아모리 착한 체하나 한 솔 반 솔인들 내 아니면 네 어찌 성공하리오."

바 ㉠ 감토 할미(골무) 웃고 이르되,

"각시님네, 위연만(웬만히) 자랑 마소. 이 늙은이 수말(머리와 끝) 적기로 아가시내 손부리 아프지 아니하게 바느질 도와 드리나니 고어에 운(云), '닭의 입이 될지언정 소 뒤는 되지 말라.' 하였으니, 청홍 각시는 세요의 뒤를 따라 다니며 무삼 말 하시나뇨. 실로 얼골이 아까왜라. 나는 매양 세요의 귀에 질리었으되 낯가족이 두꺼워 견댈 만하고 아모 말도 아니 하노라."

사 인화 낭재(인두) 이르되,

"그대네는 다토지 말라. 나도 잠간 공을 말하리라. 미누비 세누비 눌로 하여 저가락같이 고으며, 혼솔이 나 곧 아니면 어찌 풀로 붙인 듯이 고으리요. 침재(針才) 용속한 재들락날락 바르지 못한 것도 내의 손바닥을 한번 씻으면 잘못한 흔적이 감초여 세요의 공이 날로 하여 광채 나나니라."

아 울 랑재(다리미) 크나큰 입을 버리고 너털웃음으로 이르되,

"인화야, 너와 나는 소임 같다. 연이나 인화는 침선뿐이라. 나는 천만 가지 의복에 아니 참예하는 곳이 없고, 가증한 여자들은 하로 할 일도 열흘이나 구기여 살이 주역주역한 것을 내의 광둔(廣臀)(넓은 볼기)으로 한 번 쓰치면 굵은 살 낱낱이 펴이며 제도와 모양이 고하지고 더욱 하절을 만나면 소님이 다사하야 일일이 한가하지 못한지라. 의복이 나 곧 아니면 어찌 고오며 더욱 세답하는 년들이 게으러 풀 먹여 널어 두고 잠만 자면 브듲쳐(부딪쳐) 말린 것을 나의 광둔 아니면 어찌 고으며, 세상 남녀 어찌 반반한 것을 입으리오. 이러므로 작의 공이 내 제일이 되나니라."

규중 부인이 이르되,

"칠우의 공으로 의복을 다스리나 그 공이 사람의 쓰기에 있나니 어찌 칠우의 공이라 하리오." 〈후략〉

기출 확인

㉠에 해당하는 것은 '골무'이다. (○, ×)

2021 지역인재 9급

정답 ○

기출 확인

바느질과 관련한 사물을 의인화한 다음 소설에서 괄호 안에 들어갈 사물을 순서대로 바르게 나열한 것은? 2023 군무원 7급

> (　　) 양각(兩脚)을 빨리 놀려 내다라 이르되,
> "(　　)아/야, 그대 아모리 마련을 잘 한들 버혀 내지 아니하면 모양 제되 되겠느냐. 내 공과 내 덕이니 네 공만 자랑마라." …
> (　　) 웃고 이르되,
> "고어에 운(云), 닭의 입이 될지언정 소 뒤는 되지 말라 하였으니, (　　)은/는 세요의 뒤를 따라 다니며 무삼 말 하시나뇨. 실로 얼골이 아까왜라. 나는 매양 세요의 귀에 질리었으되 낯가족이 두꺼워 견댈 만하고 아모 말도 아니하노라."

① 청홍 각시 – 척 부인 – 감토 할미 – 교두 각시
② 척 부인 – 감토 할미 – 교두 각시 – 청홍 각시
③ 교두 각시 – 척 부인 – 감토 할미 – 청홍 각시
④ 청홍 각시 – 감토 할미 – 교두 각시 – 척 부인

해설

교두 각시	'양각(兩脚: 두 양(량), 다리 각)'과 '버혀 내지 아니하면(자르지 않으면)'을 볼 때, '가위'를 의인화한 것이므로 '교두 각시'이다.
척 부인	'마련을 잘 한들'을 볼 때, '자'를 의인화한 것이므로 '척 부인'이다.
감토 할미	'낯가족이 두꺼워 견댈 만하고'를 볼 때, '골무'를 의인화한 '감토 할미'이다.
청홍 각시	'(　)은/는 세요의 뒤를 따라 다니며'라고 하였다. '세요'는 '바늘'이다. 따라서 실'을 의인화한 '청홍 각시'이다.

정답 ③

혜원通 규중칠우(閨中七友)

규중칠우	별명	별명의 근거	
자	척 부인	한자어	한자 척[尺(자 척)]과 발음이 같음.
가위	교두 각시	모양	생김새
바늘	세요 각시	모양	생김새(허리가 가늘다.)
실	청홍 각시(청홍흑백 각시)	모양	실의 색깔이 다양함
골무	감토 할미	모양	감투의 생김새와 유사함.
인두	인화 낭자	쓰임	바느질 중간중간 사용하는 쓰임새
다리미	울 낭자	한자어	'울(蔚)'은 원래의 '熨(다릴 울)'을 변형시켜 쓴 것으로 보임.

8절 한문학

작품의 실제

1 탐진촌요(耽津村謠) | 정약용

핵심정리

▮작자	정약용(1762~1836)	▮갈래	칠언절구(七言絶句)
▮성격	비판적, 고발적, 사실적	▮표현	직유법, 도치법
▮구성	3부작(탐진농가, 탐진어가, 탐진촌요)		
▮특징	① 당대의 현실에 대한 비판적 인식 ② 직유와 도치의 사용으로 시적 의미 강조		
▮주제	관리들의 횡포 고발, 농촌의 모습과 농민들의 고초		

〈제5수〉

水田風起麥波長(수전풍기맥파장) 무논에 바람 일어 보리 이삭 물결친다.
麥上場時稻揷秧(맥상장시도삽앙) 보리타작하고 나면 모내기 제철이라
菘菜雪无新葉綠(숭채설무신엽록) 눈 내리는 하늘 아래 배추 새잎 파랗고
鷄雛蜡月嫩毛黃(계추사월눈모황) 섣달에 깐 병아리는 노란 털이 어여쁘네.

〈제7수〉

棉布新治雪樣鮮(면포신치설양선) 새로 짜낸 무명이 눈결같이 고왔는데
黃頭來博吏房錢(황두래박리방전) 이방 줄 돈이라고 황두가 뺏어가네. → 가렴주구(苛斂誅求)
漏田督稅如星火(누전독세여성화) 누전 세금 독촉이 성화같이 급하구나.
三月中旬道發船(삼월중순도발선) 삼월 중순 세곡선(稅穀船)이 서울로 떠난다고.

예원通 〈탐진촌요〉의 특징

1. 작품 특징
 · 정약용이 강진에서 유배 생활을 하던 시절에 농촌의 현실과 농민의 힘겨움을 그린 작품
 · 모두 15수로 구성되어 있음.

2. 〈제5수〉, 〈제7수〉의 특징

제5수	· 계절의 변화에 따른 농촌의 정경을 사실적으로 묘사 · 보리 이삭 물결치는 이른 봄, 모내기 바쁜 여름철, 눈 맞아 새로 자란 파란 배추 잎, 섣달에 깐 노란 병아리 등 농촌 생활과 직결된 소재들을 동원해 계절의 변화에 따른 정겨운 농촌의 풍경을 눈에 잡힐 듯이 묘사 · 대상을 바라보는 작자의 시선에는 농촌에 대한 따스한 사랑이 흠뻑 배어 있음.
제7수	· 관리들의 횡포에 시달리는 농민들의 눈물겨운 삶의 모습을 묘사 · 피땀 흘려 짜낸 무명을 황두들이 뺏어 가고, 성화같은 세금 독촉에 시달리는 농민들의 삶의 모습을 생생히 그림. · 다산은 작품을 통해 당시의 피폐한 농촌의 현실을 고발하고, 백성을 위한 정치가 이루어져야 할 것을 촉구함.

Quiz

《제7수》와 어울리지 않는 한자 성어는?

① 貪官汚吏
② 苛斂誅求
③ 苛政猛於虎
④ 傍若無人

해설

〈탐진촌요〉는 탐관오리의 횡포를 고발하는 한시인데, '황두가 뺏어가네', '누전 세금 독촉' 등을 통해 수탈당하는 힘없는 백성의 모습이 드러나는 작품이다. 이런 내용과 어울리는 것은 '貪官汚吏(탐관오리), 苛斂誅求(가렴주구), 苛政猛於虎(가정맹어호)' 등이다.
'傍若無人(방약무인)'은 '곁에 사람이 없는 것처럼 아무 거리낌없이 말하고 행동함.'을 이르는 말이다.

정답 ④

2 보리타작[타맥행(打麥行)] | 정약용

핵심정리

- **연대** 조선 후기(영조 때)
- **작자** 정약용(1762~1836)
- **갈래** 행(한시의 일종), 서정시
- **구성** '기 - 승 - 전 - 결'의 4단 구성
- **성격** 사실적, 반성적
- **제재** 보리타작
- **배경 사상** 실사구시의 실학사상
- **특징** ① 평민적인 시어로써 농촌의 노동을 사실적이고 현장감 있게 그려 내 조선 후기 한시의 새로운 전형을 보여 줌.
  ② 다산의 중농 사상과 사실주의 시 정신을 잘 나타냄.
  ③ 보리타작하는 농민의 모습을 사실적으로 묘사함.
  ④ 선경(1~8) 후정(9~12)의 시상 전개
- **주제** 농민의 보리타작 노동과 거기에서 나타나는 건강한 삶의 모습

新蒭濁酒如潼白(신추탁주여동백)	새로 거른 막걸리 젖빛처럼 뿌옇고
大碗麥飯高一尺(대완맥반고일척)	큰 사발에 보리밥, 높이가 한 자로세.
飯罷取耞登場立(반파취가등장립)	밥 먹자 도리깨 잡고 마당에 나서니
雙肩漆澤翻日赤(쌍견칠택번일적)	검게 탄 두 어깨 햇볕 받아 번쩍이네.
선경	➥ 노동하는 농민들의 활기차고 건강한 삶의 모습
呼邪作聲擧趾齊(호야작성거지제)	옹헤야 소리 내며 발맞추어 두드리니
須臾麥穗都狼藉(수유맥수도랑자)	삽시간에 보리 낟알 온 마당에 가득하네.
雜歌互答聲轉高(잡가호답성전고)	주고받는 노랫가락 점점 높아지는데
但見屋角紛飛麥(단견옥각분비맥)	보이느니 지붕 위에 보리 티끌뿐이로다.
	➥ 보리타작하는 마당의 역동적인 정경
觀其氣色樂莫樂(관기기색락막락)	그 기색 살펴보니 즐겁기 짝이 없어
了不以心爲形役(요불이심위형역)	마음이 몸의 노예 되지 않았네.
후정	➥ 정신과 육체의 조화 속에 이루어지는 노동의 즐거움
樂園樂郊不遠有(낙원락교불원유)	낙원이 먼 곳에 있는 게 아닌데
何苦去作風塵客(하고거작풍진객)	무엇하러 벼슬길에 헤매고 있으리오.
	➥ 관직에 몸담은 자신의 삶에 대한 반성

감상

- 한시는 조선 후기에 들어와 민족 문학의 성격이 강하게 나타나는데, 사대부의 음풍농월의 시가 아닌, 민족의 삶의 현실을 사실적으로 노래하는 경향이 확고하게 자리를 잡았다.
- 공동 작업으로 진행되는 보리타작이라는 노동에 몰두하는 농민들의 모습을 사실적으로 묘사함으로써 노동하는 삶이야말로 기쁜 삶이라는 주제를 잘 나타내고 있다. 시인은 육체와 정신이 통일되어 있는 농민들의 모습에서 마음이 몸의 노예가 되어 벼슬길에 헤매며 시달리는 자신을 반성하고 있다.

〈타맥행(보리타작)〉은 가난을 딛고 건실하게 일하는 농민의 건설적인 모습을 악부(樂府) 시체에서 전화한 한시의 한 체인 '행(行)'이라는 형식을 통해 노래하고 있다. 다산(茶山)의 한시 작품은 실학사상을 배경으로 사회 제도의 모순, 관리나 토호들의 횡포, 백성들의 고뇌, 농어촌의 가난 등이 그 주제로 나타나는 것이 특징이며, 그의 시는 대부분 현실을 사실적으로 표현하고 시어(詩語)도 평민적이다.

Quiz

이 작품에서 화자가 궁극적으로 추구한 삶의 모습은?

① 농촌에서 노동하는 삶
② 벼슬을 하는 지식인의 삶
③ 육체와 정신이 조화를 이룬 삶
④ 모두가 하나 되는 공동체적인 삶

해설

먼저 농민들이 보리타작하는 모습을 그리고, 이를 통해 자신이 느끼거나 뜻하는 바를 제시, 구체화하고 있다(선경 후정). 화자가 궁극적으로 추구하는 모습은 특히 "마음이 몸의 노예 되지 않았네."라는 구절에서 축약되어 드러나고 있다.

오답

①, ④ 화자는 농민들이 노동하는 모습을 시의 제재로 삼고 또 긍정적으로 그리고 있다. 하지만 시에서 표현하는 '대상'을 긍정적으로 평가하는 것과, 화자 자신과 대상 사이의 일체성을 주장하는 것은 서로 별개의 영역이다. 이 시에서 화자 자신이 직접 노동을 하고자 한다거나, 지식인/농민을 초월한 공동체 의식을 보여 주고 있다고 추측하기에는 근거가 부족하다.

② "무엇하러 벼슬길에 헤매고 있으리오."라는 부분에서 벼슬을 하는 것에 대한 부정적 인식이 드러나고 있다.

정답 ③

9절 판소리

1 개관

1. 개념 및 특징

① 고수와 광대가 협동하여 긴 이야기를 노래로 부르는 예술 양식이다.

② 판소리의 구성 요소

창(소리)	광대가 부르는 노래 → 득음(得音)
아니리(사설)	창이 아닌 말로, 창과 창 사이에 하는 대사를 말한다. 광대가 숨을 돌릴 수 있게 하고 이유 있는 분위기를 조성하게 하는 요소
발림(너름새)	노래를 부르며 하는 광대의 몸짓이나 동작을 말한다. 이것을 다양하게 하는 데 매우 요긴한 도구로 사용되는 것이 '부채'이다.
추임새	흥을 돋우기 위해 고수와 관객이 발하는 탄성을 말한다. '얼씨구', '얼쑤', '잘한다', '지화자' 등
더늠	판소리 명창들이 장기로 부르는 대목 → 부분의 독자성

③ 특징

㉠ 서사성
㉡ 율문성(음악성)
㉢ 전문성
㉣ 다양성
㉤ 부분의 독자성
㉥ 문체의 이중성
㉦ 주제의 양면성
㉧ 향유층의 다변성
㉨ 해학성, 풍자성

2 판소리 열두 마당

판소리명	설화와 판본의 특징	판소리계 소설
〈수궁가〉	1개의 설화(구토지설) + 광대의 창작성	〈토끼전(별주부전)〉
〈흥보가〉	1개의 설화(방이설화) + 광대의 창작성	〈흥부전〉
〈춘향가〉	여러 개의 설화 + 광대의 창작성	〈춘향전〉
〈심청가〉	여러 개의 설화 + 광대의 창작성	〈심청전〉
〈변강쇠타령〉	판소리와 소설은 전해지지 않고, 신재효가 쓴 사설만 남아 있음.	〈변강쇠전〉
〈적벽가〉	소설의 일부를 판소리로 개작 → 중국 〈삼국지연의〉 중 '적벽대전' 장면 개작	〈화용도〉
〈배비장 타령〉	판소리 사설은 전해지지 않고 소설로만 전해짐.	〈배비장전〉
〈강릉 매화 타령〉	판소리 사설도 소설도 전해지지 않음.	
〈옹고집 타령〉	소설로만 전함.	〈옹고집전〉
〈장끼 타령〉	소설로만 전함.	〈장끼전〉
〈왈짜 타령〉	《조선창극사》에 〈무숙이 타령〉으로 기록만 전함.	
〈가짜 신선 타령〉	《조선창극사》에 〈숙영낭자 타령〉으로 기록만 전함.	〈숙영낭자전〉

판소리 장단의 빠르기

진양조<중모리<중중모리<자진모리<엇모리<휘모리

* 휘모리가 가장 빠름

판소리의 3요소

광대, 고수, 청중

기출 확인

〈보기〉의 밑줄 친 부분에 해당하는 판소리 용어를 바르게 짝지은 것은? 2018 서울시 7급

보기

문화센터에서 무료로 〈춘향가〉를 공연한다고 하여 아이들과 함께 방문하였다. 갓을 쓰고 도포를 입은 광대가 서서 노래를 부르고 옆에 앉은 고수는 북으로 장단을 맞추며 이따금 ㉠ "얼씨구" 하며 분위기를 돋우었다. 이몽룡이 춘향이를 업고 ㉡ 사랑을 속삭이는 노래를 부르는 장면에서는 절로 흥이 일었고 암행어사가 된 이몽룡이 거지로 변장하여 ㉢ 월매와 말을 주고받는 장면에서는 웃음이 터져 나왔다. 암행어사 출두 장면에서 잔치에 모인 벼슬아치들이 ㉣ 허둥지둥 도망치는 모습을 몸짓으로 흉내내는 것을 보니, 노래뿐만 아니라 연기도 잘해야 판소리 공연을 제대로 할 수 있겠다는 생각이 들었다.

	㉠	㉡	㉢	㉣
①	추임새	소리	발림	아니리
②	너름새	더늠	발림	아니리
③	너름새	더늠	아니리	발림
④	추임새	소리	아니리	발림

정답 ④

10절 민속극

1 개관

★ 한국 민속극의 특성
민중성, 비판성, 골계성, 축제성

1. 개념 및 특징

① 민간전승 중에서 가장(假裝)한 연희자가 사건이나 이야기를 집약적으로 구성화하여 말과 몸짓, 노래와 춤을 통해 극적으로 표현한 것이다.

* 민속극은 다른 민간전승에 비해 독립성이 강하다.

② 관객의 적극적 개입이 가능하다.

③ 민중의 필요에 의해 구비 전승된 것이다.

④ 풍자적이고 해학적인 내용이나 표현이 많다.

⑤ 서양극과 달리 따로 무대를 설치하지 않고, 어디서든 연희가 가능하다.

2 종류

탈놀음(가면극)	연희자가 탈을 쓰고 연극하는 것
꼭두각시놀음(인형극)	인형을 조종하여 극적 사건을 보이는 것
무극(巫劇)	굿에서 연행되던 굿놀이

작품의 실제 민속극·판소리계 소설

1 봉산 탈춤

핵심정리

- 갈래: 가면극(탈춤)의 대본
- 성격: 풍자적, 해학적, 민중적, 비판적
- 제재: 하인인 말뚝이가 양반 삼형제를 희롱함.
- 주제: 양반에 대한 풍자와 조롱
- 배경: ① 시간: 조선 후기 ② 공간: 황해도 봉산 지방

〈제6과장 양반춤〉

가 **말뚝이:** (벙거지[1]를 쓰고 채찍을 들었다. 굿거리 장단에 맞추어 양반 3형제를 인도하여 등장.)

양반 3형제: (말뚝이 뒤를 따라 굿거리 장단에 맞추어 점잔을 피우나, 어색하게 춤을 추며 등장.) 양반 3형제 맏이는 샌님[生員][2], 둘째는 서방님[書房], 끝은 도련님[道令]이다. 샌님과 서방님은 흰 창옷에 관을 썼다. 도련님은 남색 쾌자에 복건을 썼다. 〈샌님과 서방님은 언청이며(샌님은 언청이 두 줄, 서방님은 한 줄이다.), 부채와 장죽을 가지고 있고, 도련님은 입이 삐뚤어졌고, 부채만 가졌다. 도련님은 일절 대사는 없으며, 형들과 동작을 같이 하면서 형들의 면상을 부채로 때리며 방정맞게 군다.〉

〈 〉: 지체 높은 양반이지만 신체적 결함이 있거나 인물됨이 조금 모자람.

말뚝이: (가운데쯤 나와서) 쉬이. (음악과 춤 멈춘다.) 양반 나오신다아! 양반이라고 하니까 노론(老論), 소론(少論), 호조(戶曹), 병조(兵曹), 옥당(玉堂)을 다 지내고 삼정승(三政丞), 육판서(六判書)를 다 지낸 퇴로재상(退老宰相)으로 계신 양반인 줄 아지 마시오. 개잘량[3]이라는 '양'자에 개다리 소반[4]이라는 '반'자 쓰는 양반이 나오신단 말이오.

양반들: 야아, 이놈, 뭐야아!

말뚝이: 아, 이 양반들, 어찌 듣는지 모르갔소. 노론, 소론, 호조, 병조, 옥당을 다 지내고 삼정승, 육판서 다 지내고 퇴로재상으로 계신 이 생원네 3형제분이 나오신다고 그리하였소.

양반들: (합창) 이 생원이라네. (굿거리 장단으로 모두 춤을 춘다. 도령은 때때로 형들의 면상을 치며 논다. 끝까지 그런 행동을 한다.)

'조롱 → 호통 → 변명 → 안심'의 구조

나 **말뚝이:** 쉬이. (반주 그친다.) 여보, 〈구경하시는 양반들, 말씀 좀 들어 보시오. 짤따란 곰방대로 잡숫지 말고 저 연죽전(煙竹廛)[5]으로 가서 돈이 없으면 내게 기별이래도 해서 양칠간죽(洋漆竿竹), 자문죽(自紋竹)을 한 발 가웃씩 되는 것을 사다가 육모깍지 희자죽(喜子竹) 오동수복(梧桐壽福) 연변죽을 사다가 이리저리 맞추어 가지고 저 재령(載寧) 나무리[平野名] 거이 낚시 걸 듯 죽 걸어 놓고 잡수시오.〉

〈 〉: 양반의 권위를 조롱하고 관객을 극의 내용에 끼어들게 함. → 무대와 객석의 거리감 제거

양반들: 뭐야아!

말뚝이: 아, 이 양반들, 어찌 듣소. 양반 나오시는데 담배와 훤화를 금하라고 그리하였소.

양반들: (합창) 훤화(喧譁)[6]를 금하였다네. (굿거리 장단으로 모두 춤을 춘다.)

혜원通 탈춤 대본 vs. 판소리 대본

구분	탈춤 대본	판소리 대본
유사 갈래	희곡 문학과 유사	서사 문학과 유사
극적인 요소	극적인 요소가 중심이 됨.	극적인 요소가 제한됨.
사건 제시 방법	대사와 동작을 통해 제시	이야기로 꾸며 제시
서술자의 개입 여부	서술자의 해설이 개입할 수 없음.	서술과 묘사, 대화로 진술됨.

기출 확인

가에 대한 이해로 적절하지 않은 것은? 2020 지방직 9급

① 양반들이 자신들을 조롱하는 말뚝이를 야단쳤군.
② 샌님들과 서방님이 부채와 장죽을 들고 춤을 추며 등장했군.
③ 말뚝이가 굿거리장단에 맞춰 양반을 풍자하는 사설을 늘어놓았군.
④ 도련님이 방정맞게 굴면서 샌님과 서방님의 얼굴을 부채로 때렸군.

어휘 풀이

1. **벙거지:** 병졸이나 하인이 쓰던 모자
2. **샌님:** '생원님'의 준말. '생원'이란 상민이 양반을 높여 이르는 말
3. **개잘량:** 털이 붙어 있는 개가죽 방석
4. **개다리 소반:** 개의 뒷다리처럼 구부러진 다리를 가진 상. 양반의 팔자 걸음 풍자
5. **연죽전:** 담뱃대 파는 가게
6. **훤화(喧譁):** 시끄럽게 지껄이며 떠듦

기출 확인

가의 대화에서 나타난 '말뚝이'의 말하기 태도는? 2017 지역인재 9급

정답 언어유희를 사용하여 상대방을 조롱하였다.

해설

말뚝이가 양반을 풍자하는 사설을 늘어놓을 때 지문에 "음악과 춤 멈춘다."라고 나와 있다. 따라서 굿거리장단에 맞춰 양반을 풍자하는 사설을 늘어놓았다는 이해는 적절하지 않다. 굿거리장단은 양반이 등장할 때, 양반들이 "이 생원이라네."라는 말을 하며 춤을 추고 놀 때 등장한다.

오답

① 말뚝이의 조롱에 양반들은 "야아, 이놈, 뭐야아!" 하며 말뚝이에게 호통치고 있다.
② 양반 삼 형제의 등장을 묘사한 지문에서 확인할 수 있는 내용이다.
④ 양반 삼 형제의 등장을 묘사한 지문의 마지막 부분에서 '도련님(셋째)'이 형들(샌님, 서방님)의 면상을 부채로 때리며 방정맞게 군다고 나와 있다.

정답 ③

PART 4 고전 문학 해커스공무원 혜원국어 올인원 기본서

2 춘향전 | 미상

핵심정리

- **연대** 미상(영조 때로 추정)
- **작자** 미상(민중의 적층 문학)
- **갈래** 고전 소설, 판소리계 소설, 염정 소설
- **문체** 가사체, 운문체 및 산문체
- **배경** ① 시간: 조선 후기 ② 공간: 전라도 남원 ③ 사상: 실학사상, 평민 의식
- **시점** 전지적 작가 시점
- **성격** 서사적, 운문적(3·4조, 4·4조 바탕), 해학적, 풍자적
- **주제** 신분을 초월한 남녀 간의 사랑, 신분적 갈등 극복을 통한 인간 해방
- **특징** ① 적층 문학으로 민중의 공동작
  ② 언어, 인물 성격, 작품 내용, 주제 등에서 서민적인 것과 양반적인 것의 양면성
  ③ 구성상의 불합리성
  ④ 향토적인 배경
  ⑤ 현실적 소재, 사실적인 표현
  ⑥ 극적 요소가 풍부함.
  ⑦ 생동하는 인물을 창조
- **사상** ① 인간 평등 사상(휴머니즘을 바탕으로 계급 타파 의식)
  ② 사회 개혁 사상(탐관오리의 횡포에 대한 징계)
  ③ 자유연애 사상(봉건 사회의 도덕률을 파괴한 남녀 간의 자유 의지에 의한 만남)
  ④ 열녀불경이부(烈女不更二夫, 춘향의 지조와 정절)
- **의의** ① 조선 후기의 대표적인 서민 소설
  ② 판소리계 소설의 대표작
  ③ 한국인의 정서가 가장 잘 표출된 작품
  ④ 어휘 구사가 훌륭하고 풍부
  ⑤ 서민의 풍속이 사실적으로 묘사
  ⑥ 당시 사회에서 새로운 역사의 시작을 알리는 근대 맹아기적 작품

가 이때는 오월 단옷날이렷다. 일 년 중 가장 아름다운 시절이라. ㉠ 이때 월매 딸 춘향이도 또한 시서 음률이 능통하니 천중절을 모를쏘냐. 추천을 하려고 향단이 앞세우고 내려올 제, 난초같이 고운 머리 두 귀를 눌러 곱게 땋아 봉황 새긴 비녀를 단정히 매었구나. 〈중략〉 장림 속으로 들어가니 ㉡ 녹음방초 우거져 금잔디 좌르르 깔린 곳에 황금 같은 꾀꼬리는 쌍쌍이 날아든다. 버드나무 높은 곳에서 그네 타려 할 때, 좋은 비단 초록 장옷, 남색 명주 홑치마 훨훨 벗어 걸어 두고, 자주색 비단 꽃신을 썩썩 벗어 던져두고, 흰 비단 새 속옷 턱밑에 훨씬 추켜올리고, 삼 껍질 그넷줄을 섬섬옥수 넌지시 들어 두 손에 갈라 잡고, 흰 비단 버선 두 발길로 훌쩍 올라 발 구른다. 〈중략〉 ㉢ 한 번 굴러 힘을 주며 두 번 굴러 힘을 주니 발밑에 작은 티끌 바람 좇아 펄펄, 앞뒤 점점 멀어 가니 머리 위의 나뭇잎은 몸을 따라 흔들흔들. 오고 갈 제 살펴보니 녹음 속의 붉은 치맛자락 바람결에 내비치니, 높고 넓은 흰 구름 사이에 번갯불이 쏘는 듯 잠깐 사이에 앞뒤가 바뀌는구나. 〈중략〉 무수히 진퇴하며 한참 노닐 적에 시냇가 반석 위에 옥비녀 떨어져 쟁쟁하고, '비녀, 비녀' 하는 소리는 산호채를 들어 옥그릇을 깨뜨리는 듯.
㉣ 그 형용은 세상 인물이 아니로다.

〈중략〉

줄거리

춘향은 홍성 참판과 퇴기 월매 사이에서 태어난 딸이다. 남원 부사의 아들 이몽룡이 어느 날 광한루에서 향단이와 함께 그네를 뛰는 춘향을 보고, 그 자태에 반해 그날 밤 춘향의 집에 찾아온다. 이몽룡은 월매 앞에서 춘향과의 백년가약을 약속하고, 월매는 이를 허락한다. 둘은 밤마다 사랑을 나누며 지내는데, 이몽룡의 부친이 한양으로 가게 되자 이별을 하게 된다.
새로 부임한 변학도는 미색을 탐하는 인물로, 춘향에게 수청을 들 것을 강요하고, 춘향은 이를 거절하다가 결국 하옥된다. 한편 서울로 간 이몽룡은 과거 급제하여 전라도 지방의 암행어사가 되어 내려온다. 이몽룡은 변학도의 생일잔치에 찾아가 각 읍 수령이 모인 자리에서 어사 출두를 하고, 춘향을 구해낸다. 이몽룡은 춘향을 데리고 상경하고, 춘향은 정실부인이 되어 부귀영화를 누린다.

기출 확인

㉠~㉣에 대한 설명으로 옳지 않은 것은?

2021 지방직 9급

① ㉠: 설의적 표현을 통해 춘향이도 천중절을 당연히 알 것이라는 점을 서술하고 있다.
② ㉡: 비유법을 사용하고 음양이 조화를 이룬 아름다운 봄날의 풍경을 서술하고 있다.
③ ㉢: 음성상징어를 사용하여 춘향의 그네 타는 모습을 시각적으로 서술하고 있다.
④ ㉣: 서술자의 편집자적 논평을 통해 춘향이의 내면적 아름다움을 서술하고 있다.

해설

서술자가 직접 인물인 '춘향'에 대해 세상 인물이 아니라고 평가를 하고 있기 때문에 '편집자적 논평'은 맞다. 그러나 춘향의 '내면적' 아름다움이 아니라 '외적인' 아름다움을 서술하고 있다.

오답

① "춘향이도 또한 ~친중절을 모를쏘냐."는 결국 춘향이도 안다는 의미이다. 따라서 설의적 표현(의문문의 형식, 그 의문문에 대한 답을 알 수 있음)을 통해 춘향이도 천중절을 당연히 알 것이라는 점을 서술하고 있다는 설명은 옳다.
② "황금 같은 꾀꼬리"에서 비유법을 사용하고 있다. 꾀꼬리 한 마리가 아니라 '쌍쌍이' 날아든다고 했기 때문에 음양이 조화를 이룬 아름다운 봄날의 풍경을 서술하고 있다는 설명은 옳다.
※ 녹음방초(綠푸를 녹(록), 陰 그늘 음, 芳 꽃다울 방, 草 풀 초)는 '푸르게 우거진 나무와 향기로운 풀이라는 뜻으로, 여름철의 자연 경관을 이르는 말이고 도입부의 '오월' 역시 음력 '5월'로 '여름'에 속한다. 상대적으로 ④가 정답이지만 문제의 오류이다.
③ "펄펄", "흔들흔들"과 같은 음성상징어를 사용하여 춘향의 그네 타는 모습을 시각적으로 서술하고 있다.

정답 ④

나 매우 치라 소리 맞춰, 넓은 골에 벼락치듯 후리쳐 딱 붙이니, 춘향이 정신이 아득하여, "애고 이것이 웬일인가?" 일자(一字)로 운을 달아 우는 말이,

"일편단심 춘향이 일정지심 먹은 마음 일부종사 하잤더니 일신난처 이 몸인들 일각인들 변하리까? 일월 같은 맑은 절개 이리 힘들게 말으시오."

"매우 치라." "꽤 때리오." 또 하나 딱 부치니, "애고." 이자(二字)로 우는구나. "이부불경 이내 마음 이군불사와 무엇이 다르리까? 이 몸이 죽더라도 이도령은 못 잊겠소. 이 몸이 이러한들 이 소식을 누가 전할까? 이왕 이리 되었으니 이 자리에서 죽여 주오."

"매우 치라." "꽤 때리오." 또 하나 딱 부치니, "애고." 삼자(三字)로 우는구나. "삼청동 도련님과 삼생연분 맺었는데 삼강을 버리라 하소? 삼척동자 아는 일을 이내 몸이 조각조각 찢겨져도 삼종지도 중한 법을 삼생에 버리리까? 삼월삼일 제비같이 훨훨 날아 삼십삼천 올라가서 삼태성께 하소연할까? 애고애고 서러운지고."

– 작자 미상, 〈춘향전〉

혜원通 〈춘향전〉의 특징

1. 〈춘향전〉의 비판 의식
   - **이몽룡이 지은 한시를 통해 드러남.**
   이몽룡이 거지 행색을 하고 변학도의 생일잔치에 찾아가서 양반네들한테 희롱을 당하며 지었던 시를 통해 당시 부패한 관리들을 혹독하게 비판하고 있다.

金樽美酒千人血(금준미주천인혈)	금동이의 아름다운 술은 일만 백성의 피요,
玉盤佳肴萬姓膏(옥반가효만성고)	옥소반의 맛 좋은 안주는 일만 백성의 기름이라.
燭淚落時民淚落(촉루락시민루락)	촛불의 눈물 떨어질 때 백성의 눈물도 떨어지고,
歌聲高處怨聲高(가성고처원성고)	노랫소리 높은 곳에 원망 소리 높았더라.

   - **춘향과 변학도의 갈등을 통해 드러남.**
   절개를 지키려는 춘향과 권력을 통해 춘향을 취하려는 변학도와의 갈등을 통해 당대 부패한 관리들을 비판하고 있다.

2. 〈춘향전〉의 주제

구분	표면적 주제	이면적 주제
내용	춘향과 이몽룡의 연애담(변학도에 맞선 정절)	춘향과 이몽룡의 결연
주제	여인의 굳은 정절	신분을 초월한 사랑 신분적 제약을 벗어난 인간 해방

3. 〈춘향전〉 주요 장면의 특징
   - 사치스러운 변 사또의 생일 잔치 → 가렴주구(苛斂誅求), 장면의 극대화(사실성 부여)
   - 이몽룡의 한시 → 탐관오리 풍자, 인간 존중 사상
   - 암행어사 출두 → 장면의 극대화(해학성)
   - 변학도의 봉고파직 → 사회 개혁 의식

기출 확인

다음 글을 이해한 내용으로 적절하지 않은 것은? 2023 지방직 9급

① 동일한 글자를 반복함으로써 리듬감을 조성하고 있다.
② 숫자를 활용하여 주인공이 처한 상황을 제시하고 있다.
③ 등장인물 간의 대화를 통해 주인공의 내적 갈등이 해결되고 있다.
④ 유교적 가치를 담고 있는 말을 활용하여 주인공의 의지를 드러내고 있다.

해설

제시된 대화를 볼 때, 정절을 지키고자 하는 '춘향'과 그것을 꺾고자 하는 인물 간의 갈등이 드러난다. 춘향은 계속되는 매질에도 자신의 의지를 꺾고 있지 않다. 따라서 대화를 통해 내적 갈등이 해결되고 있다는 이해는 적절하지 않다.

오답

① '매우 치라', '애고' 등의 동일한 글자를 반복함으로써 리듬감을 조성하고 있다.
② '일자(一字)', '이자(二字)', '삼자(三字)'처럼 숫자를 활용하여 주인공인 '춘향'이 처한 상황을 제시하고 있다.
④ '일편단심(一片丹心)', '일부종사(一夫從事)'처럼 유교적 가치를 담고 있는 말을 활용하여, 절개를 꺾지 않겠다는 주인공인 '춘향'의 의지를 드러내고 있다.

정답 ③

PART 5
국어 문법

출제 경향 한눈에 보기

구조도

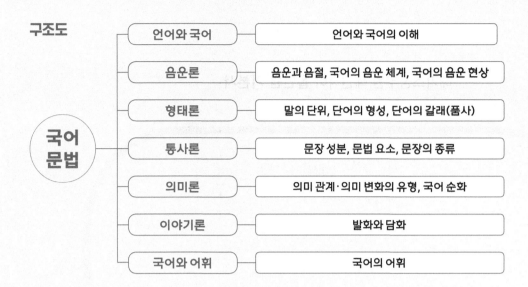

국어 문법

언어와 국어	언어와 국어의 이해
음운론	음운과 음절, 국어의 음운 체계, 국어의 음운 현상
형태론	말의 단위, 단어의 형성, 단어의 갈래(품사)
통사론	문장 성분, 문법 요소, 문장의 종류
의미론	의미 관계·의미 변화의 유형, 국어 순화
이야기론	발화와 담화
국어와 어휘	국어의 어휘

영역별 학습 목표

1. **언어와 국어**: 언어의 기능과 특성을 이해할 수 있다.
2. **음운론**: 음운과 음절, 자음과 모음 체계, 음운 현상 등을 이해할 수 있다.
3. **형태론**: 형태소 분석, 단어 형성 방법(파생/합성), 품사의 분류와 품사별 특징을 이해할 수 있다.
4. **통사론**: 문장의 성분과 종류, 문법 요소(높임, 사동과 피동, 시간, 종결 표현 등), 문장의 종류에 관해 정확하게 이해할 수 있다.
5. **의미론**: 단어 간의 의미 관계, 국어 순화어 등을 익히며, 다양한 의미 현상을 이해할 수 있다.
6. **이야기론**: 발화 상황과 이야기 장면에 대해 이해할 수 있다.
7. **국어와 어휘**: 최신 기출 유형의 주제별 어휘, 한자어, 한자 성어를 정복할 수 있다.

연도별 출제 영역

※ 진한 표시는 2회 이상 출제된 영역

2024년	[9급] 형태론(단어의 형성), 의미론(다의어) [예시] 통사론(높임법)
2023년	[9급] 이야기론(발화와 담화), 형태론(품사) [7급] 음운론(음운 변동), 형태론(단어의 형성)
2022년	[9급] 의미론(의미의 변화), 이야기론(지시어), 국어와 어휘(한자 성어, 올바른 한자 표기) [7급] 형태론(어미의 종류), 의미론(다의어), 형태론(품사), 통사론(안긴문장)
2021년	[9급] 언어와 국어(언어와 사고), 형태론(불규칙 활용), 국어와 어휘(한자 성어, 올바른 한자 표기) [7급] 의미론(다의어)
2020년	[9급] 형태론(용언의 활용), 통사론(안긴문장), 국어와 어휘(한자 성어, 올바른 한자 표기) [7급] 형태론(불규칙 활용), 통사론(관형절을 안은 문장), 의미론(다의어)
2019년	[9급] **음운론(음운 변동)**, 형태론(품사), 의미론(다의어, 반의 관계), 국어와 어휘(한자 성어, 올바른 한자 표기) [7급] 형태론(용언의 기본형, 접미사), **통사론(높임 표현)**

핵심 개념

1. 언어와 국어	언어의 특성		① 기호성 ② 체계성 ③ 자의성 ④ 사회성 ⑤ 역사성 ⑥ 분절성 ⑦ 추상성 ⑧ 개방성
	국어의 특질	음운	① 삼중 체계 ② 마찰음 수 적음 ③ 모음 조화
		어휘	① 삼중 체계 ② 친족어와 높임어 발달 ③ 이차적 조어법 발달
		문법	① 첨가어 ② 주어 - 목적어 - 서술어 어순 ③ 높임법 발달
2. 음운론	음운 개념		말의 뜻을 변별하는 소리의 최소 단위 ***음절**: 발음할 때 한 번에 소리 낼 수 있는 소리의 단위
	음운 체계	음소	① 자음 ② 모음
		운소	① 소리의 길이 ② 소리의 높낮이
	음운 변동	교체	① 음절의 끝소리 규칙 ② 비음화 ③ 유음화 ④ 구개음화
		탈락	① 자음 탈락 ② 모음 탈락
		첨가	① 'ㄴ' 첨가 ② 'ㅅ' 첨가
		축약	① 자음 축약 ② 모음 축약

3. 형태론	형태소	개념	더 이상 분석하면 의미를 잃어버리는 가장 작은 말의 단위
	단어	개념	최소 자립 형식. 또는 최소 자립 형식과 쉽게 분리되는 말
	단어 종류	단일어	어근
		복합어	① 합성어(어근 + 어근) ② 파생어(어근 + 접사, 접사 + 어근)
	품사 종류	체언	① 명사 ② 대명사 ③ 수사
		용언	④ 동사 ⑤ 형용사
		수식언	⑥ 관형사 ⑦ 부사
		관계언	⑧ 조사
		독립어	⑨ 감탄사
4. 통사론	문장	주성분	① 주어 ② 서술어 ③ 목적어 ④ 보어
		부속 성분	⑤ 관형어 ⑥ 부사어
		독립 성분	⑦ 독립어
		* 서술어의 자릿수: 문장이 성립되기 위해 서술어가 갖추어야 할 문장 성분의 수	
	문법 요소	사동 · 피동	① 사동(↔ 주동) ② 피동(↔ 능동)
		시간 표현	① 과거·현재·미래 ② 동작상
		종결 표현	① 평서문 ② 의문문 ③ 명령문 ④ 청유문 ⑤ 감탄문
		높임 표현	① 주체 높임법 ② 객체 높임법 ③ 상대 높임법
		부정 표현	① '안' 부정문 ② '못' 부정문
	문장 구조	홑문장	주어와 서술와 관계 1회
		겹문장	주어와 서술어 관계 2회 이상 ① 안은문장 ② 이어진문장
5. 의미론	의미 관계	① 유의 관계 ② 반의 관계 ③ 상하 관계 ④ 다의 관계 ⑤ 동음이의 관계	
6. 이야기론	발화 기능	① 정보 전달 ② 명령 ③ 질문 ④ 요청 ⑤ 위로 ⑥ 경고 ⑦ 선언 ⑧ 약속 ⑨ 칭찬 ⑩ 축하 ⑪ 제안	
7. 국어와 어휘	어휘	① 주제별 어휘 ② 한자어 ③ 한자 성어	

연도별 주요 출제 문항

구분	9급	7급
2024년	• 다음을 참고할 때, 단어의 종류가 같은 것끼리 짝지어진 것은? • 다음은 다의어 '알다'의 뜻풀이 중 일부이다. ㉠~㉣의 예로 적절하지 않은 것은? • 다음 글의 ㉠의 사례가 포함되어 있지 않은 것은?	-
2023년	• 다음 중 '쓰다'의 품사가 나머지 셋과 다른 하나는? • 밑줄 친 ㉠~㉣에 대한 설명으로 가장 적절한 것은? • "그렇게 하면 무릎에 무리가 갈텐데 괜찮을까요?"에서의 '-ㄹ텐데'를 국어사전에서 찾으니 표제어가 존재하지 않는다고 나왔다. 이에 대해 가장 적절하게 설명한 것은? • 다음 작품의 언어에 대한 설명으로 옳은 것은?	• 〈보기〉는 단어에 결합되어 사용된 '대'의 특성을 설명한 것이다. 맞지 않는 것은? • 다음은 현대 한국어의 발음 특성을 설명한 것이다. 맞지 않는 것은?
2022년	• ㉠~㉣의 사례로 적절하지 않은 것은? • 〈보기〉의 밑줄 친 부분을 한자 성어로 바꾸었을 때 적절하지 않은 것은?	• 다음 대화의 ㉠~㉤에 대한 설명으로 적절하지 않은 것은? • 밑줄 친 부분의 한자 표기가 옳지 않은 것은? • 사자성어의 쓰임이 적절하지 않은 것은?
2021년	• ㉠, ㉡의 사례로 옳은 것만을 짝지은 것은? • 다음 글의 사례로 적절하지 않은 것은? • 한자 표기가 옳은 것은?	• 다음에 제시된 단어의 의미에 맞게 쓴 문장으로 적절하지 않은 것은? • 단어의 뜻풀이가 옳지 않은 것은? • (가)에 들어갈 한자 성어로 적절한 것은?
2020년	• 안긴문장이 없는 것은? • 밑줄 친 말이 불규칙 활용 용언이 아닌 것은? • ㉠~㉣의 한자 표기로 옳은 것은? • 밑줄 친 부분의 한자어로 적절하지 않은 것은?	• 밑줄 친 단어가 다의어로 묶인 것은? • 밑줄 친 활용형 중 옳은 것은? • 다음에 서술된 A사의 상황을 가장 적절하게 표현한 한자 성어는?
2019년	• 국어의 주요한 음운 변동을 다음과 같이 유형화할 때, '부엌일'에 일어나는 음운 변동 유형으로 옳은 것은? • '효녀 지은'의 행위를 나타내는 사자 성어로 가장 적절한 것은? • ㉠~㉣의 한자 표기가 모두 옳은 것은?	• 밑줄 친 단어의 품사를 같은 것끼리 묶은 것은? • 밑줄 친 단어의 기본형이 옳지 않은 것은? • 높임 표현에 대한 설명으로 가장 적절한 것은? • 다음 밑줄 친 단어의 뜻을 잘못 적은 것은?

CHAPTER
01 언어와 국어

1절 언어의 이해

1 언어의 특성

1. 기호성(記號性)

언어는 기호의 한 종류로, 전달하고자 하는 '내용'과 그것을 실어 나르는 '형식'이 결합되어 나타난다.

★ 언어와 기호

언어 기호	형식	음성(말)/문자(글)	[꼳]/꽃
	내용	의미	

2. 자의성(恣意性)

언어 기호의 '형식(음성/문자)'과 '내용(의미)'은 필연적·절대적 관계가 아니라 임의적·관습적·자의적 관계이다.

3. 사회성(社會性) = 불가역성(不可逆性), 불역성(不逆性)

언어 기호는 자의적 약속이지만, 사회적 약속으로 수용되면 개인이 바꿀 수 없다.

예 "나는 이제 '멍멍' 짖는 동물을 '개' 말고 '소'라고 부를래."라고 해도 '개'가 '소'가 될 수 없다.

4. 역사성(歷史性) = 가역성(可逆性)

사회적 약속인 언어는 시간의 흐름에 따라 변화한다.

① 신생(新生)

② 성장(成長)

③ 사멸(死滅)

5. 분절성(分節性) = 불연속성(不連續性)

언어는 연속적으로 이루어져 있는 자연 세계를 불연속적으로 끊어서 표현한다.

① 개념(의미)의 분절성	예 방위(동, 서, 남, 북), 계절(봄, 여름, 가을, 겨울)
② 기호의 분절성	예 철수가 밥을 먹는다.: 문장 1개, 어절 3개, 단어 5개, 형태소 7개

6. 창조성(創造性)

사고의 범위는 무한하기 때문에 표현도 무한히 할 수 있다.

7. 추상성(抽象性)

많은 구체적인 대상으로부터 공통의 속성만을 추출하는 '추상화 과정'을 통하여 개념을 형성한다.

8. 규칙성(規則性) = 법칙성(法則性)

언어는 음운, 단어, 문장 등을 만들 때 일정한 규칙의 적용을 받는다.

기출 확인

언어의 특성에 대한 설명으로 적절하지 않은 것은? 2016 경찰 1차

① 언어의 자의성: 언어 형식과 내용의 관계가 반드시 고정된 것이 아니다.

② 언어의 역사성: 언어는 고정되어 불변하는 것이 아니라 시간의 흐름에 따라 의미나 형태가 변화하기도 한다.

③ 언어의 사회성: 언어 내용과 형식이 일단 한 사회 속에서 약속으로 굳어지면 아무나 마음대로 바꿀 수 없다.

④ 언어의 분절성: 음운, 단어, 문장, 담화 단위에 이르기까지 각 단위 혹은 단위 사이에 특정한 규칙이 존재한다.

정답 ④

2절 언어와 사고

언어 우위론	언어 없이는 사고가 불가능하다. 반면 사고 과정 없이도 언어는 존재한다. → 언어로 명명하여야만 사고할 수 있다는 관점 · 사고 과정 없이 언어가 존재하는 경우 예 · 아이들이 뜻도 모르면서 어른의 말을 흉내 내기도 한다. · 가사의 의미를 전혀 모르는 외국 노래를 따라 부르고 감상한다.
사고 우위론	언어 없이도 사고는 가능하다. 다만 표현하기 어려울 뿐이다. → 명명의 과정 없이도 사고는 존재할 수 있다는 관점 · 생각을 언어로 표현하기 어려운 경우 예 몹시 기쁘지만 그 기분을 말로 다 표현할 수 없는 경우도 있다.
상호 의존설 (종합적 관점)	인간은 언어를 통해 사고를 확장하고, 사고 확장을 통해 언어를 확대·변화시킨다. → '사고' 없는 '언어'는 생각할 수 없고, '언어' 없는 '사고'도 불완전하다는 관점 예 ㉮ 여기저기, 이것저것, 조만간, 국내외 – 자연스러운 표현 ㉯ 저기여기, 저것이것, 만조간, 국외내 – 부자연스러운 표현 → 인간은 자신에게 '가깝고' 시간적으로 '이른' 것들을 먼저 인식한다. 즉 이처럼 언어에는 우리의 사고가 반영되어 있으며(자기중심적), 언어를 통하여 인간의 사고 방식이나 사고의 경향을 추적할 수 있다.

기출 확인

다음 글의 사례로 적절하지 않은 것은? 2021 국가직 9급

> 인간은 언어를 사용하며 언어는 인간의 사고, 사회, 문화를 반영한다. 인간의 지적 능력이 발달하게 된 것은 바로 언어를 사용하기 때문이다.
>
> 언어와 사고는 기본적으로 상호작용을 한다. 둘 중 어느 것이 먼저 발달하고 어떻게 영향을 주는지는 알 수 없다. 그러나 언어와 사고가 서로 깊은 관계를 맺고 있다는 사실은 여러 가지 근거를 통해서 뒷받침된다.

① 영어의 '쌀(rice)'에 해당하는 우리말에는 '모', '벼', '쌀', '밥' 등이 있다.
② 어떤 사람은 산도 파랗다고 하고, 물도 파랗다고 하고, 보행 신호의 녹색등도 파랗다고 한다.
③ 일상생활에서 어떠한 사물의 개념은 머릿속에서 맴도는데도 그 명칭을 떠올리지 못할 때가 있다.
④ 우리나라는 수박(watermelon)은 '박'의 일종으로 보지만 어떤 나라는 '멜론(melon)'에 가까운 것으로 파악한다.

해설 ③의 머릿속의 개념(사고)을 말(언어)로 표현하지 못하는 경우는, 언어가 없이도 사고할 수 있다는 의미로 '사고 우위론'의 사례이다. 따라서 언어에 사고, 사회, 문화 등이 반영되어 있다는 제시된 글의 사례로는 적절하지 않다.

오답 ① 우리는 '농경문화'가 발달하여 영어로 'rice'에 해당하는 말이 세분화된다. 따라서 언어가 문화를 반영하는 사례로 적절하다.
② '산, 물, 녹색 등'의 색을 두고 다 '파랗다'라고 표현하는 사람은, 모두 '파랗다'라고 생각하기 때문이다. 따라서 언어가 사고(생각)를 반영하는 사례로 적절하다.
④ 우리는 수박을 '박'의 일종으로 보고 '수박'으로 표현하지만, 어떤 나라에서는 '멜론(melon)'의 일종으로 보고 'watermelon'으로 표현한다. 사회에 따라 같은 계열이라고 생각하는 과일이 다르기 때문에, 표현도 다른 것이다. 따라서 언어가 사회를 반영하는 사례로 적절하다.

정답 ③

3절 국어의 이해

1 국어의 특징

1. 음운상의 특징

① **삼중 체계:** 파열음과 파찰음이 '예사소리 - 된소리 - 거센소리'로 되어 있다.

② 마찰음의 수가 적은 편이다. 예 마찰음: ㅅ, ㅆ, ㅎ / 파열음: ㄱ, ㄲ, ㅋ, ㄷ, ㄸ, ㅌ, ㅂ, ㅃ, ㅍ

③ 단모음의 수가 10개로, 다른 언어에 비해 많은 편이다.

④ **음절의 끝소리 규칙:** 음절 끝소리는 7개의 자음(ㄱ, ㄴ, ㄷ, ㄹ, ㅁ, ㅂ, ㅇ)으로만 발음된다.

⑤ 음상(音相)의 차이로 어감이 달라지거나, 의미가 분화(分化)된다.

⑥ 어두(語頭)에는 둘 이상의 자음이 오지 않는다. 예 쑻(×)

2. 어휘상의 특징

① 고유어, 한자어, 외래어의 삼중 체계이다.

② 고유어 중 색채어와 감각어가 발달했다.

③ 음성 상징어가 발달되어 있다.

예 · 반짝반짝(모양), 풍덩풍덩(소리)

· 춘풍 이불 아래 서리서리 너헛다가 / 어론님 오신 날 밤이여든 구뷔구뷔 펴리라(의태어)

④ 한국어에는 성(性)의 구분이 없고, 수(數)의 구별이 뚜렷하지 않다.

⑤ 접속사, 관사, 관계 대명사 등이 없다.

3. 형태상의 특징

① 조사와 어미를 첨가하여 다양한 문법적 기능을 수행한다.
→ 첨가어·교착어로서의 특징

② 단어 형성법이 발달하였다.

4. 통사적 특징

① '주어 - 목적어 - 서술어'의 어순이며, 서술어 외 다른 성분들은 어순이 자유로운 편이다. 그러나 수식어는 항상 피수식어 앞에 위치한다.

② 겹문장의 경우 주어가 잇달아 나타날 수도 있다.

5. 화용적 특징

① 높임법이 발달되어 있다. → 주체 높임, 객체 높임, 상대 높임

② '보조사'와 '보조 용언'이 발달하였다.

③ 실제 담화에서 주어와 목적어가 생략되는 경우가 많다.

기출 확인

국어 문법의 특징으로 옳지 않은 것은? 2022 국회직 9급

① 어미가 발달되어 있다.
② 이중 주어 구문이 발달되어 있다.
③ 비교적 어순이 자유로운 언어에 속한다.
④ 공손성을 표현하는 수단이 발달했다.
⑤ 꾸미는 말이 꾸밈을 받는 말 뒤에 온다.

해설 국어는 꾸미는 말(수식어)은 꾸밈을 받는 말(피수식어) '앞'에 온다.
예 새(꾸미는 말) 신발(꾸밈을 받는 말)

정답 ⑤

CHAPTER
02 음운론

1절 음운과 음절

1 음운

말의 뜻을 구별해 주는 소리의 최소 단위로, 관념적·추상적·심리적인 말소리이다.

2 음절(音節)

① 발음할 때 한 번에 낼 수 있는 소리의 단위, 소리마디이다.

② '(자음)+모음+(자음)'의 구조로, 모음이 있어야만 음절이 형성된다(음절의 수 = 모음의 수).

★ 음운

음운
- 음소
  - = 분절 음운
  - = 음절 음운
  - = 자음, 모음
  - = 낱소리
- 운소
  - = 비분절 음운
  - = 소리의 길이, 억양

2절 국어의 음운 체계

자음	모음
장애음, 닿소리	비장애음, 홀소리, 유성음(울림소리), 성절음

1 자음의 분류

▶ 자음 체계표

조음 방법 \ 조음 위치			순음(脣音) 입술소리	치조음(齒槽音) 혀끝소리	경구개음(硬□蓋音) 센입천장소리	연구개음(軟□蓋音) 여린입천장소리	후음(喉音) 목청소리
안울림소리	파열음(破裂音)	예사소리	ㅂ	ㄷ		ㄱ	
		된소리	ㅃ	ㄸ		ㄲ	
		거센소리	ㅍ	ㅌ		ㅋ	
	파찰음(破擦音)	예사소리			ㅈ		
		된소리			ㅉ		
		거센소리			ㅊ		
	마찰음(摩擦音)	예사소리		ㅅ			ㅎ
		된소리		ㅆ			
울림소리	비음(鼻音)		ㅁ	ㄴ		ㅇ	
	유음(流音)			ㄹ			

★ 국어의 음운

분절 음운	모음 21 + 자음 19 = 총 40개
비분절 음운	장단, 억양, 연접, 성조
장애음	공기의 흐름이 장애를 입을 때 만들어짐.
닿소리	홀소리(모음)에 닿아야 발음됨.
비장애음	공기가 장애를 받지 않고 순조롭게 나옴.
홀소리	자음 없이 홀로 쓰일 수 있음.
유성음	발음될 때 목청이 떨려 울림.
성절음	혼자서 음절을 이룰 수 있는 소리

TIP

자음의 조음 위치

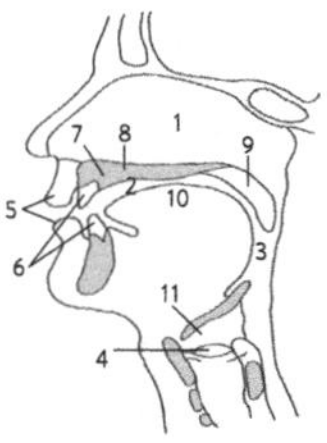

① 코안 ② 입안
③ 목안 ④ 목청
⑤ 입술 ⑥ 이
⑦ 윗잇몸 ⑧ 센입천장
⑨ 여린입천장 ⑩ 혀
⑪후두

TIP

'ㅎ(히읗)'을 기존에는 예사소리로 분류하였으나 2020년을 기준으로 국립국어원에서는 특별한 구분 없이 제시하고 있다.

1. 소리 나는 위치에 따라

종류	의미	예
입술소리 (순음)	두 입술이 붙었다가 떨어지면서 소리 나는 자음	ㅂ, ㅃ, ㅍ, ㅁ
혀끝소리 (치조음)	혀끝이 윗잇몸에 닿았다가 떨어지면서 소리 나는 자음	ㄷ, ㄸ, ㅌ, ㅅ, ㅆ, ㄴ, ㄹ
센입천장소리 (경구개음)	혓바닥이 센입천장에 닿았다가 떨어지면서 소리 나는 자음	ㅈ, ㅉ, ㅊ
여린입천장소리 (연구개음)	혀 뒤가 여린입천장에 닿았다가 떨어지면서 소리 나는 자음	ㄱ, ㄲ, ㅋ, ㅇ
목청소리 (후음)	목청 사이에서 소리 나는 자음	ㅎ

2. 소리의 성질에 따라

종류	의미	예
울림소리 (유성음)	발음할 때 목청의 울림이 일어나는 소리	비음(ㅁ, ㄴ, ㅇ), 유음(ㄹ)
안울림소리 (무성음)	발음할 때 목청의 울림이 일어나지 않는 소리	비음과 유음을 제외한 자음

3. 소리 내는 방법에 따라

종류	의미	예
파열음	공기의 흐름을 일단 막았다가 그 막은 자리에서 터뜨리면서 내는 소리. 폐쇄음	ㅂ, ㅃ, ㅍ, ㄷ, ㄸ, ㅌ, ㄱ, ㄲ, ㅋ
파찰음	파열과 마찰의 두 가지 성질을 다 가지는 소리	ㅈ, ㅉ, ㅊ
마찰음	입안이나 목청 사이의 통로를 좁히고 공기를 틈 사이로 내어 마찰을 일으키면서 내는 소리	ㅅ, ㅆ, ㅎ
비음	연구개를 낮춤으로써 공기가 코로 들어가도록 하여 내는 소리	ㄴ, ㅁ, ㅇ
유음	혀끝을 잇몸에 대었다가 떼거나, 잇몸에 댄 채 공기를 그 양옆으로 흘려보내면서 내는 소리	ㄹ

2 모음의 분류

모음은 혀의 위치와 입술 모양의 변화 유무에 따라 '단모음'과 '이중 모음'으로 나뉜다.

1. 단모음

발음할 때 입술이나 혀가 고정되어 움직이지 않으면서 나는 소리

ㅏ, ㅐ, ㅓ, ㅔ, ㅗ, ㅚ, ㅜ, ㅟ, ㅡ, ㅣ (10개)

▶ 단모음 체계표

개구도	혀의 높이 \ 입술 모양 \ 혀의 앞뒤	전설 모음: 평순 모음	전설 모음: 원순 모음	후설 모음: 평순 모음	후설 모음: 원순 모음
폐(閉)모음	고모음	ㅣ	ㅟ	ㅡ	ㅜ
반개(半開)/ 반폐(半閉)모음	중모음	ㅔ	ㅚ	ㅓ	ㅗ
개(開)모음	저모음	ㅐ		ㅏ	

* 'ㅟ, ㅚ'는 이중 모음 발음을 허용함. (음영): 15세기에는 이중 모음으로 구별하였으나 현대에는 단모음으로 분류

2. 이중 모음(반모음+단모음)

발음할 때 입술 모양이나 혀의 위치가 변하는 모음

ㅑ, ㅒ, ㅕ, ㅖ, ㅘ, ㅙ, ㅛ, ㅝ, ㅞ, ㅠ, ㅢ (11개)

이중 모음을 길게 끌어서 발음하면 결국 단모음으로 끝나게 된다.

예 ㅑ → ㅏ, ㅖ → ㅔ, ㅘ → ㅏ

종류	의미	원리	예
상향 이중 모음	반모음+단모음	반모음 'ㅣ'+단모음	ㅑ, ㅒ, ㅕ, ㅖ, ㅛ, ㅠ
		반모음 'ㅗ/ㅜ'+단모음	ㅘ, ㅙ, ㅝ, ㅞ
하향 이중 모음	단모음+반모음	단모음 'ㅡ'+반모음 'ㅣ'	ㅢ

★ '반모음'은 홀로 음절을 이루지 못하고 다른 모음에 붙어야 음절을 이루어 발음될 수 있기 때문에 반자음이라 불리기도 한다. 'ㅑ, ㅕ, ㅛ, ㅠ'와 같은 이중 모음에서 나는 'j' 소리와 'ㅘ, ㅝ, ㅙ, ㅞ'에서 나는 'w' 소리를 가리킨다.

기출 확인

다음 중 설명이 옳지 않은 것은? 2017 국가직 9급

① 'ㄴ, ㅁ, ㅇ'은 유음이다.
② 'ㅅ, ㅆ, ㅎ'은 마찰음이다.
③ 'ㅡ, ㅓ, ㅏ'는 후설 모음이다.
④ 'ㅟ, ㅚ, ㅗ, ㅜ'는 원순 모음이다.

해설 국어의 '유음'은 'ㄹ'뿐이다. 'ㄴ, ㅁ, ㅇ'은 '유음'이 아니라 '비음'이다.

오답 ② '마찰음'은 입안이나 목청 사이의 통로를 좁히고 공기를 그 좁은 틈 사이로 내어 마찰을 일으키면서 내는 소리이다. 제시된 'ㅅ, ㅆ, ㅎ'은 모두 마찰음이 맞는다.

③ 혀의 전후 위치에 따라 전설 모음(前舌母音)과 후설 모음(後舌母音)으로 나눌 수 있는데, 제시된 'ㅡ, ㅓ, ㅏ'는 후설 모음이다.

④ 발음할 때 입술의 모양이 둥근 모음을 '원순 모음(圓脣母音)'이라 한다. 제시된 'ㅟ, ㅚ, ㅗ, ㅜ'는 원순 모음이 맞는다.

정답 ①

3절 국어의 음운 현상

★ **음운의 변화 원인**

- 조음 편리화의 원리(경제성)
  : 동화, 탈락, 축약
- 표현 효과의 원리(명확성)
  : 이화, 첨가, 사잇소리 현상

음운의 변동(≒ 음운의 변화, 음운 현상)은 어떤 음운이 환경에 따라 다른 음운으로 변하여 발음이 달라지는 현상을 말한다.

'동화'를 '교체'에 포함시켜 교체, 축약, 탈락, 첨가, (이화)로 분류하기도 함. / '이화'는 생략되기도 함.

교체(대치)	동화	축약	탈락	첨가	이화
XAY → XBY		XABY → XCY	XAY → XØY	XØY → XAY	-
한 음운이 발음하는 중에 다른 음운으로 바뀌는 현상	한쪽의 음운이 다른 쪽 음운의 성질을 닮는 현상	두 음운이 하나로 줄어드는 현상	두 음운 중 하나가 사라지는 현상	새로운 음운이 덧붙는 현상	두 음운이 같거나 비슷하여 한 음운을 다른 소리로 바꾸는 현상
· 음절의 끝소리 규칙 · 된소리되기(경음화) · 두음 법칙	· 자음 동화(비음화, 유음화) · 구개음화 · 모음 동화 · 모음 조화	· 자음 축약(거센소리되기) · 모음 축약	· 자음 탈락 · 모음 탈락 · 자음군 단순화	· 'ㄴ' 첨가 · 'ㅅ' 첨가	· 자음 이화 · 모음 이화

1 교체(대치)

1. 음절의 끝소리 규칙(= 음절 말 중화 현상, 말음 법칙, 받침 규칙)

★ **'맛있다', '멋있다'의 발음**

- 원칙: [마딛따/머딛따]
- 허용: [마싣따/머싣따]

★ **'ㅎ'은 연음하지 않는다.**

예 · 좋아[조하(×) → 조아(○)]
 · 넣어[너허(×) → 너어(○)]

음절의 끝소리가 될 수 있는 자음은 'ㄱ, ㄴ, ㄷ, ㄹ, ㅁ, ㅂ, ㅇ'의 일곱 소리뿐으로, 이외의 자음 글자가 끝소리에 오면 위의 일곱 소리 중 어느 하나로 바뀐다는 규칙이다.

받침(끝소리)	발음	용례
ㄱ, ㄲ, ㅋ	[ㄱ]	각[각], 밖[박], 동녘[동녁]
ㄴ	[ㄴ]	산[산]
ㄷ, ㅅ, ㅆ, ㅈ, ㅊ, ㅌ, ㅎ	[ㄷ]	낟[낟], 낫[낟], 났[낟], 낮[낟], 낯[낟], 낱[낟], 놓치다[놑치다]
ㄹ	[ㄹ]	살[살]
ㅁ	[ㅁ]	힘[힘]
ㅂ, ㅍ	[ㅂ]	밥[밥], 앞[압]
ㅇ	[ㅇ]	형[형]

* 좁은 의미에서는 '받침이 그대로 소리 나는 경우'인 '각[각], 산[산], 낟[낟], 살[살], 힘[힘], 밥[밥], 형[형]'은 '음절의 끝소리 규칙'으로 보지 않는다.

cf 연음화(모음으로 시작하는 형식 형태소와 결합)에는 '음절의 끝소리 규칙'이 적용되지 않는다.

예 · 밭에 → [바테], 읽어 → [일거], 밟아 → [발바]
 · 옷이(형식) → [오시](연음화)
 · 옷 안(실질) → [옫안](음절의 끝소리 규칙) → [오단](연음화)

기출 확인

표준 발음에서 축약 현상이 나타나는 것은? 2016 사회복지직 9급

① 놓치다 ② 헛웃음
③ 똑같이 ④ 닫히다

해설
'축약'은 두 형태소가 서로 만날 때에 앞뒤 형태소의 두 음소나 음절이 한 음소나 음절로 되는 현상이다. '닫히다'의 표준 발음은 [다치다]로, 먼저 'ㄷ'과 'ㅎ'이 만나서 'ㅌ'으로 축약되는데, 이를 '자음 축약' 또는 '거센소리되기(격음화)'라 부른다. 자음 축약 후에 구개음화 현상이 나타나 최종 발음은 [다치다]가 된다.
* 닫히다[다티다 → 다치다]

오답
① '놓치다'의 표준 발음은 [놑치다]이다. 'ㅎ'이 'ㄷ'으로 바뀐 것은 음절의 끝소리 규칙(교체)이 적용된 것이다.
② '헛웃음'의 표준 발음은 [허두슴]이다. '헛'의 'ㅅ'이 'ㄷ'으로 교체된 후, 연음되어 발음된다.
 * 헛웃음[헏우슴 → 허두슴]
③ '똑같이'의 표준 발음은 [똑까치]이다. 'ㅌ'이 'ㅣ'로 시작하는 형식 형태소와 만나 'ㅊ'으로 교체된 것이고, '똑'의 받침 'ㄱ'과 '같'의 'ㄱ'이 만나 뒤의 'ㄱ'이 'ㄲ'으로 교체되었으므로 '구개음화'와 '된소리되기'가 나타난다.
 * 똑같이[똑까티 → 똑까치]

정답 ④

2. 된소리되기[= 경음화(硬音化)]

(1) 예사소리가 된소리로 바뀌는 현상을 말한다.

(2) 유형

① 앞말 받침 [ㄱ, ㄷ, ㅂ] + 초성 ㄱ, ㄷ, ㅂ, ㅅ, ㅈ → 초성 [ㄲ, ㄸ, ㅃ, ㅆ, ㅉ]

예 책도[책또], 국밥[국빱]

* 앞말의 받침이 거센소리, 겹자음일 때: '음절의 끝소리 규칙(교체)'과 '자음군 단순화(탈락)'가 먼저 적용된 후에 '된소리되기'가 일어난다.

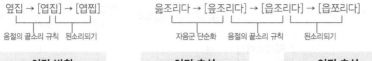

옆집 → [엽집] → [엽찝] (음절의 끝소리 규칙, 된소리되기)

읊조리다 → [읖조리다] → [읍조리다] → [읍쪼리다] (자음군 단순화, 음절의 끝소리 규칙, 된소리되기)

② 어간 받침 ㄴ(ㄵ), ㅁ(ㄻ) + 어미 초성 ㄱ, ㄷ, ㅅ, ㅈ → 어미 초성 [ㄲ, ㄸ, ㅆ, ㅉ]

예 신고[신ː꼬], 더듬지[더듬찌], 앉고[안꼬], 젊지[점ː찌], 감다[감ː따]

* 피동, 사동 접미사 '-기-'는 된소리로 발음되지 않는다. 예 안기다[안기다], 굶기다[굼기다]

* 체언과 조사의 결합에서는 된소리로 발음되지 않는다. 예 산과 → [산과], 바람도 → [바람도]

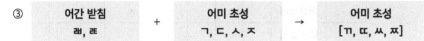

③ 어간 받침 ㄼ, ㄾ + 어미 초성 ㄱ, ㄷ, ㅅ, ㅈ → 어미 초성 [ㄲ, ㄸ, ㅆ, ㅉ]

예 넓게[널께], 핥다[할따], 훑소[훌쏘]

④ 한자어 앞말 받침 ㄹ + 초성 ㄷ, ㅅ, ㅈ → 초성 [ㄸ, ㅆ, ㅉ]

예 갈등(葛藤)[갈뜽], 몰상식(沒常識)[몰쌍식], 몰살(沒殺)[몰쌀], 불세출(不世出)[불쎄출]

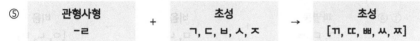

⑤ 관형사형 -ㄹ + 초성 ㄱ, ㄷ, ㅂ, ㅅ, ㅈ → 초성 [ㄲ, ㄸ, ㅃ, ㅆ, ㅉ]

예 할 것이다 → [할껏이다] → [할꺼시다], 만날 사람[만날싸람], 갈 데가[갈떼가]

3. 두음 법칙

(1) 'ㄹ, ㄴ'이 한자어 첫머리(두음)에 오는 것을 꺼려 'ㄴ, ㅇ'으로 바꾸어 발음하고 표기하는 현상을 말한다.

예 녀자 → 여자, 량심 → 양심, 년세 → 연세, 력사 → 역사, 뉴대 → 유대, 로인 → 노인

(2) 두음 법칙이 적용되는 조건

① 한자음 '녀, 뇨, 뉴, 니', '랴, 려, 례, 료, 류, 리' → '여, 요, 유, 이', '야, 여, 예, 요, 유, 이'

예 년세 → 연세, 닉명 → 익명, 량심 → 양심, 례의 → 예의

② 한자음 '라, 래, 로, 뢰, 루, 르' → '나, 내, 노, 뇌, 누, 느'

예 락원 → 낙원, 루각 → 누각, 뢰성 → 뇌성, 로인 → 노인, 래일 → 내일

③ 모음 또는 'ㄴ' 받침 뒤 '렬, 률' → '열, 율'

예 할인율, 실패율, 규율, 비율

(3) 예외

① 외래어, 외국어에는 적용 ×

예 라디오(radio), 니스(Nice, 프랑스 지명)

② 4글자 한자 성어는 '2-2' 구성으로 보아, 세 번째 글자에 적용

예 부화-뢰동 → 부화뇌동, 사상-루각 → 사상누각

③ 접두사처럼 쓰이는 한자가 결합된 단어는 두 번째 글자에 적용

예 실-낙원, 반-나체, 중-노인

경음화

〈한글 맞춤법〉 제23항~제28항 364~365쪽 참조

★ 된소리되기는 보편적이고 필연적인 현상이지만, 사잇소리 현상은 수의적(자기의 마음대로 하는)인 현상이다.

두음 법칙

〈한글 맞춤법〉 제10항~제12항 369~371쪽 참조

★ **'欄'과 '量'의 표기**

- 한자어 뒤 → 란/량
  - 예 · 비고란(備考欄)
  - · 수출량(輸出量)
- 고유어와 외래어 뒤 → 난/양
  - 예 · 어린이난, 가십(gossip)난
  - · 쓰레기양, 소스(sauce)양

2 동화 * '동화'를 '교체'에 포함시키기도 한다.

1. 자음 동화

(1) 자음이 다른 자음과 만날 때 영향을 받아 같거나 비슷한 자음으로 바뀌는 현상을 말한다.

(2) 종류: 비음화, 유음화, 연구개음화, 양순음화

▶ 자음 동화의 원리

조음 방법 \ 조음 위치			순음(脣音) 입술소리	치조음(齒槽音) 혀끝소리	경구개음(硬□蓋音) 센입천장소리	연구개음(軟□蓋音) 여린입천장소리	후음(喉音) 목청소리
안울림소리	파열음	예사소리	ㅂ	ㄷ		ㄱ	
		된소리	ㅃ	ㄸ	구개음화	ㄲ	
		거센소리	ㅍ	ㅌ		ㅋ	
	파찰음	예사소리			ㅈ		
		된소리	비음화 ⓐ	비음화 ⓐ	ㅉ	비음화 ⓐ	
		거센소리			ㅊ		
	마찰음	예사소리		ㅅ			ㅎ
		된소리		ㅆ			
울림소리	비음(鼻音)		ㅁ	ㄴ		ㅇ	
	유음(流音)			ㄹ (유음화, 비음화 ⓑ)			

(3) 비음화(鼻音化)

① ⓐ 파열음 ㄱ, ㄷ, ㅂ + 비음 ㅁ, ㄴ → 비음 [ㅇ, ㄴ, ㅁ]

예 국물 → [궁물], 받는다 → [반는다], 짖는 → [짇는] → [진는]

② ⓑ 비음 ㅁ, ㅇ + 유음 ㄹ → 비음 [ㄴ]

예 담력 → [담:녁], 남루 → [남:누], 침략 → [침:냑], 종로 → [종노], 강릉 → [강능], 항로 → [항:노]

③ ⓐ+ⓑ 파열음 ㄱ, ㄷ, ㅂ + 유음 ㄹ → 비음 [ㅇ, ㄴ, ㅁ] + 비음 [ㄴ]

예 섭리 → [섭니] → [섬니], 백로 → [백노] → [뱅노], 협력 → [협녁] → [혐녁], 막론 → [막논] → [망논]

(4) 유음화(流音化)

비음 ㄴ + 유음 ㄹ → 유음 [ㄹ]

유음 ㄹ + 비음 ㄴ → 유음 [ㄹ]

예 · 광한루 → [광:할루], 대관령 → [대:괄령], 선릉 → [설릉], 신라 → [실라], 난로 → [날:로]
· 칼날 → [칼랄], 설날 → [설:랄], 물난리 → [물랄리]

자음동화

〈표준 발음법〉 제18항~제19항 362~363쪽 참조

★ '조음 방법 동화(비음화, 유음화)'는 표준 발음이지만, '조음 위치 동화(연구개음화, 양순음화)'는 표준 발음이 아니다.

TIP

비음화와 유음화는 조음 위치는 그대로 있고 조음 방법만 변한 것이다.
→ 조음 방법 동화

기출 확인

밑줄 친 ㉠과 ㉡의 음운 변동에 대한 설명으로 옳은 것은? 2022 국회직 9급

> 한 단어 내의 음운 변동은 여러 유형이 함께 나타날 수도 있다. ㉠ 따뜻하다[따뜨타다]와 ㉡ 삯일[상닐]에 일어나는 음운 변동에는 공통점과 차이점이 존재한다.

① ㉠과 ㉡ 중 ㉠에만 음운의 탈락 현상이 일어난다.
② ㉠과 ㉡ 중 ㉠에만 음운의 첨가 현상이 일어난다.
③ ㉠과 ㉡ 모두 음운의 축약 현상이 일어난다.
④ ㉠과 ㉡ 모두 음운의 대치 현상이 일어난다.
⑤ ㉠과 ㉡ 모두 음운 변동을 거치며 음운의 개수가 줄어든다.

해설

㉠ 따뜻하다	'따뜻하다'는 [따뜻하다 → (음절의 끝소리 규칙) → 따뜯하다 → (자음 축약) → 따뜨타다]의 과정을 거쳐 발음된다. '음절의 끝소리 규칙'은 '대치(교체)', '자음 축약'은 '축약'이다.
㉡ 삯일	'삯일'은 [삯일 → (자음군단순화) → 삭일 → (ㄴ첨가) → 삭닐 → (비음화) → 상닐]의 과정을 거쳐 발음된다. '자음군단순화'는 '탈락', 'ㄴ첨가'는 '첨가', '비음화'는 '대치(교체)'이다.

㉠에는 '음절의 끝소리 규칙'이, ㉡에는 '비음화'가 확인되기 때문에, ㉠과 ㉡ 모두 음운의 대치 현상이 일어난다는 설명은 옳다.

오답

① 음운의 탈락 현상은 ㉡에서만 확인할 수 있다.
② 음운의 첨가 현상은 ㉡에서만 확인할 수 있다.
③ 음운의 축약 현상은 ㉠에서만 확인할 수 있다.
⑤ ㉠은 '축약'이 일어났기 때문에, 음운의 개수가 하나 줄어들었다. 그런데 ㉡은 '첨가'가 일어났기 때문에, 음운의 개수는 하나 늘어났다. 따라서 음운의 개수가 줄어든 것은 ㉠뿐이다.

정답 ④

2. 구개음화 * '구개음화'는 항상 '역행 동화'이면서, '부분 동화'이다.

(1) 앞말의 받침이 'ㄷ, ㅌ'인 형태소가 모음 'ㅣ'나 반모음 'y(ㅣ)'로 시작하는 형식 형태소를 만나 경구개음인 'ㅈ, ㅊ'으로 바뀌는 현상을 말한다.

(2) 유형

① **앞말의 받침 ㄷ, ㅌ** + **'ㅣ' / 반모음 'ㅣ' (형식 형태소)** → **앞말의 받침 [ㅈ, ㅊ]**

예 굳이 → [구디] → [구지], 해돋이 → [해도디] → [해도지],
곧이듣다 → [고디듣따] → [고지듣따], 미닫이 → [미: 다디] → [미: 다지],
같이 → [가티] → [가치], 벼훑이 → [벼훌티] → [벼훌치]

② **앞말의 받침 ㄷ** + **접미사 '히'** = **[티]** → **[치]**

예 굳히다 → [구티다] → [구치다], 닫히다 → [다티다] → [다치다]

3. 모음 동화

(1) 두 모음이 서로 같거나 닮은 소리로 변하는 현상을 말한다.

(2) 종류: 'ㅣ' 모음 역행 동화, 'ㅣ' 모음 순행 동화(이중 모음화), 원순 모음화, 전설 모음화

(3) 유형 * 'ㅣ' 모음 역행 동화와 'ㅣ' 모음 순행 동화(이중 모음화)를 모두 '반모음(y)' 첨가로 볼 수 있다.

① **'ㅣ' 모음 역행 동화[= 전설 모음화, 움라우트(Umlaut)]:** 뒷말의 'ㅣ'에 동화되어 앞말의 후설 모음이 전설 모음으로 바뀌는 현상 * 비표준 발음, 표기 허용 ×

후설 모음 ㅏ, ㅓ, ㅗ, ㅜ + **ㅣ** → **전설 모음 ㅐ, ㅔ, ㅚ, ㅟ**

예 아기 → [애기], 아비 → [애비], 고기 → [괴기], 손잡이 → [손잽이] → [손재비],
잡히다 → [잽히다] → [재피다], 속이다 → [쇡이다] → [쇠기다], 죽이다 → [쥑이다] → [쥐기다]

cf 아주 변하여 굳어진 단어들은 표준어로 인정 예 -내기, 냄비, 동댕이치다, 멋쟁이, 담쟁이덩굴

② **이중 모음화(= 'ㅣ' 모음 순행 동화):** 용언에서 'ㅣ' 모음으로 끝나는 용언의 어간 뒤에 후설 모음 'ㅓ, ㅗ'가 오면 'ㅣ'의 영향으로 각각 'ㅕ, ㅛ'로 바뀌는 현상

* 모음 충돌을 피하기 위한 'ㅣ' 모음을 삽입하였기에 동화 현상이면서 반모음 첨가 현상이다.

㉠ **ㅣ** + **후설 모음 ㅓ, ㅗ** → **이중 모음 ㅕ, ㅛ**

예 기어 → [기어/기여], 당기시오 → [당기시오/당기시요]

* 체언에서는 일어나지 않는다. 예 오리알[오리알](○)/[오리얄](×)

㉡ 표준 발음으로 인정하나 표기 허용 ×

* 〈표준 발음법〉에 '되어[되어(원칙)/되여(허용)], 피어, 이오, 아니오'만 [ㅕ], [ㅛ]를 허용하는 것처럼 나와 있으나 국립국어원 《표준국어대사전》은 모든 용언에서 허용한다고 게재하고 있다. 따라서 용언의 이중 모음화는 표준 발음이다.

4. 모음 조화 * 넓은 범주에서는 '모음 조화'를 '동화'로 간주한다.

(1) 양성 모음은 양성 모음끼리, 음성 모음은 음성 모음끼리 어울리는 현상을 말한다.

① **양성 모음:** 밝고 경쾌하고 가볍고 빠르고 날카롭고 작은 느낌 예 고와, 알록달록

② **음성 모음:** 어둡고 무겁고 크고 둔탁하고 느린 느낌 예 서러워, 얼룩덜룩

(2) 모음 조화는 중세 국어에서는 엄격히 지켜졌으나, 'ㆍ' 모음의 소실로 점차 문란해지고 있다.

(3) 나타나는 경우(실현)

① 음성 상징어(의성어, 의태어) 예 알록달록/얼룩덜룩, 팔짝팔짝/펄쩍펄쩍 등

예외 보슬보슬, 깡충깡충, 몽실몽실, 산들산들, 남실남실, 자글자글, 대굴대굴, 생글생글, 오순도순 등

② 어간+어미 예 막다(막아 - 막아라 - 막았다) / 먹다(먹어 - 먹어라 - 먹었다)

구개음화

〈표준 발음법〉 제17항 362쪽 참조,
〈한글 맞춤법〉 제6항 368쪽 참조

구개음화가 일어나지 않는 경우

- 한 형태소 안: 잔디, 디디다, 느티나무
- 복합어

홑-이불 → [홑이불] → [혿니불] → [혼니불]
(음·끝 / 'ㄴ' 첨가 / 비음화)
밭-이랑 → [받이랑] → [받니랑] → [반니랑]
(음·끝 / 'ㄴ' 첨가 / 비음화)

cf '이랑'이 형식 형태소(조사)일 때는 구개음화가 나타난다.

밭이랑 논이랑 팔다.
[바치랑]

'ㅣ' 모음 순행 동화

〈표준 발음법〉 제22항 363쪽 참조

TIP

'ㅣ'모음 역행 동화의 원리

구분	전설 모음		후설 모음	
	평순	원순	평순	원순
고모음	ㅣ	ㅟ	ㅡ	ㅜ
중모음	ㅔ	ㅚ	ㅓ	ㅗ
조모음	ㅐ		ㅏ	

모음 조화

〈한글 맞춤법〉 제16항 373쪽 참조

모음의 구분

- 양성 모음('ㅏ, ㅗ' 계열)
  ㅏ, ㅗ, ㅑ, ㅛ / ㅐ, ㅒ, ㅘ, ㅙ, ㅚ
- 음성 모음('ㅓ, ㅜ' 계열)
  ㅓ, ㅜ, ㅕ, ㅠ / ㅔ, ㅖ, ㅝ, ㅞ, ㅟ, ㅡ, ㅢ
- 중성 모음(→ 음성화): ㅣ

* 'ㅣ' 아래에 받침이 있으면 보통 음성 모음으로 취급한다.

Quiz

빈칸에 들어갈 음운 현상을 쓰시오.

① 해돋이 → (   ) → [해도지]
② 갑도 → (자음군 단순화) → [갑도]
→ (   ) → [갑또]
③ 가을일 → ('ㄴ' 첨가) → [가을닐]
→ (   ) → [가을릴]
④ 옷고름 → (   ) → [옫고름]
→ (   ) → [옫꼬름]
⑤ 실락원(失樂園) → (   )
→ 실낙원
⑥ 집일 → (   ) → [집닐]
→ (   ) → [짐닐]

정답 ① 구개음화 ② 된소리되기 ③ 유음화
④ 음절의 끝소리 규칙, 된소리되기
⑤ 두음 법칙 ⑥ 'ㄴ' 첨가, 비음화

TIP

'오손도손'도 표준어이다.

예외 'ㅂ' 불규칙 용언

'돕다'와 '곱다'를 제외한 모든 'ㅂ' 불규칙 용언은 '워' 형태로 활용한다

예 도와, 고와 - 차가워, 가까워, 놀라워, 날카로워, 아름다워

3 축약

두 음운이 하나로 줄어드는 현상을 말한다.

* 음운이 줄어들되 하나가 완전히 사라지는 것이 아니라 그 특성은 살아 있다.

예 축하[추카] → 'ㄱ+ㅎ'이 'ㅋ'으로 축약, 'ㄱ'과 'ㅋ'은 조음 위치와 조음 방법이 같은 연구개 파열음으로 동일한 성질을 갖고 있다.

1. 자음 축약(= 거센소리되기, 음운의 축약) * 표기 반영 ×

ㄱ, ㄷ, ㅂ, ㅈ	+	ㅎ	→	[ㅋ, ㅌ, ㅍ, ㅊ]

예 좋다[조ː타], 먹히다[머키다], 놓다[노타], 잡히다[자피다], 꽂히다[꼬치다], 밟혀[발펴]

2. 모음 축약(= 형태소의 축약, 음절의 축약) * 표기 반영 ○ (표준어로 인정)

두 형태소가 만날 때, 앞뒤 형태소의 두 음소나 음절이 한 음소나 음절로 줄어드는 현상을 말한다.

* 축약의 동기: 모음 연쇄를 피하기 위해

예 파+이다 → 패다, 그리+어 → 그려, 다치+어 → 다쳐, 뜨+이다 → 띄다, 오+아 → 와, 오+아서 → 와서, 보+아라 → 봐라, 되+어 → 돼

4 탈락

두 음운이 만나면서 한 음운이 없어지는 현상을 말한다.

1. 종류: 자음 탈락, 모음 탈락, 음절 탈락, 자음군 단순화

2. 자음 탈락

(1) 동음 탈락 예 간+난 → 가난, 목+과 → 모과, 출렴(出斂) → 추렴, 밥보 → 바보, 움물 → 우물

(2) 'ㄹ' 탈락(규칙)

① 단어 형성 시

예 활+살 → 화살, 쌀+전 → 싸전, 울(다)+짖다 → 우짖다, 딸+님 → 따님, 솔+나무 → 소나무

② 활용 시('ㄴ, ㄹ, ㅂ, 시, 오' 앞에서 탈락)

예 놀다 → 노니, 노는, 놉니다, 노시오 / 살다 → 사는, 삽니다

(3) 'ㅅ' 탈락(불규칙, '-아/-어' 앞에서 탈락) 예 낫+아 → 나아, 긋+어 → 그어 예외 벗어(규칙)

(4) 'ㅎ' 탈락(불규칙)

① 발음상 예 낳아[나아], 놓아[노아], 좋아[조ː아]

② 표기상 예 하얗+아 → 하얘, 빨갛+아 → 빨개 예외 형용사 '좋다' - 좋아서

(5) 자음군 단순화

① ㄳ, ㄵ, ㄼ, ㄽ, ㄾ, ㅄ: 첫째 자음 발음 예 삯[삭], 넋[넉], 넋과[넉꽈], 앉다[안따], 여덟[여덜]

② ㄻ, ㄿ: 둘째 자음 발음 예 닮고[담ː꼬], 삶[삼ː], 젊다[점ː따], 읊고[읍꼬]

③ ㄺ: 둘째 자음 [ㄱ] 발음 예 닭[닥], 흙과[흑꽈], 읽지[익찌], 늙다[늑따]

3. 모음 탈락

(1) 동음 탈락 예 가+아 → 가, 서+어서 → 서서, 켜+었다 → 켰다

(2) 'ㅡ' 탈락('-아/-어' 앞에서 탈락) 예 담그+아 → 담가, 쓰+어 → 써, 따르+아 → 따라

(3) 'ㅜ' 탈락 예 푸+어 → 퍼

(4) 그 밖에 'ㅏ' 탈락(예 흔+하지 → 흔치), 'ㅓ' 탈락(예 캐+어 → 캐) 등

4. 음절 탈락

형태소가 결합할 때, 두 음절이 한 음절로 줄어드는 현상을 말한다.

예 생각하지 → 생각지, 이러하니 → 이러니

자음 축약

〈표준 발음법〉 제12항 360쪽 참조

음운 축약

〈한글 맞춤법〉 제35항~제38항 386쪽 참조

★ 'ㅏ, ㅗ, ㅜ, ㅡ'로 끝나는 어간 뒤에 '-이어'가 결합하여 모음 축약이 일어날 때, 두 가지 형태로 줄 수 있다.

- ㅏ, ㅗ, ㅜ, ㅡ + 이어
  → ㅐ어, ㅚ어, ㅟ어, ㅢ어
- ㅏ, ㅗ, ㅜ, ㅡ + 이어
  → ㅏ여, ㅗ여, ㅜ여, ㅡ여

예
- 싸이어 → 쌔어/싸여
- 뜨이어 → 띄어/뜨여
- 보이어 → 뵈어/보여
- 쏘이어 → 쐬어/쏘여
- 누이어 → 뉘어/누여

TIP

'ㅎ' 탈락은 명사에는 적용되지 않는다.

예
- 실험 → [시럼](×)/[실험](○)
- 철학 → [처락](×)/[철학](○)
- 올해 → [오래](×)/[올해](○)
- 전화 → [저놔](×)/[전화](○)

TIP

'ㄼ' 발음의 예외
-밟다[밥ː따], 넓죽하다[넙쭈카다]

'밟-' 뒤에 자음이 오거나 '넓-'이 붙은 복합어는 [ㅂ]으로 발음한다.

예 밟소[밥ː쏘], 밟지[밥ː찌], 넓둥글다[넙뚱글다], 넓적하다[넙쩌카다]

TIP

'ㄺ' 발음의 예외 - 읽고[일꼬]

'ㄺ(어간) + ㄱ(어미)'는 [ㄹㄲ]으로 발음한다.

예 맑게[말께], 묽고[물꼬]

TIP

'ㅓ' 탈락 중 둘 다 허용하는 예

예
- 깨+어 → 깨어/깨
- 내+었고 → 내었고/냈고
- 새+어 → 새어/새
- 설레+어 → 설레어/설레

Quiz

다음 단어의 모음 축약 형태를 쓰시오.

① 가리어 → (　　　)
② 보이다 → (　　　)
③ 트이어 → (　　　)
④ 사이 → (　　　)
⑤ 두어 → (　　　)
⑥ 가지어 → (　　　)
⑦ 여쭈어 → (　　　)
⑧ 안 되어요 → (　　　)
⑨ 쓰이어 → (　　　)

정답 ① 가려 ② 뵈다 ③ 틔어/트여 ④ 새 ⑤ 둬 ⑥ 가져 ⑦ 여쭤 ⑧ 안 돼요 ⑨ 씌어/쓰여

5 첨가

형태소가 합성이 될 때, 원래 없던 음운이 덧붙여지는 현상을 말한다.

1. 종류: 'ㅅ' 첨가, 'ㄴ' 첨가

2. 사잇소리 현상

(1) 두 개의 형태소 또는 단어가 합쳐져 합성 명사를 이룰 때 그 사이에 소리가 덧나는 현상을 말한다.

(2) 유형

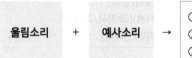

울림소리 + 예사소리 → ① 된소리 예 등불[등뿔] ② ㄴ 예 잇몸[인몸] ③ ㄴㄴ 예 윗잇몸[윈닌몸]

(3) 수의적(임의적) 현상이다.

* 사잇소리 현상이 발생하는 음운 환경이 주어지더라도 반드시 사잇소리 현상이 일어나는 것은 아니다.

사잇소리 현상 O	사잇소리 현상 ×	사잇소리 현상 O	사잇소리 현상 ×
아침밥[아침빱]	김밥[김:밥/김:빱]	노랫말[노랜말]	머리말[머리말]
		혼잣말[혼잔말]	인사말[인사말]
물고기[물꼬기]	불고기[불고기]	존댓말[존댄말]	반대말[반:대말]

(4) 사잇소리 현상의 유무에 따라 의미가 분화된다.

머리방[-방]	머릿방[-빵]	잠자리[-자-]	잠 + 자리[-짜-]
미용실	안방 뒤에 딸린 자그마한 방	곤충의 이름, 단일어	잠을 자는 자리, 합성어

(5) 사이시옷의 표기('ㅅ' 첨가)

① 사잇소리의 조건을 모두 갖추고, 앞 형태소가 모음으로 끝나고, 둘 중 하나의 어근이 고유어일 때 사이시옷을 표기한다.

② **한자 합성어:** 곳간(庫間), 셋방(貰房), 찻간(車間), 숫자(數字), 툇간(退間), 횟수(回數)

* 한자 합성어에는 사이시옷을 표기하지 않는 것이 원칙이다. 6개의 한자 합성어만 예외이다.

cf 월세-방(月貰房), 전세-방(傳貰房), 기차-간(汽車間) 등

(6) 사잇소리 현상의 분류

된소리되기	사이시옷 표기 ×	길+가 → 길가[길까], 등(燈)+불 → 등불[등뿔]	교체
된소리되기	사이시옷 표기 O	초+불 → 촛불[초뿔/촏뿔], 귀+병(病) → 귓병[귀뼝/귇뼝]	첨가
'ㄴ' 첨가		코+날 → 콧날[콘날], 양치(養齒)+물 → 양칫물[양친물]	첨가
'ㄴㄴ' 첨가		나무+잎 → 나뭇잎[나문닙], 예사(例事)+일 → 예삿일[예:산닐]	첨가

(7) 사이시옷을 표기할 수 없는 경우

① 거센소리나 된소리가 뒷말에 올 때 예 위쪽(윗쪽 ×), 위층(윗층 ×), 뒤태(뒷태 ×)

② 파생어일 때 예 해님(햇님 ×), 부처님(부첫님 ×)

③ 외래어 합성어일 때 예 피자집(피잣집 ×), 오렌지빛(오렌짓빛 ×)

'ㅅ' 첨가

〈표준 발음법〉 제28항~제30항 365~366쪽, 〈한글 맞춤법〉 제30항 383~384쪽 참조

사잇소리 현상에 의한 합성어의 의미

명사+명사 (수식 관계)

TIP

사잇소리 현상으로 '된소리'로 바뀌었더라도 사이시옷을 표기한 경우만 'ㅅ' 첨가이고, 그렇지 않다면 '된소리되기'이다.

TIP

원래 '김밥'은 [김:밥]만 표준 발음이었으나, 현실 발음을 고려해 2016년 [김:빱]도 표준 발음으로 인정되었다.

TIP

'ㅅ' 첨가는 사잇소리 현상 중 'ㅅ'이 표기되는 낱말에 제한된다.

TIP

사잇소리 현상의 'ㄴ' 첨가와 'ㄴㄴ' 첨가는 'ㅅ' 첨가와 동시에 'ㄴ' 첨가가 실현된다.

기출 확인

밑줄 친 말의 표기가 잘못된 것은?

2022 군무원 9급

① 배가 고파서 공기밥을 두 그릇이나 먹었다.

② 선출된 임원들이 차례로 인사말을 하였다.

③ 사고 뒤처리를 하느라 골머리를 앓았다.

④ 이메일보다는 손수 쓴 편지글이 더 낫다.

해설

공기밥→공깃밥: '공기+밥'의 결합 과정에서 사잇소리가 덧나기 때문에 사이시옷을 받쳐, '공깃밥'으로 표기해야 한다.

오답

② '인사+말'의 합성어는 [인사말]로 발음된다. 즉 사잇소리가 덧나지 않기 때문에 사이시옷을 받쳐 적지 않은 '인사말'의 표기는 바르다.

③ 된소리나 거센소리 앞에서는 사이시옷을 받쳐 적지 않는다. 따라서 '뒤+처리'의 합성어는 '뒤처리'이다.

④ '편지+글'의 합성어는 [편:지글]로 발음된다. 즉 사잇소리가 덧나지 않기 때문에 사이시옷을 받쳐 적지 않은 '편지글'의 표기는 바르다.

정답 ①

혜원通 주의가 필요한 사이시옷 표기와 표준 발음

1. 사잇소리 현상이 일어나지 않는 단어(사이시옷을 표기하면 안 되는 단어)

- 불장난[불장난]
- 고래기름[고래기름]
- 창구(窓口)[창구]
- 유리잔(琉璃盞)[유리잔]
- 등기(登記)[등기]
- 반창고(絆瘡膏)[반창고]
- 회수(回收)[회수/훼수]
- 고가도로(高架道路)[고가도로]

* 툇간(退間)[퇴:깐/�깐], 횟수(回數)[회수/훼쑤]

2. 사잇소리 현상 유무 모두가 표준 발음으로 인정되는 단어

- 김밥[김:밥/김:빱]
- 반값[반:갑/반:깝]
- 관건(關鍵)[관건/관껀]
- 불법(不法)[불법/불뻡]
- 효과(效果)[효:과/효:꽈]
- 교과-서(敎科書)[교:과서/교:꽈서]
- 안-간힘[안깐힘/안간힘]
- 인-기척[인끼척/인기척]

단모음 '외'는 [ㅚ]로 발음하는 게 원칙이지만, 이중 모음 [ㅞ]로도 발음할 수 있다.

3. 'ㄴ' 첨가

'ㄴ' 첨가
〈표준 발음법〉 제29항 365쪽 참조

〈표준 발음법〉

제29항	합성어 및 파생어에서, 앞 단어나 접두사의 끝이 자음이고 뒤 단어나 접미사의 첫 음절이 '이, 야, 여, 요, 유'인 경우에는, 'ㄴ' 음을 첨가하여 [니, 냐, 녀, 뇨, 뉴]로 발음한다.

솜-이불[솜:니불] 홑-이불[혼니불] 삯-일[상닐]
맨-입[맨닙] 남존-여비[남존녀비] 늑막-염[능망념]
눈-요기[눈뇨기] 백분-율[백뿐뉼]

TIP

복합어(합성어, 파생어)

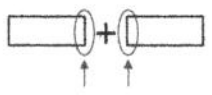

받침 + 'ㅣ' 모음 계열(ㅣ, ㅑ, ㅕ, ㅛ, ㅠ)
→ [니, 냐, 녀, 뇨, 뉴]

* 앞 음절이 자음(받침)으로 끝나고 뒤 음절에 'ㅣ'로 시작하는 모음이 올 때, 'ㄴ' 소리가 첨가된다.

기출 확인

다음 규정에 근거할 때 옳지 않은 것은? 2022 국가직 9급

〈한글 맞춤법〉 제30항
사이시옷은 다음과 같은 경우에 받치어 적는다.
(가) 순우리말로 된 합성어로서 앞말이 모음으로 끝나면서 뒷말의 첫소리가 된소리로 나는 것
(나) 순우리말과 한자어로 된 합성어로서 앞말이 모음으로 끝나면서 뒷말의 첫소리가 된소리로 나는 것

① (가)에 따라 '아래 + 집'은 '아랫집'으로 적는다.
② (가)에 따라 '쇠 + 조각'은 '쇳조각'으로 적는다.
③ (나)에 따라 '전세 + 방'은 '전셋방'으로 적는다.
④ (나)에 따라 '자리 + 세'는 '자릿세'로 적는다.

해설 '전세'와 '방'이 합쳐지는 과정에서 뒷말의 첫소리가 된소리로 나 [전세빵]으로 발음한다. 그러나 '전세(傳貰)'와 '방(房)'은 모두 한자어이므로, 순우리말과 한자어로 된 합성어가 아니다. 따라서 (나)에 따라 '전셋방'으로 적는다는 설명은 옳지 않다. 한자 합성어는 사이시옷을 받쳐 적을 수 없기 때문에 '전세방(傳貰房)'으로 적어야 한다.

오답 ① 순우리말 '아래'와 '집'이 결합해, 뒷말의 첫소리가 된소리로 나기 때문에 '아랫집'으로 적는다.
② 순우리말 '쇠'와 '조각'이 결합해, 뒷말의 첫소리가 된소리로 나기 때문에 '쇳조각'으로 적는다.
④ 순우리말 '자리'와 한자어 '세(貰)'가 결합해, 뒷말의 첫소리가 된소리로 나기 때문에 '자릿세'로 적는다.

정답 ③

기출 확인

〈보기〉의 음운 변동 사례 중 옳은 것은? 2019 서울시 7급(2월)

〈보기〉
교체, 탈락, 축약, 첨가의 음운 변동이 일어나는 경우 음운 개수의 변화가 나타나기도 한다. 먼저 ㉠ '집일[짐닐]'은 첨가 및 교체가 일어나 음운의 개수가 늘었다. 그런데 ㉡ '닭만[당만]'은 탈락만 일어나 음운의 개수가 줄었고, ㉢ '뜻하다[뜨타다]'는 축약만 일어나 음운의 개수가 줄었다. 한편 ㉣ '맡는[만는]'은 교체가 두 번 일어나 음운의 개수가 2개 증가하였다.

① ㉠ ② ㉡
③ ㉢ ④ ㉣

해설

첨가 및 교체가 일어나	'집일'은 '집 + 일'의 합성어이다. [집일 → ('ㄴ' 첨가) → 집닐 → (비음화) → 짐닐]의 과정을 거쳐 발음된다. 따라서 첨가 및 교체가 일어났다는 설명은 옳다.
음운의 개수가 늘었다.	음운의 개수 역시 '5개(ㅈ, ㅣ, ㅂ, ㅣ, ㄹ)'에서 '6개(ㅈ, ㅣ, ㅁ, ㄴ, ㅣ, ㄹ)'로 1개가 늘어났다. 따라서 음운의 개수가 늘었다는 설명 역시 옳다.

오답
㉡: 닭만 - [닥만](자음군 단순화 - 탈락) - [당만](비음화 - 교체) → - 1
㉢: 뜻하다 - [뜯하다](음절의 끝소리 규칙 - 교체) - [뜨타다](거센소리되기 - 축약) → - 1
㉣: 맡는 - [맏는](음절의 끝소리 규칙 - 교체) - [만는](비음화 - 교체) → ± 0

정답 ①

CHAPTER

03 형태론

1절 형태소

1 형태소의 개념

뜻(의미)을 가진 가장 작은 말의 단위 → 더 분석하면 뜻을 잃어버리는 말의 단위

2 형태소의 종류

구분	종류	개념
자립성 유무에 따라	자립 형태소	다른 형태소와 결합하지 않고, 독립해서 단어가 되는 형태소 → 체언(명사·대명사·수사), 수식언(관형사·부사), 감탄사 예 하늘이 참 맑다.
	의존 형태소	실질 형태소와 결합하여야만 단어가 되는 형태소 → 조사, 어간, 어미, 접사 예 하늘이 참 맑 다.
의미의 기능 여부에 따라	실질 형태소	실질적인 의미를 가지고 있는 형태소 → 체언(명사·대명사·수사), 수식언(관형사·부사), 감탄사 [자립 형태소], 용언(동사·형용 사)의 어간 예 하늘이 참 맑다.
	형식 형태소	형식적(문법적)인 의미를 가지고 있는 형태소 → 조사, 어미, 접사 예 하늘이 참 맑다.

2절 단어

1 단어의 개념

① 최소 자립 형식 또는 그와 쉽게 분리되는 말(조사)

② 단어는 띄어 씀을 원칙으로 하되, 조사는 그 앞말에 붙여 쓴다.

③ 단어의 개수 = 어절 수 + 조사 수

④ 단어 분석의 예

문장	한여름의 밤하늘은 예쁘다.							
단어	한여름		의	밤하늘		은	예쁘다	
형태소	한-	여름	의	밤	하늘	은	예쁘-	-다

2 단어의 형성

단어의 형성, 즉 짜임은 '형태소'가 기준이 된다.

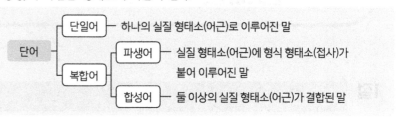

- 단어
  - 단일어 — 하나의 실질 형태소(어근)로 이루어진 말
  - 복합어
    - 파생어 — 실질 형태소(어근)에 형식 형태소(접사)가 붙어 이루어진 말
    - 합성어 — 둘 이상의 실질 형태소(어근)가 결합된 말

1. 파생어: '접두사+어근' 또는 '어근+접미사'

(1) 접사

어근에 붙어 뜻을 더하거나 제한하는 형태소로, 단어의 주변적 부분이다.

① 위치에 따라

접두사	어근의 앞에 붙는 접사 예 맨손 / 덧버선
접미사	어근의 뒤에 붙는 접사 예 덮개 / 지붕(집+웅)

② 기능에 따라

한정적 접사	어근에 붙어 뜻을 더하는 접사 예 맨손 / 덧버선
지배적 접사	어근에 붙어 품사나 문법적 기능을 바꾸는 접사 예 덮개(동사 → 명사), 넓히다(형용사 → 동사)

(2) 접미사에 의한 단어의 파생

접미사는 어근에 붙어 뜻을 더하기도 하고, 어근의 품사나 문법적 기능을 바꾸기도 한다.
(어근에 붙어 뜻을 더하기: 한정적 접사(어휘적 접사) / 어근의 품사나 문법적 기능을 바꾸기: 지배적 접사(통사적 접사))

① 명사로 만드는 접미사

종류	예
-(으)ㅁ	믿음, 죽음, 웃음, 걸음, 젊음, 수줍음, 꿈, 삶, 앎, 잠, 춤
-기	굵기, 달리기, 모내기, 사재기, 크기

② 동사로 만드는 접미사

종류	의미	예
-하다	동작을 나타내는 동사를 만듦.	운동하다, 공부하다, 씨름하다

③ 형용사로 만드는 접미사

종류	예
-답다	꽃답다, 남자답다, 정답다
-스럽다	복스럽다, 자랑스럽다
-하다	건강하다, 순수하다, 정직하다

④ 부사로 만드는 접미사

종류	예
-이/-히	많이, 깨끗이, 높이, 급히, 건강히

⑤ 조사로 만드는 접미사

예 조차(좇+아), 부터(붙+어), 같이(같+이), 밖에(밖+에)

★ 어근-접사 vs 어간-어미

어근(語根)	단어의 중심 의미(根)	파생(派生)
접사(接辭)	단어의 부차 의미(接)	
어간(語幹)	용언 활용 시 변하지 않는 부분	활용(活用)
어미(語尾)	용언 활용 시 변하는 부분	

★ 사동사와 피동사를 만드는 접미사

사동 접미사	먹이다, 입히다, 울리다, 벗기다, 피우다, 달구다, 낮추다, 일으키다, 들이키다, 없애다 → -이-/-히-/-리-/-기-/-우-/-구-/-추-/-으키-/-이키-/-애-
피동 접미사	놓이다, 먹히다, 깔리다, 찢기다 → -이-/-히-/-리-/-기-

기출 확인

다음 중 파생법으로 만들어진 단어가 아닌 것은? 2022 군무원 9급

① 교육자답다
② 살펴보다
③ 탐스럽다
④ 순수하다

해설

'파생법'은 실질 형태소에 접사를 붙여 파생어를 만드는 단어 형성 방법이다. 즉 파생법으로 만들어진 단어는 파생어이다. 그런데 '살펴보다'는 어근 '살피다'와 '보다'가 결합한 말로, 어근과 어근의 결합이므로 파생어가 아니라 합성어이다.

오답

① 어근 '교육자'와 접미사 '-답다'가 결합한 말로 파생어이다. 명사 '교육자'와 접사가 결합해 형용사 '교육자답다'를 만들었다.

③ 어근 '탐'과 접미사 '-스럽다'가 결합한 말로 파생어이다. 명사 '탐'과 접사가 결합해 형용사 '탐스럽다'를 만들었다.

④ 어근 '순수'와 접미사 '-하다'가 결합한 말로 파생어이다. 명사 '순수'와 접사가 결합해 형용사 '순수하다'를 만들었다.

※ 접사 '-하다'는 형용사를 만들기도 하고, 동사를 만들기도 한다.
예 순수하다(형용사), 공부하다(동사)

정답 ②

3. 합성어: 어근+어근

(1) 의미 관계에 따른 합성어

대등 합성어	두 개의 어근이 대등한 연결 관계를 보이는 합성어 예 논밭, 앞뒤, 남녀, 오가다, 나들다, 마소(말+소), 우짖다(울다+짖다)
종속 합성어	한 어근이 다른 어근을 수식하는 관계를 보이는 합성어 예 책가방, 유리병, 등지다, 빌어먹다, 국밥, 걸어가다
융합 합성어	합성 과정에서 제3의 의미가 생겨나는 합성어 예 밤낮(항상), 피땀(노력), 쥐뿔(아주 적음), 춘추(나이), 광음(시간), 돌아가다(죽다)

(2) 배열 관계(순서 관계)에 따른 합성어

① **통사적 합성어:** 우리말의 일반적인 단어 배열과 일치하는 합성어

유형	예
명사+명사	논밭(논+밭), 이슬비(이슬+비), 손등(손+등)
부사+부사	곧잘(곧+잘), 이리저리(이리+저리), 더욱더(더욱+더)
부사+용언	못나다(못+나다), 그만두다(그만+두다), 마주서다(마주+서다)
조사 생략	힘들다(힘이 들다), 애쓰다(애를 쓰다), 꿈같다(꿈과 같다)
용언의 관형사형+명사	늙은이(늙-+-은+이), 작은누나(작-+-은+누나), 디딜방아(디디-+-ㄹ+방아)
용언의 어간+연결 어미+용언	뛰어가다(뛰-+-어+가다), 찾아보다(찾-+-아+보다), 게을러빠지다(게으르-+-어+빠지다)

② **비통사적 합성어:** 우리말의 일반적인 단어 배열에 어긋나는 합성어

유형	예
부사+명사	부슬비[+](부슬+비), 볼록거울(볼록+거울), 척척박사(척척+박사) → 명사는 관형사가 수식하는 것이 일반적인데, 부사가 명사를 수식함.
용언+(관형사형 어미 생략)+명사	덮밥(덮-+밥), 꺾쇠(꺾-+쇠), 검버섯(검-+버섯), 접칼(접-+칼) → 용언이 바로 명사를 수식할 수 없음. 관형사형 어미를 생략한 채 용언이 명사를 바로 수식함.
용언+(연결 어미 생략)+용언	뛰놀다(뛰-+놀다), 검붉다(검-+붉다), 오가다(오-+가다), 오르내리다, 우짖다 → 연결 어미 없이 용언이 이어지는 것은 국어의 일반적인 배열 방식에 어긋남.
우리말과 어순이 다른 한자어	독서(讀書: 읽을 독, 책 서), 등산(登山: 오를 등, 산 산) → 우리말의 어순과 달리 목적어나 부사어가 서술어 뒤에 옴.

기출 확인

다음을 참고할 때, 단어의 종류가 같은 것끼리 짝지어진 것은? 2024 국가직 9급

> 어떤 구성을 두 요소로만 쪼개었을 때, 그 두 요소를 직접구성 요소라 한다. 직접구성요소가 어근과 어근인 단어는 합성어라 하고 어근과 접사인 단어는 파생어라 한다.

① 지우개 - 새파랗다
② 조각배 - 드높이다
③ 짓밟다 - 저녁노을
④ 풋사과 - 돌아가다

해설 제시된 설명은 단어의 종류를 '합성어'와 '파생어'로 분류하고 있다. '지우개(지우-+-개)', '새파랗다(새-+파랗다)'는 파생어로, 단어 형성 방법이 동일하다.

오답 ② '조각배(조각+배)'는 합성어, '드높이다(드높-+-이다)'는 파생어이다.
③ '짓밟다(짓-+밟다)'는 파생어, '저녁노을(저녁+노을)'은 합성어이다.
④ '풋사과(풋-+사과)'는 파생어, '돌아가다(돌다+가다)'는 합성어이다.

정답 ①

★ · 조사 생략 → 통사적 합성어
· 어미 생략 → 비통사적 합성어

TIP
'이슬비(명사 + 명사)'는 통사적 합성어, '부슬비(부사 + 명사)'는 비통사적 합성어이다.

기출 확인

㉠, ㉡에 해당하는 단어를 바르게 연결한 것은? 2022 지역 인재 9급

> 우리 국어의 합성어는 형성 방법에 따라 ㉠ 통사적 합성어와 ㉡ 비통사적 합성어로 나눌 수 있다. 통사적 합성어란 국어의 일반적인 문장 구성 방법과 일치하는 방식으로 형성되는 합성어를 의미하며, 비통사적 합성어는 일반적인 문장 구성 방법과 어긋나는 방법으로 형성되는 합성어를 의미한다.

	㉠	㉡
①	굶주리다	곧잘
②	뛰놀다	덮밥
③	큰집	굳세다
④	힘들다	여름밤

해설
㉠ 관형어가 체언을 수식하는 것은 우리말의 일반적인 문장 구성 방법과 일치하므로 '큰집'은 통사적 합성어이다.
㉡ 용언의 어간이 연결 어미 없이 바로 결합하는 것은 우리말의 일반적인 문장 구성 방법에 어긋나므로 '굳세다'는 비통사적 합성어이다.

오답
① '굶주리다'는 비통사적 합성어, '곧잘'은 통사적 합성어이다.
② '뛰놀다'와 '덮밥'은 모두 비통사적 합성어이다.
④ '힘들다'와 '여름밤'은 모두 통사적 합성어이다.

정답 ③

3절 단어의 갈래(품사)

품사는 단어를 형태, 기능, 의미에 따라 나눈 갈래이다.

혜원通 품사 분류의 기준

1. 형태: 단어의 형태가 변하느냐의 여부
2. 기능: 문장 속에서 단어가 담당하는 역할
3. 의미: 단어가 지닌 의미의 종류별 공통성

* 이때의 '의미'는 개별 단어의 '어휘적 의미'가 아닌 '형식적 의미'이다.

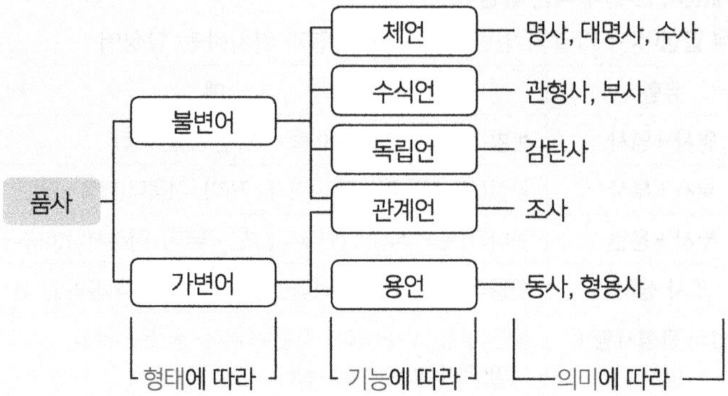

1 체언(體言, 명사·대명사·수사)

TIP
체언
문장에서 주체의 역할을 한다.

1. 명사 – 구체적 대상의 이름

(1) 자립성 여부에 따른 분류

① **자립 명사:** 혼자서 자립적으로 쓰일 수 있는 명사(고유 명사, 보통 명사) 예 하늘, 이름

② **의존 명사:** 홀로 쓰이지 못하여 반드시 관형어의 도움을 받는 명사

TIP
관형어
체언을 수식하는 문장 성분

의존 명사의 유형
㉠ 관형어 + 의존 명사 예 갈 데가 없다. / 너를 기다릴 따름이다.
㉡ [명사(명사형)/대명사] + 의존 명사 예 일이 많기 때문이다. / 너 때문에 힘들다.

2. 대명사 – 명사를 대신하는 말

(1) 지시 대명사

예 이, 그, 저

(2) 인칭 대명사

(3) 대명사 '우리'의 특이성

A: ㉠우리 이번 주말에 ㉢우리 삼촌이 하는 노래방에 갈래?
B: 아니, ㉡우리는 안 갈래.

→ ㉠: 화자와 청자 모두
㉡: 청자를 배제하고, 화자를 포함한 여러 사람
㉢: 화자와 친밀한 관계

★ 대명사 '당신'의 쓰임
- 청자를 이르는 말 예 당신이오?
- 상대를 낮잡아 이르는 말
  예 당신이나 제대로 해.
- 부부 사이에 상대편을 높여 이르는 말
  예 당신의 사랑스러운 아내로부터
- 재귀 대명사 '자기'를 높여 이르는 말
  예 할머니는 뭐든지 당신 고집대로 하셨다.

* 1~3은 2인칭, 4는 3인칭

3. 수사 – 사물의 수량(양수사)이나 차례(서수사)를 가리키는 말

TIP
수사와 명사
차례를 나타내면 수사이고, 사람을 나타내면 명사이다.
예 · 첫째, 공부를 잘해야 한다.
　　수사
　· 첫째가 벌써 초등학교 5학년이다.
　　명사

2 수식언(修飾言, 관형사·부사)

1. 관형사

① 체언(피수식어) 앞에서 체언의 의미를 한정한다. 예 새, 옷

② '관형사+체언'의 구조로만 쓰인다.

2. 부사

① 주로 용언을 수식하며 체언, 관형사, 부사, 문장 전체를 수식하기도 한다.

예 바로 너!(체언 수식)

② 종류

㉠ **성분 부사**: 문장의 한 성분을 꾸며 주는 부사(위치가 비교적 고정적)

㉡ **문장 부사**: 문장 전체를 꾸미는 부사(양태 부사의 경우 위치가 비교적 자유로움)

3 독립언(獨立言, 감탄사)

1. 특징

① 본능적인 놀람, 느낌, 부름, 대답하는 말을 나타내는 단어로, 의식적이지 않다.

* 대답의 '네(예)/아니(요)'는 '감탄사'이다.

② 독립성이 강해 단독으로 문장을 이룰 수 있다.

예 불!(놀람), 이랴/워워/구구(동물을 부르는 소리)

4 관계언(關係言, 조사)

1. 특징

① 체언에 붙어 문법적 관계를 표시하거나 의미를 더해 주는 단어이다.

② 서술격 조사 '이다'는 다른 조사와 달리 용언처럼 활용한다.

2. 종류

(1) 격 조사 : 선행하는 명사가 문장에서 일정한 자격(문장 성분)을 가지게 하는 조사

주격 조사	이/가, 께서(존칭), (이)서(사람의 수효), 에서(단체)	하늘이 푸르다. / 둘이서 여행을 떠났다. / 당국에서 입시 방침을 발표했다.
보격 조사	이/가 * '되다 / 아니다' 앞에 붙음.	그것은 지갑이 아니다. / 그는 드디어 의사가 되었다.
목적격 조사	을/를	나는 서점에서 수험서를 샀다.
서술격 조사	(이)다 * 활용을 하는 것이 특징!	이 꽃이 민들레다. / 저것은 칠판이다. 예 칠판이고 - 칠판이지 - 칠판이구나
관형격 조사	의 * 문장에서 중의성을 지님.	· 나의 합격 → 내가 합격했다.(주격) · 평화의 파괴 → 평화를 파괴하다.(목적격) · 납세의 의무 → 납세라는 의무(동격) · 김소월의 작품 → 김소월이 지은 작품(저작) · 시민의 권리 → 시민이 소유한 권리(소유)
부사격 조사	에, 에게, 께, 에서, (으)로, 처럼, 한테, 로서, 로써	영주는 집에 갔다. / 수지한테 얘기를 들었다.
호격 조사	아/야, 여, (이)시여	희서야, 빨리 와! / 오, 신이시여.

(2) 접속 조사 : 두 단어를 같은 자격(문장 성분)으로 이어 주는 기능을 표시하는 조사

'와/과, 에(다), (이)랑, (이)며, (이)다, 하고, (이)나' 등이 있다.

예 집이며 논이며 밭이며 모두 물에 잠겼다. / 연습이다 레슨이다 시간이 하나도 없다.

TIP

'단체+에서'가 의미상 '~이/가'로 해석될 때, 이때의 '에서'를 주격 조사로 본다.

TIP

'명사+의+명사'의 의미

주격, 목적격, 동격, 저작, 소유

혜원通 접속 조사 '와/과' vs 부사격 조사 '와/과'

'와/과'가 단어와 단어 또는 문장과 문장을 잇는 역할을 하면 '접속 조사'이고, 서술어와 이어지면 '부사격 조사'이다.

접속 조사	예 · 나는 국어와 수학을 잘한다. → '나는 [국어와 수학]을 잘한다.'처럼 '와'가 '국어'와 '수학'을 잇는 역할을 하고 있기 때문에 '접속 조사'이다. · 아버지와 나는 비슷하다. → '[아버지와 나]는 비슷하다.'처럼 '와'가 '아버지'와 '나'를 잇는 역할을 하고 있기 때문에 '접속 조사'이다.
부사격 조사	예 나는 아버지와 비슷하다. → '아버지와'는 서술어 '비슷하다'와 이어지기 때문에 이 때 '와'는 '부사격 조사'이다.

(3) 보조사: 어떤 특별한 뜻(일정한 의미)을 더해 주는 조사

① 격 조사와 어울려 쓰기도 하고, 격 조사를 생략시키기도 한다.

예 · 우리에게는 희망이 있잖아. → 격 조사 '에게'와 보조사 '는'이 결합
· 우리는 밥만 먹었다. → '우리가 밥을 먹었다.'에 보조사가 쓰이면서 격 조사 생략

② 모든 문장 성분 뒤에 나타날 수 있고, 자리를 옮기기도 자유롭다.

예 나는요, 오빠가요 좋은 걸요 어떡해요.

★ **조사의 특징**
- 조사끼리는 붙여 쓴다.
- 주격 조사 '이/가'나 목적격 조사 '을/를'이 '강조'의 의미를 더하는 경우에는 격조사가 아니라 보조사이다.

예 그는 내 말은 곧이를 듣지 않아요.

5 용언(用言, 동사·형용사)

문장에서 서술어 기능을 한다.

1. 동사와 형용사

(1) 동사(動詞): 문장에서 주어의 동작이나 작용을 나타내는 단어

(2) 형용사(形容詞): 문장에서 주어의 성질이나 상태를 나타내는 단어

(3) 동사와 형용사의 구분

구분	동사 (○)	형용사 (×)
현재 시제 '-ㄴ다/-는다'	잠을 잔다.	인형처럼 예쁜다(×)
명령형, 청유형	먹어라, 가자	젊어라, 젊자(×)
'-러'(목적), '-려'(의도)	자러 가다, 읽으려고 하다	예쁘러 한다, 많으려고 한다(×)
관형사형 전성 어미 '-는'	먹는 사람	젊는 사람(×)

* '맞다'는 동사이고, '걸맞다', '알맞다'는 형용사이다.
예 걸맞는(×) → 걸맞은(○), 알맞는(×) → 알맞은(○)

(4) 품사의 통용

구분	동사	형용사
크다	너 커서 무엇이 되고 싶니?	몸집이 크다.
밝다	새벽이 밝아 온다.	달이 밝았다, 인사성과 예의가 밝다.
있다	가만히 있어라, 이틀만 있으면 설날이다. → 지속, 시간의 경과	증거가 있다. → 상태, 소유
늦다	약속 시간에 항상 늦는다.	꽃이 늦게 핀다.
길다	머리가 많이 길었다.	해안선이 길다.

★ **자동사**
동사가 나타내는 동작이나 작용이 주어에만 미치는 동사
예 (꽃이) 피다, (해가) 솟다

★ **타동사**
동작의 대상인 목적어를 필요로 하는 동사
예 (밥을) 먹다, (노래를) 부르다

★ '형용사 + -아라/-어라'는 명령형이 아니라 감탄형이다.
예 가엾어라. / 놀라워라.

★ '없다'는 형용사이지만, 예외적으로 '없는'으로 활용한다.

2. 본용언과 보조 용언

(1) 본용언 : 실질적인 뜻이 담겨 있으며 자립한다.

(2) 보조 용언 : 본용언에 기대어 그 말의 뜻을 도와주며 자립성이 희박하거나 결여되어 있다.

(3) 본용언과 보조 용언의 띄어쓰기

① 띄어쓰기(원칙), 붙여쓰기(허용)

㉠ '본용언+-아/-어+보조 용언' 구성

예 (책을) 읽어∨보다(원칙)/읽어보다(허용)

㉡ '관형사형+보조 용언(의존 명사+-하다/싶다)' 구성

예 아는∨체하다(원칙)/아는체하다(허용)

② 예외

반드시 띄어 써야 하는 경우	반드시 붙여 써야 하는 경우
㉠ 본용언이 복합어인 경우 예 떠내려가∨버리다.(○) / 떠내려가버리다.(×) ㉡ 사이에 조사가 붙는 경우 예 잘난∨척하다.(○) / 잘난척하다.(○) / 잘난∨척을∨하다.(○) ㉢ '본용언 + 보조 용언' 꼭 띄어 써야 하는 경우: '-(으)ㄴ가, -나, -는가, -(으)ㄹ까, -지' 등의 종결 어미 + 보조 용언 예 책상이 작은가∨싶다. / 그가 밥을 먹나∨싶다. / 집에 갈까∨보다. / 아무래도 힘들겠지∨싶었다.	㉠ '-아/-어 + 지다', '-아/-어 + 하다' 예 예뻐지다, 좋아하다 단, '-아/-어 + 하다'의 경우 앞의 구(句)와 결합할 때에는 띄어 쓴다. 예 먹고∨싶어∨하다.(○) / 먹고∨싶어하다.(×) ㉡ 도와드리다('도와주다'의 높임 표현)

(4) 보조 용언의 품사 : 동사 뒤에 보조 형용사가, 형용사 뒤에 보조 동사가 올 수도 있다.

① 본용언의 품사 구별법과 동일하다.

구분	관형사형 전성 어미 '-는'과 결합	현재 시제 '-ㄴ다/-는다'와 결합
보조 동사	○	○
보조 형용사	×	×

② '아니하다', '못하다'는 본용언의 품사에 따라 품사가 결정된다.

예 · 가지 못한다.(보조 동사) · 예쁘지 못하다.(보조 형용사)

③ '하다'와 '보다'는 의미에 따라 품사가 결정된다.

구분	하다	보다
보조 형용사	형용사 뒤에서 강조, 긍정, 이유를 의미 예 맛이 참 좋기는 하다.	앞말을 추측하거나 의도, 원인을 의미 [like] 예 그가 돌아왔나 보다.
보조 동사	나머지 예 사람은 그저 건강해야 한다.	나머지, 주로 시도[try]의 의미 예 꼼꼼히 따져 보자.

3. 용언의 활용

용언은 어간과 어미로 이루어져 있는데, 일정한 문법적 관계를 표시하기 위하여 어미가 여러 모양으로 바뀌는 것을 '활용'이라고 한다.

(1) 어말 어미

① 종결 어미

'하십시오체, 하오체, 하게체, 해라체, 해요체, 해체'의 상대 높임법을 실현한다.

합성 동사

한 단어이므로 항상 붙여 써야 한다.

예 돌아가다, 넘어가다, 덤벼들다, 찾아보다, 알아보다, 돌아보다, 도와주다, 물어보다, 돌려놓다, 주고받다, 해보다(대들어 맞겨루거나 싸우다.)

보조 용언 붙여쓰기 허용의 경우

'명사형+보조 용언' 구성: '직하다' 한 가지이다.

예 ┌ 먹었음∨직하다(원칙)
└ 먹었음직하다(허용)

선어말 어미 배열 순서

높임+시제+미래(추측)+공손+회상

보	시	었	겠	사옵	더	라
	주체 높임	시제	미래(추측)	공손	회상	
	선어말 어미					어말 어미
어간	어미					

종결 어미의 형태

평서형(단순한 설명)
-다, -네, -(으)ㅂ니다, -(으)오
감탄형(감탄, 느낌)
-구나, -구려, -도다
의문형(물음)
-니, -는가, -(으)ㅂ니까, -오, -가(아)
명령형(행동 촉구)
-어라/-아라/-거라/-게, -(으)오, -(으)십시오, -(어)요
청유형(행동 권유)
-자, -(으)ㅂ시다, -세, -아/-어

② **연결 어미:** 문장이나 단어를 연결시키는 어미

종류	기능	형태	예
대등적 연결 어미	앞뒤 문장을 대등하게 이어 주는 어미. 앞뒤 문장 교체 ○	-고, -(으)며, -(으)나, -지만, -든지	· 산은 높고 물은 맑다. · 중기는 집에 갔지만, 보검이는 남아 있다.
종속적 연결 어미	앞뒤 문장을 종속적으로 이어 주는 어미. 앞뒤 문장 교체 ×	-아 / -어(서), -(으)니(까), -(으)려고, -게, -면	· 배가 고파서 식당에 갔다. · 봄이 오면 꽃이 핀다.
보조적 연결 어미	본용언과 보조 용언을 이어주는 어미	-아 / -어, -게, -지, -고	· 주혁이는 의자에 앉아 있다. · 나는 집에 머무르게 되었다.

* 두 문장의 이어짐이 대등적인지, 종속적인지 명확히 구분하기 힘든 경우가 많다.

③ **전성 어미:** 용언의 어간에 붙어 다른 품사의 기능을 하도록 성격을 바꾸는 어미

* 성격을 바꿀 뿐 품사 자체를 바꾸지는 않는다.

종류	기능	형태	예
관형사형 전성 어미	한 문장을 관형사처럼 만들어 관형어로 쓰이게 하는 어미	-(으)ㄴ, -는, -(으)ㄹ, -던	· 나는 청소하시는 어머니를 도와드렸다. · 내가 해야 할(-ㄹ) 일을 하지 못했다.
명사형 전성 어미	한 문장을 명사처럼 만들어 체언과 같은 성분으로 쓰이게 하는 어미	-(으)ㅁ, -기	· 사랑이 슬픈 것임(-ㅁ)을 알았다. · 밥을 먹기가 정말 싫었다.
부사형 전성 어미	한 문장을 부사처럼 만들어 부사어로 쓰이게 하는 어미	-게	· 내 방에는 꽃이 아름답게 피어 있다.

★ 어미는 품사를 바꾸는 기능이 없기 때문에, 전성 어미가 붙은 말은 ① 부사어의 수식을 받고, ② 서술성을 가진다는 특징이 있다.

예 · 성격이 아주 다른 사람과 살 수 없다. (관형사형)
· 사람이 정말 많기도 하다.(명사형)
· 부디 행복하게 살아라.(부사형)

기출 확인

㉠~㉣을 활용하여 사례의 밑줄 친 부분을 분석한 것으로 옳지 않은 것은? 2022 지방직 7급

> 어간과 결합하는 어미는 다음과 같이 분류될 수 있다. 먼저 실현되는 위치에 따라 ㉠ 선어말 어미와 어말 어미로 나뉜다. 다음으로 어말 어미는 그 기능에 따라 ㉡ 연결 어미, ㉢ 종결 어미, ㉣ 전성 어미로 나뉜다.

	사례	분석
①	형이 어머니를 잘 모시겠지만 조금은 걱정돼.	어간+㉠+㉡
②	많은 사람들이 오갔기 때문에 소독을 해야 해.	어간+㉠+㉣
③	어머니께서 할머니께 전화를 드리셨을 텐데.	어간+㉠+㉠+㉡
④	아버지께서 지난주에 편지를 보내셨을걸.	어간+㉠+㉠+㉢

해설 '드리셨을'의 형태소 '드리-+-시-+-었-+-을'을 분석하면 다음과 같다.

드리-	-시-	-었-	-을
어간	선어말 어미	선어말 어미	전성 어미

따라서 '어간+㉠+㉠+㉡'이 아니라, '어간+㉠+㉠+㉣'로 분석해야 한다.

오답 ① '모시겠지만'의 형태소 '모시-+-겠-+-지만'을 분석하면 다음과 같다.

모시-	-겠-	-지만
어간	선어말 어미	연결 어미

② '오갔기'의 형태소 '오-+가-+-았-+-기'를 분석하면 다음과 같다.

오-	가-	-았-	-기
어간		선어말 어미	전성 어미

④ '보내셨을걸'의 형태소 '보내-+-시-+-었-+-을걸'을 분석하면 다음과 같다.

보내-	-시-	-었-	-을걸
어간	선어말 어미	선어말 어미	종결 어미

정답 ③

4. 규칙 활용과 불규칙 활용

(1) 규칙 활용: 활용할 때 어간이나 어미의 모습이 바뀌지 않거나(예 먹다 → 먹고, 먹지, 먹어, 먹어라), 바뀌어도 일반적인 음운 규칙으로 설명할 수 있는 것

종류	특징	예
'ㄹ' 탈락	어미 'ㄴ, ㄹ, ㅂ, 시, 오' 앞의 'ㄹ' 탈락	· 울다 → 운, 우네, 울수록, 웁니다, 우시오, 우오 · 살다, 낯설다, 베풀다, 머물다, 날다, 살다, 졸다, 놀다
'ㅡ' 탈락	모음 어미 앞의 'ㅡ' 탈락	· 담그다 → 담가, 담가서, 담갔다, 치르다 → 치러, 치러서, 치렀다 · 크다(커), 쓰다(써), 다다르다(다다라)
모음 축약	모음의 충돌을 막기 위함.	· 보+아 → 봐, 주+어 → 줘, 먹이+어 → 먹여

(2) 불규칙 활용: 활용할 때 어간이나 어미의 모습이 바뀌는 것을 일반적인 음운 규칙으로 설명할 수 없는 것

① 어간이 바뀌는 경우

종류	특징	예	비교(규칙 용언)
'ㅅ' 불규칙	모음 어미 앞의 'ㅅ' 탈락	· 잇다: 이어(잇-+-어) · 짓다, 붓다, 낫다, 긋다, 젓다	· 벗다: 벗어(벗-+-어) · 씻다, 웃다
'ㄷ' 불규칙	모음 어미 앞의 'ㄷ'이 'ㄹ'로 교체	· 듣다: 들어(듣-+-어) · 싣다, 붇다, 묻다[問], 걷다[步]	· 닫다: 닫아(닫-+-아) · 묻다[埋], 걷다[收]
'ㅂ' 불규칙	모음 어미 앞의 'ㅂ'이 '오/우'로 교체	· 돕다: 도와(돕-+-아) · 눕다, 굽다[炙], 줍다, 곱다, 덥다	· 입다: 입어(입-+-어) · 굽다[曲], 입다, 뽑다
'우' 불규칙	모음 어미 앞의 '우'가 탈락	· 푸다: 퍼(푸-+-어)	· 주다: 주어(주-+-어) · 두다, 쑤다, 꾸다, 부수다
'르' 불규칙	모음 어미 앞 '르'의 'ㅡ'가 탈락하고 'ㄹ'이 덧생김.	· 흐르다: 흘러(흐르-+-어) · 오르다, 이르다[早], 부르다, 나르다, (올)바르다, 가파르다, 머무르다	· 치르다: 치러(치르-+-어) · 우러르다, 따르다, 들르다

② 어미가 바뀌는 경우

종류	특징	예	비교(규칙 용언)
'여' 불규칙	'하-' 뒤의 모음 어미 '-아/-어'가 아닌 '-여'로 교체	· 하다: 하여(하 -+-아/-어)	
'러' 불규칙	'르-'로 끝나는 일부 어간이 어미 '-어'가 아닌 '-러'를 취함.	· 푸르다: 푸르러(푸르-+-어) · 이르다[至], 누르다[黃], 노르다[黃]	· 담그다: 담가(담그-+-아) · 치르다, 노느다, 잠그다

③ 어간과 어미가 바뀌는 경우

종류	특징	예	비교(규칙 용언)
'ㅎ' 불규칙	**어간과 어미가 모두 바뀔 때:** '-아/-어' 앞에서 'ㅎ'이 탈락하고, '-아/-어'는 '-애/-에'로 교체	· 파랗다: 파래(파랗-+-아) · 노랗다, 커다랗다, 좁다랗다	· 좋다: 좋아(좋-+-아) · 형용사 '좋다'와 모든 동사
	어간만 바뀔 때: 'ㄴ, ㄹ, ㅁ, 오' 앞에서 'ㅎ'이 탈락	· 하얗다: 하얀(하얗-+-ㄴ) · 잗다랗다, 높다랗다, 가느다랗다	

★ 'ㄹ' 불규칙은 어간에 피·사동 접미사 '-이-'가 결합하는 경우에도 나타난다.

예 가르다 → 갈리다(가르-+-이-+-다), 부르다 → 불리다(부르-+-이-+-다), 구르다 → 굴리다(구르-+-이-+-다), 오르다 → 올리다(오르-+-이-+-다)

TIP

이르다

예 자정에 이르러서야('러' 불규칙) 규칙을 일러('르' 불규칙) 주었다.

의미	활용의 종류
말하다 동, 빠르다 형	'르' 불규칙 활용
도달하다 동	'러' 불규칙 활용

TIP

2015년 12월 14일 '푸르다'와 함께 '푸르르다'도 표준어로 인정되었다. 모음 어미가 결합하면 '푸르다'와 활용형은 동일하지만, '푸르다'와 달리 '푸르르다'는 규칙 활용('ㅡ' 탈락)을 한다.

예 푸르르다: 푸르러(푸르르-+-어), 푸르렀다(푸르르-+-었다)

cf 푸르다: 푸르러(푸르-+-어), 푸르렀다(푸르-+-었다)

★ 어간이 '르'로 끝나는 용언의 활용

'ㅡ' 규칙	어간의 'ㅡ'만 규칙적으로 탈락 예 따르다-따라
'르' 불규칙	어간의 'ㅡ'가 탈락하고 'ㄹ'이 첨가 예 흐르다-흘러 (흐르-+-어)
'러' 불규칙	어미 '-어' 대신 '-러'를 취함. 예 · 이르다[至]-이르러 (이르-+-어(×)) · 누르다[黃]-누르러 (누르-+-어(×)) · 푸르다-푸르러 (푸르-+-어(×)) · 노르다[黃]-노르러 (노르-+-어(×))

기출 확인

㉠, ㉡의 사례로 옳은 것만을 짝지은 것은? 2021 국가직 9급

> 용언의 불규칙활용은 크게 ㉠ 어간만 불규칙하게 바뀌는 부류, ㉡ 어미만 불규칙하게 바뀌는 부류, 어간과 어미 둘 다 불규칙하게 바뀌는 부류로 나눌 수 있다.

	㉠	㉡
①	걸음이 빠름	꽃이 노람
②	잔치를 치름	공부를 함
③	라면이 불음	합격을 바람
④	우물물을 품	목적지에 이름

해설

품	'품'의 기본형은 '푸다'이다. '푸다'는 모음으로 시작하는 어미와 결합하면 어간의 'ㅜ'가 탈락한다. 따라서 '품(푸다)'은 어간만 불규칙하게 바뀌는 부류이다. ('ㅜ' 불규칙)
이름	'이름'의 기본형은 '이르다'이다. '이르다[도착하다]'는 어미 '-어' 대신 '-러' 형태를 취한다. 따라서 '이름(이르다)'은 어미만 불규칙하게 바뀌는 부류이다.('러' 불규칙)

오답 ① '빠름(빠르다)'은 '르' 불규칙 용언이기 때문에 ㉠의 예로 적절하다. 그러나 '노람(노랗다)'은 'ㅎ' 불규칙 용언으로, 어간과 어미가 모두 불규칙하게 바뀌는 단어이다. 따라서 ㉡의 예로 적절하지 않다.

② '함(하다)'은 '여' 불규칙 용언이다. 어미 '-어' 대신 '-여'를 취한다는 점에서 ㉡의 예로 적절하다. 한편, '치름(치르다)'은 규칙 활용(ㅡ 탈락)을 하는 용언이기 때문에 ㉠의 예로 적절하지 않다.

③ '불음(붇다)'은 'ㄷ' 불규칙 용언이다. 모음으로 시작하는 어미와 결합할 때, 어간의 'ㄷ'이 'ㄹ'로 교체된다는 점에서 ㉠의 예로 적절하다. 한편, '바람(바라다)'은 규칙 활용을 하는 용언이기 때문에 ㉡의 예로 적절하지 않다.

정답 ④

CHAPTER
04 통사론(문장론)

1절 문장과 문장 성분

1 문장의 이해

문장은 생각이나 감정을 말로 표현할 때 완결된 내용을 나타내는 최소 단위이다.

2 문장의 성분

1. 문장 성분의 개념

어느 어절이 다른 어절이나 단어에 대해 갖는 관계를 말한다.

* 문장 성분은 어절 단위로 파악한다.

주성분	문장의 골격을 이루는 필수적 성분	
	주어	· 문장의 주체가 되는 문장 성분 · 체언+주격 조사, 체언+보조사
	서술어	· 주어를 풀이하는 기능을 하는 문장 성분 · 동사, 형용사, 체언+서술격 조사(이다) · 서술어의 성격에 따라 문장 성분의 개수가 결정됨(서술어의 자릿수).
	목적어	· 서술어의 대상이 되는 문장 성분 · 체언+목적격 조사, 체언+보조사
	보어	· '되다, 아니다'와 같은 서술어의 필수 성분이 되는 문장 성분 · 체언+보격 조사(이/가)
부속 성분	주성분의 내용을 꾸며 주는 구실의 수의적 성분	
	관형어	· 체언을 수식하는 문장 성분 · 관형사, 용언의 관형사형, 체언+관형격 조사(의)
	부사어	· 용언, 부사어 등을 수식하는 문장 성분 · 부사, 체언+부사격 조사, 용언의 부사형
독립 성분	독립어	· 문장의 어느 성분과도 직접적인 관련이 없는 문장 성분 · 감탄사, 체언+호격 조사

3 주성분(주어, 서술어, 목적어, 보어)

1. 주어

① 문장의 동작, 작용, 상태, 성질의 주체로, '무엇이, 누가'에 해당한다.

② '체언(명사구, 명사절)+주격 조사'로 성립한다.

날씨가 덥다. / 그 아이가 움직인다. / 비가 왔음이 분명하다.

③ '에서'가 '이/가'로 해석될 때는 주격 조사이다. 예 우리 학교에서 우승하다.

2. 서술어

① 주어의 동작, 성질, 상태 등을 서술하며, '어찌하다, 어떠하다, 무엇이다'에 해당한다.

② 서술어의 자릿수: 서술어가 갖추어야 할 문장 성분의 수

TIP

서술어의 자릿수와 서술어의 수

서술어의 자릿수	서술어가 필요로 하는 문장 성분의 개수
서술어의 수	본용언의 개수

구분	필요 성분	서술어	예
한 자리 서술어	주어	자동사, 형용사, '체언+이다'	· (꽃이) 핀다. · (꽃이) 아름답다. · (내가) 꽃이다.
두 자리 서술어	주어+목적어	타동사	· (철수가) (밥을) 먹는다.
	주어+보어	되다(자동사), 아니다(형용사)	· (물이) (얼음이) 되었다.
	주어+ 필수적 부사어	불완전한 자동사와 형용사 *서술어의 불완전성에 의함. (마주치다, 부딪치다, 싸우다, 악수하다, 화해하다, 같다, 닮다, 비슷하다, 다르다, 이별하다 등)	· (나는) (정민과) 싸웠다.
세 자리 서술어	주어+목적어+ 필수적 부사어	이중 타동사, 수여 동사 (넣다, 얻다, 주다, 드리다, 바치다, 삼다, 여기다, 간주하다, 가르치다 등)	· (아버지께서) (우리에게) (세뱃돈을) 주셨다.

3. 목적어

행위의 대상이 되는 말로, 타동사는 목적어를 반드시 필요로 한다.

예 아이가 우유를 마신다.

4. 보어

① '되다, 아니다' 앞에 필수적으로 요구되는 성분으로, 격 조사 '이, 가'가 보어를 만든다.

② 명사(용언의 명사형)+보격 조사 '이/가'+되다/아니다

보격 조사와 주격 조사

보격 조사	'되다/아니다' 앞에 오는 '이/가' 예 철수는 어른이 되었다/아니다. → 홑문장
주격 조사	주어가 되는 체언 뒤에 오는 '이/가' 예 철수는 키가 크다. → 겹문장

4 부속 성분(관형어, 부사어)

1. 관형어

① 체언 앞에만 놓여 체언을 수식하며, '어떤'에 해당한다.

② **관형어의 성립**

유형	예	유형	예
관형사	헌 신문지	**용언의 관형사형**	빨간 장미
체언+관형격 조사 '의'	동생의 장난감	**관형절**	우리가 만난 사실
체언+체언	고향 생각	**체언+접미사 '-적(的)'**	문화적 특성

③ **관형어 순서:** 지시 관형어 - 수 관형어 - 성상 관형어 예 저 두 젊은 남녀는 부부다.

2. 부사어

① 용언, 관형어, 다른 부사어, 문장 전체를 수식하며, '어떻게'에 해당한다.

② 부사어의 성립

유형	예	유형	예
부사	하늘이 매우 푸르다.	부사절	사랑이 예고도 없이 찾아왔다.
체언 + 부사격 조사	아이들이 강에서 헤엄친다.	용언의 부사형	철수는 눈만 뜨면 신이 다 닳도록 돌아다녀요.
의존 명사절	옷을 입은 채 잠을 잤다.	용언의 명사형 + 부사격 조사	그 집 떡볶이가 맛있기로 유명하다.
부사 + 보조사	어쩜 빨리도 준비했구나.	인용어 + 인용의 부사격 조사	어머니는 내게 늘 "사랑한다."라고 말씀해 주셨다.
접속 부사	배가 고팠다. 그래서 빵을 먹었다.		

③ 드물게 관형(사)어나 체언을 수식하기도 한다.

예 아주 새 건물(품사는 부사, 문장 성분도 부사어) * 바로 너!(품사는 부사, 문장 성분은 관형어)

④ 수의적 부사어와 달리, 필수적 부사어는 생략할 수 없어 서술어의 자릿수에 포함한다.

서술어	필수 부사어 형태	예
같다, 다르다, 비슷하다, 닮다, 결혼하다, 싸우다, 바뀌다, 의논하다, 다투다, 상담하다	체언 + 와/과	이 그림이 실물과 똑같군.
넣다, 드리다, 두다, 던지다, 다가서다, 다니다	체언 + 에/에게	이 편지를 우체통에 넣어라.
삼다, 변하다, 바뀌다, 일컫다, 여기다, 만들다	체언 + (으)로	물이 얼음으로 변하다.

5 독립 성분(독립어)

1. 독립어의 개념

한 문장 안에서 다른 문장 성분과 직접적인 관계가 없는 성분으로, 생략해도 문장이 성립한다.

2. 독립어의 성립

유형	예
① 감탄사	어머나, 달이 참 밝다.
② 체언 + 호격 조사	주한아, 산에 가자.
③ 제시어	청춘, 이것은 듣기만 해도 가슴이 설레는 말이다.
④ 접속 부사('및, 또는'은 제외)	날씨가 흐리다. 그러나 비는 오지 않는다.
⑤ 부르는 말	어머니, 어디에 계시나요?
⑥ 대답하는 말	아니, 이게 더 좋아.

기출 확인

㉠~㉣을 설명한 내용으로 적절하지 않은 것은? 2023 지방직 9급

- ㉠ 지원은 자는 동생을 깨웠다.
- 유선은 도자기를 ㉡ 만들었다.
- 물이 ㉢ 얼음이 되었다.
- ㉣ 어머나, 현지가 언제 이렇게 컸지?

① ㉠: 동작의 주체를 나타내는 주어이다.
② ㉡: 주어와 목적어를 요구하는 서술어이다.
③ ㉢: 서술어를 꾸며주는 부사어이다.
④ ㉣: 문장의 다른 성분과 직접적으로 관련을 맺지 않는 독립어이다.

해설
'되었다' 앞의 '이'는 보격 조사이다. 따라서 '얼음이'의 문장 성분은 부사어가 아니라, 보어이다.
※ '얼음이' 대신 부사격 조사 '으로'를 사용한 '얼음으로'가 쓰였다면, 이때 '얼음으로'의 문장 성분은 부사어이다.

오답
① '지원'은 동작 '깨우다'의 주체이다. 이처럼 주체를 나타내는 문장 성분은 '주어'이다.
② '만들다'는 타동사이다. 따라서 주어와 목적어를 요구하는 두 자리 서술어이다.
④ '어머나'는 감탄사이다. 따라서 독립어이다.
※ 모든 '독립어'는 '감탄사'가 아니지만, 모든 '감탄사'는 '독립어'이다.

정답 ③

2절 문법 요소의 기능과 의미

1 종결 표현

1. 평서문: 진술

2. 감탄문: 진술+감정

3. 의문문: 대답 요구

판정 의문문	'예/아니오'의 대답을 요구, 의문사 없음. 예 혜원이는 예쁘니?(→ 네/아니요.)
설명 의문문	구체적 정보를 요구, '언제, 어디서, 무엇을, 어떻게'와 같은 의문사가 나타남. 예 누가 오니?(→ 정수요.)
수사 의문문	표현상 효과를 위해 사용, 답변 요구 ×, 강한 긍정 진술, 표면적 의미와 다른 의미 예 반어: 누가 몰라?(다 알아.) / 감탄: 얼마나 좋을까? / 명령: 제대로 안 할 거야?

4. 명령문: 행동 요구(혼자)

① 형용사는 명령·청유형이 불가하다. 예 너도 좀 예뻐라!(×)

* 감탄형으로 '예뻐라'는 가능하다. 예 꽃이 참 예뻐라!(○)

② 간접 인용절로 안길 때는 종결 어미가 '-(으)라'로 바뀐다.

직접 명령문 예 읽어라.	· '-어라, -아라, -너라('오다'에만 결합), -거라(모든 동사와 결합), -(으)오' · 상관적 장면(화자와 청자가 대면하는 발화 상황)에서 주로 사용 * 허락 명령문: 허락의 의미를 표시하는 특수 형태 '-려무나(-(으)렴)' 예 읽으렴.
간접 명령문 예 읽으라.	· '-(으)라', 주로 문장체에 사용, 높임과 낮춤이 중화된 표현 · 단독적 장면[매체(종이)를 통하여 일방적으로 표현]에서 주로 사용 예 보라! 꽃 피는 봄을. / 다음 물음에 답하라. / 홍수에 대한 대책을 세우라.

* 경계형 어미 '-(으)ㄹ라': 명령문의 일종 예 얘야, 넘어질라.

5. 청유문: 행동 요구(같이)

① 동사만 그 형태를 지니며 '우리'와 같이 화자, 청자 합동 주어가 나타난다.

② 대표적인 형태는 '-자'로 상대 높임의 등분을 가진다.

해라체	하게체	하오체	합쇼체
-자	-세	-ㅂ(읍)시다	-시지요/-십시다

③ 행동 수행을 제안하거나 약한 명령의 의미로도 쓰인다.

예 밥 좀 먹자. / 자리에 좀 앉자.(문장의 형식≠문장의 내용)

★ 형용사의 어간에 보조 용언 '-어/-아지다'가 붙으면 동사가 된다.

→ 명령형과 청유형이 가능하다.

예 예뻐지다(예쁘-+-어지다): 예뻐져라(명령형), 예뻐지자(청유형)

2 높임과 낮춤

1. 주체 높임법

문장의 주체(주어)를 높인다.

① 직접 높임과 간접 높임

직접 높임	① 주체 높임 선어말 어미 '-(으)시-'+ 붙임. ② 주격 조사 '께서' 사용 ③ 높임 접미사 '-님' 사용 ④ 특수 어휘 사용	· 어머니께서 들어오시다. · 할아버지께서 방에 계시다. · 교수님께서 말씀하시네. · 고모님께서 편찮으시다.
간접 높임+	높임의 대상과 관계된 일, 소유물이나 신체 부분 등의 서술어에 높임 선어말 어미 '-(으)시-' 붙임.	· 할머니는 귀가 밝으시다. · 선생님은 넥타이가 잘 어울리시다.

★ 주체 높임법의 오용

· 손님, 주문하신 햄버거가 나오셨어요.(×)
→ 나왔습니다(○)
⇨ 문장의 주어 '햄버거'를 높임.

· 주례 말씀이 계시겠습니다.(×)
→ 있으시겠습니다.(○)

· 자장면 주문하신 분, 있으세요?(×)
→ 계세요?(○)

+ TIP

'모시다'에 쓰인 '시'는 주체 높임의 선어말 어미가 아니다.

+ TIP

간접 높임말의 사용은 상황에 따라 달라진다.

예 · 선생님께서 손수 진지를 해 잡수신다.
('선생님'이 '잡수시는'의 대상임.)

· 선생님께선 밥도 지어 보셨다고 한다.
('선생님'이 '잡수시는' 대상이 아님.)

▶ 직접 높임과 간접 높임의 형태가 다른 단어들

구분	있다	없다	아프다
직접 높임	계시다	안 계시다	편찮으시다
간접 높임	있으시다	없으시다	아프시다

② **압존법:** 문장의 주체가 화자보다 높지만 청자보다는 낮을 경우, 주체를 높이지 않는 것(주체 높임의 예외)

> 말하는 이 < 주체 < 듣는 이
> 나 아버지 할아버지
> 예 할아버지, 아버지가 지금 왔습니다. → 주체 높임의 '-시-' 사용 ×

* 압존법은 주로 '가족이나 사제지간'에 사용하고 직장에서는 사용하지 않는다. 직장에서는 말하는 이가 누구인지와 상관없이 모든 사람을 높이는 것이 알맞다.

2. 객체 높임법

동작의 대상인 객체(목적어, 부사어)를 높일 때에 사용한다.

① 서술어에 객체(목적어, 부사어)를 높이는 특수 어휘[모시다, 뵙다(뵈다), 드리다, 여쭙다(여쭈다) 등]를 사용한다.

② 부사격 조사 '에게' 대신 '께'를 사용한다.

예 · 아버지가 할아버지께 뭔가 드렸습니다. / 부모님께 아침 문안을 여쭙다.(부사어를 높임.)
· 제가 할머니를 모셔다 드리겠습니다. / 오늘 나는 선생님을 뵙고 왔다.(목적어를 높임.)

3. 상대 높임법

상대방(청자)을 높이거나 낮추는 방법으로 국어의 높임법 중 가장 발달했다.

① **격식체(格式體):** 청자와의 심리적 거리가 멀 때(공식적, 의례적, 직접적, 단정적)

② **비격식체(非格式體):** 청자와 심리적으로 가깝거나 친근감을 표시할 때(비공식적, 비의례적, 비단정적, 주관적)

구분	격식체				비격식체	
	하십시오(합쇼)체	하오체	하게체	해라체	해요체	해체
평서문	합니다	하오	하네	한다	해요	해
감탄문	(평서문+억양, 몸짓)	하는구려	하는구먼	하는구나	하는군요	하는군
의문문	합니까	하오	하는가	하느냐	해요	해
명령문	하십시오	하오	하게	해라	하시지요, 해요	해
청유문	하십시다, 하시지요	합시다	하세	하자	해요	해
비교	청자 높임		청자 낮춤		청자 높임	청자 낮춤

기출 확인

01 "숙희야, 내가 선생님께 꽃다발을 드렸다."의 문장을 다음 규칙에 따라 옳게 표시한 것은?
2017 지방직 9급

> 우리말에는 주체 높임, 객체 높임, 상대 높임 등이 있다. 주체 높임과 객체 높임의 경우 높임은 +로, 높임이 아닌 것은 -로 표시하고 상대 높임의 경우 반말체를 -로, 해요체를 +로 표시한다.

① [주체 -], [객체 +], [상대 -]
② [주체 +], [객체 -], [상대 +]
③ [주체 -], [객체 +], [상대 +]
④ [주체 +], [객체 -], [상대 -]

해설
· 문장의 주체(주어)는 '나'로 높임의 대상이 아니므로 [주체-]로 표시한다.
· 문장의 객체는 '선생님'이다. '선생님'을 부사격 조사 '께'와 서술어 '주다' 대신 '드리다'를 사용하여 높이고 있기 때문에 [객체+]로 표시한다.
· 청자인 '숙희'를 부를 때, 손아랫사람이나 짐승 따위를 부를 때 쓰는 격 조사 '야'를 사용했다. 또 종결 어미를 볼 때 반말체(해라체)를 사용하고 있기 때문에 [상대-]로 표시한다.

정답 ①

TIP

'있다'의 높임법
소유를 나타낼 때는 '있으시다', 존재를 나타낼 때는 '계시다'를 쓴다.
예 · 선생님께서는 그 책을 갖고 있으시다.
· 선생님께서 여기에 계시다.

상대 높임법은 종결 어미를 통해 실현된다는 점에서 우리말의 모든 문장은 상대 높임법이 나타난다고 할 수 있다. 다만, 상대 높임법에는 '높임'과 '낮춤'이 있음을 기억해야 한다.

최근 국립국어원은 가정에서 압존법을 쓰지 않는 것을 허용했다. 단, 가족 이외의 사람에게 부모를 말할 때는 늘 높여야 한다.

특수 어휘에 의한 높임법
잡수시다(먹다), 편찮으시다(아프다), 주무시다(자다), 드시다(먹다), 계시다(있다), 뵙다(보다), 여쭙다/여쭈다(묻다), 드리다(주다), 모시다(데리다), 아뢰다/사뢰다(말하다), 진지(밥), 댁(집) 등

기출 확인

<보기>는 우리말 높임법에 관한 설명이다. ( ) 안에 들어갈 용례로 맞지 않는 것은?
2023 군무원 7급

> <보기>
> · 상대높임법: 말하는 이가 상대, 곧 듣는 이(청자)를 높이는 높임법. 일정한 종결 어미의 사용에 의해서 실현됨.
> (1) 격식체: 공식적이고 의례적인 표현으로, 심리적 거리감을 나타냄
> ① 해라체: 아주 낮춤
> ② 하게체: 예사 낮춤 … (㉠)
> ③ 하오체: 예사 높임 … (㉡)
> ④ 합쇼체: 아주 높임
> (2) 비격식체: 비공식적이며, 부드럽고 친근감을 나타냄
> ① 해체: 두루 낮춤 …… (㉢)
> ② 해요체: 두루 높임 … (㉣)

① ㉠: 내가 말을 함부로 했던 것 같네.
② ㉡: 이게 꿈인지 생신지 모르겠구려.
③ ㉢: 계획대로 밀고 나가.
④ ㉣: 선생님 안녕히 계십시오.

해설
'계십시오'는 합쇼체이다. ㉣의 적절한 용례는 '선생님, 안녕히 계세요(계시어요)'이다.

정답 ④

기출 확인

02 다음 글의 ㉠의 사례가 포함되어 있지 않은 것은? 국가직 9급 출제 기조 전환 예시 문제

> 존경 표현에는 주어 명사구를 직접 존경하는 '직접존경'이 있고, 존경의 대상과 긴밀한 관련을 가지는 인물이나 사물 등을 높이는 ㉠ '간접존경'도 있다. 전자의 예로 "할머니는 직접 용돈을 마련하신다."를 들 수 있고, 후자의 예로는 "할머니는 용돈이 없으시다."를 들 수 있다. 전자에서 용돈을 마련하는 행위를 하는 주어는 할머니이므로 '마련한다'가 아닌 '마련하신다'로 존경 표현을 한 것이다. 후자에서는 용돈이 주어이지만 할머니와 긴밀한 관련을 가진 사물이라서 '없다'가 아니라 '없으시다'로 존경 표현을 한 것이다.

① 고모는 자식이 다섯이나 있으시다.
② 할머니는 다리가 아프셔서 병원에 다니신다.
③ 언니는 아버지가 너무 건강을 염려하신다고 말했다.
④ 할아버지는 젊었을 때부터 수염이 많으셨다고 들었다.

해설 제시된 글에서 '존경의 대상과 긴밀한 관련을 가지는 인물이나 사물 등을 높이는 것'을 '간접 존경'이라고 하였다. 그런데 ③에는 존경의 대상인 '아버지'를 직접 높이고만 있을 뿐, '아버지'와 긴밀한 관련을 가지는 인물이나 사물을 높이는 '간접 존경'이 나타나지 않았다.

오답 ① '고모'를 높이기 위해 '고모'와 관련된 인물인 '고모의 자식'을 높이고 있다.
② '할머니'를 높이기 위해 '할머니'의 신체 일부인 '다리'를 높이고 있다.
④ '할아버지'를 높이기 위해 '할아버지'의 신체 일부인 '수염'을 높이고 있다.

정답 ③

3 사동 표현과 피동 표현

1. 사동(使動)

남으로 하여금 어떤 동작을 하도록 하는 것을 나타낸다.

예 엄마가 아이에게 밥을 먹이다. → 엄마가 아이를 먹게 함.

파생적 사동문+ **(단형 사동)**	용언의 어근 + 사동 접미사(-이-/-히-/-리-/-기-/-우-/-구-/-추-/-으키-/-이키-/-애-) 예 아이가 책을 읽다. → 아이에게 책을 읽히다.
통사적 사동문 (장형 사동)	용언의 어간 + -게 하다 예 아이가 책을 읽다. → 아이에게 책을 읽게 하다.
어휘적 사동문	시키다, 만들다 예 아이가 책을 읽다. → 아이가 책을 읽도록 시키다/만들다.

혜원通 시키다

접사 '-시키다'의 남용

'-시키다' 자리에 '-하다'를 넣었을 때, 말이 된다면 '-시키다'를 남용한 경우이다.

예 · 소개시키다(×) → 소개하다(O), 최소화시키다(×) → 최소화하다(O)
· 가동시키다(×) → 가동하다(O), 개선시키다(×) → 개선하다(O)
· 금지시키다(×) → 금지하다(O), 야기시키다(×) → 야기하다(O)
· 주차시키다(×) → 주차하다(O)

TIP

파생적 사동문은 중의적으로 해석된다.

예 어머니가 아이에게 새 옷을 입히다.
→ ① 직접 사동 ② 간접 사동

비교 어머니가 아이에게 새 옷을 입게 하다.
→ 장형 사동문은 '간접 사동'의 의미로만 해석된다.

기출 확인

다음 설명에 해당하지 않는 문장은? 2022 지역 인재 9급

> 사동주가 피사동주로 하여금 어떤 행위를 하게 하거나 어떤 상황에 처하게 하는 표현법을 사동이라 하고, 사동이 표현된 문장을 사동문이라고 한다.

① 도둑이 경찰에게 잡혔다.
② 철호가 몸짓으로 나를 웃겼다.
③ 영애가 민수를 기쁘게 하였다.
④ 어머니가 아이에게 새 옷을 입혔다.

해설

①의 '잡히다'는 '붙들리다'라는 의미로, '잡다'의 피동사이다. 따라서 '도둑이 경찰에게 잡혔다.'는 '사동문'이 아닌 '피동문'이다.

정답 ①

2. 피동(被動)

(1) 피동

주어가 동작을 남의 행동을 입어서 행해질 경우

예 쥐가 고양이에게 잡히다. → 쥐가 고양이에게 당함.

파생적 피동문 (단형 피동)	㉠ 용언의 어근 + 피동 접미사(-이-/-히-/-리-/-기-) 예 경찰이 도둑을 잡다. → 도둑이 경찰에게 잡히다. ㉡ '어근+-하다' → '어근+-되다' 예 경찰이 도둑을 체포하다. → 도둑이 경찰에게 체포되다.
통사적 피동문 (장형 피동)	㉠ 용언의 어간 + -아/-어지다 예 철수가 오해를 풀다. → 오해가 철수에 의해 풀어지다. * 의도가 개입되기 어려울 때는 '-아/-어지다'를 잘 쓰지 않는다. 예 고기가 잘 잡히다. → 잡아지다(×) ㉡ 용언의 어간+-게 되다 예 철수가 오해를 풀다. → 철수가 오해를 풀게 되다.
어휘적 피동문	되다, 입다, 맞다, 당하다 예 · 그는 포로가 되었다. · 내가 손해를 입었다. · 선생님께 야단을 맞다. · 철수가 사고를 당했다.

(2) 잘못된 피동 표현

① 이중 피동 표현

㉠ 유형 1: 피동 접미사(-이-/-히-/-리-/-기-)+-어지다(×)

예 문제가 잘 풀려지지 않아요. → 풀리지/풀어지지
풀-+-리-+-어지-+-지

㉡ 유형 2: 어근+-되-+-어지다(×), 어간+-어지게 되다(×)

예 · 문제가 이해되어지다. → 이해되다
이해+-되-+-어지다

· 학교에 가지게 되다. → 가게 되다
가-+-지게 되다

② 존재하지 않는 피동 표현

- 목매이다(×) - 목매다(○)
- 설레이다(×) - 설레다(○)
- 끼여들다(×) - 끼어들다(○)
- (불에) 데이다(×) - 데다(○)
- (거리를) 헤매이다(×) - 헤매다(○)
- 부숴뜨리다(×) - 부서뜨리다(○)
- 목메이다(×) - 목메다(○)
- 개이다(×) - 개다(○)
- 되뇌이다(×) - 되뇌다(○)
- (냄새가) 배이다(×) - 배다(○)
- 부숴지다(×) - 부서지다(○)

4 시간 표현(시제)

말하는 이의 발화시[+]를 기준으로 사건시[+]의 앞뒤를 제한하는 것을 말한다.

1. 절대 시제와 상대 시제

절대 시제	· 발화시를 기준으로 결정되는 시제 · 선어말 어미를 통해 용언의 종결 어미에 나타난다. → 문장의 끝을 봐라.
상대 시제	· 전체 문장의 사건시에 기대어 상대적으로 결정되는 시제 · 용언의 관형사형, 연결형에 나타난다. → 문장의 가운데를 봐라.

예 · 나는 어제 밥을 먹는 동생을 바라보았다.
(상대 시제: 현재) (절대 시제: 과거)

· 우리는 하루 동안 먹을 수 있는 양식도 없다.
(상대 시제: 미래) (절대 시제: 현재)

· 미영은 어제 요리를 하시는 어머니를 도와드렸다.
(상대 시제: 현재) (절대 시제: 과거)

TIP

발화시

화자가 문장을 말하는 시점. 발화시는 항상 현재이다.

TIP

사건시

사건이나 상황이 일어난 시점

TIP

동작상의 중의성

넥타이를 매고 있다.

① **진행상**: 넥타이를 매는 중이다.

② **완료상**: 넥타이를 맨 채로 있다.

→ 문맥에 따라 '진행상'과 '완료상' 모두로 해석될 수 있다.

선어말 어미 '-겠-'

- 미래 시제 표현
  예 내일은 이 일을 꼭 끝내겠다.
- 양태적 의미 표현
  - 추측
    예 내일도 비가 오겠다.
  - 의지
    예 내가 먼저 가겠다.(평서문 1인칭, 의문문 2인칭)
  - 가능성
    예 나도 그것은 알겠다.
- 현재의 사건 추측
  예 지금은 고향에도 벚꽃이 피겠다.
- 과거의 사건 추측
  예 고향에는 벌써 살구꽃이 피었겠다.

2. 동작상(動作相)

문장 안에서 동작의 양상을 표현한 것

① **표현 방법**: 주로 보조적 연결 어미와 보조 용언에 의해 표현된다.

② **종류**

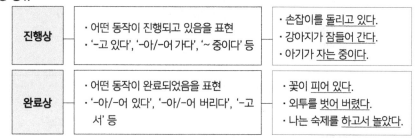

진행상	· 어떤 동작이 진행되고 있음을 표현 · '-고 있다', '-아/-어 가다', '~ 중이다' 등	· 손잡이를 돌리고 있다. · 강아지가 잠들어 간다. · 아기가 자는 중이다.
완료상	· 어떤 동작이 완료되었음을 표현 · '-아/-어 있다', '-아/-어 버리다', '-고서' 등	· 꽃이 피어 있다. · 외투를 벗어 버렸다. · 나는 숙제를 하고서 놀았다.

기출 확인

01 〈보기〉는 국어의 시제에 대한 설명이다. 밑줄 친 부분의 예로 가장 적절한 것은?

2020 경찰 1차

〈보기〉

절대 시제란 발화시를 기준으로 한 시제이고, 상대 시제란 발화시가 아닌 다른 시점을 기준으로 한 시제이다.

① 공원에는 운동하는 사람들이 많이 보였다.

② 철수는 다음 달에 유학을 간다.

③ 넌 이제 큰일 났다.

④ 내일은 비가 오겠다.

해설 '운동하다'가 발화시를 기준으로 하면 '과거'임에도, 현재형 '운동하는'으로 표현했다. 따라서 〈보기〉의 '상대 시제'의 예로 적절하다.

정답 ①

02 밑줄 친 부분에서 선어말 어미 '-겠-'의 기능이 나머지 셋과 다른 하나는? 2019 서울시 7급

① 구름이 몰려오는 것을 보니 조만간 비가 오겠다.

② 지금쯤 철수가 집에 도착하여 밥을 먹겠다.

③ 철수가 이번에는 자기가 가겠다고 하였다.

④ 8시에 출발하면 10시쯤에 도착하겠구나.

해설 ③은 '미래의 일이나 추측'이 아닌 '주체의 의지'를 나타내는 기능을 하고 있다.

정답 ③

5 부정 표현

구분	의미	짧은 부정문	긴 부정문
'안' 부정문	의지에 대한 부정, 단순 부정	안(아니)∨용언	용언 어간+'-지∨않다(아니하다)'
'못' 부정문	능력에 대한 부정, 외부 원인	못∨용언	용언 어간+'-지∨못하다'

주체의 의지를 나타낼 수 없는 동사에는 '안' 부정문을 쓸 수 없다. → '못' 부정문을 쓴다.

예 · 알다, 견디다, 깨닫다 등
· 안 알다(×), 알지 않다(×), 알지 못하다(○)

1. '말다' 부정문

명령문과 청유문을 부정문으로 만들 때는 '-지 마라, -지 말자'의 형태로 쓰인다.

예 집에 가지 마라.(명령문) / 학교에 가지 말자.(청유문)

혜원通 부정 표현과 중의성

1. '안' 부정문과 '못' 부정문의 중의성

· 철수가 책을 안/못 읽었다. · 철수가 책을 읽지 않았다/못했다.

· '철수'에 초점: 철수가 아닌 다른 사람이 책을 읽었다.
· '책'에 초점: 철수가 읽은 것은 책이 아니다.
· '읽다'에 초점: 철수가 책 읽기가 아닌 다른 행위를 했다.

· 사람들이 다 안/못 왔다. · 사람들이 다 오지 않았다/못했다.

· 전체 부정: 사람들이 한 명도 안/못 왔다.
· 부분 부정: 사람들이 몇 명은 오고 일부는 안/못 왔다.

2. '말다' 부정문의 중의성

철수는 책을 읽지 말아라.

· '철수'에 초점: 철수가 아닌 다른 사람이 책을 읽어라.
· '책'에 초점: 철수는 책 말고 다른 것을 읽어라.
· '읽다'에 초점: 철수는 책 읽기가 아닌 다른 행위를 해라.

★ '안' 부정문의 띄어쓰기

· 안='아니'의 준말('not'의 의미)
예 안∨벌고, 안∨쓰다, 얼음이∨물이∨안∨되다.
· 않='아니하'의 준말('not'의 의미)
예 먹지∨않다, 예쁘지∨않다
cf · 마지않다(보조 동사)
→ 바라 마지않다.
· 머지않다(형용사)
→ 머지않아 소식이 올 거야.
· 못지않다(형용사)
→ 실력이 화가 못지않다.
· 안되다(형용사): 섭섭하거나 마음이 언짢다.
예 · 그것 참 안됐군.
· 마음이 안됐다.
· 안되다(동사)
- 일, 현상이 좋게 이루어지지 않다.
예 · 농사가 안돼 큰일이다.
· 공부가 안돼서 쉬고 있다.
- 사람이 훌륭하게 되지 못하다.
예 자식이 안되기를 바라는 부모는 없다.
- 일정한 수준·정도에 이르지 못하다.
예 · 이번 시험에서 우리 중 안되어도 세 명은 합격할 것 같다.
· 안되는 놈은 두부에도 뼈라(속담)

★ '못' 부정문의 띄어쓰기

· 못('not'의 의미), 부정 부사
예 · 술은 못∨마시다.
· 잠을 통 못∨자다.
· 내가 배우가 못∨되다.
· 긴 부정문 '못하다', 보조 용언
예 · 가지∨못하다.(보조 동사)
· 편안하지∨못하다.(보조 형용사)
· 못하다(동사): 일정 수준에 미칠 능력이 없다.
예 · 공부를 못하다.
· 노래를 못하다.
· 못되다(형용사): 성질이나 품행이 고약하다.
예 · 못된∨심보
· 못된∨버릇
* '못생기다, 못나다' 등도 하나의 낱말이다.

★ '안' 부정문의 제약

용언이 복합어이거나, 용언의 음절이 길면 짧은 부정문보다는 긴 부정문이 어울린다.
예 안 얕보다(×) - 얕보지 않다(○), 안 아름답다(×) - 아름답지 않다(○)

★ '안' 부정문과 '못' 부정문은 평서형·감탄형·의문형만 쓰고, 명령형·청유형은 쓸 수 없다. 명령형·청유형은 '말다' 부정문을 쓴다.

★ '말다'의 활용

합쇼체	마십시오	해요체	마요, 말아요
하오체	마시오		
하게체	말게	해체	마(라), 말아
해라체	말라		

· 직접 명령문
예 · 하지 마/말아.(○)
· 하지 마라/말아라.(○)
· 하지 마요/말아요.(○)
· 간접 명령문
예 어머니께서 하지 말라고 하셨다.

3절 문장의 종류

홑문장	주어와 서술어가 각각 하나씩 있는 문장(1개의 절) * 주어는 생략이 잘 된다.
겹문장	서술어가 두 개 이상인 문장(2개 이상의 절)

1 안은문장

1. 명사절을 안은 문장

하나의 문장이 전체 문장 속에서 '주어·목적어·부사어' 등의 구실을 한다.

-(으)ㅁ, -기	완료 의미	주어	예 철수가 축구에 소질이 있음이 밝혀졌다.
		목적어	예 올해는 네가 합격하기를 빌겠다.
		부사어	예 은주는 민수가 노력하기에 따라 결과가 다를 수 있다고 생각했다.
'-ㄴ(-은) / -는 / -ㄹ(을) / -던' + 것	미완료 의미		예 학생들이 고민이 많다는 것이 사실이다.
'-느냐 / -(으)냐, -는가 / -(으)ㄴ가, -는지 / -(으)ㄴ지' 등의 종결 어미로 끝난 문장이 그대로 명사절이 되어 안김.			예 그들이 정말 그 일을 해내느냐가 문제였다.

2. 서술절을 안은 문장: 주어+(주어+서술어)

서술절

뒤의 '주어와 서술어(하나의 문장)'가 전체 문장 속에서 '서술어' 구실을 한다.

예 토끼가 귀가 크다.

3. 관형절을 안은 문장

하나의 문장이 전체 문장 속에서 '관형어' 구실을 하며, 관계 관형절과 동격 관형절이 있다.

① **관계 관형절:** 안긴문장의 문장 성분과 안은문장의 문장 성분이 같을 때 안긴문장의 문장 성분은 생략된다.

예 · 너만 좋아하던 그가 떠났다.
→ '그가 너만 좋아하다.'라는 문장이 '그가 떠났다'를 수식, 주어 '그가'가 생략
· 예쁜 꽃이 피었다.(주어 생략)

② **동격 관형절:** 안긴문장이 뒤에 오는 체언과 동일한 의미를 가진다. 모든 성분을 생략 없이 갖춘다.

예 · 그녀는 내가 떠난 사실을 모른다.
→ 안긴문장 '내가 떠나다'가 뒤에 오는 체언 '사실'과 동일한 의미, 안긴문장에 생략된 문장 성분 없음.
· 꽃이 떨어지는 모습이 슬프다.

4. 부사절을 안은 문장

하나의 문장이 다른 문장 속에 들어가 전체 문장에서 '부사어' 구실을 한다.

① 전체 문장의 주어 이외에 또 다른 주어가 있어야 부사절이 된다.

예 영희가 소리가 잘 들리게 볼륨을 높였다.

② 종속적 연결 어미가 붙은 경우라도 전체 문장 속에서 부사어 노릇을 하면 부사절로 본다.

예 영희는 소리가 잘 들리도록 볼륨을 높였다.

★ 문장의 종류

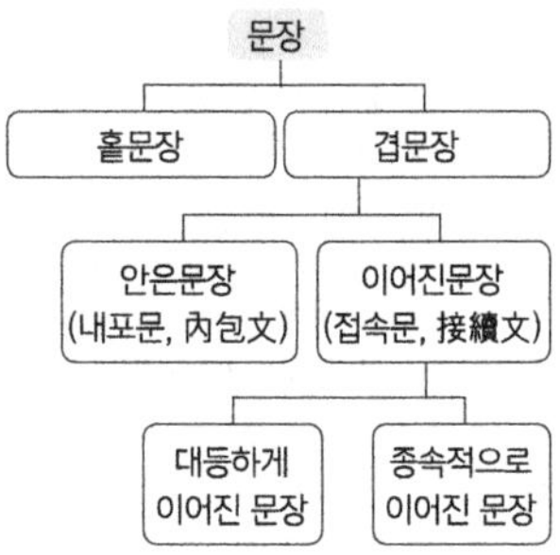

★ 서술절과 보어

서술절은 '주어+주어+서술어'의 구조이다. 주격 조사와 보격 조사의 형태는 '이/가'로 동일하기 때문에, 겉보기에는 보어가 포함된 문장과 구조가 유사해 보인다. 그러나 보어는 서술어가 '되다/아니다' 앞에서만 나타난다. 더구나 보어가 포함된 문장은 주어와 서술어 관계가 한 번밖에 나타나지 않기 때문에 '홑문장'이고, 서술절을 안은 문장은 '겹문장'이다.

예 · 그는 키가 크다. → 겹문장(서술절을 안은 문장)
· 그는 경찰이 되었다. → 홑문장

Quiz

밑줄 친 부분에서 생략된 문장 성분을 쓰시오.

① 귀가 큰 토끼가 귀를 쫑긋한다.
② 내가 태어났던 해에 해방되었다.
③ 세종이 만든 훈민정음은 세계적으로 인정받는다.
④ 학생들이 공부하는 독서실

정답 ① 주어 ② 부사어 ③ 목적어 ④ 부사어

5. 인용절을 안은 문장 * 인용절은 서술어를 수식한다는 점에서 부사절에 포함시키기도 한다.

간접 인용	말하는 사람의 표현으로 바꾸어 인용하는 방법이다. 인용격 조사 '고'에 의해 실현된다. 예 ·그녀는 밥을 먹는다고 말했다. ·그녀는 선생님이라고 말했다. * 서술격 조사의 경우 '이라고'의 형태로 나타난다.
직접 인용	문장을 그대로 인용하는 방법이다. 인용격 조사 '라고'에 의해 실현된다. 예 ·"그녀는 밥을 먹는다."라고 말했다. ·"그녀는 선생님이다."라고 말했다. * 억양까지 흉내 낼 때는 '하고'를 쓴다.

기출 확인

안긴문장의 유형이 다른 것은? 2023 국회직 8급

① 아이들은 장난을 좋아하기 마련이에요.
② 이러다가는 버스를 놓치기 십상이다.
③ 공부가 어렵기는 해도 결국 저 하기 나름이에요.
④ 비가 많이 오기 때문에 공사를 할 수 없다.
⑤ 나는 하루도 달리기를 거른 기억이 없다.

2 이어진문장

연결 어미에 의해 두 문장이 결합된 문장이다.

1. 대등하게 이어진 문장

① 대등적 연결 어미에 의하여 대등한 관계로 결합된 문장이다.

나열	예 ·비가 오고, 바람이 분다. ·이것은 감이며 저것은 사과이다.
대조	예 ·그는 갔으나, 예술은 살아 있다. ·생긴 건 우습지만 맛은 있다.
선택	예 ·술을 마시거나 담배를 피우다. ·집에 가든지 학교에 가든지 해라.

② 의미상 대칭 구조를 이루는 대칭 관계이다.
→ 선후절의 순서를 바꾸어도 의미가 달라지지 않는다.
예 비가 오고 바람이 분다. → 바람이 불고 비가 온다.(의미 변화 ×)

2. 종속적으로 이어진 문장

① 종속적 연결 어미를 붙여 선행절을 후행절에 종속적으로 붙인 문장이다.
② 뒤 절이 주(主)가 되고, 앞 절이 종(從)이 되는 관계이다.
→ 선후절의 순서를 바꾸면 의미가 달라지거나 어색해진다.
예 그는 말을 하고 / 집을 나섰다. → 그는 집을 나서고 / 말을 했다.(의미 변화 ○)

간접 인용의 준말 표현
- -대 = -다고 해
- -재 = -자고 해
- -냬 = -냐고 해
- -래 = -라고 해

직접 인용과 간접 인용

직접 인용
·"나는 간다."라고 말했다. ·"나는 사람이다."라고 말했다.
간접 인용
·나는 간다고 말했다. ·나는 사람이라고 말했다.

TIP

'라고'와 '하고'의 띄어쓰기

라고(조사 → 붙여쓰기)
"밥 먹어."라고 말했다.
하고('하다'의 활용형 → 띄어쓰기)
"밥 먹어."∨하고 말했다.

해설

안긴문장의 유형을 판단하는 문제처럼 보이지만, 사실상 '-기'가 명사 파생 접미사인지, 명사형 전성 어미인지 판단하는 문제이다.

⑤는 '하루도 달리기를 거른'이라는 관형절을 안은 문장이다. 또 관형절을 빼고, '나는 기억이 없다.'만 보자면, 서술절을 안은 문장으로 볼 수도 있다. 그러나 '달리기'의 '-기'는 어미가 아닌 접미사이기 때문에 명사절을 안은 문장으로 볼 수는 없다.

오답

① '좋아하기'가 서술성을 가지고 있다는 점에서 명사절을 안은 문장이다.
② '놓치기'가 서술성을 가지고 있다는 점에서 명사절을 안은 문장이다.
③ '어렵기'와 '하기'가 서술성을 가지고 있다는 점에서 명사절을 안은 문장이다.
④ '오기'가 서술성을 가지고 있다는 점에서 명사절을 안은 문장이다.
* '①, ②, ⑤'는 안은문장으로 '③, ④'는 이어진문장으로 분류할 수도 있다.

정답 ⑤

이어진문장 앞뒤 절에 같은 말이 있을 경우, 그 말은 대치되거나 생략될 수 있다.
예 언니가 밥을 먹었고, 동생도 밥을 먹었다.
→ 언니가 밥을 먹었고, 동생도 그랬다.

TIP

종속적 vs 부사절

㉠ 비가 와서, 길이 질다.
㉡ 길이 [비가 와서] 질다.

학교 문법에서는 ㉠은 종속적으로 이어진 문장으로, ㉡은 부사절을 안은 문장으로 인정한다.
→ 이렇게 부사절은 경계가 모호하며 이어진문장과도 겹치는 부분이 있다.

연결 어미 '-고', '-지만'이 이어진 문장이라도 앞뒤 문장을 바꿨을 때 의미가 변하면 '종속적으로 이어진 문장'이다.

③ 연결 어미의 종류

조건, 가정	-(으)면, -거든, -더라면 예 비가 오면 가지 말자.
이유, 원인	-아서, -(으)므로, -(니)까 예 그는 성실하니까, 약속을 지킬 거야.
결과가 예상의 반대임.	-(으)나, -아도, -지마는, -라도 예 그가 부자라도, 나는 싫다.
나열	-고, -(으)며 예 나는 밥을 먹고, 우유를 마셨다.
덧보태거나 더해 감.	-(으)ㄹ수록 예 산은 높이 올라갈수록, 기온이 내려간다.
의도	-(으)려고, -고자 예 너에게 주려고 나는 선물을 샀다.
어떤 상태에 이르기까지 행위가 미침.	-도록, -듯이, -게 예 밤이 깊도록 나는 잠을 이루지 못했다.
한 일이 끝나고 동시에 다른 일이 잇달아 일어남.	-(어서)자 예 그가 방으로 들어서자 모두 입을 다물어 버렸다.
다른 일로 옮아감.	-다, -다가 예 바람이 불다가 지금은 잠잠해졌다.
목적	-(으)러 예 나는 밥을 먹으러 식당에 간다.

철수는 집에 가서 청소를 했고, 영희는 학교에 남아서 공부를 했다.
종속적으로 이어진 문장 / 종속적으로 이어진 문장
대등하게 이어진 문장

TIP
-아서 / -어서
명령·청유문에 쓸 수 없다.
예 배가 *고파서 식당에 가자.(×)

TIP
어미 '-(으)려고', '-(으)러'
· '-(으)려고' → 의도
예 · 너는 여기서 살려고 생각했니?
· 내일은 일찍 일어나려고 한다.
· '-(으)러' → 목적
예 · 점심을 먹으러 집에 간다.
· 그는 요즘 뱀을 잡으러 다닌다.

TIP
-자
앞뒤 절의 두 사건이 동시에 일어남을 뜻하기 때문에 시제 선어말 어미와 결합하지 않는다.
예 그가 집에 *들어섰자 비가 오기 시작했다.(×)

기출 확인

안긴문장이 없는 것은? 2020 국가직 9급

① 나는 동생이 시험에 합격하기를 고대한다.
② 착한 영호는 언제나 친구들을 잘 도와준다.
③ 해진이는 울산에 살고 초희는 광주에 산다.
④ 아버지께서는 나에게 내일 가족 여행을 가자고 말씀하셨다

해설 하나의 문장 성분 자리에 '주어 + 서술어'가 쓰인 것을 '절' 혹은 '안긴문장'이라고 하고, 이러한 절을 포함하는 전체 문장을 '안은문장'이라고 한다. 제시된 ③에는 안긴문장이 없다. ③은 "해진이는(주어) 울산에(부사어) 산다(서술어)."와 "초희는(주어) 광주에(부사어) 산다(서술어)."라는 두 문장이 나란히 이어진 형태이다.
* ③은 '이어진문장'이다. 1) 의미상 and, but, or 가운데 and로 연결되고, 2) 두 문장의 선후 관계를 바꿔도 의미상 변화가 없기 때문에 '대등하게 이어진 문장'에 속한다.

오답 ① "나는 [동생이 시험에 합격하기]를 고대한다."로 분석할 수 있다. 즉 '동생이(주어) 시험에(부사어) 합격하다(서술어).'라는 명사절이 안겨 있다.
* 용언 자리에 '-ㅁ/-음, -기'가 있다면 '명사절' 이 확실하다.
② "[(영호가) 착한] 영호는 언제나 친구들을 잘 도 와준다."로 분석할 수 있다. 즉 '(영호가, 주어) 착하다(서술어).'라는 주어가 생략된 관계 관형 절이 안겨 있다.
* 용언 자리에 '-ㄴ/-은, -는, -ㄹ/-을, -던'이 있다면 '관형절'이 확실하다.
④ "아버지께서는 나에게 [내일 가족 여행을 가자] 고 말씀하셨다."로 분석할 수 있다. 즉 '(우리가, 주어) 내일(부사어) 가족 여행을(목적어) 가자 (서술어).'라는 인용절이 안겨 있다.
* 용언 다음에 간접 인용의 '고', 직접 인용의 '라고, 하고'가 제시되어 있다면 '인용절'이 확실하다.

정답 ③

3 문장과 이야기

1. 우리말의 특성

① 우리말의 문장은 앞에 있는 문장과 관련시켜야만 그 기능과 의미가 분명해지는 일이 많다.

② 장면이나 말하는 사람의 생각에 따라 의미가 달라지기도 한다.

* 이야기: 한 문장이 실현되는 구체적 맥락의 단위. 이야기의 실질적인 의미나 기능을 파악하는 것이 필요하다.

2. 우리말의 문법적인 특색

① 주어의 생략이 쉽다. 관용적 표현에는 주어가 없다.

② 목적어의 생략도 가능하다.

예 점심 안 먹니? → (점심을) 먹을게.

③ 보조사를 사용하여 말하는 이의 생각을 담는다.

예 밥을 먹는다. → 밥만 먹는다.(유일)

④ 보조 동사를 사용하여 말하는 이의 생각을 담는다.

예 · 영숙이는 어제 떠나 버렸다.(떠나 없어서 섭섭함.)
· 할머니께 책을 읽어 드린다.(봉사)
· 어려운 일을 잘 참아 왔다.(진행)

⑤ 문법적 관계(조사, 어미)를 나타내는 말이 발달되어 있다.

⑥ 꾸미는 말(수식어)은 꾸밈을 받는 말(피수식어) 앞에 온다.

⑦ '주어 + 목적어 + 서술어'의 어순으로, 서술어가 맨 끝에 온다.

⑧ 문장 구성 요소의 자리 옮김이 비교적 자유롭다.

예 나는 요즘 하루하루가 즐겁다. / 요즘 나는 하루하루가 즐겁다. / 하루하루가 나는 요즘 즐겁다.

⑨ 단어 형성법이 발달되어 있는데, 평면적 결합이 두드러진다.

예 팔목(팔 + 목), 오르내리다(오르다 + 내리다)

3. 문장의 호응

주어와 서술어의 호응	주어와 그에 어울리는 서술어가 오는 것 예 중국은 땅과 인구가 많다.(×) → 중국은 땅이 넓고 인구가 많다.(○)
부사어와 서술어의 호응	특수한 부사와 그에 어울리는 말이 오는 것 예 · 너는 별로 아는 것이 없구나. · 절대로 나쁜 짓을 하지 마라. · 여간 좋은 것이 아니다. · 만약 아프면 약을 먹어라. · 비록 패배하더라도 울지 마라. · 마치 천사처럼 아름답다.
시간 부사어와 선어말 어미의 호응	시간을 나타내는 부사와 서술어가 일치하는 것 예 어제 비가 많이 내린다.(×) → 어제 비가 많이 내렸다.(○)

TIP

그 밖의 문법적 특색

· 말하는 이와 듣는 이를 중심으로, 지시어를 사용하여 이야기가 이루어지는 장면에 존재하는 대상을 가리킨다.
- '이, 그'는 앞선 문장의 내용을 지시한다.
예 이 이야기는 비밀이야.
* 이때 지시 관형사 '저'는 쓰일 수 없다.
- '그'는 상대방의 이야기에 언급된 내용을 지시한다.
예 A: 어머닌 저를 조금도 귀여워하지…….
B: 그런 말을 하면 못쓴다.
* 이때 지시 관형사 '이'는 쓰일 수 없다.
- 자신의 이야기에 나오는 내용을 가리킬 때는 '이, 그'를 사용하나, 자신만 알고 있는 내용일 때는 '이'만 쓴다.
예 · 영아가 이번 시험에 일등 했어. 이/그 말을 오해하지 마.
· 너 이걸 알고 있어야 해. 영아는 성실한 아이야.

· 긍정이나 부정의 물음에 긍정·부정의 대답이 모두 가능하다. 긍정을 가정한 부정 의문문은 인도·유럽어의 유형과 유사하다.
예 · 영이 왔니?
┌ 예, 왔어요.
└ 아니요, 오지 않았어요.
· 영이 안 왔니?
┌ 예, 안 왔어요.
└ 아니요, 왔어요.
· 이 소나무가 산호 같지 않니?
┌ 예, 산호 같아요.
└ 아니요, 산호 같지 않은데요.

CHAPTER
05 의미론

혜원通 문제 풀이 공식

1. 동음이의어 문제 풀이 공식
→ 영어로 번역해 본다!
· 글씨를 쓰다.: write
· 모자를 쓰다.: put
· 문서 작성에 컴퓨터를 쓰다.: use
· 공동묘지에 무덤을 쓰다.: make
· 커피가 맛이 쓰다.: bitter

2. 의미론 문제 풀이 공식
· 밑줄이 체언이면 → 용언에 주목
· 밑줄이 용언이면 → 체언에 주목
· 〈보기〉의 핵심어를 선택지에, 선택지의 핵심어를 〈보기〉에 각각 대입해 본다.
· 의미상 무게감이 같은 단어를 찾는다.
· 의미의 긍정, 부정으로 분류되는지 확인한다.

TIP
동음이의 관계
둘 이상의 단어가 서로 소리는 같으나 의미는 다른 경우로, 동음이의어가 여기에 속한다.
예 · 배: 배가 맛있다. / 배가 아프다. / 배에 오르다.
· 타다: 불에 타다. / 버스에 타다. / 속이 타다. / 커피에 물을 타다.

1절 단어 간의 의미 관계

1 반의 관계

1. 개념
둘 이상의 단어에서 의미가 서로 짝을 이루어 대립하는 단어의 관계이다.

2. 반의 관계의 유형
① **상보 반의어:** 개념 영역을 서로 다른 두 구역으로 양분하여 표현한다. 중간항이 없기 때문에 반의 관계의 단어를 동시에 긍정하거나 부정할 수 없다.
예 남성 : 여성, 참 : 거짓, 합격 : 불합격, 삶 : 죽음, 있다 : 없다, 성공 : 실패

② **정도(등급) 반의어:** 중간항이 존재한다. 반의 관계의 단어를 동시에 긍정하거나 부정할 수 있다.

척도 반의어	예 길다 : 짧다, 멀다 : 가깝다, 빠르다 : 느리다, 크다 : 작다, 최고 : 최저
평가 반의어	예 좋다 : 나쁘다, 부지런하다 : 게으르다, 선하다 : 악하다, 아름답다 : 추하다
정감 반의어	예 덥다 : 춥다, 달다 : 쓰다, 기쁘다 : 슬프다, 뜨겁다 : 차갑다

③ **방향 반의어:** 두 단어가 상대적 관계를 형성하며 단어들이 일정한 방향성(위치, 방향, 이동, 관계)을 갖는다.

대칭어	방향 대립의 극단(위치)을 나타내는 대립어, 대척 관계 예 꼭대기 : 밑바닥, 남극 : 북극, 머리 : 발끝, 요람 : 무덤, 시작 : 끝
대응어	동일한 상태에서 방향이 맞선 경우의 대립어, 대응 관계 예 언덕 : 구렁, 암나사 : 수나사, 볼록 거울 : 오목 거울, 공격 : 방어, 판매 : 구매
역동어	맞선 방향으로 이동이나 변화를 나타내는 대립어, 역행 관계 예 오르다 : 내리다, 전진하다 : 후퇴하다, 열다 : 닫다, 길어지다 : 짧아지다, 시상 : 수상
역의어	축을 중심으로 두 대상 간의 관계를 나타내는 대립어, 역의 관계 예 조상 : 후손, 부모 : 자식, 형 : 동생, 스승 : 제자, 남편 : 아내

★ '반의 관계'는 상호 공통된 속성을 바탕으로 한 가지 속성만 반대일 때 성립한다.
예 할아버지 [+사람][+남성(-여성)][+늙음] - 할머니 [+사람][-남성(+여성)][+늙음]
→ '여성'과 '남성'이라는 성별 요소만 반대, 반의 관계 성립
할아버지 [+사람][+남성(-여성)][+늙음] - 소녀 [+사람][-남성(+여성)][-늙음]
→ 2개 이상의 의미 요소(성별, 나이)가 다름, 반의 관계 성립 ×

기출 확인
다음 중 반의 관계의 성격이 다른 하나는?
2017 서울시 9급
① 살다 – 죽다
② 높다 – 낮다
③ 늙다 – 젊다
④ 뜨겁다 – 차갑다

해설
'반의어'는 크게 '상보 반의어'와 '정도 반의어'로 나뉜다. '정도 반의어'와 달리 '상보 반의어'는 중간항이 없는 것이 특징이다. 따라서 두 단어를 모두 긍정하거나 부정할 수 없다. 즉 '살다'와 '죽다' 사이에 중간항은 없기 때문에 ①은 '상보 반의어'에 해당한다.

오답
②, ③, ④ 정도 반의어

정답 ①

2절 의미 변화

1 의미 변화의 유형

의미의 확장	단어의 의미 영역이 확대된 경우 예 · 겨레: 종친 → 동포 · 길: 도로 → 방법, 도리 · 놀부: 사람의 이름 → 욕심과 심술이 많은 사람 · 다리: 사람이나 짐승의 다리 → 무생물의 다리 포함 · 머리: 머리 → 머리카락, 앞, 위 · 먹다: 먹다 → 마시다, 먹다, 피우다 · 목숨: 목으로 쉬는 숨 → 생명 · 박사: 학위 → 전문가, 숙달가 · 세수: 손을 씻다. → 얼굴을 씻다. · 식구: 입 → 가족, 사람 · 아저씨: 숙부 → 남자 어른 · 약주: 약효가 있는 술 → 술을 높인 말 · 양반: 문반과 무반 → 점잖은 사람 · 온: '百'의 옛말 → 모든 · 왕초: 거지 두목 → 깡패의 두목이나 직장 상사 · 방석: 앉을 때 밑에 까는 네모난 작은 깔개 → 둥근 깔개까지도 포함 · 선생: 성균관 교무 직원의 호칭 → 학생을 가르치는 사람 → 남에 대한 존칭 · 영감: 정삼품과 종이품의 벼슬아치를 이르던 말 → 나이가 많아 중년이 지난 남자 · 지갑: 종이로 만든 것 → 가죽, 비닐, 옷감 등으로 만든 것 · 핵: 씨를 감싸는 껍데기 → 요점, 중심, 알맹이
의미의 축소	단어의 의미 영역이 축소된 경우 예 · 계집: 여성 일반 → 낮춰 부르고자 하는 여성 · 공갈: 무섭게 위협함. → 거짓말 · 놈: 사람 일반 → 낮춰 부르고자 하는 남성 · 뫼: 밥, 진지 → 제삿밥 · 미인: 아름다운 사람 → 아름다운 여인 · 얼굴: 형체 → 顔(얼굴 안) · 음료수: 마시는 물 → 제품화되어 나온 마실 물 · 짓: 모양과 동작 → 부정적 동작 · 중생: 생물 전체 → 짐승 · 학자: 학문을 하는 모든 사람 → 학문을 깊게 연구하는 전문가
의미의 이동	한 단어의 의미가 새로운 다른 의미로 바뀐 경우 예 · 감투: 벼슬아치가 쓰는 모자 → 벼슬 · 내외: 안과 밖 → 부부 · 두꺼비집: 두꺼비의 집 → 전기 개폐기 · 방송: 석방(釋放) → 라디오, 텔레비전 등의 방송(放送) · 배우: 천한 직업을 가진 사람 → 선망의 대상 · 씩씩하다: 엄하다 → 용감하다 · 어리다: 어리석다 → 나이가 적다. · 어엿브다: 불쌍하다 → 예쁘다 · 인정: 뇌물 → 사람 사이의 정 · 에누리: 실제보다 값을 더 보태는 일 → 값을 깎는 일 · 젊다: 나이가 어리다. → 혈기가 한창 왕성하다. · 주책: 일정한 생각 → 일정한 줏대가 없이 되는대로 하는 짓 cf · **사랑하다: 생각하다[思], 그리다 → 사랑하다[愛]** * '사랑하다'에 대해서는 '의미 이동'과 '의미 축소'의 두 견해가 존재한다. · **수작: 술잔을 건네다. → 말을 주고받는 것** * '수작'에 대해서도 '의미 이동'과 '의미 확대'의 두 견해가 존재한다.

TIP

의미 변화의 유형
- 의미 영역의 변화
  - 의미 축소(의미의 특수화)
  - 의미 확대(의미의 일반화)
  - 의미 이동
- 의미 평가의 변화
  - 개선적 변화(긍정적 의미 발생)
    예 장인: 물건 만드는 사람 → 예술가
  - 타락적 변화(부정적 의미 발생)
    예 마누라: 극존칭 → '아내'의 낮춤말

기출 확인

〈보기〉의 어휘들은 통시적으로 변화된 양상을 보여 준다. 이들에 대한 설명으로 가장 옳지 않은 것은? 2019 서울시 7급

<보기>
(가) 놈: '사람 평칭' → '남자의 비칭'
(나) 겨레: '종친, 친척' → '민족, 동족'
(다) 아침밥> 아침
(라) 맛비> 장맛비

① (가)는 시대의 변화에 따라 의미가 축소된 예이다.
② (나)는 시대의 변화에 따라 의미가 확대된 예이다.
③ (다)는 형태의 일부가 생략된 후 나머지에 전체 의미가 잔류한 예이다.
④ (라)는 형태의 일부가 덧붙여진 후에도 전체 의미가 변하지 않은 예이다.

해설 '맛비'는 '장마'의 옛말로, 장마는 '여름철에 여러 날을 계속해서 비가 내리는 현상이나 날씨. 또는 그 비'를 말한다. '장맛비'는 '장마 때에 오는 비'를 말하는 것이므로 의미가 변화했다고 볼 수 있다.

정답 ④

3절 국어 순화

1 국어 순화의 이해

민족 문화의 발전과 국어 개량 및 언어 활동의 개선, 사회 정화를 위해 우리말을 다듬는 일로, '외국어나 외래어를 고유어로 바꾸는 것', '비속하거나 틀린 말을 바르게 쓰는 것', '어려운 말을 쉬운 말로 고쳐 쓰는 것' 등이 포함된다.

TIP

국어 순화의 범위

- 음운 면: 〈표준 발음법〉에 어긋난 경우
- 어휘 면: 남용되는 외국어, 외래어, 은어, 비어, 속어, 욕설, 복잡하고 어려운 말, 차별적인 표현
- 통사 면: 높임법과 시제의 잘못, 문장 성분의 잘못된 호응
- 의미 면: 어휘 선택의 잘못, 중의적 표현

2 국어 순화의 대상

1. 일본어

(*은 표기 인정)

- 곤색 → 감색, 어두운 남색
- 구루마 → 손수레, 달구지
- 기라성* → 빛나는 별
- 기스 → 흠, 흠집
- 노가다 → 막일, 막일꾼
- 다꾸앙 → 단무지
- 다마 → 구슬
- 다마네기 → 양파
- 단도리 → 채비, 단속
- 닭도리탕 → 닭볶음탕
- 도합* → 모두, 합계
- 사시미 → 생선회
- 시다 → 보조원
- 아나고 → 붕장어
- 앗사리 → 깨끗이, 산뜻이, 아예
- 야끼만두 → 군만두
- 오뎅 → 어묵
- 오봉 → 쟁반
- 오야지 → 책임자, 우두머리
- 와리바시 → 나무젓가락
- 와사비 → 고추냉이
- 요지 → 이쑤시개
- 우동 → 가락국수
- 지라시* → 선전지
- 후로쿠 → 엉터리

TIP

일본식 한자 접사

- 접두사 '가(假)-, 공(空)-, 생(生)-' 등
  - 예 · 가건물(假建物) → 임시 건물
  - 공수표(空手票) → 부도 수표
  - 생방송(生放送) → 현장 방송
- 접미사 '-고(高), -구(口), -계(屆), -선(先), -원(元)' 등
  - 예 · 매상고(賣上高) → 판매액
  - 비상구(非常口) → 비상문
  - 결석계(缺席屆) → 결석 신고서
  - 거래선(去來先) → 거래처
  - 제조원(製造元) → 제조 회사

2. 서구어 계열

(외래어의 표기는 인정)

- 게스트 → 손님, 특별 출연자
- 디스카운트 → 에누리, 할인
- 메이크업 → 화장
- 바로미터 → 척도, 잣대, 지표
- 바캉스 → 여름휴가
- 버튼 → 단추, 누름 쇠
- 서클 → 동아리, 모임
- 쇼핑백 → 장바구니
- 앨범 → 사진첩 / 음반
- 어드바이스 → 충고
- 에러 → 실수, 잘못
- 에티켓 → 예의, 예절
- 엠티 → 수련 모임
- 이모티콘 → 그림말
- 컨디션 → 조건, 형편
- 타월 → 수건
- 트레이닝 → 연습, 훈련
- 포스트잇 → 붙임쪽지
- 프리미엄 → 웃돈, 덤
- 하모니 → 조화
- 헤게모니 → 주도권
- 헤드라인 → 표제기사, 머리기사, 기사 제목
- 헤어스타일 → 머리 모양

3. 얼치기 외래어

- 데모 → 시위
- 마이크 → 마이크로폰
- 매스컴 → 대중 언론, 대중 전달 기관
- 메모 → 기록, 비망록, 쪽지 기록
- 백미러 → 뒷거울
- 센티하다 → 감상적인 특성이 있다
- 아마 → 아마추어 / 비전문가
- 에어컨 → 냉난방기, 공기 조절기
- 오버 → 외투
- 인플레 → 물가 오름세
- 커닝 → 부정행위
- 콘도 → 콘도미니엄
- 콘사이스 → 휴대용 사전, 소형 사전
- 프로 → 프로그램 / 전문가, 직업
- 호치키스 → 종이찍개

4. 고유어로 순화할 수 있는 한자어

(한자어의 표기는 인정)

- 단언(斷言)하다 → 잘라 말하다
- 방조(傍助) → 도움
- 불매(不買) → 안 사기
- 상승세(上昇勢) → 오름세
- 시종(始終) → 늘, 항상
- 신장(身長) → 키
- 잔반(殘飯) → 대궁
- 자초지종(自初至終) → 처음부터 끝까지의 과정
- 체중(體重) → 몸무게
- 탑승(搭乘)하다 → 타다
- 편부(偏父), 편모(偏母) → 한 부모
- 포착(捕捉)하다 → 잡다
- 하자(瑕疵) → 흠
- 함구(緘口)하다 → 입을 다물다

5. 품위가 없거나 거센 말

- 귀때기 → 귀
- 깡소주 → 강+소주
- 깡술 → 강술
- 꼬락서니 → 모습
- 꽁짜 → 공짜
- 꽈 → 과
- 낯짝 → 낯
- 눈깔 → 눈알
- 대가리 → 머리
- 모가지 → 목
- 몸뚱이 → 몸
- 볼때기 → 볼
- 싸랑 → 사랑
- 쏘주 → 소주
- 이마빡 → 이마
- 이빨 → 이
- 주둥이, 아가리 → 입
- 짜식 → 자식
- 쪼르다 → 조르다
- 코빼기 → 코

6. 중복되는 말

- 뇌물 수뢰 혐의 → 뇌물 받은 혐의 / 수뢰 혐의
- 따뜻한 온정 → 따뜻한 정
- 뜨거운 열정 → 열정
- 모래사장 → 모래밭 / 사장
- 미리 예방하다 → 예방하다 / 미리 대비하다
- 새로 나온 신곡 → 새로 나온 곡 / 선을 보인 신곡
- 속내의, 겉외투 → 내의, 외투
- 스스로 자각하다 → 자각하다 / 스스로 깨닫다
- 식사를 먹다 → 식사를 하다 / 밥을 먹다
- 신년 새해를 맞아 → 신년을 맞아 / 새해를 맞아
- 앞으로 전진하다 → 전진하다 / 앞으로 나아가다
- 일찍이 조실부모하고 → 일찍이 부모를 여의고
- 축복을 빈다 → 복을 빈다 / 축복하다
- 피해를 입다 → 손해를 입다 / 피해를 받다
- 한강교 다리 → 한강 다리 / 한강교
- 해변가 → 바닷가 / 해변

7. 차별, 비하어

(표기는 모두 인정)

(1) 직업 비하

- 간호부 → 간호원 → 간호사
- 구두닦이 → 구두미화원
- 군바리 → 군인
- 딴따라 → 연예인
- 막노동꾼 → 막노동자
- 봉급쟁이 → 봉급생활자
- 세리 → 세무 공무원
- 수위 → 경비원
- 신문팔이 → 가두 신문 판매원
- 우체부 → 우편집배원
- 운전수 → 운전사
- 점쟁이 → 역술가
- 중매쟁이 → 중매인
- 집달리 → 집행관
- 짭새 → 경찰관
- 청소부 → 환경미화원
- 파출부, 식모 → 가사도우미
- 환쟁이 → 화가

(2) 장애인 비하

- 귀머거리 → 청각 장애인
- 맹인, 소경, 장님, 애꾸눈, 외눈박이, 사팔뜨기 → 시각 장애인
- 문둥이 → 나환자, 한센인
- 벙어리, 언청이, 째보 → 언어 장애인
- 앉은뱅이, 절름발이 → 지체 장애인
- 저능아, 정신박약아 → 지적 장애아
- 정상인 → 비장애인
- 정신병자 → 정신 장애인

(3) 인종 차별

- 검둥이 → 흑인
- 살색 → 살구색, 연주황색
- 조선족 → 중국 동포
- 코쟁이 → 서양 사람
- 탈북자 → 새터민
- 터키탕 → 증기탕
- 튀기 → 혼혈인

(4) 성 차별

- 가오 마담 → 대리 사장, 명의 사장
- 권력의 시녀(侍女) → 권력의 앞잡이
- 김 여사 → 운전이 미숙한 운전자
- 남자 간호사 → 간호사
- 미망인(未亡人) → 고(故) OOO 씨의 부인(夫人)
- 사모님식 투자 → 주먹구구식 투자
- 여류 작가 → 작가
- 여의사 → 의사
- 자(子) → 자녀(子女)
- 처녀비행 → 첫 비행
- 처녀작(處女作) → 첫 작품
- 처녀 출전 → 첫 출전
- 하느님의 아들 → 하느님의 자녀
- 학부형(學父兄) → 학부모(學父母)

TIP

강-(접사)

- '다른 것이 섞이지 않고 그것만으로 이루어진'의 뜻을 더해 주는 접사
  - 예 · 강굴 : 물이나 그 밖의 다른 어떤 것도 섞지 않은 굴의 살
    - cf 나는 초장에 찍어 강굴을 먹었다.(×)
  - · 강소주 : 안주 없이 먹는 소주
- 마른, 물기가 없는
  - 예 · 강기침, 강서리, 강된장
- 억지스러운
  - 예 · 강울음, 강호령

논리적으로 적합하지 않은 말

- 피로회복(疲勞回復) → 원기회복, 피로해소
- 전쟁 기념관 → 전쟁 박물관
- 촬영 단속 지역 → 과속 금지 구역, 과속 단속 지역

기출 확인

다음 중 차별적 언어 표현이 나타나지 않은 것은? 2012 국가직 7급

① 그것은 학교에서 학부형들에게 직접 설명해야 할 일인 것 같군요.

② 이 소설은 작가의 처녀작으로, 당시 문단의 호응이 매우 컸던 작품입니다.

③ 살구색 옷은 잘못 입으면 착시 효과를 불러일으키므로, 주의해서 입어야 합니다.

④ 복지 정책이 날로 더 발전하고 있으니, 미망인의 문제도 곧 해결되리라 믿습니다.

정답 ③

8. 법률 용어

- 加一層(가일층): 정도 따위가 한층 더함.
- 改悛(개전): 뉘우침
- 溝渠(구거): 개골창, 도랑
- 均分(균분): 똑같이 나누는 것
- 貸切(대절): 전세
- 買占(매점): 사재기
- 蒙利(몽리): 이익을 얻음. 또는 덕을 봄.
- 拇印(무인): 손도장, 지장(指章)
- 深掘(심굴): 깊이 파는 것
- 讓渡(양도): 넘겨주는 것 ↔ 讓受(양수)
- 委棄(위기): 버리고 돌보지 않음.
- 隱秘(은비): 숨겨서 비밀로 하는 것
- 賃借人(임차인): 빌려 쓰는 사람 ↔ 賃貸人(임대인)
- 抵觸(저촉)되다: 법률/규칙에 위반되거나 거슬리다.
- 竊取(절취)하다: 훔치다
- 擲柶(척사): 윷놀이
- 觸手(촉수): 사물에 손대는 것
- 催告(최고): 재촉하는 통지를 하는 것
- 閉塞(폐색): 닫혀서 막힘. 운수가 막힘.
- 貶毁(폄훼): 남을 깎아 내려서 헐뜯음.
- 懈怠(해태): 기일 내에 하지 않음. 또는 게으름
- 饗應(향응): 특별히 융숭하게 대접을 받음.

CHAPTER
06 이야기론

1절 발화와 담화

발화(發話)란 일정한 상황 속에서 문장 단위로 실현된 말이다. 이러한 발화(發話)들이 모여서 이루어진 유기적인 통일체를 담화(談話)라고 한다.

1 직접 발화와 간접 발화

직접 발화	간접 발화
① 종결 어미의 유형과 발화 의도가 일치 예 창문 좀 닫아라. → 명령형 어미를 사용하여 '명령' 행위를 하고 있음.	① 종결 어미의 유형과 발화 의도가 불일치 예 창문 좀 닫을래? → 의문형 어미를 사용하였으나 실제 의도는 '명령' 행위를 하고 있음.
② 상황보다 의도가 우선 고려됨.	② 의도를 상황에 맞춰 표현함.

2 담화 표지

1. 언어적 담화 표지의 종류

① 접속 표현

선후	우선, 먼저, 다음으로, 마지막처럼	추가	그리고, 게다가, 또, 뿐만 아니라
인과	왜냐하면 ~ 때문입니다.	재진술	즉, 다시 말해
열거	첫째, 둘째, 셋째		

② 지시어

이	① 말하는 이에게 가까이 있거나 말하는 이가 생각하고 있는 대상을 가리킬 때 쓰는 말 예 이 아이가 네 아들이니? ② 바로 앞에서 이야기한 대상을 가리킬 때 쓰는 말 예 노력하는 사람은 실패하지 않는다. 이 점을 우리는 명심해야 한다.
그	① 듣는 이에게 가까이 있거나 듣는 이가 생각하고 있는 대상을 가리킬 때 쓰는 말 예 그 책 이리 좀 줘 봐. ② 앞에서 이미 이야기한 대상을 가리킬 때 쓰는 말 예 오늘 가게에서 예쁜 구두를 봤다. 돈을 모아 그 구두를 사고 싶다. ③ 확실하지 아니하거나 밝히고 싶지 아니한 일을 가리킬 때 쓰는 말 예 그 무엇인가를 알아내고자 했지만….
저	말하는 이와 듣는 이로부터 멀리 있는 대상을 가리킬 때 쓰는 말 예 저 둘 중에 하나를 선택해라.

기출 확인

다음 대화의 ㉠~㉤에 대한 설명으로 적절하지 않은 것은? 2022 국가직 9급

이진: 태민아, ㉠ 이 책 읽어 봤니?
태민: 아니, ㉡ 그 책은 아직 읽어 보지 못했어.
이진: 그렇구나. 이 책은 작가의 문체가 독특해서 읽어 볼 만해.
태민: 응, 꼭 읽어 볼게. 한 권 더 추천해 줄래?
이진: 그럼 ㉢ 저 책은 어때? 한국 대중문화를 다양한 시각에서 다룬 재미있는 책이야.
태민: 그래, ㉣ 그 책도 함께 읽어 볼게.
이진: (두 책을 들고 계산대로 간다.) 읽어 보겠다고 하니, 생일 선물로 ㉤ 이 책 두 권 사 줄게.
태민: 고마워. 잘 읽을게.

① ㉠은 청자보다 화자에게, ㉡은 화자보다 청자에게 가까이 있는 대상을 가리킨다.
② ㉢은 화자보다 청자에게 멀리 있는 대상을 가리킨다.
③ ㉢과 ㉣은 같은 대상을 가리킨다.
④ ㉤은 ㉡과 ㉢ 모두를 가리킨다.

해설
'저'는 말하는 이와 듣는 이로부터 멀리 있는 대상을 가리킬 때 쓰는 말이다. 따라서 '저 책'이 화자보다 청자에게 멀리 있는 대상을 가리킨다는 설명은 적절하지 않다.

오답
① '이'는 말하는 이에게 가까이 있거나 말하는 이가 생각하고 있는 대상을 가리킬 때 쓰는 말이고, '그'는 듣는 이에게 가까이 있거나듣는 이가 생각하고 있는 대상을 가리킬 때 쓰는 말이다. 따라서 ㉠ '이 책'이 청자보다 화자에게, ㉡ '그 책'이 화자보다 청자에게 가까이있는 대상을 가리킨다는 설명은 적절하다.
③ ㉢ '저 책'과 ㉣ '그 책'은 모두 '한국 대중문화를 다양한 시각에서 다룬 재미있는 책'을 의미한다. 따라서 둘이 같은 대상을 가리킨다는 설명은 적절하다.
④ ㉤ '이 책' 뒤의 '두 권'을 볼 때, ㉤은 작가의 문체가 독특한 ㉡ '그 책'과 한국 대중문화를 다양한 시각에서 다룬 재미있는 ㉢ '저 책' 둘 모두를 가리킨다.

정답 ②

CHAPTER
07 국어와 어휘

1절 국어의 어휘

1 주제별 어휘 정리

1. 사람을 나타내는 말

□□ 가납사니	① **쓸데없는 말**을 지껄이기 좋아하는 **수다**스러운 사람 ② **말다툼**을 잘하는 사람
□□ 가르친사위	시키는 대로만 하는 어리석은 사람
□□ 가시버시	'부부'를 낮잡아 이르는 말
□□ 강원도 포수(냐)	일이 있어 밖에 나갔다가 오래도록 돌아오지 않는 사람 = 지리산 포수
□□ 고림보	① **몸이 약하여** 늘 **골골**거리며 앓는 사람 ② 마음이 너그럽지 못하고 **옹졸**하며, 하는 짓이 푼푼하지 못한 사람
□□ 고삭부리	① 음식을 많이 먹지 못하는 사람 ② 몸이 약하여 늘 **병치레**를 하는 사람
□□ 굴퉁이	① 씨가 여물지 아니한 늙은 호박 ② **겉모양은 그럴듯**하나 **속은 보잘것없는** 물건이나 사람
□□ 궁도련님	**부유한 집**에서 자라나 세상의 **어려운 일을 잘 모르는** 사람
□□ 궐공	몸이 **허약**한 사람
□□ 꺼병이	① 꿩의 어린 새끼 = 꿩병아리 ② 옷차림 따위의 겉모습이 잘 어울리지 않고 **거칠게 생긴** 사람
□□ 남산골샌님	**가난**하면서도 **자존심**만 강한 선비
□□ 대갈마치	온갖 **어려운 일**을 겪어서 아주 **야무진** 사람
□□ 데림추	**줏대 없이** 남에게 딸려 다니는 사람
□□ 두루뭉수리	말이나 행동이 **변변하지 못한** 사람 ≒ 뭉수리
□□ 두루춘풍	**누구에게나 좋게 대하는** 일 또는 그런 사람 ≒ 도처춘풍, 사면춘풍, 사시춘풍
□□ 두루치기	한 사람이 **여러 방면에 능통**함. 또는 그런 사람
□□ 뚱딴지	**완고**하고 **우둔**하며 **무뚝뚝**한 사람
□□ 든거지난부자	**사실은 가난**하면서도 **겉으로는 부자**처럼 보이는 사람
□□ 만무방	① **염치가 없이** 막된 사람 ② 아무렇게나 생긴 사람
□□ 망석중(이)	남이 **부추기는 대로 행동**하는 사람 = 꼭두각시
□□ 멍텅구리	① 병의 목이 좀 두툼하게 올라와서 예쁘게 생기지 아니한 되들잇병 ② 멍청이
□□ 몽니쟁이	몽니를 부리는 사람 * 몽니: 받고자 하는 대우를 받지 못할 때 내는 심술
□□ 무녀리	① [門+열+이] 한 태에 낳은 여러 마리 새끼 가운데 가장 먼저 나온 새끼 ② 행동이 좀 **모자란 듯이** 보이는 사람
□□ 무지렁이	① 아무것도 모르는 **어리석은** 사람 ② 헐었거나 무지러져서 못 쓰게 된 물건 * 무지르다: 한 부분을 잘라 버리다.
□□ 미두꾼	현물 없이 쌀을 팔고 사는 일을 직업으로 하는 사람
□□ 바닥쇠	**그 지방에 오래전부터 사는 사람**을 낮잡아 이르는 말 ≒ 본토박이, 터줏대감
□□ 바사기	사물에 어두워 아는 것이 없고 똑똑하지 못한 사람
□□ 반거들충이	무엇을 **배우다가 중도에 그만두어** 다 이루지 못한 사람 ≒ 반거충이
□□ 범강장달이	키가 크고 우락부락하게 생긴 사람
□□ 벽창호	**고집**이 세고 성질이 **무뚝뚝**한 사람
□□ 벼락대신	성질이 **독하고 야무져서** 어떤 일이건 **감당**해 내는 사람
□□ 불목하니	절에서 밥을 짓고 물을 긷는 일을 맡아서 하는 사람 ≒불목한
□□ 숙맥(菽麥)	① 콩과 보리를 아울러 이르는 말 ② 사리 분별을 못하고 **세상 물정을 잘 모르는** 사람(숙맥불변)
□□ 술기주머니	남다른 재능을 지닌 사람
□□ 시골고라리	아주 **어리석고 고집**이 센 **시골** 사람 ≒ 고라리
□□ 시러베아들	**실없는 사람** ≒ 시러베자식
□□ 시앗	남편의 첩
□□ 어이딸	어머니와 딸을 아울러 이르는 말
□□ 얼간이	됨됨이가 변변하지 못하고 덜된 사람 ≒ 얼간 * 얼: 겉에 드러난 흠
□□ 얼금뱅이	얼굴이 얼금얼금 얽은 사람
□□ 열쭝이	① 겨우 날기 시작한 어린 새 ② **겁**이 많고 **나약**한 사람
□□ 욕감태기	늘 남에게 욕을 먹는 사람 ≒ 욕바가지

☐ ☐ **윤똑똑이**	자기만 **혼자 잘나고 영악한 체**하는 사람
☐ ☐ **재주아치**	'재주꾼'을 낮잡아 이르는 말
☐ ☐ **졸때기**	① 보잘것없을 정도로 분량이나 규모가 작은 일 ② 지위가 변변하지 못하거나 규모가 크지 못하여 자질구레한 사람
☐ ☐ **좀팽이**	몸피가 작고 **좀스러운** 사람 ≒ 좀생이
☐ ☐ **중동무이**	하던 일이나 말을 끝맺지 않고 중간에 **흐지부지**하는 일
☐ ☐ **찌그렁이**	남에게 무턱대고 **억지로 떼**를 쓰는 짓. 또는 그런 사람
☐ ☐ **책상물림**	책상 앞에 앉아 **글공부**만 하여 **세상일을 잘 모르는** 사람
☐ ☐ **천둥벌거숭이**	철없이 두려운 줄 모르고 함부로 덤벙거리거나 날뛰는 사람 * 천둥지기: 빗물에 의하여서만 벼를 심어 재배할 수 있는 논 ≒ 천수답, 하늘바라기
☐ ☐ **타짜꾼**	① 노름판에서 남을 잘 속이는 재주를 가진 사람 ② 남의 일에 공연히 **훼방**을 놓는 사람
☐ ☐ **태두**	태산북두. 어떤 분야에서 가장 **권위**가 있는 사람
☐ ☐ **파락호**	**재산이 있는 집안**의 자손으로서 집안의 재산을 털어 먹는 **난봉꾼**
☐ ☐ **팔난봉**	가지각색의 온갖 **난봉**을 부리는 사람
☐ ☐ **팔방미인(八方美人)**	① 여러 방면에 능통한 사람 ② 놀림조로 한 가지 일에도 정통하지 못한 사람. * 두루치기: 한 가지 물건을 여기저기 두루 씀.
☐ ☐ **손방**	**아주 할 줄 모르는 솜씨** * 문외한(門外漢): 어떤 일에 전문적 지식이 없는 사람

~바리(좋지 않은 속성을 지닌 사람)

☐ ☐ **샘바리**	샘이 많아서 안달하는 사람
☐ ☐ **벗바리**	**뒷배**를 보아 주는 사람
☐ ☐ **감바리**	**잇속**을 노리고 **약삭빠르게** 달라붙는 사람
☐ ☐ **노라리**	**건달**처럼 건들건들 놀며 **세월만 허비**하는 짓. 또는 그런 사람을 속되게 이르는 말

~장수

☐ ☐ **외목장수**	저 혼자 **독차지**하여 장사하는 사람 * 독장수구구: 실현 가능성이 없는 허황된 계산을 하거나 헛수고로 애만 씀을 이르는 말 ≒ 독장수셈 * 부엉이셈: 어리석어서 이익과 손해를 잘 분별하지 못하는 셈을 비유적으로 이르는 말
☐ ☐ **동무장수**	두 사람 이상이 **공동**으로 장사하는 사람
☐ ☐ **송도 오이 장수**	**이익**을 더 보려다 **낭패**를 본 사람
☐ ☐ **청기와 장수**	저만 알고 남에게는 알리지 않아 어떤 일을 자기 **혼자서 차지**하려는 사람
☐ ☐ **앵두장수**	**잘못**을 저지르고 어디론지 **자취를 감춘** 사람을 이르는 말
☐ ☐ **장돌림**	여러 장으로 돌아다니면서 물건을 파는 장수 ≒ **장돌뱅이** * 도붓장사: 이리저리 돌아다니며 물건을 파는 일 ≒ 선장사, 여상, 행상 * 앉은장사: 한곳에 가게를 내고 하는 장사
☐ ☐ **마수손님**	**맨 처음**으로 물건을 산 손님 * 마수: 처음에 팔리는 것으로 미루어 예측하는 그날의 장사 운 * 마수걸이: 개시. 맨 처음으로 물건을 파는 일 또는 거기서 얻은 소득

2. 성격을 묘사하는 말

☐ ☐ **가붓하다**	조금 **가벼운 듯**하다.
☐ ☐ **가살스럽다**	말씨나 행동이 되바라지고, 밉살스러운 데가 있다.
☐ ☐ **갈걍갈걍하다**	얼굴이 파리하고 몸이 여윈 듯하나 단단하고 굳센 기상이 있다.
☐ ☐ **갈붙이다**	남을 헐뜯어 사이가 벌어지게 하다. **이간질**하다.
☐ ☐ **걱실걱실하다**	성질이 너그러워 말과 행동을 시원스럽게 하다.
☐ ☐ **결곡하다**	얼굴 생김새나 마음씨가 깨끗하고 여무져서 빈틈이 없다.
☐ ☐ **곰바지런하다**	일하는 것이 시원시원하지는 못하지만 **꼼꼼**하고 **바지런**하다.
☐ ☐ **곰살갑다**	성질이 보기보다 **상냥하고 부드럽다**.
☐ ☐ **곰살궂다**	① 태도나 성질이 **부드럽고 친절**하다. ② **꼼꼼**하고 **자세**하다. ≒ 곰상스럽다
☐ ☐ **깝살리다**	① 찾아온 사람을 따돌려 보내다. ② **재물**이나 **기회** 따위를 흐지부지 다 **없애다**.
☐ ☐ **끌끌하다**	마음이 맑고 바르고 깨끗하다.
☐ ☐ **남우세스럽다**	남에게 **놀림**과 **비웃음**을 받을 듯하다. ≒ 남사스럽다, 남세스럽다, 우세스럽다
☐ ☐ **너볏하다**	몸가짐이나 행동이 번듯하고 의젓하다.
☐ ☐ **누긋하다**	성질이나 태도가 좀 부드럽고 순하다.
☐ ☐ **능갈치다**	① **교묘**하게 잘 **둘러대다**. ② 교묘하게 잘 둘러대는 재주가 있다.
☐ ☐ **다기지다**	마음이 굳고 야무지다. ≒ 다기있다, 다기차다

□ □	**달막거리다** **(= 달막대다)**	① 가벼운 물체 따위가 자꾸 들렸다 내려앉았다 하다. ② **말할 듯이 입술이 자꾸 가볍게 열렸다 닫혔다 하다.** ③ 마음이 자꾸 조금 설레다. ④ 자꾸 남에 대하여 들추어 말하다.
□ □	**더덜거리다**	분명하지 아니한 목소리로 자꾸 말을 **더듬다.**
□ □	**더덜뭇하다**	결단성이나 다잡는 힘이 모자라다.
□ □	**던적스럽다**	하는 짓이 보기에 매우 **치사**하고 **더러운** 데가 있다.
□ □	**데면데면하다**	① 사람을 대하는 태도가 **친밀감이 없이** 예사롭다. ② 성질이 꼼꼼하지 않아 행동이 신중하거나 **조심스럽지 아니하다.**
□ □	**데생기다**	생김새나 됨됨이가 완전하게 이루어지지 못하여 **못나게 생기다.**
□ □	**도섭스럽다**	주책없이 능청맞고 수선스럽게 **변덕**을 부리는 태도가 있다.
□ □	**돈바르다**	성미가 너그럽지 못하고 **까다롭다.**
□ □	**두남두다**	① 잘못을 **두둔**하다. ≒ 역성하다, 역성들다 ② **애착**을 가지고 돌보다.
□ □	**드레나다**	바퀴나 나사못 따위가 **헐거워져서 흔들**거리다.
□ □	**드레지다**	① 사람의 됨됨이가 가볍지 않고 **점잖아서** 무게가 있다. ② 물건의 무게가 가볍지 아니하다. * 드레: 인격적으로 점잖은 무게 * 드레질: ① 사람의 됨됨이를 떠보는 일 ② 물건의 무게를 헤아리는 일
□ □	**들뜨다**	마음이나 분위기가 가라앉지 아니하고 조금 흥분되다.
□ □	**뜯적뜯적하다**	① 자꾸 **손톱**이나 칼끝 따위로 **뜯거나** 진집을 내다. ② 괜히 **트집**을 잡아 자꾸 **짓궂게 건드리다.**
□ □	**맛문하다**	몹시 **지친** 상태에 있다.
□ □	**미쁘다**	**믿음성**이 있다.
□ □	**바자위다**	성질이 너그러운 맛이 없다.
□ □	**방정하다**	① 말이나 행동이 **바르고 점잖다.** ② 모양이 네모지고 반듯하다. * 방정맞다: 말이나 행동이 찬찬하지 못하고 몹시 까불어서 가볍고 점잖지 못하다.
□ □	**버르집다**	① 작은 일을 크게 **떠벌리다.** ② 숨겨진 일을 **들추어내다.**
□ □	**사박스럽다**	성질이 보기에 독살스럽고 **야멸친** 데가 있다.
□ □	**살천스럽다**	**쌀쌀**하고 **매섭다.**
□ □	**새살스럽다**	성질이 차분하지 못하고 **가벼워** 말이나 행동이 **실없고 부산**한 데가 있다.
□ □	**새치름하다**	**쌀쌀**맞게 **시치미**를 떼는 태도가 있다.
□ □	**성마르다**	참을성이 없고 성질이 **조급**하다.
□ □	**숫접다**	**순박**하고 **진실**하다.
□ □	**슬겁다**	마음씨가 **너그럽고 미덥다.**
□ □	**시망스럽다**	몹시 **짓궂은** 데가 있다.
□ □	**암상스럽다**	보기에 남을 **시기**하고 샘을 잘 내는 데가 있다.
□ □	**암팡스럽다**	몸은 작아도 야무지고 다부진 면이 있다.
□ □	**어리숙하다** **(= 어수룩하다)**	겉모습이나 언행이 치밀하지 못하여 **순진**하고 **어리석은** 데가 있다.
□ □	**열없다**	① 좀 겸연쩍고 **부끄럽다.** ② 담이 작고 **겁**이 많다.
□ □	**영절스럽다**	아주 **그럴듯**하다.
□ □	**웅숭깊다**	생각이나 뜻이 크고 넓다.
□ □	**웅심(雄深)하다**	글이나 사람의 뜻이 크고 깊다. ≒ 웅숭깊다 * 웅글다: 소리가 깊고 굵다. cf 꼼바르다, 바자위다, 성마르다: 마음이 좁고 인색하다.
□ □	**음전하다**	말이나 행동이 **곱고 우아**하다. 또는 **얌전**하고 **점잖다.**
□ □	**의뭉스럽다**	보기에 **겉으로는 어리석어** 보이나 **속으로는 엉큼한** 데가 있다.
□ □	**이물스럽다**	성질이 **음험**하여 속을 헤아리기에 어려움이 있다.
□ □	**이악스럽다**	이익을 위하여 지나치게 **아득바득**하는 태도가 있다.
□ □	**자발없다**	행동이 **가볍고 참을성이 없다.**
□ □	**자부락거리다**	가만히 있는 사람을 실없이 **자꾸 건드려 귀찮게** 하다. ≒ 자부락대다
□ □	**잔망스럽다**	태도나 행동이 **자질구레**하고 **가벼운** 데가 있다.
□ □	**칩칩스럽다**	보기에 **너절**하고 **염치없는** 데가 있다.
□ □	**투미하다**	**어리석고 둔하다.**
□ □	**툽상스럽다**	말이나 행동 따위가 **투박**하고 **상스러운** 데가 있다. ≒ 투상스럽다
□ □	**푸접스럽다**	보기에 **붙임성이 없이 쌀쌀**한 데가 있다. * 푸접: 남에게 인정이나 붙임성, 포용성 따위를 가지고 대함. 또는 그런 태도나 상태
□ □	**푼푼하다**	① 모자람이 없이 **넉넉**하다. ② 옹졸하지 아니하고 **시원**스러우며 **너그럽다.**
□ □	**피새나다**	숨기던 일이 **뜻밖에 발각**되다. * 피새: 급하고 날카로워 성질을 잘 내는 성질
□ □	**호도깝스럽다**	말이나 행동이 **조급**하고 **경망**스러운 데가 있다.

	~없다	
☐ ☐	**구성없다**	격에 어울리지 않다.
☐ ☐	**무람없다**	**예의**를 지키지 않으며 삼가고 **조심하는 것이 없다**.
☐ ☐	**본데없다**	보고 배운 것이 없다. 또는 행동이 **예의범절에 어긋나는** 데가 있다.
☐ ☐	**종작없다**	말이나 태도가 똑똑하지 못하여 종잡을 수가 없다. ≒ 종없다
☐ ☐	**주책없다**	일정한 **줏대가 없이** 이랬다저랬다 하여 몹시 실없다.
☐ ☐	**자발없다**	행동이 **가볍고 참을성이 없다**.
☐ ☐	**속절없다**	**단념**할 수밖에 달리 어찌할 도리가 없다.

3. 시간

☐ ☐	**삼경**	하룻밤을 오경(五更)으로 나눈 셋째 부분 밤 11시 ~ 새벽 1시
☐ ☐	**꼭두새벽**	아주 이른 새벽 ≒ 꼭두식전
☐ ☐	**갓밝이**	날이 막 밝을 무렵
☐ ☐	**달구리**	이른 새벽의 닭이 울 때
☐ ☐	**한나절**	① 하룻낮의 반(半) ≒ 반나절 ② 하룻낮 전체
☐ ☐	**반나절**	① 한나절의 반 ② 하룻낮의 반(半) = 한나절
☐ ☐	**해넘이**	해가 막 넘어가는 때. 또는 그런 현상
☐ ☐	**해거름**	해가 서쪽으로 넘어가는 일. 또는 그런 때
☐ ☐	**해거리**	한 해를 거름. 또는 그런 간격 ≒ 격년
☐ ☐	**해동갑**	① 해가 질 때까지의 동안 ② 어떤 일을 해 질 무렵까지 계속함.
☐ ☐	**어스름**	조금 어둑한 상태. 또는 그런 때 ≒ 거미
☐ ☐	**땅거미**	해가 진 뒤 어스레한 상태. 또는 그런 때
☐ ☐	**온밤**	온 하룻밤 ≒ 종밤
☐ ☐	**해포**	한 해가 조금 넘는 동안 ≒ 세여(歲餘)
☐ ☐	**달포**	한 달이 조금 넘는 기간 ≒ 삭여(朔餘), 월경(月頃), 월여(月餘)
☐ ☐	**날포**	하루가 조금 넘는 동안
☐ ☐	**안날**	바로 전날
☐ ☐	**안달**	바로 전달
☐ ☐	**내달**	이달의 바로 다음 달 ≒ 내월, 새달, 익월, 후월, 훗달
☐ ☐	**이듬달**	훗달
☐ ☐	**삭(朔)**	① 음력으로 매달 초하룻날 예 삭일(朔日) ② '개월'의 예스러운 말 예 이삭(二朔): 2개월
☐ ☐	**순(旬)**	열흘 예 삼월 초순(三月 初旬)
☐ ☐	**망(望)**	보름 예 삭망(朔望: 음력 초하루와 보름), 기망(旣望: 음력 열엿새)
☐ ☐	**념(念)**	스무날, 염일(念日)
☐ ☐	**회(晦)**	그믐날(음력으로 그 달의 마지막 날)

4. 자연 현상

☐ ☐	**샛바람**	동풍, 봄바람
☐ ☐	**하늬바람**	서풍 ≒ 갈, 하늬, 갈바람, 가을바람
☐ ☐	**마파람**	남풍 ≒ 앞바람, 오풍(午風), 여름 바람
☐ ☐	**된바람** **(= 높바람)**	북풍 ≒ 덴바람, 겨울바람
☐ ☐	**높하늬바람**	뱃사람들의 은어로, '서북풍'을 이르는 말
☐ ☐	**갈마바람**	뱃사람들의 말로, '서남풍'을 이르는 말
☐ ☐	**높새바람**	동북풍. 주로 봄부터 초여름에 걸쳐 태백산맥을 넘어 영서 지방으로 부는 고온 건조한 바람으로 농작물에 피해를 준다. ≒ 녹새풍
☐ ☐	**갈바람**	① '가을바람'의 준말 ② 뱃사람들의 말로, '서풍'을 이르는 말 ≒ 가수알바람
☐ ☐	**실바람**	아주 약한 바람 ≒ 산들사람
☐ ☐	**건들바람**	초가을에 선들선들 부는 바람
☐ ☐	**봄바람**	봄철에 불어오는 바람 ≒ 곡풍(谷風)
☐ ☐	**살바람**	① 좁은 틈으로 새어 들어오는 찬 바람 ② 초봄에 부는 찬 바람
☐ ☐	**맞바람** **(= 맞은바람)**	① 사람이나 물체의 진행 방향과 반대 방향으로 부는 바람 ② 양편에서 마주 불어오는 듯한 바람
☐ ☐	**는개**	안개비보다는 조금 굵고 이슬비보다는 가는 비

□ □ **이슬비**	아주 가늘게 내리는 비('는개'보다 굵고 '가랑비'보다는 가늘다.)
□ □ **가랑비**	가늘게 내리는 비(이슬비보다는 좀 굵다.) ≒ 삽우(霎雨), 세우(細雨)
□ □ **작달비**	장대비, 장대처럼 굵고 거세게 좍좍 내리는 비
□ □ **억수(=악수)**	물을 퍼붓듯이 세차게 내리는 비
□ □ **궂은비**	끄느름하게 오랫동안 내리는 비 ≒ 고우(苦雨)
□ □ **여우비**	볕이 나 있는 날 잠깐 오다가 그치는 비
□ □ **숫눈**	눈이 와서 쌓인 상태 그대로의 깨끗한 눈
□ □ **강추위**	눈도 오지 않고 바람도 불지 않으면서 몹시 매운 추위 cf 강(強)추위: 눈이 오고 매운 바람이 부는 심한 추위
□ □ **된서리**	늦가을에 아주 되게 내리는 서리 ≒ 숙상(肅霜), 엄상(嚴霜)
□ □ **무서리**	늦가을에 처음 내리는 묽은 서리
□ □ **상고대**	나무나 풀에 내려 눈처럼 된 서리
□ □ **해미**	바다 위에 낀 아주 짙은 안개

5. 동물

□ □ **개호주**	**범**의 새끼
□ □ **고도리**	**고등어**의 새끼
□ □ **굼벵이**	① **매미**, 풍뎅이, 하늘소와 같은 딱정벌레목의 **애벌레** ② 동작이 굼뜬 사물이나 사람
□ □ **꺼병이**	**꿩**의 어린 새끼 ≒ 꿩병아리 cf 꺼벙이: 조금 모자란 듯한 사람을 낮잡아 이르는 말
□ □ **노가리**	**명태**의 새끼
□ □ **능소니**	**곰**의 새끼
□ □ **망아지**	**말**의 새끼
□ □ **무녀리**	한 배에 낳은 여러 마리의 새끼 가운데서 **가장 먼저 나온 새끼**
□ □ **학배기**	**잠자리**의 애벌레

6. 단위어

□ □ **옷 한 죽**	옷 열 벌
□ □ **장작 한 가리**	장작 스무 단
□ □ **장작 한 강다리**	쪼갠 장작 백 개비
□ □ **오징어 한 축**	오징어 스무 마리
□ □ **북어 한 쾌**	북어 스무 마리
□ □ **탕약 한 제(劑)**	탕약 스무 첩
□ □ **마늘 한 접**	마늘 백 개
□ □ **김 한 톳**	김 백 장
□ □ **오이 한 거리**	오이 오십 개
□ □ **바늘 한 쌈**	바늘 스물네 개
□ □ **한 냥**	한 돈의 열 배
□ □ **조기/고등어 한 손**	조기/고등어 두 마리
□ □ **굴비 한 갓**	굴비 열 마리
□ □ **달걀 한 꾸러미**	달걀 열 개
□ □ **달걀 한 판**	달걀 삼십 개
□ □ **생선 한 뭇**	생선 열 마리 ≒ 생선 한 **속**
□ □ **미역 한 뭇**	미역 열 장
□ □ **조기 한 두름**	조기 스무 마리
□ □ **고사리 한 두름**	고사리 열 모숨
□ □ **기와 한 우리**	기와 이천 장

길이, 넓이, 부피, 무게

□ □ **뼘**	비교적 짧은 길이를 잴 때, 한 뼘은 엄지손가락과 다른 손가락을 한껏 벌린 길이
□ □ **발**	한 발은 두 팔을 양옆으로 펴서 벌렸을 때 한쪽 손끝에서 다른 쪽 손끝까지의 길이
□ □ **자**	1자는 30.3cm ≒ 척(尺)
□ □ **치**	한 자의 10분의 1. 약 3.03cm ≒ 촌(寸)
□ □ **푼**	① 길이: 한 치의 10분의 1. 약 0.3cm ≒ 분(分) ② 비율: 1푼은 전체의 100분의 1
□ □ **길**	① 한 길은 여덟 자 또는 열 자로 약 2.4미터 또는 3미터 ② 한 길은 사람의 키 정도의 길이

□ 리 □	거리의 단위. 1리는 약 0.393km
□ 평 □	땅 한 평은 여섯 자의 제곱으로 3.3058m²
□ 홉 □	① 곡식, 가루, 액체 따위의 부피 단위. 한 홉은 한 되의 10분의 1 ② 땅 넓이의 단위. 한 홉은 1평의 10분의 1
□ 되지기 □	논밭 한 되지기는 한 마지기의 10분의 1
□ 마지기 □	논밭 한 마지기는 볍씨 한 말의 모 또는 씨앗을 심을 만한 넓이. 논은 약 150~300평, 밭은 약 100평 정도
□ 섬지기 □	논밭 한 섬지기는 한 마지기의 열 배
□ 간 □	건물의 칸살 한 간은 보통 여섯 자 제곱의 넓이이다.
□ 섬 □	부피의 단위. 곡식, 가루, 액체 따위의 부피를 잴 때 쓴다. 한 섬은 한 말의 열 배
□ 돈 □	① 귀금속이나 한약재 따위의 무게 단위. 한 돈은 한 냥의 10분의 1, 한 푼의 열 배 ② 엽전을 세던 단위. 한 돈은 한 냥의 10분의 1이고 한 푼의 열 배
□ 냥 □	① 엽전을 세던 단위. 한 냥은 한 돈의 열 배 ② 귀금속이나 한약재 따위의 무게를 잴 때 쓴다. 한 냥은 귀금속의 무게를 잴 때는 한 돈의 열 배, 한약재의 무게를 잴 때는 한 근의 16분의 1
□ 근 □	한 근은 고기나 한약재의 무게를 잴 때는 600그램, 과일이나 채소 따위의 무게를 잴 때는 한 관의 10분의 1
□ 관 □	한 관은 한 근의 열 배로 3.75kg

해산물

□ 축 □	오징어를 묶어 세는 단위. 한 축은 **오징어 스무 마리**
□ 손 □	손에 잡을 만한 분량을 세는 단위. 조기, **고등어**, 배추 따위 한 손은 큰 것 하나와 작은 것 하나를 합한 것(두 개), 미나리나 파 따위 한 손은 한 줌 분량
□ 두름 □	조기, 청어 20마리, 산나물 열 모숨
□ 갓 □	굴비, 비웃 따위나 고비, 고사리 따위를 묶어 세는 단위. 한 갓은 굴비·비웃 열 마리, 또는 고비·고사리 열 모숨
□ 뭇 □	① 한 뭇은 **생선 열 마리** ② 한 뭇은 **미역 열 장** ③ 짚, 장작, 채소 따위의 작은 묶음을 세는 단위 ④ 볏단을 세는 단위
□ 쾌 □	① 한 쾌는 **북어 스무 마리** ② 한 쾌는 엽전 열 냥
□ 톳 □	김 100장

농산물, 농업

□ 가리 □	곡식이나 **장작** 따위의 더미를 세는 단위 한 가리는 **스무 단**
□ 거리 □	**가지, 오이 50개**, 반 접
□ 접 □	**채소, 과일 100개**
□ 담불 □	벼 100섬
□ 단 □	푸성귀, 짚, 땔나무 따위의 한 묶음
□ 모숨 □	한 줌 안에 드는 가늘고 긴 물건의 수량
□ 가웃 □	되, 말, 자의 수를 셀 때 차고 남는 반 * 되가웃: 한 되의 반

일상생활

□ 쌈 □	**바늘 24개**
□ 죽 □	**옷, 그릇** 따위의 **열 벌**을 묶어 세는 단위
□ 제(劑) □	한방약 **20첩**
□ 첩 □	한방약 1봉지
□ 필 □	피륙을 세는 단위
□ 벌 □	옷이나 그릇 따위가 두 개 또는 여러 개 모여 갖추는 덩어리를 세는 단위
□ 켤레 □	신, 양말, 버선, 방망이 따위의 짝이 되는 두 개를 한 벌로 세는 단위
□ 우리 □	**기와 2,000장**
□ 고리 □	소주 열 사발
□ 줌 □	주먹. 한 주먹 양
□ 춤 □	가늘고 긴 물건을 한 손으로 쥘 만한 분량이나 세는 단위
□ 움큼 □	손으로 한 줌 움켜쥔 만큼의 분량. 〈작은말〉 옴큼
□ 술 □	숟가락으로 떠서 헤아릴 만한 분량
□ 오리 □	실, 가는 대 같은 것을 세는 단위
□ 땀 □	바느질에서 바늘로 한 번 뜬 눈
□ 채 □	집, 이부자리를 세는 단위
□ 타래 □	실이나 고삐를 감아서 틀어 놓은 분량의 단위
□ 사리 □	국수, 실, 새끼 등을 사리어 감은 뭉치를 세는 단위

7. 기타 기출 고유어

□ **가리사니** □	① 사물을 **판단**할 만한 **지각**(知覺) ② 사물을 분간하여 판단할 수 있는 **실마리**
□ **가시** □	음식물에 생긴 구더기
□ **가탈** □	① 일이 순조롭게 나아가는 것을 방해하는 조건 ② 이리저리 **트집**을 잡아 **까다롭게** 구는 일
□ **가풀막** □	몹시 가파르게 비탈진 곳
□ **갈무리** □	① 물건 따위를 잘 **정리**하거나 **간수**함. ② 일을 처리하여 **마무리**함.
□ **겉볼안** □	겉을 보면 속은 안 보아도 짐작할 수 있다는 말
□ **겨끔내기** □	서로 번갈아 하기
□ **겻불** □	겨를 태우는 불 속담 양반은 얼어 죽어도 겻불은 안 쬔다
□ **곁불** □	얻어 쬐는 불
□ **고래실논** □	바닥이 깊고 물길이 좋아 기름진 논
□ **고샅** □	**시골** 마을의 좁은 **골목길** 또는 골목 사이
□ **고수레** □	민간 신앙에서, 산이나 들에서 음식을 먹을 때나 무당이 **굿**을 할 때, 귀신에게 먼저 바친다는 뜻으로 **음식을 조금 떼어 던지는 일**
□ **곰비임비** □	물건이 거듭 쌓이거나 일이 계속 일어남을 나타내는 말
□ **길섶** □	**길의 가장자리** ≒ 길가, 길옆
□ **깜냥** □	스스로 일을 헤아림. 또는 헤아릴 수 있는 능력
□ **꼭뒤** □	뒤통수의 한가운데
□ **난달** □	길이 여러 갈래로 통한 곳
□ **너나들이** □	서로 너니 나니 하고 부르며 허물없이 말을 건넴. 또는 그런 사이
□ **노느매기** □	**여러 몫**으로 **갈라 나누는** 일. 또는 그렇게 나누어진 몫
□ **노루목** □	① 노루가 자주 다니는 길목 ② **넓은 들**에서 다른 곳으로 이어지는 **좁은 지역**
□ **노박이로** □	줄곧 한 가지에만 붙박이로
□ **다문다문** □	① 시간적으로 잦지 아니하고 좀 드문 모양 ② 공간적으로 배지 아니하고 사이가 좀 **드문** 모양
□ **드레** □	인격적으로 점잖은 무게
□ **등걸잠** □	옷을 입은 채 아무것도 덮지 아니하고 아무 데나 쓰러져 자는 잠
□ **뗏장** □	**흙**이 붙어 있는 상태로 뿌리째 떠낸 **잔디의 조각**
□ **마뜩하다** □	제법 **마음에 들** 만하다. ↔ 마뜩잖다
□ **모꼬지** □	**놀이나 잔치** 또는 그 밖의 일로 여러 사람이 **모이는** 일
□ **몸가축** □	몸을 매만지고 다듬음.
□ **무릎맞춤** □	두 사람의 **말이 서로 어긋날** 때, **제삼자**를 앞에 두고 전에 한 말을 되풀이하여 옳고 그름을 따짐.
□ **미립** □	경험을 통하여 얻은 묘한 이치나 요령
□ **바투** □	두 대상이나 물체의 사이가 썩 **가깝게**
□ **비나리** □	남의 **환심**을 사려고 **아첨**함.
□ **삭신** □	몸의 근육과 뼈마디
□ **산소리** □	어려운 가운데서도 속은 살아서 남에게 굽히지 않으려고 하는 말
□ **선걸음** □	이미 내디뎌 걷고 있는 그대로의 걸음
□ **손씻이** □	남의 **수고에 보답**하는 마음으로 적은 **물건**을 주는 일. 또는 그 물건 cf 입씻이: 비밀이나 불리한 말을 못하도록 돈이나 물건을 줌. 또는 그 돈이나 물건
□ **쌩이질** □	한창 **바쁠 때**에 쓸데없는 일로 남을 **귀찮게** 구는 짓
□ **안갚음** □	자식이 커서 **부모를 봉양**하는 일 cf 대갚음: 은혜나 원한을 그대로 갚음.
□ **안다미로** □	담은 것이 그릇에 **넘치도록 많이**
□ **안잠자기** □	여자가 남의 집에서 먹고 자며 그 집의 일을 도와주는 일. ≒ 안잠
□ **알심** □	① 은근히 **동정**하는 마음 ② 보기보다 **야무진 힘**
□ **알천** □	① 재산 가운데 가장 값나가는 물건 ② 음식 가운데서 제일 맛있는 음식
□ **앙갚음** □	남이 저에게 **해를 준 대로** 저도 그에게 해를 줌. ≒ **보복**
□ **애오라지** □	① '**겨우**'를 강조하여 이르는 말 ② '**오로지**'를 강조하여 이르는 말
□ **어안** □	**어이없어** 말을 못 하고 있는 혀 안
□ **에움길** □	**굽은 길**. 또는 에워서 돌아가는 길 * 에우다: 사방을 빙 둘러싸다, 다른 길로 돌리다.
□ **엉너리** □	남의 **환심**을 사기 위하여 어벌쩡하게 **서두르는 짓**
□ **오금** □	**무릎**의 구부러지는 오목한 안쪽 부분

□ 오늬 □	**화살**의 머리를 활시위에 끼도록 에어 낸 부분
□ 왜장질 □	쓸데없이 큰 소리로 마구 떠드는 짓
□ 이러구러 □	① 이럭저럭 일이 진행되는 모양 ② 이럭저럭 시간이 흐르는 모양
□ 자리끼 □	밤에 자다가 마시기 위하여 **잠자리의 머리맡**에 준비하여 두는 **물**
□ 저지레 □	일이나 물건에 문제가 생기게 만들어 그르치는 일
□ 진솔 □	옷이나 버선 따위가 한 번도 빨지 않은 새것 그대로인 것
□ 짜장 □	**과연 정말로**
□ 짬짜미 □	남모르게 자기들끼리만 **짜고 하는** 약속이나 **수작**
□ 화수분 □	재물이 계속 나오는 **보물단지**
□ 희나리 □	채 마르지 아니한 장작
□ 희아리 □	약간 상한 채로 말라서 희끗희끗하게 얼룩이 진 고추

용언

□ 가멸다 □	**재산**이나 자원 따위가 **넉넉하고 많다.** ≒ 가멸차다
□ 가뭇없다 □	① 보이던 것이 전혀 **보이지 않아** 찾을 곳이 감감하다. ② 눈에 띄지 않게 **감쪽같다.**
□ 감잡히다 □	남과 시비(是非)를 다툴 때, 약점을 잡히다.
□ 골막하다 □	담긴 것이 가득 차지 아니하고 **조금 모자란 듯**하다.
□ 곰삭다 □	① 옷 따위가 **오래되어서** 올이 삭고 질이 **약해지다.** ② 젓갈 따위가 **오래되어 푹 삭다.** ③ 두 사람의 **사이가 가까워지다.**
□ 구순하다 □	서로 사귀거나 지내는 데 사이가 좋아 **화목**하다.
□ 궁싯거리다 □	① 잠이 오지 아니하여 누워서 몸을 이리저리 뒤척거리다. ② 어찌할 바를 몰라 이리저리 **머뭇거리다.**
□ 근천스럽다 □	보잘것없고 **초라**한 데가 있다.
□ 깨단하다 □	**오랫동안** 생각해 내지 못하던 일 따위를 어떠한 실마리로 말미암아 **깨닫거나 분명히 알다.**
□ 나앉다 □	① 안에서 밖으로 또는 앞쪽에서 뒤쪽으로 자리를 옮겨 앉다. ② 살 집을 잃고 **쫓겨나거나 물러나 자리를 잡다.** ③ 하던 일을 **그만두거나** 직책에서 **물러나다.**
□ 눌리다 □	그럴듯한 꾀에 속다.
□ 몽따다 □	알고 있으면서 **일부러 모르는 체**하다.
□ 바특하다 □	① 두 대상이나 물체 사이가 조금 **가깝다.** ② 시간이나 길이가 조금 **짧다.** ③ 국물이 조금 적어 **묽지 아니하다.**
□ 벼르다 □	일정한 비례에 맞추어서 여러 몫으로 나누다. cf 벼르다[2]: 어떤 일을 이루려고 마음속으로 단단히 준비를 하고 기회를 엿보다.
□ 복대기다 □	많은 사람들이 복잡하게 떠들어 대거나 왔다 갔다 움직이다.
□ 부시다 □	**그릇** 따위를 **씻어** 깨끗하게 하다. cf 부시다[2]: 빛이나 색채가 강렬하여 마주보기 어려운 상태에 있다.
□ 서슴다 □	결단을 내리지 못하고 머뭇거리며 망설이다.
□ 실큼하다 □	**싫은** 생각이 있다.
□ 약비나다 □	정도가 너무 지나쳐서 진저리가 날 만큼 **싫증**이 나다.
□ 엔간하다 □	대중으로 보아 정도가 **표준**에 꽤 가깝다. 어연간하다.
□ 여북하다 □	정도가 매우 심하거나 상황이 좋지 않다.
□ 옹골지다 □	**실속**이 있게 속이 꽉 차 있다. ≒ 옹골차다
□ 우두망찰하다 □	정신이 얼떨떨하여 어찌할 바를 모르다. 우두망절하다.
□ 저어하다 □	**염려**하거나 **두려워하다.**
□ 조쌀하다 □	늙었어도 얼굴이 깨끗하고 맵시 있다.
□ 종요롭다 □	없어서는 안 될 정도로 매우 **긴요**하다.
□ 지청구하다 □	까닭 없이 남을 탓하고 **원망**하다.
□ 징건하다 □	먹은 것이 잘 소화되지 아니하여 **더부룩**하고 그득한 느낌이 있다.
□ 푹하다 □	**겨울** 날씨가 퍽 **따뜻**하다.
□ 함초롬하다 □	젖거나 서려 있는 모습이 가지런하고 차분하다.
□ 호젓하다 □	① 후미져서 **무서움**을 느낄 만큼 **고요**하다. ② 매우 홀가분하여 **쓸쓸**하고 **외롭다.**

2 한자어와 한자 성어

1. 동음이의 한자어

한자어	음	뜻
加工 더할 가, 장인 공	가공	원자재나 반제품을 인공적으로 처리하여 새로운 제품을 만들거나 제품의 질을 높임. 예 加工品(가공품)
可恐 옳을 가, 두려울 공		두려워하거나 놀랄 만함. 예 언론의 위력은 可恐할 만하다.
架空 시렁 가, 빌 공		① 어떤 시설물을 공중에 가설함. ② 이유나 근거가 없이 꾸며 냄. 또는 사실이 아니고 거짓이나 상상으로 꾸며 냄. 예 架空索道(가공 삭도) / 架空人物(가공 인물)
感情 느낄 감, 뜻 정	감정	어떤 현상이나 일에 대하여 일어나는 마음이나 느끼는 기분 예 복받치는 感情을 억누르다.
憾情 섭섭할 감, 뜻 정		원망하거나 성내어 언짢게 여기는 마음 예 憾情의 앙금들을 토해 내었다.
鑑定 거울 감, 정할 정		사물의 특성이나 참과 거짓, 좋고 나쁨을 분별하여 판정함. 예 보석 전문가의 鑑定이 끝났다.
勘定 헤아릴 감, 정할 정		헤아려 정함. 예 그는 勘定해야 하는 도회관 임무를 소홀히 했다.
戡定 이길 감, 정할 정		적을 물리치어 난리를 평정함. 예 화란을 戡定하는 것을 무(武)라 한다.
感想 느낄 감, 생각 상	감상	마음속에서 일어나는 느낌이나 생각 예 일기에 하루의 感想을 적다.
感傷 느낄 감, 다칠 상		하찮은 일에도 쓸쓸하고 슬퍼져서 마음이 상함. 또는 그런 마음 예 돌아가신 어머니에 대한 感傷의 눈물이 흘렀다.
鑑賞 거울 감, 상 줄 상		주로 예술 작품을 이해하여 즐기고 평가함. 예 음악 鑑賞
改正 고칠 개, 바를 정	개정	주로 문서의 내용 따위를 고쳐 바르게 함. 예 언론 악법의 改正
改定 고칠 개, 정할 정		이미 정하였던 것을 고쳐 다시 정함. 예 맞춤법 改定
改訂 고칠 개, 바로잡을 정		글자나 글의 틀린 곳을 고쳐 바로잡음. 예 초판본을 改訂 보완했다.
開廷 열 개, 조정 정		법정을 열어 재판을 시작하는 일 예 판사가 開廷을 선언했다.
固辭 굳을 고, 말씀 사	고사	제의나 권유 따위를 굳이 사양함. 예 회장을 맡지 않겠다는 固辭의 뜻을 밝히다.
故事 연고 고, 일 사		① 유래가 있는 옛날의 일. 또는 그런 일을 표현한 어구 ② 옛날부터 전해 오는 규칙이나 정례(定例) 예 마라톤 경기는 고대 아테네의 마라톤 전투의 故事에서유래한 경기이다.
枯死 마를 고, 죽을 사		풀이나 나무 따위가 말라 죽음. 예 공해로 수목들이 枯死의 위기를 맞고 있다.
考査 생각할 고, 조사할 사		① 자세히 생각하고 조사함. ② 학생들의 학업 성적을 평가하는 시험 예 월말 考査
公有 공평할 공, 있을 유	공유	국가나 지방 자치 단체의 소유 예 민영 기업을 公有로 이전할 수 없다.
共有 함께 공, 있을 유		두 사람 이상이 한 물건을 공동으로 소유함. 예 정보의 共有는 매우 중요한 것이다.
工程 장인 공, 한도 정	공정	일이 진척되는 과정이나 정도 예 공사가 90%의 工程을 보이고 있다.
公正 공평할 공, 바를 정		공평하고 올바름. 예 公正 보도
公定 공평할 공, 정할 정		정부·공론에 의해 정함. 예 公定가격

한자	훈음	독음	뜻
恐怖	두려울 공, 두려워할 포	공포	두렵고 무서움. 예 恐怖를 느끼다.
公布	공평할 공, 베 포		일반 대중에게 널리 알림. 예 정부는 公布했다.
空砲	빌 공, 대포 포		실탄을 넣지 않고 소리만 나게 하는 총질 예 空砲를 쏘다.
過程	지날 과, 한도 정	과정	일이 되어 가는 경로 예 발달 過程
課程	공부할 과, 한도 정		① 과업의 정도 ② 학과의 내용과 분량 예 대학 課程
校庭	학교 교, 뜰 정	교정	학교의 마당이나 운동장 예 쓸쓸한 校庭
矯正	바로잡을 교, 바를 정		① 틀어지거나 잘못된 것을 바로잡음. ② 교도소나 소년원 따위에서 재소자의 잘못된 품성이나 행동을 바로잡음. 예 척추 矯正 / 갱생을 위한 矯正 프로그램
教正	가르칠 교, 바를 정		가르쳐서 바르게 함. 예 요가 선생님이 나의 동작을 教正해 주기 위해 시범을 보였다.
機能	틀 기, 능할 능	기능	하는 구실이나 작용을 함. 예 사회적 機能
技能	재주 기, 능할 능		사람의 기술에 관한 능력, 재능 예 技能 대학 / 技能을 닦다.
奇想	기이할 기, 생각 상	기상	기발하고 별난 생각 예 그의 생각이 하도 奇想천외해서 우리는 잠시 할 말을 잊었다. * 기상천외(奇想天外)하다: [형] 기발하고 엉뚱하다.
氣象	기운 기, 코끼리 상		대기 중에서 일어나는 물리적 현상 예 氣象 변화
氣像	기운 기, 모양 상		사람이 타고난 기개나 마음씨 예 진취적인 氣像
起牀	일어날 기, 평상 상		잠자리에서 일어남. 예 起牀 시간
端整	끝 단, 가지런할 정	단정	깨끗이 정리되어 가지런함. 예 端整한 모습
斷定	끊을 단, 정할 정		분명한 태도로 결정하고 판단을 내림. 예 斷定을 짓다.
單政	홑 단, 정사 정		나라의 일부 지역에서 단독으로 구성한 정부 예 남한과 북한이 각각 單政을 수립했다.
答辭	대답할 답, 말씀 사	답사	① 회답을 함. 또는 그런 말 ② 축사나 환송사 따위에 답함. 또는 그런 말 예 송사와 答辭
踏査	밟을 답, 조사할 사		현장에 가서 직접 보고 조사함. 예 현장 踏査
枚數	낱 매, 셀 수	매수	종이나 유리처럼 장(張)으로 세는 물건의 수 예 그의 소설은 枚數가 너무 많다.
買收	살 매, 거둘 수		① 금품 따위로 남을 꾀어 자기편으로 만듦. ② 물건을 사들임. 예 심사위원을 買收하였다.
買受	살 매, 받을 수		물건을 사서 넘겨받음. 예 그가 이 토지에 대한 買受 의향을 밝혔다.
賣場	팔 매, 마당 장	매장	상품을 판매하는 곳 예 상품 賣場
埋葬	묻을 매, 장사 지낼 장		① 시체나 유골을 땅에 묻음. ② 어떤 사람을 사회적으로 활동하지 못하게 하거나 용납하지 못하게 함. 예 시체 埋葬
埋藏	묻을 매, 감출 장		① 광물 따위가 묻혀 있음. ② 묻어서 감춤. 예 석유 埋藏量(매장량)
補給	기울 보, 줄 급	보급	물품을 계속하여 공급함. 예 식량 補給
普及	넓을 보, 미칠 급		널리 퍼뜨려 권장함. 예 선진 문물 普及

□ □ 事象	일 사, 코끼리 상	사상	관찰할 수 있는 사물과 현상 예 인생의 갖가지 事象
□ □ 思想	생각 사, 생각 상		어떠한 사물에 대한 구체적인 사고나 생각 예 언어는 인간의 정신과 思想을 표현하는 도구이다.
□ □ 捨象	버릴 사, 코끼리 상		유의할 필요가 있는 현상의 특징 이외의 다른 성질을 버리는 일 예 본질을 의도적으로 捨象시켜 핵심을 회피하였다.
□ □ 事典	일 사, 법 전	사전	해설을 붙인 책 예 百科事典(백과사전)
□ □ 辭典	말씀 사, 법 전		언어의 발음·의미·용법·어원을 해설한 책 예 국어 辭典
□ □ 收用	거둘 수, 쓸 용	수용	거두어들여 씀. 예 공장 부지로 收用하다.
□ □ 受用	받을 수, 쓸 용		받아들여 이용함. 예 장기 이식 심장 受用者(수용자)
□ □ 受容	받을 수, 얼굴 용		어떠한 것을 받아들임. 예 외래문화 受容
□ □ 收容	거둘 수, 얼굴 용		일정한 장소나 시설에 모아 넣음. 예 포로 收容所(수용소)
□ □ 拾得	주울 습, 얻을 득	습득	물건을 주워서 얻음. 예 拾得物(습득물)
□ □ 習得	익힐 습, 얻을 득		학문이나 기술 따위를 배워서 몸에 익힘. 예 언어 習得 능력은 어린이가 어른보다 훨씬 뛰어나다.
□ □ 心思	마음 심, 생각 사	심사	① 사람, 사물에 대해 일어나는 감정이나 생각 ② 마음에 맞지 않아 어깃장을 놓고 싶은 마음 예 누나는 시험에 떨어져 心思가 편하지 않다.
□ □ 深思	깊을 심, 생각 사		깊이 생각함. 또는 깊은 생각 예 고개를 숙이고 深思와 묵도를 하였다.
□ □ 審査	살필 심, 조사할 사		자세하게 조사하여 등급이나 당락 따위를 결정함. = 審考(심고) 예 공정한 審査를 받다.
□ □ 留學	머무를 유(류), 배울 학	유학	외국에 머물면서 공부함. 예 留學 생활
□ □ 遊學	놀 유, 배울 학		타향에 가서 공부함. 예 제주도에서 온 遊學生(유학생)
□ □ 移動	옮길 이, 움직일 동	이동	물체를 옮기어 움직임. 예 장소 移動
□ □ 異動	다를 이, 움직일 동		직책이나 부서가 달리 바뀌는 것 예 인사異動
□ □ 異狀	다를 이, 형상 상	이상	평소와 다른 상태 예 "근무 중 異狀 무!"
□ □ 異常	다를 이, 항상 상		정상적인 것과 다른 상태나 현상 예 정신 異常
□ □ 以上	써 이, 위 상		그것을 포함하여 그것보다 많거나 위임. 예 만 20세 以上
□ □ 理想	다스릴 이(리), 생각 상		생각할 수 있는 범위 안에서 가장 완전하다고 여겨지는 상태 예 높은 理想을 품다.
□ □ 移行	옮길 이, 다닐 행	이행	다른 상태로 옮아감. 예 시장 경제 체제로의 移行 과정
□ □ 履行	밟을 이(리), 다닐 행		어떤 일을 실제로 행함. 예 의무의 履行
□ □ 專貰	오로지 전, 세낼 세	전세	계약에 의하여 일정 기간 동안 그 사람에게만 빌려주어 다른 사람의 사용을 금하는 일 예 專貰 버스
□ □ 傳貰	전할 전, 세낼 세		부동산을 일정한 기간 빌려 줌. 또는 그 돈 예 傳貰房(전세방)
□ □ 戰勢	싸울 전, 기세 세		전쟁, 경기 따위의 형세나 형편 예 戰勢가 역전되다.

□□ 銓衡 저울질할 전, 저울대 형	전형	사람의 됨됨이나 재능을 시험하여 뽑음. 예 수시 銓衡
□□ 典型 법 전, 모형 형		① 기준이 되는 형 ② 같은 부류의 특징을 가장 잘 나타내고 있는 본보기 예 하회는 안동 문화의 한 典型을 보여 준다.
□□ 全形 온전할 전, 모양 형		① 완전한 모양 ② 사물 전체의 모습이나 형상 예 거리가 점점 가까워짐에 따라 그 물체의 全形이 드러나기 시작했다.
□□ 折衷 꺾을 절, 속마음 충	절충	서로 다른 사물이나 의견, 관점 따위를 알맞게 조절하여 서로 잘 어울리게 함. = 折中(절중) 예 折衷案(절충안)
□□ 折衝 꺾을 절, 찌를 충		이해관계가 다른 상대와 교섭하거나 담판함. 예 외교적 折衝 / 막판 折衝
□□ 正統 바를 정, 거느릴 통	정통	① 바른 계통 ② 사물의 중심이 되는 요긴한 부분 예 중국의 正統 요리를 맛보다.
□□ 精通 정할 정, 통할 통		어떤 사물에 대하여 깊고 자세히 통하여 앎. 예 문장에 능하고 지리에 精通하였다.
□□ 造作 지을 조, 지을 작	조작	어떤 일을 사실인 듯이 꾸며 만듦. 예 사건 造作
□□ 操作 잡을 조, 지을 작		기계 따위를 일정한 방식대로 움직임. 예 기계 操作이 서툴다.
□□ 朝廷 아침 조, 조정 정	조정	임금과 신하들이 모여 나라의 정치를 의논하고 집행하는곳 예 임금 계신 朝廷
□□ 調停 고를 조, 머무를 정		중간에서 분쟁을 화해시킴. 예 의견 調停
□□ 調整 고를 조, 가지런할 정		어떤 기준이나 실정에 맞게 정돈함. 예 구조 調整
□□ 漕艇 배로 실어 나를 조, 거룻배 정		배를 저어 승부를 겨루는 경기 예 미사리 漕艇 경기장
□□ 眞正 참 진, 바를 정	진정	참되고 바름. 예 眞正 기쁩니다.
□□ 鎭靜 진압할 진, 고요할 정		① 몹시 소란하던 일을 가라앉힘. ② 격앙된 심리 상태나 통증 따위를 가라앉힘. 예 사태가 鎭靜되다.
□□ 陳情 베풀 진, 뜻 정		실정이나 사정을 진술함. 예 陳情書(진정서)
□□ 眞情 참 진, 뜻 정		① 왜곡되지 않은 참되고 애틋한 마음 ② 참된 사정 예 나는 眞情으로 그녀를 사랑했소.
□□ 陣痛 진 칠 진, 아플 통	진통	① 일을 마무리하거나 사물을 완성하기 직전에 겪는 어려움 ② 아이를 낳을 때 느끼는 복부 통증 예 오랜 陣痛 끝에 안건이 통과되었다. / 아내는 새벽부터 陣痛을 시작했다.
□□ 鎭痛 진압할 진, 아플 통		아픔이나 통증을 가라앉힘. 예 이 주사는 鎭痛 효과가 있다.
□□ 出捐 날 출, 버릴 연	출연	금품을 내어 도와줌. 예 실직자를 위한 기금 出捐
□□ 出演 날 출, 펼 연		연기, 공연, 연설 따위를 하기 위하여 무대나 연단에 나감. 예 찬조 出演
□□ 現狀 나타날 현, 형상 상	현상	나타나 보이는 현재의 상태 예 現狀을 파악하다.
□□ 現想 나타날 현, 생각 상		어떤 것을 보고 듣는 데 관련되어 일어나는 생각 예 現想의 차이
□□ 現象 나타날 현, 코끼리 상		인간이 지각할 수 있는, 사물의 모양과 상태 예 피부 노화 現象 / 핵가족화 現象
□□ 現像 나타날 현, 모양 상		① 노출된 필름이나 인화지에 찍힌 상(像)이 눈에 보이도록 함. ② 어떠한 형상으로 나타냄. 예 필름을 現像하다.

2. 필수 한자어

한자어	훈음	독음	뜻 / 예
□ □ 醵出	추렴할 갹, 날 출	갹출	한 목적에 대하여 여러 사람이 각기 금품을 냄. 예 사람들이 醵出하여 구제 기금을 마련하였다.
□ □ 缺乏	이지러질 결, 모자랄 핍	결핍	있어야 할 것이 없어지거나 모자람. 예 체내에 산소가 缺乏되면 생명이 위험해진다.
□ □ 敬虔	공경할 경, 삼갈 건	경건	공경하며 삼가고 엄숙한 상태 예 敬虔한 자세
□ □ 掛念	걸 괘, 생각 념	괘념	마음에 두고 걱정하거나 잊지 않음. 예 그 일은 掛念 마시고 마음 편히 가지십시오.
□ □ 矜持	자랑할 긍, 가질 지	긍지	자신의 능력을 믿음으로써 가지는 자랑 예 그는 자신이 경찰인 것에 矜持를 가지고 있다.
□ □ 嗜好	즐길 기, 좋을 호	기호	즐기고 좋아함. 예 각자 嗜好에 맞는 음식을 고르다.
□ □ 懶怠	게으를 나(라), 게으를 태	나태	게으르고 느림. 예 懶怠에 빠지다. / 懶怠를 부리다.
□ □ 拿捕	붙잡을 나, 사로잡을 포	나포	① 죄인을 붙잡음. ② 사람이나 배, 비행기 등을 사로잡음. 예 외국 어선이 우리 해경에 拿捕되었다.
□ □ 難澁	어려울 난, 떫을 삽	난삽	(말이나 글 따위가) 매끄럽지 못하면서 이해하기 어렵고 까다로움. 예 難澁한 문장 / 글이 難澁하다.
□ □ 爛商	빛날 난(란), 장사 상	난상	충분히 의논함. 또는 그런 의논 예 시장은 시민들과 爛商했다.
□ □ 捏造	꾸밀 날, 지을 조	날조	사실이 아닌 것을 사실인 것처럼 거짓으로 꾸미는 것 예 捏造 기사
□ □ 遝至	뒤섞일 답, 이를 지	답지	한군데로 몰려듦. 예 모금함에 온정의 물결이 遝至하다.
□ □ 陶冶	질그릇 도, 불릴 야	도야	① 도기를 만드는 일과 주물을 만드는 일 ② 심신을 닦아 기름. 예 인격을 陶冶하다.
□ □ 淘汰/陶汰	쌀 일 도/질그릇 도, 사치할 태	도태	① 물건을 물에 넣고 일어서 좋은 것만 골라내고 불필요한 것을 가려서 버림. ② 여럿 중에서 불필요하거나 부적당한 것을 줄여 없앰. 예 경쟁 사회에서 淘汰/陶汰되지 않도록 해야 한다.
□ □ 瀆職	더럽힐 독, 벼슬 직	독직	공무원이 지위나 직무를 남용하여 비행을 저지르는 일 예 세무 공무원의 瀆職 사건
□ □ 獨擅	홀로 독, 멋대로 할 천	독천	혼자서 마음대로 일을 처리함. 예 그는 무슨 일이든 獨擅한다.
□ □ 罵倒	욕할 매, 넘어질 도	매도	몹시 꾸짖음. 심히 욕함. 예 원인 제공자로 罵倒하다.
□ □ 反芻	돌이킬 반, 꼴 추	반추	① 어떤 일을 되풀이하여 음미하거나 생각함. ② 한번 삼킨 먹이를 다시 게워 내어 씹음. 예 그 시절의 영광에 대한 反芻
□ □ 頒布	펼 반, 펼 포	반포	널리 펴서 알게 함. 예 《경국대전》의 頒布
□ □ 厖大/尨大	두터울 방/삽살개 방, 큰 대	방대	규모가 크고 커다란 것. 대단히 큰 것 예 유라시아 대륙은 厖大/尨大하다.
□ □ 賠償	물어줄 배, 갚을 상	배상	남의 권리를 침해한 사람이 그 손해를 물어 주는 일 예 피해자 쪽에서 賠償을 금전으로 요구해 왔다.
□ □ 敷衍/敷演	펼 부, 넓을 연/펼 연	부연	덧붙여 알기 쉽게 자세히 설명을 늘어놓음. 예 과정을 敷衍/敷演하여 설명하였다.
□ □ 粉碎	가루 분, 부술 쇄	분쇄	① 여지없이 공격하여 무찌름. ② 단단한 물체를 잘게 부스러뜨림. 예 지하 세력을 粉碎하다.
□ □ 不朽	아닐 불, 썩을 후	불후	영원토록 변하거나 없어지지 아니함. 예 不朽의 업적을 이루다.
□ □ 些少	적을 사, 적을 소	사소	매우 적음. 하찮음. 예 些少한 시비가 큰 싸움으로 번지다.

	한자	훈음	독음	뜻
□ □	撒布	뿌릴 살, 베 포	살포	액체나 기체 상태의 물질이나 약품을 공중으로 뿜어서 뿌림. 예 농약 撒布
□ □	逝去	갈 서, 갈 거	서거	죽어서 세상을 떠남. '사거(死去)'의 높임말 예 조모의 逝去가 못 견디게 슬프지는 않았다.
□ □	誓約	맹세할 서, 맺을 약	서약	맹세하고 약속함. 예 그는 다시는 지각을 안 하겠다고 誓約했다.
□ □	羨望	부러워할 선, 바랄 망	선망	부러워하여 바람. 예 많은 젊은이에게 羨望되는 직업
□ □	攝理	잡을 섭, 다스릴 리	섭리	① 아프거나 병든 몸을 잘 조리함. ② 대신 처리하고 다스림. ③ 자연계를 지배하는 원리와 법칙 예 자연의 攝理
□ □	洗滌	씻을 세, 씻을 척	세척	깨끗이 씻음. 예 이 세제는 洗滌 효과가 뛰어나다.
□ □	洗濯	씻을 세, 씻을 탁	세탁	① 주로 기계를 이용하여 더러운 옷이나 피륙 따위를 빠는 일 ② 자금, 경력 따위를 필요에 따라 여러 가지 방법으로 탈바꿈하는 일 예 깔끔하게 洗濯된 옷 / 과거를 洗濯하다.
□ □	蘇生/甦生	되살아날 소, 날 생	소생	거의 죽어 가다가 다시 살아남. 예 꺼져 가는 생명이 蘇生/甦生되기를 바랐다.
□ □	騷擾	떠들 소, 어지러울 요	소요	여러 사람이 떠들썩하게 들고 일어남. 예 騷擾의 틈을 타 강도가 창궐하다.
□ □	贖罪	속죄할 속, 허물 죄	속죄	공을 세워 지은 죄를 비겨 없앰. 예 국가의 사면으로 이 죄는 贖罪되지 않는다.
□ □	隘路	좁을 애, 길 로	애로	① 일의 진행을 방해하는 장애 ② 좁고 험한 길 예 한라산까지 들어가기엔 적잖은 隘路가 있었다.
□ □	誤謬	그릇될 오, 그릇될 류	오류	그릇되어 이치에 어긋남. 예 誤謬를 범하다.
□ □	歪曲	비뚤 왜, 굽을 곡	왜곡	사실과 다르게 해석하거나 그릇되게 함. 예 역사 歪曲
□ □	搖亂/擾亂	흔들 요/어지러울 요, 어지러울 란	요란	시끄럽고 떠들썩함. 예 코를 搖亂/擾亂하게 골다.
□ □	義捐金	옳을 의, 버릴 연, 쇠 금	의연금	사회적 공익이나 자선을 위하여 내는 돈 예 수재 義捐金
□ □	罹災民	걸릴 이(리), 재앙 재, 백성 민	이재민	재해를 입은 사람 예 이번 호우로 수많은 罹災民이 발생하였다.
□ □	因襲	인할 인, 엄습할 습	인습	예전의 풍습, 습관, 예절 따위를 그대로 따름. 예 전통과 因襲은 구별되어야 한다.
□ □	掌握	손바닥 장, 쥘 악	장악	무엇을 마음대로 할 수 있게 됨을 이르는 말 예 정권 掌握
□ □	遮斷	막을 차, 끊을 단	차단	① 막아서 멈추게 함. ② 다른 것과의 관계나 접촉을 막거나 끊음. 예 이 물질은 태양 광선 遮斷에 탁월한 효과를 발휘한다.
□ □	錯覺	섞일 착, 깨달을 각	착각	어떤 현상을 실제와 다른 대상으로 잘못 보거나 듣거나 느낌. 예 그가 날 좋아하는 줄 알았는데 錯覺이었어.
□ □	燦爛/粲爛	빛날 찬/정미 찬, 빛날 란	찬란	① 빛이 매우 밝고 강렬함. ② 빛깔이나 모양이 매우 화려하고 아름다움. 예 태양이 燦爛/粲爛하게 빛나다.
□ □	斬新/嶄新	벨 참/높을 참, 새 신	참신	새롭고 산뜻함. 예 斬新/嶄新한 생각이구나.
□ □	參酌	참여할 참, 술 따를 작	참작	이리저리 비추어 보아서 알맞게 고려함. 예 패륜아에겐 參酌이 있을 수 없다. / 정상(情狀) 參酌
□ □	懺悔	뉘우칠 참, 뉘우칠 회	참회	과거의 죄악을 깨달아 뉘우쳐 고침. 예 불효를 懺悔하다.
□ □	闡明	열 천, 밝을 명	천명	사건의 진실이나 개인의 의사가 명확하게 드러남. 예 개혁의 의지를 闡明하다.
□ □	聰明	귀 밝을 총, 밝을 명	총명	① 슬기롭고 도리에 밝음. ② 눈과 귀가 예민함. 예 그 아이는 참 聰明하다.

□ □	**贅言** 혹 췌, 말씀 언	**췌언**	하지 않아도 좋은 군더더기 말 예 贅言을 줄여야 한다.
□ □	**趣旨** 달릴 취, 뜻 지	**취지**	어떤 일의 근본이 되는 목적이나 긴요한 뜻 예 趣旨를 밝히다.
□ □	**綻露** 터질 탄, 드러낼 로	**탄로**	숨긴 일이 드러남. 예 비밀이 綻露가 나다.
□ □	**耽溺** 즐길 탐, 빠질 닉	**탐닉**	어떤 일을 몹시 즐겨서 거기에 빠짐. 예 노름에 대한 耽溺
□ □	**頹廢** 무너질 퇴, 폐할 폐	**퇴폐**	도덕이나 풍속, 문화 따위가 어지러워짐. 예 심야 頹廢 영업
□ □	**把握** 잡을 파, 쥘 악	**파악**	① 손으로 잡아 쥠. ② 어떤 대상의 내용이나 본질을 확실하게 이해함. 예 사건의 진상 把握
□ □	**跛行** 절룩거릴 파, 다닐 행	**파행**	① 절뚝거리며 걸음. ② 일이나 계획 따위가 순조롭지 못하고 이상하게 진행됨. 예 정기 국회 跛行의 책임
□ □	**霸權** 으뜸 패, 권세 권	**패권**	우두머리나 으뜸의 자리를 차지하여 누리는 공인된 권리와 힘 예 그는 전국 대회 霸權을 노렸으나 실패하고 말았다.
□ □	**褒貶** 기릴 포, 낮출 폄	**포폄**	옳고 그름이나 선하고 악함을 판단하여 결정함. 예 수령의 장부는 감사의 褒貶에 달려 있다.
□ □	**風靡** 바람 풍, 쓰러질 미	**풍미**	사회적 현상이나 사조가 널리 사회에 퍼짐. 예 사실주의 기법이 세계를 風靡했다.
□ □	**絢爛** 무늬 현, 빛날 란	**현란**	① 눈이 부시도록 찬란함. ② 시나 글에 수식이 많아서 문체가 화려함. 예 그야말로 絢爛을 극한 정오다.
□ □	**毁損** 헐 훼, 덜 손	**훼손**	① 체면이나 명예를 손상함. ② 헐거나 깨뜨려 못 쓰게 만듦. 예 이번 사건으로 그의 명예가 크게 毁損됐다.
□ □	**詰難** 꾸짖을 힐, 어려울 난	**힐난**	트집을 잡아 거북할 만큼 따지고 듦. 예 그 시선에는 성난 詰難이 담겨 있었다.

3. 한자 성어

ㄱ

□ □	**街談巷說 가담항설** 거리 가, 말씀 담, 거리 항, 말씀 설	거리나 항간에 떠도는 소문
□ □	**苛斂誅求 가렴주구** 가혹할 가, 거둘 렴, 벨 주, 구할 구	관리가 가혹하게 세금이나 물건을 강제로 징수하여 백성을 못살게 구는 일
□ □	**刻骨難忘 각골난망** 새길 각, 뼈 골, 어려울 난, 잊을 망	남에게 입은 은혜가 뼈에 새길 만큼 커서 잊히지 아니함. = 結草報恩(결초보은), 白骨難忘(백골난망)
□ □	**角者無齒 각자무치** 뿔 각, 놈 자, 없을 무, 이 치	뿔이 있는 짐승은 이가 없다는 뜻으로, 한 사람이 여러 가지 재주나 복을 다 가질 수 없다는 말
□ □	**刻舟求劍 각주구검** 새길 각, 배 주, 구할 구, 칼 검	융통성 없이 현실에 맞지 않는 낡은 생각을 고집하는 어리석음 = 尾生之信(미생지신), 守株待兎(수주대토)
□ □	**肝膽相照 간담상조** 간 간, 쓸개 담, 서로 상, 비칠 조	서로 속마음을 털어놓고 친하게 사귐. = 管鮑之交(관포지교), 金蘭之契(금란지계), 莫逆之友(막역지우), 水魚之交(수어지교), 知音(지음)
□ □	**間於齊楚 간어제초** 사이 간, 어조사 어, 제나라 제, 초나라 초	제나라와 초나라 사이에 있음. 약자가 강자 사이에 끼여 괴로움을 당함.
□ □	**甘呑苦吐 감탄고토** 달 감, 삼킬 탄, 쓸 고, 뱉을 토	달면 삼키고 쓰면 뱉음. 자신의 비위에 맞으면 좋아하고 그렇지 않으면 싫어함. = 炎涼世態(염량세태), 兎死狗烹(토사구팽)
□ □	**甲男乙女 갑남을녀** 갑옷 갑, 사내 남, 새 을, 여자 녀	갑이란 남자와 을이란 여자라는 뜻으로, 평범한 사람들을 이르는 말 = 張三李四(장삼이사), 樵童汲婦(초동급부), 匹夫匹婦(필부필부)
□ □	**康衢煙月 강구연월** 편안할 강, 네거리 구, 연기 연, 달 월	번화한 큰 길거리에서 달빛이 연기에 은은하게 비치는 모습. 태평한 세상의 평화로운 풍경 = 堯舜時代(요순시대), 太平聖代(태평성대), 含哺鼓腹(함포고복)
□ □	**江湖煙波 강호연파** 강 강, 호수 호, 연기 연, 물결 파	강이나 호수의 안개처럼 보이는 기운. 또는 그 수면의 잔 물결 / 대자연의 풍경
□ □	**改過不吝 개과불린** 고칠 개, 지날 과, 아닐 불, 아낄 린(인)	허물을 고침에 인색하지 않음을 이르는 말

□ 蓋棺事定 개관사정 □ 덮을 개, 널 관, 일 사, 정할 정	시체를 관에 넣고 뚜껑을 덮은 후에야 일을 결정할 수 있다는 뜻으로, 사람이 죽은 후에야 비로소 그 사람에 대한 평가가 제대로 됨.
□ 乾坤一擲 건곤일척 □ 하늘 건, 땅 곤, 한 일, 던질 척	주사위를 던져 승패를 건다는 뜻으로, 운명을 걸고 단판걸이로 승부를 겨룸.
□ 隔靴搔癢 격화소양 □ 사이 뜰 격, 신 화, 긁을 소, 가려울 양	신을 신고 발바닥을 긁는다는 뜻으로, 성에 차지 않거나 철저하지 못한 안타까움을 이르는 말 = 隔靴爬癢(격화파양)
□ 牽強附會 견강부회 □ 끌 견, 굳셀 강, 붙일 부, 모을 회	이치에 맞지 않는 말을 억지로 끌어 붙여 자기에게 유리하게 함. = 我田引水(아전인수)
□ 見利思義 견리사의 □ 볼 견, 이로울 리, 생각 사, 옳을 의	눈앞의 이익을 보면 의리를 먼저 생각함.
□ 犬馬之誠 견마지성 □ 개 견, 말 마, 갈 지, 정성 성	임금이나 나라에 몸을 바치는 충성. 자기의 정성을 낮추어 일컫는 말
□ 見蚊拔劍 견문발검 □ 볼 견, 모기 문, 뽑을 발, 칼 검	모기를 보고 칼을 뺀다는 뜻으로, 사소한 일에 크게 성내어 덤빔을 이르는 말
□ 犬猿之間 견원지간 □ 개 견, 원숭이 원, 갈 지, 사이 간	개와 원숭이의 사이라는 뜻으로, 사이가 매우 나쁜 두 관계를 비유적으로 이르는 말
□ 結者解之 결자해지 □ 맺을 결, 놈 자, 풀 해, 갈 지	맺은 사람이 풀어야 함. 자기가 저지른 일은 자기가 해결하여야 함.
□ 傾國之色 경국지색 □ 기울 경, 나라 국, 갈 지, 빛 색	임금이 혹하여 나라가 기울어져도 모를 정도의 미인. 뛰어나게 아름다운 미인
□ 耕當問奴 경당문노 □ 밭 갈 경, 마땅 당, 물을 문, 종 노	농사일은 머슴에게 물어야 함. 모르는 일은 잘 아는 사람에게 상의하여야 함을 이르는 말
□ 鷄肋 계륵 □ 닭 계, 갈빗대 륵	닭의 갈비. 그다지 큰 소용은 없으나 버리기에는 아까운 것 / 몸이 몹시 약한 사람
□ 鷄鳴狗盜 계명구도 □ 닭 계, 울 명, 개 구, 도둑 도	비굴하게 남을 속이는 하찮은 재주 또는 그런 재주를 가진 사람
□ 孤掌難鳴 고장난명 □ 외로울 고, 손바닥 장, 어려울 난, 울 명	혼자의 힘만으로 어떤 일을 이루기 어려움. / 맞서는 사람이 없으면 싸움이 일어나지 아니함.
□ 曲學阿世 곡학아세 □ 굽을 곡, 배울 학, 아첨할 아, 인간 세	바른길에서 벗어난 학문으로 세상 사람에게 아첨함.
□ 矯角殺牛 교각살우 □ 바로잡을 교, 뿔 각, 죽일 살, 소 우	소뿔을 바로잡으려다 소를 죽인다는 뜻으로, 잘못된 점을 고치려다가 그 방법이나 정도가 지나쳐 오히려 일을 그르침.
□ 巧言令色 교언영색 □ 공교할 교, 말씀 언, 하여금 영(령), 빛 색	아첨하는 말과 알랑거리는 태도
□ 口蜜腹劍 구밀복검 □ 입 구, 꿀 밀, 배 복, 칼 검	입에는 꿀이 있고 배 속에는 칼이 있음. 말로는 친한 듯하나 속으로는 해칠 생각이 있음.
□ 口尙乳臭 구상유취 □ 입 구, 오히려 상, 젖 유, 냄새 취	입에서 아직 젖내가 남. 말이나 행동이 유치함.
□ 九牛一毛 구우일모 □ 아홉 구, 소 우, 하나 일, 털 모	많은 가운데 극히 적은 수를 이르는 말
□ 九折羊腸 구절양장 □ 아홉 구, 꺾을 절, 양 양, 창자 장	꼬불꼬불하며 험한 산길을 이르는 말
□ 群鷄一鶴 군계일학 □ 무리 군, 닭 계, 하나 일, 학 학	많은 사람 가운데서 뛰어난 인물을 이르는 말 = 囊中之錐(낭중지추), 拔群(발군), 出衆(출중), 絶倫(절륜)
□ 群盲撫象 군맹무상 □ 무리 군, 맹인 맹, 어루만질 무, 코끼리 상	여러 맹인이 코끼리를 더듬음. 자기의 좁은 소견으로 사물을 그릇 판단함. = 群盲評象(군맹평상)
□ 捲土重來 권토중래 □ 말 권, 흙 토, 무거울 중, 올 래	땅을 말아 일으킬 것 같은 기세로 다시 옴. 한 번 실패하였으나 다시 힘을 쌓아 착수함.
□ 近墨者黑 근묵자흑 □ 가까울 근, 먹 묵, 사람 자, 검을 흑	먹을 가까이하면 검어짐. 악한 사람을 가까이하면 그 버릇에 물들기 쉬움.
□ 金科玉條 금과옥조 □ 쇠 금, 과목 과, 구슬 옥, 가지 조	금이나 옥처럼 귀중히 여겨 꼭 지켜야 할 법칙이나 규정
□ 錦上添花 금상첨화 □ 비단 금, 윗 상, 더할 첨, 꽃 화	비단 위에 꽃을 더함. 좋은 일 위에 또 좋은 일이 더하여짐. ↔ 雪上加霜(설상가상)
□ 錦衣夜行 금의야행 □ 비단 금, 옷 의, 밤 야, 다닐 행	자랑삼아 하지 않으면 생색이 나지 않음. / 아무 보람이 없는 일을 함.
□ 錦衣還鄕 금의환향 □ 비단 금, 옷 의, 돌아올 환, 시골 향	비단옷을 입고 고향으로 돌아옴. 즉 출세하여 고향으로 돌아옴.
□ 金枝玉葉 금지옥엽 □ 쇠 금, 가지 지, 옥 옥, 잎 엽	금으로 된 가지와 옥으로 된 잎. 임금의 가족을 높여 이르는 말 / 귀한 자손
□ 騎虎之勢 기호지세 □ 말 탈 기, 범 호, 갈 지, 기세 세	호랑이를 타고 달리는 기세. 이미 시작한 일을 중도에서 그만 둘 수 없는 형세

ㄴ

□ 難兄難弟 난형난제 □ 어려울 난, 맏 형, 어려울 난, 아우 제	누구를 형이라 하고 누구를 아우라 하기 어렵다는 뜻으로, 두 사물이 비슷하여 낫고 못함을 정하기 어려움.
□ 南柯一夢 남가일몽 □ 남녘 남, 가지 가, 한 일, 꿈 몽	꿈과 같이 헛된 한때의 부귀영화를 이르는 말

□ **男負女戴** 남부여대
□ 사내 남, 질 부, 여자 여(녀), 일 대
가난한 사람들이 살 곳을 찾아 이리저리 떠돌아다님.

□ **囊中之錐** 낭중지추
□ 주머니 낭, 가운데 중, 갈 지, 송곳 추
주머니 속에 든 송곳과 같이 재주가 뛰어난 사람은 숨어 있어도 저절로 사람들이 알게 됨.

□ **老馬之智** 노마지지
□ 늙을 노(로), 말 마, 갈 지, 슬기 지
늙은 말의 지혜라는 뜻으로, 연륜이 깊으면 나름의 장점과 특기가 있음. 또는 저마다 한 가지 재주는 지니고 있음.

□ **綠衣紅裳** 녹의홍상
□ 푸를 녹(록), 옷 의, 붉을 홍, 치마 상
연두저고리와 다홍치마. 젊은 여인의 고운 옷차림

□ **弄璋之慶** 농장지경
□ 희롱할 농(롱), 구슬 장, 갈 지, 경사 경
아들을 낳은 즐거움. 중국에서 아들을 낳으면 구슬을 장난감으로 주었다는 데서 유래
↔ 弄瓦之慶(농와지경)

□ **累卵之勢** 누란지세
□ 쌓을 누(루), 알 란, 갈 지, 기세 세
층층이 쌓아 놓은 알의 형세. 몹시 위태로운 형세
=累卵之危(누란지위)

□ **能小能大** 능소능대
□ 능할 능, 작을 소, 능할 능, 큰 대
모든 일에 두루 능함.

ㄷ

□ **簞食瓢飮** 단사표음
□ 소쿠리 단, 밥 사, 바가지 표, 마실 음
청빈하고 소박한 생활을 이르는 말= 簞瓢(단표), 一簞食一瓢飮(일단사일표음)

□ **螳螂拒轍** 당랑거철
□ 사마귀 당, 사마귀 랑, 막을 거, 바퀴 철
제 역량은 생각하지 않고, 강한 상대나 되지 않을 일에 덤벼드는 무모한 행동거지 = 螳螂之斧(당랑지부), 하룻강아지 범 무서운 줄 모른다.

□ **大器晩成** 대기만성
□ 큰 대, 그릇 기, 늦을 만, 이룰 성
큰 그릇을 만드는 데는 시간이 오래 걸린다. 크게 될 사람은 늦게 이루어짐.

□ **同價紅裳** 동가홍상
□ 한가지 동, 값 가, 붉을 홍, 치마 상
같은 값이면 다홍치마. 같은 값이면 좋은 물건을 가짐.

□ **同苦同樂** 동고동락
□ 같을 동, 괴로울 고, 같을 동, 즐거울 락
괴로움도 즐거움도 함께함.

□ **同病相憐** 동병상련
□ 같을 동, 병 병, 서로 상, 불쌍히 여길 련
같은 병을 앓는 사람끼리 서로 가엾게 여김. 어려운 처지에 있는 사람끼리 서로 가엾게 여김.

□ **東奔西走** 동분서주
□ 동녘 동, 달릴 분, 서녘 서, 달릴 주
부산하게 이리저리 돌아다님.

□ **同床異夢** 동상이몽
□ 같을 동, 침상 상, 다를 이, 꿈 몽
같은 자리에 자면서 다른 꿈을 꿈. 겉으로는 같이 행동하면서도 속으로는 각각 딴생각을 하고 있음.

□ **董狐之筆** 동호지필
□ 감독할 동, 여우 호, 갈 지, 붓 필
사실을 숨기지 아니하고 그대로 씀.

□ **杜門不出** 두문불출
□ 막을 두, 문 문, 아니 불, 나갈 출
집에만 있고 바깥출입을 아니함. / 집에서 은거하면서 관직에 나가지 아니하거나 사회의 일을 하지 아니함.

□ **登高自卑** 등고자비
□ 오를 등, 높을 고, 스스로 자, 낮을 비
높은 곳에 오르려면 낮은 곳에서부터 오름. 일을 순서대로 하여야 함. / 지위가 높아질수록 자신을 낮춤.

□ **燈下不明** 등하불명
□ 등잔 등, 아래 하, 아닐 불, 밝을 명
등잔 밑이 어둡다는 뜻으로, 바로 눈앞에 있는 것을 잘 찾지 못함.

□ **燈火可親** 등화가친
□ 등불 등, 불 화, 옳을 가, 친할 친
서늘한 가을밤은 등불을 가까이 하여 글 읽기에 좋음.

ㅁ

□ **磨斧作針** 마부작침
□ 갈 마, 도끼 부, 지을 작, 바늘 침
도끼를 갈아 바늘을 만든다는 뜻으로, 아무리 어려운 일이라도 끈기 있게 노력하면 이룰 수 있음.
= 磨斧爲針(마부위침)

□ **馬耳東風** 마이동풍
□ 말 마, 귀 이, 동녘 동, 바람 풍
남의 의견이나 충고의 말을 귀담아 듣지 않고 흘려버림.

□ **莫上莫下** 막상막하
□ 없을 막, 위 상, 없을 막, 아래 하
낫고 못하고를 가리기가 어려울 만큼 서로 차이가 거의 없음.

□ **莫逆之間** 막역지간
□ 없을 막, 거스를 역, 갈 지, 사이 간
서로 거스르지 않는 사이. 허물이 없는 아주 친한 사이

□ **晩時之嘆{歎}** 만시지탄
□ 늦을 만, 때 시, 갈 지, 탄식할 탄
때가 뒤늦었음을 원통해하는 탄식

□ **亡羊補牢** 망양보뢰
□ 망할 망, 양 양, 기울 보, 우리 뢰
양을 잃고 우리를 고친다는 뜻으로, 이미 일을 그르친 뒤에 뉘우쳐도 소용없다는 말

□ **亡羊之歎{嘆}** 망양지탄
□ 망할 망, 양 양, 갈 지, 탄식할 탄
학문의 길이 여러 갈래이어서 진리를 찾기가 어려움.

□ **望洋之歎{嘆}** 망양지탄
□ 바랄 망, 큰 바다 양, 갈 지, 탄식할 탄
어떤 일에 자기 자신의 힘이 미치지 못할 때에 하는 탄식

□ **望雲之情** 망운지정
□ 바랄 망, 구름 운, 갈 지, 인정 정
자식이 객지에서 고향에 계신 어버이를 생각하는 마음

□ **亡子計齒** 망자계치
□ 죽을 망, 아들 자, 셀 계, 이 치
죽은 자식 나이 세기. 아쉬워해도 소용없는 일

□ **麥秀之嘆{歎}** 맥수지탄
□ 보리 맥, 빼어날 수, 갈 지, 탄식할 탄
폐허의 도읍지에 자란 보리를 보고 한탄했다는 뜻. 멸망한 고국에 대한 한탄

□ **明鏡止水** 명경지수
□ 밝을 명, 거울 경, 그칠 지, 물 수
맑은 거울과 고요한 물. 잡념과 가식과 헛된 욕심 없이 맑고 깨끗한 마음

明若觀火 명약관화 밝을 명, 같을 약, 볼 관, 불 화	불을 보듯 분명하고 뻔함.
目不識丁 목불식정 눈 목, 아닐 불, 알 식, 고무래 정	'丁' 자를 보고도 그것이 '고무래'인 줄을 알지 못함. 아주 까막눈임. = 魚魯不辨(어로불변), 一字無識(일자무식)
門前成市 문전성시 문 문, 앞 전, 이룰 성, 시장 시	찾아오는 사람이 많아 집 문 앞이 시장을 이루다시피 함. = 門庭如市(문정여시), 門庭若市(문정약시)

ㅂ

反哺之孝 반포지효 돌이킬 반, 먹일 포, 갈 지, 효도 효	까마귀 새끼가 자라서 늙은 어미에게 먹이를 물어다 주는 효(孝). 자식이 자란 후에 어버이의 은혜를 갚는 효성 = 出告反面(출곡반면), 昏定晨省(혼정신성)
傍若無人 방약무인 곁 방, 같을 약, 없을 무, 사람 인	곁에 사람이 없는 것처럼 아무 거리낌 없이 함부로 말하고 행동하는 태도가 있음. = 眼下無人(안하무인)
杯中蛇影 배중사영 잔 배, 가운데 중, 뱀 사, 그림자 영	술잔 속에 비친 뱀의 그림자. 쓸데없는 의심을 품고 지나치게 근심함.
百難之中 백난지중 일백 백, 어려울 난, 갈 지, 가운데 중	온갖 괴로움과 어려움을 겪는 가운데
百年河清 백년하청 일백 백, 해 년(연), 강 하, 맑을 청	중국의 황허강이 늘 흐려 맑을 때가 없다는 뜻. 아무리 오랜 시일이 지나도 어떤 일이 이루어지기 어려움.
白衣從軍 백의종군 흰 백, 옷 의, 따를 종, 군사 군	벼슬 없이 군대를 따라 싸움터로 감.
百折不屈 백절불굴 일백 백, 꺾을 절, 아닐 불, 굽을 굴	어떠한 난관에도 결코 굽히지 않음. ≒ 百折不撓(백절불요), 不撓不屈(불요불굴), 七顚八起(칠전팔기)
浮雲之志 부운지지 뜰 부, 구름 운, 갈 지, 뜻 지	뜬구름과 같은 일시적인 부귀공명을 바라는 마음
夫唱婦隨 부창부수 지아비 부, 부를 창, 지어미 부, 따를 수	남편이 주장하고 아내가 이를 따름. 부부의 화합하는 도리
不刊之書 불간지서 아닐 불, 깎을 간, 갈 지, 책 서	길이길이 전할 불후의 양서
不問曲直 불문곡직 아닐 불, 물을 문, 굽을 곡, 곧을 직	옳고 그름을 따지지 아니함.
不恥下問 불치하문 아닐 불, 부끄러울 치, 아래 하, 물을 문	손아랫사람이나 지위나 학식이 자기만 못한 사람에게 모르는 것을 묻는 일을 부끄러워하지 아니함.
髀肉之嘆{歎} 비육지탄 넓적다리 비, 고기 육, 갈 지, 탄식할 탄	능력을 발휘하여 보람 있는 일을 하지 못하고 헛되이 세월만 보내는 것을 한탄함.

憑公營私 빙공영사 기댈 빙, 공평할 공, 경영할 영, 사사로울 사	공적인 것을 빙자하여 사적인 이득을 꾀함.
氷炭不相容 빙탄불상용 얼음 빙, 숯 탄, 아닐 불, 서로 상, 얼굴 용	얼음과 숯의 성질이 정반대이어서 서로 용납하지 못한다는 뜻으로, 사물이 서로 화합하기 어려움. = 氷炭之間(빙탄지간), 犬猿之間(견원지간), 不俱戴天之讐(불구대천지수)

ㅅ

四面楚歌 사면초가 넉 사, 얼굴 면, 초나라 초, 노래 가	아무에게도 도움을 받지 못하는, 외롭고 곤란한 지경에 빠진 형편을 이르는 말 = 孤城落日(고성낙일), 四顧無親(사고무친)
四面春風 사면춘풍 넉 사, 얼굴 면, 봄 춘, 바람 풍	누구에게나 좋게 대하는 일. 또는 그런 사람을 비유적으로 이르는 말 = 두루春風(두루춘풍)
事半功倍 사반공배 일 사, 반 반, 공 공, 곱 배	들인 노력은 적고 얻은 성과는 큼.
事必歸正 사필귀정 일 사, 반드시 필, 돌아갈 귀, 바를 정	모든 일은 반드시 바른길로 돌아감.
三顧草廬 삼고초려 석 삼, 돌아볼 고, 풀 초, 오두막 려	인재를 맞아들이기 위하여 참을성 있게 노력함. 중국 삼국 시대에, 촉한의 유비가 난양에 은거하고 있던 제갈량의 초옥으로 세 번이나 찾아갔다는 데서 유래
三旬九食 삼순구식 석 삼, 열흘 순, 아홉 구, 먹을 식	한 달에 아홉 끼니 밖에 먹지 못한다는 뜻으로, 몹시 가난함.
三人成虎 삼인성호 석 삼, 사람 인, 이룰 성, 범 호	세 사람이 짜면 거리에 범이 나왔다는 거짓말도 꾸밀 수 있다는 뜻. 근거 없는 말이라도 여러 사람이 말하면 곧이듣게 됨.
桑麻之交 상마지교 뽕나무 상, 삼 마, 갈 지, 사귈 교	뽕나무와 삼나무를 벗 삼아 지낸다는 뜻으로, 전원에 은거하여 시골 사람들과 사귀며 지냄.
桑田碧海 상전벽해 뽕나무 상, 밭 전, 푸를 벽, 바다 해	뽕나무밭이 변하여 푸른 바다가 된다는 뜻으로, 세상일의 변천이 심함. = 滄桑之變(창상지변)
塞翁得失 새옹득실 변방 새, 늙은이 옹, 얻을 득, 잃을 실	한때의 이(利)가 장래에는 도리어 해가 되기도 하고, 화가 도리어 복이 되기도 함. ≒ 塞翁之馬(새옹지마)
先公後私 선공후사 먼저 선, 공평할 공, 뒤 후, 사사로울 사	공적인 일을 먼저 하고 사사로운 일은 뒤로 미룸.
歲寒松柏 세한송백 해 세, 찰 한, 소나무 송, 측백 백	추운 겨울의 소나무와 잣나무. 어떤 역경 속에서도 지조를 굽히지 않는 사람 또는 그 지조
送舊迎新 송구영신 보낼 송, 예 구, 맞을 영, 새 신	묵은해를 보내고 새해를 맞음.

- ☐ ☐ **松茂柏悅 송무백열** 소나무 송, 무성할 무, 측백 백, 기쁠 열 — 소나무가 무성하면 잣나무가 기뻐함. 벗이 잘되는 것을 기뻐함을 이르는 말
- ☐ ☐ **首丘初心 수구초심** 머리 수, 언덕 구, 처음 초, 마음 심 — 여우가 죽을 때에 머리를 자기가 살던 굴 쪽으로 둔다는 뜻, 고향을 그리워하는 마음
- ☐ ☐ **手不釋卷 수불석권** 손 수, 아닐 불, 놓을 석, 책 권 — 손에서 책을 놓지 아니하고 늘 글을 읽음.
- ☐ ☐ **首鼠兩端 수서양단** 머리 수, 쥐 서, 둘 양(량), 끝 단 — 쥐가 구멍에서 머리만 내밀고 요리조리 엿봄. 진퇴나 거취를 결정하지 못하고 관망하고 있는 상태
- ☐ ☐ **袖手傍觀 수수방관** 소매 수, 손 수, 곁 방, 볼 관 — 팔짱을 끼고 보고만 있다는 뜻. 간섭하거나 거들지 아니하고 그대로 버려둠.
- ☐ ☐ **水清無魚 수청무어** 물 수, 맑을 청, 없을 무, 고기 어 — 물이 너무 맑으면 고기가 없다는 뜻. 사람이 지나치게 똑똑하거나 엄하면 남이 가까이하기 어려움. = 水清無大魚(수청무대어)
- ☐ ☐ **脣亡齒寒 순망치한** 입술 순, 망할 망, 이 치, 찰 한 — 입술이 망하면 이가 시리다는 뜻. 서로 이해관계가 밀접한 사이에 어느 한쪽이 망하면 다른 한쪽도 그 영향을 받아 온전하기 어려움.
- ☐ ☐ **尸位素餐 시위소찬** 주검 시, 자리 위, 흴 소, 먹을 찬 — 재덕이나 공로가 없어 직책을 다하지 못하면서 자리만 차지하고 녹(祿)을 받아먹음.
- ☐ ☐ **識字憂患 식자우환** 알 식, 글자 자, 근심 우, 근심 환 — 학식이 있는 것이 오히려 근심을 사게 됨.
- ☐ ☐ **信賞必罰 신상필벌** 믿을 신, 상줄 상, 반드시 필, 벌줄 벌 — 공이 있는 자에게는 반드시 상을 주고, 죄가 있는 사람에게는 반드시 벌을 준다는 뜻. 상과 벌을 공정하고 엄중하게 하는 일
- ☐ ☐ **身言書判 신언서판** 몸 신, 말씀 언, 글 서, 판단할 판 — 중국 당나라 때에 관리를 선출하던 네 가지 표준 /인물을 선택하는 데 표준으로 삼던 조건. 곧 신수, 말씨, 문필, 판단력의 네 가지를 이름.
- ☐ ☐ **十伐之木 십벌지목** 열 십, 칠 벌, 갈 지, 나무 목 — 열 번 찍어 베는 나무라는 뜻으로, 열 번 찍어 안 넘어가는 나무가 없음을 이르는 말. 노력 = 磨斧作針(마부작침)
- ☐ ☐ **十日之菊 십일지국** 열 십, 날 일, 갈 지, 국화 국 — 한창때인 9월 9일이 지난 9월 10일의 국화라는 뜻으로, 이미 때가 늦은 일

ㅇ

- ☐ ☐ **殃及池魚 앙급지어** 재앙 앙, 미칠 급, 연못 지, 고기 어 — 재앙이 못의 물고기에 미친다는 뜻으로, 제삼자가 엉뚱하게 재난을 당함.
- ☐ ☐ **養虎遺患 양호유환** 기를 양, 범 호, 남길 유, 근심 환 — 범을 길러서 화근을 남긴다는 뜻으로, 화근이 될 것을 길러서 후환을 당하게 됨.
- ☐ ☐ **魚魯不辨 어로불변** 물고기 어, 노나라 로, 아닐 불, 분별할 변 — 어(魚) 자와 노(魯) 자를 구별하지 못한다는 뜻으로, 아주 무식함.
- ☐ ☐ **漁夫之利 어부지리** 고기 잡을 어, 지아비 부, 갈 지, 이로울 리 — 두 사람이 이해관계로 서로 싸우는 사이에 엉뚱한 사람이 애쓰지 않고 가로챈 이익 = 犬兎之爭(견토지쟁)
- ☐ ☐ **言語道斷 언어도단** 말씀 언, 말씀 어, 길 도, 끊을 단 — 말할 길이 끊어졌다는 뜻으로, 어이가 없어서 말하려 해도 말할 수 없음.
- ☐ ☐ **言中有骨 언중유골** 말씀 언, 가운데 중, 있을 유, 뼈 골 — 말 속에 뼈가 있다는 뜻으로, 예사로운 말 속에 단단한 속뜻이 들어 있음.
- ☐ ☐ **易地思之 역지사지** 바꿀 역, 땅 지, 생각할 사, 갈 지 — 처지를 바꾸어서 생각하여 봄.
- ☐ ☐ **緣木求魚 연목구어** 인연 연, 나무 목, 구할 구, 고기 어 — 나무에 올라가서 물고기를 구함. 도저히 불가능한 일을 굳이 하려 함.
- ☐ ☐ **煙霞痼疾 연하고질** 연기 연, 노을 하, 고질 고, 병 질 — 자연의 아름다운 경치를 몹시 사랑하고 즐기는 성벽(性癖) = 泉石膏肓(천석고황)
- ☐ ☐ **燕鴻之歎{嘆} 연홍지탄** 제비 연, 기러기 홍, 갈 지, 탄식할 탄 — 여름새인 제비가 남쪽에서 날아와 여름을 보내고 가을에 다시 남쪽으로 날아가고 겨울새인 기러기는 북쪽에서 날아와 겨울을 보내고 다시 북쪽으로 날아가서 서로 만나지 못하여 탄식한다는 뜻으로, 길이 어긋나서 서로 만나지 못하여 탄식함.
- ☐ ☐ **寤寐不忘 오매불망** 깰 오, 잠잘 매, 아닐 불, 잊을 망 — 자나 깨나 잊지 못함. = 輾轉反側(전전반측)
- ☐ ☐ **烏飛梨落 오비이락** 까마귀 오, 날 비, 배나무 이(리), 떨어질 락 — 까마귀 날자 배 떨어진다는 뜻으로, 아무 관계도 없이 한 일이 공교롭게도 때가 같아 억울하게 의심을 받거나 난처한 위치에 서게 됨.
- ☐ ☐ **吾鼻三尺 오비삼척** 나 오, 코 비, 석 삼, 자 척 — 내 코가 석 자. 자기 사정이 급하여 남을 돌볼 겨를이 없음.
- ☐ ☐ **玉石混淆 옥석혼효** 구슬 옥, 돌 석, 섞을 혼, 뒤섞일 효 — 옥과 돌이 한데 섞여 있다는 뜻으로, 좋은 것과 나쁜 것이 한데 섞여 있음.
- ☐ ☐ **溫故知新 온고지신** 따뜻할 온, 연고 고, 알 지, 새 신 — 옛것을 익히고 그것을 미루어서 새것을 앎.
- ☐ ☐ **臥薪嘗膽 와신상담** 누울 와, 땔나무 신, 맛볼 상, 쓸개 담 — 원수를 갚거나 마음먹은 일을 이루기 위하여 온갖 어려움과 괴로움을 참고 견딤.
- ☐ ☐ **蝸牛角上 와우각상** 달팽이 와, 소 우, 뿔 각, 위 상 — 달팽이의 뿔 위라는 뜻으로, 세상이 좁음.
- ☐ ☐ **外柔內剛 외유내강** 바깥 외, 부드러울 유, 안 내, 굳셀 강 — 겉으로는 부드럽고 순하게 보이나 속은 곧고 굳셈. = 內剛外柔(내강외유)
- ☐ ☐ **遼東之豕 요동지시** 멀 요, 동녘 동, 갈 지, 돼지 시 — 요동의 돼지라는 뜻으로, 견문이 얕고 좁은 사람
- ☐ ☐ **龍頭蛇尾 용두사미** 용 용(룡), 머리 두, 뱀 사, 꼬리 미 — 용의 머리와 뱀의 꼬리. 처음은 왕성하나 끝이 부진한 현상
- ☐ ☐ **愚夫愚婦 우부우부** 어리석을 우, 지아비 부, 어리석을 우, 며느리 부 — 어리석은 남자와 어리석은 여자를 아울러 이르는 말

□ 牛耳讀經 우이독경	□ 소 우, 귀 이, 읽을 독, 글 경	쇠귀에 경 읽기라는 뜻으로, 아무리 가르치고 일러주어도 알아듣지 못함. = 牛耳誦經(우이송경)
□ 雨後竹筍 우후죽순	□ 비 우, 뒤 후, 대 죽, 죽순 순	비 온 뒤에 돋아나는 죽순같이 어떤 일이 한때에 많이 일어남.
□ 流芳百世 유방백세	□ 흐를 유(류), 향기 방, 일백 백, 대 세	향기가 백세에 흐른다는 뜻으로, 훌륭한 명성이나 공적이 후세에 길이 전함.
□ 殷鑑不遠 은감불원	□ 은나라 은, 거울 감, 아닐 불, 멀 원	거울삼아 경계하여야 할 전례(前例)는 가까이 있다는 뜻으로, 다른 사람의 실패를 자신의 거울로 삼으라는 말
□ 以夷制夷 이이제이	□ 써 이, 오랑캐 이, 제압할 제, 오랑캐 이	오랑캐로 오랑캐를 무찌른다는 뜻으로, 한 세력을 이용하여 다른 세력을 제어함을 이르는 말
□ 因循姑息 인순고식	□ 인할 인, 돌 순, 잠깐 고, 쉴 식	낡은 관습이나 폐단을 벗어나지 못하고 당장의 편안함만을 취함.
□ 一擧兩得 일거양득	□ 한 일, 들 거, 두 양(량), 얻을 득	한 가지 일을 하여 두 가지 이익을 얻음. = 一石二鳥(일석이조)
□ 日暮途遠 일모도원	□ 날 일, 저물 모, 길 도, 멀 원	날은 저물고 갈 길은 멀다는 뜻으로, 늙고 쇠약한데 앞으로 해야 할 일은 많음을 이르는 말
□ 一魚濁水 일어탁수	□ 한 일, 물고기 어, 흐릴 탁, 물 수	한 마리의 물고기가 물을 흐린다는 뜻으로, 한 사람의 잘못으로 여러 사람이 피해를 입게 됨.
□ 臨時變通 임시변통	□ 임할 임(림), 때 시, 변할 변, 통할 통	갑자기 생긴 일을 우선 임시로 둘러맞춰서 처리함. = 姑息之計(고식지계), 凍足放尿(동족방뇨), 彌縫策(미봉책), 臨時方便(임시방편), 臨時變通(임시변통), 下石上臺(하석상대)
□ 立身揚名 입신양명	□ 설 입(립), 몸 신, 오를 양, 이름 명	출세하여 자기의 이름을 세상에 떨침.

ㅈ

□ 自繩自縛 자승자박	□ 스스로 자, 줄 승, 스스로 자, 묶을 박	자기가 한 말과 행동에 자기 자신이 옭혀 곤란하게 됨.
□ 賊反荷杖 적반하장	□ 도둑 적, 되돌릴 반, 멜 하, 몽둥이 장	도둑이 도리어 매를 든다는 뜻으로, 잘못한 사람이 아무 잘못도 없는 사람을 나무람.
□ 積小成大 적소성대	□ 쌓을 적, 작을 소, 이룰 성, 큰 대	작거나 적은 것도 쌓이면 크게 되거나 많아짐.
□ 戰戰兢兢 전전긍긍	□ 싸울 전, 싸울 전, 삼갈 긍, 삼갈 긍	몹시 두려워서 벌벌 떨며 조심함.
□ 輾轉不寐 전전불매	□ 돌아누울 전, 구를 전, 아닐 불, 잘 매	누워서 이리저리 뒤척이며 잠을 이루지 못함. = 輾轉反側(전전반측)
□ 切齒腐心 절치부심	□ 끊을 절, 이 치, 썩을 부, 마음 심	몹시 분하여 이를 갈며 속을 썩임.
□ 漸入佳境 점입가경	□ 점차 점, 들 입, 아름다울 가, 지경 경	들어갈수록 점점 재미가 있음. / 시간이 지날수록 하는 짓이나 몰골이 더욱 꼴불견임.
□ 頂門一鍼 정문일침	□ 정수리 정, 문 문, 한 일, 침 침	정수리에 침을 놓는다는 뜻으로, 따끔한 충고나 교훈을 이르는 말
□ 井底之蛙 정저지와	□ 우물 정, 밑 저, 갈 지, 개구리 와	넓은 세상의 형편을 모르는 사람 / 견식이 좁아서 저만 잘난 줄 아는 사람 = 井中之蛙(정중지와)
□ 鼎足之勢 정족지세	□ 솥 정, 발 족, 갈 지, 형세 세	솥발처럼 셋이 맞서 대립한 형세
□ 糟糠之妻 조강지처	□ 지게미 조, 겨 강, 갈 지, 아내 처	가난을 참고 고생을 같이하며 남편을 섬긴 아내
□ 朝名市利 조명시리	□ 조정 조, 이름 명, 저자 시, 이로울 리	명예는 조정에서 다투고 이익은 시장에서 다투라는 뜻으로, 무슨 일이든 알맞은 곳에서 하여야 함.
□ 鳥足之血 조족지혈	□ 새 조, 발 족, 갈 지, 피 혈	새 발의 피라는 뜻으로, 아주 적은 분량
□ 走馬加鞭 주마가편	□ 달릴 주, 말 마, 더할 가, 채찍 편	달리는 말에 채찍질한다는 뜻으로, 잘하는 사람을 더욱 장려함.
□ 走馬看山 주마간산	□ 달릴 주, 말 마, 볼 간, 뫼 산	말을 타고 달리며 산천을 구경한다는 뜻으로, 자세히 살피지 아니하고 대충대충 보고 지나감.
□ 衆寡不敵 중과부적	□ 무리 중, 적을 과, 아닐 부, 대적할 적	적은 수효로 많은 수효를 대적하지 못함.
□ 衆口鑠金 중구삭금	□ 무리 중, 입 구, 녹일 삭, 쇠 금	뭇사람의 말은 쇠도 녹인다는 뜻으로, 여론의 힘이 큼.
□ 指鹿爲馬 지록위마	□ 가리킬 지, 사슴 록, 할 위, 말 마	윗사람을 농락하여 권세를 마음대로 함. / 윗사람을 농락하여 권세를 마음대로 함.
□ 知音 지음	□ 알 지, 소리 음	거문고 소리를 듣고 안다는 뜻으로, 자기의 속마음까지 알아주는 친구 / 음악의 곡조를 잘 앎. / 새나 짐승의 울음을 가려 잘 알아들음.

ㅊ

□ 千慮一失 천려일실	□ 일천 천, 생각할 려, 한 일, 잃을 실	천 번 생각에 한 번 실수. 슬기로운 사람이라도 여러가지 생각 가운데에는 잘못되는 것이 있을 수 있음.
□ 天崩之痛 천붕지통	□ 하늘 천, 무너질 붕, 갈 지, 아플 통	하늘이 무너지는 것 같은 아픔이라는 뜻으로, 제왕이나 아버지의 죽음을 당한 슬픔
□ 天壤之差 천양지차	□ 하늘 천, 흙 양, 갈 지, 어긋날 차	하늘과 땅 사이와 같이 엄청난 차이
□ 天衣無縫 천의무봉	□ 하늘 천, 옷 의, 없을 무, 꿰맬 봉	천사의 옷은 꿰맨 흔적이 없다는 뜻으로, 일부러 꾸민 데 없이 자연스럽고 아름다우면서 완전함. / 완전무결하여 흠이 없음. / 세상사에 물들지 아니한 어린이와 같은 순진함.

☐ ☐	**千載一遇 천재일우** 일천 천, 실을 재, 한 일, 만날 우	천 년 동안 단 한 번 만난다는 뜻으로, 좀처럼 만나기 어려운 좋은 기회
☐ ☐	**青雲之志 청운지지** 푸를 청, 구름 운, 갈 지, 뜻 지	높은 지위에 오르고자 하는 욕망
☐ ☐	**青出於藍 청출어람** 푸를 청, 날 출, 어조사 어, 쪽 람	푸른색은 쪽에서 나왔지만 쪽보다 더 푸름. 제자가 스승보다 더 나음.
☐ ☐	**寸鐵殺人 촌철살인** 마디 촌, 쇠 철, 죽일 살, 사람 인	한 치의 쇠붙이로도 사람을 죽일 수 있다는 뜻으로, 간단한 말로도 남을 감동하게 하거나 남의 약점을 찌를 수 있음.
☐ ☐	**春雉自鳴 춘치자명** 봄 춘, 꿩 치, 스스로 자, 울 명	봄철의 꿩이 스스로 운다는 뜻으로, 제 허물을 제 스스로 드러냄으로써 남이 알게 된다는 말
☐ ☐	**惻隱之心 측은지심** 슬퍼할 측, 근심할 은, 갈 지, 마음 심	사단(四端)의 하나. 불쌍히 여기는 마음을 이름. 인의예지(仁義禮智) 가운데 인에서 우러나온다.
☐ ☐	**七縱七擒 칠종칠금** 일곱 칠, 세로 종, 일곱 칠, 사로잡을 금	마음대로 잡았다 놓아주었다 함.

ㅌ

☐ ☐	**他山之石 타산지석** 다를 타, 뫼 산, 갈 지, 돌 석	다른 산의 나쁜 돌이라도 자신의 산의 옥돌을 가는 데에 쓸 수 있다는 뜻으로, 본이 되지 않은 남의 말이나 행동도 자신의 지식과 인격을 수양하는 데에 도움이 될 수 있음.
☐ ☐	**泰山北斗 태산북두** 클 태, 산 산, 북녘 북, 말 두	태산과 북두칠성을 아울러 이르는 말 / 세상 사람들로부터 존경받는 사람 = 泰斗(태두)
☐ ☐	**兎死狗烹 토사구팽** 토끼 토, 죽을 사, 개 구, 삶을 팽	토끼가 죽고 나면 사냥개는 삶아 먹히게 됨. 즉 필요할 때 쓰고, 필요 없을 때는 버리는 경우

ㅍ

☐ ☐	**破邪顯正 파사현정** 깨뜨릴 파, 간사할 사, 나타날 현, 바를 정	사견(邪見)과 사도(邪道)를 깨고 정법(正法)을 드러내는 일. 사악하고 그릇된 것을 깨고 바른 것을 드러냄.
☐ ☐	**烹頭耳熟 팽두이숙** 삶을 팽, 우두머리 두, 귀 이, 익을 숙	머리를 삶으면 귀까지 익는다는 뜻으로, 한 가지 일이 잘되면 다른 일도 저절로 이루어짐.
☐ ☐	**布衣寒士 포의한사** 베 포, 옷 의, 차가울 한, 선비 사	베옷을 입은 가난한 선비라는 뜻으로, 벼슬이 없는 가난한 선비
☐ ☐	**暴虎馮河 포호빙하** 사나울 포, 범 호, 탈 빙, 강물 하	맨손으로 범을 때려잡고 걸어서 황허강(黃河江)을 건넌다는 뜻으로, 용기는 있으나 무모함.
☐ ☐	**風月主人 풍월주인** 바람 풍, 달 월, 주인 주, 사람 인	맑은 바람과 밝은 달 따위의 아름다운 자연을 즐기는 사람

ㅎ

☐ ☐	**下石上臺 하석상대** 아래 하, 돌 석, 위 상, 대 대	아랫돌 빼서 윗돌 괴고 윗돌 빼어 아랫돌 괴기. 곧 임시변통으로 이리저리 둘러 맞춤.
☐ ☐	**汗牛充棟 한우충동** 땀 한, 소 우, 가득할 충, 마룻대 동	짐으로 실으면 소가 땀을 흘리고, 쌓으면 들보에까지 찬다는 뜻으로, 가지고 있는 책이 매우 많음.
☐ ☐	**咸興差使 함흥차사** 다 함, 일어날 흥, 어긋날 차, 부릴 사	심부름을 가서 오지 아니하거나 늦게 온 사람을 이르는 말. 조선 태조 이성계가 왕위를 물려주고 함흥에 있을 때에, 태종이 보낸 차사를 혹은 죽이고 혹은 잡아 가두어 돌려보내지 아니하였던 데서 유래
☐ ☐	**狐假虎威 호가호위** 여우 호, 빌릴 가, 호랑이 호, 위세 위	남의 권세를 빌려 위세를 부림.
☐ ☐	**好事多魔 호사다마** 좋을 호, 일 사, 많을 다, 마귀 마	좋은 일에는 흔히 방해되는 일이 많음. 또는 그런 일이 많이 생김.
☐ ☐	**虎視眈眈 호시탐탐** 범 호, 볼 시, 노려볼 탐, 노려볼 탐	범이 눈을 부릅뜨고 먹이를 노려본다는 뜻으로, 남의 것을 빼앗기 위하여 형세를 살피며 가만히 기회를 엿봄. 또는 그런 모양
☐ ☐	**浩然之氣 호연지기** 넓을 호, 그럴 연, 갈 지, 기운 기	하늘과 땅 사이에 가득 찬 넓고 큰 원기 / 거침없이 넓고 큰 기개
☐ ☐	**紅爐點雪 홍로점설** 붉을 홍, 화로 로, 점 점, 눈 설	빨갛게 달아오른 화로 위에 한 송이의 눈을 뿌리면 순식간에 녹아 없어지는 데에서, 도를 깨달아 의혹이 일시에 없어짐을 비유적으로 이르는 말 / 사욕(私慾)이나 의혹(疑惑)이 일시에 꺼져 없어짐.
☐ ☐	**和光同塵 화광동진** 화합할 화, 빛 광, 같을 동, 먼지 진	빛을 감추고 티끌 속에 섞여 있다는 뜻으로, 자기의 뛰어난 지덕(智德)을 나타내지 않고 세속을 따름. / 불보살이 중생을 깨우치기 위하여 속인들 사이에 태어나 중생과 인연을 맺어 중생을 불법으로 인도함.
☐ ☐	**和而不同 화이부동** 화목할 화, 어조사 이, 아닐 부, 같을 동	남과 사이좋게 지내기는 하나 무턱대고 어울리지는 아니함.
☐ ☐	**換骨奪胎 환골탈태** 바꿀 환, 뼈 골, 빼앗을 탈, 아이 밸 태	뼈대를 바꾸어 끼고 태를 바꾸어 쓴다는 뜻으로, 고인의 시문의 형식을 바꾸어서 그 짜임새와 수법이 먼저 것보다 잘되게 함. / 사람이 좋은 방향으로 변하여 아주 딴사람처럼 됨.
☐ ☐	**鰥寡孤獨 환과고독** 홀아비 환, 과부 과, 외로울 고, 홀로 독	늙어서 아내 없는 사람, 늙어서 남편 없는 사람, 어려서 어버이 없는 사람, 늙어서 자식 없는 사람을 아울러 이르는 말 / 외롭고 의지할 데 없는 처지 = 四窮(사궁)
☐ ☐	**宦海風波 환해풍파** 벼슬 환, 바다 해, 바람 풍, 물결 파	벼슬살이에서 겪는 온갖 험한 일

※ Daum 검색창에 '혜원국어'를 입력해 주세요. 혜원국어 카페에서 더 많은 어휘 자료를 확인하실 수 있습니다. (https://cafe.daum.net/hwkor)

PART 6
국어 규범

출제 경향 한눈에 보기

구조도

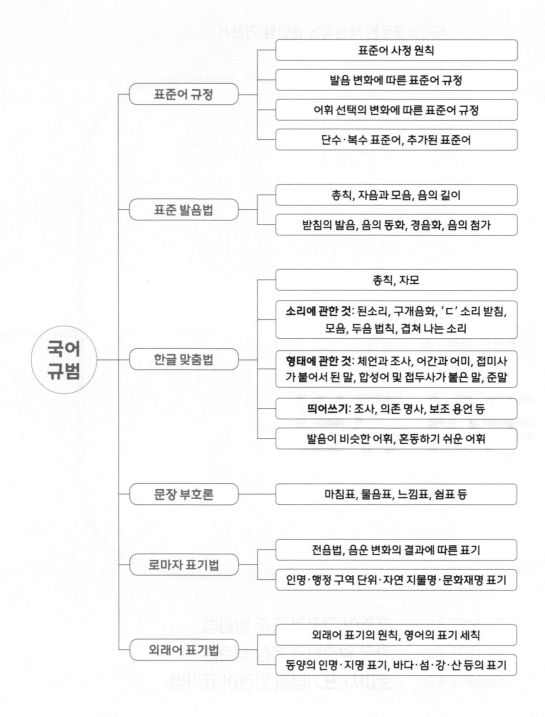

- **국어 규범**
  - 표준어 규정
    - 표준어 사정 원칙
    - 발음 변화에 따른 표준어 규정
    - 어휘 선택의 변화에 따른 표준어 규정
    - 단수·복수 표준어, 추가된 표준어
  - 표준 발음법
    - 총칙, 자음과 모음, 음의 길이
    - 받침의 발음, 음의 동화, 경음화, 음의 첨가
  - 한글 맞춤법
    - 총칙, 자모
    - **소리에 관한 것**: 된소리, 구개음화, 'ㄷ' 소리 받침, 모음, 두음 법칙, 겹쳐 나는 소리
    - **형태에 관한 것**: 체언과 조사, 어간과 어미, 접미사가 붙어서 된 말, 합성어 및 접두사가 붙은 말, 준말
    - **띄어쓰기**: 조사, 의존 명사, 보조 용언 등
    - 발음이 비슷한 어휘, 혼동하기 쉬운 어휘
  - 문장 부호론
    - 마침표, 물음표, 느낌표, 쉼표 등
  - 로마자 표기법
    - 전음법, 음운 변화의 결과에 따른 표기
    - 인명·행정 구역 단위·자연 지물명·문화재명 표기
  - 외래어 표기법
    - 외래어 표기의 원칙, 영어의 표기 세칙
    - 동양의 인명·지명 표기, 바다·섬·강·산 등의 표기

영역별 학습 목표

'① 표준어 규정, ② 표준 발음법, ③ 한글 맞춤법, ④ 띄어쓰기, ⑤ 개정 문장 부호, ⑥ 외래어 표기법, ⑦ 로마자 표기법' 등과 같은 기본적인 언어 규범 및 생활 문법에 대해 이해할 수 있다.

최신 3개년 기출 목록(국가직, 지방직 기준)

1. 표준어 규정	숫염소, 위층, 아지랑이, 으레, 무정타, 섭섭지, 선발토록, 생각건대, 부치다, 알음, 닫히다, 걸잡다, 가엽다, 배냇저고리, 감감소식, 검은엿, 눈짐작, 세로글씨, 푸줏간, 가물, 상관없다, 외눈박이, 덩굴, 귀퉁배기, 걸창, 뚱딴지, 툇돌, 들랑날랑, 며칠, 웬일, 박이다, 꼼꼼히, 당당히, 섭섭히, 오랫동안, 재작년, 띄는, 띠는, 받아들이는, 닦달하다, 통째, 발자국, 구레나룻, 귀띔, 핼쑥하다, 지양, 지향, 적잖은, 하마터면, 웃어른, 사흗날, 베갯잇, 시퍼렇다, 새하얗다, 가팔라서, 불살라서, 올발라서, 구한, 통째로, 하마터면, 잘록하게
2. 표준 발음법	국민, 금융, 샛길, 나뭇잎, 이죽이죽, 권력, 내일, 돕는다, 미닫이, 부엌일, 익숙지, 정결타, 흔타, 신문, 물난리, 밟는다, 한여름, 가을일, 텃마당, 입학생, 흙먼지, 태권도, 홑이불, 홑옷, 공권력, 마천루, 생산력, 결단력
3. 한글 맞춤법	구시렁거리다, 들이켜다, 곰기다 개살구, 돌미나리, 군소리, 짚신, 숫양, 수키와, 수평아리, 수탕나귀, 수퇘지, 수은행나무, 수캉아지, 수탉, 썩이다, 썩히다, 갈음, 가름, 부문, 부분, 구별, 구분, 흡입량, 구름양, 정답란, 칼럼난, 꼭짓점, 돌나물, 페트병, 낚시꾼, 딱따구리, 오뚝이, 싸라기, 법석, 화병(火病), 찻간(車間), 셋방(貰房), 곳간(庫間), 전세방, 아랫집, 쇳조각, 자릿세, 깨나, 곤욕, 곤혹, 곯아떨어지다, 결제, 결재, 걸잡다, 걷잡다, 인사말, 노랫말, 순댓국, 하굣길
4. 로마자 표기법	한라산, 다락골, 국망봉, 낭림산, 순대, 광희문, 왕십리, 정릉, 가평군, 갈매봉, 마천령, 백령도
5. 외래어 표기법	보닛, 브러시, 보트, 그래프, 플래카드, 케이크, 초콜릿, 캐비닛, 스케줄, 플래시, 커피숍, 리더십, 파마, 심포지엄, 바리케이드, 콘셉트, 콘텐츠, 파카, 도트, 플랫, 코러스, 선루프, 스펀지, 리모컨, 버튼, 알코올, 트로트, 콘퍼런스, 글라스

연도별 주요 출제 문항

구분	9급	7급
2024년	밑줄 친 부분이 표준어로 쓰인 것은?	-
2023년	• ㉠~㉣ 중 한글 맞춤법에 맞게 쓰인 것만을 모두 고르면? • 밑줄 친 단어가 표준어 규정에 맞게 쓰인 것은? • 밑줄 친 단어의 쓰임이 올바르지 않은 것은? • 밑줄 친 말이 어문 규범에 맞는 것은?	• 밑줄 친 부분의 띄어쓰기가 가장 옳지 않은 것은? • 표준어끼리 묶었을 때 가장 옳지 않은 것은? • 외래어 표기에 대한 설명으로 가장 옳지 않은 것은?
2022년	• 밑줄 친 말의 쓰임이 옳지 않은 것은? • 표준어로만 묶인 것은? • 밑줄 친 부분의 맞춤법이 틀린 것은? • 띄어쓰기가 올바른 것은?	• 가장 자연스러운 문장은? • 어문 규범에 맞는 단어로만 묶은 것은? • 어문 규범에 맞게 표기한 것은? • 외래어 표기가 올바른 것으로만 묶은 것은?
2021년	• 밑줄 친 부분이 바르게 쓰이지 않은 것은? • 맞춤법에 맞는 것만으로 묶은 것은? • <보기>에서 맞춤법에 맞는 문장은 모두 몇 개인가? • 띄어쓰기가 옳지 않은 것은?	• 외래어 표기가 모두 맞는 것은? • 밑줄 친 단어의 표준 발음이 옳은 것만을 <보기>에서 모두 고르면? • <로마자 표기법>의 각 조항에 들어갈 예를 바르게 짝지은 것은?
2020년	• ㉠~㉣을 사전에 올릴 때 '한글 맞춤법 규정'에 따른 순서로 적절한 것은? • 밑줄 친 단어의 쓰임이 옳은 것은?	• 밑줄 친 부분이 바르게 쓰이지 않은 것은? • 밑줄 친 부분이 어법상 적절하지 않은 것은? • 밑줄 친 외래어 표기가 옳은 것은?
2019년	• 밑줄 친 부분이 어법에 맞는 것은? • 밑줄 친 부분의 띄어쓰기가 옳은 것은? • 밑줄 친 단어의 맞춤법이 옳은 것은?	• 밑줄 친 부분이 어법상 가장 적절한 것은? • 밑줄 친 어휘 중 잘못 쓰인 것으로만 묶은 것은? • 밑줄 친 부분의 띄어쓰기가 옳지 않은 것은?

CHAPTER

01 표준어 규정과 표준 발음법

1절 표준어 규정

1 총칙

제1항	표준어는 ① 교양 있는 사람들이 두루 쓰는 ② 현대 ③ 서울말로 정함을 원칙으로 한다.❶
제2항	외래어는 따로 사정한다.

2 발음 변화에 따른 표준어 규정

제1절 자음

제3항	**다음 단어들은 거센소리를 가진 형태를 표준어로 삼는다.** 끄나풀, 나팔꽃, 동녘, 새벽녘❷, 부엌, 살쾡이, 털어먹다, 칸막이, 일등칸, 빈칸, 방 한 칸 예외 초가삼간, 윗간❸
제4항	**다음 단어들은 거센소리로 나지 않는 형태를 표준어로 삼는다.** 가을갈이, 거시기, 분침(分針)
제5항	**어원에서 멀어진 형태로 굳어져 널리 쓰이는 것은, 그것을 표준어로 삼는다.** 강낭콩, 고샅❹, 사글세, 울력성당❺ 다만, **어원적으로 원형에 더 가까운 형태가 아직 쓰이고 있는 경우에는, 그것을 표준어로 삼는다.** 갈비, 갓모❻, 굴젓, 말곁❼, 물수란, 밀뜨리다, 적이❽
제6항	**다음 단어들은 의미를 구별함이 없이, 한 가지 형태만을 표준어로 삼는다.** 돌, 둘째, 셋째, 넷째, 빌리다❾ 다만, **'둘째'는 십 단위 이상의 서수사에 쓰일 때에 '두째'로 한다.** 열두째❿, 스물두째
제7항	**수컷을 이르는 접두사는 '수-'로 통일한다.** 수- 수꿩⓫, 수나사, 수놈, 수사돈, 수은행나무 다만 1. **다음 단어에서는 접두사 다음에서 나는 거센소리를 인정한다. 접두사 '암-'이 결합되는 경우에도 이에 준한다.**⓬ 수-+거센소리 수탉, 수평아리⓭, 수캐, 수캉아지, 수키와⓮, 수톨쩌귀⓯, 수퇘지, 수탕나귀, 수컷 다만 2. **다음 단어의 접두사는 '숫-'으로 한다.** 숫- 숫양, 숫염소, 숫쥐 비교 '더럽혀지지 않아 깨끗한'의 의미를 갖는 접두사 '숫-'과 별개이다. 예 숫눈, 숫백성, 숫사람, 숫처녀, 숫총각 등

★ **표준어의 기능**
- 통일의 기능
- 우월의 기능
- 준거의 기능
- 독립의 기능

❶ **표준어 사정 원칙**

① 사회적 기준에 관한 규정(①)
→ 우월의 기능과 관련된다.

② 시대적 기준에 관한 규정(②)
→ 역사성을 갖고 있으며 시대에 따라 변한다.

③ 지역적 기준에 관한 규정(③)
→ 수도의 방언이 표준어가 되는 경우가 많으나 서울말로만 표준어로 삼은 것은 아니다.

❷ **녘**

1. '쪽'의 의미 → 붙여 쓴다.
예 북녘/서녘/윗녘/아랫녘/앞녘/왼녘
2. '어떤 때의 무렵'의 의미 → 띄어 쓴다.
예 아침∨녘/황혼∨녘/날∨샐∨녘/동틀∨녘/해∨질∨녘
3. 주의!
예 새벽녘/저물녘/저녁녘/어슬녘

❸ **간(間):** 관습적인 표현
예 초가삼간, 윗간, 아랫간, 뒷간, 마구간, 방앗간, 외양간, 푸줏간, 헛간, 수라간(水剌間)
cf 칸: 공간의 구획이나 넓이
예 한 칸, 앞 칸, 아래 칸

❹ **고샅:** 초가지붕을 일 때 쓰는 새끼
cf 고샅: 시골 마을의 좁은 골목길

❺ **울력성당:** 떼 지어 으르고 협박함.
= 완력성당

❻ **갓모:** 사기 만드는 물레 밑 고리
cf 갈모: 갓 위에 쓰는, 유지로 만든 우비

❼ **말곁:** 남이 말하는 옆에서 덩달아 참견하는 말

❽ **적이:** 꽤 어지간한 정도로

❾ '빌다'는 '간청하다, 바라다', '용서를 구하다.', '공짜로 달라고 호소하다.'의 의미이다.

❿ **열두째(관형사, 수사):** 순서가 열두 번째가 되는 차례
예 이 책의 열두째 줄을 잘 보렴.
cf 열둘째(명사): 맨 앞에서부터 세어 모두 열두 개째가 됨을 이르는 말
예 이 채점 답안지는 열둘째이다.

⓫ **수꿩 ↔ 암꿩:** 까투리

⓬ '수'와 '암' 뒤에서 거센소리가 나는 이유는 중세 국어의 '수ㅎ', '암ㅎ'의 자취가 남아 있기 때문이다.

⓭ '수평아리'와 달리 '수벌'은 '수펄'로 표기하지 않는다.
예 · 수벌(○), 수펄(×)
· 암벌(○), 암펄(×)

⓮ **수키와:** 두 암키와 사이를 엎어 잇는 기와

⓯ **수톨쩌귀:** 문짝에 박아서 문설주에 있는 암톨쩌귀에 꽂게 되어 있는 돌쩌귀

제2절 모음

제8항

양성 모음이 음성 모음으로 바뀌어 굳어진 다음 단어는 음성 모음 형태를 표준어로 삼는다.

깡충깡충, 오순도순('오손도손'도 인정), 막둥이, 검둥이, 바람둥이❶, 발가숭이, 뻗정다리, 봉죽(奉足)❷, 아서라, 오뚝이❸, 주춧돌(柱礎)

다만, **어원 의식이 강하게 작용하는 다음 단어에서는 양성 모음 형태를 그대로 표준어로 한다.**

부조(扶助), 사돈(査頓), 삼촌(三寸)

기출 확인

다음 중 표준어가 아닌 것은? 2022 군무원 9급

① 발가숭이 ② 깡총깡총 ③ 뻗정다리 ④ 오뚝이

해설 깡총깡총 → 깡충깡충: '짧은 다리를 모으고 자꾸 힘 있게 솟구쳐 뛰는 모양'을 이르는 표준어는 '깡충깡충'으로, 모음조화가 지켜지지 않은 형태가 표준어인 경우이다.

정답 ②

제9항

'ㅣ' 역행 동화 현상에 의한 발음은 원칙적으로 표준 발음으로 인정하지 아니하되, 다만 다음 단어들은 그러한 동화가 적용된 형태를 표준어로 삼는다.

서울내기, 신출내기, 풋내기, 냄비, 내동댕이치다 예외 아지랑이

[붙임 2] **기술자에는 '-장이', 그 외에는 '-쟁이'가 붙는 형태를 표준어로 삼는다.**

- 미장이❹, 유기장이, 옹기장이, 양복장이, 칠장이, 간판장이, 땜장이
- 멋쟁이, 뻥쟁이, 점쟁이, 침쟁이, 소금쟁이, 담쟁이덩굴(넝쿨), 골목쟁이❺, 발목쟁이❻, 양복쟁이

* '갓장이, 양복장이'는 갓이나 양복을 만드는 사람을 뜻하고, '갓쟁이, 양복쟁이'는 갓을 쓰거나 양복을 입은 사람을 낮추어 부르는 말이다.

* 다만, '점쟁이, 관상쟁이, 그림쟁이, 이발쟁이, 침쟁이' 등은 관용적으로 '-쟁이'를 인정한다.

제10항

다음 단어는 모음이 단순화한 형태를 표준어로 삼는다.

괴팍하다❼, 잘했구먼, 미루나무, 미륵보살, 여느❽, 온달(꽉 찬 달), 으레❾, 케케묵다, 허우대❿, 허우적거리다

제11항

다음 단어에서는 모음의 발음 변화를 인정하여, 발음이 바뀌어 굳어진 형태를 표준어로 삼는다.

잘했구려, 깍쟁이⓫, 나무라다, 미숫가루, 바람[望]⓬, 상추, 주책⓭, 지루하다, 허드레⓮, 호루라기

제12항

'웃-' 및 '윗-'은 명사 '위'에 맞추어 '윗-'으로 통일한다.

윗- '위와 아래'로 구분할 때, '위'라는 뜻

윗넓이, 윗눈썹, 윗니, 윗당줄, 윗덧줄, 윗도리, 윗동아리, 윗막이, 윗머리, 윗목, 윗몸, 윗바람, 윗배, 윗벌, 윗변, 윗사랑, 윗세장, 윗수염, 윗입술, 윗잇몸, 윗자리, 윗중방, 윗부분, 윗글, 윗말

* '아랫-'이 붙은 말이 없더라도 '윗-'이 의미상 '아랫-'과 반대되는 의미를 나타내는 경우에는 '윗-' 으로 쓸 수 있다. 예 윗넓이(○), 아랫넓이(×)

다만 1. **된소리나 거센소리 앞에서는 '위-'로 한다.**

위- 위짝, 위쪽, 위채, 위층, 위치마, 위턱, 위팔

다만 2. **'아래, 위'의 대립이 없는 단어는 '웃-'으로 발음되는 형태를 표준어로 삼는다.**

웃- 웃국⓯, 웃기⓰, 웃돈⓱, 웃비⓲, 웃어른, 웃옷, 웃거름

기출 확인

밑줄 친 단어가 표준어 규정에 맞게 쓰인 것은? 2023 국가직 9급

① 저기 보이는 게 암염소인가, 수염소인가?
② 오늘 윗층에 사시는 분이 이사를 가신대요.
③ 봄에는 여기저기에서 아지랭이가 피어오른다.
④ 그는 수업을 마치면 으레 친구들과 운동을 한다.

해설 원래 '의례(依例)'에서 '으례'가 되었던 것인데 '례'의 발음이 '레'로 바뀌었으므로 '으레'를 표준어로 삼는다. 따라서 '으레'는 표준어 규정에 맞게 쓰인 것이다.

정답 ④

오답 ① 수염소 → 숫염소: '양, 염소, 쥐'에는 접두사 '숫-'을 쓴다.
② 윗층 → 위층: 된소리나 거센소리 앞에는 사이시옷을 받쳐 적지 않는다.
③ 아지랭이 → 아지랑이: 'ㅣ' 모음 역행 동화가 일어나지 않은 '아지랑이'가 표준어이다.

---

❶ **-둥이:** 어원은 '동(童)'이지만, '-둥이'를 표준어로 삼았다.
예 귀염둥이, 막둥이, 쌍둥이, 바람둥이, 흰둥이
비교 쌍동밤(○), 쌍둥밤(×)
* 옴포동이(○), 옴포동하다(○), 옴포둥이(×)

❷ **봉죽:** 일을 꾸려 나가는 사람을 곁에서 거들어 도와줌.

❸ **오뚝이:** '-하다'나 '-거리다'가 붙는 어근에 '-이'가 붙어서 명사가 된 것은 그 원형을 밝히어 적는다. 이에 따라, '오뚝이'가 옳다.
cf • 오뚝이(부사, 명사)
예 • 그의 콧날은 오뚝이 도드라졌다.
• 오뚝이처럼 벌떡 일어나 다시 달려 보렴.
• 오뚝(부사) 예 오뚝 솟은 코
• 오뚝하다(형용사)
예 바위가 오뚝하다.
* 우뚝하다(○), 우뚝이 = 우뚝(○), 오뚝하다(×)

❹ **미장이:** 건축 공사에서 벽이나 천장, 바닥 따위에 흙, 회, 시멘트 따위를 바르는 일을 직업으로 하는 사람

❺ **골목쟁이:** 골목에서 좀 더 깊숙이 들어간 좁은 곳

❻ **발목쟁이:** 발모가지. '발' 혹은 '발목'을 속되게 이르는 말

❼ **괴팍하다:** 붙임성이 없이 까다롭고 별나다.

❽ **여느:** 그 밖의 예사로운

❾ **으레:** 두말할 것 없이 당연히

❿ **허우대:** 겉으로 드러난 보기 좋은 체격

⓫ '깍정이'는 '깍쟁이'의 의미로는 비표준어이지만, '밤나무 따위의 열매를 싸고 있는 술잔 모양의 받침'의 의미로 쓰일 때는 표준어이다.
cf 서울깍쟁이: 까다롭고 인색한 서울 사람

⓬ '바라다[望]'의 명사형은 '바람'이다.
* '모자라다, 나무라다, 바라다, 자라다'는 활용의 양상이 동일하다.

⓭ **주책**
1. 일정하게 자리 잡힌 주장이나 판단력
2. 일정한 줏대가 없이 되는대로 하는 짓
* '주책없다'의 비표준형으로 규정해 온 '주책이다'도 2016년 12월 추가된 표준어에 따라 표준형으로 인정하였다.

⓮ **허드레:** 그다지 중요하지 아니하고 허름하여 함부로 쓸 수 있는 물건

⓯ **웃국:** 간장이나 술 따위를 담가서 익힌 뒤에 맨 처음에 떠낸 진한 국

⓰ **웃기:** 떡, 포, 과일 따위를 괸 위에 모양을 내기 위하여 얹는 재료

⓱ **웃돈:** 본래의 값에 덧붙이는 돈

⓲ **웃비:** 아직 우기(雨氣)는 있으나 한참 내리다가 그친 비
cf 웃비걷다: 좍좍 내리던

제13항	한자 '구(句)'가 붙어서 이루어진 단어는 '귀'로 읽는 것을 인정하지 아니하고, '구'로 통일한다. 구 구법(句法), 구절(句節), 구점(句點), 결구(結句), 경구(警句), 경인구(警人句), 난구(難句), 단구(短句), 단명구(短命句), 대구(對句), 문구(文句), 성구(成句), 시구(詩句), 어구(語句), 연구(聯句), 인용구(引用句), 절구(絕句) 다만, 다음 단어는 '귀'로 발음되는 형태를 표준어로 삼는다. 귀 귀글, 글귀

제3절 준말

제14항	준말이 널리 쓰이고 본말이 잘 쓰이지 않는 경우에는, 준말만을 표준어로 삼는다.

귀찮다	김(김매다)	똬리(또아리×)	무(무우×)
미다❶	뱀	뱀장어	빔❷
샘❸	생쥐(새앙쥐×)	솔개	온갖
장사치(장사아치×)❹			

예원通 보상적 장모음화

준말이 표준어인 것 중에 2음절이 1음절로 줄어들게 되면 '보상적 장모음화'가 일어난다.

예 똬리[똬:리], 뱀[뱀:], 온갖[온:갇], 김[김:], 무[무:], 미다[미:다], 생쥐[생:쥐] 등

그러나 '귀찮다, 장사치, 솔개'의 경우에는 '보상적 장모음화'가 일어나지 않는다.

제15항	준말이 쓰이고 있더라도, 본말이 널리 쓰이고 있으면 본말을 표준어로 삼는다.

경황없다❺	궁상떨다❻	귀이개(귀지개×, 귀개×)	
낌새	낙인찍다	내왕꾼	돗자리
뒤웅박	뒷물대야	마구잡이	맵자하다❼
모이	벽돌	부스럼❽	살얼음판
수두룩하다	암죽	어음	일구다
죽살이❾	퇴박맞다	한통치다	

* 다만, '다음 → 담', '마음 → 맘'의 경우에는 모두 표준어로 인정한다.

[붙임] **다음과 같이 명사에 조사가 붙은 경우에도 이 원칙을 적용한다.**

아래 -로(○)/알-로(×)

* 다만, '이리로 → 일로', '그리로 → 글로', '저리로 → 절로', '요리로 → 욜로', '고리로 → 골로', '조리로 → 졸로'의 경우에는 준말 형태가 표준어로 인정된다.

제16항	준말과 본말이 다 같이 널리 쓰이면서 준말의 효용이 뚜렷이 인정되는 것은, 두 가지를 다 표준어로 삼는다.

거짓부리/거짓불	노을/놀❿	막대기/막대 망태기/망태
머무르다/머물다 서두르다/서둘다 서투르다/서툴다⓫	석새삼베/석새베⓬	시누이/시뉘/시누 오누이/오뉘/오누
외우다/외다⓭	이기죽거리다/이죽거리다	찌꺼기/찌끼(찌꺽지×)

❶ **미다**
1. 털이 빠져 살이 드러나다.
2. 찢어지다.

❷ **빔:** 명절이나 잔치 때에 새 옷을 차려 입음.

❸ **샘:** 남의 처지나 물건을 탐냄.
cf · **샘바르다:** 샘이 심하다.
· **샘바리:** 샘이 많아서 안달하는 사람

❹ '장사아치'는 '장사치'로만 쓰고 나머지는 접사 '-아치'가 붙은 것이 표준어이다.
예 벼슬아치, 반빗아치, 구실아치, 동냥아치, 양아치

❺ **경황없다:** 몹시 괴롭거나 바빠서 다른 일을 생각할 겨를이나 흥미가 전혀 없다.

❻ **궁상떨다:** 궁상이 드러나 보이도록 행동하다.

❼ **맵자하다:** 모양이 제격에 어울려서 맞다.

❽ 정월 보름에 쓰는 '부럼'은 표준어이다.

❾ **죽살이:** 생사(生死)

❿ · 저녁노을(○), 저녁놀(○)
· 까치노을(×), 까치놀(○)

⓫ · 머물러(○), 머물어(×)
· 서둘러(○), 서둘어(×)
· 서툴러(○), 서툴어(×)
→ 자음 어미가 올 때는 본말과 준말 둘 다 활용할 수 있지만, 모음 어미가 연결될 때, 준말은 활용할 수 없다.
* 그러나 모음 어미가 연결될 때 준말의 활용형을 인정하지 않는 것이 모든 어휘에 해당하는 것은 아니다.
예 · 외다('외우다'의 준말), 외어(○)
· 걷다('거두다'의 준말), 걷어(○)

⓬ **석새삼베:** 성글고 굵은 베

⓭ **외우다:** 외우 + 어 → 외워(○)
외다: 외 + 어 → 외어(○) = 왜(○)
cf '날씨가 개다'의 '개다'는 '개이다(×)'를 복수 표준어로 인정하지 않는다.

제4절 단수 표준어

제17항	비슷한 발음의 몇 형태가 쓰일 경우, 그 의미에 아무런 차이가 없고, 그중 하나가 더 널리 쓰이면, 그 한 형태만을 표준어로 삼는다.

바른 표기(○)	틀린 표기(×)	비고
거든-그리다	거둥-그리다	1. 거든하게 거두어 싸다. 2. 작은말은 '가든-그리다'임.
구어-박다	구워-박다	사람이 한군데에서만 지내다.
귀-고리	귀엣-고리	귀고리(○), 귀걸이(○), 귀거리(×)
귀-띔	귀-틤	
귀-지	귀에-지	
까딱-하면	까땍-하면	
꼭두-각시	꼭둑-각시	인형, 남의 조종에 따라 움직이는 사람이나 조직
내색	나색	감정이 나타나는 얼굴빛
내숭-스럽다[1]	내흉-스럽다	
냠냠-거리다	얌냠-거리다	냠냠-하다
냠냠-이	얌냠-이	
서[三], 너[四]	세/석, 네	~돈, ~말, ~발, ~푼
석[三], 넉[四]	세, 너/네	~냥, ~되, ~섬, ~자
다다르다	다닫다	
댑-싸리[2]	대-싸리	
더부룩-하다	더뿌룩-하다/듬뿌룩-하다	
-던(가/걸/고/데/지) (회상)	-든[3](가/걸/고/데/지)	
-(으)려고[4]	-(으)ㄹ려고/-(으)ㄹ라고	
-(으)려야[5]	-(으)ㄹ려야/-(으)ㄹ래야	
망가-뜨리다	망그-뜨리다	
멸치	며루치/메리치	
반빗-아치[6]	반비-아치	'반빗' 노릇을 하는 사람. 찬비(饌婢) '반비'는 밥 짓는 일을 맡은 계집종
보습[7]	보십/보섭	
본새[8]	뽄새	
봉숭아	봉숭화	'봉선화'도 표준어임.
뺨-따귀	뺌-따귀/뺨-따구니	'뺨'의 비속어임.
뻐개다[斫]	뻐기다	두 조각으로 가르다.
뻐기다[誇]	뻐개다	뽐내다
사자-탈	사지-탈	
상-판대기	쌍-판대기	
설령(設令)	서령	
-습니다	-읍니다	
시름-시름[9]	시늠-시늠	
씀벅-씀벅[10]	썸벅-썸벅	씀뻑씀뻑(○)
아궁이	아궁지	
아내	안해	
어-중간	어지-중간	cf 어지간하다(○), 에지간하다(×)
오금-팽이[11]	오금-탱이	
오래-오래	도래-도래	돼지 부르는 소리

[1] **내숭스럽다:** 겉으로는 순해 보이나 속으로는 엉큼한 데가 있다.
cf · 내숭떨다(×)
· 내숭(○)
· 내숭을 떨다(○)

[2] **15세기 어원에 근거한 현대어**

대+ᄡᅵ리	댑싸리
조+ᄡᆞᆯ	좁쌀
이+ᄣᅢ	입때

→ 댑싸리/햅쌀, 좁쌀, 멥쌀, 입쌀/입때, 접때

[3] 선택, 무관의 뜻을 나타내는 어미는 '-든'이다.
예 · 가-든(지) 말-든(지)
· 보-든(가) 말-든(가)

[4] · 먹으려고(○), 먹을려고(×)
· 서울에 살으려고(×)
· 서울에 살려고(○)

[5] · 가려야(○), 갈려야(×)
· 떼려야 뗄 수 없는(○)
· 뗄래야 뗄 수 없는(×)

[6] **반빗:** 예전에 반찬을 만드는 일을 맡아 하던 직책 = 반빗아치

[7] **보습:** 농기구. 넓적한 삽 모양의 쇳조각

[8] **본새:** 어떤 물건의 본디의 생김새. 어떠한 동작이나 버릇의 됨됨이

[9] **시름시름:** 병세가 나아지지 않으면서 오래 끄는 모양

[10] **씀벅씀벅:** 눈꺼풀을 움직이며 눈을 자꾸 감았다 떴다 하는 모양
cf 썸벅썸벅: '잘 드는 칼에 쉽사리 계속해서 베어지는 모양이나 그 소리'의 의미로는 표준어이다.

[11] **오금팽이:** 오금이나 오목한 곳을 낮잡아 이르는 말
cf **오금:** 무릎의 구부러지는 오목한 안쪽 부분
관용 **오금이 쑤시다:** 무슨 일을 하고 싶어 가만히 있지 못하다.

바른 표기(O)	틀린 표기(×)	비고
-올시다	-올습니다	
옹골-차다❶	공골-차다	
우두커니	우두머니	작은말은 '오도카니'임.
잠-투정	잠-투세/잠-주정	
재봉-틀	자봉-틀	발~, 손~
짓-무르다❷	짓-물다	
짚-북데기❸	짚-북세기	'짚북더기'도 비표준어임.
쪽	짝	편(便). 이~, 그~, 저~. 다만, '아무-짝'은 '짝'임.
천장(天障)	천정	'천정부지(天井不知)'❹는 '천정'임.
코-맹맹이	코-맹녕이	
흉-업다❺	흉-헙다	

제5절 복수 표준어

제18항 **다음 단어는 앞을 원칙으로 하고, 뒤도 허용한다.**

네/예 | 쇠-/소-❻ | (물이) **괴다/고이다**❼
(어린애를) **꾀다/꼬이다**❽ | (바람을) **쐬다/쏘이다**❾ | (나사를) **죄다/조이다**
(볕을) **쬐다/쪼이다**

* 국어의 음운 현상으로 설명할 수 있거나 두 형태가 모두 널리 쓰일 때 복수 표준어로 인정된다.

☆**제19항** **어감의 차이를 나타내는 단어 또는 발음이 비슷한 단어들이 다 같이 널리 쓰이는 경우에는, 그 모두를 표준어로 삼는다.**

거슴츠레하다/게슴츠레하다❿ | 고까/꼬까(~신, ~옷)
고린내/코린내(꼬린내×) | 교기(驕氣)/갸기(교만한 태도)
구린내/쿠린내(꾸린내×) | 꺼림하다⓫/께름하다
나부랭이/너부렁이⓬

❶ **옹골차다:** 매우 옹골지다.

❷ 제16항에서 '머무르다'와 '머물다'를 모두 표준어로 인정한 반면, '짓무르다'는 준말 '짓물다'를 인정하지 않는다. '무르다'를 '물다'로 줄여 쓰지 않는 것과 같은 맥락이다.

❸ **짚북데기:** 짚이 아무렇게나 엉킨 북데기

❹ **천정부지(天井不知):** '천장을 알지 못한다.'의 의미로 물가가 한없이 오름을 비유한 말. '하늘 높은 줄 모름.'으로 순화

❺ **흉업다:** 불쾌할 정도로 언행이 흉하다. (흉업다 - 흉업고 - 흉업지 - 흉어워)

❻ 1. 소의 부위나 소의 특성이 있음을 뜻할 때는 '쇠-', '소-'를 붙인 말 모두 표준어이다. (이때의 '쇠-/소-'는 접사)
예 -가죽, -고기, -기름, -머리, -뼈
2. 이 외에는 '소-'만 표준어이다.
예 소띠, 소몰이, 소도둑, 소싸움, 소달구지

❼ 고이어 = 고여 = 괴어 = 괘
≠ 괴여(×) ≠ 괘어(×)

❽ '꼬이다(O)'와 '꼬시다(O)' 모두 표준어이다. '꼬시다'는 2014년 추가된 표준어로 '꾀다'를 속되게 이르는 말이다.

❾ · 쏘이어 = 쏘여 = 쐬어 = 쐐(O)
≠ 쐬여(×) ≠ 쐐어(×)
· 쏘였다 = 쐬었다 = 쐤다(O)

☆❿ **거슴츠레하다:** 졸리거나 술에 취해서 눈이 정기가 풀리고 흐리멍덩함.
cf 흐리멍덩하다(O), 흐리멍텅하다(×)

⓫ · 꺼림하다(O), 꺼림직하다(O), 꺼림칙하다(O)
· 께름하다(O), 께름직하다(O), 께름칙하다(O)

⓬ **나부랭이 = 너부렁이**
1. 종이나 헝겊의 자질구레한 오라기
2. 어떤 부류의 사람이나 물건을 낮잡아 이르는 말
* '너부렝이'는 비표준어

3 어휘 선택의 변화에 따른 표준어 규정

제1절 고어

제20항	사어(死語)가 되어 쓰이지 않게 된 단어는 고어로 처리하고, 현재 널리 사용되는 단어를 표준어로 삼는다.

바른 표기(○)	틀린 표기(×)	바른 표기(○)	틀린 표기(×)
난봉[1]	봉	설거지-하다	설겆다[3]
낭떠러지	낭	애달프다	애닯다
오동-나무	머귀-나무[2]	자두	오얏

제2절 한자어

제21항	고유어 계열의 단어가 널리 쓰이고 그에 대응되는 한자어 계열의 단어가 용도를 잃게 된 것은, 고유어 계열의 단어만을 표준어로 삼는다.

바른 표기(○)	틀린 표기(×)	바른 표기(○)	틀린 표기(×)
가루-약(--藥)	-약(末藥)	사래-밭	사래-전(--田)
구들-장	방-돌(房-)	삯-말	삯-마(-馬)
길품-삯	보행-삯(步行-)	성냥	화-곽(火-)
까막-눈	맹-눈(盲-)	솟을-무늬[4]	솟을-문(--紋)
꼭지-미역	총각-미역(總角--)	외-지다	벽-지다(僻--)[5]
나뭇-갓	시장-갓(柴場-)	움-파	동-파(冬-)
늙-다리	노닥다리(老---)	잎-담배	잎-초(-草)
두껍-닫이	두껍-창(--窓)	잔-돈	잔-전(-錢)
떡-암죽(--粥)	병-암죽(餠-粥)	조-당수	조-당죽(--粥)
마른-갈이	건-갈이(乾--)	죽데기[6]	피-죽[7]
마른-빨래	건-빨래(乾--)	지겟-다리	목-발(木-)[8]
메-찰떡	반-찰떡(半--)	짐-꾼	부지-군(負持-)
박달-나무	배달-나무	푼-돈	분-전(分錢)/푼-전(-錢)
밥-소라	식-소라(食--)	흰-말	백-말(白-)/부루-말
사래-논	사래-답(--畓)	흰-죽(-粥)	백-죽(白粥)

제22항	고유어 계열의 단어가 생명력을 잃고 그에 대응되는 한자어 계열의 단어가 널리 쓰이면, 한자어 계열의 단어를 표준어로 삼는다.

바른 표기(○)	틀린 표기(×)	바른 표기(○)	틀린 표기(×)
개다리-소반(---小盤)	개다리-밥상	수-삼(水蔘)	무-삼(-蔘)
겸-상(兼床)	맞-상(-床)	심-돋우개(心---)	불-돋우개
고봉-밥(高捧-)	높은-밥	양-파(洋-)	둥근-파
단-벌(單-)	홑-벌	어질-병(--病)	어질-머리
마방-집(馬房-)	마바리-집(馬---)	윤-달(閏-)	군-달
민망-스럽다(憫惘---)/ 면구-스럽다(面)	민주-스럽다	장력-세다(壯力--)[9]	장성-세다(壯盛--)
방-고래(房--)	구들-고래	제석(祭席)	젯-돗
부항-단지(附缸--)	뜸-단지	총각-무(總角-)	알-무/알타리-무
산-누에(山--)	멧-누에	칫-솔(齒-)	잇-솔
산-줄기(山--)	멧-줄기/멧-발	포수(砲手)	총-댕이(銃--)

[1] **난봉 = 난봉꾼(○)**
허랑방탕한 짓 혹은 그런 사람

[2] '머귀나무'는 '운향과에 딸린 갈잎 작은 큰키나무'의 의미로 쓰일 때에는 표준어이다.

[3] '설겆다'나 '애닯다'는 사어로 현재 쓰이지 않기 때문에 원형을 밝혀 적지 않는다.
예 · 설겆으니(×), 설겆고(×)
· 애닯으니(×), 애닯고(×)
cf · 섧다(○), 서럽다(○)
설워(○), 서러워(○)
설운(○), 서러운(○)
· 가엾다(○), 가엽다(○)
가엾어(○), 가여워(○)
가엾은(○), 가여운(○)
· 애달프다(○), 애닯다(×)
애달파(○), 애달워(×)
애달픈(○), 애달운(×)

[4] **솟을무늬:** 피륙 따위에 조금 도드라지게 놓은 무늬

[5] cf 산간벽지(○) : 산골

[6] **죽데기:** 통나무의 표면에서 잘라 낸 널조각. 주로 땔감으로 사용됨.

[7] **피죽:** 피로 쑨 죽

[8] **목발:** '지겟다리'의 의미로 사용하면 비표준어이지만, '다리가 불편한 사람이 겨드랑이에 끼고 걷는 지팡이'의 의미로는 표준어이다.

[9] **장력세다[장:녁쎄다]:** 씩씩하고 굳세어 무서움을 타지 아니하다.

제3절 방언

제23항	방언이던 단어가 표준어보다 더 널리 쓰이게 된 것은, 그것을 표준어로 삼는다. 이 경우, 원래의 표준어는 그대로 표준어로 남겨 두는 것을 원칙으로 한다.

바른 표기(○)	바른 표기(○)	바른 표기(○)	바른 표기(○)
멍게	우렁쉥이	애-순	어린-순❶
물-방개	선두리		

❶ cf 애벌레(○), 어린벌레(×)

제24항	방언이던 단어가 널리 쓰이게 됨에 따라 표준어이던 단어가 안 쓰이게 된 것은, 방언이던 단어를 표준어로 삼는다.

바른 표기(○)	틀린 표기(×)	바른 표기(○)	틀린 표기(×)
귀밑-머리	귓-머리	생인-손❷ (생-손)	생안-손
까-뭉개다	까-무느다	역-겹다	역-스럽다
막상	마기	코-주부	코-보
빈대-떡	빈자-떡		

❷ cf 새앙손이: 손가락 모양이 생강처럼 생긴 사람(〈표준어 규정〉 제25항)

제4절 단수 표준어

제25항	의미가 똑같은 형태가 몇 가지 있을 경우, 그중 어느 하나가 압도적으로 널리 쓰이면, 그 단어만을 표준어로 삼는다.

- 까다롭다 = 까탈스럽다'가 복수 표준어로 인정되어 제25항에서 삭제되었다.
- 까탈: 이리저리 트집을 잡아 까다롭게 구는 일. '가탈'의 센말

바른 표기(○)	틀린 표기(×)	바른 표기(○)	틀린 표기(×)
-게끔❸	-게시리	뒤통수-치다	뒤꼭지-치다
겸사-겸사	겸지-겸지/겸두-겸두	등-나무	등-칡
고구마	참-감자	등-때기	등-떠리
고치다	낫우다	등잔-걸이	등경-걸이
골목-쟁이	골목-자기	떡-보	떡-충이
광주리	광우리	똑딱-단추	딸꼭-단추
괴통	호구	매-만지다	우미다
국-물	멀-국/말-국	먼-발치	먼-발치기
군-표	군용-어음	며느리-발톱	뒷-발톱
길-잡이❹	길-앞잡이	명주-붙이	주 -사니
까치-발	까치-다리	목-메다❼	목-맺히다
꼬창-모	말뚝-모	밀짚-모자	보릿짚-모자
나룻-배	나루	바가지	열-바가지/열-박
납-도리	민-도리	바람-꼭지	바람-고다리
농-지거리❺	기롱-지거리❻	반-나절	나절-가웃❽
다사-스럽다	다사-하다	반두	독대
다오	다구	버젓-이	뉘연-히
담배-꽁초	담배-꼬투리/ 담배-꽁치/담배-꽁추	본-받다	법-받다
담배-설대	대-설대	부각	다시마-자반
대장-일	성냥-일	부끄러워-하다	부끄리다
뒤져-내다	뒤어-내다	부스러기	부스럭지

❸ 뒤탈이 없게끔 마무리를 잘해라.

❹ **길잡이**
1. 길을 인도해 주는 사람이나 사물 = 길라잡이
2. 나아갈 방향이나 목적을 실현하도록 이끌어 주는 지침을 비유적으로 이르는 말

❺ **농(弄)지거리[농ː찌거리]:** 점잖지 아니하게 함부로 하는 장난이나 농담을 낮잡아 이르는 말

❻ **기롱(欺弄)지거리[기롱찌거리]:** 남을 속이거나 비웃으며 놀리는 것을 낮잡아 이르는 말

❼ **목메다:** 기쁨이나 설움 따위에 감정이 북받쳐 솟아올라 목에 엉기다. (목메다 - 목멘 - 목메어 - 목메었다)
cf · 목매다 : 목매달다
예 나는 그녀에게 목매고 싶지 않다.
· 목마르다 : 물 따위가 몹시 먹고 싶다.(목마르니 - 목말라)
· 목이 메다.
예 밥을 급히 먹으면 목이 멘다.

❽ '나절가웃'은 '하룻낮의 4분의 3쯤 되는 동안'의 뜻으로는 표준어이다.

바른 표기(O)	틀린 표기(×)	바른 표기(O)	틀린 표기(×)
부지깽이	부지팽이	**쏜살-같이**	쏜살-로
부항-단지[1]	부항-항아리	**아주**	영판
붉으락-푸르락	푸르락-붉으락	**안-걸이**	안-낚시
비켜-덩이	옆-사리미	**안다미-씌우다**	안다미-시키다
빙충-이[2]	빙충-맞이	**안쓰럽다**	안-슬프다
빠-뜨리다	빠-치다	**안절부절-못하다**	안절부절-하다
뻣뻣-하다	왜긋다	**앉은뱅이-저울**	앉은-저울
뽐-내다	느물다	**알-사탕**	구슬-사탕
사로-잠그다	사로-채우다	**암-내**	곁땀-내
살-풀이	살-막이	**앞-지르다**	따라-먹다
상투-쟁이	상투-꼬부랑이	**애-벌레**	어린-벌레
새앙-손이	생강-손이	**얕은-꾀**	물탄-꾀
샛-별 (금성)	새벽-별	**언뜻/얼핏**	펀뜻
선-머슴	풋-머슴	**언제나**	노다지[4]
섭섭-하다	애운-하다	**얼룩-말**	워라-말
속-말	속-소리	**열심-히**	열심-으로
손목-시계	팔목-시계/팔뚝-시계	**입-담**	말-담
손-수레	손-구루마	**자배기**	너벅지
쇠-고랑	고랑-쇠	**전봇-대**	전선-대
수도-꼭지	수도-고동	**쥐락-펴락**	펴락-쥐락
숙성-하다	숙-지다	**-지만** (-지마는)	-지만서도
순대	골집	**짓고-땡**[5]	지어-땡/짓고-땡이
술-고래	술-꾸러기/술-부대/술-보/술-푸대	**짧은-작**	짜른-작
식은-땀	찬-땀	**찹-쌀**	이-찹쌀
신기-롭다 (신기하다)	신기-스럽다	**청대-콩**	푸른-콩
쌍동-밤[3]	쪽-밤	**칡-범**	갈-범

제5절 복수 표준어

제26항	한 가지 의미를 나타내는 형태 몇 가지가 널리 쓰이며 표준어 규정에 맞으면, 그 모두를 표준어로 삼는다.

복수 표준어	복수 표준어
가는-허리/잔-허리	게을러-빠지다/게을러-터지다
가락-엿/가래-엿	고깃-간/푸줏-간[8]
가뭄/가물	곰곰/곰곰-이
가엾다/가엽다[6]	관계-없다/상관-없다
감감-무소식/감감-소식	교정-보다/준-보다
개수-통/설거지-통	구들-재/구재
개숫-물/설거지-물	귀퉁-머리/귀퉁-배기
갱-엿/검은[7]-엿	극성-떨다/극성-부리다
-거리다/-대다	기세-부리다/기세-피우다
거위-배/횟-배	기승-떨다/기승-부리다
것/해	깃-저고리/배내-옷/배냇-저고리

❶ **부항단지(O)**
cf **사주단자(O):** 신부 집으로 신랑의 사주를 적어 보내는 종이

❷ **빙충이:** 똘똘하지 못하고 어리석으며 수줍음을 잘 타는 사람

❸ cf 쌍둥이(O)

❹ **노다지(명사):** 캐내려 하는 광물이 많이 묻혀 있는 광맥이나 손쉽게 많은 이익을 얻을 수 있는 일감을 비유적으로 이르는 말
* 부사일 때의 '노다지'는 표준어가 아님.

❺ **짓고-땡**
1. 화투 노름의 하나
2. 하는 일이 뜻대로 잘되어 가는 것을 속되게 이르는 말

❻ 가엾어[가엽써]/가여워, 가엾은[가엽쓴]/가여운
cf · 서럽다(O), 섧다(O)
· 여쭙다(O), 여쭈다(O)

❼ cf · 검정(O), 검은색(O), 검정색(×)
· 빨강(O), 빨간색(O), 빨강색(×)
· 하양(O), 하얀색(O), 하양색(×)

❽ '고깃-관, 푸줏-관, 다림-방'은 비표준어이다.

기출 확인

01 〈보기〉는 복수 표준어에 대한 설명이다. 이에 따른 표기로 가장 옳지 않은 것은? 2019 서울시 9급(2월)

<보기>
한 가지 의미를 나타내는 형태 몇 가지가 널리 쓰이며 표준어 규정에 맞으면, 그 모두를 표준어로 삼는다.

① 가는허리/잔허리
② 고깃간/정육간
③ 관계없다/상관없다
④ 기세부리다/기세피우다

해설
'고깃간'과 '푸줏간'은 복수 표준어이고, '정육간'은 표준어가 아니다.

정답 ②

02 표준어끼리 묶인 것으로 가장 옳지 않은 것은? 2018 서울시 9급

① 등물, 남사스럽다, 쌉싸름하다, 복숭아뼈
② 까탈스럽다, 걸판지다, 주책이다, 겉울음
③ 찰지다, 잎새, 꼬리연, 푸르르다
④ 개발새발, 이쁘다, 덩쿨, 마실

해설
덩쿨 → 넝쿨/덩굴: '넝쿨'과 '덩굴'은 표준어이지만, '덩쿨'은 표준어가 아니다.

정답 ④

기출 확인

밑줄 친 말 중 표준어인 것은?

2011 국가직 9급

① 담쟁이덩쿨은 가을에 아름답다.

② 벌러지를 함부로 죽이면 안 돼.

③ 쇠고기는 푸줏관에서 팔고 있다.

④ 아이가 고까옷을 입고 뽐내고 있다.

해설

고까/꼬까/때때(O)

오답

① 담쟁이덩쿨 → 담쟁이넝쿨/담쟁이덩굴

② 벌러지 → 벌레/버러지

③ 푸줏관 → 푸줏간/고깃간/정육점

정답 ④

복수 표준어	복수 표준어
꼬까/때때/고까 (~신, ~옷)	목판-되/모-되
꼬리-별/살-별 (혜성 O)	목화-씨/면화-씨
꽃-도미/붉-돔	무심-결/무심-중
나귀/당-나귀	물-봉숭아/물-봉선화
날-걸/세-뿔	물-부리/빨-부리
내리-글씨/세로-글씨	물-심부름/물-시중
넝쿨/덩굴 (덩쿨 ×)	물추리-나무/물추리-막대
녘/쪽	물-타작/진-타작
눈-대중/눈-어림/눈-짐작	민둥-산/벌거숭이-산
느리-광이/느림-보/늘-보	밑-층/아래-층
늦-모/마냥-모 (← 만이앙-모 O)	바깥-벽/밭-벽
다기-지다/다기-차다	바른/오른[右]
다달-이/매-달	발-모가지/발-목쟁이
-다마다/-고말고	버들-강아지/버들-개지
다박-나룻/다박-수염	벌레/버러지 (벌거지, 벌러지 ×)
닭의-장/닭-장	변덕-스럽다/변덕-맞다
댓-돌/툇-돌	보-조개/볼-우물
독장-치다/독판-치다	보통-내기/여간-내기/예사-내기
동자-기둥/쪼구미	볼-따구니/볼-퉁이/볼-때기
돼지-감자/뚱딴지	부침개-질/부침-질/지짐-질
되우/된통/되게	불똥-앉다/등화-지다/등화-앉다
두동-무니/두동-사니	불-사르다/사르다
뒷-갈망/뒷-감당	비발/비용(費用)
뒷-말/뒷-소리	뾰두라지/뾰루지 (뾰드락지 ×)
들락-거리다/들랑-거리다	살-쾡이/삵
들락-날락/들랑-날랑	삽살-개/삽사리
딴-전/딴-청[1]	상두-꾼/상여-꾼
땅-콩/호-콩	상-씨름/소-걸이
땔-감/땔-거리	생/새앙/생강
-뜨리다/-트리다	생-뿔/새앙-뿔/생강-뿔
뜬-것/뜬-귀신	생-철/양-철
마룻-줄/용총-줄	서럽다/섧다 (설다 ×)[2]
마-파람/앞-바람	서방-질/화냥-질
만장-판/만장-중(滿場中)	성글다[3]/성기다/상기다
만큼/만치	-(으)세요/-(으)셔요[4]
말-동무/말-벗	송이/송이-버섯
매-갈이/매-조미	수수-깡/수숫-대
매-통/목-매	술-안주/안주
먹-새/먹음-새	-스레하다/-스름하다
멀찌감치/멀찌가니/멀찍이	시늉-말/흉내-말
멱통/산-멱/산-멱통	시새/세사(細沙)
면-치레/외면-치레/체면-치레	신/신발
모-내다/모-심다	신주-보/독보(櫝褓)
모쪼록/아무쪼록	심술-꾸러기/심술-쟁이

❶ '딴지'는 2014년 기존 표준어인 '딴죽'과 별도의 의미를 가진 말로 추가된 표준어로, '일이 순순히 진행되지 못하도록 훼방을 놓거나 어기대는 것'을 의미한다.

예 딴지 걸다./딴지 놓다.

* 딴죽: 약속이나 동의한 일에 딴전(딴청)을 부림.

❷ **설다**

1. 열매, 밥, 술이 익지 않다.
   예 선 밥
2. 잠이 모자라거나 깊이 들지 않다.
   예 잠이 설었다.
3. 익숙지 못하다.
   예 귀에 선 목소리
4. 빈틈이 있고 서투르다.
   예 일이 손에 설다.

❸ **성글다:** 물건의 사이가 뜨다.
↔ 배다(촘촘하다)

❹ 보시어요 = 보셔요(원형을 밝힌 표기)
cf 보세요(발음을 중시한 표기)

복수 표준어	복수 표준어
씁쓰레-하다/씁쓰름-하다❶	울러-대다/울러-메다
아귀-세다/아귀-차다	의심-스럽다/의심-쩍다
아래-위/위-아래	-이에요/-이어요❾
아무튼/어떻든/어쨌든/하여튼/여하튼 (아뭏든 ×)	이틀-거리/당-고금
앉음-새/앉음-앉음	일일-이/하나-하나
알은-척/알은-체❷	일찌감치/일찌거니/일찍이
애-갈이/애벌-갈이	입찬-말/입찬-소리
애꾸눈-이/외눈-박이	자리-옷/잠-옷 (잠자리옷 ×)
양념-감/양념-거리	자물-쇠/자물-통
어금버금-하다/어금지금-하다	장가-가다/장가-들다
어기여차/어여차	재롱-떨다/재롱-부리다
어림-잡다/어림-치다	제-가끔/제-각기
어이-없다/어처구니-없다 (얼척없다 ×)	좀-처럼/좀-체
어저께/어제	줄-꾼/줄-잡이
언덕-바지/언덕-배기	중신/중매
얼렁-뚱땅/엄벙-뗑	짚-단/짚-뭇
여왕-벌/장수-벌	쪽/편
여쭈다/여쭙다❸	차차/차츰
여태/입때❹	책-씻이/책-거리
여태-껏/이제-껏/입때-껏❺	척/체
역성-들다/역성-하다	천연덕-스럽다/천연-스럽다
연-달다/잇-달다	철-따구니/철-딱서니/철-딱지
엿-가락/엿-가래	추어-주다/추어-올리다/추켜올리다/ 추켜세우다/치켜올리다/치켜세우다❿
엿-기름/엿-길금	축-가다/축-나다
엿-반대기/엿-자박	침-놓다/침-주다
오사리-잡놈❻/오색-잡놈	통-꼭지/통-젖
옥수수/강냉이❼	파자-쟁이/해자-쟁이
왕골-기직/왕골-자리	편지-투/편지-틀
외겹-실/외올-실/홑-실	한턱-내다/한턱-하다
외손-잡이/한손-잡이	해웃-값/해웃-돈
욕심-꾸러기/욕심-쟁이	혼자-되다/홀로-되다
우레/천둥❽	흠-가다/흠-나다/흠-지다
우지/울-보	

❶ 쌉싸래하다(○), 쌉싸름하다(○)

❷ **알은척 = 알은체**
어떤 일에 관심을 가지는 듯한 태도를 보임. 혹은 사람을 보고 인사하는 표정을 지음.

❸ **여쭈다 = 여쭙다**
- **여쭈다**: 여쭈 + 어 → 여쭈어(○), 여쭤(○)
- **여쭙다**: 여쭈 + ㅗ/ㅜ + 어 → 여쭈워(○)

❹ '여직'은 비표준어이다.

❺ '여직-껏, 여지껏'은 비표준어이다.

❻ **오사리잡놈**: 온갖 못된 짓을 거침없이 하는 잡놈

❼ **옥수수 = 강냉이**
한자어 '옥촉서(玉蜀黍)'와 '강남이(江南이)'를 어원으로 하지만 현재는 고유어로 처리한다.

❽ 우렛-소리(○), 천둥-소리(○), 우뢰(×)

❾ **-이에요/-이어요**
1. **체언**
   - 받침(有) + 이에요/이어요
     예 · 책이에요(○),
     책이어요(○)
     · 영숙이에요(○),
     영숙이어요(○)
   - 받침(無) + 이에요/이어요/예요/여요
     예 · 사자이에요(○)
     → 사자예요(○),
     사자이어요(○)
     → 사자여요(○)
     · 영숙이이에요(○)
     → 영숙이예요(○),
     · 영숙이이어요(○)
     → 영숙이여요(○)
2. **용언 어간 + 에요/어요**
   예 아니에요(○) → 아녜요(○),
   아니어요(○) → 아녀요(○)

❿ 2018년 국립국어원 《표준국어대사전》 개정으로 이들 단어 모두 칭찬의 의미로 사용할 수 있게 되었다.
1. 추어올리다/추켜올리다/치켜올리다
   ① 옷이나 물건, 신체 일부 따위를 위로 가뜬하게 올리다.
   예 그는 땀에 젖어 늘어붙은 머리카락을 손가락으로 추어올렸다.
   ② 실제보다 과장되게 칭찬하다. (= 추어주다)
   예 그 애는 조금만 추어올리면 기고만장해진다.
2. 추켜세우다/치켜세우다
   ① 옷깃이나 신체 일부 따위를 위로 가뜬하게 올려 세우다.
   예 그는 눈썹을 추켜세우며 거드름을 피웠다.
   ② 정도 이상으로 크게 칭찬하다.
   예 하찮은 성과에서 그를 이토록 추켜세우는 이유가 무엇일까.

참고 자료 표준어 +

추가된 표준어

1 같은 뜻의 표준어로 인정

현재 표준어	추가 표준어	현재 표준어	추가 표준어	현재 표준어	추가 표준어
◆ 2011. 8. 31.					
간질이다	간지럽히다	뒷자리	묫자리	고운대	토란대
남우세스럽다	남사스럽다❶	복사뼈	복숭아뼈	허섭스레기	허접쓰레기❸
목물(등목)	등물	세간	세간살이	토담	흙담
만날	맨날	쌉싸래하다	쌉싸름하다❷		
◆ 2014. 12. 15.					
구안괘사	구안와사	눈두덩	눈두덩이	작장초	초장초
굽실	굽신❹	삐치다	삐지다		
◆ 2015. 12. 14.					
마을❺	마실	차지다	찰지다❻	-고 싶다	-고프다
예쁘다	이쁘다				
◆ 2016. 12. 27.					
에는	엘랑	주책없다	주책이다		

2 별도 표준어로 인정⊕

(·는 현재 표준어, +는 추가 표준어)

◆ 2011. 8. 31.	
· **~기에**: 원인이나 근거를 나타내는 연결 어미 + **~길래**: '~기에'를 구어적으로 이르는 말	· **먹을거리**: 먹을 수 있거나 먹을 만한 음식 또는 식품 + **먹거리**: 사람이 살아가기 위하여 먹는 온갖 것
· **괴발개발**: '고양이의 발과 개의 발'이라는 뜻으로, 글씨를 되는대로 아무렇게나 써 놓은 모양 + **개발새발**: '개의 발과 새의 발'이라는 뜻으로, 글씨를 되는대로 아무렇게나 써 놓은 모양	· **메우다**: '메다'의 사동사 + **메꾸다**: 시간을 적당히 또는 그럭저럭 보내다.
· **날개**: 새나 곤충의 몸 양쪽에 붙어서 나는 데 쓰임. + **나래**: 흔히 문학 작품 따위에서 '날개'를 이르는 말	· **손자**: 아들의 아들. 또는 딸의 아들 + **손주**: 손자와 손녀를 아울러 이르는 말
· **냄새**: 코로 맡을 수 있는 온갖 기운 + **내음**❼: 코로 맡을 수 있는 향기롭거나 나쁘지 않은 기운	· **어수룩하다**: '순박함, 순진함'의 뜻이 강함. 예 그는 어수룩해서 아무에게나 돈을 잘 빌려준다. + **어리숙하다**: '어리석음'의 뜻이 강함. 예 그는 어리숙한 푼수 연기를 잘 소화해 냈다.
· **눈초리**: 어떤 대상을 바라볼 때 눈에 나타나는 표정이나 눈꼬리 예 · 눈초리가 매섭다. / · 눈초리가 올라갔다. + **눈꼬리**: 귀 쪽으로 가늘게 좁혀진 눈의 가장자리 예 눈꼬리가 올라갔다.	· **연방**: 연속해서 자꾸('연속성' 강조) 예 연방 고개를 끄덕이다. + **연신**: 잇따라 자꾸('반복성' 강조) 예 연신 눈을 깜박이다.
· **떨어뜨리다**: 위에 있던 것을 아래로 내려가게 하다. + **떨구다**: 시선을 아래로 향하다.	· **휭허케**: '휭하니'를 예스럽게 이르는 말 + **휭하니**: 중도에서 지체하지 아니하고 곧장 빠르게 가는 모양
· **뜰**: 집 안의 앞뒤나 좌우로 가까이 딸려 있는 빈터 + **뜨락**: = 뜰. 또는 앞말이 가리키는 것이 존재하거나 깃들어 있는 추상적 공간을 비유적으로 이르는 말	· **거치적거리다**: 거추장스럽게 자꾸 여기저기 거치거나 닿다. + **걸리적거리다**: = 거치적거리다(어감의 차이 존재)
◆ 2011. 8. 31.	
· **끼적거리다**¹ = **끄적거리다**: 글씨나 그림을 아무렇게나 자꾸 쓰거나 그리다. + **끼적거리다**²: 매우 달갑지 않은 음식을 자꾸 마지못해 굼뜨게 먹다.	· **아옹다옹**: 대수롭지 아니한 일로 서로 자꾸 다투는 모양 + **아웅다웅**: = 아옹다옹(어감의 차이 존재)

❶ '남세스럽다, 우세스럽다' 모두 같은 뜻의 표준어이다.

❷ '쌉쓰레하다, 쌉쓰름하다'도 표준어이다.

❸ '허접하다', '허접스럽다' 모두 '허름하고 잡스럽다. 혹은 그런 느낌이 있다.'를 의미하는 표준어이다.

❹ '굽신'이 표준어로 인정됨에 따라, '굽신거리다, 굽신대다, 굽신하다, 굽신굽신, 굽신굽신하다' 등도 표준어로 함께 인정되었다.

❺ **마을**
1. 주로 시골에서 여러 집이 모여 사는 곳
2. 이웃에 놀러다니는 일
   - **마을꾼**: 이웃에 놀러다니는 사람 = 마실꾼
   - **마을방**: 마을꾼들이 모여드는 방 = 마실방
   - **마을돌이**: 이웃으로 돌면서 노는 일 = 마실돌이
   - **밤마을**: 밤에 이웃이나 집 가까운 곳에 놀러가는 일 = 밤마실

❻ cf 찰조(×), 차조(○)

⊕ TIP
현재 표준어와 어감이나 뜻의 차이가 있기 때문에 별도로 인정

❼ '내음'은 주로 문학적 표현에 쓰인다.

· **두루뭉술하다**[1]: 모나거나 튀지 않고 둥그스름하다. + **두리뭉실하다**: = 두루뭉술하다(어감의 차이 존재)	· **야멸치다**: 자기만 생각하고 남의 사정을 돌볼 마음이 없다. + **야멸차다**: = 야멸치다(어감의 차이 존재)
· **맨송맨송**: 몸에 털이 있어야 할 곳에 털이 없어 반반한 모양 + **맨숭맨숭/맹숭맹숭**: = 맨송맨송(어감의 차이 존재)	· **오순도순**: 정답게 이야기하거나 의좋게 지내는 모양 + **오손도손**: = 오순도순(어감의 차이 존재)
· **바동바동**: 힘에 겨운 처지에서 벗어나려고 애쓰는 모양 + **바둥바둥**[2]: = 바동바동(어감의 차이 존재)	· **찌뿌듯하다**: 몸살이나 감기 따위로 몸이 조금 무겁고 거북하다. + **찌뿌둥하다**: = 찌뿌듯하다(어감의 차이 존재)
· **새치름하다**: 쌀쌀맞게 시치미를 떼는 태도가 있다. + **새초롬하다**: = 새치름하다(어감의 차이 존재)	· **치근거리다**: 성가실 정도로 은근히 자꾸 귀찮게 굴다. + **추근거리다**: = 치근거리다(어감의 차이 존재)
◆ 2014. 12. 15.	
· **개개다**: 성가시게 달라붙어 손해를 끼치다. 예 비빌 언덕이 따로 있지 능력도 없는 나에게 개갤 거야? + **개기다**: 명령이나 지시를 따르지 않고 버티거나 반항하다. 예 지시에 따르지 않고 개기는 자들은 각오해라.	· **사그라지다**[4]: 삭아서 없어지다. + **사그라들다**: 삭아서 없어져 가다.
· **꾀다**: 그럴듯한 말이나 행동으로 남을 속이거나 부추겨서 자기 생각대로 끌다. + **꼬시다**: '꾀다'를 속되게 이르는 말	· **섬뜩**: 갑자기 소름이 끼치도록 무섭고 끔찍한 느낌이 드는 모양 예 어둠 속에서 퍼런 서슬의 칼날이 섬뜩 비쳤다. + **섬찟**[5]: 갑자기 소름이 끼치도록 무시무시하고 끔찍한 느낌이 드는 모양 예 나는 그의 시선에서 적개심을 발견하고 섬찟 놀랐다.
· **장난감**[3]: 아이들이 가지고 노는 여러 가지 물건 + **놀잇감**: 놀이 또는 아동 교육 현장 따위에서 활용되는 물건이나 재료	· **속병**: ① 몸속의 병을 통틀어 이르는 말 ② '위장병'을 일상적으로 이르는 말 ③ 화가 나거나 속이 상하여 생긴 마음의 심한 아픔 + **속앓이**: ① 속이 아픈 병. 또는 속에 병이 생겨 아파하는 일 ② 겉으로 드러내지 못하고 속으로 걱정하거나 괴로워하는 일
· **딴죽**: 이미 동의하거나 약속한 일에 대하여 딴전을 부림을 비유적으로 이르는 말 예 약속해 놓고 이제 와서 딴죽을 치면 어떻게 하니? + **딴지**: 일이 순순히 진행되지 못하도록 훼방을 놓거나 어기 대는 것 예 이번 일에 자꾸 딴지를 걸지 마라.	· **허접스럽다**: 허름하고 잡스러운 느낌이 있다. + **허접하다**: 허름하고 잡스럽다.
◆ 2015. 12. 14.	
· **가오리연**: 가오리 모양으로 만들어 꼬리를 길게 단 연. 띄우면 오르면서 머리가 아래위로 흔들린다. 예 가오리연을 띄우고 있다. + **꼬리연**: 긴 꼬리를 단 연 예 행사가 끝날 때까지 하늘을 수놓았던 대형 꼬리연도 비상을 꿈꾸듯 끊임없이 창공을 향해 날아올랐다.	· **잎사귀**: 낱낱의 잎. 주로 넓적한 잎을 이른다. 예 옆집 할머니께서 떡갈나무 잎사귀를 몇 잎 뜯고 있었다. + **잎새**: 나무의 잎사귀. 주로 문학적 표현에 쓰인다. 예 잎새가 몇 개 남지 않은 나무들이 창문 위로 뻗어 올라 있었다.
· **의논(議論)**[6]: 어떤 일에 대하여 서로 의견을 주고받음. 예 그는 한마디 의논도 없이 자기 멋대로 결정했다. + **의론(議論)**: 어떤 사안에 대하여 각자의 의견을 제기함. 또는 그런 의견 예 이러니저러니 의론이 분분하다. * '의론되다, 의론하다'도 표준어로 인정함.	· **푸르다**: 맑은 가을 하늘이나 깊은 바다, 풀의 빛깔과 같이 밝고 선명하다. 예 비 온 뒤라 그런지 앞산이 한결 더 푸르러 보인다. + **푸르르다**: '푸르다'를 강조할 때 이르는 말 예 겨우내 찌푸리던 잿빛 하늘이 푸르르게 맑아 오고 어디선지도 모르게 훍냄새가 뭉클하니 풍겨 오는 듯한 순간 벌써 봄이 온 것을 느낀다. * '푸르르다'는 '으' 불규칙 용언으로 분류함.
· **이키**: 당황하거나 놀랐을 때 내는 소리. '이끼'보다 거센 느낌을 준다. 예 이키, 저게 금덩어리인가? + **이크**: 당황하거나 놀랐을 때 내는 소리. '이키'보다 큰 느낌을 준다. 예 이크, 이거 큰일 났구나 싶어 허겁지겁 뛰어갔다.	

두 가지 표기를 모두 표준어로 인정(2011년)

현재 표준어	추가된 표준어
태껸	택견
우리나라 고유의 전통 무예 가운데 하나	
품세	품새
태권도에서, 공격과 방어의 기본 기술을 연결한 연속 동작	
자장면	짜장면
고기와 채소를 넣어 볶은 중국 된장에 국수를 비벼 먹는 음식	

❶ cf **두루뭉수리(명사)**
1. 말과 행동이 분명하지 않은 상태
2. 말과 행동이 변변치 못한 사람
* 두리뭉시리(×)

❷ cf **아등바등**: 무엇을 이루려고 애를 쓰거나 우겨 대는 모양

❸ **감(명사)**
1. 옷감 예 감이 부드럽다.
2. 재료 예 한복감, 양복감
3. 자격을 갖춘 사람
예 신랑감, 며느릿감, 장군감, 사윗감
4. 도구, 사물, 재료, 사람
예 구경감, 놀림감, 양념감, 안줏감

❹ **사그러지다(×), 수그라들다(×)**
cf 수그러들다 = 수그러지다(O)
1. 안으로 굽어 들다.
2. 형세나 기세가 줄어들다.

❺ '섬찟'이 표준어로 인정됨에 따라, '섬찟하다, 섬찟섬찟, 섬찟섬찟하다' 등도 표준어로 함께 인정됨.
cf · 섬뜻(×)
· 섬뜩하다, 섬뜩섬뜩, 섬뜩섬뜩하다(O)

❻ **의논**: discuss
의론: opinion

TIP
국립국어원에서는 'ㅡ' 탈락을 '으' 불규칙 용언으로 분류함.
cf '학교 문법'에서는 'ㅡ' 탈락을 규칙 활용으로 다룸.
* '푸르다'와 '푸르르다'의 모음 활용형은 동일하다.
· **푸르다**: 푸르러(푸르-+-어)
· **푸르르다**: 푸르러(푸르르-+-어)

★ **복수 표준형: 현재 표준적인 활용형과 용법이 같은 활용형으로 인정한 것(2개) (2015년)**

현재 표준어	추가된 표준어
마 마라 마요	말아 말아라 말아요

'말다'에 명령형 어미 '-아', '-아라', '-아요' 등이 결합할 때는 어간 끝의 'ㄹ'이 탈락하기도 하고 탈락하지 않기도 한다.

예 · 내가 하는 말 농담으로 듣지 마/말아.
· 얘야, 아무리 바빠도 제사는 잊지 마라/말아라.
· 아유, 말도 마요/말아요.

노라네*	노랗네
동그라네	동그랗네
조그마네	조그맣네
…	…

· 'ㅎ' 불규칙 용언이 어미 '-네'와 결합할 때는 어간 끝의 'ㅎ'이 탈락하기도 하고 탈락하지 않기도 한다.
· '그렇다, 노랗다, 동그랗다, 뿌옇다, 어떻다, 조그맣다, 커다랗다' 등등 모든 'ㅎ' 불규칙 용언의 활용형에 적용된다.

예 · 생각보다 훨씬 노라네/노랗네.
· 이 빵은 동그라네/동그랗네.
· 건물이 아주 조그마네/조그맣네.

* 결과적으로 종결 어미 '-니/-네/-냐'에 대해서는 두 가지가 모두 가능함.

예 · 노랗니?/노라니?
· 노랗냐?/노라냐?
· 노랗네./노라네.

→ 연결 어미 '-니'는 'ㅎ' 탈락형만 표준어
예 옷이 노라니 예쁘다.

★ **[접사] -나다**

(일부 명사나 어근 뒤에 붙어) 그런 성질이 있음을 더하고 형용사를 만드는 접미사

예 맛나다/별나다

★ **뜻풀이 수정(2017년)**

표제 항	수정 후
미망인	남편을 여읜 여자. 《춘추좌씨전》의 〈장공편(莊公篇)〉에 나오는 말이다. * 아직 따라 죽지 못한 사람이라는 뜻으로, 다른 사람이 당사자를 미망인이라고 부르는 것은 실례가 된다.
한풀	어느 정도의 기세나 기운

◆ 2016. 12. 27.

· **거방지다**: ① 몸집이 크다.
② 하는 짓이 점잖고 무게가 있다.
③ = 걸판지다①

\+ **걸판지다**: ① 매우 푸지다.

예 · 술상이 걸판지다.
· 마침 눈먼 돈이 생긴 것도 있으니 오늘 저녁은 내가 걸판지게 사지.

② 동작이나 모양이 크고 어수선하다.

예 · 싸움판은 자못 걸판져서 구경거리였다.
· 소리판은 옛날이 걸판지고 소리할 맛이 났었지.

· **까다롭다**: ① 조건 따위가 복잡하거나 엄격하여 다루기에 순탄하지 않다.
② 성미나 취향 따위가 원만하지 않고 별스럽게 까탈이 많다.

\+ **까탈스럽다**: ① 조건, 규정 따위가 복잡하고 엄격하여 적응하거나 적용하기에 어려운 데가 있다. '가탈스럽다'보다 센 느낌을 준다.

예 · 까탈스러운 공정을 거치다.
· 규정을 까탈스럽게 정하다.
· 가스레인지에 길들여진 현대인들에게 지루하고 까탈스러운 숯 굽기 작업은 쓸데없는 시간 낭비로 비칠 수도 있겠다.

② 성미나 취향 따위가 원만하지 않고 별스러워 맞춰 주기에 어려운 데가 있다. '가탈스럽다'보다 센 느낌을 준다.

예 · 까탈스러운 입맛
· 성격이 까탈스럽다.
· 딸아이는 사 준 옷이 맘에 안 든다고 까탈스럽게 굴었다.

* 같은 계열의 '가탈스럽다'도 표준어로 인정함.

· **건울음**: = 강울음
· **강울음**: 눈물 없이 우는 울음, 또는 억지로 우는 울음

\+ **겉울음**: ① 드러내 놓고 우는 울음

예 꼭꼭 참고만 있다 보면 간혹 속울음이 겉울음으로 터질 때가 있다.

② 마음에도 없이 겉으로만 우는 울음

예 눈물도 안 나면서 슬픈 척 겉울음 울지 마.

* '건-/강-/겉-' 모두 접사

· **실몽당이**: 실을 풀기 좋게 공 모양으로 감은 뭉치

\+ **실뭉치**: 실을 한데 뭉치거나 감은 덩이

예 · 뒤엉킨 실뭉치
· 실뭉치를 풀다.
· 그의 머릿속은 엉클어진 실뭉치같이 갈피를 못 잡고 있었다.

2017년 《표준국어대사전》 수정(2017. 12. 4.)

1 품사 수정

표제 항	수정 전	수정 후	표제 항	수정 전	수정 후
잘생기다	형용사	동사	**낡다**	형용사	동사
잘나다	형용사	동사	**빠지다**	보조 형용사	보조 동사
못나다	형용사	동사	**생기다**	보조 형용사	보조 동사
못생기다	형용사	동사	**터지다**	보조 형용사	보조 동사

2 발음 수정

표제 항	수정 전 '예사소리'	수정 후 '된소리' 추가
관건(關鍵)	[관건]	[관건/관껀]
불법(不法)	[불법]	[불법/불뻡]
교과(敎科)	[교ː과]	[교ː과/교ː꽈]
효과(效果)	[효ː과]	[효ː과/효ː꽈]
반값	[반ː갑]	[반ː갑/반ː깝]

표제 항	수정 전 '된소리'	수정 후 '예사소리' 추가
안간힘	[안깐힘]	[안깐힘/안간힘]
인기척	[인끼척]	[인끼척/인기척]
분수(分數)	[분쑤]	[분쑤/분수]
점수(點數)	[점쑤]	[점쑤/점수]
함수(函數)	[함ː쑤]	[함ː쑤/함ː수]

표제 항	수정 전 'ㄴ' 첨가	수정 후 '연음' 추가
감언이설	[가먼니설]	[가먼니설/가머니설]
괴담이설	[괴ː담니설/궤ː담니설]	[괴ː담니설/괴ː다미설/ 궤ː담니설/궤ː다미설]
밤이슬	[밤니슬]	[밤니슬/바미슬]
연이율	[연니율]	[연니율/여니율]
순이익	[순니익]	[순니익/수니익]

표제 항	수정 전 '연음'	수정 후 'ㄴ' 첨가 추가
강약	[강약]	[강약/강냑]
영영(永永)	[영ː영]	[영ː영/영ː녕]
의기양양	[의ː기양양]	[의ː기양양/의ː기양냥]

복수 표준어 정리

복수 표준어	복수 표준어	복수 표준어
(으)셔요/(으)세요	가는허리/잔허리	가락엿/가래엿
가물거리다/가물대다	가뭄/가물	가엾다/가엽다
가위표/가새표	감감무소식/감감소식	고깃간/푸줏간
고까신/꼬까신	고린내/코린내	고종/고종사촌
골짜기/골짝	곰장어/먹장어	관계없다/상관없다
광어/넙치	개숫물/설거지물	-거리다/-대다
거슴츠레하다/게슴츠레하다	거위배/횟배	게을러빠지다/게을러터지다
괴다/고이다	굄새/고임새	귀퉁머리/귀퉁배기
귓속말/귀엣말	극성떨다/극성부리다	금슬/금실[TIP] cf 비파와 거문고 → 금슬
기세부리다/기세피우다	기어코/기어이	까까중이/까까중
까끌까끌/깔끔깔끔	깨뜨리다/깨트리다	꺼림하다/께름하다[TIP]
끄적거리다/끼적거리다	나귀/당나귀	나방/나방이
나부랭이/너부렁이	나침반/나침판	내리글씨/세로글씨
네(감탄사)/예(감탄사)	녘/쪽	눈대중/눈어림/눈짐작
늑장/늦장	다달이/매달	단오/단옷날
닭의장/닭장	대다수/다대수	댓돌/툇돌
덥수룩하다/텁수룩하다	뒷갈망/뒷감당	득실거리다/득시글거리다
들락날락/들랑날랑	들쭉날쭉/들쑥날쑥	딴전/딴청
땅콩/호콩	떨어뜨리다/떨어트리다	만큼/만치
맞닥뜨리다/맞다닥뜨리다	멀찌감치, 멀찌가니/멀찍이	멍게/우렁쉥이
멧돼지/산돼지	모래사장/모래톱	모르는 척/모르는 체

2018년 《표준국어대사전》 주요 개정 사항(2018. 10. 16.)

표제 항	수정 후
꺼림칙하다	마음에 걸려서 언짢고 싫은 느낌이 있다. ≒ 꺼림직하다
꺼림하다	마음에 걸려서 언짢은 느낌이 있다.
께름직하다	= 께름칙하다
께름칙하다	마음에 걸려서 언짢고 싫은 느낌이 꽤 있다. ≒ 께름직하다
께름하다	마음에 걸려서 언짢은 느낌이 꽤 있다.
추어올리다	【…을】 ① 옷이나 물건, 신체 일부 따위를 위로 가뜬하게 올리다. ≒ 추켜올리다①·치켜올리다① ② 실제보다 과장되게 칭찬하다. ≒ 추어주다·추켜올리다② ·치켜올리다②
추켜세우다	① 【…을】 = 치켜세우다① ② 【…을 …으로】【…을 -고】 = 치켜세우다② ③ 『북한어』 잘 안되고 있는 일을 잘되는 상태로 올려 세우다.
추켜올리다	【…을】 ① = 추어올리다① ② = 추어올리다②
치켜세우다	① 【…을】 옷깃이나 신체 일부 따위를 위로 가뜬하게 올려 세우다. ≒ 추켜세우다① ② 【…을 …으로】【…을 -고】 정도 이상으로 크게 칭찬하다. ≒ 추켜세우다②
치켜올리다	【…을】 ① = 추어올리다① ② = 추어올리다②

표기에 주의해야 할 낱말

- 칼치(×) → 갈치(○)
- 아구찜(×) → 아귀찜(○)
- 이면수(×) → 임연수어(○)
- 쭈꾸미(×) → 주꾸미(○)
- 골뚜기(×) → 꼴뚜기(○)
- 창란젓(×) → 창난젓(○)
- 명난젓(×) → 명란젓(○)
- 설농탕(×) → 설렁탕(○)
- 깍뚜기(×) → 깍두기(○)
- 떡보끼(×) → 떡볶이(○)

TIP

'부부간의 사랑'을 나타내는 경우에는 한자는 같고, '금슬'과 '금실'을 모두 쓸 수 있다. '금슬'은 거문고와 비파의 음률이 잘 어울린다는 뜻인 '금슬지락(琴瑟之樂)'을 어원으로 한다. 그러나 음운 변화 및 의미 변화를 겪어 현대 국어에서는 '부부간의 사랑'을 나타낼 때 '금실'로도 많이 불리고 있어서 원말인 '금슬'과 함께 '금실'도 표준어로 인정하고 있다. 그러나 거문고와 비파를 나타낼 때는 원래대로 '금슬'을 써야 한다.

TIP

- 꺼림하다 = 께름하다
- 꺼림직하다 = 께름직하다
- 꺼림칙하다 = 께름칙하다

모쪼록/아무쪼록	민둥산/벌거숭이산	바른쪽/오른쪽
발모가지/발목쟁이	버들강아지/버들개지	벌레/버러지
변덕스럽다/변덕맞다	보조개/볼우물	보통내기, 여간내기/예사내기
볼따구니, 볼퉁이/볼때기	부쩍/부썩	뾰두라지/뾰루지
사레들다/사레들리다	산림욕/삼림욕	삽살개/삽사리
서럽다/섧다	성글다/성기다	소고기/쇠고기
소나기/소낙비	소나무/솔	속닥거리다/쏙닥거리다
수수깡/수숫대	신/신발	신기롭다/신기하다
신접살이/신접살림	심심풀이/심심파적	쌍까풀/쌍꺼풀
쏟뜨리다/쏟트리다	씁쓰레하다/씁쓰름하다/ 쌉싸래하다/쌉싸름하다	아무리/암만
아무튼/어떻든/어쨌든/ 하여튼/여하튼	알고리듬/알고리즘[1]	알약/환약
야밤중/한밤중 cf 야반도주(夜半逃走)➕	어두침침/어둠침침	어연간하다/엔간하다[2]
어이없다/어처구니없다	어저께/어제	언덕바지/언덕배기
얼기설기/얼키설키	얼렁뚱땅/엄벙뗑	얼큰하다/얼근하다
얼핏/언뜻	엄나무/음나무	여왕벌/장수벌
여태/입때	영글다/여물다	옥수수/강냉이
왕파리/쉬파리	외갓집/외가	우레/천둥
음매/엄매	의심스럽다/의심쩍다	이에요/이어요
이종/이종사촌	자물쇠/자물통	자치동갑/어깨동갑[3]
재롱떨다/재롱부리다	제가끔/제각기	제비꽃/오랑캐꽃
조개껍질/조개껍데기	종종걸음/동동걸음	쥐불놀이/쥐불놓이
지지난달/전전달	진작/진즉(趁卽)/진작에/진즉에	집게손가락/검지
쪽빛/남빛	채비/차비	채소/남새/야채
처갓집/처가	천연덕스럽다/천연스럽다	청맹과니/당달봉사[4]
초벌/애벌	칭칭/친친(부사)[5]	타작/바심
해녀/잠녀	헛개나무/호깨나무	헷갈리다/헛갈리다
호랑나비/범나비/호접(胡蝶)	후덥지근하다/후텁지근하다	후레아들/후레자식[6]
훗날/뒷날	흰곰/북극곰	

❶ 알고리듬 = 알고리즘

어떤 문제의 해결을 위하여, 입력된 자료를 토대로 하여 원하는 출력을 유도하여 내는 규칙의 집합

➕ TIP

착각하기 쉬운 말

○	×
야반도주(夜半逃走)	야밤도주
풍비박산(風飛雹散)	풍지박산
삼수갑산(三水甲山)	산수갑산
혈혈단신(孑孑單身)	홀홀단신
절체절명(絶體絶命)	절대절명
성대모사(聲帶模寫)	성대묘사
양수겸장(兩手兼將)	양수겹장
포복절도(抱腹絶倒)	포복졸도

❷ 어연간하다 = 엔간하다

대중으로 보아 정도가 표준에 꽤 가깝다. ≒ 어지간하다

cf 어지간하다(○), 에지간하다(×)

주의! 어지중간(×), 어중간(○)

❸ 자치동갑 = 어깨동갑

한 살 차이가 나는 동갑

❹ 청맹과니 = 당달봉사

겉으로 보기에는 눈이 멀쩡하나 앞을 보지 못하는 눈. 또는 그런 사람

❺ 칭칭 = 친친(부사)

밧줄로 칭칭(= 친친) 묶다.

❻ 후레아들 = 후레자식

배운 데 없이 제풀로 막되게 자라 교양이나 버릇이 없는 사람을 낮잡아 이르는 말

2절 표준 발음법

1 총칙

제1항	**표준 발음법은 표준어의 실제 발음을 따르되, 국어의 전통성과 합리성을 고려하여 정함을 원칙으로 한다.**

2 자음과 모음

제2항	**표준어의 자음은 다음 19개로 한다.**

ㄱ ㄲ ㄴ ㄷ ㄸ ㄹ ㅁ ㅂ ㅃ ㅅ ㅆ
ㅇ ㅈ ㅉ ㅊ ㅋ ㅌ ㅍ ㅎ

제3항	**표준어의 모음은 다음 21개로 한다.**

ㅏ ㅐ ㅑ ㅒ ㅓ ㅔ ㅕ ㅖ ㅗ ㅘ ㅙ
ㅚ ㅛ ㅜ ㅝ ㅞ ㅟ ㅠ ㅡ ㅢ ㅣ

제4항	**'ㅏ ㅐ ㅓ ㅔ ㅗ ㅚ ㅜ ㅟ ㅡ ㅣ'는 단모음(單母音)❶으로 발음한다.**

[붙임] **'ㅚ, ㅟ'는 이중 모음❷으로 발음할 수 있다.**

제5항	**'ㅑ ㅒ ㅕ ㅖ ㅘ ㅙ ㅛ ㅝ ㅞ ㅠ ㅢ'는 이중 모음으로 발음한다.**

다만 1. **용언의 활용형에 나타나는 '져, 쪄, 쳐'는 [저, 쩌, 처]로 발음한다.**

가지어 → 가져[가저]　　찌어 → 쪄[쩌]　　다치어 → 다쳐[다처]

다만 2. **'예, 례' 이외의 'ㅖ'는 [ㅔ]로도 발음한다.❸**

계집[계ː집/게ː집]　　계시다[계ː시다/게ː시다]
시계[시계/시게](時計)　　연계[연계/연게](連繫)
메별[메별❹/메별](袂別)　　개폐[개폐/개페](開閉)
혜택[혜ː택/헤ː택](惠澤)　　지혜[지혜/지헤](智慧)

다만 3. **자음을 첫소리로 가지고 있는 음절의 'ㅢ'는 [ㅣ]로 발음한다.**

늴리리　닁큼　무늬　띄어쓰기　씌어
틔어　희어　희떱다　희망　유희

다만 4. **단어의 첫음절 이외의 '의'는 [ㅣ]로, 조사 '의'는 [ㅔ]로 발음함도 허용한다.❺**

주의[주의/주이]　　협의[혀븨/혀비]
우리의[우리의/우리에]　　강의의[강ː의의/강ː이에]

TIP

자모의 순서

자모의 순서는 일반적인 한글 자모 순서와 국어사전 자모 순서를 함께 고려한 것이다.

▶ **북한의 자모 순서**

자음	ㄱ, ㄴ, ㄷ, ㄹ, ㅁ, ㅂ, ㅅ, ㅇ, ㅈ, ㅊ, ㅋ, ㅌ, ㅍ, ㅎ, ㄲ, ㄸ, ㅃ, ㅆ, ㅉ
모음	ㅏ, ㅑ, ㅓ, ㅕ, ㅗ, ㅛ, ㅜ, ㅠ, ㅡ, ㅣ, ㅐ, ㅒ, ㅔ, ㅖ, ㅚ, ㅟ, ㅢ, ㅘ, ㅝ, ㅙ, ㅞ

TIP

'ㅎ'의 지위

ㅎ'은 학자에 따라 격음으로 보기도 하고 평음으로 보기도 하는데, 국립국어원에서는 'ㅎ'이 다른 자음과 달리 격음이나 평음으로 명확히 구분하기 어렵다는 현실에 근거하여 분류하지 않고 제시하는 방식으로 변경하였다.

❶ **단모음:** 발음할 때 입술 모양이나 혀의 위치가 바뀌지 않고 소리 나는 모음

❷ **이중 모음:** 발음할 때 입술 모양이나 혀의 위치가 바뀌면서 소리 나는 모음

❸ '예, 례'는 반드시 [예, 례]로 발음한다.
예 예절[예절], 연예[여ː녜], 차례[차례]

❹ **몌별(袂別):** 소매를 잡고 헤어진다는 뜻으로, 섭섭히 헤어짐을 이르는 말

❺ 단어의 첫음절 '의'는 반드시 [의]로 발음한다.
예 의사[의사], 의지[의지], 의미[의ː미]

가족주의의 의의
①② ③④

[의의 의ː의 / 이에 의ː이]

① [의/이] ② [의/에] ④ [의/이]
③은 반드시 [의ː]로 발음한다.

TIP

정리하면

- 1st '의' → [의]로만!
  2nd 이하 ┌ '의'(조사) → [의/에]
  　　　　└ '의'(~~조사~~) → [의/이]
- 자음 + 'ㅢ' → [ㅣ]로만!
  ∴ 단, 이때 자음에서 'ㅇ'은 제외

기출 확인

'의'의 표준 발음에 대한 설명 중 맞지 않는 것은? 2023 군무원 7급

① '회의, 민주주의'와 같이 단어의 2음절 이하에 사용된 '의'는 [ㅢ]로 발음하는 것이 원칙이고, [ㅣ]로 발음하는 것도 허용된다.
② '우리의 마음, 반의 반'과 같이 조사로 사용된 '의'는 [ㅢ]로 발음하는 것이 원칙이고, [ㅔ]로 발음하는 것도 허용된다.
③ '희망, 무늬'와 같이 자음을 첫소리로 가지고 있는 음절의 'ㅢ'는 [ㅢ]로 발음하는 것이 원칙이고, [ㅣ]로 발음하는 것도 허용된다.
④ '의사, 의자'와 같이 단어의 첫음절에 사용된 '의'는 [ㅢ]로 발음한다.

해설 자음을 첫소리로 가지고 있는 음절의 'ㅢ'는 [ㅢ]가 아니라 [ㅣ]로 발음한다. 따라서 '희망'과 '무늬'의 표준 발음은 각각 [히망], [무니]이다.

정답 ③

3 음의 길이

제6항	모음의 장단을 구별하여 발음하되, 단어의 첫음절에서만 긴소리가 나타나는 것을 원칙으로 한다.

(1) 눈보라[눈ː보라] 말씨[말ː씨] 밤나무[밤ː나무]
많다[만ː타] 멀리[멀ː리] 벌리다[벌ː리다] ❶
(2) 첫눈[천눈] 참말[참말] 쌍동밤[쌍동밤]
수많이[수ː마니] 눈멀다[눈멀다] 떠벌리다[떠벌리다]

다만, **합성어의 경우에는 둘째 음절 이하에서도 분명한 긴소리를 인정한다.**❷
반신반의[반ː신바ː늬/반ː신바ː니]❸ 재삼재사[재ː삼재ː사]❹

[붙임] **용언의 단음절 어간에 어미 '-아/-어'가 결합되어 한 음절로 축약되는 경우에도 긴소리로 발음한다.**[TIP]
보아 → 봐[봐ː] 기어 → 겨[겨ː] 되어 → 돼[돼ː]
두어 → 둬[둬ː] 하여 → 해[해ː]

다만, **'오아 → 와, 지어 → 져, 찌어 → 쪄, 치어 → 쳐' 등은 긴소리로 발음하지 않는다.**
* '가아 → 가, 서어 → 서, 켜어 → 켜'와 같이 같은 모음끼리 만나 모음 하나가 생략된 경우(동음 탈락)도 긴소리로 발음하지 않는다.

❶ **벌리다¹**: 둘 사이를 넓히거나 멀게 하다.
벌리다²: '(돈을) 벌다.'의 피동사

❷ 같은 음절이 반복되는 '첩어'의 경우에는 긴소리를 인정하지 않는다.
예 간간(間間)이[간ː가니], 서서(徐徐)히[서ː서히], 시시비비(是是非非)[시ː시비비], 반반(半半)[반ː반]
→ 첫음절만 장음이다.

❸ **반신반의(半信半疑)**: 얼마쯤 믿으면서도 한편으로는 의심함.

❹ **재삼재사(再三再四)**: 여러 번 되풀이하여

TIP
보상적 장모음화
원래 길었던 꼬리를 감추며 긴소리로 꼬리의 흔적을 남겨 두었다고 생각하자.

제7항	긴소리를 가진 음절이라도, 다음과 같은 경우에는 짧게 발음한다.

1. 단음절인 용언 어간에 모음으로 시작된 어미가 결합되는 경우[TIP]❺
감다[감ː따] — 감으니[가므니] 밟다[밥ː따] — 밟으면[발브면]
신다[신ː따] — 신어[시너] 알다[알ː다] — 알아[아라]

다만, **다음과 같은 경우에는 예외적이다.**❻
끌다[끌ː다] — 끌어[끄ː러] 떫다[떨ː따] — 떫은[떨ː븐]
벌다[벌ː다] — 벌어[버ː러] 썰다[썰ː다] — 썰어[써ː러]
없다[업ː따] — 없으니[업ː쓰니]

2. 용언 어간에 피동, 사동의 접미사가 결합되는 경우
감다[감ː따] — 감기다[감기다] 꼬다[꼬ː다] — 꼬이다[꼬이다]
밟다[밥ː따] — 밟히다[발피다]

다만, **다음과 같은 경우에는 예외적이다.**[TIP]
끌리다[끌ː리다] 벌리다[벌ː리다] 없애다[업ː쌔다]

[붙임] **다음과 같은 복합어에서는 본디의 길이에 관계없이 짧게 발음한다.**
밀-물 썰-물 쏜-살-같이 작은-아버지

TIP
감추고 있던 꼬리를 표현하게 되어 긴소리가 짧아지게 된다고 생각하자.

❺ **규정 용언**
감다[감ː따]/밟다[밥ː따]/신다[신ː따]/알다[알ː다]/꼬다[꼬ː다]

❻ **예외 용언**
끌다[끌ː다]/떫다[떨ː따]/벌다[벌ː다]/썰다[썰ː다]/없다[업ː따]

TIP
피동·사동 접미사가 붙어도 긴소리가 유지되는 단어
- 끌리다[끌ː리다]
- 벌리다[벌ː리다]
- 웃기다[욷ː끼다]
- 썰리다[썰ː리다]
- 없애다[업ː쌔다]

4 받침의 발음

제8항	받침소리로는 'ㄱ, ㄴ, ㄷ, ㄹ, ㅁ, ㅂ, ㅇ'의 7개 자음만 발음한다.

제9항	받침 'ㄲ, ㅋ', 'ㅅ, ㅆ, ㅈ, ㅊ, ㅌ', 'ㅍ'은 어말 또는 자음 앞에서 각각 대표음 [ㄱ, ㄷ, ㅂ]으로 발음한다.

닦다[닥따] 키읔[키윽] 키읔과[키윽꽈] 옷[옫] 웃다[욷ː따]
있다[읻따] 젖[젇] 빚다[빋따] 꽃[꼳] 쫓다[쫃따]
솥[솓] 뱉다[밷ː따] 앞[압] 덮다[덥따]

제10항	겹받침 'ㄳ', 'ㄵ', 'ㄼ, ㄽ, ㄾ', 'ㅄ'은 어말 또는 자음 앞에서 각각 [ㄱ, ㄴ, ㄹ, ㅂ]으로 발음한다.

넋[넉] 넋과[넉꽈] 앉다[안따] 여덟[여덜] 넓다[널따][1]
외곬[외골][2] 핥다[할따] 값[갑] 없다[업ː따]

다만, '밟-'은 자음 앞에서 [밥]으로 발음하고, '넓-'은 다음과 같은 경우에 [넙]으로 발음한다.

(1) 밟다[밥ː따] 밟소[밥ː쏘] 밟지[밥ː찌]
밟는[밥ː는 → 밤ː는] 밟게[밥ː께] 밟고[밥ː꼬]

(2) 넓-죽하다[넙쭈카다] 넓-둥글다[넙뚱글다][3]

제11항	겹받침 'ㄺ, ㄻ, ㄿ'은 어말 또는 자음 앞에서 각각 [ㄱ, ㅁ, ㅂ]으로 발음한다.[4]

닭[닥] 흙과[흑꽈] 맑다[막따] 늙지[늑찌]
삶[삼ː] 젊다[점ː따] 읊고[읍꼬] 읊다[읍따]

다만, 용언의 어간 말음 'ㄺ'은 'ㄱ' 앞에서 [ㄹ]로 발음한다.

맑게[말께] 묽고[물꼬] 얽거나[얼꺼나]

혜원通 받침의 발음

1. 같은 조음 위치의 예사소리로 교체되는 경우

받침	발음	예
ㄱ, ㄲ, ㅋ	[ㄱ]	국[국], 깎다[깍따], 키읔[키윽]
ㄷ, ㅌ	[ㄷ]	닫다[닫따], 티읕[티읃]
ㅂ, ㅍ	[ㅂ]	밥[밥], 피읖[피읍]

2. 겹받침 중 하나가 탈락하는 경우

받침	발음		예
ㄳ, ㄵ, ㅄ	앞의 자음으로 발음	[ㄱ, ㄴ, ㅂ]	넋[넉], 앉다[안따], 값[갑]
ㄼ(TIP), ㄽ, ㄾ		[ㄹ]	여덟[여덜], 외곬[외골], 핥다[할따]
ㄶ, ㅀ		[ㄴ, ㄹ]	않네[안네], 닳아[다라]
ㄺ(TIP), ㄻ, ㄿ	뒤의 자음으로 발음	[ㄱ, ㅁ, ㅂ]	닭[닥], 젊다[점ː따], 읊고[읍꼬]

* [ㄹ]로 발음되고 'ㄹ'로 표기하는 경우 예 할짝거리다, 널따랗다, 널찍하다, 말끔하다, 말쑥하다, 말짱하다, 실쭉하다, 실큼하다, 얄따랗다, 얄팍하다, 짤따랗다

3. 겹받침으로 끝난 형태소 + 모음 형태소

겹받침으로 끝난 형태소	+ 모음의 형식 형태소 → 연음	예 닭 + 을 [달글], 닭 + 이 [달기]
	+ 모음의 실질 형태소 → 대표음화 → 연음	예 닭 + 앞에 [닥 + 아페] → [다가페]

음절의 끝소리 규칙
280쪽 참조

[1] 넓네요[널레요]/짧네요[짤레요]

[2] **외곬**: 단 하나의 방법이나 방향
예 외곬으로 생각하다.
cf **외골수**: 단 한 곳으로만 파고드는 사람 예 외골수 학자

[3] · 넓적하다[넙쩌카다]
· 넓적다리[넙쩍따리]

[4] · 갉작갉작하다[각짝깍짜카다]
· 갉작거리다[각짝꺼리다]
· 굵다랗다[국ː따라타]
· 굵직하다[국찌카다]
· 굵적거리다[극쩍꺼리다]
· 늙수그레하다[늑쑤그레하다]
· 늙정이[늑쩡이]
· 얽죽얽죽하다[억쭈걱쭈카다]

TIP
'ㄼ'의 예외
· '밟-'은 [밥-]으로 발음한다.
예 밟다[밥ː따], 밟소[밥ː쏘], 밟지[밥ː찌]
· '넓-'은 자음으로 시작하는 복합어일 때 [넙-]으로 발음한다.
예 넓-죽하다[넙쭈카다], 넓-둥글다[넙뚱글다], 넓-적하다[넙쩌카다]

TIP
'ㄺ'의 예외
용언의 어간이 'ㄱ'으로 시작하는 어미와 결합할 때 [ㄹ]로 발음한다.
예 맑게[말께], 묽고[물꼬], 얽거나[얼꺼나]
→ 체언과 조사의 결합은 ×
예 흙과[흑꽈](O), [흘꽈](×)

제12항	받침 'ㅎ'의 발음은 다음과 같다.

1. 'ㅎ(ㄶ, ㅀ)' 뒤에 'ㄱ, ㄷ, ㅈ'이 결합되는 경우에는, 뒤 음절 첫소리와 합쳐서 [ㅋ, ㅌ, ㅊ]으로 발음한다.[1]

놓고[노코][2] 좋던[조ː턴] 쌓지[싸치] 많고[만ː코]
않던[안턴] 닳지[달치]

[붙임 1] **받침 'ㄱ(ㄺ), ㄷ, ㅂ(ㄼ), ㅈ(ㄵ)'이 뒤 음절 첫소리 'ㅎ'과 결합되는 경우에도, 역시 두 음을 합쳐서 [ㅋ, ㅌ, ㅍ, ㅊ]으로 발음한다.**

각하[가카] 먹히다[머키다] 밝히다[발키다]
맏형[마텽] 좁히다[조피다] 넓히다[널피다]
꽂히다[꼬치다] 앉히다[안치다]

[붙임 2] **규정에 따라 'ㄷ'으로 발음되는 'ㅅ, ㅈ, ㅊ, ㅌ'의 경우에도 이에 준한다.**

옷 한 벌[오탄벌] 낮 한때[나탄때]
꽃 한 송이[꼬탄송이] 숱하다[수타다]

* 단어 내부가 아니더라도 자음 축약이 일어날 수 있다.
단, 끊어서 발음할 때는 격음화(TIP)가 일어나지 않는다.
예 옷 한 벌[옫 한 벌], 꽃 한 송이[꼳 한 송이]

2. 'ㅎ(ㄶ, ㅀ)' 뒤에 'ㅅ'이 결합되는 경우에는, 'ㅅ'을 [ㅆ]으로 발음한다.

닿소[다ː쏘] 많소[만ː쏘] 싫소[실쏘]

3. 'ㅎ' 뒤에 'ㄴ'이 결합되는 경우에는, [ㄴ]으로 발음한다.

놓는[논는] 쌓네[싼네]

* 'ㅎ'이 대표음 'ㄷ'으로 바뀐 후 'ㄴ'이 동화되어 [ㄴ]으로 발음되는 것이다. 예 놓는[녿는] → [논는]

[붙임] **'ㄶ, ㅀ' 뒤에 'ㄴ'이 결합되는 경우에는, 'ㅎ'을 발음하지 않는다.**

않네[안네] 않는[안는]
뚫네[뚤네 → 뚤레] 뚫는[뚤는 → 뚤른]

* '뚫네[뚤네 → 뚤레], 뚫는[뚤는 → 뚤른]'에 대해서는 제20항 참조

4. 'ㅎ(ㄶ, ㅀ)' 뒤에 모음으로 시작된 어미나 접미사가 결합되는 경우에는, 'ㅎ'을 발음하지 않는다.

낳은[나은] 놓아[노아] 쌓이다[싸이다] 많아[마ː나]
않은[아는] 닳아[다라] 싫어도[시러도]

* 체언은 'ㅎ'을 탈락시켜 발음하지 않는다.[3] 예 올해[올해], 전화[전ː화]

예원通 음운 축약

앞말의 받침		뒷말의 첫음절		결과
ㅎ, ㄶ, ㅀ	+	ㄱ, ㄷ, ㅈ	+	ㅋ, ㅌ, ㅊ
ㄱ(ㄺ), ㄷ, ㅂ(ㄼ), ㅈ(ㄵ)		ㅎ		ㅋ, ㅌ, ㅍ, ㅊ

---

[1] '싫증'은 용언 어간 '싫-'에 명사 '증'이 결합된 어휘이다. [붙임]의 규정과는 달리 받침 'ㅎ' 뒤에 'ㅈ'이 결합되는 경우이지만, [실쯩]으로 발음된다.

[2] 주의! 놓치다[놑치다]

TIP
격음화=자음 축약=거센소리되기

[3] 더불어 한자어나 복합어에서 모음과 'ㅎ' 또는 'ㅁ, ㄴ, ㅇ, ㄹ'과 'ㅎ'이 결합된 경우에는 본음대로 발음함이 원칙이다.
예 경제학(經濟學), 신학(神學), 임학(林學), 공학(工學), 상학(商學), 경영학(經營學), 피곤하다, 셈하다, 공부하다, 광어회(廣魚膾) 등

기출 확인

다음은 받침 'ㅎ'의 발음에 대한 자료이다. 이를 바탕으로 이끌어 낸 규칙으로 옳지 않은 것은? 2023 국회직 8급

자료1. 놓고 → [노코] 않던 → [안턴] 닳지 → [달치]	
자료2. 않네 → [안네] 뚫는 → [뚤는 → 뚤른]	
자료3. 닿소 → [다ː쏘] 많소 → [만ː쏘] 싫소 → [실쏘]	
자료4. 놓는 → [논는] 쌓네 → [싼네]	
자료5. 낳은 → [나은] 않은 → [아는] 싫어도 → [시러도]	

① 'ㅎ(ㄶ, ㅀ)' 뒤에 'ㅅ'이 결합되는 경우에는, 'ㅅ'을 [ㅆ]으로 발음한다.
② 'ㄶ, ㅀ' 뒤에 'ㄴ'이 결합되는 경우에는, 'ㅎ'을 발음하지 않는다.
③ 'ㅎ' 뒤에 'ㄴ'이 결합되는 경우에는, 'ㅎ'을 발음하지 않는다.
④ 'ㅎ(ㄶ, ㅀ)' 뒤에 모음으로 시작된 어미나 접미사가 결합되는 경우에는, 'ㅎ'을 발음하지 않는다.
⑤ 'ㅎ(ㄶ, ㅀ)' 뒤에 'ㄱ, ㄷ, ㅈ'이 결합되는 경우에는, 뒤 음절 첫소리와 합쳐서 [ㅋ, ㅌ, ㅊ]으로 발음한다.

해설
'ㅎ' 뒤에 'ㄴ'이 결합되는 경우는 '자료 4'와 관련이 있다. '자료 4'에서 'ㅎ' 뒤에 'ㄴ'이 결합되는 경우, [ㅎㄴ]이 [ㄴㄴ] 형태로 실현된 것을 확인할 수 있다. 'ㅎ'이 사라지고 [ㄴ]만 발음한 것이 아니므로 적절하지 않은 이해이다.

오답
① '자료 3'을 통해 이끌어낼 수 있다.
② '자료 2'를 통해 이끌어낼 수 있다.
④ '자료 5'를 통해 이끌어낼 수 있다.
⑤ '자료 1'을 통해 이끌어낼 수 있다.

정답 ③

제13항	홑받침이나 쌍받침이 모음으로 시작된 조사나 어미, 접미사와 결합되는 경우에는, 제 음가대로 뒤 음절 첫소리로 옮겨 발음한다.

깎아[까까] 옷이[오시] 있어[이써] 낮이[나지]
꽂아[꼬자] 꽃을[꼬츨] 쫓아[쪼차] 밭에[바테]
앞으로[아프로] 덮이다[더피다]

제14항	겹받침이 모음으로 시작된 조사나 어미, 접미사와 결합되는 경우에는, 뒤엣것만을 뒤 음절 첫소리로 옮겨 발음한다.(이 경우, 'ㅅ'은 된소리로 발음함.)❶

넋이[넉씨] 앉아[안자] 닭을[달글] 젊어[절머]
곬이[골씨] 핥아[할타] 읊어[을퍼] 값을[갑쓸]
없어[업ː써]

❶ **받침 + 모음의 형식 형태소**
→ 연음(연이어 발음)한다.
예 낮이[나지], 닭을[달글]

제15항	받침 뒤에 모음 'ㅏ, ㅓ, ㅗ, ㅜ, ㅟ' 들로 시작되는 실질 형태소가 연결되는 경우에는, 대표음으로 바꾸어서 뒤 음절 첫소리로 옮겨 발음한다.❷

밭 아래[바다래] 늪 앞[느밥] 젖어미[저더미] 맛없다[마덥따]
겉옷[거돋] 헛웃음[허두슴] 꽃 위[꼬뒤]

다만, **'맛있다, 멋있다'는 [마싣따], [머싣따]로도 발음할 수 있다.❸**

[붙임] **겹받침의 경우에는, 그중 하나만을 옮겨 발음한다.**

넋 없다[너겁따] 닭 앞에[다가페] 값어치[가버치]❹ 값있는[가빈는]

❷ **받침 + 모음의 실질 형태소**
→ 절음(끊어서 대표음으로 발음)한다. 이후에 연음한다.
예 헛웃음[헏우슴] → [허두슴]

❸ · 맛있다[마딛따/마싣따](O)
· 멋있다[머딛따/머싣따](O)
단, '뜻있다'의 경우 '뜻(실질) + 있다(실질)'이므로 [뜯읻따 → 뜨딛따]만 인정한다.

❹ **값어치[가버치]**
'-어치'를 형식 형태소인 접사로 보면, [갑써치]로 발음해야 하지만, 단어로 보아 [가버치]로 발음한다.

제16항	한글 자모의 이름은 그 받침소리를 연음하되, 'ㄷ, ㅈ, ㅊ, ㅋ, ㅌ, ㅍ, ㅎ'의 경우에는 특별히 다음과 같이 발음한다.

디귿이[디그시] 디귿을[디그슬] 디귿에[디그세]
지읒이[지으시] 지읒을[지으슬] 지읒에[지으세]
치읓이[치으시] 치읓을[치으슬] 치읓에[치으세]
키읔이[키으기] 키읔을[키으글] 키읔에[키으게]
티읕이[티으시] 티읕을[티으슬] 티읕에[티으세]
피읖이[피으비] 피읖을[피으블] 피읖에[피으베]
히읗이[히으시] 히읗을[히으슬] 히읗에[히으세]

* 자음의 명칭이 정해진 당시(1933년 '한글 마춤법' 통일안 제정 당시) 현실 발음을 고려한 결과이다.

5 음의 동화

제17항	받침 'ㄷ, ㅌ(ㄾ)'이 조사나 접미사의 모음 'ㅣ'와 결합되는 경우에는, [ㅈ, ㅊ]으로 바꾸어서 뒤 음절 첫소리로 옮겨 발음한다.

곧이듣다[고지듣따]　굳이[구지]　미닫이[미ː다지]
땀받이[땀바지]　밭이[바치]　벼훑이[벼훌치]

[붙임] **'ㄷ' 뒤에 접미사 '히'가 결합되어 '티'를 이루는 것은 [치]로 발음한다.❶**
굳히다[구치다]　닫히다[다치다]　묻히다[무치다]

* 접미사 '히'는 '티'로 먼저 축약된 후, 구개음화가 일어나는 것이다.
예 닫히다[다티다] → [다치다]

예원通 구개음화

1. '구개음화'는 **'ㅣ'로 시작하는 형식 형태소**와의 결합에서만 일어난다. 따라서 그 이외의 환경에서는 그대로 발음한다.

	○	×
끝은	[끄튼]	[끄츤]
끝에	[끄테]	[끄체]
끝이다	[끄치다]	[끄티다]

밭 + 이랑❷
· 형식 형태소 '이랑' → [바치랑] · 실질 형태소 '이랑' → [반니랑]

2. 현대 국어에서 '구개음화'는 형태소 내부에서 일어나지 않는다. 예 잔디, 느티나무

제18항	받침 'ㄱ(ㄲ, ㅋ, ㄳ, ㄺ), ㄷ(ㅅ, ㅆ, ㅈ, ㅊ, ㅌ, ㅎ), ㅂ(ㅍ, ㄼ, ㄿ, ㅄ)'은 'ㄴ, ㅁ' 앞에서 [ㅇ, ㄴ, ㅁ]으로 발음한다.

먹는[멍는]　국물[궁물]　깎는[깡는]
키읔만[키응만]　몫몫이[몽목씨]　긁는[긍는]
흙만[흥만]　닫는[단는]　짓는[진ː는]
옷맵시[온맵씨]　있는[인는]　맞는[만는]
젖멍울[전멍울]　쫓는[쫀는]　꽃망울[꼰망울]
붙는[분는]　놓는[논는]　잡는[잠는]
밥물[밤물]　앞마당[암마당]　밟는[밤ː는]
읊는[음는]　없는[엄ː는]

[붙임] **두 단어를 이어서 한 마디로 발음하는 경우에도 이와 같다.**
책 넣는다[챙넌는다]　흙 말리다[흥말리다]　옷 맞추다[온맏추다]
밥 먹는다[밤멍는다]　값 매기다[감매기다]

구개음화: 283쪽 참조
주의! · 밭이[바치] → 구개음화
· 밭에[바테] → 연음

❶ '강조'의 뜻을 더하는 접미사 '-치-'가 있기 때문에, 구별해서 알아둘 필요가 있다.
예 돋치다, 넘치다, 밀치다, 부딪치다, 솟구치다 등
· 닫히다[다치다]: 구개음화 ○
· 닫치다[닫치다]: 구개음화 ×

❷ 밭 + 이랑
1. 실질 형태소 + 실질 형태소(명사)
예 밭이랑에는 옥수수와 토마토를 심었다. → [반니랑]
2. 실질 형태소 + 형식 형태소(조사)
예 저기 보이는 논이랑 밭이랑 모두 우리 것이다. → [바치랑]

자음 동화(비음화)
비음이 동화주가 되어, 같은 조음 위치의 비음으로 바뀐다. 282쪽 참조

기출 확인
<보기>에서 밑줄 친 부분의 발음으로 가장 옳지 않은 것은?　2018 서울시 9급

<보기>
손자: 할아버지. 여기 있는 ㉠밭을 우리가 다 매야 해요?
할아버지: 응. 이 ㉡밭만 매면 돼.
손자: 이 ㉢밭 모두요?
할아버지: 왜? ㉣밭이 너무 넓으니?

① ㉠: [바슬]　② ㉡: [반만]
③ ㉢: [받]　④ ㉣: [바치]

해설
모음으로 시작하는 형식 형태소(조사, 어미, 접사)가 이어질 때는 앞말의 받침이 연음된다. 따라서 '밭을'의 표준 발음은 [바틀]이 되어야 한다.

정답 ①

제19항	받침 'ㅁ, ㅇ' 뒤에 연결되는 'ㄹ'은 [ㄴ]으로 발음한다.

담력[담ː녁]　　침략[침ː냑]　　강릉[강능]
항로[항ː노]　　대통령[대ː통녕]

[붙임] **받침 'ㄱ, ㅂ' 뒤에 연결되는 'ㄹ'도 [ㄴ]으로 발음한다.**

막론[막논 → 망논]　　석류[석뉴 → 성뉴]　　협력[협녁 → 혐녁]
법리[법니 → 범니]

제20항	'ㄴ'은 'ㄹ'의 앞이나 뒤에서 [ㄹ]로 발음한다.

(1) 난로[날ː로]　　신라[실라]　　천리[철리]
광한루[광ː할루]　　대관령[대ː괄령]
(2) 칼날[칼랄]　　물난리[물랄리]　　줄넘기[줄럼끼]
할는지[할른지]

[붙임] **첫소리 'ㄴ'이 'ㅀ', 'ㄾ' 뒤에 연결되는 경우에도 이에 준한다.**

닳는[달른]　　뚫는[뚤른]　　핥네[할레]

다만, **다음과 같은 단어들은 'ㄹ'을 [ㄴ]으로 발음한다.**❶

의견란[의ː견난]　　임진란[임ː진난]　　생산량[생산냥]
결단력[결딴녁]　　공권력[공꿘녁]❷　　동원령[동ː원녕]
상견례[상견녜]　　횡단로[횡단노]　　이원론[이ː원논]❸
입원료[이붠뇨]　　구근류[구근뉴]

제21항	위에서 지적한 이외의 자음 동화(TIP)는 인정하지 않는다.❹

감기[감ː기](○)- [강ː기](×)　　옷감[옫깜](○)- [옥깜](×)
있고[읻꼬](○)- [익꼬](×)　　꽃길[꼳낄](○)- [꼭낄](×)
젖먹이[전머기](○)- [점머기](×)　　문법[문뻡](○)- [뭄뻡](×)
꽃밭[꼳빧](○)- [꼽빧](×)

제22항	다음과 같은 용언의 어미는 [어]로 발음함을 원칙으로 하되, [여]로 발음함도 허용한다.❺

되어[되어/되여]　　피어[피어/피여]　　cf 히어[히어/히여]

[붙임] **'이오, 아니오'도 이에 준하여 [이요, 아니요]로 발음함을 허용한다.**

* 'l' 모음 순행 동화는 'l' 모음으로 끝나는 **용언**의 어간 뒤에서 나타나는 현상만을 표준 발음으로 인정하며, **'반모음(y)' 첨가 현상**으로 볼 수 있다.

자음 동화(유음화)
유음이 동화주가 되어 'ㄴ'이 유음 'ㄹ'로 바뀐다. 282쪽 참조

❶ '의견-란, 임진-란'과 같이 '2-1'음절로 의미가 분석되는 낱말은 'ㄹ'이 [ㄴ]으로 발음되는 유음화의 역현상이 나타난다.
❷ cf 권력[궐력]
❸ cf 원론[월론]

TIP
조음 방법 동화(비음화, 유음화)는 표준 발음이고, 조음 위치 동화(연구개음화, 양순음화)는 표준 발음이 아니다.

❹ **연구개음(ㄱ, ㄲ, ㅋ, ㅇ)화, 양순음(ㅂ, ㅃ, ㅍ, ㅁ)화**
→ 비표준 발음

❺ **'ㅣ' 모음 순행 동화**
발음의 동화를 인정한 경우
→ 되어, 피어, 이오, 아니오
→ 표기는 인정하지 않음.

~이/가 아니오.
→ 서술어로 쓰일 때는 [아니오/아니요]로 발음할 수 있다.

네/아니요.
→ 감탄사로 쓰일 때는 표기도 발음도 '아니요'로 한다.
예 A: 밥 먹었니?
B: 아니(요).
→ '아니'에 높임의 보조사 '요'가 붙은 형태

6 경음화

제23항	받침 'ㄱ(ㄲ, ㅋ, ㄳ, ㄺ), ㄷ(ㅅ, ㅆ, ㅈ, ㅊ, ㅌ), ㅂ(ㅍ, ㄼ❶, ㄿ, ㅄ)' 뒤에 연결되는 'ㄱ, ㄷ, ㅂ, ㅅ, ㅈ'은 된소리로 발음한다.

국밥[국빱]	깎다[깍따]	넋받이[넉빠지]	삯돈[삭똔]
닭장[닥짱]	칡범[칙뻠]	뻗대다[뻗때다]	옷고름[옫꼬름]
있던[읻떤]	꽂고[꼳꼬]	꽃다발[꼳따발]	낯설다[낟썰다]
밭갈이[받까리]	솥전[솓쩐]	곱돌[곱똘]	덮개[덥깨]
옆집[엽찝]	넓죽하다[넙쭈카다]	읊조리다[읍쪼리다]	값지다[갑찌다]

제24항	어간 받침 'ㄴ(ㄵ), ㅁ(ㄻ)' 뒤에 결합되는 어미의 첫소리 'ㄱ, ㄷ, ㅅ, ㅈ'은 된소리로 발음한다.❷

신고[신:꼬]	껴안다[껴안따]	앉고[안꼬]	얹다[언따]
삼고[삼:꼬]	더듬지[더듬찌]	닮고[담:꼬]	젊지[점:찌]

다만, **피동, 사동의 접미사 '-기-'는 된소리로 발음하지 않는다.**❸

안기다 감기다 굶기다 옮기다

제25항	어간 받침 'ㄼ, ㄾ' 뒤에❹ 결합되는 어미의 첫소리 'ㄱ, ㄷ, ㅅ, ㅈ'은 된소리로 발음한다.

넓게[널께]	핥다[할따]	훑소[훌쏘]	떫지[떨:찌]

* '체언 + 조사'의 결합에서는 된소리로 발음하지 않는다.
예 여덟과[여덜과], 여덟도[여덜도]

제26항	한자어에서, 'ㄹ' 받침 뒤에 연결되는 'ㄷ, ㅅ, ㅈ'은 된소리로 발음한다.

갈등[갈뜽]	발동[발똥]	절도[절또]	말살[말쌀]
불소[불쏘](弗素)	일시[일씨]	갈증[갈쯩]	물질[물찔]
발전[발쩐]	몰상식[몰쌍식]	불세출[불쎄출]	

다만, **같은 한자가 겹쳐진 단어의 경우에는 된소리로 발음하지 않는다.**

허허실실[허허실실](虛虛實實) 절절-하다[절절하다](切切--)

제27항	관형사형 '-(으)ㄹ'❺ 뒤에 연결되는 'ㄱ, ㄷ, ㅂ, ㅅ, ㅈ'은 된소리로 발음한다.

할 것을[할꺼슬]	갈 데가[갈떼가]	할 바를[할빠를]	할 수는[할쑤는]
할 적에[할쩌게]	갈 곳[갈꼳]	할 도리[할또리]	만날 사람[만날싸람]

다만, **끊어서 말할 적에는 예사소리로 발음한다.**

[붙임] **'-(으)ㄹ'로 시작되는** 어미**의 경우에도 이에 준한다.**

할걸[할껄] - 뉘우침 할밖에[할빠께] - 다른 방법이 없음. 할세라[할쎄라] - 염려
할수록[할쑤록] - 정도의 더함. 할지라도[할찌라도] - 가정 할지언정[할찌언정] - 그러나
할진대[할찐대] - 이유, 전제

된소리되기
예사소리가 된소리로 바뀐다. 281쪽 참조

❶ 'ㄼ'의 대표음은 [ㄹ]이지만, 여기서는 [ㅂ]으로 소리 나는 경우를 다룬다.
cf 여덟[여덜]

★ 명사형 전성 어미가 결합될 때도 마찬가지이다.

❷ 두 팔로 안기[안끼]에는 둘레가 너무 크다.

❸ 때로는 그의 품에 안기기[안기기]도 했다.

❹ 제25항 규정을 겹받침에 한정시킨 이유
→ 홑받침 'ㄹ' 다음에서는 '알고[알고], 알더니[알더니], 알지[알지]'와 같이 된소리로 발음되지 않기 때문이다.

❺ 'ㄴ' 받침을 가진 관형사 어미 뒤에서는 된소리로 발음하지 않는다.
예 가는 세월[가는세:월], 간 사람[간:사람]

★제28항	표기상으로는 사이시옷이 없더라도, 관형격 기능을 지니는 사이시옷이 있어야 할(휴지가 성립되는) 합성어의 경우에는, 뒤 단어의 첫소리 'ㄱ, ㄷ, ㅂ, ㅅ, ㅈ'을 된소리로 발음한다.❶

눈-동자[눈똥자]	신-바람[신빠람]	산-새[산쌔]
손-재주[손째주]	길-가[길까]	물-동이[물똥이]
발-바닥[발빠닥]	굴-속[굴:쏙]	술-잔[술짠]
바람-결[바람껼]	그믐-달[그믐딸]	아침-밥[아침빱]
잠-자리[잠짜리]	강-가[강까]	초승-달[초승딸]
등-불[등뿔]	창-살[창쌀]	강-줄기[강쭐기]

혜원通 일반적 경음화와 사잇소리 현상의 경음화

일반적 경음화	사잇소리 현상의 경음화
· 환경: 안울림소리와 안울림소리 사이에서 일어남. 예 국밥[국빱], 폭발[폭빨] → 안울림소리 'ㄱ'과 'ㅂ'이 만나 경음화 · 합성어가 아니라도 일어남. · 필수적 현상 → 예외가 없다.	· 환경: 울림소리와 안울림소리 사이 예 등불[등뿔], 눈동자[눈똥자] → 울림소리 'ㅇ'과 안울림소리 'ㅂ, ㅈ'이 만나 경음화 · 합성어에서만 일어남. · 수의적 현상 → 예외가 많다. 예 물고기[물꼬기], 불고기[불고기]

7 음의 첨가

제29항	합성어 및 파생어에서, 앞 단어나 접두사의 끝이 자음이고 뒤 단어나 접미사의 첫음절이 '이, 야, 여, 요, 유'❷인 경우에는, 'ㄴ' 음을 첨가하여 [니, 냐, 녀, 뇨, 뉴]로 발음한다.❸

솜-이불[솜:니불]	문-고리[문꼬리]	홑-이불[혼니불]
막-일[망닐]	삯-일[상닐]	맨-입[맨닙]
꽃-잎[꼰닙]	내복-약[내:봉냑]	한-여름[한녀름]
남존-여비[남존녀비]	신-여성[신녀성]	색-연필[생년필]
직행-열차[지캥녈차]	늑막-염[능망념]	콩-엿[콩녇]
담-요[담:뇨]	눈-요기[눈뇨기]	영업-용[영엄뇽]
식용-유[시공뉴]	백분-율[백뿐뉼]	밤-윷[밤:뉻]

다만, **다음과 같은 말들은 'ㄴ' 음을 첨가하여 발음하되, 표기대로 발음할 수 있다.**

이죽-이죽[이중니죽/이주기죽]	야금-야금[야금냐금/야그먀금]
검열[검:녈/거:멸]	욜랑-욜랑[욜랑뇰랑/욜랑욜랑]
금융[금늉/그뮹]	

[붙임 1] **'ㄹ' 받침 뒤에 첨가되는 'ㄴ' 음은 [ㄹ]로 발음한다.**

들-일[들:릴]	솔-잎[솔립]	설-익다[설릭따]
물-약[물략]	불-여우[불려우]	서울-역[서울력]
물-엿[물렫]	휘발-유[휘발류]	유들-유들[유들류들]

❶ 사잇소리는 같은 환경이라도 다르게 나타나는 수의적 현상이다.
예 불고기[불고기] - 사잇소리 ×
물고기[물꼬기] - 사잇소리 O

★ 된소리 vs 예사소리

· **된소리가 나는 단어들**
- 날-짐승[날찜승]
- 손-사래[손싸래]
- 몰-상식[몰쌍식]

· **된소리가 나지 않는 단어들**
- 간단[간단], 등기[등기]
- 불장난[불장난], 유리잔[유리잔]

주의! 김밥[김:밥](O)/[김:빱](O)
인-기척[인기척](O)/[인끼척](O)
안-간힘[안간힘](O)/[안깐힘](O)
cf 안-간힘: 어떤 일을 이루기 위해 몹시 애쓰는 힘

★ 의미에 따른 된소리 vs 예사소리

된소리	예사소리
· 私法[사뻡] : 개인 사이의 법률 관계	· 司法[사법] : 국가의 기본 작용
· 高價[고까] : 비싼 가격	· 古家[고:가] : 오래된 집 高架[고가] : 도로
· 잠-자리[잠짜리] : 잠을 자기 위해 사용하는 이부자리 혹은 잠을 자는 자리	· 잠자리[잠자리] : 곤충의 일종

★ 사잇소리 현상 중 사이시옷을 표기한 단어만 'ㅅ' 첨가이고, 그렇지 않은 단어는 '된소리되기'로 다룬다.

'ㄴ' 첨가
286쪽 참조

❷ '이, 야, 여, 요, 유' → '이'는 단모음이고, '야, 여, 요, 유'는 반모음 'ㅣ'가 첨가된, 'ㅣ' 모음 계열의 모음이다.

❸ **복합어(합성어, 파생어)**

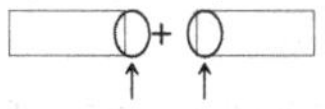

받침 + 'ㅣ' 모음 계열(ㅣ, ㅑ, ㅕ, ㅛ, ㅠ)
→ [니, 냐, 녀, 뇨, 뉴]
* 앞 음절이 자음(받침)으로 끝나고 뒤 음절에 'ㅣ'로 시작하는 모음 계열이 올 때, 'ㄴ' 소리가 첨가된다.

★ **주의!** 열여덟에[열려덜베] 시집가다.

[붙임 2] **두 단어를 이어서 한 마디로 발음하는 경우에도 이에 준한다.**

한 일[한닐]	옷 입다[온닙따]	서른여섯[서른녀섣]
3연대[삼년대]	먹은 엿[머근녇]	
할 일[할릴]	잘 입다[잘립따]	스물여섯[스물려섣]
1연대[일련대]	먹을 엿[머글렫]	

다만, **다음과 같은 단어에서는 'ㄴ(ㄹ)' 음을 첨가하여 발음하지 않는다.**❶

6·25[유기오]	3·1절[사밀쩔]	송별-연[송ː벼련]
등-용문[등용문]	8·15[파리로]	응용[응ː용]

제30항	사이시옷이 붙은 단어는 다음과 같이 발음한다.❷

1. 'ㄱ, ㄷ, ㅂ, ㅅ, ㅈ'으로 시작하는 단어 앞에 사이시옷이 올 때는 이들 자음만을 된소리로 발음하는 것을 원칙으로 하되, 사이시옷을 [ㄷ]으로 발음하는 것도 허용한다. ※ 발음이 두 개!

냇가[내ː까/낻ː까]	샛길[새ː낄/샏ː낄]	빨랫돌[빨래똘/빨랟똘]
콧등[코뜽/콛뜽]	깃발[기빨/긷빨]	대팻밥[대ː패빱/대ː팯빱]
햇살[해쌀/핻쌀]	뱃속[배쏙/밷쏙]	뱃전[배쩐/밷쩐]
고갯짓[고개찓/고갣찓]		

2. 사이시옷 뒤에 'ㄴ, ㅁ'이 결합되는 경우에는 [ㄴ]으로 발음한다.

콧날[콛날 → 콘날]	아랫니[아랟니 → 아랜니]
툇마루[퇻ː마루 → 퇸ː마루]	뱃머리[밷머리 → 밴머리]

3. 사이시옷 뒤에 '이' 음이 결합되는 경우에는 [ㄴㄴ]으로 발음한다.

베갯잇[베갣닏 → 베갠닏]	깻잎[깯닙 → 깬닙]	나뭇잎[나묻닙 → 나문닙]
도리깻열[도리깯녈 → 도리깬녈]❸		뒷윷[뒫ː뉻 → 뒨ː뉻]❹

기출 확인

㉠~㉣에 해당하는 예로 옳지 않은 것은? 2021 지방직 7급

> **〈표준 발음법〉 제29항**
> 합성어 및 파생어에서, 앞 단어나 접두사의 끝이 자음이고 뒤 단어나 접미사의 첫음절이 '이, 야, 여, 요, 유'인 경우에는, 'ㄴ' 음을 첨가하여 [니, 냐, 녀, 뇨, 뉴]로 발음한다. 예 색-연필[생년필]
> - 다만, 다음과 같은 말들은 'ㄴ' 음을 첨가하여 발음하되, 표기대로 발음할 수 있다. ········· ㉠
>   예 야금-야금[야금냐금/야그먀금]
> - [붙임 1] 'ㄹ' 받침 뒤에 첨가되는 'ㄴ' 음은 [ㄹ]로 발음한다. ········· ㉡
>   예 서울-역[서울력]
> - [붙임 2] 두 단어를 이어서 한 마디로 발음하는 경우에도 이에 준한다. ········· ㉢
>   예 잘 입다[잘립따]
> - 다만, 다음과 같은 단어에서는 'ㄴ(ㄹ)' 음을 첨가하여 발음하지 않는다. ········· ㉣
>   예 3·1절[사밀쩔]

① ㉠: 혼합약 ② ㉡: 휘발유 ③ ㉢: 열여덟 ④ ㉣: 등용문

해설 '혼합약'도 'ㄴ' 음을 첨가한 [혼ː함냑]으로만 발음할 수 있다. 따라서 'ㄴ' 음을 첨가하여 발음할 수 있고, 표기대로 발음할 수도 있는 ㉠의 예로 옳지 않다.

오답 ② '휘발유(휘발-유)'는 [휘발류]로 발음하기 때문에 ㉡의 예로 적절하다.
③ '열여덟'은 [열려덜]로 발음할 수 있기 때문에 ㉢의 예로 적절하다.
④ '등용문'은 [등뇽문] 또는 [등룡문]으로 발음하지 않고, [등용문]으로 발음하기 때문에 ㉣의 예로 적절하다.

정답 ①

---

❶ **'ㄴ' 첨가는 수의적 현상이다.**
1. **'ㄴ' 첨가가 되지 않는 단어**
   예 담임[다밈], 선열[서녈], 굴욕[구룍], 활용[화룡], 함유[하뮤], 금연[그ː면], 촬영[촤령], 목요일[모교일], 금요일[그묘일], 월요일[워료일], 절약[저략], 절연[저련], 결연[겨련], 활약[화략], 신용[시ː뇽]
2. **'ㄴ' 첨가가 일어나지 않는 경우**
   ① 접두사가 결합한 경우
   예 몰인정[모린정], 불일치[부릴치]
   ② 한자 계열의 접미사가 결합한 경우
   예 한국인[한ː구긴], 경축일[경ː추길]
   ③ 합성어의 경우
   예 독약[도갹], 그림일기[그ː리밀기]
   ④ 구 구성의 경우
   예 작품 이름, 아침 인사

'ㅅ' 첨가

285쪽 참조

❷ **사이시옷이 표기되는 환경**
1. 단어와 단어가 합성할 때
2. 앞말의 받침이 없을 때
3. 뒷말의 첫소리가 된소리로 발음되거나, 'ㄴ' 소리나 'ㄴㄴ' 소리가 덧날 때
4. 둘 중 하나가 고유어일 때

→ 모두 만족할 때 'ㅅ'을 붙인다.

TIP

사이시옷을 발음하지 않는 쪽을 원칙으로 삼은 이유
- 합성어를 이루는 뒷말의 첫소리가 경음으로 발음되어 사이시옷을 표기하는 것이지, 음이 첨가되어 사이시옷을 표기하는 것은 아니기 때문이다.
- 현실 발음에서 사이시옷을 [ㄷ]으로 발음하지 않는 형태가 빈번하기 때문이다.

❸ **도리깻열:** 곡식의 낟알을 떠는 데 쓰는 농구인 도리깨의 한 부분

❹ **뒷윷:** 윷판에서 뒷밭의 네 번째 자리

기출 확인

밑줄 친 단어의 표준 발음으로 옳지 않은 것은? 2019 소방직

① 보름에는 달이 밝다. [박따]
② 마루에 등불이 켜져 있다. [등뿔]
③ 음식이 앞마당에 차려져 있다. [암마당]
④ 여기저기 다니며 막일이라도 하자. [마길]

해설 막일[마길 → 망닐]: 모음으로 시작하는 형식 형태소가 이어질 때 앞말의 받침을 연음해서 발음한다. 그러나 '일'은 형식 형태소가 아니므로 연음해서 [마길]로 발음하는 것은 적절하지 않다. '막일'은 [막일 → ('ㄴ' 첨가) → 막닐 → (비음화) → 망닐]의 과정을 거쳐 발음된다. 즉 '막일'의 표준 발음은 [마길]이 아니라 [망닐]이다.

오답 ① '밝다'는 [밝다 → (자음군 단순화) → 박다 → (된소리되기) → 박따]의 과정을 거쳐 발음된다.
② '등불'은 [등불 → (사잇소리 현상) → 등뿔]의 과정을 거쳐 발음된다.
③ '앞마당'은 [앞마당 → (음절의 끝소리 규칙) → 압마당 → (비음화) → 암마당]의 과정을 거쳐 발음된다.

정답 ④

CHAPTER
02 한글 맞춤법과 문장 부호론

1절 한글 맞춤법

1 총칙

제1항	한글 맞춤법은 표준어를 소리대로 적되, 어법에 맞도록 함을 원칙으로 한다.❶
제2항	문장의 각 단어는 띄어 씀을 원칙으로 한다.❷
제3항	외래어는 '외래어 표기법'에 따라 적는다.

2 자모

제4항	한글 자모의 수는 스물넉 자로 하고, 그 순서와 이름은 다음과 같이 정한다.❸

ㄱ(기역) ㄴ(니은) ㄷ(디귿) ㄹ(리을) ㅁ(미음)
ㅂ(비읍) ㅅ(시옷) ㅇ(이응) ㅈ(지읒) ㅊ(치읓)
ㅋ(키읔) ㅌ(티읕) ㅍ(피읖) ㅎ(히읗)
ㅏ(아) ㅑ(야) ㅓ(어) ㅕ(여) ㅗ(오)
ㅛ(요) ㅜ(우) ㅠ(유) ㅡ(으) ㅣ(이)

[붙임 1] **위의 자모로써 적을 수 없는 소리는 두 개 이상의 자모를 어울러서 적되, 그 순서와 이름은 다음과 같이 정한다.**❹

ㄲ(쌍기역) ㄸ(쌍디귿) ㅃ(쌍비읍) ㅆ(쌍시옷) ㅉ(쌍지읒)
ㅐ(애) ㅒ(얘) ㅔ(에) ㅖ(예) ㅘ(와)
ㅙ(왜) ㅚ(외) ㅝ(워) ㅞ(웨) ㅟ(위) ㅢ(의)

[붙임 2] **사전에 올릴 적의 자모 순서는 다음과 같이 정한다.**

자음(초성): ㄱ ㄲ ㄴ ㄷ ㄸ ㄹ ㅁ ㅂ ㅃ ㅅ ㅆ ㅇ ㅈ ㅉ ㅊ ㅋ ㅌ ㅍ ㅎ

모음(중성): ㅏ ㅐ ㅑ ㅒ ㅓ ㅔ ㅕ ㅖ ㅗ ㅘ ㅙ ㅚ ㅛ ㅜ ㅝ ㅞ ㅟ ㅠ ㅡ ㅢ ㅣ

* 받침(종성): ㄱ, ㄲ, ㄳ, ㄴ, ㄵ, ㄶ, ㄷ, ㄹ, ㄺ, ㄻ, ㄼ, ㄽ, ㄾ, ㄿ, ㅀ, ㅁ, ㅂ, ㅄ, ㅅ, ㅆ, ㅇ, ㅈ, ㅊ, ㅋ, ㅌ, ㅍ, ㅎ

기출 확인

㉠~㉣을 사전에 올릴 때 '한글 맞춤법 규정'에 따른 순서로 적절한 것은? 2020 국가직 9급

㉠ 곬 ㉡ 규탄 ㉢ 곳간 ㉣ 광명

① ㉠ → ㉢ → ㉡ → ㉣
② ㉠ → ㉢ → ㉣ → ㉡
③ ㉢ → ㉠ → ㉡ → ㉣
④ ㉢ → ㉠ → ㉣ → ㉡

★ 2018년 12월 국립국어원에서 발표한 〈한글 맞춤법〉 해설안을 반영하여 수록하였다.

❶ **제1항의 원칙과 근거**
〈한글 맞춤법〉은 두 가지 원칙에 따라 음성 언어인 표준어를 표음 문자인 '한글'로 올바르게 적는 방법이다.
1. '표준어를 소리대로 적되'
→ 표음(表音)주의
→ 소리와 표기 일치
→ 소리 중시
예 설거지, 두루마기, 너무, 자주, 비로소, 누더기 등
2. '어법에 맞도록 함'
→ 표의(表意)주의(원형을 밝힘.)
* 뜻을 파악하기 쉽게 각 형태소의 본 모양을 밝혀 적는다는 의미
→ 소리와 표기 불일치
→ 의미 중시
예 오뚝이, 넓적다리, 만듦, 커다랗다, 벼훑이 등
cf 얽히고설키다
→ '얽히고'는 표의적 표기
→ '설키다'는 표음적 표기

❷ 조사는 단어이지만 앞말에 붙여 쓴다.

❸ **한글 자모의 명칭과 순서**
1527년(중종 22) 최세진의 《훈몽자회(訓蒙字會)》에서 처음 명칭을 정하였고 한글 자모의 순서를 정리하였다. 자모의 명칭과 순서는 지금과 유사하다.
→ 한글 창제 당시에는 28자. 다만, 'ㆆ, ㅿ, ㆁ, ㆍ'가 소실되고 현재 24자만 남았다.
cf 북한의 경우 통일성을 근거로 '기윽, 디읃, 시읏'으로 한다.

❹ 실제로 운용되는 자모의 개수는 40개이다(자음 19, 단모음 10, 이중 모음 11).

해설 시험장이라면 모음의 순서가 'ㅗ, ㅛ, ㅜ, ㅠ'이므로 ㉡이 제일 마지막에 오는 ②, ④를 먼저 선택하고, 그 가운데 ㉠, ㉢의 순서를 구별하여 답을 선택해야 한다.

1단계	['곬'과 '곳간'의 순서] '곬'과 '곳간'은 '고'는 같고 받침만 다르다. 'ㄳ'와 'ㅅ' 중 사전 등재 순서가 앞에 오는 것은 'ㄳ'이다.
2단계	['규탄'과 '광명'의 순서] '규탄'과 '광명'은 초성의 'ㄱ'은 같고 모음만 다르다. 모음 'ㅠ'와 'ㅘ' 중 사전 등재 순서가 앞에 오는 것은 'ㅘ'이다.
3단계	['ㅗ'와 'ㅘ'의 순서] 모음의 사전 등재 순서는 "ㅏ, ㅐ, ㅑ, ㅒ, ㅓ, ㅔ, ㅕ, ㅖ, ㅗ, ㅘ, ㅙ, ㅚ, ㅛ, ㅜ, ㅝ, ㅞ, ㅟ, ㅠ, ㅡ, ㅢ, ㅣ"이다. 'ㅗ' 뒤에 'ㅘ'가 온다.

따라서 종합하면 '곬(㉠) → 곳간(㉢) → 광명(㉣) → 규탄(㉡)'으로 배열된다.

정답 ②

3 소리에 관한 것

제1절 된소리

제5항	한 단어 안에서 뚜렷한 까닭 없이 나는 된소리는 다음 음절의 첫소리를 된소리로 적는다.

1. 두 모음 사이에서 나는 된소리

소쩍새	어깨	오빠	으뜸
아끼다	기쁘다	깨끗하다	어떠하다
해쓱하다	가끔	거꾸로	부썩
어찌	이따금		

2. 'ㄴ, ㄹ, ㅁ, ㅇ' 받침 뒤에서 나는 된소리

산뜻하다	잔뜩	살짝	훨씬
담뿍	움찔	몽땅	엉뚱하다
단짝	번쩍	물씬	절뚝거리다
듬뿍	함빡	껑뚱하다	뭉뚱그리다

다만, **'ㄱ, ㅂ' 받침 뒤에서 나는 된소리는, 같은 음절이나 비슷한 음절이 겹쳐 나는 경우가 아니면 된소리로 적지 아니한다.**

국수	깍두기	딱지	색시
싹둑(~싹둑)	법석	갑자기	몹시

* 같은 음절이나 비슷한 음절이 겹쳐 나는 경우는 예외

예 똑똑하다, 쓱싹쓱싹, 쌉쌀하다, 짭짤하다, 똑딱똑딱, 딱따구리

★ 된소리 표기가 바른 경우

깡다구, 찌푸리다, 쌍꺼풀, 쌍까풀, 태껸, 결딴나다, 혼쭐나다, 혼꾸멍나다, 어쭙잖다, 장딴지, 꺼림칙하다, 께름칙하다, 생뚱맞다, 먼지떨이, 재떨이, 널빤지, 붓두껍, 잔뜩, 곱빼기, 일꾼, 일쑤, 옴짝달싹, 털썩, 말짱

★ 예사소리 표기가 바른 경우

철석(鐵石), 시끌벅적, 왁자지껄, 뚝배기, 싹둑, 북적거리다/북적대다, 법석/야단법석/법석거리다/법석대다, 덥석, 욱신거리다

cf 문득[문뜩] [단, 문뜩(○), 무뜩(○)]

제2절 구개음화

제6항	'ㄷ, ㅌ' 받침 뒤에 종속적 관계를 가진 '-이(-)'나 '-히-'가 올 적에는, 그 'ㄷ, ㅌ'이 'ㅈ, ㅊ'으로 소리 나더라도 'ㄷ, ㅌ'으로 적는다.❶

맏이	해돋이	굳이	같이
끝이	핥이다	걷히다	닫히다
묻히다			

* 구개음화에 관한 규정이다. 발음은 구개음화가 이루어진 형태로 하지만, 바뀐 발음을 표기에는 반영하지 않는다.

* 종속적 관계란, 실질 형태소와 형식 형태소(조사, 어미, 접사)의 결합을 의미한다. 형식 형태소는 실질 형태소에 종속되는 요소이기 때문이다.

❶ · 낱낱이[난:나치]
· 벼훑이[벼훌치]
· 살붙이[살부치]
· 붙이다[부치다]

제3절 'ㄷ' 소리 받침

제7항	'ㄷ' 소리로 나는 받침 중에서 'ㄷ'으로 적을 근거가 없는 것은 'ㅅ'으로 적는다.

덧저고리	돗자리	엇셈	웃어른
핫옷	무릇	사뭇	얼핏
자칫하면	뭇[衆]	옛	첫
헛			

★ 소리는 같지만, 표기가 다른 단어

- 걷히다 : '걷다'의 피동 / 거치다 : 꺼리다, 들르다
- 닫히다 : '닫다'의 피동 / 다치다 : 상처를 입다.
- 묻히다 : '묻다'의 사동·피동 / 무치다 : 뒤섞다

제4절 모음

제8항	'계, 례❶, 몌, 폐, 혜'의 'ㅖ'는 'ㅔ'로 소리 나는 경우가 있더라도 'ㅖ'로 적는다.❷

계수(桂樹)　사례(謝禮)　연몌(連袂)❸　폐품(廢品)
혜택(惠澤)　계집　핑계　계시다

다만, **다음 말은 본음대로 적는다.❹**

게송(偈頌)　게시판(揭示板)　휴게실(休憩室)

제9항	'의'나, 자음을 첫소리로 가지고 있는 음절의 'ㅢ'는 'ㅣ'로 소리 나는 경우가 있더라도 'ㅢ'로 적는다.[+]

의의(意義)　본의(本義)　무늬[紋]　보늬❺
오늬❻　하늬바람　늴리리❼　닁큼
띄어쓰기　씌어　틔어　희망(希望)
희다　유희(遊戲)

제5절 두음 법칙❽

제10항	한자음 '녀, 뇨, 뉴, 니'가 단어 첫머리에 올 적에는, 두음 법칙에 따라 '여, 요, 유, 이'로 적는다.❾

바른 표기(○)	틀린 표기(×)	바른 표기(○)	틀린 표기(×)
여자(女子)	녀자	**유대(紐帶)**	뉴대
연세(年歲)	년세	**이토(泥土)**	니토
요소(尿素)	뇨소	**익명(匿名)**	닉명

다만, **다음과 같은 의존 명사에서는 '냐, 녀' 음을 인정한다.**

냥(兩)　냥쭝(兩-)　년(年)(몇 년)

* 의존 명사로 쓰이지 않을 때는 두음 법칙이 적용된다.❿

[붙임 1] **단어의 첫머리 이외의 경우에는 본음대로 적는다.**

남녀(男女)　당뇨(糖尿)　결뉴(結紐)　은닉(隱匿)

[붙임 2] **접두사처럼 쓰이는 한자가 붙어서 된 말이나 합성어에서, 뒷말의 첫소리가 'ㄴ' 소리로 나더라도 두음 법칙에 따라 적는다.⓫**

신여성(新女性)　공염불(空念佛)　남존여비(男尊女卑)

[붙임 3] **둘 이상의 단어로 이루어진 고유 명사를 붙여 쓰는 경우에도** [붙임 2]**에 준하여 적는다.**

한국여자대학　대한요소비료회사

❶ '예, 례'는 [예, 례]로만 발음한다. 따라서 해당 항의 설명은 일부 오류를 포함하고 있다.

❷ **주의!** 으례(×)', '켸켸묵다(×)'는 단모음화한 형태로, '으레', '케케묵다'로 표기하고, [으레/케케묵따]로 발음한다.

❸ **연몌:** 나란히 서서 함께 가거나 옴. 행동을 같이 함.

❹ **偈(쉴 게), 揭(들 게), 憩(쉴 게)**
- 偈: 게구(偈句)
- 揭: 게방(揭榜), 게양(揭揚), 게재(揭載), 게판(揭板)(= 게시판)
- 憩: 게류(憩流), 게식(憩息), 게휴(憩休)

cf · 계제(階梯): 사다리. 일의 순서나 단계 혹은 절차
　· 계발(啓發): 슬기나 재능, 사상 따위를 일깨워 줌.

[+] TIP

'의' 발음
- 첫소리 [ㅢ]
- 2음절 이하 [ㅢ/ㅣ]
- 관형격 조사 [ㅢ/ㅔ]
- 자음 뒤 [ㅣ]

❺ **보늬:** 밤이나 도토리 따위의 속껍질

❻ **오늬:** 화살의 머리를 활시위에 끼도록 에어 낸 부분

cf · 오누이/오누/오뉘(○)
　· 시누이/시누/시뉘(○)

❼ **늴리리:** 퉁소, 나발, 피리 따위 관악기의 소리를 흉내낸 소리

❽ **두음 법칙**
→ 표기에 반영된다.

❾ **첫소리에 제한이 있다.**

예 · 녀자(×) → 여자(○)
　· 리발(×) → 이발(○)

❿ **명사 '연(年)'**

예 · 연 1회 회비를 납부한다.
　· 연 강수량
　· 연 12%의 이자율

⓫ 복합어의 경우, 뒷말의 첫소리에도 제한이 있다.

예 신-녀성(×) → 신-여성(○)

* 신년도, 구년도, 내년도
→ '신년-도, 구년-도, 내년-도'의 구조이므로 두음 법칙이 적용되지 않는다.

❶ 란(欄), 량(量), 룡(龍), 릉(陵), 뇨(尿)
→ 한자어 + '란, 량, 룡, 릉, 뇨'
고유어, 외래어 + '난, 양, 용, 능, 요'

한자어+☆	고유어+☆ 외래어+☆
학습란 사회란 독자란	어머니난 가십난 토픽난
노동량 수출량	일양 구름양 알칼리양
쌍룡 구룡반도 청룡	아기용
왕릉 태릉	아기능
당뇨	고름요 알칼리요

제11항	한자음 '랴, 려, 례, 료, 류, 리'가 단어의 첫머리에 올 적에는, 두음 법칙에 따라 '야, 여, 예, 요, 유, 이'로 적는다.❶

바른 표기(○)	틀린 표기(×)	바른 표기(○)	틀린 표기(×)
양심(良心)	량심	**용궁(龍宮)**	룡궁
역사(歷史)	력사	**유행(流行)**	류행
예의(禮儀)	례의	**이발(理髮)**	리발

다만, **다음과 같은** 의존 명사**는 본음대로 적는다.**

리(里): 몇 리냐?　　　　리(理): 그럴 리가 없다.

[붙임 1] **단어의 첫머리 이외의 경우에는 본음대로 적는다.**

개량(改良)　선량(善良)　수력(水力)　협력(協力)
사례(謝禮)　혼례(婚禮)　와룡(臥龍)　쌍룡(雙龍)
하류(下流)　급류(急流)　도리(道理)　진리(眞理)

다만, **모음이나 'ㄴ' 받침 뒤에 이어지는 '렬, 률'은 '열, 율'로 적는다.**

나열(羅列)　치열(齒列)　비열(卑劣)　규율(規律)
비율(比率)　실패율(失敗率)　분열(分裂)　선열(先烈)
진열(陳列)　선율(旋律)　전율(戰慄)　백분율(百分率)

혜원通　모음, 'ㄴ'(받침) + 렬, 률 → '열, 율'

- 할인 + 률 → 할인율　・비 + 률 → 비율　・치 + 렬 → 치열

* 그 이외의 경우: 합격률, 인상률, 기각률, 법률, 저축률, 명중률

cf '방열복(防熱服, '熱'의 원 훈음이 '더울 열')'의 경우와 같이 원음이 '렬, 률'이 아닌 경우에는 이 규칙이 적용되지 않는다.

★ **이름과 두음 법칙**
- 이름은 두음 법칙이 적용되는 것이 원칙이다.
- '신입, 최인, 채윤, 하윤'의 경우, 현실 발음인 [실립, 최린, 채륜, 하륜]과 차이가 크기 때문에 예외적으로 '신립, 최린, 채륜, 하륜'을 인정한 것이다.
  cf '金樂'은 '김낙'으로만 적는다.

[붙임 2] **외자로 된 이름을 성에 붙여 쓸 경우에도 본음대로 적을 수 있다.**

신립(申砬)❷　최린(崔麟)　채륜(蔡倫)　하륜(河崙)

[붙임 3] 준말**에서 본음으로 소리 나는 것은 본음대로 적는다.**

국련(국제 연합)❸　　한시련(한국 시각 장애인 연합회)

[붙임 4] **접두사처럼 쓰이는 한자가 붙어서 된 말이나 합성어에서, 뒷말의 첫소리가 'ㄴ' 또는 'ㄹ' 소리로 나더라도 두음 법칙에 따라 적는다.**❹

역이용(逆利用)　연이율(年利率)　열역학(熱力學)　해외여행(海外旅行)

[붙임 5] **둘 이상의 단어로 이루어진 고유 명사를 붙여 쓰는 경우나 십진법에 따라 쓰는 수(數)도** [붙임 4]**에 준하여 적는다.**

서울여관　신흥이발관　육천육백육십육(六千六百六十六)

❷ 신립(○), 신입(○)

❸ '국제 연합'은 두 개의 단어로 인식되는 반면, 이것 줄어진 '국련'은 하나의 단어로 인식되기 때문에 뒤 한자의 음은 두음 법칙이 적용되지 않고 본음으로 적는다.

❹ [붙임 4] **추가 예**
몰-이해(沒理解), 청-요리(淸料理), 생-육신(生六臣), 사-육신(死六臣), 선-이자(先利子), 무실-역행(務實力行), 수학-여행(修學旅行), 불-이행(不履行), 등-용문(登龍門), 과-인산(過燐酸), 총-유탄(銃榴彈)
다만, 발음이 본음대로 굳어진 것은 본음대로 적는다.
예 수류탄(手榴彈), 파렴치(破廉恥)

제12항	한자음 '라, 래, 로, 뢰, 루, 르'가 단어의 첫머리에 올 적에는, 두음 법칙에 따라 '나, 내, 노, 뇌, 누, 느'로 적는다.

바른 표기(○)	틀린 표기(×)	바른 표기(○)	틀린 표기(×)
낙원(樂園)	락원	**뇌성(雷聲)**	뢰성
내일(來日)	래일	**누각(樓閣)**	루각
노인(老人)	로인	**능묘(陵墓)**	릉묘

[붙임 1] **단어의 첫머리 이외의 경우에는 본음대로 적는다.**❶

쾌락(快樂) 극락(極樂) 거래(去來) 왕래(往來)
부로(父老) 연로(年老) 지뢰(地雷) 낙뢰(落雷)
고루(高樓) 광한루(廣寒樓) 동구릉(東九陵) 가정란(家庭欄)

[붙임 2] **접두사처럼 쓰이는 한자가 붙어서 된 단어는 뒷말을 두음 법칙에 따라 적는다.**❷

내내월(來來月) 상노인(上老人) 중노동(重勞動) 비논리적(非論理的)

제6절 겹쳐 나는 소리

제13항	한 단어 안에서 같은 음절이나 비슷한 음절이 겹쳐 나는 부분은 같은 글자로 적는다.

바른 표기(○)	틀린 표기(×)	바른 표기(○)	틀린 표기(×)
딱딱	딱닥	**꼿꼿하다**	꼿곳하다
쌕쌕	쌕색	**놀놀하다**❹	놀롤하다
씩씩	씩식	**눅눅하다**	눙눅하다
똑딱똑딱	똑닥똑닥	**밋밋하다**❺	민밋하다
쓱싹쓱싹	쓱삭쓱삭	**싹싹하다**	싹삭하다
연연불망(戀戀不忘)❸	연련불망	**쌉쌀하다**	쌉살하다
유유상종(類類相從)	유류상종	**씁쓸하다**	씁슬하다
누누이(屢屢-)	누루이	**짭짤하다**	짭잘하다

기출 확인

맞춤법에 맞는 것만으로 묶은 것은? 2021 국가직 9급

① 돌나물, 꼭지점, 페트병, 낚시꾼
② 흡입량, 구름양, 정답란, 칼럼난
③ 오뚝이, 싸라기, 법석, 딱다구리
④ 찻간(車間), 홧병(火病), 셋방(貰房), 곳간(庫間)

해설 '量(헤아릴 량)', '欄(난간 란)'이 단어 첫머리 이외의 경우는 두음 법칙이 적용되지 않으므로, 본음인 '량', '란'으로 적는다. 한편, 고유어나 외래어 뒤에 결합한 한자어는 독립적인 한 단어로 인식이 되기 때문에 두음 법칙이 적용된다. 따라서 고유어나 외래어 뒤에 올 때는 두음 법칙이 적용되어 각각 '양'과 '난'으로 적는다.한자어 '흡입(吸入)', '정답(正答)'과 결합할 때는 각각 두음 법칙이 적용되지 않은 형태인 '흡입량', '정답란'으로 적는다. 다만, 고유어 '구름'과 외래어 '칼럼'과 결합할 때는 두음 법칙이 적용된 형태인 '구름양', '칼럼난'으로 적는다.
따라서 ②의 '흡입량, 구름양, 정답란, 칼럼난'은 모두 맞춤법에 맞는 표기이다.

오답 ① 꼭지점 → 꼭짓점 ③ 딱다구리 → 딱따구리 ④ 홧병(火病) → 화병(火病)

정답 ②

★ · 한자어 + 한자어
→ 두음 법칙 미적용
예 · 중(重)- 량(量)
· 지방(脂肪)-뇨(尿)
· 고유어, 외래어 + 한자어
→ 두음 법칙 적용
예 · 구름-양(量)[雲量], 알칼리-양(量), 일-양(量)
· 고름-요(尿), 알칼리-요(尿)

❶ **[붙임 1] 추가 예**
강릉(江陵), 태릉(泰陵), 서 - 오릉(西五陵), 공란(空欄), 답란(答欄), 투고 - 란(投稿欄), 소립 - 자(素粒子), 미립 - 자(微粒子), 고랭 - 지(高冷地)

❷ **[붙임 2] 추가 예**
사상 - 누각(沙上樓閣), 육체 - 노동(肉體勞動), 부화 - 뇌동(附和雷同), 실 - 낙원(失樂園), 반 - 나체(半裸體)

❸ **연연불망 :** 그리워서 잊지 못함.
cf 염념불망(念念不忘): 자꾸 생각이 나서 잊지 못함.

❹ **놀놀하다**
1. 털이나 풀 따위의 빛깔이 노르스름하다.
2. 만만하며 보잘것없다.

❺ **밋밋하다[민미타다]**
1. 생김새가 미끈하고 곧고 길다.
2. 평범하다.

★ **같거나 비슷한 음절이 겹쳐 나는 단어**
· 두음 법칙이 적용되지 않는 예
예 연연불망, 유유상종, 누누이
· 두음 법칙이 적용된 예
예 연년생(年年生), 냉랭(冷冷)하다, 역력(歷歷)하다, 녹록(碌碌)하다, 늠름(凜凜)하다, 염념불망(念念不忘), 적나라(赤裸裸)하다, 낭랑(朗朗)하다
cf 〈한글 맞춤법〉 제5항 다만

같은 음절이나 비슷한 절이 겹쳐 나는 경우가 아니면 된소리로 적지 아니한다.
예 싹둑

4 형태에 관한 것

제1절 체언과 조사

❶ 체언과 조사, 어간과 어미를 구별하여 적는 것은 표의적·형태 음소적 표기이다. 이를 통해 단어의 의미를 쉽게 파악할 수 있다.

제14항	체언은 조사와 구별하여 적는다.❶

넋이	넋을	넋에	넋도	넋만
흙이	흙을	흙에	흙도	흙만
삶이	삶을	삶에	삶도	삶만
여덟이	여덟을	여덟에	여덟도	여덟만
곬이	곬을	곬에	곬도	곬만
값이	값을	값에	값도	값만

제2절 어간과 어미

제15항	용언의 어간과 어미는 구별하여 적는다.

좇다	좇고	좇아	좇으니
훑다	훑고	훑어	훑으니
읊다	읊고	읊어	읊으니

[붙임 1] **두 개의 용언이 어울려 한 개의 용언이 될 적에, 앞말의 본뜻이 유지되고 있는 것은 그 원형을 밝히어 적고, 그 본뜻에서 멀어진 것은 밝히어 적지 아니한다.**

(1) 앞말의 본뜻이 유지되고 있는 것

넘어지다 늘어나다 늘어지다 돌아가다 되짚어가다
들어가다 떨어지다 벌어지다 엎어지다 접어들다
틀어지다 흩어지다

(2) 본뜻에서 멀어진 것❷

드러나다 사라지다 쓰러지다 부서지다❸ 불거지다
자빠지다

❷ [붙임 1-(2)] **추가 예**
나타나다, 바라보다, 바라지다[坼], 배라먹다[乞食], 부러지다[折], 자라나다[長], 토라지다[少滯, 조금 체하다.]

❸ 주의! 부숴지다(×), 부서지다(○)
단, 부서뜨리다 = 부서트리다(○)

[붙임 2] 종결형**에서 사용되는 어미 '-오'는 '요'로 소리 나는 경우가 있더라도 그 원형을 밝혀 '오'로 적는다.**

바른 표기(○)	틀린 표기(×)	바른 표기(○)	틀린 표기(×)
이것은 책이오.	이것은 책이요.	**이리로 오시오.**	이리로 오시요.
이것은 책이 아니오.	이것은 책이 아니요.		

[붙임 3] 연결형**에서 사용되는 '이요'는** '이요'**로 적는다.**

바른 표기(○)	틀린 표기(×)
이것은 책이요, 저것은 붓이요, 또 저것은 먹이다.	이것은 책이오, 저것은 붓이오, 또 저것은 먹이다.

혜원通 -오 vs -요

구분	형태	용례
-오	종결 어미(생략 불가)	이것은 책이오.
-요	연결 어미(생략 불가)	이것은 책이요, 저것은 붓이요, 또 저것은 먹이오.
	상대 높임 보조사(생략 가능)	제가 밑줄 친 부분을 읽어요?/ 아니요, 그 다음 줄을 읽어요.

제16항	어간의 끝음절 모음이 'ㅏ, ㅗ'일 때에는 어미를 '-아'로 적고, 그 밖의 모음일 때에는 '-어'로 적는다. (→ 모음 조화)❶

1. **'-아'로 적는 경우:** 나아, 얇아, 보아, 막아, 돌아

2. **'-어'로 적는 경우:** 개어, 되어, 쉬어, 주어, 희어, 겪어, 베어, 저어, 피어

제17항	어미 뒤에 덧붙는 조사 '요'는 '요'로 적는다.

읽어	읽어요	참으리	참으리요	좋지	좋지요

제18항	다음과 같은 용언들은 어미가 바뀔 경우, 그 어간이나 어미가 원칙에 벗어나면 벗어나는 대로 적는다.

1. **어간의 끝 'ㄹ'이 줄어지는 경우:** 'ㄹ' 탈락(규칙), 어간의 끝 'ㄹ'이 'ㄴ, ㄹ, ㅂ, 시, 오' 앞에서 탈락

갈다:	가니	간	갑니다	가시다	가오
놀다:	노니	논	놉니다	노시다	노오
불다:	부니	분	붑니다	부시다	부오
둥글다:	둥그니	둥근	둥급니다	둥그시다	둥그오
어질다:	어지니	어진	어집니다	어지시다	어지오

[붙임] **다음과 같은 말에서도 'ㄹ'이 준 대로 적는다.**

마지못하다(형용사)	마지않다(보조 동사)	(하)다마다(= 고말고)(어미)
(하)자마자(어미)	(하)지 마라❷	(하)지 마(아)

* 간접 명령, 간접 인용: '말라' 예 내일을 기대하지 말라.(○)/먹지 말라고 했어.(○)
* 직접 명령, 직접 인용: '마라' 예 떠나지 마라.(○)/"떠나지 마라."라고 했어.(○)

2. **어간의 끝 'ㅅ'이 줄어지는 경우:** 'ㅅ' 불규칙

긋다:	그어	그으니	그었다	낫다:	나아	나으니	나았다
잇다:	이어	이으니	이었다	짓다:	지어	지으니	지었다

* 'ㅅ' 불규칙 용언: 모음 앞에서 'ㅅ'이 탈락한다. 예 긋다, 낫다, 붓다, 잇다, 잣다, 젓다, 짓다
* 'ㅅ' 규칙 용언: 'ㅅ'이 줄지 않고, 규칙 활용한다. 예 벗다, 빗다, 빼앗다, 솟다, 씻다, 웃다

3. **어간의 끝 'ㅎ'이 줄어지는 경우:** 'ㅎ' 불규칙

그렇다:	그러니	그럴	그러면	그러오
까맣다:	까마니	까말	까마면	까마오
동그랗다:	동그라니	동그랄	동그라면	동그라오
퍼렇다:	퍼러니	퍼럴	퍼러면	퍼러오
하얗다:	하야니	하얄	하야면	하야오

'ㅎ' 불규칙의 예

- 그렇다 - 그렇소 - 그런 - 그래⊕ - 그랬다
- 누렇다 - 누렇소 - 누런 - 누레 - 누렜다 - 누레지다
- 조그맣다 - 조그맣소 - 조그만 - 조그매 - 조그맸다
- 커다랗다 - 커다랗소 - 커다란 - 커다래 - 커다랬다
- 퍼렇다 - 퍼렇소 - 퍼런 - 퍼레 - 퍼렜다
- 허옇다 - 허옇소 - 허연 - 허예 - 허옜다
- 하얗 + ㅂ니다 = 하얗습니다
- 하얗 + 았 + ㅂ니다 = 하얬습니다

* · 형용사는 '좋다'를 제외하면 모두 'ㅎ' 불규칙 용언이다. → 동사는 모두 규칙 활용을 한다.
  · 규칙 활용 예 좋다: 좋으니, 좋은, 좋으면, 좋아
* 종결 어미 '-네, -니, -냐'가 붙으면 '하얗네/하야네, 하얗니/하야니, 하얗냐/하야냐' 모두 가능

❶ 모음 조화는 'ㆍ(아래아)'의 소실로 철저하게 지켜지고 있지는 않으나, 어간과 어미의 결합에서는 비교적 잘 지켜지고 있다.
예 막아(○), 얇아(○), 바빠(○)
→ [막어](×), [얇어](×), [바뻐](×)

모음 조화 공식

- 어간 'ㅏ(ㅑ), ㅗ' + 아
- 'ㅏ(ㅑ), ㅗ' 이외의 어간 + 어

어간이 'ㅏ(ㅑ), ㅗ'인 경우에만 모음 어미 '-아'를 취하고 나머지 어간은 '-어'를 취한다.

283쪽 참조

연결 어미 '-요'와 보조사 '요' 구별

보조사는 수의적 성분이기 때문에 생략이 가능하다. 따라서 '요'가 없어도 문장이 성립되면 보조사, 그렇지 않으면 연결 어미이다.
예 · 나는요, 과일을요, 먹어요.(보조사)
· 이것은 책이요, 저것은 사전이요, 모두가 좋구나.(연결 어미)

TIP

원칙에서 벗어나는 경우
- 어간의 모양이 달라지는 것
  예 싣다 - 싣는 - 실어
- 어미의 모양이 달라지는 것
  예 하다 - 하고 - 하여
- 어간과 어미의 모양이 달라지는 것
  예 파랗다 - 파래(파랗- + -아)

TIP

머지않다 vs 못지않다
- 머지않다(형용사)
  예 머지않아 공무원이 되겠어.
  cf 우리 집이 멀지∨않아.
- 못지않다(형용사)
  예 그림 실력이 화가 못지않다.

❷ **'말다'의 활용형**
- 말-+-아라(직접 명령형 어미)
  → 마라/말아라
  예 휴지를 함부로 버리지 마라/말아라.
- 말-+-아(직접 명령형 어미) → 마/말아
  예 너무 걱정하지 마/말아.
- 말-+-라(간접 명령형 어미) → 말라
  예 · 나의 일을 남에게 미루지 말라.
  (간접 명령문)
  · 실내에서 떠들지 말라고 했다.
  (간접 인용문)

* '말라'는 구체적으로 청자가 정해지지 않은 간접 명령문, 간접 인용문에서 사용한다.

TIP

'노랗다, 누렇다'는 어미 끝음절 모음에 따라 '-아/-어'와 결합할 때 '노래, 누레'로 활용하지만, '그렇다, 이렇다, 저렇다'는 '그래, 이래, 저래'로 일관되게 활용한다.

노랗다

- -ㄴ(은) → 노란
- -(으)니 → 노라니
- -아 → 노래
- -아지다 → 노래지다
- -네(종결 어미) → 노라네/노랗네
- -니(종결 어미) → 노라니/노랗니
- -냐(종결 어미) → 노라냐/노랗냐

* 연결 어미로 쓰인 '-니'와 결합한 경우에는 '노라니'만 가능하다.
  예 개나리가 노라니(○)/노랗니(×) 봄이로구나.

'ㅡ'가 나타나지 않는 경우는 'ㄹ' 탈락과 마찬가지로 일정한 환경에서 예외 없이 'ㅡ'가 탈락한다는 점에서 다른 불규칙 활용과 차이가 있다. 따라서 'ㅇ' 탈락을 일반적으로 규칙 활용으로 본다.
'ㄹ' 탈락, 'ㅇ' 탈락을 불규칙 활용으로 보는 견해가 일부 존재하나 본 교재는 학교 문법에 준하여 규칙 활용으로 보았다.

4. 어간의 끝 'ㅜ, ㅡ'가 줄어지는 경우: 'ㅜ' 불규칙, 'ㅇ' 탈락(규칙)

푸다:	퍼	펐다	뜨다:	떠	떴다
끄다:	꺼	껐다	크다:	커	컸다
담그다:	담가	담갔다	고프다:	고파	고팠다
따르다:	따라	따랐다	바쁘다:	바빠	바빴다

'ㅇ' 탈락(규칙 활용)의 예

- 잠그다 - 잠가 - 잠가라 - 잠갔다
- 치르다 - 치러 - 치러라 - 치렀다
- 들르다 - 들러 - 들러라 - 들렀다
- 노느다 - 노나 - 노나라 - 노났다
- 잇따르다 - 잇따라 - 잇따랐다
- 다다르다 - 다다라 - 다다랐다

cf 'ㄹ' 불규칙: 흐르다 - 흘러, 오르다 - 올라

- ┌ 걷다[步] ('ㄷ' 불규칙)
  → 걷다 - 걷고 - 걷지 - 걸어 - 걷는 - 걸으니
  └ 걷다[收, 撤] ('ㄷ' 규칙)
  → 걷다 - 걷고 - 걷지 - 걷어 - 걷는 - 걷으니
- ┌ 닫다(빨리 뛰어가다) ('ㄷ' 불규칙)
  → 닫다 - 닫고 - 닫지 - 달아 - 닫는 - 달으니
  └ 닫다[閉] ('ㄷ' 규칙)
  → 닫다 - 닫고 - 닫지 - 닫아 - 닫는 - 닫으니
- ┌ 묻다[問] ('ㄷ' 불규칙)
  → 묻다 - 묻고 - 묻지 - 물어 - 묻는 - 물으니
  └ 묻다[埋] ('ㄷ' 규칙)
  → 묻다 - 묻고 - 묻지 - 묻어 - 묻는 - 묻으니

5. 어간의 끝 'ㄷ'이 'ㄹ'로 바뀌는 경우: 'ㄷ' 불규칙

걷다[步]:	걸어	걸으니	걸었다	듣다[聽]:	들어	들으니	들었다
묻다[問]:	물어	물으니	물었다	싣다[載]:	실어	실으니	실었다

'ㄷ' 불규칙 용언의 예

긷다, 깨닫다, 눋다, 닫다(빨리 뛰다), 내닫다, 붇다, 일컫다

cf **'ㄷ' 규칙 용언:** 걷다[收, 撤], 닫다[閉], 돋다, 뜯다, 묻다[埋], 믿다, 받다, 벋다, 뻗다, 얻다, 곧다, 굳다

6. 어간의 끝 'ㅂ'이 'ㅜ'로 바뀌는 경우: 'ㅂ' 불규칙

깁다:	기워	기우니	기웠다	굽다[炙]:	구워	구우니	구웠다
가깝다:	가까워	가까우니	가까웠다	괴롭다:	괴로워	괴로우니	괴로웠다
맵다:	매워	매우니	매웠다	무겁다:	무거워	무거우니	무거웠다
밉다:	미워	미우니	미웠다	쉽다:	쉬워	쉬우니	쉬웠다

'ㅂ' 불규칙의 예

- 가볍다, 간지럽다, 노엽다, 더럽다, 덥다, 메스껍다, 미덥다, 사납다, 서럽다, 아니꼽다, 어둡다, 역겹다, 즐겁다, 지겹다, 차갑다, 춥다 등
- '어근 + -답다/-롭다/-스럽다(접사)' 유형
  - 꽃답다 - 꽃다운 - 꽃다워 - 꽃다우니
  - 슬기롭다 - 슬기로운 - 슬기로워 - 슬기로우니
  - 자연스럽다 - 자연스러운 - 자연스러워 - 자연스러우니
  - 자랑스럽다 - 자랑스러운 - 자랑스러워 - 자랑스러우니
  - 사랑스럽다 - 사랑스러운 - 사랑스러워 - 사랑스러우니

  * 어간의 끝 받침인 'ㅂ'을 탈락시켜 '자랑스런, 사랑스런'처럼 쓰기도 하지만, 이것은 틀린 표기로, 맞춤법에 맞는 표기는 'ㅂ'이 '우'로 변하는 형태인 '자랑스러운, 사랑스러운'이다.

'ㅂ' 규칙의 예

- 굽다[曲], 뽑다, 씹다, 업다, 입다, 잡다, 접다, 좁다, 집다 등

예 (허리가) 굽다 - 굽은 - 굽어 - 굽으니

다만, **'돕-, 곱-'과 같은 단음절 어간에 어미 '-아'가 결합되어 '와'로 소리 나는 것은 '-와'로 적는다.**

돕다[助]: 도와 도와서 도와도 도왔다

곱다[麗]: 고와 고와서 고와도 고왔다

모음이 'ㅗ'인 단음절 어간 + '아' → '와'

예 돕다(도와), 곱다(고와)

cf 이외의 경우 → '워' 예 괴롭다(괴로워), 아름답다(아름다워), 정답다(정다워)

7. '하다'의 활용에서 어미 '-아'가 '-여'로 바뀌는 경우: '여' 불규칙

하다: 하여(= 해) 하여서(= 해서) 하여도(= 해도) 하여라(= 해라) 하였다(= 했다)

* '-여'는 '-아/-어'의 형태론적 이형태이다.

〈한글 맞춤법〉 제34항 [붙임 2] 385쪽 참조

8. 어간의 끝음절 '르' 뒤에 오는 어미 '-어'가 '-러'로 바뀌는 경우: '러' 불규칙

이르다[至]: 이르러 이르렀다 노르다[黃]❶: 노르러 노르렀다

누르다[黃]❷: 누르러 누르렀다 푸르다[靑]: 푸르러 푸르렀다

cf '푸르르다'도 표준어다. 다만, '푸르르다 - 푸르르고 - 푸르러('으' 탈락) - 푸르렀다 - 푸르른'으로 활용한다.

❶ **노르다[黃]:** 달걀 노른자위의 빛깔과 같이 밝고 선명하다.

❷ **누르다[黃]:** 황금이나 놋쇠의 빛깔과 같이 다소 밝고 탁하다.

9. 어간의 끝음절 '르'의 'ㅡ'가 줄고, 그 뒤에 오는 어미 '-아/-어'가 '-라/-러'로 바뀌는 경우: '르' 불규칙

누르다(힘이나 무게를 가하다):	누르고	누르지	눌러	눌렀다
이르다(시간상 빠르다, 형용사/남에게 알리다, 동사):	이르고	이르지	일러	일렀다
가파르다:	가파르고	가파르지	가팔라	가팔랐다

TIP

'르'로 끝나는 어간에 피동·사동 접미사 '-이-'가 결합하는 경우에도 'ㄹ'이 덧붙는 현상이 있다.

예 · 가르다 - 가르-+-이-+다 → 갈리다
· 부르다 - 부르-+-이-+다 → 불리다
· 구르다 - 구르-+-이-+다 → 굴리다
· 오르다 - 오르-+-이-+다 → 올리다

'르' 불규칙의 예

- 빠르다 - 빠르고 - 빠르지 - 빨라 - 빨랐다
- 흐르다 - 흐르고 - 흐르지 - 흘러 - 흘렀다
- 고르다, 기르다, 너르다, 두르다, 마르다, 모르다, 사르다, 휘두르다, 추스르다, 주무르다, 타이르다, 무르다, 바르다, 올바르다, 가르다, 거르다, 구르다, 벼르다, 부르다, 오르다, 이르다, 지르다

'-거라/-너라' 불규칙의 소멸

예전에는 '가다'와 '오다'의 명령형은 명령형 어미 '-아라/-어라' 대신에 '-거라/-너라'를 사용한 '가거라', '오너라'만 표준어로 인정했다.

하지만 현재는 '-아라/-어라'와 '-거라/-너라'의 의미와 어감이 다르다고 보아 둘 다 표준어로 인정하였다. 따라서 명령형을 만들 때

· 동사 + ┌ -거라/-아라/-어라 → 직접 명령
　　　　└ -(으)라 → 간접 명령

· 오다 + ┌ -너라/-아라 → 직접 명령
　　　　└ -(으)라 → 간접 명령

예 · 가다 ┌ 가 + 거라 → 가거라 ┐ 직접 명령(O)
　　　　│ 가 + 아라 → 가라 ┘
　　　　└ 가 + 라 → 가라(O) → 간접 명령

· 오다 ┌ 오 + 너라 → 오너라 ┐ 직접 명령(O)
　　　│ 오 + 아라 → 와라 ┘
　　　└ 오 + 라 → 오라(O) → 간접 명령

· 먹다 ┌ 먹 + 거라 → 먹거라 ┐ 직접 명령(O)
　　　│ 먹 + 어라 → 먹어라 ┘
　　　└ 먹 + 으라 → 먹으라(O) → 간접 명령

* '거라/-너라'는 '-아라/-어라'에 비해 예스러운 느낌을 준다.

제3절 접미사가 붙어서 된 말

제19항	어간에 '-이'나 '-음/-ㅁ'이 붙어서 명사로 된 것과 '-이'나 '-히'가 붙어서 부사로 된 것은 그 어간의 원형을 밝히어 적는다.

1. '-이'가 붙어서 명사로 된 것

길-이	깊-이	높-이	다듬-이[1]
땀-받이	달-맞이	먹-이	미닫-이
벌-이	벼-훑이	살림-살이	쇠-붙이
굽이	귀걸이	귀밝이[2]	넓이
놀음놀이	더듬이	대뚫이	물받이
물뿜이	배앓이	뱃놀이	옷걸이
점박이	해돋이	호미씻이	휘묻이[3]

2. '-음/-ㅁ'이 붙어서 명사로 된 것

걸음[4]	묶음	믿음	얼음[5]
엮음	울음	웃음	졸음
죽음	앎[6]	갈음	게걸음
고기볶음	그을음	모질음	삶
솎음	수줍음	앙갚음	용솟음
판막음			

3. '-이'가 붙어서 부사로 된 것

같이	굳이	길이	높이
많이	실없-이	좋이	짓궂-이
곧이	끝없이	적이[7]	옳이[8]

* '같이'는 부사일 때는 띄어 쓰고, 조사일 때는 붙여 쓴다.

예 · 엄마와 같이 시장에 가다. (부사)
· 꽃같이 아름다운 얼굴 (조사)

4. '-히'가 붙어서 부사로 된 것

밝히[9]	익히	작히[10]

다만, **어간에 '-이'나 '-음'이 붙어서 명사로 바뀐 것이라도 그 어간의 뜻과 멀어진 것은 원형을 밝히어 적지 아니한다.**

굽도리	다리[髢]	목거리(목병)	무녀리
코끼리	거름(비료)	고름[膿]	노름(도박)[11]
너비	도리깨	빈털터리	

[붙임] **어간에 '-이'나 '-음' 이외의 모음으로 시작된 접미사가 붙어서 다른 품사로 바뀐 것은 그 어간의 원형을 밝히어 적지 아니한다.**

(1) 명사로 바뀐 것

귀-머거리(귀+먹+어리)	까마귀(깜+아귀)	너머(넘+어)
뜨더귀(뜯+어귀)	마감(막+암)	마개(막+애)
마중(맞+웅)	무덤(묻+엄)	비렁-뱅이(빌+엉+뱅이)
쓰레기(쓸+에기)	올가미(옭+아미)	주검(죽+엄)
도랑(돌+앙)	동그라미(동글+아미)	코-뚜레(코+뚫+에)
불겅-이(붉+엉이)	나머지(남+어지)	얼개(얽+애)
우스개(웃+으개)		

❶ cf 다듬잇방망이(○)

❷ **귀밝이:** 음력 정월 대보름날 아침에 마시는 술

❸ **휘묻이:** 식물의 가지를 휘어 그 한끝을 땅속에 묻어서 뿌리를 내리게 하는 인공 번식법

어간이 'ㄹ'로 끝나는 말의 명사형

예 · 살다 → 삶 · 알다 → 앎
· 갈다 → 갊 · 흔들다 → 흔듦
· 둥글다 → 둥긂 · 만들다 → 만듦
· 베풀다 → 베풂 · 줄어들다 → 줄어듦

❹ **걸음[步]:** 발을 옮기는 동작
cf **거름[肥料]**: 땅을 기름지게 하는 물질

❺ **얼음[氷]:** 물이 얼어서 굳어진 물질
cf **어름[物界]**: 두 사물의 끝이 맞닿은 자리

❻ **앎:** 아는 일
cf **알음**: 사람끼리 서로 아는 일/지식이나 지혜가 있음.

❼ **적이:** 부사. 꽤 어지간한 정도로

❽ **옳이:** 부사. 사리에 맞고 바르게/격식에 맞아 탓하거나 흠잡을 데가 없게

❾ **밝히:** 부사. 불빛 따위가 환하게/일정한 일에 대하여 똑똑하고 분명하게

❿ **작히:** 부사. '어찌 조금만큼만', '얼마나'의 뜻으로 희망이나 추측을 나타내는 말

⓫ **노름[賭博]:** 돈을 걸고 내기함.
cf **놀음[遊]**: 즐겁게 노는 일

본뜻을 유지하면 원형을 밝혀 적지만, 본뜻에서 멀어지면 소리대로 적는 것이 원칙이다.

	본뜻이 유지됨.	본뜻에서 멀어짐.
걸다	목걸이 (목에 거는 물건)	목거리 (목이 아픈 병)
놀다	놀음(놀이)	노름(돈내기)

* 단 〈불규칙 활용하는 어간+'-이/-음' → 발음이 변한 경우〉에는 발음대로 표기한다.

예 · 쉽- + -이[쉬비(×), 쉬이(○)] → 쉬이
· 서럽-+-움[서:러븜(×),서:러움(○)] → 서러움

(2) 부사로 바뀐 것

거뭇-거뭇(검+읏) 너무(넘+우)[1] 도로(돌+오)
뜨덤-뜨덤(뜯+엄) 바투(밭+우) 불긋-불긋(붉+읏)
비로소(비롯+오) 오긋-오긋(옥+읏) 자주(잦+우)
차마(참+아)[2] 주섬-주섬(줏+엄) 마주(맞+우)
모람-모람(몰+암, 몰아서) 미처(및+어)

(3) 조사로 바뀌어 뜻이 달라진 것

나마(남+아) 부터(붙+어) 조차(좇+아)

제20항	명사 뒤에 '-이'가 붙어서 된 말은 그 명사의 원형을 밝히어 적는다.[+]

1. 부사로 된 것: 명사 + 명사 + 이 → '명사 + 마다'의 의미

곳곳이 낱낱이 몫몫이[3] 샅샅이
앞앞이 집집이 간간이 겹겹이
눈눈이 땀땀이 번번이 옆옆이
줄줄이 첩첩이 틈틈이 다달이
나날이 철철이 구구절절이 사사건건이
사람사람이 골골샅샅이 길길이 참참이

- 짬짬이(부사): 짬이 나는 그때그때
  짬짜미(명사): 자기들끼리만 짜고 하는 약속
- 푼푼이(부사): 한 푼씩 한 푼씩
  푼푼히(부사): 모자람이 없이 넉넉하게
- 번번이(부사): 매 때마다
  번번히(부사): 번듯하게
- 자자이(부사): 글자 하나하나마다
  자자히(부사): 꾸준하게 부지런히

2. 명사로 된 것

곰배팔이 바둑이 삼발이 애꾸눈이
육손이 절뚝발이/절름발이

품사는 그대로이지만 의미가 바뀐 경우

각설이, 검정이, 고리눈이, 네눈이, 딸깍발이, 맹문이, 안달이, 얌전이, 억척이, 왕눈이, 외톨이, 외팔이, 우걱뿔이, 점잔이, 통방울이

예 · 각설(却說)(명사): 말이나 글에서 화제를 다른 쪽으로 돌림.
· 각설이(却說-)(명사): 장타령꾼

[붙임] **'-이' 이외의 모음으로 시작된 접미사가 붙어서 된 말은 그 명사의 원형을 밝히어 적지 아니한다.**

꼬락서니 끄트머리 모가치[4] 바가지
바깥 사타구니 싸라기[5] 이파리
지붕 지푸라기 짜개[6] 고랑
구렁 사태(고기) 소가지[7] 소댕
오라기 터럭

---

[1] **넘어, 너머, 너무**
- 국경을 넘어 들어가다.
  ('넘다'의 활용형 → 동사)
- 들창 너머 하늘이 보인다.
  (사물의 저쪽 → 명사)
- 너무 크다.
  (일정한 한계를 넘어선 상태로 → 부사)
* 긍정, 부정에 모두 쓸 수 있다.

[2] **참아, 차마**
- 괴로움을 참아 왔다.
  ('참다'의 활용형 → 동사)
- 차마 때릴 수는 없었다.
  (부끄럽거나 안타까워서 감히 → 부사)

TIP
'-이'가 결합하여 품사나 의미가 바뀌더라도 명사의 원래 의미와 '-이'의 의미는 일정하게 유지되기 때문이다.

[3] **몫몫이[몽목씨]:** 한 몫 한 몫으로

〈명사 + '-아치/-어치'〉의 결합 시 표기 방법
- **모가치[← 목('몫'의 옛말)+아치]:** 실제 발음 [모가치]에 따라 표기도 '모가치'로 한다.
- **값어치(← 값+어치):** [가버치], 〈한글 맞춤법〉 제20항 [붙임]의 규정에 따르면 '갑서치'로 적어야 하나, 명사 '값'이 독립적으로 쓰이고 '-어치'도 '백 원어치' 등의 형태로 비교적 널리 쓰여 왔다는 점에서 '값어치'로 원형을 밝혀 적는다.
- **벼슬아치(← 벼슬+아치):** 실제 발음은 [벼스라치]이나 '-아치'가 비교적 여러 말에 붙을 수 있는 점을 고려하여 '벼슬아치'로 적는다.
- **반빗아치(← 반빗+아치):** 실제 발음이 [반비다치]로 굳어져 있는 것과 '-아치'의 생산성을 고려하여 '반빗아치'로 적는다.

* '값어치, 벼슬아치, 반빗아치'는 '-이'가 아닌 접미사가 붙어서 된 말이지만, 의미를 분명히 드러내기 위해 원형을 밝혀 적는다.

[4] **모가치:** 몫으로 돌아오는 물건
[5] **싸라기:** 부스러진 쌀알
[6] **짜개:** 콩이나 팥 따위를 둘로 쪼갠 것의 한쪽
[7] **소가지:** '심성'의 속어

제21항	명사나 혹은 용언의 어간 뒤에 자음으로 시작된 접미사가 붙어서 된 말은 그 명사나 어간의 원형을 밝히어 적는다.

1. 명사 뒤에 자음으로 시작된 접미사가 붙어서 된 것

값지다	홑지다[1]	넋두리[2]	빛깔
옆댕이[3]	잎사귀[4]	꽃답다	끝내
멋지다	볕뉘[5]	부엌데기	빛쟁이
숯쟁이	숲정이[6]	앞장	옆구리
옷매	흙질[7]		

2. 어간 뒤에 자음으로 시작된 접미사가 붙어서 된 것

낚시	늙정이[8]	덮개	뜯게질[9]
갉작갉작하다	갉작거리다	뜯적거리다	뜯적뜯적하다
굵다랗다[10]	굵직하다	깊숙하다	넓적하다
높다랗다	늙수그레하다[11]	얽죽얽죽하다	늙다리[12]
읊조리다			

다만, **다음과 같은 말은 소리대로 적는다.**

(1) 겹받침의 끝소리가 드러나지 아니하는 것

할짝거리다	널따랗다	널찍하다	말끔하다
말쑥하다	말짱하다	실쭉하다	실큼하다[13]
얄따랗다	얄팍하다	짤따랗다	짤막하다
실컷			

(2) 어원이 분명하지 아니하거나 본뜻에서 멀어진 것[14]

넙치	올무	골막하다[15]	납작하다

혜원通 넓-, 넙-/납-, 널-

1. 넓-

넓둥글다	[넙-]	물체의 모양이 넓죽하면서 둥글다.
넓죽하다		길쭉하고 넓다.
넓적하다		펀펀하고 얇으면서 꽤 넓다.
넓적다리		다리에서 무릎 관절 위의 부분

2. 넙-/

넙죽	· 말대답을 하거나 무엇을 받아먹을 때 입을 냉큼 벌렸다가 닫는 모양 · 몸을 바닥에 너부죽하게 대고 넙큼 엎드리는 모양 · 망설이지 않고 선뜻 행동하는 모양
넙치	광어
납작하다	판판하고 얇으면서 좀 넓다.

3. 널-

널찍하다	꽤 너르다.	**널따랗다**	꽤 넓다.

❶ **홑지다:** 복잡하지 아니하고 단순하다.

❷ **넋두리:** 하소연. 넋풀이

❸ **옆댕이:** '옆'을 속되게 이르는 말

❹ **잎사귀:** = 잎새(○)

❺ **볕뉘:** 작은 틈을 통하여 잠시 비치는 햇볕

❻ **숲정이:** 마을 근처에 있는 수풀

❼ **흙질:** 흙을 묽게 이기거나 물에 풀어 바르는 일

❽ **늙정이:** '늙은이'를 속되게 이르는 말

❾ **뜯게질:** 해지고 낡아서 입지 못하게 된 옷이나 빨래할 옷의 솔기를 뜯어내는 일

❿ 굵다랗다/기다랗다/좁다랗다 (원형 일부, 혹은 전부 보임.)
↕
얄따랗다/짤따랗다/널따랗다 (소리대로 표기)

⓫ **늙수그레하다:** 꽤 늙어 보이다.
= 늙수레하다
cf 늘그막: 늙어 가는 무렵

⓬ **늙다리:** 늙은 짐승

⓭ **실큼하다:** 형용사. 싫은 생각이 있다.

⓮ 어원을 분명히 밝힐 수 있는 경우에는 어간을 밝혀 적는다. 다만 본뜻에서 너무 멀어진 경우에는 소리 나는 대로 적는다.

⓯ **골막하다:** 담긴 것이 가득 차지 않고 모자란 듯하다.

★ 겹받침에서 앞의 소리가 발음이 되면 원형을 밝혀 적지 않고, 뒤의 소리가 발음이 되면 원형을 밝혀 적는다.
'넓다'에서 나온 '널따랗다'와 '넓적하다'의 경우를 보면, 다음과 같다.

'ㄼ'에서 ┌ 앞의 받침 발음 → [널따라타] → '널따랗다'
└ 뒤의 받침 발음 → [넙쩌카다] → '넓적하다'

★ <'넓-'+실질 형태소>의 결합일 때 항상 원형을 밝혀 표기
예 넓둥글다, 넓삐죽하다

★ **'납작', '납죽'의 표기**

- **납작:** 납작하다, 납작납작, 납작스름하다, 납작이
- **납죽:** 납죽하다, 납죽납죽, 납죽스름하다, 납죽이

제22항	용언의 어간에 다음과 같은 접미사들이 붙어서 이루어진 말들은 그 어간을 밝히어 적는다.

1. '-기-, -리-, -이-, -히-, -구-, -우-, -추-, -으키-, -이키-, -애-'가 붙는 것❶

맡기다	옮기다	웃기다	쫓기다
뚫리다	울리다	낚이다	쌓이다
핥이다	굳히다	굽히다	넓히다
앉히다	얽히다❷	잡히다	돋구다
솟구다	돋우다	갖추다	곧추다
맞추다	일으키다	돌이키다	없애다

다만, **'-이-, -히-, -우-'가 붙어서 된 말이라도 본뜻에서 멀어진 것은 소리대로 적는다.❸**

도리다(칼로 ~)	드리다(용돈을 ~)	고치다
바치다(세금을 ~)	부치다(편지를 ~)	거두다
미루다	이루다	

2. '-치-, -뜨리-, -트리-'가 붙는 것❹

놓치다[놓치다]	덮치다	떠받치다	받치다
밭치다	부딪치다	뻗치다	엎치다
부딪뜨리다/부딪트리다		쏟뜨리다/쏟트리다	
젖뜨리다/젖트리다		찢뜨리다/찢트리다	
흩뜨리다/흩트리다		부서뜨리다/부서트리다	

* 사동, 피동 접미사가 아닌 강조의 의미를 더하는 접미사이다.

부딪히다, 부닥치다

- 부딪다: 힘 있게 마주 대다.
  예 뱃전에 부딪는 잔물결 소리
- 부딪치다: '부딪다'의 강세어(능동)
  예 · 파도가 바위에 부딪치다.
  · 선수들은 손바닥을 부딪치며 승리의 기쁨을 나눴다.
- 부딪히다: '부딪다'의 피동사
  예 배가 파도에 쓸려 온 빙산에 부딪히다.
- 부닥치다: '세게' 부딪다.
  예 · 벽에 부닥치다.(부딪치다, 부딪히다)
  · 난관에 부닥치다.(어려운 문제에 직면하다.)

[붙임] '-업-, -읍-, -브-'**가 붙어서 된 말은 소리대로 적는다.**

미덥다	우습다	미쁘다	기쁘다
나쁘다	바쁘다	슬프다	고프다

* 미덥다(믿업다), 우습다(웃읍다), 미쁘다(믿브다), 기쁘다(깃브다), 나쁘다(낟브다), 바쁘다(밫브다), 슬프다(슳브다) 고프다(곯브다)
→ 지금은 모두 한 단어로 굳어져 분석이 되지 않으므로 소리 나는 대로 적는다.

❶ **사동 접미사 '-이우-'**
예 태우다(타+이우+다), 띄우다, 세우다, 씌우다, 채우다, 재우다 등

❷ **얽히고설키다(O)**

❸ 도리다 ← 돌[廻]+이다
드리다 ← 들[入]+이다
고치다 ← 곧[直]+히다
바치다 ← 받[受]+히다
부치다 ← 붙[附]+이다
거두다 ← 걷[撤, 捲]+우다
미루다 ← 밀[推]+우다
이루다 ← 일[起]+우다

❹ '-뜨리-'와 '-트리-'의 강세 접사는 복수 표준어를 만든다.
예 밀뜨리다(O)/밀트리다(O)

제23항	'-하다'나 '-거리다'가 붙는 어근에 '-이'가 붙어서 명사가 된 것은 그 원형을 밝히어 적는다.

바른 표기(○)	틀린 표기(×)	바른 표기(○)	틀린 표기(×)
깔쭉이(동전)	깔쭈기	**살살이**	살사리
꿀꿀이	꿀꾸리	**쌕쌕이**[2]	쌕쌔기
눈깜짝이	눈깜짜기	**오뚝이**	오뚜기
더펄이[1]	더퍼리	**코납작이**	코납자기
배불뚝이	배불뚜기	**푸석이**	푸서기
삐죽이	삐주기	**홀쭉이**	홀쭈기

[붙임] **'-하다'나 '-거리다'가 붙을 수 없는 어근에 '-이'나 또는 다른 모음으로 시작되는 접미사가 붙어서 명사가 된 것은 그 원형을 밝히어 적지 아니한다. (_____은 모양, 나머지는 소리)**

개구리(개굴이×)	귀뚜라미	기러기	깍두기
꽹과리	날라리	누더기	동그라미
두드러기	딱따구리	매미	부스러기
뻐꾸기(뻐꾹이×)	얼루기[3]	칼싹두기[4]	

① **더펄이**
1. 성미가 침착하지 못하고 덜렁대는 사람
2. 성미가 스스럼이 없고 붙임성이 있어 꽁하지 않은 사람

② · '쌕쌕거리다'와 관련 없는 '여칫과의 곤충' – 쌕쌔기
· '쌕쌕거리다'와 관련 있는 '제트기' – 쌕쌕이

③ **얼루기:** 얼룩얼룩한 점이나 무늬가 있는 짐승이나 물건
cf 얼룩이(×), 얼룩송아지(○)

④ **칼싹두기:** 밀가루 반죽 따위를 조각 지게 썰어서 끓인 음식

제24항	'-거리다'가 붙을 수 있는 시늉말 어근에 '-이다'[5]가 붙어서 된 용언은 그 어근을 밝히어 적는다.

바른 표기(○)	틀린 표기(×)	바른 표기(○)	틀린 표기(×)
깜짝이다	깜짜기다	**속삭이다**	속사기다
꾸벅이다	꾸버기다	**숙덕이다**[6]	숙더기다
끄덕이다	끄더기다	**울먹이다**	울머기다
뒤척이다	뒤처기다	**움직이다**	움지기다
들먹이다	들머기다	**지껄이다**	지꺼리다
망설이다	망서리다	**퍼덕이다**	퍼더기다
번득이다	번드기다	**허덕이다**	허더기다
번쩍이다	번쩌기다	**헐떡이다**	헐떠기다

⑤ '이다'는 동사를 만드는 접미사

⑥ 숙덕이다 = 쑥덕이다

★ '간질이다, 깐족이다/깐죽이다, 덜렁이다, 뒤적이다, 들썩이다, 펄럭이다'도 〈한글 맞춤법〉 제24항에 적용된다.

혜원通 동음이의어 '이다'

동사	1. 물건을 머리 위에 얹다. 예 머리에 짐을 이다. 2. 기와나 이엉 따위로 지붕 위를 덮다. 예 노인이 초가지붕을 이고 있다.
조사	1. 서술격 조사 예 이것은 책이다. 2. 접속 조사 예 연습이다 레슨이다 시간이 하나도 없다.
접사	동사를 만드는 접미사 예 끄덕이다, 망설이다, 반짝이다

'동사 1'과 '동사 2', '조사 1'과 '조사 2'는 별개의 단어(동음이의어)이다.

제25항	'-하다'가 붙는 어근에 '-히'나 '-이'가 붙어서 부사가 되거나, 부사에 '-이'가 붙어서 뜻을 더하는 경우에는 그 어근이나 부사의 원형을 밝히어 적는다.

1. '-하다'가 붙는 어근에 '-히'나 '-이'가 붙는 경우

급히	꾸준히	도저히	딱히
어렴풋이	깨끗이	나란히	넉넉히
무던히	속히	뚜렷이	버젓이

부사화 접미사 '-히', '-이'

1. 한자 어원 + '-히'
   예 급히, 도저히, 정확히, 간절히, 철저히, 과감히, 능히, 민첩히, 용감히
2. '하다' 용언 + '-히'
   예 넉넉히, 가만히, 조용히, 고요히, 꼼꼼히, 딱히, 꾸준히
3. 어근 끝음절이 'ㅅ'인 경우 + '-이'
   예 깨끗이, 따뜻이, 어엿이, 생긋이, 어렴풋이
4. 명사 + 명사 + '-이'
   예 간간이, 겹겹이, 낱낱이, 샅샅이, 층층이, 일일이
5. 그 외 '이'로 적는 경우
   예 가벼이, 새로이, 곰곰이, 가뜩이, 느직이, 해죽이, 가까이, 끔찍이, 깊숙이, 빽빽이, 산산이, 고즈넉이

[붙임] **'-하다'가 붙지 않는 경우에는 소리대로 적는다.**

갑자기	반드시(꼭)❶	슬며시	지그시❷

2. 부사에 '-이'가 붙어서 역시 부사가 되는 경우

곰곰이	더욱이	생긋이	오뚝이
일찍이	해죽이	오죽이	

제26항	'-하다'나 '-없다'가 붙어서 된 용언은 그 '-하다'나 '-없다'를 밝히어 적는다.

1. '-하다'가 붙어서 용언이 된 것

딱하다	숱하다	착하다	텁텁하다
푹하다❸	거북하다	깨끗하다	눅눅하다
답답하다	섭섭하다	솔깃하다	

* 접사 '-하다'는 명사, 의존 명사, 의성·의태어 등에 붙어 동사나 형용사로 파생어를 만든다. 다만 '좋아하다, 미워하다' 등과 같이 '좋다+하다/밉다+하다'의 '용언+용언'의 구성에서의 '-하다'는 보조 용언으로 합성어를 만든다.

2. '-없다'가 붙어서 용언이 된 것

부질없다	상없다❹	시름없다	열없다❺	하염없다

* '없다'는 접사가 아니라 형용사이다.

부사에서 어근의 원형을 밝혀 적는 경우
- '-하다'가 붙은 어근 + '-히/-이'
  예 꾸준히, 버젓이
- 부사 + '-이'
  예 곰곰이, 생긋이
- 반복적인 명사 어근 + '-이'
  (〈한글 맞춤법〉 제20항)
  예 곳곳이, 집집이

❶ **반듯이 vs 반드시**
- 반듯이 서라.
  비뚤어지거나 기울거나 굽지 아니하고 바르게, 부사
- 그는 반드시 돌아온다.
  틀림없이 꼭, 부사

❷ **지긋이 vs 지그시**
- 나이가 지긋이 든 반백의 신사
  나이가 비교적 많아 듬직하게, 부사
- 눈을 지그시 감았다.
  슬며시 힘을 주는 모양, 부사

❸ **푹하다:** 겨울 날씨가 퍽 따뜻하다.

❹ **상없다(常--):** 보통의 이치에서 벗어나 막되고 상스럽다.

❺ **열없다:** 겸연쩍고 부끄럽다.

제4절 합성어 및 접두사가 붙은 말

제27항	둘 이상의 단어가 어울리거나 접두사가 붙어서 이루어진 말은 각각 그 원형을 밝히어 적는다.

국말이	꺾꽂이	꽃잎	끝장
물난리	밑천	부엌일	싫증
옷안	웃옷	젖몸살	첫아들
칼날	팥알	헛웃음	홀아비
홑몸	흙내	값없다	겉늙다
굶주리다	낮잡다	맞먹다	받내다
벋놓다	빗나가다	빛나다	새파랗다
샛노랗다	시꺼멓다	싯누렇다[1]	엇나가다
엎누르다	엿듣다	옻오르다	짓이기다
헛되다			

[붙임 1] **어원은 분명하나 소리만 특이하게 변한 것은 변한 대로 적는다.**

할아버지(← 한아버지, [하라버지]) 할아범(← 한아범, [하라범])

[붙임 2] **어원이 분명하지 아니한 것은 원형을 밝히어 적지 아니한다.**

골병	골탕	끌탕	며칠[2]
아재비	오라비	업신여기다	부리나케

[붙임 3] **'이[齒, 虱]'가 합성어나 이에 준하는 말에서 '니' 또는 '리'로 소리 날 때에는 '니'로 적는다.**

간니	덧니	사랑니	송곳니
앞니	어금니	윗니	젖니
톱니	틀니	가랑니	머릿니

제28항	끝소리가 'ㄹ'인 말과 딴 말이 어울릴 적에 'ㄹ' 소리가 나지 아니하는 것은 아니 나는 대로 적는다.('ㄹ' 탈락)[3]

다달이(달-달-이)	따님(딸-님)	마되(말-되)
마소(말-소)	무자위(물-자위)	바느질(바늘-질)
부삽(불-삽)	부손(불-손)	싸전(쌀-전)
여닫이(열-닫이)	우짖다(울-짖다)	화살(활-살)
나날이(날-날-이)	무논(물-논)	무수리(물-수리)
미닫이(밀-닫이)	아드님(아들-님)	차돌(찰-돌)
차조(찰-조)	하느님(하늘-님)	다디달다(달-디~)
부넘기(불-넘-기)	무쇠(물-쇠)	

제29항	끝소리가 'ㄹ'인 말과 딴 말이 어울릴 적에 'ㄹ' 소리가 'ㄷ' 소리로 나는 것은 'ㄷ'으로 적는다.(호전 현상)[4]

반짇고리(바느질~)	사흗날(사흘~)	삼짇날(삼질~)
섣달(설~)	숟가락(술~)	이튿날(이틀 ~)
잗주름(잘~)	푿소(풀~)	섣부르다(설~)
잗다듬다(잘~)	잗다랗다(잘~)	나흗날(나흘~)
잗갈다(잘~)[5]	잗널다(잘~)[6]	잗타다(잘~)[7]

---

❶ 새/시, 샛/싯

된소리 · 거센소리 · 'ㅎ' 앞 → 새/시	
양성	음성
(새)까맣다 (새)파랗다	(시)꺼멓다 (시)퍼렇다
울림소리 앞 → 샛/싯	
양성	음성
(샛)노랗다	(싯)누렇다

기출 확인

밑줄 친 부분이 바르게 쓰이지 않은 것은?

2021 지방직 9급

① 바쁘다더니 여긴 웬일이야?

② 결혼식이 몇 월 몇 일이야?

③ 굳은살이 박인 오빠 손을 보니 안쓰럽다.

④ 그는 주말이면 으레 친구들과 야구를 한다.

해설

몇 일 → 며칠: 국어에서 '몇 일'로 적는 경우는 없으며, 항상 '며칠'로 적는다. 만약 관형사 '몇'과 명사 '일'이 결합된 구성이라면 '일(日)'이 실질 형태소이므로 [멷딜]로 소리가 나야 한다. 그런데 [멷딜]이 아니라 [며칠]로 소리가 난다. 따라서 소리 나는 대로 '며칠'로 적는 것이 합리적이다.

정답 ②

❷ 몇 월 며칠

'몇 월'을 보고 '몇 일'로 적을 것이라 생각할 수도 있다. 그러나 '몇 일'은 비표준어이다. '며칠'로 적어야 한다.

예 · 오늘이 며칠이지?
 · 그는 며칠 동안 아무 말이 없었다.

❸ 'ㄹ' 탈락 복합어

- 무논(물 + 논)/무쇠(물 + 쇠)
  무더위(물 + 더위)
- 차돌(O), 찰돌(×)
  차조(O), 찰조(×)
  cf 차지다(O) = 찰지다(O)
- '불(不)'은 'ㄷ, ㅈ'으로 시작하는 한자와 결합하면 '부(不)'가 된다.
  예 부당(不當), 부도덕(不道德), 부동(不同, 不凍, 不動), 부득이(不得已), 부등(不等), 부정(不定, 不正, 否定), 부조리(不條理), 부족(不足), 부주의(不注意)
- '부나비 = 불나비 = 부나방 = 불나방', '소나무 = 솔나무'는 복수 표준어로 인정하여 제28항에서 삭제되었다.(2017. 3. 28.)

❹ 호전 현상(호전 작용)

끝소리 'ㄹ'이 'ㄷ'으로 소리 나면 바뀐 대로 적는다.

예 · 이틀 + 날
 → 이틄날 → 이틋날 → 이튿날
 · 나흘 + 날
 → 나흜날 → 나흣날 → 나흗날

❺ 잗갈다: 잘고 곱게 갈다.

❻ 잗널다: 음식을 이로 깨물어 잘게 만들다.

❼ 잗타다: 팥이나 녹두 따위를 잘게 부서 뜨리다.

제30항 사이시옷은 다음과 같은 경우에 받치어 적는다.

1. 순우리말로 된 합성어로서 앞말이 모음으로 끝난 경우

(1) 뒷말의 첫소리가 된소리로 나는 것

고랫재	귓밥❶	나룻배	나뭇가지
냇가	댓가지	뒷갈망	맷돌
머릿기름	모깃불	못자리	바닷가
뱃길	볏가리	부싯돌	선짓국
쇳조각	아랫집	우렁잇속	잇자국
잿더미	조갯살	찻집	쳇바퀴
킷값	핏대	햇볕	혓바늘

(2) 뒷말의 첫소리 'ㄴ, ㅁ' 앞에서 'ㄴ' 소리가 덧나는 것

멧나물	아랫니	텃마당	아랫마을
뒷머리	잇몸	깻묵	냇물
빗물			

(3) 뒷말의 첫소리 모음 앞에서 'ㄴㄴ' 소리가 덧나는 것

도리깻열	뒷윷	두렛일	뒷일
뒷입맛	베갯잇	욧잇	깻잎
나뭇잎	댓잎		

2. 순우리말과 한자어로 된 합성어로서 앞말이 모음으로 끝난 경우

(1) 뒷말의 첫소리가 된소리로 나는 것 * ____은 한자어

귓병	머릿방	뱃병	봇둑
사잣밥	샛강	아랫방	자릿세
전셋집	찻잔❷	찻종	촛국❸
콧병	탯줄	텃세	핏기
햇수	횟가루	횟배	

(2) 뒷말의 첫소리 'ㄴ, ㅁ' 앞에서 'ㄴ' 소리가 덧나는 것

곗날	제삿날	훗날	툇마루
양칫물❹			

(3) 뒷말의 첫소리 모음 앞에서 'ㄴㄴ' 소리가 덧나는 것

가욋일	사삿일	예삿일	훗일

3. 두 음절로 된 다음 한자어

곳간(庫間)	셋방(貰房)	숫자(數字)	찻간(車間)
툇간(退間)	횟수(回數)		

* '푸줏간(-間)'과 '사글셋방(-房)'은 어원이 한자어(庖廚間, 朔月貰房)이기는 하지만, 어원에서 멀어진 형태가 표준어이므로 사이시옷을 받쳐 적을 수 있다.

사잇소리 현상

285쪽 참조

❶ 귓밥 = 귓불
귓바퀴의 아래쪽에 붙어 있는 살

사이시옷이 들어가는 예

- 값: 절댓값(絶對-)[절때깝/절땐깝]
  덩칫값[덩치깝/덩칟깝]
  죗값(罪-)[죄:깝/줸:깝]
- 길: 등굣길(登校-)[등교낄/등굗낄]
  혼삿길(婚事-)[혼사낄/혼삳낄]
  고갯길[고개낄/고갣낄]
- 집: 맥줏집(麥酒-)[맥쭈찝/맥쭏찝]
  횟집(膾-)[회:찝/휄:찝]
  부잣집(富者-)[부:자찝/부:잗찝]
- 빛: 장밋빛(薔薇-)[장미삗/장믿삗]
  보랏빛[보라삗/보랃삗]
  햇빛[해삗/핻삗]
- 말: 혼잣말[혼잔말]
  시쳇말(時體-)[시첸말]
  노랫말[노랜말]
- 국: 만둣국(饅頭-)[만두꾹/만둗꾹]
  북엇국(北魚-)[부거꾹/부걷꾹]
  고깃국[고기꾹/고긷꾹]
  순댓국[순대꾹/순댇꾹]

❷ 과거에는 '차[tea]'를 언중들이 한자어로 인식하여 사전 표제어 표기에 '茶'를 넣었으나, 2018년 이후로는 고유어로 인정하며 '茶'는 '차 다'로만 읽는다. 따라서 순우리말 '차'와 한자어 '잔'의 결합 시 사이시옷을 넣어 '찻잔'으로 표기한다. 이러한 예로 '찻방(-房), 찻상(-床), 찻잔(-盞), 찻종(-鍾), 찻주전자(-酒煎子)' 등이 있다.

❸ 초(醋: 한자) + 국(고유어)
= 촛국(초를 친 냉국)
cf 초(고유어) + 불(고유어)
= 촛불

❹ '양칫물'의 '양치'는 현재 사전에서는 고유어로 취급하고 있다. 다만, 어원상 '양지(楊枝)'에서 유래했다고 보아 한자어와 순우리말의 용례에서 다루고 있다.

혜원通 사이시옷 표기

1. 사이시옷 표기의 조건

구분	합성어	
	순우리말 + 순우리말	순우리말 + 한자어
1	뒷말의 첫소리 → 된소리	
	예 고랫-재[고래째/고랟째]	예 귓-병(病)[귀뼝/귇뼝]
2	뒷말의 첫소리 'ㄴ, ㅁ' 앞 → 'ㄴ' 소리가 덧남.	
	예 멧-나물[멘나물]	예 곗(契)-날[곈:날/겐:날]
3	뒷말의 첫소리 모음 앞 → 'ㄴㄴ' 소리가 덧남.	
	예 도리깻-열[도리깬녈]	예 가욋(加外)-일[가윈닐/가웬닐]

2. 사이시옷을 표기하지 않는 경우

- **사잇소리가 덧나지 않는 경우**
  예 머리글, 머리말, 반대말, 예사말, 인사말, 머리글자, 개구멍, 새집[鳥-], 농사일
- **한자어 합성어**
  예 초점(焦點), 개수(個數), 시가(市價), 대구(對句), 마구간(馬廐間), 화병(火病), 소주잔(燒酒盞), 기차간(汽車間), 전세방(傳貰房), 외과(外科), 이비인후과(耳鼻咽喉科), 국어과(國語科), 장미과(薔薇科)❶
- **외래어가 포함된 합성어** 예 피자집, 오렌지빛
- **뒷말의 첫소리가 된소리나 거센소리인 합성어** 예 위팔, 뒤쪽, 뒤치다꺼리, 뒤꽁무니, 나루터, 개펄
- **파생어** 예 해님, 나라님, 낚시꾼, 나무꾼
- **도로명(고유 명사)+길** 예 소방서길, 경찰서길, 개나리길, 은행나무길

TIP

사이시옷을 표기하는 한자어 합성어(6개)
곳간, 셋방, 숫자, 찻간, 툇간, 횟수

★ 사이시옷 표기는 합성어에서만 나타남.
(단일어, 파생어에서는 나타나지 않음.)
- 햇빛(합성어, 해 + (사이시옷 첨가) + 빛 → 햇빛)
- 해님(파생어, 해 + 님 → 해님)

❶ '한자어+한자어'의 결합인 '장미과(薔薇科)'는 사이시옷이 첨가되지 않지만, '고유어+과(科)'에는 사이시옷이 첨가된다.
예 · 고양이 + 과(科)
→ 고양잇과[고양이꽈/고양읻꽈]
· 소나무 + 과(科)
→ 소나뭇과[소나무꽈/소나묻꽈]
· 멸치 + 과(科)
→ 멸칫과[멸치꽈/멸칟꽈]
· 가지 + 과(科)
→ 가짓과[가지꽈/가짇꽈]

제31항	두 말이 어울릴 적에 'ㅂ' 소리나 'ㅎ' 소리가 덧나는 것은 소리대로 적는다.

1. 'ㅂ' 소리가 덧나는 것❷

댑싸리(대ᄡᆞ리)	멥쌀(메ᄡᆞᆯ)	볍씨(벼ᄡᅵ)	입때(이ᄣᅢ)
입쌀(이ᄡᆞᆯ)	접때(저ᄣᅢ)	좁쌀(조ᄡᆞᆯ)	햅쌀(해ᄡᆞᆯ)
냅뜨다(내ᄠᅳ다)	부릅뜨다(부르ᄠᅳ다)	칩떠보다(치ᄠᅥ보다)	휩싸다(휘ᄡᅡ다)
휩쓸다(휘ᄡᅳᆯ다)			

❷ **15세기 어원에 근거**
ᄡᆞ리, ᄡᆞᆯ, ᄡᅵ, ᄣᅢ[싸리, 쌀, 씨, 때]
ᄠᅳ다, ᄡᅡ다, ᄡᅳᆯ다[뜨다, 싸다, 쓸다]

2. ㅎ' 소리가 덧나는 것 ('ㅎ' 곡용의 영향)

머리카락(머리ㅎ가락)	살코기(살ㅎ고기)	수캐(수ㅎ개)	수컷(수ㅎ것)
수탉(수ㅎ닭)	안팎(안ㅎ밖)	암캐(암ㅎ개)	암컷(암ㅎ것)
암탉(암ㅎ닭)			

예 · 수캐, 수캉아지, 수탉, 수평아리, 수탕나귀, 수퇘지, 수컷, 수키와, 수톨쩌귀
· 암캐, 암캉아지, 암탉, 암평아리, 암탕나귀, 암퇘지, 암컷, 암키와, 암톨쩌귀
* 수고양이(○)/수코양이(×), 암고양이(○)/암코양이(×), 수벌(○)/수펄(×)

★ **접두사 '햇-', '해-', '햅-'**

햇-	해-	햅-
햇과일 햇감자 햇보리 햇병아리	해콩 해팥 해쑥	햅쌀 햅쌀밥

* '햅쌀'은 어원적으로 '해'와 '쌀'의 합성어로 보는 견해도 있다.

제5절 준말

제32항	단어의 끝모음이 줄어지고 자음만 남은 것은 그 앞의 음절에 받침으로 적는다.❶ → 실질 형태소의 꼴을 밝혀 적는다.

기러기야 → 기럭아　　어제그저께 → 엊그저께　　어제저녁 → 엊저녁

가지고, 가지지 → 갖고, 갖지　　디디고, 디디지 → 딛고, 딛지

가지다, 디디다

본말	준말	본말	준말
가지다	갖다	디디다	딛다
가지고	갖고	디디고	딛고
가지지	갖지	디디지	딛지
가지어	갖어(×)	디디어	딛어(×)
가져		디뎌	

→ 모음 어미가 연결될 때, 준말은 활용하지 않는다.

제33항	체언과 조사가 어울려 줄어지는 경우에는 준 대로 적는다.

그것은 → 그건　　그것이 → 그게　　그것으로 → 그걸로

나는 → 난　　나를 → 날　　너는 → 넌

너를 → 널　　무엇을 → 뭣을/무얼/뭘　　무엇이 → 뭣이/무에

준말의 유형(제33항)

1. 조사만 줄어드는 경우 예 너 + 는 → 넌
2. 음절이 축약되는 경우 예 이것 +이 → 이거 + 이 → 이게
3. 체언과 조사가 모두 바뀌는 경우
   예 그것 + 으로 → 그걸로, 이것 + 으로 → 이걸로, 저것 + 으로 → 저걸로
4. 축약만 일어나는 경우 예 무엇을 → 뭣을
   cf '아래로'의 준말 '알로'는 비표준어이다.

제34항	모음 'ㅏ, ㅓ'로 끝난 어간에 '-아/-어, -았-/-었-'이 어울릴 적에는 준 대로 적는다. → 모음 충돌 회피의 결과, 준말만 인정

가아 → 가	가았다 → 갔다	나아❷(㉠나다) → 나	나았다❸ → 났다
타아 → 타	타았다 → 탔다	서어 → 서	서었다 → 섰다
켜어❹ → 켜	켜었다 → 켰다	펴어❺ → 펴	펴었다 → 폈다
따아 → 따	따았다 → 땄다	건너어도 → 건너도	건너었다 → 건넜다

[붙임 1] 'ㅐ, ㅔ' 뒤에 '- 어, -었-'이 어울려 줄 적에는 준 대로 적는다. (허용)❻

개어 → 개	개었다 → 갰다	내어 → 내	내었다 → 냈다
베어 → 베	베었다 → 벴다	세어 → 세	세었다 → 셌다

[붙임 2] '하여'가 한 음절로 줄어서 '해'로 될 적에는 준 대로 적는다. (허용)

하여 → 해	하였다 → 했다	더하여 → 더해	더하였다 → 더했다
흔하여 → 흔해	흔하였다 → 흔했다		

❶ **줄어드는 음절의 첫소리 자음이 받침으로 남는 경우**
예 · 어제그저께 → 엊그저께
· 디디고 → 딛고
· '어디에다가'의 준말은 '엗다가'
→ ┌ 엇다 대고(×)
　└ 엗다 대고(○)
cf 줄어드는 음절의 받침소리가 받침으로 남는 경우
예 · 어긋 - 매끼다 → 엇매끼다
· 바깥-벽 → 밭벽
· 바깥-사돈 → 밭사돈

★ '부사 + 조사'의 결합에서도 준말이 허용된다.
예 · 그리 + 로 → 글로
· 이리 + 로 → 일로
· 저리 + 로 → 절로
* '저절로'의 준말도 '절로'이다.
· 조리 + 로 → 졸로

TIP
'무엇(대명사)'을 '무어'로 쓸 수 있고, '무어'의 준말 '뭐'를 구어체 '머'라고 쓸 수 있다.
예 무엇일까?=무어일까?/뭐일까?/머일까?

❷ **불이 나았다(×)/났다(○)**
→ 동음 탈락 현상(나+았+다)

❸ **병이 나았다(○)/났다(×)**
→ '나았다'의 기본형은 '낫다'로 '병이 완치되었다.'는 뜻이다. 이러한 의미일 때는 '났다'로 줄일 수 없다.(낫+았+다)
예 낫다: 나아, 나아서, 나아도, 나아야, 나았다
cf 젓다: 저어, 저어서, 저어도, 저어야, 저었다

❹ **켜다(○)/키다(×)**
예 불을 켜다, 악기를 켜다, 물을 (들이) 켜다, 기지개를 켜다.

❺ **펴다(○)/피다(×)**
예 책을 펴다, 허리를 펴다, 이불을 펴다, 꿈을 펴다, 계엄령(수사망)을 펴다.

❻ **주의!**
1. ㅐ + 어 = ㅐ　　ㅐ + 었 = ㅒ
2. ㅔ + 어 = ㅔ　　ㅔ + 었 = ㅖ
예 · 매어 → 매, 매어라 → 매라, 매었다 → 맸다, 매어 두다 → 매 두다
· 떼어 → 떼, 떼어라 → 떼라, 떼었다 → 뗐다, 떼어 놓다 → 떼 놓다
* 모음이 줄어서 'ㅐ'가 된 경우 '-어'가 결합하여도 다시 줄어들지 않는다.
예 · 옷감이 빈틈없이 째어(○)/째(×)(← 짜이어) 있다.
· 도로가 이곳저곳 패어(○)/패(×)(← 파이어) 있다.

❶ 〈한글 맞춤법〉 제35항 적용

· 추어 → 춰	· 추어서 → 춰서
· 추어야 → 춰야	· 추었다 → 췄다

❷ 〈한글 맞춤법〉 제35항 [붙임 2]

· 꾀어 → 꽤/꾀었다 → 꽸다
· 외어 → 왜/외었다 → 왰다
· 죄어 → 좨/죄었다 → 좼다
· 쬐어 → 쫴/쬐었다 → 쬈다
· 되뇌어 → 되놰/되뇌었다 → 되놰다
· 사뢰어 → 사뢔/사뢰었다 → 사뢨다
· 선뵈다 → 선봬/선뵈었다 → 선뵀다
· 아뢰어 → 아뢔/아뢰었다 → 아뢨다
· 앳되어 → 앳돼/앳되었다 → 앳됐다
· 참되어 → 참돼/참되었다 → 참됐다

❸ 되다
· 이러다간 내 꿈이 물거품으로 돼(← 되어) 버릴지도 모른다.
· 이렇게 만나게 돼서(← 되어서) 반갑다.
· 이제 밥이 다 됐다(← 되었다).

❹ 뵈다
· 오랜만에 선생님을 봬서(← 뵈어서) 기뻤다.
· 그럼 내일 함께 선생님을 봬요(← 뵈어요).
· 어제 부모님을 뵀다(← 뵈었다).

❺ 〈한글 맞춤법〉 제36항

· 녹이어 → 녹여	· 업히어 → 업혀
· 먹이어서 → 먹여서	· 숙이었다 → 숙였다
· 입히어서 → 입혀서	· 잡히었다 → 잡혔다
· 굶기어 → 굶겨	· 굴리어 → 굴려
· 남기어야 → 남겨야	· 옮기었다 → 옮겼다
· 날리어야 → 날려야	· 돌리었다 → 돌렸다
· 일으키어 → 일으켜	· 돌이키어 → 돌이켜
· (짐을) 지어 → 져	· (손뼉을) 치어 → 쳐
· 다치어 → 다쳐	

❻ 〈한글 맞춤법〉 제37항

· 까이다 → 깨다	· 차이다 → 채다
· 모이다 → 뫼다	· 쏘이다 → 쐬다
· 꾸이다 → 뀌다	· 트이다 → 틔다

❼ 쉽게 쓰인(○)/씌인(×) 시
'쓰인(쓰이+ㄴ/씐)'이 맞는다. '씌인'은 '쓰이+이+ㄴ'의 준말이므로 적절하지 않다.

★ 'ㅏ, ㅗ, ㅜ, ㅡ'로 끝나는 어간 뒤에 '-이어'가 결합하여 모음 축약이 일어날 때, 두 가지 형태로 줄 수 있다.
· ㅏ, ㅗ, ㅜ, ㅡ + 이어 → ㅐ어, ㅚ어, ㅟ어, ㅢ어
· ㅏ, ㅗ, ㅜ, ㅡ + 이어 → ㅏ여, ㅗ여, ㅜ여, ㅡ여
예 · 까이어 → 깨어/까여
· 꼬이어 → 꾀어/꼬여
· 누이어 → 뉘어/누여
· 뜨이어 → 띄어/뜨여
· 쓰이어 → 씌어/쓰여
· 트이어 → 틔어/트여

TIP
'(간격을) 띄다'는 '띄우다'의 준말로 활용형인 '띄어'는 가능하지만 '뜨여'로 쓸 수는 없다.

★ 한 단어는 아니지만 동일하게 '잖', '찮'으로 적는 경우
· ┌ 그렇잖다(← 그렇지 않다)
 └ 두렵잖다(← 두렵지 않다)
· ┌ 편안찮다(← 편안하지 않다)
 └ 허술찮다(← 허술하지 않다)

제35항 모음 'ㅗ, ㅜ'로 끝난 어간에 '-아/-어, -았-/-었-'이 어울려 'ㅘ/ㅝ, ㅘㅆ/ㅝㅆ'으로 될 적에는 준 대로 적는다.❶

꼬아 → 꽈	꼬았다 → 꽜다	보아 → 봐	보았다 → 봤다
쏘아 → 쏴	쏘았다 → 쐈다	두어 → 둬	두었다 → 뒀다
쑤어 → 쒀	쑤었다 → 쒔다	주어 → 줘	주었다 → 줬다

[붙임 1] '놓아'가 '놔'로 줄 적에는 준 대로 적는다.

* '좋아라'는 '좌라'로 줄어들 수 없지만, '놓아라'는 예외적으로 '놔라'로 줄어들 수 있다.

[붙임 2] 'ㅚ' 뒤에 '-어, -었-'이 어울려 'ㅙ, ㅙㅆ'으로 될 적에도 준 대로 적는다.❷

괴어 → 괘	괴었다 → 괬다	되어❸ → 돼	되었다 → 됐다
뵈어❹ → 봬	뵈었다 → 뵀다	쇠어 → 쇄	쇠었다 → 쇘다
쐬어 → 쐐	쐬었다 → 쐤다		

'외우다'와 '외다'
· 단어를 외워(외우 + 어) 보았다.(○)/단어를 외어(외 + 어) 보았다.(○) → 왜(외 + 어)(○)/왜어(×)
· 안 되요(×)/안 돼요(○) → '돼요'가 맞는다. '되어요 = 돼요'로 표기한다.
· 눈에 뵈는(○)/봬는(×) 것이 없다. → '뵈는'이 맞는다. '봬는'은 '보이어는'의 준말이므로 적절하지 않다.

제36항 'ㅣ' 뒤에 '-어'가 와서 'ㅕ'로 줄 적에는 준 대로 적는다.❺

가지어 → 가져	가지었다 → 가졌다	견디어 → 견뎌	견디었다 → 견뎠다
다니어 → 다녀	다니었다 → 다녔다	막히어 → 막혀	막히었다 → 막혔다
버티어 → 버텨	버티었다 → 버텼다	치이어 → 치여	치이었다 → 치였다

제37항 'ㅏ, ㅕ, ㅗ, ㅜ, ㅡ'로 끝난 어간에 '-이-'가 와서 각각 'ㅐ, ㅖ, ㅚ, ㅟ, ㅢ'로 줄 적에는 준 대로 적는다.❻

(안개에) 싸이다 → 쌔다	(아이를) 누이다 → 뉘다	(형편이) 펴이다 → 폐다
(눈에) 뜨이다 → 띄다	(산이) 보이다 → 뵈다	(고유어가) 쓰이다 → 씌다❼

* '-스럽다'로 끝나는 형용사에 부사를 만드는 접미사 '-이'가 붙어서 '-스레'가 되는 경우에는 줄어든 대로 적는다. 예 새삼스레(← 새삼스럽- + -이)/천연스레(← 천연스럽- + -이)

제38항 'ㅏ, ㅗ, ㅜ, ㅡ' 뒤에 '-이어'가 어울려 줄어질 적에는 준 대로 적는다.

싸이어 → 쌔어/싸여	(눈에) 뜨이어 → 띄어/뜨여 TIP	보이어 → 뵈어/보여
쓰이어 → 씌어/쓰여	쏘이어 → 쐬어/쏘여	누이어 → 뉘어/누여
트이어 → 틔어/트여		

제39항 어미 '-지' 뒤에 '않-'이 어울려 '-잖-'이 될 적과 '-하지' 뒤에 '않-'이 어울려 '-찮-'이 될 적에는 준 대로 적는다.

그렇지 않은 → 그렇잖은	만만하지 않다 → 만만찮다
적지 않은 → 적잖은	변변하지 않다 → 변변찮다

-지 않- → -잖-/-하지 않- → -찮-
1. -잖-: 섭섭잖다, 같잖다, 남부럽잖다, 오죽잖다, 의젓잖다, 두렵잖다, 예사롭잖다, 의롭잖다, 달갑잖다, 마뜩잖다, 시답잖다, 오죽잖다, 올곧잖다
2. -찮-: 만만찮다, 당찮다, 대단찮다, 션찮다(시원찮다), 수월찮다, 엔간찮다, 짭짤찮다, 편찮다, 하찮다, 성실찮다, 심심찮다, 평범찮다

제40항	어간의 끝음절 '하'의 'ㅏ'가 줄고 'ㅎ'이 다음 음절의 첫소리와 어울려 거센소리로 될 적에는 거센소리로 적는다.❶

간편하게 → 간편케	연구하도록 → 연구토록
가하다 → 가타	가(可)하다 부(不)하다 → 가타부타
부지런하다 → 부지런타	달성하고자 → 달성코자
청하건대 → 청컨대	다정하다 → 다정타
정결하다 → 정결타	흔하다 → 흔타
무능하다 → 무능타	아니하다 → 아니타
사임하고자 → 사임코자	회상하건대 → 회상컨대

어간의 끝음절 '하'가 줄어드는 기준 - 용언 '하' 앞의 받침의 소리

- '하' 앞의 받침이 [ㄱ, ㄷ, ㅂ]으로 소리 나면 → '하'가 통째로 준다.
  [ㄱ] 넉넉하지 않다 → 넉넉지 않다 → 넉넉잖다
  [ㄷ] 깨끗하지 않다 → 깨끗지 않다 → 깨끗잖다
  [ㅂ] 답답하지 않다 → 답답지 않다 → 답답잖다
- '하' 앞의 받침이 [모음, ㅁ, ㄴ, ㅇ, ㄹ]로 소리 나면 → '하 + 뒤의 자음'을 축약하여 표기한다.
  [모음] 개의하지 → 개의치 [ㅁ] 무심하지 → 무심치 [ㄴ] 결근하고자 → 결근코자
  [ㅇ] 회상하건대 → 회상컨대 [ㄹ] 분발하도록 → 분발토록

[붙임 1] **'ㅎ'이 어간의 끝소리로 굳어진 것은 받침으로 적는다.❷**

않다	않고	않지	않든지
그렇다	그렇고	그렇지	그렇든지
아무렇다	아무렇고	아무렇지	아무렇든지
어떻다	어떻고	어떻지	어떻든지
이렇다	이렇고	이렇지	이렇든지
저렇다	저렇고	저렇지	저렇든지

[붙임 2] **어간의 끝음절 '하'가 아주 줄 적에는 준 대로 적는다.❸**

거북하지 → 거북지	생각하건대 → 생각건대
생각하다 못해 → 생각다 못해	깨끗하지 않다 → 깨끗지 않다
넉넉하지 않다 → 넉넉지 않다	못하지 않다 → 못지않다
섭섭하지 않다 → 섭섭지 않다	익숙하지 않다 → 익숙지 않다

용언의 어간 중 '하' 바로 앞의 받침이 'ㄱ, ㄷ, ㅂ, ㅈ, ㅅ' + '하' → '하'를 버린다

- 거북하지 - 거북지 · 생각하건대 - 생각건대 · 섭섭하지 - 섭섭지
  cf '서슴다'와 '삼가다'
  - 서슴다 : 서슴고(O), 서슴지(O), 서슴치(×)
  - 삼가다 : 삼가고(O), 삼가지(O), 삼가코(×)

[붙임 3] **다음과 같은 부사는 소리대로 적는다.**

결단코	결코	기필코	무심코
아무튼	요컨대	정녕코	필연코
하마터면	하여튼	한사코	

기출 확인

밑줄 친 부분이 표준어로 쓰인 것은? 2024 국가직 9급

① 그 친구는 허구헌 날 놀러만 다닌다.
② 닭을 통째로 구우니까 더 먹음직스럽다.
③ 발을 잘못 디뎌서 하마트면 넘어질 뻔했다.
④ 언니가 허리가 잘룩하게 들어간 코트를 입었다.

❶ 〈한글 맞춤법〉 제40항

- 감탄하게 → 감탄케
- 실망하게 → 실망케
- 당하지 → 당치
- 무심하지 → 무심치
- 허송하지 → 허송치
- 분발하도록 → 분발토록
- 실천하도록 → 실천토록
- 추진하도록 → 추진토록
- 결근하고자 → 결근코자
- 사임하고자 → 사임코자

❷ 〈한글 맞춤법〉 제40항 [붙임 1]

- 아니하다 → 않다
- 그러하다 → 그렇다
- 아무러하다 → 아무렇다
- 어떠하다 → 어떻다
- 이러하다 → 이렇다
- 저러하다 → 저렇다

표기에 주의해야 할 낱말

- 이렇든(O)/이러튼(×)
- 저렇든(O)/저러튼(×)
- 그렇든(O)/그러튼(×)
- 어떻든(O)/어떠튼(×)
- 아뭏든(×)/아무튼(O)
- 하옇든(×)/하여튼(O)

❸ 〈한글 맞춤법〉 제40항 [붙임 2]

- 갑갑하지 않다 → 갑갑지 않다 → 갑갑잖다
- 깨끗하지 않다 → 깨끗지 않다 → 깨끗잖다
- 넉넉하지 않다 → 넉넉지 않다 → 넉넉잖다

기출 확인

㉠~㉣ 중 한글 맞춤법에 맞게 쓰인 것만을 모두 고르면? 2023 국가직 9급

○ 혜인 씨에게 ㉠무정타 말하지 마세요.
○ 재아에게는 ㉡섭섭치 않게 사례해 주자.
○ 규정에 따라 딱 세 명만 ㉢선발토록 했다.
○ ㉣생각컨대 그의 보고서는 공정하지 못했다.

① ㉠, ㉡ ② ㉠, ㉢
③ ㉡, ㉣ ④ ㉢, ㉣

해설
'하' 앞의 받침의 소리가 [ㄱ, ㄷ, ㅂ]이면 '하'가 통째로 줄고 그 외의 경우에는 'ㅎ'이 남는다.
㉠ '무정하다'는 '하' 앞의 받침의 소리가 [ㄱ, ㄷ, ㅂ]이 아니므로 'ㅎ'이 남아 '무정타'이다.
㉢ '선발하도록'은 '하' 앞의 받침의 소리가 [ㄱ, ㄷ, ㅂ]이 아니므로 'ㅎ'이 남아 '선발토록'이다.

오답
㉡ 섭섭치 → 섭섭지: '섭섭하지'는 '하' 앞의 받침의 소리가 [ㅂ]이므로 '하'가 통째로 줄어 '섭섭지'이다.
㉣ 생각컨대 → 생각건대: '생각하건대'는 '하' 앞의 받침의 소리가 [ㄱ]이므로 '하'가 통째로 줄어 '생각건대'이다.

정답 ②

해설
'나누지 아니한 덩어리 전부.'라는 뜻을 가진 단어 '통째'와 부사격 조사 '로'가 결합한 '통째로'의 표기는 표준어이다.

오답
① 허구헌→허구한
③ 하마트면→하마터면
④ 잘룩하게→잘록하게

정답 ②

❶ **띄어쓰기의 기준**
낱말(단어)마다 띄어 쓰되, 조사, 어미, 접사는 붙여 쓴다.
→ 의존 명사는 단어로 취급하여 띄어 쓴다.

의존 명사
290쪽 참조

TIP
- 한번(명사)
  예 한번은 그런 일도 있었지.
  → 조사를 취함.
- 한번(부사)
  - 시도 예 한번 해 보자.
  - 어떤 때 예 한번 놀러 와요.
  - 강조 예 춤 한번 잘 춘다.
  - 일단 예 한번 물면 놓지 않는다.

기출 확인

밑줄 친 부분의 띄어쓰기가 잘못된 것은?
2022 군무원 9급

① 한번 실패했더라도 다시 도전하면 된다.
② 한번은 네거리에서 큰 사고를 낼 뻔했다.
③ 고 녀석, 울음소리 한번 크구나.
④ 심심한데 노래나 한번 불러 볼까?

해설
한번 → 한∨번: '한번'을 '두 번', '세 번'으로 바꾸어 뜻이 통하면 '한 번'으로 띄어 쓰고 그렇지 않으면 '한번'으로 붙여 쓴다. ①은 '두 번', '세 번'과 바꾸어도 그 뜻이 통한다는 점에서 '한∨번'으로 띄어 써야 한다.

오답
② '한번은 네거리에서 큰 사고를 낼 뻔했다.'의 '한번'은 '지난 어느 때나 기회'라는 의미이므로 붙여 쓴 것은 옳다.
③ '고 녀석, 울음소리 한번 크구나.'의 '한번'은 '어떤 행동이나 상태를 강조하는 뜻'을 나타내는 말이므로 붙여 쓴 것은 옳다.
④ '심심한데 노래나 한번 불러 볼까?'의 '한번'은 '어떤 일을 시험 삼아 시도함'을 나타내는 말이므로 붙여 쓴 것은 옳다.

정답 ①

5 띄어쓰기❶

제1절 조사

제41항	조사는 그 앞말에 붙여 쓴다.

꽃이	꽃마저	꽃밖에	꽃에서부터	꽃으로만
꽃이나마	꽃이다	꽃입니다	꽃처럼	어디까지나
거기도	멀리는	웃고만		

조사는 둘 이상 겹쳐질 때도 앞말에 붙여 쓴다

예 집에서처럼/집에서만이라도/여기서부터입니다./거기까지입니까?

혜원通 조사가 아니라고 착각하기 쉬운 말

그려	'느낌'이나 '강조'를 나타내는 보조사 예 그 집 사정이 참 딱하데그려.
라고	인용격 조사 혹은 '이른바'의 의미를 더하는 보조사
마다	'낱낱이 모두'의 뜻을 더하는 보조사 예 날마다 책을 읽는다.
커녕	어떤 사실을 부정하는 것은 물론 그보다 덜하거나 못한 것까지 부정하는 뜻을 나타내는 보조사. 주로 '은/는커녕'의 형태로 쓰인다. 예 밥은커녕 죽도 못 먹는다.
(이)야말로	'강조, 확인'을 나타내는 보조사 예 통일이야말로 우리의 소원이다. cf 이야말로(부사): 바로 앞에서 한 말을 강조하는 말 예 이야말로 고래 싸움에 새우 등 터지는 격이지.
치고	'예외 없이', '예외적으로'의 의미로 쓰이는 보조사 예 사람치고 돈 싫어하는 사람은 없다./겨울 날씨치고 푸근하다.

* 보조사는 격 조사와 달리 위치가 비교적 자유롭다.

제2절 의존 명사, 단위를 나타내는 명사 및 열거하는 말 등

제42항	의존 명사는 띄어 쓴다.

아는 것이 힘이다.	나도 할 수 있다.	먹을 만큼 먹어라.
아는 이를 만났다.	네가 뜻한 바를 알겠다.	그가 떠난 지가 오래다.

혜원通 한번 vs 한∨번

낱말은 띄어 쓰는 것이 원칙이다. 우리말에는 붙여 쓴 한 단어 '한번'과 띄어 쓴 두 단어 '한∨번'이 있는데, 둘의 의미가 다르다. 붙여 쓴 '한번'은 '시도', '어떤 때', '강조', '일단'의 의미를 가지고, 띄어 쓴 '한∨번'은 '1회'를 의미한다. 즉 '두∨번', '세∨번'으로 바꾸어 뜻이 통하면 '한∨번'으로 띄어 쓰고, 그렇지 않으면 '한번'으로 붙여 쓴다.

한번	예 제가 일단 한번 해 보겠습니다. → 시험 삼아 시도함.	한잔	예 오랜만에 소주 한잔 어때? → 간단하게 한 차례 마시는 차나 술 따위
한∨번	예 한∨번 실패하더라도 두 번, 세 번 도전하자.	한∨잔	예 우유 한∨잔을 주문하다.
한마디	예 그는 내 요구를 한마디로 거절했다. → 짧은 말. 또는 간단한 말	한차례	예 한차례의 태풍이 농사를 다 망쳐 놓았다. → 어떤 일이 한바탕 일어남을 나타내는 말
한∨마디	예 손가락 한∨마디 길이다.	한∨차례	예 할아버지께서는 암으로 수술을 한∨차례나 받으셨다.

혜원通 의존 명사

주로 '관형사(형)∨체언+ 조사'의 형태로 나타난다.

만큼	대로
· 체언+만큼(조사) → 붙여 쓴다. 예 너만큼/나만큼은/부모님께만큼은 · 용언의 관형사형∨만큼(의존 명사) → 띄어 쓴다. 예 먹는∨만큼/싫증이∨날∨만큼 · 부사 → 붙여 쓴다. 예 이만큼/저만큼/그만큼/요만큼	· 체언+대로(조사) → 붙여 쓴다. 예 생각대로 해라./너대로/나대로 · 용언의 관형사형∨대로(의존 명사) → 띄어 쓴다. 예 가져오는∨대로/생각한∨대로
뿐	**만**
· 체언+뿐(조사) → 붙여 쓴다. 예 너뿐이야./둘뿐이다./선생님뿐 · 용언의 관형사형∨뿐(의존 명사) → 띄어 쓴다. 예 먹을∨뿐/생각할∨뿐/잘∨뿐 · '-ㄹ뿐더러'(연결 어미) → 붙여 쓴다. 예 꽃이 예쁠뿐더러 향기도 좋다.	· 체언+만(조사) → 붙여 쓴다. 예 너만/놀기만/웃기만 · 용언의 관형사형∨만(의존 명사) → 띄어 쓴다. 예 지낼∨만하다./볼∨만도∨하다. · 시간의 경과 → 띄어 쓴다. 예 3년∨만이다./얼마∨만이니?/열흘∨만에∨왔다. · '오랜만에', '오랫동안' → 붙여 쓴다.
지	**바**
· 용언의 관형사형∨지(시간의 경과) → 띄어 쓴다. 예 · 선생님이∨가신∨지∨하루가∨지났다. · 그를∨만난∨지∨백 일이다. · '-ㄴ지'(연결 어미) → 붙여 쓴다. 예 · 그 사람이 누군지 모른다. · 얼마나 부지런한지 세 사람 몫을 한다.	· 용언의 관형사형∨바(의존 명사) → 띄어 쓴다. 예 · 평소에∨느낀∨바를∨말해라. · 짐승과∨다를∨바가∨있겠느냐? · 천명하는∨바이다. · '-ㄴ바'(연결 어미) → 붙여 쓴다. 예 · 너의 죄가 큰바 벌을 받아야 한다. · 이미 정해진바 그에 따를 뿐이다.
데	**들**
· 용언의 관형사형∨데(곳, 장소, 일) → 띄어 쓴다. 예 거긴∨밥∨먹는∨데이다. · '-ㄴ데'(연결/종결 어미) → 붙여 쓴다. 예 · 옷이 참 예쁜데. (종결 어미) · 옷은 참 예쁜데 비싸다. (연결 어미) · 화자가 직접 경험한 일을 나중에 말할 때 → 붙여 쓴다. 예 옷이 참 예쁘데.	· 복수 접미사 → 붙여 쓴다. 예 아이들이∨있다. · 두 개 이상의 사물 열거(의존 명사) → 띄어 쓴다. 예 개구리,∨두꺼비,∨뱀∨들이∨있다.
줄	**수**
어떤 방법이나 셈속(의존 명사) → 띄어 쓴다. 예 그가∨날∨떠날∨줄은∨상상도∨못했다.	어떤 일을 할 만한 능력이나 어떤 일이 일어날 가능성(의존 명사) → 띄어 쓴다. 예 그는∨나를∨떠날∨수∨없어.
간	**차**
· '사이 관계'의 뜻(의존 명사) → 띄어 쓴다. 예 밥을∨먹든지∨빵을∨먹든지∨간에∨결정해라. · 기간 뒤에서 '동안'의 뜻(접미사) → 붙여 쓴다. 예 지난∨한∨달간	· '어떤 기회에 겸해서'의 뜻(의존 명사) → 띄어 쓴다. 예 마침∨지나가던∨차에∨들렀다. · '번, 차례'의 뜻(의존 명사) → 띄어 쓴다. 예 선생님∨댁을∨수십∨차∨방문했다. · '목적'의 뜻(접미사) → 붙여 쓴다. 예 인사차/연구차/사업차

기출 확인

01 다음 중 밑줄 친 부분의 띄어쓰기가 적절하지 않은 것은? 2023 군무원 9급

① 가진 게 없으면 몸이나마 건강해야지.

② 그 책을 다 읽는데 삼 일이 걸렸다.

③ 그는 그런 비싼 차를 살 만한 형편이 못된다.

④ 그 고통에 비하면 내 괴로움 따위는 아무것도 아니었다.

해설

읽는데→읽는∨데: 문맥상 책을 읽기까지 걸린 '시간'이 3일이라는 의미이다. 따라서 '데'는 의존 명사이므로 '읽는∨데'로 띄어 써야 한다.

오답

① '이나마'는 어떤 상황이 이루어지거나 어떻다고 말해지기에는 부족한 조건이지만 아쉬운 대로 인정됨을 나타내는 보조사이므로 체언 '몸'과 붙여 쓴 것은 옳다.

③ '살'은 용언의 관형사형이므로 보조 용언 '만하다'와 띄어 쓴 것은 옳다.

④ '따위'는 의존 명사이므로 '괴로움'과 띄어 쓴 것은 옳다.

정답 ②

02 띄어쓰기가 옳지 않은 것은? 2022 국회직 9급

① 그가∨올∨듯도∨하다.

② 그가∨언제∨오는∨지∨확인했다.

③ 네가∨그∨일을∨했을∨리가∨없다.

④ 서울과∨인천∨간∨국도를∨이용한다.

⑤ 열∨명∨내지∨스무∨명의∨학생들이∨참석했다.

해설

오는∨지→오는지: '지'가 '시간의 경과'를 나타낼 때는 의존 명사이기에 앞말과 띄어 쓴다. ②에서는 '시간의 경과'를 나타내지 않는다. ②는 막연한 의문이 있는 채로 그것을 뒤 절의 사실이나 판단과 관련시키는 데 쓰는 연결 어미 '-는지'가 쓰인 경우이다. 따라서 '오는지'와 같이 붙여 써야 한다.

오답

① 보조 용언이 '의존 명사+하다'의 구성일 때는 본용언과 붙여 쓸 수 있다. 그러나 그 중간에 조사가 들어갈 적에는 반드시 띄어 써야 한다. 따라서 '올∨듯도∨하다'로 띄어 쓴 것은 바르다.

③ '리'는 '까닭', '이치'의 뜻을 나타내는 의존 명사이다. 따라서 '했을∨리가∨없다'의 띄어쓰기는 바르다.

④ '간'은 '한 대상에서 다른 대상까지의 사이'를 의미하는 의존 명사이다. 따라서 '서울과∨인천∨간'으로 띄어 쓰는 것은 바르다.

⑤ '명'은 사람을 세는 단위를 나타내는 의존 명사이다. 따라서 '열∨명' '스무∨명'의 띄어쓰기는 바르다. 또 '내지'는 '얼마에서 얼마까지'의 뜻을 나타내는 부사이다. 따라서 '열∨명∨내지∨스무∨명'의 띄어쓰기는 바르다.

정답 ②

제43항 단위를 나타내는 명사는 띄어 쓴다.

한 개	차 한 대	금 서 돈	소 한 마리
옷 한 벌	열 살	조기 한 손	연필 한 자루
버선 한 죽	집 한 채	신 두 켤레	북어 한 쾌

단위성 명사 정리

· 바늘 한 쌈: 24개	· 배추 한 접: 100개	· 오징어 한 축: 20마리
· 김 한 톳: 100장	· 굴비 한 두름: 20마리	· 오이 한 거리: 50개
· 고등어 한 손: 2마리	· 한약 한 제: 20첩	· 그릇 한 죽: 10벌

다만, **순서를 나타내는 경우나 숫자와 어울리어 쓰이는 경우에는 붙여 쓸 수 있다.**(띄어 쓰는 것이 원칙, 붙여쓰기 허용)

두시 삼십분 오초	제일과	삼학년	육층
1446년 10월 9일	2대대❶	16동 502호	제1실습실
80원	10개	7미터	

* 연월일, 시각 등도 붙여 쓸 수 있다. 다만, 수효를 나타내는 '개년, 개월, 일(간), 시간' 등은 붙여 쓸 수 없다.
예 삼∨개년, 몇∨개월, 삼∨일∨동안, 한∨시간, 수업∨시간

제44항 수를 적을 적에는 '만(萬)' 단위로 띄어 쓴다.(경❷∨조∨억∨만∨)TIP

십이억∨삼천사백오십육만∨칠천팔백구십팔 12억∨3456만∨7898
칠경∨삼천이백사십삼조∨칠천팔백육십칠억∨팔천구백이십칠만∨육천삼백오십사
7경∨3243조∨7867억∨8927만∨6354
7경∨3천2백4십3조∨7천8백6십7억∨8천9백2십7만∨6천3백5십4

제45항 두 말을 이어 주거나 열거할 적에 쓰이는 다음의 말들은 띄어 쓴다.

국장 겸 과장	열 내지 스물	청군 대 백군	책상, 걸상 등이 있다.
이사장 및 이사들	사과, 배, 귤 등등	사과, 배 등속	부산, 광주 등지

1. 겸, 대, 등, 등등, 등지, 따위: 의존 명사 → 띄어 쓴다

- 아침 겸 점심/강당 겸 체육관/구경도 할 겸 물건도 살 겸
- 한국 대 일본/5 대 3❸
- ㄱ, ㄷ, ㅂ 등은 파열음에 속한다.
- 과자, 과일, 식혜 등등 먹을 것이 많다.
- 충주, 청주, 대전 등지로 돌아다녔다.
- 지나친 흡연은 폐암 등을 일으킨다.
- 배추, 상추, 무 따위(의존 명사), 너 따위(의존 명사)가 감히…….

2. 내지, 및, 또는, 혹은: 부사 → 띄어 쓴다

- 비가 올 확률은 50% 내지 60%이다.
- 원서 교부 및 접수
- 집에 있든지 또는 시장에 가든지
- 직접으로 혹은 간접으로

제46항 단음절로 된 단어가 연이어 나타날 적에는 붙여 쓸 수 있다.

좀더 큰것	이말 저말	한잎 두잎

이 허용 규정은 단음절어인 관형사와 명사, 부사와 부사가 연결되는 경우와 같이, 자연스럽게 의미적으로 한 덩이를 이룰 수 있는 구조에 가능하고, 의미적 유형이 다른 것끼리는 붙여 쓰지 않는다.
예 · 훨씬 더 큰 새 집 → 훨씬 더큰 새집(×)
　 더 큰 이 새 책상 → 더큰 이새 책상(×)
 · 더 못 간다. → 더못 간다. (×)
　 꽤 안 온다. → 꽤안 온다. (×)

시(時)

- 명사
  예 태어난∨시가 언제인가?
- 의존 명사
  예 · 몇∨시/5시 30분(5∨시)
  · 비행∨시/규칙을 어겼을∨시
  · 자시/축시/인시/묘시

판

- 명사 + 판(명사) → 붙여 쓴다.
  예 노름판/씨름판/웃음판
- 관형사/용언의 관형사형∨판(의존 명사) → 띄어 쓴다.
  예 바둑 두∨판/씨름 한∨판/죽고 사는∨판

접사 '-여, -짜리, -어치, -씩, 제-, -백(白)': 붙여 쓴다.
예 · 백여∨장
· 백∨원짜리
· 천∨원어치
· 만∨원씩
· 제일∨장/제이장(O)
· 제∨삼장(×)
· 주인백

❶ '제(第)-'가 생략된 경우에도 차례를 나타내는 말은 붙여 쓸 수 있다.
예 · (제)일∨사단 → 일사단
· (제)오십칠∨회 → 오십칠회

❷ **경(京):** 조(兆)의 만 배가 되는 수

TIP
다만 금액을 직을 때에는 변조(變造) 등의 사고를 방지하려는 뜻에서 붙여 쓰는 것이 관례이다.
예 · 일금: 삼십일만오천육백칠십팔원정
· 돈: 일백칠십육만오천원

❸ cf · **명사일 때:** 너희 둘은 좋은 대가 되는구나.
· **접두사일 때:** 대일(對日) 무역/대국민 담화/대중국 정책

기출 확인

밑줄 친 부분의 띄어쓰기가 옳지 않은 것은?
2018 국가직 9급

① 이처럼 좋은 걸 어떡해?
② 제 3장의 내용을 요약해 주세요.
③ 공사를 진행한 지 꽤 오래되었다.
④ 결혼 10년 차에 내 집을 장만했다.

해설
제∨3장의 → 제3장의: '제(第)-'는 '그 숫자에 해당되는 차례'의 뜻을 더하는 접두사이다. 따라서 '3(삼)'과 붙여 써야 한다. 다만 순서에 해당하고 아라비아 숫자와 함께 쓰고 있으므로 '제3∨장'이 원칙이나 '제3장'으로 쓰는 것이 허용된다.

정답 ②

제3절 보조 용언

제47항	보조 용언은 띄어 씀을 원칙으로 하되, 경우에 따라 붙여 씀도 허용한다.

원칙(O)	허용(O)
불이 꺼져 간다.❶	불이 꺼져간다.
어머니를 도와 드린다.	어머니를 도와드린다.❷
비가 올 듯하다.	비가 올듯하다.
일이 될 법하다.	일이 될법하다.
잘 아는 척한다.	잘 아는척한다.
내 힘으로 막아 낸다.	내 힘으로 막아낸다.
그 일은 할 만하다.	그 일은 할만하다.
비가 올 성싶다.	비가 올성싶다.

다만, ① 앞말에 조사가 붙거나 ② 앞말이 합성 용언인 경우, 그리고 ③ 중간에 조사가 들어갈 적에는 그 뒤에 오는 보조 용언은 띄어 쓴다.

① 잘도 놀아만 나는구나! 　　책을 읽어도 보고…….

② 네가 덤벼들어 보아라. 　　이런 기회는 다시없을 듯하다.

③ 그가 올 듯도 하다. 　　잘난 체를 한다.

주의! 본용언∨본용언 → 띄어 쓴다. 예 선물을∨사서∨드렸다.

* 본용언이 합성 용언이거나 파생어일 때도 보조 용언과 띄어 쓴다.

바른 표기(O)	틀린 표기(×)
파고들어∨본다 (합성어)	파고들어본다
공부해∨보아라 (파생어)	공부해보아라

단, 본용언이 합성어나 파생어라도 그 활용형이 2음절인 경우에는 붙여 쓸 수 있다.

예 · 나가∨버렸다(O) / 나가버렸다(O) 　· 빛내∨준다(O) / 빛내준다(O)

'본용언+보조 용언'의 붙여쓰기를 허용하는 경우

1. '본용언 + -아/-어 + 보조 용언' 구성❸

예 · 꺼져(꺼지 + 어)∨간다.(O) - 원칙 / 꺼져간다.(O) - 허용 　· 막아∨낸다.(O) - 원칙 / 막아낸다.(O) - 허용

2. '관형사형 + 보조 용언(의존 명사 + -하다/싶다)' 구성: '듯싶다, 성싶다, 듯하다, 척하다, 체하다, 양하다, 만하다, 법하다' 등의 보조 용언과 연결될 때

예 · 아는∨체하다.(O) - 원칙 / 아는체하다.(O) - 허용 / 아는체∨하다.(×)
· 그가∨올∨법하다.(O) - 원칙 / 그가∨올법하다.(O) - 허용 / 그가∨올법∨하다.(×)
· 비가∨올∨듯하다.(O) - 원칙 / 비가∨올듯하다.(O) - 허용 / 비가∨올듯∨하다.(×)

3. '명사형 + 보조 용언' 구성: '직하다' 한 가지이다.(유일)

예 · 먹었음∨직하다.(O) - 원칙 / 먹었음직하다.(O) - 허용

* '-아/-어' 뒤에 '서'가 줄어진 형식에서는 뒤의 단어가 보조 용언이 아닌 본용언이므로, 붙여 쓰는 게 허용되지 않는다.

예 · (시험 삼아) 고기를 잡아∨본다.(O) - 원칙 → 잡아본다.(O) - 허용 / (맨눈으로) 고기를 잡아(서)∨본다.(O) → 잡아서본다.(×)
· (그분 대신) 사과를 깎아∨드린다.(O) - 원칙 → 깎아드린다.(O) - 허용 / (그분께) 사과를 깎아(서)∨드린다.(O) → 깎아서드린다.(×)

★* 보조 용언이 거듭되는 경우 앞의 보조 용언만 붙여 쓸 수 있다.

예 읽어∨볼∨만하다.(O)/읽어볼∨만하다.(O)/읽어볼만하다.(×)

❶ '꺼지다'는 어원을 고려하면 '끄다+지다'의 관계인 합성 동사이다. 따라서 '꺼지어∨가다'일 경우는 띄어서 써야 하는 경우이나 '꺼져'로 2음절로 축약되어 붙여 쓸 수 있는 경우가 된다.

❷ 2018년 국립국어원에서는 복합어에 '-주다'가 붙는 경우 이에 준하는 '-드리다'의 경우도 항상 붙여 쓰도록 하였다. 따라서 '도와주다'가 하나의 낱말이므로 '도와드리다'는 붙여 쓰는 것이 원칙이다.

	원칙(O)	허용(O)
기존	도와∨드리다	도와드리다
현재	도와드리다	×

★ '깨뜨려∨버리다'의 경우 종전에는 띄어 쓰는 것을 원칙으로 하되 붙여 쓰는 것을 허용했으나, 추가된 〈한글 맞춤법〉 해설(2018. 12.)에 따라 '깨뜨리다'가 파생어이므로 반드시 띄어 써야만 한다.

★ 반드시 붙여 써야 하는 경우

· '-아/-어 + 지다'
예 만들어지다(O), 만들어∨지다(×)
· '-아/-어 + 하다'
예 좋아하다(O), 좋아∨하다(×)
다만, '-아/-어 + 하다'가 앞의 구(句)와 결합할 때는 띄어 쓴다.
예 먹고∨싶어∨하다(O), 먹고∨싶어하다(×)

❸ **'본용언+보조 용언' 꼭 띄어 써야 하는 경우**

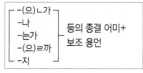

-(으)ㄴ가, -나, -는가, -(으)ㄹ까, -지 등의 종결 어미+보조 용언

예 · 책상이 작은가∨싶다.
· 그가 밥을 먹나∨싶다.
· 집에 갈까∨보다.
· 아무래도 힘들겠지∨싶었다.

제4절 고유 명사 및 전문 용어

제48항	성과 이름, 성과 호 등은 붙여 쓰고, 이에 덧붙는 호칭어, 관직명 등은 띄어 쓴다.❶

김양수(金良洙) 서화담(徐花潭) 채영신 씨

최치원 선생 박동식 박사 충무공 이순신 장군

* '채영신∨씨'를 부를 때는 '채∨씨'로 이때의 '씨'는 앞말과 띄어 쓰는 의존 명사이고, '채씨∨부인' 혹은 '채씨 성은 많지 않다.'라고 할 때의 '-씨'는 앞말과 붙여 쓰는 접사이다.

다만, 성과 이름, 성과 호를 분명히 구분할 필요가 있을 경우에는 띄어 쓸 수 있다. ⊕

남궁억/남궁 억 독고준/독고 준 황보지봉(皇甫芝峰)/황보 지봉

* '아무개(대명사)'나 '어떤(관형사)'을 뜻하는 '모(某)'의 경우 띄어 쓴다.
  예 대명사: 김 모가 말했다./관형사: 모 소식통에 의하면 모 지역으로 이동해야 한다.
* 다만 '모년(아무 해, 명사), 모월(아무 달, 명사), 모일(아무 날, 명사)'은 한 낱말로 붙여 쓴다.

제49항	성명 이외의 고유 명사는 단어별로 띄어 씀을 원칙으로 하되, 단위별로 띄어 쓸 수 있다.

원칙(O)	허용(O)
대한 중학교	대한중학교
한국 대학교 사범 대학	한국대학교 사범대학

- '부설(附設), 부속(附屬), 직속(直屬), 산하(傘下)' 따위는 고유 명사에 속하는 것이 아니므로, 원칙적으로 앞뒤의 말과 띄어 쓴다. 다만, '부속 학교, 부속 초등학교, 부속 중학교, 부속 고등학교, 부속 병원'과 같이 교육 기관 등에 딸린 학교나 병원은 하나의 단위로 다루어 붙여 쓸 수 있다.
  예 · 한국∨대학교∨의과∨대학∨부속∨병원(원칙)
  · 한국대학교∨의과대학∨부속병원(허용)
- 산, 강, 산맥, 평야, 고원 등 굳어진 지명은 고유어, 한자어, 외래어 상관없이 모두 붙여 쓴다. 이들은 합성어로서 하나의 단어로 굳어졌다.
  예 · 북한산, 에베레스트산 · 영산강, 미시시피강 · 소백산맥, 알프스산맥
  · 나주평야, 화베이평야 · 개마고원, 티베트고원

제50항	전문 용어는 단어별로 띄어 씀을 원칙으로 하되, 붙여 쓸 수 있다.❷

원칙(O)	허용(O)
만성 골수성 백혈병	만성골수성백혈병
중거리 탄도 유도탄	중거리탄도유도탄

❶ 홍길동∨씨 홍∨씨 길동∨씨
김철수∨군 김∨군 철수∨군
박선영∨양 박∨양 선영∨양
김선숙∨옹 김∨옹
민수철∨교수 민∨교수
총장∨정영수∨박사 사∨사장
여∨여사 황희∨정승

* 우리 한자음으로 적는 중국 인명에도 이 규정이 적용된다.
  예 조맹부(趙孟頫)/소식(蘇軾)/왕희지(王羲之)

⊕ TIP

성과 이름의 경계가 혼동될 여지가 있으면 한 글자의 성도 띄어 쓸 수 있다.
예 선우진/선우∨진('선우'씨인 진)/선∨우진('선'씨인 우진)

★ '용언의 관형사형 + 명사', '명사 + 조사 + 명사' 형식

→ '고유 명사', '전문 용어' 모두 붙여 쓸 수 있다.

	원칙(O)	허용(O)
고유 명사	즐거운∨노래방	즐거운노래방
고유 명사	부부의∨날	부부의날
전문 용어	따뜻한∨구름	따뜻한구름
전문 용어	강조의∨허위	강조의허위

❷ **국어사전에 등재되어 있는 전문 용어**

원칙(O)	허용(O)
무역∨수지	무역수지
음운∨변화	음운변화
상대성∨이론	상대성이론
국제∨음성∨기호	국제음성기호
긴급∨재정∨처분	긴급재정처분
무한∨책임∨사원	무한책임사원
배당∨준비∨적립금	배당준비적립금
후천∨면역∨결핍증	후천면역결핍증
지구∨중심설	지구중심설
탄소∨동화∨작용	탄소동화작용
해양성∨기후	해양성기후
무릎∨대어∨돌리기	무릎대어돌리기

기출 확인

다음 중 띄어쓰기가 잘못된 것은?

2012 서울시 9급

- ①김양수 씨가 ②떠난지가 오래다.
- 그가 그렇게 ③떠나 버린 것이 믿어지지 않는다.
- 나는 한동안 멍하니 ④지낼 수밖에 없었다.

① 김양수 씨 ② 떠난지
③ 떠나 버린 것 ④ 지낼 수밖에

정답 ②

해원通 주의해야 할 띄어쓰기

1. -상(上), -하(下): 접미사 → 붙여 쓴다.
   예 · 관계상/미관상/절차상/인터넷상/통신상
   · 식민지하/원칙하/지도하/지배하

   cf 기존의 물체의 위, 아래를 의미하는 '상(上), 하(下)'의 경우도 접사로 구분한다.
   예 지구상의 선물/지도상의 한 점/교각한 추락 금지/선박한 적치 금지

2. 중(中): 한 단어로 굳어진 경우가 아니면 언제나 띄어 쓴다.
   예 · 학생∨중에/꽃∨중의∨꽃/회의∨중이다/건설∨중이다
   · 은연중/무의식중/무언중/무심중/한밤중/부재중/부지중/부지불식중/총망중/그중(한 단어로 굳어진 말)

3. 내(內), 외(外), 초(初), 말(末): 의존 명사 → 띄어 쓴다.
   예 · 범위∨내/건물∨내/수일∨내로/기간∨내에
   · 그∨외에/가족∨외의/필기도구∨외에는
   · 조선∨초/20세기∨초/내년∨초에/학기∨초
   · 조선∨말/학년∨말/학기∨말

4. 본(本): 관형사. 말하는 이와 직접 관련되어 있음을 나타내는 말 → 띄어 쓴다.
   예 본∨협회/본∨법정/본∨연구원/본∨변호인
   cf 본인, 본고/[접사] 본계약/본뜻/본서방

5. 귀(貴): 관형사. 상대편이나 소속체를 높이는 뜻 → 띄어 쓴다.
   예 귀∨신문사/귀∨기관 ↔ [접사] 귀공자/귀금속/귀부인/귀사(↔ 폐사)

6. 대(對), 반(反), 친(親), 탈(脫): 접두사 → 붙여 쓴다.
   예 · 대국민 사과문/대북한 전략
   · 친부모/친미/친정부/친혁명 세력
   · 반비례/반독재/반체제
   · 탈공해/탈냉전/탈대중화

7. 붙여쓰기
   · 한문에서 온 고사성어나 문구 예 주마간산, 금수강산, 솔선수범
   · 음식 이름, 재료명 예 김치찌개, 꽁보리밥, 낙지볶음, 닭볶음탕, 고춧가루
   · 한문식 서명, 사건명 예 훈민정음, 갑오개혁, 훈몽자회, 임진왜란
   · 화학 물질, 동식물 단위나 품종명 예 석회질소, 포유동물, 자두나무
   · 그간/그사이/그동안/초등학교/고등학교/충청남도/소백산맥
   · 용언의 어미와 어미처럼 굳어진 표현 예 -ㄹ수록, -ㄹ망정, -뿐더러, -고말고, -다마다

8. 드리다, 시키다, 받다, 당하다
   '드리다, 시키다, 받다, 당하다'는 문장에서 본용언으로 사용하기도 하지만, 같은 모양이 접사로 기능하기도 한다. 예 감사드리다/훈련시키다/오해받다/봉변당하다
   · -드리다: (몇몇 명사 뒤에 붙어) '공손한 행위'의 뜻을 더하고 동사를 만드는 접미사
   예 공양드리다/불공드리다/말씀드리다
   · -시키다: (서술성을 가지는 일부 명사 뒤에 붙어) '사동'의 뜻을 더하고 동사를 만드는 접미사
   예 교육시키다/등록시키다/복직시키다/오염시키다/이해시키다/입원시키다/진정시키다/집합시키다/취소시키다/화해시키다
   · -받다: (몇몇 명사 뒤에 붙어) '피동'의 뜻을 더하고 동사를 만드는 접미사
   예 강요받다/버림받다
   · -당하다: (행위를 나타내는 일부 명사 뒤에 붙어) '피동'의 뜻을 더하고 동사를 만드는 접미사
   예 거절당하다/무시당하다/이용당하다/체포당하다/혹사당하다

책명과 작품명의 띄어쓰기

· 한자로 된 고전 책명 → 붙여 쓴다.
  예 분류두공부시언해, 동국신속삼강행실도, 번역소학(한문 고전 책명)
· 서양의 고전 책명
· 현대의 책명/작품명 → 단어별로 띄어 쓴다.
  예 · 베니스의∨상인(서양의 고전 작품명)
  · 고용,∨이자∨및∨화폐의∨일반∨이론(현대의 책명)
  · 바람과∨함께∨사라지다(서양의 현대 작품명)

주의! 붙여 쓰는 한 단어

· 안절부절못하다
· 큰소리치다
· 시집가다/장가가다
· 지난봄/지난여름/지난가을/지난겨울
· 알은체하다/알은척하다
· 보잘것없다
· 마지못하다/못지않다
· 너나없이
· 바른대로
· 봄내/여름내/가으내/겨우내
· 같이하다/함께하다
· 창밖/창외

기출 확인

다음 중 띄어쓰기가 가장 옳은 것은?

2019 서울시 9급(2월)

① 열 길 물속은 알아도 한 길 사람의 속은 모른다.
② 데칸고원은 인도 중부와 남부에 위치한 고원이다.
③ 못 본 사이에 키가 전봇대만큼 자랐구나!
④ 이번 행사에서는 쓸모 있는 주머니만들기를 하였다.

오답
② 데칸∨고원 → 데칸고원
③ 전봇대∨만큼 → 전봇대만큼
④ 주머니만들기 → 주머니∨만들기

정답 ①

6 그 밖의 것

제51항	부사의 끝음절이 분명히 '이'로만 나는 것은 '-이'로 적고, '히'로만 나거나 '이'나 '히'로 나는 것은 '-히'로 적는다.

1. '이'로만 나는 것

① 가붓이	깨끗이	나붓이	느긋이	둥긋이
따뜻이	반듯이	버젓이	산뜻이	의젓이
② 가까이	고이	날카로이	대수로이	번거로이
③ 겹겹이	번번이	일일이	집집이	틈틈이
④ 많이	적이	헛되이		

'이'로 적는 경우

1. 'ㅅ' 받침 뒤 ········· ①
   예 기웃이, 나긋나긋이, 남짓이, 뜨뜻이, 번듯이, 지긋이
2. 'ㅂ' 불규칙 용언의 어간 뒤 ········· ②
   예 가벼이, 괴로이, 기꺼이, 너그러이, 부드러이, 새로이, 쉬이, 외로이, 즐거이
3. ⓝ + ⓝ + 이 → ⓝ 마다 ········· ③
   예 간간이[1], 겹겹이, 번번이, 골골샅샅이, 곳곳이, 길길이, 나날이, 낱낱이, 다달이, 땀땀이, 몫몫이, 샅샅이, 알알이, 앞앞이, 줄줄이, 짬짬이, 철철이
4. '-하다'가 붙지 않는 용언 어간 뒤 ········· ④
   예 같이, 굳이, 길이, 깊이, 높이, 실없이
5. 부사 뒤
   예 곰곰이, 더욱이, 생긋이, 오뚝이, 일찍이, 히죽이

[1] 간간이(間間-): 시간적인 사이를 두고서 가끔씩(= 간간)
예 간간이 들려오는 기적 소리
cf 간간히: 입맛 당기게 약간 짠 듯이
예 음식은 간간히 조리해야 맛이 난다.

2. '히'로만 나는 것

극히	급히	딱히	속히	족히
특히	엄격히	정확히	작히	

'히'로 적는 경우

1. '-하다'가 붙는 어근 뒤(단, 'ㅅ' 받침 제외)
   예 극히, 급히, 딱히, 속히
2. '-하다'가 붙는 어근에 '-히'가 결합하여 된 부사가 줄어진 형태
   예 (익숙히 →)익히, (특별히 →) 특히
3. '-하다'가 붙지 않는 어근에 부사화 접미사가 결합한 형태로 분석되더라도, 그 어근 형태소의 본뜻이 유지되고 있지 않은 단어의 경우는 익어진 발음 형태대로 '히'로 적는다.
   예 작히(어찌 조그만큼만, 오죽이나)

3. '이, 히'로 나는 것

솔직히	가만히	간편히	나른히	무단히
각별히	소홀히	쓸쓸히	정결히	과감히
꼼꼼히	심히	열심히	급급히	답답히
섭섭히	공평히	능히	당당히	분명히
상당히	조용히	간소히	고요히	도저히

제52항	한자어에서 본음으로도 나고 속음[1]으로도 나는 것은 각각 그 소리에 따라 적는다.

본음으로 나는 것	속음으로 나는 것
승낙(承諾)	수락(受諾), 쾌락(快諾), 허락(許諾)
만난(萬難)	곤란(困難), 논란(論難)
안녕(安寧)	의령(宜寧), 회령(會寧)
분노(忿怒)	대로(大怒), 희로애락(喜怒哀樂)
토론(討論)	의논(議論)[2]
오륙십(五六十)	오뉴월, 유월(六月)
목재(木材)	모과(木瓜)
십일(十日)	시방정토(十方淨土), 시왕(十王)[3], 시월(十月)
팔일(八日)	초파일(初八日)

제53항	다음과 같은 어미는 예사소리로 적는다.

-(으)ㄹ거나　-(으)ㄹ걸　-(으)ㄹ게[4]　-(으)ㄹ세　-(으)ㄹ세라
-(으)ㄹ수록　-(으)ㄹ시　-(으)ㄹ지　-(으)ㄹ지니라　-(으)ㄹ지라도
-(으)ㄹ지어다　-(으)ㄹ지언정　-(으)ㄹ진대　-(으)ㄹ진저　-올시다

다만, **의문을 나타내는 다음 어미들은 된소리로 적는다.**[5]

-(으)ㄹ까?　-(스)ㅂ니까?　-(으)리까?　-(으)ㄹ꼬?　-(으)ㄹ쏘냐?

제54항	다음과 같은 접미사는 된소리로 적는다.

심부름꾼　익살꾼　일꾼　장꾼　장난꾼
지게꾼　때깔　빛깔　성깔　귀때기
볼때기　판자때기　뒤꿈치　팔꿈치　이마빼기
코빼기　객쩍다　겸연쩍다[6]

혜원通 접미사의 표기

1. 한 가지 형태로만 쓰이는 경우
- -군/-꾼 → 꾼(O) 예 결꾼, 낚시꾼, 농사꾼, 말썽꾼, 방해꾼, 사기꾼, 살림꾼, 잔소리꾼, 소리꾼, 이야기꾼, 힘꾼
- -갈/-깔 → 깔(O) 예 맛깔, 태깔(態-)[7]
- -대기/-때기 → 때기(O) 예 거적때기, 나무때기, 등때기, 널판때기, 배때기, 송판때기
- -굼치/-꿈치 → 꿈치(O) 예 발꿈치, 발뒤꿈치

2. 의미에 따라 형태가 다른 경우
- -배기/-빼기

-배기	- [배기]로 발음되는 경우 예 귀퉁배기, 나이배기, 대짜배기, 육자배기(六字--), 주정배기(酒酊--), 진짜배기, 포배기 - 한 형태소 내부에서, 'ㄱ, ㅂ' 받침 뒤에서 [빼기]로 발음되는 경우 예 뚝배기, 학배기[蜻幼蟲], 언덕배기(언덕바지)
-빼기	다른 형태소 뒤에서 [빼기]로 발음되는 경우 예 고들빼기, 그루빼기, 대갈빼기

- -적다/-쩍다

-적다	- [적다]로 발음되는 경우 예 괘다리적다[8], 괘달머리적다[9], 딴기적다[10], 열퉁적다[11] - '적다[少]'의 의미가 유지되고 있는 합성어의 경우 예 맛적다(재미가 없어 싱겁다.)
-쩍다	'적다[少]'의 의미 없이 [쩍다]로 발음되는 경우 예 맥쩍다, 멋쩍다, 해망쩍다, 객쩍다, 의심쩍다, 행망쩍다

[1] **속음(俗音):** 한자의 음을 읽을 때, 본음과는 달리 일부 단어에서 굳어져 쓰이는 음
예 六月: 유월(육월×)

[2] **의논:** 의견을 주고받음.
cf 의론: 의견을 제기함. 또는 그런 의견

[3] **시왕(十王) = 십왕(十王)**
규정에서는 일반적인 발음에 따라 '시왕'만 인정했지만, 불교 영역에서는 실제로 '십왕'이라고 쓰기 때문에 국립국어원 《표준국어대사전》에서는 '십왕'과 '시왕'을 모두 표준어로 인정하였다.

★ 단어에 따라 본음과 속음으로 달리 소리 나는 한자

본음	속음
제공(提供) 제기(提起)	보리(菩提) 보리수(菩提樹)
도장(道場) (무예를 닦는 곳)	도량(道場) (도를 얻으려고 수행하는 곳)
공포(公布)	보시(布施) 보싯돈(布施-)
자택(自宅)	본댁(本宅) 시댁(媤宅) 댁내(宅內)
단심(丹心) 단풍(丹楓)	모란(牧丹)
동굴(洞窟) 동네(洞-)	통찰(洞察) 통촉(洞燭)
당분(糖分) 혈당(血糖)	사탕(砂糖) 설탕(雪糖) 탕수육(糖水肉)

[4] '-(으)ㄹ걸, -(으)ㄹ게'는 종결 어미로 반드시 붙여 써야 한다.

[5] **의문을 나타내는 된소리 어미**

-ㄹ까	오늘 어디 갈까?
-ㄹ깝쇼	점심상 보아 올릴깝쇼?
-ㄹ꼬	집도 없이 나는 어디로 갈꼬?
-ㄹ쏘냐	내가 너에게 질쏘냐?
-ㄹ쏜가	내 마음 아실 이 누구일쏜가?

[6] **겸연쩍다 = 계면쩍다(O)**

★ 농군(農軍) = 농민 = 농병

★ -배기 vs -박이(접사)

-배기	-박이(← 박다)
두 살배기 다섯 살배기 나이배기 알배기 공짜배기 대짜배기 진짜배기	점박이 금니박이 네눈박이 차돌박이 장승박이 붙박이

cf **-빼기:** 그런 특성이 있는 사람이나 물건
예 곱빼기, 밥빼기, 악착빼기, 억척빼기

[7] **태깔(態-):** 모양과 빛깔

[8] **괘다리적다:** 사람됨이 멋없고 거칠다.

[9] **괘달머리적다:** '괘다리적다'의 속된 말

[10] **딴기적다:** 기력이 약하여 앞질러 나서는 기운이 없다.

[11] **열퉁적다:** 말이나 행동이 조심성이 없고 거칠며 미련스럽다.

TIP

맞추다

'제자리에 맞게 붙이다, 주문하다, 똑바르게 하다, 비교하다'의 의미

예 퍼즐을 맞추다./구두를 맞추다./
줄을 맞추다./기분을 맞추다./
시간을 맞추다./(친구와) 답을 맞추다

TIP

뻗치다

'어떤 방향으로 길게 이어져 가다, 어떤 것에 미치게 길게 내밀다.'의 의미

예 · 태백산맥은 남북으로 길게 뻗쳐 있다.
· 아이는 팔을 뻗쳐 엄마를 잡으려 했다.

❶ '지난봄, 지난여름, 지난가을, 지난겨울'은 모두 합성어로 붙여 쓴다.

❷ **-데:** 어미. 직접 경험의 의미
예 그이가 말을 잘하데.
→ '더라'의 의미
cf -대: 어미
1. 놀라거나 못마땅함.
2. 간접 경험의 의미('-다고 해'의 준말)
예 · 왜 이렇게 일이 많대?
· 사람이 아주 똑똑하대.

❸ **갈음:** '일한 뒤나 외출할 때 갈아입는 옷(= 갈음옷)'을 뜻하기도 한다.

❹ · 그러므로+써 → 그러므로써(×)
· 그럼으로+써 → 그럼으로써(○)

기출 확인

밑줄 친 단어의 쓰임이 올바르지 않은 것은?

2023 지방직 9급

① 이 일은 정말 힘에 부치는 일이다.
② 그와 나는 전부터 알음이 있던 사이였다.
③ 대문 앞에 서 있는데 대문이 저절로 닫혔다.
④ 경기장에는 걷잡아서 천 명이 넘게 온 듯하다.

해설

걷잡아서→겉잡아서: 문맥상 '짐작으로 헤아려' 천 명이 넘게 온 듯하다는 의미이다. 그런데 '걷잡다'는 '한 방향으로 치우쳐 흘러가는 형세 따위를 붙들어 잡다.', '마음을 진정하거나 억제하다.'라는 의미이다. 따라서 '겉으로 보고 대강 짐작하여 헤아리다.'라는 의미를 가진 '겉잡다'를 써야 한다.

오답

① '모자라거나 미치지 못하다.'라는 의미이므로 '부치다'의 쓰임은 올바르다.
② '사람끼리 서로 아는 일.'이라는 의미이므로 '알음'의 쓰임은 올바르다.
③ '닫다'의 피동사 '닫히다'의 쓰임은 올바르다.

정답 ④

제55항	두 가지로 구별하여 적던 다음 말들은 한 가지로 적는다.

바른 표기(○)	틀린 표기(×)
맞추다TIP(입을 맞춘다./양복을 맞춘다.)	마추다
뻗치다TIP(다리를 뻗친다./멀리 뻗친다.)	뻐치다

제56항	'-더라, -던'과 '-든지'는 다음과 같이 적는다.

1. 지난 일을 나타내는 어미는 '-더라, -던'으로 적는다.

바른 표기(○)	틀린 표기(×)
지난겨울❶은 몹시 춥더라.	지난겨울은 몹시 춥드라.
깊던 물이 얕아졌다.	깊든 물이 얕아졌다.
그렇게 좋던가?	그렇게 좋든가?
그 사람 말 잘하던데!❷	그 사람 말 잘하든데!
얼마나 놀랐던지 몰라.	얼마나 놀랐든지 몰라.

2. 물건이나 일의 내용을 가리지 아니하는 뜻을 나타내는 조사와 어미는 '(-)든지'로 적는다.

바른 표기(○)	틀린 표기(×)
배든지 사과든지 마음대로 먹어라.	배던지 사과던지 마음대로 먹어라.
가든지 오든지 마음대로 해라.	가던지 오던지 마음대로 해라.

제57항	다음 말들은 각각 구별하여 적는다.

01	가름	둘로 가름	가르다 + ㅁ → 가름, 나눔
	갈음❸	새 책상으로 갈음하였다.	갈다 + 음 → 갈음, 교체/대체
	가늠	건물의 높이가 가늠이 안 된다.	사물을 어림잡아 헤아림.
02	거름	풀을 썩힌 거름	(땅이) 걸다 + 음 → 본뜻에서 멀어져 '비료'를 뜻하는 '거름'
	걸음	빠른 걸음	걷다 + 음 → 걸음
03	거치다	영월을 거쳐 왔다./칡덩굴이 발에 거치다.	들르다, 막히다
	걷히다	외상값이 잘 걷힌다.	'걷다'의 피동사
04	걷잡다	걷잡을 수 없는 상태	1. 한 방향으로 치우쳐 흘러가는 형세 따위를 붙들어 잡다. 2. 마음을 진정하다.
	겉잡다	겉잡아서 이틀 걸릴 일	겉으로 보고 대강 짐작하여 헤아리다.
05	그러므로(그러니까)	그는 부지런하다. 그러므로 잘 산다.	그러하기 때문에(이유, 원인, 근거)
	그럼으로(써)❹	그는 열심히 공부한다. 그럼으로(써) 은혜에 보답한다.	그렇게 하는 것으로(써)(수단과 방법)
06	노름	노름판이 벌어졌다.	놀 + 음 → 본뜻에서 멀어져 소리 나는 대로 표기, 도박
	놀음(놀이)	즐거운 놀음	놀 + 음 → 놀음[playing]

07	**느리다**	진도가 너무 느리다.	slow
	늘이다	고무줄을 늘인다./바짓단을 늘이다.	길게 하다.
	늘리다	수출량을 더 늘린다.	'늘다(수나 분량, 시간 따위가 본디보다 많아지다.)'의 사동사
08	**다리다**	옷을 다린다.	옷이나 천의 주름살을 다리미로 펴다.
	달이다	약을 달인다./간장을 달이다.	끓여서 진하게 하다.
09	**다치다**	부주의로 손을 다쳤다.	
	닫히다	문이 저절로 닫혔다.	'닫다'의 피동사
	닫치다	문을 힘껏 닫쳤다.	'닫다'의 강세
10	**마치다**	벌써 일을 마쳤다.	finis
	맞히다[1]	여러 문제를 더 맞혔다.	'맞다'의 사동사, 알아맞히다, 적중하다
11	**목거리**	목거리가 덧났다.	목이 붓고 아픈 병
	목걸이	금목걸이, 은목걸이	액세서리
12	**바치다**	나라를 위해 목숨을 바쳤다.	give
	받치다	우산을 받치고 간다./책받침을 받친다.	1. 밑에 물체를 대다. 2. 우산 등을 펴 들다.
	받히다	쇠뿔에 받혔다.(피동) 시장 상인에게 고기 백 근을 받히다.(사동)	'받다'의 피동사·사동사
	밭치다	술을 체에 밭친다.	'밭다(액체와 건더기를 거르다.)'의 강세
13	**반드시**	약속은 반드시 지켜라.	surely
	반듯이	고개를 반듯이 들어라.	upright
14	**부딪치다**	차와 차가 마주 부딪쳤다.	'부딪다'의 강세
	부딪히다	마차가 화물차에 부딪혔다.	'부딪다'의 피동사. 예상 못한 상황에 직면하다.
15	**부치다**	힘이 부치는 일이다./편지를 부친다. 논밭을 부친다./빈대떡을 부친다. 식목일에 부치는 글/회의에 부치는 안건 인쇄에 부치는 원고/삼촌 집에 숙식을 부친다.	
	붙이다[2]	우표를 붙인다./책상을 벽에 붙였다. 흥정을 붙인다./불을 붙인다. 감시원을 붙인다./조건을 붙인다. 취미를 붙인다./별명을 붙인다.	
16	**시키다**	일을 시킨다.	
	식히다	끓인 물을 식힌다.	
17	**아름**	세 아름 되는 레	두 팔을 둥글게 모아서 만든 둘레나 두 팔을 둥글게 모아 만든 둘레 안에 들 만한 분량을 세는 단위
	알음	전부터 알음이 있는 사이	1. 서로 아는 관계 2. 지식이나 지혜가 있음. 3. 신의 보호나 신이 보호하여 준 보람
	앎	앎이 힘이다.	아는 일
18	**안치다**	밥을 안친다.	밥, 떡, 찌개 따위를 만들기 위하여 그 재료를 솥이나 냄비 따위에 넣고 불 위에 올리다.
	앉히다	윗자리에 앉힌다.	'앉다'의 사동사
19	**어름**	두 물건의 어름에서 일어난 현상	두 사물의 끝이 맞닿은 자리
	얼음	얼음이 얼었다.	ice
20	**이따가**	이따가 오너라.	
	있다가	돈은 있다가도 없다.	
21	**저리다**	다친 다리가 저린다.	
	절이다	김장 배추를 절인다.	

[1] cf **맞추다:** 의미상 '짝'이 있어야 함.
예 · 친구와 답을 맞추다.
· 주파수를 지역 방송에 맞추다.

[2] cf · **밀어붙이다(밀어부치다×)**
여유를 주지 아니하고 계속 몰아 붙이다.
예 상승세를 탄 우리 팀은 끝까지 상대 팀을 밀어붙였다.
· **걷어붙이다(걷어부치다×)**
소매나 바짓가랑이 따위를 말아 올리다.
· **몰아붙이다(몰아부치다×)**
한쪽 방향이나 상황으로 몰려가게 하다.

기출 확인

밑줄 친 동사의 쓰임이 옳지 않은 것은?

2023 국회직 8급

① 씻어 놓은 상추를 채반에 밭쳤다.
② 마을 이장이 소에게 받쳐서 꼼짝을 못 한다.
③ 그녀는 세운 무릎 위에 턱을 받치고 앉아 있었다.
④ 양복 속에 두꺼운 내복을 받쳐서 입으면 옷맵시가 나지 않는다.
⑤ 고추가 워낙 값이 없어서 백 근을 시장 상인에게 받혀도 변변한 옷 한 벌 사기가 힘들다.

해설

받쳐서 → 받혀서: 이장이 소에게 '세차게 부딪혔다'라는 의미이다. 따라서 '받다'의 피동사 '받히다'를 써야 한다.

오답

① '구멍이 뚫린 물건 위에 국수나 야채 따위를 올려 물기를 빼다.'라는 의미로, '밭치다'의 쓰임은 옳다.
③ '물건의 밑이나 옆 따위에 다른 물체를 대다.'라는 의미로, '받치다'의 쓰임은 옳다.
④ '옷의 색깔이나 모양이 조화를 이루도록 함께 하다.'라는 의미로, '받치다'의 쓰임은 옳다.
⑤ '한꺼번에 많은 양의 물품을 사게 하다.'라는 의미로, '받다'의 사동사 '받히다'의 쓰임은 옳다.

정답 ②

❶ 졸이다
1. 속을 태우다시피 초조해하다.
예 가슴을 졸이다.
2. '졸다'의 사동사
예 찌개를 졸이다.

❷ -느니보다
예 마지못해 하느니보다 안 하는 게 낫다.

❸ -는 이보다
예 아는 이보다 모르는 이가 더 많다.

❹ -(으)리만큼: '-(으)ㄹ이만큼'으로 적던 것을 '-(으)리만큼'으로 바꾸었다. 사람을 뜻하는 경우에만 의존 명사 '이'를 밝히어 적도록 한다.
예 싫증이 나리만큼 잔소리를 들었다.

❺ -(으)ㄹ 이만큼
예 반대할 이는 찬성할 이만큼 많지 않을 것이다.

22	조리다	생선을 조린다./통조림, 병조림	
	졸이다❶	마음을 졸인다.	
23	주리다	여러 날을 주렸다.	1. 배를 곯다. 2. 아쉬워하다.
	줄이다	비용을 줄인다.	1. '줄다'의 사동사 2. 말이나 글의 끝에서 마친다는 의미
24	하노라고(의도)	하노라고 한 것이 이 모양이다.	
	하느라고(원인)	공부하느라고 밤을 새웠다.	
25	-느니보다(어미)❷	나를 찾아오느니보다 집에 있거라.	
	-는 이보다(의존 명사)❸	오는 이가 가는 이보다 많다.	
26	-(으)리만큼(어미)❹	나를 미워하리만큼 그에게 잘못한 일이 없다.	
	-(으)ㄹ 이만큼(의존 명사)❺	찬성할 이도 반대할 이만큼이나 많을 것이다.	
27	-(으)러(목적)	공부하러 간다.	
	-(으)려(의도)	서울 가려 한다.	
28	-(으)로서(자격)	사람으로서 그럴 수는 없다.	자격, 지위, 신분, 출발점
	-(으)로써(수단)	닭으로써 꿩을 대신했다.	재료, 수단, 방법, 셈의 한계
29	-(으)므로(어미)	그가 나를 믿으므로 나도 그를 믿는다.	까닭이나 근거를 나타내는 연결 어미
	(-ㅁ, -음)으로(써)(조사)	그는 믿음으로(써) 산 보람을 느꼈다.	1. 어떤 물건의 재료나 원료 2. 어떤 일의 수단과 도구 3. 어떤 일의 방법이나 방식 4. 셈의 한계를 나타내는 격 조사

기출 확인

밑줄 친 조사의 쓰임이 옳은 것은? 2021 지방직 9급

① 언니는 아버지의 딸로써 부족함이 없다.
② 대화로서 서로의 갈등을 풀 수 있을까?
③ 드디어 오늘로써 그 일을 끝내고야 말았다.
④ 시험을 치는 것이 이로서 세 번째가 됩니다.

해설 조사 '(으)로서'와 '(으)로써' 각각의 의미는 다음과 같다.

(으)로서	1. 지위나 신분 또는 자격을 나타내는 격 조사 2. (예스러운 표현으로) 어떤 동작이 일어나거나 시작되는 곳을 나타내는 격 조사
(으)로써	1. 어떤 물건의 재료나 원료를 나타내는 격 조사 2. 어떤 일의 수단이나 도구를 나타내는 격 조사 3. 시간을 셈할 때 셈에 넣는 한계를 나타내거나 어떤 일의 기준이 되는 시간임을 나타내는 격 조사

오답 ① 딸로써 → 딸로서: 딸의 '자격'으로 부족함이 없다는 의미이다. 따라서 '로서'를 써야 한다.
② 대화로서 → 대화로써: 대화를 '수단, 도구'로 하여 갈등을 풀 수 있을 것인가라는 의미이다. 따라서 '로써'를 써야 한다.
④ 이로서 → 이로써: 시험을 친 게 세 번째라는 의미이다. 따라서 '로써'를 써야 한다.

정답 ③

문장 부호론

▶ 문장 부호 정리

. 마침표 (온점)	· 서술, 명령, 청유 · 아라비아 숫자로 연월일 표기 예 1919. 3. 1. · 특정한 의미가 있는 날일 경우 월과 일(아라비아 숫자) 사이에 사용(가운뎃점 허용) 예 3.1 운동 · 장, 절, 항 등 문자나 숫자 다음에 사용 예 가./1. * 제목, 표어에는 쓰지 않음. 예 꺼진 불도 다시 보자
? 물음표	· 의문문이나 의문을 나타내는 어구 · 의심, 빈정거림 등을 표시할 때, 또는 적절한 말을 쓰기 어려울 때 예 거참 훌륭한(?) 성적이군. · 모르거나 불확실한 내용일 때 예 최치원(857~?) * 의문의 정도가 약하면 온점 가능 * 제목, 표어에는 쓰지 않음. 예 역사란 무엇인가
! 느낌표	· 감탄문이나 감탄사 · 특별히 강한 느낌의 어구, 평서문, 명령문, 청유문 예 청춘! 가슴이 설레는 말이다./지금 즉시 대답해! · 물음의 말로 놀람이나 항의 예 이게 누구야! · 감정을 넣어 대답하거나 다른 사람을 부를 때 사용 예 네!/네, 선생님!/흥부야!/언니!
, 쉼표 (반점)	· 같은 자격의 어구를 열거 · 짝을 지어 구별 예 닭과 지네, 개와 고양이는 상극 · 이웃하는 수를 개략적으로 나타낼 때 예 5, 6세기 · 부르거나 대답하는 말 뒤 예 예은아, 이것 좀 해./응응, 지금 해 줄게. · 문장 앞의 조사 없이 쓰인 제시어나 주제어의 뒤 예 돈, 돈이 인생의 전부이더냐? · 한 문장 안에서 앞말을 '곧', '다시 말해' 등과 같은 어구로 다시 설명할 때 앞말 다음에 사용 · 바로 다음 말과 직접적인 관계에 있지 않음을 나타낼 때 사용 예 지민이는, 울면서 떠나는 정수를 배웅했다. · 문장 중간에 끼어든 어구의 앞뒤에 사용 예 난, 솔직히 말하면, 별로야. * 줄표로 대체 가능 · 짧게 더듬는 말 예 부, 부정행위라니요?
· 가운뎃점	· 열거할 어구들을 묶어서 나타낼 때 예 민수·영희, 선미·준호가 서로 짝이 되었다. · 짝을 이루는 어구들 사이 예 한(韓)·이(伊) 양국 간 · 공통 성분을 줄여서 하나의 어구로 묶을 때 사용 예 상·중·하위권 * 쉼표로 대체 가능
: 쌍점	· 표제 다음에 해당 항목을 들거나 설명을 붙일 때 · 말하는 이와 말한 내용 사이 예 김 과장 : 알겠네. · 시와 분, 장과 절 등을 구별 예 오전 10 : 20 · 의존 명사 '대' 자리 예 65 : 60(65 대 60)/청군 : 백군
/ 빗금	· 대비되는 어구들을 묶을 때 예 먹이다/먹히다 · 수량과 기준 단위 사이 예 1,000원/개 · 시의 행이 바뀌는 부분 예 산에/산에/피는 꽃은 * 연이 바뀌는 부분에는 두 번 겹쳐 씀(//)
...... 줄임표	· 할 말을 줄였을 때, 말이 없음을 나타낼 때 · 문장이나 글의 일부를 생략, 머뭇거림을 보일 때 * 점의 개수는 세 개, 여섯 개 가능. 가운데 대신 아래쪽에 찍는 것도 허용(마침표는 생략 불가)

" " 큰따옴표	· 글 가운데 직접 대화 · 말이나 글을 직접 인용 예 나는 "유경이 아니냐?" 하는 소리에 깜짝 놀랐다.
' ' 작은따옴표	· 인용한 말 안에 있는 인용한 말 예 "여러분! '시작이 반이다.'라는 말 들어 보셨죠?" · 마음속으로 한 말
( ) 소괄호	· 주석이나 보충적인 내용 예 니체(독일의 철학자)의 말 · 우리말 표기와 원어 표기를 아울러 보일 때 예 기호(嗜好)/커피(coffee) · 생략할 수 있는 요소일 때 예 광개토(대)왕 · 대화를 적은 글의 동작이나 분위기, 상태 예 현우: (가쁜 숨을 내쉬며) 왜 이렇게 빨리 뛰어? · 내용이 들어갈 자리임을 나타낼 때 사용 예 우리나라의 수도는 ( )이다.
{ } 중괄호	· 같은 범주의 요소들을 세로로 묶을 때 예 국가의 성립 요소 {영토, 국민, 주권} · 열거된 항목 중 하나가 자유롭게 선택될 수 있을 때 예 아이들이 모두 학교{에, 로, 까지} 갔어요
[ ] 대괄호	· 괄호 바깥의 괄호 예 [윤석중 전집(1988), 70쪽] · 고유어에 대응하는 한자어(한자, 한글)를 함께 보일 때 예 손발[手足], 나이[연세] * 고유어나 한자어에 대응하는 외래어나 외국어 표기도 동일 예 낱말[word], 자유 무역 협정[FTA] · 원문에 대한 이해를 돕기 위한 설명이나 논평
『 』 겹낫표 《 》 겹화살괄호	· 책의 제목이나 신문 이름 등을 나타낼 때 사용 예 《한성순보》는 우리나라 최초의 근대 신문이다. * 큰따옴표로 대체 가능
「 」 홑낫표 〈 〉 홑화살괄호	· 소제목, 그림이나 노래와 같은 예술 작품의 제목, 상호, 법률, 규정 예 〈한강〉은 사진집 《아름다운 땅》에 실린 작품이다. * 작은따옴표로 대체 가능
— 줄표	· 부제의 앞뒤 (뒤의 줄표는 생략 가능) 예 역사 바로잡기 — 근대의 설정 —
~ 물결표	· 기간이나 거리 또는 범위 예 9월 15일~9월 25일, 서울~천안 * 붙임표로 대체 가능
˙ 드러냄표, ＿ 밑줄	· 주의가 미쳐야 할 곳이나 중요한 부분 예 중요한 것은 왜 사느냐가 아니라 어떻게 사느냐이다. * 작은따옴표로 대체 가능
○, × 숨김표	· 금기어나 공공연히 쓰기 어려운 비속어 예 ×××란 말이 목구멍까지 치밀었다. · 비밀을 유지해야 하거나 밝힐 수 없는 사항 예 합격자는 김○영, 이○준, 박○순 등 모두 3명
□ 빠짐표	· 옛 비문이나 문헌 등에서 글자가 분명하지 않을 때 예 大師爲法主□□賴之大□薦 · 글자가 들어가야 할 자리를 나타낼 때 예 훈민정음의 초성 중 아음(牙音)은 □□□의 석 자다.

1. 세로쓰기 부호를 제외했다.

종전 규정		새 규정
가로쓰기 부호	세로쓰기 부호	가로쓰기 부호
온점(.)	고리점(。)	마침표(.)
반점(,)	모점(、)	쉼표(,)
큰따옴표(“ ”)	겹낫표(『 』)	큰따옴표(“ ”), 겹낫표(『 』)
작은따옴표(‘ ’)	홑낫표(「 」)	작은따옴표(‘ ’), 홑낫표(「 」)

2. 허용 폭을 넓혔다.

종전 규정	새 규정
12월 10일~12월 30일(○) 12월 10일-12월 30일(×)	12월 10일~12월 30일(원칙) 12월 10일-12월 30일(허용)
3·1 운동(○) 3.1 운동(×)	3.1 운동(원칙) 3·1 운동(허용)
나폴레옹은 “내 사전에 불가능은 없다.”라고 말했다.(○) 나폴레옹은 “내 사전에 불가능은 없다”라고 말했다.(×)	나폴레옹은 “내 사전에 불가능은 없다.”라고 말했다.(원칙) 나폴레옹은 “내 사전에 불가능은 없다”라고 말했다.(허용)

3. 컴퓨터 자판에서 바로 입력하기 불편한 부호를 입력이 간편한 부호로 대체해 쓸 수 있게 했다.

원칙(○)	허용(○)
네 말도 옳긴 하지만…….	네 말도 옳긴 하지만...... 네 말도 옳긴 하지만…. 네 말도 옳긴 하지만....
금·은·동메달	금, 은, 동메달
베르디가 작곡한 「축배의 노래」 베르디가 작곡한 〈축배의 노래〉	베르디가 작곡한 ‘축배의 노래’
1896년에 창간된 『독립신문』 1896년에 창간된 《독립신문》	1896년에 창간된 “독립신문”

4. 부호의 이름이 바뀌었다.

부호	종전 규정	새 규정
.	온점	마침표(원칙)/온점(허용)
,	반점	쉼표(원칙)/반점(허용)
〈 〉		홑화살괄호
《 》		겹화살괄호

5. 문장 부호의 띄어쓰기를 분명하게 제시했다.

부호	용법	띄어쓰기
쌍점	때: 2014년 12월 5일	앞말에는 붙이고 뒷말과는 띄어 쓴다.
	2:0으로 이기다.	앞뒤를 붙여 쓴다.
빗금	남반구/북반구	앞뒤를 붙여 쓰는 것이 원칙이다.
	산에/산에/피는 꽃은	앞뒤를 띄어 쓰는 것이 원칙이다.
줄표	이번 토론회의 제목은 ‘역사 바로잡기 — 근대의 설정 —’이다.	앞뒤를 띄어 쓰는 것이 원칙이다.
물결표	9월 15일~9월 25일	앞뒤를 붙여 쓴다.
줄임표	어디 나하고 한번…….	앞말에 붙여 쓴다.
	글의 일부를 통째로 생략할 때	앞뒤를 띄어 쓴다.

◈ 주요 변경 사항 정리

주요 변경 사항	종전 규정	설명
가로쓰기로 통합(24종)	세로쓰기 부호 별도 규정 (가로쓰기 20종, 세로쓰기 4종)	세로쓰기 부호인 ‘고리점(。)’과 ‘모점(、)’ 은 개정안에서 제외. ‘낫표(「 」, 『 』)’ 는 가로쓰기 부호로 용법을 수정하여 유지하고 ‘화살괄호(〈 〉, 《 》)’를 추가
문장 부호 명칭 정리	‘ . ’는 ‘온점’ ‘ , ’는 ‘반점’	부호 ‘ . ’와 ‘ , ’를 각각 ‘마침표’와 ‘쉼표’라 하고 기존의 ‘온점’과 ‘반점’이라는 용어도 쓸 수 있도록 함.
	‘〈 〉, 《 》’ 명칭 및 용법 불분명	부호 ‘〈 〉, 《 》’를 각각 ‘홑화살괄호, 겹화살괄호’로 명명하고 각각의 용법 규정
부호 선택의 폭 확대	줄임표는 ‘……’만	컴퓨터 입력을 고려하여 아래에 여섯 점(......)을 찍거나 세 점(…, ...)만 찍는 것도 가능하도록 함.
	가운뎃점, 낫표, 화살괄호 사용 불편	가운뎃점 대신 마침표(.)나 쉼표(,)도 쓸 수 있는 경우 확대. 낫표(「 」,『 』)나 화살괄호(〈 〉, 《 》) 대신 따옴표(‘ ’, “ ”)도 쓸 수 있도록 함.
항목 수 증가 (66개 → 94개)	항목 수 66개	소괄호 관련 항목은 3개에서 6개로, 줄임표 관련 항목은 2개에서 7개로 늘어나는 등 전체적으로 28개 증가

CHAPTER

03 로마자 표기법과 외래어 표기법

1절 로마자 표기법

1 표기의 기본 원칙

제1항	국어의 로마자 표기는 국어의 표준 발음법에 따라 적는 것을 원칙으로 한다.

* 〈표준 발음법〉에서는 원칙 발음과 허용 발음을 제시한 경우가 있는데, 로마자로 적을 때에는 '원칙 발음'으로만 표기한다.

제2항	로마자 이외의 부호는 되도록 사용하지 않는다.

2 표기 일람

제1항	모음은 다음 각호와 같이 적는다.

1. 단모음

ㅏ	ㅓ	ㅗ	ㅜ	ㅡ	ㅣ	ㅐ	ㅔ	ㅚ	ㅟ
a	eo	o	u	eu	i	ae	e	oe	wi

2. 이중 모음

ㅑ	ㅕ	ㅛ	ㅠ	ㅒ	ㅖ	ㅘ	ㅙ	ㅝ	ㅞ	ㅢ
ya	yeo	yo	yu	yae	ye	wa	wae	wo	we	ui

[붙임 1] 'ㅢ'는 'ㅣ'로 소리 나더라도 'ui'로 적는다. [붙임 2] 장모음의 표기는 따로 하지 않는다.

광희문: Gwanghuimun

제2항	자음은 다음 각호와 같이 적는다.

1. 파열음

ㄱ	ㄲ	ㅋ	ㄷ	ㄸ	ㅌ	ㅂ	ㅃ	ㅍ
g, k	kk	k	d, t	tt	t	b, p	pp	p

2. 파찰음

ㅈ	ㅉ	ㅊ
j	jj	ch

3. 마찰음

ㅅ	ㅆ	ㅎ
s	ss	h

4. 비음

ㄴ	ㅁ	ㅇ
n	m	ng

5. 유음

ㄹ
r, l

TIP

국어의 로마자 표기 방식

→ 발음을 반영한 '전음법'

- 전(음)법: 발음 반영
  예 종로[종노] Jongno
- 전(자)법: 표기 반영
  예 종로[종노] Jongro

전자법

글자나 부호로 말을 철자대로 적는 방법이다. 로마자 표기는 〈표준 발음법〉에 따라 적는 전음법이 원칙이다.

전사법(轉寫法)

글자나 부호를 이용하여 역시 말소리를 적는 방법. 따라서 〈로마자 표기법〉은 '전사법'에도 속한다.

모음표

구분	ㅏ	ㅓ	ㅐ	ㅔ	ㅗ	ㅜ	ㅣ
	a	eo	ae	e	o	u	i
'ㅣ' (y) 계열	ㅑ	ㅕ	ㅒ	ㅖ	ㅛ	ㅠ	ㅡ
	ya	yeo	yae	ye	yo	yu	eu
'ㅗ' (w) 계열	ㅘ	ㅝ	ㅙ	ㅞ	ㅚ	ㅟ	ㅢ
	wa	wo	wae	we	oe	wi	ui

: 단모음 : 이중 모음

PART 6 국어 규범 해커스공무원 혜원국어 올인원 기본서

[붙임 1] **'ㄱ, ㄷ, ㅂ'은 모음 앞에서는 'g, d, b'로, 자음 앞이나 어말에서는 'k, t, p'로 적는다. ([ ] 안의 발음에 따라 표기함.)**

구미 Gumi	영동 Yeongdong	백암 Baegam
옥천 Okcheon	합덕 Hapdeok	호법 Hobeop
월곶[월곧] Wolgot	벚꽃[벋꼳] beotkkot	한밭[한받] Hanbat

예원通 관용적 표기를 인정하는 사례

1. 로마자 표기를 할 때, 'ㄱ, ㄷ, ㅂ'이 어두에 올 때는 무조건 'g, d, b'로 표기할 수밖에 없다. 국어는 중성에 반드시 모음이 있어야 음절이 성립하기 때문이다.
2. 다만, '김치'와 같이 이미 국제적으로 'k, t, p'가 통용되는 경우 'k, t, p'로 쓰기도 한다.
   예 김치(kimchi/gimchi), 태권도(taegwondo/taekwondo)

[붙임 2] **'ㄹ'은 모음 앞에서는 'r'로, 자음 앞이나 어말에서는 'l'로 적는다. 단, 'ㄹㄹ'은 'll'로 적는다.**

구리 Guri	설악 Seorak	칠곡 Chilgok
임실 Imsil	울릉 Ulleung	대관령[대:괄령] Daegwallyeong

TIP
국어의 로마자 표기는 〈표준 발음법〉에 따른다고 하였으므로 '대관령'의 발음 [대:괄령]을 표기에 반영하여야 한다. 단, 학술 연구 논문 등 특수 분야에서 한글 복원을 전제로 할 경우에는 발음이 아닌 표기 '대관령'에 따라 적는다.

★ 〈로마자 표기법〉과 음운 변동의 반영

음운 변동		반영 여부
자음 동화		O
구개음화		O
축약	체언	×
	용언	O
된소리되기		×

* 단, 'ㄹㄹ'은 'll'로 표기

3 표기상의 유의점

제1항	음운 변화가 일어날 때에는 변화의 결과에 따라 다음 각호와 같이 적는다.

1. 자음 사이에서 동화 작용이 일어나는 경우

백마[뱅마] Baengma	신문로[신문노] Sinmunno
종로[종노] Jongno	왕십리[왕심니] Wangsimni
별내[별래] Byeollae	신라[실라] Silla

TIP
자음 동화를 표기에 반영한다.

2. 'ㄴ, ㄹ'이 덧나는 경우

학여울[항녀울] Hangnyeoul	알약[알략] allyak

3. 구개음화가 되는 경우

해돋이[해도지] haedoji	같이[가치] gachi	굳히다[구치다] guchida

TIP
구개음화를 표기에 반영한다.

★4. 'ㄱ, ㄷ, ㅂ, ㅈ'이 'ㅎ'과 합하여 거센소리로 소리 나는 경우

좋고[조코] joko	놓다[노타] nota
잡혀[자펴] japyeo	낳지[나치] nachi

다만, **체언에서 'ㄱ, ㄷ, ㅂ' 뒤에 'ㅎ'이 따를 때에는 'ㅎ'을 밝혀 적는다.**

묵호 Mukho	집현전 Jiphyeonjeon

[붙임] **된소리되기는 표기에 반영하지 않는다.**

압구정 Apgujeong	낙동강 Nakdonggang
죽변 Jukbyeon	낙성대 Nakseongdae
합정 Hapjeong	팔당 Paldang
샛별 saetbyeol	울산 Ulsan

주의!
- 볶음밥[보끔밥] bokkeumbap
- 떡볶이[떡뽀끼] tteokbokki
  → 발음은 [떡뽀끼]이지만, 된소리되기를 반영하지 않으므로 [떡보끼]로 표기한다.

기출 확인

01 〈보기〉의 로마자 표기가 옳은 것을 모두 고르면? 2019 서울시 9급(2월)

ㄱ. 오죽헌 Ojukeon
ㄴ. 김복남(인명) Kim Bok-nam
ㄷ. 선릉 Sunneung
ㄹ. 합덕 Hapdeok

① ㄱ, ㄴ ② ㄱ, ㄷ
③ ㄴ, ㄹ ④ ㄷ, ㄹ

오답
ㄱ. Ojukeon → Ojukheon: '오죽헌'은 [오주컨]으로 발음되지만 체언의 자음 축약은 발음의 결과를 로마자 표기에 반영하지 않는다.
ㄷ. Sunneung → Seolleung: '선릉'은 [설릉]으로 발음되고, 이때 'ㄹㄹ'은 'll'로 적어야 한다.

정답 ③

02 표준 발음과 로마자 표기가 모두 옳은 것은? 2017 서울시 9급

① 선릉[선능] – Seonneung
② 학여울[항녀울] – Hangnyeoul
③ 낙동강[낙똥강] – Nakddonggang
④ 집현전[지편전] – Jipyeonjeon

정답 ②

제2항	발음상 혼동의 우려가 있을 때에는 음절 사이에 붙임표(-)를 쓸 수 있다.

중앙 Jung-ang　　반구대 Ban-gudae
세운 Se-un　　해운대 Hae-undae

제3항	고유 명사는 첫 글자를 대문자로 적는다.

부산 Busan　　세종 Sejong

제4항	인명은 성과 이름의 순서로 띄어 쓴다. 이름은 붙여 쓰는 것을 원칙으로 하되 음절 사이에 붙임표(-)를 쓰는 것을 허용한다.[( ) 안의 표기를 허용함.]

민용하 Min Yongha (Min Yong-ha)　　송나리 Song Nari (Song Na-ri)

1. 이름에서 일어나는 음운 변화는 표기에 반영하지 않는다.

한복남 Han Boknam (Han Bok-nam)　　홍빛나 Hong Bitna (Hong Bit-na)

2. 성의 표기는 따로 정한다.

제5항	'도, 시, 군, 구, 읍, 면, 리, 동'의 행정 구역 단위와 '가'는 각각 'do, si, gun, gu, eup, myeon, ri, dong, ga'로 적고, 그 앞에는 붙임표(-)를 넣는다. 붙임표(-) 앞뒤에서 일어나는 음운 변화는 표기에 반영하지 않는다.❶

충청북도 Chungcheongbuk-do　　제주도 Jeju-do
의정부시 Uijeongbu-si　　양주군 Yangju-gun
도봉구 Dobong-gu　　신창읍 Sinchang-eup
삼죽면 Samjuk-myeon　　인왕리 Inwang-ri
당산동 Dangsan-dong　　봉천 1동 Bongcheon 1(il)-dong
종로 2가 Jongno 2(i)-ga　　퇴계로 3가 Toegyero 3(sam)-ga

[붙임] '시, 군, 읍'의 행정 구역 단위는 생략할 수 있다.

청주시 Cheongju　　함평군 Hampyeong
순창읍 Sunchang

제6항	자연 지물명, 문화재명, 인공 축조물명은 붙임표(-) 없이 붙여 쓴다.

남산 Namsan　　속리산 Songnisan
금강 Geumgang　　독도 Dokdo
경복궁 Gyeongbokgung　　무량수전 Muryangsujeon
연화교 Yeonhwagyo　　극락전 Geungnakjeon
안압지 Anapji　　남한산성 Namhansanseong
화랑대 Hwarangdae　　불국사 Bulguksa
현충사 Hyeonchungsa　　독립문 Dongnimmun
오죽헌 Ojukheon　　촉석루 Chokseongnu
종묘 Jongmyo　　다보탑 Dabotap

제7항	인명, 회사명, 단체명 등은 그동안 써 온 표기를 쓸 수 있다.

TIP
하회탈 Hahoetal(고유 명사 ○)
거북선 geobukseon(고유 명사 ×)

❶ '대로', '로', '길'의 로마자 표기는 '-daero', '-ro', '-gil'로 통일되었다. (2007. 12. 행안부)
예 · 세종로 Sejongno → Sejong-ro
· 강남대로 Gangnamdaero → Gangnam-daero
· 단, '세종로'가 도로명일 경우 'Sejong-ro'로 적고, 도로명이 아닐 경우 'Sejongno'로 적는다.
· 길 이름에 숫자가 들어간 경우, 숫자 앞에서 띄어 쓴다. 숫자 뒤의 괄호 안에 숫자의 우리말 발음을 로마자로 적는다.

새 주소 쓰기
서울시 종로구 세종대로 209
→ Seoul-si Jongno-gu Sejong-daero 209

주의해야 할 지명 표기
· 국망봉 Gungmangbong
· 낭림산 Nangnimsan
· 다락골 Darakgol
· 왕십리 Wangsimni
· 여의도 Yeouido
· 전라북도 Jeollabuk-do
· 청량리 Cheongnyangni

기출 확인
다음 중 밑줄 친 표기가 국어의 〈로마자 표기법〉 규정에 어긋난 것은? 2023 군무원 9급
① 경기도 의정부시 – Uijeongbu-si
② 홍빛나 주무관님 – Hong Binna
③ 서울시 종로구 종로 2가 – Jongno 2(i)-ga
④ 부석사 무량수전 앞에 서서 – Muryangsujeon

해설
이름에서 일어나는 음운 변화는 표기에 반영하지 않는다. 따라서 '빛나'를 [빈나]로 발음하더라도, 표기는 'Hong Bitna(Hong Bit-na)'로 해야 한다.

정답 ②

주요 한식명 로마자 표기

국립국어원 〈주요 한식명 로마자 표기 및 표준 번역 확정안〉(2014. 5. 2.)

- 김밥 Gimbap
- 김치볶음밥 Kimchi-bokkeum-bap
- 돌솥비빔밥 Dolsot-bibimbap
- 제육덮밥 Jeyuk-deopbap
- 회덮밥 Hoe-deopbap
- 주먹밥 Jumeok-bap
- 콩나물밥 Kong-namul-bap
- 전복죽 Jeonbok-juk
- 물냉면 Mul-naengmyeon
- 수제비 Sujebi
- 갈비탕 Galbi-tang
- 떡국 Tteokguk
- 만둣국 Mandu-guk
- 오이냉국 Oi-naengguk
- 육개장 Yukgaejang
- 김치찌개 Kimchi-jjigae
- 곱창전골 Gopchang-jeongol
- 신선로 Sinseollo
- 갈비찜 Galbi-jjim
- 닭볶음탕 Dak-bokkeum-tang
- 묵은지찜 Mugeun-ji-jjim
- 갈치조림 Galchi-jorim
- 불고기 Bulgogi
- 수정과 Sujeonggwa
- 궁중떡볶이 Gungjung-tteok-bokki
- 삼겹살 Samgyeopsal
- 생선회 Saengseon-hoe
- 육회 Yukhoe
- 식혜 Sikhye

→ 조리 방법과 재료명을 구분 지을 수 있도록 붙임표(-)를 사용함.
  예 · 김치찌개 Kimchi-jjigae
  · 갈비찜 Galbi-jjim

→ 사이시옷은 표기에 반영하지 않음.
  예 · 만둣국 Mandu-guk
  · 순댓국밥 Sundae-gukbap
  · 북엇국 Bugeo-guk

→ 음식명의 첫글자를 대문자로 표기함. (표제어 기준)

'고유 명사+일반 명사'의 로마자 표기

- 일반 명사는 영어로 번역할 수 있다.
- 외래어를 사용할 때는 원어를 밝힌다.
- 띄어쓰기 단위에 따라 적는다.
  예 · 인천 공항(Incheon Airport)
  · 올림픽 공원(Olympic park)

→ '역, 공항, 구청, 시청, 병원, 대학교, 운동장, 터미널'은 영어 번역어의 첫 글자를 대문자로 적는다. 반면, '공원, 호수, 계곡'은 영어 번역어의 첫 글자를 소문자로 적는다.

제8항	**학술 연구 논문 등 특수 분야에서 한글 복원을 전제로 표기할 경우에는 한글 표기를 대상으로 적는다. 이때 글자 대응은 제2장을 따르되 'ㄱ, ㄷ, ㅂ, ㄹ'은 'g, d, b, l'로만 적는다. 음가 없는 'ㅇ'은 붙임표(-)로 표기하되 어두에서는 생략하는 것을 원칙으로 한다. 기타 분절의 필요가 있을 때에도 붙임표(-)를 쓴다.**

집 jib	짚 jip	밖 bakk
값 gabs	붓꽃 buskkoch	먹는 meogneun
독립 doglib	문리 munli	물엿 mul-yeos
굳이 gud-i	좋다 johda	가곡 gagog
조랑말 jolangmal	없었습니다 eobs-eoss-seubnida	

예원通 문화재청 〈문화재 명칭 영문 표기 기준 규칙〉 제정(2013. 1.)

문화재청은 여러 표기가 뒤섞여 혼선을 빚었던 문화재 영문 표기의 기준을 마련한 '문화재 명칭 영문 표기 기준 규칙'을 제정, 고시했다. 이 규칙에 따르면 경복궁처럼 건물 유적 및 명승 문화재는 '궁(gung)'과 'palace'가 의미가 겹치더라도 외국인의 편의를 위해 병기해 표기한다. 또 필요한 경우 괄호 안에 의미를 병기할 수 있도록 했다. 이것은 기존의 〈로마자 표기법〉의 변경이 아니라, 다만 기존 〈로마자 표기법〉과 병기하여 보는 이들의 편의를 도모한 것이다.

명칭	기존의 로마자 표기	추가된 병기 안
숭례문	Sungnyemun	Sungnyemun Gate
한라산	Hallasan	Hallasan Mountain
경복궁	Gyeongbokgung	Gyeongbokgung Palace
삼국유사	Samgungnyusa	Samgukyusa (Memorabilia of Three Kingdoms)
남한산성	Namhansanseong	Namhansanseong Fortress
강강술래	Ganggangsullae	Ganggangsullae(Circle Dance)

cf '서울역(Seoul Station), 인천 공항(Incheon Int'l Airport), 서울 시청(Seoul City Hall), 동작구청(Dongjak-gu Office), 김포 대교(Gimpo bridge)' 등은 원래 로마자 표기에서도 영문 표기를 인정한 사례이다.

2절 외래어 표기법

1 표기의 원칙

제1항	외래어는 국어[1]의 현용 24 자모만으로 적는다.
제2항	외래어의 1 음운은 원칙적으로 1 기호로 적는다.[2]
제3항	받침에는 'ㄱ, ㄴ, ㄹ, ㅁ, ㅂ, ㅅ, ㅇ'만을 쓴다.[3]
제4항	파열음 표기에는 된소리를 쓰지 않는 것을 원칙으로 한다.[4]

○	×	○	×
모차르트	모짜르트	코냑	꼬냑
르포	르뽀	취리히	쮜리히
백업	빽업	잼	쨈
브로치	브로찌	재즈	째즈
보너스	뽀너스	콩트	꽁트
서클	써클	카페	까페
가스	까스	파리	빠리
테제베	떼제베	피에로	삐에로

제5항	이미 굳어진 외래어는 관용을 존중하되, 그 범위와 용례는 따로 정한다.[5]

2 표기 세칙[6]

제1절 영어 표기

'국제 음성 기호'와 한글 대조표에 따라 적되, 다음 사항에 유의하여 적는다.

제1항	무성 파열음 ([p], [t], [k])

1. 짧은 모음 다음의 어말 무성 파열음([p], [t], [k])은 받침으로 적는다.[7]

gap[gæp] 갭　　cat[kæt] 캣　　book[buk] 북

2. 짧은 모음과 유음·비음([l], [r], [m], [n]) 이외의 자음 사이에 오는 무성 파열음 ([p], [t], [k])은 받침으로 적는다.

apt[æpt] 앱트　　setback[setbæk] 셋백　　act[ækt] 액트

3. 위 경우 이외의 어말과 자음 앞의 [p], [t], [k]는 '으'를 붙여 적는다.[8]

stamp[stæmp] 스탬프　　cape[keip] 케이프
nest[nest] 네스트　　part[paːt] 파트
desk[desk] 데스크　　make[meik] 메이크
apple[æpl] 애플　　mattress[mætris] 매트리스
chipmunk[tʃipmʌŋk] 치프멍크[9]　　sickness[siknis] 시크니스

제2항	유성 파열음([b], [d], [g])

어말과 모든 자음 앞에 오는 유성 파열음은 '으'를 붙여 적는다.

bulb[bʌlb] 벌브[10]　　land[lænd] 랜드
zigzag[zigzæg] 지그재그　　lobster[lɔbstər] 로브스터/랍스터[11]
kidnap[kidnæp] 키드냅[12]　　signal[signəl] 시그널

---

① **국어:** 고유어, 한자어, 외래어

② 어말의 '-et'의 경우 '엣'으로 표기하기도 하고, '잇'으로 표기하기도 한다. 이는 원지음을 고려한 결과이다.
- 엣: 슈퍼마켓(supermarket), 헬멧(helmet)
- 잇: 팸플릿(pamphlet), 캐비닛(cabinet)

③ 'ㄷ'이 없음에 주의
cf 음절의 끝소리 규칙: ㄱ, ㄴ, ㄷ, ㄹ, ㅁ, ㅂ, ㅇ

★ 모음으로 시작하는 형식 형태소와 결합할 때 [ㄷ]이 아닌 [ㅅ]이 연음되기 때문에 'ㅅ'을 받침으로 적는 것이다.
예 robot을[로보슬](○), [로보들](×)

④ **된소리 표기가 인정되는 예**
- 바께쓰[baketsu]
- 짬뽕[champon]
- 쓰시마섬[Tsushima[對馬]-]
 ← 일본어 원음을 인정

⑤ **관용을 존중한 외래어**
예 빼라, 모델, 시네마, 악센트, 오렌지, 카메라, 비타민, 시스템, 콘덴서, 마니아, 지르박, 토마토, 가톨릭, 로큰롤, 마네킹, 마라톤, 바겐세일, 샐러리맨, 바이올린, 스태미나, 와이셔츠, 아나운서, 테크놀로지, 파라다이스, 카레라이스, 하이라이스

★ **관용과 규정에 따른 표기가 모두 바른 경우**
예 레이다/레이더, 샤쓰/셔츠, 히로뽕/필로폰, 빨치산/파르티잔

★ **short 쇼트**
예 쇼트 트랙, 쇼트 헤어, 쇼트 커트

★ **shot 숏/샷**
- 숏 = 컷(cut): 장면　- 골프 샷

★ **dot 도트/닷**
- 도트: 점, 물방울무늬
- 닷: dot com(닷 컴)과 같이 웹 명칭을 부를 때

★ **〈외래어 표기법〉 제2장 표기 일람표**
국제 음성 기호 및 세계 각 언어의 자모와 한글 대조표를 규정해 둔 부분으로 본 책에서는 생략한다.

⑥ 표기 세칙 중에서 제1절 영어 표기와 제6절 일본어, 제7절 중국어 표기만을 싣는다.

⑦ **cut[kʌt]:** 〈외래어 표기법〉에 따르면 '컷'으로 표기하는 것이 원칙이나, 의미에 따라 '컷(장면)'과 '커트(미용)'를 모두 인정하고 있다.

★ **type[taip]**
- 타입: 어떤 부류의 형식이나 형태로, 모양, 생김새, 유형
- 타이프: 타자기

★ robot 로봇, flat 플랫

⑧ - flute 플루트　- cake 케이크
- knock 노크

⑨ **chipmunk:** 다람쥐

⑩ **bulb:** 전구

⑪ **lobster:** 바닷가재. '로브스터, 랍스터' 모두 표준어

⑫ **kidnap:** 납치하다, 유괴하다

PART 6 국어 규범　해커스공무원 혜원국어 올인원 기본서

제3항	마찰음([s], [z], [f], [v], [θ], [ð], [ʃ], [ʒ])

1. 어말 또는 자음 앞의 [s], [z], [f], [v], [θ], [ð]는 '으'를 붙여 적는다.

mask[maːsk] 마스크 jazz[dʒæz] 재즈 graph[græf] 그래프
olive[ɔliv] 올리브 thrill[θril] 스릴 bathe[beið] 베이드❶

2. ① 어말의 [ʃ]는 '시'로 적고, ② 자음 앞의 [ʃ]는 '슈'로, ③ 모음 앞의 [ʃ]는 뒤따르는 모음에 따라 '샤', '섀', '셔', '셰', '쇼', '슈', '시'로 적는다.❷

① flash[flæʃ] 플래시 ② shrub[ʃrʌb] 슈러브
③ shark[ʃaːk] 샤크 shank[ʃæŋk] 섕크 fashion[fæʃən] 패션 sheriff[ʃerif] 셰리프
shopping[ʃɔpiŋ] 쇼핑 shoe[ʃuː] 슈 shim[ʃim] 심

3. 어말 또는 자음 앞의 [ʒ]는 '지'로 적고, 모음 앞의 [ʒ]는 'ㅈ'으로 적는다.❸

mirage[miraːʒ] 미라지 vision[viʒən] 비전

제4항	파찰음([ts], [dz], [tʃ], [dʒ])

1. 어말 또는 자음 앞의 [ts], [dz]는 '츠', '즈'로 적고, [tʃ], [dʒ]는 '치', '지'로 적는다.

Keats[kiːts] 키츠 odds[ɔdz] 오즈 switch[switʃ] 스위치
bridge[bridʒ] 브리지 Pittsburgh[pitsbəːg] 피츠버그 hitchhike[hitʃhaik] 히치하이크

2. 모음 앞의 [tʃ], [dʒ]는 'ㅊ', 'ㅈ'으로 적는다.

chart[tʃaːt] 차트 virgin[vəːdʒin] 버진

제5항	비음([m], [n], [ŋ])

1. 어말 또는 자음 앞의 비음은 모두 받침으로 적는다.

steam[stiːm] 스팀 corn[kɔːn] 콘 ring[riŋ] 링
lamp[læmp] 램프 hint[hint] 힌트 ink[iŋk] 잉크

2. 모음과 모음 사이 [ŋ]은 앞 음절의 받침 'ㆁ'으로 적는다.

hanging[hæŋiŋ] 행잉 longing[lɔŋiŋ] 롱잉

제6항	유음([l])

1. 어말 또는 자음 앞의 [l]은 받침으로 적는다.

hotel[houtel] 호텔 pulp[pʌlp] 펄프

2. 어중의 [l]이 모음 앞에 오거나, 모음이 따르지 않는 비음([m], [n]) 앞에 올 때에는 'ㄹㄹ'로 적는다. 다만, 비음([m], [n]) 뒤의 [l]은 모음 앞에 오더라도 'ㄹ'로 적는다.

slide[slaid] 슬라이드 film[film] 필름 helm[helm] 헬름
swoln[swouln] 스월른 Hamlet[hæmlit] 햄릿 Henley[henli] 헨리

제7항	장모음

모음의 장음은 따로 표기하지 않는다.[+]

team[tiːm] 팀 route[ruːt] 루트

---

❶ **bathe:** 목욕하다

❷ · shrimp 슈림프
· milkshake 밀크셰이크
· Shakespeare 셰익스피어

★ 영어권을 제외한 프랑스어나 독일어, 그 밖의 다른 외국어에서 온 말의 경우 어말과 자음 앞의 [ʃ]는 모두 '슈'로 적는다.
예 · Einstein 아인슈타인
· Schweitzer 슈바이처
· Schröder 슈뢰더
· Tashkent 타슈켄트 (우즈베키스탄의 수도)
다만, '방카쉬랑스(bancassurance)'는 [ʃ] 소리가 아니라 프랑스어의 [sy]를 적은 것이다.

❸ [ʒ] + 어말·자음 앞 → '지'라고만 하면, 'vision[viʒən]'은 '비젼'이 되지만, 국어에서는 'ㅈ, ㅊ'이 이미 구개음이므로 '져' → '저'로 발음. 따라서 '쟈, 죠' 표기는 무의미하다(쟈, 죠, 쥬, 챠, 쳐, 쵸, 츄→자, 조, 주, 차, 처, 초, 추).
cf 맞춤법에서 '가져, 다쳐' 표기는 '가지어, 다치어'의 준말이라는 문법적 사실을 보이기 위한 표기

[+] TIP
국어에서 장음에 따라 의미 분화가 있는 어휘가 많지만 따로 표기하지는 않듯이 외래어 표기도 장음 부호를 표기하지 않는다.
예 · 튜울립(×), 튤립(○)
· 터어키(×), 터키(○)

제8항	중모음([ai], [au], [ei], [ɔi], [ou], [auə])

중모음은 각 단모음의 음가를 살려서 적되, [ou]는 '오'로, [auə]는 '아워'로 적는다.

time[taim] 타임　house[haus] 하우스　skate[skeit] 스케이트
oil[ɔil] 오일　boat[bout] 보트　tower[tauə] 타워

제9항	반모음([w], [j])

1. [w]는 뒤따르는 모음에 따라 [wə], [wɔ], [wou]는 '워', [wɑ]는 '와', [wæ]는 '왜', [we]는 '웨', [wi]는 '위', [wu]는 '우'로 적는다.

word[wəːd] 워드　want[wɔnt] 원트　woe[wou] 워
wander[wandə] 완더　wag[wæg] 왜그　west[west] 웨스트
witch[witʃ] 위치　wool[wul] 울

2. 자음 뒤에 [w]가 올 때에는 두 음절로 갈라 적되, [gw], [hw], [kw]는 한 음절로 붙여 적는다.

swing[swiŋ] 스윙　twist[twist] 트위스트　penguin[peŋgwin] 펭귄
whistle[hwisl] 휘슬　quarter[kwɔːtə] 쿼터

3. 반모음 [j]는 뒤따르는 모음과 합쳐 '야', '얘', '여', '예', '요', '유', '이'로 적는다. 다만, [d], [l], [n] 다음에 [jə]가 올 때에는 각각 '디어', '리어', '니어'로 적는다.

yard[jɑːd] 야드　yank[jæŋk] 얭크　yearn[jəːn] 연
yellow[jelou] 옐로　yawn[jɔːn] 욘　you[juː] 유
year[jiə] 이어　Indian[indjən] 인디언　battalion[bətæljən] 버탤리언
union[juːnjən] 유니언

제10항	복합어

1. 따로 설 수 있는 말의 합성으로 이루어진 복합어는 그것을 구성하고 있는 말이 단독으로 쓰일 때의 표기대로 적는다.

cuplike[kʌplaik] 컵라이크　bookend[bukend] 북엔드
headlight[hedlait] 헤드라이트　touchwood[tʌtʃwud] 터치우드
sit-in[sitin] 싯인　bookmaker[bukmeikə] 북메이커
flashgun[flæʃgʌn] 플래시건　topknot[tɔpnɔt] 톱놋

2. 원어에서 띄어 쓴 말은 띄어 쓴 대로 한글 표기를 하되, 붙여 쓸 수도 있다.

Los Alamos[lɔsæləmous] 로스 앨러모스/로스앨러모스
top class[tɔpklæs] 톱 클래스/톱클래스

혜원通　북메이커(bookmaker)

1. '북메이커(bookmaker)'는 'book'과 'maker'가 합해 이루어진 말로 각각 '북', '메이커'로 표기된다. 그런데, 발음 [búkmèikə]에서 무성 파열음 [k]는 짧은 모음 뒤일지라도 비음 앞에서 '으'를 붙여 적기로 한 조항에 따르면 '부크메이커'가 된다. '북'이 '부크'로 나타나 표기에 변동이 생기고 흔히 쓰이는 말과 달라 사용자에게 부담을 주게 되기 때문에 이런 규정을 두었다.
2. 원어에서 이미 띄어 쓰고 있어서 두 단어가 모여 된 것이 분명히 인식되지만, 국어에서 하나의 복합어처럼 인식되어 쓰이는 말들은 비록 원어에서 띄어 쓰지만, 붙여 적을 수 있도록 한 것이다.

- eye shadow 아이섀도
- snow 스노
- yellow 옐로
- window 윈도
- show window 쇼윈도
- arrow 애로
- straw 스트로
- rainbow 레인보

제2절 일본어 표기

제1항	촉음(促音) [ッ]는 'ㅅ'으로 통일해서 적는다.

ッポロ 삿포로[1] トットリ 돗토리 ヨッカイチ 욧카이치

❶ 삿뽀로(×)

제2항	장모음은 따로 표기하지 않는다.

キュウシュウ(九州) 규슈 ニイガタ(新潟) 니가타
トウキョウ(東京) 도쿄 オオサカ(大阪) 오사카

제3절 중국어 표기

제1항	성조는 구별하여 적지 아니한다.

제2항	'ㅈ, ㅉ, ㅊ'으로 표기되는 자음(ㄐ, ㄓ, ㄗ, ㄑ, ㄔ, ㄘ) 뒤의 'ㅑ, ㅖ, ㅛ, ㅠ' 음은 'ㅏ, ㅔ, ㅗ, ㅜ'로 적는다.

ㄐㄧㄚ 쟈 → 자 ㄐㄧㄝ 졔 → 제

3 인명, 지명 표기의 원칙

제1절 표기 원칙

제1항	외국의 인명, 지명의 표기는 제1장, 제2장, 제3장의 규정을 따르는 것을 원칙으로 한다.

제2항	제3장에 포함되어 있지 않은 언어권의 인명, 지명은 원지음을 따르는 것을 원칙으로 한다.

Ankara 앙카라 Gandhi 간디

제3항	원지음이 아닌 제3국의 발음으로 통용되고 있는 것은 관용을 따른다.

Hague 헤이그 Caesar[2] 시저

❷ 카이사르(O), 케사르(×)

제4항	고유 명사의 번역명이 통용되는 경우 관용을 따른다.

Pacific Ocean 태평양 Black Sea 흑해

제2절 동양의 인명, 지명 표기

★제1항	중국 인명은 과거인과 현대인을 구분하여 과거인은 종전의 한자음대로 표기하고, 현대인은 원칙적으로 중국어 표기법에 따라 표기하되, 필요한 경우 한자를 병기한다.

예 ·과거인: 두보(杜甫) ·현대인: 마오쩌둥(毛澤東)[3] cf 모택동(O)

❸ 마오쩌뚱(×)

제2항	중국의 역사 지명으로서 현재 쓰이지 않는 것은 우리 한자음대로 하고, 현재 지명과 동일한 것은 중국어 표기법에 따라 표기하되, 필요한 경우 한자를 병기한다.

제3항	일본의 인명과 지명은 과거와 현대의 구분 없이 일본어 표기법에 따라 표기하는 것을 원칙으로 하되, 필요한 경우 한자를 병기한다.

예 · 과거인: 도요토미 히데요시(豊臣秀吉) · 현대인: 아사다 마오(浅田真央)

제4항	중국 및 일본의 지명 가운데 한국 한자음으로 읽는 관용이 있는 것은 이를 허용한다.

東京 도쿄, 동경　京都 교토, 경도　上海 상하이, 상해
臺灣 타이완, 대만　黃河 황허, 황하

제3절 바다, 섬, 강, 산 등의 표기 원칙

제1항	바다는 '해(海)'로 통일한다.

홍해　발트해　아라비아해

제2항	우리나라를 제외하고 섬은 모두 '섬'으로 통일한다.

타이완섬　코르시카섬　(우리나라 : 제주도, 울릉도)

해원通 <외래어 표기법> 일부 개정안(2017. 03)

2017. 3. 28.(문화체육관광부 고시 제2017-14호) 고시된 〈외래어 표기법〉 일부 개정안에 따라 기존의 "해, 섬, 강, 산 등이 외래어에 붙을 때에는 띄어 쓰고, 우리말에 붙을 때에는 붙여 쓴다."라는 조항이 삭제되었고, 이와 더불어 국립국어원에서는 고유 명사와 결합하는 경우 앞에 오는 말의 어종에 관계없이 붙여 쓰는 총 26항을 추가로 발표하였다(2017. 5. 29.).

→ 가(街), 강(江), 고원(高原), 곶(串), 관(關), 궁(宮), 만(灣), 반도(半島), 부(府), 사(寺) ,산(山), 산맥(山脈), 섬, 성(城), 성(省), 어(語), 왕(王), 요(窯), 인(人), 족(族), 주(州), 주(洲), 평야(平野), 해(海), 현(縣), 호(湖) (총 26항목)

구분	개정 전	개정 후
외래어에 붙을 때	그리스 어, 그리스 인, 게르만 족, 발트 해, 나일 강, 에베레스트 산, 발리 섬, 우랄 산맥, 데칸 고원, 도카치 평야	그리스어, 그리스인, 게르만족, 발트해, 나일강, 에베레스트산, 발리섬, 우랄산맥, 데칸고원, 도카치평야
비외래어에 붙을 때	한국어, 한국인, 만주족, 지중해, 낙동강, 설악산, 남이섬, 태백산맥, 개마고원, 김포평야	한국어, 한국인, 만주족, 지중해, 낙동강, 설악산, 남이섬, 태백산맥, 개마고원, 김포평야

* 따라서 위에 제시된 26항목과 고유 명사가 결합될 때는 항상 붙여 쓴다.

제3항	한자 사용 지역(일본, 중국)의 지명이 하나의 한자로 되어 있을 경우, '강', '산', '호', '섬' 등은 겹쳐 적는다.

온타케산(御岳)　주장강(珠江)　도시마섬(利島)
하야카와강(早川)　위산산(玉山)

제4항	지명이 산맥, 산, 강 등의 뜻이 들어 있는 것은 '산맥', '산', '강' 등을 겹쳐 적는다.

Rio Grande 리오그란데강❶　Monte Rosa 몬테로사산
Mont Blanc 몽블랑산　Sierra Madre 시에라마드레산맥

❶ 국립국어원은 '강'의 이름으로는 '리오그란데강'을, '브라질 남쪽 항구 도시'의 이름으로는 '리우그란데('히우그란지'의 전 이름)'를 인정하고 있다.
cf 리우데자네이루주

참고 자료 외래어 표기 +

1 인명·지명의 외래어 표기

1. 지명

바른 표기(○)	틀린 표기(×)	바른 표기(○)	틀린 표기(×)	바른 표기(○)	틀린 표기(×)
그레나다(Grenada)	그라나다	불로뉴	볼로뉴	에티오피아	이디오피아
그리스	그리이스	브리스틀	브리스톨	우즈베키스탄/우즈베크	우즈벡
기타큐슈	키타큐슈	블라디보스토크	블라디보스톡	웨일스	웨일즈
긴자	은좌	사우샘프턴	사우스햄프턴	짐바브웨	짐바브에
노르망디	노르만디	산티아고	샌티아고	취리히	쮜리히
다마스쿠스	다마스커스	상트페테르부르크	상트페테르부르그	칭다오	칭따오
댈러스	달라스	상파울루	상파울로	케임브리지	캠브리지
덴마크	덴마아크	상하이/상해	샹하이	쿠알라룸푸르	콸라룸푸르
도이칠란트/독일	도이칠란드	센트럴 파크	쎈트럴 파크	키르기스스탄/키르기스	키르기스탄
도쿄/동경	도꾜	슬로바키아	슬로바키야	타슈켄트	다쉬켄트
라스베이거스	라스베가스	시모노세키	하관	타이베이	타이페이
룩셈부르크	룩셈부르그	시칠리아	시실리아	터키	터어키
뤄양/낙양	락양	싱가포르	싱가폴	템스강	템즈강
리우데자네이루	리오데지네이로	쓰촨성	사천성	티베트	티벳
마다가스카르	마다가스카	아랍 에미리트	아랍 에미레이트	파라과이	파라가이
마르세유	마르세이유	아우크스부르크	아우구스부르크	파리	빠리
말레이시아	말레이지아	아이슬란드	아이슬랜드	포르투갈	포르투칼
맨해튼	맨하탄	아이티(Haïti)	하이티	폴란드	폴랜드
몽마르트르	몽마르뜨	아프가니스탄	아프카니스탄	푸껫섬	푸켓섬
밴쿠버	벤쿠버	알래스카	알라스카	푸순	무순
버밍엄	버밍햄	에든버러	에딘버러	핀란드	필란드
베네수엘라	베네주엘라	에스파냐	에스파니아	하얼빈	하얼삔
베르사유	베르사이유	에콰도르	에쿠아도르	훈춘	본쥬

2. 인명

바른 표기(○)	틀린 표기(×)	바른 표기(○)	틀린 표기(×)	바른 표기(○)	틀린 표기(×)
고흐	고호	모차르트	모짜르트	체호프	체홉
뉴턴	뉴튼	바흐	바하	칭기즈 칸	징기스칸
도스토옙스키	도스토예프스키	살리에리	살리에르	카이사르/시저	케사르
도요토미 히데요시	토요토미 히데요시	생텍쥐페리	생텍쥐빼리	콜럼버스	컬럼버스
드보르자크	드보르작	셰익스피어	세익스피어	키르케고르	키에르케고르
루스벨트	루즈벨트	쑨원/손문	순원	트루먼	트루만
마르크스	맑스	엘리엇	엘리이트	페스탈로치	페스탈로찌
마오쩌둥/모택동	마오쩌뚱	차이콥스키	차이코프스키	호찌민	호치민

TIP
섬나라 Grenada는 '그레나다'이고, 스페인 도시 Granada는 '그라나다'이다.

TIP
상트페테르부르크 = 페테르부르크

★ '-land'형의 지명은 복합어임을 무시하고 표기하되, 음가에 관계없이 영국, 미국, 캐나다, 오스트레일리아, 뉴질랜드에 있는 지명은 '랜드'로, 독일어권의 지명은 '란트'로, 그 밖의 것은 '란드'로 적는다.
- Scotland 스코틀랜드 / New Zealand 뉴질랜드
- Saarland 자를란트 / Deutschland 도이칠란트
- Lapland 라플란드 / Netherlands 네덜란드

기출 확인

〈외래어 표기법〉 규정에 맞는 단어로만 짝지어진 것은? 2019 기상직 9급

① 그라나다(Grenada), 에콰도르(Ecuador)
② 에티오피아(Ethiopia), 포르투칼(Portugal)
③ 싱가포르(Singapore), 베네주엘라(Venezuela)
④ 아이티(Haïti), 아랍 에미리트(Arab Emirates)

해설
- 'Haïti'는 공용어인 프랑스어의 영향을 받아 '아이티'는 바른 표기이다.
- 'Arab Emirates'는 페르시아만 남쪽 기슭에 있는 연방 국가로 '아랍 에미리트'는 바른 표기이다.

오답
① 그라나다 → 그레나다: 서인도 제도 동남부에 있는 섬나라인 'Grenada'의 바른 외래어 표기는 '그레나다'이다.
  * '알람브라 궁전'으로 유명한 에스파냐 남부 안달루시아 지방에 있는 도시인 'Granada'는 '그라나다'가 바른 표현이다. 중앙아메리카 니카라과의 니카라과호 서북안에 있는 도시인 'Granada' 역시 '그라나다'가 바른 표기이다.
② 포르투칼 → 포르투갈: 남유럽에 있는 나라인 'Portugal'의 바른 외래어 표기는 '포르투갈'이다.
③ 베네주엘라 → 베네수엘라: 'Venezuela'의 바른 외래어 표기는 '베네수엘라'이다.

정답 ④

2 틀리기 쉬운 외래어 표기

바른 표기(○)	틀린 표기(×)	바른 표기(○)	틀린 표기(×)	바른 표기(○)	틀린 표기(×)
ㄱ		녹다운	넉다운	라이터	라이타
가라테	가라데	논스톱	넌스톱	라즈베리	라스베리
가스	까스	논타이틀	넌타이틀	랑데부 〈프〉	랑데뷰
가스레인지	가스렌지	논픽션	넌픽션	래퍼	랩퍼
가십	가쉽	뉘앙스 〈프〉	니앙스	랩톱 컴퓨터	랩탑 컴퓨터
가운	까운	뉴 프런티어	뉴 프론티어	러닝셔츠	런닝셔츠
가톨릭	카톨릭	뉴스	뉴우스	러시아워	러쉬아워
갤런	갤론	뉴올리언스	뉴올리안즈	러키	럭키
갭	갶	뉴욕	뉴우욕	러키세븐	럭키세븐
게놈 〈독〉	지놈	니카라과	니카라구아	레미콘	레미컨
게슈타포	게쉬타포	니코틴	니코친	레슨	렛슨
고흐	고호	ㄷ		레인지	렌지
곤살레스 〈에〉	곤잘레스	다이내믹	다이나믹	레저	레져
교토	쿄또	다이너마이트	다이나마이트	레즈비언	레스비언
굿바이	굳바이	다이아몬드	다이어몬드	레커차	렉커차
규슈❶	큐슈	다이애나	다이아나	레크리에이션	레크레이션
그래프	그라프	다이얼	다이알	레퍼리	레프리
그러데이션	그라데이션	다큐멘터리	도큐멘터리	레퍼토리	레파토리
그루지야, 조지아	그루지아	달러	달라	렌터카	렌트카
글라스	글래스	달마티안	달마시안	로맨티시스트	로맨티스트
글러브	글로브	대시	대쉬	로봇	로보트
글로브	글러브	댈러스	달라스	로브스터, 랍스터	롭스터
글로벌	글로발	더그아웃	덕아웃	로빈 후드	로빈 훗
기어	기아	데뷔 〈프〉	데뷰	로션	로숀
기타	키타	데생 〈프〉	뎃생	로스앤젤레스	로스엔젤레스
깁스 〈독〉	기브스	데스크톱	데스크탑	로열❷	로얄
껌	검	데이터	데이타	로열 젤리	로얄 제리
ㄴ		데커레이션	데코레이션	로열티	로얄티
나르시시스트	나르시스트	도넛	도너츠	로커❸	록커
나르시시즘	나르시즘	돈가스 〈일〉	돈까스	로켓	로케트
나이트가운	나이트까운	듀엣	두엣	로큰롤, 록 앤드 롤	록앤롤
나일론	라일론	듀오	두오	로터리	로타리
나치즘	나찌즘	드라이클리닝	드라이크리닝	록	락
난센스	넌센스	드라큘라	드라큐라	롤러스케이트	로울러스케이트, 롤라스케이트
내레이션	나레이션	드리블	드리볼	루이지애나	루이지아나
내레이터	나레이터	디노사우르	다이너소어	루주 〈프〉	루즈
내비게이션	네비게이션	디렉터리	디렉토리	류머티즘	류마티스
내추럴	내츄럴	디스켓	디스켙	룩색❹	룩쌕
냅킨	내프킨	디저트	디져트	르포 〈프〉	르뽀
네거티브	네가티브	디지털	디지탈	리더십	리더쉽
네덜란드	네델란드	딜레마	딜레머	리듬 앤드 블루스	리듬 앤 블루스
네온사인	네온싸인	ㄹ		리모컨	리모콘
네트워크	네트웍	라디에이터	라지에이터	리어카	리어커
노블레스 오블리주	노블리스 오블리제	라디오	래디오	리우데자네이루	리오데자네이로
노스탤지어	노스탈지아	라벨/레이블	라벨르	리코더	레코더
노크	녹크	라스베이거스	라스베가스	리포트	레포트
노킹	녹킹	라이선스	라이센스	립글로스	립그로스
노하우	노우하우	라이온스	라이온즈	링거	링게르

복수의 표기를 인정하는 외래어

- partisan 파르티잔/빨치산
- shirt 셔츠/샤쓰
- white shirt 와이셔츠/와이샤쓰
- T-shirt 티셔츠/티/티샤쓰
- radar 레이더/레이다
- label 라벨/레이블
- bâton 바통/배턴
- jumper 점퍼/잠바
- muffler 머플러/마후라
- DMZ 디엠제트/디엠지
- lobster 로브스터/랍스터
- velvet 벨벳/비로드

❶ **규슈/기타큐슈(지명)**

❷ **로열패밀리/로열 젤리**

❸ **locker 로커:** 자물쇠가 달린 서랍이나 반닫이 따위를 이르는 말
cf 'rocker'의 경우에도 동일하게 '로커'로 표기한다.

❹ **rucksack 룩색:** 등산이나 하이킹 따위를 할 때 등에 지는 등산용 배낭

기출 확인

다음 밑줄 친 단어 중 〈외래어 표기법〉에 맞는 것은? 2023 군무원 7급

① 화재의 위험을 방지하기 위하여 휴즈를 부착하였습니다.
② 커텐에 감겨 넘어질 수 있으니 유의하시기 바랍니다.
③ 기둥을 조립할 때 헹거가 넘어질 수 있습니다.
④ 스위치의 뒤쪽을 누르면 윈도가 열립니다.

해설
중모음은 각 단모음의 음가를 살려서 적되, [ou]는 '오'로 적기 때문에, '윈도'의 표기는 옳다.

오답
① 휴즈 → 퓨즈
② 커텐 → 커튼
③ 헹거 → 행어

정답 ④

바른 표기(○)	틀린 표기(×)	바른 표기(○)	틀린 표기(×)	바른 표기(○)	틀린 표기(×)
ㅁ		ㅂ		**블록**[3]	블럭
마가린	마아가린	**바게트**	바게뜨	**블루스**	브루스
마네킹	마네킨	**바겐세일**	바겐쎄일	**블루칼라**[4]	블루컬러
마니아	매니아	**바리캉 〈프〉**	바리깡	**비로드, 벨벳**	빌로드
마르세유	마르세이유	**바리케이드**	바리케이트	**비스킷**	비스켓
마르크시즘	맑시즘	**바바리코트**	버버리코트	**비전**	비젼
마사지	맛사지	**바비큐**	바베큐	**비즈니스**	비지니스
마셜	마샬	**바셀린**	바세린	**비타민**	바이타민
마멀레이드	마머레이드, 마말레이드	**바스켓**	바스킷	**비틀스**	비틀즈
마스코트	마스콧	**바통/배턴 〈프〉**	바톤	**빨치산 〈러〉**	빠르티잔
마스터키	마스타 키	**바흐**	바하	ㅅ	
마조히즘	마조이즘	**발레파킹**	발렛파킹	**사디스트**	새디스트
마케팅	마켓팅	**방갈로**	반갈로	**사보타주 〈프〉**	사보타지
마켓	마킷	**배지**	뱃지	**사이렌**	싸이렌
말레이시아	말레이지아	**배터리**	밧데리	**사이클**	싸이클
매뉴얼	메뉴얼	**백미러**	백밀러	**사인**	싸인
매니큐어	매니큐	**밴쿠버**	벤쿠버	**사카린**	삭카린, 새커린
매머드	맘모스	**밸런스**	발란스	**산타클로스**	산타크로스
매스 게임	마스 게임	**밸런타인데이**	발렌타인데이	**살롱 〈프〉**	싸롱
매시트포테이토	매시드 포테이토, 매쉬트 포테이토	**버저**	부저	**새시**[5]	샤시
매킨토시	맥킨토시	**버클**	바클	**색소폰**	색스폰
맥도널드	맥도날드	**범퍼**	밤바	**샌들**	샌달
맨션	맨숀	**벙커**	방카	**샐러드**	사라다
머스터드	머스타드	**베르사유 〈프〉**	베르사이유	**샐러리맨**	셀러리맨
머플러[1] **= 마후라**	머프러	**베이식**	베이직	**생텍쥐페리 〈프〉**	쌩떽쥐뻬리
메가헤르츠	메가헤르쯔	**벤치**	벤취	**샤머니즘**	샤마니즘
메릴랜드	매릴랜드	**벨리**	밸리	**샴페인**	삼페인
메시지	메세지	**보너스**	보나스	**샴푸**	샴푸우
메신저	메신져	**보닛**	본네트	**샹들리에 〈프〉**	상들리에
메이저	메이져	**보디**	바디	**섀미**	세무
메커니즘	메카니즘	**보디랭귀지**	바디랭기지	**섀시(차대)**	샤시
메타세쿼이아	메타세콰이어	**보디로션**	바디로션	**서라운드**	써라운드
메탄올	메타놀	**보스턴**	보스톤	**서브**	써브
멜론	메론	**보이콧**	보이코트	**서비스**	써비스
모라토리엄	모라토리움	**보트**	보우트	**선글라스**	썬글라스
모르타르	몰타르	**보헤미안**	보에미안	**선탠**	썬탠
모르핀	몰핀	**복싱**	박싱	**세이프**	세입
모차르트	모짜르트	**볼**[2]	보울	**세트**	셋트
몬트리올	몬트리얼	**볼링**	보울링	**센강 〈프〉**	세느강
몰티즈	말티즈, 마르티즈	**부르주아 〈프〉**	부르조아	**센서스**	쎈서스
몽타주 〈프〉	몽따주	**부시먼**	부시맨	**센터**	센타
미네랄	미네럴	**불도그**	불독	**센티멘털**	센티멘탈
미뉴에트	미뉴엣	**뷔페 〈프〉**	부페	**센티미터**	센치미터
미라 〈포〉	미이라	**브러시**	브러쉬	**셀러리**	샐러리
미스터리	미스테리	**브로치**	브로찌	**셔벗**	샤베트
미시간	미시건	**브리지**	브릿지	**셔츠/샤쓰**	샤스
미얀마	미안마	**브리티시**	브리티쉬	**셔터**	셧터, 샷타
밀크셰이크	밀크쉐이크	**블라우스**	브라우스	**셔틀콕**	셧틀콕
밀크캐러멜	밀크카라멜	**블로킹**	브로킹	**셰이크**	쉐이크

❶ **머플러≒마후라(mahura)**

❷ **bowl/ball 볼**

❸ **bloc/block 블록**

❹ **blue-collar 블루칼라:** 육체 노동자
cf white-collar **화이트칼라:** 사무직 노동자

❺ **sash 새시:** 창의 틀
cf chassis **섀시:** 차대

기출 확인

외래어 표기가 올바른 것으로만 묶인 것은?
2022 서울시 9급 1차

① 플랭카드, 케잌, 스케줄
② 텔레비전, 쵸콜릿, 플래시
③ 커피숍, 리더십, 파마
④ 캐비넷, 로켓, 슈퍼마켓

정답 ③

바른 표기(○)	틀린 표기(×)	바른 표기(○)	틀린 표기(×)	바른 표기(○)	틀린 표기(×)
셰익스피어	세익스피어	시멘트	세멘트	엠보싱	앰보싱
셰퍼드	쉐퍼드	시추에이션	시츄에이션	옐로[4]	옐로우
소나타	쏘나타	시폰	쉬폰	오디세이[5]	오딧세이
소시지	소세지	신시사이저	신디사이저	오렌지	오뤤지, 오린지
솔 뮤직	소울 뮤직	심벌	심볼	오르가슴	오르가즘
소켓	소킷	심포지엄	심포지움	오리건	오레곤
소파	쇼파	싱가포르	싱가폴	오리지널	오리지날
쇼맨십	쇼맨쉽	샌디에이고	샌디에고	오므라이스	오무라이스
쇼윈도	쇼윈도우	ㅇ		오믈렛	오믈릿
쇼트커트	숏컷	아나운서	어나운서	오셀로	오델로
쇼트트랙	숏트랙	아마추어	아마츄어	오프사이드	업사이드
숄	쇼울	아몬드	알몬드	오프셋	옵셋
숍(커피 ~)	샵	아우트라인	아웃라인	옥스퍼드	옥스포드
수프	스프	아웃렛	아울렛	옵서버	옵저버
슈팅	슛팅	아이섀도	아이쉐도우	요구르트	야쿠르트
슈퍼/슈퍼마켓	슈퍼/슈퍼마켇	아카시아[1]	아까시아	우루과이	우르과이
슈퍼맨	수퍼맨	아코디언	어코디언	워크숍	워크샵
스낵	스넥	아콰마린	아쿠아마린	웨일스	웨일즈
스낵바	스넥바	아쿠아리움	아콰리움	윈도	윈도우
스노	스노우	악센트	액센트	윌리엄스	윌리엄즈
스노보드	스노우보드	알레르기 〈독〉	앨러지	유니세프	유니셰프
스로인	드로인	알루미늄	알류미늄	유니언[6]	유니온
스웨터	스웨타	알칼리	알카리	유닛	유니트
스위치	스윗치	알코올	알콜	유머레스크	유모레스크
스카우트	스카웃	앙케트 〈프〉	앙케이트	윈드서핑	윈드써핑, 윈드셔핑
스카프	스카푸	앙코르	앵콜	이탈리아, 이태리	이탤리
스캔들	스캔달	애드리브	애드립	인디언	인디안
스케일링	스켈링	애리조나	아리조나	인스브루크	인스부르크
스케줄	스케쥴	애틀랜타	아틀란타	인스턴트	인스탄트
스크랩	스크랲	애프터서비스	애프터써비스	인터내셔널	인터내셔날
스타디움	스타디엄	애피타이저	에피타이저	인턴십	인턴쉽
스태미나	스태미너	액세서리	악세서리	인플루엔자	인플루엔저
스태프	스탭	액셀러레이터	악세레이타	ㅈ	
스탠더드	스탠다드	앤드[2]	앤	자이르	자이레
스탠드바	스텐드바	앨라배마	알라바마	장르 〈프〉	젠르
스테인리스	스테인레스	앰뷸런스	엠블런스	장티푸스	장티프스
스테이플러	스태플러	앵클부츠	앵글부츠	재즈	째즈
스텝	스탭	어댑터	아답타	재킷	자켓
스튜어디스	스튜디스	언밸런스	언발란스	잼	쨈
스트로	스트로우	에든버러	에딘버러	점퍼/잠바[7]	잠퍼
스티로폼	스티로폴	에메랄드	에메럴드	제스처	제스추어
스펀지	스폰지	에스컬레이터, 엘리베이터	에스카레이터, 에레베이터	제트기	젯트기
스페셜	스페샬	에스파냐	에스파니아	제트엔진	젯트엔진
스포이트	스포이드	에어컨	에어콘	젤리	제리
스프링클러	스프링쿨러	에인절[3]	엔젤	졸라이슴 〈프〉	졸라이즘
슬래브	슬라브	에콰도르	에쿠아도르	주니어	쥬니어
슬레이트	스레트	에티오피아	이디오피아	주스	쥬스
시그널	시그날	엔도르핀	엔돌핀	쥐라기	쥬라기
시너	신나	엘니뇨	엘리뇨	지그재그	지그잭
시디	씨디	엘리베이터	엘레베이터	지퍼	자크

❶ 아카시아 = 아까시나무

❷ and 앤드
예 · 록 앤드 롤(로큰롤)
· 리듬 앤드 블루스(= 아르 앤드 비)
· 히트 앤드 런

❸ angel 에인절
예 에인절 사업, 에인절피시

❹ yellow 옐로
예 옐로 저널리즘, 옐로카드

❺ 오디세이: 호메로스가 기원전 8세기 무렵 지은 그리스 장편 서사시

❻ Union 유니언
예 유니언숍제(노동조합 의무 가입 제도), 유니언 잭(영국 국기)

❼ 점퍼/잠바(○)

바른 표기(○)	틀린 표기(×)	바른 표기(○)	틀린 표기(×)	바른 표기(○)	틀린 표기(×)
지프	찌프	**커스터드**	커스타드	**크리스천**	크리스찬
집시	짚시	**커튼**	커텐	**크리스털**	크리스탈
ㅊ		**커피숍**	커피샵	**클라이맥스**	클라이막스
차트	챠트	**컨디션**	컨디숀	**클래스**	클라스
찬스	챈스	**컨소시엄**	콘소시엄	**클랙슨**	크락션, 크랙슨, 클락션
챌린저	첼린저	**컨테이너**	콘테이너	**클렌징크림**	크린싱크림
챔피언	챔피온	**컨트롤**	콘트롤	**클로버**	크로바
초콜릿	초콜렛	**컨트리**	컨츄리	**클리너**	크리너
침팬지	침팬치	**컬러**	칼라	**클리닉**	크리닉
ㅋ		**컬렉션**	콜렉션	**클리닝**	크리닝
카디건	가디건	**컴퍼스**	콤파스	**클린**	크린
카레 〈일〉	커리	**컴포넌트**	콤포넌트	**킬로미터**	키로미터
카망베르	까망베르	**컴퓨터**	콤퓨터	**킬로칼로리**	키로칼로리
카메오	까메오	**컴프레서**	콤프레서	ㅌ	
카바레 〈프〉	캬바레	**케이블**	캐이블	**타깃**	타겟
카뷰레터[1]	카뷰레이터	**케이크**	케잌	**타닌**	탄닌
카세트[2]	카셋트	**케첩**	케찹	**타로**	타롯
카스텔라	카스테라	**코냑 〈프〉**	꼬냑	**타월**	타올
카시오페이아	카시오페아	**코러스**	코루스	**타이거스**	타이거즈
카운슬링	카운셀링	**코르덴, 코듀로이**	골덴	**타이완**	타이오안
카탈로그	카다로그	**코리안**	코리언	**타일**	타이루
카페 〈프〉	까페	**코미디/코미디언**	코메디	**타임스**	타임즈
카펫	카페트	**코즈모폴리턴**[6]	코스모폴리턴	**탤런트**	탈렌트
칼라	컬러	**코커스패니얼**	코카스파니얼, 코카스패니얼	**터미널**	터미날
칼럼	컬럼	**코코넛**	코코낫	**터부**	타부
칼럼니스트	칼럼리스트	**코트디부아르**	코트디브와르	**텀블러**	덤블러
캐러멜	카라멜	**콘사이스**	콘사이즈	**텀블링**	덤블링
캐러멜마키아토	카라멜마끼아또	**콘서트**	컨서트	**테이프**	테잎
캐럴	캐롤	**콘셉트**	컨셉트	**테제베**	떼제베
캐리커처	캐리커쳐	**콘택트렌즈**	컨택트렌즈	**테크놀로지**	테크놀러지
캐비닛	캐비넷	**콘테스트**	컨테스트	**텔레마케팅**	텔레마켓팅
캐스팅 보트[3]	캐스팅 보드	**콘텐츠**	컨텐츠	**텔레비전/티브이**	텔레비젼
캐시	캐쉬	**콘티넨털**	컨티넨탈	**템스강**	템즈강
캐시밀론	카시미론	**콤마**[7]	컴마	**토마토**	도마도
캐주얼	캐쥬얼	**콤바인**[8]	컴바인	**토슈즈**[11]	토우슈즈
캐터필러[4]	카터필러	**콤팩트**[9]	컴팩트	**토털**	토탈
캐피털	캐피탈	**콤플렉스**	컴플렉스	**튤립**	튜울립
캔자스	캔사스	**콩쿠르 〈프〉**	콩쿨	**트랙터**	트렉터
캘린더 〈영〉/카렌다 〈일〉	캘린다/카렌더	**콩트**	꽁트	**트레이닝**	트레닝
캠퍼스	켐퍼스	**쿠데타 〈프〉**	쿠테타	**트레이싱 페이퍼**[12]	트레싱 페이퍼
캠페인	켐페인	**쿠알라룸푸르**	콸라룸프르	**트렌드**	트랜드
캡슐	캅셀	**쿵후**	쿵푸	**트렌치코트**	트랜치코트
캥거루	캉가루	**쿼터**	쿼타	**트로트**	트롯트
커닝	컨닝	**크레디트**[10]	크레딧	**트리**	츄리
커리어[5]	캐리어	**크렘린**	크레믈린	**티베트**	티벳
커미션	커미숀	**크로켓/고로케 〈일〉**	고로께	**티켓**	티킷
커버	카바	**크루아상 〈프〉**	크로와상	**티푸스**[13]	티프스

❶ **카뷰레터:** 기화기

❷ **cassette 카세트**
예 카세트테이프, 카세트 리코더

❸ **캐스팅 보트:** 가부가 동수일 때 의장의 결정 투표

❹ **캐터필러:** 무한궤도

❺ cf **carrier 캐리어**

❻ **코즈모폴리턴:** 세계주의자

❼ **콤마:** 쉼표
cf coma 코마: 무의식 상태

❽ **콤바인:** 농업 기계

❾ **콤팩트:** 휴대용 화장 도구

❿ **credit card 크레디트 카드**

⓫ **toe 토**
예 토슈즈, 토댄스, 토킥

⓬ **트레이싱 페이퍼:** 투사지

⓭ **typhus 티푸스**
예 장티푸스/발진티푸스

기출 확인

외래어 표기가 맞는 것을 〈보기〉에서 있는 대로 고른 것은? 2017 교육행정직 9급

〈보기〉
㉠ 카톨릭(Catholic)
㉡ 시뮬레이션(simulation)
㉢ 숏커트(short cut)
㉣ 카레(curry)
㉤ 챔피온(champion)
㉥ 캐리커쳐(caricature)

① ㉠, ㉤　② ㉡, ㉣
③ ㉠, ㉣, ㉥　④ ㉡, ㉢, ㉤

정답 ②

바른 표기(○)	틀린 표기(×)	바른 표기(○)	틀린 표기(×)	바른 표기(○)	틀린 표기(×)
팀워크	팀웍	펜실베이니아	펜실베니아	플로	플로우
ㅍ		펜치	뺀찌	플루트	플룻
파리	빠리	펜타곤	팬터곤, 펜터곤	피닉스	휘닉스
파마	퍼머	포르투갈	포르투칼	피에로 〈프〉	삐에로
파운데이션	화운데이션	포클레인	포크레인	피오르	피요르드
파이팅	화이팅	포털	포탈	피자	핏자
파일	화일	폴로 스루[2]	폴로우 스루, 팔로우 스루	피켓	피킷
파일럿	파일롯	폴리에스테르	폴리에스터	피튜니아	페튜니아
파카	파커	퓨즈	휴즈	피트니스	휘트니스
판다	팬더	프라이팬	후라이팬	필로폰	필로뽕
판타지	환타지	프라이드치킨	후라이드치킨	필름	필림
판탈롱 〈프〉[1]	판타롱	프랑크푸르트	후랑크프루트	ㅎ	
팔레트	파레트, 빠레트	프러포즈	프로포즈	하모니	하머니
팡파르 〈프〉	팡파레	프런트	프론트	하이라이트	하일라이트
패널	판넬	프런티어	프론티어	할리우드	헐리웃
패러독스	파라독스	프레젠테이션	프리젠테이션	핫도그	핫독
패키지	팩키지	프로텍터	프러텍터	핫라인	핟라인
팩시밀리/팩스	팩시미리	프로펠러	프로펠라	해트트릭	헤드트릭
팬터마임	판토마임	프리미엄	프레미엄	핼러윈	할로윈
팬티/팬츠	빤쓰	프리즘	프리슴	햄버그스테이크	함박스테이크
팸플릿	팜플렛	프리지어	프리지아	헤지	헷지
퍼센티지	페센테이지	플라멩코 〈에〉[3]	플라멩고	헬리콥터	헬리곱터
퍼펙트	퍼팩트	플라스마	플라즈마	헬멧	헷맷
펀더멘털	펀더멘탈	플라스틱	플래스틱	호나우두	호나우도
펑크	빵꾸	플라자	프라자	호치키스[4]	호치께스
페널티 킥	페날티 킥	플라크 〈프〉	플라그	호르몬	홀몬
페디큐어	페티큐어, 패디큐어	플랑크톤	프랑크톤	화이트칼라	화이트컬러
페스티벌	페스티발	플래시	플래쉬	훌라후프	훌라우프
페트병	펫트병, 펫병	플래카드	플랭카드	히트 앤드 런	힛 앤 런
펜션	팬션	플랫폼	플랫홈	히프[5]	힙

❶ **판탈롱:** 아랫부분이 나팔 모양으로 벌어진 여자용 바지

❷ **폴로 스루:** 공을 던진 후에 팔의 동작을 계속 진행하는 일

❸ **플라멩코:** 에스파냐 남부의 안달루시아 지방에서 예부터 전하여 오는 민요와 춤
cf flamingo **플라밍고:** 홍학과의 미국큰홍학, 갈라파고스홍학, 큰홍학, 칠레홍학, 쇠홍학 따위를 통틀어 이르는 말

❹ **호치키스 = 스테이플러**

❺ **hip 히프**
cf hip hop **힙합**

기출 확인

외래어 표기가 옳은 것만을 모두 고른 것은? 2017 국가직 7급 추가

ㄱ. 커미션(commission) ㄴ. 콘서트(concert) ㄷ. 컨셉트(concept)
ㄹ. 에어컨(← air conditioner) ㅁ. 리모콘(← remote control)

① ㄱ, ㄴ ② ㄱ, ㄴ, ㄹ ③ ㄴ, ㄷ, ㄹ ④ ㄴ, ㄷ, ㅁ

오답 ㄷ. 컨셉트 → 콘셉트
ㅁ. 리모콘 → 리모컨

정답 ②

PART 7
올바른 언어생활

출제 경향 한눈에 보기

구조도

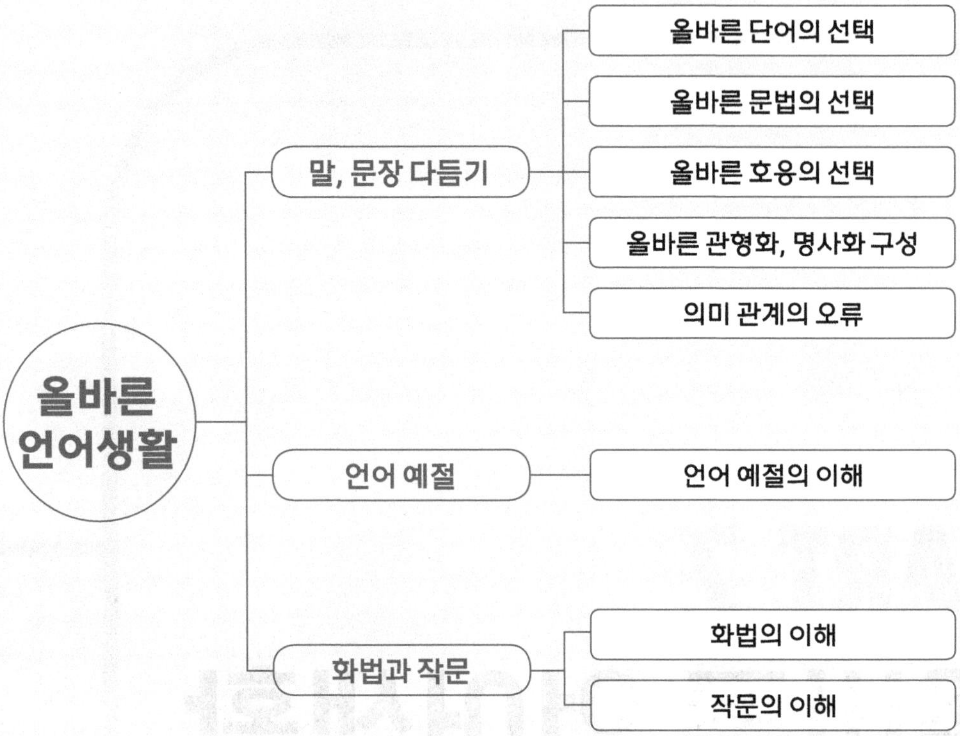

영역별 학습 목표

1. 바른 문장과 올바른 문장을 구별하고, 올바르지 못한 문장을 바르게 수정할 수 있다.
2. 개정된 〈표준 언어 예절〉을 바탕으로 호칭어, 지칭어 등을 이해할 수 있다.
3. 토의와 토론의 개념, 종류, 특징을 이해할 수 있다.
4. 대화의 원리(협력의 원리, 공손성의 원리)를 이해하고 대화 상황에 적용할 수 있다.
5. 개요 및 자료를 분석하고, 글에서 수정이 필요한 부분을 고쳐 쓸 수 있다.

최신 3개년 기출 목록(국가직, 지방직 기준)

말, 문장 다듬기	다르다, 틀리다, 바람, 지양하다, 지향하다, 계시겠습니다, 있으시겠습니다, 있겠습니다, 다수, 소수, 익명성, 동시성, 인한, 인하여, 납부, 수납
언어 예절	처음 뵙겠습니다. (저는) ○○○입니다, 고모, 형님, 아가씨, 아기씨, 부인, 집사람, 안사람, 아내, 처
화법과 작문	연설, 대화, 건의문, 토의, 공손성의 원리

연도별 주요 출제 문항

2024년	-
2023년	• '해양 오염'을 주제로 연설을 한다고 할 때, 다음에 제시된 조건을 모두 충족한 것은? • 다음 대화에 나타난 말하기 방식을 설명한 것으로 적절하지 않은 것은? • ㉠~㉣의 말하기 방식을 설명한 내용으로 가장 적절한 것은? • ㉠~㉣ 중 어색한 곳을 찾아 수정하는 방안으로 가장 적절한 것은? • 다음 대화를 분석한 내용으로 적절하지 않은 것은?
2022년	• 다음 대화에서 나타난 '지민'의 의사소통 방식으로 가장 적절한 것은? • A의 대화 방식에 따라 〈보기〉에 응답한 것으로 적절한 것은? • (가)~(라)를 고쳐 쓴 것으로 옳지 않은 것은?
2021년	• 다음 대화에 대한 설명으로 적절한 것은? • ㉠~㉣은 '공손하게 말하기'에 대한 설명이다. ㉠~㉣을 적용한 B의 대답으로 적절하지 않은 것은? • 다음 토의에 대한 설명으로 적절하지 않은 것은? • (가)~(라)의 고쳐쓰기 방안으로 적절하지 않은 것은?
2020년	• 다음 대화에서 밑줄 친 부분의 표현 효과에 대한 설명으로 적절한 것은? • 다음 대화에서 '정민'의 의사소통 방식으로 가장 적절한 것은? • 다음 진행자 A의 대화 진행 전략으로 적절하지 않은 것은? • ㉠~㉣을 고쳐 쓰기 위한 방안으로 적절하지 않은 것은?
2019년	• 진행자의 말하기 방식에 대한 설명으로 적절하지 않은 것은? • 토론자들의 말하기 방식에 대한 설명으로 적절한 것은? • 토론에서 사회자가 하는 역할에 대한 설명으로 가장 적절한 것은? • 다음의 여러 조건에 가장 잘 맞는 토론 논제는? • 두 사람의 대화에 적용된 공감적 듣기의 방법이 아닌 것은? • 다음을 고려한 보고서 작성 방안으로 적절하지 않은 것은?
2018년	• 진행자의 말하기 방식에 대한 이해로 가장 적절한 것은? • 다음 대화 상황에서 의사소통에 장애가 일어났다고 한다면, 그 이유로 가장 적절한 것은? • (가)~(라)에 대한 고쳐쓰기 방안으로 옳지 않은 것은? • 다음 조건을 모두 참조하여 쓴 글은?

CHAPTER
01 말, 문장 다듬기

1절 올바른 단어의 선택

1 혼용되지만 각기 다른 뜻을 가진 어휘

가르치다	지식이나 이치 등을 깨닫게 하거나 익히게 하다. 예 저는 초등학교에서 어린아이들을 가르치고 있습니다.
가리키다	어떤 방향이나 대상을 지적하거나 알리다. 예 시곗바늘이 이미 오후 네 시를 가리키고 있었다.
개발	지식이나 재능 따위를 발달하게 함. 토지나 천연자원 따위를 유용하게 만듦. → 정신적 + 물질적 예 신 제품 개발
계발	슬기, 재능, 사상 따위를 일깨워 줌. → 정신적 예 외국어 능력 계발
갱신(更新)+	기간을 연장하여 계약 등이 유효한 상태가 되게 함. ＊更: 다시 갱 예 여권 갱신을 받다.
경신(更新)	종전의 기록을 깨 뜨림. ＊更: 고칠 경 예 세계 기록 경신
거치다	어떤 장소를 지나거나 잠깐 들르다. 경유하다. 예 대구를 거쳐 부산으로 갔다.
걷히다¹	없어지다. 예 안개가 걷히다.
걷히다²	① 늘어진 것이 말아 올려지다. 예 그물이 걷히다. ② 널거나 깐 것이 다른 곳으로 치워지다. 예 이불이 걷히다.
걷히다³	모집하다('걷다'의 피동). 예 이번에는 회비가 잘 걷히는 편이다.
결재(決裁)	결정할 권한이 있는 상관이 부하가 제출한 안건을 검토하여 허가하거나 승인하다. 예 부장님께 결재를 올렸다.
결제(決濟)	증권 또는 대금을 주고받아 매매 당사자 사이의 거래 관계를 끝맺는 일 예 물품 대금은 나중에 예치금에서 자동으로 결제가 된다.
껍질+	물체의 겉을 싸고 있는 단단하지 않은 물질 예 양파의 껍질을 벗기다.
껍데기	달걀이나 조개 따위의 겉을 싸고 있는 단단한 물질, 알맹이를 빼고 겉에 남은 물건 예 달걀 껍데기를 까다. / 과자 껍데기
너머	높은 것의 저쪽을 뜻하는 명사 예 산 너머 남촌
넘어	넘어가는 동작을 나타내는 동사. 목적어를 취함. 예 산을 넘어 여기까지 왔다.
너비	평면이나 넓은 물체의 가로로 건너지른 거리 예 도로 너비를 재다.
넓이	일정한 평면에 걸쳐 있는 공간이나 범위의 크기 예 책상 넓이만 한 지도
다르다	같지 않다[different]. 예 모양은 달라도 가격은 같다.
틀리다	맞지 않다[wrong]. 예 계산이 틀리다.
두껍다	① 두께가 보통의 정도보다 크다. 예 이불이 두껍다. ② 층을 이루는 사물의 높이나 집단의 규모가 보통보다 크다. 예 지지층이 두껍다.
두텁다	신의, 믿음, 관계, 인정 따위가 굳고 깊다. 예 정이 두텁다.
드러내다	감추어져 있거나 보이지 않던 것을 밖으로 내어 두드러지게 하다. 예 이제야 본색을 드러내는군.
드러나다	① 가려 있거나 보이지 않던 것이 보이게 되다. 예 구름이 걷히고 산봉우리가 드러났다. ② 알려지지 않은 사실이 널리 밝혀지다. 예 진실은 반드시 드러난다.
들어내다	들어서 밖으로 옮기다. 예 책상까지 전부 들어냅시다.
드리다	윗사람에게 무엇인가를 주다. 정성을 바치다. 윗사람을 위해 동작하다. 예 부모님께 선물을 드리다. / 편히 쉬게 해 드리겠습니다.
들이다	들어가게 하다. 예 친구를 방에 들이다.
들리다	위로 올려지다('들다'의 피동). / '듣다'의 피동 / '들다'의 사동 / 병에 걸리다. 예 순식간에 몸이 번쩍 들렸다. / 새소리가 들린다. / 꽃을 들려 보내다. / 감기가 들리다.
들르다	지나는 길에 잠깐 거치다. 예 꼭 고모님 댁에 들렀다 오너라.
마치다	끝내다. 완수하다. 예 일과를 모두 마쳤다.
맞히다	적중하다. / 몸에 무엇이 닿게 하다. / 정답을 고르거나 말하다. 예 과녁에 화살을 맞히다. / 주사를 맞히다. / 정답을 맞히다.

+ TIP

'이미 있던 것을 고쳐 새롭게 함.'을 뜻하는 경우에는 '갱신'과 '경신' 중 어떤 것을 써도 옳다.

+ TIP

cf '조개'는 '껍질+껍데기' 모두 가능

기출 확인

다음 중 밑줄 친 단어의 사용이 옳지 않은 것은? 2017 국회직 8급

① 달걀 껍데기를 깨다.
② 바위에 굴 껍데기가 닥지닥지 붙어 있다.
③ 처음으로 돼지 껍데기를 구워 먹었다.
④ 조개껍질을 모아서 목걸이를 만들었다.
⑤ 나무껍질을 벗겨서 삶아 먹었다.

해설
- 껍데기: 달걀이나 조개 따위의 겉을 싸고 있는 단단한 물질
- 껍질: 물체의 겉을 싸고 있는 단단하지 않으나 질긴 물질

③은 '돼지 껍질'이다. '껍데기'는 단단한 물질을 껍질'은 단단하지 않은 물질을 이를 때 쓴다. '돼지'의 겉을 둘러싸고 있는 물질은 딱딱하지 않기 때문에 껍질을 써야 한다.

오답
④ '조개껍질'과 '조개껍데기'는 복수 표준어로 사전에 등재된 합성어로 붙여 쓴다.
⑤ '나무껍질'은 '나무의 껍질, 목피'로 사전에 등재되었으며 붙여 쓴다.

정답 ③

맞추다	① 마주 대다. 예 입을 맞추다. ② 정도에 알맞게 하다. 예 엄마가 찌개의 간을 맞추고 있다. ③ 물건을 만드는 일을 약속해 부탁하다. 예 구두를 맞추다.
띠다	표면에 나타내다. / 몸에 지니다. / 사명이나 직책을 맡다. 예 홍조를 띠다. / 허리에 띠를 띠었다. / 사명을 띠다.
떼다	붙어 있는 것을 떨어지게 하다. 예 이번 일에서 손을 떼시오.
띄다¹	'뜨이다('뜨다'의 피동)'의 준말 예 보기 드물게 눈에 띄는 미인이로군.
띄다²	'띄우다'의 준말 예 두 줄을 띄고 써라.
뜨이다	눈에 보이다. 예 낯익은 얼굴이 눈에 뜨인다.
띄우다	'뜨다'의 사동 예 배를 띄우다. / 편지를 띄우다. / 간격을 띄워서 나무를 심는다.
매기다	일정한 기준에 따라 사물의 값이나 등수 따위를 정하다. 예 과일에 등급을 매기다.
메기다	두 편이 노래를 주고받고 할 때 한편이 먼저 부르다. 예 앞소리를 메기다.
박이다	버릇, 생각, 태도 따위가 깊이 배다. 예 버릇이 몸에 박이다.
박히다	속에 틈을 내고 들어가 꽂히다. 예 벽에 박힌 못을 빼내다.
벌이다	일을 시작해 펼쳐 놓다. / 물건을 늘어놓다. / 시설을 차리다. 예 잔치를 벌이다. / 신발을 벌여 놓다. / 사업을 벌이다.
벌리다	공간을 넓히다. / 열어서 속의 것을 드러내다. 예 팔을 벌리다. / 자루를 벌린다.
비치다	빛이 나서 환하게 되다. 예 어둠 속에 달빛이 비치다.
비추다	빛을 보내어 무엇을 밝게 하다. 예 손전등으로 지하실을 비추다.
생소리	① 이치에 맞지 아니하는 엉뚱한 말 예 그런 생소리로 사람 잡지 마시오. ② 노래를 할 때에 가다듬어서 내는 소리가 아니라 목에서 나오는 대로 소리를 냄. 또는 그런 소리 예 노래방에서 목이 쉬도록 생소리로 노래를 불렀다.
신소리+	상대편의 말을 슬쩍 받아 엉뚱한 말로 재치 있게 넘기는 말 예 구경꾼들은 신소리를 해 대며 웃었다.
산소리	어려운 가운데서도 속은 살아서 남에게 굽히지 않으려고 하는 말 예 아버지는 가난했지만 늘 산소리를 했다.
썩이다	걱정이나 근심 따위로 마음이 몹시 괴로운 상태가 되게 만들다.('썩다'의 사동) 예 이제 부모 속 좀 작작 썩여라.
썩히다	① 부패하게 하다.('썩다'의 사동) 예 음식을 썩혀 거름을 만들다. ② 쓰여야 할 곳에 제대로 쓰이지 못하고 내버려진 상태로 있게 하다.('썩다'의 사동) 예 그는 시골구석에서 재능을 썩히고 있다. ③ (속되게) 본인의 의사와 관계없이 어떤 곳에 얽매이게 하다.('썩다'의 사동) 예 감옥에 넣어 썩힐 수가 있었다. - 이병주, 《지리산》
일절(一切)+	전혀, 도무지, 통 *切: 끊을 절 예 출입을 일절 금한다.
일체(一切)+	모든 것 *切: 모두 체 예 기술 개발에 따른 비용 일체는 저희 회사가 부담하겠습니다.
젖히다	안쪽이 겉면으로 나오게 하다. / 몸의 윗부분을 뒤로 기울게 하다. 예 커튼을 걷어 젖히다. / 의자를 뒤로 젖히다.
제치다	어떤 대상이나 범위에서 빼거나 신경 쓰지 않다. 예 그 문제는 제쳐 놓고 얘기하자.
좇다	목표, 이상, 행복 따위를 추구하다. 예 명예를 좇다.
쫓다	① 어떤 대상을 잡거나 만나기 위하여 뒤를 급히 따르다. 예 쫓고 쫓기는 숨막히는 추격전 ② 어떤 자리에서 떠나도록 몰다. 예 귀신을 쫓다. ③ 졸음, 잡념 따위를 물리치다. 예 팔뚝을 꼬집으며 잠을 쫓았다.
한참	시간이 상당히 지나는 동안 예 한참이 지나 그가 왔다.
한창	어떤 일이 가장 활기 있고 왕성하게 일어나는 때. 또는 어떤 상태가 가장 무르익은 때 예 공사가 한창이다.
헌칠하다	키나 몸집 따위가 보기 좋게 어울리도록 크다. 예 그는 키가 헌칠하고 잘생겼다.
훤칠하다	① 길고 미끈하다. 예 달빛에 비친 키가 훤칠하게 커 보였다. ② 막힘없이 깨끗하고 시원스럽다. 예 평야가 훤칠하게 펼쳐지다.
-므로	까닭, 이유 예 그는 부지런하므로 성공할 것이다.
-ㅁ으로	수단, 방법 예 그는 부지런함으로 인정받으려 한다.
-박이	무엇이 박혀 있는 사람, 짐승, 물건 / 무엇이 박혀 있는 곳을 나타낼 때 예 점박이, 차돌박이 / 장승박이, 붙박이
-배기	나이를 먹은 아이 / 그런 물건 / 그것이 들어 있거나 차 있다. 예 한 살배기 / 진짜배기 / 나이배기

+ TIP

쉰소리(×)

흰소리: 터무니없이 자랑으로 떠벌리거나 거드럭거리며 허풍을 떠는 일

+ TIP

일절 vs 일체

- 일절(一切) + 부정, 금지, 끊다
- 일체(一切) + 긍정

기출 확인

밑줄 친 말의 쓰임이 옳지 않은 것은?

2022 국가직 9급

① 그는 아까운 능력을 썩히고 있다.

② 음식물 쓰레기를 썩혀서 거름으로 만들었다.

③ 나는 이제까지 부모님 속을 썩혀 본 적이 없다.

④ 그들은 새로 구입한 기계를 창고에서 썩히고 있다.

해설

썩혀 → 썩여: 부모님의 속을 '괴롭게 만들어' 본 적이 없다는 의미이다. 따라서 '걱정이나 근심 따위로 마음이 몹시 괴로운 상태가 되다.'라는 의미를 가진 '썩다'에 사동 접미사 '-이-'를 붙인 '썩이다'가 어울린다.

오답

①, ④ '물건이나 사람 또는 사람의 재능 따위가 쓰여야 할 곳에 제대로 쓰이지 못하고 내버려진 상태에 있다.'라는 의미를 가진 '썩다'에 사동 접미사 '-히-'를 붙인 '썩히다'의 쓰임은 적절하다.

② '유기물이 부패 세균에 의하여 분해됨으로써 원래의 성질을 잃어 나쁜 냄새가 나고 형체가 뭉개지는 상태가 되다.'라는 의미를 가진 '썩다'에 사동 접미사 '-히-'를 붙인 '썩히다'의 쓰임은 적절하다.

정답 ③

TIP

문맥에 따라 어휘를 적용할 때는 '반의어'를 사용해 보면 좋다. '감소되다'의 반의어는 '증가되다'가 되고 '내리다'의 반대는 '오르다'가 된다.

부사 '너무'

국립국어원 《표준 국어 대사전》은 '너무'를 과거에 '넘다'에서 파생한 말로 정도가 지나친 경우에만 사용하는 부사로 사용토록 하였으나, 2015년 6월 15일 긍정적 서술에도 사용할 수 있도록 허용하였다.

예 이 인형은 너무/아주/매우 예쁘게 생겼다.(O)

TIP

'꽁무니'는 사람, 동물, 사물 모두에 쓸 수 있다.

TIP

'안절부절'이 '부사'로는 쓰일 수 있다.

예 철수는 안절부절 초조해했다.

TIP

보통 '유명세를 치르다.', '유명세가 따르다.' 등으로 활용된다.

어감에 따른 단어의 구별

- 방법(方法) vs 수법(手法): '방법'과 달리 '수법'은 주로 부정적인 의미로 쓰인다.
- 이유(理由) vs 핑계: '이유'와 달리 '핑계'는 주로 부정적인 의미로 쓰인다.

* '방법'과 '이유'는 중립적인 의미로 쓰인다.

2 문맥에 따라 구별되는 단어와 어구

감소하다	양이나 수치가 줄다. 또는 양이나 수치를 줄이다. 예 수출이 감소하고 수입이 늘어서 나라 살림이 어려워지고 있다.
내리다	값이나 수치, 온도, 성적 따위가 이전보다 떨어지거나 낮아지다. 또는 그렇게 하다. 예 체온이 내렸다.
가리다	잘잘못이나 좋은 것과 나쁜 것 따위를 따져서 분간하다. 예 검찰은 사건의 진상을 가리기 위하여 용의자들을 심문하였다.
밝히다	진리, 가치, 옳고 그름 따위를 판단하여 드러내 알리다. 예 진실이 밝혀지다.
고명딸	아들 많은 집의 외딸 예 그 집 막내는 고명딸로 태어나 오빠들 틈에서 귀염을 독차지하며 자랐다.
외동딸	'외딸'을 귀엽게 이르는 말. 예 무남독녀 외동딸이라 귀하다.
고르다	여럿 중에서 가려내거나 뽑다. 예 그중에서 네 마음에 드는 것을 하나 골라라.
바르다	뼈다귀에 붙은 살을 긁거나 가시 따위를 추려 내다. 예 생선의 가시를 발라내다.
굉장히	아주 크고 훌륭하게 예 그 건물은 굉장히 으리으리해서 흡사 왕조 시대의 궁궐을 연상하게 했다.
무척	다른 것과 견줄 수 없이 예 저 성은 무척 작아 보인다.
기리다	뛰어난 업적이나 바람직한 정신, 위대한 사람 따위를 칭찬하고 기억하다. 예 그들은 고인을 기리는 문학상을 만들기로 결정했다.
위로하다	따뜻한 말이나 행동으로 괴로움을 덜어 주거나 슬픔을 달래 주다. 예 태풍으로 인해 희생된 사람들의 넋을 위로하기 위해 이 행사를 마련했습니다.
꼬리	동물의 꽁무니나 몸뚱이의 뒤 끝에 붙어서 조금 나와 있는 부분. 짐승에 따라 조금씩 모양이 다르다. 예 고양이가 꼬리를 흔들다.
꽁지	새의 꽁무니에 붙은 깃 예 저 새는 꽁지가 매우 길다.
주위(周圍)	어떤 사물이나 사람을 둘러싸고 있는 것 또는 그 환경 예 그녀는 두리번거리며 주위를 살펴보았다.
주의(注意)	어떤 한 곳이나 일에 관심을 집중하여 기울임. 예 주의가 산만한 학생들이 많다.
문득	생각이나 느낌 따위가 갑자기 떠오르는 모양이나, 어떤 행위가 갑자기 이루어지는 모양 예 문득 고개를 들어 하늘을 올려다보았다.
갑자기	미처 생각할 겨를도 없이 급히 예 어디선가 갑자기 소리가 들렸다.
배웅하다	떠나가는 손님을 일정한 곳까지 따라 나가서 작별하여 보내다. 예 선생님을 정거장까지 배웅해 드리고 돌아서니 서운한 마음에 발길이 무거웠다.
마중하다	오는 사람을 나가서 맞이하다. 예 오랜만에 고향에 돌아오는 친구를 마중하러 공항에 나갔다.
값	사고파는 물건에 일정하게 매겨진 액수 예 물건의 값을 깎다.
삯	일한 데 대한 품값으로 주는 돈이나 물건 / 어떤 물건이나 시설을 이용하고 주는 돈 예 서울에서 뉴욕까지 비행기 삯이 얼마입니까?
빌미	재앙이나 탈 따위가 생기는 원인 예 독재자는 이 사건을 탄압의 빌미로 삼았다.
원인	어떤 사물이나 상태를 변화시키거나 일으키게 하는 근본이 된 일이나 사건 예 그 사건이 원인이 되어 출세 가도를 달리게 되었다.
안절부절못하다	마음이 초조하고 불안하여 어찌할 바를 모르다. 예 마음이 초조하여 안절부절못했다.
양해	남의 사정을 잘 헤아려 너그러이 받아들임. 예 고객 여러분께 진심으로 양해를 구합니다.
유명세	세상에 이름이 널리 알려져 있는 탓으로 당하는 불편이나 곤욕 예 영화배우 김 씨는 이번 스캔들로 유명세를 톡톡히 치렀다.
인기	어떤 대상에 쏠리는 대중의 높은 관심이나 좋아하는 기운 예 그는 친구가 배우가 되어 얻은 인기를 부러워했다.
양복장이	양복을 만드는 일을 직업으로 하는 사람 예 그는 뛰어난 양복장이이다.
쳐다보다	위를 향하여 올려 보다. 예 단상 위의 교장 선생님을 쳐다보다.
내려다보다	위에서 아래를 향하여 보다. 예 집이 높은 데 있어서 아래 들판을 내려다보는 즐거움은 이루 말할 수 없다.

3 문맥에 따라 구별해야 하는 한자어

가능성(可能性)	앞으로 실현될 수 있는 성질이나 정도 예 가능성을 점치다.
개연성(蓋然性)	절대적으로 확실하지 않으나 아마 그럴 것이라고 생각되는 성질 예 문학은 일어났던 사실은 아니지만 일어날 만한 개연성이 충분히 있는 일반 사항들에 대해 이야기한다.
개량(改良)	나쁜 점을 보완하여 더 좋게 고침. 예 농사 방법의 개량에 힘쓰다.
개선(改善)	잘못된 것이나 부족한 것, 나쁜 것 따위를 고쳐 더 좋게 만듦. 예 팔당호의 수질 개선 대책은 무엇인가?
거절(拒絶)	상대편의 요구, 제안, 선물, 부탁 따위를 받아들이지 않고 물리침. 예 그녀의 거절에 나는 자존심이 상했다.
거부(拒否)	요구나 제의 따위를 받아들이지 않고 물리침. 예 노동조합의 요구 조건을 사용자 측은 계속 거부하고 있다.
공동(共同)	둘 이상의 사람이나 단체가 함께 일을 하거나, 같은 자격으로 관계를 가짐. 예 우리는 공동 관심사가 있다.
공통(共通)	둘 또는 그 이상의 여럿 사이에 두루 통하고 관계됨. 예 만국 공통의 언어가 있다면 얼마나 좋을까
관습(慣習)	어떤 사회에서 오랫동안 지켜 내려와 그 사회 성원들이 널리 인정하는 질서나 풍습 예 관습을 따르다.
인습(因習)	이전부터 전하여 내려오는 습관 예 현재의 문화 창조에 이바지할 수 있다고 생각되는 것만을 전통이라고 할 수 있다는 점에서 인습과 전통은 구별된다.
난이도(難易度)	어려움과 쉬움의 정도 예 난이도에 따라 단계적으로 교육하다.
난도(難度)	어려움의 정도 예 출제자들은 이번 시험의 난도가 크게 낮아졌다고 말했다.
난잡(亂雜)하다	사물의 배치나 사람의 차림새 따위가 어수선하고 너저분하다. 예 현관에는 개구쟁이들이 벗어 놓은 신발짝이 난잡하게 널려 있다.
난삽(難澁)하다	글이나 말이 매끄럽지 못하면서 어렵고 까다롭다. 예 수식어가 필요 이상으로 많으면 난삽한 글이 된다.
동등(同等)	등급이나 정도가 같음. 또는 그런 등급이나 정도 예 동등의 학력을 가지다.
평등(平等)	권리, 의무, 자격 등이 차별 없이 고르고 한결같음. 예 언어는 의식주보다도 민중 전체가 평등하게 가지는 문화물이다.
무식(無識)	배우지 않은 데다 보고 듣지 못하여 아는 것이 없음. 예 무식이 드러나다.
무지(無知)	아는 것이 없음. 예 아는 것은 과학이고 안다고 믿는 것은 무지이다.
발견(發見)	미처 찾아내지 못하였거나 아직 알려지지 아니한 사물이나 현상, 사실 따위를 찾아냄. 예 신대륙을 발견하다.
발명(發明)	아직까지 없던 기술이나 물건을 새로 생각하여 만들어 냄. 예 중국에서 처음 발명되었던 화약과 나침반이 유럽에 전해져 실제 생활에 쓰였다.
발전(發展)	더 낫고 좋은 상태나 더 높은 단계로 나아감. 예 과학의 발전에 기여하다.
발달(發達)	신체, 정서, 지능 따위가 성장하거나 성숙함. 예 태어나서 처음 3년 동안에 아기의 뇌는 급격히 발달한다.
보상(補償)[+]	어떤 것에 대한 대가로 갚음. 예 노고에 대해 보상을 받다.
배상(賠償)[+]	남의 권리를 침해한 사람이 그 손해를 물어 주는 일 예 관리 사무소의 부주의로 인한 단전사태에, 주민들이 배상을 요구하고 나섰다.
보수(保守)	새로운 것이나 변화를 적극적으로 받아들이기보다는 전통적인 것을 옹호하며 유지하려 함. 예 그들은 보수 세력이다.
수구(守舊)	옛 제도나 풍습을 그대로 지키고 따름. 예 민주적 가치를 모두 부정하려는 수구 세력에 의해 민주주의가 무너질 위험이 커지고 있다.
불가결(不可缺)	없어서는 아니 됨. 예 그 조건은 필수 불가결이다.
불가피(不可避)	피할 수 없음. 예 우리의 인생에서 경쟁은 불가피하다.
상승(上昇)	낮은 데서 위로 올라감. 예 물가가 상승하다.
향상(向上)	실력, 수준, 기술 따위가 나아짐. 또는 나아지게 함. 예 성적이 향상됐으면 좋겠어요.
수납(收納)	돈이나 물품 따위를 받아 거두어들임. 예 경기 침체로 조세 수납에 차질을 빚고 있다.
납부(納付)	세금이나 공과금 따위를 관계 기관에 냄. 예 공과금을 기한 내에 은행 등 지정 기관에 납부하지 않으면 연체료를 내야 한다.

TIP

다만 '보상'과 '배상'은 '남에게 끼친 손해를 갚음.'의 의미로 사용할 수 있다.

예 피해 보상/손해 배상

★ '접수(接受)'는 '받다'의 의미로만 사용하고 '주다'의 의미로는 사용할 수 없다.

예 나는 학교에 원서를 접수했다.(×)

기출 확인

(가)~(라)의 고쳐쓰기 방안으로 적절하지 않은 것은? 2021 지방직 9급

> (가) 현재 우리 구청 조직도에는 기획실, 홍보실, 감사실, 행정국, 복지국, 안전국, 보건소가 있었다.
> (나) 오늘은 우리 시청이 지양하는 '누구나 행복한 OO시'를 실현하기 위한 추진 방안을 논의합니다.
> (다) 지난달 수해로 인한 준비 기간이 짧았기 때문에 지역 축제는 예년보다 규모가 줄어들었다.
> (라) 공과금을 기한 내에 지정 금융 기관에 납부하지 않으면 연체료를 내야 한다.

① (가): '있었다'는 문맥상 시제 표현이 적절하지 않으므로 '있다'로 고쳐 쓴다.
② (나): '지양'은 어떤 목표로 뜻이 쏠리어 향한다는 의미인 '지향'으로 고쳐 쓴다.
③ (다): '지난달 수해로 인한'은 '준비 기간'을 수식하는 절이 아니므로 '지난달 수해로 인하여'로 고쳐 쓴다.
④ (라): '납부'는 맥락상 금융 기관이 돈이나 물품 따위를 받아 거두어들인다는 '수납'으로 고쳐 쓴다.

해설

'납부(納付)'는 '세금이나 공과금 따위를 관계 기관에 냄.'이라는 의미이고, '수납(收納)'은 '돈이나 물품 따위를 받아 거두어들임.'이라는 의미이다. (라)에서는 문맥상 공과금을 '내지' 않으면 연체료를 내야 한다는 의미이다. 따라서 '냄'의 의미를 가진 '납부'를 그대로 써야 한다. 그러므로 '수납'으로 고쳐 쓴다는 방안은 적절하지 않다.

오답

① '현재'와 과거 시제 선어말 어미 '-었-'을 쓴 '있었다'는 호응하지 않는다. 따라서 '현재'에 맞춰 '있다'로 고쳐 쓴 것은 적절하다.
② '지양'은 '더 높은 단계로 오르기 위하여 어떠한 것을 하지 아니함.'이라는 의미이다. 그런데 (나)는 문맥상 '누구나 행복한 OO시'를 추구한다는 의미이므로 '지양'을 '지향'으로 고쳐 쓴 것은 적절하다.
③ 수해의 영향으로 준비 기간이 짧았다는 의미이다. 따라서 '지난달 수해로 인하여'로 고쳐 쓴 것은 적절하다.

정답 ④

심문(審問)	법원이 당사자나 그 밖에 이해관계가 있는 사람에게 서면이나 구두로 개별적으로 진술할 기회를 주는 일. 예 심문을 통해 답을 받아내다.
신문(訊問)	법원이나 기타 국가 기관이 어떤 사건에 관하여 증인, 당사자, 피고인 등에게 말로 물어 조사하는 일 예 변호인의 반대 신문이 시작됐다.
와중(渦中)	일이나 사건 따위가 시끄럽고 복잡하게 벌어지는 가운데 예 많은 사람이 전란의 와중에 가족을 잃었다.
도중(途中)	일이 계속되고 있는 과정이나 일의 중간 예 직원들이 조용히 근무하는 도중에 갑자기 전화벨이 울렸다.
완성(完成)	완전히 다 이룸. 예 결혼은 사랑의 완성이다.
완수(完遂)	뜻한 바를 완전히 이루거나 다 해냄. 예 국제 경쟁력 강화는 단기간에 완수될 수 없는 과제이다.
위험(危險)	해로움이나 손실이 생길 우려가 있거나 그런 우려가 발생한 상태 예 폭풍으로 배가 위험에 빠졌다.
위태(危殆)	어떤 형세가 마음을 놓을 수 없을 만큼 위험함. 예 중환자실에 누워 있는 그의 목숨은 실로 바람 앞에 등불처럼 위태했다.
의의(意義)	말이나 글의 속뜻 예 그 말의 의의를 알다.
이의(異議)	다른 의견이나 논의 예 저는 위원장님 말씀에 이의 있습니다.
이용(利用)	대상을 필요에 따라 이롭게 씀. 예 자원을 효율적으로 이용하다.
활용(活用)	도구나 물건 따위를 충분히 잘 이용함. 예 마을 주민들은 빼어난 풍광과 전통적인 농촌 가옥들 자체를 관광자원으로 활용하고 있다.
임대(賃貸)	돈을 받고 자기의 물건을 남에게 빌려줌. 예 임대 가격을 싸게 해주다.
임차(賃借)	돈을 내고 남의 물건을 빌려 씀. 예 은행 돈을 빌려 사무실을 임차해서 쓰고 있습니다.
재원(才媛)	재주가 뛰어난 젊은 여자 예 그녀는 미모와 폭넓은 교양을 갖춘 재원이다.
재자(才子)	재주가 뛰어난 젊은 남자 예 그의 사위는 우리 회사의 뛰어난 재자이다.
차선(車線)	자동차 도로에 주행 방향을 따라 일정한 간격으로 그어 놓은 선 예 차선을 지키다.
차로(車路)	사람이 다니는 길 따위와 구분하여 자동차만 다니게 한 길 예 버스 전용 차로를 이용해서는 안 된다.
체제(體制)	사회를 하나의 유기체로 볼 때에, 그 조직이나 양식, 또는 그 상태를 이르는 말 예 냉전 체제가 지속되다.
체계(體系)	일정한 원리에 따라서 낱낱의 부분이 짜임새 있게 조직되어 통일된 전체 예 교통 신호 체계만 바꾸어도 사고를 줄일 수 있다.
치료(治療)	병이나 상처 따위를 잘 다스려 낫게 함. 예 이 병은 치료 기간이 길기 때문에 예방이 중요하다.
치유(治癒)	치료하여 병을 낫게 함. 예 자연은 스트레스로 시달리는 우리 영혼을 치유하는 데 큰 도움이 된다.
혼돈(混沌)	마구 뒤섞여 있어 갈피를 잡을 수 없음. 또는 그런 상태 예 외래문화의 무분별한 수입은 가치관의 혼돈을 초래하였다.
혼동(混同)	구별하지 못하고 뒤섞어서 생각함. 예 종교적 신조를 과학적인 정보와 혼동해서는 안 된다.
회피(回避)	꾀를 부려 마땅히 져야 할 책임을 지지 아니함. 예 책임을 회피하다.
기피(忌避)	꺼리거나 싫어하여 피함. 예 그 식당은 음식 맛이 너무 형편 없어서 사원들에게 기피 대상 1순위이다.
여지(餘地)	어떤 일을 하거나 어떤 일이 일어날 가능성이나 희망 예 우리에게는 선택의 여지가 남아 있지 않다.
여유(餘裕)	물질적 · 공간적 · 시간적으로 넉넉하여 남음이 있는 상태 예 놀 만한 시간적 여유가 없다.
임산부(姙産婦)	임부와 산부를 아울러 이르는 말 예 산부인과가 임산부로 북적이다.
임신부(姙娠婦)	아이를 밴 여자 예 임신부는 태교를 위해 말과 행동, 음식 등을 조심해야 한다.
피로(疲勞)	과로로 정신이나 몸이 지쳐 힘듦. 또는 그런 상태 예 피로가 쌓여 결국 몸살에 걸렸다.
원기(元氣)	본디 타고난 기운 예 원기 회복을 위해 비타민 음료를 마셨다.

TIP

인재(人才)
재주가 있는 뛰어난 사람

TIP

- 혼돈하다(형용사)
- 혼동하다(동사)

2절 올바른 문법의 선택

1 높임 표현의 올바른 사용

① 할머니께서 너 한번 보시재. → **보자셔** ◑ '보시재': 보시자고 해 / '보자셔': 보자고 하셔

② 아버지, 형님이 집에 오셨어요. → **왔어요.**
◑ 청자가 주체보다 높은 경우 압존법을 쓴다(가족 간이나 사제 간).

③ 부장님께서 회의가 계시어 자리에 안 계십니다. → **있으셔서**
◑ '있다'의 직접 높임은 '계시다'이고 간접 높임은 '있으시다'이다.

④ 고객님, 주문하신 커피가 나오셨습니다. → **나왔습니다.** ◑ '커피'는 간접 높임의 대상이 아니다.

2 조사의 올바른 사용

1. '에', '에게' / '에', '에서', '에도'

① 정부는 일본에게 강력히 항의해야 한다. → **일본에**

② 버릇없고 참을성 없는 요즘 어린이들에 초등학교에서 생활 습관 교육을 실시한다고 한다.
→ **어린이들에게**

③ 건축 면적은 설계도에 정한 기준에 따라 산정한다. → **설계도에서**
◑ 부사격 조사 '에서'는 처소, 출발점, 근거, 기준점, 출처의 의미로 쓰임이 가능하다.

④ 제안서 및 과업 지시서는 참가 신청자에게 한하여 교부한다. → **신청자에**
◑ '어떤 조건, 범위에 제한되거나 국한되다.'의 의미로 조사 '에'를 취한다.

2. '로써'와 '로서'

'-(으)로써'는 '수단, 기구, 방법, 도구, 셈의 한계'를 나타내고, '-(으)로서'는 '대표, 자격, 일의 출발점' 등을 나타낸다.

① 이곳은 그동안 합격의 산실로써 많은 역할을 해 왔다. → **산실로서**

② 말로서 천 냥 빚을 갚는다고 한다. → **말로써**

③ 이 문제는 너로써 시작되었어. → **너로서**

④ 오늘로서 우리 만난 지 100일이야. → **오늘로써**

3. '고/라고', '는/라는'

간접 인용을 나타낼 때는 보조사 '고'를, 직접 인용을 나타낼 때는 '하고'나 조사 '라고'를 쓴다.

① 친구가 나에게 국회의원 선거에 나가겠느냐라고 물었다. → **나가겠느냐고**
◑ 간접 인용이므로 '고'를 써야 한다.

② 삼촌은 나만 보면 "커서 뭐가 되겠느냐"고 묻곤 하셨다.
→ **"~되겠느냐"라고/"~되겠느냐"∨하고**
◑ 직접 인용이므로 '하고'나 '라고'를 써야 한다. 위 문장을 간접 인용으로 바꾸면 '삼촌은 나만 보면 커서 뭐가 되겠느냐고 묻곤 하셨다.'이다.

③ 가장 괴로웠던 것은 친한 친구와 헤어져 있어야 했다라는 것이었습니다. → **했다는**

④ 그는 "신기록 제조기다."는 평을 받고 있습니다. → **"신기록 제조기다."라는/∨하는**

4. 서술어에 따른 조사의 쓰임

① 아직도 선생님의 생생한 목소리가 나의 귓전에 울린다. → **귓전을 울린다. / 귀에 울린다.**

② 그도 인간이기에 감정이 이끌렸지만, 이성적으로 행동해야 했다. → **감정에**

③ 약은 약사와, 진료는 의사와 문의합시다. → **약사에게, 의사에게**

④ 그는 어제 술이 취해서 어떻게 집으로 갔는지 기억을 못한다고 했다. → **술에**

TIP

기억해야 할 '준말'

- -재. → -자고 해. ┐
  -대. → -다고 해. ├ 간접 인용
  -래. → -라고 해. ┘
- -데. → -더라.

TIP

'에'는 무정 명사에, '에게'는 유정 명사에 붙는 조사이다.

TIP

직접 인용과 간접 인용

- 직접 인용: 라고, 라는, 하고, 하는
  * '라고(조사), 라는('라고 하는'의 준말)'은 앞말에 붙여 쓰고 '하고, 하는'은 앞말과 띄어 쓴다.
- 간접 인용: 고, 는
  * 서술격 조사 '이다'의 간접 인용은 '이다고'가 아니라 '이라고'이다.

기출 확인

문장 쓰기 어법이 가장 옳은 것은?

2018 서울시 9급

① 한국 정부는 독도 영유권 문제에 대하여 일본에 강력히 항의하였다.
② 경쟁력 강화와 생산성의 향상을 위해 경영 혁신이 요구되어지고 있다.
③ 이것은 아직도 한국 사회가 무사안일주의를 벗어나지 못했다는 생각이 든다.
④ 냉정하게 전력을 평가해 봐도 한국이 자력으로 16강 티켓 가능성은 높은 편이다.

해설

우선, 주어 '한국 정부는'과 서술어 '항의하였다'가 호응한다. 또한 '일본'은 유정 명사가 아니므로 부사격 조사 '에'의 쓰임은 적절하다. 따라서 ①은 어법에 맞는 문장이다.
〈한국 정부가 / 항의하다 / 일본에 / 독도 영유권 문제에 대하여〉
* 무정 명사 + '에' / 유정 명사 + '에게'

정답 ①

예원通 일부 조사와만 결합하는 명사

조사	용례
의	불굴(不屈)의, 재래(在來)의, 불가분(不可分)의, 미증유(未曾有)의
에	미연(未然)에, 천만(千萬)에, 졸지(猝地)에, 극비리(極祕裡)에, 노파심(老婆心)에, 탓에, 중에, 터에, 홧김에, 단박에, 때문에, 바람에
이다	가관(可觀)이다, 고무적(鼓舞的)이다

3 어미의 올바른 사용

① 저 모형 비행기가 잘 날라가지 않습니까? → **날아가지**

◑ '날다+가다'의 합성어로 '날아가지'의 형태로 활용하는 것이 알맞다.

② 어머님, 올해도 건강하세요. → **건강하게 지내세요. / 건강하시길 빕니다.**

◑ 형용사는 현재 시제를 표시하는 관형사형 어미 '-는', 명령형 어미, 청유형 어미를 쓸 수 없다.

③ 다음 지문을 읽고 알맞는 답을 고르세요. → **알맞은**

◑ '알맞다'는 형용사이므로 현재 시제를 표시하는 관형사형 어미 '-는'과 쓰일 수 없다.

④ 어디에서 공부하던지 열심히만 하면 된다. → **공부하든지**

◑ '-던'은 과거 회상을 나타낸다. 선택을 나타낼 때는 '-든'을 사용한다.

★ · 날다 - 날고 - 날아
· 나르다 - 나르고 - 날라

4 사동과 피동의 올바른 사용

① 공장의 폐수를 분리하도록 한 것은 환경 보호를 위한 조치를 강화시킨 대표적인 예로 들 수 있다. → **강화한**

◑ '~시키다'를 '~하다'로 바꾸어도 의미의 변화가 없으면 과도한 사동 표현이다.

② 내가 1등이라니 믿겨지지가 않아! → **믿기지가 / 믿어지지가**

◑ 믿겨지다(믿-+-기-+-어지다)는 이중 피동 표현이다.

예원通 주의해야 할 사동·피동 표현

1. 이중 피동

개념	피동 접미사가 붙은 말에, 피동의 뜻을 나타내는 '-어지다'를 다시 붙인 말로, 우리말 어법에 맞지 않는 표현이다.
용례	· 잊혀지다(×) → 잊히다(○) · 쓰여지다(×) → 쓰이다(○) · 찢겨지다(×) → 찢기다(○)

2. 우리말 '시키다'의 쓰임

· 본동사

예 엄마가 심부름을 시키다(→ 하게 하다). / 짜장면을 시키다(→ 주문하다).

· 접사: '사동'의 의미를 더하는 접사

예 교육시키다 / 등록시키다 / 오염시키다 / 복직시키다 / 입원시키다 / 화해시키다

· let, make 등으로 잘못 사용 주의!

예 여자 친구 소개시켜 줄게.(×) → 소개해 줄게.(○)

＊접사의 '시키다'를 '하다'로 바꾸어도 문맥이 통하면 과도한 사용이다. '소개하다'로 충분한 문장이다.

기출 확인

가장 자연스러운 문장은?

2022 서울시 9급 1차

① 지금부터 회장님의 말씀이 계시겠습니다.
② 당신이 가리키는 곳은 시청으로 보입니다.
③ 푸른 산과 맑은 물이 흐르는 계곡으로 가자!
④ 이런 곳에서 생활한다는 것이 믿겨지지 않았다.

해설

방향을 나타낼 때는 '가리키다'이고, 피동의 의미일 때는 '보이다'가 적절하다.

오답

① 말씀이 계시겠습니다. → 말씀이 있(으시)겠습니다. / 말씀하시겠습니다.
③ 서술어가 잘못 생략된 문장이다. '푸른 산이 있고 맑은 물이 흐르는'으로 고쳐야 한다.
④ '믿겨지지'는 이중 피동이므로 '믿기지'로 고쳐야 한다.

정답 ②

3절 올바른 호응의 선택

1 문장 성분의 호응

1. 생략된 문장 성분 보충

① 본격적인 공사가 언제 시작되고, (도로가) 언제 개통될지 모른다.

◑ '개통되다'의 주체에 해당하는 주어가 생략되어 있으므로 적절한 주어를 넣어 주어야 한다.

② 인간은 자연을 지배하기도 하고 (, 자연에) 복종하기도 한다.

◑ '복종하다'라는 동사에 알맞은 부사어(자연에)를 넣어야 한다.

③ 중국은 땅과➕ 인구가 많다. → 땅이 넓고, 인구가 많다.

◑ '땅'에 대한 서술어가 없으므로 '넓다'라는 서술어를 넣어 주어야 한다.

2. 문장 성분간 호응

① 내가 그를 존경하는 이유는 그가 겸손하다. → 겸손하기 때문이다.

◑ 주어와 서술어의 호응

② 내 취미는 영화와 음악을 듣는 거야. → 영화를 보거나

◑ 목적어와 서술어의 호응

③ 너는 모름지기 열심히 공부를 한다. → 공부해야 한다.

◑ 부사어와 서술어의 호응

부사어와 서술어의 호응

- 왜냐하면 ~하기 때문이다.
- 다만(오직, 오로지) ~할 뿐(따름)이다.
- 반드시(기필코, 마땅히) ~ 해 , 하지 않을 수 없다, 하지 않으면 안 된다.
- 결코(절대로) ~아니(하)다(못하다, 없다).
- 하물며 ~하랴(하겠느냐)?
- 아무래도 ~하기 어려울(쉬울) 것이다.
- 여간+부정
  - 예 · 여간 예쁘지 않다. → '예쁘다'의 의미
  - · 아이를 혼자 키우는 일은 여간 어려운 일이 아니다. → '어렵다'는 의미
- 차마 ~할 수가 없다.
- 비록 ~할지라도
- 아마 ~할 것이다.
- 좀처럼 ~하지 않다.
- ┌ 과연+평서형, 감탄형(긍정) 예 과연 소문대로 훌륭하다.
  └ 과연+의문형 예 과연 취직 시험에 합격할 수 있을까?

➕ TIP

A와/과/거나/이나/고 B

[A(모자)]와 [B(구두)]를 사다. (모자를 사고, 구두를 사다.) (모자를 사다.+구두를 사다.)

→ 공식을 적용하여 푼다.
'와/과/거나/이나' 등은 앞, 뒤의 문장 성분을 공유한다.

기출 확인

문장 성분의 호응이 자연스러운 것은?

2020 국가직 9급

① 내가 강조하고 싶은 점은 우리가 고유 언어를 가졌다.

② 좋은 사람과 대화하며 함께한 일은 즐거운 시간이었다.

③ 내 생각은 집을 사서 이사하는 것이 좋겠다고 결정했다.

④ 그는 내 생각이 옳지 않다고 여러 사람 앞에서 말을 하였다.

해설

"그는 내 생각이 옳지 않다고 여러 사람 앞에서 말을 하였다."에는 문장 성분의 호응, 특별히 주어와 서술어의 호응이 자연스럽다. 제시된 문장은 "그가(주어) 여러 사람 앞에서(부사어구) 말을(목적어) 하였다(서술어)."의 문장과 "내 생각이(주어구) 옳지 않다(서술어구)"의 문장이 간접 인용절로 안겨 있다.

오답

① 내가 강조하고 싶은 점은~가졌다. → 내가 강조하고 싶은 점은~가졌다는 것이다.: 주어 '내가 강조하고 싶은 점은'과 서술어 '가졌다'와의 호응이 자연스럽지 않은 문장이다.
"우리가(주어) 고유 언어를(목적어구) 가졌다(서술어)."는 호응 관계가 바르다. 다만 "내가 강조하고 싶은 점은(주어구)"에 대한 서술어가 제시되어 있지 않다.

② ~일은 즐거운 시간이었다. → ~일은 즐거운 경험이었다.: '일'과 '시간'의 호응이 자연스럽지 않다. '일'에 맞춰 '경험'으로 수정해야 호응이 자연스러운 문장이다. 혹은 '일' 대신에 '그 때'로 바꾸면 '시간'과 호응할 수 있다.
"좋은 사람과(부사어구) 대화하다(서술어)+좋은 사람과(부사어구) 함께하다(서술어)."의 호응 관계는 바르다. 다만 의미상 "일이(주어) 시간이다(서술어)."의 호응이 적절하지 않다.

③ 내 생각은~좋겠다고 결정했다. → 내 생각은~좋겠다는 것이다./나는~결정했다.: → 주어 '내 생각은'과 서술어 '결정했다'의 호응이 자연스럽지 않다.
"(내가, 주어) 집을(목적어) 사서(서술어)/이사하는 것이(주어구) 좋겠다(서술어)."의 짜임은 호응이 적절하다. 다만 "내 생각은(주어) 결정했다(서술어)"의 호응이 어색하다.

정답 ④

4절 올바른 관형화·명사화 구성

1 관형화 구성

여러 개의 관형어가 이어질 경우, 부자연스러운 문장이 될 수 있으므로 적절히 끊어서 표현해야 한다.

예 그 그림은 세계적인 유명한 화가의 작품이다. → 세계적으로 유명한

혜원通 '관형어+체언+체언'의 의미

1. 의미가 모호한 구성

예 예쁜 혜원의 신발 → '예쁜'이 수식하는 것이 '혜원'인지 '신발'인지 모호하다.

2. 모호성의 해소

- 쉼표(,)를 넣는다.
  예 예쁜 혜원의, 신발 → '혜원'이 예쁘다. / 예쁜, 혜원의 신발 → '신발'이 예쁘다.
- 순서를 바꾼다.
  예 혜원의 예쁜 신발 → '신발'이 예쁘다.
- 다른 말을 첨가한다.
  예 예쁜 혜원의 낡은 신발 → '혜원'이 예쁘다.

2 명사화 구성

과도하게 명사구를 쓰면 어색한 문장이 되므로, 서술어로 풀어 쓴다.

예 여름이 되면 수해 방지 대책 마련에 철저를 가해야 한다.
→ 수해를 방지할 대책을 마련하는 데

5절 의미 관계의 오류

1 모호한 표현

① 별로 잘 살지 못하는 나라가 많다. → 국민 소득이 높지 않은

◑ '잘'의 기준이 구체적이고 명확하지 않다. 의미를 한정해서 명확하게 써야 한다.

② 어머니는 소설책과 문제집 두 권을 사 주셨다.

→ 소설책과, 문제집 두 권 / 문제집 두 권과 소설책 / 소설책 한 권과 문제집 한 권 / 소설책과 문제집 각각 한 권씩

◑ 소설책과 문제집을 합쳐서 두 권인지, 소설책 한 권과 문제집 두 권인지가 불분명하므로 쉼표를 넣거나 단어의 순서를 바꾸거나 각각의 수를 밝혀 의미를 명백히 한다.

2 중의적 표현

① 손님이 다 오지 않았다. → 손님의 일부만 왔다. / 손님이 아무도 오지 않았다.

◑ 부사 '다'의 의미가 모호한 문장이므로 의미를 한정해서 명확하게 써야 한다.

② 멋진 소녀의 그림을 보아라.

→ 소녀를 그린 그림 / 소녀가 그린 그림 / 소녀가 소유하고 있는 그림

◑ 관형격 조사 '의'의 의미에 의해 모호한 문장이 되었으므로 뜻을 한정시킨다.

③ 그녀는 나보다 야구를 더 좋아한다.

→ 그녀는 내가 좋아하는 것보다 야구를 더 좋아한다. / 그녀는 나를 좋아하는 것보다 야구를 더 좋아한다.

혜원通 모호한 문장의 유형

1. 어휘로 인한 모호성
- 동음이의어의 모호성 예 저기 굴이 있다. → 동굴[窟]인지, 굴[貝]인지
- 다의어의 모호성 예 수지는 손이 크다. → 신체인지, 씀씀이인지

2. 문장의 구조적 모호성
- 수식의 모호성 예 용감한 그의 아버지 → 용감한 것이 '그'인지, '아버지'인지
- 비교 구문의 모호성
  예 남편은 나보다 게임을 더 좋아한다.
  → '나<게임(단순 비교)'인지, '나♥게임<남편♥게임(정도 비교)'인지
- 병렬 구문의 모호성 예 사과와 귤 두 개 → 1+1인지, 1+2인지
- 의존 명사 구문의 모호성 예 걸음을 걷는 것이 이상하다. → 모습인지, 상황인지
- 부정문의 모호성 예 손님이 다 오지 않았어. → 0명 온 것인지, 일부만 온 것인지

3. 비유적 표현의 모호성
- 비유적 표현으로 인한 모호성 예 미친 개를 만났다. → 광견인지, 성격 나쁜 사람인지

3 중복된 표현

① 미리 자료를 예비한 분은 별도의 자료를 만들 필요가 없습니다. → 미리, 준비한

◑ 부사 '미리'와 '예비'의 '예(豫)'가 의미상 중복되므로 '예비'를 '준비'로 고쳐 써야 한다.

② 과반수 이상의 국회 의원이 찬성하여 법안이 통과되었다. → 과반수의

◑ '과반수'는 '반이 넘는 수'라는 의미이므로 '이상'과 의미가 중복된다. 따라서 '이상'을 삭제해야 한다.

4 문맥상 비논리적인 문장

① 우리 회사에서는 정화시킨 오염 폐수만을 내보낸다. → 오염된 폐수를 꼭 정화하여

◑ 정화시킨 물은 폐수가 아니다.

② 커피 한 잔[TIP]은 되지만 한 잔 이상 마시면 해롭습니다. → 두 잔 이상

◑ '~이상'에는 ~도 포함된다.

★ 잉여적 표현
- 역전(驛前) 앞
- 넓은 광장(廣場)
- 높은 고온(高溫)
- 청천(晴天) 하늘*
- 피해(被害)를 입다*
- 박수(拍手)를 치다*
- 음모(陰謀)를 꾸미다*
- 뼛골(骨)*
- 같은 동포(同胞)
- 남은 여생(餘生)
- 방학 기간(期間) 동안

*는 국립국어원 《표준 국어 대사전》에 표제어 혹은 예문으로 등재된 것이므로 잉여적 표현이나, 비문이 아닌 것으로 본다.

TIP

커피 한 잔
'한 잔의 커피'는 영어의 'a cup of coffee'의 직역 투 표현이므로, '커피 한 잔(체언+관형사+의존 명사)'의 구성이 더 자연스럽다.

CHAPTER
02 언어 예절

1절 언어 예절의 이해

1 가정에서 사용하는 호칭어·지칭어

1. 남편(아내)의 동기와 그 배우자에 대한 호칭어·지칭어

(1) 남편의 동기와 그 배우자의 경우(여자의 입장)

구분	남편 형	남편의 남동생	남편 형의 배우자	남편 남동생의 배우자	남편 누나	남편의 여동생	남편 누나의 배우자	남편 여동생의 배우자
호칭	아주버님	도련님 [미혼], 서방님 [기혼]	형님	동서	형님	아가씨	아주버니, 아주버님	서방님

예원通 **예순 이후의 나이**

예순 이후의 특정한 나이가 되면 부모의 생신에 자녀들이 잔치를 여는 것이 우리의 오랜 풍습이다.

나이	이름	나이	이름
60세	육순(六旬)	77세	희수(喜壽)
61세	환갑(還甲), 회갑(回甲), 화갑(華甲)	80세	팔순(八旬), 산수(傘壽)
62세	진갑(進甲)	88세	미수(米壽)
66세	미수(美壽)	90세	구순(九旬)
70세	칠순(七旬), 고희(古稀), 희수(稀壽), 종심(從心)	99세	백수(白壽)

2 전화 예절

잘못 걸려 온 전화일 때는 아무 말 없이 수화기를 내려 놓지 않고 "아닌데요(아닙니다). 전화 잘못 걸렸습니다."라고 말하는 것이 좋다.

* "전화 잘못 거셨습니다."라고 하는 말은 적절하지 않다.

CHAPTER
03 화법과 작문

1절 화법의 이해

1 토의와 토론

1. 토의

두 사람 이상이 모여서 공동의 주제나 문제에 대하여 집단 사고의 과정을 거쳐 문제의 해결을 목적으로 하는 논의의 형태이다.

(1) 토의에서 사회자의 역할

① 주제의 방향이 벗어나지 않게 한다.

② 토의의 원만한 진행이 되도록 한다.

③ 최선의 결론을 유도한다.

④ 참가자 전원에게 공정한 발표 기회를 부여한다.

* 사회자에게는 '판단력, 지도성, 유머' 등이 필요하다.

(2) 토의의 종류

① 심포지엄(symposium) - 전문성

개념	고대 그리스 로마에서 담화 또는 좌담 형식으로 토의하는 방법으로, 어떤 주제에 대해 학문적으로 이야기를 나누는 교양인의 모임을 의미한다. 예 현행 대학 입시 제도의 개선 방안
절차 및 특징	① 주제에 대해 전문적인 지식을 가진 사람들이 모여 각기 다른 입장에서 의견을 발표한다. ② 동일 문제를 각 분야 전문가의 입장에서 검토하는 것으로, 강연과 유사한 형태로 진행된다. ③ 사회자, 강연자, 청중 모두가 토의 주제에 대한 전문 지식이나 경험을 갖고 있다. ④ 전문적이고 학술적인 내용에 적합하다. ⑤ 청중은 문제 전체에 대한 체계적이고 권위적인 설명을 들을 수 있다는 장점이 있다.
사회자 역할	① 토의할 문제를 소개하여 청중들이 주제를 잘 파악할 수 있도록 한다. ② 토의 요점을 간략하게 정리하여 청중의 이해를 돕는다.

② 포럼(forum) - 개방성

개념	개방된 장소에서 공공의 문제에 대해 청중과 질의응답하는 공개 토의이다. 예 학교 주변의 유해 환경 대처 방안
절차 및 특징	① 공청회와 형식이 유사하며 간략한 주제 발표가 있을 뿐 강연이나 연설은 하지 않는다. ② 처음부터 청중이 주도하는 형식이다. ③ 다른 토의 형식에 비해 사회자의 비중이 크다.
사회자 역할	① 질의응답의 규칙을 청중에게 미리 설명하고, 질문 시간을 조정해야 한다. ② 청중으로부터 질문을 이끌어 낼 수 있는 능력을 가져야 한다.

기출 확인

다음 토의에 대한 설명으로 적절하지 않은 것은? 2021 국가직 9급

> 사회자: 오늘의 토의 주제는 '통일 시대의 남북한 언어가 나아갈 길'입니다. 먼저 최○○ 교수님께서 '남북한 언어 차이와 의사소통'이라는 제목으로 발표해 주시겠습니다.
> 최교수: 남한과 북한의 말은 비슷하지만 다른 점이 있습니다. 남한과 북한의 어휘 차이가 대표적입니다. 남한과 북한의 어휘 차이를 분석한 결과, 〈중략〉 앞으로도 남북한 언어 차이에 대한 연구가 지속되어야 합니다.
> 사회자: 이로써 최 교수님의 발표를 마치겠습니다. 다음은 정○○ 박사님의 '남북한 언어의 동질성 회복 방안'에 대한 발표가 있겠습니다.
> 정박사: 앞으로 통일을 대비해 남북한 언어의 다른 점을 줄여 나가는 노력이 필요합니다. 실제로도 남한과 북한의 학자들로 구성된 '겨레말큰사전 편찬위원회'에서는 남북한 공통의 사전인 《겨레말큰사전》을 만들며 서로의 차이를 이해하고 받아들이기 위한 노력을 하고 있습니다. 〈중략〉
> 사회자: 그러면 질의응답이 있겠습니다. 시간상 간략하게 질문해 주시기 바랍니다.
> 청중 A: 두 분의 말씀 잘 들었습니다. 남북한 언어의 차이와 이를 극복하는 방안을 말씀하셨는데요. 그렇다면 통일 시대에 대비한 언어 정책에는 무엇이 있을까요?

① 학술적인 주제에 대해 발표 형식으로 진행되고 있다.

② 사회자는 발표자 간의 이견을 조정하여 의사결정을 유도하고 있다.

③ 발표자는 주제에 대한 자신의 견해를 밝혀 청중에게 정보를 제공하고 있다.

④ 청중 A는 발표자의 발표 내용을 확인하고 주제와 관련된 질문을 하고 있다.

해설

사회자는 발표자 간의 이견을 조정하고 있지도 않고, 의사결정을 유도하고 있지도 않다.

오답

① '통일 시대의 남북한 언어가 나아갈 길'이라는 학술적인 주제에 대해, '최 교수'와 '정 박사'의 발표 형식으로 진행되고 있다.

③ 발표자 '최 교수'는 "앞으로도 남북한 언어 차이에 대한 연구가 지속되어야 합니다."라는 견해를, '정 박사'는 "앞으로 통일을 대비해 남북한 언어의 다른 점을 줄여 나가는 노력이 필요합니다."라는 견해를 밝힘과 동시에 청중에게 정보를 제공하고 있다.

④ "남북한 언어의 차이와 이를 극복하는 방안을 말씀하셨는데요. 그렇다면 통일 시대에 대비한 언어 정책에는 무엇이 있을까요?"라는 '청중 A'의 말을 볼 때, 청중 A가 발표자의 발표 내용을 확인하고 주제와 관련된 질문을 하고 있음을 알 수 있다.

정답 ②

③ 패널(panel) 토의 - 대표성

개념	배심원(4~8명)이 청중 앞에서 각자의 지식, 견문, 정보를 교환하고 여러 가지 의견을 제시해 조정하는 과정을 통해 해결책을 모색하는 공동 토의이다. '배심 토의'라고도 한다. 예 서울시 녹지 공원의 조성 방안
절차 및 특징	① 배심원단이 순서나 형식에 얽매이지 않고 자유로이 의견을 발표한다. ② 배심원단 토의가 끝난 후 청중이 참여하는 전체 토의가 이루어진다. ③ 의회나 일반 회의의 이견 조정 수단으로 자주 쓰이고, 시사 문제 또는 전문적 문제의 해결에 적합하다.
사회자 역할	토의 내용에 전문성이 있어야 한다.

④ 원탁 토의(round table discussion) - 평등성, 민주성

개념	4~10명의 구성원이 테이블 주위에 둘러앉아서 좌담 형식으로 자유로이 발언하며 청중과의 대화를 나누는 비공식적 형식의 토의이다. 예 학급 문고 설치 방안
절차 및 특징	① 일상생활, 정치, 경제, 사회적인 문제까지 논제의 범위가 넓고 개방적이다. ② 참가자가 토의에 익숙하지 못하면 산만해지고, 시간의 낭비를 초래할 수 있다. ③ 사회자가 없는 것이 일반적이나 편의상 의장을 따로 정할 수 있다.

⑤ 기타 토의

세미나	연구자가 학술 논문을 발표한 뒤 참석자와 질의응답 방식으로 자유롭게 의견을 나누는 토의이다.
브레인스토밍(Brainstorming)⊕, 브레인라이팅(Brainwriting)	집단적·창의적 발상 기법으로 집단 구성원이 자발적으로 자연스럽게 아이디어를 제시하고 특정 문제의 해결책을 찾고자 노력하는 방식이다. 농담을 포함한 모든 의견의 내용을 종합한다.
좌담회	일정한 주제에 대해 참석자들이 의견이나 느낌을 진술하는 형식으로, 결론에 도달하지 않아도 무방한 토의이다.
공청회	국가 및 공공 기관이 중요 안건을 의결하기 전에, 이해 당사자 또는 전문가 등으로부터 공개적으로 의견을 듣는 형식의 공개적 토의이다. '포럼'과 유사하다.

2. 토론

어떤 문제에 대하여 찬성하는 쪽과 반대하는 쪽으로 나뉘어, 상대의 주장이 잘못된 것이고 자신의 주장이 옳다는 것을 보여 상대방을 설득하는 논의의 형태이다. 토의와 달리 찬성과 반대의 의견 대립이 명확한 주제를 다룬다.

(1) 토론의 종류

2인 토론	① 두 명의 토론자와 한 명의 사회자에 의해 진행된다. ② 짧은 시간에 논리에 맞는 쪽을 선택하려는 것이다.
직파 토론	① 2~3인이 짝을 이루어 대항하는 형식의 토론이다. ② 한정된 시간에 논리에 맞는 쪽을 선택하려는 것이다.
반대 신문식 토론	① 토론의 형식에 법정의 반대 신문을 첨가한 것이다. ② 토론의 논제에 대해 찬성 측과 반대 측이 서로 질문을 하여 상대방의 논거를 반박함으로써 승부를 가리는 토론 형식이다. ③ 유능하고 성숙한 토론자들에게 효과적이며 청중의 관심을 얻기에 좋다.
집단 토론	20~30명 정도의 사람들이 주어진 토론 주제에 대하여 자유롭게 자신의 의견을 주장하며 토론한다.

★ '청중'의 역할에 따른 차이점

심포지엄	연사가 먼저 강연한 후 청중이 질의응답에 참여함.
포럼	처음부터 청중이 참여하며, 주도함.

⊕ TIP

브레인스토밍의 원칙
- 자유로운 분위기
- 질보다 양
- 비판 금지
- 결합과 개선

기출 확인

01 '초·중등학교에서 한자 교육 어떻게 해야 하나'라는 주제에 대하여 사회자의 진행으로 각 전문가나 대표자들이 의견을 발표하고 공동의 결론을 이끌어 내고자 할 경우에 가장 효과적인 회의 방식은? 2007 국가직 7급

① 토론 ② 심포지엄
③ 패널 토의 ④ 원탁 토의

해설
사회자의 진행으로 각 전문가나 대표자가 학술적인 주제를 다루면 심포지엄, 특정 문제에 대한 지식 견문 정보를 교환해 의견을 조정하면서 공동의 결론을 이끌어 내면 패널 토의이다.

정답 ③

02 다음의 여러 조건에 가장 잘 맞는 토론 논제는? 2019 국가직 9급

- 긍정 평서문으로 제시되어야 한다.
- 찬성과 반대의 대립이 분명하게 나타나야 한다.
- 쟁점이 하나여야 한다.
- 찬성이나 반대 어느 한 편에 유리하게 작용하는 정서적 표현을 사용해서는 안된다.

① 징병제도는 유지해야 한다.
② 정보통신망법을 개선할 수는 없다.
③ 야만적인 두발 제한을 폐지해야 한다.
④ 내신 제도와 논술 시험을 개혁해야 한다.

해설
제시된 여러 조건을 모두 충족한 토론 논제는 ①의 '징병제도는 유지해야 한다.'이다. 조건에 맞는지 살펴보면 다음과 같다.
- 긍정 평서문 '유지해야 한다.'가 제시되어 있다. · '유지'와 '폐지'라는 대립이 분명하게 나타난다.
- 쟁점은 '징병제도 유지 여부'로 1개이다.
- 어느 한 편에 유리하게 작용하는 정서적 표현이 쓰이지 않았다.

오답
② '개선할 수는 없다.'에서 긍정의 평서문으로 제시되어야 한다는 첫 번째 조건에 어긋난다.
③ '야만적(野蠻的)인'이라는 표현에서 어느 한 편에 유리한 정서적인 표현을 사용하면 안 된다는 네 번째 조건에 어긋난다.
④ 쟁점은 '내신 제도'와 '논술 시험'으로 2개이다. 따라서 쟁점은 하나여야 한다는 세 번째 조건에 어긋난다.

정답 ①

(2) 토론의 요건

① **논제의 성격**

㉠ 긍정 측과 부정 측의 입장이 명확히 구분되어야 하며, 진술문 형식으로 표현되어야 한다.

㉡ 논제는 현상을 바꾸는 쪽으로 정의되어야 하며, 중립적 단어를 사용해야 한다.

② **논제의 종류**

사실 논제	어떤 현상이나 현상의 존재 유무나 특정한 사안의 참과 거짓을 둘러싼 논제 예 독도는 한국의 영토이다.
가치 논제	어떤 사실이나 사안과 관련해 무엇이 옳고 그른지에 대한 가치 판단을 다루는 논제 예 동물원의 동물들은 야생의 동물보다 행복하다.
정책 논제	문제에 대한 해결 방안이나 구체적인 실행 방안을 다루는 논제 예 청소년의 인권은 개선되어야 한다.

③ **유의점**

참가자	사회자
① 각 주장의 대립점을 분명히 인식하고 있어야 한다. ② 논거를 충실히 검토하고 논리적 질서를 갖추어 발표한다. ③ 감정에 치우치지 말고 침착하게 토론에 임해야 한다. ④ 상대방 주장을 꺾기 위해서 논리적인 전개와 단정적인 말투를 써야 한다.	① 논제와 그 대립점을 선명하게 밝히고, 토론이 논점에서 벗어나지 않도록 유도한다. ② 객관적, 중립적인 태도를 잃지 말아야 한다. ③ 발언 내용을 요약, 정리해 토론자의 주의를 환기시키며 개인적인 의견이나 발언은 가능한 삼간다. ④ 마무리 발언을 통해 토론의 의의, 결과 등을 사실대로 간략히 정리, 보고한다. ⑤ 토론의 내용, 규칙을 미리 알려주어야 한다.

2 대화의 원리

1. 대화: 두 사람이 대면하여 서로의 생각과 느낌을 이야기하는 상호 교섭적인 활동

2. 대화의 원리

(1) 협력의 원리

① 필요한 만큼의 내용을 자신이 진실하다고 믿는 대로, 전후 맥락에 맞게 간단명료하게 표현하는 것

양의 격률	필요한 만큼의 정보를 제공하라. 예 혜원: 어디에서 근무하세요? / 자은: 언니는 해커스에서, 저는 혜원국어에서 일해요.
질의 격률	타당한 근거를 들어 진실을 말하라. · 상위 격률: 진실한 정보만을 제공하라. · 하위 격률: 거짓이라고 생각되는 말은 하지 마라(증거가 불충분한 말은 하지 마라.). 예 선구: 대승아, 국어 좀 가르쳐 주라. / 대승: (알고 있으면서) 글쎄, 나도 잘 모르겠는데.
관련성의 격률	대화의 목적이나 주제와 관련된 말을 하라. 예 혜선: 내일 영화 보러 갈래? / 지민: 이번 주에 중요한 시험이 있어서 밤샘해야 해.
태도의 격률	모호한 표현이나 중의적인 표현을 피하고 간결하고 조리 있게 말하라. · 상위 격률: 명료하게 말하라. · 하위 격률: 모호한 표현, 중의적 표현을 피하라. 간결하게, 조리있게 말하라. 예 미리: 우리 점심 뭐 먹을까? / 서현: 피자가 좋을까, 아니 중식이 좋나, 아니다 일식이….

② **대화상의 함축:** 대화에 직접 나타나지는 않지만 대화 속에 숨어 있는 의도. 말해진 것과는 구별되는 것으로 사람들이 어떤 의도를 암시하거나 함의할 때 전달되는 지식이다. 하위 격률 중 어떤 격률을 본의 아니게 위반하거나 의도적으로 따르지 않겠다고 결정할 때 발생한다.

기출 확인

01 다음 대화에서 나타난 '지민'의 의사 소통 방식으로 가장 적절한 것은? 2022 국가직 9급

> 정수: 지난번에 너랑 같이 들었던 면접 전략 강의가 정말 유익했어.
> 지민: 그랬어? 나도 그랬는데.
> 정수: 특히 아이스크림 회사의 면접 내용이 도움이 많이 됐어.
> 지민: 맞아. 그중에서도 두괄식으로 답변하라는 첫 번째 내용이 정말 인상적이더라. 핵심 내용을 먼저 말하는 전략이 면접에서 그렇게 효과적일 줄 몰랐어.
> 정수: 어! 그래? 나는 두 번째 내용이 훨씬 더 인상적이었는데.
> 지민: 그랬구나, 하긴 아이스크림 매출 증가에 관한 통계 자료를 인용해서 답변한 전략도 설득력이 있었어. 하지만 초두 효과의 효용성도 크지 않을까 해.
> 정수: 그렇긴 해.

① 자신의 면접 경험을 예로 들어 상대방을 설득하고 있다.

② 상대방의 약점을 공략하며 상대방의 이견을 반박하고 있다.

③ 상대방의 견해를 존중하면서 자신의 의견을 제시하고 있다.

④ 상대방과의 갈등 해소를 위해 자신의 감정을 표현하고 있다.

해설
지민은 세 번째 발화에서 정수의 견해를 존중하며 의견 차이를 최소화하는 동의의 격률을 사용했다. "하지만 초두 효과의 효용성도 크지 않을까 해."는 자신의 의견을 제시한 부분이다.

정답 ③

02 다음 중 '을'이 '동의의 격률'에 따라 대화를 한 것은? 2022 군무원 9급

① 갑: 저를 좀 도와주실 수 있어요?
을: 무슨 일이지요? 지금 급히 해야 할 일이 있어요.

② 갑: 글씨를 좀 크게 써 주세요.
을: 귀가 어두워서 잘 들리지 않는데 좀 크게 말씀해 주세요.

③ 갑: 여러 모로 부족한 점이 많은데, 앞으로 잘 부탁합니다.
을: 저는 매우 부족한 사람이라서 제대로 도와드릴 수 있을지 걱정입니다.

④ 갑: 여러 침대 중에 이것이 커서 좋은데 살까요?
을: 그 침대가 크고 매우 우아해서 좋군요. 그런데 좀 커서 우리 방에 들어가지 않을 것 같아요.

해설
④의 '을'은 갑과의 의견 차이를 최소화하기 위해 우선은 '그 침대가 크고 매우 우아해서 좋군요.'이라고 한 후에, '그런데 좀 커서 우리 방에 들어가지 않을 것 같아요.'라며 자신의 의견을 밝힘으로써 '동의의 격률'을 사용하였다.

오답
① '갑'과 '을'은 요령의 격률을 지킨 표현으로 볼 수 있다.
② '을'이 관용의 격률을 지킨 표현이다.
③ '갑'과 '을'은 겸양의 격률을 지킨 표현으로 볼 수 있다.

정답 ④

(2) 공손성의 원리: 상대방에게 공손하지 않은 표현은 최소화하고, 공손한 표현은 최대화하여 표현하는 것

요령의 격률	상대방에게 부담이 되는 표현은 최소화하고 상대방에게 이익이 되는 표현을 극대화하라. 예 A: 이 짐 좀 옮겨라.(×) → 미안하지만 손 좀 잠깐 빌려줄 수 있을까?(○)
관용의 격률	화자 자신에게 혜택을 주는 표현은 최소화하고 자신에게 부담을 주는 표현을 최대화하라. 예 A: (수업을 들으며) 선생님, 좀 크게 말하세요. 하나도 안 들려요.(×) → 죄송하지만 제가 귀가 안 좋아서 그런데, 조금만 더 크게 말씀해 주시겠어요?(○)
찬동(칭찬)의 격률	다른 사람에 대한 비방은 최소화하고 칭찬을 극대화하라. 예 A: 어쩜 이렇게 깔끔하게 정리해 놓으셨어요? 대단하시네요. B: 뭘요, 그렇게 말씀해 주시니 고맙습니다.
겸양의 격률	자신에 대한 칭찬은 최소화하고 비방을 극대화하라. 예 A: 이번 시험에 합격했다며? 대단하다! B: 아니야, 난 머리가 별로 안 좋아서, 남들보다 훨씬 노력해야만 했는걸.
동의의 격률	① 반대 의견을 제시하는 경우에는 상대와 의견이 일치하는 부분을 먼저 제시하고, ② 궁극적으로는 자신의 의견과 다른 사람의 의견 사이의 다른 점은 최소화하고 일치점을 극대화하라. 예 A: 점심 먹고 영화나 보러 갈까? B: 영화? 좋지. 그런데 오늘 날씨가 너무 좋은데, 우리 사육신공원까지 산책하는 건 어때? A: 맞아, 오늘 날씨가 정말 좋네. 오랜만에 산책하는 것도 좋겠다.

3. 공감적 듣기

(1) 개념: 상대의 말을 분석하거나 비판하기보다는 상대의 관점에서 문제를 바라보고 이해하려고 노력하는 것

(2) 효과: 대화 상대방으로 하여금 신뢰와 친밀감을 갖게 하여 원활한 대화를 진행할 수 있다.

(3) 공감적 듣기를 위한 태도

① 비판적인 분위기보다는 수용적인 분위기 조성

② 상대의 말에 집중하고 상대로 하여금 자신의 이야기를 더 많이 할 수 있도록 격려

2절 작문의 이해

1 고쳐쓰기⁺[퇴고(推敲)]

글의 목적과 독자를 고려하면서 내용 조직이나 표현 등을 수정하는 과정이다.

일반적으로 고쳐쓰기의 단계는 '글 전체 → 문단 → 문장 → 단어'의 순서로 진행된다.

글 수준	글의 제목, 소제목의 적절성, 글의 흐름, 중요한 부분의 위치 조정 등
문단 수준	통일성·일관성·완결성 등을 고려한 배열 순서 조정, 문단의 분량·나누기의 적절성 등
문장 수준	접속사·지시어의 조정, 문장의 길이 조정, 문장 성분의 호응, 불필요한 피동 표현, 이중 피동 표현, 높임법과 시제의 적절성 등
구나 절 수준	구나 절의 이동, 삭제, 대체, 첨가, 확장 등
단어 수준	단어 선택의 적절성, 의미 중복, 맞춤법(띄어쓰기), 표준어의 정확성 등

TIP

고쳐쓰기의 3원칙

- **첨가의 원칙:** 부족하거나 빠진 내용 등을 첨가, 보충해야 한다.
- **삭제의 원칙:** 불필요한 부분이나 반복되는 부분, 잘못된 부분 등을 삭제해야 한다.
- **재구성의 원칙:** 문장이나 문단의 순서가 잘못된 부분 등을 바로잡아야 한다.

기출 확인

01 ㉠~㉣을 문맥에 맞게 수정하는 방안으로 적절한 것은? 2023 국가직 9급

> 난독(難讀)을 해결하려면 정독을 해야 한다. 여기서 말하는 정독은 '뜻을 새겨 가며 자세히 읽음', 즉 '정교한 독서'라는 뜻으로 한자로는 '精讀'이다. '精讀'은 '바른 독서'를 의미하는 '正讀'과 ㉠ 소리는 같지만 뜻이 다르다. 무엇이 정교한 것일까? 모든 단어에 눈을 마주치면서 제대로 인식하는 것이다. 이와 같은 ㉡ 정독(精讀)의 결과로 생기는 어문 실력이 문해력이다. 문해력이 발달하면 결국 독서 속도가 빨라져, '빨리 읽기'인 속독(速讀)이 가능해진다. 빨리 읽기는 정독을 전제로 할 때 빛을 발한다. 짧은 시간에 같은 책을 제대로 여러 번 읽을 수 있기 때문이다. 그래서 문해력의 증가는 '정교하고 빠르게 읽기', 즉 ㉢ 정속독(正速讀)에서 일어나게 되어 있다. 정독이 생활화되면 자기도 모르게 정속독의 경지에 오르게 된다. 그런 경지에 오른 사람들은 뭐든지 확실히 읽고 빨리 이해한다. 자연스레 집중하고 여러 번 읽어도 빠르게 읽으므로 시간이 여유롭다. ㉣ 정독이 빠진 속독은 곧 빼먹고 읽는 습관, 즉 난독의 일종임을 잊지 말아야 한다.

① ㉠을 '다르게 읽지만 뜻이 같다'로 수정한다.
② ㉡을 '정독(正讀)'으로 수정한다.
③ ㉢을 '정속독(精速讀)'으로 수정한다.
④ ㉣을 '속독이 빠진 정독'으로 수정한다.

해설 '즉'은 '다시 말하여'라는 의미를 가진 접속 부사로, 바로 앞의 말을 다시 말할 때 쓴다. '즉' 바로 앞에 '정교하고 빠르게 읽기'가 있기 때문에 ㉢을 '정속독(精速讀: 자세할 정, 빠를 속, 읽을 독)'으로 수정한 것은 적절하다.

오답 ① '정독(精讀)'과 '정독(正讀)'은 동음이의어이다. 즉 소리는 같지만 뜻이 다른 말이므로, 그대로 써야 한다.

② "무엇이 정교한 것일까? ~ 이와 같은 정독의 결과"라는 문맥을 볼 때, ㉡의 '정독'은 그대로 '정독(精讀: 자세할 정, 읽을 독)'을 써야 한다.

④ '곧'은 '바꾸어 말하면', '다른 아닌 바로'라는 의미를 가진 접속 부사이다. '곧' 뒤에 '빼먹고 읽는 습관'을 볼 때, 정교하게 읽지 않았다는 의미이다. 따라서 그대로 '정독(精讀)이 빠진 속독'을 써야 한다.

정답 ③

기출 확인

다음의 개요를 기초로 하여 글을 쓸 때, 주제문으로 가장 적절한 것은? 2012 지방직 9급

> 서론: 최근의 수출 실적 부진 현상
> 본론: 수출 경쟁력의 실태 분석
> 1. 가격 경쟁력 요인
> ㉠ 제조 원가 상승
> ㉡ 고금리
> ㉢ 환율 불안정
> 2. 비가격 경쟁력 요인
> ㉠ 기업의 연구 개발 소홀
> ㉡ 품질 개선 부족
> ㉢ 판매 후 서비스 부족
> ㉣ 납기의 지연
> 결론: 분석 결과의 요약 및 수출 경쟁력 향상 방안 제시

① 정부가 수출 분야 산업을 적극 지원해야 한다.
② 내수 시장의 기반을 강화하는 데 역량을 모아야 한다.
③ 기업이 연구 개발비 투자를 늘리고 품질 향상에 많은 노력을 기울여야 한다.
④ 수출 경쟁력을 좌우하는 요인을 분석한 후 그에 맞는 방안을 마련해야 한다.

정답 ④

기출 확인

02 ㉠~㉣ 중 어색한 곳을 찾아 수정하는 방안으로 가장 적절한 것은? 2023 지방직 9급

> 조선 후기에 서학으로 불린 천주학은 '학(學)'이라는 말에서도 짐작할 수 있듯이 ㉠ 종교적인 관점에서보다 학문적인 관점에서 받아들여졌다. 당시의 유학자 중 서학 수용에 적극적인 이들까지도 서학을 무조건 따르자고 ㉡ 주장하지는 않았는데, 서학은 신봉의 대상이 아니라 분석의 대상이었기 때문이다. 그들은 조선 사회를 바로잡고 발전시키기 위해 새로운 학문과 지식이 필요하다고 생각했지만, 외부에서 유입된 사유 체계에는 양명학이나 고증학 등도 있어서 서학이 ㉢ 유일한 대안은 아니었다. 그들은 서학을 검토하며 어떤 부분은 수용했지만, 반대로 어떤 부분은 ㉣ 지향했다.

① ㉠: '학문적인 관점에서보다 종교적인 관점에서'로 수정한다.
② ㉡: '주장하였는데'로 수정한다.
③ ㉢: '유일한 대안이었다'로 수정한다.
④ ㉣: '지양했다'로 수정한다.

해설 '어떤 부분은 수용했지만, 반대로 어떤 부분은'이라는 문맥을 볼 때, ㉣에는 '수용하지 않았다'는 내용이 어울린다. 그런데 '지향하다'는 '어떤 목표로 뜻이 쏠리어 향하다.'라는 의미이므로, 그 쓰임이 적절하지 않다. 따라서 '더 높은 단계로 오르기 위하여 어떠한 것을 하지 아니하다.'라는 의미를 가진 '지양하다'로 수정해야 한다는 방안은 적절하다.

오답 ① "'학(學)'이라는 말에서도 짐작할 수 있듯이" 부분을 볼 때, ㉠ 그대로 사용하는 것이 더 적절하다.
② '서학은 신봉의 대상이 아니라 분석의 대상이었기 때문이다.'를 볼 때, ㉡ 그대로 사용하는 것이 더 적절하다.
③ '양명학이나 고증학 등도 있어서'를 볼 때, ㉢ 그대로 사용하는 것이 더 적절하다.

정답 ④

03 ㉠~㉣의 고쳐쓰기 방안으로 적절하지 않은 것은? 2020 국가직 9급

> ㉠ 공사하는 기간 동안 안전사고가 일어나지 않도록 유의해 주십시오.
> ㉡ 오늘 오후에 팀 전체가 모여 회의를 갖겠습니다.
> ㉢ 비상문이 열려져 있어 신속하게 대피할 수 있었다.
> ㉣ 지난밤 검찰은 그를 뇌물 수수 혐의로 구속했다.

① ㉠: '기간'과 '동안'은 의미가 중복되므로 '공사하는 기간 동안'은 '공사하는 동안'으로 고쳐 쓴다.
② ㉡: '회의를 갖겠습니다'는 번역 투이므로 '회의하겠습니다'로 고쳐 쓴다.
③ ㉢: '열려져'는 '-리-'와 '-어지다'가 결합한 이중 피동 표현이므로 '열려'로 고쳐 쓴다.
④ ㉣: 동작의 대상에게 행위의 효력이 미친다는 의미를 제시해야 하므로 '구속했다'는 '구속시켰다'로 고쳐 쓴다.

해설 ㉣에서 구속하는 주체는 '검찰'이다. 따라서 '구속했다'를 사동의 '구속시켰다(구속시키었다)'로 고쳐 쓰는 것은 적절하지 않다.
동사 "구속하다(행동이나 의사의 자유를 제한하거나 속박하다.)"의 능동 표현으로 검찰의 동작이 대상인 그에게 행위의 효력이 미친다는 의미로 충분하다.

오답 ① '기간(期間, 어느 때부터 다른 어느 때까지의 동안)'과 '동안'은 의미가 유사하기 때문에 둘을 같이 사용하면 의미 중복이 된다. 그렇기 때문에 '공사하는 기간 동안'을 '공사하는 동안' 또는 '공사 기간'으로 수정해야 자연스러운 문장이 된다. 따라서 '공사하는 동안'으로 고치는 방안은 적절하다.
② '회의를 갖다'는 'have a meeting'의 영어식 번역 투 표현이다. 따라서 '회의하겠습니다'로 고치는 방안은 적절하다. 영어식 번역 투를 비롯한 다른 언어의 번역 투는 자연스러운 문장이 아니다.
③ 이중 피동은 문법에서 바른 표현이 아니다. '(문을) 열다'의 피동사 '(문이) 열리다'에 다시 피동의 뜻을 더하는 보조 용언 '-어지다'를 결합하여 만들어진 '열려지다'는 어법에 어긋난 표현이다. 따라서 '열리다' 혹은 '열어지다'를 활용하여 '열려(열리어)' 혹은 '열어져(열어지어)'로 고치는 방안은 적절하다.

정답 ④

기출 확인

04 다음의 ㉠~㉣을 고쳐 쓰기 위한 방안으로 적절하지 않은 것은? 2018 교행직 9급

> 청소년의 과도한 스마트폰 ㉠ 사용이 유발되는 악영향이 사회적 문제가 되고 있다. 최근 들어 안구 건조증과 신체적 무기력증을 호소하는 청소년이 급증하고 있다. 스마트폰 화면을 장시간 집중해서 들여다보면 눈 깜빡임 ㉡ 회수가 줄어들어 안구가 건조해진다. ㉢ 그런데 스마트폰 화면에서 나오는 짧은 파장의 청색 빛은 숙면을 방해하기 때문에 무기력증에 ㉣ 시달릴 수 밖에 없다.

① ㉠은 바로 뒤의 말과 어울리지 않으므로 '사용으로'로 수정한다.

② ㉡은 맞춤법에 어긋나므로 '횟수'로 수정한다.

③ ㉢은 앞뒤 문장의 연결 관계를 고려하여 '그러나'로 수정한다.

④ ㉣은 띄어쓰기가 잘못되었으므로 '시달릴 수밖에'로 수정한다.

해설 ㉢의 앞뒤 문장은 청소년의 과도한 스마트폰 사용으로 인한 문제점을 열거하고 있으므로 대등하게 연결되는 접속사인 '그리고/또한'이 적절하다. '그런데'는 화제를 전환하는 접속사이고, '그러나'는 역접의 접속사로 ㉢과는 어울리지 않는다.

오답 ① '유발되다'는 부사어를 필요로 하는 서술어이므로 '사용'은 주격 조사가 아닌 부사격 조사와 결합하여 부사어의 역할을 수행해야 한다. 그러므로 '사용이'를 '사용으로'로 수정한다는 설명은 옳다.

② 한자어의 합성어 중 '곳간(庫間), 셋방(貰房), 찻간(車間), 숫자(數字), 툇간(退間), 횟수(回數)'는 사이시옷을 받쳐 적어야 하므로 '회수'를 '횟수'로 수정한다는 설명은 옳다.

④ '밖에'는 주로 부정어와 함께 쓰이면서, '그것 말고는', '그것 이외에는', '기꺼이 받아들이는', '피할 수 없는'의 뜻을 나타내는 보조사로 기능하는 낱말이다. 그러므로 앞말에 붙여 써야 한다는 설명은 옳다.

* '밖에'를 앞말과 띄어 쓸 때는 '밖'이 'outside'의 의미로 명사로 쓰이는 경우이다.

예 밖을 내다보다. / 이 선 밖으로 나가시오. / 그녀는 기대 밖의 높은 점수를 얻었다. / 밖에 나가서 놀아라.

정답 ③

2 정보 전달

1. 공문서

(1) 공문서의 개념: 행정 기관 내부 또는 상호 간이나 대외적으로 공무상 작성 또는 시행되는 문서(도면, 사진, 디스크, 테이프, 필름, 슬라이드, 전자 문서 등의 특수 매체 기록을 포함) 및 행정 기관이 접수한 모든 문서

(2) 구성: 대표적인 형태인 기안문과 시행문은 크게 두문, 본문, 결문으로 구성된다.

(3) 공문서의 작성 원칙

① **정확성:** 육하원칙에 의하여 정확하게 작성하며, 애매모호하거나 과장된 표현은 피한다.

② **신속성:** 문장은 짧게 끊어서 쓰고, 복잡한 내용은 결론을 먼저 내고 이유는 뒤에 설명한다.

③ **용이성:** 읽기 쉽고 알기 쉬운 말을 사용한다. 문서 1건의 내용은 1매에 끝나는 것이 좋다.

④ **경제성:** 문서 용지의 크기나 종이의 질, 문서의 양식을 통일한다.

(4) 공문서의 표기법

날짜	날짜의 표기는 숫자로 하되, 연, 월, 일의 글자는 생략하고 그 자리에 온점(.)을 찍어 표기하되 마지막에 반드시 온점을 찍는다. 예 2023년 12월 11일 → 2023. 12. 11.
시각	시·분의 표기는 24시각제에 따라 숫자로 하되, '시', '분'의 글자는 생략하고 쌍점(:)을 찍어 구분한다. 예 오후 2시 25분 → 14:25
금액	아라비아 숫자로 표기하고, 변조의 위험을 막기 위해서 괄호 안에 한글로 기재한다. 예 금 1,234,123원(금 일백이십삼만 사천일백이십삼 원)

혜원通 공문서의 작성 방법

1. 공문서의 끝 표시와 첨부 표시

- **끝 표시:** 본문이 끝나면 한 자(커서 두 번) 띄우고 '끝.'이라고 쓴다. 예 …… 요청합니다. 끝.
- **첨부 표시:** 본문에 밝힐 필요가 있는 문서 등이 첨부될 때는 첨부의 표시를 한 다음 한 칸 띄우고 '끝.' 자를 쓴다.

  예 …… 요청합니다.

  붙임: 1. 혜원기업 대차대조표 1부.

  2. 혜원기업 요청 세부 내용 1부. 끝.

2. 공문서의 기안과 결재

- **기안:** 공문서 문안의 작성 → 전자 문서가 원칙이나 특별한 사정이 있으면 종이 문서로 기안 가능
- **대결:** 결재권자 부재 시 대리자가 행하는 결재
- **사후 보고:** 대결 문서 중 중요한 부분은 결재권자에게 사후에 보고함.

2025 대비 최신개정판

해커스공무원 혜원국어 올인원 기본서

개정 2판 2쇄 발행 2024년 11월 18일
개정 2판 1쇄 발행 2024년 7월 1일

지은이	고혜원
펴낸곳	해커스패스
펴낸이	해커스공무원 출판팀
주소	서울특별시 강남구 강남대로 428 해커스공무원
고객센터	1588-4055
교재 관련 문의	gosi@hackerspass.com 해커스공무원 사이트(gosi.Hackers.com) 교재 Q&A 게시판 카카오톡 플러스 친구 [해커스공무원 노량진캠퍼스]
학원 강의 및 동영상강의	gosi.Hackers.com
ISBN	979-11-7244-159-3 (13710)
Serial Number	02-02-01